"十四五"职业教育国家规划教材

"十四五"职业教育河南省规划教材　河南省职业教育优质教材
"十四五"卫生高等职业教育专科校院合作"双元"规划教材

供临床医学类及相关专业用

内 科 学

第 6 版

主 编
艾　娟　孙建勋

副主编
王潇君　王丽红　陈喜苹　蒋　飞　潘锋钢　陈　千

秘　书
刘宛丽

编　委（按姓名汉语拼音排序）

艾　娟（南阳医学高等专科学校）　　　　　　　孙建勋（洛阳职业技术学院）
昌大平（广东江门中医药职业学院）　　　　　　田　云（肇庆医学院）
陈　曼（娄底职业技术学院）　　　　　　　　　王　芳（福建卫生职业技术学院）
陈　千（广州卫生职业技术学院）　　　　　　　王丽红（漳州卫生职业学院）
陈喜苹（南阳医学高等专科学校）　　　　　　　王　涛（毕节医学高等专科学校）
黄　琼（湖南环境生物职业技术学院）　　　　　王潇君（遵义医药高等专科学校）
蒋　飞（重庆三峡医药高等专科学校附属人民医院）　夏　鑫（毕节医学高等专科学校）
贾晋松（北京大学人民医院）　　　　　　　　　萧　鲲（广州市白云区第二人民医院）
李　观（肇庆医学院）　　　　　　　　　　　　张晓丹（广东江门中医药职业学院）
李锦超（南阳市中心医院）　　　　　　　　　　郑伟珍（漳州卫生职业学院）
刘宛丽（南阳医学高等专科学校）　　　　　　　朱玲玲（临汾职业技术学院）
潘锋钢（宜春职业技术学院医学院附属医院）　　俎　明（北京大学第三医院）
邵　岑（江西医学高等专科学校）

北京大学医学出版社

NEIKEXUE

图书在版编目（CIP）数据

内科学 / 艾娟，孙建勋主编． -- 6 版． -- 北京：北京大学医学出版社，2025.8． -- ISBN 978-7-5659-3358-5

Ⅰ．R5

中国国家版本馆CIP数据核字第2025DZ3885号

内科学（第6版）

主　　编：艾　娟　孙建勋
出版发行：北京大学医学出版社
地　　址：（100191）北京市海淀区学院路38号　北京大学医学部院内
电　　话：发行部 010-82802230；图书邮购 010-82802495
网　　址：http://www.pumpress.com.cn
E-mail：booksale@bjmu.edu.cn
印　　刷：北京瑞达方舟印务有限公司
经　　销：新华书店
责任编辑：崔玲和　　责任校对：靳新强　　责任印制：李　啸
开　　本：850 mm×1168 mm　1/16　印张：48.25　字数：1450千字
版　　次：1997年8月第1版　2025年8月第6版　2025年8月第1次印刷
书　　号：ISBN 978-7-5659-3358-5
定　　价：88.00元

版权所有，违者必究

（凡属质量问题请与本社发行部联系退换）

第 6 轮修订说明

党和国家高度重视职业教育发展,《国家职业教育改革实施方案》《职业院校教材管理办法》《高等学校课程思政建设指导纲要》《习近平新时代中国特色社会主义思想进课程教材指南》《关于推动现代职业教育高质量发展的意见》等重要文件陆续发布,对卫生健康职业教育、高职专科临床医学人才培养及教材建设提出了更高的要求。

高职专科临床医学专业教材历经 5 轮建设,不断更新完善、与时俱进,为全国高职临床医学类人才培养做出了贡献。第 3 轮教材入选教育部普通高等教育"十一五"国家级规划教材 15 种,第 4 轮教材入选"十二五"职业教育国家规划教材 17 种。第 5 轮教材全套入选教育部职业教育教材信息库,入选首批"十四五"职业教育国家规划教材 8 种。

高质量的教材是实施教育改革、提升人才培养质量的重要支撑。为全面贯彻党的教育方针,深入贯彻党的二十大精神,落实立德树人的根本任务,更好地支持新时代卫生健康职业教育事业发展,服务于我国高职专科临床医学专业人才培养,北京大学医学出版社启动高职专科临床医学专业教材第 6 轮修订编写工作。本轮教材共 25 种,均为北京大学医学出版社"十四五"规划教材。

第 6 轮教材的修订编写坚持"以学生为中心"的原则,对标教育部高职专科临床医学专业教学标准、临床执业助理医师资格考试大纲,参考助理全科医师培训标准,以技能教育为根本,满足 3 个需要(学科需要、教学需要、行业需要),注重基本理论、基本知识和基本技能。内容以"必需、够用"为度,遵循学生认知规律,注重教学适用性,优化编写体例,深化产教融合,优化数字融合,强化思政融合,围绕"岗课赛证"综合育人机制建设,力争成为一套既满足多数院校教学实际,又适度引领教学,培根铸魂、启智增慧,适应新时代要求的精品高职专科临床医学专业教材。

本轮教材的修订编写得到了多方面的大力支持。参编院校教学管理部门提出了宝贵建议,职教专家精心指导、把关,临床专家认真编写、审稿,他们为锤炼精品教材、服务教学改革、提高人才培养质量做出了贡献,在此一并表示感谢!

希望广大师生多提宝贵意见,反馈使用信息,以使本套教材内容日臻完善,为新时代高职专科临床医学教育发展和人才培养做出贡献!

前 言

内科学在临床医学中具有极其重要的地位。通过内科学的学习，学生将对疾病有一个比较全面、系统的认识，为学习其他临床学科和从事临床医学实践或科学研究奠定坚实的基础。随着基础医学的飞跃式发展，内科学也相应进入了一个崭新的发展阶段，对疾病有了更进一步的认识，诊断和治疗手段不断提高。

为适应党和国家对卫生职业教育人才培养及教材建设提出的要求，本书进行第5次修订，旨在推进具有新时代特色的卫生职业教育教材建设，实现"平台+服务"的信息化教学模式。本书在修订过程中，以技术技能、临床思维和临床实践能力的培养要满足临床岗位需求为导向，充分体现内容的思想性、科学性、先进性、启发性和适用性。本书以教育部高等职业教育临床医学专业简介和专业教学标准、国家临床执业助理医师及乡村全科执业助理医师资格考试大纲（2024年版）为框架和依据，更新或加入已有定论的新知识、新技术和新方法，以保证内容的新颖性。

为保持教材的连续性，本书的编写框架与第5版基本保持一致，共分11篇，在第5版的基础上做了以下修订：①按照"以工作过程为导向"的职业教育理念和教学方法，参照教育部专业教学标准，更新了学习目标，新的学习目标包含知识目标、能力目标和素养目标；②根据国际或国内的诊疗指南对各章节常见病的诊断和治疗做了相应更新；③深入挖掘思政元素，将劳动教育、工匠精神、创新创业和爱国主义教育融入教材；④更新数字资源（案例解析、自测题参考答案、PPT、视频、知识拓展、思维导图、思政小课堂），使思维导图对知识点的梳理更加清晰，增加了15个思政小课堂、64个微课和技能操作视频，数字资源仍以二维码的形式在纸质教材中呈现；⑤根据国家临床执业助理医师资格考试大纲（2024年版）中的重要考点提示，各章节添加了自测题，旨在加强学生对知识的掌握和巩固，以更好地进行临床思维培养，体现实践性、综合性和人文性。

本书的参编人员是全国各院校长期在临床、教学和科研一线工作的教师，具有丰富的临床和教学经验。在修订过程中，编者参阅了大量文献和学术专著，博采众长，力求反映内科学的新进展。本书的修订工作得到了各编委所在院校领导的大力支持，得到了北京大学医学出版社的鼎力相助，在此表示衷心的感谢！对于本书中尚存在的疏漏和不足之处，敬请读者批评指正，以便再版时更正。

艾 娟　孙建勋

目 录

第一篇 绪论 ·· 1

第二篇 呼吸系统疾病 ·· 7

 第一章 总论 ··· 8

 第二章 急性上呼吸道感染 ··· 15

 第三章 气管支气管炎 ·· 20

  第一节 急性气管支气管炎 ··· 20

  第二节 慢性支气管炎 ·· 22

 第四章 支气管哮喘 ·· 28

 第五章 慢性阻塞性肺疾病 ··· 40

 第六章 慢性肺源性心脏病 ··· 49

 第七章 支气管扩张症 ·· 57

 第八章 肺部感染性疾病 ··· 64

  第一节 肺炎概述 ··· 64

  第二节 肺炎链球菌肺炎 ·· 68

  第三节 葡萄球菌肺炎 ·· 71

  第四节 肺炎支原体肺炎 ·· 74

  第五节 病毒性肺炎 ··· 77

  第六节 肺脓肿 ·· 80

 第九章 肺结核 ··· 88

 第十章 胸膜疾病 ·· 102

  第一节 自发性气胸 ··· 103

  第二节 胸腔积液 ··· 108

目 录

  第十一章 肺血栓栓塞症 ·· 115

  第十二章 呼吸衰竭 ·· 125

    第一节 慢性呼吸衰竭 ·· 128

    第二节 急性呼吸衰竭 ·· 131

    第三节 急性呼吸窘迫综合征 ·· 133

第三篇 循环系统疾病 ·· **139**

  第十三章 总论 ··· 140

  第十四章 心力衰竭 ·· 147

    第一节 慢性心力衰竭 ·· 151

    第二节 急性心力衰竭 ·· 162

  第十五章 心律失常 ·· 168

    第一节 概述 ··· 168

    第二节 窦性心律失常 ·· 172

    第三节 房性心律失常 ·· 176

    第四节 房室交界性心律失常 ·· 183

    第五节 室性心律失常 ·· 187

    第六节 预激综合征 ··· 192

    第七节 心脏传导阻滞 ·· 194

  第十六章 原发性高血压 ··· 201

  第十七章 冠状动脉粥样硬化性心脏病 ··· 216

    第一节 概述 ··· 217

    第二节 慢性冠状动脉综合征 ·· 218

    第三节 急性冠脉综合征 ·· 223

  第十八章 感染性心内膜炎 ·· 237

  第十九章 心脏瓣膜疾病 ··· 244

    第一节 二尖瓣狭窄 ··· 245

    第二节 二尖瓣关闭不全 ·· 249

    第三节 主动脉瓣狭窄 ·· 253

    第四节 主动脉瓣关闭不全 ··· 256

    第五节 多瓣膜病 ··· 259

  第二十章 心肌疾病 ·· 262

    第一节 扩张型心肌病 ·· 263

    第二节 肥厚型心肌病 ·· 265

第三节 病毒性心肌炎 ········· 267

第二十一章 心包炎 ········· 271
第一节 急性心包炎 ········· 272
第二节 缩窄性心包炎 ········· 275

第四篇 消化系统疾病 ········· 279

第二十二章 总论 ········· 280

第二十三章 胃食管反流病 ········· 285

第二十四章 胃炎 ········· 292
第一节 急性胃炎 ········· 292
第二节 慢性胃炎 ········· 294

第二十五章 消化性溃疡 ········· 299

第二十六章 炎症性肠病 ········· 307
第一节 溃疡性结肠炎 ········· 308
第二节 克罗恩病 ········· 312

第二十七章 肝硬化 ········· 318

第二十八章 原发性肝癌 ········· 329

第二十九章 肝性脑病 ········· 337

第三十章 急性胰腺炎 ········· 346

第三十一章 上消化道出血 ········· 356

第五篇 泌尿系统疾病 ········· 365

第三十二章 总论 ········· 366

第三十三章 肾小球疾病 ········· 373
第一节 概述 ········· 373
第二节 急性肾小球肾炎 ········· 375
第三节 急进性肾小球肾炎 ········· 379
第四节 慢性肾小球肾炎 ········· 381
第五节 无症状性血尿和（或）蛋白尿 ········· 384
第六节 肾病综合征 ········· 386

第三十四章 尿路感染 ········· 395

目 录

- 第三十五章 　慢性肾脏病 ······ 404
- 第三十六章 　急性肾损伤 ······ 413

第六篇　血液系统疾病 ······ **423**

- 第三十七章　总论 ······ 424
- 第三十八章　贫血 ······ 428
  - 第一节　概述 ······ 428
  - 第二节　缺铁性贫血 ······ 432
  - 第三节　巨幼细胞贫血 ······ 437
  - 第四节　再生障碍性贫血 ······ 441
  - 第五节　溶血性贫血 ······ 445
- 第三十九章　出血性疾病 ······ 451
  - 第一节　概述 ······ 451
  - 第二节　原发免疫性血小板减少症 ······ 458
  - 第三节　过敏性紫癜 ······ 461
  - 第四节　弥散性血管内凝血 ······ 464
- 第四十章　白血病 ······ 472
  - 第一节　概述 ······ 473
  - 第二节　急性白血病 ······ 474
  - 第三节　慢性白血病 ······ 480
- 第四十一章　淋巴瘤 ······ 486
- 第四十二章　白细胞减少和粒细胞缺乏症 ······ 494
- 第四十三章　多发性骨髓瘤 ······ 497

第七篇　内分泌和代谢性疾病 ······ **505**

- 第四十四章　总论 ······ 506
- 第四十五章　甲状腺功能亢进症 ······ 512
- 第四十六章　甲状腺功能减退症 ······ 524
- 第四十七章　糖尿病 ······ 530
  - 第一节　糖尿病 ······ 531
  - 第二节　糖尿病酮症酸中毒 ······ 546
  - 第三节　高渗高血糖综合征 ······ 550

第四十八章	肥胖症	553
第四十九章	痛风	559
第五十章	腺垂体功能减退症	565
第五十一章	骨质疏松症	571
第五十二章	低血糖症	577

第八篇 风湿性疾病 — 583

第五十三章	总论	584
第五十四章	类风湿关节炎	590
第五十五章	系统性红斑狼疮	598

第九篇 神经系统疾病 — 607

第五十六章　总论 — 608

第五十七章　脑血管疾病 — 611
　第一节　概述 — 611
　第二节　短暂性脑缺血发作 — 614
　第三节　脑梗死 — 617
　第四节　脑出血 — 627
　第五节　蛛网膜下腔出血 — 631

第五十八章　癫痫 — 638

第五十九章　周围神经疾病 — 649
　第一节　三叉神经痛 — 649
　第二节　特发性面神经麻痹 — 652
　第三节　急性炎性脱髓鞘性多发神经根神经病 — 656

第六十章　急性脊髓炎 — 660

第十篇 精神疾病 — 665

第六十一章　总论 — 666
　第一节　概述 — 666
　第二节　精神疾病的常见病因 — 666

第三节　精神疾病的常见症状 ··· 667
　　第四节　精神障碍的检查、诊断和分类 ······························· 673
　　第五节　精神疾病的治疗 ··· 673

第六十二章　精神分裂症 ··· 676

第六十三章　神经症性障碍 ·· 681
　　第一节　恐惧症 ·· 682
　　第二节　焦虑症 ·· 683
　　第三节　强迫症 ·· 685
　　第四节　躯体形式障碍 ·· 687
　　第五节　神经衰弱 ··· 689

第六十四章　阿尔茨海默病 ·· 693

第十一篇　理化因素所致疾病 ··· **699**

第六十五章　总论 ··· 700

第六十六章　中毒 ··· 702
　　第一节　概述 ··· 702
　　第二节　有机磷农药中毒 ·· 708
　　第三节　急性一氧化碳中毒 ··· 714
　　第四节　急性酒精中毒 ··· 717
　　第五节　毒蛇咬伤中毒 ··· 720

第六十七章　中暑 ··· 726

第六十八章　溺水 ··· 732

第六十九章　电击 ··· 736

第七十章　冻僵 ·· 740

第七十一章　高原病 ·· 744

主要参考文献 ·· 749

中英文专业词汇索引 ··· 750

第一篇

绪 论

数字资源

内科学是临床医学的一门主要学科，它涉及面广，整体性强。内科学在临床医学中占有极其重要的位置，它是临床医学各科的基础学科，与临床医学各科之间存在着密切的联系。内科学所阐述的内容在临床医学的理论和实践中有着普遍意义。掌握内科学的临床思维方法和防治原则，可为其他临床学科的学习打下良好的基础。

【内科学的范围和内容】

内科学旨在引导医学生在掌握基础医学、临床前期学科知识的基础上，从理论走向实践、从书本走向临床。以患者的主诉为中心，通过问诊和体格检查了解患者的临床表现，正确选择实验室检查、影像学检查和器械检查项目，最后将收集到的临床资料经过认真分析、归纳和甄别，提出正确的诊断和防治决策。内科疾病的治疗主要采用非手术治疗方法。

随着医学的发展，各专业学科的形成，传染病学、神经病学、精神病学、职业病学等已脱离内科学成为独立的学科。但是，为适应医学高职专科的教学目的和要求，本书仍将神经系统疾病和精神疾病纳入其中。本书的内容包括：呼吸系统疾病、循环系统疾病、消化系统疾病、泌尿系统疾病、血液系统疾病、内分泌和代谢性疾病、风湿性疾病、神经系统疾病、精神疾病和理化因素所致疾病。本书重点阐述内科常见疾病的病因、发病机制、临床表现、诊断与鉴别诊断、治疗和预防、康复和预后。

【内科学的学习目的和方法】

医学所提供的是对人健康和生命的全方位照护和关怀。学习内科学的目的是保护和增进人民健康、预防和治疗疾病。在学习过程中，除了掌握基础理论知识外，还应努力提高职业素养，树立全心全意为人民服务的宗旨意识，培养高尚医德，培养正确的临床思维方法和工作方法。不仅要重视细致的病史采集、全面的体格检查和必要的辅助检查，及时、正确地进行诊断，还要充分了解患者的心理及患者所处的社会环境，以高度的责任感和同情心进行医疗卫生实践。

内科学课程分为系统学习和毕业实习两个阶段。系统学习包括教学大纲所规定的课堂讲授和与其相结合的临床示教及见习；毕业实习是在临床执业医师的指导下，进行临床诊疗实践，将书本上学到的理论知识应用于临床实践，解决临床上遇到的实际问题，并在临床实践中检验书本知识的正确性。经过实践-认识-再实践-再认识的过程，不断总结临床经验，从而提高发现问题、分析问题和解决问题的能力。

在学习中，要求扎实掌握内科学的基本理论、基本知识和基本技能。毕业时，能够独立诊断和治疗内科常见病和多发病。毕业后，通过临床实践，能进行自学和开展科学研究等活动，不断提高理论知识水平和防病治病能力。

【内科学的发展】

（一）医学模式的转换

医学模式是指医学的基本观念、基本思维和基本方法，也就是说用何种思想方法来看待、研究及处理健康与疾病问题，是我们在学习、实践和传授医学中贯穿始终的世界观。

医学模式经历了古代神灵主义医学模式、自然哲学医学模式、机械唯物论的医学模式、现代生物医学模式、现代生物-心理-社会医学模式。从19世纪开始发展起来的医学模式属于现代生物医学模式，该模式强调生物学因素及人体病理生理过程，着重躯体疾病的防治，而忽略了心理、社会及环境等因素对人体的作用。20世纪后期，随着科学技术的发展和人类文明的进步，人类的生活环境、生活习惯和行为方式也随之发生了变化，人类的疾病谱也相应发生了明显的变化。世界卫生组织（World Health Organization，WHO）公布2012年68%的疾病是非传染性疾病，诊治慢性疾病是现代医学和内科学的首要任务。心脑血管病、肿瘤、糖尿病、精神病是当今人类健康的主要危害，而这些疾病的发生和发展与心理社会因素密切相关，这就促使了现代医学模式的进一步转变。1977年美国Rochester大学Engel教授提出了现代生物-心理-社会医学模式，这一模式强调医学目标的整体性，在更高层次上实现了对人的尊重。同时，现代生物-心理-社会医学模式对医学生提出了更高的要求。在新的医学模式下，要更加注重研究酒精、毒品、吸烟、暴力、经济、文化、宗教、自然环境、饮食习惯、工作压力、精神紧张等诸多因素对疾病发生、诊治、预防和康复的影响。内科疾病治疗的目标已不仅是治愈某一个疾病，而且要促进康复、减少残疾、提高生活质量。

（二）循证医学的发展

传统医学是经验医学，是医师根据个人的实践经验、高年资医师的指导、教科书和医学期刊上零散的研究报告为依据来处理患者。其结果是，一些真正有效的治疗方法因不为公众所了解而长期未被临床采用；一些实践无效甚至有害的治疗方法因从理论上推断可能有效而长期广泛使用。19世纪发展起来的现代医学已经有了解剖学、病理学、生物化学、药理学等基础学科的支撑，逐渐远离了传统经验医学，形成了循证医学体系。

循证医学就是遵循证据的医学。其核心思想是医疗决策（医疗方案、临床指南和卫生政策）应在现有高质量的临床研究证据的基础上做出，并重视结合医师的临床经验与技能，考虑患者实际情况和意愿。循证医学所依靠的临床研究证据主要来自大样本的随机对照试验、系统性评价和荟萃分析。根据临床研究证据的级别进行甄选、分析，形成临床指南、诊疗规范，用于指导临床实践，避免了医师仅依据自身经验对患者进行治疗时可能发生的偏见和失误。

（三）整合医学的兴起

现代医学的发展使基础医学研究越来越向微观发展，碎片化的知识也随之增加，临床学科分得越来越细，造成了有的医师"看心不看胃，看脚不看肺"。但是患者是一个整体，全身疾病有可能只表现了某个局部的问题，专科医师不能局限在某一部位治疗疾病。随着新发或再发传染病的不断出现，单一学科对这些疾病往往束手无策。老年疾病往往多脏器受累，需要多学科联合攻关。还有很多疾病的发生与心理因素密切相关，不仅需要某一专科医师治疗躯体疾病，而且需要心理医师协作进行心理问题的疏导。

整合医学是指在理念上实现医学整体和局部的统一，在策略上以患者为核心，在实践上将各种防治手段有机地结合起来。从人的整体出发，将医学各领域最先进的理论知识和临床各专科最有效的实践经验分别加以整合，并根据社会、环境、心理的现实进行修正，使之成为更适合人体健康和疾病诊疗的医学体系。整合医学的核心是团队合作、多学科合作，并全程关注患者疾病状态的变化，及时推荐患者接受其他专科治疗。它提倡打破学科、病区壁垒，以患者为中心，各科专家形成诊疗团队，根据患者的具体病情制定最优化的诊疗方案，实现个体化、整体化诊疗。临床学科整合不是否定专科体制，专科体制推动了医学对疾病与生命的深层认识，在许多方面开辟了探索生命的奥秘之门，而单纯的分化或者单纯的整合都是片面的、不科学的，不利于医学发展。专科的深入与多学科的整合应该共同发展，这是今后临床医学的发展方向。医学课程的整合，以器官系统为中心的课程体系也渐渐成为我国医学教育界的共识。

（四）精准医学的趋势

精准医学是基于患者个体遗传学信息，评估环境及生活方式的影响，综合各种疾病诊疗技术，进行疾病精确分类和诊断，对个体实施精准、有效的健康干预和治疗策略。精准医学的核心目的是疗效最大化、损害最小化、资源最优化。精准医学包括精准诊断和精准治疗。通过基因检测，可以识别个体遗传易感性，充分考虑基因-环境交互作用，精确识别和防治疾病。例如通过对痛风、糖尿病、原发性高血压等疾病的易感基因进行检测，可以早期干预生活方式及调整用药。肿瘤细胞会携带大量DNA、RNA信息，基因检测技术可以检测出肿瘤标志性分子，为肿瘤早期诊断提供有力帮助。检测肿瘤细胞表达的致癌位点（该位点可以是肿瘤细胞内部的一个蛋白质分子，也可以是一个基因片段），精确地定位到病变细胞，进行分子靶向治疗将肿瘤细胞杀伤，而对正常细胞则不产生明显的毒性作用。目前靶向治疗极大地提高了肿瘤的控制率。

（五）"互联网＋"、人工智能背景下的内科学

"互联网＋"是通过传统产业的互联网化完成产业升级。具体在医疗行业的表现形式为移动医疗、远程医疗、电子病历、医疗信息数据平台、智能可穿戴医疗产品等。远程医疗技术可以缓解专家资源的不足，并协助提高基层医疗水平，大大降低医疗费用，满足基层广大人民群众的健康需求。

人工智能（artificial intelligence，AI）在医学领域的运用涵盖了智能诊断、药物研发、医学影像分析、健康管理和医疗机器人等多个方面。通过深度学习和大数据分析，智能诊断系统能够迅速分析医疗影像、病历数据和生理参数，提供准确和全面的诊断信息，便于制定正确的医疗方案。AI可以通过自动化处理医疗记录、预约、诊断等工作，提高医疗质量和医护人员的工作效率。未来的AI技术将为人类健康事业做出更大贡献。

（六）内科学各专业学科的发展

1. 呼吸系统疾病　我国呼吸学科的发展经历了3个阶段。第一阶段：20世纪50—60年代，结核病肆虐，以防治肺结核为主要任务；第二阶段：20世纪70—90年代，以"呼吸四病"/肺源性心脏病防治为主要任务，肺功能检查、血气分析、支气管镜检查等都是这个时期发展起来的；第三阶段：20世纪90年代以后，是现代呼吸病学阶段，呼吸病学各个领域全面发展。新发突发的呼吸道传染病等公共卫生事件构成重大社会影响，慢性阻塞性肺疾病、肺癌、肺结核、肺尘埃沉着病等防治形势严峻，促使呼吸与危重病学科的规范化建设，构建多学科交叉融合的现代呼吸学科体系。

2. 心血管疾病　心血管疾病是现代社会严重威胁人类健康，引起患者死亡的主要疾病。自20世纪80年代以来，围绕高血压、冠状动脉粥样硬化性心脏病（简称冠心病）、慢性心力衰竭和心律失常的防治，学者们进行了一系列大规模多中心临床试验。在此基础上由权威机构发布的临床诊疗指南已成为指导临床实践的重要依据和准则。近30年，新的诊断技术、药物和治疗方法被采用，介入心脏病学技术的广泛应用，从根本上改变了心血管内科的传统治疗模式。

3. 消化系统疾病　电子内镜和超声内镜的临床应用已经成为诊断消化系统疾病的一项极为重要的手段。胃镜、结肠镜结合黏膜染色、病理学检查可对早期胃肠肿瘤做出诊断。20世纪80年代开始对幽门螺杆菌进行研究，通过大量临床试验已总结出根除幽门螺杆菌的治疗方法，使消化性溃疡已经有可能彻底治愈。乙肝疫苗的广泛应用使肝炎、肝癌的发病率明显下降。肝移植的广泛开展，使肝硬化成为可治愈的疾病。肝干细胞移植在肝衰竭治疗中展现出诱人的前景。生物制剂的问世提高了炎症性肠病的疗效。

4. 肾病　慢性肾脏疾病也是威胁人类健康的疾病，是全球性重要公共卫生问题之一。我国肾病领域的很多治疗手段与国外先进水平相比还是有一定的差距，但通过肾病科医师的不断努力，已经有了长足的进步。新型免疫抑制药的应用明显降低了肾移植术后的排斥反应，并提高了对狼疮肾炎的治疗效果；适时透析提高了终末期肾病患者的存活率和生活质量；肾移植技术水平逐步提高，已经成为终末期肾病患者最佳的治疗方法，与常规透析相比，接受肾移植手术后患者有更高的生活质量和更长的生存时间。我国对以上治疗的代表性研究已经跻身世界领先行列。

5. 血液病　近年来，血液病的研究进展速度很快。单克隆抗体、重组DNA技术、细胞遗传学和分子生物学理论和技术，使血液病的病因、发病机制研究有了突飞猛进的发展。恶性血液病的治疗已从既往的化学治疗、放射治疗和骨髓移植治疗进展到诱导分化治疗、生物治疗、靶基因治疗和干细胞移植治疗等，治愈了不少血液病患者。

6. 内分泌和代谢性疾病　在内分泌疾病的诊断方面，以往多采用放射免疫法测定激素水平，而新发展起来的免疫多聚酶链反应法可使激素测定的敏感性更高、特异性更强。此外，正电子发射计算机体层显像仪（PET/CT）可定量、定时动态观察垂体、肾上腺、甲状腺的功能变化和代谢过程。在治疗方面，用于替代治疗的激素疗效更强，作用时间更长，而且还出现了一些作用于激素受体的药物（如他莫昔芬）。治疗糖尿病的新药不断上市，糖尿病的预防广泛开展。

7. 风湿性疾病　风湿科是内科各专业中非常年轻的学科之一，其发展十分迅速。风湿性疾病多与自身免疫相关，随着基因组学、蛋白质组学和系统生物学的进展，风湿性疾病的研究得以深入，揭示了很多风湿性疾病的发病机制，新的诊断方法和治疗措施也相继应用于临床。特别是生物制剂（如细胞因子拮抗剂、免疫细胞清除剂、共刺激分子拮抗剂）靶向治疗，可以特异性阻断发病过程中的某一个环节，达到治疗疾病的目的，显著地提高了风湿性疾病的治疗效果。

以上各专业学科的发展，并不等于独立化。人作为一个有机整体，疾病常以侵犯某一系统或某一器官为主，同时也会影响其他器官或系统。专科研究越是深入，越是凸显各专业分科之间交叉的复杂性，如糖尿病与肾病、风湿性疾病与各个系统的密切关系。许多全身性疾病常在某个器官出现首发症状，若仅关注该器官局部，不对全身表现进行综合分析，常常会做出错误的诊断。因此，学习内科学要重视联系基础医学知识，理论与实践相结合，正确处理共性与个性的关系，透过现象看本质，注意不断更新知识，培养良好的人文素养，通过内科学系统性理论知识及临床实践的培训，将来成为一名优秀的内科医师。

自　测　题

简答题

1. 内科学主要学习哪些内容？
2. 如何成为一名优秀的内科医师？

（艾　娟）

第二篇

呼吸系统疾病

第一章 总论

第一章数字资源

学习目标

1. 知识：说出呼吸系统的基本结构和功能，列举呼吸系统疾病的常见症状与体征，解释呼吸系统疾病辅助检查的临床意义，简述呼吸系统疾病的防治前景。

2. 能力：运用患者的病史、体格检查及其他检查获取的信息，对呼吸系统常见疾病做出初步诊断，并根据病情拟定防治方案。

3. 素养：认识呼吸系统疾病对人类健康的重大危害，树立"每个人是自己健康第一责任人"的理念，坚持预防为主，养成健康的生活方式。同时要树立"以患者为中心"的服务理念，尊重患者的生命权、健康权和知情权。培养应对突发事件的能力，在面对呼吸系统疾病急性发作、大规模传染病暴发等紧急情况时，能够保持冷静，迅速做出反应，具有基本的判断力和决策力。

案例 2-1-1

患者，男性，68岁，以"反复发作性呼吸困难30年，再发1 d"就诊。患者30年前每遇花粉即感胸闷、气短。1 d前患者再次接触花粉后出现胸闷、气短，无法平卧，伴焦虑和烦躁入院，有磺胺类药过敏史。体格检查：R 22次/分，口唇无发绀，桶状胸，双肺叩诊呈过清音，双肺呼吸音减弱，可闻及弥漫性干啰音。心界向左侧扩大，心率102次/分，心律齐。血气分析：PaO_2 62 mmHg，$PaCO_2$ 38 mmHg，pH 7.36。

初步诊断：支气管哮喘急性发作期（中度）。

问题与思考：

1. 呼吸困难的病因有哪些？主要类型包括哪些？
2. 啰音如何分类？啰音是怎样形成的？啰音的意义有哪些？

随着全球工业化、现代化进程的加快和人们生活方式的转变，大气污染、吸烟以及人口老龄化等因素的影响，呼吸系统疾病成为影响人民健康和生命安全的常见病、多发病。

【呼吸系统的结构功能与疾病的关系】

呼吸系统由鼻、咽、喉、气道和肺等器官组成，其主要功能是吸入氧气和呼出二氧化碳。呼吸道以环状软骨下缘为界，分为上呼吸道与下呼吸道两部分。上呼吸道由鼻、鼻窦、咽、喉构成，其功能除传导气体外，还有湿化、加温、净化空气、嗅觉及发音功能；下呼吸道由气管、支气管、叶支气管、段支气管、小支气管、细支气管、终末细支气管构成，主要功能为传导气体。呼吸性细支气管、肺泡管、肺泡囊、肺泡为气体交换的场所。

气管全长11~13 cm，其末端在第4胸椎水平分为左主支气管、右主支气管。右主支气管与气管夹角比左侧大，管径粗短，近似气管的直接延续，因此异物易坠入右侧支气管。在吸气状态下，管径大于 2 mm 者统称大气道，如叶支气管、段支气管；管径小于或者等于 2 mm 者为小气道，如小支气管、细支气管。气管、支气管以树枝形式逐渐分级，直至呼吸性细支气管、肺泡管，可达 23 级。随着气管、支气管逐渐分级，虽然其直径逐渐减小，但由于分支的数目逐渐增多，其相应的横断面积还是逐级增大的。以上结构特点会造成气流速度逐渐减缓，到达肺泡内的气体会基本达到均匀，更有利于气体的交换。另外，混于气体中的微粒会沉积于气道黏膜上，不至于进入肺的深部。

呼吸系统与体外环境相通。成人在静息状态下，每日约有 10 000 L 的气体出入呼吸道。吸入氧气，排出二氧化碳，这种气体交换是呼吸系统最重要的功能。肺具有广泛的呼吸面积，成人的总呼吸面积约有 100 m^2（有 3 亿~7 亿个肺泡）。在呼吸过程中，外界环境中的有机和无机粉尘，包括各种微生物、蛋白质变应原、有害气体等均可进入呼吸道及肺引起各种疾病，因此呼吸系统的防御功能对保护人体生命与健康至关重要。

呼吸系统的防御功能包括物理（鼻部加温、过滤、打喷嚏、咳嗽、支气管收缩、黏液纤毛运输系统）、化学（溶菌酶、乳铁蛋白、蛋白酶抑制剂、抗氧化的谷胱甘肽、超氧化物歧化酶等）、细胞吞噬（肺泡巨噬细胞、多形核粒细胞）以及免疫（B 细胞分泌 IgA、IgM 等，T 细胞免疫反应等）等方面。当各种原因引起呼吸系统防御功能下降或外界的刺激过强时，均可引起其损伤或病变。此外，肺对某些生物活性物质、脂质、蛋白质、活性氧等有代谢功能。肺还表现为"异位"神经-内分泌功能，引起肥大性肺性骨关节病、皮质醇增多症等。

肺由双重循环系统提供血液：一个为肺循环，由肺动脉干及其分支、毛细血管和静脉组成，是气体交换的功能血管；另一个为支气管循环，包括支气管动脉和静脉，是肺、气道和脏胸膜等的营养血管。与体循环相比，肺循环具有低压（仅为体循环压力的 1/10）、低阻及高容的特点。当二尖瓣狭窄、左心功能低下时，肺毛细血管压可增高，继而发生肺水肿。当各种原因引起低蛋白血症时，会发生肺间质水肿或胸膜腔液体漏出。

肺与全身各器官的血液及淋巴循环相通，所以皮肤软组织疖和痈的菌栓、深静脉形成的血栓、癌肿的癌栓，都可以到达肺，分别引起继发性肺脓肿、肺血栓栓塞症和转移性肺癌等。消化系统肿瘤（如胃癌）经腹膜后淋巴结转移至肺，引起两肺转移癌病灶。同样肺部病变也可在肺本身发生病灶播散，还可向全身播散，如肺癌和肺结核播散至骨、脑、肝等器官。此外，全身免疫性疾病（如结节病、系统性红斑狼疮）、肾病（如尿毒症）及血液病（如白血病）均可累及肺部。

【呼吸系统疾病的病史采集与体格检查】

（一）病史采集方法

询问病史是了解病情的重要手段，通过与患者及其家属的交谈，获得准确的病史资料是临床确立诊断的第一步。询问时，应详细了解疾病的发生和发展、伴随症状、诊疗情况等。同时注意对既往史、个人史、家族史的询问。

（二）主要症状

1. 咳嗽与咳痰　咳嗽、咳痰是临床较常见的症状之一，主要见于呼吸道、胸膜、肺、心血管和中枢神经疾病等，而呼吸道感染为最常见的病因。临床上应注意咳嗽的时间和音色，痰液的量、颜色、性状和气味。

2. 呼吸困难　呼吸困难可呈现呼吸频率、深度及节律等方面的改变。突发的胸痛后呼吸困难应首先考虑气胸；夜间突发呼吸困难常提示急性左心衰竭或支气管哮喘发作；亚急性病程（数日至数周）多为真菌性肺炎、胸腔积液等；慢性病程（数月至数年）提示可能为慢性阻塞性肺疾病、肺间质疾病；反复发作性呼吸困难且伴有哮鸣音主要见于支气管哮喘。吸气性呼吸困难表现为吸气费力伴喘鸣，吸气时胸骨上窝、锁骨上窝及肋间隙凹陷（三凹征），见于各种原因引起喉、气管、大支气管水肿、痉挛、异物或肿瘤压迫等而发生的狭窄；呼气性呼吸困难表现为呼气相延长，伴哮鸣音，见于支气管哮喘和慢性阻塞性肺疾病等；混合性呼吸困难见于肺炎、肺纤维化、大量胸腔积液和气胸等。

3. 咯血　喉及喉部以下呼吸道任何部位出血，经口腔排出称为咯血。临床上咯血应注意与呕血相鉴别。按咯血部位不同，大致可分为气道来源、肺实质来源和肺血管来源。

4. 胸痛　呼吸系统疾病导致的胸痛通常是胸膜性的，即所谓胸膜刺激痛，来源于壁胸膜，随呼吸运动而加重。胸壁内的肌肉、肋骨、脊柱、神经疾病均可导致胸痛。心脏疾病、食管疾病和纵隔疾病也可导致胸痛，应注意进行鉴别诊断。

（三）体格检查

1. 视诊（inspection）　视诊时，应对头、颈和胸部进行仔细的观察。头部重点检查耳、鼻和咽部，因下呼吸道疾病常与上呼吸道疾病有关，如支气管哮喘患者常合并过敏性鼻炎。颈部要注意检查颈静脉，慢性阻塞性肺疾病患者合并右心衰竭时，常可见颈静脉充盈；存在气道阻塞性病变时，常可见吸气时颈静脉塌陷；上腔静脉阻塞患者，可见颈静脉明显扩张，并伴颈部、眼睑和双上肢水肿以及前胸壁静脉扩张。视诊胸部时，应注意呼吸频率、节律、深度和对称性。快速、用力、辅助肌群的参与（胸锁乳突肌紧张）说明呼吸需求增加或呼吸功增加。胸廓或呼吸的不对称性提示大气道内阻塞、单侧肺实质或胸膜病变、单侧膈神经麻痹。

2. 触诊（palpation）　触诊对呼吸系统疾病的部位和性质判定有一定的帮助。应检查气管的位置和活动度，纵隔移位可引起气管移位。锁骨上淋巴结肿大多为肺癌或胃癌转移的征象，但也可见于良性疾病，如淋巴结结核或结节病。胸壁触诊时，应注意有无压痛、捻发感、皮下气肿、胸膜摩擦感，还可对胸廓活动度、语音传导和语音震颤进行评价。

3. 叩诊（percussion）　叩诊在胸部体格检查中占据重要地位。胸部叩诊音可分为清音、过清音、鼓音、浊音和实音。

4. 听诊（auscultation）　听诊时，听诊器的胸件应紧贴胸壁，避免听诊器与皮肤之间的摩擦。注意呼吸音的性质、强度以及有无啰音和胸膜摩擦音。

【呼吸系统疾病的检查手段】

（一）实验室检查

1. 血液检查　血液中白细胞计数、中性粒细胞比例增多提示细菌感染；病毒感染可见淋巴细胞计数减低；血液中嗜酸性粒细胞增多提示过敏性疾病或寄生虫感染。某些感染性疾病可考虑进行血培养，进行病原学诊断。

2. 痰液检查　痰液收集非常重要。如果收集经口咳出的痰标本，极易受到污染；为防止污染，可考虑采用环甲膜穿刺吸引、纤维支气管镜或者防污染双套管毛刷采样。痰涂片在诊断肺炎链球菌感染时应用最多。痰培养可提高检查的敏感性，并能确定致病菌种。痰定量培养技术可以提高痰培养的敏感性和特异性。

3. 脱落细胞学检查　痰脱落细胞学检查用于肺癌的诊断，方法简单，阳性率高，但也可出现假阳性。胸腔积液的脱落细胞检查也如此。

4. 胸腔积液检查　胸腔积液常规检查和生化检查中的蛋白质、糖和乳酸脱氢酶（lactate dehydrogenase，LDH）可鉴别渗出液与漏出液。癌胚抗原、细胞学检查和细胞染色体分析有助于结核病与恶性肿瘤的鉴别。

（二）影像学检查

影像学检查是呼吸系统疾病诊断的重要手段。掌握胸部器官的解剖、生理及病理知识，熟悉胸部器官正常影像及各种疾病相应的影像特征，是做出正确影像学诊断的基础。而结合临床资料也是影像学诊断必不可少的重要环节。

1. 胸部X线片　拍摄胸部X线片是胸部疾病最常用的检查方法，对明确呼吸系统疾病的病变部位、性质及与临床问题的关系有一定的价值，但由于 X 线分辨率低，不易检出肺部微小病变和隐蔽部位（如心脏后、脊柱旁、肺尖）的病变。

2. **胸部计算机体层成像（CT）** 胸部 CT 具有更高的分辨率，能发现胸部 X 线片不能发现的病变，对于明确肺部病变的部位、性质，以及有关气管、支气管通畅程度具有重要价值。增强 CT 主要用于鉴别病变为血管性或非血管性，明确纵隔病变与心脏大血管的关系，了解病变血管情况，帮助鉴别良、恶性。胸部高分辨率 CT（HRCT）是诊断间质性肺疾病和支气管扩张症不可或缺的重要方法。CT 肺动脉造影（CTPA）能发现段及亚段水平的肺动脉血栓，是确诊肺栓塞的首选检查方法。低剂量 CT 是较敏感的肺结节评估工具，主要应用于肺癌早期筛查，可减少辐射。

3. **胸部磁共振成像（MRI）** 胸部 MRI 对血管、纵隔、胸膜和胸壁等病变的诊断与鉴别诊断有其独特优势，但因其诊断肺实质疾病的作用不如 CT，一般不作为肺部疾病的首选检查方法。

4. **放射性核素扫描** 肺通气/灌注显像对肺栓塞和血管病变有诊断价值，全身骨扫描对肺恶性肿瘤骨转移的诊断也有较高的参考价值。

5. **正电子发射计算机体层显像仪（PET/CT）** 通过组织对 ^{18}F-氟代脱氧葡萄糖（FDG）的摄取，评价病变组织的代谢状态，确定病变的部位及累及的范围，估测病变的性质，从而可以较准确地对肺恶性肿瘤、纵隔淋巴结转移及远处转移进行鉴别诊断。

6. **胸部超声检查** 胸部超声检查可用于胸腔积液的诊断与穿刺定位，以及紧贴胸膜病变的引导穿刺等。

（三）抗原皮肤试验

变应原皮肤试验有助于对支气管哮喘患者确定过敏原。结核菌素试验用于结核病的诊断，对小儿的特异性要比成人强。

（四）支气管镜及胸腔镜检查

1. **支气管镜检查** 纤维支气管镜可深入亚段支气管，直视病变。利用纤维支气管镜进行支气管黏膜刷检及活检、支气管肺泡灌洗，经支气管肺活检。超声支气管镜引导的纵隔肿块或淋巴结穿刺针吸活检等可帮助疾病的诊断。此外，利用纤维支气管镜还能开展治疗工作，如取异物、止血用高频电刀、激光、微波和药物注射治疗良性及恶性肿瘤等。

2. **胸腔镜检查** 胸腔镜可直视观察胸膜病变，并进行胸膜、肺活检，同时可实施胸膜固定术。

（五）呼吸生理功能检测

1. **血气分析** 血气分析在呼吸系统疾病中应用非常广泛，尤其适用于呼吸衰竭、急危重患者的监测。一方面，血气分析可了解酸碱平衡失调、缺氧和二氧化碳潴留等情况；另一方面，血气分析可指导及调整临床用药及治疗方法。

2. **肺功能测定** 通过肺功能测定，可明确疾病对肺功能损害的性质及程度，有利于某些呼吸系统疾病的早期诊断。

（六）肺活检

肺活检方法有经纤维支气管镜活检，经 X 线、超声或 CT 引导定位活检。疑难病症可行开胸肺活检，某些疾病还可考虑行胸膜活检或淋巴结活检。

【呼吸系统疾病的防治前景】

（一）呼吸系统疾病防治的严峻形势

呼吸系统疾病是严重危害我国人民健康及造成社会经济负担过重的重大、多发、常见疾病。新发突发呼吸道传染病等公共卫生事件严重危害民众健康、生命安全，扰乱生活秩序。特别是随着大气污染、庞大的吸烟人群、人口老龄化、新发和耐药致病原等问题的日益凸显，呼吸系统疾病的防治形势将依然严峻，其防治工作任重道远。

(二)呼吸系统疾病防治的策略和任务

党中央、国务院高度重视呼吸系统疾病防治工作,将其纳入《"健康中国2030"规划纲要》《中国防治慢性病中长期规划(2017—2025年)》等重要政策文件,并在《健康中国行动(2019—2030年)》15个专项行动中设立"慢性呼吸系统疾病防治行动""癌症防治行动""传染病及地方病防控行动"等。为进一步落实《健康中国行动(2019—2030年)》目标任务,国家卫生健康委等部委提出要加强政策引导和资源配置,动员全社会参与慢性疾病及其危险因素的全程管理,倡导健康的生活方式,普及健康知识,中西医并重,强化早筛、早诊和早治,有效遏制呼吸系统疾病增长带来的危害,增强人民群众健康获得感。

1. 建立完善呼吸系统疾病三级预防体系　一级预防,即普及健康知识,倡导健康的生活方式,动员全社会参与慢性呼吸系统疾病及危险因素的防治,加强控烟、大气污染防控、疫苗接种等措施,减少慢性阻塞性肺疾病、肺癌、流行性感冒、肺炎的发生。二级预防,即强调早筛、早诊和早治,如健康体检中增加肺功能检查、低剂量CT检查可以早期发现慢性阻塞性肺疾病、肺癌等,通过早期干预,可以减缓慢性阻塞性肺疾病患者肺功能下降,提高肺癌生存率。三级预防,即加强呼吸系统疾病的规范治疗与管理,减缓疾病进展,预防合并症和残疾,降低死亡率,改善预后,提高患者的生活质量。

2. 加强呼吸系统疾病相关学科专业建设　加强呼吸与危重病医学科建设,完善人才结构。集中力量加快科研攻关,推动慢性呼吸系统疾病多学科协作,提升重症及复杂慢性呼吸系统疾病的诊疗能力。

3. 提升基层慢性呼吸系统疾病防治服务能力　加强县域呼吸系统疾病相关学科建设,强化规范化诊疗和健康管理,完善慢性呼吸系统疾病相关诊疗指南、临床路径。加强医疗质量控制,促进诊疗质量持续改进,不断提升基层慢性呼吸系统疾病诊疗能力。

4. 提升慢性呼吸系统疾病中医药防治能力　发挥中医药在预防、早期干预和治疗中的作用,优化慢性呼吸系统疾病中医诊疗方案。

5. 推动慢性呼吸系统疾病健康支持和康复治疗　重视慢性呼吸系统疾病患者营养评估与监测。针对存在的精神及心理问题,给予必要的干预。建立呼吸康复治疗体系,强化患者呼吸康复锻炼,提升治疗水平。

自 测 题

一、选择题

1. 关于上呼吸道的描述,错误的是
   A. 包括气管
   B. 包括鼻
   C. 包括咽
   D. 包括喉
   E. 从鼻到环状软骨下缘以上的气道

2. 关于主支气管的描述,正确的是
   A. 气管末端在第6胸椎水平分为左主支气管、右主支气管
   B. 左主支气管细而短
   C. 右主支气管粗而长
   D. 气管异物容易进入右主支气管
   E. 左、右主支气管在肺门处均分为三支入肺

3. 关于气体交换场所的描述，错误的是
   A. 呼吸性细支气管
   B. 终末细支气管
   C. 肺泡管
   D. 肺泡囊
   E. 肺泡

4. 关于小气道的描述，错误的是
   A. 小支气管
   B. 终末细支气管
   C. 细支气管
   D. 气道管径小于或者等于2 mm者（吸气状态下）
   E. 段支气管

5. 关于肺循环特点（与体循环对比）的描述，错误的是
   A. 低压
   B. 低阻
   C. 低容
   D. 高容
   E. 双重血液供应

6. 典型的肺炎链球菌肺炎咳痰多为
   A. 粉红色泡沫样痰
   B. 白色黏液痰
   C. 铁锈样痰
   D. 腥臭味脓性痰
   E. 血痰

7. 患者，女性，30岁，因反复咳嗽、咳大量脓性痰和咯血2年来院就诊，无发热、盗汗等。接诊医师怀疑为支气管扩张症，应首选的检查是
   A. 胸部MRI
   B. 胸部X线片
   C. 胸部高分辨率CT
   D. 增强CT
   E. 胸部超声

8. 关于呼吸系统疾病三级预防的描述，错误的是
   A. 一级预防即普及健康知识，倡导健康生活方式，控烟等
   B. 将肺功能检查纳入40岁以上人群体检内容是二级预防
   C. 二级预防强调早筛、早诊和早治
   D. 加强呼吸系统疾病的规范治疗与管理是二级预防
   E. 预防残疾、降低死亡率、提高生活质量是三级预防

（9~10题共用题干）

患者，男性，35岁，以"胸痛、呼吸困难半小时"为主诉来院就诊。半小时前，患者扛重物上楼时突发左侧胸痛，伴咳嗽、心悸和胸闷。体格检查：P 102次/分，BP 90/60 mmHg，口唇发绀，左肺呼吸音低，心音遥远。

9. 最可能的疾病诊断是
   A. 自发性气胸
   B. 慢性支气管炎
   C. 心律失常
   D. 冠心病、心功能不全
   E. 冠心病、心绞痛

10. 应首选的检查项目是
    A. 血气分析
    B. 心电图检查
    C. 胸部X线检查
    D. 超声心动图检查
    E. 血常规检查

二、简答题

1. 全身性疾病可累及肺部，肺部病变也可向全身播散，这与呼吸系统的结构及功能特点有何关系？
2. 呼吸系统疾病常见症状包括哪些？
3. 如何防治呼吸系统疾病？

三、案例分析题

患者，男性，26岁。发热、咳嗽3天。3天前患者淋雨受凉后突发寒战、高热、咳嗽，咳黄色痰，伴右侧胸痛，并出现疲乏、头痛、全身肌肉酸痛，遂收治入院。既往史无特殊。体格检查：神志清楚，T 39.5 ℃，R 26次/分，BP 110/80 mmHg。口唇可见疱疹，咽部充血，右下肺叩诊音稍浊，语音震颤增强，右下肺闻及湿啰音，心浊音界未扩大，心率110次/分，心律齐。余未见异常。血常规：WBC 18×10^9/L，N 92%。首先应考虑的疾病诊断是什么？应选择哪些检查项目？应采取哪些措施？

（孙建勋）

第二章　急性上呼吸道感染

第二章数字资源

学习目标

1. 知识：说出急性上呼吸道感染的病因、主要类型及临床特点，简述急性上呼吸道感染防治要点。
2. 能力：运用询问病史、体格检查及辅助检查获取的患者信息，对本病做出初步诊断，并与相关疾病进行鉴别诊断。
3. 素养：急性上呼吸道感染具有一定的传染性，对公共卫生安全可能造成影响。学习者要认识到自身在疾病预防和控制中的责任，学习并掌握相关的公共卫生知识，能够向公众宣传急性上呼吸道感染的预防措施，如勤洗手、戴口罩、保持社交距离，提高公众的自我保护意识，为减少疾病的传播贡献力量。

案例 2-2-1

患者，女性，18岁，受凉后出现流涕、鼻塞、咽痛、全身不适4d。否认鼻窦炎、扁桃体炎病史。体格检查：T 37.6 ℃，咽部充血。肺部听诊未闻及干啰音、湿啰音，心率100次/分，心律齐，各瓣膜听诊区未闻及病理性杂音。实验室检查：白细胞计数正常。给予对症治疗5 d后好转。

问题与思考：
1. 初步诊断和诊断依据是什么？
2. 需与哪些疾病进行鉴别诊断？
3. 治疗原则是什么？

上呼吸道感染（upper respiratory tract infection）简称上感，是指鼻腔、咽或喉部的急性炎症，是呼吸道最常见的一种疾病。急性上呼吸道感染发病率高，可发生在任何年龄，免疫力低下者易感。大多病程短，有自限性，预后良好，有时可引起严重并发症。本病有一定的传染性，应注意预防。

【病因与发病机制】

急性上呼吸道感染有70%~80%由病毒引起，主要有流感病毒（甲、乙、丙）、副流感病毒、呼吸道合胞病毒、腺病毒、埃可病毒、柯萨奇病毒、麻疹病毒、风疹病毒及冠状病毒等。细菌感染占20%~30%，可直接或继病毒感染之后发生，以溶血性链球菌多见，其次为流感嗜血杆菌、肺炎链球菌和葡萄球菌等，偶见革兰氏阴性杆菌。

当受凉、淋雨、过度疲劳等使全身或呼吸道局部防御功能降低时，原已存在于上呼吸道或从外界侵入的病毒或细菌迅速繁殖，引起本病。年老体弱、儿童和患有慢性呼吸道疾病（如鼻窦炎、扁桃体炎）者，更易诱发。

【流行病学】

急性上呼吸道感染全年均可发病，冬、春季节多发，主要通过含有病毒的飞沫或被污染的用具传播，多数为散发性，但常在气候突变时流行。由于病毒的类型较多，人体对各种病毒感染后产生的免疫力较弱且短暂，并无交叉免疫，同时在健康人群中有病毒携带者，故一个人一年内可多次发病。

【病理】

鼻腔及咽黏膜充血、水肿、上皮细胞破坏，少量单核细胞浸润，有浆液性及黏液性炎性渗出。当继发细菌感染后，有中性粒细胞浸润和脓性分泌物。

【临床表现】

病因不同，急性上呼吸道感染临床表现可有不同的类型。

（一）普通感冒

普通感冒（common cold）主要由鼻病毒、副流感病毒、呼吸道合胞病毒、埃可病毒、柯萨奇病毒等引起。初期患者有咽干、咽痒，在起病同时或数小时后，发生打喷嚏、鼻塞、流清水样鼻涕，有时由于耳咽管炎使听力减退，也可出现流泪、味觉迟钝、呼吸不畅、声音嘶哑、咳嗽少痰。全身症状较轻，可有全身不适，轻度畏寒，一般不发热或偶有轻度发热、头痛。检查可见鼻黏膜充血、水肿、有分泌物，咽部轻度充血。3~5d后，鼻腔分泌物可转为黄色。如无并发症，5~7d全部症状自行消退。

（二）急性病毒性咽炎和喉炎

急性病毒性咽炎和喉炎由鼻病毒、腺病毒、流感病毒、副流感病毒、肠病毒及呼吸道合胞病毒等引起。临床表现为咽痒、咽痛和灼热感，声音嘶哑，可伴有发热或咳嗽。体格检查可见咽喉水肿、充血，局部淋巴结轻度肿大和触痛。

（三）急性疱疹性咽峡炎

急性疱疹性咽峡炎主要由柯萨奇病毒A引起，多见于儿童，夏季较易流行。本病发病急，有发热、咽痛。在前咽部、软腭、悬雍垂和扁桃体上可有灰白色小丘疹，丘疹周围黏膜有红晕，以后形成疱疹，破溃后可形成浅溃疡。本病病程约为1周。

（四）急性咽结膜热

急性咽结膜热常由腺病毒、柯萨奇病毒等引起。本病儿童多见，常发生于夏季。起病急，主要表现为发热、咽痛、结膜炎和颈淋巴结肿大。病程4~6d。

（五）急性咽扁桃体炎

急性咽扁桃体炎多由溶血性链球菌、流感嗜血杆菌、肺炎链球菌、葡萄球菌引起。本病起病急，咽痛明显，伴畏寒、发热，体温可高达39℃或39℃以上，还可有全身酸痛、乏力和头痛等。体格检查可见咽部明显充血，扁桃体肿大、充血，颈淋巴结肿大，有压痛。

【实验室检查】

（一）血液检查

病毒感染，白细胞计数多为正常或偏低，淋巴细胞比例升高。细菌感染白细胞计数及中性粒细胞比例增多，可有核左移。

（二）病原学检查

病毒和病毒抗原的测定根据需要选用免疫荧光法、酶联免疫吸附试验（ELISA）、血清学诊断和病毒分离，确定病毒的类型。

【并发症】

急性上呼吸道感染可并发鼻窦炎、中耳炎、气管支气管炎、肺炎、风湿热、肾炎或病毒性心肌炎等。

【诊断与鉴别诊断】

（一）诊断

根据典型的症状和体征，结合血液检查及胸部X线检查，临床诊断一般不困难。但若病因复杂，进行细菌培养和免疫荧光法、ELISA、病毒血清学检查可确定病因诊断。

（二）鉴别诊断

1. 过敏性鼻炎　过敏性鼻炎起病急骤，鼻腔发痒，频繁打喷嚏，鼻涕多，呈清水样，持续时间较短，症状常突然消失。体格检查可见鼻黏膜苍白、水肿，分泌物中有较多嗜酸性粒细胞。

2. 流行性感冒　流行性感冒由流感病毒引起，常有明显的流行性。本病起病急，全身中毒症状（高热、全身酸痛等）重，而呼吸道症状轻微或不明显，根据病毒分离和血清学检查可以进行鉴别诊断。

3. 急性传染病前驱症状　麻疹、脊髓灰质炎、脑炎、伤寒、斑疹伤寒等在患病初期常有上呼吸道症状，应予以重视。对于在这些病的流行地区和流行季节有上呼吸道感染症状者，应密切观察，并进行必要的实验室检查以资鉴别。

4. 急性气管支气管炎　急性气管支气管炎多由急性上呼吸道感染向下蔓延所致，肺听诊呼吸音粗糙，有干啰音、湿啰音。胸部X线片可见肺纹理增粗。

【治疗】

（一）一般治疗

患者应多休息，多饮水，保持室内空气流通，避免过度劳累。发热、病情较重或年老体弱者应卧床休息。

（二）对症治疗

发热、头痛可选用阿司匹林、对乙酰氨基酚（扑热息痛）或一些复方抗感冒制剂，也可选用中成药；咽痛可选用咽漱液或咽含片；声音嘶哑可进行雾化吸入；鼻塞流涕可使用1%麻黄碱滴鼻液等。

（三）抗病毒治疗

滥用抗病毒药易造成耐药现象，故对无发热和免疫功能正常者无需用抗病毒药。免疫功能缺陷者早期常规应用抗病毒药可缩短病程。利巴韦林对流感病毒、副流感病毒和呼吸道合胞病毒有较强的抑制作用。奥司他韦（oseltamivir）对甲型、乙型流感病毒有效。也可选用金刚烷胺、吗啉胍或抗病毒中成药。

（四）抗生素治疗

一般患者不必使用抗生素治疗。合并细菌感染时，可根据当地流行病学情况和经验选用青霉素、磺胺类药、大环内酯类或第一代头孢菌素。

【预防】

坚持有规律地进行适合个体的体育活动，增强体质，劳逸适度，生活规律，这些是预防上呼吸道感染最好的方法。注意上呼吸道感染患者的隔离，防止交叉感染。上呼吸道感染流行时应戴口罩，避免在人多的公共场合出入。

自 测 题

一、选择题

1. 由病毒引起的急性上呼吸道感染占比为
   A. 20%~30%　　　　　B. 30%~40%　　　　　C. 40%~50%
   D. 50%~60%　　　　　E. 70%~80%

2. 对由细菌引发的急性上呼吸道感染的描述，正确的是
   A. 主要由溶血性链球菌引起　　　　B. 主要由流感嗜血杆菌引起
   C. 占上呼吸道感染总数的30%~40%　　D. 主要由肺炎球菌引起
   E. 主要由葡萄球菌引起

3. 关于急性上呼吸道感染的临床分型，错误的是
   A. 急性咽扁桃体炎　　　　　　　　B. 急性病毒性咽炎和喉炎
   C. 急性疱疹性咽峡炎　　　　　　　D. 急性咽结膜炎
   E. 过敏性鼻炎

4. 对不同类型临床急性上呼吸道感染特点的描述，错误的是
   A. 咽扁桃体炎以咽痛和扁桃体肿大伴发热为特点
   B. 急性病毒性咽炎和喉炎主要见于柯萨奇病毒感染
   C. 急性疱疹性咽峡炎咽部有灰白色疱疹及浅表溃疡
   D. 咽结膜炎儿童常见
   E. 普通感冒以鼻咽部卡他症状为主

5. 关于急性上呼吸道感染常需要鉴别的疾病，错误的是
   A. 急性气管支气管炎　B. 急性传染病前驱症状　C. 支气管扩张症
   D. 流行性感冒　　　　E. 过敏性鼻炎

6. 引发急性咽结膜炎的主要病毒是
   A. 腺病毒、柯萨奇病毒　B. 流感病毒、鼻病毒　C. 流感病毒、副流感病毒
   D. 肠病毒、副流感病毒　E. 鼻病毒、呼吸道合胞病毒

7. 引发急性疱疹性咽峡炎最常见的病毒是
   A. 柯萨奇病毒B　　　B. 流感病毒　　　　　C. 柯萨奇病毒A
   D. 腺病毒　　　　　　E. 鼻病毒

8. 引发急性咽扁桃体炎最常见的病原菌是
   A. 葡萄球菌　　　　　B. 流感嗜血杆菌　　　C. 肺炎链球菌
   D. 溶血性链球菌　　　E. 厌氧菌

（9~10题共用题干）

患者，女性，23岁，1周前因鼻塞、流涕、咳嗽、咽痛，服用感冒药治疗。近2 d咳嗽明显，咳白色黏液痰，伴畏寒、发热。体格检查：T 38.5 ℃，咽部充血，两肺呼吸音粗，可闻及散在干啰音、湿啰音，部位不固定。血常规：Hb 138 g/L，WBC 10.8×10^9/L，N 87%。

9. 此患者最可能的疾病诊断是
   A. 过敏性鼻炎　　　　B. 普通感冒　　　　　C. 急性气管支气管炎
   D. 急性病毒性咽炎　　E. 流行性感冒

10. 应首选的检查是
    A. 胸部 X 线检查 B. 肺功能检查 C. 心电图检查
    D. 过敏原检查 E. 纤维支气管镜检查

二、简答题

1. 急性上呼吸道感染的主要病原体有哪些？
2. 急性上呼吸道感染的临床表现有哪些类型？
3. 如何鉴别急性上呼吸道感染和流行性感冒？

三、案例分析题

患者，女性，38 岁，畏寒，发热，咽喉疼痛，吞咽时加剧，伴有全身肌肉酸痛、乏力和头痛等。体格检查：T 39.2 ℃，咽部充血，扁桃体二度肿大，颈部淋巴结肿大，有压痛。双肺呼吸音清，未闻及干啰音、湿啰音。胸部 X 线检查示心脏、肺未见明显异常。初步的疾病诊断是什么？有哪些治疗措施？

（孙建勋）

第三章　气管支气管炎

第三章数字资源

学习目标

1. 知识：说出急性支气管炎和慢性支气管炎的病因、临床表现、诊断依据和治疗原则；列举慢性支气管炎的分型、分期特征；分析急性支气管炎和慢性支气管炎辅助检查的意义。
2. 能力：运用患者病史、体格检查及辅助检查结果对气管支气管炎做出初步诊断，并根据病情拟定防治方案。
3. 素养：树立严谨、认真的学习和工作态度，充分认识到支气管炎的诊断、治疗和预防对患者健康的重要性，培养对医疗工作的责任感。坚持预防为主，积极参与治理环境污染的工作中，教育与督导患者戒烟。培养对支气管炎相关科学研究的兴趣，了解研究方法和流程，能够批判性地看待研究成果，并将其合理地应用于临床实践。

案例 2-3-1

患者，男性，55岁，反复咳嗽、咳痰7年，加重3d来院就诊。7年前，患者受凉后出现咳嗽、咳痰，痰为白色黏液样，自行服用"川贝清肺露"好转。以后每年冬、春季节和气候变化时发作，每年冬季咳嗽、咳痰持续3个月左右，经抗感染治疗症状缓解。3d前，因寒潮来袭、气温骤降，患者咳嗽、咳痰再次发作，咳白色黏液痰，自行服用"罗红霉素片"3d，痰液转为黄色脓性，遂来门诊就医。既往患者身体健康，吸烟近30年，每日约20支，无药物过敏史。体格检查：T 36.5 ℃、P 88次/分、R 24次/分、BP 120/80 mmHg。神志清楚，自动体位，无发绀，双肺可闻及散在湿啰音。心率88次/分，心律齐。腹部无异常发现，脊柱、四肢及神经系统无异常发现。血常规：Hb 168 g/L，WBC 9.8×10^9/L，N 87%。痰涂片镜检见大量中性粒细胞及呈短链状排列的革兰氏阳性球菌，抗酸染色阴性。胸部X线片显示：两肺纹理粗乱，尤以双下肺为甚。肝功能、肾功能及心电图检查正常。

问题与思考：

1. 初步诊断和诊断依据是什么？需要与哪些疾病相鉴别？
2. 需进一步做哪些检查？
3. 治疗原则是什么？

第一节　急性气管支气管炎

急性气管支气管炎（acute tracheobronchitis）是由于感染、物理和化学刺激、过敏因素等引起的气管、支气管黏膜的急性炎症。临床主要表现为咳嗽、咳痰，多在寒冷季节发病，是呼吸系统常见病。

第三章 气管支气管炎

【病因与发病机制】

（一）感染

机体受寒、淋雨、过劳等均会削弱呼吸道的防御功能，使呼吸道抗病能力降低，有利于病毒、细菌的侵入而引起感染。病原体与急性上呼吸道感染类似，常见的病毒有流感病毒、腺病毒、呼吸道合胞病毒及副流感病毒等。常见的细菌有流感嗜血杆菌、肺炎链球菌、链球菌、葡萄球菌等。急性上呼吸道感染向下蔓延，也可引起本病。

（二）理化因素

过冷空气、粉尘、刺激性气体或烟雾对气管、支气管黏膜的急性刺激均可引起本病。

（三）过敏反应

如花粉、真菌孢子等吸入，或细菌蛋白质都可引起气管、支气管的过敏性炎症。

【临床表现】

（一）全身症状

本病全身症状一般较轻，可有发热，体温在38 ℃左右，头痛、全身酸痛，多在3~5 d后消退。

（二）呼吸道症状

起病时先有上呼吸道感染的症状，如鼻塞、打喷嚏、咽痛、声音嘶哑。随后出现咳嗽，初起为干咳或有少量黏液痰，随病情加重咳嗽加重，痰量增多，为黏液脓性痰。偶有痰中带血。如伴有支气管平滑肌痉挛，可有气促或喘息。呼吸道症状在2~3周消失，如反复发生或迁延不愈，可发展为慢性支气管炎。

（三）体征

肺部听诊可闻及呼吸音粗糙，散在易变的干啰音、湿啰音，咳嗽后可减少或消失。

急性气管支气管炎的临床表现。

【辅助检查】

血常规检查一般无异常，细菌感染较重时，白细胞计数升高，中性粒细胞比例增多。痰涂片或培养可发现致病菌。胸部X线检查多数表现为肺纹理增粗，少数患者无异常。

【诊断与鉴别诊断】

（一）诊断

根据上呼吸道感染病史、咳嗽和咳痰等呼吸道症状以及两肺散在干啰音、湿啰音等体征，结合血常规和胸部X线片检查，可做出临床诊断。

（二）鉴别诊断

1. 急性上呼吸道感染　急性上呼吸道感染鼻咽部症状明显，一般无咳嗽、咳痰，肺部无异常体征。

2. 流行性感冒　流行性感冒起病急，常有明显的流行病史，患者全身中毒症状（如高热、全身酸痛、头痛、乏力）重，而呼吸道症状相对轻。依据病毒分离和血清学检查可以鉴别。

3. 其他　肺炎、肺结核、肺癌、肺脓肿等多种肺部疾病早期均可有支气管炎的表现，但肺部影像学改变明显，应详细检查以资鉴别。

【治疗】

（一）一般治疗

适当休息，注意保暖，多饮水，补充足够的热量，避免劳累。

（二）对症治疗

干咳无痰可用喷托维林（咳必清）、右美沙芬。痰液黏稠不易咳出时，用盐酸氨溴索、溴己新（必嗽平）、氯化铵等；可雾化吸入帮助祛痰；也可选用止咳祛痰的中成药。支气管痉挛者可用平喘药，如氨茶碱、硫酸沙丁胺醇（舒喘灵）。发热可用解热镇痛药，如阿司匹林。

（三）抗感染治疗

仅有细菌感染时可使用抗生素。选用大环内酯类、青霉素类、第一代头孢菌素、氟喹诺酮类。一般口服抗生素即可，症状较重者可肌内注射或静脉滴注。

【预防】

增强体质，加强耐寒锻炼，避免吸入刺激性气体。清除鼻、咽、喉等部位的病灶。

第二节　慢性支气管炎

慢性支气管炎（chronic bronchitis）是指气管、支气管黏膜及其周围组织的慢性非特异性炎症。临床上以咳嗽、咳痰或伴有喘息及反复发作的慢性过程为特征，病情缓慢进展，常并发阻塞性肺气肿甚至慢性肺源性心脏病。慢性支气管炎是一种严重危害人民健康的常见病，尤以老年人多见。

【病因与发病机制】

慢性支气管炎的病因尚未明确，可能是多种因素共同作用的结果。

（一）吸烟

吸烟是最重要的环境致病因素，吸烟者慢性支气管炎的患病率比不吸烟者高 2~8 倍。烟龄越长，吸烟量越大，发病的危险性就越高。烟雾中的尼古丁、煤焦油等化学物质具有多种损伤效应，如损伤气道黏膜上皮细胞，抑制纤毛运动；使杯状细胞和黏液腺增生肥大、分泌旺盛，大量黏液潴留；使肺泡巨噬细胞吞噬功能减弱。这些损伤可削弱气道的净化能力，有利于病原菌的入侵；还可刺激气道副交感神经，使支气管平滑肌收缩，气道阻力增加；使氧自由基产生增多，诱导中性粒细胞释放蛋白酶，破坏肺弹性纤维，引发肺气肿形成等。

（二）感染因素

病毒、支原体和细菌等感染是慢性支气管炎发生、发展的重要原因之一。病毒以流感病毒、鼻病毒、腺病毒和呼吸道合胞病毒为多见。细菌常继发于病毒感染，常见细菌为肺炎链球菌、流感嗜血杆菌、卡他莫拉菌和葡萄球菌。感染造成气道黏膜损伤和慢性炎症。

（三）理化因素

空气污染是慢性支气管炎的重要诱发因素，污染大气中的有害气体（二氧化硫、二氧化氮、氯气等）和悬浮颗粒物、室内污染物以及寒冷干燥空气刺激均可损伤气道黏膜上皮细胞，使纤毛运动减弱，肺泡巨噬细胞吞噬能力降低，导致气道净化能力下降，为细菌感染创造条件。

（四）其他因素

免疫、年龄和气候等因素均与慢性支气管炎有关。寒冷空气可以刺激腺体增加黏液分泌，纤毛运动减弱，黏膜血管收缩，局部血液循环障碍，易引起继发感染。老年人呼吸道防御功能下降，喉反射减弱，细胞免疫功能下降，溶菌酶活性降低，从而容易造成呼吸道的反复感染。

慢性支气管炎的病因。

【病理】

早期，气道上皮细胞变性、坏死、脱落，后期出现鳞状上皮化生，纤毛变短、粘连、倒伏、脱失。黏膜和黏膜下充血、水肿，杯状细胞和黏液腺肥大和增生、分泌旺盛，大量黏液潴留。浆细胞、淋巴细胞浸润及轻度纤维增生。病情继续发展，炎症由支气管壁向周围组织扩散，黏膜下层平滑肌束可断裂萎缩，黏膜下和支气管周围纤维组织增生，造成管腔僵硬和塌陷。病变蔓延至细支气管和肺泡壁，肺组织结构破坏或纤维组织增生，肺泡弹性纤维断裂，进一步发展成阻塞性肺气肿和肺间质纤维化。

知识链接

支气管树导气部的结构变化规律

支气管树中的主支气管、叶支气管、段支气管、小支气管、细支气管、终末细支气管构成导气部，起传导气体的功能。随着支气管分级的增多，上皮细胞由假复层纤毛柱状上皮到单层纤毛柱状上皮，再到单层柱状上皮；杯状细胞及混合性腺由多逐渐减少，直至无；软骨由环形到片状，直至消失；平滑肌由无逐渐增多，直至形成完整的环形。管壁由厚逐渐变薄；管腔由粗逐渐变细；气道排痰、净化空气的作用越来越弱；管壁受胸膜腔内压的影响越来越大，易塌陷。慢性支气管炎迁延不愈，病变累及细支气管、终末细支气管时，呼气时胸膜腔内压增高，小气道阻塞，肺泡内气体不能排出，引起肺气肿。

【临床表现】

（一）症状

慢性支气管炎缓慢起病，病程较长，反复急性发作而加重。主要症状有咳嗽、咳痰、喘息。早期症状轻微，在吸烟、接触有害气体、过度劳累、气候变化或受凉感冒后引起急性发作或加重。或由于上呼吸道感染迁延不愈，演变发展为慢性支气管炎。夏季气候转暖多可自然缓解。

1. 咳嗽　长期、反复、逐渐加重的咳嗽是本病的突出表现。轻者仅在冬季、春季发病，尤以清晨起床前后最明显，白天咳嗽较少。夏季、秋季咳嗽减轻或消失。严重者则四季均咳，冬季、春季加剧，日夜咳嗽，早、晚尤为剧烈。

2. 咳痰　痰液多呈白色黏液泡沫样，晨起较多，常因黏稠而不易咯出。感染或受寒后症状迅速加剧，痰量增多，黏稠度增加，或呈黄色脓性痰或伴有喘息。偶因剧咳而痰中带血。

3. 喘息或气促　部分患者有支气管痉挛而出现喘息。早期无气促现象，反复发作数年，并发阻塞性肺气肿时，可有不同程度的气促，先有劳动或活动后气喘，严重时休息时也可出现，生活难以自理。

4. 反复感染　寒冷季节或气温骤变时，容易发生反复的呼吸道感染。此时患者气喘加重，痰量明显增多且呈脓性，伴有全身乏力、畏寒、发热等。反复的呼吸道感染易使老年患者的病情恶化。

（二）体征

慢性支气管炎早期多无特殊体征，急性发作期可在背部或双肺底听到干啰音、湿啰音，咳嗽后可减少或消失。如合并哮喘，可闻及广泛哮鸣音并伴呼气期延长。长期发作的病例可有肺气肿的征象。

（三）临床分型和分期

1. 分型　慢性支气管炎可分为单纯型和喘息型。单纯型患者表现为咳嗽、咳痰症状。喘息型患者除咳嗽、咳痰外，尚有喘息症状。

2. 分期

（1）急性发作期：指1周内出现脓性或黏液脓性痰，痰量明显增多，或伴有发热等炎症表现；或在1周内咳、痰、喘症状中任一项明显加剧。

（2）慢性迁延期：指不同程度的咳嗽、咳痰或喘息症状迁延不愈1个月以上。

（3）临床缓解期：指经治疗或自然缓解，症状基本消失，或偶有咳嗽或少量咳痰，维持2个月以上。

 慢性支气管炎的临床表现、分型和分期。

【并发症】

慢性支气管炎长期反复发作可并发阻塞性肺气肿、慢性阻塞性肺疾病、慢性肺源性心脏病等。

【辅助检查】

（一）血液检查

慢性支气管炎急性发作期或并发肺部感染时，可见白细胞计数及中性粒细胞比例增多。喘息型患者嗜酸性粒细胞可增多。缓解期多无变化。

（二）痰液检查

慢性支气管炎急性发作期痰涂片或培养可见肺炎链球菌、流感嗜血杆菌、甲型链球菌、奈瑟球菌等，涂片中可见大量中性粒细胞及已破坏的杯状细胞。喘息型患者痰液中常见较多的嗜酸性粒细胞。

（三）X线检查

慢性支气管炎X线检查早期可无异常。病变反复发作，引起支气管管壁增厚，细支气管或肺泡间质炎症细胞浸润或纤维化，可见两肺纹理增粗、紊乱，呈条索状、斑点状阴影，以下肺野较为明显。

 慢性支气管炎肺部X线表现。

（四）呼吸功能检测

慢性支气管炎呼吸功能检测早期无异常。如病情进展，可出现小气道阻塞，最大呼吸流量-容积曲线在50%和25%肺容量时，流量明显降低。闭合容量可增加。发展到气道狭窄或有阻塞时，出现阻塞性通气功能障碍的表现。如第一秒用力呼气量占用力肺活量的比值减少，最大通气量减少，最大呼吸流量-容积曲线减低等。

> **知识链接**
>
> **限制性通气功能障碍与阻塞性通气功能障碍**
>
> 肺通气过程受呼吸肌的收缩活动、肺和胸廓的弹性特征以及气道阻力等多种因素的影响。呼吸肌麻痹、肺和胸廓的弹性发生变化，以及气胸等引起肺的扩张受限，可发生限制性通气不

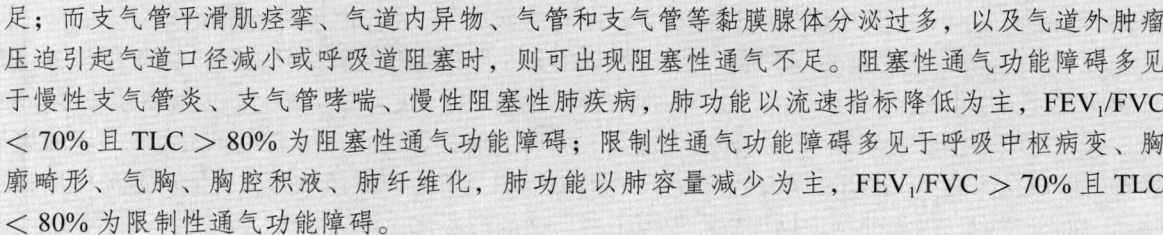

足；而支气管平滑肌痉挛、气道内异物、气管和支气管等黏膜腺体分泌过多，以及气道外肿瘤压迫引起气道口径减小或呼吸道阻塞时，则可出现阻塞性通气不足。阻塞性通气功能障碍多见于慢性支气管炎、支气管哮喘、慢性阻塞性肺疾病，肺功能以流速指标降低为主，$FEV_1/FVC < 70\%$ 且 $TLC > 80\%$ 为阻塞性通气功能障碍；限制性通气功能障碍多见于呼吸中枢病变、胸廓畸形、气胸、胸腔积液、肺纤维化，肺功能以肺容量减少为主，$FEV_1/FVC > 70\%$ 且 $TLC < 80\%$ 为限制性通气功能障碍。

【诊断】

诊断依据：咳嗽、咳痰或伴有喘息，每年发病持续3个月，连续2年或2年以上，并排除其他慢性气道疾病。

每年发病持续不足3个月的患者，若有明确的客观依据（如X线、肺功能检查结果），也可诊断。

 慢性支气管炎的诊断依据。

【鉴别诊断】

（一）支气管哮喘

慢性支气管炎喘息型应与支气管哮喘相鉴别。哮喘常于幼年和青年突然起病，一般无慢性咳嗽、咳痰史，以发作性呼气性呼吸困难为特征。发作时两肺布满哮鸣音，可自行或吸入药物后很快缓解。患者常有过敏性疾病史和家族史。肺功能测定可诊断。

（二）支气管扩张症

支气管扩张症具有咳嗽、咳痰反复发作的特点，合并感染时有大量脓性痰，痰液有恶臭，部分患者有反复和多少不等的咯血。肺部有固定湿啰音，可伴有杵状指（趾）。X线检查可见下肺纹理粗乱、呈卷发状。支气管造影或高分辨率CT可以鉴别。

（三）肺结核

肺结核患者多有结核中毒症状（如发热、乏力、盗汗、消瘦）和呼吸系统症状（咳嗽、咳痰、咯血等），经X线检查和痰结核分枝杆菌检查可以明确诊断。

（四）肺癌

肺癌患者年龄常在40岁以上，特别是有多年吸烟史。患者常有慢性咳嗽，反复发生或持续的血痰，咳嗽音色可呈金属音，X线检查可发现块状阴影或结节状影，也可有肺炎表现，但经抗菌药物治疗未能完全消散。痰脱落细胞学检查或经纤维支气管镜活检可明确诊断。

（五）矽肺及其他肺尘埃沉着病

患者有粉尘和职业接触史，矽肺患者X线检查可见矽结节，肺门阴影扩大及网状纹理增多，可做出诊断。

【治疗】

（一）急性发作期的治疗

1. **控制感染**　根据感染的主要致病菌和严重程度选用抗生素。可按药物敏感试验选用喹诺酮类、大环内酯类、β-内酰胺类或磺胺类药。如左氧氟沙星 0.4 g，每日 1 次；罗红霉素 0.3 g，每日 2 次；阿莫西林 2~4 g/d，分 2~4 次口服；头孢呋辛 1.0 g/d，分 2 次口服。病情严重时经静脉给药。

2. 祛痰镇咳　在抗感染的同时应用祛痰药、镇咳药，以改善症状。可用复方甘草合剂 10 ml，每日 3 次；复方氯化铵合剂 10 ml，每日 3 次；溴己新 8~16 mg，每日 3 次；盐酸氨溴索 30 mg，每日 3 次。干咳为主者可用镇咳药，如右美沙芬、那可丁或其合剂。对年老体弱无力咳痰者或痰量较多者，应以祛痰为主，协助排痰，通畅气道；对咳嗽明显者，应以镇咳为主，但应避免应用强烈镇咳药，如可待因，以免抑制中枢加重呼吸道阻塞，使病情恶化。

3. 解痉平喘　有气喘者可加用解痉平喘药，如氨茶碱 0.1 g，每日 3 次，或用茶碱控释剂，或长效 $β_2$ 受体激动剂加糖皮质激素吸入。

（二）缓解期治疗

戒烟，避免有害气体和其他有害颗粒的吸入。可使用免疫调节剂或中医中药，如细菌溶解剂、流感疫苗、卡介苗多糖核酸、胸腺肽等提高免疫功能。坚持耐寒锻炼，预防感冒。

 慢性支气管炎的治疗。

【预防】

适当补充水分，保证每日饮水量在 1500 ml 以上，进食高热量、高蛋白、富含维生素的饮食，不宜进食油腻、辛辣等刺激性食物。避免吸入有害物质及过敏原。在气候变化和寒冷季节，注意及时添减衣服，避免受凉感冒，预防流感。根据自身体质选择医疗保健操、太极拳、五禽戏等，坚持锻炼，提高机体抗病能力，活动量以无明显气短、心搏加速及过度疲劳为度。

自　测　题

一、选择题

1. 急性支气管炎的病因是
   A. 吸烟　　　　　　　　B. 感染　　　　　　　　C. 机体内在因素
   D. 酗酒　　　　　　　　E. 大气污染和寒冷空气等

2. 急性气管支气管炎的主要表现是
   A. 咳嗽、咯血　　　　　B. 咳痰、咯血　　　　　C. 咳嗽、咳痰
   D. 高热、胸痛　　　　　E. 呼吸困难

3. 慢性支气管炎的主要临床特点是
   A. 反复发作的咳嗽、咳痰或伴喘息　　　　　B. 气短
   C. 胸痛　　　　　　　　　　　　　　　　　D. 咯血
   E. 长期发热

4. 慢性支气管炎典型肺部 X 线表现是
   A. 无特殊征象　　　　　B. 双肺纹理增粗、紊乱　　　　　C. 肺野透亮度增高
   D. 膈肌下降　　　　　　E. 胸廓扩张，肋间隙增宽

5. 慢性支气管炎的诊断标准是
   A. 每年发病持续 3 个月，连续 3 年或 3 年以上

B. 每年发病持续 3 个月，连续 2 年或 2 年以上

C. 每年发病持续 2 个月，连续 3 年或 3 年以上

D. 每年发病 2 个月，连续 2 年或 2 年以上

E. 发病连续 5 年以上

6. 患者，男性，50 岁。咳嗽、咳痰 10 年，秋季、冬季加重，每年持续 3 个月以上。本次入院咳脓性痰，带有血丝。胸部 X 线片示两下肺纹理增粗、紊乱。最可能的疾病诊断是

 A. 慢性支气管炎   B. 慢性阻塞性肺气肿   C. 支气管肺炎

 D. 支气管哮喘   E. 肺结核

7. 慢性支气管炎的预防措施，应首先考虑的是

 A. 戒烟   B. 改善环境卫生   C. 加强营养

 D. 避免着凉   E. 加强锻炼

8. 关于慢性支气管炎的预防，错误的是

 A. 戒烟   B. 长期使用广谱抗生素预防呼吸道感染

 C. 预防感冒   D. 避免着凉

 E. 加强锻炼

（9~10 题共用题干）

患者，男性，45 岁，咳嗽、咳痰 6 年，近 3 年来反复喘息发作，每年发病持续 3~4 个月。1 周前，患者受凉后咳嗽加重，咳大量白色黏液痰，伴胸闷、气短，无发热。体格检查：双肺散在干啰音、湿啰音，心率 88 次/分，心律齐。

9. 最可能的疾病诊断是

 A. 肺结核   B. 支气管哮喘   C. 慢性支气管炎急性发作

 D. 肺脓肿   E. 支气管扩张症

10. 关于现阶段治疗原则的描述，错误的是

 A. 控制感染   B. 化痰治疗   C. 解痉平喘

 D. 对症治疗   E. 注射疫苗

二、简答题

1. 慢性支气管炎的分型和分期标准是什么？
2. 慢性支气管炎的诊断依据是什么？

三、案例分析题

患者，男性，65 岁。20 年来每年冬季咳嗽、咳痰，痰量少，痰呈白色黏液状，伴有气喘。无咯血，无低热、食欲缺乏、盗汗。1 周前患者受凉，上述症状加重，气短明显，痰呈黄色脓性，不易咳出。无胸痛、咯血等。吸烟史 20 年，每日 10 支。父亲因"肺气肿"病故，其余家族史无特殊。体格检查：T 37 ℃，P 104 次/分，R 26 次/分，BP 120/75 mmHg，神志清楚，自动体位，无发绀，胸廓正常，两侧呼吸运动对称，叩诊两肺呈清音，两肺可闻及哮鸣音和湿啰音。HR 104 次/分，心律齐，各瓣膜听诊区未闻及病理性杂音。腹平软，肝、脾肋下未触及。无杵状指（趾）。血常规：Hb 146 g/L，WBC 11.2×10^9/L，N 92%。

请回答：

初步诊断是什么？治疗措施是什么？

（孙建勋）

第四章 支气管哮喘

第四章数字资源

学习目标

1. **知识**：说出支气管哮喘的病因、主要特征、临床表现、诊断依据和治疗原则，列举支气管哮喘需要与哪些疾病相鉴别，解释支气管哮喘的发病机制，分析辅助检查的临床意义。

2. **能力**：正确接诊患者，学会独立完成病史采集和体格检查，根据患者的临床表现选择辅助检查项目，运用收集到的临床资料对本病做出初步诊断，根据病情拟定防治方案，对患者进行健康教育及管理。

3. **素养**：树立对患者健康高度负责的意识，认识到支气管哮喘病情的复杂性和易复发性，在学习和未来的临床实践中，始终保持严谨的工作作风。无论是病情观察、诊断评估还是治疗方案的实施，都要做到细致入微，避免因疏忽导致误诊或治疗不当，将患者的安全放在首位。随着支气管哮喘研究的不断深入，新的诊断技术、治疗药物和管理理念层出不穷。医学生应具备主动学习的能力，关注学科前沿动态，勇于接受新知识、新技能。

案例 2-4-1

患者，女性，17岁，学生。因反复发作性胸闷、气喘9年，再发3h入院。患者9年前接触油漆后感咽部不适，继而咳嗽、气喘，服用氨茶碱后缓解。此后每次接触油漆，上述症状即发作，吸入硫酸沙丁胺醇后可缓解。1d前患者搬入新居，入住后夜间出现喉咙痒、咳嗽、打喷嚏，3h前感觉胸闷、气喘，不能平卧，遂入院。年幼时有皮肤湿疹。家族中奶奶和叔叔有"哮喘病"。体格检查：T 36.5 ℃，P 90次/分，R 24次/分，BP 110/70 mmHg。意识清楚，能间断回答问题，端坐位，气促状，额部微汗。桶状胸，两肺叩诊呈过清音，闻及广泛哮鸣音。心率90次/分，心律齐，各瓣膜听诊区未闻及杂音。腹平软，肝、脾肋下未触及。生理反射存在，病理反射未引出。血常规：WBC 12.5×10^9/L，N 65%，L 5%，E 30%。

问题与思考：

1. 初步诊断和诊断依据是什么？应与哪些疾病相鉴别？
2. 为明确诊断，需要进一步做哪些检查？
3. 治疗原则是什么？

支气管哮喘（bronchial asthma）简称哮喘，是由多种细胞（如嗜酸性粒细胞、肥大细胞、T淋巴细胞、中性粒细胞、平滑肌细胞、气道上皮细胞）和细胞组分参与的气道慢性炎症性疾病。其主要特征是：①气道慢性炎症；②气道对刺激呈现高反应性；③多变的可逆性气流受限；④随着病程延长而导致气道重构。本病临床表现为反复发作的喘息、气短、胸闷或咳嗽等症状，常在夜间及凌晨发作或加重，多数患者可自行缓解或经治疗缓解。根据全球和我国哮喘防治指南提供的资料，经过长期、规范化治疗和管理，80%以上的患者可达到哮喘的临床控制。

各国哮喘发病率从1%~16%不等，全球目前约有3亿哮喘患者，且呈逐年上升趋势，WHO估计到2025年全球哮喘患者将增加1亿。

哮喘的主要特征。

【病因】

（一）遗传因素

许多研究资料表明，哮喘是一种复杂的、具有多基因遗传倾向的疾病。哮喘具有家族聚集现象，亲缘关系越近，患病率越高。患者病情越严重，其亲属患病率也越高。目前，全基因组关联分析（GWAS）已经鉴定出多个哮喘易感基因，如$5q^{12、22、23}$，$17q^{12~17}$，$9q^{24}$。过敏体质是哮喘的主要危险因素，哮喘患者通常合并过敏性鼻炎、湿疹等。

（二）环境因素

1. 变应原因素 可诱发哮喘的变应原种类较多，如尘螨、蟑螂、动物毛屑、花粉、草粉、油漆、饲料、活性染料、鱼、虾、蟹、蛋类、牛奶、药物（阿司匹林、普萘洛尔）、细菌、病毒、支原体及寄生虫。

2. 非变应原性因素 气候变化、精神因素、运动、肥胖、月经来潮及妊娠等。

哮喘的诱发因素。

【发病机制】

（一）气道免疫-炎症机制

1. 气道炎症形成机制 当外源性变应原通过食入、吸入或皮肤接触等途径进入机体后，被抗原提呈细胞（如树突状细胞、巨噬细胞、嗜酸性粒细胞）内吞并激活T淋巴细胞。T淋巴细胞被激活后有两种情况：①活化的辅助性Th2细胞产生白介素（IL-4、IL-5和IL-13等），进一步激活B淋巴细胞，B淋巴细胞转化为浆细胞产生特异性IgE，并与肥大细胞和嗜碱性粒细胞表面的IgE受体结合，若变应原再次进入体内，则可与结合在细胞表面的IgE交联，使肥大细胞和嗜碱性粒细胞合成并释放组胺等多种活性物质，导致支气管平滑肌收缩、腺体分泌增加、血管通透性增高和炎症细胞浸润，从而产生哮喘的临床症状。②活化的辅助性Th2细胞产生的白介素直接激活肥大细胞、嗜酸性粒细胞和肺泡巨噬细胞，使它们在气道聚集，并分泌多种炎症因子（如组胺、白三烯、前列腺素、血小板活化因子、嗜酸性粒细胞趋化因子），构成与炎症细胞相互作用的复杂网络，从而导致气道慢性炎症。根据吸入变应原后哮喘发生的时间，可分为早发型哮喘反应、迟发型哮喘反应和双相型哮喘反应。早发型哮喘反应几乎在吸入变应原的同时立即发生，15~30 min达高峰，2 h后逐渐恢复正常。迟发型哮喘反应在接触过敏原后约6 h发生，持续时间长，可达数日。临床约半数以上患者表现为迟发型哮喘反应。

2. 气道高反应性 气道高反应性是指气道对各种刺激因子（如变应原、运动、冷空气、情绪变化）呈现出的高度敏感状态，表现为患者接触这些刺激因子时气道出现过强或过早的收缩反应。气道慢性炎症是导致气道高反应性较为重要的机制之一。当气道受到变应原或其他刺激后，炎症细胞释放炎症介质和细胞因子，引起气道上皮损害，上皮下神经末梢裸露，导致气道高反应性。

3. **气道重构** 病情反复发作，长期没有得到良好控制的哮喘患者可发生气道重构。表现为气道上皮细胞化生、平滑肌肥大或增生、上皮下胶原沉积和纤维化、血管增生等。气道重构的发生主要与持续存在的气道炎症和反复的气道上皮损伤或修复有关。气道重构导致哮喘患者对所吸入激素的敏感性下降，造成不可逆气流受限和气道高反应性持续存在。

（二）神经调节机制

神经因素也是哮喘发病的重要因素之一。支气管的自主神经支配包括肾上腺素能神经、胆碱能神经以及非肾上腺素能非胆碱能神经系统。哮喘患者存在β肾上腺素受体功能低下和胆碱能神经张力增加。非肾上腺素能非胆碱能神经可释放舒张支气管平滑肌的神经介质（如一氧化氮、血管活性肽）及收缩支气管平滑肌的介质（如神经激肽、P物质），当这两类介质的平衡失调时，可引起支气管平滑肌收缩。此外，感觉神经末梢释放的神经激肽A、降钙素基因肽、P物质可促使血管扩张、血管通透性增加，导致炎性渗出，由感觉神经末梢介导的这种炎症反应称为神经源性炎症。神经源性炎症通过局部轴突反射释放感觉神经肽而引发哮喘。

 气道炎症形成机制和神经调节机制。

知识链接

自主神经的主要功能

1. **肾上腺素能神经** 肾上腺素能神经释放肾上腺素和去甲肾上腺素，与α受体或β受体结合，主要产生应激作用，可引起：①心率加快，心肌收缩力增强，皮肤、黏膜和骨骼肌血管收缩，血压上升；②支气管平滑肌舒张；③胃肠道平滑肌舒张，胃肠蠕动减弱；④膀胱逼尿肌舒张，括约肌收缩；⑤瞳孔开大肌收缩，使瞳孔扩大；⑥皮肤竖毛肌收缩；⑦腺体分泌减少。

2. **胆碱能神经** 胆碱能神经释放乙酰胆碱，与M受体或N受体结合，主要维持安静时的生理需要，起休整作用，可引起：①心率减慢，心肌收缩力减弱，骨骼肌血管舒张，皮肤、黏膜和脑血管舒张；②支气管平滑肌收缩；③胃肠道平滑肌收缩，胃肠蠕动加快；④膀胱逼尿肌收缩，括约肌舒张；⑤瞳孔括约肌收缩，使瞳孔缩小；⑥腺体分泌增加。

【临床表现】

（一）症状

1. **典型症状** 表现为反复发作的呼气性呼吸困难，伴干咳或咳白色泡沫样痰，多与接触变应原、理化刺激、精神因素等有关。疾病常突然发作，经数小时至数日自行缓解或使用支气管舒张药治疗后缓解，也有少数不缓解而呈持续状态。严重哮喘患者被迫采取端坐呼吸，甚至出现烦躁、发绀等。常在夜间及凌晨发作及加重是哮喘的重要特征之一。青少年常在运动时出现哮喘症状，称为运动性哮喘。

2. **非典型症状** 患者没有喘息症状，仅表现为发作性胸闷和咳嗽或其他症状。以咳嗽为唯一症状的不典型哮喘称为咳嗽变异性哮喘。以胸闷为唯一症状的不典型哮喘称为胸闷变异性哮喘。

 哮喘发作时的典型症状。

（二）体征

1. 发作期　严重者可出现以下体征。①视诊：桶状胸、呼吸频率增快、发绀；②触诊：两肺语音震颤减弱；③叩诊：两肺叩诊呈过清音；④听诊：呼气延长、两肺闻及散在或广泛哮鸣音，此为哮喘发作的典型体征。部分患者因为气道极度收缩或黏液栓阻塞，哮鸣音可减弱或消失，表现为"沉默肺"，这是病情危重的表现。

2. 非发作期　检查可无异常发现，故未闻及哮鸣音不能排除哮喘。

 哮喘严重发作时的体征。

【辅助检查】

（一）血液检查

发作期嗜酸性粒细胞可轻度增高。如合并感染，可有白细胞计数升高，中性粒细胞比例增多。

（二）痰液检查

痰涂片检查镜下可见较多的嗜酸性粒细胞。痰液嗜酸性粒细胞计数可作为评价哮喘气道炎症的指标之一，也是评估糖皮质激素治疗反应性的敏感指标。

（三）胸部X线或CT检查

哮喘发作时胸部X线检查示两肺透亮度增加，呈过度通气状态，缓解期多无明显异常。胸部CT检查可见支气管壁增厚，黏液阻塞。哮喘患者X线或CT检查的主要目的是排除并发症，如肺不张、肺炎、气胸或纵隔气肿，并注意心脏情况。

（四）肺功能检查

1. 通气功能检查　哮喘发作时呈阻塞性通气功能障碍。用力肺活量（forced vital capacity，FVC）正常或下降、第一秒用力呼气容积（forced expiratory volume in one second，FEV_1）下降、1秒率（第一秒用力呼气容积占用力肺活量百分比，FEV_1/FVC）下降、呼气流量峰值（peak expiratory flow，PEF）下降。残气量增加、肺总量增加、残气量占肺总量百分比增高。缓解期上述通气功能指标可逐渐恢复。

2. 支气管激发试验　吸入组胺或醋甲胆碱可测定气道反应性。通常以吸入后FEV_1下降≥20%判断试验结果为阳性，提示存在气道高反应性。通过剂量反应曲线计算使FEV_1下降≥20%的吸入药物累积剂量，可判断气道反应性增高的程度。也有用运动做该试验的激发剂。支气管激发试验适用于非哮喘发作期、FEV_1在正常预计值的70%以上患者的检查。

3. 支气管舒张试验　吸入β_2受体激动剂用于测定气道是否存在可逆性改变。常吸入沙丁胺醇、特布他林，15~20 min后测定FEV_1和PEF。试验结果阳性判断标准：①FEV_1较用药前增加≥12%，且其绝对值增加≥200 ml；②PEF较用药前增加≥20%或增加60 L/min。

4. PEF昼夜变异率测定　由于哮喘常见夜间或凌晨发作严重，患者通气功能随着时间节律改变，故监测昼夜的PEF变异率有助于哮喘的诊断和病情评估。PEF昼夜变异率≥20%，提示存在可逆性气道阻塞，需要进一步治疗。可采用微型呼吸峰流量仪测定PEF，记录白天、夜间PEF数值，计算变异率。其操作方法简单，适用于患者自我病情监测与治疗评估。

（五）动脉血气分析

轻度哮喘发作时，动脉血氧分压（arterial partial pressure of oxygen，PaO_2）、动脉血二氧化碳分压（arterial partial pressure of carbon dioxide，$PaCO_2$）和动脉血氧饱和度（arterial oxygen saturation，SaO_2）基本正常。重度哮喘发作时PaO_2下降，SaO_2下降，$PaCO_2$升高。

(六) 特异性变应原检查

变应原皮肤试验检查临床较为常用，需根据患者的病史和生活环境选择可疑的变应原，通过皮肤点刺方法进行。皮试阳性提示患者对该变应原过敏，用于指导患者避免接触变应原和脱敏治疗。外周血变应原特异性IgE增高有助于病因诊断。

 支气管舒张试验、支气管激发试验、PEF昼夜变异率。

【诊断】

(一) 诊断依据

(1) 有反复发作的喘息、胸闷和咳嗽，多与接触变应原、冷空气、物理或化学性刺激、上呼吸道感染及运动等有关。

(2) 发作时双肺可闻及散在或弥漫性、以呼气相为主的哮鸣音，呼气相延长。

(3) 上述症状和体征可经平喘药治疗后缓解或自行缓解。

(4) 排除其他疾病所引起的喘息、气短、胸闷和咳嗽。

(5) 临床表现不典型者，应至少具备下列三项检查中的一项阳性：①支气管激发试验阳性；②支气管舒张试验阳性；③PEF昼夜变异率≥20%。

符合上述第(1)~(4)条或第(4)~(5)条者，可以诊断为支气管哮喘。

 哮喘的诊断依据。

(二) 哮喘的分期及分级

哮喘可分为急性发作期、慢性持续期和临床缓解期。

1. **急性发作期** 接触变应原等刺激物或治疗不当时，喘息、气短、咳嗽或胸闷突然发生或加重，症状可持续数小时或数日，偶尔数分钟即可危及生命。急性发作期病情严重程度可分为4级。①轻度：步行或上楼时气短，可有焦虑，呼吸频率加快，可闻及哮鸣音，肺通气功能和血气分析检查正常。②中度：稍事活动即感气短，讲话常有中断，焦虑，呼吸频率增加，可有三凹征，闻及响亮、弥漫的哮鸣音，心率增快，可出现奇脉，使用支气管舒张药后PEF占预计值＞60%，SaO_2 91%~95%。③重度：休息时感气短，端坐呼吸，只能发单字表达，常有焦虑和烦躁，大汗淋漓，呼吸频率＞30次/分，常有三凹征，闻及响亮、弥漫的哮鸣音，心率＞120次/分，奇脉，使用支气管舒张药后PEF占预计值＜60%，PaO_2＜60 mmHg，$PaCO_2$＞45 mmHg，SaO_2≤90%，pH降低。④危重：患者不能讲话，嗜睡或意识模糊，胸腹矛盾运动，哮鸣音减弱甚至消失，脉率减慢或不规则，严重低氧血症和高碳酸血症。

2. **慢性持续期** 慢性持续期是指患者虽然没有哮喘急性发作，但在相当长的时间内仍有不同频率和不同程度的发作性喘息、咳嗽、胸闷等症状，可伴有通气功能下降。目前最为广泛的慢性持续期哮喘严重性评估方法为哮喘控制水平。这种评估方法包括目前临床控制评估和未来风险评估。临床哮喘控制水平分为良好控制、部分控制和未控制3个等级，评估指标列于表2-4-1。未来风险评估包括：急性发作风险；病情不稳定；肺功能迅速下降；药物不良反应。与不良事件风险增加的相关因素有：①临床控制不佳；②过去1年频繁急性发作；③曾因严重哮喘而住院治疗；④FEV_1低；⑤烟草暴露；⑥大剂量药物治疗。

3. **临床缓解期** 临床缓解期指患者无喘息、气短、胸闷及咳嗽，并维持1年以上。

表 2-4-1 临床哮喘控制水平分级

临床特征	良好控制	部分控制	未控制
过去 4 周患者存在： 1. 日间哮喘症状＞2 次/周 2. 夜间因哮喘憋醒 3. 使用药物缓解次数＞2 次/周 4. 哮喘引起的活动受限	无任何一项	存在 1~2 项	存在 3~4 项

【鉴别诊断】

（一）急性左心衰竭引起的呼吸困难

急性左心衰竭引起的呼吸困难过去称为心源性哮喘，发作时症状与哮喘相似，但其发病机制及本质与哮喘截然不同。为避免混淆，目前已不再使用心源性哮喘一词。患者多有高血压、冠心病等病史。常在夜间熟睡时突然憋醒，出现气促，端坐呼吸，发绀，阵发性咳嗽，咳粉红色泡沫样痰，双肺闻及广泛的哮鸣音和湿啰音，心界向左下扩大，心率增快，心尖部闻及舒张早期奔马律。胸部 X 线检查见心脏增大，肺淤血。若一时难以鉴别，可静脉注射氨茶碱，待症状缓解后进一步检查。注意忌用肾上腺素或吗啡。

（二）慢性阻塞性肺疾病

慢性阻塞性肺疾病多见于中老年人，患者存在长期吸烟或接触有害气体等病因，有慢性咳嗽、咳痰、喘息病史，多有逐渐加重的活动后气短。体征：可有桶状胸、语音震颤减弱、呼吸音减弱或闻及啰音。对于中老年患者，有时候很难将慢性阻塞性肺疾病与哮喘严格区分，肺功能检查及支气管激发试验或支气管舒张试验有助于鉴别。若患者同时具有慢性阻塞性肺疾病和哮喘的特征，可合并诊断。

（三）上呼吸道阻塞

上呼吸道阻塞见于气管支气管结核、中央型肺癌及气管异物吸入等所导致的支气管狭窄或伴感染，患者可出现喘鸣或类似哮喘样呼吸困难。肺部可闻及哮鸣音。但根据患者病史，特别是吸气性呼吸困难，胸部影像学、纤维支气管镜检查、痰脱落细胞学检查可以鉴别。

（四）变应性支气管肺曲霉病

变应性支气管肺曲霉病是由烟曲霉引起的气道高反应性疾病，常以反复的哮喘发作为特征，伴低热、咳嗽，咳棕黄色黏液脓性痰，有时痰中有血丝，肺部可闻及哮鸣音。痰中有大量嗜酸性粒细胞及曲霉丝，烟曲霉培养阳性。曲霉速发型皮肤反应阳性，血清烟曲霉 IgG 阳性，血清 IgE 显著升高。胸部 X 线检查呈游走性或固定性浸润病灶，CT 可显示近端支气管呈囊状或柱状扩张。

急性左心衰竭与哮喘的鉴别诊断。

【并发症】

支气管哮喘发作时可并发气胸、纵隔气肿、肺不张。长期反复发作可合并肺部感染，可并发慢性阻塞性肺疾病、慢性肺源性心脏病和支气管扩张症。

【治疗】

尽管哮喘目前很难根治，但是长期、规范治疗能够使大多数患者达到长期良好控制或完全控制。哮喘的治疗目标是长期控制症状，预防未来风险的发生，在采用最小有效剂量药物治疗或不用药物的基础上，使患者可以同正常人一样生活、学习和工作。

（一）减少接触危险因素

部分患者能找到引起哮喘发作的变应原或其他非特异性刺激因素，使患者脱离并长期避免接触这些危险因素是防治哮喘最有效的方法。

（二）药物治疗

治疗哮喘的药物分为控制性药物和缓解性药物两类。控制性药物是指需要坚持长期每日使用的药物，主要是通过抗炎作用达到良好或完全控制哮喘症状。缓解性药物是指按需使用的药物，可迅速解除支气管平滑肌痉挛，从而很快缓解哮喘症状。哮喘治疗药物分类列于表 2-4-2。

表 2-4-2　哮喘治疗药物分类

控制性药物	缓解性药物
吸入型糖皮质激素（ICS）	全身用糖皮质激素
白三烯调节剂	短效茶碱
长效 β_2 受体激动剂（LABA，不单独使用）	短效 β_2 受体激动剂（SABA）
长效吸入型抗胆碱药（如 LAMA）	短效吸入型抗胆碱药（如 SAMA）
缓释茶碱	
色甘酸钠	
抗 IgE 抗体	
抗 IL-5 抗体	
联合用药（ICS/LABA）	

1. 糖皮质激素　糖皮质激素是目前控制哮喘发作最有效的抗炎药物。其主要作用机制是抑制炎症细胞的迁移和活化；抑制细胞因子的生成和炎症介质的释放；增强平滑肌细胞 β_2 受体的反应性。糖皮质激素可分为吸入、口服和静脉用药。

（1）吸入用药：吸入型糖皮质激素（inhaled corticosteroids, ICS）的全身不良反应少，是目前哮喘长期治疗的首选药物。常用的 ICS 有莫米松（mometasone）、氟替卡松（fluticasone）、倍氯米松（beclometasone）、布地奈德（budesonide）等。通常需规律吸入 1~2 周起效。根据哮喘病情选择不同的 ICS 剂量（如布地奈德，低剂量 200~400 μg/d，中剂量 400~800 μg/d，高剂量 > 800 μg/d）。尽管 ICS 全身不良反应少，但少数患者仍可能出现声音嘶哑、口腔念珠菌感染。吸入后用清水漱口可减轻局部反应和胃肠道吸收。为减少吸入大剂量激素的不良反应，可采用低、中剂量 ICS 与长效 β_2 受体激动剂、白三烯调节剂或缓释茶碱联合使用。

（2）口服用药：适用于中度哮喘发作，或作为静脉应用激素治疗后的序贯治疗。常用的药物有泼尼松，起始剂量为 30 mg/d，症状缓解后逐渐减量至 10 mg/d 以下，然后停用或改用吸入剂。

（3）静脉用药：适用于重度、危重哮喘发作。可选用琥珀酸氢化可的松，100~400 mg/d，注射后 4~6 h 起效。或甲泼尼龙，80~160 mg/d，2~4 h 起效。地塞米松因在体内半衰期较长、不良反应较多，故应慎用。无激素依赖倾向者，可在短期（3~5 d）内停药。对有激素依赖倾向者，应适当延长给药时间，症状缓解后逐渐减量，然后改为口服和吸入剂维持。

2. β_2 受体激动剂　β_2 受体激动剂主要通过激动分布在气道平滑肌上的 β_2 受体，舒张支气管平滑肌。主要不良反应为心动过速、骨骼肌震颤、头痛、低钾血症。根据药效维持时间，分为短效 β_2 受体激动剂（short acting β_2 receptor agonists, SABA）和长效 β_2 受体激动剂（long acting β_2 receptor agonists, LABA）。

（1）SABA：维持时间为 4~6 h，为治疗哮喘急性发作的首选药物。常用药物有沙丁胺醇（salbutamol）和特布他林（terbutaline）。SABA 有吸入、口服和静脉注射三种剂型，首选吸入给药。①吸入：吸入 SABA 数分钟可起效，疗效维持数小时，有定量气雾剂（MDI）、干粉吸入剂和雾化溶液三种剂型，沙丁胺醇每次 100~200 μg，特布他林每次 250~500 μg，必要时 20 min 重复一次。②口服：缓释剂或控释剂适用于夜间哮喘的预防和治疗。③静脉注射：平喘作用迅速，但是不良反应发生率高，应谨慎使用。

（2）LABA：维持时间为 10~12 h，常用药物有福莫特罗（formoterol）和沙美特罗（salmeterol）。不推荐单独使用，与 ICS 联合是目前最常用的控制哮喘发作药物。目前常用的联合制剂有氟替卡松/沙美特罗吸入干粉剂，布地奈德/福莫特罗吸入干粉剂。

3. 白三烯调节剂　白三烯调节剂主要通过拮抗半胱氨酰白三烯受体，调节白三烯的生物活性而发挥抗炎作用，同时也具有舒张支气管平滑肌的作用，是目前除 ICS 外唯一可单独应用的哮喘控制性药物。白三烯调节剂可作为轻度哮喘 ICS 的替代治疗药物和中度、重度哮喘的联合治疗用药，尤其适用于阿司匹林哮喘、运动性哮喘和伴有过敏性鼻炎的哮喘患者。常用药物有孟鲁司特（montelukast）10 mg/d，扎鲁司特（zafirlukast）20 mg/d。不良反应通常较轻微，主要是胃肠道症状，少数患者有皮疹、血管性水肿、转氨酶升高，停药后可恢复正常。

4. 茶碱类药物　茶碱类药物具有舒张支气管平滑肌、强心、利尿、扩张冠状动脉、兴奋呼吸中枢等作用。低浓度茶碱具有抗炎和免疫调节作用。茶碱与 SABA 相比，在舒张支气管平滑肌方面没有优势。联合应用茶碱、激素和抗胆碱药具有协同作用。但茶碱类药物与 β_2 受体激动剂联合应用时易出现心律失常，应适当减少剂量。茶碱的不良反应有心律失常、血压下降，甚至死亡。使用西咪替丁、喹诺酮类、大环内酯类药物可影响茶碱代谢，使其排泄减慢，故应减少茶碱的用药剂量。给药途径有口服给药和静脉给药两种。

（1）口服给药：主要用于轻度、中度哮喘急性发作以及哮喘的控制治疗。常用药物有氨茶碱和缓释茶碱，一般剂量为 6~10 mg/(kg·d)。口服缓释茶碱平喘作用可维持 12~24 h，尤其适用于夜间哮喘症状的控制。

（2）静脉给药：主要用于重度、危重哮喘患者。氨茶碱加入葡萄糖溶液中，缓慢静脉注射。负荷剂量为 4~6 mg/kg，维持剂量为 0.6~0.8 mg/(kg·h)。

5. 抗胆碱药　抗胆碱药主要为胆碱受体（M 受体）拮抗药，通过阻断乙酰胆碱与支气管平滑肌的 M 受体结合，降低迷走神经兴奋性，舒张支气管平滑肌，并有减少痰液分泌的作用。其舒张支气管平滑肌的作用比 β_2 受体激动剂弱，与 β_2 受体激动剂联合吸入有协同作用，尤其适用于夜间哮喘及多痰的患者。少数患者有口苦、口干等不良反应。根据药效维持时间分为短效 M 受体拮抗药（short acting M receptor antagonists，SAMA）和长效 M 受体拮抗药（long acting M receptor antagonists，LAMA）。

（1）SAMA：维持时间为 4~6 h，主要用于哮喘急性发作的治疗，常用药物是异丙托溴铵（ipratropium bromide）气雾剂。

（2）LAMA：维持时间为 24 h，可选择性拮抗 M_1、M_3 受体，主要用于哮喘合并慢性阻塞性肺疾病的长期治疗，常用药物是噻托溴铵（tiotropium bromide）干粉吸入剂。

6. 抗 IgE 抗体　奥马珠单抗（omalizumab）是一种人源化的重组鼠抗人 IgE 单克隆抗体，具有阻断游离 IgE 与效应细胞表面 IgE 受体结合的作用，但不会诱导效应细胞脱颗粒反应，主要用于吸入 ICS 和 LABA 联合治疗后症状仍未控制且血清 IgE 水平增高的重症哮喘患者。使用方法为皮下注射，每 2 周 1 次，至少持续 3~6 个月。该药临床使用时间较短，安全性及远期疗效有待进一步观察。

7. 其他药物　酮替芬、阿司咪唑、曲尼司特、氯雷他定对轻症哮喘和季节性哮喘有一定的效果。生物制剂（抗 IL-5 单抗）对高嗜酸性粒细胞血症的哮喘患者疗效较好。色甘酸钠可阻断肥大细胞脱颗粒，而非舒张支气管平滑肌，故主要用于预防哮喘发作。

(三)免疫疗法

免疫疗法分为特异性免疫治疗和非特异性免疫治疗两种。

1. **特异性免疫治疗** 特异性免疫治疗是指将诱发哮喘发作的特异性变应原(如花粉、螨虫、猫毛)配制成各种不同浓度的提取液,通过舌下含服、皮下注射等途径给予对该变应原过敏的患者,以此提高患者对此种变应原的耐受性,当患者再次接触该变应原时,不再发作哮喘,或哮喘发作程度明显减轻,称为脱敏疗法。通常需要 1~2 年的治疗,若效果良好,可坚持 3~5 年。脱敏治疗的局部反应(皮肤红肿、风团、瘙痒等)发生率为 5%~30%,全身反应包括荨麻疹、结膜炎、鼻炎、喉头水肿、支气管痉挛、过敏性休克,甚至死亡(死亡率在 1/10 万以下)。因而脱敏疗法不能作为主要的治疗手段,必须在有抢救措施的医院进行。

2. **非特异性免疫治疗** 非特异性免疫治疗有注射疫苗、卡介苗及其衍生物、转移因子等,有一定的辅助治疗疗效。

(四)哮喘急性发作期的治疗

哮喘急性发作期的治疗原则是尽快解除支气管平滑肌痉挛,缓解症状,纠正低氧血症,恢复肺功能,预防病情恶化及再次发作,防治并发症。

1. **轻度发作** 轻度发作患者可间断吸入 SABA,第 1 h 内每 20 min 吸入 1~2 喷,随后可调整为每 3~4 h 吸入 1~2 喷。若治疗效果不佳,可加用茶碱缓释片,或短效抗胆碱气雾剂吸入。

2. **中度发作** 中度发作患者第 1 h 内持续雾化吸入 SABA。联合雾化吸入短效抗胆碱药、糖皮质激素,在效果欠佳的情况下可联合茶碱类静脉注射。如果是在控制性药物治疗的基础上发生的哮喘急性发作,应尽早口服糖皮质激素。

3. **重度及危重发作** 重度及危重发作患者应尽早吸氧,持续雾化吸入 SABA,联合雾化吸入短效抗胆碱药、糖皮质激素混悬液及静脉注射茶碱类药物。积极静脉使用糖皮质激素,待病情控制或缓解后改为口服给药。对经上述积极治疗,临床症状和肺功能仍未明显改善或继续恶化者,应尽早积极行机械通气治疗。机械通气的适应证包括呼吸肌疲劳、$PaCO_2 \geq 45$ mmHg、意识障碍(需要进行有创机械通气)。此外,还应注意预防呼吸道感染,补液,纠正酸碱平衡失调及电解质代谢紊乱,积极处理并发症等。

(五)哮喘慢性持续期的治疗

哮喘慢性持续期的治疗应首先评估患者哮喘控制水平,在此基础上选择合适的治疗方案。要为每个初诊患者制订个体化的治疗计划,既要考虑药物的疗效和安全性,又要考虑患者的经济状况和当地的医疗资源。要定期随访、监测,改善患者的依从性,根据患者的病情变化及时调整治疗方案。哮喘的管理模式是评估、治疗、监测。哮喘长期治疗方案分为 5 级,列于表 2-4-3。

表 2-4-3　哮喘长期治疗方案

治疗方案	第1级	第2级	第3级	第4级	第5级
推荐选择的控制性药物	不需要使用药物	低剂量 ICS	低剂量 ICS+LABA	中、高剂量 ICS+LABA	在第 4 级基础上加抗 IgE 抗体,支气管热成形术
其他选择的控制性药物	低剂量 ICS	白三烯调节剂、低剂量茶碱	中、高剂量 ICS,低剂量 ICS+白三烯调节剂,低剂量 ICS+缓释茶碱	中、高剂量 ICS+LABA+LAMA、高剂量 ICS+白三烯调节剂、高剂量 ICS+缓释茶碱	在第 4 级基础上加口服小剂量糖皮质激素
缓解药物	按需使用 SABA	按需使用 SABA	按需使用 SABA 或低剂量布地奈德/福莫特罗	按需使用 SABA 或低剂量布地奈德/福莫特罗	按需使用 SABA 或低剂量布地奈德/福莫特罗

注:ICS. 吸入型糖皮质激素;SABA. 短效 β_2 受体激动剂;LABA. 长效 β_2 受体激动剂。

（六）咳嗽变异性哮喘的治疗

咳嗽变异性哮喘的治疗原则与典型哮喘相同，疗程多短于典型哮喘。大多数患者低剂量ICS联合β₂受体激动剂或缓释茶碱即可，或用布地奈德/福莫特罗、氟替卡松/沙美特罗，必要时可短期口服小剂量糖皮质激素治疗。咳嗽变异性哮喘若治疗不及时，可发展为典型哮喘。

（七）难治性哮喘的治疗

难治性哮喘是指使用包括ICS和LABA两种或多种控制药物，规范治疗至少6个月仍不能达到良好控制的哮喘。治疗方法包括：①首先排除患者治疗依从性不佳，并排除诱发加重或使哮喘难以控制的因素；②给予高剂量ICS联合或不联合口服激素，加用白三烯调节剂、抗IgE抗体联合治疗；③其他可选择的治疗方法包括使用免疫抑制药、支气管热成形术等。

 哮喘的药物治疗。

【健康教育与管理】

支气管哮喘是一种气道慢性炎症性疾病，难以彻底治愈。医患之间的长期合作将会使患者得到有效的管理。所以要对患者及其家属进行长期、持续的健康教育与管理。其目的是增强患者的自信心，增强其对治疗的依从性，增强其自我管理能力。健康教育的内容包括：①了解哮喘的病因，学会避免接触危险因素；②熟悉哮喘发作的先兆表现，学会哮喘发作时紧急自我处理方法；③正确掌握简易PEF的使用方法并坚持监测；④坚持记录患者日记，定期到医院复查；⑤教会患者掌握正确的吸入技术；⑥熟悉哮喘的严重表现，知道什么情况下及时就诊。

【预后】

通过长期、规范化治疗，成人哮喘控制率可达到80%左右，儿童可以达到95%左右。若未经合理治疗，哮喘长期、反复发作，气道反应性明显增高，气道重构，或伴有其他过敏性疾病，可并发肺气肿、肺源性心脏病，预后较差。

自 测 题

一、选择题

1. 患者，女性，30岁，发作性气喘20年，春季发作频繁，再发4 h入院。体格检查：两肺叩诊呈过清音，听诊可闻及广泛哮鸣音，心率100次/分，心律齐。血常规检查：WBC 10.5×10^9/L，N 60%，L 30%，E 10%，胸部X线示两肺透亮度增加。最可能的疾病诊断为

  A. 慢性喘息性支气管炎　　　　　　　　B. 支气管哮喘
  C. 弥漫性肺间质纤维化　　　　　　　　D. 急性左心衰竭
  E. 变应性支气管肺曲霉病

2. 支气管哮喘的本质主要是

  A. 一种自身免疫病　　　　　　　　　　B. 支气管平滑肌不可逆收缩
  C. 气道慢性炎症性疾病　　　　　　　　D. M胆碱受体功能低下
  E. β₂受体功能增强

3. 支气管哮喘最常见的诱发因素是
   A. 吸入变应原　　　　　B. 呼吸道感染　　　　　C. 高蛋白食物
   D. 气候变化　　　　　　E. 剧烈运动

4. 患者，男性，40岁，患支气管哮喘16年。2天前哮喘再次发作，经治疗症状缓解。2 h 前患者突感右胸剧痛，呼吸费力。体格检查：BP 90/60 mmHg，口唇发绀，大汗淋漓，烦躁不安，气管左移，右肺叩诊呈鼓音，心率120次/分，应立即进行的检查是
   A. 心电图　　　　　　　B. 胸部X线
   C. B超　　　　　　　　D. 痰培养+药物敏感试验
   E. 血常规

5. 患者，男性，20岁，近日来咳嗽，咳少量白色黏液痰，低热。今夜突然发生气促，张口呼吸，不能平卧。既往无心脏病史。体格检查：端坐位，大汗淋漓，两肺闻及广泛哮鸣音，心脏无杂音，经口服氨茶碱治疗，肺部哮鸣音无改善，最可能的疾病诊断是
   A. 急性左心衰竭　　　　B. 慢性支气管炎　　　　C. 急性喉炎
   D. 支气管扩张症　　　　E. 支气管哮喘重度发作

6. 支气管哮喘典型的临床表现是
   A. 夜间阵发性呼吸困难　　　　　　　　B. 反复发作的吸气性呼吸困难
   C. 反复发作的呼气性呼吸困难　　　　　D. 混合性呼吸困难
   E. 呼吸困难，咳粉红色泡沫样痰

7. 哮喘发作时最重要的体征是
   A. 颈静脉怒张　　　　　B. 桶状胸　　　　　　　C. 发绀
   D. 两肺叩诊呈过清音　　E. 两肺哮鸣音

8. 哮喘长期、反复发作易导致
   A. 支气管肺癌　　　　　B. 肺结核　　　　　　　C. 慢性阻塞性肺疾病
   D. 胸膜炎　　　　　　　E. 气胸

（9～11题共用题干）

患者，女性，23岁，1周前因鼻塞、流涕、咳嗽、咽痛，服用感冒药治疗。今去公园游玩时突然喘憋、端坐呼吸、大汗淋漓。既往有多种药物过敏史。体格检查：口唇发绀，两肺广泛哮鸣音。

9. 此患者最可能的疾病诊断是
   A. 气管异物　　　　　　B. 急性喉炎　　　　　　C. 支气管哮喘
   D. 急性左心衰竭　　　　E. 药物过敏

10. 对此患者，下列治疗措施错误的是
    A. 立即吸氧　　　　　　B. 补液　　　　　　　　C. 快速静脉注射氨茶碱
    D. 吸入沙丁胺醇　　　　E. 静脉滴注氢化可的松

11. 该病最可能的发病机制是
    A. 肺血管阻力增加　　　B. 急性左心衰竭　　　　C. 免疫功能低下
    D. 气道高反应性　　　　E. 气道重构

二、简答题

1. 哮喘的并发症有哪些？
2. 哮喘急性发作期的治疗原则是什么？

三、案例分析题

1. 患者，男性，34岁。支气管哮喘发作，口服氨茶碱后效果欠佳，动脉血气分析提示：PaO_2 70 mmHg，$PaCO_2$ 55 mmHg，目前宜采取的治疗措施是什么？

2. 患者，女性，40岁。反复发作性干咳3年，无低热、咯血等，镇咳药及抗生素治疗无效。体格检查未见阳性体征。胸部X线检查未见异常。如何明确咳嗽变异性哮喘的诊断？

（艾　娟）

第五章 慢性阻塞性肺疾病

第五章数字资源

学习目标

1. 知识：描述 COPD 的临床表现，说出其病因、临床特征、诊断依据和治疗原则，列举 COPD 需要与哪些疾病相鉴别，解释 COPD 的发病机制，分析辅助检查的临床意义。

2. 能力：正确接诊患者，学会独立完成病史采集和体格检查，会根据患者的临床表现选择辅助检查项目，运用收集到的临床资料对本病做出初步诊断，根据病情拟定防治方案，对患者进行健康教育。

3. 素养：医学生要认识到自己肩负的职业责任和社会责任，关注 COPD 的流行病学特征（如发病率、地区分布、高危人群占比），认识到其对公共卫生的影响（如医疗负担、劳动力损失），努力提高自己的专业水平，为提高 COPD 患者的生活质量不懈努力。通过多种形式向公众宣传 COPD 预防和控制知识。同时要理解患者长期被 COPD 折磨的痛苦和诉求，给予他们情感上的支持和心理上的疏导，让患者在治疗过程中感受到被尊重和关怀，帮助患者建立战胜疾病的信心。

案例 2-5-1

患者，男性，65岁，农民。20年前患者感冒后出现咳嗽、咳痰，持续2个月余，经治疗好转。此后每年冬季均频繁咳嗽，咳白色黏液痰，晨起较重，常因受寒或吸烟诱发，每年发病3个月以上，且持续时间逐年延长。5年前患者开始出现上楼梯或重体力劳动时胸闷、气短，休息后可以缓解，以后渐至平地行走500 m以上即感气短，逐渐丧失劳动能力。患者曾多次到当地医院住院治疗，每次症状减轻后出院。4 d前患者因受寒，咳嗽加重，咳黄色黏液痰，痰量约30 ml/d，伴发热，自测体温38.0 ℃左右。气短加重，不能平卧。无咯血，无明显胸痛。在家自服罗红霉素、氨溴索等药物治疗。7 h前家人发现患者呼之不应，遂将其急送入院。吸烟30余年，每日约30支。体格检查：T 38.0 ℃，P 106次/分，R 26次/分，BP 130/85 mmHg。神志不清，呼之不应，检查不合作。口唇发绀，桶状胸，肋间隙增宽，双侧呼吸运动减弱。双肺叩诊呈过清音，听诊呼吸音减弱，闻及散在湿啰音。其余检查无异常发现。辅助检查：①血常规 WBC 13.5×10^9/L，N 82%，L 17%，RBC 6.0×10^{12}/L，Hb 170 g/L；②痰涂片：革兰氏阳性球菌占优势；③床旁胸部X线检查：双肺野透亮度增加，肺纹理粗乱。

问题与思考：

1. 初步诊断和诊断依据是什么？应与哪些疾病相鉴别？
2. 为明确诊断，需要进一步做哪些检查？
3. 治疗原则是什么？

慢性阻塞性肺疾病（chronic obstructive pulmonary disease，COPD）是一种常见病和多发病，可

以预防和治疗。其临床特征是持续存在的呼吸系统症状和呈进行性发展的不完全可逆的气流受限。肺功能检查对确定气流受限具有重要意义。

COPD 的患病率和病死率均较高。该病以老年人多见，男性患病率高于女性，我国北方地区患病率高于南方地区，农村患病率较高。因患者肺功能呈进行性减退，故常严重影响劳动力和生活质量，造成了巨大的社会经济负担，世界银行/世界卫生组织的研究表明，COPD 占世界疾病经济负担的第 5 位。

慢性支气管炎和阻塞性肺气肿是导致 COPD 最常见的疾病。慢性支气管炎和阻塞性肺气肿的早期，大多数患者虽有慢性咳嗽、咳痰症状，但肺功能检查尚无气流受限，此时不能诊断为 COPD。随着病情发展，当肺功能检查有气流受限且不完全可逆时，即可诊断为 COPD。

支气管哮喘是一种与 COPD 发病机制不同的慢性气道炎症性疾病，也有气流受限，但其气流受限大多具有显著的可逆性。临床上部分支气管哮喘患者随着病程进展，可出现较明显的气道重建，导致气流受限的可逆性明显减小，此时很难与 COPD 相鉴别。

此外，一些已知病因或具有特征性病理表现的疾病，尽管有气流受限，但不属于 COPD，如支气管扩张症、肺结核纤维化病变、弥漫性泛细支气管炎。

【病因】

所有与慢性支气管炎和阻塞性肺气肿发生有关的因素都可能参与 COPD 的发生。已知的危险因素可以分为外因（环境因素）和内因（个体易患因素）两类。

（一）外因

1. **吸烟**　吸烟是 COPD 最主要的发病因素。吸烟者慢性支气管炎的患病率比不吸烟者高 2~8 倍。烟龄越长，吸烟量越大，COPD 患病率越高。烟草中含焦油、尼古丁和氢氰酸等化学物质，可损伤气道上皮细胞，使纤毛运动减退和巨噬细胞吞噬功能降低；支气管黏液腺肥大，杯状细胞增生，黏液分泌增多，使气道净化能力下降；支气管黏膜充血、水肿，黏液积聚，容易继发感染，慢性炎症及吸烟刺激黏膜下感受器，使副交感神经功能亢进，引起支气管平滑肌收缩，导致气道阻力增加，气流受限。

COPD 最主要的发病因素。

2. **感染**　感染是 COPD 发生、发展的重要因素之一。病毒和细菌感染是本病急性发作的主要因素。病毒主要为流感病毒、鼻病毒、腺病毒和呼吸道合胞病毒等；细菌以肺炎链球菌、流感嗜血杆菌、卡他莫拉菌及葡萄球菌感染为多见。

COPD 急性发作的主要因素。

3. **空气污染**　严重的城市空气污染，大气中有害气体可损伤气道黏膜，使纤毛清除功能下降，黏液分泌增加，为细菌感染创造条件。
4. **职业粉尘和化学物质**　长期吸入职业粉尘及化学物质，均可能产生与吸烟效果类似的 COPD。

（二）内因

1. **遗传因素**　流行病学研究结果提示 COPD 易患性与多种基因有关。α_1 抗胰蛋白酶缺乏可增加患病风险。其他如谷胱甘肽 S 转移酶基因、基质金属蛋白酶组织抑制物 -2 基因、血红素氧合酶 -1 基因和肿瘤坏死因子 -α 基因等，可能与 COPD 的发病有关。

2. 气道高反应性　国内外流行病学资料显示,气道反应性增高者其COPD的发病率也明显升高。

3. 肺生长发育不良　妊娠期、新生儿期和婴幼儿期各种原因导致的肺生长发育不良,成年后易罹患COPD。

【发病机制】

(一)炎症机制

气道、肺实质及肺血管的慢性炎症是COPD的特征性改变,中性粒细胞、单核巨噬细胞、T淋巴细胞等均参与了COPD的发病过程。中性粒细胞的活化和聚集是COPD炎症过程的一个重要环节,通过释放中性粒细胞弹性蛋白酶、中性粒细胞组织蛋白酶G、中性粒细胞蛋白酶3和基质金属蛋白酶,引起慢性黏液高分泌状态并破坏肺实质。

(二)蛋白酶-抗蛋白酶失衡

蛋白水解酶对肺组织有损伤、破坏作用,而抗蛋白酶对多种蛋白酶具有抑制功能。其中α_1抗胰蛋白酶是活性最强的一种抗蛋白酶。蛋白酶和抗蛋白酶维持平衡是保证肺组织正常结构免受破坏的主要因素。蛋白酶增多或抗蛋白酶不足均可导致肺组织结构破坏而发生肺气肿。

(三)氧化应激反应

有许多研究表明,COPD患者的氧化应激反应增加。氧化物主要有超氧阴离子、羟自由基、次氯酸和一氧化氮等。氧化物可直接破坏许多生化大分子(如蛋白质、脂质和核酸),导致细胞功能障碍或细胞死亡,可以破坏细胞外基质,引起蛋白酶-抗蛋白酶失衡,促进炎症反应,参与多种炎症因子的转录。

(四)其他机制

自主神经功能失调、营养不良、气温骤变等都有可能参与COPD的发生、发展。

【病理】

COPD的病理改变主要表现为慢性支气管炎及阻塞性肺气肿的病理变化。支气管的慢性炎症过程中,支气管黏膜上皮细胞变性、坏死和形成溃疡;纤毛倒伏、粘连和部分脱落;黏膜上皮修复、增生、鳞状上皮化生和肉芽肿形成;腺体增生、肥大、杯状细胞数目增多和分泌亢进;基底部肉芽组织和纤维组织增生导致管腔狭窄。支气管炎症的反复发生,导致气道壁损伤和修复交替进行。修复过程可导致气道壁结构重塑、胶原含量增加及瘢痕形成,造成气道不完全阻塞,导致肺泡中残存气体过多和肺泡过度充气,从而发生阻塞性肺气肿。按累及肺小叶的部位,可将阻塞性肺气肿分为小叶中央型、全小叶型和混合型。肺气肿的发生使肺泡体积增大,导致肺泡壁毛细血管受压,肺组织血液供应减少和营养障碍,致使肺泡壁的弹性进一步减退。镜检可见肺泡壁变薄,肺泡腔扩大、破裂或形成大疱。肺组织外观呈灰白色,表面可见多个大小不一的肺大疱。

【病理生理】

早期病变局限于小气道(直径<2 mm的气道),仅闭合容积增大,反映肺组织弹性阻力及小气道阻力的动态肺顺应性降低。当病变累及大气道时,肺通气功能明显障碍,最大通气量降低。随着病情进展,肺组织弹性日益降低,残气量占肺总量的百分比增加。肺气肿加重,致使肺毛细血管大量减少,肺泡间的血流量减少,此时肺泡虽有通气,但肺泡壁无血液灌流,导致生理无效腔气量增大;也有部分肺区虽有血液灌流,但肺泡通气不良,不能参与气体交换。肺泡及毛细血管的大量丧失,弥散面积减小,发生通气血流比例失调,使换气功能发生障碍。通气和换气功能障碍可引起缺氧和二氧化碳潴留,导致不同程度的低氧血症和高碳酸血症,最终造成呼吸衰竭。

【临床表现】

（一）起病方式及病程
COPD起病缓慢，病情反复发作，病程较长。

（二）症状
1. 呼吸困难　逐渐加重的呼吸困难是COPD的标志性症状。呼吸困难常被描述为气短或气促。早期在上楼梯、爬坡和重体力劳动时出现，休息后缓解。随着病情进展，在平地活动、穿衣、洗漱，甚至休息时也感觉呼吸困难。
2. 慢性咳嗽　咳嗽常年反复发作，晨间咳嗽明显，夜间有阵咳。
3. 咳痰　一般为白色黏液痰，清晨排痰较多。急性发作期痰量明显增多，可有脓性痰。
4. 其他　重度COPD或急性加重时可出现喘息、胸闷、发热、头痛、发绀、嗜睡及神志恍惚。

 COPD的标志性症状。

（三）体征
COPD患者早期可无明显异常体征，随病情进展，出现阻塞性肺气肿的体征。
1. 视诊　桶状胸，部分患者呼吸浅快。
2. 触诊　胸廓扩张度减弱，语音震颤减弱。
3. 叩诊　两肺叩诊呈过清音，心浊音界缩小，肺下界和肝浊音界下降，肺下界移动度减少。
4. 听诊　两肺呼吸音减弱，呼气延长，部分患者可闻及干啰音和（或）湿啰音。

 阻塞性肺气肿的体征。

【辅助检查】

（一）肺功能检查
肺功能检查是判断气流受限的主要客观指标。对评价COPD严重程度、病情进展、预后及治疗效果具有重要价值，应强调早测定，长期、动态观察。

1. FEV_1/FVC　FEV_1/FVC是一项评价气流受限的敏感指标。吸入支气管舒张药后，$FEV_1/FVC < 70\%$可确定为持续的气流受限。

 COPD患者肺功能检查的意义。

2. FEV_1占预计值百分比　FEV_1占预计值百分比是评估COPD严重程度的良好指标，其变异性小，易于操作。正常FEV_1占预计值百分比$>80\%$。
3. 其他　肺总量和残气量增高，肺活量降低，表明肺过度充气，对COPD的诊断有参考价值。残气量/肺总量$>40\%$可诊断为肺气肿。

> **知识链接**
>
> **肺功能常用评价指标**
>
> 1. 肺活量　肺活量是深吸气后所能呼出的最大气量。
> 2. 用力肺活量　用力肺活量是指深吸气至肺总量后以最大用力、最快速度所能呼出的全部气量。
> 3. 第一秒用力呼气容积　正常人3 s内可将肺活量全部呼出，第1秒、2秒、3秒所呼出的气量各占用力肺活量的83%、96%、99%。FEV_1/FVC 是评价气流受限的主要指标。
> 4. 肺总量　肺总量是深吸气后肺内所含全部气量，是肺活量与残气量之和。
> 5. 残气量　残气量是指最大呼气末残留于肺内的气量。

（二）胸部 X 线检查

COPD 早期胸部 X 线检查可无变化。以后可出现肺纹理增粗、紊乱及肺气肿改变。胸部 X 线改变对 COPD 诊断的特异性不高，主要作为确定肺部并发症及与其他肺疾病鉴别之用。

（三）胸部 CT 检查

CT 检查可见 COPD 小气道病变及并发症表现，主要用于与其他疾病相鉴别。高分辨率 CT 可确定肺大疱的大小和数量，对手术的预估有一定的价值。

（四）动脉血气分析

动脉血气分析对确定是否发生低氧血症、高碳酸血症、酸碱平衡失调以及判断呼吸衰竭的类型有重要价值。

（五）其他

COPD 急性发作合并细菌感染时，血液白细胞计数升高，核左移。痰培养可检出病原菌。常见病原菌为肺炎链球菌、流感嗜血杆菌、卡他莫拉菌及肺炎克雷伯菌等。

【并发症】

（一）肺部急性感染

COPD 急性加重期常易并发支气管肺炎，此时患者出现全身感染中毒症状（畏寒、发热、头痛及全身酸痛、白细胞计数及中性粒细胞比例升高），呼吸困难、咳嗽、咳痰症状加重。肺部急性感染易引起 COPD 患者并发呼吸衰竭和心力衰竭。

（二）自发性气胸

如患者有突发一侧胸痛，突然加重的呼吸困难，并伴有明显发绀，患侧肺部叩诊呈鼓音，听诊呼吸音减弱或消失，应考虑并发自发性气胸，X 线检查可以确诊。

（三）慢性呼吸衰竭

慢性呼吸衰竭常在 COPD 急性加重期发生，患者症状明显加重，发生低氧血症和（或）高碳酸血症时，可有缺氧和二氧化碳潴留的临床表现。

（四）慢性肺源性心脏病

慢性肺源性心脏病是 COPD 最主要的并发症。由于肺部病变引起肺血管床减少及缺氧，致使肺动脉痉挛、血管重构，导致肺动脉高压、右心室肥大，最终发生右心衰竭。

 COPD 最主要的并发症。

【诊断】

（一）诊断要点

1. 高危因素　吸烟、感染等。
2. 症状　慢性咳嗽、咳痰和逐渐加重的呼吸困难。
3. 体征　阻塞性肺气肿的体征。
4. 肺功能检查　吸入支气管舒张药后，$FEV_1/FVC < 70\%$，FEV_1占预计值百分比$< 80\%$。

COPD 的诊断依据。

（二）病程分期

1. 急性加重期　短期内咳嗽、咳痰、气促和（或）喘息加重，痰量增多，痰呈脓性或黏液脓性，可伴发热、发绀、嗜睡和头痛。急性加重的诱因多为呼吸道感染。
2. 稳定期　咳嗽、咳痰和气短等症状稳定或症状轻微。

（三）肺功能评估

使用慢性阻塞性肺疾病全球倡议（global initiative for chronic obstructive lung disease，GOLD）分级：患者吸入支气管舒张药后，$FEV_1/FVC < 70\%$，再依据FEV_1占预计值的百分比下降程度进行肺功能分级，列于表 2-5-1。

表 2-5-1　COPD 患者气流受限严重程度的肺功能分级

肺功能分级	气流受限程度	FEV_1占预计值的百分比
GOLD 1 级	轻度	$\geq 80\%$
GOLD 2 级	中度	$50\% \sim 79\%$
GOLD 3 级	重度	$30\% \sim 49\%$
GOLD 4 级	极重度	$< 30\%$

【鉴别诊断】

（一）支气管扩张症

支气管扩张症患者有慢性咳嗽、大量咳痰和反复咯血表现。肺部听诊常有固定性湿啰音。部分患者胸部 X 线片显示肺纹理粗乱或呈卷发状，高分辨率 CT 可见支气管扩张改变。

（二）肺结核

肺结核患者可有午后低热、乏力、盗汗等结核中毒症状，痰液检查可发现结核分枝杆菌、胸部 X 线或 CT 检查可发现病灶。

（三）支气管哮喘

支气管哮喘多在儿童或青少年期起病，以发作性喘息为特征，发作时两肺布满哮鸣音，缓解后症状消失，常有家庭或个人过敏史。哮喘的气流受限多为可逆性，支气管舒张试验阳性。

（四）肺癌

肺癌患者咳嗽、痰中带血丝或咯血，胸部 X 线及 CT 检查可发现占位病变、阻塞性肺不张或肺炎，痰细胞学、纤维支气管镜检查和活体组织检查有助于明确诊断。

（五）矽肺及其他肺尘埃沉着病

患者有粉尘和职业接触史，矽肺患者 X 线检查可见矽结节，肺门阴影扩大及网状纹理增多等特点有助于诊断。

【治疗】

（一）稳定期治疗

1. 教育与管理　最重要的是教育和劝导患者戒烟，这是降低肺功能损害的最有效的措施。因职业或环境粉尘、刺激性气体所致者，应脱离污染环境。

2. 支气管扩张药　短期按需应用，可以暂时缓解症状；长期、规律应用，可以预防和减轻症状。此类药物可明显提高患者的生活质量，是稳定期最主要的治疗药物。

（1）β_2肾上腺素受体激动剂：① SABA：沙丁胺醇气雾剂，每次 100~200 μg（1~2 喷），疗效持续 4~5 h，每 24 h 不超过 8~12 喷。特布他林每次 250~500 μg。② LABA：福莫特罗 4.5~9 μg，每日仅需吸入 1~2 次。沙美特罗也有同样的作用。

（2）抗胆碱药：① SAMA：异丙托溴铵气雾剂，每次吸入 40~80 μg（每喷 20 μg），疗效持续 6~8 h，每日吸入 3~4 次。② LAMA：噻托溴铵粉吸入剂，每次吸入 18 μg，每日吸入 1 次。

（3）茶碱类：①茶碱缓释片：0.2 g，早、晚各 1 次，口服。②氨茶碱：0.1 g，每日 3 次，口服。

3. 糖皮质激素　研究表明，长期使用 ICS+LABA，对于重度和极重度 COPD 患者而言，可减少急性加重的发作频率，增加运动耐量，提高生活质量。目前常用的有沙美特罗/氟替卡松和福莫特罗/布地奈德。

4. 祛痰药　盐酸氨溴索 30 mg，每日 2~3 次，口服。或羧甲司坦 0.5 g，每日 3 次，口服。

5. 长期家庭氧疗　一般用鼻导管吸氧，氧流量为 1.0~2.0 L/min，每日持续吸氧 10~15 h，目的是使患者在海平面、静息状态下，达到 $PaO_2 \geq 60$ mmHg 和（或）使 SaO_2 升至 90% 以上。对 COPD 并发慢性呼吸衰竭患者，长期家庭氧疗可提高其生活质量和生存率。长期家庭氧疗对血流动力学、运动耐力和精神状态均会产生有益的影响。使用指征如下：

（1）$PaO_2 \leq 55$ mmHg 或 $SaO_2 \leq 88\%$，有或没有高碳酸血症。

（2）PaO_2 55~70 mmHg，或 $SaO_2 < 89\%$，合并有肺动脉高压、心力衰竭或红细胞增多症（血细胞比容 > 0.55）。

6. 康复治疗　康复治疗是 COPD 稳定期重要的治疗手段。具体包括呼吸生理治疗、肌肉训练、营养支持和精神治疗等，以提高活动耐力，增强肺功能。

（二）急性加重期治疗

1. 一般治疗　卧床休息，注意补充营养，纠正水、电解质代谢紊乱和酸碱失衡。

2. 氧疗　氧疗是 COPD 急性加重期的基础治疗方法。采用鼻导管或文丘里（Venturi）面罩吸氧。氧流量为 1.0~2.0 L/min，为避免吸入气氧浓度过高而加重二氧化碳潴留，应估算吸氧浓度〔估算公式：氧浓度（%）=21+〔4× 氧流量（L/min）〕。一般吸氧浓度控制在 25%~30%。氧疗 30 min 后，应再次进行动脉血气分析，以确认氧合水平是否达到满意程度（$PaO_2 > 60$ mmHg 或 $SaO_2 > 90\%$），而又不加重二氧化碳潴留或酸中毒。每日持续吸氧 10~15 h。

3. 抗生素　当患者有发热、呼吸困难加重、痰量增加和脓性痰时，应积极选用抗生素治疗。可根据痰培养和抗生素敏感试验选用 β-内酰胺类/β-内酰胺酶抑制剂，第二、三代头孢菌素，大环内酯类，喹诺酮类。

4. 支气管扩张药　当患者出现严重喘息症状时，可给予沙丁胺醇、异丙托溴铵，通过小型雾化吸入器吸入治疗，以缓解症状。喘息症状较轻时，治疗方法及所用药物与稳定期相同。

5. 祛痰药　常用药物有盐酸氨溴索、羧甲司坦。

6. 糖皮质激素　对 COPD 急性加重期住院患者，在有效抗生素治疗和使用支气管舒张药的基础上，可考虑口服泼尼松龙 30~40 mg/d，或静脉给予甲泼尼龙 40 mg，每日 1 次。静脉连续使用 3~5 d，改为口服并逐渐减量。

7. 机械通气　治疗目的是减轻呼吸肌的负荷，充分氧疗，减少肺的过度充气以及因此导致的后果。

8. 治疗并发症　若患者并发呼吸衰竭、心力衰竭、自发性气胸，其治疗可参阅本篇相关章节内容。

 COPD 患者正确的氧疗方法。

【健康教育】

COPD 的预防主要是避免发病的高危因素、急性加重的诱发因素以及增强机体免疫力，重视加强健康教育。健康教育内容包括：①积极劝导患者戒烟；②控制环境污染，减少有害气体或有害颗粒的吸入；③积极防治婴幼儿和儿童期的呼吸系统感染，可能有助于减少以后 COPD 的发生；④对有慢性支气管炎且反复感染的患者，注射流感疫苗、肺炎链球菌疫苗等；⑤加强体育锻炼，增强体质，提高机体免疫力；⑥对有 COPD 高危因素的人群，应定期进行肺功能监测，以尽可能早期发现 COPD 并及时给予干预；⑦教会患者正确使用吸入装置。

自 测 题

一、选择题

1. COPD 的主要病因是
   A. 长期吸烟　　　　　　　B. 感染　　　　　　　　C. 大气污染
   D. 寒冷气候　　　　　　　E. 过敏因素

2. 患者，男性，68 岁。COPD 病史 16 年。现轻微咳嗽、咳痰，无发热，动脉血气分析 pH 7.36，PaO_2 43 mmHg，$PaCO_2$ 52 mmHg。对于该患者，可以改善预后的治疗措施是
   A. 预防性使用抗生素　　　B. 吸入型糖皮质激素　　C. 使用支气管舒张药
   D. 肺康复锻炼　　　　　　E. 长期家庭氧疗

3. COPD 患者标志性症状是
   A. 咳嗽　　　　　　　　　B. 逐渐加重的呼吸困难　C. 咳痰
   D. 咯血　　　　　　　　　E. 胸痛

4. 不是阻塞性肺气肿体征的是
   A. 桶状胸　　　　　　　　B. 语音震颤增强　　　　C. 肺叩诊呈过清音
   D. 呼吸音减弱　　　　　　E. 肺下界下降

5. 患者，男性，66 岁。慢性咳嗽、咳痰 3 年，为明确诊断是否为 COPD，以下检查最有价值的是
   A. 胸部 X 线检查　　　　 B. 胸部 CT 检查　　　　C. 心电图检查
   D. 血常规检查　　　　　　E. 肺功能检查

6. 患者，男性，68 岁。反复咳嗽、咳痰 20 年，活动后气短 5 年，加重伴发热 3 d。体格检查：桶状胸，两肺呼吸音减弱，有痰鸣音，最可能的疾病诊断是
   A. 肺炎链球菌肺炎　　　　B. COPD 急性加重期　　C. 肺结核
   D. 气胸　　　　　　　　　E. 胸腔积液

7. COPD 最主要的并发症是
   A. 肺脓肿　　　　　　　　B. 肺不张　　　　　　　C. 肺源性心脏病
   D. 脓胸　　　　　　　　　E. 胸腔积液

8. COPD 患者祛痰镇咳，不宜选用的药物是
    A. 氯化铵　　　　　　B. 溴己新　　　　　　C. 可待因
    D. 氨溴索　　　　　　E. 羧甲司坦

9. 患者，男性，58 岁，确诊为 COPD，平时规律服用茶碱缓释片和盐酸氨溴索。近 1 周气喘加重，加用沙丁胺醇气雾剂及口服头孢克洛后头晕、心悸、手抖，可能性最大的原因是
    A. 帕金森病　　　　　　　　　　　B. 茶碱缓释片的副作用
    C. 盐酸氨溴索的副作用　　　　　　D. 沙丁胺醇气雾剂的副作用
    E. 头孢克洛的副作用

10. 患者，男性，50 岁。反复咳嗽、咳痰 18 年，每年冬季发作，每次持续 3 个月，有吸烟史。若患者病情继续发展，最常见的并发症是
    A. 肺部感染　　　　　　B. 自发性气胸　　　　　C. 慢性肺源性心脏病
    D. 阻塞性肺气肿　　　　E. 支气管哮喘

11. 患者，男性，62 岁。反复咳嗽、咳痰 15 年，近 1 年症状加重。今晨排便时，患者突然出现左侧胸痛，呼吸困难。体格检查：R 30 次/分，口唇发绀，气管右偏，桶状胸，左肺叩诊呈鼓音，听诊呼吸音消失，急诊应首先进行的检查是
    A. 纤维支气管镜检查　　B. 肺功能检查　　　　　C. 痰细菌培养
    D. 胸部 X 线检查　　　　E. 心电图检查

二、简答题

1. COPD 患者胸部常见体征有哪些？
2. COPD 急性发作期氧疗的方法是什么？

三、案例分析题

1. 患者，男性，68 岁。20 年前开始出现反复咳嗽、咳痰，8 年前出现活动时气促，活动耐力明显下降，被确诊为 COPD。近日患者因受寒，咳嗽、咳痰加重，气促加剧，发热，失眠，昨晚服氯丙嗪 2 片，今晨发现患者意识模糊，皮肤潮红，球结膜充血、水肿，巴宾斯基征阳性，应立即做何种处理？

2. 患者，女性，70 岁。反复咳嗽、咳痰 20 年，气短 3 年，加重 5 d。体格检查：桶状胸，呼气相延长。动脉血气分析：pH 7.35，PaO_2 55 mmHg，$PaCO_2$ 54 mmHg。为明确诊断，应进一步做哪些检查？

（艾　娟）

第六章　慢性肺源性心脏病

第六章数字资源

学习目标

1. 知识：描述慢性肺源性心脏病的临床表现，说出其病因、诊断依据和治疗原则，列举慢性肺源性心脏病需要与哪些疾病相鉴别，解释慢性肺源性心脏病的发病机制，分析辅助检查的临床意义。

2. 能力：正确接诊患者，学会独立完成病史采集和体格检查，会根据患者的临床表现选择辅助检查项目，运用收集到的临床资料对慢性肺源性心脏病做出初步诊断，根据病情拟定防治方案，对患者进行健康教育。

3. 素养：通过本病的学习，医学生要认识到慢性病预防的重要性。积极向公众普及慢性肺源性心脏病的防治知识，如劝导吸烟人群戒烟、宣传健康的生活方式，为降低慢性肺心病的发生率贡献自己的力量，体现医学生的社会担当。同时能认识到慢性肺心病的复杂性，综合考虑各种因素，制订出切实可行的解决方案，提高独立思考问题和解决实际问题的能力。

案例 2-6-1

患者，男性，68岁，农民。19年前患者感冒后开始出现咳嗽，咳白色黏液痰，持续2个月余痊愈。以后每到冬季，患者受凉后咳嗽、咳痰发作，每年持续3个月以上，迁延不愈。6年前患者开始出现活动后心悸、气短，间断有双下肢水肿。半个月前患者受凉后出现发热、咳嗽、咳黄色黏液痰，双下肢水肿加重，气短，不能平卧，遂入院。吸烟40余年，每日40支左右。体格检查：T 37.5 ℃，P 96次/分，R 24次/分，BP 110/70 mmHg。意识清楚，球结膜充血、水肿，口唇发绀。颈静脉怒张，桶状胸，双肺叩诊呈过清音，呼吸音减弱，两肺可闻及干啰音、湿啰音。心率96次/分，肺动脉瓣第二音（P_2）亢进、分裂，各瓣膜听诊区未闻及杂音。肝右肋下4 cm可触及，有压痛，肝颈静脉反流征阳性。双下肢凹陷性水肿。血常规：RBC $6.0×10^{12}$/L，Hb 170 g/L，WBC $11.5×10^9$/L，N 70%，L 25%。胸部X线检查示双肺野透亮度增加，双肺纹理粗乱。血气分析：pH 7.35，PaO_2 55 mmHg，$PaCO_2$ 58 mmHg。

问题与思考：

1. 初步诊断和诊断依据是什么？应与哪些疾病相鉴别？
2. 为明确诊断，需要进一步做哪些检查？
3. 治疗原则是什么？

慢性肺源性心脏病（chronic pulmonary heart disease）简称慢性肺心病，是由慢性支气管-肺组织疾病、肺血管疾病或胸廓疾病导致肺循环阻力增高、肺动脉高压，进一步引起右心室肥大，甚至右心衰竭的疾病。

慢性肺源性心脏病是常见病、多发病。在我国东北、西北、华北地区以及农村患病率比较高，南方地区以及城市患病率比较低，高原地区患病率高于平原地区。吸烟者患病率明显高于不吸烟者。患病率随年龄增长而增高，男性、女性无明显差异。本病在冬季、春季和气候骤变时，常因上呼吸道感染而诱发急性加重。

【病因】

（一）支气管、肺疾病

以 COPD 最常见，我国 80%～90% 的慢性肺源性心脏病继发于 COPD。其次为支气管哮喘、支气管扩张症、肺结核及肺间质纤维化等。

（二）胸部运动障碍性疾病

脊柱侧凸与后凸、脊柱结核、胸膜广泛粘连及胸廓成形术后造成的严重胸廓或脊柱畸形等，均可导致胸廓运动障碍、肺组织受压、支气管扭曲或变形，反复肺部感染，并发肺气肿或肺纤维化，最后发展至慢性肺源性心脏病。

（三）肺血管疾病

肺血管疾病较少见。慢性血栓栓塞性肺动脉高压、肺小动脉炎以及特发性肺动脉高压，均可使肺动脉狭窄、阻塞，肺血管阻力增加，形成肺动脉高压，加重右心室后负荷，逐渐发展成慢性肺源性心脏病。

（四）其他

睡眠呼吸暂停低通气综合征、先天性口咽畸形等均可导致低氧血症，引起肺血管收缩，造成肺动脉高压，并逐渐发展为慢性肺源性心脏病。

 我国慢性肺源性心脏病最常见的原因。

【发病机制与病理生理】

肺动脉高压是慢性肺源性心脏病发生的先决条件，持续和日益加重的肺动脉高压，使右心负荷过重，右心室肥大，甚至右心衰竭。

（一）肺动脉高压的形成

1. 肺血管阻力增加

（1）肺血管阻力增加的功能因素：COPD 患者常存在不同程度的低氧血症和高碳酸血症，这是导致肺血管收缩，形成肺动脉高压的最主要原因。缺氧导致血管收缩的机制：①缺氧时收缩血管的活性物质（血管紧张素Ⅱ、组胺、5-羟色胺、白三烯等）增多。②缺氧时，肺血管平滑肌细胞膜对 Ca^{2+} 通透性增加，细胞内 Ca^{2+} 含量增多，兴奋-收缩耦联效应增强，直接导致肺血管收缩。③高碳酸血症时，H^+ 增多，使血管对缺氧的收缩敏感性增强，肺血管收缩增强，导致肺动脉高压。

（2）肺血管阻力增加的解剖因素：长期反复发作的慢性支气管炎可累及邻近细小动脉，引起动脉管壁炎症，管壁增厚、管腔狭窄，甚至完全闭塞。随着肺气肿的日益加重，肺泡内压力增高，使肺泡壁毛细血管受压；肺泡压力过大，使肺泡壁破裂造成毛细血管床毁损，当血管床减少超过 70% 时，肺循环阻力增大，促使肺动脉高压发生。

2. 血液黏滞度增加　慢性缺氧引起继发性红细胞增多，血液黏滞度增加，血流阻力加大。

3. 血容量增多　缺氧和肾血流量减少，使醛固酮分泌增加，引起水、钠潴留，而导致血容量增多。

（二）心脏病变

肺动脉高压的早期，右心室为克服肺动脉阻力而代偿性肥厚，尚能维持心排血量。随着病情进展，肺动脉压持续升高，超过了右心室的代偿能力，右心室排血量减少，舒张末压增高，促使右心室进一步扩大，甚至发生右心衰竭。

（三）其他重要器官损害

缺氧和高碳酸血症除影响心脏外，还导致其他重要器官（如脑、肝、肾、胃肠）、内分泌系统及血液系统发生病理改变，引起多器官的功能损害。

 肺动脉高压形成最主要的原因。

【临床表现】

（一）肺、心功能代偿期

1. 症状　以肺部原发基础疾病的临床表现为主，如咳嗽、咳痰、活动后心悸、乏力、劳动耐力下降以及逐渐加重的呼吸困难。

2. 体征　除肺部原发疾病的体征外，主要是肺动脉高压和右心室肥大的体征，如 P_2 亢进、分裂，剑突下心脏搏动，心音遥远，三尖瓣区可闻及收缩期吹风样杂音。

（二）肺、心功能失代偿期

肺、心功能失代偿的最常见诱因是急性上呼吸道感染，主要表现为呼吸衰竭和心力衰竭。

1. 呼吸衰竭　主要以Ⅱ型呼吸衰竭为主。

（1）症状：早期主要表现为发绀、喘息和胸闷等。病变进一步发展，可出现神经、精神症状。

（2）体征：皮肤潮红，大量出汗，球结膜充血、水肿，早期血压升高，晚期血压下降，甚至出现休克。

2. 心力衰竭　主要以右心衰竭为主，也可出现全心衰竭的表现。

（1）症状：明显气促、心悸、腹胀、右上腹痛、恶心和呕吐。

（2）体征：皮肤、黏膜发绀，颈静脉怒张，肝颈静脉反流征阳性，双下肢凹陷性水肿，两肺可闻及干啰音、湿啰音，心率增快，节律可不整齐，三尖瓣区可闻及舒张期早期奔马律。严重者可有胸腔积液的体征。

 慢性肺源性心脏病的临床表现。

【并发症】

（一）肺性脑病

肺性脑病是指由于呼吸衰竭所致严重的缺氧、二氧化碳潴留而引起精神障碍、神经系统症状的综合征。早期表现为失眠、昼夜颠倒、烦躁不安、谵妄等兴奋症状，严重时神志淡漠、肌肉震颤或扑翼样震颤、间歇抽搐、昏睡、昏迷、腱反射减弱或消失、锥体束征阳性等。肺性脑病是慢性肺源性心脏病患者死亡的首要原因。

（二）水、电解质代谢紊乱和酸碱平衡失调

缺氧和二氧化碳潴留常引起不同类型的酸碱平衡失调。早期最常见的是呼吸性酸中毒，治疗过程中常因利尿药、激素等使用不当而造成低钾、低氯性代谢性碱中毒。长期低钠饮食、大量出汗、

使用大量利尿药可导致低钠血症和低钾血症。

（三）心律失常

多表现为房性期前收缩及阵发性室上性心动过速，也可有心房扑动及心房颤动。少数患者由于急性心肌缺氧，可出现心室颤动，导致心搏骤停。

（四）上消化道出血

严重的缺氧、二氧化碳潴留可造成胃肠道黏膜充血、水肿、糜烂以及应激性溃疡，引起上消化道出血。

（五）休克、弥散性血管内凝血（DIC）

因严重的肺部感染发生感染中毒性休克，也可因严重心力衰竭或心律失常发生心源性休克。缺氧和高碳酸血症启动凝血机制，促进 DIC 的发生，一旦发生 DIC，预后不良。

【辅助检查】

（一）X 线检查

X 线检查除有肺野透亮度增强，肺纹理增粗、紊乱以及膈肌下移等基础疾病及急性肺部感染的特征外，尚有肺动脉高压和右心室肥大的征象（图 2-6-1）。诊断依据为：①右下肺动脉干扩张，横径 ≥ 15 mm，或其横径与气管横径比值 ≥ 1.07；②肺动脉段凸出，其高度 ≥ 3 mm；③心尖上凸。

（二）心电图检查

心电图主要为右心房肥大和右心室肥大的表现，诊断依据为：①肺型 P 波；②额面平均电轴 ≥ +90°；③ V_1 R/S ≥ 1；④重度顺钟向转位（V_5 R/S ≤ 1）；⑤ RV_1+SV_5 ≥ 1.05 mV；⑥ aVR 导联 R/S 或 R/Q ≥ 1；⑦ $V_1 \sim V_3$ 呈 QS 型或 Qr 型（酷似心肌梗死，应注意鉴别）。肺源性心脏病的心电图表现见图 2-6-2 所示。

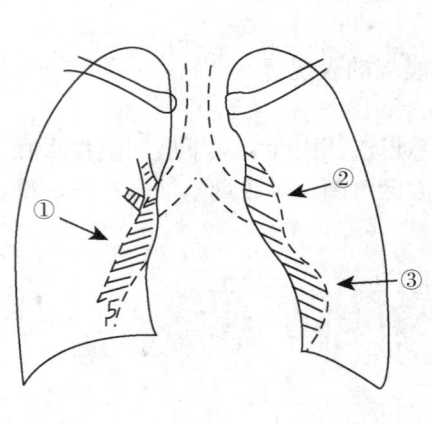

图 2-6-1 肺动脉高压和右心室肥大的 X 线征象
①正位右下肺动脉干增宽；②肺动脉段凸出；③心尖上凸

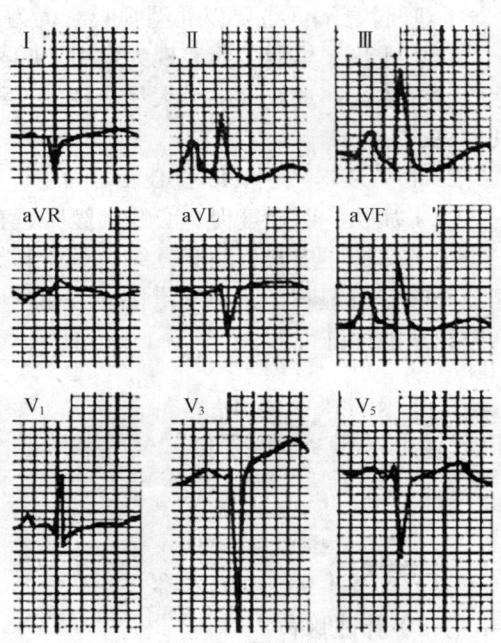

图 2-6-2 肺源性心脏病的心电图表现

（三）超声心动图检查

超声心动图检查较心电图和胸部 X 线检查敏感性高。诊断依据为：①右室流出道内径 ≥ 30 mm；②右心室内径 ≥ 20 mm；③右心室前壁厚度 ≥ 5 mm；④左心室/右心室内径 < 2；⑤右肺动脉内径 ≥ 18 mm。

（四）动脉血气分析

慢性肺源性心脏病肺功能失代偿期可出现低氧血症和高碳酸血症。当 $PaO_2 < 60$ mmHg 和 $PaCO_2 > 50$ mmHg 时，表示有Ⅱ型呼吸衰竭。

（五）血液检查

由于慢性缺氧，红细胞和血红蛋白升高。若合并感染，可有白细胞计数和中性粒细胞比例升高，部分患者可能出现肝功能、肾功能异常及电解质代谢紊乱。

 考点提示 慢性肺源性心脏病的心电图、超声心动图、X 线表现。

【诊断与鉴别诊断】

（一）诊断依据

患者有 COPD 及其他胸部疾病史或肺血管病变，有肺动脉高压、右心室肥大或右心衰竭的临床表现，并有超声心动图、心电图和 X 线检查的客观证据，可以做出诊断。

（二）鉴别诊断

1. **冠心病** 慢性肺源性心脏病与冠心病均多见于老年人，临床表现有许多相似之处，且常两病共存。冠心病常有心绞痛或心肌梗死病史，多为左心室肥大和左心衰竭，有室性心律失常，X 线检查呈左心室肥大为主的征象，心电图有典型的 ST-T 改变，可进行鉴别。

2. **风湿性心脏病** 风湿性心脏病二尖瓣狭窄也有肺动脉高压和右心室肥大，也常伴有呼吸道感染，故易与慢性肺源性心脏病相混淆。根据患者的风湿热病史，典型的心脏杂音，超声心动图的特殊表现、X 线及心电图有左心房和右心室肥大等，有助于鉴别。

【治疗】

（一）肺、心功能失代偿期

肺、心功能失代偿期治疗原则是积极控制感染，保持呼吸道通畅，合理氧疗，改善呼吸功能，控制心力衰竭，营养支持和处理并发症。

1. **控制感染** 在未能明确致病菌时，院外感染多以革兰氏阳性菌为主，可选用青霉素、第二代头孢菌素、大环内酯类等；院内感染以革兰氏阴性菌为主，应选用广谱抗生素，如第三代头孢菌素、氨基糖苷类、氟喹诺酮类等。最好参考痰细菌培养及药物敏感试验选择抗生素。

2. **保持呼吸道通畅** 祛痰药常用溴己新、盐酸氨溴索、α-糜蛋白酶等。对神志清楚者，以超声雾化湿化气道，鼓励用力咳嗽排痰。痰液黏稠不易咳出者，用吸痰术清理痰液。使用 $β_2$ 受体激动剂、茶碱类药物、吸入型糖皮质激素，从而舒张支气管平滑肌。对病情严重者，建立人工气道和机械通气。

知识链接

体外膜肺氧合

体外膜肺氧合（extracorporeal membrane oxygenation，ECMO）是通过使用膜肺和动脉泵的一种特殊人工心肺机对重症心肺功能衰竭患者提供持续体外呼吸、心脏支持，以维持患者生命的技术。其核心部分是膜肺（人工肺）和血泵（人工心脏），可以对重症心肺功能衰竭患者进行长时间心肺支持，为危重症患者的抢救赢得宝贵的时间。1953 年 Gibbon 发明了人工心肺机，将体外循环技术首次用于临床心脏手术并获得成功，从而促进了心外科技术的迅速发展，也为急救专科谱写了新篇章。1971年Hill医师首次用ECMO成功救治1例24岁男性呼吸衰竭患者，这成为世界运用ECMO的开端。2022年，由清华大学、清华大学附属北京清华长庚医院联合研发的体外膜肺氧合器，成功小批量试制样机，并顺利完成动物预实验。目前我国已经打破了欧美ECMO产品垄断，完全实现了ECMO国产化，这将是我国高端医疗装备发展过程中重要的里程碑之一。横亘在生死之间的界线，正被日益更新的医学技术不断重新定义，ECMO便是书写新定义的工具之一。

3. 合理氧疗　低浓度（25%~30%）、低流量（1~2 L/min）持续（每日不少于15 h）给氧，可采用鼻塞、鼻导管和文丘里面罩调节给氧。

4. 控制心力衰竭　经过积极控制感染、改善通气、纠正呼吸衰竭后，常能使心力衰竭得以纠正，但心力衰竭严重者或经上述治疗无效时可适当选用利尿药、强心药或血管扩张药。

（1）利尿药：能够减少血容量，减轻右心负荷，消除水肿，在使用时要注意小剂量、间歇、联合用药。大剂量、长期快速利尿，易导致脱水而使痰液黏稠不易咳出并出现低钾、低氯性碱中毒，使呼吸衰竭加重。临床常用的药物如氢氯噻嗪25 mg，每日1~3次，或联合应用螺内酯20~40 mg，每日1~2次。对严重水肿患者，可用呋塞米20 mg，静脉注射。

（2）强心药：慢性肺源性心脏病患者由于缺氧及感染，对洋地黄的耐受性差，易引起中毒，应用时应慎重。使用指征是：①感染已被控制，呼吸功能已改善，经使用利尿药治疗右心功能仍未改善者；②以右心衰竭为主要表现而无明显急性感染者；③合并室上性快速心律失常者，如室上性心动过速、心房颤动（心室率＞100次/分）；④合并急性左心衰竭的患者。原则上尽量选择作用速度快、排泄速度快的洋地黄类药物，小剂量（常规剂量的1/2或1/3）给药。如毒毛花苷K 0.125~0.25 mg，或毛花苷C 0.2~0.4 mg加于10%葡萄糖溶液内缓慢静脉注射。

（3）血管扩张药：可减轻心脏前负荷、后负荷，降低心肌耗氧量。临床常用的有酚妥拉明、硝酸甘油、依那普利等。血管扩张药在扩张肺动脉的同时也扩张体循环动脉，造成体循环血压下降，反射性使心率增快，氧分压下降、二氧化碳分压上升，所以疗效不肯定。

5. 防治并发症　积极纠正水、电解质代谢紊乱和酸碱平衡失调，对有心律失常者，给予抗心律失常药，防治休克、DIC、消化道出血。

6. 一般治疗　卧床休息，给予富含各种维生素、必需氨基酸、易消化的饮食，少量多餐。对心力衰竭严重者，给予控制性低盐饮食；对食欲减退者，可静脉输注复方氨基酸、白蛋白、乳化脂肪注射液等。密切观察呼吸、脉搏、神志、瞳孔、皮肤和粪便颜色的变化，严格记录24 h液体出入量。注意心理调节，减轻患者的心理压力，使其配合治疗。

（二）肺、心功能代偿期

肺、心功能代偿期可采用中西医结合的综合措施，加强呼吸锻炼，长期家庭氧疗，增强患者的免疫功能，消除诱发因素，减少或避免急性加重期的发生，使心肺功能得到部分或全部恢复。

【预后】

慢性肺源性心脏病由于反复呼吸道感染，患者心肺功能损害逐渐加重，多数预后不良，病死率在10%~15%。主要死亡原因是肺性脑病，心肺功能衰竭，水、电解质代谢紊乱及酸碱平衡失调，上消化道大出血，严重肺部感染等。但在疾病的发展过程中，有许多环节是可以逆转的，如能防止诱因和积极治疗，可使患者获得一定程度的恢复，延长患者的寿命，提高患者的生活质量。

【健康教育】

积极开展多种形式的宣传教育,提高人群的健康意识,增强抗病能力。教育患者及其家属:①积极防治呼吸道感染、慢性支气管炎、COPD、支气管哮喘等疾病。②保持居住环境空气新鲜,经常开窗通风,避免接触各种过敏原、有害气体、粉尘等。③加强营养,摄入高蛋白、富含维生素、易消化饮食。④保持心情平和,避免情绪激动,保持良好睡眠。⑤每日有计划地进行体育锻炼,如散步、打太极拳。⑥坚持呼吸功能锻炼,如深呼吸、腹式呼吸和缩唇呼吸,从而改善肺功能。

自 测 题

一、选择题

1. 慢性肺源性心脏病最常见的原因是
   A. 支气管哮喘　　　　　　　B. 肺结核　　　　　　　　C. 支气管扩张症
   D. 肺间质纤维化　　　　　　E. 慢性阻塞性肺疾病

2. 患者,男性,67岁。患"慢性肺源性心脏病"10年,今病情加重入院。动脉血气分析:pH 7.25,$PaCO_2$ 70 mmHg,HCO_3^- 30 mmol/L。为纠正其酸碱平衡失调,首选的治疗措施应为
   A. 静脉滴注 5% 碳酸氢钠　　B. 静脉滴注盐酸精氨酸　　C. 给予利尿药
   D. 补充氯化钾　　　　　　　E. 改善通气功能

3. 患者,男性,67岁,COPD病史30余年。1 h前患者家属发现患者呼之不应,急送入院。体格检查:T 36.2 ℃,P 90次/分,R 26次/分,BP 150/50 mmHg,浅昏迷,球结膜充血、水肿,双肺可闻及干啰音、湿啰音,心律齐,$P_2 > A_2$,双下肢水肿。为明确诊断,首选的检查是
   A. 胸部X线片　　　　　　　B. 动脉血气分析　　　　　C. 心脏超声
   D. 动态心电图　　　　　　　E. 肺功能

4. 患者,女性,60岁。反复咳嗽、咳痰25年,心悸、双下肢间断性水肿6年,加重伴发热、不能平卧 3 d。入院后病情恶化,出现头痛、烦躁、嗜睡继而昏迷,应首先考虑为
   A. 脑出血　　　　　　　　　B. 脑梗死　　　　　　　　C. 肺性脑病
   D. 感染中毒性脑病　　　　　E. 脑炎

5. 患者,男性,62岁,患慢性肺源性心脏病22年,今病情加重入院。入院诊断为"慢性肺源性心脏病,右心衰竭",给予洋地黄治疗,下列措施不妥的是
   A. 用药前先纠正缺氧
   B. 用药前先控制感染
   C. 立即使用地高辛 0.25 mg,每日1次,口服
   D. 合并室上性心动过速可立即使用小剂量毒毛花苷K
   E. 合并急性左心衰竭可立即使用小剂量毒毛花苷K

6. 患者,男性,58岁,入院诊断为"慢性肺源性心脏病,Ⅱ型呼吸衰竭",治疗方法错误的是
   A. 鼻导管吸氧,氧浓度 24%~28%
   B. 鼻导管吸氧,氧浓度 30%~40%
   C. 鼻导管吸氧,氧流量 1~2 L/min
   D. 持续给氧时间每日不少于 15 h
   E. 保持呼吸道通畅

7. 患者，女性，67岁。间断咳嗽、咳痰18年，活动时气短6年，伴双下肢水肿10 d。心电图检查：心脏重度顺钟向转位，V_1导联呈Rs型，V_5导联R/S < 1，RV_1+SV_5=1.5 mV。该患者最可能的疾病诊断是

  A. 扩张型心肌病　　　　B. 慢性肺源性心脏病　　　　C. 风湿性心脏病
  D. 心包积液　　　　　　E. 急性心肌梗死

（8~11题共用题干）

患者，男性，58岁，反复咳嗽、咳痰20年，每年冬季易发作。6年前患者开始出现活动时气短，且逐渐加重，如今不能从事体力劳动。近5 d症状加重伴双下肢水肿。吸烟40余年，每日40支。体格检查：BP 150/85 mmHg，端坐位，口唇、指端发绀，桶状胸，两肺叩诊呈过清音，呼吸音减弱，闻及湿啰音。心率110次/分，剑突下可见心脏搏动，P_2亢进、分裂，胸骨左缘第5肋间隙可闻及收缩期杂音。肝右肋下3.5 cm，有压痛，肝颈静脉反流征（+），双下肢凹陷性水肿。心电图检查：心脏顺钟向转位，P波高尖，V_1R/S ≥ 1。

8. 下列提示肺动脉高压的是
  A. P_2亢进、分裂　　　　B. 桶状胸　　　　　　　C. 剑突下心脏搏动
  D. 三尖瓣区收缩期杂音　　E. 肝大
9. 下列检查对诊断肺动脉高压和右心室肥大最有意义的是
  A. X线检查　　　　　　　B. 心电图检查　　　　　C. 肺功能检查
  D. 动脉血气分析　　　　　E. 心脏超声检查
10. 该患者肺动脉高压形成的最主要因素是
  A. 缺氧和二氧化碳潴留　　B. 血管床破坏　　　　　C. 血液黏滞度增高
  D. 血容量增多　　　　　　E. 肺小血管炎症
11. 右心衰竭最主要的体征是
  A. 发绀　　　　　　　　　B. 肝颈静脉反流征阳性　　C. 心脏向左扩大
  D. 肝区疼痛　　　　　　　E. P_2亢进、分裂

二、简答题

1. 何为肺性脑病？
2. 慢性肺源性心脏病患者如何正确使用强心药？

三、案例分析题

1. 患者，男性，62岁。间断咳嗽、咳痰10余年，活动后气喘5年，加重3 d入院。吸烟41年，每日30支以上。体格检查：意识模糊，烦躁不安，球结膜充血、水肿，口唇发绀。桶状胸，双肺呼吸音低，右下肺可闻及少许湿啰音。肝右肋下5 cm，有压痛，肝颈静脉反流征（+），双下肢凹陷性水肿。为明确诊断，需进一步做哪些检查？

2. 患者，女性，75岁。反复咳嗽、咳痰30年，活动后气喘10年，加重伴低热1周。既往有高血压病史10年。体格检查：T 38.2 ℃，P 110次/分，R 24次/分，BP 165/90 mmHg。意识清楚，端坐位，口唇发绀，颈静脉怒张，双肺可闻及哮鸣音和湿啰音，心率110次/分，心律齐，$P_2 > A_2$，剑突下可闻及3/6级收缩期杂音。腹部膨隆，肝右肋下4 cm，有压痛，肝颈静脉反流征阳性，双下肢水肿。初步诊断为"慢性肺源性心脏病，右心衰竭，原发性高血压2级"。对于该患者，治疗原则是什么？

（艾　娟）

第七章 支气管扩张症

第七章数字资源

> **学习目标**
>
> 1. 知识：说出支气管扩张症的病因、临床表现、影像学（胸部CT）表现、诊断依据和治疗原则，列举支气管扩张症需要与哪些疾病相鉴别，解释支气管扩张症的发病机制、病理生理变化，分析辅助检查的临床意义。
> 2. 能力：完成病史采集和体格检查，运用病史、体格检查及辅助检查结果对支气管扩张症做出初步诊断，根据病情拟定防治方案。
> 3. 素养：理解患者因长期咳嗽、咳痰、咯血带来的身心痛苦（如焦虑、社交回避），主动倾听其诉求，给予心理疏导。针对疾病的慢性特性，帮助患者建立治疗信心，提高治疗的依从性。能用通俗易懂的语言向患者及家属解释疾病知识（如病因、诱发因素）、治疗方案及自我管理方法（如体位引流、戒烟、预防感染）。指导患者识别本病急性加重的早期信号（如痰量增多、颜色变深、发热），及时就医。

案例 2-7-1

患者，男性，54岁。因反复咳嗽、咳痰10年，气短2年，再发伴发热6 d入院。患者10年前开始出现阵发性咳嗽、咳黄白色黏液痰，痰中带血丝。经减少吸烟量及对症治疗后症状减轻。此后上述症状于受凉、劳累后反复发作，体位变换时咳嗽、咳痰加重。曾于当地医院行胸部X线检查示"肺纹理增粗、紊乱"。2年前患者逐渐出现活动后气短。6 d前受凉后再发咳嗽、咳黄色脓性痰，痰量为100～150 ml/d，伴明显气短，发热，体温38.6 ℃，无咯血、胸痛，自服"阿莫西林"无明显效果。发病以来精神、食欲、睡眠欠佳，二便正常，近2个月体重下降约2 kg。吸烟史26年，每日30支。体格检查：T 38.5 ℃，P 80次/分，R 22次/分，BP 128/86 mmHg。体形消瘦，浅表淋巴结未触及肿大。胸廓略呈桶状，双侧语音震颤稍弱，呼吸音减弱，双下肺可闻及中细湿啰音，心率80次/分，心律齐，各瓣膜听诊区未闻及杂音。腹平软，肝、脾肋下未触及。可见杵状指，下肢无水肿。血常规示Hb 138 g/L，RBC 4.5×10^{12}/L，WBC 11.9×10^9/L，N 88%，PLT 249×10^9/L。血糖、电解质、肝功能、肾功能正常。胸部CT示双下肺多发大小不等薄壁囊腔，周围可见斑片状渗出性病变，边缘不清，肺门及纵隔未见异常。

问题与思考：
1. 初步诊断和诊断依据是什么？应与哪些疾病相鉴别？
2. 为明确诊断，需要进一步做哪些检查？
3. 治疗原则是什么？

支气管扩张症（bronchiectasis）是急性、慢性呼吸道感染和支气管阻塞后，反复发生支气管化脓性炎症，致使支气管壁组织结构破坏，管壁增厚，引起支气管异常和持久性扩张的一类异质性疾病的总称，可以是原发或继发。本病儿童及青少年多见，常继发于麻疹、百日咳后的支气管炎，迁延不愈的支气管肺炎等。主要症状为慢性咳嗽、咳大量脓性痰和（或）反复咯血。

【病因与发病机制】

（一）病因

本病可以分为先天性和继发性。先天性支气管扩张症少见，有些病例无明显病因，但弥漫性支气管扩张症常发生于有遗传、免疫或解剖缺陷的患者。支气管扩张症的病因及特征列于表 2-7-1。

表 2-7-1　支气管扩张症的病因及特征

种类	病因及特征
感染	
细菌	铜绿假单胞菌，流感嗜血杆菌，卡他莫拉菌，肺炎克雷伯菌，金黄色葡萄球菌，百日咳杆菌
真菌	曲霉菌
分枝杆菌	结核分枝杆菌，非结核分枝杆菌
病毒	腺病毒，流感病毒，单纯疱疹病毒，麻疹病毒
免疫缺陷或异常	
原发性	低免疫球蛋白血症，包括 IgG 亚群的缺陷（IgG2，IgG4），慢性肉芽肿性疾病
继发性	长期服用免疫抑制药，人类免疫缺陷病毒（HIV）感染，慢性淋巴细胞白血病，肺移植后
免疫异常	干燥综合征，变应性支气管肺曲霉病（ABPA），类风湿关节炎
先天性遗传疾病	
α_1 胰蛋白酶抑制剂缺乏	仅见于严重缺乏的患者
纤毛缺陷	原发性纤毛运动不良症和卡塔格内综合征
囊性纤维化	白种人常见
先天性结构缺损	
淋巴管/淋巴结	淋巴结病
黄甲综合征	指（趾）甲黄色、肥厚，淋巴水肿，慢性胸腔积液三联征
气管支气管性	巨气管支气管症，支气管软骨发育缺陷，先天性支气管发育不良，马方综合征
血管性	肺隔离症
其他	
气道阻塞	外源性压迫，异物，恶性肿瘤，黏液阻塞，肺叶切除后其余肺叶纠集、弯曲
毒性物质吸入	氨气、氯气和二氧化氮使气道直接受损，改变结构和功能
炎性肠病	慢性溃疡性结肠炎，肠道的切除加重肺部疾病

（二）发病机制

上述疾病损伤了气道清除和防御功能，易发生感染。反复感染可使充满炎症介质和病原菌黏稠脓性液体的气道逐渐扩大，形成瘢痕和扭曲。支气管壁由于水肿、炎症和新血管形成而变厚。周围间质组织和肺泡的破坏导致了纤维化、肺气肿，或二者兼有。

【病理】

支气管扩张的形状可为柱状或囊状，常混合存在，呈囊柱状。典型的病理改变为支气管壁全层均有破坏，黏膜表面常有溃疡及急性、慢性炎症，纤毛柱状上皮细胞鳞状化生、萎缩，杯状细胞和黏液腺增生，管腔变形、扭曲、扩张，腔内含有多量脓性分泌物。支气管反复感染，逐渐影响肺通气功能及肺弥散功能，导致肺动脉高压，引起肺源性心脏病、右心衰竭。左下叶支气管细长且位置低，感染后引流不畅，故发病率高。右肺中叶支气管细长，周围有三组淋巴结围绕，常因淋巴结炎症肿大压迫支气管，也是支气管扩张症的好发部位。

【临床表现】

支气管扩张症多见于小儿或青年，呈慢性经过，多数患者在童年期有麻疹、百日咳或支气管肺炎迁延不愈的病史。早期常无症状，随病情发展，可出现典型的临床症状。

（一）症状

1. 慢性咳嗽、咳大量脓性痰　每日痰量可达 100~400 ml。常于体位变动时分泌物刺激支气管黏膜，引起咳嗽和排痰。痰液静置后分为三层：上层为泡沫，中层为黏液，底层为坏死组织沉淀物。当合并厌氧菌感染时，痰可有臭味，常见病原体为铜绿假单胞菌、金黄色葡萄球菌、流感嗜血杆菌、肺炎链球菌和卡他莫拉菌。

 支气管扩张症患者的痰液特点。

2. 反复咯血　50%~70% 的患者有不同程度的咯血史，从痰中带血至大量咯血，咯血量与病情严重程度、病变范围不一定成比例。部分患者以反复咯血为唯一症状，称为干性支气管扩张症。

3. 反复肺部感染　其特点为同一肺段反复发生肺炎并迁延不愈，这是由于扩张的支气管内分泌物滞留，易于反复发生感染。

4. 慢性感染中毒症状　反复感染可引起发热、乏力、头痛、食欲减退等，病程较长者可有消瘦、贫血，在儿童中可影响生长发育。

（二）体征

早期或干性支气管扩张症可无异常肺部体征。典型者在下胸部和背部可闻及固定、持久的局限性粗湿啰音，有时可闻及哮鸣音。部分慢性患者伴有杵状指（趾）、贫血和营养不良，出现肺炎、肺脓肿、肺气肿、肺源性心脏病等并发症时可有相应的体征。

 干性支气管扩张症的定义。

【辅助检查】

（一）实验室检查

急性感染时白细胞计数及中性粒细胞比例可增高，红细胞沉降率（ESR）可增快。病程长的患者红细胞计数及血红蛋白量减少。

（二）影像学检查

早期轻症患者胸部 X 线片可无特殊发现。典型 X 线表现为一侧或双侧下肺纹理增粗、紊乱，其中有多个不规则的透亮阴影，或沿支气管分布的蜂窝状、卷发状阴影，急性感染时阴影内可出现小液平面。柱状支气管扩张症的 X 线表现是"轨道征"，系增厚的支气管壁。胸部 CT 显示支气管壁增厚的柱状扩张，并延伸至肺周边，或成串、成簇的囊状改变，可含气液平面（图 2-7-1）。

 支气管扩张症的影像学表现。

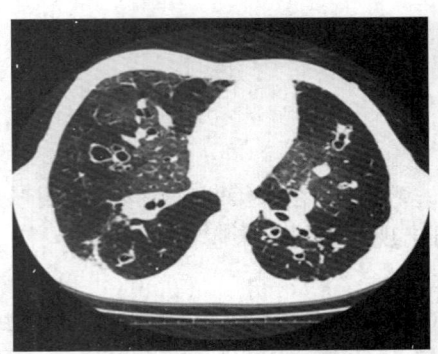
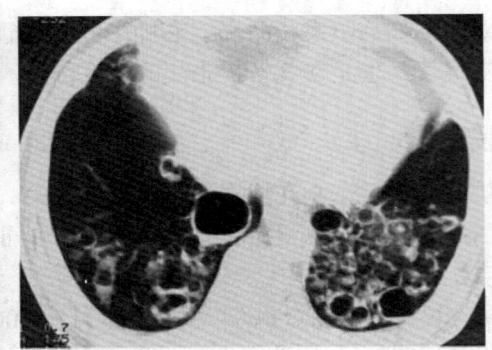

图 2-7-1　支气管扩张症胸部 CT 表现

(三) 支气管镜检查

支气管镜检查可发现出血、扩张或阻塞部位及原因,可进行局部灌洗,清除阻塞,局部止血,取灌洗液行细菌学、细胞学检查,有助于诊断、鉴别诊断与治疗。

【诊断】

根据慢性咳嗽、咳大量脓性痰、咯血病史和既往有诱发支气管扩张症的呼吸道感染性疾病史,以及下胸部及背部固定而持久的粗湿啰音,结合童年期呼吸道感染病史,X 线检查显示局部肺纹理增粗、紊乱,或呈蜂窝状、卷发状阴影,可做出初步临床诊断,胸部高分辨率 CT 可明确诊断。

支气管扩张症的诊断依据。

【鉴别诊断】

(一) 慢性支气管炎

慢性支气管炎多见于中老年吸烟者,于冬季、春季咳嗽及咳痰明显,反复咯血症状不多见,两肺底散在干啰音、湿啰音,咳嗽后可消失。胸部 X 线片示肺纹理紊乱,或有肺气肿改变。

(二) 肺脓肿

肺脓肿起病急,全身中毒症状重,有高热、咳嗽、咳大量脓臭痰,X 线检查可见局部高密度的炎症阴影,其中有空洞伴气液平面,抗菌药物治疗有效。支气管扩张症和肺脓肿可以并存。

(三) 肺结核

肺结核患者常有低热、盗汗、乏力等结核中毒症状。干啰音、湿啰音多位于上肺部。胸部 X 线和痰结核分枝杆菌检查可明确诊断。肺结核可合并支气管扩张症,部位多见于双肺上叶及下叶背段支气管。

(四) 先天性肺囊肿

先天性肺囊肿是一种先天性疾病,无感染时可无症状。X 线检查可见多个薄壁的圆形或椭圆形阴影,周围无炎症浸润,胸部 CT 检查和支气管造影有助于诊断。

(五) 弥漫性泛细支气管炎

弥漫性泛细支气管炎有慢性咳嗽、咳痰,活动时呼吸困难,慢性鼻窦炎,胸部 X 线片与胸部 CT 有弥漫分布的边界不太清楚的小结节影。大环内酯类抗生素治疗有效。

第七章 支气管扩张症

【治疗】

(一)治疗基础疾病

对于活动性肺结核伴支气管扩张症患者,应积极抗结核治疗,低免疫球蛋白血症可用免疫球蛋白替代治疗。

(二)控制感染

支气管扩张症患者出现痰量增多及其脓性成分增加等急性感染征象时,需应用抗生素。急性加重期开始抗生素治疗前应常规送痰培养,根据痰培养和药物敏感试验结果指导抗生素应用,但在等待培养结果时即应开始经验性抗生素治疗。

1. 无铜绿假单胞菌感染高危因素　应立即经验性使用对流感嗜血杆菌有活性的抗生素,如氨苄西林/舒巴坦,阿莫西林/克拉维酸,第二代头孢菌素,第三代头孢菌素(头孢曲松钠、头孢噻肟),莫西沙星、左氧氟沙星。

2. 存在铜绿假单胞菌感染高危因素　可选择具有抗假单胞菌活性的β内酰胺类抗生素(如头孢他啶、头孢吡肟、哌拉西林/他唑巴坦、头孢哌酮/舒巴坦),碳青霉烯类(如亚胺培南、美罗培南),氨基糖苷类,喹诺酮类(环丙沙星或左氧氟沙星),可单独应用或联合应用。铜绿假单胞菌感染高危因素是指以下4条中的2条:①近期住院;②每年4次以上或近3个月以内应用抗生素;③重度气流阻塞($FEV_1 < 30\%$ 预计值);④最近2周每日口服泼尼松 < 10 mg。

(三)清除痰液

清除痰液是控制感染和减轻全身中毒症状的关键。

1. 祛痰药　口服氯化铵 0.3~0.6 g,或溴己新 8~16 mg,每日3次。气道内雾化吸入生理盐水,短时间内吸入高渗生理盐水,或吸入黏液松解剂如乙酰半胱氨酸,有助于痰液的稀释和排出。其他如胸壁振荡、正压通气、主动呼吸训练等合理使用也可以起到排痰作用。

2. 支气管扩张药　由于支气管痉挛,部分患者痰液排出困难,在无咯血的情况下,可口服氨茶碱 0.1~0.2 g,一日3~4次,或其他缓解气管痉挛的药物,也可加用 β_2 受体激动剂或异丙托溴铵吸入。

3. 体位引流　体位引流是根据病变部位采取不同的引流体位。原则上使病变处于高位,引流支气管的开口朝下,以利于痰液排入大气道而易于咳出。每日2~4次,每次15~30 min。引流前可行雾化吸入,体位引流时轻拍病变部位以提高引流效果。体位引流对于痰量多、不易咳出的患者更重要。

4. 纤维支气管镜吸痰　若体位引流痰液难以排出,可行纤维支气管镜吸痰,清除阻塞。可用生理盐水冲洗稀释痰液,并局部应用抗生素治疗,效果更为明显。

(四)咯血的处理

小量咯血,可口服止血药(肾上腺色腙、云南白药)。中等量咯血,静脉给予垂体后叶素或酚妥拉明。大量咯血经内科治疗未能控制,可行支气管动脉造影,对出血的小动脉定位后注入吸收性明胶海绵或聚乙烯醇栓,或导入钢圈进行栓塞。对大量咯血者,要重视防止窒息。

(五)手术治疗

手术治疗适用于心肺功能良好、反复呼吸道感染或大量咯血内科治疗无效、病变范围局限于一叶或一侧肺组织者。危及生命的大量咯血,需急诊手术抢救。

【预防及预后】

积极防治婴幼儿麻疹、百日咳、支气管肺炎及肺结核等疾病,增强机体免疫及抗病能力,防止异物及尘埃误吸,预防呼吸道感染。

病变较轻者及病灶局限而内科治疗无效者手术切除预后好。病灶广泛,后期并发肺源性心脏病者预后差。

自 测 题

一、选择题

1. 支气管扩张症的发病机制是
   A. 支气管、肺组织感染及阻塞
   B. 肺结核
   C. 肿瘤压迫
   D. 支气管先天性发育缺损和遗传因素
   E. 支气管内结石

2. 患者，男性，34岁，咯鲜血半小时。就诊时仍有鲜血咯出。咳嗽不显著，无呼吸困难。既往有类似情况出现，咯血自行停止，否认慢性心肺疾病史。体格检查：双肺呼吸音清。胸部X线片未见异常。为明确诊断，首先应进行的检查是
   A. 上呼吸道检查
   B. 支气管镜检查
   C. 支气管动脉造影
   D. 胸部CT检查
   E. 肺动脉造影

3. 患者，男性，25岁，诊断为支气管扩张症。该患者痰的特点，最可能的是
   A. 果酱样
   B. 大量脓性痰，久置分为3层
   C. 铁锈色
   D. 咖啡样
   E. 粉红色

4. 干性支气管扩张症的主要症状是
   A. 反复咳嗽
   B. 大量咳痰
   C. 反复咯血
   D. 营养不良
   E. 肌肉酸痛

5. 支气管柱状扩张的典型X线表现是
   A. 蜂窝肺
   B. 鼠尾征
   C. 残根征
   D. 树芽征
   E. 轨道征

二、简答题

1. 支气管扩张症的临床表现有哪些？
2. 试述支气管扩张症的诊断与治疗原则。

三、案例分析题

患者，女性，39岁，间断咳嗽、咳痰伴咯血5年，再发伴发热3d。5年前患者无明显诱因开始间断出现咳嗽、咳痰，于当地医院就诊，考虑"右下叶肺炎"，其后曾3次因出现类似症状，均经抗感染及对症治疗后好转。3d前患者受凉后咳嗽、咳黄色脓性痰，痰中略带血丝，伴发热，体温最高达38.5 ℃，无畏寒。否认肺结核、心脏病及糖尿病病史，无烟、酒嗜好。体格检查：T 37.8 ℃，P 85次/分，R 20次/分，神志清楚，浅表淋巴结未触及肿大，巩膜无黄染，无出血点和皮疹，口唇无发绀。双肺呼吸音粗，右下肺可闻及固定湿啰音。心界不大，心率85次/分，心律齐，未闻及病理性杂音，腹平软，无压痛，肝、脾肋下未触及，移动性浊音阴性。双下肢无水肿。

辅助检查：血常规 Hb 126 g/L，WBC 12.5×10^9/L，N 85%，PLT 245×10^9/L，胸部X线片示右肺下野肺纹理紊乱，可见斑片状影及数个囊状影。

请回答：
（1）根据以上病历摘要，请写出该患者的初步诊断及诊断依据。
（2）为明确诊断，需进一步完善哪些检查？
（3）请写出该病的治疗原则。

（萧　鲲）

第八章 肺部感染性疾病

第八章数字资源

学习目标

1. 知识：说出肺炎、肺脓肿的定义，列举肺炎、肺脓肿的分类，解释实验室检查和影像学检查对肺炎、肺脓肿诊断与鉴别诊断的意义。
2. 能力：能区分常见病原体所致的肺炎，运用病史、临床表现及辅助检查诊断肺炎或肺脓肿，根据病情拟定治疗方案。
3. 素养：理解患者因肺部感染出现呼吸困难、发热等症状时的痛苦与焦虑，学会用共情的语言进行病情解释，耐心倾听患者及家属的疑问，在制定治疗方案时充分尊重患者意愿，构建和谐的医患关系。明白肺部感染性疾病的诊疗常需呼吸科、感染科、检验科、影像科等多学科协作，主动与团队成员沟通信息、分享见解，共同解决复杂病例的问题，在协作中发挥自身优势，促进团队整体诊疗水平的提升。

第一节 肺炎概述

肺炎（pneumonia）是由病原微生物、理化因素、免疫损伤、过敏及药物所引起的终末气道、肺泡和肺间质的炎症。抗生素的出现及使用曾一度使肺炎病死率明显下降，但近年来，肺炎发病率有增高的趋势，与人口老龄化、吸烟、伴有基础疾病（如COPD、糖尿病、心力衰竭）、免疫功能低下（如获得性免疫缺陷综合征、肿瘤、器官移植和应用免疫抑制药）、病原体变异、不合理使用抗生素导致细菌耐药性增加和部分经济困难人群缺乏有效的医疗保障等有关。

【分类】

（一）病因分类

1. 细菌性肺炎 如肺炎链球菌、金黄色葡萄球菌、肺炎克雷伯菌、流感嗜血杆菌等引起的肺炎。
2. 病毒性肺炎 如冠状病毒、腺病毒、呼吸道合胞病毒、流感病毒、巨细胞病毒等引起的肺炎。
3. 真菌性肺炎 如白念珠菌、曲霉菌、放线菌等引起的肺炎。
4. 其他病原体所致肺炎 如军团菌、支原体、衣原体、立克次体、弓形虫、寄生虫等引起的肺炎。
5. 理化因素所致的肺炎 如放射性肺炎、化学性肺炎等。

（二）解剖分类

1. 大叶性肺炎 大叶性肺炎多由肺炎链球菌感染而引起。病原体先在肺泡引起炎症，经肺泡间孔（Cohn孔）向其他肺泡扩散，致使部分或整个肺段、肺叶发生炎症性改变。典型者表现为肺实质性炎症，很少累及支气管。胸部X线检查显示肺叶或肺段的实变阴影。CT检查可见大片实变密度影，病变靠叶间裂处边缘清楚，其余则边缘模糊，其内密度均匀或不均匀，可见含气支气管影，即支气管充气征。

2. 小叶性肺炎　小叶性肺炎可由肺炎链球菌、葡萄球菌、病毒、肺炎支原体以及军团菌等感染引起。当患有支气管炎、支气管扩张症、上呼吸道病毒感染，以及长期卧床的危重患者全身或局部抵抗力下降时，病原体经支气管入侵，可引起细支气管、终末细支气管及肺泡的炎症。临床上由于支气管腔内有稀薄的分泌物，故常可闻及湿啰音，而无肺实变的体征。X 线显示为沿肺纹理分布的不规则斑片状阴影，边缘密度低而模糊，无实变征象。肺下叶常受累。CT 检查可见肺野云絮状、斑片状、结节状高密度影，沿支气管走行分布，边缘模糊，散在的小片状影，可以融合成大片状，可并发小叶性肺气肿及肺不张。

3. 间质性肺炎　间质性肺炎可由细菌、支原体、衣原体、病毒或肺孢子菌等引起，以肺间质病变为主。炎症主要累及支气管壁及其周围组织，有肺泡壁增生及间质水肿的病理改变。临床上由于病变仅在肺间质，故呼吸道症状较轻，异常体征较少。病变广泛时，患者呼吸困难明显。通常 X 线表现为一侧或双侧肺下部不规则的条索状阴影，从肺门向外伸展，可呈网状，其间可有小片肺不张阴影。CT 检查可见小网格样改变，支气管血管束增粗，小叶间隔不均匀、不规则增厚，小叶核增粗等。

（三）按患病环境分类

1. 社区获得性肺炎（community acquired pneumonia，CAP）　社区获得性肺炎是指在医院外罹患的感染性肺实质炎症。在症状出现至少 14 d 前，患者无住院或长期看护机构居住史。社区获得性肺炎常见病原体为肺炎链球菌、支原体、衣原体、流感嗜血杆菌和呼吸道病毒（甲型、乙型流感病毒，腺病毒，呼吸道合胞病毒和副流感病毒）等。社区获得性肺炎临床诊断依据是：①新近出现的咳嗽、咳痰，或原有呼吸道疾病加重，咳脓性痰，伴或不伴胸痛；②发热；③肺实变体征和（或）闻及湿啰音；④ WBC $> 10.0 \times 10^9$/L 或 $< 4.0 \times 10^9$/L，伴或不伴核左移；⑤胸部 X 线检查显示片状、斑片状浸润阴影或间质性改变，伴或不伴胸腔积液。以上①～④项中任何 1 项加第⑤项，并除外肺结核、肺部肿瘤、肺水肿、肺不张等，可诊断。

社区获得性肺炎常见病原体。

2. 医院获得性肺炎（hospital acquired pneumonia，HAP）　医院获得性肺炎是指患者入院时不存在，也不处于潜伏期，而于入院 48 h 后在医院（包括老年护理院、康复医院）内发生的肺炎。医院获得性肺炎还包括呼吸机相关肺炎（ventilator associated pneumonia，VAP）和卫生保健相关性肺炎（healthcare associated pneumonia，HCAP）。常见病原体为鲍曼不动杆菌、铜绿假单胞菌、大肠埃希菌、金黄色葡萄球菌、肺炎克雷伯菌等。目前多药耐药性（multiple drug resistance，MDR）所致医院获得性肺炎发病率有升高的趋势，如耐甲氧西林金黄色葡萄球菌（methicillin-resistant staphylococcus aureus，MRSA）感染有明显增加的趋势。医院获得性肺炎临床诊断依据为：胸部 X 线检查提示新的或进展的肺部浸润影，加下列 3 项临床表现中的 2 项：①发热，体温 > 38 ℃；②白细胞计数增多或减少；③有脓性分泌物。

【发病机制和病理】

正常呼吸道的防御机制使气管隆凸以下的呼吸道保持无菌状态。当防御机制异常，吸入大量病原体超出了正常的防御能力，感染性较强的病原体进入呼吸系统时，则可发生肺炎。

社区获得性肺炎病原体入侵途径有：①空气吸入；②血行播散；③邻近感染部位蔓延；④上呼吸道定植菌的误吸。医院获得性肺炎可通过误吸胃肠道（包括口腔）的定植菌和通过人工气道吸入环境中的致病菌引起。

当病原体直接抵达下呼吸道滋生、繁殖时，可引起肺泡毛细血管充血、水肿，肺泡内纤维蛋白渗出及细胞浸润。金黄色葡萄球菌、铜绿假单胞菌和肺炎克雷伯菌等可引起肺组织的坏死性病变而易形成空洞。肺炎链球菌肺炎治愈后大多不遗留瘢痕，肺结构及功能均可恢复。

 社区获得性肺炎病原体入侵途径。

【临床表现】

肺炎的常见症状为咳嗽、咳痰、胸痛、呼吸困难、发热等。病情严重者可有发绀、呼吸频率增快、鼻翼扇动。早期肺部无明显体征，肺实变时，触诊语音震颤增强，叩诊呈浊音，听诊有支气管呼吸音，也可闻及湿啰音。并发胸腔积液者，患者胸部叩诊呈浊音，语音震颤减弱，呼吸音减弱。

【诊断与鉴别诊断】

肺炎的诊断程序如下。

（一）确定肺炎诊断

第一，必须将肺炎与呼吸道感染区别开来。呼吸道感染患者虽有咳嗽、咳痰、发热等症状，但上呼吸道、下呼吸道感染患者均无肺实质浸润，胸部影像学检查可以鉴别。第二，必须将肺炎与类似肺炎的疾病（肺结核、肺癌、肺血栓栓塞症）加以鉴别。

（二）评价严重程度

肺炎诊断成立后，评价病情严重程度对于患者至关重要。肺炎严重程度取决于肺局部炎症程度、肺部炎症的播散和全身炎症反应程度。目前对重症肺炎没有公认的诊断标准，如果肺炎患者需要通气支持（急性呼吸衰竭、气体交换障碍伴高碳酸血症或持续低氧血症）、循环支持（血流动力学障碍、外周灌注不足）和加强监护与治疗，即可认为是重症肺炎。

（三）确定病原体

1. 痰涂片与培养　痰液标本采集后室温下 2 h 内送检，先直接涂片，在光镜下观察细胞数量，若低倍镜视野鳞状上皮细胞 < 10 个，白细胞 > 25 个，或鳞状上皮细胞/白细胞 < 1∶2.5，可作为污染较少的"合格"标本接种培养。痰定量培养分离的致病菌浓度 ≥ 10^7 CFU/ml，可认为是肺部感染的致病菌；≤ 10^4 CFU/ml 则视为污染菌，介于两者之间，建议重复培养。若连续分离相同细菌，致病菌浓度 10^5 ~ 10^6 CFU/ml 连续 2 次以上，则可视为致病菌。

2. 经纤维支气管镜或人工气道吸引　该方法受口咽部细菌污染机会较少，若吸引物细菌培养致病菌浓度 ≥ 10^5 CFU/ml，则可认为是肺部感染的致病菌。

3. 防污染标本毛刷　致病菌浓度 ≥ 10^3 CFU/ml，可认为是肺部感染的致病菌。

4. 支气管肺泡灌洗（bronchoalveolar lavage，BAL）　支气管肺泡灌洗液致病菌浓度 ≥ 10^3 CFU/ml，可认为是肺部感染的致病菌。

5. 血培养　肺炎患者血和痰培养分离到相同细菌，可确定为肺炎的致病菌。

6. 胸腔积液培养　胸腔积液培养到的细菌基本可认为是肺炎的致病菌。但须注意排除操作过程中的污染。

【治疗】

抗感染治疗是肺炎治疗的关键环节，包括经验性治疗和抗病原体治疗。前者是根据本地区、本单位的肺炎病原体流行病学资料，选择可能覆盖病原体的抗生素；后者是根据病原学的培养结果或肺组织标本的培养或病理检查结果及药物敏感试验结果，选择体外试验敏感的抗生素。此外，还应根据患者的年龄、基础疾病状况、脏器功能情况、主要症状出现时间长短、肺炎严重程度等选择抗生素及给药途径。

对于青壮年和无基础疾病的社区获得性肺炎患者，多选用青霉素类、第一代或第二代头孢菌素类、喹诺酮类（吉米沙星、左氧氟沙星和莫西沙星）等。如考虑支原体、衣原体感染，可口服多西环素或米诺环素。因我国肺炎链球菌对大环内酯类抗生素耐药率较高，因此不能单独使用大环内酯类抗生素治疗肺炎链球菌肺炎。对老年人和有基础疾病的社区获得性肺炎患者，需选用青霉素类/酶抑制剂复合物、第三代头孢菌素或其酶抑制剂复合物、头霉素类、氧头孢烯类，上述药物可单用或联合大环内酯类，也可单用呼吸喹诺酮类。

重症肺炎首先应选择广谱及强效的抗生素足量、联合使用。开始采用经验性治疗后如效果不理想，可根据病原学结果调整抗生素的使用。对重症社区获得性肺炎患者，常用β-内酰胺类联合氟喹诺酮类或大环内酯类抗生素。对青霉素过敏者，可用喹诺酮类或氨曲南。对医院获得性肺炎患者，可选用抗铜绿假单胞菌的β-内酰胺类、广谱青霉素/β-内酰胺酶抑制剂、碳青霉烯类抗生素的任何一种联合喹诺酮类或氨基糖苷类抗生素。若怀疑有多药耐药性球菌感染，可选择联合万古霉素、利奈唑胺或替考拉宁。

一旦怀疑肺炎，应尽早应用抗生素治疗。越早治疗，预后越好。待病情稳定后可从静脉给药改为口服给药。抗生素治疗应持续进行，直至患者达到临床稳定（心率、呼吸频率、血压、血氧饱和度、体温等生命体征以及进食能力和心理状态回归正常），总时长应在 5 d 以上。停用抗生素的标准为：①体温≤37.8 ℃；②心率≤100 次/分；③呼吸频率≤24 次/分；④收缩压≥90 mmHg；⑤呼吸室内空气条件下 SaO_2≥90% 或 PaO_2≥60 mmHg。任何一项未达标，都应继续使用抗生素。抗生素使用 48~72 h 后，应对患者的病情进行评估，患者体温下降，症状改善，白细胞计数、C 反应蛋白（C-reactive protein，CRP）和降钙素原逐渐降低或恢复正常，X 线检查示病灶吸收较迟。若 72 h 后症状改善不明显，则需注意可能存在的原因：①药物未能覆盖致病菌，或细菌耐药；②特殊病原体感染，如病毒、真菌、结核分枝杆菌感染；③出现并发症或存在影响疗效的宿主因素（如免疫缺陷或抑制）；④非感染性疾病被误诊为肺炎；⑤药物热。

知识链接

常用抗生素及分类

抗生素类型			代表药物
β-内酰胺类	青霉素类		青霉素 G、阿莫西林、氨苄西林等
	头孢菌素类	第一代头孢菌素	头孢唑林（先锋霉素Ⅴ）等
		第二代头孢菌素	头孢呋辛、头孢替安等
		第三代头孢菌素	头孢噻肟、头孢曲松、头孢哌酮等
		第四代头孢菌素	头孢吡肟等
	碳青霉烯类		亚胺培南西司他丁（泰能）等
	β-内酰胺酶抑制药		克拉维酸、舒巴坦、他唑巴坦等
大环内酯类			克拉霉素、阿奇霉素、红霉素等
林可霉素类			林可霉素
多肽类			万古霉素、多黏菌素等
氨基糖苷类			链霉素、妥布霉素、阿米卡星等
四环素类			四环素、多西环素、米诺环素等
氯霉素类			氯霉素等
喹诺酮类			环丙沙星、氧氟沙星、莫西沙星等
磺胺类药			磺胺嘧啶、磺胺噁唑（SMZ）等

【预防】

加强锻炼,增强体质,减少危险因素(如酗酒、吸烟)。年龄>65岁者可接种流感疫苗。年龄>65岁或不足65岁,但有心血管疾病、肺病、肝硬化、糖尿病、酗酒和免疫抑制者,可接种肺炎疫苗。

第二节 肺炎链球菌肺炎

案例 2-8-1

患者,男性,46岁。发热、咳嗽、咳痰4 d。患者4 d前劳累后出现发热、咳嗽,咳少量黄色脓性痰,体温最高38.5 ℃,并间断出现痰中带血,伴右胸钝痛,咳嗽时明显。自服"阿莫西林、复方甘草合剂",病情无明显缓解。上小学时患"肺结核",已治愈。吸烟30年,每日10~20支。体格检查:T 38.9 ℃,P 88次/分,R 20分/次,BP 130/82 mmHg,浅表淋巴结未触及肿大,口唇无发绀。双肺叩诊呈清音,呼吸音稍粗,右上肺可闻及细湿啰音,未闻及哮鸣音和胸膜摩擦音。心界不大,心率88次/分,心律齐,各瓣膜听诊区未闻及杂音。腹平软,无压痛,肝、脾肋下未触及。血常规:Hb 138 g/L,WBC 13.2×10^9/L,N 86%,PLT 248×10^9/L。胸部X线片示右肺上叶斑片状影,其内见支气管充气征,其余肺及纵隔未见异常。

问题与思考:
1. 初步诊断和诊断依据是什么?应与哪些疾病相鉴别?
2. 为明确诊断,需要进一步做哪些检查?
3. 治疗原则是什么?

肺炎链球菌肺炎(Streptococcal pneumoniae pneumonia)是由肺炎链球菌(Streptococcus pneumoniae,SP)或称肺炎球菌(pneumococcal pneumoniae)所引起的肺炎,约占社区获得性肺炎的50%。临床上以急骤起病、高热、寒战、咳嗽、咳铁锈色痰及胸痛为特征。胸部X线检查示肺段或肺叶急性炎性实变。近年来,因抗生素的广泛使用,导致其起病方式、临床症状及X线改变均不典型。

【病因与发病机制】

肺炎链球菌为革兰氏染色阳性球菌,多成双排列或呈短链状排列。有荚膜,其毒力大小与荚膜中的多糖结构及含量有关。根据荚膜多糖的抗原特性,肺炎链球菌可分为86个血清型。成人致病菌多属1~9型及12型,以3型毒力最强,儿童则多为6型、14型、19型及23型。肺炎链球菌在干燥痰中能存活数个月,但在阳光直射1 h或加热至52 ℃ 10 min即可被杀灭,对苯酚等消毒剂也甚为敏感。机体免疫功能正常时,肺炎链球菌是寄居在口腔及鼻咽部的一种正常菌群,带菌率随年龄、季节及免疫状态的变化而有所不同。机体免疫功能受损时,有毒力的肺炎链球菌入侵人体而致病。肺炎链球菌除引起肺炎外,少数可发生脓毒血症或脓毒性休克,老年人及婴幼儿的病情尤为严重。

肺炎链球菌不产生毒素,不引起组织坏死或形成空洞。其致病力是因高分子多糖体的荚膜对组织的侵袭作用,引起肺泡壁水肿,出现白细胞与红细胞渗出,之后含菌的渗出液经Cohn孔向肺的中央部分扩展,甚至累及几个肺段或整个肺叶。因病变开始于肺的外周,故肺叶间分界清楚,易累及胸膜,引起渗出性胸膜炎。

【病理】

病理改变分为充血期、红色肝变期、灰色肝变期及消散期。感染后肺组织充血、水肿,肺泡内浆液渗出及红细胞、白细胞渗出,白细胞吞噬细菌,继而纤维蛋白渗出溶解、吸收,肺泡重新充气。病变消散后,肺组织结构多无损坏,不遗留纤维瘢痕。本病的自然病程为1~2周。极个别患者肺泡内纤维蛋白吸收不完全,甚至有成纤维细胞形成,形成机化性肺炎。老年人及婴幼儿感染可沿支气管分布(支气管肺炎)。若未及时治疗,5%~10%的患者可并发脓胸,10%~20%的患者因细菌经淋巴管、胸导管进入血液循环,可引起脑膜炎、心包炎、心内膜炎、关节炎和中耳炎等肺外感染。

【临床表现】

(一)症状

患者发病前常有受凉、淋雨、疲劳、醉酒、病毒感染等诱因。大多数起病急,突起寒战、高热(可呈稽留热),头痛、头晕、全身肌肉酸痛。发病5~10 d后,体温可自行骤降或逐渐恢复正常。使用有效抗生素治疗的患者,体温可在1~3 d内恢复正常。呼吸系统症状主要是咳嗽、咳痰、胸痛、呼吸困难。初期咳出少量黏液性或带血丝痰,24~48 h后咳出黏稠铁锈色痰。75%的患者有明显的患侧胸痛,咳嗽或深呼吸时胸痛加剧。部分患者恶心、呕吐、腹痛,易误诊为急腹症。

 肺炎链球菌肺炎的痰液特征。

(二)体征

1. 一般状态检查 患者呈急性病容,面颊绯红,鼻翼扇动,呼吸急促,脉搏增快,皮肤灼热、干燥,口角及鼻周有单纯疱疹。严重感染者可出现皮肤、黏膜出血点,巩膜黄染。严重感染时可并发休克、急性呼吸窘迫综合征(acute respiratory distress syndrome,ARDS),表现为神志模糊、烦躁、混合性呼吸困难、发绀、嗜睡、谵妄及昏迷等。

2. 肺部检查
(1)视诊:患侧呼吸运动减弱。
(2)触诊:患侧胸廓扩张度减弱,肺实变部位语音震颤增强,累及胸膜时有胸膜摩擦感。
(3)叩诊:肺实变部位呈浊音或实音。
(4)听诊:肺实变部位早期呼吸音减低,可闻及支气管呼吸音,消散期可闻及湿啰音,累及胸膜时有胸膜摩擦音。

3. 其他 严重感染者可并发心律失常、肠胀气、上腹部压痛(由于炎症累及膈胸膜),累及脑膜时有颈抵抗及出现病理反射。

【并发症】

肺炎链球菌肺炎的并发症近年来已很少见。当严重感染中毒时,老年人易发生感染性休克,表现为血压降低、四肢厥冷、发绀、多汗、心动过速、心律失常等,而高热、胸痛、咳嗽等症状并不突出。其他并发症有胸膜炎、脓胸、心包炎、脑膜炎和关节炎等。

【辅助检查】

(一)血液检查

多数患者白细胞计数明显升高,中性粒细胞多在80%以上,并有核左移,细胞内可见中毒颗粒。年老体弱、酗酒、免疫功能低下者白细胞计数可不升高，但中性粒细胞比例仍增多。

（二）痰液检查

痰直接涂片+痰培养可以确定病原体。使用聚合酶链反应（PCR）及荧光抗体技术可提高病原学诊断率。

（三）X线检查

1. 早期　肺纹理增粗或受累的肺段、肺叶模糊。

2. 实变期　肺泡内充满炎性渗出物，X线显示大片炎症浸润影或实变影，在实变阴影中可见支气管充气征，肋膈角可见少量胸腔积液（图2-8-1）。

3. 消散期　X线显示炎性浸润逐渐吸收，可有片状区域吸收较快，呈现"假空洞"征，多数病例在起病3~4周后才完全消散。老年患者病灶消散较慢，容易出现吸收不完全而成为机化性肺炎。

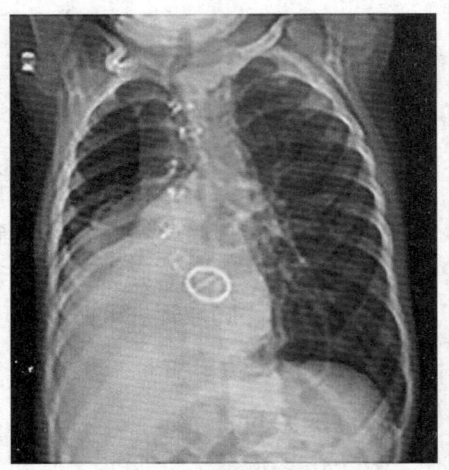

图 2-8-1　肺炎链球菌肺炎实变期X线表现

【诊断与鉴别诊断】

（一）诊断依据

1. 病史　有引起肺炎链球菌肺炎的常见诱因和已出现上呼吸道感染的前驱症状。

2. 症状　有寒战、高热等全身感染中毒症状，咳嗽、咳铁锈色痰、胸痛、呼吸困难等呼吸系统症状。

3. 体征　有急性高热病容和肺实变体征。

4. 实验室检查与X线检查　有白细胞计数升高、中性粒细胞比例增多、核左移。典型的肺实变X线改变。痰病原体检测是确诊本病的主要依据。

（二）鉴别诊断

肺炎链球菌肺炎需与肺结核、急性肺脓肿、肺癌、肺血栓栓塞症等疾病相鉴别，列于表2-8-1。

表 2-8-1　肺炎链球菌肺炎的鉴别诊断

病原体	病史、症状、体征	X线征象
肺炎链球菌	起病急，寒战、高热、咳铁锈色痰、胸痛，肺实变体征	肺叶或肺段实变，无空洞，可伴胸腔积液
金黄色葡萄球菌	起病急，寒战、高热、咳脓血痰、气短、毒血症症状、休克	肺叶和小叶浸润，早期空洞，脓胸，可见液气囊腔
肺炎克雷伯菌	起病急，寒战、高热、全身衰竭、咳砖红色胶冻状痰	肺叶或肺段实变，蜂窝状脓肿，叶间隙下坠
铜绿假单胞菌	毒血症症状明显，咳脓痰，痰可呈蓝绿色	弥漫性支气管炎，早期肺脓肿
大肠埃希菌	原有慢性病，发热、咳脓痰、呼吸困难	支气管肺炎、脓胸
流感嗜血杆菌	高热、呼吸困难、呼吸衰竭	支气管肺炎，肺叶实变，无空洞
厌氧菌	吸入病史，高热、咳腥臭痰、毒血症症状明显	支气管肺炎、脓胸、脓气胸、多发性肺脓肿
军团菌	高热、肌痛、相对缓脉	下叶斑片状浸润影，进展迅速，无空洞
支原体	起病缓慢，可小范围流行，出现乏力、肌痛、头痛	下叶间质性支气管炎，3~4周可自行消散
念珠菌	慢性病史，畏寒、高热、咳黏液痰	双下肺纹理增粗，支气管肺炎或有大片浸润，可有空洞
曲霉菌	免疫抑制宿主，发热、干咳或咳棕黄色痰、胸痛、咯血、喘息	以胸膜为基底的楔形影、结节或团块状，内有空洞，有"晕轮征"和"新月征"

【治疗】

（一）抗生素治疗

首选青霉素 G。①轻者：青霉素 G 每日 240 万 U，分 3 次肌内注射，或用普鲁卡因青霉素每日 60 万 U，每 12 h 肌内注射 1 次。②稍重者：青霉素 G 每日 240 万～480 万 U，分次静脉滴注，每 6～8 h 用药 1 次。③重症及并发脑膜炎者：青霉素 G 每日 1000 万～3000 万 U，分 4 次静脉滴注。对青霉素过敏、耐青霉素或多重耐药菌株感染者，可用喹诺酮类（左氧氟沙星、莫西沙星、西他沙星）、头孢噻肟或头孢曲松等药物治疗，对多重耐药菌株，还可选用万古霉素、利奈唑胺或替考拉宁。临床选择抗菌药物时可参考细菌培养的药物敏感试验。

经抗生素治疗后，患者体温常在 24 h 或数日内逐渐下降，对于体温降而复升或 3 d 后体温仍不降者，应考虑：①肺炎链球菌的肺外感染（如脓胸、心包炎）。②耐青霉素的肺炎链球菌感染。③混合细菌感染。④药物热或并存其他疾病（如肺癌），应针对这些原因，重新制订有效的治疗原则，采取相应的措施。

（二）支持疗法

患者应卧床休息。注意补充足够蛋白质、热量及维生素，每日饮水量最好在 1～2 L，对不愿大量饮水和有失水者，可静脉输液。密切监测生命体征，对危重者还应密切观察神志变化，记录 24 h 液体出入量。

（三）对症治疗

1. 高热　以采取物理降温的方法为主，尽量避免使用解热药。
2. 呼吸困难　氧疗。
3. 剧烈胸痛　可待因 15 mg，口服。
4. 烦躁不安、谵妄、失眠　地西泮 5 mg 或水合氯醛 1～1.5 g，口服。
5. 麻痹性肠梗阻或胃扩张　应暂时禁食、禁饮和胃肠减压，直至肠蠕动恢复。

 肺炎链球菌抗感染治疗。

【健康教育】

加强体育锻炼，增强体质。减少吸烟、酗酒等危险因素。对年老体弱者，可注射流感疫苗或肺炎疫苗。

第三节　葡萄球菌肺炎

案例 2-8-2

患者，男性，66 岁，因"咳嗽、咳痰、发热 1 周"入院。患者于 1 周前无明显诱因出现咳嗽、咳痰伴发热，咳嗽为阵发性连声咳，痰液为白色黏液痰，偶有黄白色或灰色脓性痰，无咯血及痰中带血，发热时体温最高 39.8 ℃。现为进一步诊治来院就诊。患有"2 型糖尿病"10 年，近半年使用胰岛素控制血糖，否认冠心病、高血压等慢性疾病史，否认肺结核、肝炎及伤寒传染病史，否认外伤史，无手术史，无药物及食物过敏史，预防接种史不详。个人史、婚育史、家族史无特殊。体格检查：T 38.6 ℃，P 98 次/分，R 24 次/分，BP 120/80 mmHg。患者一般状态尚可，急性病容，呼吸稍急促，口唇无发绀，双肺未闻及干啰音、湿啰音。心率98次/分，心律齐，未闻及杂音。血常规：WBC 24.5×10^9/L，N 82%，L 14%。胸部CT检查示双侧肺野内见散在、多发斑点状和片絮状渗出及实变，边缘模糊，分布无明显规律性，部分较大病灶内可见充气支气管征；双侧肺野见多发大小不等的空洞性病变，洞壁厚薄不均，以薄壁为主，部分病变内可见气液平面，符合肺气囊表现。

问题与思考：
1. 初步诊断和诊断依据是什么？应与哪些疾病相鉴别？
2. 为明确诊断，需要进一步做哪些检查？
3. 治疗原则是什么？

葡萄球菌肺炎（staphylococcal pneumonia）是由葡萄球菌引起的急性肺化脓性炎症。临床特征为突发寒战、高热、胸痛、脓性痰，甚至循环衰竭，X线检查示阴影易变。若治疗不及时或治疗方法不当，病死率甚高。

【病因与发病机制】

葡萄球菌为革兰氏染色阳性球菌，种类繁多。根据血浆凝固酶测定将其分为两大类：一类是凝固酶阳性葡萄球菌（如金黄色葡萄球菌），另一类是凝固酶阴性葡萄球菌（如表皮葡萄球菌），前者致病力较强。金黄色葡萄球菌是肺部化脓性感染的主要原因，近年有耐甲氧西林金黄色葡萄球菌在医院内暴发流行的报道。此外，由凝固酶阴性葡萄球菌引起的肺炎病例也在不断增多。葡萄球菌可通过呼吸道吸入肺内，也可因皮肤感染和外伤经血液循环播散至肺。葡萄球菌能产生多种毒素与酶，如溶血毒素、杀白细胞素、肠毒素，可导致机体溶血、组织坏死、白细胞减少及血管痉挛等。该种肺炎常发生于抵抗力低下、有基础疾病（如糖尿病、获得性免疫缺陷综合征、肝病、血液病、营养不良、酒精中毒、注射药瘾或原有支气管肺疾病）的人群，以及儿童患流感或麻疹时。

【病理生理】

（一）经呼吸道吸入的肺炎

病灶可呈大叶分布，肺组织出血、坏死、化脓。若气道壁和肺泡破溃，气体可进入肺间质；若细支气管被坏死物或脓液堵塞，则形成单向活瓣，导致张力性肺气囊肿；若肺气囊肿破溃入胸膜腔，则形成气胸或脓气胸，并可形成支气管胸膜瘘。

（二）经皮肤感染灶播散的肺炎

经皮肤感染灶播散的肺炎可导致肺组织多发实变、化脓，形成单个或多个脓肿灶。

【临床表现】

（一）症状

葡萄球菌肺炎起病多急骤，寒战、高热，体温多高达39~40℃，胸痛，痰呈脓性、量多、带血丝或呈脓血状。全身感染中毒症状明显，全身肌肉、关节酸痛，体质衰弱，精神萎靡，病情严重者可早期出现周围循环衰竭。院内感染者通常起病较隐袭，体温逐渐上升。老年人症状可不典型。血源性葡萄球菌肺炎常有皮肤伤口、疖、痈或中心静脉导管置入等，或注射药瘾史，较少咳脓性痰。

（二）体征

葡萄球菌肺炎患者的体征常与严重的症状不相称，早期可无体征，随后可出现两肺散在湿啰音。病变较大或融合时可有肺实变体征，气胸或脓气胸则有相应的体征。血源性葡萄球菌肺炎应注意肺外病灶，注射药瘾者多有皮肤针孔和三尖瓣赘生物，听诊可闻及心脏杂音。

【辅助检查】

（一）血液检查

白细胞计数可达（30～50）×10^9/L，中性粒细胞比例显著增多，可有核左移和中毒颗粒。

（二）细菌学检查

可行痰液、血液细菌培养，也可直接抽取胸腔积液或行肺穿刺进行细菌学检查。这是确诊的重要依据。

（三）X线检查

X线检查可由小片状阴影快速发展为肺段或肺叶实变，其中有空洞形成，可有单个或多发的液气囊腔。一处阴影消失而在另一处出现新的病灶，或很小的单一病灶发展为大片阴影，这种阴影的易变性是葡萄球菌肺炎的特征。有效治疗2～4周后阴影可完全消失。

 葡萄球菌肺炎血液检查及X线检查结果的特点。

【诊断与鉴别诊断】

（一）诊断

根据显著的全身毒血症状，咳脓血痰，结合白细胞计数升高、中性粒细胞比例增多、核左移并有中毒颗粒以及X线易变性表现，即可做出初步诊断，确诊依靠细菌学检查。

（二）鉴别诊断

1. 肺炎链球菌肺炎　肺炎链球菌肺炎患者全身症状也较明显，但咳铁锈色痰，肺实变显著，X线无易变性，无皮肤等其他部位的化脓病灶，细菌学检查可鉴别。

2. 肺脓肿　肺脓肿也可由金黄色葡萄球菌肺炎发展而来，肺组织坏死形成脓腔，排出大量脓臭痰，X线显示为含气液平面的空洞。

【治疗】

（一）清除原发病灶

强调早期清除和引流原发病灶，选用敏感的抗菌药物。

（二）抗感染治疗

近年来，金黄色葡萄球菌对青霉素G的耐药率已高达90%左右，因此可选用耐青霉素酶的半合成青霉素或头孢菌素，如苯唑西林钠、氯唑西林、头孢呋辛钠，联合氨基糖苷类如阿米卡星，也有较好的疗效。阿莫西林、氨苄西林与酶抑制剂组成的复方制剂对产酶金黄色葡萄球菌有效。对于耐甲氧西林金黄色葡萄球菌，则应选用万古霉素、替考拉宁和利奈唑胺等，如万古霉素1.5～2.0 g/d静脉滴注，偶有药物热、皮疹、静脉炎等不良反应。临床选择抗菌药物时可参考细菌培养的药物敏感试验。

 治疗葡萄球菌肺炎抗生素的选择。

【预防及预后】

对免疫功能低下者，加强口腔、皮肤护理；防止院内感染，严格执行无菌操作。若并发糖尿病、肝病、获得性免疫缺陷综合征等疾病，则患者预后极差。

第四节 肺炎支原体肺炎

案例 2-8-3

患者，男性，20岁，因"发热、咳嗽5d"来诊。患者5d前无明显诱因出现发热，体温37.8℃，伴头痛、咽痛及全身肌肉酸痛，无畏寒、寒战等，曾自行服用"头孢克肟"4d，但症状无明显缓解，且发热热峰上升，体温最高达38.6℃，咳嗽加重，咳少许白色黏液痰，偶有痰中带血，遂来诊。体格检查：T 38.2℃，P 102次/分，R 18次/分，BP 115/80 mmHg，急性面容，口唇无发绀。双肺呼吸音略粗，左下肺可闻及少许湿啰音，未闻及干啰音。辅助检查：胸部X线片示左侧中、下肺野可见大小不等的片状密度增高影，边界不清。

问题与思考：
1. 该患者有何临床特点？可能的致病病原体是什么？有何依据？
2. 与已学过的肺炎相比较，其临床表现有何不同？
3. 为明确诊断，需要进一步做哪些检查？
4. 在未确立病原学诊断之前，经验性治疗可选用什么药物？

肺炎支原体肺炎（Mycoplasmal pneumoniae pneumonia）是由肺炎支原体（Mycoplasma pneumoniae，MP）所引起的以间质病变为主的急性肺部感染。由于其临床表现和治疗方案均与肺炎链球菌等常见细菌引起的肺炎有明显区别，因此临床上将其与嗜肺军团菌、肺炎衣原体及立克次体等其他非典型病原体引起的肺炎划分为"非典型病原体肺炎"。全球社区获得性肺炎（CAP）病原体调查结果表明，肺炎支原体肺炎占社区获得性肺炎的12%，占非典型病原体感染所导致的社区获得性肺炎超过50%。

【病因与发病机制】

肺炎支原体肺炎的流行较少受气候和季节的影响，季节性差异不显著，但在我国秋季、冬季发病率较高，可能与肺炎支原体是通过呼吸道传播，而秋季、冬季室内活动较多、空气流通差及人员接触密切有关。健康人吸入肺炎支原体感染患者咳嗽、打喷嚏时喷出的口鼻分泌物，可引起肺部感染。肺炎支原体肺炎的发病机制尚未完全明确，目前认为主要存在肺炎支原体直接损伤和宿主异常的免疫应答反应两种机制。直接损伤为肺炎支原体侵入呼吸道，通过黏附素黏附于宿主细胞的黏蛋白受体上，有利于定植生长，并释放神经毒素、磷脂酶C、核酸酶、过氧化氢和超氧化物自由基等，造成呼吸道上皮的直接损伤；异常免疫应答为肺炎支原体的超抗原启动固有免疫和适应性免疫，通过自身免疫反应、过敏反应、免疫复合物形成等多种途径刺激炎症细胞，释放大量淋巴因子，对机体造成病理损害、组织损伤，从而引起肺损伤和肺外表现。宿主异常免疫应答在重症肺炎支原体肺炎（severe Mycoplasmal pneumoniae pneumonia，SMPP）、暴发性肺炎支原体肺炎（fulminant Mycoplasmal pneumoniae pneumonia，FMPP）以及肺外并发症的发生中起了重要作用，也造成了肺炎支原体肺炎临床和影像学表现的多样性。

【病理】

肺炎支原体肺炎的基本病理变化是一种化脓性细支气管炎，继而发生支气管肺炎或间质性肺炎。支气管炎及细支气管炎在病理上可见管壁水肿、糜烂或溃疡性病变，以及支气管周围和血管周围含有巨噬细胞、浆细胞和血管周围间质浸润，细支气管壁包含单核细胞和巨噬细胞，呈小叶中心分布。轻症患者的肺泡腔内有中性粒细胞浸润，重症患者的肺泡腔和肺泡壁还伴有淋巴细胞、浆细胞、巨噬细胞浸润，肺泡壁增厚和水肿，后期肺泡壁可发生纤维化，肺泡腔渗出物包括纤维蛋白以及息肉样机化组织，导致气道扭曲和闭塞。可发生肺泡出血。而暴发性肺炎支原体肺炎以机化性肺炎最常见，其他依次为肺泡炎、急性毛细支气管炎、肺泡炎伴肉芽肿形成、弥漫性肺泡损伤，可出现血管血栓并伴有梗死。

【临床表现】

（一）症状

肺炎支原体肺炎潜伏期为1~3周，多数起病缓慢，发病形式多样。呼吸道症状为发病初期可见感冒症状，如咽痛、鼻塞、流涕，2~3 d后出现明显咳嗽，以干咳最为突出，咳少量黏液痰或黏液脓性痰，有时痰中带血，与肺泡出血有关，常持续4周以上，多伴有明显的咽痛，偶有胸痛、痰中带血。呼吸道以外症状以乏力、头痛、畏寒、发热、肌肉酸痛、食欲下降、恶心、呕吐等为主，耳痛、麻疹样或猩红热样皮疹也较多见，部分患者可出现突发高热，并伴有明显头痛、肌痛及恶心等全身中毒症状，极少数患者可伴发胃肠炎、心包炎、心肌炎、脑膜脑炎、脊髓炎、溶血性贫血、弥散性血管内凝血、关节炎及肝炎等，与宿主异常免疫应答有关。

 肺炎支原体肺炎临床症状的特点。

（二）体征

阳性体征以显著的咽部充血和耳鼓膜充血较多见，少数有鼻窦炎、眼结膜炎体征，颈淋巴结可肿大。病变广泛患者偶见发绀。25%患者可出现斑丘疹、红斑或口唇疱疹。肺部常无阳性体征，约半数患者吸气末可闻及干啰音或湿啰音，少数呈肺实变体征。需要注意的是，肺部阳性体征少而影像学表现明显是肺炎支原体肺炎的一个重要特点。

重症肺炎支原体肺炎可并发自身免疫性溶血性贫血、雷诺现象、血小板减少性紫癜和弥散性血管内凝血、无黄疸型肝炎、急性胰腺炎、非特异性肌痛和关节痛、皮疹、口腔溃疡、结膜炎、尿道炎（史-约综合征）、心包炎或心肌炎、心包积液、急性心功能不全、心律失常、脑膜炎、横断性脊髓炎、脑肉芽肿性血管炎、小脑共济运动失调、吉兰-巴雷综合征、舞蹈症、癫痫发作及精神失常等，体格检查可见相应体征。

【辅助检查】

（一）血液检查

外周血白细胞计数和中性粒细胞比例一般正常，少数患者可升高，淋巴细胞轻度增多，ESR增快，偶可出现肝转氨酶升高。中性粒细胞比例、C反应蛋白（C-reactive protein，CRP）、乳酸脱氢酶（lactate dehydrogenase，LDH）、D-二聚体、血清铁蛋白以及某些细胞因子不同程度升高，与病情严重程度有关，是过强免疫炎症反应的标志，而中性粒细胞比例和C反应蛋白明显升高也可能与细菌混合感染有关。

（二）病原学检查

病原学检查包括肺炎支原体培养、肺炎支原体核酸检测、肺炎支原体抗体测定等方法。其中，肺炎支原体培养是诊断肺炎支原体感染的"金标准"，但由于肺炎支原体培养需要特殊条件且生长缓慢，故难以用于临床诊断。肺炎支原体核酸检测具有灵敏度和特异性高的优点，适用于肺炎支原体感染的快速诊断，但感染后肺炎支原体的持续存在（肺炎支原体的DNA仍可存在于部分患者体内，时间可达7周至7个月）、无症状的肺炎支原体携带都可能造成检测结果假阳性。肺炎支原体抗体测定是目前临床上诊断肺炎支原体肺炎的主要手段，单份血清抗体滴度≥1∶160（颗粒凝集法）可以作为肺炎支原体近期感染的标准，但肺炎支原体IgM抗体一般在感染后4~5d出现，因此在4~5d内的阳性结果可提示肺炎支原体感染，阴性结果则不能完全排除肺炎支原体感染，检测结果务必结合临床和影像学特征进行综合分析。

（三）影像学检查

肺炎支原体肺炎的肺部阳性体征与影像学表现不成比例，即所谓的"体征影像分离"，因此影像学表现是临床判断病情严重程度和评估预后的主要依据之一。肺炎支原体肺炎早期胸部X线片或胸部CT主要表现为支气管血管周围纹理增粗、增多，支气管壁增厚，可有磨玻璃影、"树芽征"、小叶间隔增厚、网格影等。肺泡炎性改变则依肺泡受累的范围而异，可有磨玻璃样阴影、斑片状影，也可呈大片实变影，病情严重者偶见胸腔积液。与普通细菌性肺炎通常表现为下肺单一的实变影或片状浸润影相比，双侧病变较单侧多见。病灶内可伴或不伴支气管充气征，肺实变时呈现中-高密度阴影，实变面积越大、受累肺叶越多，则密度越高。多种形态、大小不等和密度不均的病灶可混合出现。可伴有黏液嵌塞征，儿童患者可有淋巴结肿大。

【诊断与鉴别诊断】

（一）诊断

在满足肺炎诊断的基础上，符合临床和影像学表现，结合以下任何一项或两项，即可诊断为肺炎支原体肺炎：①单份血清肺炎支原体抗体滴度≥1∶160（颗粒凝集法）；病程中双份血清肺炎支原体抗体滴度上升4倍及4倍以上；②肺炎支原体DNA或RNA阳性。

（二）鉴别诊断

肺炎支原体肺炎需要与细菌、真菌、病毒等其他病原体导致的肺炎相鉴别，也要注意与肺结核、血管炎、肺泡蛋白沉积症、风湿性肺疾病及肿瘤等疾病相鉴别。

【治疗】

（一）一般治疗

肺炎支原体肺炎有自限性，部分病例可不经治疗而自愈。一般治疗包括充分休息，补充充足的营养，保证水和电解质平衡，结合病情给予适当氧疗等。

（二）对症治疗

高热者可进行物理降温或适当使用解热药。干咳明显影响休息者，可酌情应用镇咳药。痰液较多难以自行咳出者，可给予气道廓清治疗，如雾化或湿化气道、给予祛痰药、体位引流、肺外振荡（机械排痰/叩击排痰）、肺内振荡。对急性起病、发展迅速且病情严重的肺炎支原体肺炎，尤其是暴发性肺炎支原体肺炎，可考虑使用糖皮质激素治疗。急性期有明显咳嗽、喘息，胸部X线检查显示肺部有明显炎性反应及肺不张者，可给予吸入型糖皮质激素。

（三）抗肺炎支原体治疗

大环内酯类抗生素、氟喹诺酮类、四环素类抗生素是治疗肺炎支原体肺炎的常用药物。但需要注意的是：①由于肺炎支原体肺炎存在"体征影像分离"，因此不宜将肺部阴影完全吸收作为停止使用抗生素的指征；②虽然肺炎支原体肺炎有自限性，但早期适当使用抗生素可减轻症状及缩短疗程。在具体的用药方案方面，不同种类的抗生素各有其优点和缺点。

1. 大环内酯类抗生素　大环内酯类抗生素是肺炎支原体肺炎的首选治疗药物，包括阿奇霉素、克拉霉素、红霉素、罗红霉素和乙酰吉他霉素。但其耐药问题备受关注，在我国进行的研究显示，儿童呼吸道感染患者中肺炎支原体对大环内酯类抗生素的耐药率已经超过了80%；成人肺炎支原体感染患者中，肺炎支原体对红霉素的耐药率也达到了69%。

2. 四环素类抗生素　新型四环素类抗菌药物是治疗肺炎支原体肺炎的替代药物，主要包括多西环素和米诺环素，对耐药肺炎支原体肺炎疗效确切，用于可疑或确定的肺炎支原体耐药的大环内酯类药物无反应性肺炎支原体肺炎（MUMPP）、难治性肺炎支原体肺炎（RMPP）、重症肺炎支原体肺炎的治疗。但由于可能导致牙齿发黄和牙釉质发育不良，因此仅适用于8岁以上儿童。8岁以下儿童使用属超说明书用药，需充分评估利弊，并取得家长的知情同意。鉴于大环内酯类抗生素的耐药问题，8~18岁患者可优选四环素类，其中米诺环素的作用相对较强，多西环素的安全性较高，在推荐剂量和疗程内，尚无持久牙齿黄染的报道。

3. 氟喹诺酮类　氟喹诺酮类是治疗成人肺炎支原体肺炎的优选药物，对耐大环内酯类肺炎支原体肺炎具有确切的疗效，用于可疑或确定肺炎支原体耐药MUMPP、RMPP、重症肺炎支原体肺炎治疗。但由于存在幼年动物软骨损伤和人类肌腱断裂的风险，一般情况下应避免用于18岁以下的未成年人，若需使用，属超说明书用药，需充分评估利弊，并取得家长知情同意。需要注意的是，氟喹诺酮类中仅左氧氟沙星、莫西沙星及吉米沙星等呼吸喹诺酮类药物对肺炎支原体的体外抗菌活性良好，且具有较好的肺组织穿透性和较高的吞噬细胞内浓度，诺氟沙星和依诺沙星等不宜作为肺炎支原体肺炎的常规治疗药物。

 肺炎支原体肺炎的抗生素治疗方案。

【健康教育】

加强体育锻炼，增强体质，提高免疫力，注意室内通风，养成个人良好的卫生习惯，在疾病高发期尽量避免到人群密集和通风不良的公共场所，必要时戴好口罩，咳嗽、打喷嚏时注意使用纸巾捂住口鼻，注重手卫生和消毒。

第五节　病毒性肺炎

案例 2-8-4

患者，男性，25岁，因"咽痛、头痛、发热5 d，咳嗽、胸痛2 d"来诊。患者于5 d前出现咽干、咽痛、头痛、乏力、鼻塞、流涕、发热，当时测体温38.5 ℃，自服"阿奇霉素、布洛芬"后症状无明显缓解。2 d前，患者出现咳嗽，为阵发性连声咳，偶可咳少量白色黏液痰，且有胸痛，遂来诊就诊，行胸部X线检查后被收入院。体格检查：T 37.9 ℃，P 86次/分，R 16次/分，BP 120/80 mmHg，精神尚可，口唇无发绀，肺部叩诊无异常，左下肺可闻及少量干啰音，HR 86次/分，心律齐，无杂音。实验室检查：WBC 5.0×10^9/L，N 51%，L 49%；胸部X线片示左肺下叶肺纹理增粗，可见片状及网格状阴影。

问题与思考：
1. 诊断及诊断依据是什么？
2. 与已学过的肺炎相比较，其临床特点是什么？
3. 为明确诊断，需要进一步做哪些检查？
4. 治疗原则是什么？

病毒性肺炎（viral pneumonia，VP）是指由病毒感染所导致的肺实质和（或）肺间质的急性炎症，常伴气管支气管炎。病毒性肺炎多发生于冬季、春季等病毒性疾病流行季节，同期内往往有多人发病，可散发或暴发流行。近年来，反转录聚合酶链反应（RT-PCR）技术的广泛应用使原本不认识或低估的病毒感染得以确诊。呼吸道病毒在肺炎中的地位日益突出，美国 EPIC 研究发现，住院患者病毒检出率超过细菌检出率，北美和欧洲病毒性肺炎分别占 23% 和 27%。

【病因与发病机制】

病毒性肺炎往往是上呼吸道病毒感染向下蔓延所致。其中以冠状病毒、流感病毒、腺病毒、呼吸道合胞病毒常见，其他有副流感病毒、鼻病毒、EB 病毒、风疹病毒及麻疹病毒等。患者可同时受一种以上病毒感染，并常继发细菌感染，免疫抑制宿主还可继发真菌感染。呼吸道病毒可通过飞沫吸入和直接接触传播。

【病理】

病毒性肺炎的早期或轻型阶段，多为间质性肺炎。炎症从支气管、细支气管开始，沿肺间质发展，支气管、细支气管壁及其周围、小叶间隔以及肺泡壁等肺间质充血、水肿，有一些淋巴细胞和单核细胞浸润，肺泡壁明显增宽。通常情况下，肺泡腔内不会出现渗出物，或仅有少量浆液性渗出。然而，在病变较为严重的情况下，肺泡也可能受到影响，出现由浆液、少量纤维蛋白、红细胞及巨噬细胞构成的炎性渗出物，严重时甚至可能引发组织坏死。某些病毒性肺炎（如流感病毒肺炎、麻疹病毒肺炎、腺病毒肺炎）肺泡腔内的渗出物较为明显，渗出物浓缩凝结成一层红染的膜样物贴附于肺泡内表面，形成所谓的透明膜。检出包涵体是病理组织学诊断病毒性肺炎的重要依据，其常呈球形，约红细胞大小，呈嗜酸性染色，均质或细颗粒状，其周围常有清晰的透明晕。

【临床表现】

（一）症状

病毒性肺炎常引起机体不同程度的缺氧和感染症状，但临床表现无特异性，症状轻重不等。患者常有上呼吸道感染的前驱症状，如咽干、咽痛，继之打喷嚏、鼻塞、流涕、头痛、乏力、发热、食欲减退及全身酸痛等，咳嗽、咳痰相对少见。病变进一步向下发展，累及肺实质发生肺炎，则表现为咳嗽，多呈阵发性干咳、气短，胸痛，持续高热，可咳少量白色黏液痰，甚至可出现呼吸衰竭。部分患者可并发细菌性肺炎。任何年龄层的人群均可能罹患病毒性肺炎，其中以吸烟者、老年人或有慢性肺病的患者为高危人群。其中，小儿和老年人易发生重症肺炎，老年人和免疫功能不全患者的临床表现多不典型。

（二）体征

病毒性肺炎胸部体征不明显或无阳性体征，以临床症状较重而肺部体征较少或出现较迟为其特征。

 病毒性肺炎临床表现的特点。

【辅助检查】

（一）血液检查

白细胞计数一般正常，也有稍高或偏低，ESR 大多正常。如果白细胞计数、中性粒细胞计数、中性粒细胞比例均升高，提示继发细菌感染可能。C 反应蛋白可正常或轻度升高。

（二）痰液检查

痰涂片可见白细胞，以单核细胞为主，痰培养常无致病菌生长。痰白细胞核内出现包涵体是病理组织学诊断病毒性肺炎的重要依据。

（三）病原学检查

病毒分离、双份血清病毒抗体滴度测定和特异性诊断技术［如免疫荧光法、聚合酶链反应（PCR）］，有助于病毒性肺炎的病原学诊断。

（四）影像学检查

胸部X线检查主要表现为间质性肺炎的改变，两肺呈网格状阴影，肺纹理增粗、模糊。严重者两肺中、下野可见弥漫性结节性浸润。X线表现一般在2周后逐渐消退。胸部CT影像学征象与病理学改变有关，在急性渗出性、脱屑性肺泡炎及终末细支气管炎（脱屑变）和修复性增生等3个时期可出现不同的征象，可表现为细支气管炎、细支气管周围炎、弥漫性肺泡损伤、网格状改变或铺路石征、肺实变、纤维性病变及肺不张等。由不同病毒所导致的病毒性肺炎，CT影像学征象的表现会有不同，如"煎蛋征"见于水痘-带状疱疹病毒所导致的病毒性肺炎。

【诊断与鉴别诊断】

病毒性肺炎的诊断需根据流行病学史、临床表现、影像学征象以及病原学进行综合判断，并排除由其他病原体引起的肺炎。病毒性肺炎需要与细菌、真菌、肺炎支原体、沙眼衣原体等其他病原体导致的肺炎相鉴别，也要注意与肺结核、支气管异物等疾病相鉴别。

【治疗】

（一）一般治疗

一般治疗主要为支持性治疗，包括加强护理，充分休息，保持室内空气流通、新鲜，环境干净、整洁，保持室内温度合适，注意隔离消毒，避免交叉感染等。特别注意保持面部和口腔清洁，以减少继发细菌感染和真菌感染的风险。进食易消化和富含营养的食物，多饮水，但总液量不宜过多，以避免稀释性低钠血症，维持水、电解质平衡。

（二）保持呼吸道通畅

对有呼吸困难和发绀的患者，需保持呼吸道通畅，给予气道廓清治疗，如雾化吸入、祛痰药、体位引流及吸痰。

（三）氧疗

监测血氧饱和度，如果$SaO_2 \leq 92\%$或$PaO_2 \leq 60$ mmHg，应予吸氧。严重者给予机械通气治疗。

（四）对症治疗

对高热者，可进行物理降温或适当使用解热药。对烦躁不安或发生惊厥者，应及时给予镇静治疗。若咳嗽引起呕吐及影响睡眠，可口服右美沙芬、雾化吸入糖皮质激素。对头痛难忍或全身酸痛的患者，可适当给予非甾体抗炎药治疗。需要注意各种药物使用可能导致的药物相互作用（drug interaction）。

（五）抗病毒药治疗

抗病毒药治疗主要是针对各种病毒正确选择和应用有效化学药物，抑制病毒复制，以减轻症状、缩短病程，对控制感染进展至关重要。但通常抗病毒药只被推荐用于高危人群及病情严重、出现并发症的病例。必须在症状出现后48h内尽早开始抗病毒治疗，以获得最大益处。常用于临床的抗病毒药有以下几种。

（1）利巴韦林（ribavirin）：又称三氮唑核苷、病毒唑，是一种鸟苷类似物，通过干扰尿苷酸合成而发挥抗病毒作用，为广谱抗病毒药，可覆盖呼吸道合胞病毒、腺病毒、副流感病毒和流感病毒。该药可以口服、静脉或吸入给药，但前两种给药途径可引起骨髓抑制及贫血，临床疗效也不确切。

（2）阿昔洛韦（acyclovir）：又称无环鸟苷，为化学合成的抗病毒药，具有广谱、强效和起效快的特点，对病毒DNA多聚酶有强大的抑制作用，阻止病毒DNA的合成，可覆盖疱疹病毒、水痘-带状疱疹病毒。免疫缺陷或应用免疫抑制药者应尽早应用。

（3）阿糖腺苷：又称阿糖腺嘌呤，为嘌呤核苷化合物，能抑制病毒DNA的合成，具有广泛的抗病毒作用，多用于治疗免疫缺陷患者的疱疹病毒与水痘-带状疱疹病毒感染。

（4）金刚烷胺和金刚乙胺：为人工合成的胺类抗病毒药，能阻止某些病毒进入人体细胞内，并有退热作用。临床上金刚烷胺和金刚乙胺可用于流感病毒等感染，但仅对甲型流感有效，且对目前流行的流感病毒株耐药，故已较少使用。

（5）奥司他韦：为神经氨酸酶抑制剂，对甲型、乙型流感病毒均有很好的作用，耐药发生率低，目前临床使用较多。

（6）3C样蛋白酶抑制剂：针对新型冠状病毒（SARS-CoV-2）。3C样蛋白酶（3C-like protease，3CLpro）是冠状病毒复制周期中一类非常关键的半胱氨酸蛋白酶，3C样蛋白酶抑制剂阻断其蛋白水解活性，故可有效地干扰病毒的复制，从而达到抗病毒的效果。目前临床使用较多的包括奈玛特韦片/利托那韦片、先诺特韦片/利托那韦片、来瑞特韦片、阿泰特韦片/利托那韦片等。对于感染新冠病毒的老年人群，推荐其在感染早期使用抗新冠病毒小分子药物。由于一些3C样蛋白酶抑制剂组合装存在利托那韦相关的药物相互作用风险，因此有药物相互作用风险的老年患者推荐在感染早期使用单药3C样蛋白酶抑制剂（来瑞特韦）。

（六）免疫治疗

由于病毒性肺炎常发生于免疫缺陷或免疫功能下降的人群，因此可使用免疫治疗，包括使用干扰素、白细胞介素-2、特异性抗病毒免疫核糖核酸、转移因子和胸腺素、被动免疫等。其中，静脉注射免疫球蛋白（IVIG）作为替代性治疗药物应用于免疫缺陷的患者中，非免疫缺陷患者不推荐常规使用。

（七）抗生素治疗

有证据证明合并细菌感染者，可选用抗生素。

（八）糖皮质激素的应用

糖皮质激素不推荐常规使用，在某些情况下可考虑短期应用，包括：①明显喘息或合并支气管哮喘者；②间质性肺炎、气促明显者；③中毒症状明显、合并缺氧性中毒性脑病等并发症者；④重症病毒性肺炎尤其是腺病毒肺炎合并高细胞因子血症者等。

 病毒性肺炎的治疗原则。

【健康教育】

加强体育锻炼，增强体质，提高免疫力，注意手卫生。减少吸烟等危险因素，加强慢性疾病的管理。年老体弱者可接种疫苗，如流感疫苗、水痘疫苗。

第六节 肺 脓 肿

案例 2-8-5

患者，男性，35岁，因发热、咳嗽、咳痰10d入院。患者于10d前无明显诱因出现发热，体温由37.8℃逐渐上升至38.5℃，无寒战，同时有咳嗽、咳黄白色黏液痰，每日咳痰30余次，痰无臭味，偶有血丝混入其中，自服"先锋Ⅵ号"治疗，病情无好转，来院就诊。患者21岁时曾患

"肺结核"，当时住院1个月，具体用药不详。体格检查：T 38 ℃，P 108次/分，R 24次/分，BP 125/80 mmHg。患者一般状态尚可，急性病容，多汗，呼吸平稳，口唇无发绀，双肺未闻及干啰音、湿啰音。心率108次/分，心律齐，未闻及杂音。血常规：WBC 16.5×10^9/L，N 88%，L 12%。胸部X线检查可见右肺下叶背段片状密度增高影，浓淡不均，界限清晰，其中可见透光区，并有气液平面。

问题与思考：
1. 初步诊断和诊断依据是什么？应与哪些疾病相鉴别？
2. 为明确诊断，需要进一步做哪些检查？
3. 治疗原则是什么？

肺脓肿（lung abscess）是由一种或多种病原体感染所引起的肺组织化脓性疾病。临床上以高热、咳嗽和咳大量脓臭痰为特征。胸部X线或CT显示一个或多个含气液平面的空洞，如形成多个直径小于2 cm的空洞，则称为坏死性肺炎。本病发病男性多于女性，自抗生素广泛使用以来，发病率已明显降低。

【病因与发病机制】

肺脓肿的发生是由于机体防御功能降低和病原体侵入。根据感染途径，将肺脓肿分为以下3种类型。

（一）吸入性肺脓肿

正常情况下，吸入物经气道黏液纤毛运载系统、咳嗽反射和肺巨噬细胞可被迅速清除。但是，当有意识障碍（如在麻醉、醉酒、药物使用过量、癫痫、脑血管意外）时，或由于受寒、极度疲劳等诱因，全身免疫力与气道防御清除功能降低，经口、鼻、咽吸入的病原菌可致病。此外，还可由于鼻窦炎、牙槽脓肿等脓性分泌物被吸入致病。脓肿常为单发，其部位与支气管解剖和体位有关。由于右主支气管较陡直，且管径较粗大，吸入物易进入右肺。仰卧位时，好发于肺上叶后段或下叶背段；坐位时好发于肺下叶后基底段；右侧卧位时，则好发于肺右上叶前段或后段。90%的肺脓肿为厌氧菌感染。最常分离到的厌氧菌有消化链球菌属（*Peptostreptococcus*）、普雷沃菌属（*Prevotella*）、拟杆菌属（*Bacteroide*）、梭形杆菌属（*Fusobacterium*）等，常为混合感染。除上述厌氧菌外，还有需氧或兼性厌氧菌存在，其中最常见的需氧和兼性厌氧菌为肺炎链球菌、金黄色葡萄球菌、溶血性链球菌、草绿色链球菌、肺炎克雷伯菌、大肠埃希菌、铜绿假单胞菌及军团菌等。

（二）继发性肺脓肿

某些细菌性肺炎，如金黄色葡萄球菌、铜绿假单胞菌和肺炎克雷伯菌肺炎可以继发肺脓肿。支气管扩张症、支气管囊肿、支气管肺癌、肺结核空洞等继发感染也可导致继发性肺脓肿。支气管异物阻塞是导致肺脓肿特别是小儿肺脓肿的重要因素。肺部邻近器官化脓性病变（如膈下脓肿、肾周围脓肿、脊柱脓肿或食管穿孔）波及肺也可引起肺脓肿。阿米巴肝脓肿好发于右肝顶部，易穿破膈肌至右肺下叶，形成阿米巴肺脓肿。

（三）血源性肺脓肿

因皮肤外伤感染、疖、痈、中耳炎或骨髓炎等所致的脓毒症，菌栓经血行播散到肺，引起小血管栓塞、炎症和坏死而形成肺脓肿。注射药瘾者如有右心细菌性心内膜炎，三尖瓣赘生物脱落阻塞肺小血管形成肺脓肿。血源性肺脓肿常为两肺外侧的多发性脓肿，致病菌以金黄色葡萄球菌、表皮葡萄球菌及链球菌为常见。

 各类肺脓肿常见的病原菌。

【病理生理】

感染物阻塞细支气管，致病菌繁殖引起小血管炎性栓塞，肺组织化脓性炎症、坏死，形成肺脓肿，继而坏死组织液化破溃到支气管，脓液部分排出，形成有气液平面的脓腔，空洞壁表面常见残留坏死组织。病变有向周围扩展的倾向，甚至超越叶间裂波及邻接的肺段。若脓肿靠近胸膜，可发生局限性纤维蛋白性胸膜炎，发生胸膜粘连；如为张力性脓肿，破溃到胸膜腔，则可形成脓胸、脓气胸或支气管胸膜瘘。肺脓肿可完全吸收或仅余留少量纤维瘢痕。

急性肺脓肿病程通常不超过4~6周。如果治疗不彻底，或支气管引流不畅，导致大量坏死组织残留脓腔，炎症迁延3个月以上则称为慢性肺脓肿。脓腔壁成纤维细胞增生，肉芽组织使脓腔壁增厚，并可累及周围细支气管，致其变形或扩张。

【临床表现】

吸入性肺脓肿发病前患者常有扁桃体炎、鼻窦炎、牙槽脓肿的慢性感染灶，或手术、醉酒、劳累、受凉、药物过量和脑血管意外等病史。血源性肺脓肿发病前有皮肤外伤感染，或疖、痈等化脓性病灶存在。

（一）症状

1. 急性肺脓肿

（1）全身感染中毒症状：患者突起寒战、高热（体温在39~40℃，呈弛张热）、心悸、气促、疲乏无力、头痛、头晕及全身肌肉酸痛。

（2）呼吸系统症状：患者早期咳嗽、咳黏液痰或黏液脓性痰。10~14 d后，咳嗽加剧，咳出大量带腥臭味的脓臭痰（因肺脓肿破溃于支气管所致），每日痰量可达300~500 ml。有时可有痰中带血或中等量咯血。炎症波及局部胸膜时可引起胸痛。大量脓性痰排出后，患者全身感染中毒症状减轻，体温下降。

2. 慢性肺脓肿

（1）全身状态：不规则发热、贫血、消瘦。

（2）呼吸系统症状：长期咳脓性痰，反复咯血，继发感染。

（二）体征

1. 一般检查　急性肺脓肿患者常呈急性高热病容，呼吸急促，脉搏增快，鼻翼扇动，皮肤灼热、干燥。严重感染者可出现皮肤、黏膜出血点，巩膜黄染。并发休克、急性呼吸窘迫综合征时表现为神志模糊、烦躁、混合性呼吸困难、发绀、嗜睡、谵妄及昏迷等。慢性肺脓肿患者常有杵状指（趾）。

2. 肺部检查　肺部体征与肺脓肿的大小和部位有关。早期及血源性肺脓肿患者肺部可无异常体征。病变继续发展时，可出现以下体征。

（1）视诊：患侧呼吸运动减弱。

（2）触诊：患侧胸廓扩张度减弱，肺实变部位语音震颤增强，累及胸膜时有胸膜摩擦感。

（3）叩诊：肺实变部位呈浊音或实音。

（4）听诊：肺实变部位可闻及支气管呼吸音及湿啰音，累及胸膜时有胸膜摩擦音。

【辅助检查】

（一）血液检查

白细胞计数$(20~30)\times10^9$/L，中性粒细胞比例在90%以上，并有核左移，常见中毒颗粒。慢性肺脓肿患者血白细胞计数可升高或稍正常，红细胞计数和血红蛋白减少。

（二）细菌学检查

细菌学检查对肺脓肿的诊断、鉴别诊断以及指导治疗均十分重要，包括：①痰涂片染色；②痰液、胸腔积液和血液细菌培养，以及药物敏感试验。胸腔积液细菌培养阳性对病原体的诊断具有重要意义。

（三）X线检查

1. 吸入性肺脓肿

（1）早期：典型的X线征象与细菌性肺炎相似，为大片状浓密模糊炎性浸润阴影，边缘不清，分布在一个或数个肺段。

（2）脓肿形成期：脓肿常为单发，大片浓密炎性阴影中出现圆形或不规则透亮区及气液平面。

（3）消散期：脓腔周围炎症逐渐吸收，脓腔缩小甚至消失，最后残留少许纤维条索状阴影。

2. 慢性肺脓肿　脓腔壁增厚，内壁不规则，伴有纤维组织显著增生、肺叶不同程度的收缩、胸膜增厚。纵隔向患侧移位，其余健康肺发生代偿性肺气肿的征象。

3. 血源性肺脓肿　在一侧或两侧肺边缘部，有多发、散在的小片状炎症阴影，或边缘较整齐的球形病灶，其中可见脓腔、气液平面或液化灶。炎症吸收后可能遗留局灶性纤维化或小气囊阴影。

（四）CT

胸部CT扫描多有类圆形厚壁脓腔，腔内可有气液平面，脓腔内壁为不规则状，周围有模糊的炎性阴影（图2-8-2）。

（五）纤维支气管镜检查

纤维支气管镜检查有助于发现病因、明确病原体，并进行药物敏感试验。借助纤维支气管镜可进行防污染毛刷采样、防污染灌洗液细菌培养，同时可吸引脓液并向病变部注入抗生素，以提高疗效和缩短疗程。

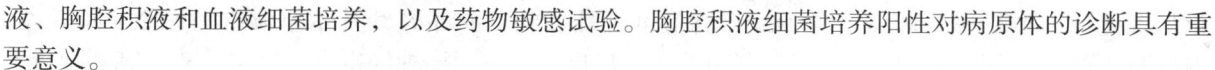

图2-8-2　肺脓肿CT表现

【诊断与鉴别诊断】

（一）诊断

询问病史，有昏迷、呕吐、异物吸入或皮肤外伤等感染灶存在等引发急性肺脓肿的常见诱因。有寒战、高热等全身感染中毒症状，以及咳嗽、咳大量脓臭痰、胸痛、呼吸困难等呼吸系统症状。体格检查有急性高热病容、肺实变或肺空洞的体征。辅助检查有白细胞计数升高、中性粒细胞比例增多、核左移等急性细菌感染中毒的周围血象变化和典型的各类肺脓肿的X线表现。痰、血培养找到病原菌是确诊本病的主要依据。

 肺脓肿的诊断要点。

（二）鉴别诊断

1. 细菌性肺炎　早期肺脓肿与细菌性肺炎的症状及X线表现很相似。细菌性肺炎以肺炎链球菌肺炎最常见，常有口唇疱疹、咳铁锈色痰而无大量黄色脓性痰。胸部X线片示肺叶或肺段实变，或呈片状淡薄炎性病变，边缘模糊不清，但无脓腔形成。其他有化脓性倾向的葡萄球菌肺炎、肺炎克雷伯菌肺炎等，细菌学检查可做出鉴别诊断。

2. 空洞性肺结核　空洞性肺结核发病缓慢，病程长，常伴有结核中毒症状，如午后低热、乏力、盗汗、长期咳嗽及咯血等。胸部X线片示空洞周围可见结核浸润病灶，或伴有斑点、结节状病变，空洞内一般无气液平面，有时伴同侧或对侧的结核播散病灶。痰中可找到结核分枝杆菌。肺结核继发感染时，也可有多量黄色脓性痰，应结合既往病史，在治疗继发感染的同时，反复查痰可确诊。

3. 支气管肺癌　肿瘤阻塞支气管引起远端肺部阻塞性炎症，呈肺叶、肺段分布。癌灶坏死液化形成癌性空洞。发病较慢，常无或仅有低度毒性症状。胸部 X 线片示空洞常呈偏心、壁较厚、内壁凹凸不平，一般无气液平面，空洞周围无炎症反应。由于癌肿经常发生转移，故常见到肺门淋巴结大。通过 X 射线体层摄影、胸部 CT、痰脱落细胞学检查和纤维支气管镜检查可确诊。

4. 肺大疱或肺囊肿继发感染　肺大疱或肺囊肿呈圆形，腔壁薄而光滑，常伴有气液平面，周围无炎症反应。患者常无明显的毒性症状或咳嗽。若与感染前的 X 线片相比较，则更易鉴别。肺脓肿为含脓液的局限性空洞，由肺组织坏死引起，伴周围肺组织炎症。

【治疗】

（一）一般治疗

急性期患者应卧床休息，戒烟，避免受凉。进食易消化、高蛋白、维生素丰富的普通饮食。对高热者，以采取物理降温的方法为主，尽量避免使用解热药。密切监测生命体征。注意补充水分，维持电解质和酸碱平衡。必要时吸氧。

（二）抗生素治疗

抗生素疗程为 6~8 周。不仅要求临床症状和体征消失，而且要求胸部空洞和炎症的影像学表现也消失，或仅有少量的纤维化影像学表现存在。

1. 吸入性肺脓肿　吸入性肺脓肿多为厌氧菌感染，首选青霉素 G。根据病情严重程度确定剂量及给药方法。①轻者：青霉素 G 每日 240 万 U，分次肌内注射；②重者：青霉素 G 每日 1000 万 U，分次静脉滴注，治疗 3~10 d 后体温逐渐降至正常可改为肌内注射。也可用克林霉素每日 0.6~1.8 g，或甲硝唑 0.4 g，每日 3 次，口服或静脉注射。

2. 血源性肺脓肿　血源性肺脓肿多为金黄色葡萄球菌感染，首选耐 β-内酰胺酶的青霉素。耐甲氧西林金黄色葡萄球菌（MRSA）感染者，可用万古霉素 0.5~1.0 g 静脉滴注，每日 3~4 次，或替考拉宁或利奈唑胺。

（三）脓液引流

1. 祛痰药　溴己新 8~16 mg 或盐酸氨溴索 30 mg，每日 3 次，口服，或雾化吸入生理盐水。
2. 支气管扩张药　氨茶碱 0.1 g，口服，每日 3~4 次。
3. 体位引流　根据身体状况、病变部位采取不同的引流方法和体位。脓液较多且身体虚弱者，体位引流应慎重，大量脓性痰涌出时若来不及咳出，易造成窒息。
4. 使用纤维支气管镜　对有明显痰液阻塞征象者，可经纤维支气管镜冲洗并吸引。而对于有异物者，需行纤维支气管镜摘除异物，使气道通畅，以便引流。

（四）手术治疗

手术适应证：①肺脓肿病程超过 3 个月，经内科治疗脓腔不缩小或脓腔直径大于 5 cm，估计不易闭合者；②大量咯血经内科治疗无效或危及生命者；③伴有支气管胸膜瘘或脓胸经抽吸及冲洗疗效不佳者；④支气管阻塞（如肺癌）限制了气道引流者。

 肺脓肿抗感染治疗。

【预防】

应高度重视龋齿、化脓性扁桃体炎、鼻窦炎、上呼吸道感染的治疗。在给患者进行口腔和胸腹部手术之前，应嘱患者保持口腔清洁。手术中，术者应注意清除患者口腔和上呼吸道内血块和鼓励患者咳嗽，或及时取出呼吸道异物，保持呼吸道通畅。对昏迷患者更要注意。当合并肺炎时，应及时选用有效、足量的抗菌药物治疗。

第八章 肺部感染性疾病

自 测 题

一、选择题

1. 健康成人社区获得性肺炎最常见的病原体是
   A. 肺炎支原体　　　　　B. 嗜肺军团菌　　　　　C. 铜绿假单胞菌
   D. 肺炎链球菌　　　　　E. 流感嗜血杆菌

2. 社区感染性肺炎中最常见的革兰氏阴性菌是
   A. 大肠埃希菌　　　　　B. 肺炎克雷伯菌　　　　C. 绿脓杆菌
   D. 流感嗜血杆菌　　　　E. 嗜肺军团菌

3. 血浆凝固酶检查呈阳性的是
   A. 金黄色葡萄球菌　　　B. 大肠埃希菌　　　　　C. 铜绿假单胞菌
   D. 肺炎克雷伯菌　　　　E. 流感嗜血杆菌

4. 肺炎链球菌肺炎治疗首选的抗生素是
   A. 红霉素　　　　　　　B. 青霉素　　　　　　　C. 氧氟沙星
   D. 庆大霉素　　　　　　E. 林可霉素

5. 患者，男性，35 岁。因咳嗽、痰中带血 7 d 就诊。体格检查：T 37.8 ℃，右下肺可闻及少量湿啰音。为明确诊断，应首选的检查是
   A. 胸部 X 线片　　　　　　　　　　　B. 支气管镜
   C. 痰找癌细胞　　　　　　　　　　　D. 结核菌素纯蛋白衍生物试验
   E. 痰找结核分枝杆菌

6. 对耐甲氧西林金黄色葡萄球菌引起的肺炎，首选的抗生素是
   A. 青霉素 G　　　　　　B. 头孢唑林　　　　　　C. 苯唑西林
   D. 万古霉素　　　　　　E. 头孢呋辛

7. 患者，女性，33 岁。发热伴刺激性干咳 3 d。患者 1 周前陪伴 6 岁女儿住院，女儿 4 d 前好转已出院。体格检查：T 38.5 ℃，心脏、肺正常。血常规检查正常，胸部 X 线片示右下肺少许薄片状阴影。对于该患者，经验性治疗首选的药物是
   A. 阿莫西林　　　　　　B. 阿奇霉素　　　　　　C. 头孢呋辛
   D. 奥司他韦　　　　　　E. 阿米卡星

8. 不引起肺组织坏死和空洞形成的肺炎致病菌是
   A. 肺炎链球菌　　　　　B. 葡萄球菌　　　　　　C. 铜绿假单胞菌
   D. 肺炎克雷伯菌　　　　E. 肺炎支原体

9. 患者，男性，68 岁。因脑梗死住院半个月，近 1 周出现高热、咳嗽、咳血痰。体格检查：T 39.2 ℃，意识模糊，呼吸急促，口唇发绀，双肺散在湿啰音。血常规检查 WBC 20.0×10^9/L。胸部 X 线片示右肺大片阴影，其中可见多个气囊腔。该患者最可能的疾病诊断是
   A. 金黄色葡萄球菌肺炎　B. 肺炎链球菌肺炎　　　C. 肺炎支原体肺炎
   D. 干酪性肺炎　　　　　E. 真菌性肺炎

10. 患者，男性，73 岁。患冠周炎 1 周，寒战、发热、咳脓性痰 2 d。体格检查：T 39.4 ℃，右下肺可闻及湿啰音。胸部 X 线片示右下肺大片状浓密模糊阴影，血常规检查 WBC 20.3×10^9/L，N 96%。该患者感染的病原菌最可能的是
    A. 肺炎克雷伯菌　　　　B. 肺炎链球菌　　　　　C. 厌氧菌

D. 表皮葡萄球菌　　　　　　　　E. 金黄色葡萄球菌

11. 患者，男性，25岁。咳嗽半个月，呈阵发性干咳，服用阿莫西林和镇咳药无效。体格检查：体温正常，咽充血，心脏、肺无异常。血白细胞计数正常。胸部X线片显示右下肺间质性炎症改变。治疗应首先考虑选用的药物为
    A. 大环内酯类抗生素　　　　B. 青霉素类　　　　C. 氨基糖苷类
    D. 氟喹诺酮类　　　　　　　E. 头孢菌素类

12. 病毒性肺炎的特征性病变是
    A. 纤维素性肺炎　　　　　　B. 化脓性肺炎　　　　C. 出血性肺炎
    D. 肺纤维化　　　　　　　　E. 间质性肺炎

13. 病毒性肺炎具有诊断价值的组织学特点是
    A. 肺间质中单核细胞、淋巴细胞浸润　　　　B. 肺泡腔内浆液渗出
    C. 肺泡上皮细胞增生　　　　　　　　　　　D. 胞质和胞核内出现包涵体
    E. 细支气管上皮增生

14. 有关肺脓肿的描述，正确的是
    A. 临床最多见的类型是吸入性肺脓肿
    B. 气道防御功能减弱是致病的主要原因
    C. 吸入物因左主支气管粗且陡直而易进入左肺
    D. 仰卧位时好发于肺下叶后基底段
    E. 坐位时好发于肺上叶后段

15. 治疗急性肺脓肿，停用抗生素的指征是
    A. 已使用抗生素8周　　　　　　　　　　　B. 临床症状消失
    C. 体征恢复正常　　　　　　　　　　　　　D. 胸部X线片示脓肿气液平面消失
    E. 胸部X线片示空洞和炎症消失

二、简答题

1. 社区获得性肺炎的常见病原体有哪些？
2. 肺脓肿根据感染途径，分为哪几类？

三、案例分析题

患者，男性，60岁，高热、咳嗽、咳痰4d，伴胸闷、心悸、气促6h。患者4d前洗澡后出现发热，体温最高达39.1℃，伴寒战、乏力、咳嗽，咳铁锈色痰，右侧胸痛，咳嗽时加重。至当地诊所给予"青霉素"输液治疗（具体不详），效果欠佳。6h前患者无明显诱因出现胸闷、心悸、气促，不伴头痛、呕吐等，遂入院诊治。发病以来，神志清楚，精神差，饮食少，睡眠差，大便干燥，小便尚可，体重无明显变化。平素身体健康，既往无"高血压、糖尿病、心脏病"等病史。无食物、药物过敏史。无外伤、手术史。无烟、酒嗜好。体格检查：T 38.9℃，P 112次/分，R 26次/分，BP 80/58 mmHg，神志清楚，精神差，烦躁不安，推入病房，检查尚合作，皮肤潮湿，全身皮肤、黏膜无黄染。全身浅表淋巴结未触及肿大。口唇发绀，伸舌居中，咽红，双侧扁桃体无肿大。鼻翼扇动。颈软、无抵抗，颈静脉无怒张。呼吸深大，节律规整，右侧呼吸运动稍弱，肋间隙正常。触诊右下肺语音震颤增强，叩诊呈浊音，呼吸音减弱，可闻及支气管呼吸音，未闻及啰音，胸膜摩擦音阳性。心界不大，心率112次/分，心律齐，心尖区可闻及收缩期2/6级吹风样杂音。腹平软，肝、脾肋下未触及，生理反射存在，病理反射未引出。血常规：RBC 4.8×10^{12}/L，Hb 122 g/L，WBC 18.7×10^9/L，N 88.5%，PLT 414×10^9/L。痰涂片：革兰氏染色阳性双球菌。血培养：无致病菌生长。血气分析：PaO_2 68 mmHg，$PaCO_2$ 34 mmHg，SaO_2 90%（参考值95%~98%），

pH 7.25，SB 19 mmol/L（参考值 22～27 mmol/L）。胸部 X 线片示右肺多发斑片状阴影，右下肺实变阴影。心电图：窦性心动过速。

请回答：

（1）该患者的初步诊断是什么？
（2）诊断依据是什么？
（3）还需与哪些疾病相鉴别？
（4）还需要做哪些检查？
（5）请为该患者制定一个治疗方案？

（萧　鲲）

第九章 肺结核

第九章数字资源

> **学习目标**
>
> 1. 知识：说出肺结核的临床表现、传播途径，列举肺结核的分型，抗结核药的种类和不良反应，分析辅助检查对肺结核诊断与鉴别诊断的意义，解释肺结核的发病机制。
> 2. 能力：完成病史采集和体格检查，运用病史、体格检查及辅助检查结果对肺结核做出初步诊断，根据病情拟定防治方案。
> 3. 素养：形成对肺结核的理性认知，摒弃恐惧、歧视等错误观念，认识到肺结核是可防、可控、可治的传染病，避免因误解而产生的盲目行为。理解肺结核防控是公共卫生事业的重要组成部分，支持和配合政府及相关部门开展的肺结核防治工作，如参与肺结核筛查、宣传肺结核防治知识，共同维护社会公共卫生安全。

案例 2-9-1

患者，男性，31岁，农民。因低热、乏力、食欲减退、消瘦3个月入院。患者于3个月前因受凉后出现发热、咳嗽，即到当地卫生院就诊，被诊断为"感冒"。经治疗后，仍有低热，尤以午后明显，同时全身乏力、食欲减退，体重逐渐减轻，间歇性咳嗽，咳少量黄色黏液痰，无咯血，无明显盗汗。继而在当地又按"肺炎"治疗无明显好转，遂来院就诊。体格检查：T 38.4 ℃，P 93次/分，R 21次/分，BP 121/74 mmHg。消瘦，神志清楚，皮肤无黄染，浅表淋巴结不肿大。左上肺可闻及少许湿啰音，未发现其他肺部阳性体征。心脏正常。腹平软，肝、脾肋下未触及，下肢无水肿。神经系统检查无异常。血常规：WBC 11.5×10^9/L，N 77%，L 23%。尿常规：无异常。胸部X线检查示双肺纹理稍增粗，结构正常，左侧第2肋间隙可见斑片状阴影，密度不均，边缘模糊。痰涂片：阴性。

问题与思考：
1. 初步诊断和诊断依据是什么？应与哪些疾病相鉴别？
2. 为明确诊断，需要进一步做哪些检查？
3. 治疗原则是什么？

肺结核（pulmonary tuberculosis）是结核分枝杆菌感染引起肺实质病变的慢性传染病。感染后导致肺组织出现炎性渗出、增生和干酪样坏死空洞，临床上以结核中毒症状、咳嗽、咳痰、咯血等为主要症状。

肺结核在21世纪仍然是严重危害人类健康的主要传染病，是全球关注的公共卫生问题。1993年WHO宣布结核病处于"全球紧急状态"，并将每年的3月24日定为"世界防治结核病日"，随后WHO又制定和启动了特别项目，以积极推动全球（尤其是发展中国家）实施结核病的全程督导短程化疗（directly observed short-course chemotherapy）以期遏制全球结核病疫情。虽然经过努力，全球多年来在应对结核病方面取得了进展，但由于耐多药结核病（multidrug resistant tuberculosis，MDR-TB）的增多，人类免疫缺陷病毒和结核分枝杆菌的双重感染，以及移民和流动人口中结核病难以控制，因此结核病仍然是危害人类健康的公共卫生问题。

【结核分枝杆菌】

结核分枝杆菌是细长、稍弯曲、两端圆形、兼性需氧的短小杆菌，呈抗酸染色阳性。结核分枝杆菌生长缓慢，增代时间为14~20 h，培养时间一般为2~8周。结核分枝杆菌分为人型、牛型、非洲型和鼠型4类，对人类致病的主要是人型结核分枝杆菌（90%以上），少数为牛型和非洲型。结核分枝杆菌对干燥、冷、酸、碱等抵抗力强，在干燥的环境中可存活数月或数年，在阴暗处也能生存5个月以上，在 $-40\ ℃$ 的环境中仍能存活数年，但煮沸100 ℃ 5 min就可杀灭结核分枝杆菌。70%乙醇浸泡2 min可杀灭结核分枝杆菌。阳光直射下，痰中结核分枝杆菌经2~7 h可被杀灭。实验室或病房常用紫外线灯消毒，10 W紫外线灯距照射物0.5~1 m，照射30 min具有明显的杀菌作用。

结核分枝杆菌成分复杂，主要是类脂质、蛋白质和多糖类。类脂质能引起单核细胞、上皮样细胞及淋巴细胞浸润而形成结核结节，与结核病的组织坏死、干酪液化、空洞形成及结核变态反应有关，同时增强菌体蛋白质的致敏作用；菌体蛋白质以结合形式存在，是结核菌素的主要成分，可诱发皮肤变态反应；多糖类与血清反应等免疫应答有关。

【结核病的传播】

（一）传染源

痰直接涂片阳性的肺结核患者是最主要的传染源。传染性的强弱取决于痰内含菌量的多少。

（二）传播途径

飞沫传播是肺结核最重要的传播途径，结核分枝杆菌主要通过患者以咳嗽、打喷嚏、大笑、大声谈话等方式将含有结核分枝杆菌的微滴（飞沫）排到空气中，少数也可经消化道和皮肤等其他途径传播。

（三）易感人群

影响人群对结核病易感性的因素可分为自然抵抗力及获得性特异性抵抗力两大类。主要与遗传因素、生活条件、居住环境、营养状况等社会因素相关，如婴幼儿细胞免疫系统功能不完善，长期免疫抑制药使用者、老年人、HIV感染者、慢性疾病患者自然抵抗力低下，是肺结核的易感人群。获得性特异性抵抗力来自自然或人工感染结核分枝杆菌。山区及农村居民自然感染率低，移居到城市后，也成为肺结核的易感人群。

（四）影响传染性的因素

传染性的大小除取决于患者排出结核分枝杆菌的数量外，还与空间含结核分枝杆菌微滴的密度、通风情况、接触的密切程度和时间长短以及个体免疫力状况相关。由于通风换气可降低空气中飘浮的含有结核分枝杆菌的微滴密度，从而减少肺结核的传播。因此，在医疗机构和肺结核患者的家中采取勤通风换气的措施就显得尤为重要。当然，减少空气中飘浮的含有结核分枝杆菌的微滴数量最根本的方法是早期隔离和有效治愈有传染性的肺结核患者。吸入含有结核分枝杆菌的飞沫即可引起肺结核，只有5%左右的人会患病。其严重程度及发病时期常取决于被感染者的免疫状态。

【结核病的发生与发展】

（一）原发感染

首次吸入含结核分枝杆菌的气溶胶后，结核分枝杆菌的毒力和肺泡巨噬细胞固有的吞噬杀菌能力决定是否感染。结核分枝杆菌的类脂质等成分能抵抗溶酶体酶的破坏作用，如果结核分枝杆菌能存活下来,并在肺泡巨噬细胞内外生长繁殖后出现炎性改变的肺组织,称为原发病灶。原发病灶的结核分枝杆菌沿着肺内淋巴管到达肺门淋巴结,可引起淋巴结炎。原发病灶、引流的淋巴管炎和肺门淋巴结炎称为原发综合征。当机体抵抗力增强时,原发病灶内的细菌停止繁殖,淋巴管炎消失,淋巴结缩小或钙化。当机体抵抗力下降时,结核分枝杆菌经支气管、淋巴管或血液循环播散,形成全身粟粒性结核。

当结核分枝杆菌首次侵入人体开始繁殖时,人体通过细胞介导的免疫系统对结核分枝杆菌产生特异性免疫,使原发病灶、肺门淋巴结和播散到全身各器官的结核分枝杆菌停止繁殖,出现原发病灶炎症迅速吸收或留下少量钙化灶,肿大的肺门淋巴结逐渐缩小、纤维化或钙化,播散到全身各器官的结核分枝杆菌大部分被消灭,这是最常见的良性过程。但仍有少量结核分枝杆菌没有被消灭,长期处于休眠状态,成为继发性肺结核的来源之一。

 原发综合征的定义。

(二)结核病的免疫和迟发型变态反应

1. **结核病的免疫** 机体对结核分枝杆菌有先天的自然免疫力和后天获得的特异性免疫力两大类。结核病的特异性免疫以细胞免疫为主,体液免疫对控制结核分枝杆菌感染的作用不大。细胞免疫主要表现为T淋巴细胞致敏、巨噬细胞吞噬能力增强。结核分枝杆菌入侵后使T淋巴细胞致敏,当致敏的T淋巴细胞再次接触结核分枝杆菌时,释放出多种淋巴因子,将入侵的结核分枝杆菌杀死或包围,制止其扩散。接种卡介苗可使机体获得免疫力。

2. **迟发型变态反应** 机体可对结核分枝杆菌及其代谢产物产生超敏反应。此反应往往发生在结核分枝杆菌入侵4~8周后,由T淋巴细胞介导,以巨噬细胞为效应细胞,释放多种炎症因子、皮肤反应因子和淋巴细胞毒素等,可出现局部的炎症渗出,干酪样坏死和发热、乏力及食欲减退的全身症状。皮肤结节红斑、多发性关节炎或疱疹性结膜炎等均为结核病超敏反应表现。此种超敏反应属于Ⅳ型(迟发型)变态反应。当机体初次感染结核分枝杆菌4~8周后,渐渐形成对结核分枝杆菌的敏感性,此时如进行结核菌素皮肤试验,可于48~72 h出现注射部位的充血和水肿,称为结核菌素试验阳性。反之,未受过感染者,则注射部位无反应,称为结核菌素试验阴性。

1890年,Koch观察到将结核分枝杆菌皮下注射到未被感染的豚鼠,豚鼠当时局部或全身均无表现,而10~14 d后出现注射局部红肿、溃烂,局部淋巴结肿大,病灶内有大量结核分枝杆菌,病变部位坏死形成很深的、不愈合的溃疡,最终因结核分枝杆菌全身播散而导致死亡。但对3~6周前受低剂量结核分枝杆菌感染、结核菌素皮肤试验阳性的动物,皮下注射与上述实验等量的结核分枝杆菌后,则于注射后数小时发生寒战、发热,2~3 d后,局部呈现迅速、剧烈的反应,红肿和形成的浅表溃疡较快愈合,无局部淋巴结肿大,病灶内无结核分枝杆菌,无全身播散和死亡。这种机体对结核分枝杆菌初次感染和再次感染所表现出不同反应的现象称为科赫(Koch)现象。

(三)继发性结核病

继发性结核病与原发性结核病有明显不同,继发性结核病有明显的临床症状,容易出现空洞和排菌,有传染性,因此,继发性结核病是防治工作的重点。继发性肺结核的发病有两种形式:一种类型缓慢发病,临床症状少而轻,多发生左肺尖或锁骨下,痰涂片检查阴性,多数预后良好;另一种类型发病速度较快,几周前肺部检查正常,发现时却已经出现广泛的病变、空洞和播散,痰涂片检查阳性。这类患者多发生在青春期女性、营养不良、抵抗力弱的群体及免疫功能受损的患者。

继发性结核病的发病方式，目前有两种：一种方式是原发性结核感染时遗留下来的潜在病灶中的结核分枝杆菌重新活动而引发的结核病，称为内源性复发。据统计，约 10% 的结核分枝杆菌感染者在一生的某个时期发生继发性结核病。而另一种方式是由于被结核分枝杆菌再感染而发病，称为外源性感染。

【病理】

（一）基本病理变化

结核病的基本病理变化是炎性渗出、增生和干酪样坏死。结核病的病理过程特点是破坏与修复常同时进行，故三种病理变化多同时存在，也可以某一种变化为主，且可以相互转化。

1. 渗出 以渗出为主的病变主要出现在结核性炎症初期阶段或病变恶化复发时，可表现为局部中性粒细胞浸润，继之由巨噬细胞及淋巴细胞取代。

2. 增生 以增生为主的病变表现为典型的结核结节，由淋巴细胞、上皮样细胞、朗格汉斯细胞以及成纤维细胞组成。大量上皮样细胞聚集融合后的多核巨细胞称为朗格汉斯巨细胞，以增生为主的病变发生在病变恢复机体抵抗力较强的阶段。

3. 干酪样坏死 以干酪样坏死为主的病变多发生在抵抗力低下、感染菌量多、结核分枝杆菌毒力强、机体超敏反应增强的情况。干酪坏死病变镜检为红染、无结构的颗粒状物，含脂质多，肉眼观察呈淡黄色，状似奶酪，故称干酪样坏死。结核结节的中间可出现干酪样坏死。

（二）病理及转归

当机体免疫力强或经抗结核化疗后，早期渗出性病变可完全吸收消失或仅留下少许纤维条索。一些增生病变或较小的干酪样病变在化疗后也可吸收缩小，逐渐纤维化，或纤维组织增生将病变包围，形成散在的小硬结灶。干酪样病变中的大量结核分枝杆菌被杀死，病变逐渐吸收、缩小形成钙化灶。而未经化疗的干酪样坏死病变常发生液化或形成空洞，含有大量结核分枝杆菌的液化物可经支气管播散到对侧肺或同侧肺其他部位引起新的病灶。

【临床表现】

（一）全身症状

全身症状最常见的是发热，多为长期午后潮热，即下午或傍晚体温开始升高，第 2 天早晨降至正常。部分患者有倦怠、乏力、夜间盗汗、食欲缺乏和体重下降等。

（二）呼吸系统症状

1. 咳嗽、咳痰 咳嗽、咳痰是肺结核患者最常见的症状，一般较轻微，为干咳或咳少量黏液痰。有空洞形成时，痰量增多。合并支气管结核时，可表现为刺激性咳嗽。合并细菌感染时，痰可呈脓性。

2. 咯血 约 1/3 的患者有咯血。多为小量咯血，少数可出现大量咯血。

3. 胸痛 当肺结核病变累及胸膜时，可有胸痛，并随呼吸运动和咳嗽加重。

4. 呼吸困难 呼吸困难主要见于有干酪性肺炎和大量胸腔积液患者。

（三）体征

若病变范围较小，可以没有任何体征。继发性肺结核好发于肺上叶尖后段，叩诊肺尖清音界缩小，听诊在肩胛间区和锁骨上、下区可闻及细湿啰音。干酪性肺炎或以渗出性病变为主的肺实变，触诊病变部位语音震颤增强，叩诊呈浊音，听诊闻及支气管呼吸音和细湿啰音等肺实变体征。空洞性病变位置浅表而又引流通畅时，可闻及支气管呼吸音。慢性纤维空洞型肺结核患侧胸廓塌陷，呼吸运动减弱。当并发肺气肿时，会出现肺气肿的相应体征。结核性胸膜炎可有胸腔积液的体征。

【辅助检查】

（一）影像学检查

1. 胸部 X 线检查 胸部 X 线检查是诊断肺结核的常规首选方法，可以发现早期轻微的结核病变，确定病变范围、部位、形态、密度、与周围组织的关系，以判断病变性质、有无活动性、有无空洞，以及空洞大小和空洞壁特点等。肺结核影像学特点是病变多发生在上叶尖后段、下叶背段和后基底段，呈多态性。诊断最常用胸部 X 线正侧位片，常能清晰地显示心影、肺门、血管、纵隔等掩盖的病灶和肺中叶及舌叶的病变。常有多种性质不同的病灶混合存在，包括浸润、增殖、干酪样坏死、空洞形成和肺内播散表现（图 2-9-1）。

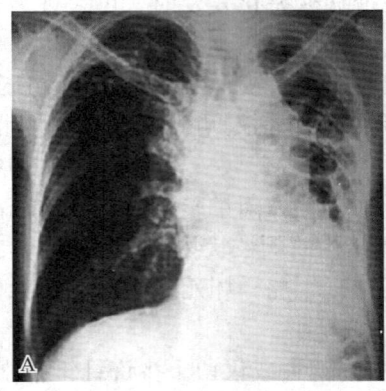
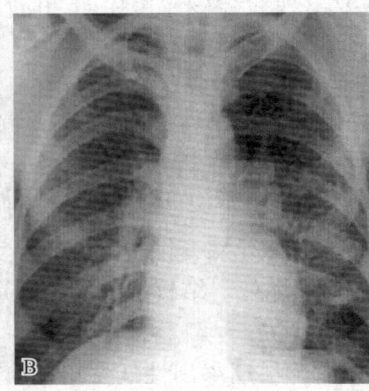
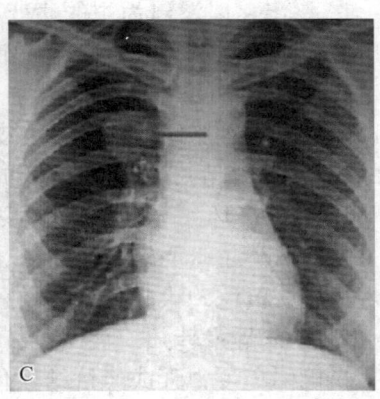

图 2-9-1　肺结核 X 线表现
A. 干酪性肺结核；B. 粟粒性肺结核；C. 结核球

2. CT 检查 CT 检查易发现隐匿的胸部、气管、支气管内病变，对早期出现的肺内粟粒阴影和微小病变的漏诊率减少；能清晰地显示各型肺结核与支气管的关系，有无空洞，有无进展恶化及吸收好转情况；准确地显示纵隔淋巴结有无肿大。因此，CT 检查对于肺结核的诊断与鉴别诊断意义重大，也可用于穿刺、引流和介入性治疗等。

（二）痰结核分枝杆菌检查

痰结核分枝杆菌检查是确诊肺结核的主要方法，也是制定化疗方案和评价疗效的主要依据。

1. 痰标本的收集 肺结核患者的排菌具有间断性和不均匀性的特点，因此要多次查痰。对初诊患者，要送 3 份痰标本，包括清晨痰、夜间痰和即时痰，如无夜间痰，宜在留清晨痰后 2～3 h 再留一份痰标本。对复诊患者，每次送 2 份痰标本。

2. 痰涂片检查 痰涂片检查是简单、快速、易行和可靠的方法，因敏感性欠佳，应多次送检。1 ml 痰中至少含 ≥ 10^4 个细菌时可呈阳性结果。WHO 推荐的 LED 荧光显微镜检测抗酸杆菌，具有省时、方便的优点。痰涂片检查阳性只能说明痰中含有抗酸杆菌，不能区分是结核分枝杆菌还是非结核分枝杆菌。但由于非结核分枝杆菌少，故痰中检出抗酸杆菌有极其重要的意义。

3. 痰培养检查 痰培养发现结核分枝杆菌是肺结核诊断的"金标准"，同时也为药物敏感试验和菌种鉴定提供菌株。结核分枝杆菌培养耗时较长，一般为 2～8 周。

（三）结核菌素试验

结核菌素试验主要用于了解人体是否感染过结核分枝杆菌，而非检出结核病。结核菌素试验对婴幼儿和青少年的结核病诊断具有参考价值。目前，WHO 和国际防痨与肺病联合会推荐使用结核菌素纯蛋白衍生物（tuberculin purified protein derivative，PPD）和 PPD-RT23，以便于比较国际间结核感染率。

试验方法：选择左侧前臂屈侧中下 1/3 处，皮内注射 PPD 0.1 ml（5 IU），形成凸起的皮丘，边界清楚,表面可见明显的小凹。48~72 h后观察和记录结果,手指轻摸硬结边缘,测量硬结的横径和纵径,得出平均直径=(横径+纵径)/2,而不是测量红晕直径。硬结为特异性变态反应,而红晕为非特异性反应。硬结直径≤4 mm为阴性,5~9 mm为弱阳性,10~19 mm为中度阳性,≥20 mm或虽<20 mm但局部出现水疱和淋巴管炎时为强阳性反应。结核菌素试验反应越强,对结核病的诊断(特别是对婴幼儿的结核病诊断)就越重要。结核菌素试验结果可受多种因素影响,被结核分枝杆菌感染后,需4~8周才能建立起充分的变态反应。在此之前,结核菌素试验可呈阴性。营养不良、HIV感染、麻疹、水痘、恶性肿瘤、严重细菌感染、重症结核病,结核菌素试验则多表现为阴性或弱阳性。

(四)纤维支气管镜检查

纤维支气管镜检查常应用于支气管结核和淋巴结支气管瘘的诊断。在纤维支气管镜下获取活体组织、分泌物、冲洗标本进行病理学检查和结核分枝杆菌培养。

(五)其他检查

PCR、核酸探针检测特异性DNA片段、色谱技术检测结核硬脂酸和分枝菌酸等菌体特异成分,以及采用免疫学方法检测特异性抗原和抗体、基因芯片技术等,使结核病快速诊断取得了一定的进展。

> **知识链接**
>
> **γ干扰素释放试验**
>
> γ干扰素释放试验(interferon-γ release assay,IGRAS)是基于检测以结核分枝杆菌特异性抗原在体外刺激T细胞产生γ干扰素的原理为基础的体外免疫诊断技术。其检测结果判断的是受检宿主的T细胞是否对结核分枝杆菌特异性抗原有记忆。该试验大幅提高了结核感染的检出能力,特别是对于痰涂片阴性肺结核的诊断。该试验使用高特异性抗原,可用于非结核分枝杆菌肺部感染与肺结核的鉴别诊断。使用全血进行测试,克服了痰涂片、痰培养和分子检测肺外结核取样难的问题,可有效地检出肺外结核。γ干扰素释放试验可用于免疫抑制药治疗、生物制品治疗、血液透析患者等临床治疗前后,以及2周以上不明原因发热患者的结核感染排查。

【诊断】

(一)肺结核的诊断程序

1. **可疑症状患者的筛选**　咳嗽持续2周以上、咯血、午后低热、乏力、盗汗、月经不调或闭经,有肺结核患者接触史或肺外结核,均应考虑肺结核的可能性,要进行痰培养和胸部X线检查,必要时行CT检查。

2. **是否为肺结核**　凡经X线检查发现肺部有异常阴影者,需接受系统检查,经必要的CT检查以进一步明确病变是否为结核性质。如一时难以确定,可经2周短期观察后复查,大部分炎症病变会有所变化,肺结核则变化不大。

3. **有无活动性**　一旦诊断为肺结核,需明确有无活动性,因为活动性肺结核患者必须给予治疗。

4. **痰中是否排菌**　确诊活动性肺结核后,还要明确痰中是否排菌,这是确定传染源的唯一方法。

5. **是否耐药**　通过药物敏感试验检测是否耐药。

6. **明确初治与复治**　通过病史询问是初治还是复治患者,两者治疗方案截然不同。

(二)结核病分类标准

我国实施新的《结核病分类》(WS196—2017),突出了对痰结核分枝杆菌的检查和化疗史的描述,实用性强,体现了现代肺结核控制的新理念。

1. 结核病分类及诊断要点

(1)原发性肺结核:由于人体未曾感染过结核分枝杆菌,又未接种过卡介苗,对结核分枝杆菌无免疫力和变态反应。首次感染结核分枝杆菌后,临床上可无症状或有轻微咳嗽、盗汗、倦怠、低热等症状,胸部X线检查表现为由原发病灶、引流淋巴管炎和肿大的肺门淋巴结共同形成的哑铃状阴影,这就是典型的原发综合征表现。

(2)血行播散型肺结核:根据临床特点分为以下几种。

1)急性血行播散型(粟粒型)肺结核:多见于婴幼儿和青少年,尤其是营养不良、患有其他传染病和长期应用免疫抑制药导致抵抗力明显下降的幼儿。患者多同时伴有原发性肺结核。成人也可发生急性粟粒型肺结核,主要由结核分枝杆菌一次或极短时间内多次进入血流所致。临床上起病急,可有持续高热、谵妄、意识模糊等严重的全身中毒症状。患者全身浅表淋巴结肿大、肝大、脾大,有时可发现皮肤淡红色粟粒疹、脑膜刺激征阳性。胸部X线检查显示在症状出现2周左右时,由肺尖至肺底的整个肺野呈现出直径为2mm,大小、密度和分布三均匀的粟粒状结节阴影。粟粒型肺结核的CT表现见图2-9-2所示。

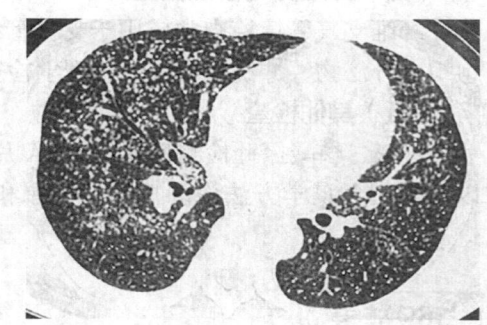

图2-9-2 急性血行播散型(粟粒型)肺结核CT表现

2)亚急性、慢性血行播散型肺结核:由病变中和淋巴结内的结核分枝杆菌分批侵入血管所致,因此临床症状较轻。胸部X线检查显示分布在以双上、中肺野为主的大小不等、密度不同、分布不均的粟粒状或结节状阴影,胸部X线检查可同时见到新鲜渗出、陈旧硬结和钙化病灶共存。

(3)继发性肺结核:是成人最常见的类型,也是临床最常见的类型,病程长,易反复。胸部X线检查可以活动性渗出性病变、干酪样病变、增殖性病变、空洞、愈合等不同影像共存,新旧不一。以肺上叶尖后段和下叶背段好发。按临床特点,继发性肺结核可分为以下几种。

1)浸润性肺结核:多发生在肺尖和锁骨下,胸部X线检查表现为肺尖和锁骨下有小片状或斑点状阴影,可融合形成空洞。病灶易被吸收,也可长期无改变。

2)空洞性肺结核:由干酪样渗出病变溶解形成洞壁不明显的、多个空腔的虫蚀样空洞和(或)伴有周围浸润病变存在的、新鲜的薄壁空洞,因此,影像学上显示空洞形态不一。临床表现有发热、咳嗽、咳痰、咯血和消瘦等。大多数空洞性肺结核由支气管播散所致,所以胸部X线检查还可显示出活动性渗出性病变的征象。患者痰中易带菌,涂片阳性多见,是主要的传染源。在有效的抗结核化疗后,常出现空洞不闭合,但受长期多次查痰影响,空洞壁由纤维组织或上皮细胞覆盖,诊断为"净化空洞"。也有一些患者空洞还残留一些干酪样组织,多次查痰阴性,临床诊断为"开放性结核菌素试验阴性综合征",仍须对患者进行随访。空洞性肺结核CT表现见图2-9-3所示。

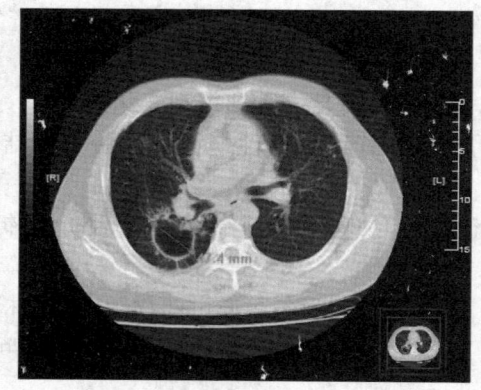

图2-9-3 空洞性肺结核CT表现

3)结核球:由干酪样病变吸收和周边纤维膜包裹或干酪空洞阻塞性愈合而形成阴影。常有钙化灶或液化坏死形成的空洞,80%以上的结核球有卫星灶存在。

4)干酪性肺炎:多发生于有淋巴结支气管瘘存在的患者,或有大量结核分枝杆菌感染的免疫力低下和体质虚弱的患者。此时因淋巴结中的大量干酪样物质经支气管进入肺内而导致干酪性肺炎，影像学上显示肺大叶性密度均匀的磨玻璃影，随着疾病的发展，逐渐出现虫蚀样空洞。

5）慢性纤维空洞性肺结核：影像上显示双侧或单侧出现纤维厚壁空洞和广泛的纤维增生，造成肺门向上牵拉，肺纹理呈垂柳状阴影，纵隔向患侧移位，常见胸膜粘连和代偿性肺气肿。该类患者病程长，病情反复发作恶化，造成肺组织被破坏且功能严重受损。

无论哪一种继发性肺结核患者，都可痰中带菌。如痰中含菌量大（每毫升痰含 $10^6 \sim 10^7$ 个细菌），即可成为传染源。所以，痰涂片阳性的肺结核患者是临床化疗的重点对象。

（4）结核性胸膜炎：见本篇第十章。

（5）其他肺外结核：按部位和器官命名，如肠结核、肾结核、骨关节结核。

（6）菌阴肺结核：为 3 次痰涂片及 1 次痰培养阴性的肺结核。其诊断标准为：①具有典型肺结核的临床症状和胸部 X 线表现；②抗结核治疗有效；③临床可排除其他非结核性肺部疾患；④结核菌素试验（5 IU）强阳性，血清抗结核抗体阳性；⑤痰结核分枝杆菌 PCR 和探针检测呈阳性；⑥肺外组织病理学检查证实为结核病变；⑦支气管肺泡灌洗液中检出抗酸杆菌；⑧支气管或肺部组织病理学检查证实为结核病变。具备①~⑥中的 3 项或⑦~⑧中任何 1 项即可确诊。

2. 痰菌检查记录　痰菌检查记录格式以涂（＋）、涂（－）、培（＋）、培（－）表示。当患者无痰或未查痰时，则注明（无痰）或（未查）。

3. 治疗状况的判断标准

（1）初治：指有下列情况之一者：①尚未开始抗结核治疗的患者；②正执行标准化疗方案而未满疗程的患者；③不规则化疗未满 1 个月的患者。

（2）复治：指有下列情况之一者：①初治失败的患者；②规则用药满疗程后痰菌又恢复阳性的患者；③不规则化疗超过 1 个月的患者；④慢性排菌患者。

4. 肺结核的记录方式　按结核病分类、病变部位、范围、痰菌情况、化疗状况程序书写。例如，继发性肺结核，两次涂片（＋），复治。血行播散型肺结核可注明（急性）或（慢性）；继发性肺结核可注明（浸润型）、（纤维空洞）等。并发症（如自发性气胸）、并存病（如糖尿病）、手术（如肺叶切除术），可在化疗史后按并发症、并存病、手术顺序书写。

 肺结核的分类和诊断要点。

【鉴别诊断】

（一）肺炎

肺炎主要应与继发性肺结核相鉴别。尤其是干酪性肺炎，胸部 X 线片与细菌性肺炎相似，但各种肺炎因病原体不同而临床特点各异，大都起病急，伴有发热、咳嗽、咳痰明显，血白细胞计数升高和中性粒细胞比例增多。胸部 X 线片表现为密度较淡且较均匀的片状或斑片状阴影，抗菌治疗后体温迅速下降，1~2 周阴影有明显吸收。

（二）慢性阻塞性肺疾病

慢性阻塞性肺疾病患者多表现为慢性咳嗽、咳痰，少有咯血。本病好发于冬季。肺功能检查示阻塞性通气功能障碍。胸部影像学检查有助于鉴别诊断。

（三）支气管扩张症

患者有慢性反复咳嗽，咳大量脓性痰，反复咯血病史。典型者胸部 X 线片可见卷发样改变，高分辨率 CT 能发现支气管管腔扩大，可确诊。

（四）肺癌

肺癌患者多有长期吸烟史，表现为刺激性咳嗽、痰中带血、胸痛等症状。胸部 X 线或 CT 表现为分叶状，毛刺、有切迹的肿块。癌组织坏死液化后，可以形成偏心厚壁空洞，空洞内壁凹凸不平。多次痰脱落细胞学检查和活体组织检查有助于鉴别。

（五）肺脓肿

肺脓肿患者多有高热，咳大量脓臭痰。急性面容，有肺实变体征和（或）听到空瓮音，影像学表现为有气液平面的空洞伴周围浓密的炎性阴影。血白细胞计数升高和中性粒细胞比例增多。

【治疗】

（一）化疗原则

化疗的原则是早期、规律、全程、适量、联合。

1. 早期 有利于迅速发挥药物的早期杀菌作用，促进病变吸收和减少传染。
2. 规律 按医嘱服药，不漏服，不停药，以避免产生耐药性。
3. 全程 按医嘱要求完成治疗的全过程，提高治愈率，降低复发率。
4. 适量 严格按治疗剂量服药，防止因剂量过低而影响疗效和产生耐药性，因剂量过大而导致药物的毒性和不良反应。
5. 联合 通过多种药物联合、交叉杀菌来提高疗效，减少和防止耐药性的产生。

（二）常用抗结核药

1. 异烟肼 异烟肼（isoniazid，INH，H）对巨噬细胞内、外快速繁殖期的结核分枝杆菌均具有杀菌作用，是单一抗结核药中早期杀菌力最强的药物。该药口服后被迅速吸收，脑脊液中药物浓度也很高，药物经乙酰化而灭活。成人每日 300 mg，顿服；儿童每日 5~10 mg/kg，但最大剂量每日不超过 300 mg。在治疗结核性脑膜炎和血行播散型肺结核时，儿童每日剂量为 20~30 mg/kg，成人每日剂量为 10~20 mg/kg。副作用少，偶可发生周围神经炎、中枢神经系统中毒、肝损害，需注意观察。如果发生周围神经炎，可服用维生素 B_6（吡哆醇）。

2. 利福平 利福平（rifampicin，RFP，R）对巨噬细胞内、外快速繁殖期和半静止状态的结核分枝杆菌均有快速杀灭作用，特别是对在半静止状态中又突然间歇性短暂生长繁殖的结核分枝杆菌（C 菌群）有独特的杀灭作用，且 INH 与 RFP 联合用药可显著缩短疗程。该药口服后有效血浓度维持时间长，故可在早晨空腹和早餐前半小时服用。成人每日剂量为 8~10 mg/kg。体重 ≤ 50 kg 者，每日剂量为 450 mg；体重 ≥ 50 kg 者，每日剂量为 600 mg。儿童每日剂量为 10~20 mg/kg，间歇用药剂量为 600~900 mg，每周 2 次或 3 次。用药后需定期监测肝功能，根据肝功能调整用药，如出现一过性转氨酶升高可继续用药，但应加服保肝药物并密切观察，如出现黄疸应立即停药。使用间歇化疗者可出现流感样症状、皮肤综合征、血小板减少。妊娠 3 个月内忌用，超过 3 个月者慎用。利福平及其代谢物为橘红色，服药后粪便、尿液、泪液等可为橘红色。

3. 吡嗪酰胺 吡嗪酰胺（pyrazinamide，PZA，Z）对位于巨噬细胞内、酸性环境中和空洞壁坏死组织中的半静止状态的结核分枝杆菌（B 菌群）具有杀灭作用。在 6 个月标准短程化疗的 PZA、INH 和 RFP 联合用药中，PZA 是不可缺少的重要药物。应用于成人时，可采取每日疗法，剂量为 15~30 mg/kg，或采取每周 3 次疗法，成人每日剂量为 30~40 mg/kg；儿童每日剂量为 30~40 mg/kg。对于新发现初治痰涂片阳性患者，PZA 仅在治疗的前 2 个月（强化阶段）使用，因为使用 2 个月的效果与使用 4 个月或更长时间的效果相似。常见不良反应有高尿酸血症、肝功能损害、胃肠道反应和关节痛。

4. 乙胺丁醇 乙胺丁醇（ethambutol，EMB，E）为抑菌剂，通过抑制结核分枝杆菌 RNA 的合成而防止耐药菌的产生。成人每日剂量为 0.75~1.0 g，如每周用药 3 次，则剂量为每日 1.0~1.25 g，主要不良反应为视神经炎，由于儿童特殊不能鉴别，故 EMB 不能用于儿童患者的抗肺结核治疗。

5. 链霉素　链霉素（streptomycin，SM，S）对巨噬细胞外、碱性环境中快速繁殖期的结核分枝杆菌有杀菌作用。肌内注射，每日 0.75~1.0 g，每周 5 次。间歇用药者每次剂量为 0.75~1.0 g，每周 2~3 次。不良反应主要为第Ⅷ对脑神经损害和肾毒性等。儿童一定要慎用。

常用抗结核药的成人用量和主要不良反应列于表 2-9-1。

表 2-9-1　常用抗结核药成人剂量和主要不良反应

药名	每日剂量（g）	间歇疗法 1 日剂量（g）	主要不良反应
异烟肼（INH，H）	0.3	0.3~0.6	周围神经炎
链霉素（SM，S）	0.75~1.0△	0.75~1.0	听力障碍、眩晕、肾功能障碍
利福平（RFP，R）	0.45~0.6*	0.6~0.9	肝毒性、胃肠反应、过敏反应
利福喷汀（RFT）		0.45~0.6	肝毒性、胃肠反应、过敏反应
吡嗪酰胺（PZA，Z）	1.5~2.0	2.0~3.0	肝毒性、胃肠反应、关节痛、高尿酸
乙胺丁醇（EMB，E）	0.75~1.0**	1.5~2.0	视神经炎
对氨基水杨酸钠（PAS，P）	8.0~12.0***	8.0~12.0	肝毒性、胃肠反应、过敏反应
丙硫异烟胺（Pr）	0.5~1.0	0.5~1.0	肝毒性、胃肠反应
乙硫异烟胺（Eto）	0.5~1.0		肝毒性、胃肠反应、光敏反应
阿米卡星（Am）	0.75~1.0		听力障碍、眩晕、肾功能障碍
卷曲霉素（CPM，C）	0.75~1.0	0.75~1.0	听力障碍、眩晕、肾功能障碍
卡那霉素（Km，K）	0.75~1.0	0.75~1.0	听力障碍、眩晕、肾功能障碍
氧氟沙星（Ofx）	0.6~0.8		肝毒性、胃肠反应、光敏反应
左氧氟沙星（Lfx）	0.6~0.75		肝毒性、胃肠反应、光敏反应
莫西沙星（Mfx）	0.4		肝毒性、胃肠反应、光敏反应
环丝氨酸（Cs）	0.75~1.0		惊厥、焦虑

注：△. 老年人每次用 0.75 g；*. 体重 < 50 kg 剂量为 0.45 g，> 50 kg 剂量为 0.6 g；**. 前 2 个月剂量为 25 mg/kg；***. 每日分 2 次服用（其他药物为每日 1 次）。

（三）标准化疗方案

整个标准化疗方案分为强化期和巩固期两个阶段。

1. 初治痰涂片阳性肺结核治疗方案　强化期 2 个月，巩固期 4 个月。

1）每日用药方案：2HRZE（S）/4HR。

2）间歇用药方案：$2H_3R_3Z_3E_3（S_3）/4H_3R_3$，每周 3 次。

2. 初治痰涂片阴性肺结核治疗方案　强化期 2 个月，巩固期 4 个月。

1）每日用药方案：2HRZ/4HR。

2）间歇用药方案：$2H_3R_3Z_3/4H_3R_3$，每周 3 次。

3. 复治痰涂片阳性肺结核治疗方案　强化期 2 个月，巩固期 6~10 个月。

1）每日用药方案：2HRZSE/6~10HRE。

2）间歇用药方案：$2H_3R_3Z_3S_3E_3/6~10H_3R_3E_3$，每周 3 次。

（四）耐多药肺结核的治疗

耐多药结核病（multidrug resistant tuberculosis，MDR-TB）（至少耐异烟肼和利福平）和当今出现的广泛耐药结核病（extensive drug resistant tuberculosis，XDR-TB）（除耐异烟肼和利福平外，还耐二线抗结核药）对全球结核病防控构成严重威胁。制订 MDR-TB 治疗方案的原则是：详细询问患者既往用药史，该地区常用抗结核药和耐药流行情况；尽量做药物敏感试验，严格避免只选用一种新药加入原失败方案；WHO推荐尽可能采用新一代的氟喹诺酮类，不适用于交叉耐药的患者；治疗方案至少含4种二线敏感药物；至少包括吡嗪酰胺、氟喹诺酮类、注射用卡那霉素或阿米卡星、乙硫或丙硫异烟肼和对氨基水杨酸或环丝氨酸；药物剂量根据体重决定；加强期应为9~12个月，总治疗时间为20个月或更长，以治疗效果决定。监测治疗效果最好以痰培养为准。

MDR-TB治疗药物的选择列于表2-9-2，第1组为一线口服抗结核药，根据药物敏感试验和患者用药史选择使用。第2组为注射用抗结核药，首先选用卡那霉素和阿米卡星，两者效果相似，且存在百分之百交叉耐药；若对链霉素和卡那霉素耐药，应选择卷曲霉素。链霉素毒性大，尽量不用。第3组为氟喹诺酮类，菌株敏感效果从高到低依次是莫西沙星、左氧氟沙星、氧氟沙星。第4组为口服抑菌二线抗结核药，首选乙硫异烟胺、丙硫异烟胺，该药疗效确切，价格低廉，注意从小剂量开始，3~5 d后加大至足量。PAS也应作为首选考虑用药，但价格稍高。环丝氨酸国内少用。第5组药物疗效不确切，当使用第1~4组药物无法制订合理方案时方可选用。

表2-9-2 MDR-TB治疗药物的选择

分组	抗结核药
第1组：一线口服抗结核药	异烟肼、利福平、乙胺丁醇、吡嗪酰胺、利福布汀
第2组：注射用抗结核药	卡那霉素、阿米卡星、卷曲霉素、链霉素
第3组：氟喹诺酮类	莫西沙星、左氧氟沙星、氧氟沙星
第4组：口服抑菌二线抗结核药	乙硫异烟胺、丙硫异烟胺、环丝氨酸、特立齐酮、对氨基水杨酸钠（PAS）
第5组：疗效不确切的抗结核药（未被WHO推荐为MDR-TB治疗常规药物）	氯法齐明、利奈唑胺、阿莫西林/克拉维酸、氨硫脲、克拉霉素、高剂量异烟肼

（五）其他治疗

1. 对症治疗

1）肺结核的全身症状：合理化疗1~2周内可消退，无需特殊处理。

2）咯血的治疗：治疗措施如下。①小量咯血：多以安慰患者、消除紧张、患侧卧床休息为主，可用氨基己酸、氨甲苯酸（止血芳酸）、酚磺乙胺（止血敏）、卡巴克洛等药物止血。②大量咯血：先用垂体后叶素5~10 U加入25%葡萄糖溶液40 ml中缓慢静脉注射，注射时间一般为15~20 min，然后将垂体后叶素加入5%葡萄糖溶液按0.1 U/（kg·h）的速度静脉滴注。高血压、冠心病、心力衰竭患者和妊娠期妇女禁用。对支气管动脉破裂造成的大量咯血，可采用支气管动脉栓塞法。③咯血窒息：大量咯血时，患者突然停止咯血，并出现呼吸急促、面色苍白、口唇发绀、烦躁不安等症状时，常考虑发生了窒息，应立即抢救。抢救原则及方法：立即解除呼吸道阻塞，让患者取头低足高俯卧位，轻拍背部，以便血块排出，并尽快挖出或吸出口、咽、喉、鼻部血块。必要时行气管插管或气管切开。

2. 糖皮质激素治疗　糖皮质激素仅用于有严重结核中毒症状者，必须确保在有效抗结核药治疗的情况下使用。使用剂量依病情而定，一般用泼尼松口服，每日20 mg，顿服，服用1~2周，以后每周递减5 mg，用药时间为4~8周。

3. 手术治疗　适应证为：①经合理化疗后无效；②多重耐药的厚壁空洞；③大块干酪灶；④结核性脓胸；⑤支气管胸膜瘘；⑥大量咯血经保守治疗无效。

【结核病控制策略与措施】

（一）全程督导化疗

全程督导化疗是指在肺结核治疗过程中，患者每次用药都必须在医务人员的直接监督下进行，因故未用药时必须采取补救措施，以保证按医嘱规律、全程用药，即在全程督导化疗中消除传染源。

（二）病例报告和转诊

《中华人民共和国传染病防治法》规定，肺结核属于乙类传染病。各级医疗预防机构要专人负责，做到及时、准确、完整地报告肺结核疫情。同时要做好转诊工作。转诊对象为肺结核、疑似肺结核患者。

（三）病例登记和管理

由于肺结核病程长、易复发和具有传染性等特点，需要长期随诊和采取多种宣传方式，让患者、家属及邻居都了解肺结核从发病、治疗到治愈的全过程。通过对确诊肺结核病例的登记，达到掌握病情和便于管理的目的。

（四）卡介苗接种

卡介苗预防接种在减少儿童肺结核（如原发性肺结核）、血行播散型肺结核、结核性脑膜炎和死亡等方面有肯定效果。所以，WHO强调继续对新生儿进行卡介苗接种，采用冻干卡介苗行皮内法接种，以保证接种质量。

（五）预防性化疗

预防性化疗主要应用于被结核分枝杆菌感染、易发病的高危人群，包括HIV感染者、痰涂片阳性肺结核患者的密切接触者、糖尿病患者、长期使用糖皮质激素或免疫抑制药者、注射药瘾者、营养不良者等。常用异烟肼每日300 mg，顿服6~9个月，儿童用量为4~8 mg/kg，或利福平和异烟肼3个月，每日顿服或每周3次。

自 测 题

一、选择题

1. 患者，女性，21岁。因发热、干咳、乏力20 d，咯血2 d入院。体格检查：T 38.5 ℃，消瘦，右上肺语音震颤增强，叩诊呈浊音，可闻及支气管呼吸音。皮内注射PPD（1 IU）硬结20 mm，表面有水疱。胸部X线片示右上肺2~4前肋处见密度高、浓淡不均的阴影。最可能的疾病诊断是
   A. 右上肺癌　　　　　　B. 右上肺结核　　　　　C. 右上包裹性积液
   D. 右上大叶性肺炎　　　E. 右上支气管扩张症

2. 关于结核性胸膜炎特点的描述，错误的是
   A. 多见于儿童
   B. 起病多缓慢
   C. 可有结核中毒症状
   D. 胸部X线片可呈肋膈角消失或外高内低影
   E. 胸部X线片除胸腔积液影外，还应有肺内结核病灶

3. 结核病传染的主要途径和方式为
   A. 饮用未经消毒的病牛的奶
   B. 吸入患者咳嗽、打喷嚏时排出的带菌飞沫
   C. 皮肤外伤
   D. 泌尿生殖道外伤
   E. 与排菌的结核病患者共同进食

4. 诊断肺结核最可靠的依据是
   A. 结核中毒症状　　　　B. X线呈浸润性改变　　　C. 结核菌素试验阳性
   D. 痰找到结核分枝杆菌　E. ESR增快

5. 患者，男性，25岁。午后低热2个月，伴乏力、盗汗、消瘦、咳嗽、咳少量白色痰。体格检查：肩胛间区可闻及少量湿啰音。首选的辅助检查项目是

　　A. 胸部X线检查　　　　　B. 痰找结核分枝杆菌　　　C. 痰培养+药物敏感试验
　　D. PPD试验　　　　　　　E. 支气管镜检查

6. 继发性肺结核最常见的类型是

　　A. 原发综合征　　　　　　B. 血行播散型肺结核　　　C. 浸润型肺结核
　　D. 纤维空洞型肺结核　　　E. 结核性胸膜炎

7. 慢性血行播散型肺结核的X线表现是

　　A. 肺内病灶细小如粟粒，大小相等，密度相同，均匀分布于两肺
　　B. 肺内病灶呈结节状，分布密集，以中下及内中带为多
　　C. 肺内病灶大小不等，新旧均一，对称分布于两肺上中部
　　D. 两肺下部弥漫性、大小不等的结节状阴影
　　E. 肺内病灶大小、新旧不等，较对称地分布于两肺上中部

8. 患者，女性，25岁。反复小量咯血伴低热、乏力、盗汗3个月，咯血加重3d来诊，1h前咯鲜血1次，约300 ml，无胸痛、气短。该患者最危险的潜在并发症是

　　A. 窒息　　　　　　　　　B. 出血性休克　　　　　　C. 结核播散
　　D. 继发感染　　　　　　　E. 肺性脑病

（9～11题共用题干）

患者，男性，60岁。1个月来乏力、食欲缺乏，2周来气短、干咳，喜右侧卧位，既往有糖尿病病史，其配偶半年前患空洞性肺结核。体格检查：T 37.5 ℃，右肩胛下角线第8肋以下叩诊呈浊音，呼吸音消失，语音震颤减弱，肝、脾肋下未触及。实验室检查：空腹血糖8.7 mmol/L，WBC 5.0×10^9/L，Hb 130 g/L。X线检查示右下肺野内低外高密度增高影。临床考虑为结核性胸膜炎。

9. 以下检查中，最有助于确诊的是

　　A. PPD试验　　　　　　　B. 肝功能检查　　　　　　C. ESR
　　D. B超引导下胸腔穿刺　　 E. 超声心动图检查

10. 此患者胸腔积液实验室检查结果可能性最小的是

　　A. 草黄色　　　　　　　　　　　　　　B. 比重1.018
　　C. 黏蛋白定性试验（+）　　　　　　　 D. 腺苷脱氨酶（ADA）40 U/L
　　E. 蛋白质定量20 g/L

11. 不正确的治疗措施是

　　A. 使用抗生素　　　　　　　　　　　　B. 控制血糖
　　C. 胸腔穿刺抽液　　　　　　　　　　　D. 抗结核药+胸腔穿刺抽液
　　E. 保肝

二、简答题

1. 简述肺结核的分类。
2. 简述肺结核化疗的原则。

三、案例分析题

患者，女性，39岁，因咳嗽、咳痰伴发热20 d，痰中带血3 d就诊。患者20 d前无明确诱因出现咳嗽，咳少量白色黏液痰或脓性痰，痰无异味，伴发热，体温37.6～37.8 ℃，多于午后出现，

次日早晨可自行恢复正常，无畏寒、寒战、头痛、盗汗，口服"止咳祛痰药物"效果欠佳。3 d前出现痰中带血，为鲜红色血丝和暗红色血块，血痰量 1~5 ml/d，无胸痛、呼吸困难，无鼻出血，发病以来，精神、食欲尚可，睡眠稍差，二便正常，体重无明显变化。1 年前在外院确诊为系统性红斑狼疮，一直口服泼尼松治疗，未定期到医院随诊。否认传染病接触史，无烟、酒嗜好。无遗传病家族史。

体格检查：T 37.1 ℃，P 80 次/分，R 18 次/分，BP 128/76 mmHg。神志清楚，营养中等，皮肤、黏膜无黄染，口唇无发绀。浅表淋巴结未触及肿大，胸廓形态正常，呼吸动度正常，双肺语音震颤对称，叩诊呈清音，右下肺呼吸音减弱，未闻及干啰音、湿啰音及胸膜摩擦音，心界不大，心率 80 次/分，心律齐，各瓣膜听诊区未闻及杂音，腹平软，无压痛，肝、脾肋下未触及。双下肢无水肿。实验室检查：血常规 Hb 112 g/L，RBC 3.5×10^{12}/L，WBC 6.3×10^{9}/L，N 52%，L 47%，PLT 205×10^{9}/L，ESR 72 mm/h。痰涂片革兰氏染色（−）。胸部 X 线检查示右肺下叶背段密度不均匀的渗出性阴影，其内可见空洞，未见气液平面。

请回答：
（1）初步诊断是什么？
（2）需要与哪些疾病进行鉴别？
（3）治疗原则是什么？

（萧　鲲）

第十章　胸膜疾病

第十章数字资源

> **学习目标**
>
> 1. 知识：说出自发性气胸和结核性胸膜炎的临床表现，陈述自发性气胸和结核性胸膜炎的诊断、鉴别诊断及治疗原则，解释胸腔积液的常见病因和发生机制，比较结核性与肿瘤性胸腔积液的特点。
>
> 2. 能力：完成病史采集和体格检查，运用病史、体格检查及辅助检查结果对自发性气胸和结核性胸膜炎做出初步诊断，根据病情拟定防治方案。按照规范的操作流程熟练进行胸腔穿刺排气或抽液，区分渗出液和漏出液。
>
> 3. 素养：尊重患者的知情权和隐私权，在进行有创操作（如胸腔穿刺）前，能清晰地向患者解释操作目的、风险及配合要点，缓解患者的紧张情绪。注意关注胸膜疾病领域的研究进展（如新型诊断技术、靶向治疗药物），能主动学习前沿知识，更新知识体系。勇于承认知识盲区，对复杂或疑难病例，能主动查阅文献、请教上级医师，培养终身学习的习惯。

案例 2-10-1

患者，男性，28岁。咳嗽伴右侧胸痛10 d，加重伴活动后气促5 d。患者10 d前无明显诱因出现干咳，伴右侧胸部疼痛，多于深吸气时明显，伴盗汗，无咳痰、咯血、发热，使用"头孢呋辛"抗感染治疗无效。5 d前患者开始出现活动后气促，休息后可缓解，不伴喘息。否认传染病接触史，无外伤、手术史。体格检查：T 37.5 ℃，P 90次/分，R 24次/分，BP 118/71 mmHg。全身浅表淋巴结未触及肿大，胸廓基本对称，右侧呼吸动度减小，语音震颤减弱，右侧肩胛线第8肋间隙以下叩诊呈浊音，右下肺呼吸音消失，未闻及干啰音、湿啰音和胸膜摩擦音。心率90次/分，心律齐，心脏各瓣膜听诊区未闻及杂音。腹平软，肝、脾肋下未触及。血常规：WBC 7.0×10^9/L，N 68%，L 28%，RBC 4.68×10^{12}/L，Hb 128 g/L，PLT 348×10^9/L，ESR 70 mm/h；肝功能、肾功能未见异常；胸部X线片示右侧中等量胸腔积液；胸腔积液常规示外观黄色、微混，Rivalta试验（＋），细胞总数 9.1×10^9/L，有核细胞数 1200×10^6/L，单核细胞86%，胸腔积液 ADA 57 U/L。

问题与思考：

1. 初步诊断和诊断依据是什么？应与哪些疾病相鉴别？
2. 为明确诊断，需要进一步做哪些检查？
3. 治疗原则是什么？

胸膜（pleura）是覆盖在胸膜腔内表面的薄膜，可分为脏、壁两层。脏胸膜紧贴于肺的表面，主要由肺循环供血，不含感觉神经。壁胸膜衬于胸壁内面、膈上面及纵隔侧面，血供来自体循环，含有感觉神经和淋巴管。脏胸膜和壁胸膜在肺根处相互移行，形成左、右两个潜在性的密闭间隙，

称为胸膜腔（pleural cavity），胸膜腔内为负压，有助于在吸气动作时使肺扩张，以吸入空气。胸膜腔内含有少量浆液，可减少呼吸时胸膜的摩擦。

第一节　自发性气胸

当气体进入胸膜腔造成积气状态时，称为气胸（pneumothorax）。气胸可分为自发性、外伤性和医源性三类。自发性气胸又可分为原发性（发生在无基础疾病的健康人）和继发性（发生在有基础肺疾病的患者）。外伤性气胸是由胸壁的直接或间接损伤所致。医源性气胸由诊断和治疗操作所致。临床上，自发性气胸发病男性多于女性，是常见的内科急症。当发生气胸后，胸膜腔内负压可变成正压，致使静脉回心血流受阻，引起不同程度的心肺功能障碍。

【病因与发病机制】

（一）常见病因

1. 原发性自发性气胸　原发性自发性气胸病因不明，常见于瘦高体型的青壮年男性，可能与吸烟、小气道炎症和肺弹性纤维先天发育不良有关，多发生于肺尖的胸膜下肺大疱破裂。

2. 继发性自发性气胸　①基础肺部病变：慢性阻塞性肺疾病、肺结核、肺癌、肺脓肿、肺纤维化等，由于病变引起细支气管不完全阻塞，造成肺大疱破裂。②月经性气胸：在月经来潮前后24～72 h内发生，可能由于胸膜和膈肌上有异位子宫内膜破裂所致。③妊娠期气胸：可能与妊娠期激素变化和胸廓的顺应性改变有关。

3. 其他　航空、潜水作业而无适当防护措施时，从高压环境突然进入低压环境，以及机械通气压力过高时，均可导致气胸发生。

（二）诱因

有基础肺部病变、先天性胸膜下肺大疱等患者，在抬举重物用力过猛、剧烈咳嗽、剧烈运动、屏气甚至大笑时，都有可能促使气胸发生。

 引起气胸的病因和诱因。

（三）发病机制

正常情况下，胸膜腔内没有气体，呼吸周期中胸膜腔内压均为负压。胸膜腔内出现气体主要见于：①肺泡与胸膜腔之间产生破口；②胸壁创伤，产生与胸膜腔的交通；③胸膜腔内有产气的微生物。

 气胸的发病机制。

【病理生理】

气胸发生后，胸膜腔内压发生变化，失去了胸膜腔负压对肺的牵引作用，甚至因正压对肺产生压迫，使肺失去膨胀能力，表现为肺容积缩小、肺活量减低、最大通气量降低的限制性通气功能障碍。由于肺容积缩小，初期血流量并不减少，使通气血流比例（正常0.8）减小，导致动静脉分流，出现低氧血症。大量气胸时，由于失去负压吸引静脉血回心，同时胸膜腔内正压对心脏、血管产生压迫，使心脏充盈减少，心排血量降低，引起心率加快、血压降低，甚至休克。当发生张力性气胸时，还可引起纵隔移位、循环障碍或窒息死亡。

【临床类型】

根据脏胸膜破裂的情况及气胸发生后对胸膜腔内压力的影响，通常将自发性气胸分为以下几种。

（一）闭合性（单纯性）气胸

闭合性气胸胸膜破裂口较小，随肺萎缩而闭合，空气不再进入胸膜腔。胸膜腔内压测压时可为正压或负压，抽气后压力下降而不复升，表明其破裂口已不再漏气。

（二）交通性（开放性）气胸

交通性气胸时，胸膜破裂口较大或因两层胸膜间有粘连或牵拉，使破口持续开放，呼吸时空气自由出入胸膜腔。胸膜腔内压接近大气压（0 cmH_2O），抽气后可呈负压，但观察数分钟后，压力复升至抽气前水平。

（三）张力性（高压性）气胸

张力性气胸时，胸膜破裂口处形成单向活瓣，吸气时胸廓扩大，胸膜腔内压力降低，活瓣开放，空气进入胸膜腔；呼气时胸膜腔内压力升高，压迫活瓣使之关闭，致使胸膜腔内空气越积越多，胸膜腔内压持续升高，使肺组织受压，纵隔向健侧移位，影响心脏血液回流。胸膜腔内压测定常超过 10 cmH_2O，甚至高达 20 cmH_2O，抽气后胸膜腔内压可下降，但迅速复升，此种情况对机体呼吸、循环功能的影响最大，必须紧急抢救处理。

气胸的分类。

【临床表现】

气胸多为单侧，双侧气胸的患病率仅占 10%。

（一）症状

1. **胸痛** 起病急，突然发生短暂且尖锐的一侧或双侧胸部针刺样或刀割样疼痛。
2. **呼吸困难** 呼吸困难的轻重程度与原有肺基础疾病及肺功能状态，气胸发生的速度、类型及肺萎陷程度有密切关系。年轻人发生单侧、肺功能正常的闭合性气胸时，即使肺被压缩了 80%～90%，也可无明显的呼吸困难，或仅在活动时稍感呼吸费力。而原有肺基础疾病，同时伴有肺功能严重减退的老年人，即使积气量很少，也可有明显的呼吸困难。尤其当张力性气胸时，即使肺压缩仅 20%～30%，呼吸困难症状也很明显。
3. **刺激性干咳** 因气体刺激胸膜而产生，无痰或偶有少量血丝痰。
4. **张力性气胸** 患者可出现表情紧张、胸闷、挣扎坐起、烦躁不安、发绀、出冷汗、脉速、虚脱、心律失常、意识障碍及呼吸衰竭。

气胸的主要症状。

（二）体征

1. **少量气胸** 少量气胸时无体征。
2. **一般状态检查** 张力性气胸患者呼吸增快、脉搏细速、皮肤湿冷、发绀。当合并血气胸时，四肢厥冷、血压下降，呈贫血貌，并伴有胸腔积液体征。

3. 胸部检查

（1）视诊：患侧呼吸运动减弱，胸廓饱满（张力性气胸者明显）。

（2）触诊：双侧肺扩张度不对称，患侧语音震颤减弱，气管向健侧移位；合并皮下气肿时，可在颈、胸壁等皮下气肿部位触及握雪感，并闻及捻发音。

（3）叩诊：患侧胸部叩诊呈鼓音，当发生张力性气胸时，叩诊呈空瓮音；气胸发生在左侧时，心脏浊音界消失，发生在右侧时，肝上界下移或消失。

（4）听诊：患侧呼吸音明显减弱或消失。左侧少量气胸或纵隔气肿时，在左心缘处可听到与心脏搏动一致的气泡破裂音，称 Hamman 征，左侧卧位和呼气时明显。液气胸时，胸内有振水音。

 大量气胸的典型体征。

【辅助检查】

（一）胸部 X 线检查

胸部 X 线检查是诊断气胸的重要方法，不仅可用于明确诊断，还可以了解肺受压程度、肺内病变情况、气胸容量的大小（侧胸壁与压缩肺边缘的距离 ≥ 2 cm 为大量气胸，< 2 cm 为小量气胸；肺尖气胸线至胸腔顶部的距离 ≥ 3 cm 为大量气胸，< 3 cm 为小量气胸），以及有无胸膜粘连、胸腔积液及纵隔移位等病情及其严重程度和有无并发症。

气胸的典型胸部 X 线表现：被压缩的肺边缘呈外凸弧形的细线条形阴影，称为气胸线，线外透亮度增高，无肺纹理，线内为压缩的肺组织。大量气胸时，肺向肺门回缩，呈圆球形阴影，纵隔及心脏移向健侧。合并纵隔气肿时，在纵隔旁可见透光带。

（二）胸部 CT 检查

对于小量气胸、局限性气胸及肺大疱与气胸的鉴别，CT 检查比胸部 X 线检查准确。表现为胸膜腔内出现极低密度的气体影，伴有肺组织不同程度的萎缩改变。

【诊断与鉴别诊断】

（一）诊断

1. 病史　老年人有原发基础疾病的临床表现，有因剧烈咳嗽、用力举重物和排便等引发气胸的诱因。年轻人可无疾病史而突然发生。

2. 临床表现　有突然急起的短暂、剧烈的胸痛和随之而来的呼吸困难等典型临床表现。根据临床表现，将自发性气胸分为稳定型和不稳定型，符合下列所有表现者为稳定型，否则为不稳定型：呼吸频率 < 24 次 / 分；心率 60 ~ 120 次 / 分；血压正常；呼吸室内空气时，SaO_2 > 90%；两次呼吸间隔说话成句。

3. 影像学检查　有气胸的典型胸部 X 线表现。小量气胸时可借助于 CT 检查确诊。

 气胸的诊断要点。

（二）鉴别诊断

气胸应与急性心肌梗死、肺血栓栓塞症、肺大疱相鉴别，列于表 2-10-1。

表 2-10-1 气胸的鉴别诊断

疾病名称	症状	体征	检查
气胸	突发胸痛、呼吸困难、刺激性干咳	呼吸运动减弱，胸廓饱满、语音震颤减弱，气管向健侧移位，叩诊呈鼓音，呼吸音减弱	X线胸片示被压缩的肺边缘呈外凸弧形的细线条形阴影线，外透亮度增高，无肺纹理
急性心肌梗死	有高血压、动脉粥样硬化、冠心病病史	心律失常、心尖区第一心音减弱	ECG示ST段弓背向上抬高、病理性Q波、T波倒置。血心肌坏死标记物增高
肺血栓栓塞症	咯血、低热和晕厥，常有下肢或盆腔血栓性静脉炎、骨折、手术后、脑卒中、心房颤动等病史或发生于长期卧床的老年患者	心动过速，P_2亢进或分裂，低热	胸部X线片示肺动脉阻塞征、肺动脉高压征及右心扩大征、肺组织继发改变
肺大疱	起病缓慢，呼吸困难并不严重		胸部X线片示肺大疱呈圆形或卵圆形，疱内有细小的条状纹理，为肺小叶或血管的残留物

【治疗】

（一）治疗原则

（1）采取有效措施，尽早促进被压缩肺组织的复张。
（2）密切观察病情变化，发现张力性气胸时，立即组织抢救。
（3）积极寻找病因，并通过有效的治疗方法消除病因，减少复发。

（二）治疗措施

1. 一般治疗

（1）休息：大量张力性气胸时，应卧床休息；烦躁不安者，可口服无抑制呼吸中枢作用的镇静药。
（2）饮食：进食易消化、富含纤维素的普通饮食。
（3）密切观察病情：定时测量呼吸、脉搏；注意神志变化；对于进行胸腔闭式引流的患者，密切观察引流管的通畅情况。

2. 保守治疗

（1）适应证：首发症状较轻的稳定型闭合性小量气胸（肺压缩在20%以下）患者。
（2）治疗措施：严格卧床休息，可给予镇咳、镇痛等对症治疗。
（3）高浓度吸氧。
（4）在气胸发生后的24~48 h内应密切监测病情变化，患者一旦出现呼吸困难加重、烦躁不安症状，应立即采取排气措施。一般情况下，正常每日胸膜腔气体自行吸收速度为肺容积的1.25%~2.2%，肺压缩20%的气胸气体经2周可完全吸收。
（5）注重肺基础疾病的治疗。

3. 排气疗法

（1）胸腔穿刺抽气

1）适应证：呼吸困难不重，心肺功能尚好，闭合性小量气胸患者。
2）目的：抽气可加速肺复张，迅速缓解症状。
3）方法：①穿刺部位：患侧胸部锁骨中线第2肋间隙，对局限性气胸患者，则要在积气的病变部位穿刺；②穿刺步骤：皮肤消毒后，用气胸针或细导管直接穿刺入胸腔，随后连接于50 ml或100 ml注射器抽气，直至患者呼吸困难缓解。
4）注意事项：一次抽气量＜1000 ml，每日或隔日抽气1次。
5）张力性气胸：对病情危急者，应迅速解除胸膜腔内正压，以避免发生严重并发症。为抢救患者生命，应进行紧急排气处理：无抽气设备时，可直接用粗针头在患侧胸部锁骨中线第2肋间隙迅速刺入胸膜腔内，以达到暂时减压的目的。也可用粗注射针头，在其尾部扎上橡皮指套，指套末端剪一小裂缝（使高压气体从小裂缝排出，当胸膜腔内压减至负压时套囊即塌陷，小裂缝关闭，外界空气不能进入胸膜腔），插入胸膜腔做临时排气用。

（2）胸腔闭式引流

1) 适应证：呼吸困难明显，肺压缩较重的交通性或张力性气胸以及反复发生气胸的患者。

2) 目的：持续排气或负压吸引排气可加速肺复张，迅速缓解症状。

3) 方法：①穿刺插管部位：锁骨中线外侧第2肋间隙或腋前线第4~5肋间隙。如为局限性气胸，则应根据胸部X线检查选择有积气的病变部位进行插管排气引流。②穿刺步骤：在选定部位局部麻醉下沿肋骨上缘平行做长1.5~2 cm的皮肤切口，用套管针穿刺进入胸膜腔，拔去针芯，通过套管将灭菌胶管（16~22 F）插入胸腔。也可在切开皮肤后，经钝性分离肋间隙组织达胸膜，再穿破胸膜，将导管（16~22 F）直接送入胸腔。导管固定后，另一端置于水封瓶的水面下1~2 cm（图2-10-1），使胸膜腔内压力保持在−1~−2 cmH$_2$O或以下。

4) 判断插管成功的检测方法：置于水封瓶水平面下的导管持续逸出气泡，患者呼吸困难迅速缓解，压缩的肺可在几小时至数日内复张。

5) 注意事项：①对肺压缩严重、时间较长的患者，插管后应夹住引流管分次引流，避免胸腔内压力骤降产生肺复张后肺水肿。②拔除导管时间：未见导管口气泡溢出1~2 d，患者呼吸困难消失，夹管24~48 h，再次行胸部X线检查，肺全部复张后可以拔除导管。③若经水封瓶引流后未能使胸膜破口愈合，肺仍不能复张，则可在引流管加用负压吸引装置（图2-10-2）。④闭式负压吸引宜连续开动吸引机，如经12 h后肺仍未复张，应查找原因。如无气泡冒出，表示肺已复张，停止负压吸引，观察2~3 d，经胸部X线检查证实气胸未复发后，即可拔除引流管，用凡士林纱布覆盖手术切口。⑤水封瓶应放在低于患者胸部的地方（如患者床下），以免瓶内的水反流进入胸腔。⑥应用各式插管引流排气过程中，注意严格消毒，防止发生感染。

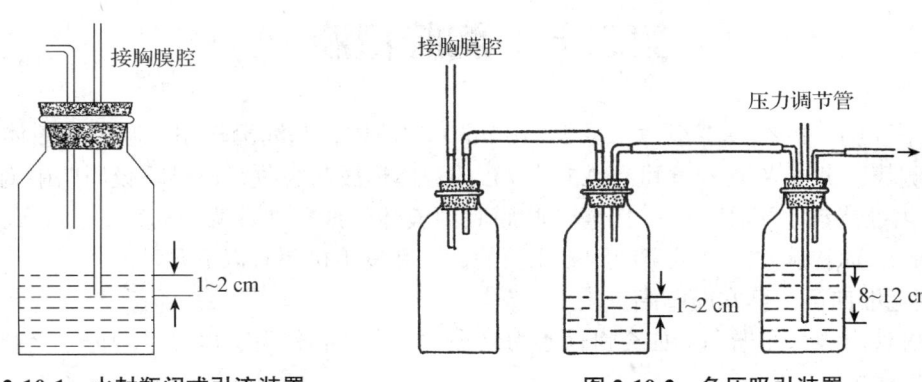

图2-10-1 水封瓶闭式引流装置　　图2-10-2 负压吸引装置

4. 化学性胸膜固定术

（1）原理：由于气胸复发率高，为了预防复发，可向胸膜腔内注入硬化剂，产生无菌性胸膜炎，使脏胸膜和壁胸膜粘连，从而消灭胸膜腔间隙。

（2）适应证：适用于不宜手术或拒绝手术的下列患者：①持续性或复发性气胸；②双侧气胸；③合并肺大疱；④肺功能不全，不能耐受手术者。

（3）常用硬化剂：多西环素、滑石粉等。

（4）操作步骤：在注入硬化剂之前，尽可能使肺完全复张。①常规消毒后，在局部麻醉下沿肋骨上缘平行做长1.5~2 cm的皮肤切口，用套管针穿刺进入胸膜腔，拔去针芯，通过套管将灭菌胶管（16~22 F）插入胸膜腔。②经胶管注入适量利多卡因（标准剂量200 mg），让患者转动体位，充分麻醉胸膜，15~20 min后，用生理盐水60~100 ml稀释多西环素或滑石粉后经胸膜腔导管注入，夹管1~2 h后引流；或在胸腔镜直视下喷洒粉剂。若一次无效，可重复注药。③观察1~3 d，经胸部X线检查证实气体已吸收后，可拔除引流管。④主要不良反应：胸痛、发热，滑石粉可引起急性呼吸窘迫综合征，应用时须予以注意。

5. 手术治疗 经内科治疗无效的气胸可作为手术适应证，主要适用于长期气胸、血气胸、双侧气胸、复发性气胸、张力性气胸引流失败者、胸膜增厚导致肺膨胀不全或有多发性肺大疱者。可根据患者病情选择胸腔镜或开胸手术。

6. 并发症及治疗

（1）纵隔气肿、皮下气肿：气胸经有效治疗后破裂口愈合，纵隔及皮下气肿可在数日内吸收。气肿严重引起压迫症状时，可在胸骨上窝用针头抽气或切开排气。

（2）血气胸：肺复张多可使出血停止。反复或大量出血时，除抽气排液及适当输血外，应考虑开胸结扎出血的血管。

（3）复张性肺水肿：由于长期萎陷的肺快速复张、表面活性物质丢失、肺动脉压升高、毛细血管通透性增强而引发复张性肺水肿，死亡率大于20%。有效的预防措施是：对慢性大量气胸者，在引流排气时应注意使肺缓慢复张，避免强负压吸引而引发复张性肺水肿，导致患者死亡。

（4）脓气胸：常见的病原菌有结核分枝杆菌、金黄色葡萄球菌、铜绿假单胞菌、肺炎克雷伯菌及多种厌氧菌。脓液中可查到病原菌。除积极使用抗生素外，还应进行引流，胸膜腔内使用生理盐水冲洗，必要时考虑手术治疗。

气胸的治疗措施。

第二节　胸腔积液

正常情况下，胸腔内有一层很薄（厚2~10 μm）的液体，起润滑作用。腔内的液体并非处于静止状态，据测算，健康人每24 h可有0.5~1 L的液体形成与吸收，通过呼吸周期中胸膜腔的形状和压力的变化维持动态平衡。任何因素使胸膜腔内液体形成过快或吸收过缓，则导致胸腔积液（pleural effusion），简称胸水。常见引起胸腔积液的病因和发生机制有以下几种。

（一）胸膜毛细血管内静水压增高

胸膜毛细血管内静水压增高，如充血性心力衰竭、缩窄性心包炎、血容量增加、上腔静脉或奇静脉受阻，产生漏出液。

（二）胸膜毛细血管通透性增加

胸膜毛细血管通透性增加，如胸膜炎症（结核病、肺炎）、风湿性疾病（系统性红斑狼疮、类风湿关节炎）、胸膜肿瘤（恶性肿瘤转移、间皮瘤）、肺梗死、膈下炎症（膈下脓肿、肝脓肿、急性胰腺炎）等，产生渗出液。

（三）胸膜毛细血管内胶体渗透压降低

胸膜毛细血管内胶体渗透压降低，如低蛋白血症、肝硬化、肾病综合征、急性肾小球肾炎、黏液性水肿等，产生漏出液。

（四）壁胸膜淋巴引流障碍

癌症阻塞淋巴管、发育性淋巴管引流异常等，产生渗出液。

（五）损伤

主动脉瘤破裂、食管破裂、胸导管破裂等，产生血胸、脓胸、乳糜胸。

第十章 胸膜疾病

胸腔积液的病因和发生机制。

临床上由于病因的不同,将胸腔积液分为渗出性和漏出性,其中以渗出性胸腔积液最常见,病因多见于结核和肿瘤。本节将重点介绍结核性胸膜炎。

结核性胸膜炎(tuberculous pleuritis)是机体处于高度过敏状态,对结核菌素和蛋白质成分出现高度反应的胸膜炎症,是原发或继发感染肺结核而累及胸膜的结果。本病多见于儿童和青少年,临床上以胸痛、发热、呼吸困难和胸腔积液为特征。胸部X线检查多无肺结核病灶。化疗有特效,少数患者可自愈。但未经化疗的患者,5年内约有2/3可出现结核病。结核性胸膜炎可分为干性胸膜炎和渗出性胸膜炎。若治疗不当,可形成脓胸。

【病因与发病机制】

致病菌为结核分枝杆菌。多见于青壮年,常为单侧。引起结核性胸膜炎的途径有:①肺门淋巴结结核的细菌经淋巴管逆流至胸膜;②邻近胸膜的肺结核病灶破溃,使结核分枝杆菌或其产物进入胸膜腔内;③急性或亚急性血行播散型肺结核引起的胸膜炎;④当人体处于高敏感状态时,胸膜对结核毒素的高度反应所致的渗出。

【病理】

(一)早期

早期胸膜充血、水肿,白细胞浸润并有内皮细胞脱落。胸膜表面失去原有的光泽,并有少量纤维蛋白渗出,可导致胸膜增厚、粗糙,称为纤维素性(干性)胸膜炎。愈合后可形成胸膜粘连,也可不留瘢痕。

(二)渗出期

渗出期炎症刺激胸膜,使胸膜通透性增加,此时,除有纤维蛋白渗出外,尚有从毛细血管渗出的血浆积聚于胸膜腔,从而发生胸腔积液,称为渗出性胸膜炎。常为单侧,若因血行播散型肺结核引起者,则可为双侧。经适当治疗吸收较快者,可不引起胸膜增厚。而当胸腔积液量多且吸收缓慢者,大量纤维蛋白沉积于胸膜腔,可引起包裹性或广泛胸膜增厚。

【临床表现】

(一)症状

结核性胸膜炎大多急性起病,症状主要为结核中毒症状和胸腔积液的局部症状。

1. 结核中毒症状 主要表现为发热、乏力、盗汗、食欲缺乏等。
2. 胸痛 胸痛是干性胸膜炎的主要临床表现。①部位:位于患侧腋前线或腋后线下方。②性质:剧烈而尖锐的针刺样疼痛。③加重和缓解的原因:深呼吸或咳嗽时加重,患侧卧位时疼痛减轻。④伴随症状:呼吸急促、表浅。
3. 呼吸困难 随着渗出液的逐渐增多,患者胸痛症状消失,出现胸闷和逐渐加重的呼吸困难。当有大量渗出液时,患者除有严重的呼吸困难外,还可伴有端坐呼吸、发绀。胸腔积液刺激胸膜时还可引起反射性干咳。

(二)体征

1. 干性胸膜炎 ①视诊:患侧卧位时患侧呼吸运动减弱。②触诊:局部有压痛,患侧肺扩张度受限,可触及胸膜摩擦感。③听诊:呼吸音减低,有胸膜摩擦音(吸气末和听诊器紧压胸壁时更清楚)。
2. 渗出性胸膜炎 ①视诊:患侧胸廓饱满,呼吸运动减弱。②触诊:患侧肺扩张度受限,语音震颤减弱或消失,气管移向健侧。③叩诊:呈浊音或实音。④听诊:呼吸音减低或消失。

 结核性胸腔积液的临床表现。

【辅助检查】

(一)血液检查
结核性胸膜炎早期,患者血液中白细胞计数可轻度增高,分类计数以中性粒细胞为主。约在病程第 4 周后,白细胞计数多为正常,分类计数以淋巴细胞占优势。

(二)结核菌素试验
70% 患者结核菌素试验出现阳性或强阳性反应。6～8 周后复查,先前阴性者也可转为阳性。

(三)胸腔积液检查
胸腔积液为渗出液,一般呈草黄色、透明或混浊的液体,少数也可是淡红色或深褐色的血性液体,含大量纤维蛋白,放置后形成胶冻样凝块。大多为淋巴细胞,胸腔积液涂片结核分枝杆菌阳性率低。结核性胸腔积液腺苷脱氨酶(ADA)> 45 U/ml,明显高于肿瘤性(除淋巴瘤外)胸腔积液。

 结核性胸腔积液的特点。

(四)胸部 X 线检查
胸部 X 线检查是发现胸腔积液的首选影像学检查方法。当渗液量达 300 ml 以上时,可见肋膈角变钝。中等量积液时,在下胸部可见外高内低、上缘呈下凹的均匀致密阴影(图 2-10-3),平卧位时积液散开,使整个肺野透亮度降低。大量胸腔积液时,患侧胸部有致密阴影,气管和纵隔移向健侧。肺底与膈肌间的积液有时被误诊为膈肌升高,而当患侧卧位时,可见胸腔积液流向侧壁。包裹性积液的液体不随体位改变而变动,边缘光滑、饱满。

(五)超声检查
超声检查探测胸腔积液的灵敏度高,定位准,能够估计积液的量和深度,特别是对少量积液或包裹性积液,可提供较准确的穿刺部位。

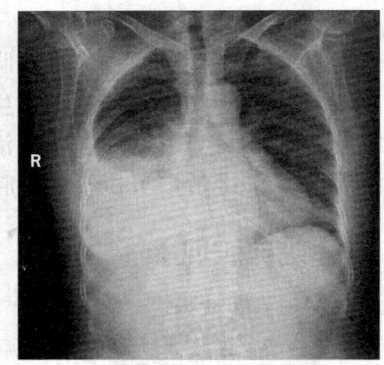

图 2-10-3 渗出性胸膜炎胸部 X 线片

 胸腔积液胸部 X 线检查的特点及超声检查的意义。

(六)胸膜针刺活检
经皮闭式针刺胸膜活检可用于胸腔积液的检查,特别是有胸膜增厚的患者,阳性率更高。胸膜针刺活检损伤小、操作简单,阳性诊断率为 40%～75%。拟诊结核病时,活检标本可做结核分枝杆菌培养和病理学检查。

(七)胸腔镜或开胸活检
在以上无创或微创检查不能明确的情况下,可行胸腔镜或开胸活检。胸腔镜检查对恶性胸腔积液的病因诊断率最高,可达 70%~90%。临床上仍有少数胸腔积液难以确定病因,排除手术禁忌证后可考虑剖胸探查。

【诊断与鉴别诊断】

(一)诊断

根据发病年龄、病史、临床表现、实验室检查,一般不难做出诊断。经正规抗结核治疗后,临床症状好转,胸腔积液消失时则可确诊。

(二)鉴别诊断

1. **恶性胸腔积液** 恶性肿瘤并发胸腔积液很常见,如支气管肺癌、乳腺癌、其他部位的肿瘤(消化道、泌尿生殖道)转移至胸膜,以支气管肺癌最多见,约占 42%,其次是乳腺癌、恶性胸膜间皮瘤。结核性胸腔积液与肿瘤性胸腔积液的鉴别列于表 2-10-2。

2. **非结核性的炎性积液** 继发于细菌性肺炎、肺脓肿和支气管扩张症者,患者多有肺部病变的病史,积液量不多,见于病变的同侧。胸腔积液实验室检查白细胞计数升高,分类中性粒细胞比例达 90% 以上,胸腔积液涂片或培养有致病菌生长。

3. **其他** 心力衰竭、肝硬化、肾病综合征、缩窄性心包炎等引起的胸腔积液均有各自原发病的特征,且胸腔积液常规为漏出液,此点在鉴别诊断中非常重要。

表 2-10-2 结核性胸腔积液与肿瘤性胸腔积液的鉴别

鉴别内容	结核性胸腔积液	肿瘤性胸腔积液
年龄	青少年多见	中、老年
结核中毒症状	有	无
胸腔积液量	多为少、中量	多为大量,增长速度快
胸腔积液外观	草绿色	多为血性
胸腔积液细胞类型	以淋巴细胞为主,间皮细胞 < 5%	大量间皮细胞
胸腔积液的 pH	常 < 7.3	> 7.4
胸腔积液乳酸脱氢酶	> 200 U/L	> 500 U/L
胸腔积液腺苷脱氨酶	> 50 U/L	< 50 U/L
胸腔积液癌胚抗原	< 20 μg/L	> 20 μg/L
γ 干扰素	显著升高	低
染色体	整倍体	非整倍体
脱落细胞学检查	阴性	可找到肿瘤细胞
胸膜活检	结核性肉芽肿	肿瘤组织
PPD	可阳性	阴性

 结核性胸腔积液与肿瘤性胸腔积液的鉴别要点。

【治疗】

(一)治疗原则

(1)早期、适量、联合、规律、全程使用抗结核药化疗。

(2)解除压迫,缓解症状和防止胸膜粘连。

(二)治疗措施

1. 一般治疗 ①休息:严重呼吸困难者可卧床休息;②饮食:给予高营养、高热量、富含维生素的普通饮食;③对症治疗。

2. 胸腔穿刺抽液 ①目的:协助诊断,减轻结核中毒症状,解除对肺及心脏、血管的压迫,改善呼吸,防止纤维蛋白沉着和胸膜增厚。②穿刺方法:见《诊断学》诊疗技术章节。③注意事项:对大量积液者抽液,每周2~3次,首次抽液量<700 ml,以后每次抽液量<1000 ml。抽液不宜过多、过快,以避免胸膜腔压力骤降而引发复张后肺水肿或循环障碍。抽液时,应观察或询问患者有无"胸膜反应"(头晕、出冷汗、心悸、面色苍白、脉搏细速等),一旦出现,应立即停止抽液,嘱患者平卧,必要时用0.1%肾上腺素0.5 ml皮下注射,注意血压变化,防止休克。一般情况下,抽液后不必向胸膜腔内注射抗结核药,但可注射链激酶10~20 IU,防止胸膜粘连。

3. 常规抗结核治疗 按 2 HRZ/4 HR 或 $2 H_3R_3Z_3/4H_3R_3$ 方案治疗。

4. 糖皮质激素治疗 ①目的:减轻机体的变态反应和炎症反应,减轻结核中毒症状,使胸腔积液迅速吸收,减少胸膜粘连、增厚的后遗症。②适应证:进行常规、有效的抗结核治疗的同时,对结核中毒症状严重、呼吸困难明显、胸腔积液量较多者,早期加用糖皮质激素。③常用药物及给药方法:泼尼松每日15~30 mg,分3次口服。体温正常、结核中毒症状消除、胸腔积液吸收或明显减少时,即应逐渐减量至停用,首次减10 mg,以后每周减5 mg,直至减完,一般疗程为4~6周。停药速度不宜过快,避免"反跳"现象发生。

结核性胸膜炎在经合理抗结核治疗后,应每年进行X线检查一次,随访4~5年。

 结核性胸腔积液的治疗措施。

【预后】

合理应用抗结核药及糖皮质激素、及时穿刺抽液可使胸腔积液很快消失,预后良好。如治疗不当,则可发生胸膜增厚、粘连,造成胸廓塌陷,严重者影响肺功能。

自 测 题

一、选择题

1. 患者,男性,56岁,既往身体健康,吸烟30余年,剧烈咳嗽2 d,无咳痰、咯血及发热,半小时前突发胸痛,呼吸困难,不能平卧,伴发绀。体格检查:R 36次/分,左侧语音震颤减弱,呼吸音减低,心率100次/分。为明确诊断,首选的检查是

  A. 超声心动图   B. 血心肌坏死标志物   C. 胸部X线
  D. 血D-二聚体   E. 胸部B超

2. 患者,男性,28岁,劳动时突感右侧胸部撕裂样疼痛,半小时后急诊入院。体格检查:大汗淋漓,呼吸急促,气管向左移位,右侧呼吸音消失。该患者最可能的疾病诊断为

  A. 胸腔积液   B. 干性胸膜炎   C. 右侧张力性气胸
  D. 肺气肿   E. 大叶性肺炎

3. 患者，男性，30岁，右侧胸部被汽车撞伤1 h，有明显的呼吸困难。体格检查：气管向左移位，皮下气肿（+），呼吸音消失，胸部X线片见右侧第3～5肋骨2处骨折，右侧胸腔大量气体，肺纹理消失。紧急处理方法是

  A. 立即吸氧，胶布固定   B. 局部加压包扎

  C. 肋骨牵引固定   D. 锁骨中线第2肋间隙穿刺排气

  E. 腋后线第8肋间隙闭式引流

4. 张力性气胸造成呼吸、循环障碍的机制是

  A. 胸壁软化，反常呼吸   B. 肺组织挫伤，通气受阻

  C. 肺泡间质水肿，换气受阻   D. 患侧肺萎陷，纵隔向健侧移位

  E. 严重皮下气肿，肺内气体流失

5. 关于结核性胸膜炎，下列说法错误的是

  A. 胸腔积液性质为渗出液

  B. 胸部X线片示肺内有活动性肺结核病灶

  C. 胸腔积液涂片检查结核分枝杆菌可为阴性

  D. 胸腔积液可以呈血性液体

  E. 胸腔积液结核分枝杆菌培养可为阴性

6. 对结核性渗出性胸膜炎的治疗，最重要的是

  A. 反复穿刺抽胸腔积液   B. 胸膜腔内注入氢化可的松

  C. 胸腔闭式引流   D. 胸膜腔内注入抗结核药

  E. 全身使用2种以上抗结核药

（7～9题共用题干）

患者，男性，35岁，3个月来低热、盗汗、消瘦，1个月来劳累后气短。体格检查：T 37.6 ℃，右下肺语音震颤减弱，叩诊呈浊音，呼吸音消失。心尖冲动向左移位，心音正常，心率98次/分，心律齐，无杂音，超声示右侧胸腔中等量积液。

7. 对患者进行初步诊断，首先考虑为

  A. 结核性胸腔积液   B. 病毒性胸腔积液   C. 化脓性胸腔积液

  D. 肿瘤性胸腔积液   E. 支原体性胸腔积液

8. 入院后应采取的最主要的诊断措施是

  A. 胸腔穿刺抽液检查   B. 血培养   C. PPD试验

  D. 胸部CT检查   E. 胸腔镜检查

9. 该患者还可能出现的体征是

  A. 右侧肺下界下移   B. 气管向左移位

  C. 右上肺可闻及管状呼吸音   D. 双侧胸廓肋间隙变窄

  E. 肝界上移

（10～12题共用题干）

患者，男性，35岁，患"慢性支气管炎"5年。近日因剧烈运动后突发右侧胸痛，伴进行性呼吸困难入院。体格检查：右侧呼吸音减弱，心率加快。初步诊断为"自发性气胸"。

10. 该患者自发性气胸最可能的病因是

  A. 肺大疱破裂   B. 肺结核   C. 肺癌

  D. 胸部外伤   E. 慢性阻塞性肺疾病

11. 为明确诊断，首选的检查方法是
    A. 心电图　　　　　　　B. 胸部 X 线片　　　　　C. 胸部 CT
    D. 肺功能测试　　　　　E. 胸腔穿刺
12. 若该患者气胸量较大，应采取的治疗措施是
    A. 卧床休息，观察病情变化　　　　　B. 胸腔穿刺抽气
    C. 胸腔闭式引流　　　　　　　　　　D. 胸腔镜手术治疗
    E. 吸氧治疗

二、简答题

1. 简述气胸的分类。
2. 结核性胸膜炎的治疗原则是什么？

三、案例分析题

患者，男性，30岁，因胸闷、气促，伴低热、盗汗1周就诊。体格检查：右侧胸廓饱满，呼吸音减弱，叩诊呈浊音。胸部 X 线片示右侧中等量胸腔积液。该患者最可能的疾病诊断及诊断依据是什么？

（王潇君）

第十一章 肺血栓栓塞症

第十一章数字资源

---

1. 知识：说出肺血栓栓塞症的临床表现、诊断流程和治疗原则，列举肺血栓栓塞症需要与哪些疾病进行鉴别诊断，解释肺血栓栓塞症的发病机制与病理生理变化，分析肺血栓栓塞症辅助检查的临床意义。

2. 能力：完成病史采集和体格检查，运用病史、体格检查及辅助检查结果对肺血栓栓塞症做出初步诊断，根据病情拟定防治方案，并正确评估预后。

3. 素养：树立以患者为中心的理念，理解肺血栓栓塞症起病急、病情重的特点，能共情患者及家属的焦虑情绪，在诊疗过程中体现人文关怀，如耐心解释病情、及时沟通治疗方案。认识到肺血栓栓塞症漏诊、误诊可能导致严重后果（如猝死），培养严谨的工作态度，对疑似病例保持高度警惕，严格遵循诊疗规范，确保诊断和治疗的准确性。明确肺血栓栓塞症的诊疗涉及急诊科、呼吸科、心血管科、影像科、检验科等多个科室，能主动与团队成员协作，共同制订和执行诊疗计划，提升救治效率。

案例 2-11-1

患者，男性，58岁。突发右侧胸痛，伴咳嗽、憋气4 h。患者4 h前突发右侧胸痛伴咳嗽、憋气，为持续性胸痛，于吸气时稍加重。咳嗽、无痰，感呼吸困难，无畏寒、发热。含服硝酸甘油胸痛无缓解。目前结肠癌术后化疗中，否认传染病接触史。吸烟20余年，每日15支，饮酒20年，每日饮白酒约100 ml。父亲5年前因"肺源性心脏病"去世，母亲健在。体格检查：T 37.5 ℃，P 98次/分，R 26次/分，BP 136/84 mmHg。推送入病房，神志清楚，皮肤、黏膜无黄染，口唇稍发绀。浅表淋巴结未触及肿大，胸廓外形正常，右下肺可闻及少许细湿啰音，未闻及胸膜摩擦音。心界不大，心率98次/分，心律齐，肺动脉瓣第二音亢进。腹平软，肝、脾肋下未触及。血常规：Hb 120 g/L，RBC 4.5×10^{12}/L，WBC 8.5×10^{9}/L，N 76%，PLT 280×10^{9}/L。动脉血气分析：pH 7.45，PaO_2 45 mmHg，$PaCO_2$ 30 mmHg。CTPA：右下肺动脉低密度充盈缺损。

问题与思考：

1. 初步诊断和诊断依据是什么？应与哪些疾病相鉴别？
2. 为明确诊断，需要进一步做哪些检查？
3. 治疗原则是什么？

肺血栓栓塞症（pulmonary thromboembolism，PTE）为来自静脉系统或右心的血栓阻塞肺动脉或其分支所致的疾病，以肺循环和呼吸功能障碍为其主要临床表现和病理生理特征。肺血栓栓塞症是肺栓塞最常见的类型。

肺栓塞（pulmonary embolism，PE）是以各种栓子阻塞肺动脉或其分支为其发病原因的一组疾病或临床综合征的总称,包括 PTE、脂肪栓塞综合征、羊水栓塞、空气栓塞等。

肺动脉发生栓塞后,若其支配区的肺组织因血流受阻或中断而发生坏死,称为肺梗死(pulmonary infarction,PI)。由于肺组织的多重供血与供氧机制,PTE 中发生 PI 者不足 15%。

引起 PTE 的血栓主要来源于深静脉血栓形成(deep venous thrombosis,DVT)。DVT 与 PTE 实质上为一种疾病过程在不同部位、不同阶段的表现,两者合称为静脉血栓栓塞症(venous thromboembolism,VTE)。

 肺血栓栓塞症的概念。

【流行病学】

随着年龄增长,VTE 的发病率增加,年龄 > 40 岁者较年轻者发病风险增高,其风险大约每 10 年增加 1 倍。PTE 和 DVT 发病率较高,病死率也高,已经构成了世界性的重要医疗保健问题。相对于欧美国家,我国的患病率相对较低,尽管如此,我国肺栓塞患者的住院率也从 2007 年的 1.2/10 万人上升至 2016 年的 7.1/10 万人,并且由于 PTE 的症状缺乏特异性,PTE 的漏诊率和误诊率普遍较高,对此应当给予充分关注。

【病因】

肺血栓栓塞症栓子的来源 70%~95% 是由于深静脉血栓脱落后随血液循环进入肺动脉及其分支。深静脉血栓以下肢深部静脉、盆腔静脉血栓形成和血栓性静脉炎的血栓脱落为常见,其他如盆腔炎、腹部手术与分娩等,为促进局部静脉血栓形成与血栓性静脉炎的重要原因。极少数血栓来自右心房或右心室,如长期心房颤动时右心房的附壁血栓、心内膜炎时肺动脉瓣的赘生物等均可脱落引起肺动脉栓塞。

PTE 的危险因素包括任何可以导致静脉血液淤滞、静脉系统内皮损伤和血液高凝状态的因素。危险因素包括原发性和继发性两类。

1. 原发性危险因素 由遗传变异引起,包括 V 因子突变、蛋白 C 缺乏、蛋白 S 缺乏和抗凝血酶缺乏等,常以反复静脉血栓形成和栓塞为主要临床表现。

2. 继发性危险因素 包括骨折、创伤、手术、恶性肿瘤和口服避孕药、充血性心力衰竭、心房颤动、因各种原因所致的制动(长期卧床、长途航空或乘车旅行)和高龄等。上述危险因素既可以单独存在,又可以同时存在。年龄是独立的危险因素,随着年龄增长,PTE 的发病率逐渐增高。

 肺血栓栓塞症的病因。

【病理生理】

引起 PTE 的血栓可以来源于下腔静脉径路、上腔静脉径路或右心腔,其中大部分来源于下肢深静脉,特别是从腘静脉上端到髂静脉段的下肢近端深静脉(占 50%~90%)。盆腔静脉丛也是血栓的重要来源。颈内静脉和锁骨下静脉内插入、留置导管和静脉内化疗,使来源于上腔静脉径路的血栓较以前增多。

肺栓塞栓子的大小有很大的差异,可单发或多发,一般多部位或双侧性的血栓栓塞更为常见。一般认为,栓塞更易发生于右侧和下肺叶。栓子阻塞肺动脉及其分支达一定程度后,通过机械阻塞作用，加之神经体液因素和低氧所引起的肺动脉收缩，使肺循环阻力增加、肺动脉高压，导致右心室后负荷增高，右心室壁张力增高，继而引起右心室扩大，可出现右心功能不全，回心血量减少，静脉系统淤血；右心扩大致使室间隔左移，使左心室功能受损，导致心排血量下降，可引起体循环低血压或休克；主动脉内低血压和右心房压力升高，使冠状动脉灌注压下降，心肌血流减少，特别是心室内膜下心肌处于低灌注状态，加之PTE时心肌耗氧量增加，可导致心肌缺血，诱发心绞痛。

肺动脉栓塞后，不仅引起血流动力学的改变，同时还可因栓塞部位的肺血流减少，肺泡无效腔量增大；肺内血流重新分布，通气血流比例失调；右心房压升高，可引起功能性闭合的卵圆孔开放，产生心内右向左分流；神经体液因素可引起支气管痉挛；毛细血管通透性增高，间质和肺泡内液体增多或出血；栓塞部位肺泡表面活性物质分泌减少，肺泡萎陷，呼吸面积减小；肺顺应性下降，肺体积缩小并可出现肺不张；如累及胸膜，则可出现胸腔积液。以上因素导致呼吸功能不全，出现低氧血症、代偿性过度通气（低碳酸血症）或相对性低肺泡通气。

由于肺组织接受肺动脉、支气管动脉和肺泡内气体弥散等多重氧供，故PTE时很少出现肺梗死。如存在基础心肺疾病或病情严重，影响到肺组织的多重氧供，才有可能导致肺梗死。

【临床表现】

肺血栓栓塞症临床表现的严重程度取决于栓子的大小、数量、所导致的肺栓塞范围、发作的急缓程度，以及栓塞前的心肺状况。

（一）症状

PTE的症状多种多样，但均缺乏特异性。症状的严重程度也有很大差别，可以从无症状、隐匿，到血流动力学不稳定，甚至发生猝死。常见症状有如下几种。

1. 呼吸困难　呼吸困难是肺栓塞最常见的症状，可伴有发绀。呼吸困难的程度和持续时间的长短与栓子的大小有关。

2. 胸痛　胸痛多为钝痛，较大的栓塞可有胸部夹板感。若表现为胸骨后压迫性痛，可能为肺动脉高压或右心室缺血所致；有时胸痛可类似心绞痛，可能因冠状动脉痉挛引起供血不足所致；也可出现与呼吸有关的胸膜性疼痛。

3. 晕厥　晕厥可为PTE的唯一或首发症状，多由于巨大栓塞所致，晕厥与脑供血不足有关。

4. 咯血　常为小量咯血，大量咯血少见。

5. 休克　休克多由巨大栓塞引起，患者常烦躁不安、焦虑、出冷汗等，严重者可猝死。

6. 其他　咳嗽、心悸等。

各病例可出现以上症状的不同组合。临床上有时出现所谓"三联征"，即同时出现呼吸困难、胸痛及咯血，但仅见于约20%的患者。

（二）体征

1. 呼吸系统体征　呼吸急促最常见，发绀，肺部有时可闻及哮鸣音和（或）细湿啰音，合并肺不张和胸腔积液时出现相应的体征。

2. 循环系统体征　心动过速、血压变化，严重时可出现血压下降甚至休克，颈静脉充盈或搏动，肺动脉瓣第二音亢进或分裂，三尖瓣区收缩期杂音。

3. 其他　可伴发热，多为低热，少数患者有体温38℃以上的发热。

肺血栓栓塞症的临床表现。

【临床分型】

（一）急性肺血栓栓塞症

1. 高危 PTE 临床上以休克和低血压为主要表现，即体循环动脉收缩压 < 90 mmHg，或较基础值下降幅度 ≥ 40 mmHg，持续 15 min 以上。须除外新发生的心律失常、低血容量或感染中毒症状等其他原因所致的血压下降。

2. 中危 PTE 血流动力学稳定，但存在右心功能不全和（或）心肌损伤。

3. 低危 PTE 血流动力学稳定，无右心功能不全和心肌损伤。

（二）慢性血栓栓塞性肺动脉高压

慢性血栓栓塞性肺动脉高压（pulmonary hypertension due to chronic thrombotic and/or embolic disease，CTEPH）患者常表现为呼吸困难、乏力、运动耐量下降。多可追溯到呈慢性、进行性发展的肺动脉高压的相关临床表现，后期出现右心衰竭。

 肺血栓栓塞症的临床分型。

【辅助检查】

PTE 的临床表现多样，有时隐匿，缺乏特异性，确诊需依靠特殊检查。

（一）动脉血气分析

动脉血气分析常表现为低氧血症、低碳酸血症，肺泡-动脉血氧分压差（$P_{A-a}O_2$）增大，部分患者的血气分析结果可以正常。

（二）心电图

大多数病例表现有非特异性的心电图异常。最常见的改变为窦性心动过速。当有肺动脉及右心压力升高时，可出现 $V_1 \sim V_4$ 的 T 波倒置和 ST 段异常、$S_I Q_{III} T_{III}$ 征（即Ⅰ导联 S 波加深，Ⅲ导联出现 Q 波及 T 波倒置）、完全或不完全性右束支传导阻滞、肺型 P 波、电轴右偏及顺钟向转位等。对于心电图改变，需做动态观察，注意与急性冠脉综合征相鉴别。

（三）胸部 X 线片

胸部 X 线片可显示：①肺动脉阻塞征：区域性肺纹理变细、稀疏或消失，肺野透亮度增加；②肺动脉高压征及右心扩大征：右下肺动脉干增宽或伴截断征，肺动脉段膨隆以及右心室扩大；③肺组织继发改变：肺野局部片状阴影，尖端指向肺门的楔形阴影，肺不张或膨胀不全，肺不张侧可见横膈抬高，有时合并少量至中等量胸腔积液。胸部 X 线片对鉴别其他胸部疾病有重要帮助。

（四）CT 肺动脉造影

CT 肺动脉造影（computed tomographic pulmonary angiography，CTPA）是目前最常用的 PTE 确诊手段，能够准确地发现段以上肺动脉内的血栓。①直接征象：肺动脉内的低密度充盈缺损，部分或完全包围在不透光的血流之间（轨道征），或者呈完全充盈缺损，远端血管不显影。②间接征象：肺野楔形密度增高影，条带状高密度区或盘状肺不张，中心肺动脉扩张及远端血管分支减少或消失。

（五）超声心动图

超声心动图检查在提示诊断和除外其他心血管疾患方面有重要价值。对于严重的 PTE 病例，可以发现右心室功能障碍（右心室扩张、右心室壁局部运动幅度降低、三尖瓣反流速度增快、吸气时下腔静脉不萎陷）。若在右心房或右心室发现血栓，同时患者的临床表现符合 PTE，可做出诊断。超声检查偶可因发现肺动脉近端的血栓而直接确诊。

（六）D-二聚体

D-二聚体（D-dimer）是交联纤维蛋白在纤溶系统作用下产生的可溶性降解产物，为一个特异性的纤溶过程标志物，敏感性高而特异性差。急性 PTE 时 D-二聚体升高。若其含量低于 500 μg/L，有重要的排除诊断价值。ELISA 是较为可靠的检测方法。

（七）放射性核素肺通气/血流灌注（V/Q）显像

放射性核素肺通气/血流灌注（V/Q）显像是 PTE 的重要诊断方法。典型征象是呈肺段分布的肺血流灌注缺损，并与通气显像不匹配。一般可将显像结果分为三类。①高度可能：其征象为至少 2 个或更多肺段的局部灌注缺损，而该部位通气良好或胸部 X 线片无异常；②正常或接近正常；③非诊断性异常：其征象介于高度可能与正常之间。若结果呈高度可能，具有诊断意义。

（八）磁共振成像和磁共振肺动脉造影

磁共振成像（magnetic resonance imaging，MRI）和磁共振肺动脉造影（magnetic resonance pulmonary angiography，MRPA）对段以上肺动脉内血栓的诊断敏感性和特异性均较高，可用于对碘造影剂过敏的患者。

（九）肺动脉造影

肺动脉造影（pulmonary arteriography）为诊断 PTE 的"金标准"。直接征象有肺动脉内造影剂充盈缺损，伴或不伴轨道征的血流阻断；间接征象有肺动脉造影剂流动缓慢、局部低灌注、静脉回流延迟或消失等。肺动脉造影属于有创性检查技术，有发生致命性或严重并发症的可能性，故应严格掌握其适应证。

（十）下肢深静脉检查

下肢为 DVT 最多发的部位，超声检查为诊断 DVT 最简便的方法。若阳性，可以诊断 DVT，同时对 PTE 有重要的提示意义。

 肺血栓栓塞症的常用辅助检查。

【诊断】

检出 PTE 的关键是提高诊断意识，对有疑似表现，特别是高危人群中出现疑似表现者，应及时安排相应的检查。诊断程序一般包括疑诊、确诊、求因 3 个步骤。

（一）根据临床情况疑诊 PTE（疑诊）

存在危险因素，特别是多个危险因素，临床上出现不明原因的呼吸困难、胸痛、晕厥、休克，伴有单侧或双侧不对称性下肢肿胀、疼痛等，结合胸部 X 线片、心电图、动脉血气分析，可疑诊。宜尽快进行 D-二聚体检查以除外诊断，进行超声检查（包括下肢超声）协助 PTE 的诊断和排除其他疾病。

（二）对疑诊病例进一步明确诊断（确诊）

在临床表现和初步检查提示 PTE 的情况下，应安排 PTE 的确诊检查：CTPA、V/Q 显像、MRI 和 MRPA、肺动脉造影，其中 1 项阳性即可明确诊断。

（三）寻找 PTE 的成因和危险因素（求因）

1. 明确有无 DVT　对某一病例，只要疑诊 PTE，无论其有无 DVT 症状，均应进行下肢深静脉超声检查、放射性核素或 X 线静脉造影、CT 静脉造影（computed tomography venography，CTV）、磁共振静脉成像（magnetic resonance venography，MRV）、肢体阻抗容积图（impedance plethysmography，IPG）等检查，以帮助明确是否存在 DVT 及栓子的来源。

2. 寻找发生 DVT 和 PTE 的诱发因素　如制动、创伤、肿瘤、长期口服避孕药。同时要注意患者有无易栓倾向，尤其是对于 40 岁以下的患者，复发性 PTE 或有 VTE 家族史的患者，应考虑易栓症的可能性。对不明原因的PTE患者，应对隐源性肿瘤进行筛查。

 肺血栓栓塞症的诊断流程。

【鉴别诊断】

（一）冠心病

部分PTE患者因血流动力学变化，可出现冠状动脉供血不足，心肌缺氧，表现为胸闷、心绞痛样胸痛，心电图有心肌缺血样改变，易误诊为冠心病所致心绞痛或心肌梗死。冠心病有其自身发病的特点，冠状动脉造影可见冠状动脉粥样硬化、管腔阻塞证据，心肌梗死时心电图和心肌酶水平有相应的特征性动态变化。需注意，PTE与冠心病有时可合并存在。

（二）肺炎

当PTE有咳嗽、咯血、呼吸困难、胸膜炎样胸痛，出现肺不张、肺部阴影，尤其同时合并发热时，易被误诊为肺炎。肺炎有相应肺部和全身感染的表现，如咳脓性痰、寒战、高热、外周血白细胞计数显著升高、中性粒细胞比例增多，抗菌治疗可获良好疗效。

（三）主动脉夹层

PTE可表现为胸痛，部分患者可出现休克，需与主动脉夹层相鉴别。后者多有高血压，疼痛较剧烈，胸部X线片常显示纵隔增宽，心血管超声和胸部CT造影检查可见主动脉夹层征象。

（四）其他原因所致的胸腔积液

PTE患者可出现胸膜炎样胸痛，合并胸腔积液，需与结核、肺炎、肿瘤、心力衰竭等其他原因所致的胸腔积液相鉴别。其他疾病有其各自的临床特点，胸腔积液检查常有助于鉴别诊断。

（五）其他原因所致的晕厥

PTE有晕厥时，需与迷走反射性、脑血管性晕厥及心律失常等其他原因所致的晕厥相鉴别。

（六）其他原因所致休克

PTE所致的休克属心外梗阻性休克，表现为动脉血压低而静脉压升高，需与心源性、低血容量性、血容量重新分布性休克等相鉴别。

（七）特发性肺动脉高压等非血栓栓塞性肺动脉高压

慢性血栓栓塞性肺动脉高压通常肺动脉压力高，出现右心肥厚和右心衰竭，需与特发性肺动脉高压相鉴别。

 肺血栓栓塞症的鉴别诊断。

【治疗】

（一）一般治疗

对高度疑诊或确诊PTE的患者，应进行严密监护，监测呼吸、心率、血压、静脉压、心电图及动脉血气的变化；卧床休息，保持排便通畅，避免用力，以免促进深静脉血栓脱落；可适当进行镇静、止痛、镇咳等相应的对症治疗。

采用经鼻导管或面罩吸氧，以纠正低氧血症。严重呼吸衰竭时用无创面罩机械通气或气管插管通气，避免气管切开，以免影响溶栓抗凝治疗。对于出现右心功能不全但血压正常者，可使用多巴酚丁胺和多巴胺；若出现血压下降，可增大剂量或使用其他血管加压药物，如去甲肾上腺素。

（二）溶栓治疗

溶栓治疗可迅速溶解血栓，恢复肺组织再灌注，改善右心功能，降低死亡率。溶栓主要适用于2周内的新鲜血栓栓塞，用于高危PTE患者（有明显呼吸困难、胸痛、低氧血症等），中危PTE患者无禁忌证可考虑溶栓治疗，但适应证仍待确定。对于血压和右心室运动功能均正常的病例，不宜溶栓。

溶栓的时间窗一般定为14 d以内，但若近期有新发PTE征象，可适当延长。溶栓应尽可能在PTE确诊的前提下慎重进行。对有明确溶栓指征的病例，宜尽早开始溶栓。

溶栓治疗的主要并发症为出血。最严重的是颅内出血，发生率为1%～2%，发生者近半数死亡。用药前应充分评估出血的危险性，必要时应配血，做好输血准备。溶栓前宜留置外周静脉套管针，以方便溶栓中取血监测，避免反复穿刺血管。

溶栓治疗的绝对禁忌证：活动性内出血和近期自发性颅内出血。

溶栓治疗的相对禁忌证：2周内的大手术、分娩、器官活检或不能压迫止血部位的血管穿刺；10 d内的胃肠道出血；15 d内的严重创伤；1个月内的神经外科或眼科手术；难以控制的重度高血压（收缩压＞180 mmHg，舒张压＞110 mmHg）；3个月内的缺血性脑卒中；近期曾行心肺复苏；血小板计数＜$100×10^9$/L；妊娠；细菌性心内膜炎；严重肝功能、肾功能不全；糖尿病出血性视网膜病变；高龄（年龄＞75岁）等。对于致命性大面积PTE，上述绝对禁忌证也应被视为相对禁忌证。

常用的溶栓药物：尿激酶（UK）、链激酶（SK）和重组组织型纤溶酶原激活剂（rt-PA）。溶栓方案与剂量：①尿激酶：负荷量4400 U/kg，静脉注射10 min，随后以2200 U/（kg·h）持续静脉滴注12 h；另可考虑2 h溶栓方案：按20 000 U/kg剂量，持续静脉滴注2 h。②链激酶：负荷量250 000 U，静脉注射30 min，随后以100 000 U/h持续静脉滴注12～24 h。链激酶具有抗原性，故用药前需肌内注射苯海拉明或地塞米松，以防止发生过敏反应。链激酶6个月内不宜再次使用。③rt-PA：50 mg，持续静脉滴注2 h。

溶栓治疗后，应每2～4 h测定一次凝血酶原时间（PT）或活化部分凝血活酶时间（APTT），当其水平降至正常值的2倍时，即可启动规范的肝素治疗。

（三）抗凝治疗

抗凝治疗为PTE和DVT的基本治疗方法，可以有效地防止血栓再形成和复发，为机体发挥自身的纤溶机制溶解血栓创造条件。常用的抗凝血药为普通肝素（unfractionated heparin，UFH）、低分子量肝素（low-molecular-weight heparins，LMWH）和华法林（warfarin）。

临床疑诊PTE时，如无禁忌证，即应开始抗凝治疗。

抗凝治疗之前，应测定APTT、PT及血常规（含血小板计数、血红蛋白）。应注意是否存在抗凝的禁忌证，如活动性出血、凝血功能障碍、未予控制的严重高血压。对于确诊的PTE病例，大部分禁忌证属于相对禁忌证。

1. 普通肝素　给予2000～5000 U或按80 U/kg静脉注射，继之以18 U/（kg·h）持续静脉滴注。在开始治疗后的最初24 h内每4～6 h测定APTT，根据APTT调整剂量，尽快使APTT达到并维持于正常值的1.5～2.5倍。肝素也可用皮下注射方式给药，一般先予静脉注射负荷量2000～5000 U，然后按250 U/kg剂量每12 h皮下注射1次。调节注射剂量，使注射后6～8 h的APTT达到治疗水平。

肝素应用期间，应注意监测血小板，以防出现肝素诱导的血小板减少症。若出现血小板迅速或持续降低达30%以上，或血小板计数＜$100×10^9$/L，应停用UFH。

2. 低分子量肝素　根据体重给药，不同LMWH的剂量不同（那曲肝素钙86 U/kg，依诺肝素钠1 mg/kg，达肝素钠100 U/kg），每日1～2次，皮下注射，无须监测APTT和调整剂量。

3. 华法林　在肝素开始应用后的第1天可加用口服抗凝血药华法林，初始剂量为3.0～5.0 mg。由于华法林需要数日才能发挥全部作用，因此与肝素需至少重叠应用5 d，当连续2 d测定的国际标准化比值（international normalized ratio，INR）达到2.5（2.0～3.0）时，方可停用肝素，单独口服华法林治疗，应根据 INR 调节华法林的剂量。

（四）肺动脉血栓摘除术

肺动脉血栓摘除术风险大，病死率高，需要较高的技术条件，仅适用于经积极内科治疗无效的紧急情况，如致命性肺动脉主干或主要分支堵塞的高危 PTE，或有溶栓禁忌证者。

（五）肺动脉导管碎解和抽吸血栓

用导管碎解和抽吸肺动脉内巨大血栓，同时还可进行局部小剂量溶栓。适应证为肺动脉主干或主要分支的高危 PTE，并存在以下情况者：溶栓和抗凝治疗禁忌；经溶栓或积极的内科治疗无效。

（六）放置腔静脉滤器

为防止下肢深静脉大块血栓再次脱落阻塞肺动脉，可考虑放置下腔静脉滤器。对于上肢 DVT 病例，还可应用上腔静脉滤器。置入滤器后如无禁忌证，宜长期口服华法林抗凝，定期复查有无滤器上血栓形成。

（七）慢性血栓栓塞性肺动脉高压的治疗

若阻塞部位处于手术可及的肺动脉近端，可考虑行肺动脉血栓内膜剥脱术；口服华法林 3.0~5.0 mg/d，根据 INR 调整剂量，保持 INR 为 2.0~3.0；反复下肢深静脉血栓脱落者，可放置下腔静脉滤器。

 肺血栓栓塞症的主要治疗方法及注意事项。

【预防】

对存在发生 DVT-PTE 危险因素的病例，宜根据临床情况采用相应的预防措施。主要方法为：①机械预防措施，包括穿加压弹力袜、使用下肢间歇序贯加压充气泵和下腔静脉滤器。②药物预防措施，包括皮下注射小剂量肝素、低分子量肝素和口服华法林。对重点高危人群，应根据病情轻重、年龄、是否合并其他危险因素等来评估发生 DVT-PTE 的危险性，并给予相应的预防措施。

自 测 题

一、选择题

1. 患者，女性，32 岁，产后第 6 天。3 h 前突然出现呼吸困难、胸痛、咳嗽、咯血。该患者最可能的疾病诊断是

  A. 支气管炎   B. 支气管哮喘   C. 肺血栓栓塞症

  D. 急性心肌梗死   E. 肺炎

2. 患者，男性，36 岁。30 d 前因地震砸伤导致右股骨干骨折，经内固定手术治疗，2 h 前突然出现呼吸困难，胸痛伴咯血。体格检查：BP 120/70 mmHg，颈静脉无怒张，肝颈静脉反流征阴性，$P_2 > A_2$。CTPA 示肺栓塞。UCG 及血流动力学监测示右室运动功能正常。最适当的治疗是

  A. 溶栓治疗   B. 抗凝治疗

  C. 糖皮质激素治疗   D. 使用抗生素和支气管舒张药

  E. 强心利尿

3. 患者，女性，53 岁，突发胸痛、呼吸困难 5 h，CTPA 显示右下肺动脉干及左下肺动脉分支多处充盈缺损。体格检查：BP 86/60 mmHg，颈静脉怒张，双肺呼吸音清，心率 110 次 / 分，$P_2 > A_2$，三尖瓣区可闻及 2/6 级收缩期杂音。左下肢轻度水肿。此时应采取的措施为
    A. 手术治疗　　　　　　B. 支气管镜治疗　　　　C. 抗感染治疗
    D. 静脉滴注 rt-PA　　　　E. 皮下注射低分子量肝素

4. 造成下肢静脉血栓形成的相关因素，不包括
    A. 脾功能亢进　　　　　B. 久病卧床　　　　　　C. 静脉损伤
    D. 长期服用避孕药　　　E. 妊娠

5. 患者，女性，55 岁。左乳腺癌术后 12 d，以卧床休息为主，解大便时突然大叫，意识丧失。初步诊断为肺动脉栓塞。栓子最可能来源于
    A. 下肢深静脉　　　　　B. 冠状动脉　　　　　　C. 肱动脉
    D. 足背动脉　　　　　　E. 下肢动脉

6. 患者，男性，46 岁。突发右侧胸痛、呼吸困难 3 d。CTPA 示右下肺动脉分支中可见充盈缺损。首选的治疗措施是
    A. 迅速止痛　　　　　　B. 机械通气　　　　　　C. 皮下注射低分子量肝素
    D. 手术治疗　　　　　　E. 介入治疗

7. 患者，女性，34 岁。反复胸痛半年，进行性活动后呼吸困难 2 个月。否认慢性咳嗽、咳痰及心脏病史。体格检查：BP 120/80 mmHg，双肺呼吸音低，未闻及干啰音、湿啰音，$P_2 > A_2$，三尖瓣区可闻及 3/6 级收缩期杂音，剑突下可见心脏搏动，右下肢水肿。为确定诊断，最有意义的检查是
    A. CT 肺动脉造影　　　　B. 胸部 X 线片　　　　　C. 肺通气功能
    D. 血气分析　　　　　　E. 超声心动图

8. 患者，女性，53 岁。骨折术后卧床 5 d，突发呼吸困难。既往有高血压病史 10 年，血压控制良好。体格检查：BP 120/80 mmHg。下列体征对鉴别诊断肺栓塞和左心衰竭最有意义的是
    A. 颈静脉怒张　　　　　B. 口唇发绀　　　　　　C. 心动过速
    D. 呼吸过快　　　　　　E. 双下肢水肿

9. 发生肺血栓栓塞症时，应首先考虑溶栓的情况是
    A. 严重低氧血症　　　　B. 剧烈胸痛　　　　　　C. 持续低血压
    D. 合并深静脉血栓形成　E. 明显咯血

（10～11 题共用题干）

患者，男性，76 岁。车祸导致多发骨折及脾破裂，行脾切除术后 5 d，卧床制动。今晨患者突发胸闷、气促，伴意识不清。体格检查：T 37.4 ℃，P 105 次 / 分，R 25 次 / 分，BP 94/58 mmHg，SaO_2 90%。

10. 引起该患者上述表现最可能的原因是
    A. 自发性气胸　　　　　B. 急性左心衰竭　　　　C. 心肌梗死
    D. 脑出血　　　　　　　E. 肺栓塞

11. 对明确诊断最有价值的检查是
    A. 动脉血气分析　　　　B. 头颅 CT　　　　　　　C. 超声心动图
    D. 血 D-二聚体　　　　　E. CT 肺动脉造影

二、简答题

1. 肺血栓栓塞症的栓子来源有哪些？
2. 溶栓治疗的禁忌证有哪些？

三、案例分析题

1. 患者，女性，36 岁。"骨盆粉碎性骨折"手术后 1 d 突发胸痛，伴呼吸困难、濒死感。体格检查：P 110 次/分，R 40 次/分，BP 85/65 mmHg，口唇发绀，双肺未闻及干啰音、湿啰音，心率 110 次/分，心律齐，P_2 亢进，各瓣膜听诊区未闻及杂音。D-二聚体 0.85 mg/L。目前最可能的疾病诊断是什么？

2. 患者，男性，57 岁。咳嗽、咯血 2 d，突发呼吸困难 1 h。血 D-二聚体明显升高，心电图见 $S_ⅠQ_ⅢT_Ⅲ$，确诊为急性肺栓塞，经 rt-PA 50 mg 溶栓治疗后症状改善。患者目前宜采用的治疗措施是什么？

（王潇君）

第十二章 呼吸衰竭

第十二章数字资源

学习目标

1. 知识：说出呼吸衰竭和急性呼吸窘迫综合征的定义、病因，陈述呼吸衰竭的临床表现、诊断和治疗原则，列举呼吸衰竭的分类，解释呼吸衰竭对机体的影响，分析慢性呼吸衰竭合理氧疗的临床意义。

2. 能力：完成病史采集和体格检查，运用病史、体格检查及辅助检查结果对呼吸衰竭、急性呼吸窘迫综合征做出初步诊断，根据病情拟定防治方案，正确评估预后。

3. 素养：呼吸衰竭的救治需要医护人员、药师、营养师等多学科团队的密切配合。在学习过程中，医学生要理解团队中每个角色的职责和重要性，学会与他人有效沟通、分工合作，共同为患者的康复努力。通过参与团队讨论、模拟救治等活动，提升团队协作的意识和能力，认识到集体的力量在救治过程中的重要性。

案例 2-12-1

患者，男性，72 岁。反复咳嗽、咳痰、喘息 16 年，再发伴发热 1 周。患者 16 年前无明显诱因出现咳嗽、咳痰，痰为白色泡沫样痰，伴喘息。无发热、心悸。此后上述症状反复发作，多以受凉、季节变化为诱因，每年累计发病时间约 3 个月，经抗炎、止咳、平喘等治疗，病情逐渐好转。1 周前患者因受凉再发咳嗽，咳少量黄色脓性痰，轻微活动后即感喘息，伴发热，自测体温最高 39.2 ℃。外院血常规示：WBC 9.4×10^9/L，N 92%。经抗感染治疗后，体温降至 37.0～38.0 ℃，但其他症状缓解不明显。本次发病以来，患者精神、食欲、睡眠差，需高枕卧位。吸烟 50 余年，每日 20 支，饮白酒约 40 年，每日 100 ml。体格检查：T 37.5 ℃，P 99 次/分，R 24 次/分，BP 135/80 mmHg。急性病容，呼吸急促，精神差，口唇轻度发绀。桶状胸，叩诊呈过清音，呼吸音稍低，双下肺可闻及散在细湿啰音，偶闻及哮鸣音。心界无扩大，心率 99 次/分，心律齐，各瓣膜听诊区未闻及杂音。腹平软，肝、脾肋下未触及。双下肢无水肿。血常规：Hb 163 g/L，RBC 5.32×10^{12}/L，WBC 7.7×10^9/L，N 82%，PLT 291×10^9/L。肝功能、肾功能及电解质未见异常。动脉血气分析（未吸氧）：pH 7.35，PaO_2 40 mmHg，$PaCO_2$ 51 mmHg，HCO_3^- 27.4 mmol/L，SaO_2 84%。

问题与思考：

1. 初步诊断和诊断依据是什么？应与哪些疾病相鉴别？
2. 为明确诊断，需要进一步做哪些检查？
3. 治疗原则是什么？

呼吸衰竭（respiratory failure）指各种原因引起的肺通气和（或）换气功能严重障碍，使静息状态下也不能维持足够的气体交换，导致低氧血症伴（或不伴）高碳酸血症，进而引起一系列病理生理改变和相应临床表现的综合征。明确诊断依靠动脉血气分析：在海平面、静息状态、呼吸空气的条件下，动脉血氧分压（PaO_2）< 60 mmHg，伴或不伴二氧化碳分压（$PaCO_2$）> 50 mmHg，可诊断为呼吸衰竭。

 呼吸衰竭的定义。

【病因】

（一）气道阻塞性病变

气管支气管炎症、水肿、痉挛、肿瘤、异物、纤维性瘢痕等均可引起气道阻塞，导致通气血流比例失调，引发缺氧和（或）二氧化碳潴留。

（二）肺组织病变

肺炎、肺气肿、大面积肺不张、重症肺结核、弥漫性肺间质纤维化、肺水肿、肺尘埃沉着病等均可导致有效弥散面积减小、肺顺应性减低、通气血流比例失调，引发缺氧和（或）二氧化碳潴留。

（三）肺血管病变

肺血栓栓塞症、脂肪栓塞、肺血管炎、多发性微血栓形成等可引起通气血流比例失调，或部分静脉血未经肺氧合而直接进入肺静脉，导致呼吸衰竭。

（四）心脏疾病

各种严重心脏瓣膜疾病、缺血性心脏病、心包疾病、心肌病等均可导致通气和换气功能障碍，引发缺氧和（或）二氧化碳潴留。

（五）胸廓与胸膜病变

胸廓外伤、畸形、手术创伤、大量气胸或胸腔积液等影响胸廓活动和肺扩张，造成通气减少、吸入气体分布不均，导致肺通气与换气功能障碍，引起急性和慢性呼吸衰竭。

（六）神经肌肉疾病

急性脑血管病变、脑炎、脑外伤、脊髓灰质炎以及多发性神经炎等中枢或周围神经系统疾病，化学药物及毒物中毒，重症肌无力，电击和严重低钾血症等均可直接或间接地抑制呼吸中枢，或造成因呼吸肌无力、疲劳、麻痹而导致呼吸动力下降，进而引起肺通气不足。

 导致呼吸衰竭的常见病因。

【分类】

（一）按发病急缓分类

1. **急性呼吸衰竭** 患者既往无呼吸道疾病，由于突发因素（如电击、溺水），呼吸功能突然衰竭，在短时间内出现危及生命的进行性加重的动脉血气分析指标及酸碱平衡的严重紊乱，需紧急救治。

2. **慢性呼吸衰竭** 慢性呼吸衰竭多见于各种慢性呼吸系统疾病，如慢性阻塞性肺疾病、重度肺结核，患者呼吸功能损害逐渐加重，临床上表现为慢性缺氧、红细胞代偿性增多、pH 轻度下降等。当慢性呼吸衰竭急性加重时，也可在短时间内出现严重的缺氧和（或）二氧化碳潴留，导致患者死亡。

（二）按动脉血气分析分类

1. 低氧血症型（Ⅰ型）呼吸衰竭　$PaO_2 < 60$ mmHg，$PaCO_2$ 正常或略低，主要见于肺换气功能障碍。

2. 高碳酸血症型（Ⅱ型）呼吸衰竭　$PaO_2 < 60$ mmHg，同时 $PaCO_2 > 50$ mmHg，主要因肺泡有效通气量不足导致。

（三）按发病机制分类

1. 泵衰竭　泵衰竭（pump failure）是驱动或制约呼吸运动的中枢神经系统、外周神经系统、神经及肌肉组织（包括神经 - 肌肉接头和呼吸肌）以及胸廓等功能出现障碍时所引起的呼吸衰竭。泵衰竭主要引起通气功能障碍，表现为Ⅱ型呼吸衰竭。

2. 肺衰竭　肺衰竭（lung failure）是气道阻塞、肺组织和肺血管病变所造成的呼吸衰竭。肺组织和肺血管病变常引起换气功能障碍，表现为Ⅰ型呼吸衰竭。但严重的气道阻塞性疾病（如COPD）可引起通气功能障碍，造成Ⅱ型呼吸衰竭。

 呼吸衰竭的分类。

【发病机制与病理生理】

（一）缺氧和二氧化碳潴留的发生机制

1. 肺通气不足　正常成人在静息状态下有效肺泡通气量约为 4 L/min 才能维持正常的肺泡氧分压（PaO_2）和二氧化碳分压（$PaCO_2$）。肺泡通气量减少会引起 PaO_2 下降和 $PaCO_2$ 上升，从而引起缺氧和二氧化碳潴留。

2. 弥散障碍　由于氧和二氧化碳经肺泡膜的通透能力相差很大，氧的弥散能力仅为二氧化碳的 1/20。病理状态下，弥散障碍主要影响氧交换，产生以缺氧为主的呼吸衰竭。

3. 通气血流比例失调　肺泡通气与周围毛细血管血流的比例必须协调，才能保证有效的气体交换。正常情况下，肺泡通气量（V）是 4 L/min，肺血流量（Q）约为 5 L/min，故 V/Q 比值约为 0.8。当通气量大于肺血流量，通气血流比例增大，肺泡通气没有足够的血流交换，造成无效腔通气，如肺栓塞、肺气肿。当血流量较通气量增加时，通气血流比例减小，部分未经氧合的静脉血（肺动脉血）流入动脉血（肺静脉血）中形成肺动静脉样分流，如肺炎、肺不张、肺水肿。通气血流比例失调主要引起低氧血症，严重的通气血流比例失调也可导致二氧化碳潴留。

4. 肺动 - 静脉解剖分流增加　未经氧合的静脉血与含氧的动脉血混合（正常情况下只占分流比例的 2%~3%），可导致 PaO_2 降低，引起顽固的低氧血症，由分流引起的低氧血症很难通过吸氧得到纠正。

5. 耗氧量增加　发热、寒战、抽搐和呼吸困难时耗氧量增加，加重缺氧。若耗氧量增加的同时，患者出现通气功能障碍，则会导致严重的低氧血症。

（二）缺氧和二氧化碳潴留对机体的影响

缺氧和二氧化碳潴留时，能够影响全身各系统器官的代谢、功能甚至使组织结构发生变化。通常先引起各系统器官的功能和代谢发生一系列代偿性反应，以改善组织的供氧，调节酸碱平衡和适应内环境的改变。当呼吸衰竭进入严重阶段时，则出现代偿不全，表现为各系统器官严重的功能和代谢紊乱直至衰竭。

1. 对中枢神经系统的影响　脑组织耗氧量大，占全身耗氧量的 1/5~1/4。大脑皮质神经元细胞对缺氧最为敏感，通常完全停止供氧 4~5 min 即可引起不可逆的脑损害。轻度缺氧可引起注意力不集中、智力减退；中度、重度缺氧可引起头痛、定向力和记忆力障碍、精神错乱、嗜睡甚至意识丧失和昏迷。

二氧化碳潴留使脑脊液 H^+ 浓度增加，影响脑细胞代谢，降低脑细胞兴奋性，抑制皮质活动；但轻度的 CO_2 增加能够兴奋皮质，引起精神兴奋、烦躁不安等症状，随着潴留的加重，中枢神经处于麻醉状态，表现为嗜睡、昏迷、抽搐和呼吸抑制等。缺氧和二氧化碳潴留均可加重脑水肿、颅内压增高和神经细胞的损伤。

2. 对循环系统的影响　轻度缺氧和二氧化碳潴留可使心率增快、心肌收缩力增强、心排血量增加。严重缺氧和二氧化碳潴留可引起心率变慢、心肌收缩力下降、心排血量减少、心律失常，甚至心脏停搏。缺氧可引起肺小动脉收缩、肺动脉高压，长期肺动脉高压引起右心负荷加重，导致肺源性心脏病。

3. 对呼吸系统的影响　缺氧时，位于颈动脉体和主动脉弓的外周化学感受器可产生兴奋，刺激呼吸中枢，加强呼吸运动。此反应在 $PaO_2 < 60$ mmHg 时明显，表现为呼吸频率和肺通气量增加。当 $PaO_2 < 30$ mmHg 时，抑制作用大于兴奋作用，表现为呼吸抑制。

CO_2 是呼吸中枢兴奋剂，当 $PaCO_2$ 增高时，呼吸加深、加快，增加通气量。但长时间严重的二氧化碳潴留，会造成中枢化学感受器对 CO_2 的刺激作用发生适应和耐受；当 $PaCO_2 > 80$ mmHg 时，会对呼吸中枢产生抑制和麻醉效应，此时呼吸运动主要依靠低氧血症对外周化学感受器的刺激来维持。因此对这种患者进行氧疗时，氧浓度应小于35%，如吸入高浓度氧，会解除低氧血症对呼吸的刺激，造成呼吸抑制。

4. 对肾功能的影响　缺氧可引起肾血管收缩、肾血流量减少，导致肾功能不全，多为功能性。只要纠正缺氧，肾功能可较快恢复正常。

5. 对消化系统的影响　缺氧可使胃壁血管收缩，二氧化碳潴留可使胃酸分泌过多，出现胃肠黏膜糜烂、溃疡甚至出血。缺氧还可引起肝血管收缩、肝细胞变性，导致肝功能损害。随着缺氧的改善，多可恢复正常。

6. 对酸碱平衡和电解质的影响　肺通气、弥散和肺循环功能障碍引起肺泡换气减少，血 $PaCO_2$ 增高（> 45 mmHg）、pH 下降（< 7.35）、H^+ 浓度升高（> 45 mmol/L），导致呼吸性酸中毒。早期可出现血压升高，中枢神经系统受累，如躁动、嗜睡、精神错乱、扑翼样震颤。血 pH 取决于 HCO_3^- 和 H_2CO_3 的比值，前者靠肾调节（需 1~3 d），后者靠呼吸调节（仅需数小时），因此急性呼吸衰竭时二氧化碳潴留使血 pH 迅速下降。在持续、严重的缺氧患者体内，组织细胞能量代谢受到抑制，乳酸和无机磷产生增多，导致代谢性酸中毒。此时患者表现为呼吸性酸中毒合并代谢性酸中毒，可引起意识障碍、血压下降、心律失常，乃至心脏停搏。由于能量不足，钠泵功能障碍，钾离子由细胞内转移至细胞外，钠离子和氢离子进入细胞内，造成细胞内酸中毒和高钾血症。

慢性呼吸衰竭时二氧化碳潴留发展较慢，肾通过减少 HCO_3^- 的排出维持 pH 正常。但体内 CO_2 长期增多，HCO_3^- 也持续维持在较高水平，导致呼吸性酸中毒合并代谢性碱中毒，当 HCO_3^- 持续增加时，血液中 Cl^- 相应降低，产生低氯血症。此外，在呼吸性酸中毒的基础上大量使用利尿药，而钾补充不足，也会合并代谢性碱中毒的发生。

呼吸衰竭的发病机制及对机体的影响。

第一节　慢性呼吸衰竭

慢性呼吸衰竭是由各种病因引起呼吸功能障碍逐渐加重而发生的摄取氧和（或）清除二氧化碳

功能异常的综合征。

【病因】

慢性呼吸衰竭多由支气管-肺疾病引起，如COPD、严重肺结核、肺间质纤维化、肺尘埃沉着病。胸廓和神经肌肉病变（如胸部手术、外伤、广泛胸膜增厚、胸廓畸形）也可导致慢性呼吸衰竭。

【临床表现】

除引起慢性呼吸衰竭原发病的症状和体征外，主要表现为缺氧和二氧化碳潴留所引起的呼吸困难和多器官功能紊乱。

（一）呼吸困难

COPD所导致的呼吸困难，开始只表现为呼吸费力伴呼气延长，严重时则为浅快呼吸，随着$PaCO_2$的不断升高导致CO_2麻醉时，呼吸模式可转变为浅慢呼吸或潮式呼吸。

（二）发绀

发绀是缺氧的典型表现。当脉搏血氧饱和度（pulse oxygen saturation，SpO_2）低于90%时，可在血流丰富、色素沉着少、皮肤较薄的口唇和指甲部位出现发绀。另外，因发绀主要取决于血液中还原血红蛋白的含量，故红细胞增多者发绀更明显，而严重贫血者则不明显或不出现发绀。此外，发绀还受皮肤色素及心功能的影响。

（三）神经精神症状

慢性缺氧者多有智力或定向功能障碍。伴二氧化碳潴留时，则出现中枢抑制之前的失眠、昼夜颠倒、烦躁不安、谵妄等兴奋症状，此时切忌用镇静药或催眠药，应迅速改善患者的通气状态，以免加重二氧化碳潴留诱发肺性脑病（表现为神志淡漠、肌肉震颤或扑翼样震颤、间歇抽搐、昏睡、昏迷、腱反射减轻或消失及锥体束征阳性等）。

（四）循环系统症状

因长期缺氧引起肺小动脉增生、肥厚、收缩，肺动脉阻力增加，同时缺氧又使红细胞体积和数量增加，血液黏滞度增高，最终导致肺动脉高压，使右心室后负荷加重；同时，缺氧还使心肌纤维化或硬化，以致最后发展成右心衰竭。二氧化碳潴留使外周浅表静脉充盈、皮肤红润、温暖多汗、血压升高，心排血量增多而导致洪脉，心率加快，因脑血管扩张可出现搏动性头痛。

（五）消化系统和泌尿系统症状

由于缺氧使胃肠道黏膜充血、水肿、糜烂、渗血，严重者可发生应激性溃疡而引起上消化道出血。严重呼吸衰竭可引起肝功能、肾功能异常，出现丙氨酸转氨酶、血尿素氮升高。

慢性呼吸衰竭的临床表现。

【诊断】

（一）病史

1. 原发病　有引起慢性呼吸衰竭的原发病，尤以COPD最为多见，且常合并慢性肺源性心脏病。

2. 诱因　呼吸道感染是导致失代偿性慢性呼吸衰竭最重要的直接诱因。

（二）临床特点

缺氧和二氧化碳潴留引起呼吸困难和多器官功能紊乱。

（三）动脉血气分析

动脉血气分析是确诊慢性呼吸衰竭及判断病情严重程度最重要的依据。

 慢性呼吸衰竭的诊断及动脉血气分析的临床意义。

知识链接

血气分析常用指标

1. pH　pH 正常值为 7.35~7.45。pH 低于 7.35 为失代偿性酸中毒，大于 7.45 为失代偿性碱中毒。但 pH 异常并不能说明酸碱失衡是代谢性还是呼吸性，pH 在正常范围，也不能说明没有酸碱失衡。

2. 动脉血氧分压（PaO_2）　动脉血氧分压是血液中物理溶解的氧分子所产生的压力，是决定血氧饱和度的重要因素，是反映机体氧合状态的重要指标。PaO_2 正常值为 95~100 mmHg。

3. 动脉血氧饱和度　动脉血氧饱和度（SaO_2）是动脉血氧与血红蛋白结合的程度，正常值为 95%~98%。SaO_2 作为缺氧指标不如 PaO_2 灵敏。

4. 动脉血二氧化碳分压　动脉血二氧化碳分压（$PaCO_2$）是物理溶解在动脉血液中的 CO_2 分子产生的压力。它是判断呼吸性酸碱失衡的重要指标，也是衡量肺泡通气状态的可靠指标。正常值为 35~45 mmHg。$PaCO_2 > 45$ mmHg 提示通气不足，可以是原发性呼吸性酸中毒，也可以是由于代谢性碱中毒代偿而引起的继发性改变。如 $PaCO_2 < 35$ mmHg，提示通气过度，可以是原发性呼吸性碱中毒，也可以是代谢性酸中毒代偿而引起的继发性改变。

5. 标准碳酸氢盐　标准碳酸氢盐（standard bicarbonate，SB）正常值为 22~27 mmol/L，是判断代谢性酸碱中毒的指标。代谢性酸中毒患者 SB 降低，代谢性碱中毒时则 SB 升高。

6. 实际碳酸氢盐　实际碳酸氢盐（actual bicarbonate，AB）受代谢和呼吸两方面因素的影响。它和二氧化碳结合力的差别主要是 AB 反映动脉血浆的值，二氧化碳结合力是用静脉血浆测定的。AB 的正常值同 SB，但 AB 与 SB 的差值能反映呼吸因素对酸碱平衡的影响。正常人 AB=SB。患者有二氧化碳潴留时，AB>SB，指示呼吸性酸中毒；患者有 CO_2 呼出过多即通气过度时，AB<SB，指示呼吸性碱中毒。AB=SB<正常值，代谢性酸中毒；AB=SB>正常值，代谢性碱中毒。

7. 缓冲碱　缓冲碱（buffer base，BB）正常值为 45~55 mmol/L。代谢性碱中毒时 BB 增高；代谢性酸中毒时 BB 减低。

8. 剩余碱　剩余碱（base excess，BE）正常值为 -3~+3 mmol/L。代谢性酸中毒，BE 负值增大；代谢性碱中毒，BE 正值增大。

【治疗】

应根据患者是否有缺氧和二氧化碳潴留、酸中毒的程度，以及与死亡率密切相关的心血管疾病、肾功能不全等多种因素，决定采取何种治疗措施。

（一）治疗原则

慢性呼吸衰竭的治疗应遵循以下原则：①保持呼吸道通畅；②合理氧疗，纠正缺氧；③积极治疗原发病及去除诱因；④纠正水、电解质代谢紊乱及酸碱失衡；⑤密切观察病情变化及机械通气设备的使用情况。

（二）治疗措施

1. 一般治疗 ①休息：严重者应卧床休息，但长期右心衰竭卧床休息者，应注意经常主动或被动活动下肢，以防止静脉血栓形成。②饮食：给予高蛋白和富含维生素的易消化饮食，并注意少食多餐、避免过饱，伴有心力衰竭者还应注意低盐饮食。③密切观察病情变化：注意体温、呼吸（频率、节律、矛盾呼吸的出现）、脉搏、血压、皮肤颜色、神志及尿量的变化，定期进行血气分析和监测潮气量的变化。④积极、有效地进行对症处理。

2. 保持呼吸道通畅 在氧疗和改善通气之前，必须保持呼吸道通畅，常用的方法有：①若患者昏迷，应使其处于仰卧位，头后仰，托起下颌并将口打开。②清除气道内分泌物及异物。③若以上方法不能奏效，必要时应建立人工气道。④若患者有支气管痉挛，则需积极使用支气管扩张药，可选用 β_2 肾上腺素受体激动剂、抗胆碱药、糖皮质激素或茶碱类药物等。

3. 合理氧疗 当患者气道通畅后，必须尽快纠正缺氧，使 PaO_2 迅速提高到 60 mmHg 或脉搏血氧饱和度（SpO_2）大于 90%。氧疗时应注意吸氧浓度：① Ⅰ 型呼吸衰竭时主要是氧合功能障碍而通气功能基本正常，可给予较高浓度（>35%）的氧，以迅速缓解低氧血症。② Ⅱ 型呼吸衰竭患者为维持呼吸运动，只能采用持续低浓度吸氧（<35%）。

4. 正压机械通气 COPD 急性加重应用无创机械通气能维持必要的肺泡通气量，降低 $PaCO_2$，改善肺的气体交换功能，使呼吸肌得以休息，有利于恢复呼吸肌的功能。

5. 抗感染 慢性呼吸衰竭急性加重的常见诱因是呼吸道感染，故病因治疗首先是根据敏感致病菌选用有效的抗生素，积极控制感染。

6. 呼吸兴奋药 在保持呼吸道全面通畅的前提下，对以呼吸中枢抑制为主、通气量不足所引起的呼吸衰竭患者可使用呼吸兴奋药。常用阿米三嗪 50～100 mg，每日 2 次。

7. 纠正水、电解质代谢紊乱及酸碱平衡失调 慢性呼吸衰竭时患者常有二氧化碳潴留，易导致呼吸性酸中毒，呼吸性酸中毒的发生多为慢性过程，机体常以增加碱储备来代偿，以使 pH 维持在相对正常水平。当使用机械通气等方法较为迅速地纠正呼吸性酸中毒时，原已增加的碱储备会使 pH 升高，造成对机体的严重危害，故在纠正呼吸性酸中毒的同时，还应同时注意纠正潜在的代谢性碱中毒，通常给予患者盐酸精氨酸以补充氯离子和钾离子。

 慢性呼吸衰竭的治疗原则，氧疗时的注意事项。

【预防】

首先应加强慢性胸肺疾病的防治，防止肺功能逐渐恶化和呼吸衰竭的发生。已有慢性呼吸衰竭的患者，应注意预防呼吸道感染。

第二节 急性呼吸衰竭

【病因】

呼吸系统疾病如严重呼吸系统感染、急性呼吸道阻塞性病变、重度或危重哮喘、各种原因引起的急性肺水肿、肺血管疾病、胸廓外伤或手术损伤、自发性气胸和急剧增加的胸腔积液，导致肺通气和（或）换气障碍；急性颅内感染、颅脑外伤、脑血管病变（脑出血、脑梗死）等直接或间接抑制呼吸中枢；脊髓灰质炎、重症肌无力、有机磷农药中毒及颈椎外伤等可损伤神经-肌肉传导系统，引起通气不足。上述各种原因均可造成急性呼吸衰竭。

 急性呼吸衰竭的病因。

【临床表现】

急性呼吸衰竭的临床表现与慢性呼吸衰竭大致相似。

（一）呼吸困难

呼吸困难是呼吸衰竭最早出现的症状。多数患者有明显的呼吸困难，可表现为呼吸频率、节律和幅度的改变。较早表现为呼吸频率增快，病情加重时出现呼吸困难，辅助呼吸肌活动增强，如三凹征。中枢性疾病或中枢神经抑制性药物所致的呼吸衰竭，表现为呼吸节律改变，如潮式呼吸、比奥呼吸。

（二）发绀

发绀是缺氧的典型表现。

（三）神经精神症状

急性缺氧可出现精神错乱、躁狂、昏迷、抽搐等症状。如合并急性二氧化碳潴留，可出现嗜睡、淡漠、扑翼样震颤，甚至呼吸骤停。

（四）循环系统表现

多数患者有心动过速。严重低氧血症、酸中毒可引起心肌损害，也可引起周围循环衰竭、血压下降、心律失常及心脏停搏。

（五）消化系统和泌尿系统表现

严重呼吸衰竭对肝功能、肾功能都有影响，部分病例可出现丙氨酸转氨酶与血尿素氮升高；个别病例可出现蛋白尿、血尿和管型尿。因胃肠道黏膜屏障功能损伤，导致胃肠道黏膜充血、水肿、糜烂、渗血或应激性溃疡，引起上消化道出血。

 急性呼吸衰竭的临床表现。

【诊断】

除原发疾病、缺氧及二氧化碳潴留导致的临床表现外，呼吸衰竭的诊断主要依靠血气分析。而结合肺功能、胸部影像学和纤维支气管镜等检查对于明确呼吸衰竭的原因甚为重要。

【治疗】

急性呼吸衰竭时，机体往往来不及代偿，所以需要及时救治。①保持呼吸道通畅：出现呼吸停止时，应立即进行现场抢救，通畅呼吸道是救治急性呼吸衰竭患者的必要条件。②氧疗：呼吸道通畅后，应立即给予高浓度吸氧，以迅速改善组织缺氧，这是抢救成功的关键，但要避免长时间吸入高浓度氧造成氧中毒而发生肺损伤。③病因治疗：急性呼吸衰竭抢救的同时，针对不同病因采取相应的措施，此是治疗的根本。④其他脏器支持治疗：加强对重要脏器功能的监测，及时处理消化道出血、肾衰竭等。

第三节 急性呼吸窘迫综合征

急性呼吸窘迫综合征（acute respiratory distress syndrome，ARDS）是一种危及生命的非心源性肺水肿，可由多种肺内因素（肺炎、误吸等）或肺外因素（脓毒症、急性胰腺炎、外伤等）所诱发，导致严重低氧血症、肺顺应性降低、动静脉分流增多和生理无效腔增加。

全球范围内的调查显示，急性呼吸窘迫综合征患者占ICU总住院患者的10.4%，且急性呼吸窘迫综合征患者死亡风险与疾病严重程度相关，轻、中、重度急性呼吸窘迫综合征的死亡风险分别是34.9%、40.3%和46.1%。

 急性呼吸窘迫综合征的定义。

【病因与发病机制】

（一）病因

根据在肺损伤中的作用，导致急性呼吸窘迫综合征的原发病或高危因素可分为两类。

1. 直接肺损伤因素　严重肺感染（包括细菌、病毒和囊虫感染）、胃内容物吸入、肺挫伤、吸入有毒气体、溺水及氧中毒等。

2. 间接肺损伤因素　脓毒症、严重的非胸部创伤、急诊大量输血、重症胰腺炎、体外循环及弥散性血管内凝血等。

 急性呼吸窘迫综合征的病因。

（二）发病机制

急性呼吸窘迫综合征的发病机制目前尚未明确。除有些致病因素对肺泡膜的直接损伤外，急性呼吸窘迫综合征的本质是多种炎症细胞（巨噬细胞、中性粒细胞、血小板）及其释放的炎性介质和细胞因子间接介导的肺炎症反应。急性呼吸窘迫综合征是全身炎症反应综合征（systemic inflammatory response syndrome，SIRS）的肺部表现。

【病理和病理生理】

（一）病理

急性呼吸窘迫综合征的主要病理改变是肺广泛性充血、水肿和肺泡内透明膜形成。病理过程可分为3个阶段：渗出期、增生期和纤维化期，这三个阶段常重叠存在。急性呼吸窘迫综合征肺组织的大体表现为肺呈暗红色或暗紫红色的肝样变，可见水肿、出血，重量明显增加，切面有液体渗出，故有"湿肺"之称。显微镜下可见肺微血管充血、出血、微血栓形成，肺间质和肺泡内有富含蛋白质的水肿液及炎症细胞浸润。约经72 h后，由凝结的血浆蛋白、细胞碎片、纤维素及残余的肺表面活性物质混合形成透明膜，伴灶性或大片肺泡萎陷。可见Ⅰ型肺泡上皮受损坏死。经1~3周以后，逐渐过渡到增生期和纤维化期。可见Ⅱ型肺泡上皮、成纤维细胞增生和胶原沉积。部分肺泡的透明膜经吸收消散而修复，也可有部分形成纤维化。急性呼吸窘迫综合征患者容易合并肺部继发感染，可形成肺小脓肿等炎症改变。

（二）病理生理

由于肺毛细血管内皮细胞和肺泡上皮细胞损伤，肺泡膜通透性增加，引起肺间质和肺泡水肿；肺表面活性物质减少，导致小气道陷闭和肺泡萎陷不张。肺水肿和肺不张在肺内呈"不均一"分布，由于肺水肿和肺泡萎陷，使功能残气量和有效参与气体交换的肺泡数量减少，从而引起严重通气血流比例失调、肺内分流和弥散障碍，造成顽固性低氧血症和呼吸窘迫。

【临床表现】

急性呼吸窘迫综合征多于原发病起病后 72 h 内发生，几乎不超过 7 d。除原发病的相应症状和体征外，典型的症状为突发的呼吸增快、极度呼吸困难（特点是呼吸深快、费力，患者常感到胸廓紧束、严重憋气，即呼吸窘迫）；不同程度的咳嗽、少痰，晚期可咳出典型的血水样痰；极度烦躁不安，出汗，有顽固性低氧血症（即不断提高吸氧浓度，甚至吸入纯氧或间歇正压给氧也难以纠正的缺氧），可表现为神志恍惚或淡漠。体征：早期呼吸频率加快，随病情进展，出现"三凹征"，口唇、甲床发绀；晚期肺部闻及支气管呼吸音、细湿啰音。

 急性呼吸窘迫综合征的临床表现。

【辅助检查】

（一）X 线检查

急性呼吸窘迫综合征早期胸部 X 线片可无异常或仅见边缘模糊的肺纹理增多。继之出现斑片状以至融合成大片状的浸润阴影，大片阴影中可见支气管充气征。其演变过程符合肺水肿的特点，快速、多变。后期可出现肺间质纤维化的改变。

（二）动脉血气分析

急性呼吸窘迫综合征动脉血气分析典型的改变为 PaO_2 降低，$PaCO_2$ 降低，pH 升高。氧合指数（动脉血氧分压/吸入气氧浓度）降低是诊断急性呼吸窘迫综合征的必要条件，正常值为 400~500 mmHg，急性呼吸窘迫综合征时氧合指数 ≤ 300 mmHg。

 急性呼吸窘迫综合征的辅助检查结果分析。

【诊断与鉴别诊断】

（一）诊断

根据急性呼吸窘迫综合征柏林定义，满足以下 4 项条件才可诊断为急性呼吸窘迫综合征。

（1）明确诱因下，1 周内出现的急性或进展性呼吸困难。

（2）胸部 X 线片或胸部 CT 显示双肺浸润影，不能完全用胸腔积液、肺叶/全肺不张和结节影解释。

（3）呼吸衰竭不能完全用心力衰竭和液体负荷过重解释。如果临床没有危险因素，需要用客观检查（如超声心动图）来评价心源性肺水肿。

（4）低氧血症：根据动脉血氧分压/吸入气氧浓度（$PaO_2/FiO_2 \leq 300$ mmHg）或脉搏血氧饱和度（$SpO_2 \leq 97\%$）、脉搏血氧饱和度/吸入气氧浓度（$SpO_2/FiO_2 \leq 315$ mmHg）确立急性呼吸窘迫综合征的诊断，按严重程度分为轻度、中度和重度 3 种。

1）轻度：200 mmHg < PaO_2/FiO_2 ≤ 300 mmHg 或 235 mmHg < SpO_2/FiO_2 ≤ 315 mmHg。
2）中度：100 mmHg < PaO_2/FiO_2 ≤ 200 mmHg 或 148 mmHg < SpO_2/FiO_2 ≤ 235 mmHg。
3）重度：PaO_2/FiO_2 ≤ 100 mmHg 或 SpO_2/FiO_2 ≤ 148 mmHg。

急性呼吸窘迫综合征的诊断标准。

（二）鉴别诊断

急性呼吸窘迫综合征的突出临床表现为肺水肿和呼吸困难，因此临床必须与相关疾病进行鉴别诊断。如心源性肺水肿，根据其基础心脏病的病史、体征，咳大量粉红色泡沫样痰，卧位呼吸困难加重，两肺湿啰音多在肺底部，对强心、利尿等治疗效果较好等不难鉴别。此外，急性呼吸窘迫综合征还须与大面积肺不张、大量胸腔积液、弥漫性肺泡出血等相鉴别。

【治疗】

急性呼吸窘迫综合征是一种危重疾病，需积极处理。目前治疗急性呼吸窘迫综合征的主要方法有以下几种。

（一）积极治疗原发病

针对原发病采取有效的措施，如纠正休克、应用有效抗菌药物积极控制感染等。在治疗过程中，应动态监测呼吸、循环、水、电解质、酸碱平衡及基础疾病。

（二）氧疗

在保证 PaO_2 迅速提高到 60 mmHg 或血氧饱和度达 90% 以上的前提下，尽量降低吸氧浓度。Ⅰ型呼吸衰竭的主要问题为氧合功能障碍而通气功能正常，所以高浓度给氧不会引起二氧化碳潴留。对于高碳酸血症型急性呼吸衰竭，需要将给氧浓度调到达到上述氧合目标的最低值。

（三）机械通气治疗

机械通气治疗是纠正缺氧的主要措施。鼻塞（导管）和面罩吸氧大多无效，当 FiO_2 > 50%，PaO_2 < 60 mmHg，动脉血氧饱和度 < 90% 时，应给予机械通气。目前，治疗急性呼吸窘迫综合征的机械通气推荐采用肺保护性通气策略，主要措施包括合适水平的呼气末正压（PEEP）和小潮气量。

（四）加强液体管理

液体管理是急性呼吸窘迫综合征治疗的重要环节。对于急性期患者，应保持较低的血管内容量，予以液体负平衡，一般在血压稳定的基础上，液体出入量宜保持负平衡 –500 ml/d。此期不宜应用胶体液，以免其通过渗透性增加的肺泡-毛细血管膜，在肺泡和间质积聚，加重肺水肿。可酌情使用利尿药以减轻肺水肿。

（五）营养支持

患者机体处于高代谢状态，应补充足够的营养。提倡全胃肠外营养，能保护胃肠黏膜，防止肠道菌群移位，还能减少静脉营养引起感染和血栓形成等并发症的发生。

（六）其他治疗

中度、重度的急性呼吸窘迫综合征患者在常规治疗的基础上，可以实施俯卧位通气，每日不少于 12 h。在诊断后的 24 h 内根据情况加用糖皮质激素（1~2 mg/kg）治疗，用药时间不超过 1 周，可降低死亡风险。

急性呼吸窘迫综合征的治疗措施。

【预后】

急性呼吸窘迫综合征的病死率为 26%~44%。预后与原发病和疾病的严重程度相关。老年患者、继发于感染中毒症状、免疫力低下合并感染的患者预后差。有效的治疗策略和措施是降低病死率、改善预后的关键。急性呼吸窘迫综合征存活者大部分肺可以完全恢复，部分遗留肺纤维化。

自 测 题

一、选择题

1. 患者，男性，62 岁，慢性咳嗽 8 年。近 1 周来咳嗽加重，出现黄色痰，不易咳出，明显气促，发绀。体格检查有肺气肿体征。动脉血气分析 pH 7.31，$PaCO_2$ 66 mmHg，PaO_2 52 mmHg，可以改善该患者缺氧的措施为

   A. 立即吸入高浓度氧　　　　　　　　B. 间歇吸入纯氧
   C. 立即呼气末正压人工呼吸　　　　　D. 低浓度持续给氧
   E. 用过氧化氢静脉内给氧

2. 患者，女性，79 岁，1 h 前患者家属发现患者呼吸困难，来院就诊。体格检查：T 36.8 ℃，R 32 次/分，BP 140/90 mmHg。嗜睡，球结膜水肿，皮肤潮湿，口唇发绀，双下肺可闻及细湿啰音和哮鸣音。心率 120 次/分，双下肢水肿。为明确诊断，进一步检查宜首选的是

   A. 胸部 CT　　　　　　B. 心肌坏死标志物　　　　　C. 心电图
   D. 头颅 CT　　　　　　E. 动脉血气分析

3. 患者，男性，72 岁。咳嗽、咳痰 30 年，加重伴气短 10 d。体格检查：神志清楚，口唇发绀，桶状胸，双肺闻及少许干啰音、湿啰音。胸部 X 线片示双肺纹理增粗、紊乱。动脉血气分析示 PaO_2 55 mmHg，$PaCO_2$ 39 mmHg。该患者发生呼吸衰竭最主要的机制是

   A. 肺内分流　　　　　　B. 弥散功能障碍　　　　　C. 机体氧耗量增加
   D. 氧耗量降低　　　　　E. 通气血流比例失调

4. 患者，女性，60 岁，慢性咳嗽、咳痰 20 余年，近 5 年来轻微活动即感气短、呼吸困难，咳嗽轻，痰少。血气分析：PaO_2 50 mmHg，$PaCO_2$ 42 mmHg。为明确诊断，下列辅助检查最有意义的是

   A. 胸部 CT　　　　　　B. 胸部 X 线　　　　　C. 纤维支气管镜
   D. 肺功能检查　　　　　E. 痰培养

5. 患者，女性，78 岁，慢性咳嗽、咳痰 20 余年，近 5 年来活动后气短，1 周前感冒后痰多，气短加剧，近 2 d 嗜睡。实验室检查：WBC 18.6×10^9/L，N 90%，动脉血气分析示 pH 7.29，$PaCO_2$ 80 mmHg，PaO_2 48 mmHg，诊断为呼吸衰竭。该患者呼吸衰竭的类型是

   A. Ⅰ型呼吸衰竭　　　　B. Ⅱ型呼吸衰竭　　　　C. 呼吸窘迫综合征
   D. 支气管哮喘急性发作　E. 急性肺损伤

6. 患者，女性，64 岁。患慢性支气管炎、肺气肿 20 余年，加重 1 周入院。入院查动脉血气分析示 pH 7.31，PaO_2 53 mmHg，$PaCO_2$ 67 mmHg，HCO_3^- 22 mmol/L。目前其酸碱失衡类型最可能的是

   A. 呼吸性酸中毒
   B. 呼吸性碱中毒
   C. 呼吸性酸中毒合并代谢性酸中毒
   D. 呼吸性酸中毒合并代谢性碱中毒
   E. 呼吸性酸中毒合并代谢性酸中毒和代谢性碱中毒

7. 患者，男性，65岁，既往有慢性阻塞性肺疾病史。患者因受凉后咳嗽、咳痰伴呼吸困难加重2 d入院。体格检查：坐位，喘息貌，球结膜轻度水肿，口唇发绀，双肺可闻及散在哮鸣音，肺底少许湿啰音。动脉血气分析示 pH 7.21，$PaCO_2$ 65 mmHg，PaO_2 52 mmHg。宜采取的治疗措施为

    A. 储氧面罩吸氧   B. 有创通气   C. 鼻导管吸氧

    D. 普通面罩吸氧   E. 无创通气

8. 患者，男性，36岁，脓毒性休克。动脉血气分析示代谢性酸中毒、Ⅰ型呼吸衰竭。下列治疗措施可能造成组织缺氧加重的是

    A. 静脉滴注小剂量多巴胺   B. 静脉滴注糖皮质激素

    C. 补充胶体液   D. 快速补充碳酸氢钠

    E. 快速补充晶体液

（9～11题共用题干）

患者，男性，55岁，重症肺炎患者。入院后次日病情加重，突发持续性呼吸急促，发绀，伴烦躁，R 38次/分，P 108次/分，心律齐，两肺可闻及湿啰音。血气分析示 pH 7.34，PaO_2 50 mmHg，$PaCO_2$ 30 mmHg。胸部X线片示两肺中、下肺纹理增多、模糊，斑片状阴影，心胸比例正常。

9. 该患者最可能的疾病诊断是

    A. 肺梗死   B. 急性左心衰竭   C. 自发性气胸

    D. 肺不张   E. 急性呼吸窘迫综合征

10. 确定该诊断最重要的诊断依据是

    A. 呼吸频率增加，每分钟大于28次   B. 动脉血氧饱和度降低

    C. 氧合指数（PaO_2/FiO_2）< 300 mmHg   D. 肺内分流量减少

    E. 动脉血气分析示低氧伴轻度二氧化碳潴留

11. 治疗该患者时，对输液的要求是

    A. 入量＞出量（＞500 ml）   B. 入量＞出量（＞600～1000 ml）

    C. 入量＝出量   D. 入量＜出量（＜500～1000 ml）

    E. 不限制胶体溶液

二、简答题

1. 简述呼吸衰竭的分类。
2. 慢性呼吸衰竭的治疗原则是什么？

三、案例分析题

1. 患者，男性，58岁，因肺源性心脏病、呼吸衰竭入院。患者神志清楚。动脉血气分析示 PaO_2 30 mmHg，$PaCO_2$ 60 mmHg，面罩吸氧（吸氧浓度36%）治疗30 min后，复查动脉血气分析：PaO_2 70 mmHg，$PaCO_2$ 80 mmHg，该患者二氧化碳分压增加最可能的原因是什么？

2. 患者，男性，60岁。间断咳嗽，咳痰15年，伴活动后气短2年，呼吸困难加重1 d。体格检查：面色暗红、多汗、口唇发绀。未吸氧时做动脉血气分析，PaO_2 和 $PaCO_2$ 最可能的结果是什么？

（王潇君）

第三篇

循环系统疾病

第十三章 总论

第十三章数字资源

学习目标

1. 知识：说出循环系统的解剖结构以及生理特点，概括循环系统疾病的常见症状和体征，分析循环系统疾病常用的辅助检查项目及其临床意义，列举循环系统疾病的诊断方法和步骤。

2. 能力：根据患者的病史、临床表现和各项辅助检查做出初步诊断，根据病情拟定治疗计划，正确评估预后，对患者进行健康教育。

3. 素养：持续关注循环系统疾病领域的研究进展，能通过学术期刊拓展知识，会利用数据库检索相关文献。保持对医学事业的敬畏与热情，理解循环系统疾病治疗的复杂性，面对重症患者抢救失败、医患矛盾等压力情境时，能调节自身情绪，总结经验教训，避免职业倦怠。认识到循环系统疾病的高风险性（如心律失常可能突发猝死），始终将"安全第一"贯穿诊疗全程。理解预防医学的重要性，能向公众科普循环系统疾病的危险因素（如吸烟、肥胖、高盐饮食），推动"早筛查、早干预"的健康理念。

循环系统由心脏、血管以及调节血液循环的神经体液装置等组成，对维持机体正常新陈代谢起着重要的作用。其功能是为全身组织、器官输送血液，并通过血液将氧、营养物质和激素等供给组织，并将组织代谢废物运走。心肌细胞和血管内皮细胞具有分泌心房钠尿肽、内皮素、内皮舒张因子等活性物质的功能，对血管舒缩、高血压发生及血管增殖具有重要意义。

循环系统疾病（circulation system disease）也称心血管疾病。循环系统疾病根据发病部位，可分为心脏疾病和血管系统疾病；根据发病原因，可分为先天性心血管疾病和后天性心血管疾病两大类。在我国，心血管疾病为常见病，死亡率居首位，同时还有较高的致残率，严重危害广大人民群众的身体健康。因此，积极研究并掌握循环系统疾病的防治知识具有重要意义。

【循环系统的解剖与生理】

（一）心脏

1. 心脏的解剖和生理　心脏位于胸腔中纵隔内偏左侧，正常成人心脏有四个腔：左心房、右心房、左心室、右心室。左心房、右心房之间为房间隔，左心室、右心室之间为室间隔，房室之间有房室瓣，左心为二尖瓣，右心为三尖瓣，均通过腱索与乳头肌相连（图3-13-1）。心脏是循环系统的动力器官，其有节奏地收缩与舒张，使血液循环维持正常。心室射血主要靠心室肌的收缩来完成，心脏

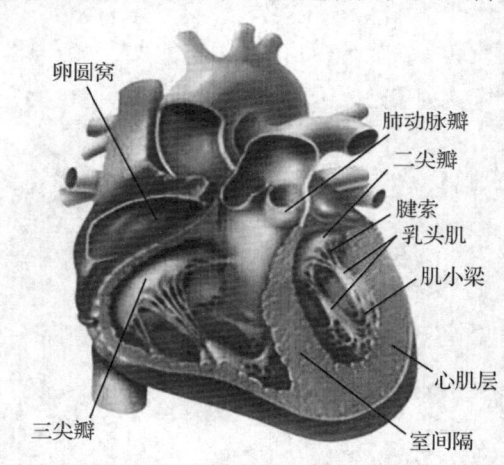

图3-13-1　心脏结构示意图

的收缩功能已较早地为人们所熟知。而心室舒张功能近年来才引起重视,决定心室舒张功能有三个因素:①心室主动松弛,此与肌浆网摄取 Ca^{2+} 的能力、游离 Ca^{2+} 水平降低速度有关;②室壁的顺应性;③心肌的僵硬度。若心室松弛缓慢,室壁顺应性差,心肌僵硬,就导致舒张功能障碍。

2. 心脏传导系统　心肌细胞可分为两类:一类是工作细胞,包括构成心房和心室壁的普通心肌细胞,具有兴奋性、传导性和收缩性,执行泵血功能;另一类是心脏特殊分化的自律细胞,包括窦房结、结间束、房室结、房室束(希氏束)及浦肯野纤维,合称心脏传导系统(图 3-13-2)。这类心肌细胞收缩性较弱,在没有外来刺激的情况下能自动地发生节律性的兴奋活动。正常心脏活动节律由窦房结发出,称为窦性心律。当心脏激动的起源、频率、节律、传导速度和传导顺序出现异常时,称为心律失常,了解心脏传导系统对于理解心电图和心律失常的诊治具有重要意义。

3. 心脏的血液循环　心脏自身的血液供应来自左、右冠状动脉。左冠状动脉分支为前降支、回旋支,与右冠状动脉构成冠状动脉的 3 支主干(图 3-13-3)。冠状动脉主干及其大分支走行于心脏的表面。其小分支常以垂直方向穿入心肌至心内膜下,沿途发出分支,并在心内膜下分支成网。与左、右冠状动脉分支伴行的多数静脉的血液经冠状窦口回流到右心房。冠脉循环的特点是:①心肌毛细血管数量很多,血供非常丰富;②细小的冠状动脉吻合支扩张后可建立有效的侧支循环;③冠状动脉血流受心肌收缩的影响而发生周期性变化:在收缩期,冠状动脉受心肌挤压而血流急剧减少;在舒张期,冠状动脉扩张充盈。因而冠状动脉主要在舒张期给心脏供血。

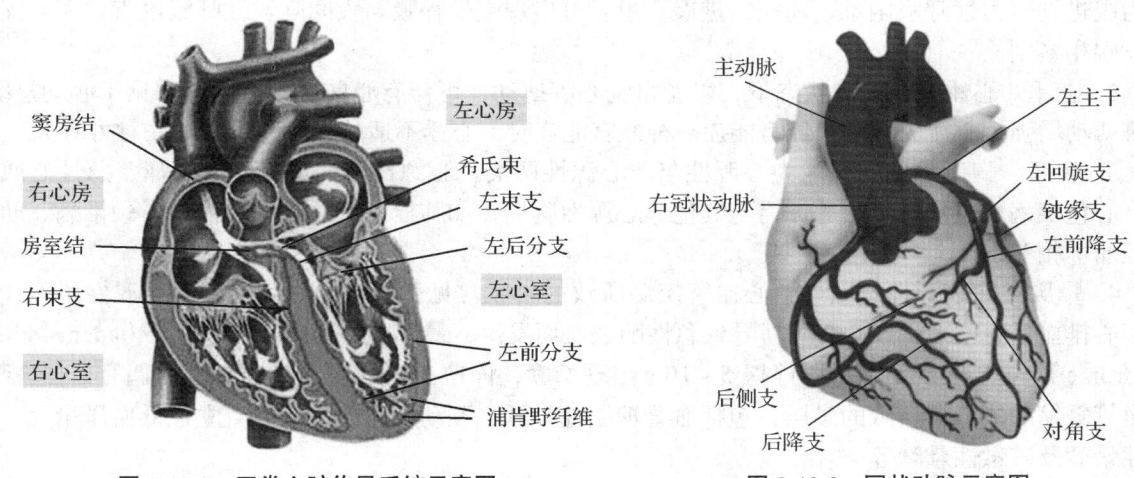

图 3-13-2　正常心脏传导系统示意图　　　　图 3-13-3　冠状动脉示意图

(二)血管

血管包括动脉、毛细血管和静脉,与心脏共同构成循环的管道系统。血管壁具有丰富的弹性纤维和平滑肌,这使血管能被动扩展和主动收缩。动脉壁含有肌纤维和弹性纤维,有弹性和张力,称为阻力血管。大动脉的中膜富含弹性纤维,当心脏收缩射血时,大动脉管壁扩张,当心室舒张时,管壁弹性回缩,继续推动血液;中、小动脉,特别是小动脉的中膜平滑肌较发达,在神经支配下收缩和舒张,以维持和调节血压及调节其分布区域的血流量。毛细血管是血液和组织间液之间进行营养物质和代谢产物交换的场所,又称为功能血管。静脉主要汇集毛细血管的血液,将其回流至心脏,静脉管壁薄,容量大,又称为容量血管。

(三)循环系统的调节

1. 血液循环的神经体液调节　心脏虽有自律性,但仍受神经体液的调节。①交感神经:通过兴奋心脏的肾上腺素能 β 受体,使心率增快和心肌收缩力增强,通过兴奋肾上腺素能 α 受体使周围血管收缩。②副交感神经:通过兴奋乙酰胆碱能受体,使心率减慢,抑制传导,使心肌收缩力减弱和周围血管扩张。③体液因素:包括全身性调节和局部调节。全身由多种系统参与,如肾素-血管紧张素-

醛固酮系统、交感-肾上腺素能系统、激肽释放酶-激肽系统。其特点是作用时间持久、稳定，调节物质经血液循环被携带到全身各处，作用于相应的靶组织或靶细胞而发挥调节作用。局部调节则是由一些细胞分泌的活性物质作用于其邻近的细胞，以旁分泌和（或）自分泌的方式产生调节作用。

2. 冠状动脉血流量的调节　心脏做功量大，所以耗氧量大。成人安静状态下，每100 g心肌耗氧量达7～9 ml/min，流经心脏冠状循环的血液中，65%～75%的氧被心肌摄取。因此，心肌耗氧量增加时，主要通过扩张冠状动脉和增加冠状动脉血流量来适应心肌对氧需求的增加。冠状动脉血流量取决于：①心肌耗氧量；②冠状动脉灌注压；③舒张期的长短；④内源性或外源性血管活性物质对冠状动脉舒张及收缩状态的影响；⑤心脏收缩时心室壁对穿出于其内的冠状动脉的压迫作用。

【循环系统疾病的诊断】

循环系统疾病的诊断主要依靠病史、体格检查及相关辅助检查结果综合分析而得出结论。

（一）常见症状

循环系统疾病常见的症状有呼吸困难、心悸、胸痛或胸部不适、晕厥、水肿、发绀，其他症状还包括咯血、咳嗽、头痛、头晕或眩晕、上腹胀痛、恶心、呕吐及声音嘶哑等。多数症状也见于其他系统疾病，因此分析时要做出仔细鉴别。

1. 呼吸困难　左心功能不全以出现肺淤血为主要表现，其特点为进行性加重的呼吸困难，开始为缓进性劳力性呼吸困难，随病情进展，患者可出现端坐呼吸与夜间阵发性呼吸困难，需与支气管哮喘相鉴别。

2. 心悸　心悸是在安静状态下，患者自觉心脏搏动，可伴有心前区不适感，常见于心动过缓、心脏搏动增强、心律失常和神经官能症。神经官能症时，心悸不适的主诉与患者的注意力有关。

3. 胸痛　胸痛常见的原因为心源性与非心源性两类。心源性胸痛多见于心绞痛、急性心肌梗死、心包疾病、主动脉夹层等，需与其他非心源性胸痛（如肺栓塞、呼吸系统疾病、颈椎病、肋间神经痛）相鉴别。

4. 晕厥　除脑源性晕厥外，心血管疾病所致的晕厥常见于以下两种情况。①心源性晕厥：是由于心排血量急剧减少或心脏停搏导致急性脑缺血而发生，最严重的为阿-斯综合征（adams-stokes syndrome），主要表现是在心脏停搏5～10 s出现晕厥，停搏15 s以上可出现抽搐，偶有二便失禁。②血管舒缩功能障碍所致的晕厥：包括血管抑制性晕厥、颈动脉窦性晕厥、直立性低血压晕厥、排尿性晕厥及咳嗽性晕厥等。

5. 水肿　水肿为右心衰竭导致体循环淤血的主要表现之一。其特点是水肿首先出现于身体下垂部位，早期以足背、踝、小腿为显著，长期卧床者以腰骶部、大腿后侧为重，严重者可发生全身性水肿合并胸腔积液、腹水及心包积液；慢性缩窄性心包炎引起的水肿，常伴有淤血性肝大、腹水、静脉压升高等表现，易被误诊为肝硬化，应注意鉴别。

6. 发绀　发绀是指血液中还原血红蛋白增多，使皮肤和黏膜呈青紫色改变的表现。当毛细血管血液中还原血红蛋白超过50 g/L时，皮肤、黏膜可出现发绀，为缺氧表现。发绀分为3类。①中心性发绀：其特点是发绀部位的皮肤与黏膜温暖。②周围性发绀：其特点是发绀出现于肢体末梢与下垂部位，如肢端、耳垂、鼻尖。这些部位的皮肤是冷的，经按摩使局部温度增高后发绀可消失。③混合性发绀：指既有中心性发绀，又有周围性发绀，可见于心力衰竭等。

（二）常见体征

1. 心脏体征

（1）视诊：主要观察一般状况、体位、呼吸、是否存在发绀、颈静脉怒张、水肿等。观察心前区情况及心尖冲动位置，此外，两颧呈紫红色有助于诊断二尖瓣狭窄和肺动脉高压，杵状指（趾）有助于诊断右向左分流的先天性心脏病。

（2）触诊：可触及心尖冲动，观察是否存在异常心尖冲动。另外，部分患者可触及震颤，震颤往往提示器质性心脏病，如二尖瓣狭窄时在心尖区触到舒张期震颤。

（3）叩诊：可了解心界的大小和形状，主要观察是否存在心界增大。

（4）听诊：具有重要的诊断价值，包括心率、心律、心音、杂音和心包摩擦音等方面的内容。关于心脏杂音，收缩期杂音可为病理性，也可为生理性，舒张期杂音大都具有病理意义。先天性心脏病和心瓣膜疾病多具有特征性的心脏杂音，是诊断的重要依据。

2. 周围血管征

（1）动脉：严重主动脉瓣关闭不全时，由于脉压增大，可出现点头运动、毛细血管搏动征、水冲脉、枪击音。左心衰竭出现强弱不等的交替脉，心脏压塞时出现奇脉。

（2）静脉：主要观察颈静脉充盈的水平。右心衰竭患者出现肝颈静脉反流征阳性。

（三）辅助检查

1. 实验室检查　实验室检查主要包括血常规、尿常规、各种心肌损伤标志物（肌红蛋白、肌钙蛋白以及肌酸肌酶同工酶）测定；心力衰竭标志物（脑利尿钠肽）等测定。此外，还有微生物免疫学检查（如链球菌抗体、C反应蛋白）、血糖、血脂、肝功能、肾功能、电解质及血气分析等。

2. 心电图检查

（1）常规心电图：心电图可用于对心律失常进行诊断与鉴别诊断，也是诊断心肌梗死的可靠、实用方法，还有助于心房、心室肥大及冠状动脉供血不足的诊断，另外还可反映某些内分泌、电解质代谢紊乱及药物对心肌的影响。

（2）动态心电图（Holter monitoring electrocardiogram）：可连续记录24～72 h连续心电图以供分析。

（3）运动负荷试验：是通过运动增加心脏负荷诱发心肌缺血，导致出现缺血性心电图改变的试验方法。

（4）心内电生理检查：目前该检查已被公认为大多数快速型心律失常诊断的"金标准"，可用于体表心电图不能明确诊断又具有临床意义的任何类型的心律失常。

3. 超声心动图检查　目前常用的有M型超声心动图、二维超声心动图、彩色多普勒超声心动图、经食道超声心动图和血管内超声成像，是协助诊断心脏、大血管的形态和功能改变的重要手段。

4. 心脏影像学检查

（1）胸部X线检查：了解心脏和大血管的大小、形态、位置和轮廓以及肺淤血和胸腔积液的情况。

（2）心脏CT检查：以往主要用于观察心脏结构、心肌、心包和大血管改变。近年来CT冠脉造影（CT coronary angiography）广泛开展，是评估冠状动脉粥样硬化的有效且无创的方法，成为筛查和诊断冠心病的重要手段。

（3）心脏MRI检查：除观察心脏结构外，采用延迟增强技术可识别存活心肌，用于各种心肌疾病的诊断。

5. 放射性核素检查　放射性核素检查主要包括心肌灌注显像和核素心血管造影（心脏血池显像）。此检查对诊断心肌缺血和心肌梗死有意义。核素心血管造影可测定左心室功能，对冠心病心肌缺血或心肌梗死后的心室节段性异常活动及室壁瘤形成有较大的检出价值。

6. 心导管术和冠状动脉造影术

（1）心导管术：是一种重要且有效的心血管介入技术，能够为心脏疾病的诊断和治疗提供有力的支持。

（2）冠状动脉造影术：主要用于评估冠状动脉的状况和检测是否存在血管狭窄或阻塞，是目前诊断冠心病的"金标准"，一般选择患者右侧的桡动脉或股动脉进行穿刺。

7. 心内膜和心肌活检　利用活检钳取心脏组织，了解心脏组织结构和病理改变，对各种心肌疾病具有确诊意义。

8. 心包穿刺　借助穿刺针直接刺入心包，目的在于：①抽取心包积液送检，以明确心包疾病的诊断；②引流心包积液，作为急性心脏压塞的急救措施；③通过心包穿刺，注射药物进行治疗

（四）诊断

循环系统疾病的诊断要求包括病因诊断、病理解剖诊断、病理生理诊断、心功能诊断及并发症诊断。

1. 病因诊断　说明引起心脏病的基本原因，如风湿热引起风湿性心脏病，高血压引起高血压心脏病、冠状动脉粥样硬化引起冠心病。

2. 病理解剖诊断　即病理解剖改变，如风湿性心脏病引起二尖瓣狭窄，导致左心房增大，后期又引起右心室增大乃至全心增大。

3. 病理生理诊断　如有无心力衰竭、心绞痛、高血压、休克、心律失常及神经官能症。

4. 心功能诊断　心功能诊断指各种心血管疾病引起的病理生理变化导致心功能的改变。心功能分级可反映病情的严重程度，对治疗措施的选择、患者劳动能力的评定及预后的判断等均有实用价值。

5. 并发症诊断　如心力衰竭时并发肺部感染、脑动脉栓塞、感染性心内膜炎等疾病。

例如：

冠心病（病因诊断）

室壁瘤（病理解剖诊断）

左心室增大（病理解剖诊断）

室性期前收缩二联律（病理生理诊断）

慢性左心衰竭（病理生理诊断）

心功能Ⅲ级（心功能诊断）

右上肺肺炎链球菌肺炎（并发症诊断）

【循环系统疾病防治和进展】

（一）循环系统疾病的预防

1. 去除病因　去除病因对预防心血管疾病的发生十分重要。如积极控制血压、调节血脂、戒烟、保持血糖正常等措施，可降低冠心病的发病率。积极治疗高血压，可预防高血压心脏病的发生，防止心肌初始损伤（心肌梗死、心肌炎），能阻断心室重塑，预防心力衰竭发生。

2. 预防病情进展　对于已患心血管疾病的患者，应采取措施防止病情进展和预防并发症。如已患冠心病的患者，应长期服用抗血小板药（如阿司匹林肠溶片）、调血脂药（他汀类），预防急性冠脉综合征的发生。

（二）循环系统疾病的治疗原则

1. 病因治疗　对于贫血性心脏病、甲状腺功能亢进性心脏病、高血压心脏病等病因已明确者，应进行病因治疗，可收到良好的效果。近年来，治疗异位快速心律失常如电能、冷冻或激光消融心肌内折返或异位兴奋灶的方法，成为了治疗此类心律失常的有效手段，具有根治作用。

2. 药物治疗　虽然现今内科疾病的治疗手段越来越多，但药物治疗仍是心血管疾病最重要和首选的方法。如β受体阻断药、血管紧张素转换酶抑制药（ACEI）、血管紧张素受体脑啡肽酶抑制药、血管紧张素受体阻断药（ARB）、钙拮抗药、利尿药、抗凝血药、降血脂药、强心药及扩血管药等。需要注重规范化、个体化治疗，注意药物的副作用，才能使疗效最大化。

3. 介入治疗　介入治疗现已成为心脏疾病非常重要的治疗措施，对挽救患者生命，提高患者生活质量起到了重要作用。①经皮冠状动脉介入治疗（percutaneous coronary intervention，PCI）：对狭窄或阻塞的冠状动脉进行血运重建。②射频导管消融（radiofrequency catheter ablation）：是治疗各种快速型心律失常的重要策略。③埋藏式心脏起搏器（implanted heart pacemaker）植入术：适应证不断扩大，不仅用于缓慢型心律失常的起搏，近年来心脏再同步化治疗（cardiac resynchronization therapy，CRT）对改善患者心功能的应用也越来越广泛。④植入型心律转复除颤器（implantable cardioverter defibrillator，ICD）：是目前防治心脏性猝死最有效措施。CRT可以和ICD联合植入，称为CRT-D。⑤先天性心脏病的经皮封堵术：可用于室间隔缺损、房间隔缺损和动脉导管未闭的治疗，创伤小、康复快。⑥心脏瓣膜的介入治疗：从瓣膜病球囊扩张术到经皮主动脉瓣置入术和经皮二尖瓣修补术，瓣膜疾病的介入治疗技术进展迅速。

4. **康复治疗** 在恢复期，应根据心脏病变程度、症状、年龄、体力等情况，在医师的指导下，采用动静结合的办法，尽早进行适当的体力活动，可改善心功能，促进身体康复。同时，应解除患者的思想顾虑，消除紧张，保持乐观，树立信心，合理安排工作、学习和生活，促进患者身心健康的恢复。

5. **外科治疗** 外科治疗措施包括冠状动脉旁路移植术、心脏各瓣膜修补术或置换术、先天性心脏病矫治术、心包剥离术及心脏移植等。

（三）循环系统疾病的主要进展

1. **基础研究** 近年来，在心血管疾病的基础研究方面取得了很大进展，如阐明了器官和组织中肾素-血管紧张素-醛固酮系统的作用；细胞外基质冲击、内皮功能损伤、低度炎症反应、氧化应激及基因突变等均被证实参与高血压的发生；研究了生化标志物（如基质金属蛋白酶-9、基质金属蛋白酶-1）在预测高血压发病中的临床应用价值，内皮微颗粒与心血管疾病发生、发展的关系；提出了肌质网钙转运异常是心力衰竭时心肌舒缩功能障碍重要的细胞和分子机制；认为缝隙连接重塑与心律失常有密切关系；认识了神经激素系统的激活、β受体密度对心肌梗死和心力衰竭的利弊；揭示了氧自由基和脂质过氧化反应对心肌的损害；提出了心肌重构和血管重构的理论等。目前已经明确，心力衰竭发生、发展的基本机制是心室重塑；原发性高血压是一种全身性多基因、多因素疾病；心肌肥厚是心肌及其间质细胞对生长因子的一种应答反应，是体内一系列基因异常表达的结果等。

2. **临床诊断技术的进展** 如血管内超声诊断技术、核素断层显像、磁共振成像、血管镜检查以及聚合酶链反应检测手段的广泛应用，细胞和血液中病毒及细菌DNA、RNA和miRNA的测定等新的诊断方法的临床应用，提高了诊断的水平。

3. **临床治疗的进展** ①冷冻消融治疗为心律失常治疗的新技术，目前主要用于阵发性房颤的治疗。②药物球囊、生物可吸收支架等新技术进一步改善了冠心病患者的预后和生活质量。③经皮导管消融肾动脉去交感神经术目前主要用于治疗顽固性高血压，但有效性和安全性有待进一步研究。④药物治疗：近年来，心血管药物治疗虽然进展缓慢，但如抗血小板聚集药物吲哚布芬、治疗顽固性心力衰竭的沙库巴曲缬沙坦等药物上市，临床效果显著。⑤筛选遗传基因，对遗传性或有家族倾向的心血管疾病的防治具有重要意义。⑥基因治疗：是应用基因工程和转基因的细胞生物技术治疗疾病的一种方法，干细胞移植是当前的研究热点，已取得了可喜的成果。⑦血管新生治疗：分子心脏学也在实验中取得了进展，具有良好的应用前景，有望尽早广泛地应用于心血管疾病的临床治疗中。

自 测 题

一、选择题

1. 循环系统主要组成部分是
   A. 心脏、血管和血液
   B. 心脏、血管和调节血液循环的神经
   C. 心脏、血管和调节血液循环的体液
   D. 心脏、血管、血液以及调节血液循环的神经和体液
   E. 心脏、血管、血液和神经系统

2. 循环系统的主要功能是
   A. 负责营养物质的合成　　　　　　　B. 负责氧气的产生
   C. 运输氧气、营养物质以及排除代谢产物　　D. 储存和调节能量
   E. 调节身体温度
3. 心脏的正常起搏点位于
   A. 房室结　　　　　　B. 房室束　　　　　　C. 浦肯野纤维
   D. 窦房结　　　　　　E. 肺静脉口
4. 心源性呼吸困难最先出现的形式是
   A. 急性肺水肿　　　　B. 夜间阵发性呼吸困难　　C. 劳力性呼吸困难
   D. 端坐呼吸　　　　　E. 喘息
5. 心脏的血液供应主要来自
   A. 主动脉　　　　　　B. 肺动脉　　　　　　C. 颈动脉
   D. 冠状动脉　　　　　E. 静脉

二、简答题

1. 几种心源性胸痛的临床特点是什么？
2. 循环系统疾病诊断的步骤有哪些？

（郑伟珍）

第十四章　心力衰竭

第十四章数字资源

> 1. 知识：说出心力衰竭的定义；陈述心力衰竭的分级与分期，急性与慢性心力衰竭的临床表现；分析心力衰竭的病因与诱因；解释心力衰竭的病理生理变化，辅助检查结果的临床意义。
>
> 2. 能力：能够拟定心力衰竭治疗方案及预防措施；具有对心力衰竭患者进行健康教育和指导的能力。
>
> 3. 素养：心力衰竭作为一种进展性疾病，患者的病情波动往往与治疗依从性、生活方式密切相关。医学生需认识到自身工作对患者生命健康的重要性，在未来的临床工作中，既要严格遵循诊疗规范，精准执行药物治疗、器械干预等医疗措施，又要耐心叮嘱患者注意饮食控制、体重监测、活动强度等细节，通过细致入微的管理降低疾病恶化风险。当出现治疗并发症或病情反复时，要勇于承担责任，积极寻求解决方案。

心力衰竭（heart failure）是各种心脏结构或功能性疾病导致心室充盈和（或）射血能力受损的临床综合征。由于心排血量不能满足机体组织代谢需要，肺循环和（或）体循环淤血，引起器官、组织血液灌注不足，主要表现为呼吸困难、体力活动受限和体液潴留。如心力衰竭发生在长期代偿失调以后，称为慢性心力衰竭；如果心功能减退发生急骤，心脏不能充分代偿，致使心排血量急剧下降，称为急性心力衰竭，常表现为急性肺水肿；如伴有急性心肌梗死或严重心肌病变，则出现急性心力衰竭和心源性休克。临床根据心力衰竭发生的部位，分为左心衰竭、右心衰竭和全心衰竭；根据心力衰竭发生的时期，分为收缩性心力衰竭和舒张性心力衰竭。

 心力衰竭的分型。

【病因与诱因】

（一）基本病因

1. 原发性心肌损害

（1）缺血性心肌损害：冠心病、心肌缺血和心肌梗死是引起心力衰竭最常见的原因。

（2）心肌炎和心肌病：各种类型的心肌炎和心肌病均可引起心力衰竭，以病毒性心肌炎及原发性扩张型心肌病最为常见。

（3）心肌代谢障碍性疾病：以糖尿病心肌病最为常见，其他如继发于甲状腺功能亢进或减低的心肌病，心肌淀粉样变性等。

2. 心脏负荷过重

（1）压力负荷（后负荷）过重：即收缩期负荷过重。①左心室后负荷过重见于高血压、主动脉瓣狭窄；②右心室后负荷过重见于肺动脉瓣狭窄、二尖瓣狭窄及COPD导致的肺动脉高压等。心脏为克服增高的阻力，心室肌代偿性肥厚以保证射血量，持续负荷过重，心肌必然发生结构及功能的改变，由代偿终致失代偿，导致心排血量下降。

 引起后负荷过重的原因。

（2）容量负荷（前负荷）过重：即舒张期负荷过重，见于以下3种情况：①心脏瓣膜关闭不全造成血液反流，如主动脉瓣关闭不全、二尖瓣关闭不全。②左、右心及动静脉分流性疾病，如房间隔缺损、室间隔缺损和动脉导管未闭。③引起全身血容量增多或循环血容量增多的疾病（如慢性贫血、甲状腺功能亢进症）也可导致容量负荷增加。容量负荷增加的早期是心室腔代偿性扩大，以维持正常心排血量，长期心排血量增加则可引起失代偿改变。

 引起前负荷过重的原因。

（3）心肌舒张受限（心室前负荷不足）：二尖瓣狭窄、心脏压塞、限制型心肌病、缩窄性心包炎等，使心室充盈受限，前负荷不足，导致体循环与肺循环淤血而出现心力衰竭。

（二）诱因

1. 感染　呼吸道感染是最常见、最主要的诱因。风湿活动、感染性心内膜炎等都可直接或间接使心肌收缩力减退而诱发心力衰竭，因发病隐匿而易被漏诊。

 心力衰竭最主要的诱因。

2. 心律失常　心房颤动是器质性心脏病常见的心律失常之一，也是诱发心力衰竭最重要的因素。其他各种类型的快速型心律失常以及严重的缓慢型心律失常均可诱发心力衰竭。

诱发心力衰竭最常见的心律失常。

3. 血容量增加　如钠盐摄入过多，静脉输入液体过多、过快。
4. 过度劳累或情绪激动　如妊娠后期及分娩过程、暴怒。
5. 治疗不当　如不恰当地停用利尿药或抗高血压药。
6. 原有心脏病变加重或并发其他疾病　如冠心病发生心肌梗死，风湿性心瓣膜疾病出现风湿活动，合并甲状腺功能亢进症或贫血。

【病理生理】

目前已经认识到心力衰竭是一种不断发展的疾病，一旦发生心力衰竭，即使心脏没有新的损害，在各种病理生理变化的影响下，心功能不全将不断恶化、进展。当基础心脏病损及心功能时，机体首先发生多种代偿机制。这些机制可使心功能在一定的时间内维持在相对正常的水平，但这些代偿机制也均有其负性效应。当代偿失效而出现心力衰竭时,病理生理变化则更为复杂。其中最重要的可归纳为以下3个方面。

(一)代偿机制

当心肌收缩力减弱时,为了保证正常的心排血量,机体通过以下机制进行代偿。

1. 弗兰克-斯塔林(Frank-Starling)机制　即增加心脏的前负荷,使回心血量增多,心室舒张末期容积增加,从而增加心排血量及提高心脏做功,但同时也导致心室舒张末压增高,心房压、静脉压随之升高。当达到一定程度时,可出现肺循环和(或)体循环淤血,图3-14-1示左心室功能曲线。

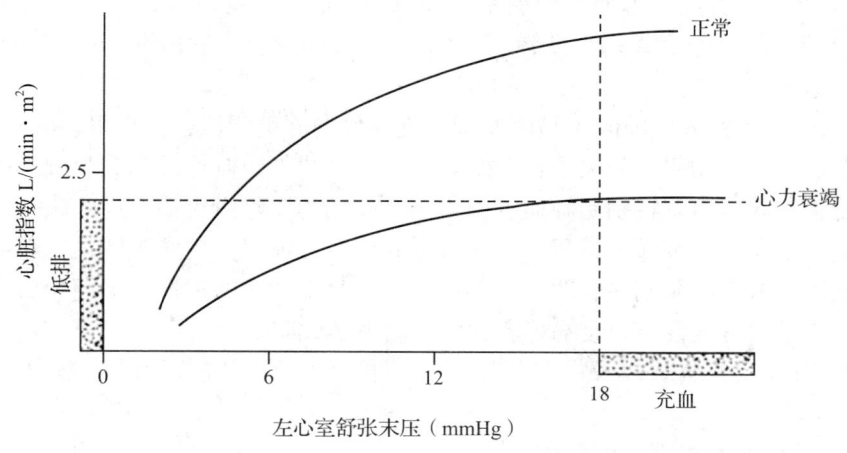

图3-14-1　左心室功能曲线

2. 心肌肥厚　心肌肥厚是后负荷增加的主要代偿机制。心肌肥厚时,心肌细胞数量并不增加,以心肌纤维增多为主。细胞核及作为供给能源的物质线粒体也增大、增多,其程度和速度均落后于心肌纤维的增多。心肌从整体上显得能源不足,继续发展终致心肌细胞死亡。心肌肥厚心肌收缩力增强,克服后负荷阻力,使心排血量在相当长的时间内维持正常,患者可无心力衰竭症状,但这并不意味着心功能正常。心肌肥厚者,心肌顺应性差,舒张功能降低,心室舒张末压升高,客观上已存在心功能障碍。

3. 神经体液的代偿机制　当心脏排血量不足,心腔压力升高时,机体全面启动神经体液机制进行代偿。

(1)交感神经兴奋性增强:心力衰竭患者血液中去甲肾上腺素(NE)水平升高,作用于心肌β_1肾上腺素能受体,增强心肌收缩力并提高心率,以提高心排血量。但与此同时,周围血管收缩,心脏后负荷增加及心率加快,均使心肌耗氧量增加。除上述血流动力学效应外,去甲肾上腺素对心肌细胞有直接的毒性作用,可促使心肌细胞凋亡,参与心脏重塑(remodeling)的病理过程。此外,交感神经兴奋还可使心肌应激性增强,从而促进心律失常发生。

(2)肾素-血管紧张素-醛固酮系统(renin angiotensin aldosterone system,RAAS)激活:心排血量降低导致肾血流量减少,RAAS被激活。其有利的一面是心肌收缩力增强,周围血管收缩维持血压,调节血液的再分配,保证心脏、脑等重要脏器的血液供应。同时促进醛固酮分泌,使水、钠潴留,增加总体液量及心脏前负荷,对心力衰竭起到代偿作用。而其不利的一面是RAAS激活促进心脏和血管重塑,加重心肌损伤和心功能恶化。

(二)心力衰竭时各种体液因子的改变

近年来,不断发现有一些新的肽类细胞因子参与心力衰竭的发生和发展。

1. 心房利尿钠肽(atrial natriuretic peptide,ANP)和脑利尿钠肽(brain natriuretic peptide,BNP)　ANP主要由心房分泌,心室肌细胞也有少量表达。当心房压力增高,房壁受牵引时,ANP分泌增加,其生理作用为扩张血管和利尿排钠,对抗肾上腺素、肾素-血管紧张素等的水、钠潴留效应。正常人BNP主要由心室肌细胞分泌，生理作用与ANP相似，但较弱，BNP水平随心室壁张力的变化并对心室充盈压具有负反馈调节作用。心力衰竭时心室壁张力增加，BNP及ANP分泌明显增加，其增高的程度与心力衰竭的严重程度成正相关。为此，血浆ANP及BNP水平可作为评定心力衰竭的进程和判断预后的指标。

2. 精氨酸血管升压素（arginine-vasopressin，AVP） AVP由垂体分泌，具有抗利尿和促进周围血管收缩的作用，对维持血浆渗透压起关键作用。AVP的释放受心房牵张感受器（atrial stretch receptor）的调控。心力衰竭时，心房牵张感受器的敏感性下降，使AVP的释放不能受到相应的抑制，而使血浆AVP水平升高，继而水的潴留增加，使心脏前负荷增加；同时其周围血管的收缩作用又使心脏后负荷增加。心力衰竭早期，AVP的效应有一定的代偿作用，而长期的AVP增加将使心力衰竭进一步恶化。

3. 内皮素　内皮素（endothelin）是由血管内皮释放的肽类物质，具有很强的收缩血管的作用。心力衰竭时，受血管活性物质（如去甲肾上腺素、血管紧张素、血栓素）的影响，血浆内皮素水平升高，且直接与肺动脉压力（特别是肺血管阻力）升高相关。除血流动力学效应外，内皮素还可导致细胞肥大、增生，参与心脏重塑过程。目前，实验研究已证实内皮素受体拮抗药可以对抗内皮素的血流动力学效应并减轻心肌肥厚，明显改善慢性心力衰竭动物的近期及远期预后。临床应用内皮素受体拮抗药初步显示可改善心力衰竭患者的血流动力学效应。

另外，一氧化氮、缓激肽以及一些细胞因子、炎症介质等均参与慢性心力衰竭的病理生理过程。

（三）心肌损害和心室重塑

在心脏功能受损，心腔扩大、心室肥厚的代偿过程中，心肌细胞、细胞外基质、胶原纤维网等均发生相应的变化，即心室重塑，是心力衰竭发生、发展的基本病理机制。由于基础心脏病的性质不同，进展速度不同，以及各种代偿机制的复杂作用，心室扩大及肥厚的程度与心功能的状况并不平行，有些患者心脏扩大或肥厚已十分明显，但临床上尚无心力衰竭的表现。但如基础心脏疾病病因不能解除，或即使没有新的心肌损害，随着时间的推移，心室重塑的病理变化仍可自身不断发展，心力衰竭必然会出现。从代偿到失代偿除了因为代偿能力有限、各种代偿机制的负面影响之外，心肌细胞的能量供应不足及利用障碍导致心肌细胞坏死、纤维化也是一个重要的因素。心肌细胞减少使心肌整体收缩力下降；纤维化的增加又使心室的顺应性下降，重塑更趋明显，心肌收缩力不能发挥其应有的射血效应，形成恶性循环，最终进入不可逆转的终末阶段。

【分期与分级】

（一）心力衰竭的分期

心力衰竭是各种心脏结构性和功能性疾病所导致的病理生理过程不断进展的临床综合征。为了从整体上减少因心力衰竭而死亡的患者人数，仅仅针对已发生心力衰竭临床表现的患者是不够的，必须从预防着手，从源头上减少和延缓心力衰竭的发生。为此，2001年美国心脏协会/美国心脏病学会（AHA/ACC）的《成人慢性心力衰竭指南》提出了心力衰竭分期的概念，在2005年更新版中仍然强调了这一概念，具体分期如下。

A期：患者为心力衰竭高危期，尚无器质性心脏（心肌）病或心力衰竭症状，如有高血压、心绞痛、代谢综合征，使用心肌毒性药物，可发展为心脏病的高危因素。

B期：患者已有器质性心脏病变，如左心室肥厚，无症状性瓣膜性心脏病、既往心肌梗死等，但无心力衰竭症状。

C期：患者已有心脏结构改变，既往或目前有心力衰竭症状和（或）体征。

D期：患者虽经严格优化内科治疗，但休息后仍有症状，常伴心源性恶病质，须反复长期住院。

心力衰竭的分期对每一位患者而言只能是停留在某一期或向前进展而不可能逆转。如 B 期患者，心肌已有结构性异常，其进展可导致 3 种后果：患者在发生心力衰竭症状前死亡；进入 C 期，经治疗可控制症状；进入 D 期，死于心力衰竭，而在整个过程中猝死可在任何时间发生。为此，只有在 A 期对各种高危因素进行有效的治疗，在 B 期进行有效干预，才能有效地减少或延缓进入有症状的临床心力衰竭阶段。

（二）心力衰竭的分级

心力衰竭的分级（NYHA 分级）是按诱发心力衰竭症状的活动程度，将心功能的受损状况分为四级。这一分级方案于 1928 年由美国纽约心脏病学会（NYHA）提出，临床上沿用至今。上述的心力衰竭分期不能取代这一分级，而只是对它的补充。实际上，心功能 NYHA 分级是对 C 期和 D 期患者症状严重程度的分级。

Ⅰ级：患者有心脏病，但日常活动不受限制，一般活动不引起疲乏、心悸、呼吸困难等心力衰竭症状。

Ⅱ级：心脏病患者的体力活动受到轻度限制，休息时无自觉症状，但平时一般活动可出现心力衰竭症状。

Ⅲ级：心脏病患者体力活动明显受限，小于平时一般活动即引起心力衰竭症状。

Ⅳ级：心脏病患者不能从事任何体力活动。休息状态下也存在心力衰竭症状，活动后加重。

 考点提示 心功能的 NYHA 分级。

这种分级方案的优点是简便易行，目前仍为临床医师所用。但其缺点是仅凭患者的主观陈述，有时症状与客观检查有很大差距，同时患者个体之间的差异也较大。

（三）6 分钟步行试验

6 分钟步行试验是一项简单易行、安全方便的试验，用于评定慢性心力衰竭患者的运动耐力。要求患者在平直走廊尽快行走，测定 6 分钟步行距离，若 6 分钟步行距离 < 150 m，表明为重度心力衰竭；150～450 m 为中度心力衰竭；> 450 m 为轻度心力衰竭。本试验除用于评价心脏的储备功能外，常用于评价心力衰竭治疗的疗效。

第一节 慢性心力衰竭

案例 3-14-1

患者，男性，62 岁，退休工人。因进行性活动后呼吸困难 2 年，加重 3 d 入院。2 年前，患者登 1 层楼即出现呼吸困难、胸闷，休息约 1 h 稍有缓解。以后自觉体力日渐下降，稍微活动即感呼吸困难、胸闷，夜间时有憋醒，间断服用氢氯噻嗪，治疗效果不佳。3 d 前患者因感冒后出现咳嗽，咳白色黏液痰，夜间不能平卧，来院就诊。既往史：高血压病史 20 年，未正规治疗。体格检查：T 37.8 ℃，P 126 次 / 分，R 24 次 / 分，BP 180/100 mmHg。颈静脉怒张，双肺可闻及干啰音、湿啰音，心尖部可闻及舒张早期奔马律，最强冲动点位于第 6 肋间隙，心率 126 次 / 分，肝大，可触及，肝颈静脉反流征阳性，下肢凹陷性水肿。辅助检查：胸部 X 线片示双肺可见散在斑片状阴影，双下肺少量胸腔积液，心脏扩大。心电图示左室高电压，未见 ST-T 缺血样改变。超声心动图：测量左室舒张末期内径 60 mm，射血分数 30%。

问题与思考：
1. 初步诊断和诊断依据是什么？需与哪些疾病相鉴别？
2. 需进一步做哪些检查？
3. 治疗原则是什么？

慢性心力衰竭（chronic heart failure，CHF）过去又称为慢性充血性心力衰竭，但部分心力衰竭患者可以不表现出任何容量负荷的征象，因此最新指南更趋向于使用慢性心力衰竭。慢性心力衰竭是大多数心血管疾病的最终归宿，也是患者最主要的死亡原因。心力衰竭患者4年死亡率达50%，严重心力衰竭患者1年死亡率高达50%。我国与西方国家相比，引起心力衰竭的基础心脏病的构成比有所不同，西方国家以高血压、冠心病为主，我国过去以心脏瓣膜疾病为主，目前的病因依次为冠心病、高血压、风湿性心脏瓣膜疾病，但瓣膜性心脏病仍然不可忽视。

【临床表现】

临床上左心衰竭比较常见，单纯右心衰竭较少见。一般左心衰竭后继发右心衰竭而导致全心衰竭，以及严重广泛的心肌疾病同时累及左、右心而发生全心衰竭临床上更为多见。

（一）左心衰竭

左心衰竭以肺淤血及心排血量降低为主要表现。

1. 症状

（1）不同程度的呼吸困难：主要原因是肺循环淤血，是左心衰竭最基本的临床表现。

1）劳力性呼吸困难：是左心衰竭患者最早出现的症状，因运动使回心血量增加，左心房压力增高，加重肺淤血。

2）夜间阵发性呼吸困难：患者多于夜间睡眠时突然憋醒，被迫采取坐位，可伴咳嗽，严重者肺部有哮鸣音，类似哮喘发作。其机制为：①平卧时静脉回心血量增多，加重了肺淤血，同时平卧后体静脉压降低，周围皮下水肿液减少，体循环容量增多，心脏负担加重；②睡眠时迷走神经兴奋性增高，冠状动脉收缩，心肌供血相对减少，同时小支气管平滑肌收缩，肺通气减少，加重了心肌缺氧；③平卧时膈肌处于高位，肺活量减少。

3）端坐呼吸：肺淤血达到一定程度时，患者不能平卧，因平卧时回心血量增多且横膈上抬，呼吸更为困难。高枕卧位、半卧位甚至端坐时方可好转。

（2）咳嗽、咳痰和咯血：咳嗽、咳痰因肺泡和支气管黏膜淤血所致，开始常于夜间发生，坐位或立位时咳嗽可减轻，咳白色浆液性泡沫样痰为其特点，偶可见痰中带血。急性左心衰竭发作时可出现咳粉红色泡沫样痰。长期慢性肺淤血静脉压力升高，导致肺循环和支气管血液循环在支气管黏膜下形成侧支，一旦破裂，可引起大量咯血。

（3）乏力、疲倦、头晕和心悸：因心排血量不足，组织器官灌注不足及代偿性心率增快所致。

（4）少尿及肾功能损害：严重的左心衰竭血液再分配时，首先是肾的血流量明显减少，可出现少尿。长期慢性肾血流量减少可出现血尿素氮、肌酐升高并可有肾功能不全的相应症状。

2. 体征

（1）肺部湿啰音：因肺毛细血管压增高，液体可渗出到肺泡而出现湿啰音。随着病情的加重，肺部啰音可从局限于肺底部直至全肺。患者如取侧卧位，则下垂的一侧啰音较多，可伴有哮鸣音，这是左心衰竭的重要体征之一。

（2）心脏体征：除基础心脏病的固有体征外，常有心率增快、肺动脉瓣第二音亢进及舒张期奔马律，左心腔扩大可伴有相对性二尖瓣关闭不全，产生心尖区收缩期杂音。交替脉也是左心衰竭的有力证据。

考点提示 左心衰竭的临床表现。

（二）右心衰竭

右心衰竭以体循环淤血为主要表现。

1. 症状

（1）消化道症状：长期消化道淤血引起恶心、呕吐、食欲缺乏，是右心衰竭最常见的症状。肝淤血引起上腹部饱胀甚至剧烈疼痛。长期肝淤血可导致黄疸及心源性肝硬化。

（2）泌尿系统症状：肾淤血引起少尿，夜尿增多，蛋白尿和不同程度的肾功能减退。

（3）劳力性呼吸困难：继发于左心衰竭的右心衰竭患者，呼吸困难已经存在。单纯性右心衰竭为分流性先天性心脏病或肺部疾病所致，也均有明显的呼吸困难。

2. 体征

（1）原有心脏病体征。

（2）颈静脉充盈或怒张：颈静脉充盈是右心衰竭最早出现的体征，肝颈静脉反流征阳性则更具特征性。

（3）肝大和压痛：是右心衰竭较早出现的体征之一。早期肝大，质地较软，有压痛。长期慢性右心衰竭可导致心源性肝硬化，此时肝质地变硬，压痛和肝颈静脉反流征反而不明显。晚期患者可出现黄疸、大量腹水及慢性肝损害。

（4）心脏增大：单纯的右心衰竭较少见，多因左心衰竭引起，表现为全心增大。患者右心室显著增大时，可引起三尖瓣相对关闭不全，在三尖瓣听诊区可闻及收缩期杂音。剑突下或三尖瓣听诊区可闻及右心室奔马律。

（5）水肿：体静脉压力升高使软组织出现水肿，表现为始于身体低垂部位的对称性凹陷性水肿。也可表现为胸腔积液，以双侧多见，常以右侧为甚，单侧者以右侧多见，这是由于右肺的平均静脉压较左肺高，右肺的容量较左肺大，右肺的表面渗出面积也较左肺大。胸腔积液含蛋白质的量较高，细胞数量正常。腹水晚期出现，常顽固并显著，腹水多为漏出液。在右心衰竭和全心衰竭患者，少量的心包积液也较常见，超声心动图检查能明确诊断。

（6）发绀：长期右心衰竭者大多有发绀，多属于周围性发绀。

（7）晚期可出现营养不良、消瘦，甚至恶病质。

考点提示 右心衰竭的临床表现。

（三）全心衰竭

右心衰竭继发于左心衰竭而形成全心衰竭。当右心衰竭出现后，左心衰竭的肺淤血症状因右心排血量减少反而有所减轻。常见的全心衰竭疾病有原发性扩张型心肌病、急性弥散性心肌炎、各种心脏病的晚期。

【辅助检查】

（一）实验室检查

1. 脑利尿钠肽　脑利尿钠肽（BNP）是诊断心力衰竭和临床事件风险评估的重要指标。目前常用 BNP 及 NT-proBNP。未经治疗者若 BNP 水平正常，则可排除心力衰竭的诊断。已接受治疗者若 BNP 水平持续高，则提示预后差。

> **知识链接**
>
> **脑利尿钠肽**
>
> 心肌细胞受到张力、牵拉等刺激后最初释放入血的是前利钠肽（pre-proBNP），在酶的作用下降解为利钠肽原，利钠肽原在酶的作用下进一步降解为有生物活性的 BNP 和无活性的 NT-proBNP。NT-proBNP 比 BNP 的半衰期长，且血液中含量约为 BNP 的 16~20 倍。NT-proBNP 在个体内变异小，在血清与血浆中稳定性良好，且其检测结果不受重组 BNP 等药物干扰。因此，NT-proBNP 更易于检测、更灵敏，是临床上更为理想的心力衰竭标志物。
>
> BNP < 100 ng/L、NT-proBNP < 300 ng/L 时，通常可排除急性心力衰竭。BNP < 35 ng/L、NT-proBNP < 125 ng/L 时，通常可排除慢性心力衰竭，但其敏感度和特异性较急性心力衰竭低。诊断急性心力衰竭时，NT-proBNP 水平应根据年龄和肾功能进行分层：50 岁以下 NT-proBNP > 450 ng/L，50 岁以上 NT-proBNP > 900 ng/L，75 岁以上 NT-proBNP > 1800 ng/L，肾功能不全（肾小球滤过率 < 60 ml/min）时 NT-proBNP > 1200 ng/L。

2. 肌钙蛋白　严重心力衰竭或失代偿期可监测到肌钙蛋白有轻微升高，但心力衰竭患者检测肌钙蛋白更重要的目的是明确是否存在急性冠脉综合征。肌钙蛋白升高，特别是同时伴有脑利尿钠肽升高，也是判断心力衰竭预后的强预测因子。

3. 常规检查　常规检查包括血常规、尿常规、肝功能、肾功能、血糖、血脂、电解质等。同时，对部分患者的甲状腺功能检测也不容忽视。

（二）心电图

心力衰竭并无特异性心电图表现，但能帮助判断基础心脏病的电生理改变。

（三）X 线检查

（1）心影大小及外形可为心脏病的病因诊断提供参考，可根据心脏扩大程度和动态改变观察心功能状态。

（2）肺淤血的出现及程度可直接反映心功能状态，早期肺静脉压增高时，可见肺门血管影增强，上肺血管影增多与下肺纹理密度相仿，甚至多于下肺。

（3）肺动脉压力明显导致间质性肺水肿时，可使肺野模糊，克利 B 线（Kerley B-line）是在肺野外侧清晰可见的水平线状影，是肺小叶间隔内积液的表现，也是慢性肺淤血的特征性表现。

（四）超声心动图检查

（1）超声心动图检查可准确提供各心腔大小变化、心脏瓣膜结构及室壁运动情况。

（2）超声心动图检查是临床上判断心脏舒张功能最实用而简便的方法。以收缩末期及舒张末期的容量差计算射血分数（ejection fraction，EF），可反映心脏收缩功能。正常情况下 EF > 50%，左心衰竭 EF < 40%。舒张功能降低可表现为二尖瓣血流图 E 峰下降、A 峰增高及 E/A 比值降低，正常 ≥ 1.2。

（五）放射性核素检查

放射性核素心血池显影除有助于判断心脏大小外，还可通过收缩末期和舒张末期的心室影像的差别计算 EF，同时还可通过记录时间 - 活度曲线计算左心室最大充盈速率，以反映心脏舒张功能。

（六）有创血流动力学检查

对急性重症心力衰竭患者，可采用床旁右心导管检查，经静脉插管至肺小动脉，测定各部位的压力及血液含氧量，计算心指数（cardiac index，CI）及肺毛细血管楔压（pulmonary capillary wedge pressure，PCWP），直接反映左心功能，正常时 CI > 2.5 L/(min·m^2)，PCWP < 12 mmHg。

【诊断与鉴别诊断】

（一）诊断

典型的心力衰竭诊断并不困难，主要诊断依据为原有基础心脏病的证据和循环淤血的表现，症状、体征是早期发现心力衰竭的关键，完整的病史采集及详细的体格检查非常重要。疲乏、无力等由心排血量减少、动脉系统供血不足引起，症状无特异性，诊断价值不大。左心衰竭时，肺淤血引起不同程度的呼吸困难、肺部啰音等，右心衰竭时体循环淤血引起颈静脉充盈或怒张、肝大、水肿。奔马律、心脏杂音等也是诊断心力衰竭的重要依据。但症状的严重程度与心功能不全的程度无明确相关性，应客观检查、评定心功能。BNP测定也可作为诊断依据，并可帮助鉴别呼吸困难的病因。血流动力学改变是诊断早期心力衰竭或潜在性心力衰竭最可靠的方法，当左心室舒张末压＞18 mmHg，右心室舒张末压＞10 mmHg时，应考虑心力衰竭。

考点提示：慢性心力衰竭的诊断。

判断原发病非常重要，如瓣膜病等导致左心室功能不全的病因是可以得到治疗或逆转的。同时也应明确是否存在可能导致症状出现或加剧的并发症。

预后评估：生存率是针对人群的描述，对患者而言，个体的预后更值得关注。准确的预后评估可为患者及其家属对未来生活的规划提供必要的信息，也能判断机械辅助治疗和心脏移植的可行性。LVEF下降、心功能NYHA分级恶化、持续的低血压及心动过速、顽固的高容量负荷、BNP持续高水平等均为心力衰竭高风险预测因子。

知识链接

心力衰竭分类

《中国心力衰竭诊断和治疗指南2024》将心力衰竭分为以下4类。

1. 射血分数降低的心力衰竭（HFrEF）　①症状或体征；②LVEF ≤ 40%。
2. 射血分数改善的心力衰竭（HFimpEF）　①病史；②既往LVEF ≤ 40%，治疗后随访LVEF ＞ 40%并较基线增加 ≥ 10%；③存在心脏结构（如左心房增大、左心室肥大）或左心室充盈受损的超声心动图证据。
3. 射血分数轻度降低的心力衰竭（HFmrEF）　①症状或体征；②LVEF 41%～49%。
4. 射血分数保留的心力衰竭（HFpEF）　①症状或体征；②LVEF ≥ 50%；③存在左心室结构或舒张功能障碍的客观证据，以及与之相符合的左心室舒张功能障碍/左心室充盈压升高。

（二）鉴别诊断

1. **支气管哮喘**　左心衰竭引起夜间阵发性呼吸困难，应与支气管哮喘相鉴别。左心衰竭多见于器质性心脏病患者，支气管哮喘多见于青少年有过敏史；左心衰竭发作时必须坐起，重症者肺部有干啰音、湿啰音，甚至咳粉红色泡沫样痰，支气管哮喘发作时双肺可闻及典型哮鸣音，咳出白色黏液痰后呼吸困难常可缓解。测定血浆BNP水平对鉴别左心衰竭引起的呼吸困难和支气管哮喘有较重要的参考价值。

2. **心包积液及缩窄性心包炎**　由于心包积液及缩窄性心包炎导致腔静脉回流受阻同样可以引起颈静脉怒张、肝大、下肢水肿等表现，应根据病史、心脏及周围血管体征进行鉴别，超声心动图检查、磁共振成像可确诊。

3. 非心源性肝硬化及肾源性水肿　二者应与慢性右心衰竭相鉴别，除基础心脏病体征有助于鉴别外，非心源性肝硬化及肾源性水肿患者无颈静脉充盈，且肝颈静脉反流征阴性，是进行鉴别诊断的重要体征。

 慢性心力衰竭的鉴别诊断。

【治疗】

治疗目标：①改善症状，提高运动耐量和生活质量；②防止及延缓心力衰竭的发生与发展；③降低死亡率及住院率，改善患者长期预后。

治疗原则：采取综合治疗措施，包括对各种可导致心功能受损的疾病（如冠心病、高血压、糖尿病）的早期管理，调节心力衰竭的代偿机制，减少其负面效应，如神经体液因素长期激活所致的心室重塑。

 慢性心力衰竭的治疗。

（一）病因治疗

通过药物、介入或手术治疗改善心肌缺血，控制高血压，矫正先天性心脏病等。对于少数病因未明的疾病，如原发性扩张型心肌病，也应早期干预。病因治疗的最大障碍是发现和治疗过晚，很多患者常满足于短期治疗缓解症状，拖延时日，终至发展为严重的心力衰竭不能耐受手术，而失去了治疗的时机。

（二）消除诱因

消除诱因是预防心力衰竭的关键。常见的诱因为感染，特别是呼吸道感染，应积极选用适当的抗菌药物治疗。快心室率心房颤动应尽快控制心室率，如有可能，应及时行电复律，应注意排查及纠正潜在的甲状腺功能异常、贫血等。

（三）一般治疗

1. 休息　适当控制体力活动，严重者绝对卧床休息，避免精神刺激，降低心脏负荷，有利于心功能恢复。随着心功能改善，应逐步下床活动。

2. 改善生活方式　降低心脏损害的危险性：①戒烟、控酒、减重。②低脂、低钠饮食，但应注意在应用强效排钠利尿药时，过分严格限盐可导致低钠血症。③控制高血压、高血脂、糖尿病。

3. 健康教育　心力衰竭患者及其家属应当得到准确的有关疾病知识及管理的指导，内容包括健康的生活方式、情绪控制、适当的诱因防控、服用药物指导及合理的随访计划等。

（四）药物治疗

1. 利尿药　利尿药是心力衰竭治疗中改善症状的"基石"，是唯一可以控制心力衰竭液体潴留并治疗心力衰竭的药物，但不能作为单一治疗药物，恰当使用利尿药是其他治疗心力衰竭药物取得成功的关键因素之一。

（1）作用机制：通过抑制肾小管特定部位的钠、氯重吸收，减轻水、钠潴留，减少静脉回流，减轻肺淤血，从而降低心脏前负荷，改善心功能。

（2）适应证：存在或曾经出现过水、钠潴留表现的心力衰竭患者，均应给予利尿药治疗。该类药物可迅速缓解症状，可在数小时或数日内缓解肺淤血和周围水肿，但单独使用利尿药不能保持心力衰竭患者的长期稳定。

（3）常用利尿药

1）噻嗪类利尿药：以氢氯噻嗪（双氢克尿塞）为代表，作用于肾远曲小管和髓袢升支远端，抑制钠的再吸收，因钠-钾交换机制也使钾的吸收减少，从而起到利尿作用。噻嗪类利尿药为中效利尿药，轻度心力衰竭可将其作为首选。开始25 mg口服，每日1次或隔日1次，较重患者可增量至每日75~100 mg，分2~3次口服，常与保钾利尿药合用，注意监测电解质。噻嗪类利尿药除可引起低钾血症外，还可引起尿酸及血糖升高，应注意监测。

2）袢利尿药：以呋塞米（速尿）为代表，作用于髓袢升支粗段，抑制钠、钾、氯的重吸收。在排钠的同时也排钾，为强效利尿药。用法为20~40 mg口服，2~4 h作用达高峰。重症者可增至100 mg口服，每日2次，或20~100 mg稀释后静脉注射。主要不良反应是低钾血症，应注意监测血钾。袢利尿药与血管紧张素转换酶抑制药或保钾药物（如螺内酯）合用治疗心力衰竭，可防止低钾血症的发生，不需长期口服补钾。

3）保钾利尿药：作用于肾远曲小管远端，排钠保钾，利尿作用不强，多与噻嗪类或袢利尿药合用，起到保钾作用。常用制剂：①螺内酯（安体舒通）起始剂量为10~20 mg，每日1次口服，渐增至20~40 mg，每日1次口服。②氨苯蝶啶50~100 mg口服，每日2次，常与排钾利尿药合用，起到保钾作用。③阿米洛利作用机制与氨苯蝶啶相似，利尿作用较强而保钾作用较弱，可单独用于轻型心力衰竭患者，一般5~10 mg，口服，每日2次。

4）血管升压素V_2受体阻断药：通过结合V_2受体减少水的重吸收，仅排水，不排钠，代表药物是托伐普坦，可用于顽固性水肿或伴低钠血症心力衰竭患者的治疗。

（4）利尿药的合理应用：利尿药可以改善体循环与肺循环淤血，从而改善心功能，是治疗心力衰竭的主要方法之一。但长期、大量使用利尿药可导致水、电解质代谢紊乱，引起低钾血症、低钠血症及低氯性碱中毒，血容量不足，循环衰竭和氮质血症等。合理应用应注意以下问题：①利尿药应从最低剂量开始，最好间断用药，排钾利尿药与保钾利尿药合用。②排钾利尿药宜间歇使用，保钾利尿药宜持续使用。③排钾利尿药与保钾利尿药合用时，为避免发生高钾血症，一般不同时服用钾盐。④轻度患者选噻嗪类利尿药常可获得满意疗效，中度患者选保钾利尿药持续应用或联合噻嗪类或袢利尿药间歇应用，重度患者选保钾利尿药与一种排钾利尿药合并持续应用，或加用氨茶碱加强利尿。⑤肾功能不全时选择袢利尿药，禁用保钾利尿药。⑥急性心肌梗死伴低血压或心源性休克者，不用快速利尿药。⑦血管紧张素转换酶抑制药（如卡托普利）具有较强的保钾作用，与不同类型利尿药合用时应特别注意。

 利尿药的适应证及禁忌证。

2. RAAS抑制剂

（1）血管紧张素转换酶抑制药（angiotensin converting enzyme inhibitor，ACEI）：临床证明，血管紧张素转换酶抑制药可以缓解心力衰竭患者的症状，延缓心力衰竭进展，抑制心室重塑及改善患者的远期预后，降低死亡率。

1）主要机制：①抑制RAAS。②提高缓激肽水平，引起有扩血管作用的前列腺素生成增多，并具有抗组织增生作用。③抑制心室及血管的重构，维护心肌功能。

2）适应证：血管紧张素转换酶抑制药是治疗心力衰竭的"基石"药物，适用于各种轻度、中度、重度心力衰竭及早期或无症状心力衰竭患者。

3）禁忌证：双侧肾动脉狭窄、高钾血症（>6.0 mmol/L）、妊娠期妇女、血管神经性水肿等患者绝对禁用。低血压（收缩压<90 mmHg）、高钾血症（>5.5~6.0 mmol/L）、血肌酐水平显著升高（>265 μmol/L）和左心室流出道梗阻等患者应慎用。

4)常用制剂：根据其半衰期的长短，确定血管紧张素转换酶抑制药用药剂量及用药次数。首次应从半剂量开始，如患者能耐受，则每隔 3~7 d 剂量加倍，直至目标剂量。长效制剂每日 1 次可提高患者的依从性。血管紧张素转换酶抑制药目前种类繁多，常用制剂有卡托普利（captopril）12.5~25 mg，每日 2 次；依那普利（enalapril）5~10 mg，每日 2 次；贝那普利（benazepril）2.5~10 mg，每日 1 次；其他还有赖诺普利等长效制剂。

5)不良反应：①低血压：为主要的不良反应，特点是首次剂量低血压反应，故首次剂量应减半。②刺激性干咳：常见，是部分患者不能耐受治疗的一个原因，停药后咳嗽消失，再服药后咳嗽又出现，与本药抑制缓激肽降解，使其蓄积并激惹支气管黏膜有关。③肾功能恶化。④高钾血症。⑤血管神经性水肿：是最严重的并发症。因此，用药期间应注意测量血压，定期复查血钾和肾功能。

（2）血管紧张素受体阻断药（angiotensin receptor blockers，ARB）：其阻断 RAAS 的效应与血管紧张素转换酶抑制药相同甚至更完全，但缺少抑制缓激肽降解作用，其治疗心力衰竭的临床对照研究的经验尚不及血管紧张素转换酶抑制药。血管紧张素受体阻断药无抑制缓激肽降解作用，因此引起干咳及血管性水肿少见，多用于不能耐受血管紧张素转换酶抑制药引起的干咳与血管性水肿患者。常用制剂如缬沙坦 80 mg 口服，每日 1 次，可逐渐增量至 160 mg 口服，每日 1 次。本药能引起低血压、高钾血症及肾功能恶化等，不主张与血管紧张素转换酶抑制药联合使用。

（3）醛固酮受体拮抗药：螺内酯等醛固酮受体拮抗药能阻断醛固酮效应，抑制心血管重塑，改善心力衰竭患者的远期预后，但需注意血钾的监测。对于近期有肾功能不全病史，表现为肌酐升高、尿素氮显著升高或高钾血症，尤其是正在使用胰岛素治疗的糖尿病患者，即使符合推荐标准，也不能使用。

依普利酮（eplerenone）是一种新型的选择性醛固酮受体拮抗药，只作用于盐皮质激素受体，可显著降低轻度心力衰竭患者心血管事件发生风险及心血管疾病死亡率，特别适用于高龄、糖尿病及肾功能不全患者。

（4）血管紧张素受体脑啡肽酶抑制药（ARNI）：通过沙库巴曲代谢产物 LBQ657 抑制脑啡肽酶，同时通过缬沙坦阻断 AT1 受体，抑制血管收缩，改善心肌重构，显著降低心力衰竭患者住院和心血管死亡风险，改善心力衰竭患者的症状和生活质量，推荐用于 HFrEF 患者。

血管紧张素转换酶抑制药的适应证及禁忌证。

3. β受体阻断药　从传统的观念来看，β受体阻断药以其负性肌力作用而禁用于心力衰竭。但现代研究表明，心力衰竭时机体的代偿机制虽然在早期能维持心脏排血功能，但在长期的发展过程中将对心肌产生有害的影响，从而加速患者死亡。代偿机制中交感神经激活是一个重要的组成部分，β受体阻断药可抑制交感神经激活对心力衰竭代偿的不利作用。

（1）作用机制：①能够阻断交感神经儿茶酚胺对心肌的毒性作用；②减慢心率，降低心肌耗氧量；③减少心律失常；④对抗 β 受体下调。临床试验证明，长期服用 β 受体阻断药可改善症状、运动能力、血流动力学和神经-体液等指标，使心力衰竭的猝死率下降 47%。

（2）适应证：β受体阻断药适用于轻度心力衰竭，病情稳定、左室射血分数＜40%的患者。除非有禁忌证或不能耐受。病情稳定的心功能 NYHA 分级Ⅳ级的患者，无液体潴留，且不需要静脉用药者，在严密监护下由专业医师指导应用。应用药物改善心力衰竭症状常在治疗后 2~3 个月才出现，即使症状未能改善，β受体阻断药仍能减少疾病进展的危险性。

（3）禁忌证：支气管痉挛性疾病；心动过缓（＜55 次/分）；二度及以上房室传导阻滞（除非已安装心脏起搏器）；有明显液体潴留需大量利尿；急性心力衰竭；难治性心力衰竭需静脉给药。

（4）常用制剂：目前有证据显示用于心力衰竭治疗的β受体阻断药有选择性$β_1$受体阻断药（如美托洛尔、比索洛尔）和兼有$β_1$、$β_2$和$α_1$受体阻断作用的制剂（如卡维地洛）。因β受体阻断药具有负性肌力作用，应用要十分慎重，在心力衰竭症状稳定后，在使用利尿药、血管紧张素转换酶抑制药的基础上应用。卡维地洛用于心力衰竭的治疗，大规模临床试验结果证实其疗效明显优于美托洛尔，可明显降低患者死亡率、住院率以及提高患者的运动耐量。用法：需从极低剂量（常用剂量的1/4）开始，如美托洛尔12.5 mg口服，每日2次；比索洛尔1.25 mg口服，每日1次；卡维地洛3.125 mg口服，每日2次。如患者能耐受上述剂量，则每隔2~4周将剂量加倍。用药时以患者清醒时静息心率不低于55次/分为宜，一旦达到目标心率或最大耐受量，即可长期维持。突然停药可导致心力衰竭显著恶化，应注意监测。

  β受体阻断药的适应证及禁忌证。

4. 正性肌力药

（1）洋地黄类药物：洋地黄类药物作为正性肌力药物的代表用于治疗心力衰竭已有200余年的历史，但直到近20年才有较大系列前瞻性的、有对照的临床研究报告。1997年结束的包括7788例大样本，以死亡为观察终点的DIG研究证实，在其他药物没有差别的情况下，与对照组相比，加用地高辛（digoxin）可明显改善症状，减少住院率，提高运动耐量，增加心排血量，但观察终期的生存率地高辛组与对照组之间没有差别。

1）药理作用：①正性肌力作用：通过抑制心肌细胞膜上的Na^+-K^+-ATP酶，使细胞内Ca^{2+}浓度升高而使心肌收缩力增强。②兴奋迷走神经：通过兴奋迷走神经，间接降低窦房结自律性和传导性，具有负性频率和负性传导作用。

2）适应证：①心功能NYHA分级Ⅱ~Ⅳ级的收缩期心力衰竭患者，在使用利尿药、血管紧张素转换酶抑制药（或血管紧张素受体阻断药）和β受体阻断药时仍有持续性心力衰竭症状，这类患者如同时伴有心房颤动，则更是应用洋地黄的最好指征。②室上性快速型心律失常，如室上性心动过速、心房颤动和心房扑动。

3）禁忌证：①洋地黄过量或中毒。②梗阻性肥厚型心肌病。③二度或三度房室传导阻滞而无永久性心脏起搏器保护。④预激综合征伴心房颤动或心房扑动。⑤重度二尖瓣狭窄伴窦性心律并发肺水肿。

4）洋地黄制剂的选择：常用的洋地黄制剂为地高辛（digoxin）、洋地黄毒苷（digitoxin）及毛花苷C（lanatoside C）、毒毛花苷K（strophanthin K）等。①地高辛：口服制剂。每片0.25 mg，口服后经小肠吸收，2~3 h血浓度达高峰，4~8 h获最大效应。地高辛85%由肾排出，10%~15%由肝胆系统排至肠道。本药的半衰期为1.6 d，连续口服相同剂量7 d后血浆浓度可达有效稳态。本制剂适用于中度心力衰竭的维持治疗，每日1次，0.25 mg。70岁以上或肾功能不良的患者宜减量。②毛花苷C：为静脉注射用制剂，注射后10 min起效，1~2 h达高峰，半衰期为3 h，90%经肾清除，每次0.2~0.4 mg稀释后静脉注射，24 h总量0.8~1.2 mg，适用于急性心力衰竭或慢性心力衰竭加重时，特别适用于心力衰竭伴快速心房颤动者。③毒毛花苷K：也为快速作用类，静脉注射后5 min起作用，30 min至1 h达高峰，每次静脉用量为0.25 mg，24 h总量为0.5~0.75 mg，用于急性心力衰竭时。

5）易发生洋地黄中毒的因素：洋地黄用药安全窗很小，轻度中毒剂量约为有效治疗量的2倍。下列情况易发生洋地黄中毒：①肾功能不全。②心肌缺血、缺氧。③电解质代谢紊乱，特别是低钾血症、低镁血症。④心血管疾病常用药物如胺碘酮、维拉帕米（异搏定）及奎尼丁均可降低地高辛经肾排泄率而增加中毒的可能性。

6）洋地黄中毒的表现：①心律失常：是洋地黄中毒最重要的表现，最常见者为室性期前收缩，多表现为二联律，也可见非阵发性交界性心动过速、房性期前收缩、心房颤动及房室传导阻滞，快速房性心律失常伴有传导阻滞是洋地黄中毒的特征性表现。②胃肠道反应：如厌食、恶心、呕吐。③中枢神经症状：如视物模糊、黄视、绿视、定向力障碍、意识障碍等较少见。

7）洋地黄中毒的处理：①立即停药，单发性室性期前收缩、一度房室传导阻滞等停药后常自行消失。②对快速型心律失常，如血钾浓度低，可静脉补钾；如血钾浓度不低，可用利多卡因或苯妥英钠，电复律易导致心室颤动，故一般禁用。③缓慢型心律失常可用阿托品 0.5 ~ 1.0 mg 皮下注射或静脉注射。④完全性房室传导阻滞，出现心源性晕厥、低血压时，可安置临时心脏起搏器。

 洋地黄制剂的适应证、禁忌证、中毒表现及处理。

（2）非洋地黄类正性肌力药

1）β受体兴奋药：多巴胺是去甲肾上腺素的前体，其作用随应用剂量的大小而表现不同，小剂量 [< 2 μg/（kg·min），静脉滴注] 多巴胺可降低外周阻力，扩张肾动脉、冠状动脉和脑血管；较大剂量 [> 2 μg/（kg·min），静脉滴注] 多巴胺可增加心肌收缩力和心排血量，有利于改善急性心力衰竭的病情。但 > 5 μg/（kg·min）的大剂量多巴胺静脉滴注时，因可兴奋 α 受体而增加左心室后负荷和肺动脉压而对患者有害。多巴酚丁胺是多巴胺的衍生物，可通过兴奋 β 受体增强心肌收缩力，扩血管作用不如多巴胺明显，对加快心率的反应也比多巴胺小。起始用药剂量与多巴胺相同。以上两种制剂均只能短期静脉应用，在慢性心力衰竭加重时，起到帮助患者渡过难关的作用，连续用药超过 72 h 可能出现耐药，长期使用将增加死亡率。

2）磷酸二酯酶抑制药：其作用机制是抑制磷酸二酯酶活性，促进钙通道膜蛋白磷酸化，钙通道激活使 Ca^{2+} 内流增加，心肌收缩力增强。目前临床应用的制剂如米力农，用量为 50 μg/kg，稀释后静脉注射，继以 0.375 ~ 0.75 μg/（kg·min）静脉滴注维持。磷酸二酯酶抑制药短期应用对改善心力衰竭症状的效果是肯定的，但已有大系列前瞻性研究证明长期应用米力农治疗重症慢性心力衰竭患者，其死亡率较不用者更高。因此，此类药物仅限于重症心力衰竭完善各项治疗措施后症状仍不能控制时短期应用。

5. 扩血管药物　慢性心力衰竭的治疗不推荐使用血管扩张药，目前仅在伴有心绞痛或高血压的患者可考虑联合使用。存在流出道梗阻或瓣膜狭窄的患者禁止使用。

6. 抗心力衰竭药物治疗进展

（1）钠-葡萄糖协同转运蛋白 2 抑制剂（SGLT2i）：临床试验中，如达格列净或恩格列净的起始剂量和目标剂量均为 10 mg，每日 1 次。对于收缩压 < 100 mmHg 的患者，起始剂量可为 2.5 ~ 5 mg。SGLT2i 适用于有症状的 HFrEF 患者，无论是否伴有糖尿病均推荐，可降低心力衰竭患者的住院率和死亡率，除非有禁忌证或患者不能耐受。

（2）可溶性鸟苷酸环化酶（sGC）刺激剂：维立西呱，推荐起始剂量为 2.5 ~ 5 mg，每日 1 次。根据患者耐受情况，约每 2 周剂量加倍，以达到 10 mg，每日 1 次的目标剂量。维立西呱适用于近期发生过心力衰竭加重事件、心功能 NYHA 分级 Ⅱ 级 ~ Ⅳ 级、LVEF < 45% 的心力衰竭患者，推荐在标准治疗基础上尽早加用，以降低心血管死亡和心力衰竭住院风险。

（3）伊伐雷定：是首个选择性特异性窦房结 I_f 电流抑制剂，对心肌收缩、心脏内传导系统及心室复极化无影响，无 β 受体阻断药的不良反应。

（4）肼屈嗪与二硝酸异山梨酯：可用于已接受优化血管紧张素转换酶抑制药和 β 受体阻断药治疗的心功能 NYHA 分级 Ⅲ 级 ~ Ⅳ 级的 HFrEF 患者，可以降低患病率和死亡率。若 HFrEF 患者因低血压、肾功能不全或不能耐受药物而不能服用血管紧张素转换酶抑制药或血管紧张素受体阻断药，可以给予肼屈嗪与二硝酸异山梨酯治疗。

（五）非药物治疗

1. 心脏再同步化治疗（CRT） 30%进展性心力衰竭的患者存在左、右心室之间的收缩不同步，导致心室充盈欠佳、二尖瓣反流，左室射血分数下降。心脏再同步化治疗可以改善房室、左右心室间以及心室内的收缩同步性，减少继发性二尖瓣反流，改善心力衰竭。目前应用指征为：尽管使用了充分的药物治疗，心功能NYHA分级Ⅲ级或不必卧床的Ⅳ级的心力衰竭患者，LVEF≤35%，QRS时限≥120 ms；QRS时限正常的上述患者，若长期依赖心室起搏，接受心脏再同步化治疗也是合理的；对于最佳药物治疗基础上LVEF≤35%，但心功能NYHA分级Ⅰ级或Ⅱ级的心力衰竭患者，在植入永久起搏器时，如果预期需要长期心室起搏，可考虑心脏再同步化治疗。

2. 左心室辅助装置（left ventricular assistant device，LVAD） LVAD适用于准备行心脏移植或发生严重心脏事件后的患者，作为短期过渡治疗或急性心力衰竭的辅助性治疗。

3. 心脏移植 心脏移植是治疗终末期心力衰竭的最后治疗手段，但因供体来源及排斥反应而难以广泛开展。

（六）射血分数降低的心力衰竭治疗

1. 病因治疗 寻找和治疗基本病因，如治疗冠心病或主动脉瓣狭窄、有效控制降血压等。

2. 纠正心律失常 尽量维持窦性心律，保持房室顺序收缩及传导，保证心室舒张期充盈的容量。

3. β受体阻断药 β受体阻断药可以改善心肌顺应性，使容量-压力曲线下移，适用于冠心病伴活动性心肌缺血患者，可改善舒张功能，减慢心率，增加舒张期充盈。

4. 钙通道阻滞药 钙通道阻滞药可降低心肌细胞内钙浓度，改善心肌主动舒张功能，主要用于肥厚型心肌病。

5. 血管紧张素转换酶抑制药/血管紧张素受体阻断药 血管紧张素转换酶抑制药/血管紧张素受体阻断药可有效地控制高血压，改善心肌及小血管重构，有利于改善舒缩功能，尤其适用于高血压心脏病及冠心病。

6. 降低肺静脉压 如限制钠盐摄入，使用利尿药、硝酸酯类药物降低前负荷，缓解肺淤血，但不宜过度，以免引起心排血量下降。

7. 其他 在无收缩功能障碍的情况下禁用正性肌力药。

（七）难治性心力衰竭（顽固性心力衰竭）的治疗

难治性心力衰竭是指经过以上正规的内科治疗后，症状仍不见好转，甚至还有加重者。但并不是指心脏情况已至终末期不可逆转。对这类患者，应努力寻找潜在的病因，除外由于治疗不当使心力衰竭不能纠正的原因。治疗应从以下几个方面着手。

（1）找出加重心力衰竭的潜在因素。①患者是否按医嘱认真用药。②洋地黄药物剂量是否合适，有无不足或过量。③诱发心力衰竭的病因是否去除或加重，如呼吸道/肺感染、甲状腺功能亢进症、糖尿病、风湿活动、贫血、尿路感染、肝或肾等器官的疾病。④药物作用：如皮质激素或某些扩血管药物可加重水肿，或应用具有负性肌力作用的抗心律失常药，如β受体阻断药、钙通道阻滞药。⑤过度利尿，导致电解质代谢紊乱，如低钠、低钾、低氯。

（2）进行全面、系统的检查，对不能改善症状的心力衰竭患者的病因进行重新评估，找出确切病因，采取相应的治疗措施。

（3）对过去的治疗措施进行细致分析，总结经验教训。注意鉴别是以收缩功能障碍还是舒张功能障碍为主的心力衰竭。对以收缩功能障碍为主的心力衰竭，用洋地黄类药物可收到满意效果，但对舒张功能障碍为主的心力衰竭，洋地黄类药物应用无益，此类患者心脏增大不明显，心力衰竭的主要原因是心室僵硬，顺应性减低，血液进入心室受阻，回心血量减少，心排血量下降，不能维持机体代谢所需。

（4）对高度顽固水肿者，也可试用血液超滤，应恰当掌握适应证，超滤速度及相关参数调节适当时，常可明显改善症状。

（5）主动脉内球囊反搏（IABP）主要用于伴有心源性休克的患者，可以帮助患者度过危机。

（6）对不可逆性心力衰竭，药物治疗无效者，其大多数病因无法纠正，如扩张型心肌病、晚期缺血性心肌病等，可进行心脏移植。心脏移植手术在我国成功率已较高，5年存活率已达60%以上，但条件有限，目前在我国尚不能普遍开展。

【预防】

1. 对心力衰竭危险因素的干预　主要是健康饮食，积极控制血压、血糖，调脂治疗和戒烟、限酒等。

2. 对无症状性左心室收缩功能障碍的干预

（1）防止心肌进一步损伤：①急性心肌梗死期间，成功的溶栓治疗或冠状动脉血管成形术可有效地防止心肌损伤，降低心力衰竭的发生率和死亡率。②对近期从心肌梗死恢复的患者，应用血管紧张素转换酶抑制药或β受体阻断药，可降低再梗死或死亡的危险性，特别是心肌梗死时伴有慢性心力衰竭的患者。

（2）防止心肌损伤后的恶化：凡已有左心室功能不全者，不论是否出现症状，均应给予拮抗神经内分泌药物治疗，以降低发展成严重心力衰竭的危险性。

第二节　急性心力衰竭

案例 3-14-2

患者，女性，58岁。近半年来反复出现胸闷、气短，尤其在活动或情绪激动时加重。近1周，患者上述症状明显加重，伴有夜间阵发性呼吸困难，需高枕卧位才能入睡。今日晨起突发严重呼吸困难，咳粉红色泡沫样痰，急来院就诊。患者既往有高血压病史10年，未规律服药。体格检查：BP 170/100 mmHg，呼吸急促，口唇轻度发绀，双肺可闻及广泛湿啰音及哮鸣音，心率120次/分，心律齐，心尖部可闻及舒张期奔马律。腹部无异常，双下肢轻度水肿。

问题与思考：

1. 初步诊断和诊断依据是什么？需与哪些疾病相鉴别？
2. 需进一步做哪些检查？
3. 治疗原则是什么？

急性心力衰竭（acute heart failure，AHF）是指由于心力衰竭急性发作引起心排血量显著、急骤降低而导致的组织、器官灌注不足和急性淤血综合征。临床上以急性左心衰竭最为常见，表现为急性肺水肿，甚至可发生心源性休克或心搏骤停，是内科危重急症。急性右心衰竭少见，多由急性右心室心肌梗死或大块肺梗死引起。本节主要讨论急性左心衰竭。

【病因与发病机制】

（一）病因

急性心力衰竭常见的病因有以下几种。

1. 急性弥散性心肌损害　常见与冠心病有关的急性广泛性心肌梗死等导致的急性心肌收缩力减退。

2. 急性机械性阻塞　如高血压危象、严重二尖瓣或主动脉瓣狭窄、左室流出道梗阻等使心脏压力负荷过重，心脏排血严重受阻。

3. 急性容量负荷过重　如由于急性心肌梗死或急性感染性心内膜炎所致乳头肌或腱索断裂，输血或输液过多、过快，使心脏容量负荷突然显著增加。

4. 急性心室舒张受限　如急性大量心包积液或积血所致的急性心脏压塞。

5. 严重的心律失常　包括快速的室上性和室性心律失常以及严重的心动过缓，使心排血量显著减少。

6. 其他非心源性因素　如药物治疗依从性不佳、严重感染或大手术后、酗酒、注射药瘾，以及存在高输出综合征，如甲状腺危象、重度贫血。

 急性心力衰竭的病因。

（二）发病机制

左心室收缩力突然严重减弱，心排血量急剧减少，左心室舒张末压迅速升高，引起肺静脉压及肺毛细血管压急剧升高，使肺毛细血管内液体渗入肺间质和肺泡内而形成急性肺水肿。肺水肿早期可因交感神经激活，患者血压可升高，但随着病情的持续进展，血压将逐步下降。

【临床表现】

患者突然出现严重呼吸困难，呼吸频率可达 30～40 次/分，端坐呼吸，烦躁不安，大汗淋漓、发绀，伴恐惧、窒息感。有频繁咳嗽，严重时咳粉红色泡沫样痰。早期可有血压轻度升高，随病情发展，血压下降，直至出现心源性休克。听诊两肺满布中、小水泡音和哮鸣音，心尖部第一心音减弱，心率快，可闻及舒张期奔马律及肺动脉瓣第二音亢进。

心源性休克主要表现为持续性低血压，收缩压降至 90 mmHg 以下，持续 30 min 以上，PCWP ≥ 18 mmHg，CI ≤ 2.2 L/(min·m^2)，伴组织低灌注状态，如皮肤湿冷、苍白和发绀，尿量显著减少，意识障碍，代谢性酸中毒。

 急性左心衰竭的临床表现。

【辅助检查】

胸部 X 线检查：早期肺间质水肿时，上肺静脉充盈、肺门血管影模糊、小叶间隔增厚。肺水肿时表现为蝶形肺门影。严重肺水肿时表现为弥漫满肺的大片阴影。

【分类与分级】

（一）临床分类

1. 急性左心衰竭　急性发作或加重的心肌收缩力明显降低、心脏负荷加重，造成急性心排血量骤降、肺循环压力突然升高、周围循环阻力增加，出现急性肺淤血、肺水肿并可伴组织器官灌注不足和心源性休克的临床综合征。急性左心衰竭包括慢性心力衰竭急性失代偿、急性冠脉综合征、高血压急症、急性心瓣膜功能障碍、急性重症心肌炎、围生期心肌病和严重心律失常。

2. 急性右心衰竭　急性右心衰竭是右心室心肌收缩力急剧下降或右心室的前、后负荷突然加重，引起右心排血量急剧减低的临床综合征，常由右心室梗死、急性大面积肺栓塞、右心瓣膜疾病所致。

（二）严重程度分级

由急性心肌梗死导致的急性心力衰竭，临床严重程度常用基利普（Killip）分级。

Ⅰ级：无心力衰竭的临床症状和体征。

Ⅱ级：有心力衰竭的临床症状和体征。可闻及奔马律、中下肺野湿啰音（湿啰音占肺野50%），X线检查示肺淤血。

Ⅲ级：严重心力衰竭的临床症状和体征。严重肺水肿，两肺满布湿啰音（湿啰音占肺野50%以上）。

Ⅳ级：心源性休克。

【诊断与鉴别诊断】

依据典型症状和体征，结合急性心脏病史、咳粉红色泡沫样痰及心尖部舒张期奔马律、X线典型表现，一般即可做出诊断。急性呼吸困难需与支气管哮喘、心外原因引起的肺水肿相鉴别。对可疑患者行BNP/NT-proBNP检测进行鉴别，阴性者几乎可排除急性心力衰竭的诊断。

【治疗】

急性左心衰竭时缺氧和严重呼吸困难是致命威胁，属于内科急危重症，必须尽快治疗。治疗目标为改善症状，稳定血流动力学状态，维护重要脏器功能，避免复发，改善预后。

（一）体位

患者取坐位，双腿下垂，以减少静脉回流，并使横膈下降，有利于呼吸。

（二）吸氧

立即鼻导管高流量给氧，对严重者采用无创呼吸机持续气道正压通气（CPAP）或双水平气道正压通气（BiPAP）给氧，使肺泡内压力增加，加强气体交换，阻止组织液向肺泡内渗透。开始时氧流量为2~3 L/min，以后可逐渐增至6 L/min以上。用50%乙醇置于氧气的滤瓶内，随氧气吸入使肺泡内泡沫消失，增加气体交换面积。

（三）镇静

对烦躁不安的患者，用吗啡3~5 mg稀释后缓慢静脉注射或肌内注射，必要时每隔15 min重复1次，共2~3次。静脉缓慢注射吗啡不仅可以使患者镇静，减少躁动所带来的额外的心脏负担，同时也具有舒张小血管的功能而减轻心脏负荷。

（四）快速利尿

首选强效袢利尿药，常用呋塞米、托拉塞米、布美他尼等，可起到快速大量利尿、降低心脏前负荷和扩张静脉的作用。如呋塞米20~40 mg稀释后静脉注射，于2 min内注射完，10 min内起效，可持续3~4 h，必要时4 h后重复1次。血压偏低者慎用。大量利尿应注意低血容量和低钾血症的发生。

（五）血管扩张药

1. 硝普钠 硝普钠可以扩张小动脉和静脉，有效降低心室前负荷、后负荷，作用快速、短暂，静脉用药后2~5 min起效。开始以0.3 μg/（kg·min）的速度静脉滴注，根据血压调整剂量，最大剂量可用至5 μg/（kg·min），维持在50~100 μg/min，保持收缩压不低于100 mmHg，静脉滴注时需避光，4~8 h滴完。硝普钠主要用于高血压心脏病引起的左心衰竭患者。硝普钠含有氰化物，用药时间不宜连续超过24 h。

2. 硝酸甘油 硝酸甘油扩张小静脉，减少回心血量，使左室舒张末压（LVEDP）及肺血管压降低，较大剂量时引起冠状动脉扩张，特别适用于急性冠脉综合征患者。患者对本药的耐受量个体差异很大，可先从5~10 μg/min开始静脉滴注，然后每10 min调整1次，每次增加5~10 μg/min，维持在50~100 μg/min，最大剂量200 μg/min，以收缩压达到90~100 mmHg为度。低血压时应与多巴胺合用。

3. **重组人脑利尿钠肽（rhBNP）** 为重组的人BNP，如奈西立肽，具有扩张血管、利尿、抑制RAAS和交感活性的作用，适用于急性失代偿心力衰竭。

（六）正性肌力药

1. **β受体兴奋药** 小到中等剂量多巴胺可通过降低外周阻力，增加肾血流量，可增加心肌收缩力和心排血量，有利于改善急性心力衰竭患者的病情。多巴酚丁胺起始剂量同多巴胺，可根据尿量和血流动力学监测结果调整剂量。

2. **磷酸二酯酶抑制药** 米力农具有正性肌力及血管扩张作用，在扩血管、利尿的基础上短时间应用可能取得较好的疗效。

3. **左西孟旦** 左西孟旦能够与心肌细胞的肌钙蛋白C结合，增强肌丝对钙的敏感性而使心肌收缩力增强，同时具有扩张冠状动脉和外周血管以及改善压抑心肌功能的作用。左西孟旦适用于无明显低血压或低血压趋势的急性左心衰竭患者。

4. **洋地黄** 对发病2周内未用过洋地黄者，可给予毛花苷C，静脉给药。首次剂量为0.4~0.8 mg，加入5%葡萄糖溶液20 ml内缓慢静脉注射（5 min），对室上性快速型心律失常引起肺水肿者疗效显著。若无效，2 h后可酌情再用0.2~0.4 mg。洋地黄适用于有快速心室率的心房颤动并心室扩大伴左心室收缩功能不全患者。对急性心肌梗死患者，在急性期24 h内不宜用洋地黄类药物。重度二尖瓣狭窄伴窦性心律患者禁用。

（七）氨茶碱

氨茶碱可解除支气管痉挛，并有一定的正性肌力和扩血管及利尿作用。氨茶碱0.25 g加入50%葡萄糖溶液20 ml中，缓慢静脉注射，时间不少于20 min。

（八）减少静脉回流

应用橡胶止血带或血压计袖带，四肢轮流三肢结扎法（结扎于四肢近躯干部）以减少静脉回心血量，每15~20 min按顺时针或逆时针方向将一个肢体止血带放松，即每个肢体加压45 min、放松15 min。

（九）机械辅助治疗

对极危重患者，有条件的医院可采用主动脉内球囊反搏（IABP）和临时心肺辅助系统。待急性症状缓解后，应着手对诱因及基本病因进行治疗。

 急性心力衰竭的治疗。

【健康教育】

健康教育有助于医患双方相互理解、和谐相处。心力衰竭属于慢性疾病，患者需要有效的健康教育指导，促进患者配合治疗。医师应当从什么是心力衰竭、诊断心力衰竭需要做的检查、心力衰竭的治疗、心力衰竭的转归（预后）、心力衰竭的预防及防止病情反复发作等方面，为患者做综合而全面的讲解。促使患者对心力衰竭有进一步的了解，并建立治疗计划和树立战胜疾病的信心。具体措施：①避免心力衰竭的诱发因素，如呼吸道感染、过度劳累。②体重监测。③低热量、易消化饮食。④控制食盐量：心功能Ⅱ级，食盐量<5 g/d；心功能Ⅲ级，食盐量<2.5 g/d，心功能Ⅳ级，食盐量<1 g/d或忌盐，注意避免隐性高盐食品。⑤严格遵医嘱服药，不能擅自增加或减少药量，服洋地黄者，当出现恶心、呕吐、黄视等现象时，应识别其中毒反应并及时就诊。⑥戒烟、戒酒。⑦及时发现病情变化，当出现疲倦、乏力、水肿等情况时，应及时与医师联系。

自 测 题

一、选择题

1. 患者，男性，68 岁，有高血压病史 15 年，近期出现呼吸困难、咳嗽和咳粉红色泡沫样痰，双下肢凹陷性水肿。该患者最可能的疾病诊断是
   A. 急性心肌梗死　　　　B. 慢性支气管炎　　　　C. 支气管哮喘
   D. 急性左心衰竭　　　　E. 肺动脉高压

2. 患者，女性，65 岁，因进行性活动后呼吸困难入院，其左心室舒张末期内径达到 65 mm，射血分数为 32%，最可能的心力衰竭类型是
   A. 右心衰竭　　　　　　B. 全心衰竭　　　　　　C. 左心衰竭
   D. 舒张性心力衰竭　　　E. 收缩性心力衰竭

3. 心力衰竭患者水肿通常首先出现在
   A. 眼睑　　　　　　　　B. 双手　　　　　　　　C. 颜面
   D. 身体最低部位　　　　E. 腹部

4. 评价心功能最常用的检查方法是
   A. 常规心电图　　　　　B. 超声心动图　　　　　C. 动态心电图
   D. 放射性核素　　　　　E. 心电图运动负荷试验

5. 关于右心衰竭，以下描述错误的是
   A. 颈静脉怒张　　　　　B. 肝颈静脉反流征阳性　C. 肺水肿
   D. 肝大　　　　　　　　E. 下肢凹陷性水肿

6. 急性心力衰竭的最常见诱因是
   A. 高血压　　　　　　　B. 劳累　　　　　　　　C. 感染
   D. 情绪激动　　　　　　E. 贫血

7. 以下药物在心力衰竭治疗中具有扩张血管和减轻心脏负荷作用的是
   A. 地高辛　　　　　　　B. 利尿药　　　　　　　C. 硝普钠
   D. 氢氯噻嗪　　　　　　E. 胺碘酮

8. 急性左心衰竭患者肺部通常可以听到
   A. 干啰音　　　　　　　B. 湿啰音　　　　　　　C. 收缩期杂音
   D. 舒张期杂音　　　　　E. 连续性杂音

（9~11 题共用题干）

患者，男性，70 岁，有多年高血压病史，近 1 个月来出现进行性呼吸困难，夜间平卧时症状加重，伴有咳嗽和咳少量粉红色泡沫样痰。体格检查见患者颈静脉怒张，双肺可闻及散在湿啰音，心率加快，心尖部可闻及舒张期奔马律。

9. 该患者最可能的疾病诊断是
   A. 支气管哮喘　　　　　B. 慢性阻塞性肺疾病　　C. 急性左心衰竭
   D. 肺炎　　　　　　　　E. 急性肺栓塞

10. 进一步行超声心动图检查，发现左心室舒张末期内径增大，射血分数降低，提示
    A. 右心衰竭　　　　　　B. 全心衰竭　　　　　　C. 左心衰竭
    D. 心瓣膜疾病　　　　　E. 先天性心脏病

11. 针对该患者的治疗，以下最为关键的措施是
    A. 给予抗生素　　　　B. 应用镇静药　　　　C. 应用强心药
    D. 应用利尿药　　　　E. 应用扩血管药物

二、简答题

1. 心力衰竭的并发症有哪些？
2. 左心衰竭的主要症状有哪些？

三、案例分析题

1. 患者，男性，50岁。慢性心力衰竭患者，近日出现呼吸困难加重，夜间不能平卧，下肢水肿。对于该患者，应采取哪些治疗措施？

2. 患者，男性，65岁，有高血压病史10年，近期出现持续性呼吸困难，伴有夜间阵发性呼吸困难加重。体格检查见颈静脉怒张，双肺可闻及散在湿啰音，下肢轻度水肿。

请回答：

（1）该患者最可能的疾病诊断是什么？
（2）根据该患者的病情，应采取哪些治疗措施？

（郑伟珍）

第十五章 心律失常

第十五章数字资源

学习目标

1. 知识：说出心律失常的定义及各种心律失常的常见病因，解释心律失常的发生机制，列举心律失常的种类及常用的辅助检查，分析各种心律失常的心电图特点，概括心律失常的基本治疗原则。

2. 能力：完成病史采集和体格检查，运用病史、体格检查及辅助检查结果对心律失常做出初步诊断，根据病情拟定治疗方案。

3. 素养：心律失常直接关系到患者的心脏健康乃至生命，医学生必须明确自身的责任。要以患者为中心，尊重患者的权利和意愿，保护患者的隐私。在诊疗过程中，做到实事求是，不隐瞒病情，不推卸责任，始终将患者的利益放在首位，恪守医疗行业的职业道德规范。无论是心电图的波形分析，还是患者病史的采集，都要做到精准无误，避免因疏忽导致误诊或漏诊，树立"细节决定成败"的专业理念。

案例 3-15-1

患者，男性，23岁，学生。因"阵发性心悸3年，再次发作2 h"入院。既往身体健康。患者3年前开始常无明显诱因出现心悸，自觉心率增快，突发突止，伴胸闷、头晕、乏力，每次持续20 min至1 h不等，有时能自行缓解。2 h前患者无诱因再次发作心悸，持续不缓解，伴胸闷、胸痛，为进一步治疗入院。体格检查：BP 100/60 mmHg，神志清楚，心界不扩大，心率160次/分，心律齐，第一心音（S_1）强度不变，各瓣膜听诊区未闻及杂音。肺部检查无异常。双下肢无水肿。心电图示：心室率160次/分，心律绝对规整，QRS波群形态与时限正常，逆行P'波埋于QRS波群之后，继发性ST-T改变。

问题与思考：

1. 初步诊断和诊断依据是什么？应与哪些疾病相鉴别？
2. 还需要做哪些检查？
3. 该患者的治疗策略应如何选择？

第一节 概 述

正常心电活动起源于窦房结，成人以60~100次/分的频率规律地发出电冲动，沿正常传导系统在一定时间内顺序激动心房和心室，以正常心排血量向全身供血，维持机体生命活动。

心律失常（arrhythmia）是指心脏冲动的频率、节律、起源部位、传导速度或激动次序的异常。

按其发生原理，分为冲动形成异常和冲动传导异常两大类。

【病因】

（一）生理性

生理性心律失常见于运动、精神紧张、疲劳、失眠、吸烟、饮酒、饮浓茶及咖啡等。

（二）病理性

病理性心律失常多见于各种器质性心血管疾病（如心脏瓣膜疾病、冠心病、心肌疾病、心肌炎和高血压心脏病）、缺氧、感染、电解质代谢紊乱、药物及心脏手术等。

【发病机制】

（一）自律性的改变

具有自律性的心肌细胞因功能和器质性病变使自律性异常增高或不规则；原来无自律性的心房肌、心室肌细胞在病理状态下产生异常自律性。

（二）触发激动

由正常的动作电位后产生的除极活动（后除极）达到阈值而触发一次新的动作电位，即引起一次触发激动（triggered activity）。单次触发激动产生期前收缩，持续的反复激动则产生快速型心律失常。

（三）折返激动

折返激动（reentrant activity）是快速型心律失常最常见的发生机制，指冲动从某一条径路传出后，又从另一条径路返回原处，使该处心肌再次发生激动，如此反复，形成快速型心律失常。

（四）传导功能障碍

由于心脏的传导系统发生生理和病理改变，使冲动传导速度减慢或传导中断，导致传导功能障碍。

（五）房室间传导途径异常

少数人除正常传导系统外，在心房和心室之间尚存在先天异常的传导途径（如房室旁道），形成预激和冲动的折返。

【分类】

（一）按发生机制分类

1. 冲动形成异常

（1）窦性心律失常：①窦性心动过速；②窦性心动过缓；③窦性心律不齐；④窦性停搏；⑤窦房结内游走性心律；⑥病态窦房结综合征。

（2）异位心律：被动性异位心律可分为：①逸搏（房性、房室交界性、室性）；②逸搏心律（房性、房室交界性、室性）。主动性异位心律可分为：①期前收缩（房性、房室交界性、室性）；②阵发性心动过速（房性、房室交界性、室性）；③心房扑动与颤动；④心室扑动与颤动。

2. 冲动传导异常

（1）生理性传导阻滞：干扰及房室分离（连续干扰），差异性传导。

（2）病理性传导阻滞：①窦房传导阻滞；②房内传导阻滞；③房室传导阻滞；④束支及分支传导阻滞或室内传导阻滞。

（3）传导途径异常：预激综合征。

（二）按发作时心率的快慢分类

1. 快速型心律失常　包括期前收缩（房性、房室交界性、室性）、心动过速（窦性、室上性、室性）、扑动和颤动（房性、室性）和可引起快速型心律失常的预激综合征。

2. 缓慢型心律失常　包括窦性缓慢型心律失常（窦性心动过缓、窦性停搏、窦房传导阻滞、病态窦房结综合征）、房室交界性心律、心室自主心律和可引起缓慢型心律失常的传导阻滞（房室传导阻滞、室内传导阻滞）。

（三）按循环障碍严重程度和预后分类

按循环障碍严重程度和预后，心律失常可分为良性心律失常、潜在致命性心律失常和致命性心律失常。

在以上分类中，后两种方法简单易行，结合临床实际，对心律失常的诊断和防治有一定的帮助。

【诊断】

大部分心律失常可根据病史和体征做出初步判断，但确诊主要依靠心电图。心脏电生理检查有助于心律失常的诊断。

（一）病史询问

病史对诊断和评价心律失常有很大帮助。重点询问心律失常发作的诱因、发作方式、症状、持续时间、加重因素、终止方式、发作频率；心律失常对患者的影响，发作时有无低血压、晕厥、抽搐、心绞痛或心力衰竭等；心律失常的治疗经过及疗效，对药物和非药物方法、体位、呼吸、活动等的反应。

（二）体格检查

在系统检查的基础上，重点检查心脏，注意心率、心律的变化，心音强度，有无杂音及附加音，心率与脉搏的关系，血压状况等。心率缓慢（<60次/分）并且心律规则，多见于窦性心动过缓、房室传导阻滞等；心室率快速（>100次/分）而规则常为窦性心动过速、室上性心动过速、心房扑动（下传比例恒定）、室性心动过速等；心律绝对不齐、第一心音强弱不等、脉搏短绌多见于心房颤动；第一心音减弱见于一度房室传导阻滞；第四心音与第一心音的关系不固定，且闻及房室同步收缩产生的特别响亮的第一心音（大炮音），为三度房室传导阻滞的特点；第二心音逆分裂见于左束支传导阻滞。

（三）心电图检查

心电图（electrocardiogram，ECG）检查是诊断心律失常最简便、最重要的一项无创检查项目。

（四）长时间心电图记录

动态心电图（Holter monitoring electrocardiogram）是诊断心律失常的重要手段。该检查使用一种小型便携式记录器，连续记录24~72 h的心电图，可发现短暂的和常规手段不易发现的心律失常，能够评价抗心律失常药疗效、起搏器或植入型心律转复除颤器的疗效以及是否出现功能障碍。

事件记录器（event recorder）记录心电事件发生前、后的心电图，适用于心律失常发作不频繁、难以用动态心电图发现的患者。

植入式循环心电记录仪（implantable loop records，ILRs）植入患者皮下，可自动启动、检测及记录心律失常，适用于发作不频繁、原因不明但可能是由心律失常所致的晕厥患者。

（五）运动试验

患者在运动时出现心悸症状，可做运动试验以协助诊断。但有1/3的正常人在正常运动试验中可发生室性期前收缩，应注意区别。诊断心律失常时，动态心电图的敏感性优于运动试验。

（六）食管心电图

食管心电图（transesophageal electrocardiogram）能清楚地显示P波，有助于心律失常的分析。解剖上，左心房后壁毗邻食管，将食管电极导管置于食管的心房水平，能清晰地记录心房电位，而且能进行心房快速起搏和程序电刺激。食管心电图结合电刺激能判断室上性心动过速的发生机制，识别心房和心室的电活动，确定不典型预激综合征。运用电刺激技术可以评价窦房结功能，诱发和终止心动过速。

（七）心脏电生理检查

心脏电生理检查（cardiac electrophysiology examination），又称心内电生理检查（intracardiac electrophysiology examination），通过记录心腔内不同部位的电活动以确定心律失常的类型，定性诊断复杂心律失常，指导临床治疗。主要适应证包括：①窦房结功能测定；②房室与室内传导阻滞；③心动过速；④不明原因晕厥。

【治疗】

（一）病因治疗

病因治疗是治疗心律失常的根本措施。通过病因治疗，以达到消除、控制或缓解心律失常的作用。

（二）心理治疗

功能性心律失常经心理疏导治疗后可好转或消失。

（三）药物治疗

药物治疗是最常用的治疗方法。

1. 快速型心律失常的药物治疗 治疗目的：①消除快速型心律失常的诱因，预防发作；②终止持续性快速型心律失常；③控制心室率在适当范围，纠正血流动力学障碍。

目前临床应用改良的 Vaughan Williams 分类法，将常用的抗快速型心律失常药物分为四大类。

Ⅰ类（钠通道阻滞药）：通过抑制细胞膜快钠通道，影响除极（0期）速率和复极（1、2、3期）时程，达到抗心律失常的目的，包括ⅠA、ⅠB、ⅠC 3个亚类。①ⅠA：减慢动作电位0期除极速率（Vmax），延长复极时程，故延长 PR 间期、QRS 波群和 Q-T 间期，对室性和室上性心律失常均有一定的治疗作用。主要代表药物为奎尼丁、丙吡胺和普鲁卡因胺。长期应用出现致心律失常作用，不降低死亡率。②ⅠB：不影响动作电位0期除极速率，缩短复极时程，故可缩短 Q-T 间期。主要代表药物为美西律、利多卡因和苯妥英钠，对室性心律失常有较好的治疗作用，尤其对急性心肌缺血相关的室性心律失常疗效显著。③ⅠC：减慢动作电位0期除极速率，轻度延长复极时程，故可减慢传导，对室性和室上性心律失常均有良好的治疗效果，主要代表药物为普罗帕酮和氟卡尼。但长期应用可出现致心律失常作用，不增加生存率。

Ⅱ类（β受体阻断药）：抑制自律性和传导性。阻断β肾上腺素受体，抑制4期自动除极，减慢动作电位0期除极速率。主要代表药物为普萘洛尔、美托洛尔、比索洛尔和阿替洛尔。该类药物可有效地治疗室上性和室性心律失常，长期应用可降低心脏性猝死的发生率。

Ⅲ类（钾通道阻滞药）：主要阻断钾通道，并延长动作电位时程，延长有效不应期。主要代表药物为胺碘酮、索他洛尔、依布利特和维纳卡兰。胺碘酮是以Ⅲ类作用为主的多通道阻滞药，为广谱抗心律失常药，适用于各种室性和室上性心律失常，目前广泛应用于临床。

Ⅳ类（钙通道阻滞药）：主要通过抑制4期自动除极而抑制自律性，明显抑制窦房结功能和房室传导功能。主要代表药物为维拉帕米与地尔硫䓬。该类药物主要适用于室上性心律失常，治疗左室特发性室性心动过速也能获得良好的效果。

  常用抗快速型心律失常药物的分类及代表药物。

2. 缓慢型心律失常的药物治疗 选用增强自律性和（或）加速传导的药物：①拟交感神经药（异丙肾上腺素、沙丁胺醇等）；②迷走神经抑制药（阿托品、山莨菪碱等）；③非特异性兴奋窦房结、促进房室传导的药物（氨茶碱、甲状腺素等）。

3. 其他有抗心律失常作用的药物　腺苷（腺苷 A_1 受体激动剂）、间接兴奋 M_2 受体的洋地黄制剂（Na^+-K^+-ATP 酶抑制剂）、伊伐雷定（起搏电流 I_f 抑制药）和中成药制剂（参松养心胶囊、稳心颗粒）等。

（四）机械刺激

常采用瓦尔萨尔瓦（Valsalva）动作（深吸气后屏气，再用力进行呼气运动）、咽喉刺激、颈动脉窦按摩及压迫眼球等刺激迷走神经的方法治疗室上性快速型心律失常。

（五）电复律

电复律是指利用一定强度的直流电短暂电击心脏，使大部分或全部心肌在瞬间同时除极，窦房结重新主导心脏节律。根据电复律是否识别 R 波分为两种：①非同步电复律（非同步电除颤）：可在任何时间放电，用于心室扑动与心室颤动的转复。②同步电复律：使电刺激落入 QRS 波群 R 波起始后 30 ms，左、右心室绝对不应期内，以免诱发心室颤动。电复律主要用于室性和室上性心动过速、心房扑动与心房颤动的转复。洋地黄中毒和低钾血症者不能使用。

（六）介入治疗

1. 人工心脏起搏　通过人工心脏起搏器发放一定形式的脉冲电流刺激心脏，即模拟正常心脏的冲动形成和传导，维持心脏激动和收缩，治疗某些心律失常引起的心脏功能障碍。①治疗高度或三度房室传导阻滞、病态窦房结综合征等缓慢型心律失常。②治疗同时需要抗心动过缓的快速型心律失常。③植入型心律转复除颤器（implantable cardioverter defibrillator，ICD）：同时具备起搏（抗心动过缓起搏、抗心动过速起搏）和电复律（低能电转复、高能电除颤）功能，能有效地预防心脏性猝死。

2. 经导管心脏射频消融术　经导管心脏射频消融术（transcatheter cardiac radiofrequency ablation）又称心脏射频消融术、射频消融术，是应用经皮血管穿刺技术送入电极导管和消融电极导管，通过心内电生理检查准确定位异常传导途径或异位起搏点的病灶部位，射频消融仪经消融电极导管头端的电极释放电能，达到一定温度后，使局部心肌细胞脱水、变性、坏死，发生自律性和传导性能改变，从而根治心律失常的方法。目前，经导管心脏射频消融术已成为房室结内折返性心动过速、房室折返性心动过速、阵发性房颤、典型房扑、特发性室性心动过速等快速型心律失常的一线治疗方法。

（七）手术治疗

手术治疗，如外科迷宫手术治疗心房颤动；切除室壁瘤治疗室性快速型心律失常；左颈胸交感神经切断术治疗药物无效或禁忌植入型心律转复除颤器植入的先天性长 Q-T 间期综合征；冠状动脉旁路移植术防治因心肌缺血引起的心律失常等。但是，随着经导管心脏射频消融术治疗快速型心律失常的广泛应用，目前较少采用外科手术治疗心律失常。

第二节　窦性心律失常

正常窦性心律的冲动起源于窦房结，其频率为 60~100 次/分。心电图显示窦性心律的 P 波在 Ⅰ、Ⅱ、aVF 导联直立圆滑，aVR 导联倒置。PR 间期 0.12~0.20 s。当窦性冲动形成异常和（或）传导异常时，窦性心律的频率、节律发生改变，形成窦性心律失常（sinus arrhythmia）。窦性心律失常主要分为快速型心律失常（窦性心动过速）和缓慢型心律失常（窦性心动过缓、窦性停搏、窦房传导阻滞和病态窦房结综合征）。

一、窦性心动过速

窦性心律的频率超过 100 次/分，称为窦性心动过速（sinus tachycardia）。

【病因】

窦性心动过速常见于生理情况,如健康人吸烟、饮浓茶或咖啡、饮酒、体力活动及情绪激动时;也见于发热、贫血、休克、甲状腺功能亢进症、缺氧、心力衰竭、心肌炎、心包炎等病理状态;也可由肾上腺素、阿托品等药物引起。

【临床表现】

(一)症状

患者可无症状或仅感心悸、乏力、不适、忧虑等。可有原发病(如休克、心力衰竭)的症状。

(二)体征

心尖冲动和颈部血管搏动增强,心率增快,常为101~150次/分,心律规整,心音响亮,少数患者心尖部可出现功能性收缩期杂音。可有原发病(如甲状腺功能亢进症、贫血)的体征。

(三)临床特点

窦性心动过速通常逐渐开始和终止。频率易受自主神经活动的影响,如运动时心率增快,休息时心率减慢。心率一般不超过150次/分,偶可高达200次/分。刺激迷走神经可使心率逐渐减缓,停止刺激后心率又逐渐加速至原有水平。

【心电图表现】

心电图特征:①窦性心律的P波在Ⅰ、Ⅱ、aVF、V_4~V_6导联直立圆滑,aVR导联倒置。PR间期0.12~0.20 s;②PP间期<0.60 s,即P波频率>100次/分(图3-15-1)。

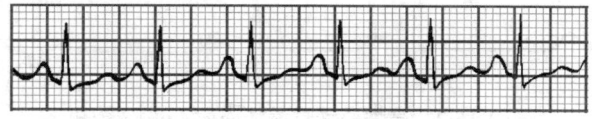

图3-15-1 窦性心动过速心电图

【诊断】

诊断依据:①常可找到引起窦性心动过速的病因;②可有心悸、不适、乏力等症状,体格检查心率大于100次/分,心律规整;③心电图P波呈窦性,P波频率>100次/分。

【鉴别诊断】

当窦性心动过速的心率超过140次/分时,应与阵发性室上性心动过速及2:1传导的心房扑动相鉴别。与前者的鉴别见本章第四节。与后者的鉴别要点是:①窦性心动过速者心率有时可改变,而心房扑动者心率多较恒定;②按摩颈动脉窦时,窦性心动过速者心率逐渐减慢,停止按摩后心率逐渐恢复至原有水平;而心房扑动者按摩颈动脉窦可暂时增加房室传导阻滞,显示为扑动波。

【治疗】

窦性心动过速往往是某种病理状况的代偿,关键在于寻找并处理引起窦性心动过速的病因及诱因。必要时可选用β受体阻断药或非二氢吡啶类钙通道阻滞药。若不能耐受或治疗无效,可使用伊伐雷定。

二、窦性心动过缓

窦性心律的频率< 60 次 / 分时，称为窦性心动过缓（sinus bradycardia）。

【病因】

窦性心动过缓可见于生理情况，如健康年轻人、运动员及睡眠状态。病理状态见于颅内疾病、甲状腺功能减退症、窦房结病变、急性下壁心肌梗死、阻塞性黄疸或高钾血症等；也可见于应用对心肌有负性频率作用的药物。

【临床表现】

当心率> 50 次 / 分时，一般很少出现症状；心率持续显著减慢（< 40 次 / 分）时，因心排血量减低而出现乏力、头晕、胸闷等症状，严重者出现心绞痛、低血压、晕厥等。心脏听诊心率< 60 次 / 分，伴窦性心律不齐（sinus irregularity）时出现心律不规整。

【心电图表现】

符合窦性心律心电图的特征（图 3-15-2）：①P 波呈窦性，PP 间期> 1.0 s，即 P 波频率< 60 次 / 分；②常伴窦性心律失常，即最长的 PP 间期与最短 PP 间期相差> 0.12 s。

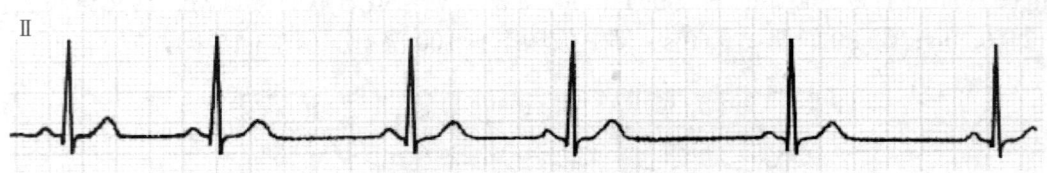

图 3-15-2　窦性心动过缓伴心律不齐心电图

【诊断】

根据心率< 60 次 / 分，有乏力、头晕、胸闷等症状，多数即可诊断。心电图可确定诊断。

【治疗】

主要是处理病因及诱因，无症状则无须治疗。心率过慢，出现心排血量不足的症状时，可选用阿托品或异丙肾上腺素提高心率，但长期应用效果不确定，应考虑置入人工心脏起搏器。

 窦性心动过缓的治疗。

三、病态窦房结综合征

病态窦房结综合征（sick sinus syndrome，SSS）是由窦房结病变导致窦房结功能减退，引发多种心律失常和临床表现的综合征。患者可以在不同时间出现一种以上的心律失常。

【病因】

病态窦房结综合征见于急性心肌炎、心肌病、高血压心脏病、结缔组织病、某些感染（布氏杆菌病、伤寒）、急性心肌梗死、代谢性疾病及浸润性疾病等。这些疾病可导致窦房结及其邻近组织发生炎症、缺血、纤维化或退行性病变。迷走神经张力过高，某些抗心律失常药抑制窦房结功能，也可导致窦房结功能障碍，应注意鉴别。

【临床表现】

病态窦房结综合征主要表现为心动过缓、心排血量过少所致的脑、心脏、肾供血不足的症状。脑供血不足的症状最为突出，轻者出现乏力、头晕、视物模糊、失眠等，重者出现黑蒙、晕厥，呈急性发作。部分患者在心动过缓的基础上合并短阵室上性心动过速、心房颤动或心房扑动等，称为心动过缓-心动过速综合征（bradycardia-tachycardia syndrome，BTS），又称慢-快综合征，快慢综合征。严重者可使原有心脏病加重，引起心绞痛或心力衰竭，甚至猝死。

【辅助检查】

（一）心电图检查

病态窦房结综合征的心电图表现为：①持续而显著的心动过缓（< 50 次 / 分），且为非药物因素引起；②窦性停搏和（或）窦房传导阻滞；③窦房传导阻滞与房室传导阻滞并存；④心动过缓与房性快速型心律失常（心房扑动、心房颤动或房性心动过速）交替发生，即心动过缓-心动过速综合征；⑤交界区性逸搏（图 3-15-3）。

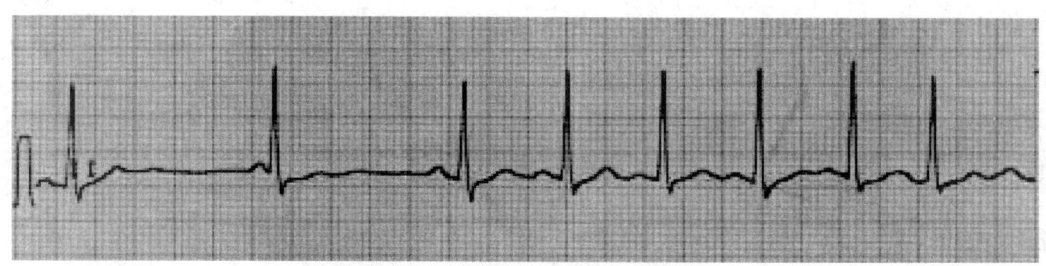

图 3-15-3　病态窦房结综合征心电图

除上述常规心电图的异常表现外，动态心电图尚可出现：① 24 h 总窦性心率 < 5 万 ~ 8 万次；②反复出现 > 2.0 s 长间歇；③终止快速型房性心律失常时，出现严重的窦性心动过缓或长时间的窦性停搏。

 病态窦房结综合征的心电图特征。

（二）运动试验

30 s 内做下蹲动作 15 次，心率 < 90 次 / 分为运动试验阳性。奔走或在双倍二阶梯运动时心率 < 90 次 / 分，或出现频繁窦房结阻滞、逸搏心律为运动试验阳性。

（三）固有心率测定

固有心率（intrinsic heart rate，IHR）是指用药物去除自主神经系统的影响后窦房结的自身频率。测定方法：普萘洛尔 5 mg 及阿托品 2 mg 用生理盐水或 5% 葡萄糖溶液稀释至 10 ml，以 2 ml/min 的速度静脉注射，分别记录注射前及注射后 1 min、3 min、5 min、7 min、10 min 的心率，注射后 5 ~ 10 min 的最高且稳定的心率为固有心率。据报告，正常人固有心率平均为 101 ± 11 次 / 分，单纯窦性心动过缓者固有心率平均为 94 ± 8 次 / 分，而病态窦房结综合征患者固有心率平均为 71 ± 9 次 / 分。阳性标准：固有心率 < 80 次 / 分即为阳性。如采用 Lose 公式计算年龄校正值，固有心

率 =118.1-（0.57× 年龄），以实测固有心率＜校正值为阳性则更准确。

（四）窦房结功能检查

经食管心脏电生理检查（transesophageal electrophysiological examination）能较好地了解窦房结功能。其中窦房结恢复时间（sinus node recovery time，SNRT）、校正的窦房结恢复时间（corrected sinus node recovery time，CSNRT）对诊断病态窦房结综合征具有较高的敏感性和特异性。SNRT ≥ 2000 ms、CSNRT ≥ 550 ms，提示窦房结功能不良。正常窦房传导时间（sinoatrial conduction time，SACT）易受多种因素影响，不是诊断病态窦房结综合征的敏感指标。

【治疗】

应积极治疗原发病。若患者未出现由心动过缓引起的头晕、晕厥或心力衰竭等症状，则不必治疗，仅需治疗原发病，定期随诊观察。有症状的病态窦房结综合征患者，应安装永久性心脏起搏器。心动过缓-心动过速综合征患者出现心动过速，单用抗心律失常药可能加重心动过缓，若应用起搏器治疗后仍有心动过速，可同时应用抗心律失常药。

第三节　房性心律失常

一、房性期前收缩

房性期前收缩（premature atrial beat）是指激动起源于窦房结以外心房任何部位的提前搏动，又称房性早搏，可见于正常人（占60%）和各种器质性心脏病患者。

【临床表现】

常见症状是心悸，部分患者可有乏力、胸闷、头晕等不适，自觉有心搏停顿感。患者适应时可无症状。心脏听诊特征：①心律不规则，提前出现心脏搏动，其后出现较长间歇；②房性期前收缩时第一心音增强。

房性期前收缩的临床表现。

【心电图表现】

心电图特征（图3-15-4）：①提前出现房性异位P'波，其形态与窦性P波不同；② P'-R 间期 ≥ 0.12 s；③ P'波后的 QRS 波群多数与正常窦性 QRS 波群形态完全相同，少数 P'波后无 QRS 波群（房性期前收缩未下传）或者 QRS 波群增宽畸形（室内差异性传导）；④不完全代偿间歇。

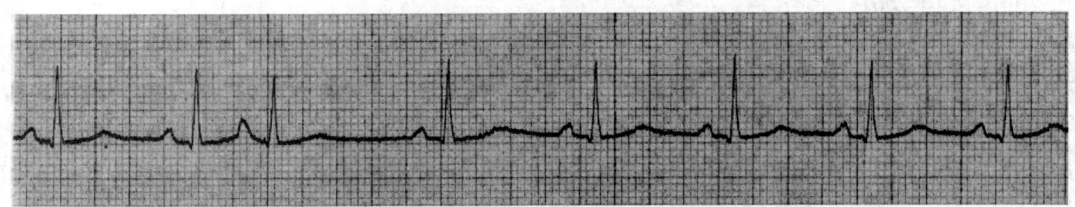

图 3-15-4　房性期前收缩心电图

考点提示:房性期前收缩的心电图特征。

【治疗】

房性期前收缩通常无须治疗,去除吸烟、饮酒、饮咖啡及浓茶等诱因后房性期前收缩可消失。当频发房性期前收缩(≥5次/分)、症状明显、合并器质性心脏病或可触发室上性心动过速时,应考虑使用药物治疗,可选用β受体阻断药、普罗帕酮、维拉帕米、莫雷西嗪及胺碘酮等。

二、房性心动过速

房性心动过速(atrial tachycardia)是指起源于心房,能主动控制心脏且不需要窦房结参与的心动过速。其发生机制包括折返、自律性增强及触发活动。

【病因】

心肌梗死、慢性肺部疾病、洋地黄中毒(特别是并发低钾血症时)、大量饮酒以及各种代谢障碍均可引起房性心动过速。

【临床表现】

房性心动过速患者可无任何症状,也可表现为心悸、胸闷、头晕、乏力等症状,合并有器质性心脏病者可出现晕厥等明显血流动力学障碍的症状。症状发作呈短暂、间歇或持续性。当房室传导比例发生改变时,听诊心律不恒定,第一心音强度变化。颈静脉见到 α 波数量超过听诊心搏次数。

【心电图表现】

心电图特征(图3-15-5):①心房率通常为150~200次/分;②P'波形态与窦性P波不同,在Ⅱ、Ⅲ、aVF导联通常直立;③常见莫氏Ⅰ型或莫氏Ⅱ型房室传导阻滞,呈现2:1房室传导者也常见,但心动过速不受影响;④P'波之间的等电位线仍存在(与心房扑动时等电位线消失不同);⑤刺激迷走神经不能终止心动过速,仅加重房室传导阻滞;⑥发作开始时心率逐渐加快。

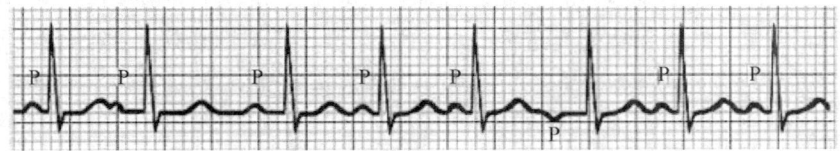

图3-15-5 自律性房性心动过速心电图

多源性房性心动过速(multifocal atrial tachycardia)也称紊乱性房性心动过速,常发生于慢性阻塞性肺疾病或充血性心力衰竭的老年患者,也见于洋地黄中毒与低钾血症患者。心电图特征:①通常有3种或3种以上形态各异的P'波,P'-R间期各不相同;②心房率为100~130次/分;③大多数P'波能下传心室,但部分P'波因过早发生而受阻,心室律不规则。本型心律失常最终可能发展为心房颤动。

【治疗】

(一)短阵房性心动过速

应积极寻找病因,及时纠正引起房性心动过速的病因及诱因。若无明显血流动力学障碍,无须紧急处理。

（二）持续性房性心动过速

持续性房性心动过速可选用药物治疗。可选用终止房性心动过速的药物，如普罗帕酮、胺碘酮，但效果不肯定。当出现以下情况时，应进行紧急治疗：①无法终止或有药物使用禁忌证；②心室率达140次/分以上；③由洋地黄中毒所致；④临床上有严重充血性心力衰竭或休克征象时其处理方法如下。

1. 洋地黄引起者　①立即停用洋地黄；②若血清钾不升高，首选氯化钾口服（半小时内服用完5 g，如仍未恢复窦性心律，2 h后再口服2~5 g）或静脉滴注氯化钾（每小时10~20 mmol/L，总量不超过40 mmol/L），应同时进行心电图监测，避免出现高钾血症（T波高尖）；③已有高钾血症或不能应用氯化钾者，可选用利多卡因或β受体阻断药。

2. 非洋地黄引起者　①积极寻找病因，针对病因治疗；②洋地黄制剂、β受体阻断药、非二氢吡啶类钙通道阻滞药可用于减慢心室率；③可静脉注射普罗帕酮或胺碘酮转复窦性心律；④血流动力学不稳定时，宜尽早行同步直流电复律；⑤少数持续快速自律性房性心动过速药物治疗无效时，可行电复律，也可考虑采用经导管心脏射频消融术治疗。

（三）慢性持续性房性心动过速

慢性持续性房性心动过速是造成心动过速性心肌病的主要原因。临床拟诊为扩张型心肌病且伴慢性持续性房性心动过速的患者，应考虑心动过速性心肌病。急诊处理以治疗心力衰竭和维持血流动力学稳定为主。由于存在心力衰竭，可使用洋地黄或胺碘酮控制心室率，慎用β受体阻断药，禁用Ⅰ类抗心律失常药、索他洛尔或非二氢吡啶类钙通道阻滞药。心力衰竭控制后，可使用β受体阻断药。建议行经导管心脏射频消融术根治房性心动过速。

三、心房扑动

心房扑动（atrial flutter）是指心房发生频率为250~350次/分规则的冲动，引起心房肌扑动。心房扑动是介于心房颤动和房性心动过速之间的快速型心律失常。心房扑动与心房颤动交替出现，则称为不纯心房扑动。

【病因】

心房扑动常见于冠心病、风湿性心脏病、高血压心脏病、先天性心脏病、心肌疾病等器质性心脏病，也可见于肺栓塞、甲状腺功能亢进症、酒精中毒等非心源性疾病。部分患者无明确病因，称为特发性心房扑动。

【临床表现】

（一）症状

心房扑动的症状受心室率快慢的影响。心房率通常为300次/分，如果2:1或4:1下传，心室率则为150次/分或75次/分，心律规整。若房室传导比例不恒定，则心律不规整。心室率不快时（如4:1或3:1房室传导），患者可无症状；房室传导比例为2:1甚至1:1时，心室率显著增快，可诱发心力衰竭和心绞痛。按压颈动脉窦能突然成比例地减慢心室率，停止按压则心室率又恢复至原来水平。心房扑动有不稳定的倾向，可进展为心房颤动或恢复窦性心律，但也可以持续数月，甚至数年。心房扑动可产生心房血栓，引起体循环栓塞。

（二）体征

心房扑动主要体征包括：①可见快速的颈静脉搏动；②心室律整齐（下传比例恒定）或不整齐（下传比例不恒定）；③当房室传导比例发生改变时，第一心音强度随之变化。

【心电图表现】

心电图特征（图 3-15-6）：① P 波消失，代之以形态、振幅、间距完全规则，呈锯齿状的扑动波（F 波），扑动波之间的等电位线消失，在 Ⅱ、Ⅲ、aVF 或 V_1 导联最明显（典型的心房率为 250～350 次/分）；② 心室律规则或不规则，取决于房室传导比例是否恒定；③ QRS 波群形态多正常，当发生室内差异性传导时，QRS 波群增宽，形态异常。

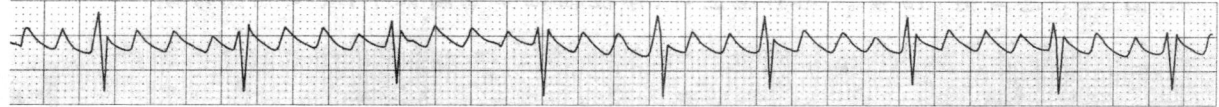

图 3-15-6　心房扑动心电图

 心房扑动的心电图特征。

【治疗】

（一）病因治疗

应积极治疗原发病及诱因。

（二）转复窦性心律

1. **同步直流电复律**　同步直流电复律是最有效的终止心房扑动的方法。
2. **经导管心脏射频消融术**　经导管心脏射频消融术可以根治心房扑动。症状明显、药物治疗无效或不能耐受药物毒性反应与副作用、血流动力学不稳定的心房扑动，应考虑采用经导管心脏射频消融术治疗。
3. **超速心房起搏**　将电极导管插入食管的心房水平，或穿刺静脉（一般选用右侧颈内静脉、左侧锁骨下静脉或股静脉）送入电极导管至右心房，以超过心房扑动的频率起搏，能有效地终止心房扑动。
4. **药物复律**　可选择ⅠA、ⅠC 和Ⅲ类抗心律失常药复律，首选胺碘酮。复律成功后需继续口服药物维持窦性心律。

（三）控制心室率

应用延缓房室传导的药物减慢心室率，缓解症状，可选用 β 受体阻断药、非二氢吡啶类钙通道阻滞药、洋地黄制剂及胺碘酮。伴心力衰竭者首选洋地黄制剂，预激综合征合并心房扑动者禁用洋地黄、β 受体阻断药与维拉帕米。

（四）预防血栓栓塞

可选择华法林或阿司匹林预防血栓栓塞。具体抗凝策略同心房颤动。

四、心房颤动

心房颤动（atrial fibrillation，AF）是指心房发生 350～600 次/分不规则的冲动，引起不协调的心房肌颤动，是常见的心律失常之一，与心房扑动、房性心动过速构成快速型房性心律失常。心房颤动发生在无器质性心脏病的患者称为孤立性心房颤动或特发性心房颤动。

快速性心房颤动的心室率为 100～160 次/分；缓慢性心房颤动的心室率低于 100 次/分。根据心房颤动发作的持续时间、转复并长期维持窦性心律的难易程度和治疗策略的选择，将心房颤动分为以下4种。①阵发性心房颤动（paroxysmal atrial fibrillation）：即在7 d内（常在48 h内）能自行终止的复发性心房颤动。②持续性心房颤动（persistent atrial fibrillation）：持续时间超过7 d，经药物或电复律转为窦性心律者。③长程持续性心房颤动（long-standing persistent atrial fibrillation）：持续时间超过12个月，但采取措施尚能恢复窦性心律者。④永久性心房颤动（permanent atrial fibrillation）：转复并维持窦性心律的可能性小，心房颤动持续10~20年或20年以上，心电图显示近乎直线的极细小的f波；或心脏MRI显示心房纤维化面积占左心房面积的30%以上。

【病因】

阵发性心房颤动可见于健康人情绪激动、运动、手术后、酒精中毒时。持续性或长程持续性心房颤动多见于各种器质性心血管疾病，最常见于风湿性心脏病、冠心病、高血压心脏病及心肌疾病等，也可见于甲状腺功能亢进症、缩窄性心包炎、感染性心内膜炎及肺源性心脏病等。

  考点提示 心房颤动的病因。

【临床表现】

（一）症状

心房颤动症状的轻重受心室率快慢的影响。心室率正常或慢时，患者可无症状；心室率过快时，患者可有心悸、胸闷、心前区不适或头晕，可引起心力衰竭、心绞痛。心房颤动时心排血量减少25%或25%以上，故心房颤动患者的活动耐力下降。心房颤动时心房有效收缩丧失，血液淤滞，容易形成附壁血栓，栓子脱落可出现体循环栓塞，以脑栓塞最常见且危害性最大。

（二）体征

心房颤动的主要体征包括：①心律绝对不齐；②第一心音强弱不等；③脉搏短绌（心率快于脉率）。

【心电图表现】

心电图特征（图3-15-7）：①P波消失，代之以大小不等、形态不一、间距不均的f波（350~600次/分）；②R-R间期极不规则，心室率在100~160次/分；③QRS波群形态通常正常，当心室率过快，发生差异性传导时，QRS波群增宽、变形。

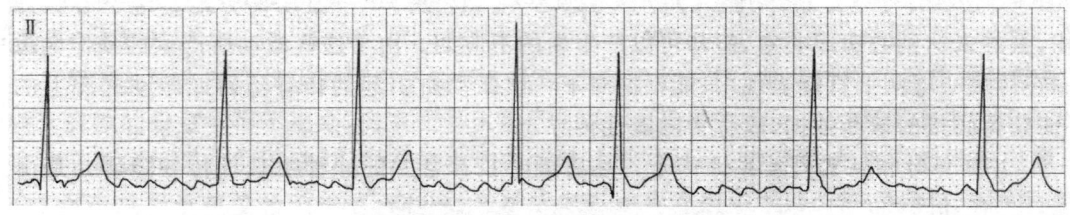

图3-15-7　心房颤动心电图

 考点提示 心房颤动的心电图特征。

第十五章 心律失常

【诊断与鉴别诊断】

（一）诊断

听诊心律绝对不齐，第一心音强弱不等，伴脉搏短绌，可初步诊断为心房颤动。心电图可确诊。

（二）鉴别诊断

1. 心房扑动　①P波消失，代之以F波（Ⅱ、Ⅲ、aVF或V_1导联最明显），频率为250～350次/分；②心室律规则（下传比例恒定）或不规则（下传比例不恒定）；③按压颈动脉窦能突然成比例减慢心室率，停止按压心室率又恢复至原来水平。心电图能确诊。

2. 心房颤动伴室内差异性传导与室性期前收缩的鉴别　心房颤动伴室内差异性传导的特征：①在一个较长的R-R间期后有第一个提早的QRS波群，其后无长间歇；②在心室率增快时易形成畸形的QRS波群，与前一次心搏联律间期不等；③畸形的QRS波群在V_1导联呈三相波，即呈rsR′形。室性期前收缩的特征见本章第五节。

【治疗】

应积极治疗原发病及诱因。治疗目的：①评价血栓栓塞的风险并确定是否予以抗凝治疗；②维持血流动力学稳定；③减轻心房颤动所导致的症状。

（一）抗凝治疗

抗凝治疗是预防心房颤动患者脑卒中和体循环栓塞的重要治疗策略。

1. 抗凝治疗的适应证　①准备进行复律者；②可能自行复律者；③瓣膜性心脏病的心房颤动患者；④具有血栓栓塞风险的非瓣膜病性心房颤动者；⑤有其他抗凝适应证的心房颤动患者。

2. 评估　瓣膜性心脏病的心房颤动患者需使用华法林抗凝（INR维持在2.0～3.0）。对非瓣膜病性心房颤动患者，应根据CHA_2DS_2-VASc评分法评估血栓栓塞危险。危险分层不同，制订的抗凝策略不同。CHA_2DS_2-VASc评分≥2分者提示具有高危的血栓栓塞风险，需抗凝治疗；评分为1分者，依据抗凝获益与出血危险权衡，优先考虑抗凝治疗；评分为0分者，不需抗凝。

> **知识链接**
>
> ### CHA_2DS_2-VASc评分
>
> 心房颤动是脑卒中的独立危险因素，CHA_2DS_2-VASc评分是目前应用最广泛的脑卒中风险评估工具，评分标准包括：心力衰竭（cardiac failure，1分）、高血压（hypertension，1分）、年龄≥75岁［age（doubled），2分］、糖尿病（diabetes，1分）、脑卒中史［stroke（doubled），2分］、血管疾病（vascular disease，1分）、年龄65～74岁（age，1分）和性别（女性）［Sex（female），1分］。其中血管疾病（V）包括：既往心肌梗死、外周动脉疾病、主动脉斑块。观察性研究显示，"女性"不是脑卒中的独立危险因素，而是一项危险调节因素：女性CHA_2DS_2-VASc评分1分和男性CHA_2DS_2-VASc评分0分的脑卒中风险相当，而在除性别外的其他危险因素积分相同时，女性心房颤动患者的脑卒中风险高于男性。根据亚洲心房颤动人群特点（亚洲心房颤动患者脑卒中风险增加的年龄阈值更低），《心房颤动诊断和治疗中国指南》推荐临床应用CHA_2DS_2-VASc-60评分系统，调整了评分年龄阈值：年龄≥65岁［age（doubled），2分］、年龄60～64岁（age，1分）；其他危险因素和评分值不变。推荐CHA_2DS_2-VASc-60评分≥2分的男性或≥3分的女性心房颤动患者应使用口服抗凝血药。CHA_2DS_2-VASc-60评分为1分的男性和2分的女性，在权衡预期的脑卒中风险、出血风险和患者的意愿后，也应当考虑使用口服抗凝血药。CHA_2DS_2-VASc-60评分0分的男性或1分的女性患者不应以预防脑卒中为目的使用口服抗凝血药。

3. 抗凝血药及应用持续时间　口服抗凝血药（oral anticoagulant，OAC）包括华法林和非维生素K拮抗剂口服抗凝血药（non-vitamin K antagonist oral anticoagulants，NOAC）。华法林是心房颤动抗凝治疗的有效药物，可使心房颤动患者的脑卒中风险降低64%。口服华法林的患者应定期监测凝血酶原时间国际标准化比值（INR）。INR维持在2.0~3.0能有效、安全地预防心源性脑卒中事件。

应用持续时间：①心房颤动持续时间<48 h，若需紧急复律治疗，复律前应静脉注射肝素或皮下注射低分子量肝素，复律后根据CHA_2DS_2-VASc评分决定是否长期抗凝。②心房颤动持续时间不明或持续时间>48 h，若需紧急复律治疗，复律前应静脉注射肝素或皮下注射低分子量肝素，然后衔接华法林治疗（INR维持在2.0~3.0）至少4周，以后根据CHA_2DS_2-VASc评分决定是否长期抗凝。③心房颤动持续时间不明或持续时间>48 h，若不需紧急复律治疗，应在抗凝治疗3周后择期复律治疗；或行食管超声检查明确除外心房血栓后，在使用肝素或低分子量肝素抗凝的前提下复律。复律后抗凝治疗4周，以后根据CHA_2DS_2-VASc评分决定是否长期抗凝。④不计划复律的高危心房颤动：可根据病情使用肝素或低分子量肝素抗凝后加用华法林，也可直接口服华法林。非维生素K拮抗剂口服抗凝血药可特异性阻断凝血链中某一关键环节，在保证抗凝疗效的同时显著降低出血风险，其代表药物为：直接抑制凝血酶的达比加群酯（dabigatran etexilate），抑制Xa因子的利伐沙班（rivaroxaban）、阿哌沙班（apixaban）和艾多沙班（edoxaban）。非维生素K拮抗剂口服抗凝血药不需常规监测凝血指标，安全性较好，目前临床上主要应用于非瓣膜病性心房颤动的抗凝治疗。

4. 其他　预防血栓栓塞的有效策略还包括经皮左心耳封堵术（percutaneous left atrial appendage occlusion）和外科手术切除左心耳等。

（二）控制心室率

控制心室率是心房颤动的一项基本治疗措施。控制心室率的药物包括洋地黄制剂、β受体阻断药、非二氢吡啶类钙通道阻滞药及胺碘酮等。

（1）无症状且无器质性心脏病患者，静息心室率的控制目标是<110次/分。症状明显或出现心动过速性心肌病，静息心室率的控制目标是<80次/分，中等强度运动时心室率的控制目标是<110次/分。心房颤动急性发作期心室率的控制目标是80~100次/分。

（2）心房颤动不伴心力衰竭、低血压或预激综合征，控制心室率可选用β受体阻断药或非二氢吡啶类钙通道阻滞药；伴心力衰竭或低血压可选用洋地黄制剂或胺碘酮；合并急性冠脉综合征首选胺碘酮或β受体阻断药，若不伴心力衰竭也可考虑非二氢吡啶类钙通道阻滞药，伴心力衰竭时可使用洋地黄制剂。

（3）在静脉使用药物控制心室率的同时，应根据病情开始口服控制心室率的药物。当确定口服药物起效时，可停用静脉用药。

（4）心房颤动伴快速心室率者，药物治疗无效时可实施房室结阻断消融术，并同时安装双心腔起搏器或心室按需起搏器。心房颤动伴缓慢心室率者，最长R-R间期>5 s或临床症状明显，可考虑置入人工心脏起搏器。

（三）转复并维持窦性心律

将心房颤动转复为窦性心律的方法包括药物复律、电复律和经导管心脏射频消融术治疗。紧急复律宜选择电复律，血流动力学稳定则可选药物复律。推荐使用的复律药物为普罗帕酮、胺碘酮及伊布利特，不推荐使用洋地黄制剂、维拉帕米、索他洛尔、美托洛尔用于复律。药物治疗无效或症状明显的阵发性心房颤动，经导管心脏射频消融术可作为一线治疗。

1. 急性复律的适应证　①心房颤动伴血流动力学障碍；②血流动力学稳定的初发心房颤动或阵发性心房颤动且没有复律的禁忌证。

2. 药物复律　药物复律前需评估有无器质性心脏病，据此确定复律的药物，选择药物应首先考虑药物的安全性。①无器质性心脏病的新发心房颤动，推荐静脉注射普罗帕酮；也可单次口服普罗帕酮 450~600 mg，但必须在严密监护下应用。②无器质性心脏病的新发心房颤动，若不伴有低血压或明显左心室肥厚，且血电解质及 Q-T 间期正常，尚可使用伊布利特。③伴器质性心脏病的新发心房颤动，推荐静脉应用胺碘酮；若短期未转复，在择期转复时，可加用口服胺碘酮（200 mg，每日 3 次），直至累计剂量达到 10 g。

3. 电复律　预激综合征合并心房颤动建议首选电复律。药物复律可选用普罗帕酮或伊布利特，禁用洋地黄制剂、β受体阻断药及非二氢吡啶类钙通道阻滞药。若效果不佳，宜尽早电复律。复律后建议患者接受经导管心脏射频消融术治疗。

4. 经导管心脏射频消融术　经导管心脏射频消融术逐渐成为心房颤动节律控制的一线治疗手段，可减少心房颤动发作，改善生活质量，延缓心房颤动从阵发性进展为持续性，改善心房颤动合并心力衰竭患者的预后。

 心房颤动的治疗策略。

第四节　房室交界性心律失常

一、房室交界性期前收缩

房室交界性期前收缩（atrioventricular junctional premature beat）简称交界性期前收缩，是指激动起源于房室交界区的提前搏动，也称交界性早搏。

【病因】

房室交界性期前收缩较少见，可见于器质性心脏病，如冠心病、心力衰竭患者发生洋地黄中毒、风湿性心脏病等。偶发生于非器质性心脏病。

【临床表现】

一般无症状或仅感心悸。心脏听诊特征：①心律不规则，在基本心律之间出现提早搏动，其后出现较长间歇；②交界性期前收缩的第一心音增强。

【心电图表现】

心电图特征（图 3-15-8）如下。

（一）提前出现的逆行 P′ 波

提前出现的逆行 P′ 波在 Ⅱ、Ⅲ、aVF 导联倒置，aVR 导联直立，逆行 P′ 波后面的 QRS 波群多数和正常窦性 QRS 波群形态完全一样；少数因室内差异性传导而变形。

（二）逆行 P′ 波和 QRS 波群的关系

有三种可能：①逆行 P′ 波位于 QRS 波群之前，则 P′R 间期 < 0.12 s；②逆行 P′ 波位于 QRS 波群之后，则 RP′ 间期 < 0.20 s；③逆行 P′ 波埋于 QRS 波群之中。

（三）代偿间歇以完全性多见

所谓完全性代偿间歇，即期前收缩前后两个周期之和等于两个窦性心动周期之和，其发生是由于房室交界性期前收缩未侵入窦房结，其节律未被打乱之故。

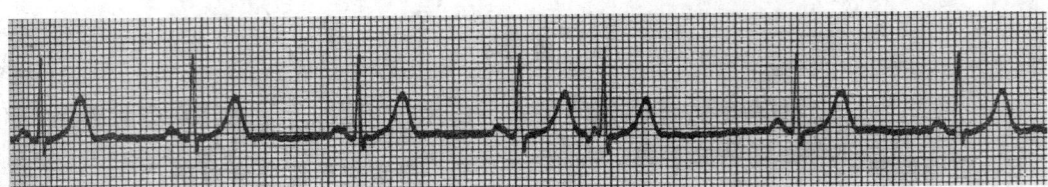

图 3-15-8 房室交界性期前收缩心电图

【治疗】

房室交界性期前收缩通常无须治疗，去除病因或诱因后房室交界性期前收缩可消失。当期前收缩频发（≥5次/分）且症状明显时，可口服β受体阻断药或非二氢吡啶类钙通道阻滞药。

二、非阵发性房室交界性心动过速

非阵发性房室交界性心动过速（nonparoxysmal atrioventricular junctional tachycardia）是由于房室交界区组织的自律性增加或形成触发活动而引起呈持续或短阵发作的一种心动过速。

【病因】

洋地黄中毒是最常见的病因。其次见于器质性心脏病，如下壁心肌梗死、心肌炎、急性风湿热或心脏瓣膜手术后。偶见于正常人。

【临床表现】

患者多无症状或偶感心悸。心动过速发作开始时心率逐渐加快，终止时心率逐渐减慢，非突发突止。心率70～150次/分，节律相对规整，心率快慢易受自主神经张力变化的影响。心动过速一般不引起血流动力学障碍。

【心电图表现】

心电图特征（图3-15-9）：①逆行P′波，频率70～150次/分，节律相对规整；②P′波与QRS波群的关系符合房室交界性特点；③QRS波群时限与形态一般正常。

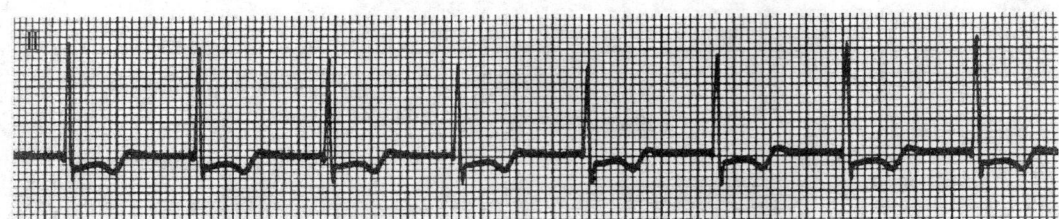

图 3-15-9 非阵发性房室交界性心动过速心电图

【治疗】

非阵发性房室交界性心动过速常能自行终止，很少引起明显的血流动力学改变，本身通常不需要治疗，去除病因治疗原发病即可。洋地黄中毒引起者应立即停用洋地黄药物，根据病情给予氯化钾，可应用洋地黄抗体，禁忌电复律。

三、阵发性室上性心动过速

室上性心动过速（supraventricular tachycardia，SVT）是指发生在窦房结、心房及房室交界区的触发激动、自律性增强、房室结折返或房室折返引起的心动过速的总称，简称室上速。多数室上性心动过速呈阵发性发作，持续数分钟、数小时或数日可自行转复为窦性心律，故称阵发性室上性心动过速（paroxysmal supraventricular tachycardia，PSVT）。90% 以上由房室结折返和房室折返引起，最明显的特点是突发突止，心律规则。房室结内折返性心动过速（A-V nodal reentry tachycardia，AVNRT）是最常见的阵发性室上性心动过速。本节重点介绍房室结内折返性心动过速。房室折返性心动过速见本章第六节预激综合征。

【病因与发病机制】

患者多无器质性心脏病。房室结内有两条传导通路（双径路），即快（β）径路和慢（α）径路，两端相互连接形成闭合环路，这是房室结内折返性心动过速的结构基础。快径路传导速度快，不应期长；慢径路传导速度慢，不应期短，分别构成折返环路的前向支和逆向支。

【临床表现】

折返引起的室上性心动过速最典型的特征是突然发生与突然停止，持续时间长短不一。症状包括乏力、胸闷、焦虑不安、头晕等，严重者可发生心源性晕厥。原有冠心病者可诱发心绞痛发作，甚至低血压或休克发生。体格检查心率和脉搏增快，为150～250次/分，心律绝对规整，心尖区第一心音强度恒定。

 阵发性室上性心动过速的临床特征。

【辅助检查】

（一）心电图检查

心电图检查具体表现：①心率150～250次/分，心律规则；②QRS波群时限与形态一般正常，但发生室内差异性传导或原有束支传导阻滞时，QRS波群可宽大畸形；③逆行P′波常埋于QRS波群内或位于其终末部分，P′波与QRS波群保持固定关系；④起始突然，通常由一个房性期前收缩触发，下传的PR间期显著延长，随之引起心动过速发作（图3-15-10）。

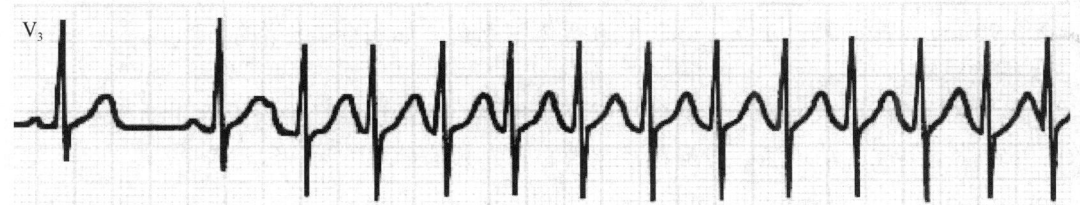

图3-15-10　阵发性室上性心动过速心电图

 阵发性室上性心动过速的心电图特征。

（二）心电生理检查

心电生理检查的主要特点为：①房室交界区存在双径路或多径路；②心房期前刺激能诱发与终止发作；③折返环路位于房室结；④心动过速开始伴随房室结传导延缓；⑤逆行激动顺序正常，即希氏束邻近部位的电极能最早记录到快径路逆传的心房电活动。

【治疗】

（一）急性发作期治疗

1. 急性发作期的一般处理

（1）机械刺激迷走神经的方法：通过机械刺激迷走神经终止发作，但仅在发作早期使用效果较好。①瓦尔萨尔瓦动作：深吸气后屏气，再用力做呼气动作。②刺激咽部诱发恶心、呕吐。③颈动脉窦按摩：患者取仰卧位，先按摩右侧 5~10 s，无效时再尝试按摩左侧，不可两侧同时按摩，以免引起脑缺血。有脑血管疾病患者禁用。按摩颈动脉窦时，必须听诊或进行心电监护，一旦心动过速停止，立即停止按摩。④将面部浸入冰水内。压迫眼球目前已少用。

（2）药物治疗：若刺激迷走神经不能终止心动过速发作，则可选用：①维拉帕米疗效很好，推荐作为首选，应在心电监护下使用，以防引起窦性心动过缓或心脏停搏。②腺苷通过结合房室交界区细胞膜上的腺苷受体发挥作用，起效速度快，作用消除迅速。对窦房结及房室结抑制作用强，心动过速终止后可出现窦性停搏、房室传导阻滞等缓慢型心律失常，但通常只持续 10 s 左右，一般无须特殊处理。本药为生物制剂，需在心电监护下使用。病态窦房结综合征、冠心病、支气管哮喘、预激综合征患者或有过敏史者禁用。国内也有应用三磷腺苷，不良反应及注意事项同腺苷。③普罗帕酮、地尔硫䓬及 β 受体阻断药也有效。④伴心功能不全者，可选用洋地黄类药物。

（3）经食管心房调搏：经食管心房调搏（transesophageal atrial pacing，TEAP）常能有效终止发作，可用于所有类型室上性心动过速患者。

2. 特殊情况下室上性心动过速的治疗 ①伴严重心绞痛、低血压、严重心力衰竭的患者，应立即电复律，药物不能控制的室上性心动过速也应选择电复律，但应注意，使用洋地黄治疗的患者不能采用电复律。不接受电复律者可试用经食管心房调搏，也可选用洋地黄制剂治疗。②伴窦房结功能障碍者，首选经食管心房调搏。③伴慢性阻塞性肺疾病者，首选非二氢吡啶类钙通道阻滞药。④妊娠合并室上性心动过速，首选刺激迷走神经或经食管心房调搏。血流动力学不稳定时可选择电复律。上述措施无效或不能使用时，可选用腺苷、美托洛尔、维拉帕米等药物。

（二）预防发作

患者应掌握几种刺激迷走神经终止心动过速的方法，如咽部刺激诱发恶心、瓦尔萨尔瓦动作、将面部浸入冰水内。

患者是否需长期口服药物预防，取决于室上性心动过速发作频度及发作的严重程度。预防性用药可选用：①地高辛 0.25 mg 口服，每日 1 次。②长效钙通道阻滞药：缓释维拉帕米 120 mg 或长效地尔硫䓬 90 mg 口服，每日 2 次。③长效 β 受体阻断药，如缓释美托洛尔。

（三）根治策略

经导管心脏射频消融术能安全、有效地阻断折返环，根治房室结内折返性心动过速。对药物治疗无效的阵发性室上性心动过速，应推荐经导管心脏射频消融术作为一线治疗。

 阵发性室上性心动过速的治疗、预防或根治策略。

第五节 室性心律失常

一、室性期前收缩

室性期前收缩（premature ventricular beat）是指激动起源于房室束（希氏束）分叉以下部位的提前搏动，又称室性早搏，是临床最常见的一种心律失常。单源性室性期前收缩起源于单个异位起搏点；多源性室性期前收缩（multifocal premature ventricular beat）起源于多个异位起搏点，可偶尔出现，也可频繁出现。每隔1个、2个或3个正常窦性搏动出现一个期前收缩，且连续出现3次或3次以上时，分别称为二联律、三联律、四联律。

【病因】

室性期前收缩常见于冠心病、心肌病、风湿性心脏病与二尖瓣脱垂等各种心脏病患者；也可见于心肌炎、缺血、缺氧、麻醉、手术时。奎尼丁、洋地黄、三环类抗抑郁药、肾上腺素及低钾血症、低血钙等均可引起。情绪激动、疲劳、饮酒、吸烟、饮茶或咖啡也可导致其发生。

【临床表现】

（一）症状

偶发（＜5次/分）或频发（≥5次/分）室性期前收缩，患者适应时可无症状。发病初期患者可有心悸、心前区不适感、心搏脱漏感、悬空感或咽喉部堵塞感。老年人或原有心脏病患者可导致心排血量减低，出现乏力、头晕，诱发或加重心绞痛、心力衰竭。

（二）体征

（1）脉律不整，桡动脉搏动减弱或消失，形成脉搏短绌。

（2）听诊特征：①心律不规则，提前出现心脏搏动，其后出现较长间歇；②室性期前收缩时第一心音增强，第二心音减弱或消失；③功能性室性期前收缩者活动后上述体征减少或消失，器质性心脏病引起者则活动后上述体征增多。

（3）原发病的表现。

 室性期前收缩的体征。

【心电图表现】

心电图特征（图3-15-11）：①提前出现的QRS波群宽大畸形，时限≥0.12 s，继发ST-T改变；② QRS波群前无相关P波，ST段、T波方向与QRS波群主波方向相反；③室性期前收缩后有完全代偿间歇，室性期前收缩与期前窦性搏动的间期（配对间期）恒定。

 室性期前收缩的心电图特征。

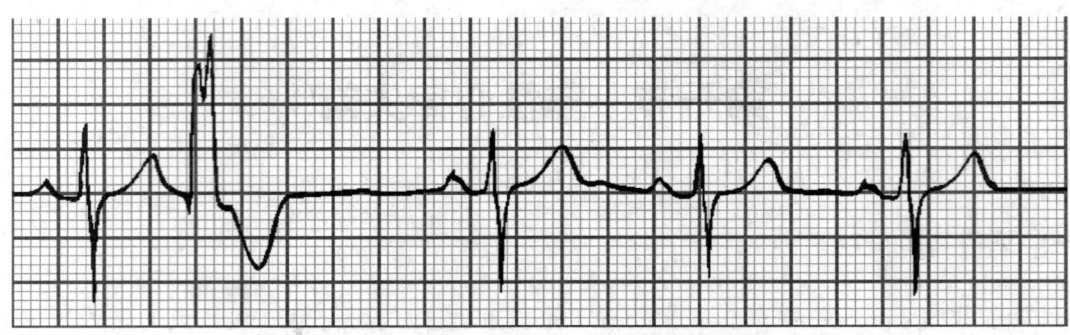

图 3-15-11　室性期前收缩心电图

【治疗】

应首先明确室性期前收缩是功能性还是器质性，根据不同的临床情况决定治疗方案。强调治疗基础疾病，纠正内环境紊乱（特别是低钾血症）等诱因。

（一）无器质性心脏病

无器质性心脏病者一般无须特殊治疗，不建议常规使用抗心律失常药治疗。对心悸等症状明显者，治疗以消除症状为目的。特别要做好解释工作，说明这种情况的良性预后，减轻患者的心理负担。注意避免诱发因素（如饮酒或咖啡、吸烟及应激）。对精神紧张及焦虑者，给予小剂量β受体阻断药口服；症状明显者，可口服美西律、普罗帕酮或莫雷西嗪，使用胺碘酮时应注意不良反应。

> **知识链接**
>
> **胺碘酮的不良反应**
>
> 胺碘酮是呋喃类结构含碘化合物，药理学特征复杂，作用多样，可引起多种不良反应。①肺：肺纤维化（为心外最严重的毒性，< 300 mg/d 很少发生）；②胃肠道：恶心、食欲下降、便秘；③肝：转氨酶升高，偶可导致肝纤维化；④甲状腺：甲状腺功能亢进或甲状腺功能减退；⑤皮肤：光过敏、呈蓝色改变；⑥神经：共济失调、末梢多发神经炎、睡眠障碍、记忆力下降、震颤；⑦眼：角膜色素沉着、视神经炎；⑧心脏：心动过缓，房室传导阻滞，心律失常很少发生，偶尔发生尖端扭转型室性心动过速。由于半衰期长，胺碘酮潜在的器官毒性比半衰期短的药物更严重，也更难处理。大多数不良反应经过减量或停药可以逆转。许多不良反应只要予以解释，解除患者的顾虑，严密随访观察即可。而重要脏器毒性可能是严重的，需要更积极地处理。

（二）有器质性心脏病

有器质性心脏病者应加强病因治疗，如改善冠状动脉供血、心脏功能和控制高血压，不建议常规应用抗心律失常药。症状明显者，可使用β受体阻断药或非二氢吡啶类钙通道阻滞药等。急性心肌缺血或心肌梗死合并室性期前收缩，目前不主张预防性应用抗心律失常药，首选再灌注治疗。若再灌注治疗实施前已出现频发、多源性室性期前收缩，在处理基础疾病与诱因的前提下，可口服β受体阻断药。应避免使用Ⅰ类抗心律失常药。心肌梗死后室性期前收缩首选β受体阻断药，能降低心肌梗死后的猝死发生率。

 室性期前收缩的治疗策略。

二、室性心动过速

室性心动过速（ventricular tachycardia）是发生于房室束（希氏束）分叉以下的异位性心动过速。一般认为连续发生3个或3个以上室性期前收缩，频率≥100次/分，称为室性心动过速。

【病因与发病机制】

（一）病因

室性心动过速绝大多数发生于各种器质性心脏病患者，尤其是冠心病、心肌病、重症心肌炎、心力衰竭、心瓣膜疾病、二尖瓣脱垂等患者。其他如洋地黄中毒、长Q-T间期综合征、低温麻醉、心脏及肺手术等。偶可发生于心脏结构和功能均正常者，称为特发性室性心动过速（idiopathic ventricular tachycardia）。

 室性心动过速的病因。

（二）发病机制

室性心动过速的冲动起源点位于心室，与心室自律性升高、某些病理或生理状态有助于折返形成及触发激动有关。

【临床表现】

（一）症状

室性心动过速患者症状的轻重取决于心室率、持续时间、有无器质性心脏病和心功能障碍。①非持续性室性心动过速（non sustained ventricular tachycardia）：通常无症状，发作时间<30 s，能自行终止。②持续性室性心动过速（sustained ventricular tachycardia）：发作时间>30 s，需药物或电复律终止，常伴心肌缺血和血流动力学不稳定。心室率过快或原有严重心脏病者，常引起明显血流动力学障碍与心肌缺血，出现乏力、眩晕、心悸、心绞痛，严重者出现低血压、晕厥、休克、急性肺水肿，甚至发展为心室扑动或心室颤动而猝死。

（二）体征

室性心动过速常见体征：①颈静脉搏动强弱不等，可见较强的颈静脉搏动（大炮波）；②听诊心尖部第一心音分裂，心律规则或略不规则，第一心音强度经常变化。

【心电图表现】

室性心动过速心电图特征（图3-15-12）：①连续出现3个或3个以上室性期前收缩，频率为100~250次/分，心律规则，也可略不规则，R-R间期可相差0.02~0.04 s；②QRS波群宽大畸形，时限>0.12 s，ST段、T波方向与QRS波群主波方向相反；③QRS波群与P波无固定关系，

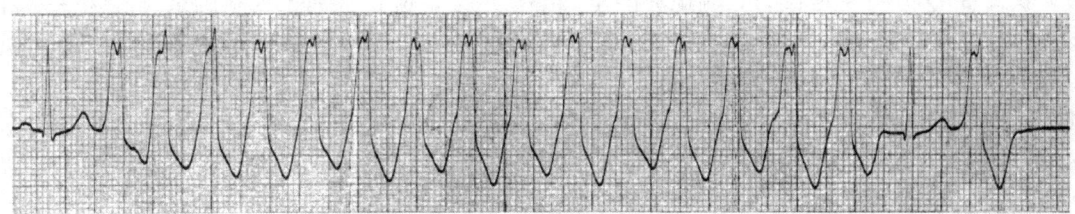

图3-15-12　室性心动过速心电图

即形成房室分离；④个别心室激动逆传入心房，出现逆行性 P' 波；⑤心室夺获：室性心动过速发作时少数室上性冲动下传心室，表现为 P 波之后顺序发生一次正常 QRS 波群；⑥室性融合波：室性心动过速发作时少数室上性冲动下传心室时恰遇室性异位冲动发生，两者共同形成 QRS 波群。

 室性心动过速的心电图特征。

【治疗】

（一）急性发作时的治疗

应根据室性心动过速的类型及基础疾病情况等决定应对哪些患者给予治疗。目前证实能降低心脏性猝死发生率的药物有 β 受体阻断药和胺碘酮。室性心动过速的一般处理原则是：存在明确诱因或器质性心脏病应首先针对原发病与诱因处理；无器质性心脏病发生短暂非持续性室性心动过速，无症状或血流动力学稳定，处理原则同室性期前收缩；持续性室性心动过速无论有无基础疾病，都应给予治疗。

1. 非持续性室性心动过速

（1）不伴器质性心脏病者，一般无须特殊处理，症状明显者可口服 β 受体阻断药。

（2）伴器质性心脏病者，应积极纠正诱因，并应用 β 受体阻断药。若无效或发作频繁，患者症状明显，则按持续性室性心动过速处理。

2. 持续性单形性室性心动过速

（1）有器质性心脏病的持续性单形性室性心动过速（monomorphic ventricular tachycardia）：①治疗基础疾病及诱因；②血流动力学不稳定时，立即电复律；③血流动力学稳定时，可首先使用抗心律失常药，也可电复律；④药物推荐使用胺碘酮，若无效或不能使用胺碘酮，或合并心肌缺血，可选用利多卡因。

（2）不间断室性心动过速：较难终止，一般药物治疗无效。若血流动力学稳定，胺碘酮和 β 受体阻断药联合使用较安全，在胺碘酮负荷过程中可试用电复律。也可行经导管心脏射频消融术治疗。

（3）无器质性心脏病的持续性单形性室性心动过速：患者大多血流动力学稳定，但持续时间过长或血流动力学不稳定时，宜行电复律。起源右心室流出道者可选用维拉帕米、普罗帕酮、β 受体阻断药或利多卡因。左心室特发性室性心动过速首选维拉帕米，也可用普罗帕酮。心动过速终止后建议行经导管心脏射频消融术根治。

3. 多形性室性心动过速

（1）Q-T 间期正常者，纠正病因及诱因，根据情况选用胺碘酮、利多卡因或 β 受体阻断药。

（2）先天性 Q-T 间期延长的尖端扭转型室性心动过速（torsade de pointes）不能自行终止者予以电复律，药物首选 β 受体阻断药，第 3 型可选用利多卡因或美西律，有适应证者应用植入型心律转复除颤器。

（3）获得性 Q-T 间期延长的尖端扭转型室性心动过速，应积极纠正危险因素，药物治疗首先给予硫酸镁静脉注射，注意补钾。心动过缓或有长间歇者，应考虑植入临时心脏起搏器。

4. 特殊类型的多形性室性心动过速

（1）伴短联律间期的多形性室性心动过速（multiform ventricular tachycardia）：血流动力学稳定者首选维拉帕米，无效则应用胺碘酮；血流动力学不稳定者应立即电复律。口服维拉帕米或普罗帕酮、β 受体阻断药可预防复发。建议应用植入型心律转复除颤器。

（2）Brugada 综合征发生多形性室性心动过速伴血流动力学障碍：首选电复律，可选用异丙肾上腺素，建议应用植入型心律转复除颤器预防猝死。抗心律失常药治疗效果差。

（3）儿茶酚胺敏感性多形性室性心动过速（catecholaminergic polymorphic ventricular tachycardia）发作时：血流动力学障碍者首选电复律，血流动力学稳定者首选β受体阻断药。建议应用植入型心律转复除颤器预防猝死。

（二）预防复发

预防室性心动过速的关键是积极防治原发病和去除引起室性心动过速的诱因。β受体阻断药可以降低心肌梗死后猝死的发生率；胺碘酮能有效地预防室性心动过速发作和降低心脏性猝死的发生率。植入型心律转复除颤器能迅速、高效地终止室性心动过速，适用于各种原因导致室速反复发作的患者，预防心脏性猝死。经导管心脏射频消融术治疗特发性室性心动过速和单源性室性心动过速有非常好的效果。

 室性心动过速的治疗和预防策略。

三、心室扑动和心室颤动

心室扑动（ventricular flutter）和心室颤动（ventricular fibrillation）是最严重的致命性室性心律失常。前者为心室快而微弱的无效收缩，后者为心室肌不协调颤动，心脏完全失去泵血功能。心室扑动多为心室颤动的前奏，常为器质性心脏病（如冠心病）以及其他疾病患者临终前的表现。

【临床表现】

心室颤动可导致严重的血流动力学障碍，一旦发生，患者迅速出现阿-斯综合征，表现为晕厥、意识丧失、抽搐、呼吸停止、无心音、无脉搏、血压测不到。如不及时抢救，患者在3~5 min内死亡。

【心电图表现】

（一）心室颤动的心电图表现

P波、QRS波群、T波消失，代之以波形、振幅与频率均不规则的颤动波（心室颤动波），频率为250~500次/分。可出现粗颤波和细颤波，前者颤动波粗大，后者颤动波纤细（图3-15-13）。

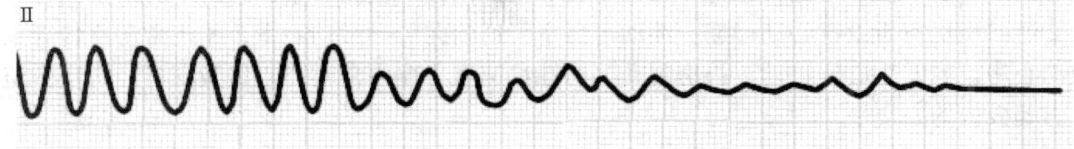

图3-15-13　心室扑动与心室颤动心电图

（二）心室扑动的心电图表现

P波、QRS波群、T波消失，代之以频率为150~300次/分，振幅大而规则、向上与向下的波幅几乎相等（正弦波）的图形（心室扑动波），相邻两波之间等电位线消失（图3-15-13）。

【治疗】

心室扑动和心室颤动对血流动力学的影响均等于心室停搏，必须及时识别，尽快处理。

（一）急救措施

1. **院外患者** 目击者应立即实施心肺复苏，同时设法呼救，有条件时寻找并使用自动体外除颤器（automated external defibrillator，AED）。
2. **住院患者** 应立即采用非同步电除颤和心肺复苏治疗。

（二）后续处理

进行高级生命支持和复苏后处理。对于复苏成功的患者，应积极治疗原发病和改善心功能，并考虑植入植入型心律转复除颤器预防心脏性猝死。

心室颤动正确的急救处理方法。

第六节　预激综合征

预激综合征（preexcitation syndrome）又称 Wolf-Parkinson-White 综合征（WPW 综合征），是指心房冲动经正常房室传导系统以外先天异常的传导径路（旁道）下传，提前激动部分（或全部）心室肌，或心室的冲动逆传，提前激动心房的一部分或全部，引起异常心电生理和（或）伴发快速型心律失常的一种临床综合征。房室折返性心动过速（atrioventricular reentry tachycardia，AVRT）是预激综合征最常伴发的快速型心律失常。

【病因与发病机制】

（一）病因

预激综合征患者大多无器质性心脏病，可发生于任何年龄，男性多见。某些先天性或获得性心脏病（如三尖瓣下移畸形、二尖瓣脱垂）及心肌病患者等可并发预激综合征。

（二）发病机制

心脏先天发育过程中形成异常传导束，称为旁道，是发生预激的解剖学基础。其中最常见的是房室旁道（肯特束，即连接心房与心室之间由普通心肌组成的肌束），冲动传导途径异常发生预激。房室旁道无递减传导性能，且传导速度快。正常房室传导束与房室旁道之间构成折返可发生房室折返性心动过速。按其发生折返的方向不同，分为两类。①顺向型房室折返性心动过速：此型占房室折返性心动过速的 90%，是指冲动经正常房室传导束前向传导激动心室，经房室旁道逆向传导激动心房。②逆向型房室折返性心动过速：冲动经房室旁道前向传导激动心室，经正常房室传导束逆向传导激动心房。当发生心房扑动、心房颤动等房性快速型心律失常时，心房激动可经房室旁道下传心室，引起极快的心室率。

【临床表现】

预激综合征患者本身无症状。具有预激心电图表现者，心动过速的发生率为 1.8%，最常见的心动过速是顺向型房室折返性心动过速。心室率 150～250 次/分，心律规整，以突发和突止为特征。当出现室上性心动过速、心房扑动或心房颤动时，患者可出现相应症状。频率过于快速的心动过速（特别是持续发作心房颤动）可引起低血压、充血性心力衰竭或恶化为心室颤动。

【心电图表现】

房室旁道典型预激心电图特征（图 3-15-14）：① PR 间期缩短＜ 0.12 s；② QRS 波群起始部粗

钝，即所谓预激波或 δ 波，终末部分正常；③某些导联 QRS 波群超过＞0.12 s，继发性 ST-T 改变，T 波方向与 QRS 波群主波方向相反。根据胸导联 QRS 波群主波的方向，常分为 A、B 两型。A 型 QRS 波群主波均向上，预激发生于左心室或右心室后底部；B 型 V_1 导联 QRS 波群主波向下，V_5、V_6 导联 QRS 波群主波向上，预激发生在右心室前侧壁。

预激综合征并发顺向型房室折返性心动过速时，心室率 150~250 次/分，心律规整，QRS 波群形态及时限正常；并发逆向型房室折返性心动过速时，QRS 波群宽大畸形，应注意与室性心动过速相鉴别。

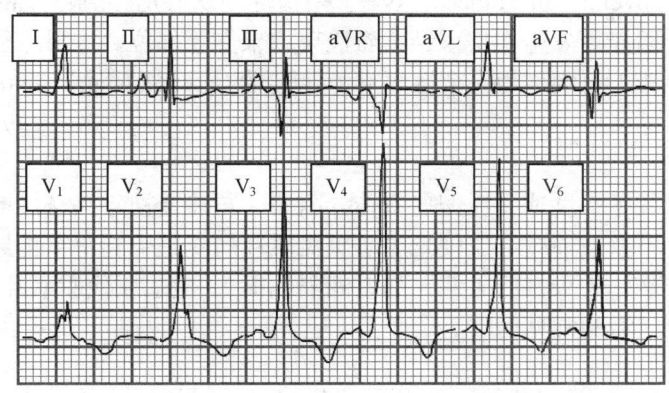

图 3-15-14　预激综合征（A 型）心电图

【治疗】

预激综合征患者无心动过速发作，或偶有发作且症状轻微者不需治疗。如发生室上性心动过速、心房扑动或心房颤动，可采用下列方法治疗。

（一）预激综合征伴房室折返性心动过速

1. 顺向型房室折返性心动过速　对迷走神经刺激无效者，首选腺苷或维拉帕米静脉注射，也可选择普罗帕酮，若效果不佳，可选择 β 受体阻断药（参见阵发性室上性心动过速）。

2. 逆向型房室折返性心动过速　药物治疗可选用普罗帕酮、伊布利特或胺碘酮静脉注射，无效时宜尽早进行同步直流电复律。

（二）预激综合征伴心房扑动与心房颤动

预激综合征伴心房扑动与心房颤动可使用普罗帕酮、伊布利特或胺碘酮等，可延长旁道不应期，减慢旁道传导，使心室率减慢或使心房扑动或心房颤动转为窦性心律。禁用洋地黄制剂、β 受体阻断药及非二氢吡啶类钙通道阻滞药，因其能缩短旁道不应期，使大量心房冲动经旁道下传心室加快心室率，引起心室颤动。

（三）电复律

预激综合征伴心房扑动与颤动，如发作时心室率快且伴血流动力学障碍（如晕厥或低血压），首选电复律。

（四）经导管心脏射频消融术

经导管心脏射频消融术能安全、有效地消融旁道，切断折返环，达到根治目的，目前已成为预激综合征的一线治疗策略。预激综合征反复发作室上性心动过速或伴发心房扑动、心房颤动者，推荐尽早行经导管心脏射频消融术治疗。

 预激综合征的治疗策略。

第七节 心脏传导阻滞

一、房室传导阻滞

房室传导阻滞（atrioventricular block，AVB）是指冲动从心房传到心室的过程中，冲动传导的延迟或中断。房室传导阻滞可发生在房室结、希氏束或束支等部位。按阻滞程度，一度、二度统称为不完全性房室传导阻滞，三度称为完全性房室传导阻滞（complete atrioventricular block）。

【病因】

正常人或运动员可发生一度或文氏型房室传导阻滞，与迷走神经兴奋性增高有关。心肌炎、心肌病、心肌缺血、急性下壁或前壁心肌梗死等心脏器质性病变是引起房室传导阻滞的主要原因。退行性病变、传导系统损伤、先天性心脏病（如室间隔缺损）、电解质代谢紊乱（如高钾血症）、洋地黄中毒等也是房室传导阻滞的常见病因。

【临床表现】

一度房室传导阻滞患者常无任何症状，听诊第一心音可略减弱。二度房室传导阻滞因心搏脱漏，患者可能有心脏停搏或心悸感；脱漏频繁、心室率缓慢者可有乏力、头晕或晕厥，听诊心律不规则。三度房室传导阻滞因心室率过慢，每分钟心排血量减少，可引起脑、心脏供血不足，表现为头晕、智力减退、心力衰竭等。心室停搏 5~10 s 常引起晕厥伴面色苍白、双眼凝视。若心室停搏超过 15 s，可引起晕厥、抽搐，即阿-斯综合征，应及时采取可恢复有效心搏的措施，否则可导致患者死亡。三度房室传导阻滞听诊心率慢而规则，多为 35~50 次/分，第一心音强弱不等，有时可听到响亮的第一心音（大炮音），是由于心室紧接心房之后收缩，房室瓣由较低位置突然关闭所致。可有颈静脉搏动与心音不一致，收缩压偏高、脉压增大等。

 三度房室传导阻滞的临床特征。

【心电图表现】

（一）一度房室传导阻滞

一度房室传导阻滞心电图特征（图 3-15-15）：① PR 间期 > 0.20 s；②每个 P 波后均有 QRS 波群。

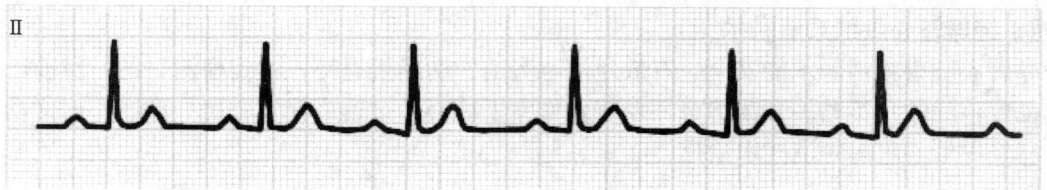

图 3-15-15　一度房室传导阻滞心电图

提示 一度房室传导阻滞的心电图特征。

(二) 二度房室传导阻滞

二度房室传导阻滞包括莫氏Ⅰ型（文氏型）房室传导阻滞和莫氏Ⅱ型房室传导阻滞。

1. 莫氏Ⅰ型（文氏型）房室传导阻滞心电图特征（图 3-15-16） ① PR 间期逐渐延长，RR 间期逐渐缩短，直至 QRS 波群脱漏，周而复始；②脱漏后的第一个 PR 间期最短；③心室脱漏造成的长 RR 间距小于两个 PP 间距之和；④ QRS 波群时限多正常。

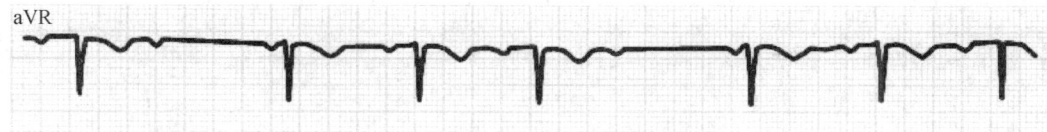

图 3-15-16 莫氏Ⅰ型房室传导阻滞心电图

考点提示 文氏型房室传导阻滞的心电图特征。

2. 莫氏Ⅱ型房室传导阻滞心电图特征（图 3-15-17） ① PR 间期恒定；②数个 P 波之后有一个 QRS 波群脱漏，形成 2∶1 或 3∶1 等不同比例的房室传导阻滞；③当发生 2 个或 2 个以上 QRS 波群脱漏时，称为高度房室传导阻滞（high degree atrioventricular block）。

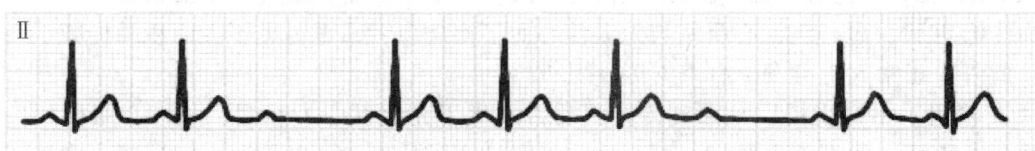

图 3-15-17 莫氏Ⅱ型房室传导阻滞心电图

考点提示 莫氏Ⅱ型房室传导阻滞的心电图特征。

(三) 三度房室传导阻滞

三度房室传导阻滞心电图特征（图 3-15-18）：① P 波与 QRS 波群互不相关，心房（P 波）率＞心室（QRS 波群）率；② QRS 波群的形态和时限取决于阻滞的部位，若阻滞发生在房室结，心室起搏点来自希氏束分叉以上，则 QRS 波群正常，频率为 40~60 次/分；若阻滞发生在希氏束分叉以下，心室起搏点来自心室内，则 QRS 波群宽大畸形，频率为 20~40 次/分。

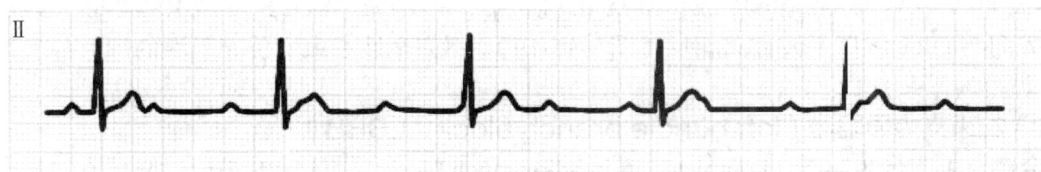

图 3-15-18 三度房室传导阻滞心电图

【治疗】

首先应针对病因治疗。一度和文氏型房室传导阻滞心室率＞50次/分，无症状则无须治疗。莫氏Ⅱ型及三度房室传导阻滞患者，若症状明显或有血流动力学障碍等严重表现，应给予起搏治疗。异丙肾上腺素可应用于任何部位的房室传导阻滞，该药可引起室性心律失常，急性冠脉综合征患者应谨慎使用。阿托品适用于窦性心动过缓、窦性停搏及文氏型房室传导阻滞患者，可提高心室率；不适用于莫氏Ⅱ型及三度房室传导阻滞伴室性逸搏的患者。对于症状明显、心室率过缓，尤其QRS波群宽大畸形（希氏束分叉以下阻滞）且既往有心源性晕厥病史者，应尽早安装临时性或永久性心脏起搏器。

三度房室传导阻滞的治疗策略。

二、室内传导阻滞

室内传导阻滞（intraventricular block）是指房室束（希氏束）分叉以下部位的传导阻滞。其共同特征是QRS波群时限延长。室内传导系统由3个部分组成：右束支、左前分支和左后分支，室内传导系统的病变可波及单支、双支或三支。

【病因】

右束支细而长，易受损，因此右束支传导阻滞较为常见。右束支传导阻滞常发生于风湿性心脏病、高血压心脏病、冠心病、心肌病与先天性心血管疾病患者，也可见于大面积肺梗死、急性心肌梗死后。此外，正常人也可发生右束支传导阻滞。

左束支较粗，不易受损。左束支传导阻滞常发生于充血性心力衰竭、急性心肌梗死、急性感染、高血压心脏病、风湿性心脏病、冠心病与梅毒性心脏病患者。左前分支阻滞较为常见，左后分支阻滞则较为少见。

【临床表现】

单支、双支传导阻滞时，患者通常无临床症状，可听到第一心音、第二心音分裂。完全性三分支传导阻滞的临床表现与完全性房室传导阻滞相同，由于替代起搏点在分支以下，起搏频率更慢且不稳定，故预后较差。

【心电图表现】

（一）右束支传导阻滞（right bundle branch block，RBBB）

完全性右束支传导阻滞（complete right bundle branch block）：①QRS波群时限≥0.12 s；②QRS波群V_1~V_2导联呈rsR′波，R′波粗钝；V_5、V_6导联呈QRS或RS波形，S波宽阔；③T波方向与QRS波群主波方向相反（图3-15-19）。不完全性右束支传导阻滞的图形与上述相似，但QRS波群时限＜0.12 s。

（二）左束支传导阻滞（left bundle branch block，LBBB）

完全性左束支传导阻滞（complete left bundle branch block）：①QRS波群时限≥0.12 s；②V_5、V_6导联R波宽大，顶部有切迹或粗钝，其前方无q波；③V_1、V_2导联呈宽阔的QS波或rS波形；V_5、V_6导联T波方向与QRS波群主波方向相反（图3-15-20）。不完全性左束支传导阻滞图形与上述相似，但QRS波群时限＜0.12 s。

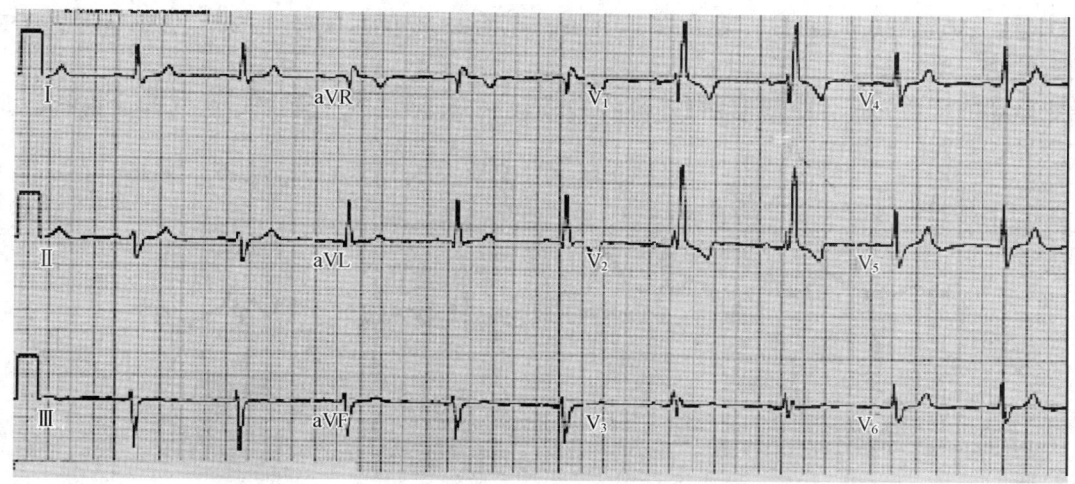

图 3-15-19　完全性右束支传导阻滞心电图

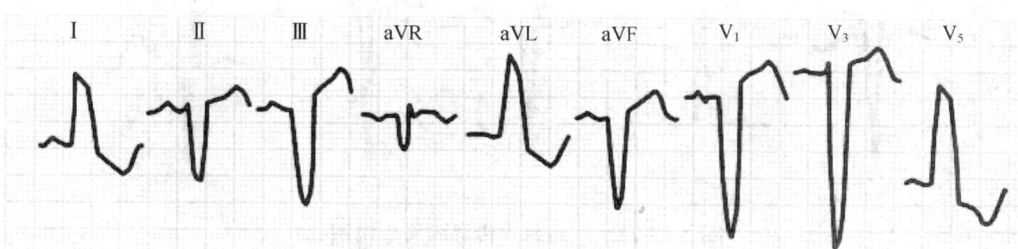

图 3-15-20　完全性左束支传导阻滞心电图

（三）左前分支传导阻滞

左前分支传导阻滞（left anterior fascicular block）心电图表现：①QRS 波群在 I、aVL 导联呈 qR 波，II、III、aVF 导联呈 rS 波；②QRS 波群时限 < 0.12 s；③额面平均 QRS 电轴左偏达 −45°～−90°（图 3-15-21）。

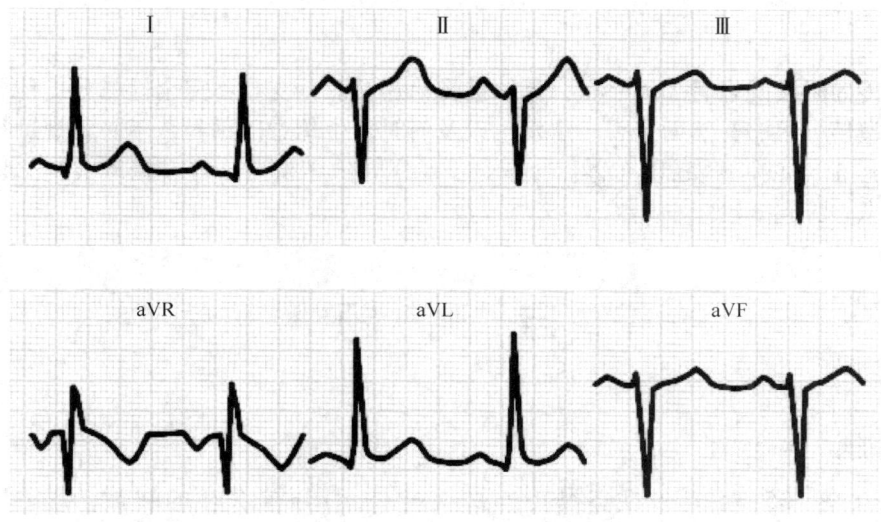

图 3-15-21　左前分支传导阻滞心电图

（四）左后分支传导阻滞

左后分支传导阻滞（left posterior fascicular block）心电图表现为：①QRS 波群在 I 导联呈 rS

波，Ⅱ、Ⅲ、aVF 导联呈 qR 波，且 R Ⅲ > R Ⅱ；②QRS 波群时限 < 0.12 s；③额面平均 QRS 波群电轴右偏达 +90°~+120°（图 3-15-22）。

确定诊断前应首先排除引起电轴右偏的其他常见病变，如右心室肥厚、肺气肿、侧壁心肌梗死与正常变异。

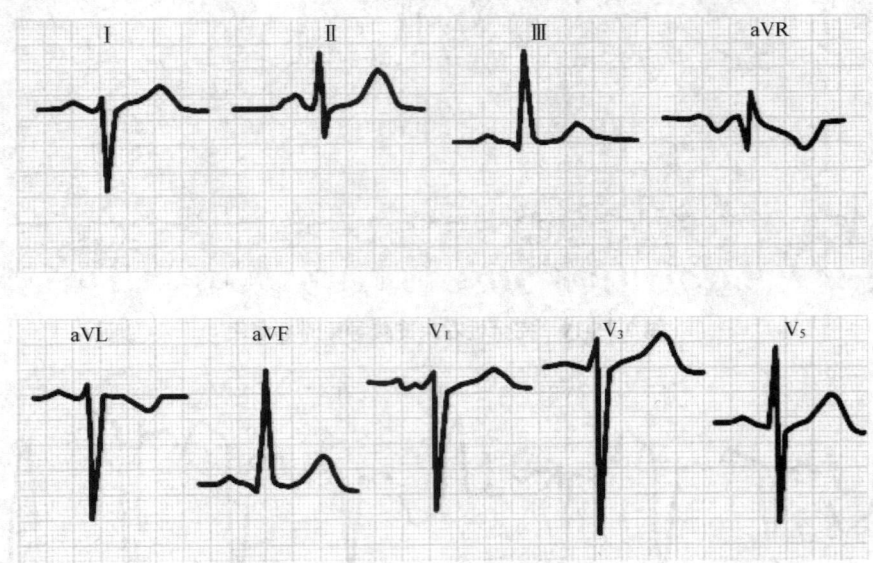

图 3-15-22　左后分支传导阻滞心电图

（五）双分支传导阻滞与三分支传导阻滞

双分支传导阻滞是指室内传导系统三分支中的任何两分支同时发生阻滞。三分支传导阻滞是指三分支同时发生阻滞。如三分支均发生传导阻滞，则表现为完全性房室传导阻滞。由于阻滞分支的数量、程度、是否间歇发生等不同情况组合，可出现不同的心电图表现。最常见的为右束支合并左前分支传导阻滞。右束支合并左后分支传导阻滞较罕见。当右束支传导阻滞与左束支传导阻滞两者交替出现时，双侧束支传导阻滞的诊断便可成立。

【治疗】

单侧束支传导阻滞的患者如无症状，无须接受治疗。双分支与不完全性三分支传导阻滞可能进展为完全性房室传导阻滞，然而是否一定发生以及何时发生均难以预料，不必常规进行预防性心脏起搏治疗。急性前壁心肌梗死患者发生双分支、三分支传导阻滞，伴有晕厥或阿-斯综合征发作时，应及早考虑心脏起搏治疗。

自　测　题

一、选择题

1. 患者，女性，35 岁，阵发性心悸 1 个月。心电图示：提前发生的 P' 波，形态与窦性 P 波略有不同，PR 间期 0.14 s，QRS 波群形态和时限正常。该患者心律失常最有可能的是
   A. 心房颤动　　　　　　　　B. 阵发性室上性心动过速　　　C. 室性心动过速
   D. 房性期前收缩　　　　　　E. 室性期前收缩

2. 患者，男性，22岁，剧烈活动时突发心悸1 h。既往身体健康。BP 90/60 mmHg。心电图示心室率220次/分，节律较规则，QRS波群时限0.16 s，可见心室夺获和室性融合波。最可能的诊断是

   A. 室性心动过速　　　　　B. 心房扑动　　　　　　C. 房性心动过速
   D. 窦性心动过速　　　　　E. 阵发性室上性心动过速

3. 引起心房颤动最主要的心外疾病是

   A. 贫血　　　　　　　　　B. 慢性支气管炎　　　　C. 甲状腺功能亢进症
   D. 睡眠呼吸暂停综合征　　E. 肥胖症

4. 患者，男性，20岁，学生。突发心悸2 h。体格检查：心率200次/分，心律齐。心电图示：可见逆行P′波，QRS波群宽大畸形。既往有预激综合征病史。治疗应选择的是

   A. 静脉注射毛花苷C　　　B. 静脉注射维拉帕米　　C. 静脉注射普罗帕酮
   D. 按摩颈动脉窦　　　　　E. 瓦尔萨尔瓦动作

5. 以下情况最常于听诊发现心律失常的是

   A. 室性心动过速　　　　　B. 室上性心动过速　　　C. 室性期前收缩
   D. 三度房室传导阻滞　　　E. 窦性心动过速

6. 患者，男性，21岁，学生。1周前学校健康体检发现心律失常。既往身体健康，无心悸和头晕等不适。体格检查：BP 110/64 mmHg，心界不大，HR 70次/分，心律不齐，可闻及期前收缩2次/分。心电图示室性期前收缩。超声心动图提示心脏结构正常。最适宜的处理措施是

   A. 继续随访，暂不给予药物治疗　　　B. 口服ⅠC类抗心律失常药
   C. 口服β受体阻断药　　　　　　　　D. 口服ⅠB类抗心律失常药
   E. 口服Ⅲ类抗心律失常药

7. 室性心动过速伴严重血流动力学障碍时，终止发作的首选方法是

   A. 利多卡因　　　　　　　B. 胺碘酮　　　　　　　C. 同步电复律
   D. 压迫颈动脉窦　　　　　E. 人工起搏超速抑制

8. 心室颤动电除颤的正确方法是

   A. 必须在心电监测下进行　　　　　　B. 不能反复多次电除颤
   C. 首先需要静脉注射地西泮　　　　　D. 非同步电除颤
   E. 电击能量一般为<200 J

9. 患者，男性，68岁。近2年反复出现发作性心悸，伴头晕、黑矇。体格检查：BP 130/64 mmHg，HR 52次/分，心律齐，无杂音。动态心电图示窦性心律为主，平均心率56次/分；RR长间歇35次，最长4.2 s，伴房室交界性逸搏；房性期前收缩；短阵房性心动过速；一度房室传导阻滞。最能提示该患者为病态窦房结综合征诊断的动态心电图表现是

   A. 一度房室传导阻滞

   B. 房性期前收缩

   C. 短阵房性心动过速

   D. 窦性心律为主，平均心率56次/分

   E. RR长间歇35次，最长4.2 s，伴房室交界性逸搏

10. 患者，男性，60岁。因"持续胸痛4 h"入院。体格检查：BP 90/60 mmHg，HR 36次/分，心律齐。心电图提示Ⅱ、Ⅲ、aVF导联ST段抬高。此患者心率缓慢最可能的原因是

    A. 左束支传导阻滞　　　　B. 右束支传导阻滞　　　C. 莫氏Ⅰ型房室传导阻滞
    D. 三度房室传导阻滞　　　E. 心房颤动

（11～12题共用题干）

患者，男性，24岁。阵发性心悸3年，突发突止，每次持续0.5～3 h不等，无头晕和黑矇。发作时体格检查：BP 120/70 mmHg，HR 200次/分，心律齐。心电图示QRS波群形态和时限正常。

11. 该患者最可能的诊断是
    A. 窦性心动过速　　　　　B. 心房颤动　　　　　　C. 房性期前收缩
    D. 室性心动过速　　　　　E. 阵发性室上性心动过速

12. 该患者心悸发作时，下列可首选的治疗是
    A. 口服地高辛　　　　　　B. 静脉注射毛花苷C　　　C. 静脉注射利多卡因
    D. 口服β受体阻断药　　　 E. 静脉注射腺苷

二、简答题

1. 常用抗心律失常药分为哪几类？
2. 三度房室传导阻滞的心电图特点有哪些？如何治疗？

三、案例分析题

患者，女性，52岁。风湿性心瓣膜病二尖瓣狭窄12年，心房颤动1年余。无活动后心悸和气短，无夜间阵发性呼吸困难。既往无高血压、糖尿病和脑血管疾病病史。超声心动图提示左房内径5.3 cm。目前该患者的治疗策略应如何选择？

（黄　琼）

第十六章 原发性高血压

第十六章数字资源

> 1. 知识：说出原发性高血压的定义、诊断标准及分级，解释原发性高血压的发病机制及靶器官的病理表现，概括原发性高血压的并发症，描述原发性高血压的心血管危险分层及血压控制目标，列举各类抗高血压药的作用特点。
>
> 2. 能力：完成病史采集和体格检查，运用病史、体格检查及辅助检查结果对原发性高血压做出初步诊断，根据病情拟定治疗计划及降压目标。
>
> 3. 素养：认识到高血压作为公共卫生问题的严重性，树立疾病预防意识，能参与社区高血压筛查、健康促进等公共卫生服务，推动"早发现、早干预"。树立以患者为中心的理念，关注高血压患者（尤其是老年、合并多种疾病以及低收入人群）的心理需求，尊重患者的治疗意愿。
>
> 认识到原发性高血压作为慢性病的长期性和管理复杂性，培养对患者长期随访、持续关注的责任感，避免"重治疗、轻管理"的倾向。

案例 3-16-1

患者，男性，50岁，反复头晕、头痛6年，加重1年。患者于6年前开始间断出现头晕、头痛，劳累时加重，未治疗。1年前头晕、头痛加重，于当地医院就诊，测血压180/120 mmHg。经降压治疗后症状减轻。此后，患者间断服用抗高血压药，血压控制在140～160/95～100 mmHg。吸烟史30年，每日20支，父亲患原发性高血压。体格检查：BP 162/108 mmHg，营养状况良好。颈部血管无杂音，双肺检查正常。心界不大，心率78次/分，主动脉瓣第二音（A_2）亢进，心律齐，无杂音。腹平软，未闻及血管杂音。辅助检查：尿常规蛋白（+），血尿素氮（BUN）7.6 mmol/L，血肌酐（SCr）124 μmol/L。眼底检查示：动脉变细，反光增强，左侧眼底可见出血。心电图示：窦性心律，心电轴轻度左偏，$RV_5+SV_1=5.0$ mV，$RV_5=3.5$ mV。

问题与思考：
1. 初步诊断及诊断依据是什么？应与哪些疾病相鉴别？
2. 为明确诊断，需要进一步做哪些检查？
3. 治疗原则是什么？

高血压（hypertension）是以体循环动脉收缩压和（或）舒张压升高为主要临床表现的心血管综合征，可分为原发性高血压（essential hypertension）和继发性高血压（secondary hypertension）。原发性高血压是多因素、多环节、多阶段和个体差异性较大的疾病，又称高血压病。临床绝大多数的高血压属于原发性高血压，是心脏和脑血管疾病最重要的危险因素，常与其他心血管危险因素共存，可损伤心脏、脑、肾等重要脏器的结构和功能，最终导致这些器官的功能衰竭。继发性高血压是指由某些确定的疾病或病因引起的血压升高，约占高血压的5%。本章主要讨论原发性高血压。

【高血压的诊断标准和分级】

高血压的诊断标准是根据流行病学及临床资料界定的。我国对血压水平的定义和分类现采用统一的标准，列于表3-16-1。此标准适用于任何年龄的成年男性和女性。在非药物状态下，诊室测量血压收缩压（systolic blood pressure，SBP）≥ 140 mmHg 和（或）舒张压（diastolic blood pressure，DBP）≥ 90 mmHg，即为高血压。偶然一次测得血压升高不能诊断为高血压，必须重复测量血压和进一步观察。根据血压升高的水平，进一步将高血压分为3级。

表 3-16-1 血压水平的定义和分类

分类	收缩压（mmHg）		舒张压（mmHg）
正常血压	< 120	和	< 80
正常高值血压	120 ~ 139	和（或）	80 ~ 89
高血压	≥ 140	和（或）	≥ 90
1级高血压（轻度）	140 ~ 159	和（或）	90 ~ 99
2级高血压（中度）	160 ~ 179	和（或）	100 ~ 109
3级高血压（重度）	≥ 180	和（或）	≥ 110
单纯收缩期高血压	≥ 140	和	< 90

注：若患者的收缩压与舒张压分属不同的级别，则以较高的分级为准。

 高血压的诊断标准和分级。

【病因】

原发性高血压的病因与多种因素有关，主要是遗传因素与环境因素交互作用的结果。但是遗传因素和环境因素具体通过何种途径升高血压目前仍不明确。

（一）遗传因素

原发性高血压具有明显的家族聚集性。如父母均有高血压，子女发病概率可高达46%。约60%高血压患者有高血压家族史。高血压的发生率、血压升高程度、并发症的发生都与遗传因素相关。

（二）环境因素

1. 饮食

（1）钠盐摄入量与血压水平、高血压患病率呈显著正相关。

（2）钾摄入量与血压呈负相关。

（3）高蛋白质摄入会升高血压。

（4）饱和脂肪酸高，或饱和脂肪酸/不饱和脂肪酸比值较高均会升高血压。

（5）饮酒量与血压水平呈线性相关（尤其与收缩压相关性更强），每日饮用量超过50 g乙醇者，高血压发病率明显升高。

2. 吸烟　吸烟可使交感神经末梢释放去甲肾上腺素增加引起血压升高，同时通过氧化应激损害一氧化氮（NO）介导的血管舒张，从而使血压升高。

3. 精神应激　城市脑力劳动者高血压患病率高于体力劳动者；从事精神紧张度高的职业、长期生活在噪声环境中听力敏感性减退者发生高血压的可能性较大。

（三）其他因素

1. 体重　体重增加是血压升高的重要危险因素，腹型肥胖者更易发生高血压。

2. 药物　口服避孕药，一般为轻度高血压并可逆转，血压升高的发生率和程度与服药时间长短有关，在终止服药后 3～6 个月血压可恢复正常。其他药物如麻黄碱、肾上腺皮质激素、非甾体抗炎药、甘草也可使血压升高。

3. 睡眠呼吸暂停低通气综合征　睡眠呼吸暂停低通气综合征（sleep apnea and hypoventilation syndrome，SAHS）以睡眠期间反复出现呼吸暂停和（或）低通气为特征，分为阻塞性和中枢性。约 50% 睡眠呼吸暂停低通气综合征患者有高血压，血压升高的程度与睡眠呼吸暂停低通气综合征的病程和严重程度有关。

原发性高血压的发病因素。

> **知识链接**
>
> **阻塞性睡眠呼吸暂停低通气综合征**
>
> 阻塞性睡眠呼吸暂停低通气综合征（obstructive sleep apnea hypopnea syndrome，OSAHS）是一种常见的睡眠呼吸障碍性疾病，其主要特点是睡眠期间上气道完全或部分阻塞导致呼吸暂停和（或）低通气，引起间歇性低氧、胸腔内压波动、睡眠片段化、自主神经功能紊乱以及炎症反应等。
>
> OSAHS 在高血压患者中的患病率为 30%～50%，而在难治性高血压患者中患病率高达 80%。OSAHS 可通过间歇性低氧、交感神经激活、肾素 - 血管紧张素 - 醛固酮系统激活和水、钠潴留等机制参与高血压的发生和进展，而难治性高血压患者的水、钠潴留可加重上呼吸道阻塞而加重 OSAHS，形成恶性循环。同时，高血压伴 OSAHS 的患者常出现昼夜血压节律异常，增加靶器官损害、心脏和脑血管事件发生风险。
>
> 诊断 OSAHS 通常依赖于患者症状、体征、筛查量表和客观的睡眠呼吸监测结果。多导睡眠监测是诊断 OSAHS 的金标准。
>
> OSAHS 的治疗：在改善生活方式（如侧卧、戒烟、戒酒、减重）的前提下，多采取无创气道正压通气和口腔矫治器治疗等治疗方法。无创气道正压通气是目前治疗成人 OSAHS 疗效最为肯定的方法，是中、重度 OSAHS（睡眠时呼吸暂停低通气指数 ≥ 15 次 / 小时）或症状性 OSAHS 患者的首选治疗方法，以持续气道正压通气（continuous positive airway pressure，CPAP）最为常用。研究表明，持续气道正压通气可使血压降低 2～3 mmHg。

【发病机制】

（一）神经机制

各种原因使大脑皮质下神经中枢功能发生变化，各种神经递质浓度与活性异常，包括去甲肾上腺素、肾上腺素、多巴胺、神经肽 Y、5-羟色胺、血管加压素、脑啡肽、脑利尿钠肽和中枢肾素 - 血管紧张素系统，最终使交感神经系统活性亢进，血浆儿茶酚胺浓度升高，小动脉收缩增强而导致血压升高。

（二）激素机制

肾素 - 血管紧张素 - 醛固酮系统（RAAS）激活。肾小球入球动脉的球旁细胞分泌肾素，激活从肝产生的血管紧张素原（AGT）生成血管紧张素 Ⅰ，然后经肺循环的转换酶（ACE）生成血管紧张素 Ⅱ（AT Ⅱ）。AT Ⅱ 是肾素 - 血管紧张素 - 醛固酮系统的主要效应物质，作用于血管紧张素 Ⅱ 受体 1（AT_1），使小动脉平滑肌收缩，刺激肾上腺皮质球状带分泌醛固酮，通过交感神经末梢突触前膜的正反馈作用使去甲肾上腺素分泌增加，这些作用均可使血压升高。

（三）肾机制

各种原因引起肾性水、钠潴留，心排血量增加，通过全身血流自身调节使外周血管阻力和血压升高，触发压力-利尿钠机制，再将潴留的水、钠排泄出去。机体也可通过排钠激素（如内源性类洋地黄物质）分泌释放增加，在排泄水、钠的同时使外周血管阻力增高而使血压升高。高盐饮食的生活方式加上遗传性或获得性肾排钠能力的下降导致了许多高血压患者的病理生理异常。可引起肾性水、钠潴留的因素有：亢进的交感神经系统活性使肾血管阻力增加；肾小球发生微小结构病变；肾排钠激素（前列腺素、激肽酶、肾髓质素）分泌减少，肾外排钠激素（内源性类洋地黄物质、心房钠尿肽）分泌异常，或潴钠激素释放增多等。

（四）血管机制

血管重构致使大动脉和小动脉结构与功能发生变化。血管壁内表面的内皮细胞能生成、激活和释放各种血管活性物质，调节心血管功能。年龄增长以及各种心血管危险因素（如血脂异常、血糖升高、吸烟、高同型半胱氨酸血症）导致血管内皮细胞功能异常，从而影响动脉的弹性功能和结构。由于大动脉弹性减弱，脉搏波传导速度增快，可以导致收缩压升高，舒张压降低，脉压增大。阻力小动脉结构（血管数目稀少或壁/腔比值增加）和功能（弹性减弱和阻力增大）改变，也对脉压增大起重要作用。

（五）胰岛素抵抗

胰岛素抵抗（insulin resistance，IR）是指必须以高于正常的血胰岛素释放水平来维持正常的糖耐量。约50%原发性高血压患者存在不同程度的胰岛素抵抗，在肥胖、血甘油三酯升高、高血压及糖耐量减低同时并存的患者中最为明显。近年来认为胰岛素抵抗是2型糖尿病和高血压发生的共同病理生理基础，多数认为是胰岛素抵抗造成继发性高胰岛素血症引起的，继发性高胰岛素血症使肾水、钠重吸收增加，交感神经系统活性亢进，动脉弹性减弱，从而引起血压升高。

【病理生理】

血管内皮功能障碍是高血压最早期和最重要的血管损伤。心脏和血管是高血压损害的主要靶器官，在高血压早期阶段，全身小动脉痉挛，并无明显的病理学改变。长期、持续高血压可引起全身小动脉平滑肌细胞增殖和纤维化，管壁增厚和管腔狭窄，从而导致心脏、脑、肾等重要靶器官的缺血性损伤。同时，长期高血压及伴随的危险因素可促进动脉粥样硬化的形成及发展。

（一）心脏

长期压力负荷增高，儿茶酚胺与ATⅡ等均可刺激心肌细胞肥大、间质纤维化，从而引起左心室肥厚和扩张，称为高血压心脏病。左心室肥厚可以使冠状动脉血流储备下降，特别是在耗氧量增加时，可导致心内膜下心肌缺血。高血压心脏病常合并冠状动脉粥样硬化和微血管病变。

（二）脑

长期高血压使脑血管发生缺血与变性，形成微动脉瘤，一旦破裂，可发生脑出血。高血压促使脑动脉粥样硬化，粥样斑块破裂可发生脑血栓形成。脑小动脉闭塞性病变引起针尖样小范围梗死病灶，称为腔隙性脑梗死。高血压的脑血管病变部位，容易发生在大脑中动脉的豆纹动脉、基底动脉的旁正中动脉和小脑齿状核动脉。这些血管直接来自压力较高的大动脉，容易形成微动脉瘤或闭塞性病变。

（三）肾

长期、持续高血压使肾小囊内压升高，肾小球纤维化、萎缩，肾动脉硬化，导致肾实质缺血和肾单位不断减少，最终发生肾衰竭。慢性肾衰竭是长期高血压的严重后果之一，尤其在合并糖尿病时。

（四）视网膜

视网膜小动脉早期发生痉挛，随着病程进展出现硬化。血压急骤升高可引起视网膜渗血和出血。眼底检查有助于了解高血压的严重程度，目前采用 Keith-Wagener 眼底分级法。Ⅰ级：视网膜动脉变细、反光增强；Ⅱ级：视网膜动脉狭窄、动静脉交叉压迫；Ⅲ级：在上述病变的基础上有眼底出血及棉絮状渗出；Ⅳ级：在上述病变的基础上又出现视盘水肿。

【临床表现和并发症】

（一）症状

本病大多数起病缓慢，无特殊临床表现。常见症状有头晕、头痛、疲劳、心悸等，也可出现视物模糊、鼻出血等较重症状，典型的高血压头痛在血压下降后即可消失。高血压患者可以同时合并其他原因头痛，往往与血压无关。如果突然发生严重头晕与眩晕，应注意可能是脑血管疾病或者降压过度、直立性低血压（orthostatic hypotension）。高血压患者还可以出现受累器官的症状，如胸闷、气短、心绞痛、多尿。

（二）体征

本病体征一般较少。心脏听诊可有主动脉瓣第二音（A_2）亢进，收缩期杂音或偶有收缩早期喀喇音。晚期可触及心尖抬举样搏动，心界向左下扩大。

（三）并发症

长期高血压可引起心脏、脑、肾、主动脉等靶器官损害。

1. 心力衰竭和冠心病　长期高血压使左心室后负荷加重，心室肌肥厚、心脏扩大，形成高血压心脏病，最终因失代偿而发生心力衰竭。长期高血压也促进冠状动脉粥样硬化形成和发展，出现心绞痛、心肌梗死。

2. 脑血管疾病　包括脑出血、脑血栓形成、腔隙性脑梗死、短暂性脑缺血发作。长期高血压促使小动脉形成微动脉瘤，血压骤然升高时引起微动脉瘤破裂导致脑出血；长期高血压也促进脑动脉硬化的发生、发展或导致脑小动脉闭塞，引起短暂性脑缺血发作、脑血栓形成及腔隙性脑梗死。

3. 慢性肾衰竭　长期持续高血压导致进行性肾硬化，并加速肾动脉粥样硬化的发生，可出现蛋白尿，肾功能损害，最终发展为肾衰竭。

4. 主动脉夹层　在动脉粥样硬化的基础上，过高的血压使主动脉内膜撕裂，主动脉腔内的血液通过内膜破口进入动脉壁中层形成夹层血肿。急性起病，患者突发剧烈疼痛、高血压（且双侧上肢或上肢、下肢血压相差较大）、心脏表现以及其他脏器或肢体缺血症状，如不及时诊治，48 h 内死亡率可高达 50%。

 原发性高血压的并发症。

【辅助检查】

（一）基本检查项目

血液生化、血常规、尿常规和心电图检查。

（二）推荐检查项目

24 h 动态血压监测、超声心动图、颈动脉超声、餐后 2 h 血糖、血同型半胱氨酸、尿蛋白定量、眼底检查、胸部 X 线检查、脉搏波传导速度以及踝臂血压指数等。

动态血压监测（ambulatory blood pressure monitoring，ABPM）是由仪器自动定时测量血压，每隔 15～30 min 自动测压，连续监测 24 h 或更长时间。正常人血压呈明显的昼夜节律，表现为"双峰一谷"，在6时至10时与16时至20时各有一高峰，而夜间血压明显降低。动态血压的正常参考范围：24 h 血压均值＜130/80 mmHg，白天血压均值＜135/85 mmHg，夜间血压均值＜120/70 mmHg。动态血压监测可发现隐匿性高血压（masked hypertension），诊断白大衣性高血压（white coat hypertension），检查是否存在难治性高血压，评估血压升高程度、短时变异、昼夜节律和治疗效果等。

（三）选择检查项目

有并发症的高血压患者，应进行心脏、脑和肾等检查。怀疑继发性高血压患者，可以选择以下检查项目：血和尿醛固酮、血和尿皮质醇、血和尿儿茶酚胺、血浆肾素活性、动脉造影、肾及肾上腺超声、CT 或 MRI、多导睡眠监测（polysomnography，PSG）等。

【诊断与鉴别诊断】

（一）诊断

诊室血压（clinical blood pressure）为主要诊断依据。采用电子血压计，测量安静休息、坐位时上臂肱动脉血压。世界卫生组织考虑汞污染等问题，已推广使用电子血压计多年，目前传统的水银血压计已逐步被替代。诊断标准：一般需非同日3次，收缩压≥140 mmHg 和（或）舒张压≥90 mmHg，排除继发性高血压，可诊断为原发性高血压。也可参考家庭自测血压（home blood pressure）收缩压≥135 mmHg 和（或）舒张压≥85 mmHg 与 24 h 动态血压收缩压均值≥130 mmHg 和（或）舒张压均值≥80 mmHg，白天收缩压均值≥135 mmHg 和（或）舒张压均值≥85 mmHg，夜间收缩压均值≥120 mmHg 和（或）舒张压均值≥70 mmHg 进一步评估血压。患者既往有高血压病史，正在使用抗高血压药，血压虽然正常，也诊断为高血压。一般来说，左、右上臂的血压相差＜10～20 mmHg。

> **知识链接**
>
> **血压测量方法和设备**
>
> 测量设备：上臂式电子血压计测量血压的准确性已经通过国际标准化组织的认证，因此无论在家中还是在医疗场所，均推荐成人采用经过标准化方案验证的上臂式电子血压计测量血压，并定期校准。
>
> 测量方法：①测量血压前安静休息3～5 min，测量时坐在带有靠背的椅子上，双足平放于地面，两腿勿交叉。上臂平放于桌面，血压计袖带中心保持同心脏水平。②选择合适的袖带（气囊长度为臂围的75%～100%，宽度为臂围的37%～50%，袖带气囊宽12 cm、长22～26 cm 可满足大多数成人需要）进行血压测量；臂围较小者（＜24 cm），应选择小规格袖带；肥胖者或臂围大者（＞32 cm）应使用大规格袖带；上臂围＞42 cm 者可选用圆锥形袖带或选择腕式电子血压计。③测量血压的上臂应充分暴露或只覆盖单层衣物（勿挽袖子），袖带下缘置于肘窝上方2～3 cm。④每次测量血压至少获得两次血压读数，每次间隔1～2 min，取两次读数的平均值；若第1次与第2次血压读数的差值＞10 mmHg，建议测量第3次，取后两次血压读数的平均值。首次测量血压时，应测量双上臂血压，以血压高的一侧为准。⑤推荐心房颤动患者采用电子血压计测量血压，每次测量至少获得3次血压读数，取3次血压读数的平均值。

（二）鉴别诊断

原发性高血压需要与以下继发性高血压相鉴别。

1. **肾实质性高血压** 急性和慢性肾小球肾炎、糖尿病肾病、慢性肾盂肾炎、多囊肾和肾移植后等多种肾病引起的高血压，是最常见的继发性高血压。往往在发现血压升高时已有蛋白尿、血尿、贫血、肾小球滤过功能减退及肌酐清除率下降。

2. 肾血管性高血压　肾血管性高血压为单侧或双侧肾动脉主干或分支狭窄引起的高血压。常见病因有多发性大动脉炎、肾动脉纤维肌性发育不良和动脉粥样硬化。前两者主要见于青少年，后者主要见于老年人。

3. 原发性醛固酮增多症　因肾上腺皮质增生或肿瘤分泌过多醛固酮所致，临床上以长期高血压伴低血钾为特征，少数患者血钾正常。实验室检查有低血钾、高血钠、代谢性碱中毒、血浆肾素活性降低、血浆及尿醛固酮增多。血浆醛固酮/血浆肾素活性比值增大有较高的诊断敏感性和特异性。超声、放射性核素、CT、MRI检查可确定病变性质和部位。

4. 嗜铬细胞瘤　嗜铬细胞瘤起源于肾上腺髓质、交感神经节和体内其他部位嗜铬组织，肿瘤间歇或持续释放过多肾上腺素、去甲肾上腺素与多巴胺。典型的发作表现为阵发性血压升高伴心动过速、头痛、出汗、面色苍白。在发作期间可测定血或尿儿茶酚胺或其代谢产物香草扁桃酸（vanillylmandelic acid），如有显著增高，提示嗜铬细胞瘤。超声、放射性核素、CT或MRI检查等可定位诊断。

5. 皮质醇增多症　皮质醇增多症主要是由于促肾上腺皮质激素分泌过多导致肾上腺皮质增生或者肾上腺皮质腺瘤，引起糖皮质激素分泌过多所致。80%患者有高血压，同时有向心性肥胖、满月脸、水牛背、皮肤紫纹、毛发增多、血糖增高等表现。24 h 尿17-羟类固醇和17-酮类固醇增多，地塞米松抑制试验和肾上腺皮质激素兴奋试验有助于诊断。颅内蝶鞍X线检查、肾上腺CT、放射性核素肾上腺扫描可确定病变部位。

6. 主动脉缩窄　主动脉缩窄多数为先天性，少数是多发性大动脉炎所致。临床表现为上臂血压增高，而下肢血压不高或降低。在肩胛间区、胸骨旁、腋部有侧支循环的动脉搏动和杂音，胸部听诊有血管杂音。主动脉造影可确定诊断。

原发性高血压的诊断与鉴别诊断。

【危险评估和预后】

患者的预后与血压水平、是否合并其他心血管危险因素和靶器官损害程度有关。因此为判断预后和指导治疗，应对高血压患者进行心血管危险分层，根据高血压升高水平、其他心血管危险因素、糖尿病、靶器官损害以及并发症情况，将高血压患者分为低危、中危、高危和很高危组（表3-16-2）。用于分层的其他心血管危险因素、靶器官损害和并发症列于表3-16-3。

表3-16-2　高血压患者心血管危险分层标准

其他危险因素	1级高血压	2级高血压	3级高血压
无其他危险因素	低危	中危	高危
1~2个其他危险因素	中危	中危	很高危
≥3个其他危险因素或靶器官损害	高危	高危	很高危
临床合并症或合并糖尿病	很高危	很高危	很高危

表 3-16-3　影响高血压患者心血管预后的重要因素

心血管危险因素	靶器官损害	并发症
• 高血压（1~3级） • 男性＞55岁，女性＞65岁 • 吸烟 • 糖耐量受损和（或）空腹血糖受损 • 血脂异常 　TC ≥ 5.7 mmol/L 或 LDL-C ＞ 3.3 mmol/L 　或 HDL-C ＜ 1.0 mmol/L • 早发心血管疾病家族史（一级亲属发病年龄男性＜ 55岁，女性＜ 65岁） • 腹型肥胖（腰围男性 ≥ 90 cm，女性 ≥ 85 cm）或肥胖（BMI ≥ 28 kg/m²） • 血同型半胱氨酸升高（≥ 10 μmol/L）	• 左心室肥厚 　心电图：Sokolow（SV_1+RV_5）＞ 38 mm 或 Cornell（$RaVL+SV_3$）＞ 2440 mm·ms； 　超声心动图：LVMI 男性 ≥ 125 g/m²，女性 ≥ 120 g/m² • 颈动脉超声 IMT ≥ 0.9 mm 或动脉粥样硬化斑块 • 颈股动脉 PWV ≥ 12 m/s • ABI ＜ 0.9 • eGFR ＜ 60 ml/（min·1.73 m²）或血肌酐轻度升高 115～133 μmol/L（男性），107～124 μmol/L（女性） • 尿微量白蛋白 30～300 mg/24 h 或白蛋白/肌酐 ≥ 30 mg/g	• 脑血管疾病 　脑出血，缺血性脑卒中，短暂性脑缺血发作 • 心脏疾病 　心肌梗死，心绞痛，冠状动脉血运重建，慢性心力衰竭 • 肾病 　糖尿病肾病，肾功能受损肌酐 ≥ 133 μmol/L（男性），≥ 124 μmol/L（女性） 　尿蛋白 ≥ 300 mg/24 h • 周围血管病 • 视网膜病变 　出血或渗出，视盘水肿 • 糖尿病

注：TC. 总胆固醇；LDL-C. 低密度脂蛋白胆固醇；HDL-C. 高密度脂蛋白胆固醇；BMI. 体重指数；LVMI. 左心室质量指数；IMT. 内膜中层厚度；ABI. 踝臂指数；PWV. 脉搏波传导速度；eGFR. 估测的肾小球滤过率。

 高血压患者的心血管危险分层。

【治疗】

（一）治疗目的

本病目前尚无根治方法。降压治疗的最终目的是减少高血压患者心脑血管病的发生率和死亡率。临床证据表明：收缩压下降 10～20 mmHg 或舒张压下降 5～6 mmHg，3～5 年内脑卒中、冠心病、心脏与脑血管疾病死亡率分别下降 38%、16% 和 20%，心力衰竭减少 50% 以上。

（二）治疗原则

1. **生活方式干预**　适用于所有高血压患者。具体措施如下。①减轻体重：尽可能将 BMI 控制在 ＜ 24 kg/m²。②减少钠盐摄入：每人每日食盐摄入量以不超过 6 g 为宜。③补充钾盐：每日吃新鲜蔬菜和水果。④减少脂肪摄入：减少食用油摄入，少吃或不吃肥肉和动物内脏。⑤戒烟、限制饮酒。⑥适度增加运动量：运动有利于减轻体重和改善胰岛素抵抗，提升心血管调节及适应能力，稳定血压水平。⑦减轻精神压力，保持心态平衡，管理睡眠。⑧必要时补充叶酸制剂。

2. **确定药物治疗对象**
（1）高血压 2 级或 2 级以上患者。
（2）高血压合并糖尿病，或者已经有心脏、脑、肾靶器官损害或并发症患者。
（3）血压持续升高，经治疗性生活方式干预后，血压仍未获得有效控制的患者。高危和很高危患者必须强化抗高血压药治疗。

（三）血压控制目标

（1）一般血压控制目标值应 ＜ 140/90 mmHg。
（2）老年收缩期高血压患者，收缩压控制于 150 mmHg 以下，能耐受者可降至 140 mmHg 以下。
（3）糖尿病、慢性肾病、心力衰竭或病情稳定的冠心病合并高血压患者，血压控制目标值 ＜

130/80 mmHg。应尽早将血压降至上述目标血压水平，但并非越快越好。大部分高血压患者应根据病情在数周至数月内将血压逐渐降低到目标水平。

 血压控制目标值。

（四）抗高血压药治疗

1. 基本原则　使用抗高血压药应遵循以下 4 个原则：小剂量开始、优选长效制剂、联合用药和个体化治疗。

（1）小剂量开始：采用较小的有效治疗剂量，可视情况逐渐增加剂量。

（2）优选长效制剂：推荐使用每日给药一次的长效制剂，有持续 24 h 降压作用，从而有效地控制夜间血压与晨峰血压，更有效地预防心脏和脑血管并发症。

（3）联合用药：可增加降压效果又不增加不良反应，在低剂量单药疗效不佳时，可以采用两种或两种以上抗高血压药联合治疗。对血压 ≥ 160/100 mmHg 或高于目标血压 20/10 mmHg 或高危及以上患者，起始即可采用小剂量两种药物联合治疗或单片复方制剂（single-pill combination，SPC）。

（4）个体化治疗：根据患者的具体情况、药物有效性和耐受性，兼顾经济条件及个人意愿，选择合适的抗高血压药。

 抗高血压药应用基本原则。

2. 种类　目前常用的抗高血压药可归纳为 5 大类，即利尿药、β 受体阻断药、钙通道阻滞药（CCB）、血管紧张素转换酶抑制药（ACEI）和血管紧张素受体阻断药（ARB），详见表 3-16-4。

表 3-16-4　常用抗高血压药名称、单次剂量及用法

药物分类	药物名称	单次剂量（mg）	用法（次/日）
利尿药	氢氯噻嗪	12.5	1~2
	氨苯蝶啶	50	1~2
	呋塞米	20~40	1~2
β 受体阻断药	普萘洛尔	10~20	2~3
	美托洛尔	25~50	2
	比索洛尔	5~10	1
	卡维地洛	12.5~25	1~2
	拉贝洛尔	100	2~3
钙通道阻滞药	硝苯地平控释剂	30~60	1
	非洛地平缓释剂	5~10	1
	氨氯地平	5~10	1
	拉西地平	4~6	1
	地尔硫䓬缓释剂	90~180	1
	维拉帕米缓释剂	240	1

续表

药物分类	药物名称	单次剂量（mg）	用法（次/日）
血管紧张素转换酶抑制药	卡托普利	12.5~50	2~3
	依那普利	10~20	2
	贝那普利	10~20	1
血管紧张素受体阻断药	培哚普利	4~8	1
	氯沙坦	50~100	1
	缬沙坦	80~160	1
	厄贝沙坦	150~300	1
	坎地沙坦	8~16	1

注：具体使用剂量及注意事项请参照药物使用说明书。

3. 各类抗高血压药作用特点

（1）利尿药：有噻嗪类、袢利尿药、保钾利尿药三类。①噻嗪类使用最多，常用氢氯噻嗪。降压作用主要通过排钠，减少细胞外容量，降低外周血管阻力。降压起效较平稳、缓慢，持续时间相对较长，作用持久。噻嗪类适用于轻度、中度高血压，对单纯收缩期高血压、盐敏感性高血压、合并心力衰竭、肥胖或糖尿病、更年期女性和老年人高血压有较强的降压效应。主要不良反应是低钾血症和影响血脂、血糖、血尿酸代谢，往往发生在大剂量时，因此推荐小剂量使用。痛风患者禁用。②袢利尿药主要用于合并肾功能不全的高血压患者。③保钾利尿药可引起高血钾，不宜与血管紧张素转换酶抑制药、血管紧张素受体阻断药合用，肾功能不全者慎用。

（2）β受体阻断药：有选择性（$β_1$）、非选择性（$β_1$与$β_2$）和兼有α受体阻断三类。该类药物通过抑制中枢和周围肾素-血管紧张素-醛固酮系统，抑制心肌收缩力和减慢心率而发挥降压作用。降压起效迅速且较强，不同的β受体阻断药降压作用持续时间不同。该类药物尤其适用于心率较快的中、青年患者或合并心绞痛和慢性心力衰竭患者。临床上治疗高血压宜使用选择性$β_1$受体阻断药或兼有α受体阻断作用的β受体阻断药。不良反应主要有心动过缓、乏力、四肢发冷。较高剂量治疗时突然停药会导致撤药综合征。β受体阻断药对心肌收缩力、窦房结及房室结功能均有抑制作用，并可增加气道阻力。急性心力衰竭、病态窦房结综合征、房室传导阻滞患者禁用。

（3）钙通道阻滞药（calcium channel blocker，CCB）：分为二氢吡啶类和非二氢吡啶类，前者以硝苯地平为代表，后者有维拉帕米和地尔硫䓬。根据药物作用持续时间，钙通道阻滞药又可分为短效和长效。长效包括长半衰期药物（如氨氯地平）、脂溶性膜控型药物（如拉西地平）、缓释或控释制剂（如硝苯地平控释剂）。主要通过阻滞电压依赖L型钙通道，减少细胞外钙离子进入血管平滑肌细胞内，减弱兴奋-收缩耦联，降低阻力血管的收缩反应发挥降压作用。钙通道阻滞药降压起效快，降压疗效和幅度相对较强，疗效个体差异较小，与其他类型抗高血压药联合治疗能明显增强降压作用。钙通道阻滞药对血糖、血脂等无显著影响，对老年患者、嗜酒患者均有较好的降压作用，非甾体抗炎药和高钠摄入不影响其降压疗效，服药依从性较好。不良反应是开始治疗时反射性交感活性增强，引起心率增快、面部潮红、头痛、下肢水肿等。非二氢吡啶类抑制心肌收缩和传导功能，不宜在心力衰竭、窦房结功能低下或心脏传导阻滞患者中应用。

（4）血管紧张素转换酶抑制药（ACEI）：降压作用主要通过抑制循环和组织的血管紧张素转换酶（ACE），使血管紧张素Ⅱ（ATⅡ）生成减少，同时抑制激肽酶使缓激肽降解减少。降压起效缓慢，3~4周时达最大作用。血管紧张素转换酶抑制药具有改善胰岛素抵抗、心肌重塑和减少尿蛋白的作用，对肥胖、糖尿病、心脏及肾靶器官受损的高血压患者具有较好的疗效，特别适用于伴有心力衰竭、心肌梗死、心房颤动、蛋白尿、糖耐量减低或糖尿病肾病的高血压患者。不良反应主要有刺激性干咳和血管性水肿。高钾血症、妊娠妇女和双侧肾动脉狭窄患者禁用。血肌酐超过265 μmol/L（3 mg/dl）的患者使用时需谨慎。应定期监测血肌酐及血钾水平。

（5）血管紧张素受体阻断药（ARB）：降压作用主要通过阻滞血管紧张素Ⅱ受体亚型（AT_1），更充分、有效地阻断血管紧张素Ⅱ的血管收缩、水钠潴留与重构作用。降压作用起效缓慢，但持久、平稳。低盐饮食或与利尿药联合使用能明显增强疗效。多数血管紧张素受体阻断药随剂量增大降压作用增强，与药物直接相关的不良反应较少，一般不引起刺激性干咳。治疗对象和禁忌证与血管紧张素转换酶抑制药相同。

4. 抗高血压药治疗方案　大部分无并发症的高血压患者，可单独或联合使用噻嗪类利尿药、β受体阻断药、钙通道阻滞药（CCB）、血管紧张素转换酶抑制药（ACEI）和血管紧张素受体阻断药（ARB），治疗应从小剂量开始。2级高血压患者在开始时就可以采用两种抗高血压药联合治疗。我国临床主要推荐优化联合方案是 ACEI/ARB+ 二氢吡啶类CCB；ARB/ACEI+ 噻嗪类利尿药；二氢吡啶类CCB+ 噻嗪类利尿药；二氢吡啶类CCB+β受体阻断药。三种抗高血压药联合治疗一般必须包含利尿药。采用合理的治疗方案和良好的治疗依从性，一般可使患者在治疗3~6个月内达到血压控制目标值。对于有并发症的患者，抗高血压药和治疗方案的选择应该个体化。

目前，生活方式干预和药物治疗仍是绝大多数高血压患者的首选治疗方式，但是部分患者存在药物不耐受、依从性差等问题，因此对于难治性高血压、不能耐受抗高血压药治疗、临床特征符合交感神经功能亢进的高血压患者，经皮去肾神经术（renal denervation，RDN）的介入微创治疗可以作为一种降低血压的策略。

 常用抗高血压药的作用特点及副作用。

【特殊类型高血压的处理】

（一）高血压急症与亚急症

高血压急症（hypertensive emergencies）是指原发性或继发性高血压患者，在某种诱因的作用下，血压突然明显升高（一般超过180/120 mmHg），伴有进行性心脏、脑、肾等重要靶器官功能不全的表现。高血压急症包括高血压脑病、颅内出血（脑出血和蛛网膜下腔出血）、脑梗死、急性心力衰竭、急性冠脉综合征、主动脉夹层、急性肾小球肾炎、嗜铬细胞瘤危象及围手术期严重高血压等。少数患者病情急骤进展，舒张压持续≥130 mmHg，并有头痛、视物模糊、眼底出血、渗出和视盘水肿，持续性蛋白尿、血尿、管型尿等突出肾损害，称为恶性高血压（malignant hypertension）。通常需要静脉使用抗高血压药。

高血压亚急症（hypertensive urgencies）是指血压明显升高但不伴有严重临床症状和进行性靶器官损害。患者可以有血压明显升高造成的症状，如头痛、胸闷、鼻出血和烦躁不安。

血压升高的程度不是区别高血压急症与亚急症的标准，区别两者的唯一标准是有无新近发生的急性进行性靶器官损害。高血压急症和亚急症降压治疗的紧迫程度不同，前者需要迅速降低血压，采用静脉途径给药；后者需要在24~48 h内降低血压，可使用快速起效的口服抗高血压药。

1. 治疗原则

（1）及时降血压：高血压急症患者，选择适宜、有效的抗高血压药，静脉给药，同时监测血压，如情况允许，及早开始口服抗高血压药治疗。

（2）控制性降血压：高血压急症患者短时间内血压急骤下降，有可能导致重要器官的血流灌注明显减少，应逐步控制性降低血压。一般情况下，初始阶段（数分钟到1 h内）血压控制的目标为平均动脉压的降低幅度不超过治疗前水平的25%；在随后的2~6 h降至较安全水平，一般在160/100 mmHg左右；若可耐受，在随后的24~48 h将血压降至正常范围。若降压后发现有重要脏器缺血，血压降低幅度应更小。在随后1~2周内将血压降至正常水平。

（3）合理选择抗高血压药：要求起效快，短时间内达到最大作用；作用时间短，停药后作用消失快；不良反应小；最好在降压过程中不影响心率、心排血量和脑血流量。

2. 抗高血压药的选择和应用

（1）硝普钠：直接扩张静脉和动脉，降低前、后负荷。初始以10 μg/min静脉滴注，使用时须密切监测血压，根据血压水平仔细调节滴速，逐渐增加剂量，而达到降低血压的作用。停止静脉滴注后作用仅维持3~5 min。该药可用于各种高血压急症。在通常剂量下不良反应轻微，可有恶心、呕吐、肌肉颤动。硝普钠在体内红细胞中代谢产生氰化物，长期或大剂量使用可发生硫氰酸中毒，尤其在肾功能损害者更容易发生。

（2）硝酸甘油：扩张静脉和选择性扩张冠状动脉和大动脉，降低动脉压作用不及硝普钠。硝酸甘油主要用于高血压急症伴急性心力衰竭或急性冠脉综合征患者。不良反应有心动过速、面部潮红、头痛和呕吐等。

（3）拉贝洛尔：为兼有α受体阻断作用的β受体阻断药，起效迅速（5~10 min），持续时间较长（3~6 h），主要用于高血压急症合并妊娠或肾功能不全的患者。不良反应有头晕、直立性低血压、心脏传导阻滞等。

（4）尼卡地平：为二氢吡啶类钙通道阻滞药，作用迅速，持续时间较短，降压的同时可改善脑血流量，主要用于高血压急症合并急性脑血管疾病或其他高血压急症患者。不良反应主要有心动过速、面部潮红等。

 高血压急症及亚急症的诊断与处理。

（二）难治性高血压

难治性高血压（refractory hypertension）是指尽管使用了包含利尿药在内的3种以上合适剂量抗高血压药联合治疗，血压仍未能达到目标水平。常见原因如下。

1. 假性难治性高血压　假性难治性高血压通常由于血压测量错误、白大衣性高血压或治疗依从性差导致。血压测量错误包括袖带大小不合适，袖带置于有弹性阻力的衣服（毛线衣）外面、听诊器置于袖带内、在听诊器上向下压力较大、放气速度过快等。以下情况应怀疑假性难治性高血压：血压明显升高而无靶器官损害；降压治疗后在无血压过度下降时产生明显的头晕、乏力等低血压症状；肱动脉处有钙化证据；肱动脉血压高于下肢动脉血压；重度单纯收缩期高血压。假性高血压（pseudo hypertension）常发生于广泛动脉粥样硬化和钙化的老年人。

2. 生活方式未获得有效改善　如体重、食盐摄入量未得到有效控制，过量饮酒、未戒烟等导致血压难以控制。

3. 降压方案不合理　采用不合理的联合治疗方案；使用了对某些患者有明显不良反应的抗高血压药，从而无法增加剂量以提高疗效和依从性；在多种抗高血压药的联合治疗方案中未包含利尿药。

4. 容量超负荷　钠盐摄入过多，抵消抗高血压药的作用。肥胖、糖尿病、肾损害和慢性肾功能不全时常伴有容量超负荷。

5. 胰岛素抵抗　胰岛素抵抗是肥胖和糖尿病患者发生难治性高血压的主要原因。在抗高血压药治疗的基础上联合使用胰岛素增敏剂，血压可以得到明显控制。

6. 使用干扰降压作用的药物　如同时服用非甾体抗炎药、甘草、拟交感神经药物、免疫抑制药、促红细胞生成素等。

7. 继发性高血压　其中睡眠呼吸暂停低通气综合征、肾动脉狭窄和原发性醛固酮增多症最常见。

难治性高血压的处理应针对上述原因进行评估，给予有效的生活方式干预，合理制定降压方案，除外继发性高血压，增加患者依从性，大多数患者血压是可以获得有效控制的。

（三）老年高血压

老年人常患有多种临床疾病，且并发症较多。其高血压的特点：①收缩压升高，舒张压下降，脉压增大。②血压波动性大，容易出现直立性低血压和餐后低血压。③血压昼夜节律异常，白大衣性高血压和假性高血压也常见。老年高血压患者血压控制目标为＜ 150/90 mmHg，能耐受者血压控制在 140/90 mmHg 以下。80 岁及 80 岁以上高龄老年人血压控制目标为＜ 150/90 mmHg。对老年高血压强调收缩压达标，防止过度降压，逐步控制血压达标，避免降低血压过快。钙通道阻滞药、血管紧张素转换酶抑制药、血管紧张素受体阻断药、利尿药及 β 受体阻断药均可选用。

老年高血压的临床特点、血压控制目标值和降压治疗原则。

（四）有并发症的降压治疗

1. 脑血管疾病　急性脑卒中时，尤其是发病 1 周内，选用利尿药、血管紧张素转换酶抑制药、血管紧张素受体阻断药和长效钙通道阻滞药。应注意避免减少脑血流量。

2. 冠心病　原发性高血压伴劳力性心绞痛患者选用 β 受体阻断药和钙通道阻滞药；急性心肌梗死时血压仍高者选用利尿药、血管紧张素转换酶抑制药、血管紧张素受体阻断药和 β 受体阻断药。降压目标值为＜ 130/80 mmHg。

3. 心力衰竭　选用利尿药、血管紧张素转换酶抑制药或血管紧张素受体阻断药，降压目标值为＜ 130/80 mmHg。对于高血压合并射血分数降低的心力衰竭患者，首先推荐应用血管紧张素受体脑啡肽酶抑制药（angiotensin receptor neprilysin inhibitor，ARNI），可替代血管紧张素转换酶抑制药 / 血管紧张素受体阻断药控制血压。代表药物是沙库巴曲缬沙坦，为缬沙坦和沙库巴曲的共晶体，可同时作用于肾素 - 血管紧张素 - 醛固酮系统（RAAS）和利钠肽系统，发挥利尿、利钠、舒张血管、拮抗肾素 - 血管紧张素 - 醛固酮系统等作用，可以控制血压，改善心血管疾病预后。血管紧张素受体脑啡肽酶抑制药的安全性良好，严重不良事件发生率低，但需要进一步的大样本试验来确定血管紧张素受体脑啡肽酶抑制药对高血压合并慢性心力衰竭患者长期疗效和安全性的影响。

4. 肾功能不全　轻度肾功能不全者选用血管紧张素转换酶抑制药或血管紧张素受体阻断药；重度肾功能不全者选用利尿药、氨氯地平和 β 受体阻断药。应注意在低血容量时有可能使病情进一步恶化。

5. 糖尿病　选用血管紧张素转换酶抑制药或血管紧张素受体阻断药，降压目标值为＜ 130/80 mmHg。对于糖尿病合并蛋白尿患者，大剂量的血管紧张素转换酶抑制药或血管紧张素受体阻断药在发挥降血压作用的同时可减少患者的蛋白尿，保护肾功能。

有并发症的降压治疗策略。

【预防】

一级预防的基本措施是改善生活方式；二级预防是对已患高血压的患者预防并发症和靶器官损害。通过宣传高血压的危害，提高患者对高血压的知晓率、治疗率和控制率。

自 测 题

一、选择题

1. 患者，男性，66岁。2 d 前与他人争吵时感觉头晕，当时测量血压 140/80 mmHg，今天骑车 10 km 到县医院就诊，到达时测血压 160/85 mmHg。关于此时该患者的血压诊断，正确的说法是
   A. 诊断为高血压 2 级，中危
   B. 暂不能诊断为高血压，须多次测量安静状态的血压后才能明确诊断
   C. 诊断为单纯收缩期高血压 2 级，但须进一步检查后才能明确危险分组
   D. 诊断为高血压 1 级，低危
   E. 诊断为单纯收缩期高血压 2 级，中危

2. 患者，男性，66岁。发现高血压 3 年，未治疗。体格检查：BP 150/85 mmHg。该患者的血压属于
   A. 正常高值
   B. 单纯收缩期高血压
   C. 理想血压
   D. 正常血压
   E. 高血压 2 级

3. 有关高血压并发症的描述，不正确的是
   A. 心脏、脑、肾等器官是主要受累脏器
   B. 眼底病变与高血压的严重程度直接相关
   C. 恶性高血压以脑并发症最为突出
   D. 脑卒中的发病率比心肌梗死高 5 倍左右
   E. 高血压脑病症状出现可能与脑水肿有关

4. 患者，女性，34岁。血压 210/130 mmHg，可以作为肾血管性高血压主要诊断依据的是
   A. 无高血压家族史
   B. 右上腹连续性高调血管杂音
   C. 近期发生的高血压
   D. 血浆肾素水平增高
   E. 氮质血症

5. 高血压患者应尽量做到
   A. 每人每日食盐量不应超过 8 g
   B. 饮酒量每日不超过相当于 75 g 乙醇的量
   C. 低或中等强度等张运动
   D. 将体重指数（BMI）控制在 30 kg/m^2
   E. 膳食中脂肪量控制在总量的 35% 以下

6. 患者，男性，45岁，1 年前发现血压 170/110 mmHg，长期口服氨氯地平等药物治疗。2 个月前诊断为糖尿病，口服降血糖药治疗，目前血压、血糖均在正常范围。该患者高血压的诊断正确的是
   A. 高血压 3 级，高危
   B. 高血压 1 级，高危
   C. 高血压 2 级，高危
   D. 高血压 3 级，很高危
   E. 高血压 2 级，很高危

7. 原发性高血压患者，伴发心悸和劳力性心绞痛，心率 99 次/分，应首选的药物是
   A. β受体阻断药
   B. 血管紧张素转换酶抑制药
   C. α受体拮抗药
   D. 钙通道阻滞药
   E. 利尿药

8. 患者，男性，65岁，患糖尿病10余年。体格检查：BP 160/95 mmHg，HR 65次/分。实验室检查：血肌酐456 μmol/L，血钾5.7 mmol/L，不宜使用的抗高血压药是
    A. 硝苯地平　　　　　B. 美托洛尔　　　　　C. 依那普利
    D. 氢氯噻嗪　　　　　E. 哌唑嗪
9. 合并支气管哮喘的高血压患者不宜选用的药物是
    A. 钙通道阻滞药　　　　　　　　B. 血管紧张素转换酶抑制药
    C. 中枢交感神经抑制药　　　　　D. β受体阻断药
    E. 血管紧张素受体阻断药
10. 患者，男性，32岁，发现血压升高3年。近1年血压持续为170~200/130~140 mmHg。近1周患者头痛、视物模糊。眼底检查发现视盘水肿，最可能的诊断为
    A. 急性视盘病变　　　　B. 脑出血　　　　C. 恶性高血压
    D. 脑梗死　　　　　　　E. 高血压脑病

（11~12题共用题干）

患者，男性，46岁。发现血压升高6个月。体格检查：BP 150/100 mmHg，HR 86次/分，心律齐。实验室检查：血肌酐96 μmol/L，血尿酸500 μmol/L。

11. 该患者控制血压的目标值是血压低于
    A. 130/80 mmHg　　　　B. 120/70 mmHg　　　　C. 140/90 mmHg
    D. 130/90 mmHg　　　　E. 140/80 mmHg
12. 该患者不宜选用的抗高血压药是
    A. 血管紧张素受体阻断药　　　　B. 噻嗪类利尿药
    C. 钙通道阻滞药　　　　　　　　D. 血管紧张素转换酶抑制药
    E. β受体阻断药

二、简答题

1. 原发性高血压怎样与继发性高血压相鉴别？
2. 老年高血压的特点及降压治疗的原则是什么？

三、案例分析题

患者，女性，70岁，原发性高血压病史20年，2型糖尿病病史13年。体格检查：BP 170/100 mmHg，心率70次/分，心律齐。实验室检查：血肌酐156 μmol/L，血钾4.0 mmol/L，尿蛋白（＋）。该患者的血压控制目标值是多少？请为该患者制定降压治疗方案。

（黄　琼）

第十七章 冠状动脉粥样硬化性心脏病

第十七章数字资源

学习目标

1. 知识：说出冠心病的常见病因、主要特征、临床表现、诊断依据和治疗原则，列举冠心病的分类以及相鉴别的疾病，解释冠心病的发病机制，分析辅助检查的临床意义。

2. 能力：完成病史采集和体格检查，能通过对病史和检查结果的分析对本病做出初步诊断，根据患者的病情评估预后，拟定治疗和康复指导方案。

3. 素养：尊重冠心病患者的个体差异（如年龄、文化背景、经济状况），理解患者可能存在的焦虑、恐惧等心理，能给予共情与心理支持。

重视患者的知情权与决策权，用通俗易懂的语言解释病情、治疗方案及风险，避免专业术语晦涩导致的沟通障碍。恪守医学伦理原则，在治疗方案选择中优先考虑患者利益，避免过度医疗或因经济因素影响合理治疗。关注冠心病领域的最新研究进展（如新型药物、介入技术、预防策略），能主动学习指南更新，并将新知识应用于实践。

案例 3-17-1

患者，男性，47岁，司机。突发胸部压榨样剧痛2h。患者于今日晨起后买菜途中突然出现胸骨后压榨样剧痛，难以忍受，持续不缓解，伴大汗、面色苍白。家属先后给予含服"硝酸异山梨酯（消心痛）1片、速效救心丸10粒"无效。患者既往身体健康，有吸烟史10余年，每日20~30支。否认高血压、糖尿病病史。体格检查：T 36.6 ℃，P 58次/分，R 24次/分，BP 100/80 mmHg。患者神志清楚，呈急性痛苦病容，全身大汗，高枕位，颈静脉不充盈。双肺（-），心率58次/分，心律齐，无杂音。心电图示Ⅱ、Ⅲ、aVF导联ST段抬高0.1~0.2 mV，Ⅰ、aVL导联ST段下移0.1 mV，V_3~V_6导联T波倒置。

问题与思考：

1. 初步诊断和诊断依据是什么？应与哪些疾病相鉴别？
2. 为明确诊断，还需要进一步做哪些检查？
3. 治疗原则是什么？

第一节 概 述

冠状动脉粥样硬化性心脏病（coronary atherosclerotic heart disease，CHD）简称冠心病，是指冠状动脉粥样硬化使管腔狭窄或闭塞，导致心肌缺血、缺氧或坏死而引起的心脏病，也称缺血性心脏病。冠心病是动脉粥样硬化导致器官病变的最常见类型。本病多发生在40岁以上成人，男性发病早于女性，经济发达国家发病率较高，近年来发病呈年轻化趋势，已成为威胁人类健康的主要疾病之一。

【发病机制】

当冠状动脉血流量不能满足心肌代谢的需要时，就会引起心肌缺血、缺氧。暂时的缺血、缺氧引起心绞痛，而持续、严重的心肌缺血会引起心肌坏死，即心肌梗死。

心肌能量的产生需要大量的氧供，心肌细胞摄取血液氧含量可达到65%~75%，心肌平时对血液中氧的摄取已接近于最大量，需氧量再增加时只能依靠增加冠状动脉的血流量来提供。

正常情况下，冠脉循环有很大的储备量，通过神经和体液的调节，其血流量可随身体的生理情况而有显著的变化，使冠状动脉的供血和心肌的需血两者保持动态平衡。

由于冠状动脉血流灌注主要发生在舒张期，各种原因导致舒张期缩短及舒张压降低会显著影响冠状动脉灌注。冠状动脉固定狭窄或微血管阻力增加也可导致冠状动脉血流量减少。当冠状动脉管腔存在显著的固定狭窄（50%~75%）时，安静时尚可代偿，而运动、心动过速、情绪激动造成心肌需氧量增加时，即可引起短暂的心肌供氧和需氧的不平衡，这是大多数稳定型心绞痛发作的机制。由于不稳定型粥样硬化斑块发生破裂、糜烂或出血，继发血小板聚集或血栓形成，导致管腔狭窄程度急剧加重，使心肌氧供大幅度减少，这是急性冠脉综合征的主要原因。实际上，心肌缺血甚至坏死主要是需氧量增加和供氧量减少共同作用的结果。在缺血、缺氧的情况下，心肌内积聚过多的酸性物质（如乳酸、丙酮酸、磷酸）或类似激肽的多肽类物质，刺激心脏自主神经的传入纤维末梢，经1~5胸交感神经节和相应的脊髓节段，传至大脑产生疼痛感觉。这种痛觉反映在与自主神经进入水平相同脊髓节段的脊神经所分布的区域，即胸骨后及两臂的前内侧与小指，尤其是在左侧。

【分型】

1979年WHO将CHD分为五型：①隐匿型或无症状型冠心病；②心绞痛；③心肌梗死；④缺血性心肌病；⑤猝死。

近年来，趋向于根据发病特点和治疗原则不同将CHD分为两大类。

1. 慢性冠状动脉综合征　慢性冠状动脉综合征（chronic coronary syndrome，CCS）是冠状动脉粥样硬化引起的心肌缺血综合征，包括稳定型心绞痛（stable angina pectoris，SAP）、隐匿型冠心病（latent coronary heart disease）、缺血性心肌病（ischemic cardiomyopathy，ICM）。

2. 急性冠脉综合征　急性冠脉综合征（acute coronary syndrome，ACS）是由严重的急性心肌缺血引起的综合征，包括不稳定型心绞痛（unstable angina pectoris，UAP）、非ST段抬高心肌梗死（non-ST-segment elevation myocardial infarction，NSTEMI）、ST段抬高心肌梗死（ST-segment elevation myocardial infarction，STEMI）。

 冠心病的分型。

第二节 慢性冠状动脉综合征

一、稳定型心绞痛

稳定型心绞痛也称劳力性心绞痛。其临床特点为阵发性前胸压榨性疼痛或憋闷感,主要位于胸骨后部,可放射至心前区和左上肢尺侧,常发生于劳力负荷增加时,持续数分钟,一般不超过 10 min,休息或使用硝酸酯制剂后 2~5 min 缓解。疼痛发作的程度、频度、持续时间、性质及诱因等在数月内无明显变化。

【发病机制】

当冠状动脉狭窄或部分闭塞时,血流量减少,心肌的供血量相对比较固定。休息时尚可维持供需平衡,此时无症状。在运动、情绪激动、饱食、受寒等情况下,心率增快、心肌耗氧量增加,而狭窄的冠状动脉供血不能相应地增加以满足心肌对血液供氧的需求时,即可引起心绞痛。

【病理解剖】

稳定型心绞痛患者的冠状动脉造影显示有 1 支、2 支或 3 支冠状动脉管腔直径减少 > 70% 的病变者分别各占 25% 左右,5%~10% 有左冠状动脉主干狭窄,其余约 15% 患者无显著狭窄。后者提示患者可能是由于冠状动脉痉挛、冠脉循环的小动脉病变、血红蛋白和氧的离解异常、交感神经过度活动、儿茶酚胺分泌过多或心肌代谢异常导致短暂的心肌供血不足引起心绞痛症状。

【临床表现】

(一)症状

心绞痛以发作性胸痛为主要临床表现。

1. 诱因　发作常由体力劳动或情绪激动(如愤怒、焦急、过度兴奋)所诱发,饱食、寒冷、吸烟、心动过速、休克等也可诱发。疼痛多发生于劳累或激动的当时,而不是在劳累之后。典型的稳定型心绞痛常在相似的条件下重复发生。

2. 部位　胸痛主要在胸骨体之后,可波及心前区,范围为手掌大小,也可横贯前胸,界限不清。常放射至左肩、左臂内侧达环指和小指,或至颈、咽或下颌部。

3. 性质　胸痛常为压迫、发闷或紧缩性,也可有烧灼感,偶伴濒死感,但不像针刺或刀扎样锐性痛。有些患者仅觉胸闷不适而非胸痛。发作时患者往往被迫停止正在进行的活动,直至症状缓解。

4. 持续时间　心绞痛一般持续数分钟至 10 余分钟,大多为 3~5 min。

5. 缓解方式　一般在停止原来诱发症状的活动后疼痛即可缓解;舌下含服硝酸甘油等硝酸酯类药物也能在 2~5 min 内缓解疼痛。

(二)体征

稳定型心绞痛一般无异常体征。心绞痛发作时常见心率增快、血压升高、表情焦虑、皮肤冷或出汗,有时可出现第四心音或第三心音奔马律,若心尖部出现暂时性收缩期杂音,是乳头肌缺血以至功能失调引起二尖瓣关闭不全所致。

 稳定型心绞痛的疼痛特点。

【辅助检查】

（一）实验室检查

空腹血糖、血脂（包括 TC、HDL-C、LDL-C 及 TG）检查可了解冠心病的危险因素；胸痛明显者需查血清心肌坏死标志物，包括心肌肌钙蛋白 I 或 T、肌酸激酶（CK）及其同工酶（CK-MB）；查血常规，注意有无贫血；必要时需检查甲状腺功能。

（二）心电图检查

1. 静息心电图　约半数患者心电图检查在正常范围，也可能有陈旧性心肌梗死的改变或非特异性 ST 段和 T 波异常。

2. 发作时心电图　大多数患者可出现暂时性心肌缺血引起的 ST 段移位。有时也可以出现 T 波倒置。在平时有 T 波持续倒置的患者，发作时可变为直立（"假性正常化"）。

3. 心电图连续动态监测　连续记录并自动分析 24 h（或更长时间）心电图，可发现心电图 ST-T 改变和各种心律失常。胸痛发作时有相应的缺血性 ST-T 改变有助于确定心绞痛的诊断，也可检出无痛性心肌缺血。

4. 心电图负荷试验　最常用的是运动负荷试验。运动方式主要有分级活动平板和踏车。以达到按年龄预计可达到的最大心率或亚极量心率（85%～90% 的最大心率）为负荷目标。运动前及运动中运动负荷量每增加一次，均应记录心电图，运动终止后即刻及此后 2 min 均应记录心电图，直至心率恢复至运动前水平。运动试验阳性标准：运动中出现典型心绞痛、心电图改变（主要以 ST 段水平型或下斜型压低 ≥ 0.1 mV 持续 2 min）。运动中出现心绞痛、步态不稳、室性心动过速（接连 3 个以上室性期前收缩）或血压下降时，应立即停止运动。运动试验禁忌证：心肌梗死急性期、不稳定型心绞痛、明显心力衰竭和严重心律失常。

（三）CT 冠脉造影检查

CT 冠脉造影（CTA）是能显示冠状动脉解剖结构的无创影像技术，具有较高的阴性预测价值，若 CTA 未见狭窄病变，一般无须进行有创检查。但 CTA 对狭窄部位病变程度的判断有局限性，因此 CTA 对狭窄程度的显示仅能作为参考。

（四）超声心动图检查

超声心动图检查可无异常。有陈旧性心肌梗死者或严重心肌缺血者，超声心动图可探测到坏死区或缺血区心室壁的运动异常。

（五）放射性核素检查

1. 放射性核素心腔造影　应用 ^{99m}Tc（锝 -99m）进行体内红细胞标记，可得到心腔内血池显影。通过对心动周期中不同时相的显影图像分析，可测定左心室射血分数及显示心肌缺血区室壁局部运动障碍。

2. 核素心肌显像及负荷试验　^{201}Tl（铊 -201）随冠状动脉血流很快被正常心肌细胞所摄取。静息时铊显像所示灌注缺损主要见于心肌梗死后瘢痕部位。运动后冠状动脉供血不足时，可见明显的灌注缺损心肌缺血区。

3. 正电子发射体层仪（PET）　除可判断心肌的血流灌注情况外，还可了解心肌的代谢情况。通过对心肌血流灌注和代谢显像匹配分析，可准确地评估心肌的活力。

（六）有创性检查

1. 冠状动脉造影（CAG）　CAG 为有创性检查手段，可发现狭窄性病变的部位并估计其程度，是诊断冠心病的"金标准"。经无创检查后确定行血运重建治疗、有典型胸痛或临床证据提示不良风险较高的患者以及 LVEF < 50% 且有典型心绞痛症状的患者，应行 CAG。

2. 其他　冠状动脉内超声显像（IVUS）、冠状动脉内光学相干断层成像（OCT）、冠状动脉血流储备分数测定（FFR）以及最新的定量冠状动脉血流分数（QFR）等也可用于冠心病的诊断，并有助于指导介入治疗。

【诊断】

根据典型心绞痛的发作特点，结合患者年龄和存在的冠心病危险因素，除外其他原因所致的心绞痛，一般即可诊断。心绞痛发作时心电图可见 ST-T 改变，症状消失后心电图 ST-T 改变也逐渐恢复，支持心绞痛诊断。未捕捉到发作时心电图者可行心电图负荷试验。CTA 检查有助于无创性评价冠状动脉管腔狭窄程度及管壁病变性质和分布。CAG 可以明确冠状动脉病变的严重程度，有助于明确诊断和确定进一步的治疗方案。

心绞痛严重度分级：根据加拿大心血管学会（CCS）分级，心绞痛分为以下 4 级。

Ⅰ级：一般体力活动（如步行和登楼）不受限，仅在强、快或持续用力时发生心绞痛。

Ⅱ级：一般体力活动轻度受限。快速步行、餐后、寒冷、精神应激或醒后数小时内发作心绞痛。一般情况下平地步行 200 m 以上，或登楼一层以上可引起心绞痛。

Ⅲ级：一般体力活动明显受限，一般情况下平地步行 200 m 内或登楼一层即引发心绞痛。

Ⅳ级：轻微活动或休息时即发生心绞痛。

 心绞痛的诊断及 CCS 分级。

【鉴别诊断】

本病应注意与以下疾病进行鉴别。

1. 其他疾病引起的心绞痛　包括严重的主动脉瓣狭窄或关闭不全、风湿性冠状动脉炎、梗阻性肥厚型心肌病等，应根据其他临床表现来进行鉴别。

2. 急性冠脉综合征　不稳定型心绞痛的疼痛部位、性质、发作时心电图改变等与稳定型心绞痛相似，但发作的劳力性诱因不同。心肌梗死的疼痛程度更剧烈，持续时间更长，可长达数小时，含服硝酸甘油不能缓解，心电图常有典型的动态演变过程。心肌坏死标志物（肌红蛋白、肌钙蛋白 I 或 T、CK-MB 等）明显升高。

3. 心脏神经症　患者常诉胸痛，表现为短暂（几秒钟）的刺痛或持久（几小时）的隐痛。患者常喜欢吸一大口气或做叹息性呼吸，胸痛部位多在左胸乳房下心尖部附近或经常变动，症状多于疲劳之后出现，有时可耐受较重的体力活动而不发生胸痛或胸闷，含服硝酸甘油无效或超过 10 min 后才"见效"，常伴有心悸、疲乏、头晕、失眠及其他神经症的症状。

4. 肋间神经痛和肋软骨炎　前者为刺痛或灼痛，多为持续性而非发作性，咳嗽、用力呼吸和转动身体可使疼痛加剧，沿神经走行处有压痛，手臂上举活动时局部有牵拉疼痛；后者则在肋软骨处有压痛。

5. 不典型疼痛　本病还需与反流性食管炎等食管疾病、膈疝、消化性溃疡、肠道疾病、颈椎病等相鉴别。

【治疗】

治疗原则：①改善冠状动脉供血；②降低心肌耗氧量；③治疗并预防动脉粥样硬化。

（一）发作时的治疗

发作时，治疗目的是尽快缓解并终止疼痛发作。

1. 休息　发作时立刻休息，一般患者在停止活动后症状可逐渐消失。

2. 药物治疗　可使用作用较快的硝酸酯制剂。舌下含服起效速度最快，反复发作者也可静脉使用。硝酸酯类药物除扩张冠状动脉、降低阻力、增加冠脉循环的血流量外，还可扩张周围血管，减少静脉回心血量，减低心脏前、后负荷和心肌的需氧，从而缓解心绞痛。

（1）硝酸甘油：可用 0.5 mg 舌下含服，也有喷雾吸入制剂，1~2 min 即开始起效，可每 5 min 使用一次，直至症状缓解，但 15 min 内不能超过 1.2 mg。不良反应有头痛、面色潮红、心率反射性加快和低血压等。

（2）硝酸异山梨酯：可用 5~10 mg 舌下含服，2~5 min 起效，作用维持 2~3 h。不良反应同硝酸甘油。

（二）缓解期的治疗

缓解期的治疗目的主要是预防心绞痛复发。

1. 调整生活方式　尽量避免各种诱发因素。清淡饮食，不过饱进食；戒烟、限酒；调整日常生活与工作量；减轻精神负担；适当从事体力活动。

2. 药物治疗

（1）改善缺血、减轻症状的药物

1）硝酸酯类：能减少心肌需氧和改善心肌灌注，从而减低心绞痛发作的频率和程度。常用的硝酸酯类药物包括硝酸异山梨酯和单硝酸异山梨酯等。硝酸酯类药物的不良反应有头痛、面色潮红、心率反射性加快和低血压等。

2）β受体阻断药：能减慢心率、减弱心肌收缩力、降低血压，从而降低心肌耗氧量，以减少心绞痛发作。用药后静息心率降至 55~60 次/分，严重心绞痛患者可降至 50 次/分。β受体阻断药的使用剂量应个体化，从较小剂量开始，逐级增加剂量，以心率不低于 50 次/分为宜。临床常用的β受体阻断药包括美托洛尔片、美托洛尔缓释片和比索洛尔片等。

有严重心动过缓和三度房室传导阻滞、窦房结功能紊乱、明显的支气管痉挛或支气管哮喘的患者禁用β受体阻断药。慢性肺源性心脏病患者可小心使用高度选择性的 β_1 受体阻断药。外周血管疾病及严重抑郁是应用β受体阻断药的相对禁忌证。

3）钙通道阻滞药：抑制心肌细胞兴奋-收缩耦联中钙离子的作用，从而抑制心肌收缩，减少心肌氧耗；扩张冠状动脉，解除冠状动脉痉挛，改善心内膜下心肌供血；扩张周围血管，降低动脉压，减轻心脏负荷；改善心肌的微循环。非二氢吡啶类钙通道阻滞药有维拉帕米、地尔硫䓬；二氢吡啶类钙通道阻滞药包括硝苯地平、氨氯地平等。

常见的不良反应有外周水肿、便秘、心悸、面部潮红。地尔硫䓬和维拉帕米能减慢窦房结心率和房室传导，不能应用于严重心动过缓、高度房室传导阻滞和病态窦房结综合征患者。

4）其他药物：主要用于β受体阻断药或者钙通道阻滞药有禁忌、不耐受患者，或者不能控制症状的情况下。常用药物有曲美他嗪、尼可地尔、伊伐雷定及相关中药。

（2）预防心肌梗死，改善预后的药物

1）抗血小板药物：①环加氧酶（COX）抑制药：包括不可逆环加氧酶抑制药（阿司匹林）和可逆环加氧酶抑制药（吲哚布芬）。阿司匹林是抗血小板治疗的基石，只要无禁忌，都应该使用，最佳剂量范围为 75~150 mg/d，其主要不良反应为胃肠道出血或对阿司匹林过敏。②血小板 P_2Y_{12} 受体阻断药：我国临床上常用的有氯吡格雷和替格瑞洛。氯吡格雷常用维持剂量为 75 mg/d，替格瑞洛常用维持剂量为 90 mg，每日 2 次。

2）β受体阻断药：对于心肌梗死后的稳定型心绞痛患者，β受体阻断药可以减少心血管事件的发生。

3）降低低密度脂蛋白（LDL）的药物：他汀类药物为首选降血脂药。他汀类药物能有效地降低 TC 和 LDL-C，延缓斑块进展和稳定斑块。所有诊断明确的冠心病患者，均应给予他汀类药物，并将 LDL-C 降至 1.8 mmol/L 以下。临床常用的他汀类药物包括辛伐他汀、阿托伐他汀、普伐他汀、瑞舒伐他汀等。

4）血管紧张素转换酶抑制药：包括血管紧张素转换酶抑制药和血管紧张素受体阻断药。稳定型心绞痛患者合并高血压、糖尿病、心力衰竭或左心室收缩功能不全的高危患者建议使用血管紧张素转换酶抑制药。可以使冠心病患者的心血管死亡、非致死性心肌梗死等主要终点事件的相对危险性显著降低。临床常用的血管紧张素转换酶抑制药包括卡托普利、依那普利、培哚普利、贝那普利等。不能耐受血管紧张素转换酶抑制药者可使用血管紧张素受体阻断药。

3. 血管重建治疗

（1）经皮冠状动脉介入治疗（PCI）：是指一组经皮介入技术，包括经皮球囊冠状动脉成形术、冠状动脉支架植入术和斑块旋磨术等。PCI是冠心病治疗的重要手段，能使患者的生活质量提高，但是心肌梗死的发病率和病死率与内科保守治疗无显著差异。支架内再狭窄和支架内血栓是影响其疗效的主要因素。随着新技术的出现，尤其是新型药物洗脱支架及新型抗血小板药物的应用，冠状动脉介入治疗的效果也在不断提升。

（2）冠状动脉旁路移植术（coronary artery bypass graft，CABG）：通过取患者自身的大隐静脉作为旁路移植材料，一端吻合在主动脉，另一端吻合在病变冠状动脉段的远端；或游离内乳动脉与病变冠状动脉远端吻合，通过主动脉的血流改善病变冠状动脉血流供应。这种手术创伤较大，术后移植的血管还可能闭塞，因此应权衡利弊，慎重考虑手术适应证。

PCI或CABG的选择需要根据冠状动脉病变的情况和患者对开胸手术的耐受程度及患者的意愿等综合考虑。对全身情况能耐受开胸手术者，左主干合并2支以上冠状动脉病变，或多支血管病变合并糖尿病者，CABG应为首选。

 稳定型心绞痛的治疗原则及常用药物。

【预防】

对稳定型心绞痛，除使用药物防止心绞痛再次发作外，应从阻止或逆转粥样硬化进展、预防心肌梗死等方面综合考虑，从而改善预后。

【预后】

稳定型心绞痛患者大多数预后较好，但有发生急性心肌梗死或猝死的危险。有室性心律失常或房室传导阻滞者预后较差。决定预后的主要因素为冠状动脉病变累及心肌供血的范围和心功能。左冠状动脉主干病变最为严重，预后较差。

二、隐匿型冠心病

【发病特点】

隐匿型冠心病（latent coronary heart disease）是指没有心绞痛的临床症状，但有心肌缺血的客观证据的冠心病，也称无症状型冠心病。无创性检查是诊断心肌缺血的重要客观证据。其心肌缺血的心电图表现可见于静息时，或在负荷状态下才出现，常在动态心电图检查时发现，也可被各种影像学检查所证实。

【临床表现】

隐匿型冠心病可分为3种：①有心肌缺血发作，症状时有时无，此类患者居多；②既往有心肌梗死病史，现有心肌缺血的客观证据，但无症状；③有心肌缺血的客观证据，但无心绞痛症状。

【诊断依据】

无创性检查是隐匿性心绞痛的重要客观依据。主要依据静息、动态或负荷试验 ECG 检查。

【防治】

对明确诊断的隐匿型冠心病患者，应使用药物治疗和预防心肌梗死或死亡，并治疗相关危险因素。治疗方法基本同慢性稳定型心绞痛。

三、缺血性心肌病

缺血性心肌病属于冠心病的一种特殊类型或晚期阶段，是指由冠状动脉粥样硬化引起长期心肌缺血，导致心肌弥漫性纤维化，产生与原发性扩张型心肌病类似的临床表现。其病理生理基础是冠状动脉粥样硬化病变使心肌缺血、缺氧，以至心肌细胞减少、坏死、心肌纤维化、心肌瘢痕形成的疾病。

【诊断】

缺血性心肌病的诊断需满足以下几点。

（1）有明确的心肌坏死或心肌缺血证据，包括：①既往有血管重建病史（PCI 或 CABG）；②既往曾发生过心脏事件（心肌梗死或急性冠脉综合征）；③虽然没有已知心肌梗死或急性冠脉综合征病史，但存在心肌缺血的客观证据。

（2）心律失常和（或）心脏明显扩大。

（3）心功能不全的临床表现和（或）实验室检查依据。

同时需排除冠心病的某些并发症，如室间隔穿孔、心室壁瘤和乳头肌功能不全所致二尖瓣关闭不全。除外其他心脏病或其他原因引起的心脏扩大和心力衰竭。

【防治】

积极控制危险因素；改善心肌缺血，预防心肌梗死和死亡；纠正心律失常；积极治疗心功能不全。对缺血区域有存活心肌者，血运重建术可显著改善心肌功能。另外，近年来新的治疗技术，如自体骨髓干细胞移植、血管内皮生长因子基因治疗等已试用于临床，为缺血性心肌病的治疗带来了新的希望。

第三节　急性冠脉综合征

急性冠脉综合征（acute coronary syndrome，ACS）是一组由严重的急性心肌缺血引起的临床综合征，主要包括不稳定型心绞痛（UAP）、非 ST 段抬高心肌梗死（NSTEMI）和 ST 段抬高心肌梗死（STEMI）。

一、不稳定型心绞痛和非 ST 段抬高心肌梗死

不稳定型心绞痛（UAP）和非 ST 段抬高心肌梗死（NSTEMI）是由于动脉粥样硬化斑块破裂或糜烂，伴有不同程度的血栓形成、血管痉挛及远端血管栓塞所导致的一组临床症状。两者发病机

制和临床表现相似，区别主要是缺血导致心肌损伤程度不同，以及心肌损伤的血清生物标志物检测是否阳性。根据临床表现，不稳定型心绞痛可分为以下3种。①静息型心绞痛：休息时发作，持续时间>20 min；②初发型心绞痛：首发症状一般在近1~2个月内，轻微体力活动即可诱发，按照CCS分级，严重程度至少达Ⅲ级；③恶化型心绞痛：在稳定的劳力性心绞痛的基础上心绞痛发作更频繁，疼痛程度加重，按CCS分级至少增加Ⅰ级水平，严重度至少达Ⅲ级。

【发病机制】

不稳定型心绞痛和非ST段抬高心肌梗死的发生机制为在不稳定粥样硬化斑块破裂或糜烂的基础上，血小板聚集、血栓形成、冠状动脉痉挛、微血管血栓导致急性或亚急性心肌供氧减少和缺血加重。可因劳力负荷诱发，但劳力负荷终止后胸痛并不能缓解。其中，非ST段抬高心肌梗死因严重的持续性缺血导致心肌坏死，病理表现为心内膜下心肌坏死，故而非ST段抬高心肌梗死心肌损伤的生物标志物检测呈阳性。

变异型心绞痛（variant angina pectoris）特征为静息心绞痛，表现为一过性ST段抬高的动态改变，是不稳定型心绞痛的一种特殊类型，其发病机制为冠状动脉痉挛。

【临床表现】

胸痛的部位、性质与稳定型心绞痛相似，但具有以下特点：①心绞痛发生的频率、严重程度和持续时间增加；②诱发心绞痛的体力活动阈值突然或持久降低；③胸痛放射至新的部位；④出现静息或夜间心绞痛；⑤发作时伴有新的症状，如出汗、恶心、呕吐、心悸或呼吸困难；⑥休息或舌下含服硝酸甘油只能暂时甚至不能完全缓解症状。但也有症状不典型者，尤其是老年女性和糖尿病患者。

【辅助检查】

（一）心电图检查

大多数患者胸痛发作时有一过性ST段（抬高或压低）和T波（低平或倒置）改变，其中ST段的动态改变（≥0.1 mV的抬高或压低）是严重冠状动脉疾病的表现，可能会发生急性心肌梗死或猝死。通常，上述动态改变可随着心绞痛的缓解而完全或部分消失。若心电图改变持续12 h以上，则提示非ST段抬高心肌梗死的可能。不稳定型心绞痛的诊断主要依靠临床表现以及发作时心电图ST-T的动态改变。

（二）连续心电监测

连续心电监测可发现无症状或心绞痛发作时的ST段改变。

（三）心肌坏死标志物检测

心肌肌钙蛋白（cTn）T/I较CK和CK-MB更敏感、可靠，在症状发生后24 h内，cTn的峰值超过正常对照值的第99百分位数需考虑非ST段抬高心肌梗死的诊断。

（四）冠状动脉造影和其他侵入性检查

冠状动脉造影可明确诊断、指导治疗并评价预后。冠状动脉内超声显像和光学相干断层成像可以准确地提供斑块分布、性质、大小和有无斑块破溃及血栓形成等更准确的腔内影像信息。

【诊断与鉴别诊断】

根据典型的胸痛症状、典型的缺血性心电图改变（新发或一过性ST段压低或抬高≥0.1 mV，或T波倒置）以及心肌坏死标志物（cTnT、cTnI或CK-MB）测定，可以做出不稳定型心绞痛、非ST段抬高心肌梗死的诊断。诊断未明确的不典型患者若病情稳定者，可以在出院前做负荷心电图、核素心肌灌注显像、冠状动脉造影等检查。冠状动脉造影仍是诊断冠心病的重要方法。

尽管不稳定型心绞痛、非 ST 段抬高心肌梗死的发病机制类似 ST 段抬高心肌梗死，但治疗原则有所不同，因此需要鉴别诊断。与其他疾病的鉴别诊断参见"稳定型心绞痛"部分。

 不稳定型心绞痛、非 ST 段抬高心肌梗死的诊断依据。

【治疗】

（一）一般治疗

患者应卧床休息，保持环境安静，消除焦虑，可以应用小剂量镇静药和抗焦虑药。对于有缺氧情况的患者，给予吸氧、连续监测心电图，多次测定血清心肌坏死标志物，积极处理病因和诱因。

（二）药物治疗

1. 支持治疗　血氧饱和度低于 90% 给予辅助氧疗。对于没有禁忌证且没有低氧血症的患者，可注射 5 mg 吗啡，以降低心肌耗氧量。

2. 抗心肌缺血药物

（1）硝酸酯制剂：通过扩张静脉，减轻心脏的前负荷；同时扩张冠状动脉，缓解心绞痛。在心绞痛发作时，可含服硝酸甘油，如无效，可静脉使用硝酸甘油或硝酸异山梨酯。

（2）β受体阻断药：主要通过减慢心率、抑制心肌收缩力及降低血压而减少心肌耗氧量，争取将静息心率控制在 55~60 次/分，对改善近期及远期预后均有好处。应当尽早用于无禁忌证的不稳定型心绞痛或非 ST 段抬高心肌梗死患者。

（3）钙通道阻滞药（CCB）：可以有效地减轻心绞痛症状，在足量β受体阻断药与硝酸酯治疗后仍不能控制缺血症状的患者可口服长效钙通道阻滞药，钙通道阻滞药是治疗血管痉挛性心绞痛的首选药物。

3. 抗血小板药物

（1）环加氧酶-1 抑制药：阿司匹林是抗血小板治疗的"基石"。除非有禁忌证，否则所有不稳定型心绞痛、非 ST 段抬高心肌梗死患者均应常规使用并长期维持。负荷量为 150~300 mg 嚼服或口服；维持量 75~150 mg，每日 1 次，口服。

（2）血小板 $P2Y_{12}$ 受体阻断药：包括氯吡格雷和替格瑞洛。除非有极高出血风险等禁忌证，不稳定型心绞痛、非 ST 段抬高心肌梗死患者均建议在阿司匹林的基础上，联合应用一种 $P2Y_{12}$ 受体阻断药，并维持至少 12 个月，称为 DAPT 治疗。氯吡格雷负荷量为 300~600 mg，维持剂量每日 75 mg。替格瑞洛可逆性抑制 $P2Y_{12}$ 受体，起效速度更快，作用更强，可用于所有不稳定型心绞痛、非 ST 段抬高心肌梗死的治疗，首次 180 mg 负荷量，维持剂量为 90 mg，每日 2 次。对于应用 DAPT 治疗的患者，应严密观察出血风险。

（3）血小板膜糖蛋白Ⅱb/Ⅲa 受体阻断药（GPI）：仅在 PCI 术中出现无复流或急性血栓并发症等紧急情况下使用。替罗非班为目前国内 GPI 的主要用药。

4. 抗凝血药　除非有禁忌，所有患者均应在抗血小板治疗的基础上常规接受抗凝治疗。常用的抗凝血药包括肝素、低分子量肝素、磺达肝癸钠和比伐芦定。

（1）肝素：推荐用量是静脉注射 70~100 U/kg 后，以 15~18 U/（kg·h）的速度静脉滴注维持，一般使 APTT 控制在 50~70 s。静脉应用肝素 2~5 d 为宜，然后可改为皮下注射肝素，再治疗 1~2 d。

（2）低分子量肝素：具有强烈的抗 X a 因子及Ⅱa 因子活性作用，常用药物包括依诺肝素、达肝素和那曲肝素等，常规剂量为 1 mg/kg，每日 2 次。

（3）磺达肝癸钠：是选择性 X a 因子间接抑制药。皮下注射 2.5 mg，每日 1 次，采用保守策略的患者尤其在出血风险增加时将磺达肝癸钠作为抗凝血药的首选。

（4）比伐芦定：是直接抗凝血酶制剂，通过直接并特异性抑制Ⅱa因子活性，作用可逆而短暂，主要用于不稳定型心绞痛、非ST段抬高心肌梗死患者PCI术后的抗凝。

5. 调血脂药　他汀类药物有类硝酸酯作用，远期有抗炎症和稳定斑块作用，从而减少心血管突发事件。无论基线血脂水平如何，不稳定型心绞痛、非ST段抬高心肌梗死患者均应尽早使用他汀类药物。LDL-C的目标值为<1.77 mmol/L。

6. ACEI/ARB　长期应用ACEI/ARB能降低心血管事件发生率，如果不存在禁忌证，应该在24 h内给予口服ACEI，不能耐受ACEI者可用ARB替代。

7. 其他　伊伐雷定是减慢窦性心律且无负性肌力作用的药物，减慢心率的同时不影响心排血量和血压。尼可地尔是三磷酸腺苷敏感钾通道开放剂，可扩张冠状动脉平滑肌，对痉挛有效果，但对血压、心率和心肌收缩力无影响，目前不作为一线药物。

 不稳定型心绞痛、非ST段抬高心肌梗死的药物治疗。

（三）冠状动脉血运重建术

1. 经皮冠状动脉介入治疗（PCI）　PCI为不稳定型心绞痛、非ST段抬高心肌梗死患者血运重建的主要方式。药物洗脱支架的应用可进一步改善PCI的远期疗效，拓宽了PCI的应用范围。

2. 冠状动脉旁路移植术（CABG）　冠状动脉旁路移植术适用于病变严重、有多支血管病变的症状严重和左心室功能不全的患者。

（四）出院和出院后管理

不稳定型心绞痛、非ST段抬高心肌梗死的急性期通常持续2个月左右，在此期间易发生心肌梗死或死亡。出院后应尽可能恢复正常活动，继续口服药物治疗。二级预防采用ABCDE方案。A：阿司匹林、抗心绞痛及血管紧张素转换酶抑制药治疗；B：β受体阻断药和控制血压；C：控制血脂和吸烟；D：控制饮食和糖尿病；E：健康教育和运动指导。

二、急性ST段抬高心肌梗死

ST段抬高心肌梗死（STEMI）是指急性心肌缺血性坏死，大多是在冠状动脉发生粥样硬化的病变基础上发生冠状动脉血供急剧减少或中断，使相应的心肌严重而持久地缺血，以致发生心肌坏死。

【病因与发病机制】

绝大多数ST段抬高心肌梗死是在冠状动脉粥样硬化的基础上，由于不稳定的粥样硬化斑块溃破，继而出血和管腔内血栓形成，从而使一支或多支管腔闭塞，若持续时间达到20~30 min或30 min以上，即可发生急性心肌梗死。

促使斑块破裂出血及血栓形成的诱因有：

1. 左心室负荷加重　重体力劳动、情绪激动、血压急剧上升或用力排便时。

2. 血液黏滞度增高　高脂肪、高蛋白饮食后，血脂增高。

3. 交感神经活动增加　晨起6时至12时交感神经活动增加，心肌收缩力、心率、血压增高，冠状动脉张力增高。

4. 冠状动脉灌流量锐减　休克、脱水、出血、外科手术或严重心律失常导致心排血量骤降，冠状动脉灌流量锐减。

【病理】

（一）冠状动脉病变

大多数 ST 段抬高心肌梗死患者冠状动脉内可见在粥样斑块的基础上有血栓形成，使管腔闭塞，但也有冠状动脉痉挛引起的管腔闭塞。不同冠状动脉分支引起的心肌梗死范围也不同，列于表 3-17-1。此外，心肌梗死的发生与原来冠状动脉受粥样硬化病变累及的血管数及其所造成管腔狭窄程度之间未必呈平行关系。

表 3-17-1　冠状动脉分支闭塞引起心肌梗死的范围

冠状动脉分支	心肌梗死的范围
左主干闭塞	左心室广泛梗死
左前降支闭塞	左心室前壁、心尖部、下侧壁、前间隔和二尖瓣前乳头肌梗死
左回旋支闭塞	左心室高侧壁、膈面（左冠状动脉占优势时）和左心房梗死，可能累及房室结
右冠状动脉闭塞	左心室膈面（右冠状动脉占优势时）、后间隔和右心室梗死，并可累及窦房结和房室结

（二）心肌病变

冠状动脉闭塞后 20～30 min，受其供血的心肌即有少数坏死。冠状动脉闭塞后 1～2 h，绝大部分心肌呈凝固性坏死，心肌间质充血、水肿，伴多量炎症细胞浸润。此后，坏死的心肌纤维逐渐溶解，形成肌溶灶，随后逐渐有肉芽组织形成。坏死组织 1～2 周后开始吸收，并逐渐纤维化，在 6～8 周形成瘢痕愈合，称为陈旧性心肌梗死。

继发性病理变化为在心腔内压力的作用下，坏死心壁向外膨出，可产生心脏破裂或形成心室壁瘤。

【病理生理】

心脏收缩力减弱、顺应性减低、心肌收缩不协调，左心室压力曲线最大上升速度减低，左心室舒张期末压增高、舒张和收缩期末容积增多。射血分数减低，每搏输出量和心排血量下降，心率增快或有心律失常，血压下降。病情严重者，动脉血氧含量降低。主要出现左心室舒张和收缩功能障碍的一些血流动力学变化，其严重程度和持续时间取决于梗死的部位、程度和范围。急性大面积心肌梗死者可发生泵衰竭。右心室梗死少见，其主要病理生理改变是急性右心衰竭的血流动力学变化，右心房压力增高，高于左心室舒张期末压，心排血量减低，血压下降。

心室重塑为后续改变，包括左心室体积增大、形状改变、梗死节段心肌变薄和非梗死节段心肌增厚，对心室的收缩效应及电活动均有持续不断的影响，故急性期后的治疗中要注意对心室重塑的干预。

【临床表现】

本病的临床表现与梗死的部位、范围大小、侧支循环密切相关。

（一）先兆

50%～81% 的患者在发病前数日有乏力、胸部不适、活动时心悸、气短、烦躁、心绞痛等前驱症状，其中以新发心绞痛或原有心绞痛加重最为突出。心绞痛发作较以往频繁、程度较剧烈、持续时间较久、硝酸甘油疗效差、诱发因素不明显，表现出前述不稳定型心绞痛的情况。

（二）症状

1. 疼痛　疼痛是最先出现的症状。特点：多发生于清晨，疼痛部位和性质与心绞痛相同，但诱因不明显，且常发生于安静时，程度较重，持续时间较长，可达小时或更长，休息和含服硝酸甘油不能缓解。患者常烦躁不安、出汗、恐惧伴有濒死感。少数患者无疼痛，一开始即表现为休克或急性心力衰竭。

2. 全身症状　全身症状有发热、心动过速、白细胞计数增多和红细胞沉降率增快等，由坏死物质被吸收所引起。一般在疼痛发生后 24~48 h 出现，程度与梗死范围常成正相关。体温一般在 38 ℃左右，很少达到 39 ℃，发热持续约 1 周。

3. 胃肠道症状　疼痛剧烈时常伴有恶心、呕吐、上腹胀痛和肠胀气，重症者可发生呃逆。

4. 心律失常　心律失常见于 75%~95% 的患者，多发生在起病 1~2 d，而以 24 h 内最多见。各种心律失常中以室性心律失常最多见，尤其是室性期前收缩；心室颤动是 ST 段抬高心肌梗死患者入院前主要的死因。房室传导阻滞和束支传导阻滞也较多见。

5. 低血压和休克　疼痛过程中血压下降常见，未必是休克。如疼痛缓解而收缩压仍低于 80 mmHg，有烦躁不安、面色苍白、大汗淋漓、皮肤湿冷、脉搏细速、尿量减少，甚至晕厥者，则为休克表现，多为心源性休克。

6. 心力衰竭　主要是急性左心衰竭，可在起病最初几日内发生，或在疼痛、休克好转阶段出现，为梗死后心脏收缩力显著减弱或不协调所致。患者出现呼吸困难、咳嗽、发绀、烦躁等症状，严重者可发生肺水肿，之后可出现颈静脉怒张、肝大、水肿等右心衰竭表现。右心室心肌梗死者可一开始即出现右心衰竭表现，伴血压下降。临床上常用基利普（Killip）分级对心肌梗死合并心力衰竭患者进行分级。

（三）体征

1. 心脏体征　心脏可正常，也可轻至中度增大。心率快慢不一，心尖区第一心音减弱，可出现第三心音和（或）第四心音，少数患者出现心包摩擦音。心尖区可出现粗糙的收缩期杂音或伴收缩中晚期喀喇音，为二尖瓣乳头肌功能失调或断裂所致。可有各种心律失常。

2. 血压　除极早期血压暂时升高外，几乎所有患者都有血压降低。

3. 其他　可有与心律失常、休克或心力衰竭相关的其他体征。

 ST 段抬高心肌梗死的临床表现。

【辅助检查】

（一）心电图检查

心电图常有进行性的改变。

1. 特征性改变

（1）ST 段弓背向上抬高：在面向坏死区周围心肌损伤区的导联上出现。

（2）病理性 Q 波：宽而深的 Q 波在面向透壁心肌坏死区的导联上出现。

（3）T 波倒置：在面向坏死区周围心肌缺血区的导联上出现。

2. 动态性改变

（1）超急性期：发病数小时内，心电图可无异常或出现异常高大两肢不对称的 T 波。

（2）急性期：数小时后，ST 段明显抬高，弓背向上，与直立的 T 波连接，形成单相曲线。数小时至 2 d 内出现病理性 Q 波，同时 R 波减低（图 3-17-1、图 3-17-2）。Q 波在 3~4 d 内稳定不变，以后 70%~80% 永久存在。

（3）亚急性期：早期如不进行治疗干预，ST 段抬高持续数日至 2 周左右，逐渐回到基线水平，T 波则变为平坦或倒置。

（4）慢性期：数周至数个月后，T 波呈 V 形倒置，两肢对称，波谷尖锐。T 波倒置可永久存在，也可在数月至数年内逐渐恢复。

3. 心电图定位诊断 通常根据抬高的 ST 段及病理性 Q 波出现的导联而定。①前间壁心肌梗死：$V_1 \sim V_3$；②前壁心肌梗死：$V_3 \sim V_5$；③前侧壁心肌梗死：$V_5 \sim V_7$；④广泛前壁心肌梗死：$V_1 \sim V_5$；⑤后壁心肌梗死：$V_7 \sim V_8$；⑥高侧壁心肌梗死：Ⅰ、aVL；⑦下壁心肌梗死：Ⅱ、Ⅲ、aVF。

 ST 段抬高心肌梗死心电图特征性表现及动态改变。

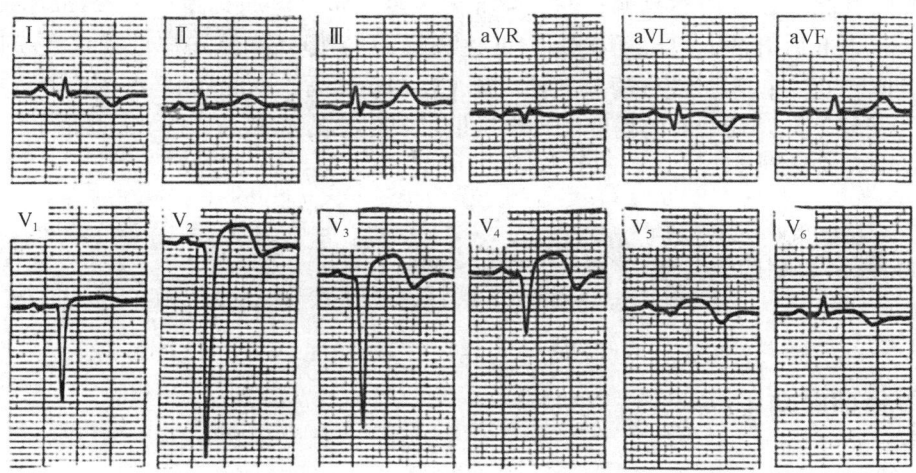

图 3-17-1 急性广泛前壁心肌梗死心电图

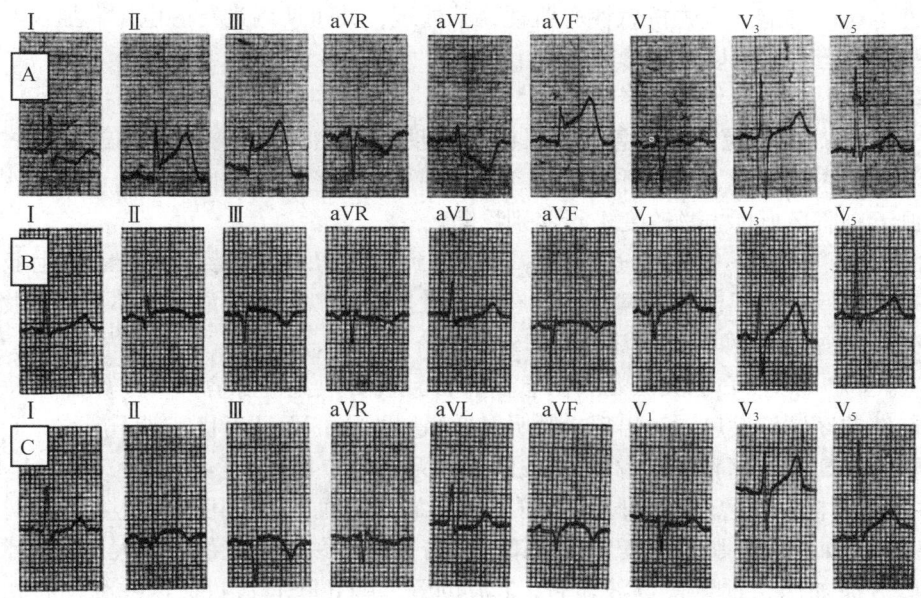

A. 发病后 1h；B. 发病后第 2 天；C. 发病后第 4 天

图 3-17-2 急性下壁心肌梗死心电图

（二）放射性核素检查

正电子发射体层仪（PET）可观察心肌的代谢变化，是目前唯一能直接评价心肌存活性的影像技术。单光子发射计算机体层显像仪（SPECT）可用于评估室壁运动、室壁厚度和整体功能。

（三）超声心动图检查

超声心动图可了解心室壁的运动和左心室功能，诊断心室壁瘤和乳头肌功能失调，检测心包积液及室间隔穿孔等并发症。

（四）实验室检查

1. 血细胞和C反应蛋白　起病24~48 h后白细胞计数可增至（10~20）×10^9/L，中性粒细胞比例升高，嗜酸性粒细胞比例减少或消失；红细胞沉降率增快；C反应蛋白增高，均可持续1~3周。

2. 心肌坏死标志物　心肌坏死标志物增高水平与心肌坏死的范围及预后明显相关。①肌红蛋白起病后2 h内升高，12 h内达高峰；24~48 h内恢复正常；②肌钙蛋白I（cTnI）或肌钙蛋白T（cTnT）起病3~4 h后升高，cTnI于11~24 h达高峰，7~10 d降至正常，cTnT于24~48 h达高峰，10~14 d降至正常；③肌酸激酶及其同工酶CK-MB升高，在起病后4 h内增高，16~24 h达高峰，3~4 d恢复正常，其增高的程度能较准确地反映梗死的范围，其高峰出现时间是否提前有助于判断溶栓治疗是否成功。

ST段抬高心肌梗死的心肌坏死标志物动态改变。

【诊断与鉴别诊断】

（一）诊断

根据典型的临床表现、特征性的心电图改变以及实验室检查，诊断本病并不困难。对于老年患者，突然发生严重心律失常、休克、心力衰竭而原因未明，或突然发生较重而持久的胸闷或胸痛者，都应考虑本病的可能。宜先按急性心肌梗死来处理，并短期内进行心电图、血清心肌坏死标志物测定等，进行动态观察，以确定诊断。

（二）鉴别诊断

1. 心绞痛　胸痛性质及部位与急性心肌梗死相似。根据疼痛的诱因、部位、程度、发作频率、含服硝酸甘油的效果和有无发热、呼吸困难、严重心律失常、低血压或休克、心力衰竭等表现，结合心电图、血清心肌坏死标志物改变进行鉴别诊断。

2. 主动脉夹层　胸痛一开始即达高峰，常放射到背、肋、腹、腰和下肢，两上肢的血压和脉搏可有明显差别，偶有意识模糊和偏瘫等神经系统受损症状，但无血清心肌坏死标志物升高。胸主动脉CTA或磁共振血管成像有助于诊断。

3. 急性心包炎　急性心包炎（尤其是急性非特异性心包炎）患者可有较剧烈而持久的心前区疼痛。但心包炎的疼痛与发热同时出现，呼吸和咳嗽时加重；全身症状一般不严重；心电图除aVR外，其余导联均有ST段弓背向下抬高，T波倒置，无异常Q波出现。

4. 急性肺动脉栓塞　急性肺动脉栓塞可发生胸痛、咯血、呼吸困难和休克。同时有右心负荷急剧增加的表现，如发绀、肺动脉瓣听诊区第二心音亢进、颈静脉充盈、肝大、下肢水肿等。心电图示：Ⅰ导联S波加深，Ⅲ导联Q波显著，T波倒置，胸导联R波过渡区左移，右胸导联T波倒置等改变。常有低氧血症，肺动脉CTA可检出肺动脉大分支血管的栓塞。

5. 急腹症　急性胰腺炎、消化性溃疡穿孔、急性胆囊炎、胆石症等均有上腹部疼痛，可能伴休克。仔细询问病史、体格检查、心电图检查、血清心肌坏死标志物检测可协助鉴别。

ST段抬高心肌梗死的诊断与鉴别诊断。

【并发症】

（一）乳头肌功能失调或断裂

乳头肌功能失调或断裂的发生率约为50%，多见于下壁心肌梗死。二尖瓣乳头肌因缺血、坏死等使收缩功能发生障碍，造成不同程度的二尖瓣脱垂合并关闭不全。乳头肌整体断裂极少见。

（二）心室壁瘤

心室壁瘤（ventricular aneurysm）或称室壁瘤，主要见于左心室，发生率为5%~20%。心电图ST段持续抬高。超声心动图及左心室造影可见局部心缘突出，搏动减弱或有反常搏动。

（三）心脏破裂

心脏破裂少见，常在起病1周内出现，多为心室游离壁破裂，造成心包积血，引起急性心脏压塞而猝死。

（四）栓塞

栓塞见于起病后1~2周，发生率为1%~6%，因左心室附壁血栓脱落所致，引起脑、肾、脾或四肢等动脉栓塞。

（五）心肌梗死后综合征

心肌梗死后综合征（postmyocardial infarction syndrome）于心肌梗死后数周至数月内出现，发生率为1%~5%，可反复发生。发病机制可能为自身免疫反应，表现为心包炎、胸膜炎或肺炎，有发热、胸痛等症状。

【治疗】

治疗原则是尽快恢复心肌的血液灌注，以挽救濒死的心肌、防止梗死扩大或缩小心肌缺血范围，保护和维持心脏功能，及时处理严重心律失常、泵衰竭和各种并发症，防止猝死。

（一）一般治疗

1. **休息** 急性期12 h内卧床休息，若无并发症，24 h内应鼓励患者在床上行肢体活动；若无低血压，第3日可在病房内走动；梗死后第4~5日，逐步增加活动量，直至每日3次步行100~150 m。保持环境安静。减少探视，防止不良刺激，解除焦虑。

2. **监测** 进行心电图、血压和呼吸监测，除颤仪应随时处于备用状态。

3. **吸氧** 对有呼吸困难和血氧饱和度降低者，最初几日间断或持续通过鼻导管及面罩吸氧。

4. **建立静脉通道** 保持给药途径通畅。

（二）解除疼痛

1. **吗啡或哌替啶** 吗啡2~5 mg静脉注射或哌替啶50~100 mg肌内注射，必要时5~10 min后重复。注意低血压和呼吸功能抑制的副作用。

2. **硝酸酯类药物** 大多数急性心肌梗死患者有应用硝酸酯类药物的指征，而在下壁心肌梗死、可疑右心室心肌梗死或明显低血压的患者，不适合使用。

3. **β受体阻断药** β受体阻断药对降低急性期病死率有明确疗效。如无禁忌证，应在发病24 h内尽早常规口服应用，如美托洛尔和比索洛尔。从小剂量开始，逐渐递增，使静息心率降至55~60次/分。患者有剧烈的缺血性胸痛或伴血压显著升高时，也可静脉使用美托洛尔，静脉注射，每次5 mg；每次注射后观察2~5 min，如果心率<60次/分或收缩压<100 mmHg，则停止给药；末次静脉注射后15 min，继续口服剂量维持。禁忌证：心力衰竭、低血压、心动过缓或房室传导阻滞。

（三）抗血小板治疗

各种类型的急性冠脉综合征均需要联合应用阿司匹林和$P2Y_{12}$受体阻断药的口服抗血小板药物，负荷剂量后给予维持剂量。静脉应用GP Ⅱ b/ Ⅲ a受体阻断药主要用于接受直接PCI的患者，术中使用。ST 段抬高心肌梗死患者抗血小板药物选择和用法与 NSTE-ACS 相同，见本节的不稳定型心绞痛 / 非 ST 段抬高心肌梗死部分。

（四）抗凝治疗

除非有禁忌，所有 ST 段抬高心肌梗死患者无论是否采用溶栓治疗，均应在抗血小板治疗基础上常规联合抗凝治疗。对于接受溶栓或不计划行再灌注治疗的患者，磺达肝癸钠有利于降低病死率和再梗死率，且不增加出血并发症。ST 段抬高心肌梗死直接 PCI 时，需联合肝素治疗。直接 PCI（尤其出血风险高时）推荐应用比伐芦定。对于 ST 段抬高心肌梗死合并心室内血栓或合并心房颤动，需在抗血小板治疗基础上联合华法林治疗，需注意出血风险，严密监测 INR。

（五）再灌注心肌治疗

起病 3～6 h，最多在 12 h 内，开通闭塞的冠状动脉，挽救濒临坏死的心肌或缩小心肌梗死的范围，减轻梗死后心肌重塑，是 ST 段抬高心肌梗死重要的治疗措施之一。再灌注方法包括经皮冠状动脉介入治疗、药物溶栓治疗及冠状动脉旁路移植术。

1. 经皮冠状动脉介入治疗（PCI）　预计 120 min 内可转运至有 PCI 条件的医院并完成 PCI，则首选直接 PCI，力争在 90 min 内完成再灌注；或患者在可行 PCI 的医院，应尽力在 60 min 内完成再灌注。

（1）直接 PCI 适应证：①症状发作 12 h 以内并且有持续新发的 ST 段抬高或新发左束支传导阻滞的患者；②发病超过 12 h，但仍有心肌缺血证据（仍然有胸痛和心电图变化）者。禁忌证：①发病超过 48 h；②无心肌缺血表现患者。

（2）补救性 PCI 适应证：溶栓治疗后仍有明显胸痛，抬高的 ST 段无明显降低者。

（3）溶栓治疗再通者的 PCI：溶栓成功后有指征实施急诊血管造影，必要时进行梗死相关动脉血运重建治疗，实施血管造影的最佳时机是 2～24 h。

 直接 PCI 的适应证。

2. 溶栓疗法　快速、简便，在不具备 PCI 条件的医院可实施。如果预计直接 PCI 时间大于 120 min，则首选溶栓，力争在 10 min 给予患者溶栓药物。

（1）适应证：①两个或两个以上相邻导联 ST 段抬高（胸导联 ≥ 0.2 mV，肢体导联 ≥ 0.1 mV），或病史提示急性心肌梗死伴左束支传导阻滞；②起病时间 < 12 h，患者年龄 < 75 岁（年龄 ≥ 75 岁，权衡利弊后仍可考虑）；③发病时间已达 12～24 h，但如仍有进行性缺血性胸痛、广泛 ST 段抬高者也可考虑。

（2）禁忌证：①既往发生过出血性脑卒中，6 个月内发生过缺血性脑卒中或脑血管事件；②中枢神经系统受损、颅内肿瘤或畸形；③严重且未控制的高血压（> 180/110 mmHg）或慢性严重高血压史；④未排除主动脉夹层；⑤近期（2～4 周）有活动性内脏出血；⑥目前正在使用治疗剂量的抗凝血药或已知有出血倾向；⑦近期（< 2 周）曾有在不能压迫部位的大血管行穿刺术；⑧近期（< 3 周）外科大手术；⑨近期（2～4 周）创伤史，包括头部外伤、创伤性心肺复苏或较长时间（> 10 min）的心肺复苏。

（3）溶栓药物的应用：国内常用以下几种。①尿激酶（UK）：30 min 内静脉滴注 150 万～200 万 U；②链激酶（SK）或重组链激酶（rSK）：以 150 万 U 静脉滴注，在 60 min 内滴完；③阿替普酶（rt-PA）：选择性激活血栓部位的纤溶酶原，100 mg 在 90 min 内静脉给予，先静脉注入 15 mg，继而在 30 min 内静脉滴注最多 50 mg，其后 60 min 内再滴注最多 35 mg。rt-PA 再灌注效果好，再通率高，脑出血发生率低，是目前常用的再灌注药物之一。另外，还有瑞替普酶、rhTNK-tPA 也是再灌注效果较好的药物。

（4）溶栓再通的判断标准：①心电图抬高的 ST 段于 2 h 内回降 > 50%；②胸痛 2 h 内基本消失；③2 h 内出现再灌注性心律失常；④血清心肌坏死标志物峰值提前出现（cTn 提前至 12 h 内，或 CK-MB 提前至 14 h 内）。

 溶栓治疗的适应证、禁忌证及溶栓药物和再通标准。

3. **紧急冠状动脉旁路移植术（CABG）** 介入治疗失败或溶栓治疗无效且有手术指征者，宜争取 6~8 h 内施行紧急 CABG，但病死率明显高于择期 CABG。

（六）调脂治疗

他汀类调血脂药的使用同不稳定型心绞痛、非 ST 段抬高心肌梗死的治疗。

（七）血管紧张素转换酶抑制药或血管紧张素受体阻断药治疗

血管紧张素转换酶抑制药有助于改善恢复期心肌的重构，减少急性心肌梗死的病死率和心力衰竭的发生。除非有禁忌证，应全部选用。从小剂量口服开始，在 24~48 h 内逐渐增加，直至达到目标剂量。如患者不能耐受血管紧张素转换酶抑制药，可考虑给予血管紧张素受体阻断药。

（八）抗心律失常治疗

心律失常必须及时消除，以免演变为严重心律失常，甚至猝死。

（1）发生心室颤动或持续多形性室性心动过速时，尽快采用非同步直流电除颤或同步直流电复律。单形性室性心动过速药物疗效不满意时也应及早用同步直流电复律。

（2）发生室性期前收缩或室性心动过速，立即用利多卡因 50~100 mg 静脉注射，每 5~10 min 重复 1 次，至期前收缩消失或总量已达 300 mg，继以 1~3 mg/min 的速度静脉滴注维持。如室性心律失常反复，可用胺碘酮治疗。

（3）室上性快速型心律失常选用美托洛尔、胺碘酮、维拉帕米等药物治疗，如药物不能控制，可考虑用同步直流电复律治疗。

（4）缓慢型心律失常可用阿托品 0.5~1 mg 肌内注射或静脉注射。

（5）二度或三度房室传导阻滞且伴有血流动力学障碍者，宜用人工心脏起搏器行临时起搏治疗，待传导阻滞消失后撤除。

（九）抗心力衰竭治疗

主要是治疗急性左心衰竭，以应用吗啡（或哌替啶）和利尿药为主，也可用血管扩张药减轻心室的负荷，或用多巴酚丁胺静脉滴注，或用短效血管紧张素转换酶抑制药从小剂量开始治疗。洋地黄制剂可能引起室性心律失常，在梗死后 24 h 内宜尽量避免使用洋地黄制剂。右心室梗死的患者应慎用利尿药。

（十）抗休克治疗

根据休克是否有周围血管舒缩障碍或血容量不足等因素存在，分别进行处理。

1. **补充血容量** 估计有血容量不足，用右旋糖酐 40 或 5%~10% 葡萄糖溶液静脉滴注，输液后如中心静脉压上升 > 18 cmH$_2$O，肺动脉楔压 > 15~18 mmHg，则应停止。右心室梗死时，中心静脉压的升高则未必是补充血容量的禁忌。

2. **应用升压药** 补充血容量后血压仍不升，可用多巴胺或去甲肾上腺素，也可选用多巴酚丁胺静脉滴注。

3. **应用血管扩张药** 经上述处理血压仍不升，周围血管显著收缩，以至四肢厥冷并有发绀时，使用硝普钠或硝酸甘油静脉滴注，直至左心室充盈压下降。

4. **其他** 纠正酸中毒避免脑缺血、保护肾功能，必要时应用洋地黄制剂等。有条件的医院，考虑用主动脉内球囊反搏或左心室辅助装置，然后施行介入治疗或主动脉冠状动脉旁路移植术。

（十一）其他治疗

下列疗法可能有助于挽救濒死心肌，有防止梗死扩大、缩小缺血范围、加快愈合的作用。

1. 极化液疗法　可促使心肌摄取和代谢葡萄糖，使 K^+ 进入细胞内，恢复细胞膜的极化状态，以利心脏的正常收缩，减少心律失常。氯化钾 1.5 g、胰岛素 10 U 加入 10% 葡萄糖溶液 500 ml 中，静脉滴注，每日 1~2 次，7~14 d 为一个疗程。

2. 钙通道阻滞药　在起病的早期，尽早使用 β 受体阻断药，如有 β 受体阻断药禁忌者，可考虑应用钙通道阻滞药。不推荐急性心肌梗死患者常规使用钙通道阻滞药。

（十二）康复和出院后管理

提倡急性心肌梗死患者行康复治疗，逐步进行适当的体育锻炼，有利于体力恢复。经 2~4 个月的锻炼后，酌情恢复部分或轻体力工作，以后部分患者可恢复全日工作，但应避免过重体力劳动或精神过度紧张。

【预后】

本病的预后与梗死部位、大小、侧支循环的情况以及治疗是否及时有关。急性期住院病死率约为 15%，采用溶栓疗法后降至 8% 左右，住院 90 min 内施行介入治疗后住院病死率进一步降至 4% 左右。死亡多发生在第 1 周内，尤其是数小时内。

【预防】

在正常人群中预防动脉粥样硬化和冠心病属一级预防。已有冠心病和心肌梗死者还应预防再次梗死和其他心血管事件，称为二级预防。二级预防可参考不稳定型心绞痛、非 ST 段抬高心肌梗死的 ABCDE 方案。

自 测 题

一、选择题

1. 急性心肌梗死最常见的病因为
   - A. 冠状动脉栓塞
   - B. 冠状动脉炎
   - C. 冠状动脉先天畸形
   - D. 冠状动脉痉挛
   - E. 冠状动脉粥样硬化

2. 动脉粥样硬化病变最常累及冠状动脉的哪一支
   - A. 左冠状动脉主干
   - B. 左冠状动脉回旋支
   - C. 左冠状动脉前降支
   - D. 右冠状动脉窦房结支
   - E. 右冠状动脉后降支

3. 患者，女性，71 岁。急性前壁心肌梗死 2 d，轻微活动后喘憋。体格检查：BP 100/60 mmHg，双肺底可闻及少许细小湿啰音，心率 102 次/分。该患者的心功能分级为
   - A. Killip 分级 Ⅰ 级
   - B. Killip 分级 Ⅱ 级
   - C. Killip 分级 Ⅲ 级
   - D. NYHA 分级 Ⅱ 级
   - E. NYHA 分级 Ⅲ 级

4. 急性心肌梗死早期（24 h 内）患者死亡原因主要是
   - A. 心力衰竭
   - B. 心源性休克
   - C. 心律失常
   - D. 心脏破裂
   - E. 脑栓塞

5. 患者，男性，50 岁，6 h 前突发剑突下剧烈疼痛，持续约 15 min，并向左肩臂放射，伴呕吐、出冷汗及气促，血压由 190/110 mmHg 降至 100/80 mmHg，四肢湿冷，脉搏细弱，心率 92 次/分，心律齐，腹平软、无压痛。心电图示 V_2~V_4 导联 T 波高达 2.5 mV，ST 段抬高 0.3 mV，下列检查

最有诊断价值的是

  A. 血常规   B. ESR   C. 肝胆 B 超

  D. 血清心肌酶测定   E. 超声心动图

 6. 某急性心肌梗死患者住院第 3 天突然大汗、胸闷、血压下降，心电图示窦性心动过速，对患者目前的诊断，不考虑的是

  A. 心脏游离壁破裂   B. 室间隔穿孔   C. 再梗死或梗死进展

  D. 心肌梗死后综合征   E. 乳头肌断裂

 7. 不是心肌梗死并发症的是

  A. 心脏破裂   B. 梗死后综合征   C. 二尖瓣脱垂

  D. 室壁瘤   E. 主动脉窦瘤破裂

 8. 有关心绞痛的药物治疗，下列表述最恰当的是

  A. β 受体阻断药与硝酸酯有协同作用，但两者抗心绞痛的机制不同，所以使用时无须减量

  B. 长期服用 β 受体阻断药的患者，一旦发生明显心动过缓，应立即停药

  C. 应用 β 受体阻断药的患者，如发生冠状动脉痉挛，可同时应用维拉帕米

  D. 治疗变异型心绞痛以钙通道阻滞药疗效最好，如需停药，应逐渐减量，以免发生冠状动脉痉挛

  E. 双嘧达莫是一种强冠状动脉扩张剂，心绞痛发作时，只要用足够剂量即可改善心肌血供，缓解心绞痛

 9. 患者，男性，40 岁，间断胸痛 1 年，10 min 前于睡眠中突发胸痛，痛醒，伴出冷汗，不敢活动。心电图示 $V_1 \sim V_3$ 导联 ST 段抬高 0.1~0.4 mV，ST 段与 T 波升支融合，含服硝酸甘油后不缓解，宜首选的检查是

  A. 连续观察心电图变化   B. 测定血清心肌酶   C. 立即拍胸部 X 线片

  D. 作超声心动图检查   E. 连续观察心电图及血清血肌酶变化

 10. 前壁心肌梗死出现特征性 ECG 改变的导联是

  A. V_1、V_2、V_3 B. V_3、V_4、V_5 C. Ⅱ、Ⅲ、aVF

  D. V_7、V_8 E. Ⅰ、aVL、V_5

 11. 患者，男性，60 岁，常有胸闷，近半年来常因夜间胸闷、气短需被迫坐起，昨晚再次发作。既往有烟、酒嗜好。体格检查：双肺可闻及少许湿啰音，心率 110 次 / 分，心尖区第一心音减弱并可闻及舒张期奔马律，最可能的诊断为

  A. 慢性支气管炎、肺气肿   B. 肺源性心脏病

  C. 肺源性心脏病并右心衰竭   D. 支气管哮喘

  E. 冠心病并左心衰竭

二、简答题

1. 急性 NSTEMI 与 STEMI 临床表现及治疗有何不同？
2. 急性右心室梗死的治疗与左心室梗死的治疗有哪些区别？

三、案例分析题

 1. 患者，男性，48 岁。1 年来每于剧烈活动时或饱餐后发作剑突下疼痛，向咽部放射，持续数分钟可自行缓解。2 周来患者出差，疼痛发作频繁且有夜间睡眠中发作，2 h 来疼痛剧烈，不能缓解，向胸部及后背部放射，伴憋闷、大汗。该患者的初步诊断是什么？应做哪些相关检查？

 2. 患者，男性，55 岁，胸骨后压榨性痛，伴恶心、呕吐 2 h。患者于 2 h 前搬重物时突然感到胸骨后疼痛，呈压榨性，有濒死感，休息与含服硝酸甘油均不能缓解，伴大汗、恶心，呕吐过

2次，呕吐物为胃内容物，二便正常。既往无高血压和心绞痛病史，无药物过敏史，吸烟20余年，每日1包。体格检查：T 36.8 ℃，P 100次/分，R 20次/分，BP 100/60 mmHg，急性痛苦病容，平卧位，无皮疹和紫癜，浅表淋巴结未触及肿大，巩膜无黄染，颈软，颈静脉无怒张，心界不大，心率100次/分，有期前收缩5.6次/分，心尖部有S_4，肺部叩诊音为清音，无啰音，腹平软，肝、脾肋下未触及，下肢无水肿。心电图示：$V_1 \sim V_5$导联ST段升高，$V_1 \sim V_5$导联QRS波群降低，T波倒置和室性期前收缩。请问：该患者的诊断最可能是什么？该患者入院后应给予怎样的治疗？

（陈 千）

第十八章 感染性心内膜炎

第十八章数字资源

学习目标

1. 知识：说出感染性心内膜炎的病因、致病病原体、临床表现、诊断依据和治疗原则，列举感染性心内膜炎的鉴别诊断，解释感染性心内膜炎辅助检查的临床意义。
2. 能力：完成病史采集和体格检查，能通过对病史和检查结果的分析对本病做出初步诊断，根据患者病情评估预后、拟定治疗方案和判断预后。
3. 素养：熟悉与感染性心内膜炎诊疗相关的法律法规和医疗规章制度，依法执业，避免医疗纠纷的发生。增强医疗安全意识，严格遵守医疗操作规范，做好消毒隔离工作，预防院内感染的发生，保障患者和医护人员的安全。医疗决策前需向患者充分告知病情、治疗方案、风险及替代方案（"知情同意"）。尊重患者的文化背景和个人信仰，在医疗服务中体现人文关怀，为患者创造舒适、温馨的就医环境。

案例 3-18-1

患者，男性，32 岁。心悸、气促半年，发热 1 个月。患者于半年前出现劳累后心悸、气促；1 个月前出现畏寒、发热，伴多汗、乏力、全身肌肉酸痛，心悸、气促加重。经治疗后好转，但停药后又发热，体温最高达 39 ℃。患者既往有"风湿性心脏病"病史。体格检查：T 38.5 ℃，P 104 次/分，R 22 次/分，BP 120/75 mmHg。患者呈二尖瓣面容，皮肤湿润，左下睑结膜有 2 个直径约为 1.0 mm 的出血点。两肺底可闻及湿啰音，心界向左侧扩大，心率 104 次/分，心律齐，心尖区可闻及粗糙的 3 级收缩期吹风样杂音及舒张期隆隆样杂音，P_2 亢进。肝未触及，脾肋下 2 cm，有触痛。右手大鱼际肌处见奥斯勒（Osler）结节，有压痛，轻度杵状指，指甲稍苍白。实验室检查：①血常规：Hb 95 g/L，RBC $2.9×10^{12}$/L，WBC $15.0×10^9$/L，N 75%，L 25%；②尿常规：蛋白（++），红细胞（+），透明管型 2~3/HP；③ESR 55 mm/h；④抗链球菌溶血素 O（ASO）400 U；⑤总蛋白 70 g/L，白蛋白 30 g/L，球蛋白 40 g/L；⑥BUN 6.7 mmol/L，肌酐（Cr）110 μmol/L。X 线检查：左心房、双心室增大，两侧肺门影增大，肺纹理增粗。超声心动图：左心房、双心室内径增大，二尖瓣前叶游离缘上见直径约为 5 mm 的赘生物，二尖瓣中度反流，肺动脉压中度升高。

问题与思考：
1. 初步诊断和诊断依据是什么？
2. 为明确诊断，需要进一步做什么检查？
3. 治疗原则是什么？

感染性心内膜炎（infective endocarditis，IE）是指心脏内膜表面的微生物感染，一般因细菌、真菌或其他微生物（如病毒、衣原体）循血行途径直接感染心脏瓣膜、心室壁内膜或邻近大动脉内膜，伴赘生物形成。赘生物为大小不等、形状不一的血小板和纤维素团块，内含大量微生物和少量炎症细胞。瓣膜为最常受累部位。随着人工瓣膜置换、植入器械技术增多，感染性心内膜炎呈显著增长趋势，且死亡率高，预后较差。本病按病程分为急性感染性心内膜炎和亚急性感染性心内膜炎；按累及心瓣膜的情况分为自体瓣膜心内膜炎、人工瓣膜心内膜炎，以自体瓣膜心内膜炎为多见。本章重点介绍自体瓣膜心内膜炎。

【病因】

自体瓣膜心内膜炎病原体主要为链球菌和葡萄球菌。急性者主要由金黄色葡萄球菌引起，少数由肺炎链球菌、淋球菌、A族链球菌和流感嗜血杆菌等所致。亚急性者以草绿色链球菌感染最常见，其次为D族链球菌（牛链球菌和肠球菌）、表皮葡萄球菌，其他细菌较少见。真菌、立克次体和衣原体为自体瓣膜心内膜炎的少见致病微生物。

**考点提示** 感染性心内膜炎的常见致病微生物。

【发病机制】

（一）急性感染性心内膜炎

急性感染性心内膜炎发病机制尚不明确，主要累及正常心瓣膜，主动脉瓣常受累。病原菌来自皮肤、肌肉、骨骼或肺等，血液循环中细菌数量多，细菌毒力强，具有高度侵袭性和黏附于内膜的能力。

（二）亚急性感染性心内膜炎

1. **非细菌性血栓性心内膜炎** 当内皮受损时，血小板聚集形成血小板微血栓和纤维蛋白沉着，形成结节样无菌性赘生物，成为细菌定居瓣膜表面的重要因素。

2. **短暂性菌血症** 各种感染或皮肤及黏膜的创伤常会导致暂时性菌血症。血液循环中的细菌如定居在无菌性赘生物上，感染性心内膜炎即可发生。

3. **细菌感染无菌性赘生物** 细菌感染无菌性赘生物取决于发生菌血症的频度、细菌的数量和细菌黏附的能力。细菌定居后迅速繁殖，促使血小板进一步聚集和纤维蛋白沉积，感染性赘生物增大。厚的纤维蛋白层覆盖在赘生物外，阻止吞噬细胞进入，为其内细菌的生存繁殖提供良好的条件。

4. **血流动力学因素** 多见于器质性心脏病，尤其是心脏瓣膜疾病，主要是二尖瓣和主动脉瓣狭窄或关闭不全；其次是先天性心血管疾病，如动脉导管未闭、室间隔缺损。赘生物常位于血流从高压腔至低压腔产生高速射流和湍流的下游。另外，高速射流冲击心脏或大血管内膜处也可导致局部损伤，易感染。

【病理生理】

（一）赘生物碎片脱落导致栓塞

（1）动脉栓塞导致组织和器官梗死，偶可形成脓肿。

（2）脓毒性栓子栓塞动脉管腔，细菌直接破坏动脉壁，或栓塞血管壁的滋养血管引起动脉管壁坏死。

（二）血源性播散

菌血症持续存在，在心外的其他脏器播种化脓性病灶，形成迁移性脓肿。

（三）心内感染及局部扩散

（1）感染局部扩散可导致瓣环或心肌脓肿、传导组织破坏、乳头肌断裂、室间隔穿孔和化脓性心包炎。

（2）赘生物阻塞瓣口，且导致瓣叶破损、穿孔或腱索断裂，引起瓣膜关闭不全。

(四)免疫系统激活

持续性菌血症激活免疫系统,可引起:①关节炎、心包炎和微血管炎(可引起皮肤、黏膜体征和心肌炎);②肾小球肾炎(循环中免疫复合物沉积于肾小球基膜);③脾大。

【临床表现】

(一)发热

发热是感染性心内膜炎患者最常见的症状。除有些老年或心脏、肾衰竭重症患者外,几乎均有发热。体温一般 < 39 ℃,急性者呈暴发性败血症过程,有高热。亚急性者起病隐匿,可有食欲减退、乏力、全身不适和体重减轻等症状。常见头痛、肌肉及关节疼痛、背痛。

(二)心脏杂音

85% 的患者可闻及心脏杂音,急性者比亚急性者更易出现杂音强度和性质的变化,或出现新的杂音。

(三)周围体征

周围体征主要是微血管炎、微血栓及出血。①瘀点:任何部位都可发生,以锁骨以上皮肤、口腔黏膜和睑结膜常见;②指甲和趾甲下线状出血;③詹韦(Janeway)损害:手掌和足底处见直径 1~4 mm 的无痛性出血、红斑,急性者多见;④奥斯勒(Osler)结节:为指(趾)垫出现的豌豆大的红色或紫色痛性结节,较常见于亚急性者;⑤罗特(Roth)斑:为视网膜的卵圆形出血斑,其中心呈白色,多见于亚急性者。

(四)动脉栓塞

动脉栓塞可发生在身体的任何部位,心脏、脑、肾、脾、肠系膜和四肢为临床常见动脉栓塞部位。

(五)感染的非特异性症状

1. 脾大 病程 > 6 周者多见脾大,急性者少见。
2. 贫血 贫血较为常见,多见于亚急性者,伴乏力和多汗。多为轻度、中度贫血,晚期也可出现重度贫血。

 感染性心内膜炎的临床表现。

【并发症】

1. 心脏 ①心力衰竭:最常见,主要由瓣膜关闭不全所致,主动脉瓣受损最常发生;瓣膜穿孔、腱索断裂导致急性瓣膜关闭不全可诱发急性心力衰竭;②急性心肌梗死:大多因冠状动脉细菌栓塞引起;③心肌炎;④心肌脓肿:见于急性患者,特别是主动脉瓣环多见,心肌脓肿偶可穿破,导致化脓性心包炎;⑤化脓性心包炎:不多见,主要见于急性患者。
2. 神经系统 神经系统受累的表现有:①脑栓塞;②脑出血,细菌性脑动脉瘤破裂出血;③脑脓肿;④化脓性脑膜炎;⑤中毒性脑病。后三者多见于急性感染性心内膜炎患者。
3. 肾 大多数患者有肾损害。①肾动脉栓塞和肾梗死:多见于急性患者;②局灶性和弥漫性肾小球肾炎:常见于亚急性患者;③肾脓肿:不多见。
4. 迁移性脓肿 迁移性脓肿多发生于肝、脾、骨髓和神经系统,多见于急性患者。

【辅助检查】

(一)常规检查

1. 尿常规 血尿和蛋白尿。肾梗死时有肉眼血尿,弥漫性肾小球肾炎时有红细胞管型和大量蛋白尿。

2. 血常规　急性感染性心内膜炎患者的白细胞计数增多及明显核左移；亚急性感染性心内膜炎患者的白细胞计数正常或轻微增多，轻度核左移，多见正常细胞正色素性贫血。ESR均加快。

（二）血培养

血培养是诊断感染性心内膜炎最重要的方法，也是药物敏感试验的基础。采血时应注意以下几点：①急性患者入院后3 h内每隔1 h采血1次，共取3份血标本；②对未经治疗的亚急性患者，第1日间隔1 h采血1次，共3次；如次日未见细菌生长，重复采血3次；③已用过抗生素的患者，停药2～7 d后采血。每次取静脉血10～20 ml做需氧菌及厌氧菌培养，至少培养3周，做药物敏感试验。近期未接受过抗生素治疗的患者血培养阳性率可高达95%以上，其中90%以上患者的阳性结果来自入院后第1日采取的标本。

血培养合格标本的采集方法。

（三）组织学、免疫学及分子生物学检查

瓣膜或栓子的病理学检查是诊断感染性心内膜炎的金标准，但耗时长。

PCR技术是快速、可靠检测感染性心内膜炎病原体的有效方法，其阳性结果可作为感染性心内膜炎的重要诊断标准，但临床价值仍不能超越血培养。

（四）超声心动图检查

超声心动图发现赘生物、瓣周并发症等支持心内膜炎的证据，可协助诊断。经胸超声心动图可检出40%～63%的赘生物；经食道超声心动图可检出直径＜5 mm的赘生物，敏感性高达90%～100%。超声心动图未发现赘生物时不能排除心内膜炎。超声心动图和多普勒超声还可明确基础心脏病和感染性心内膜炎的心脏并发症。

（五）心电图检查

心电图偶见急性心肌梗死，主动脉瓣环或室间隔脓肿可有房室传导阻滞或室内传导阻滞。

（六）X线检查及其他

肺部多处小片状浸润阴影提示脓毒性肺栓塞所致肺炎。左心衰竭时见肺淤血和肺水肿征。头颅CT扫描有助于诊断脑出血、脑梗死和脑脓肿。MRI、^{18}F-脱氧葡萄糖、正电子发射计算机体层显像仪也可用于感染性心内膜炎患者的评估。

【诊断与鉴别诊断】

（一）诊断

感染性心内膜炎的临床表现缺乏特异性，超声心动图和血培养是诊断此疾病的两大"基石"。临床常用Duke诊断标准。

1. 主要标准

（1）血培养阳性：患者的血培养检查结果中检出感染性心内膜炎的致病菌。

（2）超声心动图异常：患者的超声心动图检查结果显示心脏瓣膜出现赘生物、脓肿等，表明心内膜受累。

2. 次要标准

（1）易患因素：患者存在感染性心内膜炎的易患因素，包括心脏外科手术指征、伴有器质性心脏病、需要进行心导管置换术或存在注射药瘾等。

（2）发热：发热时间较长，体温持续在38 ℃以上，部分患者有贫血症状。

（3）血管征象：包括主要动脉栓塞、感染性肺梗死、细菌性动脉瘤、颅内出血、结膜出血以及詹韦损害等。

(4)免疫性征象:如肾小球肾炎、奥斯勒结节、罗特斑以及类风湿因子阳性。

(5)致病微生物感染证据:不符合主要标准的血培养阳性,或与感染性心内膜炎一致的活动性致病微生物感染的血清学证据。

若满足上述2项主要标准,或1项主要标准+3项次要标准,或5项次要标准,均可以确诊感染性心内膜炎。

 感染性心内膜炎的诊断。

(二)鉴别诊断

急性感染性心内膜炎应与金黄色葡萄球菌、肺炎球菌、淋球菌和革兰氏阴性杆菌所致的败血症相鉴别。亚急性感染性心内膜炎应与急性风湿热、淋巴瘤、系统性红斑狼疮、左心房黏液瘤和结核病相鉴别。

【治疗】

(一)抗微生物药物治疗

抗微生物药物治疗是最重要的治疗措施,关键在于清除赘生物中的病原微生物。抗微生物药物治疗原则:①应用杀菌剂;②联合应用2种具有协同作用的抗菌药物;③大剂量;④静脉给药;⑤长疗程,一般为4~6周,人工瓣膜心内膜炎需要6~8周或更长时间。病原微生物未知时,急性者选用对金黄色葡萄球菌、链球菌和革兰氏阴性杆菌均有效的广谱抗生素,亚急性者选用对大多数链球菌有效的抗生素。

1. 葡萄球菌心内膜炎 根据是否耐甲氧西林而确定治疗方案。药物敏感试验显示对甲氧西林敏感葡萄球菌者,首选苯唑西林;对青霉素过敏者可使用头孢唑啉;对β-内酰胺类过敏者可选万古霉素+利福平;耐甲氧西林葡萄球菌者选用万古霉素+利福平;万古霉素无效或不耐受者选用达托霉素;耐甲氧西林金黄色葡萄球菌者抗菌治疗方案为万古霉素静脉滴注。

2. 链球菌心内膜炎 敏感株首选青霉素,每4 h一次,每日1.2 g;相对耐药菌株须增加青霉素剂量至每日2.4 g,或头孢曲松+庆大霉素。耐药株按肠球菌心内膜炎方案,给予万古霉素或替考拉宁+庆大霉素。

3. 肠球菌心内膜炎 青霉素(或氨苄西林、阿莫西林)+氨基糖苷类抗生素。对青霉素过敏或高度耐药者,可选用万古霉素或替考拉宁+氨基糖苷类。耐青霉素和万古霉素的肠球菌可选用利奈唑胺。

4. 需氧革兰氏阴性杆菌心内膜炎 选用哌拉西林+庆大霉素或妥布霉素,或头孢他啶+氨基糖苷类抗生素。

 感染性心内膜炎抗生素的治疗原则。

(二)手术治疗

对存在心力衰竭并发症、感染难以控制及预防栓塞事件的患者,应及时考虑手术治疗。外科手术主要适用于左心瓣膜感染性心内膜炎。

【预后】

院内死亡率为15%~30%。影响预后的主要因素包括:是否存在心源性/非心源性并发症、感染的病原体以及患者本身特征。患者死亡主要原因有心力衰竭、肾衰竭、严重感染、栓塞、细菌性动脉瘤破裂。2%~6%的患者会复发。

【预防】

预防感染性心内膜炎最有效的措施是良好的口腔卫生习惯和定期的口腔科检查,任何静脉导管插入或有创性操作过程中都必须严格执行无菌操作;对已存在心脏疾病的高危感染性心内膜炎患者,在操作时可预防性给予抗生素。

自 测 题

一、选择题

1. 感染性心内膜炎的治疗原则首选
   A. 细菌培养阳性后采用抗生素治疗
   B. 使用抑菌抗生素治疗
   C. 尽早用大剂量杀菌剂做长期治疗
   D. 尽早输血
   E. 体温下降后即可停用抗生素

2. 关于感染性心内膜炎防治原则的叙述,正确的是
   A. 风湿性心脏病患者,每个月肌内注射苄星青霉素一次
   B. 人工瓣膜置换术后患者拔牙时口服抗生素预防感染
   C. 先天性心脏病动脉导管未闭患者上呼吸道感染时,静脉大量应用抗生素
   D. 感染性心内膜治愈患者,膀胱镜检查时可不必服用抗生素
   E. 风心病心力衰竭患者为预防本病,常规应用抗生素

3. 最有助于感染性心内膜炎诊断的实验室检查是
   A. 血培养
   B. 血常规
   C. 尿常规
   D. ESR
   E. B超

4. 感染性心内膜炎最常见的症状是
   A. 发热
   B. 胸痛
   C. 心脏杂音
   D. 瘀点、罗特斑
   E. 脾大

5. 不属于感染性心内膜炎体征的是
   A. 奥斯勒结节
   B. 詹韦损害
   C. 瘀点
   D. 肉芽肿性炎
   E. 罗特斑

6. 感染性心内膜炎最好发的心脏部位是
   A. 乳头肌
   B. 心脏瓣膜
   C. 室间隔
   D. 心室内膜
   E. 心房内膜

7. 自体瓣膜感染性心内膜炎的主要致病菌是
   A. 淋球菌
   B. 草绿色链球菌
   C. 肺炎链球菌
   D. 葡萄球菌
   E. 流感嗜血杆菌

8. 有关感染性心内膜炎的临床表现,错误的是
   A. 可伴有脾大
   B. 早期易出现严重贫血
   C. 可有低热
   D. 心脏杂音性质可变
   E. 皮肤、黏膜可出现瘀点

9. 患者，男性，70岁。头晕、心悸10年，心尖冲动向左下移位，呈抬举性搏动，于胸骨左缘第3、4肋间隙闻及叹气样舒张期杂音，为递减型，向心尖传导，在心尖区闻及隆隆样舒张早期杂音，近1个月来常发热，指尖、足趾有粉红色且有压痛的小结节，可能的并发症是

　　A. 风湿性疾病　　　　　B. 类风湿关节炎　　　　C. 感染性心内膜炎
　　D. 过敏　　　　　　　　E. 麻疹

10. 患者，女性，55岁。拔牙后间断发热2个月。既往有室间隔缺损病史。实验室检查：血培养为草绿色链球菌。最有助于明确发热病因的检查是

　　A. 血类风湿因子　　　　B. 经食道超声心动图　　C. 血清补体
　　D. 血涂片　　　　　　　E. 眼底检查

二、简答题

1. 对于自体瓣膜心内膜炎患者，在等待培养病原菌结果的过程中，怎样经验性选择抗生素？
2. 感染性心内膜炎主要应与哪些疾病进行鉴别诊断？

三、案例分析题

患者，女性，32岁。发热17 d，呈弛张热型，体温最高达38.5 ℃，伴寒战、关节痛。体格检查：皮肤瘀点、奥斯勒结节，心脏有杂音，考虑为感染性心内膜炎。该患者应做哪些检查确定诊断？如诊断为感染性心内膜炎，针对该患者，应进行哪些初步治疗？

（陈　千）

第十九章　心脏瓣膜疾病

第十九章数字资源

学习目标

1. 知识：说出二尖瓣和主动脉瓣病变的病因、临床表现、诊断依据和治疗原则，列举二尖瓣和主动脉瓣病变的并发症，解释二尖瓣和主动脉瓣病变的发病机制与病理生理改变，分析辅助检查的临床意义。

2. 能力：根据患者的病史、临床表现和各项辅助检查结果做出初步诊断，拟定治疗计划，正确评估预后。

3. 素养：认识到心脏瓣膜病诊疗的高风险性（如手术并发症、病情急变），培养细致观察病情（如心率、心音变化）和规范操作的习惯。不盲从经验或指南，能结合临床证据质疑并优化诊疗决策。对不同诊疗方案（如手术与保守治疗的选择）进行利弊分析，结合患者个体情况（年龄、基础疾病等）做出合理判断。尊重患者及家属的知情权与选择权，在制订治疗计划时充分倾听其需求，建立信任的医患关系。增强预防意识，认识到早期干预发病因素的重要性。

案例 3-19-1

患者，女性，40岁，因"反复胸闷、气促3年，伴呼吸困难5d"入院。患者3年前无明显诱因出现心悸，常于活动后出现，休息可缓解，当时未行特殊诊治。入院前5d，患者因受凉，胸闷、气促加重，伴活动后呼吸困难、咳嗽、咳痰，无咯血、胸痛等不适。体格检查：T 36.2 ℃，P 84次/分，R 20次/分，BP 116/80 mmHg，双颧紫红，颈静脉无充盈怒张，双肺呼吸音粗，双肺底可闻及少许湿啰音，无哮鸣音，心界向左扩大，心尖冲动位于左侧第5肋间隙锁骨中线上，未扪及抬举样心尖冲动，心尖部可闻及舒张中晚期递增型隆隆样杂音，全腹无阳性体征，双下肢无明显凹陷性水肿。

问题与思考：

1. 初步诊断和诊断依据是什么？应与哪些疾病相鉴别？
2. 为明确诊断，需要进一步做哪些检查？
3. 治疗原则是什么？

心脏瓣膜疾病（valvular heart diseases）是由多种原因引起的单个或多个瓣膜（包括瓣叶、瓣环、腱索或乳头肌）的功能或结构异常，导致瓣口狭窄和（或）关闭不全。当瓣膜狭窄和（或）关闭不全时，可引起血流动力学改变，导致心房或心室结构改变及功能失常，最终出现心力衰竭、心律失常等临床表现。病变可累及一个瓣膜，也可累及两个以上瓣膜，后者称为多瓣膜病。

风湿性心脏病（rheumatic heart disease）简称风心病，是由风湿性炎症所导致的瓣膜损害，主要累及40岁以下人群。随着生活及医疗条件的改善，风湿性心脏病的人群患病率正在降低。但风湿性心脏病仍是我国心瓣膜疾病中最常见的一种，其中二尖瓣最常受累，其次为主动脉瓣。另外，黏液样变性及老年瓣膜钙化所致的心脏瓣膜疾病在我国日益增多。

第一节 二尖瓣狭窄

【病因与发病机制】

二尖瓣狭窄（mitral stenosis，MS）的主要病因是风湿热，多见于 20~40 岁，约 70% 患者为女性。50% 的患者无急性风湿热史，但多有反复链球菌感染后扁桃体炎或咽峡炎史。二尖瓣狭窄的少见病因有先天性二尖瓣狭窄及老年性二尖瓣瓣环或环下钙化。

单纯二尖瓣狭窄占风湿性心脏病患者的 25%，合并二尖瓣关闭不全占 40%，主动脉瓣常同时受累。

 二尖瓣狭窄最常见的病因。

急性风湿热后形成二尖瓣狭窄需要 2~5 年时间。常见病理改变为二尖瓣瓣叶和腱索出现纤维化和挛缩，瓣叶相互粘连、融合，严重时可出现二尖瓣关闭不全。二尖瓣瓣膜位置下移，严重者可出现漏斗状，活动受限，瓣口面积缩小（图 3-19-1），血流受阻，从而发生一系列病理生理改变。

慢性二尖瓣狭窄可导致左心房扩大与左心房壁钙化，合并心房颤动时易形成附壁血栓，可引起血栓形成或栓塞、肺动脉壁增厚、右心室肥厚与扩大等。

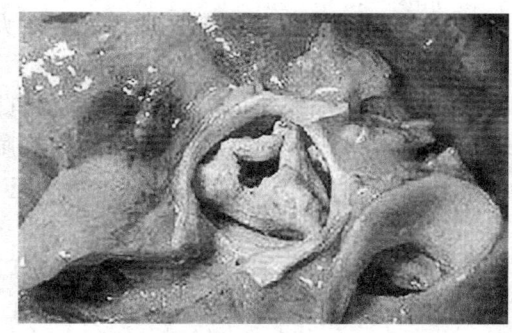

图 3-19-1　二尖瓣口狭窄

【病理生理】

正常成人二尖瓣口面积（mitral valve orifice area）为 4~6 cm^2。当二尖瓣口面积缩小至 2.5 cm^2 以上为较度狭窄，1.6~2.5 cm^2 为中度狭窄，小于 1.5 cm^2 为重度狭窄。根据二尖瓣狭窄程度及血流动力学改变，将二尖瓣狭窄的病理生理过程分为以下 3 个阶段。

（一）左心房代偿期

二尖瓣狭窄最早出现的血流动力学改变是由于舒张期血流流入左心室受阻而导致左心房压力升高，左心房代偿性肥大和扩张以增强心房收缩力，增加瓣膜口的血流量。这种压力的改变可以传导到肺静脉系统造成肺淤血。此阶段患者通常没有临床症状。

（二）左心房失代偿期

随着狭窄的加重，当二尖瓣口面积小于 1.5 cm^2 时，左心房压力升高，引起肺静脉和肺毛细血管压升高、血管扩张，而产生肺淤血，导致肺间质水肿。肺循环阻力增加与后期的肺小动脉硬化，致使肺动脉压升高。此阶段患者休息状态下无明显症状，但在体力活动时心率加快，血流加速。当肺毛细血管压进一步升高，超过 30 mmHg 时，容易引起肺水肿，出现呼吸困难、咳嗽等临床症状，且逐渐加重。

（三）右心室受累期

长期的肺动脉高压引起肺小动脉痉挛，最终导致肺小动脉硬化，引起肺血管发生不可逆的改变。严重的肺动脉高压致使右心室肥厚和扩张，最终导致右心衰竭。此时三尖瓣狭窄和肺动脉瓣关闭不全，肺淤血症状反而减轻，但是体循环淤血症状和体征会明显加重。

【临床表现】

(一) 症状

二尖瓣狭窄呈渐进性发展,早期临床症状隐匿或不明显。当二尖瓣口面积 $1.0 \sim 1.5 \ cm^2$ 即二尖瓣中度狭窄时,患者可出现明显症状。晚期进展迅速,一旦出现症状,10 年左右即可丧失活动能力。

1. **呼吸困难** 早期常见的症状为劳力性呼吸困难,多在运动、情绪激动、妊娠、感染、发热、输液过快和心房颤动时出现。随病程进展,晚期静息状态下也出现呼吸困难、端坐呼吸、阵发性夜间呼吸困难,甚至诱发急性肺水肿。

二尖瓣狭窄最常见的症状。

2. **咳嗽** 咳嗽多在夜间睡眠或劳累后出现,以干咳或咳泡沫样痰常见,并发感染时咳黏液痰或脓性痰。

3. **咯血** 咯血有以下几种情况。①大量咯血:早期肺血管弹性功能尚好时,由于左心房压力突然升高,扩张的支气管静脉破裂所致,可为二尖瓣狭窄的首发症状;②痰中带血:常伴夜间阵发性呼吸困难;③咳粉红色泡沫样痰:为急性肺水肿的特征,因毛细血管破裂所致。

4. **其他症状** 严重扩张的左心房和肺动脉压迫左侧喉返神经,可导致声音嘶哑;压迫食管可引起吞咽困难;右心衰竭时出现食欲缺乏、腹胀、恶心等症状。

(二) 体征

1. **视诊** 重度二尖瓣狭窄患者常有口唇发绀,双颧呈紫红色,称为"二尖瓣面容"。右心衰竭时可见颈静脉怒张、肝颈静脉反流征阳性、肝大、双下肢水肿等。

2. **触诊** 心尖区触及舒张期震颤。

3. **叩诊** 心界早期向左扩大,后期向右扩大,心腰膨出呈梨形心。

4. **听诊** ①二尖瓣狭窄时,如瓣叶柔顺、活动度良好,心尖区第一心音亢进,可闻及开瓣音;如瓣叶钙化僵硬,则第一心音减弱,开瓣音消失;②心尖区闻及舒张中、晚期低调的隆隆样杂音,杂音局限不传导,呈递增型,左侧卧位明显,运动或用力呼气时可增强,该杂音是二尖瓣狭窄最重要的体征;③肺动脉高压时,可闻及第二心音亢进、分裂;④严重肺动脉高压时,肺动脉扩张,肺动脉瓣相对关闭不全,胸骨左缘第 2~4 肋间隙可闻及递减型高调叹气样舒张早期杂音,即格雷厄姆·斯蒂尔(Graham-Steell)杂音;⑤右心室扩大时,因三尖瓣相对关闭不全,可在胸骨左缘第 4、5 肋间隙闻及全收缩期吹风样杂音。

二尖瓣狭窄的体征。

【并发症】

(一) 心房颤动

心房颤动是二尖瓣狭窄患者最常见的心律失常,常先有房性期前收缩,继而阵发性心房扑动和颤动,之后转为慢性心房颤动。心房颤动可使心排血量降低 20% 左右,诱发或加重心力衰竭,甚至出现急性肺水肿,因此应尽快控制心房颤动患者的心室率或恢复窦性心律。心房颤动发生率随左心房增大和年龄增长而增加。

（二）急性肺水肿

急性肺水肿是重度二尖瓣狭窄的严重并发症。表现为严重的呼吸困难和发绀、不能平卧、咳粉红色泡沫样痰、双肺满布干啰音和湿啰音。若不及时救治，患者可死亡。急性肺水肿多见于剧烈体育运动、情绪激动、感染、突发快速型心律失常、妊娠和分娩时。

（三）血栓栓塞

20%的患者可发生体循环栓塞，栓子多来源于左心房，80%的体循环栓塞患者伴有心房颤动。体循环栓塞以脑栓塞常见，约占2/3，其余依次为外周动脉和内脏（脾、肾和肠系膜）动脉栓塞。心房颤动发生右心衰竭时，可在右心房形成附壁血栓，导致肺栓塞。

（四）右心衰竭

右心衰竭为晚期常见并发症。右心衰竭时，右心排血量减少导致肺循环血量减少，左心房压下降，呼吸困难有所减轻，但病情在加重，并以心排血量下降为代价。临床表现为右心衰竭的症状和体征。

（五）肺部感染

因肺静脉压力增高及肺淤血，患者易合并肺部感染，常诱发或加重心力衰竭。

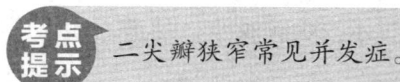
二尖瓣狭窄常见并发症。

【辅助检查】

（一）胸部 X 线检查

左心房扩大是二尖瓣狭窄的典型表现。其次有右心室增大、主动脉结缩小、肺动脉主干凸出、肺淤血、间质性肺水肿（可见克利 B 线）和含铁血黄素沉着等征象（图 3-19-2）。

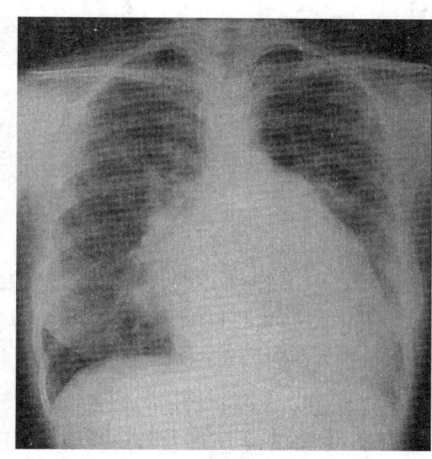

图 3-19-2　二尖瓣狭窄 X 线图像

（二）心电图检查

重度二尖瓣狭窄患者可出现"二尖瓣型 P 波"，P 波宽度 > 0.12 s，伴有切迹，提示左心房扩大。QRS 波群示电轴右偏和右心室肥厚表现（图 3-19-3）。

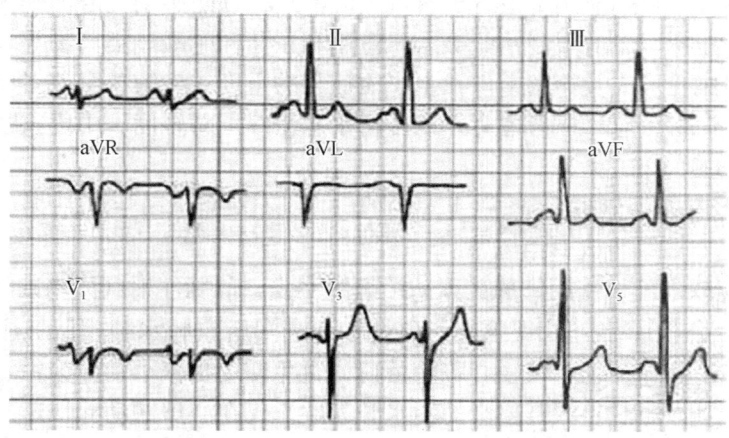

图 3-19-3　二尖瓣狭窄心电图

（三）超声心动图检查

超声心动图检查是最敏感、可靠的无创性诊断方法。M 型超声心动图示二尖瓣前叶呈"城垛样"改变（EF 斜率降低，A 峰消失），前、后叶同向运动，瓣叶回声增强。二维超声心动图可显示狭窄瓣膜的形态和活动度，连续多普勒测定二尖瓣血流速度可计算跨瓣压差和瓣口面积，彩色多普勒血流显像可实时观察二尖瓣狭窄的射流。经食管超声有助于检出左心耳及左心房的附壁血栓。超声心动图还可观察其他瓣膜有无异常和先天畸形、房室大小、室壁厚度及运动情况、心脏功能、肺动脉压等。

（四）心导管检查

若症状、体征与超声心动图检查结果不符，考虑介入或手术治疗时，可行心导管检查，准确判断狭窄程度。

 二尖瓣狭窄的典型心电图表现和超声心动图检查的意义。

【诊断与鉴别诊断】

（一）诊断

心尖区舒张期隆隆样杂音，X 线检查或心电图示左心房增大，提示二尖瓣狭窄，超声心动图检查可明确诊断。

（二）鉴别诊断

心尖区舒张期隆隆样杂音尚见于如下情况，应注意鉴别。

1. 二尖瓣口的血流增加　心尖区可有短促的舒张中期隆隆样杂音，见于先天性心脏病、室间隔缺损、动脉导管未闭、贫血和甲状腺功能亢进症等。

2. 左心房黏液瘤瘤体阻塞二尖瓣口　心尖区闻及舒张期杂音，有肿瘤"扑落"音，无开瓣音，超声心动图可见左心房团块状回声反射。

3. 奥斯汀·弗林特（Austin Flint）杂音　见于严重主动脉瓣关闭不全。

【治疗】

（一）一般治疗

有风湿活动的患者应长期应用苄星青霉素抗风湿治疗；预防感染性心内膜炎；避免剧烈运动及过度体力劳动，心功能不全者应限制钠盐摄入，应用利尿药和硝酸酯类药物等。合并心房颤动应进行抗凝治疗，以预防血栓形成及栓塞事件发生。无症状的重度二尖瓣狭窄患者应定期随访和超声心动图检查，一旦出现症状，应尽早考虑介入或外科手术治疗。对轻度、中度狭窄的患者，随访间隔时间可延长到每 2～3 年一次。

（二）对症治疗及并发症处理

1. 心房颤动　见本篇第十五章第三节。

2. 大量咯血　应取坐位，使用镇静药以防治烦躁不安，静脉注射利尿药以降低肺静脉压。

3. 急性肺水肿　急性肺水肿处理原则与急性左心衰竭所致肺水肿相似。注意以下两点：①应选用硝酸酯类药物扩张静脉系统、减轻心脏前负荷，避免使用扩张小动脉为主、减轻心脏后负荷的血管扩张药；②正性肌力药对二尖瓣狭窄的肺水肿无益，仅在心房颤动伴快速心室率时，可静脉注射毛花苷 C 以降低心室率。

4. 预防栓塞　心房颤动行电复律或药物复律前 3 周和成功复律后 4 周，需服抗凝血药（华法林）预防栓塞。持续慢性心房颤动、有栓塞史或左心房血栓形成者如无禁忌证，应长期给予抗凝血药，以预防或减少血栓栓塞。

5. 右心衰竭 限制钠盐摄入,应用利尿药、硝酸酯制剂等。

(三) 介入和手术治疗

对于二尖瓣狭窄患者,目前没有药物可以改善生存率,介入和手术治疗是本病最有效的治疗方法。常用方法如下。

1. **经皮球囊二尖瓣成形术** 经皮球囊二尖瓣成形术仅适用于瓣叶柔软、活动好、无明显钙化、瓣下结构无明显增厚的中度、重度单纯二尖瓣狭窄(二尖瓣口面积≤1.5 cm²)患者。

2. **直视分离术** 直视分离术适用于伴有中度、重度二尖瓣关闭不全(二尖瓣口面积≤1.5 cm²),瓣膜严重钙化或腱索重度融合缩短,以及左房内有血栓或再狭窄者。

3. **人工瓣膜置换术** 人工瓣膜置换术适用于瓣膜严重钙化、畸形、不能行分离修补术、二尖瓣狭窄合并严重二尖瓣关闭不全者。

 注意对症治疗和并发症治疗时药物的使用和不良反应。

【预后】

未行手术治疗者,无症状患者 10 年存活率为 84%,症状轻者 10 年存活率为 42%,中度、重度者 10 年存活率为 15%。从发生症状到完全致残的平均时间为 7.3 年。死亡原因主要为心力衰竭(62%)。手术治疗提高了患者的生活质量和存活率。

第二节 二尖瓣关闭不全

【病因与发病机制】

二尖瓣关闭依赖二尖瓣瓣叶、瓣环、腱索、乳头肌和左心室结构和功能的完整性,其中任何一个部分的异常均可导致二尖瓣关闭不全(mitral incompetence,MI),其中约半数患者合并二尖瓣狭窄。二尖瓣关闭不全的病因分类列于表 3-19-1。

表 3-19-1 二尖瓣关闭不全的病因分类

病变部位	急性或亚急性	慢性
瓣叶-瓣环	感染性心内膜炎 外伤 人工瓣瓣周漏	风湿性 黏液样变性 瓣环钙化 结缔组织病 先天性(如二尖瓣裂)
腱索-乳头肌	原发性腱索断裂 继发性腱索断裂 感染性心内膜炎或慢性瓣膜病变所致 心肌梗死并发乳头肌功能不全或断裂 创伤导致腱索或乳头肌断裂	瓣膜脱垂(腱索或乳头肌过长) 乳头肌功能不全
心肌		扩张型心肌病 梗阻性肥厚型心肌病 冠心病

（一）瓣叶

约 30% 的二尖瓣关闭不全为风湿性损害。风湿性病变使瓣膜僵硬、变性、瓣叶边缘卷缩、连接处融合以及腱索融合缩短。其他病因可见感染性心内膜炎引起的瓣叶穿孔、赘生物附着，影响瓣膜关闭。二尖瓣原发性黏液性变性使瓣叶宽松、膨大或伴腱索过长致使二尖瓣脱垂。当心脏收缩时，瓣叶突入左心房，可导致二尖瓣关闭不全。二尖瓣脱垂也可见于遗传性结缔组织病，如马方（Marfan）综合征。肥厚性梗阻型心肌病收缩期二尖瓣前叶前向运动可导致二尖瓣关闭不全。先天性心脏病心内膜垫缺损常合并二尖瓣前叶裂，导致关闭不全。

（二）瓣环

任何病因引起的左心室扩大、二尖瓣环的退行性变和钙化，都可造成二尖瓣环扩大而导致二尖瓣关闭不全。

（三）腱索

先天性或获得性的腱索病变，如腱索过长、断裂、缩短或融合。

（四）乳头肌

乳头肌功能失调可导致其对腱索和瓣叶的牵制作用减弱而引起二尖瓣关闭不全。

【病理生理】

二尖瓣关闭不全的主要病理生理改变是二尖瓣反流使左心房负荷和左心室舒张期负荷加重引起的一系列血流动力学变化。

（一）急性二尖瓣关闭不全

急性二尖瓣关闭不全可导致左心房及左心室压力骤然上升，导致肺淤血甚至肺水肿。此外，心脏每搏输出量及心排血量的减低会导致全身血管阻力上升，更加重了二尖瓣反流的严重程度。患者通常表现为突发的肺水肿及心源性休克。

（二）慢性二尖瓣关闭不全

慢性二尖瓣关闭不全，舒张期反流至左心房的血液再经二尖瓣充盈左心室，导致左心室容量负荷增大，早期通过左心室扩大和离心性肥厚代偿。慢性二尖瓣反流时左心房顺应性增加，左心房扩大和左心室于较长时间内适应容量负荷的增加，使左心房压力和左心室舒张末压不致明显上升，故在相当长的时间内不出现肺淤血且无临床症状。但持续、严重的过度负荷，终致左心室心肌功能衰竭，左心室舒张末压和左心房压明显上升，出现肺淤血，最终出现肺动脉高压和右心衰竭。

因此，二尖瓣关闭不全首先累及左心房、左心室，继之影响右心，最终导致全心衰竭。

【临床表现】

（一）症状

1. 急性二尖瓣关闭不全　轻度二尖瓣反流者仅有轻微劳力性呼吸困难。严重反流者（如腱索、乳头肌断裂）则很快发生急性左心衰竭，甚至出现急性肺水肿或心源性休克。

2. 慢性二尖瓣关闭不全　轻度可终身无症状。重度关闭不全一般 6~10 年后出现左心室功能异常或症状，一旦发生心力衰竭，则进展迅速。常见症状包括劳力性呼吸困难、疲乏无力、活动耐力下降等，晚期可出现心力衰竭的表现。

（二）体征

1. 慢性二尖瓣关闭不全　心尖冲动向左下移位。第一心音减弱，第二心音分裂增宽。

2. 急性二尖瓣关闭不全　心尖冲动呈高动力型。肺动脉瓣第二音亢进，可闻及第四心音，心尖区可闻及非全收缩期杂音，低调，呈递减型，不如慢性者响亮。

3. 心脏杂音　心尖区全收缩期吹风样杂音为二尖瓣关闭不全的主要体征。杂音强度 ≥ 3/6 级，向左腋下或左肩胛下传导或向心底部传导，吸气时减弱；二尖瓣脱垂时收缩期杂音出现在喀喇音之后。

4. 其他体征　左心室肥厚和扩大，心界向左下扩大，收缩期可触及抬举样心尖冲动。肺动脉高压和右心衰竭时可见颈静脉怒张、肝大、下肢水肿等。

 二尖瓣关闭不全的体征。

【并发症】

（一）心房颤动

心房颤动见于 75% 的慢性重度二尖瓣关闭不全患者。

（二）感染性心内膜炎

二尖瓣关闭不全者，由于心脏瓣膜结构异常，病原体容易在瓣膜上滋生，从而导致感染性心内膜炎。

（三）心力衰竭

急性者二尖瓣关闭不全心力衰竭出现较早，慢性者出现较晚（当发生腱索断裂时，短期内可发生急性左心衰竭甚至急性肺水肿，预后差）。

（四）体循环动脉栓塞

左心房扩大伴心房颤动者可出现体循环动脉栓塞。

 二尖瓣关闭不全常见并发症。

【辅助检查】

（一）胸部 X 线检查

胸部 X 线检查急性者心影正常，或左心房轻度增大伴明显肺淤血，甚至肺水肿征。慢性重度反流可见左心房、左心室增大，左心衰竭时可见肺淤血和间质性肺水肿征。二尖瓣环钙化在左侧位或右前斜位可见致密而粗的 C 形阴影。

（二）心电图检查

心电图检查急性者正常，或表现为窦性心动过速。慢性重度二尖瓣关闭不全可见 P 波增宽且呈双峰，提示左心房增大；部分有左心室肥厚和非特异性 ST-T 改变；少数有右心室肥厚；常有心房颤动。

（三）超声心动图

彩色多普勒血流显像是二尖瓣关闭不全的确诊依据，敏感性可达 100%，对确定二尖瓣有无反流有决定性意义。二维超声心动图可显示二尖瓣结构的形态特征，有助于明确病因。M 型超声心动图可见左心房扩大、二尖瓣前叶舒张期 EF 斜率增大、瓣叶活动幅度增大、左心室扩大及室间隔搏动增强。

（四）放射性核素心室造影

放射性核素心室造影可判断左心室的收缩功能。通过左心室与右心室每搏量的比值评估反流程度，比值 > 2.5 提示严重反流。

（五）左心室造影

注射造影剂后行左心室造影，可观察收缩期造影剂反流入左心房的量，为半定量反流程度的"金标准"。

二尖瓣关闭不全各项辅助检查的意义。

【诊断与鉴别诊断】

（一）诊断

主要依据心尖部典型的收缩期杂音伴左心房、左心室增大，并结合起病缓急、发病情况、超声心动图及相关辅助检查可明确诊断。

（二）鉴别诊断

二尖瓣关闭不全的收缩期杂音，应注意与下列情况相鉴别。

1. 三尖瓣关闭不全　胸骨左缘第 4、5 肋间隙全收缩期杂音，几乎不传导，少有震颤，杂音在吸气时增强，伴颈静脉收缩期搏动和肝收缩期搏动。

2. 室间隔缺损　为胸骨左缘第 3、4 肋间隙全收缩期杂音，粗糙而响亮，不向腋下传导，可伴胸骨旁收缩期震颤。心电图示双心室肥厚。

【治疗】

（一）急性期治疗

急性期治疗目的是降低肺静脉压，增加心排血量和纠正病因。内科治疗常作为术前过渡措施，尽可能在床旁 Swan-Ganz 导管血流动力学监测指导下进行。

1. 减轻心脏前、后负荷　静脉滴注硝普钠、硝酸甘油等，以扩张小动脉、小静脉，减轻心脏前、后负荷与肺淤血，减少反流，增加心排血量。若已发生低血压，则不宜使用，可行主动脉内球囊反搏。

2. 手术治疗　药物治疗控制症状后采取紧急或择期行人工瓣膜置换术或修复术。

> **知识链接**
>
> **二尖瓣关闭不全的介入治疗**
>
> 经皮二尖瓣钳夹是针对二尖瓣关闭不全的新介入治疗技术。研究已证实其相对安全、耐受性好，但疗效不如外科手术。
>
> 《2021 ESC/EACTS 瓣膜性心脏病管理指南》建议：对于有症状的重度二尖瓣关闭不全患者，符合超声心动图诊断标准，经有经验的心脏团队评估后判断不宜接受手术或手术存在高风险，且预期寿命超过 1 年，可考虑实施二尖瓣钳夹治疗。

（二）慢性期治疗

1. 内科治疗

（1）无症状、心功能正常者无须治疗，但应定期随访。

（2）应积极预防感染性心内膜炎和风湿活动。

（3）慢性心力衰竭者应限制钠盐摄入，根据病情合理使用血管紧张素转换酶抑制药、利尿药和洋地黄。

（4）合并心房颤动者，应控制心室率，预防血栓栓塞，长期应用抗凝血药。

（5）风湿性心脏病需抗风湿治疗并预防风湿热复发。

2. 手术治疗　手术治疗是治疗二尖瓣关闭不全最有效的方法，常用二尖瓣修补术和二尖瓣置换术。

二尖瓣关闭不全常见药物治疗。

【预后】

由各种乳头肌、腱索及瓣叶异常造成的急性严重二尖瓣反流伴血流动力学不稳定者，如不及时手术干预，死亡率极高。慢性重度二尖瓣关闭不全确诊后，内科治疗5年存活率为80%，10年存活率为60%。单纯二尖瓣脱垂无明显反流，大多预后良好；年龄>50岁，有明显收缩期杂音和二尖瓣反流，瓣叶冗长、增厚，左心房、左心室增大者，预后较差。

第三节 主动脉瓣狭窄

【病因与发病机制】

主动脉瓣狭窄（aortic stenosis，AS）常见病因是风湿性主动脉瓣狭窄，其次为先天性主动脉瓣畸形和老年性主动脉瓣钙化。

（一）风湿性心脏病

风湿性炎症导致的瓣膜交界处粘连融合，瓣叶纤维化、僵硬、钙化和挛缩畸形，致使瓣口狭窄。单纯的风湿性主动脉瓣狭窄极少见，多合并主动脉瓣关闭不全和二尖瓣病变。

（二）老年钙化性瓣膜病

老年钙化性瓣膜病由瓣膜退行性变所致，是老年人单纯性主动脉瓣狭窄的常见原因，近年来发生率呈上升趋势。病理表现为瓣膜体部的钙化，很少累及瓣膜交界处，通常伴有二尖瓣环的钙化。

（三）先天性畸形

先天性二叶瓣结构畸形为最常见的先天性主动脉瓣狭窄的病因。在幼年即出现瓣口狭窄，血液湍流长期损害瓣叶，引起纤维化、钙化，导致瓣口狭窄。

主动脉瓣狭窄的常见病因。

【病理生理】

正常成人主动脉瓣口面积为 $3.0 \sim 4.0\ cm^2$，主动脉瓣口面积只有降到正常的1/3以下时，才会出现血流动力学异常。当瓣口 $\leq 1.0\ cm^2$ 时，左心室收缩压明显升高，主要通过进行性室壁向心性肥厚代偿，从而产生并保持一个高的跨瓣压力阶差，以维持正常收缩期室壁应力和左心室心排血量。左心室肥厚也导致舒张期室壁僵硬、顺应性降低，相继发生左心房扩大，左心房压力增高，最终引起肺静脉压、肺毛细血管楔压、肺动脉压均相继升高的一系列左心功能不全的表现。

严重主动脉瓣狭窄可导致心肌缺血。左心室壁肥厚、心室收缩压升高和射血时间延长，增加心肌耗氧量，同时左心室肥厚使心肌毛细血管密度相对减少。舒张期心腔内压力增高压迫心内膜下冠状动脉，以及左心室舒张末压升高导致的舒张期主动脉至左心室的压差降低，均可使冠状动脉灌注压下降、冠状动脉血流量减少。运动可使心率加快、心肌耗氧量增加，使心肌缺血加重。

【临床表现】

(一) 症状

主动脉瓣狭窄的症状出现较晚。呼吸困难、心绞痛和晕厥为主动脉瓣狭窄三联征。

1. 呼吸困难　劳力性呼吸困难为常见的首发症状，见于90%有症状者。随病情发展，可出现夜间阵发性呼吸困难、端坐呼吸及急性肺水肿。
2. 心绞痛　心绞痛常由运动诱发，休息后缓解，由心肌缺血所致。
3. 晕厥　轻者出现黑矇，为首发症状。晕厥多发生于直立、体力活动中，或运动后立即发作。其机制为各种原因引起的体循环动脉压下降，脑循环灌注压降低，造成脑供血不足。

 主动脉瓣狭窄的症状。

(二) 体征

1. 心音　如有主动脉瓣钙化、僵硬，则第二心音可减弱或消失。
2. 心脏杂音　杂音出现于收缩期，性质为粗糙的喷射样，递增递减型，在胸骨右缘第2肋间隙最响亮，可向颈动脉传导，这是主动脉瓣狭窄的重要体征之一。
3. 其他　心浊音界可向左扩大。心尖区可触及收缩期抬举样搏动。脉搏细弱，收缩压及舒张压均降低，脉压缩小。老年人常伴有主动脉硬化，收缩压降低不明显。

 主动脉瓣狭窄的心脏杂音特点。

【并发症】

(一) 心律失常

10%的患者可发生心房颤动，心排血量明显减少和左心房压力升高，导致肺水肿、严重低血压，甚至晕厥。主动脉瓣钙化累及传导系统可导致房室传导阻滞，左心室肥厚、心内膜下心肌缺血或冠状动脉栓塞可导致室性心律失常，二者均可能导致晕厥甚至猝死。

(二) 心脏性猝死

心脏性猝死主要见于既往有临床症状者，见于1%~3%的患者。

(三) 心力衰竭

50%~70%的患者死于心力衰竭，多为左心衰竭。发生左心衰竭后，自然病程明显缩短，因此终末期的右心衰竭少见。

(四) 感染性心内膜炎

感染性心内膜炎少见。年轻患者程度较轻的瓣膜畸形较老年患者的钙化性瓣膜狭窄发生感染性心内膜炎的危险性更大。

 主动脉瓣狭窄的并发症。

【辅助检查】

（一）心电图检查

重度狭窄者有左心室肥厚伴 ST-T 继发性改变及左心房增大。可有房室或室内传导阻滞、心房颤动或室性心律失常。

（二）胸部 X 线检查

胸部 X 线检查心影正常或左心室、左心房轻度增大。升主动脉根部常见狭窄后扩张。侧位 X 线检查有时可见主动脉钙化。晚期有肺淤血征象。

（三）超声心动图检查

超声心动图检查为明确诊断和判定狭窄程度的重要方法。M 型超声诊断本病不敏感和缺乏特异性，可见主动脉瓣开放幅度小，瓣叶增厚，主动脉根部扩张，左心室后壁和室间隔对称性肥厚。二维超声心动图可见主动脉瓣瓣叶增厚、回声增强，瓣叶收缩期开放受限，左心室肥厚，左心房可增大，主动脉根部狭窄后扩张等，并可鉴别先天性瓣叶畸形。多普勒超声心动图可见流经主动脉瓣的血流缓慢，并可测定最大跨瓣压力阶差及瓣口面积。

（四）左心导管检查

若超声心动图不能很好地确定狭窄程度，并考虑人工瓣膜置换术或分流术，应行心导管检查，测得左心室和主动脉跨瓣压差。

 主动脉瓣狭窄超声心动图的特点。

【诊断与鉴别诊断】

（一）诊断

根据心底部喷射样收缩期杂音、第二心音减弱或消失、脉搏细弱、左心室增大，可初步诊断。超声心动图可确诊，并对狭窄程度进行定量分析。

（二）鉴别诊断

临床上主动脉瓣狭窄应与下列情况的主动脉瓣区收缩期杂音相鉴别。

1. 梗阻性肥厚型心肌病　有收缩期喷射性杂音，胸骨左缘第 4 肋间隙最响，不向颈部及锁骨下传导。超声心动图显示左心室流出道狭窄，室间隔非对称性肥厚。

2. 主动脉扩张　各种原因（如高血压、梅毒）所致的主动脉扩张，可在主动脉瓣区闻及短促的收缩期杂音，第二心音正常或亢进，无第二心音分裂。可通过超声心动图确诊。

【治疗】

（一）内科治疗

内科治疗的主要目的是为有手术适应证的患者选择合理的手术时间。治疗措施如下。

（1）无症状的轻度狭窄者无须特殊处理，每 2 年复查一次；中度、重度狭窄者应避免剧烈体力活动，每 6~12 个月复查一次。

（2）预防感染性心内膜炎和风湿热反复发作。

（3）治疗频发房性期前收缩以预防心房颤动。一旦出现心房颤动，应及时转复为窦性心律。

（4）心绞痛可试用硝酸酯类药物和钙通道阻滞药。

（5）心力衰竭者应限制钠盐摄入，慎用洋地黄类药物和利尿药，过度利尿可导致直立性低血压；避免使用作用于小动脉的血管扩张药和 β 受体阻断药，以免心排血量降低导致低血压。

主动脉瓣狭窄的药物治疗。

（二）介入和手术治疗

重度主动脉瓣狭窄伴心绞痛、晕厥或心力衰竭症状为手术的主要适应证。

1. 介入　经皮球囊主动脉瓣成形术主要适用于高龄、有心力衰竭和手术高危、不能接受外科手术或手术前过渡的患者。

2. 手术治疗　①直视下主动脉瓣分离术，适用于儿童、青少年非钙化性先天性主动脉瓣严重狭窄者和无症状者；②人工瓣膜置换术，为治疗成人主动脉瓣狭窄的主要方法。

【预后】

婴幼儿主动脉瓣狭窄预后不良。成人可多年无症状，但大部分患者的狭窄进行性加重，出现症状后的平均寿命约为3年。死亡原因为左心衰竭、猝死和感染性心内膜炎。退行性钙化性狭窄较先天性或风湿性病变发展迅速。未手术治疗的有症状患者预后较二尖瓣疾病或主动脉瓣关闭不全患者差。人工瓣膜置换术可明显改善患者的预后。

第四节　主动脉瓣关闭不全

【病因与发病机制】

主动脉瓣关闭不全（aortic incompetence，AI）根据发病情况分为急性和慢性两种。

（一）急性主动脉瓣关闭不全

（1）感染性心内膜炎导致主动脉瓣瓣膜穿孔或瓣周脓肿。

（2）创伤导致升主动脉根部、瓣叶支持结构和瓣叶破损或瓣叶急性脱垂。

（3）主动脉夹层血肿使主动脉瓣环扩大，瓣环或瓣叶被夹层血肿撕裂而发生关闭不全。

（4）瓣膜置换术后瓣周漏及瓣膜损伤。

（二）慢性主动脉瓣关闭不全

1. 主动脉瓣疾病

（1）风湿性心脏病：在我国占60%~80%，是主动脉瓣关闭不全最主要的病因。因风湿性主动脉瓣炎反复发作，使瓣叶纤维化、增厚、缩短，影响舒张期瓣叶边缘对合所致，常伴有不同程度的主动脉瓣狭窄和二尖瓣病变。

（2）感染性心内膜炎：感染性赘生物致使瓣叶破损或穿孔，瓣叶因支持结构受损而脱垂，赘生物也影响瓣膜尖的闭合。即使感染已被控制，瓣叶纤维化和挛缩可继续，为单纯主动脉瓣关闭不全的常见病因。

（3）先天性畸形：二叶式主动脉瓣占临床单纯性主动脉瓣关闭不全的25%。

（4）其他：包括主动脉瓣脱垂、强直性脊柱炎、退行性主动脉瓣病变。

2. 主动脉根部扩张　主动脉根部扩张引起瓣环扩大，瓣叶舒张期不能对合。

（1）梅毒性主动脉炎：炎症致使主动脉根部扩张，30%患者可发生主动脉瓣关闭不全。

（2）马方综合征（marfan syndrome）：为遗传性结缔组织病，常引起主动脉中层囊性坏死、中层弹性纤维变性或缺如，导致升主动脉呈梭形瘤样扩张及主动脉瓣关闭不全，常伴二尖瓣脱垂。

（3）其他：如特发性主动脉扩张及强直性脊柱炎致使升主动脉弥漫性扩张，严重高血压、升主动脉粥样硬化导致升主动脉瘤。

【病理生理】

（一）急性主动脉瓣关闭不全

急性主动脉瓣关闭不全时，左心室反流量突然大量增加，心脏每搏输出量不能相应增加，左心室舒张末压迅速显著升高，可引起急性左心功能不全，导致左心房压力升高和肺淤血，甚至肺水肿。

（二）慢性主动脉瓣关闭不全

左心室慢性容量负荷增加，早期代偿为左心室舒张末期容积增加，左心室扩张，舒张末压可正常，总的左心室排血量增加。随着病情发展，反流量增加，左心室进一步扩张、肥厚，左心室舒张末容积和压力显著增加，收缩压明显升高。当左心室心肌收缩力减弱时，心排血量减少（运动更明显）。晚期出现左心房压力、肺静脉压及肺毛细血管压力升高而导致肺淤血、肺水肿。

左心室心肌肥厚使心肌耗氧量增加，主动脉血液反流致使舒张压降低而引起冠状动脉灌注压降低，导致心肌缺血，诱发心绞痛。

【临床表现】

（一）症状

1. 急性主动脉瓣关闭不全　急性主动脉瓣关闭不全主要与反流的严重程度有关，轻者可无症状，严重者可出现急性左心衰竭或肺水肿、心源性休克，心肌缺血表现，甚至猝死。

2. 慢性主动脉瓣关闭不全　慢性主动脉瓣关闭不全患者可多年无症状，可耐受一般体力活动。最早出现的症状为心悸、心前区不适、头部强烈搏动感等（主动脉血反流量与心排血量增大所致）。晚期患者可出现左心衰竭表现。心绞痛较主动脉瓣狭窄少见，晕厥少见，常出现体位性头晕。

（二）体征

1. 急性主动脉瓣关闭不全

（1）主动脉瓣区闻及柔和、短促的舒张期杂音。

（2）心尖区第一心音减弱或消失，可闻及第三心音。

（3）收缩压、舒张压和脉压正常或舒张压稍低，脉压稍增大，无明显周围血管征，心尖冲动正常，心动过速常见。

2. 慢性主动脉瓣关闭不全

（1）周围血管征：严重者收缩压升高、舒张压降低、脉压增大。周围血管征（点头征、水冲脉、枪击音、Duroziez双重杂音及毛细血管搏动征）阳性。

（2）心尖冲动：心脏搏动显著并向左下移位，呈抬举性搏动。

（3）心音：第一心音减弱，主动脉瓣第二音减弱或消失，心尖区常可听到第三心音。

（4）心脏杂音：主动脉瓣区可闻及舒张早期递减型、高调叹气样杂音，沿胸骨左缘下传至心尖部，坐位前倾及深呼气末屏住呼吸时更明显，向心尖区传导。重度反流者在心尖区可闻及柔和、低调的舒张期隆隆样杂音［奥斯汀·弗林特（Austin Flint）杂音］。

 主动脉瓣关闭不全杂音特点。

【并发症】

感染性心内膜炎、室性心律失常及心力衰竭较常见；充血性心力衰竭，慢性者常在晚期出现，急性者出现较早；心脏性猝死和栓塞事件少见。

【辅助检查】

（一）心电图检查
急性者心电图检查常见窦性心动过速和非特异性 ST-T 改变。慢性者常见左心室肥厚及劳损。

（二）胸部 X 线检查
胸部 X 线检查急性者心影正常，常有肺淤血和肺水肿征。慢性者左心室增大，可有左心房扩大，升主动脉扩张，主动脉结凸出，心影呈靴形。严重的瘤样扩张提示马方综合征或中层囊性坏死。左心衰竭时有肺淤血征。

（三）超声心动图检查
超声心动图检查对于主动脉瓣关闭不全的诊断、定量、监测疾病进展、掌握手术时机极为有价值。M 型超声显示舒张期二尖瓣前叶或室间隔高频扑动，为主动脉瓣关闭不全的特征性表现。二维超声心动图可发现瓣膜和主动脉根部有无畸形、赘生物、钙化及扩张等形态改变，有助于确定病因。

（四）心导管检查
当无创技术不能确定反流程度、考虑外科手术治疗以及需要评价冠状动脉情况时，可行心导管检查。

【诊断与鉴别诊断】

（一）诊断
有典型主动脉瓣关闭不全的舒张期杂音伴周围血管征，可诊断为主动脉瓣关闭不全，超声心动图可明确诊断。慢性者合并主动脉瓣狭窄或二尖瓣病变，支持风湿性心脏病的诊断。

（二）鉴别诊断
主动脉瓣关闭不全舒张期杂音应与格雷厄姆·斯蒂尔杂音相鉴别。后者见于严重肺动脉高压伴肺动脉扩张引起的相对性肺动脉瓣关闭不全，患者常有肺动脉高压体征，如肺动脉瓣第二音亢进、胸骨左缘抬举样搏动。

【治疗】

（一）急性主动脉瓣关闭不全
急性主动脉瓣反流死亡率极高，外科人工瓣膜置换术或主动脉修复术为根本措施。内科治疗的主要目的是降低肺静脉压、增加心排血量、稳定血流动力学，一般为术前准备过渡措施。静脉滴注硝普钠对降低前、后负荷，改善肺淤血，减少反流量和增加心排血量有益。也可酌情使用利尿药和正性肌力药物。出现严重肺水肿时，需紧急手术。

（二）慢性主动脉瓣关闭不全
1. 内科治疗　①避免重体力劳动和剧烈运动；②无症状的轻度或中度反流者，每 1~2 年随访 1 次，重度者每半年随访一次；③预防感染性心内膜炎，如为风湿性心脏病，应预防风湿热；④梅毒性主动脉炎应予全疗程青霉素治疗；⑤合并高血压者应积极控制血压；⑥ ACEI 用于合并心力衰竭但有手术禁忌的患者、心力衰竭患者术前的过渡性治疗以及术后持续心功能异常者。

2. 手术治疗　人工瓣膜置换术为严重主动脉瓣关闭不全的主要治疗方法，应在不可逆的左心功能不全发生之前进行，而又不过早冒手术风险。对创伤、感染性心内膜炎致使瓣叶穿孔者，可行瓣叶修复术。无症状和心功能正常患者可不行手术，但需密切随访。

 主动脉瓣关闭不全的药物治疗。

【预后】

急性重度主动脉瓣关闭不全若不及时手术治疗，常死于左心衰竭。慢性者无症状期长；重度者经确诊后内科治疗5年存活率为75%，10年存活率为50%。症状出现后，病情迅速恶化，心绞痛者5年内死亡率约为50%，严重心力衰竭患者2年内死亡率约为50%。

第五节 多瓣膜病

多瓣膜病（multivalvular heart disease）又称联合瓣膜病，是指两个或两个以上瓣膜病变同时受累。

【病因】

（一）一种疾病同时损害几个瓣膜

最常见的为风湿性心脏病，约50%的患者有多瓣膜损害。其次为老年退行性改变、黏液样变性，可同时累及二尖瓣和三尖瓣，并发生脱垂。

（二）不同疾病分别损害几个瓣膜

如先天性肺动脉瓣狭窄伴风湿性二尖瓣病变。

【病理生理】

血流动力学特征和临床表现取决于受损瓣膜的组合形式和各瓣膜受损的严重程度。严重瓣膜损害掩盖轻度瓣膜损害，容易导致轻度损害被漏诊。多瓣膜病的血流动力学明显异常，使患者出现明显的症状。

【临床表现】

（一）二尖瓣狭窄伴主动脉瓣关闭不全

二尖瓣狭窄伴主动脉瓣关闭不全常见于风湿性心脏病。由于二尖瓣狭窄，使左心室血流灌注量减少和充盈不足，导致左心室扩张减轻，周围血管征不明显，易将主动脉瓣关闭不全误诊为单纯二尖瓣狭窄。听诊二尖瓣舒张期杂音减弱或消失。

（二）二尖瓣狭窄伴主动脉瓣狭窄

如二尖瓣狭窄重于主动脉瓣狭窄，左心室充盈压与收缩压降低，延缓左心室肥厚和降低心肌耗氧量，患者心绞痛不明显。如主动脉瓣狭窄较重时，左心室舒张压升高，舒张期主动脉瓣压下降，极易发生左心房衰竭。

（三）主动脉瓣狭窄伴二尖瓣关闭不全

因左心室充盈量大时，二尖瓣反流加重，心排血量明显降低，早期即可诱发肺淤血，患者短期内出现左心衰竭。此病为危险的多瓣膜病。

（四）二尖瓣关闭不全伴主动脉瓣关闭不全

左心室承受双重容量过度负荷，左心室明显扩大，患者较早出现左心衰竭。

【治疗】

内科治疗与单瓣膜损害者相似，可使用洋地黄、利尿药及血管扩张药。手术治疗是主要措施，术前确诊和明确相对严重程度对拟定治疗决策至关重要。手术方式有瓣膜分离术、瓣膜置换术和瓣环成形术。多瓣膜人工瓣膜置换术死亡危险性较高，预后不良。

自 测 题

一、选择题

1. 患者，女性，20岁，发热2个月余。体格检查：贫血貌，HR 100次/分，心尖区闻及收缩期3/6级吹风样杂音，向左腋下传导。辅助检查：Hb 72 g/L，ESR 20 mm/h，超声显示左心房有赘生物，大小约为 1 cm×2 cm，血培养未见细菌生长。最可能的诊断为
   A. 亚急性细菌性心内膜炎　　B. 风湿热　　C. 贫血性心脏病
   D. 二尖瓣关闭不全　　E. 左房黏液瘤

2. 患者，女性，40岁，低热2周，心悸、气短、出汗、食欲缺乏、关节痛。体格检查：面色苍白，肺听诊（－），心尖部闻及收缩期3/6级吹风样杂音及舒张期隆隆样杂音。应首先进行的处理是
   A. 使用洋地黄　　B. 使用利尿药　　C. 血培养
   D. 使用大剂量青霉素　　E. 观察体温

3. 患者，男性，25岁，因心悸、气短3年，发热1个月来诊。体格检查：T 37.6 ℃，睑结膜有一个出血点，HR 102次/分，心尖部闻及收缩期和舒张期杂音，主动脉瓣区闻及舒张期杂音，脾肋下 1.5 cm 可触及，有杵状指，Hb 80 g/L，尿蛋白（＋）。该患者最可能的诊断为风湿性心脏病合并
   A. 上呼吸道感染　　B. 风湿活动　　C. 贫血性心脏病
   D. 感染性心内膜炎　　E. 结缔组织病

4. 患者，男性，25岁，发热半个月，体温37.5～38.5 ℃，关节痛。体格检查：心尖区闻及舒张期隆隆样杂音以及收缩期3/6级吹风样杂音，脾肋下 2 cm 可触及，尿红细胞10～20/HP。最可能的诊断是
   A. 风湿活动　　B. 肺结核　　C. 呼吸系统感染
   D. 尿路感染　　E. 亚急性细菌性心内膜炎

5. 患者，女性，50岁，患有"风湿性心脏病，二尖瓣狭窄并关闭不全"，近2周发热。体格检查：T 38.3 ℃，口腔黏膜及下肢皮肤瘀点，HR 104次/分，心律齐，二尖瓣区闻及收缩期杂音及舒张期杂音，主动脉瓣区闻及舒张期杂音，腹软，脾左肋下 2 cm 可触及且有压痛。最能明确诊断的检查是
   A. ESR+ASO　　B. 尿常规＋肾功能　　C. 血培养
   D. ECG　　E. RF因子

6. 患者，女性，40岁，诉心悸、乏力、胸痛。体格检查：心界稍向左下扩大，心尖部闻及喀喇音及收缩晚期杂音。该患者最可能的诊断是
   A. 冠心病　　B. 心肌炎　　C. 二尖瓣脱垂
   D. 二尖瓣狭窄　　E. 左房黏液瘤

7. 患者，女性，32岁，患"风湿性心脏病，二尖瓣狭窄并关闭不全"。因慢性心功能不全，经常服地高辛 0.125 mg/d、呋塞米 20 mg/d。1 d前患者出现头痛、言语不清、左侧肢体无力，HR 120次/分，心律绝对不规则。应首先考虑的是
   A. 亚急性细菌性心内膜炎　　B. 洋地黄中毒　　C. 脑栓塞
   D. 电解质代谢紊乱　　E. 风湿活动

8. 一位风湿性心脏病二尖瓣狭窄患者，经常端坐呼吸，咯血，近几日出现下肢水肿，前述症状反而减轻，首先提示的是

  A. 二尖瓣狭窄程度减轻　　　　　　B. 合并二尖瓣关闭不全
  C. 合并主动脉瓣狭窄　　　　　　　D. 合并肾小球肾炎
  E. 右心衰竭

9. 一位"风湿性心脏病，二尖瓣狭窄患者"，气短、心悸、咳嗽，咳白色泡沫样痰，夜间不能平卧。心电图显示心房颤动，外院给予洋地黄及利尿药治疗，剂量不详，病情曾一度好转，近几天症状又加重，HR 140次/分，心律齐，心音强弱不等。此患者最可能为

  A. 心力衰竭加重　　　B. 洋地黄中毒　　　C. 心房颤动转为窦性心律
  D. 高血钾　　　　　　E. 低血钾

10. 患者，女性，35岁，患风湿性心脏病10年，近7 d因"感冒"，心悸、气促加重，心率115次/分，心律绝对不齐，双肺底可闻及湿啰音，肝在肋下2 cm可触及。最适宜的治疗药物是

  A. 奎尼丁　　　　　　B. 胺碘酮　　　　　　C. 洋地黄
  D. 普萘洛尔　　　　　E. 利多卡因

二、简答题

1. 试述风湿性心脏病二尖瓣狭窄的常见症状和体征。
2. 简述主动脉瓣狭窄患者易发生晕厥的机制。

三、案例分析题

患者，女性，44岁，因"发现心脏杂音20年，活动后气促、心悸半年"来门诊就诊。患者20年前体格检查时发现心脏杂音，无症状，未进一步诊治。半年前患者开始感到活动后气促、心悸，休息后缓解，但日常活动症状不明显，无口唇发绀，无夜间阵发性呼吸困难，无发热、盗汗等。体格检查：体温正常，P 92次/分，R 20次/分，BP 126/80 mmHg，颈静脉未见充盈怒张，心脏向左下扩大，心尖区闻及收缩期3/6级吹风样杂音，向左腋下传导，双下肢无水肿。初步诊断是什么？如何进一步明确诊断？

（王 涛）

第二十章　心肌疾病

第二十章数字资源

学习目标

1. 知识：说出心肌疾病的概念、病因和临床表现；解释扩张型心肌病、肥厚型心肌病、病毒性心肌炎的病理生理改变；概括扩张型心肌病、肥厚型心肌病、病毒性心肌炎的诊断依据。
2. 能力：能够根据病情拟订心肌疾病的治疗计划，正确评估预后。对患者进行健康教育。
3. 素养：通过对各类心肌疾病的学习，深刻认识到生命的脆弱与可贵。心肌疾病的病因复杂、临床表现多样、诊断和治疗方法不断更新，学习者要保持积极进取的学习态度，持续关注心肌疾病诊疗技术的创新，提升创新思维能力。同时需要具备严谨的科学思维，在学习过程中注重证据的收集与分析，不盲从权威，敢于质疑和探究。

案例 3-20-1

患者，男性，32岁，因"咳嗽、咳痰半个月余，胸闷、气短1周"入院。患者半个月前受凉后出现咳嗽、咳痰，咳少量白色痰，有时为黄色痰，曾在外院以"上呼吸道感染"予以治疗，症状缓解。1周前患者活动后感胸闷、气短，休息后可缓解，夜间尚能平卧，无发热、恶心、呕吐等不适。体格检查：T 36.8 ℃，P 88次/分，R 20次/分，BP 110/78 mmHg，两肺呼吸音粗，可闻及少许湿啰音，HR 88次/分，心律齐，心尖部闻及2/6级收缩期杂音，双下肢水肿。辅助检查：血常规 WBC 10.3×10^9/L，肾功能 BUN 7.7 mmol/L，心电图示窦性心动过速，左胸导联高电压，ST-T改变。超声心动图示左心房增大，左心室内径显著扩大，右心房、右心室不大，左心功能测定提示EF值 36%，二尖瓣轻度反流，三尖瓣中度反流，肺动脉压轻度、中度升高。

问题与思考：

1. 初步诊断和诊断依据是什么？应与哪些疾病相鉴别？
2. 为明确诊断，需要进一步做哪些检查？
3. 治疗原则是什么？

心肌病是一组异质性心肌疾病，由不同病因（遗传性病因较多见）引起。病变可局限于心脏本身，即原发性心肌病；也可为全身系统性疾病伴心脏受累，即继发性心肌病。由其他心血管疾病继发的心肌病理性改变不属于心肌病范畴，如心瓣膜疾病、先天性心脏病、冠心病和高血压等所致的心肌病变。

2008年欧洲心脏学会（ESC）依据心脏形态学改变对心肌疾病进行分类，包括扩张型心肌病、肥厚型心肌病、限制型心肌病、致心律失常右室发育不良心肌病（ARVC）和未定型心肌病。这几类心肌病都包含着家族/遗传性和非家族/非遗传性病因。本章重点学习扩张型心肌病及肥厚型心肌病。

第一节　扩张型心肌病

扩张型心肌病（dilated cardiomyopathy，DCM）是一类以左心室或双心室扩大伴收缩功能障碍为特征的心肌病，在我国较为常见。

【病因】

多数扩张型心肌病的原因不清。随着基因检测技术的开展，该病家族遗传性较为明显。其他病因包括感染、非感染的炎症、中毒（包括乙醇等）、内分泌和代谢紊乱、遗传、精神创伤等。

【病理】

以心腔扩大为主，肉眼可见心室腔扩张，室壁变薄，伴纤维瘢痕形成，且常有附壁血栓。瓣膜、冠状动脉多无改变。组织学为非特异性心肌细胞肥大、变性，特别是程度不同的纤维化等病变混合存在。

【临床表现】

扩张型心肌病不同患者临床表现差异大。心脏扩大、心力衰竭、心律失常、栓塞和猝死是扩张型心肌病的主要表现。

（一）症状

扩张型心肌病多数起病隐匿，早期可无症状。临床主要表现为活动时呼吸困难和活动耐力下降。随着病情加重，可以出现夜间阵发性呼吸困难和端坐呼吸等左心功能不全的症状，并逐渐出现右心功能不全的症状。合并心律失常时可表现为心悸、头晕、黑矇甚至猝死。持续顽固低血压往往是扩张型心肌病终末期的表现。发生栓塞可以有受累脏器疼痛等表现。

　扩张型心肌病的主要症状。

（二）体征

心界扩大是主要体征。第一心音减弱，常可闻及第三心音或第四心音，心率快时呈奔马律。随着心力衰竭加重和出现急性左心衰竭时湿啰音可以遍布两肺或伴哮鸣音。常可见颈静脉怒张、肝大及外周水肿等液体潴留。

　扩张型心肌病的主要体征。

【辅助检查】

（一）胸部X线检查

胸部X线检查心影明显增大，心胸比＞50%，可出现肺淤血、肺水肿及肺动脉压力增高的X线表现，有时可见胸腔积液（图3-20-1）。

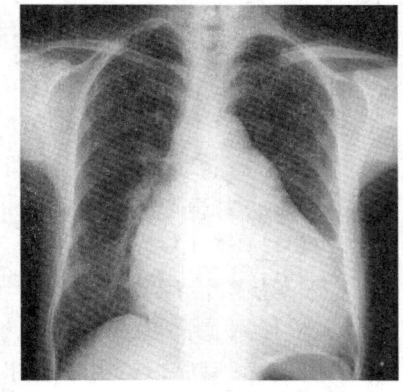

图3-20-1　扩张型心肌病X线正位片

（二）心电图检查

心电图检查缺乏诊断特异性，但很重要。常见 ST 段压低和 T 波倒置。可见各类期前收缩、非持续性室性心动过速、心房颤动、传导阻滞等多种心律失常同时存在。

（三）超声心动图检查

扩张型心肌病超声心动图检查具有一"大"、二"薄"、三"弱"、四"小"的特征：

一"大"：心腔内径增大，以左心室及其流出道扩大为明显。

二"薄"：室间隔和左心室后壁多变薄。

三"弱"：室间隔与左心室后壁运动减弱，提示心肌收缩力下降。

四"小"：二尖瓣口开放幅度相对变小，左心室射血分数常降至 50% 以下，可有心包积液。

 扩张型心肌病的超声心动图特点。

（四）心导管检查及心血管造影

心力衰竭时可见左、右心室舒张末压，左心房压和肺毛细血管楔压增高，心脏每搏输出量降低。心室造影可见心腔扩大、室壁运动减弱、射血分数降低。冠状动脉造影有助于扩张型心肌病与冠状动脉性心脏病的鉴别。

（五）心脏放射性核素检查

核素血池扫描可见舒张末期和收缩末期左心室容积增大，左心室射血分数降低，但一般不用于心功能评价。

（六）心肌活检

心肌活检可见心肌细胞肥大、变性、间质纤维化等，活检标本除发现组织学改变外，尚可进行病毒学检查。

【诊断与鉴别诊断】

（一）诊断

患者存在慢性心力衰竭的临床表现，且心脏超声检查有心腔扩大和心脏收缩功能减低时，应考虑扩张型心肌病的诊断。

（二）鉴别诊断

扩张型心肌病应与病毒性心肌炎、风湿性心脏病、冠心病、心包炎、大量心包积液、先天性心血管疾病及各种继发性心肌病相鉴别。

【治疗】

扩张型心肌病治疗原则为纠正心力衰竭及各种心律失常。

（一）一般治疗

限制体力活动，低盐、易消化饮食，在病毒感染时积极治疗并密切注意心脏变化。

（二）心力衰竭的治疗

积极应用利尿药、血管紧张素转换酶抑制药或血管紧张素受体阻断药、β受体阻断药。

（三）抗凝治疗

血栓栓塞是常见的并发症，对于有心房颤动或已经有附壁血栓形成或有血栓栓塞病史的患者，须长期行抗凝治疗，可用华法林、阿司匹林、氯吡格雷、低分子量肝素等。

（四）抗心律失常的治疗

抗心律失常的治疗见本书第十五章。

（五）防治心室重塑

患者无禁忌且能耐受时，联合使用血管紧张素转换酶抑制药、β 受体阻断药、醛固酮拮抗药。如使用血管紧张素转换酶抑制药后有干咳，可用血管紧张素受体阻断药代替。

（六）中药治疗

黄芪、生脉散和牛磺酸等有抗病毒、调节免疫、改善心功能等作用，长期使用对改善症状及预后有一定的辅助作用。

（七）心脏再同步化治疗（CRT）

对重症晚期患者，在应用血管紧张素转换酶抑制药、强心药、利尿药的基础上，植入双腔或三腔心脏起搏器。

（八）心脏移植

心脏移植治疗严重心脏病已得到公认，我国已有成功病例，且手术病例的存活和预后都在逐年改善。

【预后】

扩张型心肌病的病程长短不一。一旦发生心力衰竭，则提示预后不良，患者死亡原因多为心力衰竭和严重心律失常，不少患者猝死。以往报告 5 年随访的存活率为 40%，近年来，由于上述治疗手段的采用，存活率已有明显提高。

第二节　肥厚型心肌病

肥厚型心肌病（hypertrophic cardiomyopathy，HCM）是一种遗传性心肌病，以室间隔非对称性肥厚为解剖特点。根据左心室流出道有无梗阻，可分为梗阻性肥厚型心肌病和非梗阻性肥厚型心肌病。本病预后差异很大，是青少年和运动员猝死的主要原因之一。少数进展为终末期心力衰竭。另有少部分患者出现心房颤动和栓塞。不少患者症状轻微，预期寿命可以接近正常人。

【病因与病理】

肥厚型心肌病为常染色体显性遗传，约 50% 病例可以检出致病基因。β- 肌球蛋白重链及肌球蛋白结合蛋白 C 的基因突变是主要致病因素。肥厚型心肌病的表型呈多样性，与致病的突变基因、基因修饰及不同的环境因子有关。

病变主要为心室肥厚，尤其是室间隔肥厚（图 3-20-2），部分患者的肥厚部位不典型，可以是左心室靠近心尖部位。组织学病理改变有三大特点：心肌细胞排列紊乱；小血管病变；间质纤维瘢痕形成。

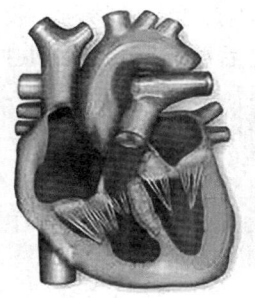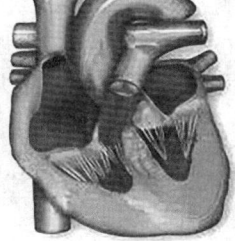

正常心脏　　　肥厚型心肌病

图 3-20-2　肥厚型心肌病

【临床表现】

（一）症状

最常见的症状为劳力性呼吸困难和乏力，其中前者可达 90% 以上。超过 30% 的患者可有活动后胸痛表现。心房颤动是该病最常见的心律失常。部分患者在运动后可因快速心律失常出现晕厥。该病是青少年和运动员猝死的主要原因。

（二）体征

心界正常或轻度增大，常听到第四心音。梗阻性肥厚型心肌病在胸骨左缘第3、4肋间隙可闻及收缩期喷射性杂音。其杂音特点是：①向心尖部传导并伴有震颤；②杂音在增加心肌收缩力，减轻心脏前、后负荷的因素下增强，如体力活动、站立时，吸入硝酸甘油，静脉滴注异丙肾上腺素，应用洋地黄等；③当心肌收缩力减弱、左心室容量负荷增加（如下蹲位、应用β受体阻断药）时，可使杂音减轻。部分患者可在心尖部闻及二尖瓣反流性杂音。

【辅助检查】

（一）胸部X线检查

胸部X线检查心影增大不明显，可出现左心室增大。

（二）心电图检查

心电图检查主要表现为QRS波群左心室高电压、ST段压低和T波倒置、异常Q波。ST段压低和T波倒置多见于Ⅰ、aVL、$V_4 \sim V_6$导联。在Ⅰ、Ⅱ、aVF导联和某些胸导联，小部分患者可有深而不宽的病理性Q波。此外，ECG可有室内传导阻滞和其他各类心律失常（图3-20-3）。

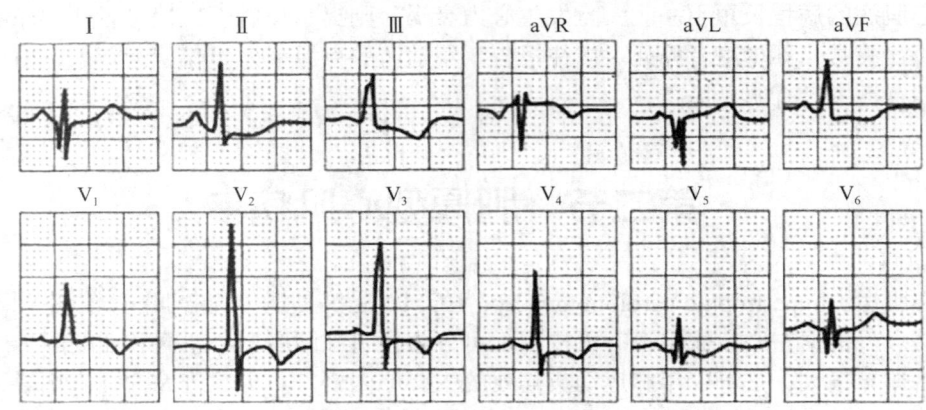

图3-20-3　肥厚型心肌病心电图

（三）超声心动图检查

超声心动图检查是最重要的诊断手段，可显示室间隔非对称性肥厚且心腔不增大，舒张期室间隔厚度≥15 mm或与后壁厚度之比≥1.3，需考虑诊断。有梗阻的病例可见室间隔流出道部分向左心室内突出、二尖瓣前叶在收缩期前移、左心室顺应性降低等。部分患者心肌肥厚局限于心尖部，尤以前侧壁心尖部为明显，如不仔细检查，容易漏诊。

 肥厚型心肌病的确诊依据。

（四）心导管检查和造影检查

心导管检查可显示左心室舒张末压增高。心室造影显示心室腔变形，呈香蕉状、犬舌状、纺锤状。冠状动脉造影多无异常。

【诊断与鉴别诊断】

根据病史及体格检查，超声心动图显示舒张期室间隔厚度≥15 mm或与后壁厚度之比≥1.3，应考虑肥厚型心肌病。有阳性家族史（猝死、心肌肥厚等）有助于诊断。基因检测有助于明确遗传学异常。

肥厚型心肌病通过超声心动图、心血管造影检查，可与冠心病、高血压心脏病、主动脉瓣狭窄、先天性心脏病等相鉴别。

【治疗】

肥厚型心肌病的治疗原则为缓解症状，预防猝死。

（一）一般治疗

避免劳累、激动、突然用力、屏气。避免使用增强心肌收缩力的药物，如洋地黄类、β受体兴奋药以及减轻心脏负荷的药物如硝酸甘油。

（二）药物治疗

可选用β受体阻断药及钙通道阻滞药。宜从小剂量开始，逐渐增大剂量，以求改善症状。胺碘酮通常用于控制快速性室性心律失常与心房颤动。

（三）介入或手术治疗

对重症梗阻患者，可植入全自动型起搏器，行室间隔消融术或切除肥厚的室间隔心肌。

 肥厚型心肌病的治疗。

【预后】

肥厚型心肌病的预后因人而异，可从无症状到心力衰竭、猝死。一般成人病例10年存活率为80%，小儿病例10年存活率为50%。成人多死于猝死，有阳性家族史的青少年易发生猝死，死因多为室性心律失常，尤其是心室颤动引起的猝死。小儿多死于心力衰竭，其次为猝死。

第三节 病毒性心肌炎

病毒性心肌炎（viral myocarditis）是指病毒感染引起心肌局灶性、弥漫性的炎症性病变。

【病因与发病机制】

很多病毒都能引起心肌炎，包括肠病毒、腺病毒、流感病毒、人类疱疹病毒、EB病毒、巨细胞病毒、丙肝病毒、细小病毒B19等。有人认为近年来细小病毒B19（PVB19）和人类腺病毒6的致病率增加。对于心肌活检未能找到病毒，同时除外其他原因而诊断为淋巴细胞和巨细胞心肌炎的病例，可能属于自身免疫或特发性心肌炎。

 引起心肌炎的常见病因。

病毒性心肌炎的发病机制包括：①病毒直接侵犯机体；②病毒与机体免疫反应共同作用。病毒直接侵犯心肌，引起心肌细胞溶解、间质水肿、炎症浸润及坏死；免疫反应造成心肌损害和微血管损害。此外，贫血、细菌感染、劳累、皮质激素的应用、原有心肌损伤及饮酒等因素均可能增加病毒对心肌损害的易感性。

【临床表现】

病毒性心肌炎见于任何年龄，以青少年多见。症状轻重不一，患者可以无症状而在因其他意外死亡后，尸体解剖时被发现。

（一）症状

50%的患者发病前1~3周有上呼吸道感染或肠道感染史，有发热、乏力、恶心、呕吐等。多数患者以心悸、胸闷为首发症状就诊，继而出现胸痛、气促、呼吸困难、水肿等症状。

（二）体征

体格检查常有心律失常，以房性与室性期前收缩及房室传导阻滞最为多见。心率增快与发热不相称，心尖区第一心音减弱，可听到第三心音、第四心音，或呈胎心律。合并心力衰竭时可出现肺部湿啰音、颈静脉怒张、肝大、水肿等。

 病毒性心肌炎的临床表现。

【辅助检查】

（一）心电图检查

心电图改变常见，但多为非特异性，包括ST段轻度移位和T波倒置。少数可出现病理性Q波。可出现各类心律失常，特别是室性心律失常和房室传导阻滞等。

（二）超声心动图检查

超声心动图检查轻者无异常，严重者有心室充盈和心肌收缩功能异常；区域性室壁运动异常；左心室常见轻度、中度扩大。

（三）血液检查

肌酸激酶（CK）及其同工酶（CK-MB）、肌钙蛋白T（cTnT）及肌钙蛋白I（cTnI）升高，ESR增快、C反应蛋白增加等有助于诊断。

（四）病原学检查

病原学检查对病毒性心肌炎诊断价值有限。近来有研究显示，血清学病毒抗体阳性与心肌活检结果的相关性较差。因为非心肌炎人群的血液中IgG抗体阳性率较高，而非心肌炎病毒感染造成抗体滴度升高的比例也不低。

（五）心肌活检

心肌活检是心肌炎诊断的金标准。心内膜和心肌内检出病毒、病毒抗原、病毒基因片段或病毒蛋白可以确立诊断。此检查除用于诊断外，还有助于病情及预后的判断。因为属有创性检查，故心肌活检只用于病情急重、治疗反应差、原因不清的患者，对于轻症患者不作为常规检查。

 病毒性心肌炎的确诊方法和病原学检查。

【诊断与鉴别诊断】

（一）诊断

诊断病毒性心肌炎的主要依据：典型的前驱感染史；心力衰竭或心律失常相应的症状及体征；心电图、心肌酶学改变；超声心动图、心脏磁共振成像显示的心肌损伤证据。确诊有赖于心肌活检。

(二)鉴别诊断

病毒性心肌炎应与风湿性心肌炎、原发性心肌病、冠心病及克山病相鉴别。

【治疗】

(一)一般治疗

(1) 卧床休息,直至体温、心率、心律、心脏大小及心功能恢复正常。
(2) 进食易消化、富含维生素和蛋白质的食物。

(二)药物治疗

(1) 心力衰竭可使用利尿药、血管扩张药、血管紧张素转换酶抑制药等。
(2) 心律失常者,使用抗心律失常药,重症者可考虑安装临时心脏起搏器。
(3) 目前不主张早期使用糖皮质激素,但出现严重的心律失常(高度或完全性房室传导阻滞)、难治性心力衰竭、心源性休克时可谨慎使用。
(4) 近年来采用黄芪、板蓝根、牛磺酸、辅酶 Q_{10} 等中西医结合治疗病毒性心肌炎,有抗病毒、调节免疫和改善心脏功能等作用,具有一定的疗效。

【预后】

急性病毒性心肌炎多数患者症状在数周内可消失,几个月心电图可恢复正常。超过 3 个月未能完全恢复即为慢性病程。有心脏增大、心电图异常、心功能减低者,易发展为扩张型心肌病。极少数患者死于严重心律失常、心力衰竭或心源性休克。

自 测 题

一、选择题

1. 患者,男性,55 岁,长期劳累后出现心悸、气短,夜间阵发性呼吸困难。超声心动图显示心室腔扩大,室壁运动减弱。该患者最可能的诊断是
   A. 扩张型心肌病　　　　B. 肥厚型心肌病　　　　C. 限制型心肌病
   D. 病毒性心肌炎　　　　E. 缺血性心肌病

2. 患者,女性,28 岁,近期出现劳力性呼吸困难、胸痛。超声心动图显示室间隔非对称性肥厚,心室腔不扩大。最可能的诊断是
   A. 扩张型心肌病　　　　B. 肥厚型心肌病　　　　C. 病毒性心肌炎
   D. 酒精性心肌病　　　　E. 围生期心肌病

3. 患儿,男性,10 岁,近 2 周有发热、咽痛、咳嗽,随后出现心悸、胸闷。心电图示心律失常,心肌酶谱明显升高。最可能的诊断是
   A. 扩张型心肌病　　　　B. 肥厚型心肌病　　　　C. 病毒性心肌炎
   D. 风湿性心脏病　　　　E. 先天性心脏病

4. 患者,女性,45 岁,心悸、乏力,超声心动图显示左心室扩大,室壁运动减弱。对该患者最有帮助的检查是
   A. 心肌活检　　　　　　B. 冠状动脉造影　　　　C. 动态心电图
   D. 心肌核素扫描　　　　E. 心脏磁共振成像

5. 患者，男性，30岁，无明显诱因出现胸痛、心悸。心电图显示左心室高电压，超声心动图显示室间隔明显增厚。最可能的诊断是

  A. 扩张型心肌病 B. 肥厚型心肌病 C. 病毒性心肌炎

  D. 酒精性心肌病 E. 高血压心脏病

6. 患者，女性，22岁，发热、咽痛后出现心悸、气短。心肌酶谱升高，心电图显示广泛的心肌损伤。最可能的诊断是

  A. 扩张型心肌病 B. 肥厚型心肌病 C. 病毒性心肌炎

  D. 风湿性心脏病 E. 先天性心脏病

7. 患者，男性，60岁，近期出现胸闷、气短，夜间加重。超声心动图显示心室腔扩大，二尖瓣、三尖瓣关闭不全。该患者最可能的诊断是

  A. 扩张型心肌病 B. 肥厚型心肌病 C. 病毒性心肌炎

  D. 缺血性心肌病 E. 酒精性心肌病

8. 患者，女性，35岁，近期出现劳累后心悸、气短。心电图显示室性期前收缩，超声心动图显示左心室流出道梗阻。最可能的诊断是

  A. 扩张型心肌病 B. 肥厚型心肌病 C. 病毒性心肌炎

  D. 酒精性心肌病 E. 围生期心肌病

9. 患者，男性，25岁，既往身体健康，近日突然出现胸痛，为持续性压榨样疼痛，伴大汗。心电图显示ST段抬高，心肌酶谱升高。该患者最可能的诊断是

  A. 扩张型心肌病 B. 肥厚型心肌病 C. 病毒性心肌炎

  D. 急性心肌梗死 E. 主动脉夹层

10. 患者，女性，40岁，近2周有上呼吸道感染史，随后出现心悸、乏力，偶发室性期前收缩。心电图示PR间期延长，部分导联T波倒置。最可能的诊断是

  A. 扩张型心肌病 B. 肥厚型心肌病 C. 病毒性心肌炎

  D. 酒精性心肌病 E. 缺血性心肌病

二、简答题

1. 扩张型心肌病的诊断依据是什么？
2. 肥厚型心肌病的诊断依据是什么？

三、案例分析题

患者，女性，20岁，因"发热、咳嗽、胸闷1周"来院就诊。近1周有感冒病史，自行服用感冒药后症状有所缓解，但随后出现胸闷、心悸症状，夜间加重。无胸痛、晕厥等其他不适。诊断为心肌炎，目前宜采取的治疗措施是什么？

（王 涛）

第二十一章 心包炎

第二十一章数字资源

学习目标

1. 知识：说出心包炎的临床表现及诊断依据，列举心包炎的病因，解释心包炎的病理变化，分析心包炎辅助检查的临床意义。

2. 能力：根据患者的病史、临床表现和各项辅助检查做出初步诊断，根据病情拟定治疗计划，正确评估预后。

3. 素养：关注心包炎患者的身心痛苦（如急性心包炎患者因剧烈胸痛导致的恐惧和焦虑），能以同理心进行心理疏导，缓解其焦虑情绪。能够清晰地向患者及家属解释病情、治疗方案、预后及注意事项（如缩窄性心包炎术后的康复要点），确保其理解并配合治疗，建立良好的医患信任。对不典型心包炎病例（如以发热为唯一表现、无明显心包积液的缩窄性心包炎），能提出质疑并通过查阅文献、请教专家等方式寻找解决方案，避免盲从经验。

案例 3-21-1

患者，男性，48岁，因"突发胸痛、呼吸困难1h"急诊入院。患者1h前无明显诱因出现胸痛，呈尖锐性疼痛，位于心前区，疼痛随呼吸加剧，坐位身体前倾时疼痛稍缓解，伴有呼吸困难，无发热、咳嗽、咳痰等表现，无晕厥、黑矇等不适，遂来我院急诊。体格检查：T 36.8 ℃，P 90次/分，R 20次/分，BP 110/70 mmHg。心前区可闻及心包摩擦音，心律齐，各瓣膜听诊区未闻及杂音。双肺呼吸音清，未闻及干啰音、湿啰音。腹部查体未见明显异常。

问题与思考：

1. 初步诊断和诊断依据是什么？应与哪些疾病相鉴别？
2. 为明确诊断，需要进一步做哪些检查？
3. 治疗原则是什么？

心包炎（pericarditis）是指发生在心包脏层和壁层的炎症，由多种致病因素引起，常是全身性疾病的一部分或由邻近组织病变蔓延而来。按病程，心包炎可分为急性和慢性两种。前者常伴有心包积液，后者常引起心包缩窄。临床上以急性心包炎和慢性缩窄性心包炎最为常见。

知识链接

心包的解剖结构和毗邻关系

心包由内、外两层组成。心包内层为脏层心包，又称心外膜，由一层间皮细胞构成，紧密附着于心脏表面；外层为壁层心包，包绕心脏的绝大部分，厚约2 mm，主要由非细胞成分

（胶原和弹性纤维）构成。胶原是外层心包的主要成分，呈波浪状的胶原束分布，因此能承受一定限度的延展力。心包内、外层构成一个封闭的腔，即心包腔，正常情况下心包腔内含有不超过50 ml的润滑液。脏层心包向后反折与大血管的起始部邻近，并且延续与壁层心包连接，形成其内层。脏层心包在右侧反折处距离右心房和腔静脉的连接部分仅几厘米，部分腔静脉包绕在心包腔内；心包斜窦在左心房后部发生反折，左心房大部分位于心包腔外。壁层心包通过韧带附着于膈肌、胸骨和前纵隔的其他结构，这保障了心脏在呼吸运动和身体活动时位置相对固定。

第一节　急性心包炎

急性心包炎（acute pericarditis）是指心包的脏层和壁层的急性炎症，以胸痛、心包摩擦音等为特征。急性心包炎可能是单独的疾病，也可能是全身性疾病的局部反应或并发症。

【病因】

病毒感染较为常见。其他包括细菌感染、自身免疫病、肿瘤侵犯心包、尿毒症、急性心肌梗死后心包炎、主动脉夹层、胸壁外伤及心脏手术后。经常规检查仍无法明确病因者称为特发性急性心包炎或急性非特异性心包炎。约25%患者可复发。少数甚至反复发作。

【病理生理】

急性心包炎可以分为纤维蛋白性心包炎和渗出性心包炎两个阶段。

（一）纤维蛋白性心包炎

炎症早期，可产生由纤维蛋白、白细胞及少许内皮细胞组成的少量渗出物，此阶段心包腔内无明显液体积聚。

（二）渗出性心包炎

随着病情进展，渗出物中液体增多，则转变为渗出性心包炎。常为浆液纤维蛋白性，量可达数百毫升，甚至达1～2 L。依病因不同，渗出液可为脓性或血性。心包渗液一般多在2～3周内被吸收，也可发生壁层与脏层粘连、增厚，甚至造成心包缩窄。

急性纤维蛋白性心包炎和心包积液较少时，对血流动力学无明显影响。当心包积液迅速积聚或量过多时，易引起心脏压塞，心包内压力急骤上升，妨碍心室舒张和充盈，使心排血量降低，导致动脉收缩压下降、静脉压升高。

【临床表现】

病毒感染者多有呼吸道或消化道感染的前驱症状，同时有乏力、肌肉酸痛、发热等。10～12 d后出现胸痛等症状。部分患者可伴有肺炎和胸膜炎的临床表现，症状持续通常不超过2周。

（一）症状

特征性表现为胸骨后、心前区疼痛。疼痛可放射到颈部、左肩、左臂，也可达上腹部。疼痛性质尖锐，与呼吸运动相关，常因咳嗽、深呼吸、变换体位或吞咽而加重。部分患者可有呼吸困难，为心脏压塞所致。感染性心包炎可伴发热。

急性心包炎的典型症状。

（二）体征

1. 心包摩擦音　心包摩擦音是急性心包炎最具诊断价值的体征，约 85% 患者病程中可出现，呈抓刮样、粗糙的高频音。以胸骨左缘第 3、4 肋间隙最为明显。大量心包积液使壁层与脏层心包完全分开时，心包摩擦音即消失。

2. 心包积液的体征　大量心包积液时，可出现心脏压塞征：①心动过速，心尖冲动减弱或消失；②奇脉；③尤尔特征（Ewart sign）：大量心包积液使左肺受压，致使左肺下叶不张，在左肩胛下角叩诊呈浊音，语音震颤增强，并可闻及支气管呼吸音；④颈静脉怒张，肝颈静脉反流征阳性，血压下降。

> **考点提示**　急性心包炎的体征。

【辅助检查】

（一）超声心动图检查

超声心动图检查可确定是否有心包积液，判断积液量，帮助判断临床血流动力学改变是否由心脏压塞所致。在超声引导下行心包穿刺引流可以增加操作的成功率和安全性。

（二）胸部 X 线检查

胸部 X 线检查对渗出性心包炎有一定的诊断价值。当心包积液量 > 250 ml 时，可出现心影增大，呈水滴状或烧瓶状，心影随体位改变而移动，心脏搏动减弱或消失，而肺部无明显充血现象（图 3-21-1）。

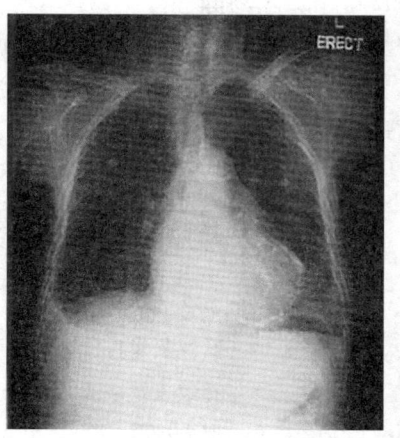

图 3-21-1　渗出性心包炎的胸部 X 线正位片

（三）心电图检查

心电图主要表现为：

（1）ST 段抬高，除 aVR、V_1 导联外，所有导联 ST 段呈弓背向下型抬高。

（2）T 波低平及倒置，一日至数日后，ST 段回到基线，出现 T 波低平及倒置。

（3）QRS 波群低电压，大量积液时可见电交替。

（4）无病理性 Q 波，常有窦性心动过速（图 3-21-2）。

（四）实验室检查

实验室检查结果取决于原发病，如感染性心包炎常有白细胞计数升高及中性粒细胞比例增加、ESR 增快等炎症反应；自身免疫病可有免疫指标阳性；尿毒症患者可见肌酐明显升高等。

（五）心包穿刺及心包活检

心包穿刺的主要指征是心脏压塞，对积液性质和病因诊断也有一定的帮助。心包活检主要用于病因不明而持续时间较长的心包积液，是心包积液鉴别诊断的可靠方法。

> **考点提示**　急性心包炎的辅助检查方法。

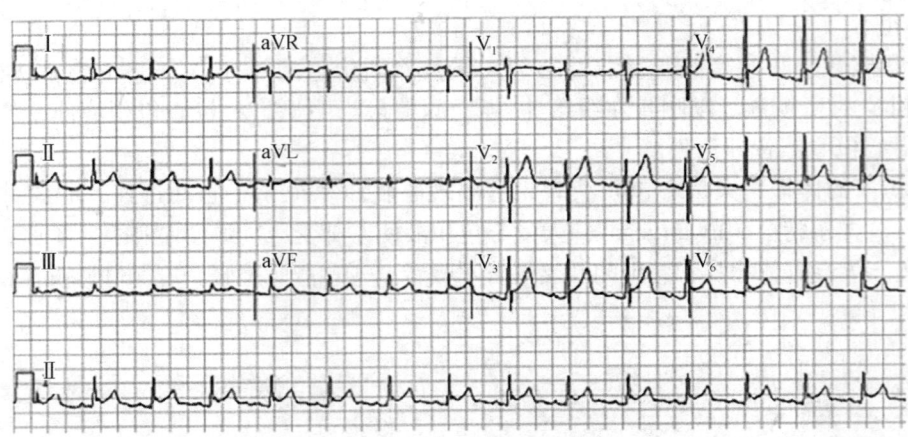

图 3-21-2　急性心包炎心电图

【诊断与鉴别诊断】

（一）诊断

根据急性起病，胸痛、呼吸困难、心包摩擦音、心脏压塞征、X线检查、心电图及超声心动图检查可做出心包炎的诊断。但确定病因常需进行心包穿刺、心包活检。5种常见心包炎的特征列于表 3-21-1。

表 3-21-1　5 种常见心包炎的特征

	急性非特异性	结核性	化脓性	肿瘤性	心脏损伤后综合征
病史	上呼吸道感染病史，起病急，常反复发作	伴原发结核表现	伴原发感染病灶，或败血症表现	转移性肿瘤多见	有手术、心肌梗死等心脏损伤史，可反复发作
发热	持续发热	常无	高热	常无	常有
胸痛	常剧烈	常无	常有	常无	常有
心包摩擦音	明显，出现早	有	常有	少有	少有
白细胞计数	正常或升高	正常或轻度升高	明显升高	正常或轻度升高	正常或轻度升高
血培养	-	-	+	-	-
心包积液量	较少	常大量	较多	大量	一般中等量
性质	草黄色或血性	多为血性	脓性	多为血性	常为浆液性
细胞分类	淋巴细胞较多	淋巴细胞较多	中性粒细胞较多	淋巴细胞较多	淋巴细胞较多
细菌	无	有时找到结核分枝杆菌	化脓性细菌	无	无
治疗	非甾体抗炎药	抗结核药	抗生素及心包切开	原发病治疗，心包穿刺	糖皮质激素

（二）鉴别诊断

急性心包炎需要与急性心肌梗死、主动脉夹层、肺栓塞相鉴别。心电图、超声心动图和 CT 检查有助于鉴别诊断。

【治疗】

急性心包炎的治疗包括对原发疾病的病因治疗、解除心脏压塞和对症治疗。

（一）病因治疗

使用非甾体抗炎药是主要的治疗手段。布洛芬（400～600 mg，一日3次）常作为首选药物，直到心包积液消失。阿司匹林和吲哚美辛等也可考虑使用。同时应给予胃肠道保护剂，防止消化道出血。秋水仙碱单药治疗或加用一种非甾体抗炎药治疗对急性心包炎有良好的治疗效果，并对预防复发有作用。系统的糖皮质激素治疗仅限于结缔组织病、自体反应性疾病的治疗。尿毒症性心包炎、肿瘤引起的心包炎等应针对病因治疗。

（二）解除心脏压塞

可行心包穿刺术。首次心包穿刺放液量不要超过100～150 ml。必要时穿刺完毕后可向心包腔内注入药物（如抗生素或抗肿瘤药物）。

（三）对症治疗

患者应卧床休息，呼吸困难者可吸氧并采取半卧位或端坐位；对水肿者，可给予低盐饮食及利尿药；对胸痛剧烈者，可给予镇静药，必要时可用吗啡类药物。

 急性心包炎的治疗。

【预后】

急性心包炎的预后取决于病因。一般来说，感染性心包炎经及时、有效的治疗可望痊愈，少数可遗留心肌损害、心包缩窄。恶性肿瘤、系统性红斑狼疮所致心包炎预后差。

第二节　缩窄性心包炎

缩窄性心包炎（constrictive pericarditis）是指心脏被致密增厚的纤维化或钙化心包所包裹，导致心室舒张期充盈受限而产生一系列循环障碍的疾病。

【病因】

以结核性缩窄性心包炎最为常见，其次为急性特发性心包炎、化脓性心包炎或创伤性心包炎。近年来放射性心包炎和心脏手术后引起者逐渐增多。

 缩窄性心包炎最常见的病因。

【病理生理】

急性心包炎发生后，随着渗液逐渐被吸收，可有纤维性瘢痕组织形成，心包广泛粘连、增厚。脏层与壁层融合、钙化，使心包增厚、僵硬。心包缩窄时，其顺应性消失，心包的容积功能受损，致使心室舒张功能受限，舒张末期容积减小。长期心脏活动受限，心肌可发生萎缩。除结核性心包炎外，心包组织学改变多无特征性。因整个心脏和大血管的出口处均受到压迫，每搏输出量减少，心率代偿性加快，导致呼吸困难、血压下降。

【临床表现】

（一）症状

缩窄性心包炎起病常隐匿，早期无明显症状。既往常有急性心包炎、心包积液等病史。主要症状与心排血量下降和体循环淤血有关。表现为劳力性呼吸困难、活动耐力下降、疲乏，以及肝大、腹水、胸腔积液和周围水肿等。

（二）体征

心尖冲动减弱或消失，半数以上患者收缩期心尖呈负性搏动，心浊音界可不增大或稍增大，心音轻而遥远，通常无杂音，可闻及心包叩击音。还可出现颈静脉怒张、肝大、腹水、下肢水肿等。

 缩窄性心包炎的临床表现。

【辅助检查】

（一）胸部 X 线检查

胸部 X 线检查心影可以偏小、正常或轻度增大。左、右心缘变直，主动脉弓变小或难以辨认。上腔静脉常扩张，多数患者可见心包钙化。

（二）心电图检查

心电图检查可见 QRS 低电压、T 波低平或倒置。有时可见心房颤动等心律失常，尤其在久病和高龄患者中。

（三）CT 检查

CT 检查对慢性缩窄性心包炎的诊断价值优于心脏超声。CT 可以定量测定心包增厚部位和程度（>4 mm）；显示右心室变形、室间隔扭曲；了解是否存在心包肿瘤。心脏搏动过程中直接贴靠的周围肺部组织无活动，强烈提示心包增厚。

（四）超声心动图检查

超声心动图检查可见心包增厚、钙化，有时可见少量局限性心包积液。右心室前壁和左心室后壁运动幅度变小，心室容量减小，心房扩大。

 缩窄性心包炎的确诊方法。

【诊断与鉴别诊断】

根据病史、临床表现、X 线检查、超声心动图检查、心电图检查、CT 检查等，可诊断缩窄性心包炎。但应与心肌病、肝硬化、结核性腹膜炎等相鉴别，尤其是限制型心肌病的临床表现与缩窄性心包炎极为相似，但两病的治疗方法与预后相差甚远，应仔细鉴别。

【治疗】

及早施行心包剥离术是本病治疗的关键，以避免发展到心肌萎缩、心源性恶病质、严重肝功能受损而失去手术时机。通常在心包感染控制后即应手术，对于结核病患者，应在术后继续抗结核治疗 1 年。

自 测 题

一、选择题

1. 患者，男性，44岁，因气短伴腹胀半年，近1周症状加重入院。体格检查：半卧位，颈静脉怒张，心界不大，心尖冲动不明显。心率100次/分，心律齐。心音低钝，各瓣膜听诊区无杂音。两肺底有少量啰音。腹膨隆，肝肋下4指，有压痛，肝颈静脉反流征阳性。腹水征（+），下肢无水肿，血压95/80 mmHg，心电图示低电压，胸导联T波低平。最可能的诊断是

   A. 肝硬化腹水　　　　　　B. 扩张型心肌病　　　　　　C. 限制型心肌病
   D. 缩窄性心包炎　　　　　E. 慢性心包炎

2. 患者，男性，22岁。气短、胸痛伴发热5 d。心界明显扩大，心尖冲动位于左锁骨中线内侧2 cm处，肝右肋下5 cm。心电图显示窦性心动过速，低电压。最可能的诊断是

   A. 急性心肌梗死　　　　　B. 急性心包炎　　　　　　　C. 感染性心内膜炎
   D. 扩张型心肌病　　　　　E. 病毒性心肌炎

3. 患者，男性，38岁，半个月来发热、乏力就诊。无胸痛与关节痛。体格检查颈静脉充盈，心界向两侧扩大，心音遥远，心率103次/分，肝大。实验室检查：WBC 10×10^9/L，ESR 25 mm/h，B超检查为心包积液，心包穿刺抽出800 ml浅草黄色液体，光镜检查 WBC 0.4×10^9/L（400/mm³），N 40%，L 60%，涂片未见结核分枝杆菌或其他细菌。本例患者心包炎的病因可能性最大的是

   A. 急性非特异性　　　　　B. 风湿性　　　　　　　　　C. 化脓性
   D. 结核性　　　　　　　　E. 阿米巴性

4. 患者，女性，23岁。胸部隐痛5 d，伴低热、气促。体格检查：心界明显扩大，心尖冲动位于心浊音界内2 cm，肝位于右肋下5 cm，心电图示窦性心动过速，低电压，广泛性T波低平。本例患者最可能的诊断为

   A. 病毒性心肌炎　　　　　B. 感染性心内膜炎　　　　　C. 急性心包炎
   D. 扩张型心肌病　　　　　E. 风湿性心肌炎

5. 患者，女性，36岁，低热伴胸闷、气短3周入院。经检查拟诊心包积液，下列不符合的体征是

   A. 奇脉　　　　　　　　　B. 心脏向左、右扩大　　　　C. 肝大，有压痛
   D. 心音遥远　　　　　　　E. 心尖冲动弥散

6. 患者，男性，30岁，1个月来发热伴心悸、气短来诊。超声心动图示左心室后壁和右心室前壁有2.5~3 cm液性暗区。下列不会存在的体征是

   A. 心绝对浊音界向两侧增大
   B. 吸气时脉搏增强
   C. 背部左肩胛下角呈浊音，语音震颤增强
   D. 胸骨右缘等3~6肋间隙叩诊呈实音
   E. 腹部移动性浊音阳性

（7~10题共用题干）

患者，男性，25岁，心前区疼痛2 h，向左肩放射，吸气时疼痛加重，坐位时减轻，伴有畏寒、发热就诊。体格检查：BP 105/75 mmHg，T 38 ℃，HR 110次/分，心律规则，心脏无杂音，两肺未见异常，有血吸虫病史。心电图示除aVR与V_1外，其余各导联ST段抬高。

7. 最可能的诊断是
   A. 肺梗死
   B. 心肌梗死
   C. 心包炎
   D. 心肌梗死伴继发性心包炎
   E. 心肌炎
8. 入院第 3 天，血压 90/75 mmHg，颈静脉怒张，气短，不能平卧，病情变化应考虑为
   A. 再次肺栓塞
   B. 心肌梗死扩大范围
   C. 心脏压塞
   D. 败血症
   E. 心脏腱索断裂
9. 此时进行 X 线检查可能的表现为
   A. 左肺野楔状实质性阴影，伴左侧胸腔积液
   B. 正常
   C. 心影呈烧瓶状
   D. 左肺野多发炎症阴影
   E. 两侧肺门影增大
10. 正确的治疗方法应是
    A. 手术取出肺栓子
    B. 冠状动脉造影伴紧急经皮冠状动脉腔内成形术（PTCA）
    C. 心包穿刺
    D. 大剂量抗生素静脉滴注
    E. 应用升压药以及强心利尿药

二、简答题

简述结核性心包炎的临床诊断要点。

三、案例分析题

患者，男性，35 岁。近 3 年来反复出现呼吸困难，尤以活动后明显，体力活动明显受限，轻度体力活动即感明显疲乏、头晕。同时伴有上腹部腹胀、食欲缺乏、双下肢水肿表现。无胸痛、咯血，无黄疸、呕血、黑便。发病以来，患者食欲减退明显，体重下降 1 kg，二便正常。既往史：中年时曾患"肺结核"，未经正规治疗，也未复查。体格检查：BP 86/64 mmHg，P 123 次 / 分。慢性病容，口唇发绀，颈静脉怒张，双肺呼吸音清，未闻及干啰音、湿啰音。肝颈静脉反流征阳性，腹部叩诊移动性浊音阳性。双下肢膝下中度水肿。该患者最可能的诊断是什么？

（王　涛）

第四篇

消化系统疾病

4

第二十二章 总论

第二十二章数字资源

学习目标

1. 知识：说出消化系统的组成和功能，列举常见消化系统疾病及其临床表现，解释消化系统疾病的诊断方法和治疗原则，分析消化系统疾病的预防和保健措施。

2. 能力：完成对消化系统疾病的病史采集和体格检查，运用病史、体格检查及辅助检查结果对消化系统疾病做出初步诊断，根据病情为患者拟定合适的治疗方案，解决消化系统疾病的临床问题和并发症。

3. 素养：能向公众普及消化系统疾病的预防知识，如"规律饮食对胃黏膜的保护作用""乙肝疫苗接种对肝癌的预防意义"，纠正错误的健康观念（如"饮酒暖身不伤胃"）。严格遵守医疗伦理规范，在进行有创检查（如内镜检查、肝穿刺）时，充分告知风险并获得知情同意，杜绝"过度检查""不合理用药"等行为。理解消化系统疾病对患者生活质量的影响（如炎症性肠病患者的饮食限制、肝硬化患者的心理压力），能站在患者角度思考其需求（如隐私保护、疼痛管理）。尊重患者的文化背景与就医选择，如对宗教信仰影响饮食的患者提供个性化营养建议。

案例 4-22-1

患者，男性，45岁，工人。因"上腹部隐痛、饱胀感、食欲缺乏3个月"就诊。患者上腹部隐痛多在餐后出现，平卧位时加重，站立或活动后减轻。无明显恶心、呕吐，无发热、黄疸。患者发病前无明显诱因，无饮酒、吸烟等不良嗜好。体格检查：T 36.6 ℃，P 75次/分，R 18次/分，BP 110/70 mmHg。一般情况尚可，体型偏瘦，面色略显苍白。腹部软，上腹部轻压痛，无反跳痛，墨菲（Murphy）征阴性，肝、脾肋下未触及。

问题与思考：
1. 为明确诊断，需要进一步做哪些检查？
2. 治疗原则是什么？

消化系统疾病包括食管、胃、肠、肝、胆、胰、腹膜、肠系膜、网膜等脏器的疾病。消化系统疾病属于常见病，在我国，胃癌和肝癌的病死率在恶性肿瘤病死率排名中分别位于第二位和第三位，近年来，大肠癌、胰腺癌患病率有明显上升趋势。掌握消化系统的主要结构、功能特点以及与疾病的关系，对于疾病的诊断和防治是十分重要的。

【消化系统疾病的分类】

（一）食管疾病

食管疾病的主要症状为咽下困难、胸骨后疼痛或烧灼感、反酸。常见病有胃食管反流病、食管癌、贲门失弛缓症等。

（二）胃、十二指肠疾病

胃、十二指肠疾病主要症状为上腹部不适、饱胀、疼痛、恶心、呕吐、嗳气、反酸等。常见病有胃炎、消化性溃疡、胃癌、十二指肠炎等。

（三）小肠疾病

小肠疾病主要表现有脐周痛、腹胀和腹泻，粪便呈糊状或水样，也可出现血便、腹块或梗阻。常见病有急性肠炎、急性出血坏死性肠炎、克罗恩（Crohn）病、小肠肿瘤及吸收不良综合征等。

（四）结肠疾病

结肠疾病主要症状有下腹部一侧或两侧疼痛，腹泻或便秘，黏液脓血便，累及直肠时有里急后重。常见病有肠结核、肠易激综合征、溃疡性结肠炎、结肠癌及直肠癌等。

（五）肝病

肝病主要症状为肝区不适或疼痛、乏力、食欲缺乏，可伴有肝大、肝区压痛、黄疸、腹水、腹壁静脉曲张等。常见病有病毒性肝炎、非酒精性脂肪性肝病、酒精性肝病、自身免疫性肝病、药物性肝病、肝脓肿、各种病因引起的肝硬化及原发性肝癌等。

（六）胆道疾病

胆道疾病主要临床表现有右上腹疼痛和黄疸。常见病有胆石症、胆囊炎、胆管炎、胆道蛔虫症和胆管癌等。

（七）胰腺疾病

胰腺疾病主要临床表现有中、上腹部疼痛（可向腰背部放射）和胰腺分泌障碍所引起的小肠吸收不良和代谢紊乱。常见病有急（慢）性胰腺炎、胰腺癌等。

（八）腹膜、肠系膜疾病

腹膜与消化器官有紧密的关系，脏腹膜形成一些消化器官的浆膜层。腹膜疾病的主要表现为腹痛与压痛、腹部抵抗感和腹水等。常见病有各种急（慢）性腹膜炎、肠系膜淋巴结结核、腹膜转移癌等。

【消化系统疾病的诊断】

在全面分析病史、症状、体征及常规辅助检查资料的基础上，有针对性地选择B超、内镜等特殊检查进行综合判断，尽快做出正确的诊断。

（一）病史与症状

病史采集在消化系统疾病诊断中占有相当重要的地位，不少消化系统疾病典型症状可以为诊断提供重要线索，甚至可以做出临床诊断；也有不少疾病症状和体征不相符。消化系统的症状大多发生在消化系统疾病，但也有其他系统疾病的可能，例如腹痛可以是消化系统疾病症状，也可能是心绞痛等发作，甚至是带状疱疹的首发表现。详细了解症状的诱因、发生部位、性质、持续时间、变化规律、治疗及用药后反应以及所伴随的其他症状等，对疾病诊断尤为重要。患者的年龄、性别、籍贯、职业、经济状况、精神状态、饮食及生活习惯、烟酒嗜好、特殊物品接触史以及家族史等对诊断也有相当重要的意义。

消化系统疾病的症状很多，包括吞咽困难、恶心、呕吐、嗳气、反酸、胃灼热、食欲缺乏、腹胀、腹痛、腹泻、便秘、里急后重、黄疸、呕血、黑粪及便血等。各种症状的临床意义可参阅《诊断学》有关章节。不同的消化系统疾病有不同的主要症状及不同的症状组合，个别症状在不同疾病也有其不同的表现特点。

（二）体格检查

消化系统疾病可有消化道以外的表现，而其他系统疾病也可出现消化系统表现，全面、系统的体格检查对快速、准确的临床诊断非常重要。皮肤及黏膜的黄染、蜘蛛痣、肝掌等是诊断肝病的重要线索，左锁骨上淋巴结肿大常见于胃肠道癌转移。体格检查时应重点进行腹部检查：腹部膨隆提示腹水或肠胀气；腹壁静脉曲张常提示有门静脉高压（查血流方向与下腔静脉阻塞鉴别），腹壁紧张度、压痛和反跳痛的检查可以鉴别腹痛；发现腹部包块时，应详细检查其位置、大小、形状、表面情况、硬度、活动情况、触痛及搏动感等；移动性浊音提示中等量腹水；肛门直肠指检能发现大多数直肠肿瘤及胃肠道恶性肿瘤的盆腔转移。

（三）辅助检查

1. 实验室检查　血常规检查可反映有无脾功能亢进、恶性贫血等。粪便常规检查对肠道感染、某些寄生虫病有确诊价值，隐血试验阳性是消化道出血的重要证据。肝功能试验可反映肝损害的情况。血、尿胆红素检查可初步鉴别黄疸的性质。血、尿淀粉酶测定对急性胰腺炎的诊断有重要价值。各型肝炎病毒标志物检测可确定肝炎类型。甲胎蛋白对于原发性肝细胞癌有较特异的诊断价值，癌胚抗原等肿瘤标志物对结肠癌和胰腺癌具有辅助诊断和估计疗效的价值。某些血清自身抗体测定对恶性贫血、原发性胆汁性肝硬化、自身免疫性肝炎等有重要的辅助诊断价值。胃泌素测定对佐林格-埃利森综合征（Zollinger-Ellison syndrome）的诊断与鉴别诊断有一定的价值。腹水常规检查可判断腹水性质是渗出液或漏出液，结合生化、细胞学及细菌培养可鉴别诊断肝硬化是否合并原发性细菌性腹膜炎（SBP）、结核性腹膜炎和腹腔恶性肿瘤等。幽门螺杆菌（Hp）检测对于幽门螺杆菌相关疾病的治疗具有重要意义。

2. 内镜检查　消化内镜检查已成为消化系统疾病诊断的一项极为重要的检查手段。应用内镜可直接观察消化道腔内的各类病变，并可取活组织作病理学检查。根据检查的需要和功能不同，分为胃镜、十二指肠镜、小肠镜、结肠镜、腹腔镜、胆道镜、胶囊内镜、超声内镜、放大内镜及染色内镜等。

3. 影像学检查

（1）超声检查：B型超声因为无创性，普遍用于腹腔内实体脏器检查，被作为消化系统疾病首选的初筛检查方法。B超可显示肝、脾、胆囊、胰腺等，从而发现这些脏器的肿瘤、囊肿、脓肿、结石等病变，并可了解有无腹水及腹水量，对腹腔内实质性肿块的定位、大小、性质等的判断也有一定的价值。B超还能监视或引导各种经皮穿刺，进行诊断和治疗。彩色多普勒超声可观察肝静脉、门静脉、下腔静脉，有助于门静脉高压的诊断与鉴别诊断。

（2）X线检查：普通X线检查依然是诊断胃肠道疾病的常用手段。腹部平片对于诊断胃肠穿孔、肠梗阻、不透X线的胆结石等有帮助。X线钡餐检查适用于怀疑有食管至回肠的消化道疾病的病例，而可疑的结肠器质性病变则进行钡剂灌肠检查。消化道X线双重造影技术能更清楚地显示黏膜表面的细小结构，提高胃溃疡、肠溃疡或肿瘤的确诊率。选择性腹腔动脉造影有助于肝和胰腺肿瘤的诊断与鉴别诊断以及判断肿瘤范围，并可同时进行介入治疗，对不明原因消化道出血的诊断也有相当重要的价值。

（3）计算机体层成像（CT）：对腹腔内病变，尤其是肝、胰等实质脏器及胆系的病变（如肿瘤、囊肿、脓肿、结石）有重要的诊断价值；CT图像后处理的仿真内镜可获得类似内镜在管腔脏器观察到的三维和动态图像。

（4）磁共振显像（MRI）：对占位性病变的定性诊断尤佳；MRI图像后处理可进行磁共振胰胆管成像（MRCP），用于胆、胰管病变的诊断；磁共振血管成像（MRA）可显示门静脉及腹腔内动脉。

（5）放射性核素检查：可协助原发性肝癌以及不明原因消化道出血的诊断，还可用于研究胃肠运动，如胃排空、肠转运时间。

（6）正电子发射体层仪（PET）：对于消化系统肿瘤的诊断、分级和鉴别诊断均有重要价值，可与CT和MRI互补，提高诊断的准确性。

4. 脏器功能试验　如胃液分泌功能检查、小肠吸收功能检查、胰腺外分泌功能检查、肝储备功能检查，分别用于有关疾病的辅助诊断。

5. 胃肠动力学检查　胃肠动力学检查对胃肠道动力障碍性疾病的诊断有相当重要的价值。目前临床上常见的包括食管、胃、胆道、直肠等处的压力测定、食管 24 h pH 监测、胃排空时间及胃肠经过时间测定等。

【消化系统疾病的治疗】

消化系统疾病的治疗分为一般治疗、药物治疗、手术治疗或介入治疗。

（一）一般治疗

1. 饮食治疗　消化系统是食物摄取、转运、消化、吸收及代谢的重要场所，饮食和营养在治疗中占相当重要的地位。应视疾病部位、性质及严重程度决定限制饮食甚至禁食，有梗阻病变的还要给予胃肠减压。由疾病引起的食欲下降、呕吐、腹泻、消化及吸收不良，注意给予高营养且易消化吸收的食物，必要时静脉补液及补充营养物质。

2. 精神心理治疗　不少器质性消化系统疾病在疾病过程中也会引起功能性症状，精神紧张、生活紊乱会诱发或加重器质性疾病。向患者耐心解释病情、消除患者紧张心理，给予心理治疗，适当使用镇静药等对功能性胃肠病或器质性疾病的症状缓解有一定的效果。

（二）药物治疗

1. 针对病因或发病环节的药物治疗　有明确病因的如细菌引起的胃肠道炎症、胆系炎症、幽门螺杆菌相关性慢性胃炎等给予抗菌药物治疗，多可被彻底治愈。病因未明的，治疗上主要针对发病的不同环节，打断病情发展的恶性循环，促进病情缓解，改善症状和预防并发症的发生。

2. 对症治疗　镇痛药、镇吐药、止泻药及抗胆碱能药物是常用的对症治疗药物。

（三）手术治疗或介入治疗

手术治疗是消化系统疾病治疗的重要手段。对经内科治疗无效、疗效不佳或出现严重并发症的患者，手术切除病变部位常是疾病治疗的根本办法或最终途径。肿瘤应及早切除，合并穿孔、严重大出血不止、器质性梗阻的消化道疾病常需手术治疗；各种晚期肝病可考虑肝移植等。近年来，在消化内镜下进行的"治疗内镜"技术发展迅速，涉及食管狭窄扩张术及食管支架放置、消化道息肉切除术、食管胃底静脉曲张止血治疗（硬化剂/组织胶注射及皮圈套扎术）以及非静脉曲张上消化道出血止血治疗（局部药物喷洒/注射、微波、激光、热探头止血、血管夹钳夹等）、早期消化道肿瘤黏膜切除术（ESD）、十二指肠乳头括约肌切开术、胆道碎石和取石术、胆管内（外）引流术、经皮内镜下胃造瘘术等。血管介入技术如经颈静脉肝内门体静脉分流术（TIPS）治疗门静脉高压及狭窄血管支架置入术治疗巴德 - 基亚里（Budd-Chiari）综合征、肝动脉栓塞化疗（TAE）治疗肝癌等。B 超引导下穿刺进行引流术或注射术治疗囊肿、脓肿及肿瘤也得到广泛应用。甚至以往需外科手术的许多消化系统疾病可用自然腔道内镜手术（NOTES）等治疗，从而大大地开拓了消化系统疾病治疗的领域。

自　测　题

一、选择题

1. 血、尿淀粉酶测定对哪个疾病的诊断有重要价值
   - A. 急性肝炎
   - B. 急性阑尾炎
   - C. 急性胰腺炎
   - D. 急性胃炎
   - E. 急性胆囊炎

2. 根除幽门螺杆菌治疗后，首选的复查方法是
   - A. 幽门螺杆菌培养
   - B. 血清幽门螺杆菌抗体检查

  C. ^{13}C 或 ^{14}C 尿素呼吸试验   D. 快速尿素酶试验
  E. 组织学检查

3. 对于原发性肝细胞癌有较特异诊断价值的指标是
  A. 丙氨酸转氨酶   B. 甲胎蛋白   C. 碱性磷酸酶
  D. 白蛋白   E. 胆红素

4. 左锁骨上淋巴结肿大常见于
  A. 肝癌转移   B. 肺癌转移   C. 子宫颈癌转移
  D. 胃肠道癌转移   E. 脑肿瘤转移

5. 引起腹水最常见的疾病是
  A. 肝硬化   B. 腹膜炎   C. 肾病综合征
  D. 心力衰竭   E. 腹膜肿瘤

6. 消化系统疾病中常见的恶性肿瘤是
  A. 胃溃疡   B. 肝硬化   C. 结直肠癌
  D. 急性胰腺炎   E. 胃食管反流病

7. 诊断消化系统疾病最常用的检查方法是
  A. 胃镜检查   B. 胸部X线检查   C. 腹部超声检查
  D. 血液检查   E. 胃肠道造影

8. 消化系统疾病最常见的症状是
  A. 腹痛   B. 腹泻   C. 便秘
  D. 吞咽困难   E. 黄疸

9. 消化系统疾病中最常见的炎症性疾病是
  A. 胃溃疡   B. 克罗恩病   C. 溃疡性结肠炎
  D. 肝硬化   E. 胃食管反流病

10. 消化系统疾病中最常见的感染性疾病是
  A. 细菌性胃肠炎   B. 病毒性肝炎   C. 寄生虫病
  D. 胃溃疡   E. 克罗恩病

11. 最常见的消化系统急症症状是
  A. 剧烈腹痛   B. 呕吐   C. 腹泻
  D. 发热   E. 黄疸

二、简答题

1. 消化系统疾病的常见症状有哪些？
2. 消化系统疾病的治疗方法有哪些？

三、案例分析题

1. 患者，女性，45岁。主诉反复发作的腹泻，伴有黏液和血便。进一步可行何项检查以明确诊断？
2. 患者，男性，60岁。主诉长期反复发作的上腹部疼痛。如果你是该患者的接诊医师，还需补充哪些消化系统疾病相关的病史采集？

（潘锋钢 俎 明）

第二十三章 胃食管反流病

第二十三章数字资源

学习目标

1. 知识：说出胃食管反流病的定义、病因及发病机制，列举胃食管反流病的主要临床表现以及需要与哪些疾病相鉴别，解释胃食管反流病的诊断方法和标准，分析胃食管反流病的治疗原则和常用治疗方法。

2. 能力：完成胃食管反流病的病史采集、体格检查和辅助检查，运用病史、体格检查及辅助检查结果对胃食管反流病做出初步诊断，根据病情为患者拟定合适的治疗方案（包括药物治疗和生活方式调整），能对胃食管反流病的并发症进行识别和处理。

3. 素养：树立对慢性病患者的长期关怀意识，理解胃食管反流病对患者生活质量的影响（如夜间反流导致失眠、社交场合因反酸尴尬），避免将其视为"轻微疾病"而忽视患者的感受。坚守医疗伦理原则，在选择检查（如胃镜）或治疗方式（如手术）时，充分告知患者利弊，尊重患者知情权与选择权，避免过度医疗或治疗不足。能够向公众宣传胃食管反流病的预防措施，提高公众的自我保护意识。

案例 4-23-1

患者，男性，62岁，体重72 kg，因"胸前区不适、胃灼热、反酸2年，再发1周"入院。2年前患者开始反复出现胸前区不适、胃灼热、反酸，伴晨起口苦，多次于当地医院治疗后好转出院。1周前患者再次出现胸前区不适，胃灼热，口腔内异味，伴恶心，无呕吐，进食后加重。吸烟史30余年，每日20支。饮酒史20余年，每日100 ml。体格检查：T 36.7 ℃，P 75次/分，R 16次/分，BP 130/85 mmHg。神志清楚，精神尚可。胸骨无压痛，心脏、肺检查无异常。腹平软，上腹部压痛，无反跳痛，肝、脾检查无异常。病理反射未引出。食管钡餐检查：食管裂孔疝。

问题与思考：

1. 初步诊断和诊断依据是什么？应与哪些疾病相鉴别？
2. 为明确诊断，需要进一步做哪些检查？
3. 治疗原则是什么？

胃食管反流病（gastro esophageal reflux disease，GERD）是指胃、十二指肠内容物反流入食管引起不适症状和（或）并发症的疾病，反流和胃灼热是最常见的症状，分为三种类型：非糜烂性反流疾病（nonerosive reflux disease，NERD）、糜烂性食管炎（erosive esophagitis，EE）和巴雷特食管（Barrett esophagus，BE）。非糜烂性反流疾病指存在反流相关的不适症状，但内镜下未见巴雷特食管及食管黏膜破损；糜烂性食管炎是指内镜下可见食管远段黏膜破坏，即反流性食管炎（reflux esophagitis，RE）；巴雷特食管是指食管远段的鳞状上皮被柱状上皮取代。胃食管反流病在西方国家十分常见，我国的患病率低于西方国家，患者病情也较轻。

【病因与发病机制】

胃食管反流病是由多种因素造成的消化道动力障碍性疾病，主要发病机制是抗反流防御机制减弱和反流物对食管黏膜攻击作用的结果。

(一) 抗反流屏障功能降低

食管下段括约肌（LES）是指食管末端长 3~4 cm 的环形肌束，正常人静息食管下段括约肌压力为 10~30 mmHg。食管下段括约肌在抗胃食管反流作用中最为重要，当食管下段括约肌压力下降，不能有效地关闭以阻止胃内容物反流入食管，即引起本病。一些因素可导致食管下段括约肌压力降低，如某些激素（如胆囊收缩素、胰高血糖素、血管活性肠肽）、食物（如高脂肪、巧克力）、药物（如钙通道阻滞药、地西泮）。

(二) 食管廓清能力下降

食管的廓清能力主要是依靠食管的推进性蠕动、食团的重力和唾液对反流物中胃酸的清除，三者相互作用以消除反流物，减少其与食管黏膜的接触时间。

(三) 食管黏膜屏障防御功能破坏

反流物进入食管后，可凭借食管上皮表面黏液、不移动水层和表面 HCO_3^-、复层鳞状上皮等构成的屏障以及黏膜下丰富的血液供应构成的后上皮屏障，发挥其抗反流物对食管黏膜损伤的作用。故导致食管黏膜屏障作用下降的因素（如长期吸烟、饮酒以及抑郁），使食管不能抵御反流物的损害。

(四) 胃排空延迟

胃排空延迟使胃充盈时间延长，易产生更多的餐后反流，胃内压超过食管下段括约肌压力而导致反流。胃排空延迟导致胃扩张，使得食管下段括约肌变短并诱发短暂性食管下段括约肌松弛而易于反流。

【病理】

有反流性食管炎的胃食管反流病患者，其病理组织学基本改变有：①复层鳞状上皮细胞层增生；②黏膜固有层乳头向上皮腔面延长，血管增殖；③固有层内炎症细胞主要是中性粒细胞浸润；④黏膜糜烂及溃疡形成；⑤食管下段鳞状上皮被化生的柱状上皮所替代，称为巴雷特食管。

> **知识链接**
>
> **化生与癌前疾病**
>
> 1. 化生 化生是指一种已分化成熟组织转变为另一种分化成熟组织的过程。
> 2. 癌前疾病 癌前疾病指继续发展下去具有癌变可能的某些疾病，如黏膜白斑、交界痣、慢性萎缩性胃炎、结直肠的多发性腺瘤性息肉、某些良性肿瘤。

【临床表现与并发症】

胃食管反流病的临床表现多样，轻重不一，主要表现如下。

(一) 食管症状

1. **典型症状** 反流和胃灼热是本病最常见和典型的症状。反流是指胃内容物在无恶心和不用力的情况下涌入咽部或口腔的感觉，含酸味或仅为酸水时称为反酸。胃灼热是指胸骨后或剑突下烧灼感，常由胸骨下段向上延伸。反流和胃灼热常在餐后 1 h 出现，卧位、弯腰或腹内压增高时可加重，部分患者反流和胃灼热症状可在夜间睡眠时发生。

2. 非典型症状　指除反流和胃灼热之外的食管症状。胸痛可发生在胸骨后，由胃食管反流病引起的胸痛是非心源性胸痛的常见病因，对于不伴典型反流和胃灼热的胸痛患者，应先排除心脏疾病后再进行胃食管反流病的评估；食管痉挛或功能紊乱可引起吞咽困难，进食固体或液体食物均可发生；有严重食管炎或并发食管溃疡者，可伴吞咽疼痛。

 胃食管反流病的典型症状。

（二）食管外症状

部分胃食管反流病患者由于胃食管反流物刺激或损伤食管以外的组织或器官，以咽喉炎、慢性咳嗽或哮喘为首发或主要表现。反流引起的哮喘无季节性，严重者可发生吸入性肺炎，甚至出现肺间质纤维化。部分患者无吞咽困难，仅诉咽部不适，有异物感或堵塞感，称为癔球症，目前也认为与胃食管反流病有关。

（三）并发症

1. 上消化道出血　反流性食管炎患者，因食管黏膜糜烂及溃疡，可以导致上消化道出血，临床表现可有呕血和（或）黑便以及不同程度的缺铁性贫血。

2. 食管狭窄　食管炎反复发作致使纤维组织增生，最终导致瘢痕狭窄。

3. 巴雷特食管　食管下段的鳞状上皮被柱状上皮覆盖取代，原正常食管黏膜出现胃黏膜的橘红色，可呈环形、舌形或岛状分布，因为由英国人Barrett首先报道，因此称巴雷特食管（Barrett esophagus，BE）。巴雷特食管可发生在伴（或不伴）有反流性食管炎的基础上，表现为巴雷特食管是食管腺癌的癌前病变，其腺癌的发生率较正常人高30~50倍。

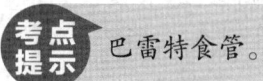 巴雷特食管。

【辅助检查】

（一）内镜检查

内镜检查是诊断反流性食管炎最准确的方法，并能判断反流性食管炎的严重程度和有无并发症，结合活检可与其他原因引起的食管炎和其他食管疾病（如食管癌）作鉴别。内镜下无反流性食管炎不能排除胃食管反流病。根据内镜下所见食管黏膜的损害程度进行反流性食管炎分级，有利于病情判断及指导治疗。胃镜下反流性食管炎分级（洛杉矶分级法，LA）列于表4-23-1。

表4-23-1　胃镜下反流性食管炎分级（洛杉矶分级法，LA）

分级	食管黏膜内镜下表现
正常	食管黏膜没有破损
A级	一个或一个以上食管黏膜破损，长径小于5 mm
B级	一个或一个以上食管黏膜破损，长径大于5 mm，但没有融合性病变
C级	黏膜破损有融合，但小于75%食管周径
D级	黏膜破损融合，至少达到75%食管周径

（二）24 h 食管 pH 监测

24 h 食管 pH 监测是诊断胃食管反流病的重要检查方法。连续监测患者 24 h 食管 pH，可提供食管是否存在过度酸反流的客观证据，并了解酸反流的程度及其与症状发生的关系。

（三）食管吞钡 X 线检查

食管吞钡 X 线检查对诊断反流性食管炎敏感性不高，适用于不愿接受或不能耐受内镜检查者行该检查，其目的主要是排除食管癌等其他食管疾病。严重反流性食管炎可发现阳性 X 线特征。

（四）食管滴酸试验

在滴酸过程中，出现胸骨后疼痛或胃灼热的患者为阳性，且多在滴酸的最初 15 min 内出现。

（五）食管测压

食管测压可测定食管下段括约肌的长度和部位、食管下段括约肌压力、食管下段括约肌松弛压、食管体部压力及食管上段括约肌压力等。食管下段括约肌静息压力为 10～30 mmHg，如食管下段括约肌压力＜6 mmHg，易导致反流。食管测压不直接反映胃食管反流，但有助于评估患者的食管功能。

【诊断与鉴别诊断】

（一）诊断

胃食管反流病的诊断依据：①有反流症状；②内镜下有反流性食管炎的表现；③有食管过度酸反流的客观证据。如患者有典型的胃灼热和反酸症状，可做出胃食管反流病的初步临床诊断。内镜检查如发现有反流性食管炎并能排除其他原因引起的食管病变，本病诊断可成立。对有典型症状而内镜检查阴性者，行 24 h 食管 pH 监测，如证实有食管过度酸反流的存在，诊断成立。

24 h 食管 pH 监测为侵入性检查，难以在临床常规应用。临床上对疑诊为本病而内镜检查阴性患者常用质子泵抑制药（PPI）作试验性治疗（如奥美拉唑每次 20 mg，每日 2 次，连用 7～14 d），如有明显效果，本病诊断一般可成立。对症状不典型的患者，常需结合内镜检查、24 h 食管 pH 监测和试验性治疗进行综合分析来做出诊断。

（二）鉴别诊断

胃食管反流病症状虽有其特点，但临床上仍应与其他病因导致的食管炎、消化性溃疡、胆道疾病以及食管动力疾病相鉴别。胸痛时应与心源性、非心源性胸痛的各种病因进行鉴别；有吞咽困难者要与食管癌和贲门失弛缓症相鉴别。

【治疗】

胃食管反流病的治疗目的是控制症状、治愈食管炎、减少复发和防治并发症。

（一）一般治疗

改变生活方式与饮食习惯。为了减少卧位及夜间反流，可将床头抬高 15～20 cm。避免睡前 2 h 内进食，白天进餐后也不宜立即卧床。注意减少一切引起腹内压增高的因素，如肥胖、便秘、紧束腰带。应避免进食使食管下段括约肌压力降低的食物，如高脂肪、巧克力、咖啡、浓茶。应戒烟及禁酒。避免应用降低食管下段括约肌压力的药物及引起胃排空延迟的药物。如一些老年患者因食管下段括约肌功能减退易出现胃食管反流，如同时合并有心血管疾患而服用硝酸甘油制剂或钙拮抗药，可加重反流症状，应适当避免。一些支气管哮喘患者如合并胃食管反流，可加重或诱发哮喘症状，尽量避免应用茶碱及多巴胺受体激动药，并加用抗反流治疗。

（二）药物治疗

1. 抑酸药

（1）H_2 受体拮抗药（histamine 2 receptor antagonist，H_2RA） 如西咪替丁、雷尼替丁、法莫替丁。H_2 受体拮抗药减少 24 h 胃酸分泌 50%～70%，但不能有效地抑制进食刺激引起的胃酸分泌，适用于轻度、中度患者。

（2）质子泵抑制药（protonpump inhibitor，PPI）：包括奥美拉唑、兰索拉唑、泮托拉唑、雷贝拉唑和埃索美拉唑等。这类药物抑酸作用强，因此对本病的疗效优于 H_2 受体拮抗药，特别适用于症状重、有严重食管炎的患者。

2. 促胃肠动力药 如多潘立酮、莫沙必利、依托必利，这类药物可能通过增加食管下段括约肌压力、改善食管蠕动功能、促进胃排空，从而达到减少胃内容物食管反流，减少其在食管的暴露时间。由于这类药物疗效有限且不确定，因此只适用于轻症患者，或作为与抑酸药合用的辅助治疗。

抑酸治疗是目前治疗本病的主要措施，对初次接受治疗的患者或有食管炎的患者，宜以质子泵抑制药治疗，以求迅速控制症状，治愈食管炎。

（三）维持治疗

胃食管反流病具有慢性复发倾向，为减少症状复发，防止食管炎反复复发引起的并发症，需考虑给予维持治疗。H_2 受体拮抗药和质子泵抑制药均可用于维持治疗，其中以质子泵抑制药效果最好。维持治疗的剂量因患者而异。

（四）内镜治疗

内镜治疗主要包括内镜下局部注射治疗和贲门黏膜缝合皱折成形术，这是近年开创的内镜下治疗胃食管反流病的新技术，但其长期疗效尚有待进一步考证。巴雷特食管也可行内镜下氩离子凝固术等治疗。

（五）抗反流手术治疗

经严格的内科治疗后患者仍表现有严重的反流症状和（或）并发症，病情重，需要长期大剂量抗酸药维持治疗的年轻患者可以考虑手术治疗。抗反流手术有不同形式的胃底折叠术、食管裂孔疝修补术以及贲门成形术等。

（六）并发症的治疗

1. 食管狭窄 除极少数严重瘢痕性狭窄需行手术切除外，绝大部分狭窄可行内镜下食管扩张术治疗。

2. 巴雷特食管 必须使用质子泵抑制药治疗及长程维持治疗。巴雷特食管发生食管腺癌的危险性大大增加，早期识别异型增生，发现重度异型增生或早期食管癌应及时行内镜下黏膜切除或手术切除。

自 测 题

一、选择题

1. 胃食管反流病的主要症状是
   A. 反酸　　　　　　　　　B. 上腹痛　　　　　　　　C. 咽部异物感
   D. 吞咽困难　　　　　　　E. 嗳气
2. 具有降低食管下段括约肌压力作用的药物是
   A. 钙通道阻滞药　　　　　B. 质子泵抑制药　　　　　C. H_2 受体拮抗药
   D. β受体阻断药　　　　　E. 促胃肠动力药
3. 患者，女性，48 岁。反酸、胃灼热、上腹胀 4 年余。对明确诊断有帮助的是
   A. 消化道造影　　　　　　B. 心电图检查　　　　　　C. 质子泵抑制药试验性治疗
   D. CT 检查　　　　　　　 E. 幽门螺杆菌检测

4. 典型的胃食管反流病的症状是
   A. 进行性吞咽困难
   B. 进餐后上腹痛，至下一餐前缓解
   C. 不洁饮食后上腹痛，伴呕吐、腹泻
   D. 空腹及夜间上腹痛，进食后可缓解
   E. 反酸、胃灼热，伴胸骨后烧灼痛
5. 下列不是胃食管反流病并发症的是
   A. 胃癌
   B. 食管狭窄
   C. 食管腺癌
   D. 消化道出血
   E. 巴雷特食管
6. 对于胃食管反流病患者，需要定期接受内镜检查的是
   A. 非糜烂性胃食管反流病
   B. 合并食管裂孔疝
   C. 反酸、胃灼热反复出现者
   D. 巴雷特食管
   E. 伴有咽部异物感
7. 胃食管反流病治疗措施不包括
   A. 应用促胃肠动力药
   B. 抗酸治疗
   C. 高脂肪饮食
   D. 减肥
   E. 避免饮用咖啡和浓茶
8. 用于胃食管反流病诊断性治疗的药物是
   A. 多潘立酮
   B. 枸橼酸铋钾
   C. 奥美拉唑
   D. 铝碳酸镁
   E. 雷尼替丁
9. 判断胃食管反流病患者的症状与病理生理改变的相关检查是
   A. 胃镜
   B. 食管测压
   C. 动态心电图
   D. 24 h 食管 pH 检测
   E. 上消化道 X 线钡剂检查

（10~11 题共用题干）

患者，男性，64 岁。胸骨后烧灼样疼痛 2 周，伴嗳气，偶有吞咽不畅。口服奥美拉唑治疗 2 周后疼痛缓解。

10. 应首选考虑的诊断是
    A. 消化性溃疡
    B. 食管癌
    C. 心绞痛
    D. 贲门失弛缓综合征
    E. 胃食管反流病
11. 目前首选的检查是
    A. 心电图
    B. 冠状动脉造影
    C. 胃镜
    D. 24 h 食管 pH 监测
    E. 超声心动图

二、简答题

1. 胃食管反流病典型症状有哪些？
2. 什么是巴雷特食管？有何临床意义？

三、案例分析题

1. 患者，女性，25 岁。咽部不适、声音嘶哑半年，伴反酸、胃灼热，偶有干咳，无咳痰，无发热，无腹痛、腹泻、呕血、黑便。体格检查：T 36.5 ℃，P 80 次 / 分，R 18 次 / 分，BP 120/80 mmHg。咽部慢性充血。双肺呼吸音清，未闻及干啰音、湿啰音，心律齐，腹软。目前宜采用的治疗措施是什么？

2. 患者，男性，45 岁，体重 80 kg，主因"胃灼热、反酸伴胸痛 6 个月"就诊。患者 6 个月前开始出现胃灼热、反酸，尤其在餐后和夜间更为明显。近 1 个月，患者出现胸痛，呈钝痛，有时放射至后背。患者无吞咽困难，无咳嗽、哮喘病史。吸烟史 20 年，每日 15 支；无饮酒史。体格检

查：T 36.5 ℃，P 72 次 / 分，R 18 次 / 分，BP 135/80 mmHg。颈软，心脏、肺体格检查无异常。上腹部轻压痛，无反跳痛，肝、脾肋下未触及。胃镜检查结果显示：食管下段黏膜轻度炎症，未见明显溃疡和糜烂。根据患者的病史和检查结果，初步诊断和诊断依据是什么？

（潘锋钢）

第二十四章 胃炎

第二十四章数字资源

学习目标

1. 知识：说出胃炎的定义、分类及临床意义，列举常见的胃炎类型及其病因，解释胃炎的病理生理机制，分析胃炎的临床表现、诊断方法及治疗原则。

2. 能力：完成胃炎患者的病史采集和体格检查，运用病史、体格检查及辅助检查结果对胃炎做出初步诊断，根据胃炎的类型和严重程度制定相应的治疗方案，解释胃炎的预防措施，实施健康教育。

3. 素养：对胃炎患者的病情变化保持警惕（如慢性萎缩性胃炎患者需定期随访以防癌变）；对治疗效果负责，主动跟踪患者用药依从性与症状改善情况，及时调整干预策略。耐心倾听患者对症状的描述（如"腹痛是否与饮食相关"），理解其因疾病带来的生活困扰（如影响睡眠、社交），缓解其心理压力。如实告知患者病情（如萎缩性胃炎的癌变风险），不隐瞒、不夸大；拒绝过度医疗（如不必要的胃镜复查、高价保健品推荐）。为患者提供精准、安全、有温度的医疗服务，同时推动胃炎诊疗领域的科学进步。

案例 4-24-1

患者，男性，36岁。上腹部隐痛、饱胀不适2年余，加重1个月。2年来患者每于受凉、进食不当或进食刺激性食物后出现上腹部隐痛不适，无放射痛，多于餐后半小时开始，持续1~2 h，偶有反酸、嗳气，无空腹痛及夜间痛，于当地医院就诊，服用奥美拉唑及铝碳酸镁片后可缓解。1个月前患者因进冷食后再次出现上述不适症状，反复发作，迁延不愈。体格检查：T 36.5 ℃，P 88次/分，R 16次/分，BP 115/78 mmHg。心脏、肺检查无异常。腹平软，上腹部轻度压痛，无反跳痛，未触及包块，肝、脾肋下未触及。辅助检查：^{14}C-尿素呼气试验阳性。内镜检查：胃体及胃窦黏膜充血、水肿，红白相间，以红色为主，皱襞增粗、紊乱，十二指肠球部及降段未见异常。

问题与思考：
1. 初步诊断和诊断依据是什么？
2. 治疗原则是什么？

胃炎（gastritis）是指由各种病因引起的胃黏膜炎症。根据发病情况，一般将胃炎分为常见的急性胃炎与慢性胃炎和少见的特殊类型胃炎。

第一节 急性胃炎

急性胃炎（acute gastritis）是指由多种病因引起的胃黏膜急性炎症。胃黏膜充血、水肿、表面覆盖渗出物称为急性单纯性胃炎；胃黏膜病变以糜烂和出血为主，称为急性糜烂出血性胃炎，又称急性胃黏膜病变。一般短期内可治愈，极少数可演变为慢性胃炎。

【病因与发病机制】

（一）理化刺激因素

服用化学药物，饮浓茶、烈酒，食用过冷、过热及粗糙食物，暴饮暴食等均可损伤胃黏膜引起炎症病变。化学药物中以非甾体抗炎药（nonsteroidal anti-inflammatory drug，NSAID）最多见，如阿司匹林、对乙酰氨基酚，属于非特异性环氧合酶（cyclooxygenase，COX）抑制剂，可以导致维持黏膜正常再生的前列腺素 E 分泌不足，黏膜修复障碍，出现以胃窦多见的糜烂及出血。其他药物（如乙醇、氨茶碱、氯化钾、铁剂、肾上腺皮质激素、抗肿瘤化疗药物及胆酸）也可损伤胃黏膜。

（二）应激

严重创伤、手术、烧伤、颅内病变、败血症及其他严重脏器病变或多器官功能衰竭、精神紧张等，可引起胃黏膜微循环障碍，黏膜缺血、缺氧，碳酸氢盐分泌不足，局部前列腺素合成不足，上皮再生能力减弱等改变，导致胃黏膜糜烂、出血，甚至溃疡形成。

（三）十二指肠-胃反流

上消化道动力异常、幽门括约肌功能不全，十二指肠远端梗阻、胃 Billroth-Ⅱ式术后，均可存在十二指肠内容物、胆汁、肠液和胰液反流入胃，引起胃黏膜糜烂和出血。

（四）感染因素

进食被细菌、病毒等病原体（如大肠埃希菌、葡萄球菌）污染的食物，其毒素导致胃黏膜的急性炎症。急性化脓性胃炎是胃壁黏膜下层的蜂窝织炎，本病少见但较严重，由于抗生素的广泛应用，现死亡率已明显下降。

（五）胃黏膜血液循环障碍

如门静脉高压导致胃底静脉曲张，胃黏膜常有渗血及糜烂，称为门静脉高压性胃病。

 急性胃炎的主要病因。

【临床表现】

患者常有上腹不适、腹痛、胀满、恶心、呕吐和食欲缺乏等；严重者可有呕血、黑便、脱水及酸中毒，甚至休克；服用非甾体抗炎药导致者多数无症状，于胃镜检查时被发现，或因出现呕血、黑便就诊；由细菌或病毒污染食物引起者，多在进食后 6~24 h 发病，表现为上腹部不适、阵发性绞痛、恶心、呕吐、食欲差，多伴有腹泻症状。

 急性胃炎的症状。

【诊断】

具有相关病因者并出现上述临床症状应疑诊，确诊则依靠胃镜检查，可见黏膜糜烂及出血病灶，可行病理组织学检查。由于胃黏膜修复速度很快，应尽早行胃镜检查。

【治疗】

（一）一般治疗

去除病因，积极治疗原发病和创伤因素，注意休息及饮食。对不能停用非甾体抗炎药者，应视情况应用 H_2 受体拮抗药、质子泵抑制药或米索前列醇预防。

（二）药物治疗

1. 抑酸药物　抑制胃酸分泌，促进黏膜愈合，控制出血。常用的抑酸药物有 H_2 受体拮抗药（如西咪替丁）、质子泵抑制药（如奥美拉唑）。
2. 保护胃黏膜药物　可选用硫糖铝、L-谷氨酰胺呱仑酸钠颗粒等药物。
3. 局部止血治疗　凝血酶、云南白药、去甲肾上腺素等均可口服止血。

第二节　慢性胃炎

慢性胃炎（chronic gastritis）是由各种病因引起的胃黏膜慢性炎症，胃黏膜呈非糜烂的炎性改变。本病临床常见，发病率随年龄增长而增加。幽门螺杆菌（Helicobacter pylori，H.pylori，Hp）感染是最常见的病因。胃镜及活检病理学检查是目前诊断与鉴别诊断的主要手段。

根据病因可将慢性胃炎分为 Hp 感染性胃炎和非 Hp 感染性胃炎两大类；根据病变在胃的分布，分为胃窦炎、胃体炎、全胃炎；根据病变的病理学改变，分为非萎缩性（浅表性）胃炎、萎缩性胃炎。

【病因与发病机制】

（一）幽门螺杆菌（Hp）感染

幽门螺杆菌感染是慢性胃炎最主要的病因。依据如下：①绝大多数慢性活动性胃炎患者胃黏膜中可检出幽门螺杆菌；②幽门螺杆菌在胃内的分布与胃内炎症分布一致；③根除幽门螺杆菌可使胃黏膜炎症消退；④在志愿者和动物模型中可复制幽门螺杆菌感染引起的慢性胃炎。

经口进入胃内的幽门螺杆菌部分被胃酸杀灭，部分黏附于胃窦黏膜层，而定居于黏膜层与胃窦黏膜上皮细胞表面的幽门螺杆菌逃避了胃酸的杀菌作用，难以被机体的免疫功能清除。幽门螺杆菌产生的尿素酶分解尿素，产生的氨可中和反渗入黏膜层的胃酸，形成有利于幽门螺杆菌定居和繁殖的局部微环境，使感染慢性发展。另外，幽门螺杆菌产生的氨及空泡毒素等物质可损伤细胞，促进上皮细胞释放炎性介质；菌体细胞壁还可作为抗原诱导免疫反应。多种因素的存在，导致胃黏膜的慢性炎症。幽门螺杆菌对胃黏膜炎症发展的转归取决于幽门螺杆菌的毒力、宿主个体差异和胃黏膜生态环境等多种因素。

慢性胃炎的主要病因。

（二）十二指肠液反流

各种原因引起的胃肠道动力异常，幽门括约肌功能受损，导致十二指肠液、胆汁及胰液反流入胃腔，损伤胃黏膜屏障，导致胃黏膜炎症。

（三）药物和酒精

服用非甾体抗炎药、饮酒等因素可导致胃黏膜损害，与慢性胃炎的发生有一定的关系。

（四）自身免疫

胃体腺壁细胞分泌盐酸和内因子，内因子与食物中的维生素B_{12}（外因子）结合成复合物，到达回肠后，维生素B_{12}被吸收。当体内出现针对壁细胞或内因子的自身抗体时，作为靶细胞的壁细胞总数减少，胃酸分泌减少。内因子减少，引起维生素B_{12}吸收不良而导致恶性贫血。

（五）其他因素

人体的遗传易感性，长期食用过冷、过热或粗糙食物，饮浓茶、咖啡，饮食中高盐和缺乏新鲜蔬菜、放疗等，在慢性胃炎发病中起一定的作用。

【病理】

非萎缩性胃炎病变局限在黏膜的上1/3，黏膜充血、水肿、渗出，皱襞肿胀增粗，黏膜表层炎症细胞浸润，胃腺体正常。萎缩性胃炎胃黏膜萎缩、变薄，可见黏膜下血管显露，腺体逐渐破坏、萎缩、消失。

慢性胃炎组织学变化主要有炎症、萎缩、上皮化生、异型增生。

（一）炎症

以淋巴细胞、浆细胞为主的慢性炎症细胞浸润，根据浸润深度分为轻度、中度、重度。炎症活动可见中性粒细胞浸润，严重者可形成小凹脓肿。因幽门螺杆菌感染常呈簇状分布，胃窦黏膜炎症也有多灶分布的特点，常有淋巴滤泡出现。

（二）萎缩

病变扩展至腺体深部，腺体破坏、减少，固有层纤维化，分为非化生性萎缩及化生性萎缩。累及胃窦及胃体的多灶萎缩发展为胃癌的风险增加。

（三）上皮化生

胃黏膜表层上皮和腺体被杯状细胞和幽门腺细胞所取代。分布范围越广，发生胃癌的风险越高。化生分为两种类型。①肠上皮化生：以杯状细胞为特征的肠腺替代了胃固有腺体；②假幽门腺化生：泌酸腺的颈黏液细胞增生，形成幽门腺样腺体，但组织学上与幽门腺难以区分。肠上皮化生范围及严重程度越大，其危害也越大。

（四）异型增生

异型增生又称不典型增生，若增生的上皮和肠化生上皮发育异常，则形成不典型增生。世界卫生组织（WHO）国际癌症研究协会推荐使用的术语是上皮内瘤变；低级别上皮内瘤变包括轻度、中度异型增生，高级别上皮内瘤变包括重度异型增生和原位癌。异型增生是胃癌的癌前病变。轻度者可逆转，重度者有时与高分化腺癌不易区别，应密切观察。

慢性胃炎向胃癌发展的进程中，胃癌前情况包括萎缩、肠上皮化生、异型增生等。我国医师通常将其分为胃癌前状态（胃癌前疾病，伴有或不伴有肠上皮化生的慢性萎缩性胃炎、胃息肉、胃溃疡、残胃等）和癌前病变（萎缩、肠上皮化生及异型增生）两部分。

【临床表现】

（一）症状

大多数患者无特异性症状，可有中上腹部不适、饱胀、上腹隐痛、嗳气、反酸、食欲缺乏、胃灼热、恶心及呕吐等，症状轻重与胃镜和病理所见不成比例。胃体萎缩性胃炎患者可有厌食、消瘦伴缺铁性贫血，少数为恶性贫血。

（二）体征

多数患者无明显体征，可仅有上腹部轻压痛。

 慢性胃炎的临床表现。

【辅助检查】

（一）胃镜及活体组织检查

胃镜检查，必要时取活组织行病理学检查是最可靠的诊断方法。黏膜组织活检时，为保证诊断的准确性，活组织宜多部位取材，且标本量要足够（达到黏膜肌层）。

（二）幽门螺杆菌检测

幽门螺杆菌检测方法分为侵入性和非侵入性，前者需通过胃镜检查取胃黏膜活组织进行检测，包括快速尿素酶试验、组织学检查和幽门螺杆菌培养。后者主要有 ^{13}C- 或 ^{14}C 尿素呼气试验、粪便幽门螺杆菌抗原检测及血清学检查（检测血清抗幽门螺杆菌 IgG 抗体）。

（三）自身免疫性胃炎的相关检查

检测血清壁细胞抗体（parietal cell antibody，PCA）和内因子抗体（intrinsic factor antibody，IFA）及维生素 B_{12} 水平，有助于诊断自身免疫性胃炎。

【诊断】

本病确诊必须依靠胃镜检查及黏膜组织病理学检查。幽门螺杆菌检测有助于病因诊断。当怀疑自身免疫性胃炎时，应检测相关自身抗体等。

 慢性胃炎的诊断。

【治疗】

大多数成人胃黏膜均有非活动性、轻度慢性非萎缩性炎症，如幽门螺杆菌阴性且无症状，可不予药物治疗。若慢性胃炎波及黏膜全层或呈活动性，有癌前情况，则需治疗。

（一）对因治疗

1. 幽门螺杆菌相关胃炎　无论有无症状和并发症，均应进行根除治疗。根除幽门螺杆菌的治疗方案，目前推荐铋剂四联方案，即 1 种 PPI+1 种铋剂 +2 种抗生素，疗程为 10~14 d。由于各地抗生素耐药情况不同，故抗生素及疗程的选择应根据当地耐药情况而定。

（1）抗生素：克拉霉素、阿莫西林、甲硝唑、替硝唑、喹诺酮类抗生素、呋喃唑酮、四环素等。

（2）质子泵抑制药：埃索美拉唑、奥美拉唑、兰索拉唑、泮托拉唑、雷贝拉唑、艾普拉唑等。

（3）铋剂：枸橼酸铋钾、果胶铋等。

 根除幽门螺杆菌的方案。

2. 十二指肠液反流　可使用改善胃肠动力等药物。
3. 胃黏膜营养因子缺乏　补充复合维生素，恶性贫血者需终身注射维生素 B_{12}。

（二）对症治疗

1. 抑酸药　抑酸药常用的有 H_2 受体拮抗药（如西咪替丁、雷尼替丁、法莫替丁）、质子泵抑制药（如奥美拉唑、雷贝拉唑、兰索拉唑）。
2. 胃黏膜保护药　如硫糖铝、枸橼酸铋钾。
3. 助消化药　有消化不良症状者可用干酵母、复方消化酶等，也可使用促胃动力药多潘立酮或莫沙必利等。

（三）癌前情况的治疗

异型增生是胃癌的癌前病变，应予以高度重视。轻度、中度异型增生是可逆的，在根除幽门螺杆菌的前提下，适量补充复合维生素和富硒药物及某些中药等。对于肯定的重度异型增生，则宜行内镜下剥离术，并视病情定期随访。

（四）健康教育

提倡分餐有利于减少感染幽门螺杆菌的机会。饮食应多样化，避免偏食，适当补充多种营养物质；戒烟、限酒，避免过于粗糙、辛辣及刺激性的食物；不吃霉变食物；少吃烟熏、腌制、富含硝酸盐和亚硝酸盐的食物；保持良好的心态及充足的睡眠。

【预后】

慢性非萎缩性胃炎预后良好。肠上皮化生常难以逆转；部分萎缩可以改善或逆转；轻症异型增生可逆转，而重度者易癌变。对于有胃癌家族史且食物单一、经常进食熏制或腌制食物的患者，需要警惕癌前情况向胃癌的进展。

自 测 题

一、选择题

1. 急性糜烂出血性胃炎最常见的原因是
   A. 不洁饮食　　B. 剧烈呕吐　　C. 食用刺激性食物
   D. 口服抗生素　　E. 口服非甾体抗炎药
2. 急性糜烂出血性胃炎的常见原因不包括
   A. 非甾体抗炎药　　B. 脑外伤　　C. 乙醇
   D. 幽门螺杆菌感染　　E. 严重烧伤
3. 与慢性胃炎和消化性溃疡有密切关系的病原菌是
   A. 空肠弯曲菌　　B. 幽门螺杆菌　　C. 胎儿弯曲菌
   D. 鼠伤寒沙门菌　　E. 副溶血性弧菌
4. 急性胃炎的临床表现不包括
   A. 黄疸　　B. 消化道出血　　C. 呕吐
   D. 上腹痛　　E. 恶心
5. 诊断急性胃炎应选用的检查是
   A. 钡餐造影　　B. 腹部 CT　　C. 腹部 B 超
   D. 胃镜检查　　E. 胃液分析
6. 慢性活动性胃炎最主要的病因是
   A. 饮食和环境因素　　B. 自身免疫　　C. 幽门螺杆菌感染
   D. 药物　　E. 应激

7. 判断慢性胃炎有无活动性的病理学依据是
   A. 浆细胞浸润　　　　　　B. 淋巴细胞浸润　　　　　C. 淋巴滤泡形成
   D. 中性粒细胞浸润　　　　E. 肠上皮化生
8. 最有助于自身免疫性胃炎诊断的实验室检查是
   A. 血清壁细胞抗体检测　　B. 血胃蛋白酶原定量　　　C. 胃液中胃蛋白酶定量
   D. 胃酸测定　　　　　　　E. 血清胃泌素测定
9. 下列根除幽门螺杆菌的方案，宜首选的是
   A. 质子泵抑制药 + 克拉霉素 + 铋剂，治疗 2 周
   B. H_2 受体拮抗药 + 阿莫西林 + 甲硝唑，治疗 1 周
   C. 质子泵抑制药 + 克拉霉素 + 铋剂 + 阿莫西林，治疗 10 d
   D. 铋剂 + 克拉霉素 + 法莫替丁，治疗 10 d
   E. 质子泵抑制药 + 克拉霉素 + 阿莫西林 + 硫糖铝，治疗 1 个月
10. 慢性胃炎的临床表现一般不包括
    A. 恶心、呕吐　　　　　　B. 反酸、胃灼热　　　　　C. 贫血
    D. 右季肋部痛　　　　　　E. 上腹痛
11. 免疫性胃炎导致的大细胞性贫血，应补充的营养是
    A. 维生素 B_{12}　　　　　B. 叶酸　　　　　　　　　C. 维生素 C
    D. 铁离子　　　　　　　　E. 维生素 B 族

二、简答题

1. 急性胃炎、慢性胃炎的主要病因有哪些？
2. 急性胃炎、慢性胃炎的临床表现有哪些？

三、案例分析题

患者，女性，52 岁，因"反复上腹部疼痛"就诊。患者疼痛无规律，常在夜间发生，伴有食欲缺乏和体重减轻。患者有慢性胃炎病史，近期未服用任何药物。体格检查：上腹部轻压痛，无反跳痛，肝、脾肋下未触及。内镜检查显示胃窦黏膜有糜烂和红斑。初步诊断是什么？治疗原则是什么？

（潘锋钢）

第二十五章　消化性溃疡

第二十五章数字资源

学习目标

1. 知识：说出消化性溃疡的概念、临床表现、并发症及诊断要点，列举消化性溃疡的病因与发病机制，解释消化性溃疡的辅助检查和鉴别诊断。
2. 能力：根据患者的病史、临床表现做出初步诊断，能为消化性溃疡患者提供正确的治疗策略及根除幽门螺杆菌的治疗方案。
3. 素养：深刻认识消化性溃疡并发症的危险性（如大出血可危及生命），在诊疗过程中保持警惕，对高危患者（如老年患者、长期服用非甾体抗炎药者）进行重点监测和干预。严格遵守医疗操作规范（如胃镜检查的术前准备、术中管理、术后护理），降低医疗风险，保障患者安全。从公共卫生角度探析消化性溃疡的群体防控意义（如幽门螺杆菌的家庭聚集性传播），在临床工作中积极参与科普宣传，助力疾病的预防控制。

案例 4-25-1

患者，男性，45 岁，因"反复上腹痛 3 年，加重 1 h"入院。患者近 3 年多于不规律饮食后出现上腹疼痛，呈胀痛，间断发作，饥饿时明显，进食后缓解，无放射痛，伴嗳气、反酸、恶心，无呕吐。3 年来上述症状反复发作，服用奥美拉唑可缓解，未引起重视，患者未进一步检查。1 h 前患者饮白酒约 150 ml 后突然出现上腹痛，呈持续性绞痛，阵发性加剧，伴恶心、呕吐 3 次，呕吐物为胃内容物，无咖啡色物质，无胸痛、胸闷、心悸，急诊入院。自发病以来，患者神志清楚，精神差，二便正常。体格检查：T 37.8 ℃，P 110 次/分，R 20 次/分，BP 110/75 mmHg，急性痛苦病容。心脏、肺检查无异常。腹平坦，呈板状腹，全腹压痛、反跳痛，肝、脾肋下未触及，肠鸣音减弱。辅助检查：①血常规 WBC 15.8×10^9/L，N 87%，L 13%；②尿常规未见异常；③血淀粉酶 98 U/L；④超声检查示肝、胆、脾、双肾均未见异常。

问题与思考：
1. 初步诊断是什么？
2. 诊断依据有哪些？
3. 为明确诊断，需进一步做哪些检查？

消化性溃疡（peptic ulcer，PU）是指胃肠道黏膜发生的炎症缺损，由于胃酸、胃蛋白酶的消化作用是溃疡形成的基本因素，故称消化性溃疡。消化性溃疡常发生于胃和十二指肠球部，也可发生于食管、胃-空肠吻合口附近以及含有胃黏膜的梅克尔（Meckel）憩室。

【流行病学】

消化性溃疡是全球性常见病，可发生于任何年龄段，男性多于女性，约有 10% 的人在其一生中患过此病。十二指肠溃疡（duodenal ulcer，DU）多于胃溃疡（gastric ulcer，GU），两者发病率之比约为 3∶1，DU 多见于青壮年人，GU 多见于中老年人。

【病因与发病机制】

消化性溃疡的发生机制是损伤因素与黏膜防御因素之间失去平衡，胃酸对黏膜自我消化。消化性溃疡常见的病因及发生机制如下。

（一）幽门螺杆菌感染

幽门螺杆菌感染是消化性溃疡形成的重要病因，也是消化性溃疡反复发作、迁延不愈的根本原因。主要基于：①消化性溃疡患者幽门螺杆菌检出率显著高于对照组人群；②成功根除幽门螺杆菌后有助于溃疡愈合，复发率明显下降。

 消化性溃疡的重要发病因素。

（二）胃酸和胃蛋白酶

消化性溃疡的最终形成是致病因素引起胃酸、胃蛋白酶对胃黏膜的侵袭作用与黏膜屏障的防御能力之间失去平衡。侵袭作用增强和（或）防御能力减弱均可导致消化性溃疡的产生。胃酸在溃疡形成过程中起决定性作用，它是溃疡形成的直接原因。胃蛋白酶是消化性溃疡发病的另一个重要因素，其活性依赖于胃液的 pH，pH 为 2~3 时，胃蛋白酶原被激活；pH＞4 时，胃蛋白酶失活。因此，抑制胃酸可抑制胃蛋白酶的活性。

 消化性溃疡形成过程中的决定性因素。

（三）药物

药物所致消化性溃疡以非甾体抗炎药最常见，如布洛芬、吲哚美辛、阿司匹林，5%~30% 的患者可发生消化性溃疡，主要与其抑制体内前列腺素合成，削弱其对胃、十二指肠黏膜的保护作用有关。另外，长期服用糖皮质激素、氯吡格雷、化疗药物、双磷酸盐、西罗莫司等药物易于发生消化性溃疡。

（四）其他因素

下列因素可能与消化性溃疡的发病有关系：①吸烟；②遗传；③急性应激；④胃、十二指肠运动异常。

知识链接

胃 的 解 剖

胃上自贲门接连食管，下通过幽门接连十二指肠，分贲门、胃底、胃体、胃角、胃窦、幽门等部分。胃壁分为四层：黏膜层、黏膜下层、肌层、浆膜层。胃肠道接受来自腹主动脉的血液供应，主要经由胃动脉和肠系膜上、下动脉输送血液及营养物质，占心排血量的 20%，进食后增加。来自胃肠道携带丰富营养物质的静脉血流经门静脉至肝。胃肠道受自主神经系统的交感神经和副交感神经的双重支配。胃的功能是储存并将食物与之分泌的液体相混合，通过蠕动将食糜推向幽门，幽门括约肌的收缩使部分消化的食糜进入小肠。激素、神经和胃分泌液中的局部调节物控制胃的分泌和运动。

【病理】

十二指肠溃疡（DU）多发生于十二指肠球部，以紧邻幽门的前壁或后壁常见。胃溃疡（GU）多发生于胃角和胃窦小弯，靠近幽门腺区（胃窦）与泌酸腺区（胃体）交界处的幽门腺区一侧。幽门腺区黏膜可随年龄增长而扩大，使其与泌酸区的交界上移，故老年患者GU病变部位多较高。活动期消化性溃疡一般为单个，也可为多个，呈圆形或椭圆形。直径多＜10 mm，边缘较光整，底部由肉芽组织构成，表面覆以白色或黄色渗出物，溃疡周围黏膜充血、水肿。溃疡深者可达肌层或浆膜层，累及血管时引起出血，穿破浆膜层时引起穿孔。溃疡愈合后产生瘢痕，瘢痕收缩形成狭窄或假性憩室等。

 消化性溃疡的病理特点。

【临床表现】

（一）症状

消化性溃疡患者的典型症状为上腹痛，疼痛性质可为钝痛、灼痛、胀痛、剧痛或饥饿样不适感。疼痛多位于中、上腹部，可偏右或偏左，一般为轻度至中度持续性疼痛。消化性溃疡患者的症状往往还包括以下特点。①慢性病程：可达数年至数十年。②周期性发作：发作期可为数周甚至数月，缓解期也可长短不一。发作有季节性，多在秋季、冬季或者冬春之交发病。③节律性上腹痛：部分患者有与进餐相关的节律性上腹部疼痛。GU多为餐后痛，DU多为饥饿痛或夜间痛，进餐缓解。④腹痛多可被抑酸药或抗酸药缓解。

部分患者症状较轻，仅表现为上腹不适、腹胀、厌食、嗳气、反酸等消化不良症状。还有无症状性溃疡，不易被患者注意，往往以出血、穿孔等并发症为首发症状。无症状性溃疡以长期服用非甾体抗炎药患者及老年人多见。

 消化性溃疡的典型症状及其特点。

（二）体征

溃疡发作时上腹部可有局限性压痛，缓解期无明显体征。

（三）特殊类型溃疡

1. 复合性溃疡　复合性溃疡指胃和十二指肠同时发生的活动性溃疡，多见于男性。
2. 幽门管溃疡　餐后很快发生疼痛，上腹痛的节律性不明显，易发生幽门梗阻、出血和穿孔等并发症。胃镜检查时应注意活检排除癌变。
3. 球后溃疡　球后溃疡指发生在十二指肠降段、水平段的溃疡，多发生在十二指肠降段的初始部及乳头附近，溃疡多在后内侧壁。疼痛可向右上腹及背部放射，对药物治疗反应较差，较易并发出血，严重时可出现胆总管引流障碍，梗阻性黄疸或引发急性胰腺炎。
4. 巨大溃疡　巨大溃疡指直径＞2 cm的溃疡，常见于服用非甾体抗炎药的老年人。巨大十二指肠球部溃疡常在后壁，易引发慢性穿透性穿孔。疼痛剧烈而顽固、放射至背部，老年人也可无症状。胃巨大溃疡应注意与恶性溃疡相鉴别。
5. 老年人溃疡　老年人溃疡临床表现多不典型，疼痛无规律，GU多位于胃体上部，溃疡较大，易误诊为胃癌。

6. 难治性溃疡 难治性溃疡指经正规抗溃疡治疗而溃疡仍未愈合者。处理的关键在于找准病因。

 特殊类型溃疡的特点。

【并发症】

（一）出血

消化道出血是消化性溃疡患者最常见的并发症，消化性溃疡也是上消化道大出血最常见的病因，约占所有病因的50%。因溃疡侵蚀血管可引起出血，DU 较 GU 更易发生出血。临床表现为呕血和（或）黑便，出血量大者可伴失血性休克。

（二）穿孔

病灶向深部发展并穿透浆膜层时则并发穿孔。临床上可分为急性、亚急性和慢性3种类型，以急性穿孔常见。急性穿孔常发生于十二指肠前壁或胃前壁，胃肠内容物漏入腹腔引起急性弥漫性腹膜炎。邻近后壁的穿孔或游离穿孔较小，只引起局限性腹膜炎时称为亚急性穿孔。溃疡深至浆膜层时，与邻近组织或器官发生粘连，称为慢性穿孔，又称穿透性溃疡。

（三）幽门梗阻

2%~4%的病例主要由十二指肠球部溃疡或幽门管溃疡引起幽门梗阻。急性发作时可因炎症水肿和平滑肌痉挛而引起暂时性梗阻，可随炎症的好转而缓解。因瘢痕收缩或与周围组织粘连而阻塞胃流出道，梗阻呈持久性，需手术治疗。幽门梗阻患者上腹胀满不适，常伴有恶心、呕吐，呕吐物含发酵的酸性宿食，体征可有振水音阳性。

（四）癌变

DU 一般不发生癌变。反复发作、病程长的 GU 发生癌变的概率增加。

 消化性溃疡的常见并发症。

【辅助检查】

（一）胃镜及胃黏膜活检

胃镜检查是诊断消化性溃疡的首选方法。通过胃镜检查，不仅可对胃、十二指肠黏膜进行直接观察，还可在直视下取活组织做病理学检查及幽门螺杆菌检测。胃镜检查的意义：①确定有无消化性溃疡病变、溃疡所在部位及其分期，内镜下溃疡可分为三期：活动期（A）、愈合期（H）和瘢痕期（S），其中每个期又分为两个阶段。②活检病理学检查可鉴别溃疡的良、恶性。③对治疗效果进行评价。④对合并出血者予以镜下治疗。

（二）X 线钡餐检查

X 线钡餐检查适用于对胃镜检查有禁忌证或不愿意接受胃镜检查者。气钡双重造影可提高诊断率。溃疡的 X 线征象：龛影为直接征象，有确诊价值；十二指肠激惹和球部畸形、胃大弯侧痉挛性切迹均为间接征象，提示可能为溃疡。

（三）CT 检查

对于穿透性溃疡或穿孔，CT 可以发现穿孔周围组织炎症、包块、积液，对于游离气体的显示甚至优于立位胸部 X 线片。另外，CT 检查对幽门梗阻有鉴别诊断意义。

（四）幽门螺杆菌检测

幽门螺杆菌检测被列为消化性溃疡的常规检查项目。详见本篇第二十四章第二节。

（五）粪便隐血试验

粪便隐血试验可了解溃疡有无合并出血，也可协助诊断消化道恶性肿瘤。

（六）胃液分析和血清促胃液素测定

胃液分析和血清促胃液素测定主要用于与胃泌素瘤的鉴别诊断。

【诊断】

根据慢性病程、周期性发作、节律性上腹痛可做出初步诊断。确诊主要依据胃镜检查。另外，X线钡餐检查见龛影可确诊溃疡，但难以区分其良、恶性。

 消化性溃疡的诊断依据。

【鉴别诊断】

消化性溃疡应与胃癌、慢性胃炎、慢性胆囊炎、胃神经官能症等引起慢性上腹部疼痛的疾病相鉴别（表4-25-1）。

表4-25-1 消化性溃疡的鉴别诊断

疾病名称	症状	体征	辅助检查
消化性溃疡	慢性、周期性、节律性上腹痛	上腹部局部轻压痛	胃镜、X线钡餐可确诊
胃癌	持续性上腹痛，药物难以缓解	早期体征不明显，中、晚期上腹部可扪及包块	胃镜及组织病理学检查可确诊
慢性胃炎	上腹部隐痛，症状较轻	体征不明显，部分患者有剑突下轻压痛	内镜可见黏膜充血、水肿，呈红白相间
慢性胆囊炎	上腹部疼痛，常由进食油腻食物诱发	胆囊区压痛，急性发作时可见黄疸	超声检查可确诊
胃神经官能症	腹痛无规律，伴失眠、多梦、焦虑、忧郁	无明显体征	无阳性发现

【治疗】

治疗目的是消除病因、缓解症状、促进溃疡愈合、防止复发和防治并发症。

（一）一般治疗

生活规律，劳逸结合，避免过度劳累和精神紧张。注意饮食规律，戒烟、戒酒。停用不必要的非甾体抗炎药。

（二）药物治疗

自20世纪70年代以来，消化性溃疡药物治疗经历了H_2受体拮抗药、质子泵抑制药（PPI）和根除幽门螺杆菌三次里程碑式的进展，使溃疡愈合率显著提高，并发症发生率显著降低，外科手术率明显减少。

1. 根除幽门螺杆菌　对幽门螺杆菌感染引起的消化性溃疡，根除幽门螺杆菌不但可以促进溃疡愈合，而且可以预防溃疡复发。因此，凡有幽门螺杆菌感染的消化性溃疡患者，均应予以根除。药物选用及疗程详见本篇第二十四章第二节。

2. 抑制胃酸药物　溃疡的愈合与抑酸治疗的强度和时间成正比。常用的抑制胃酸分泌的药物包括H_2受体拮抗药和质子泵抑制药（PPI）。

（1）H_2受体拮抗药：正常情况下，组胺与壁细胞上的H_2受体结合而导致壁细胞分泌胃酸，H_2受体拮抗药可阻断该作用。常用的H_2受体拮抗药有西咪替丁、雷尼替丁、法莫替丁，临床效果相似。十二指肠溃疡者需要治疗4~6周，胃溃疡者需要治疗8~12周。

（2）质子泵抑制药：常用的有奥美拉唑、兰索拉唑、泮托拉唑、雷贝拉唑、埃索美拉唑等。质子泵抑制药作用于壁细胞胃酸分泌终末步骤中的关键酶（H^+-K^+-ATP酶），使其不可逆失活，因此抑酸作用更强、更持久。与H_2受体拮抗药相比，质子泵抑制药促进溃疡愈合的速度较快，愈合率较高，因此特别适用于治疗难治性溃疡或非甾体抗炎药所致溃疡且患者不能停用非甾体抗炎药时的治疗。质子泵抑制药也是根除幽门螺杆菌治疗方案中的重要药物。

3. 保护胃黏膜药物

（1）铋剂：这类药物分子量较大，在酸性溶液中呈胶体状，与溃疡基底面的蛋白形成复合物，覆盖于溃疡表面，阻隔侵袭损害因素。铋剂可通过包裹幽门螺杆菌菌体，干扰其代谢，发挥杀菌作用，是根除幽门螺杆菌的四联药物的主要组成之一。服用后可导致患者舌苔发黑，长期服用可因铋在体内过量蓄积而引起神经毒性。因肾为铋的主要排泄器官，故肾功能不全者忌用铋剂。

（2）弱碱性抗酸药：常用铝碳酸镁、磷酸铝、硫糖铝、氢氧化铝凝胶等。这些药物可中和胃酸，起效速度快，可短暂缓解疼痛，但很难治愈溃疡。这类药物能促进前列腺素合成，增加黏膜血流量、刺激胃黏膜分泌HCO_3^-和黏液，目前多被视为黏膜保护剂。

（三）治疗消化性溃疡的方案及疗程

为达到溃疡愈合目的，抑酸药物的疗程通常为4~6周，一般推荐质子泵抑制药治疗DU疗程为4~6周，治疗GU疗程为6~8周。根除幽门螺杆菌所需的1~2周疗程可重叠在4~8周的抗酸药疗程内，也可在抗酸疗程结束后进行。

消化性溃疡应用抑酸药物的疗程。

（四）非甾体抗炎药所致溃疡的治疗和预防

服用非甾体抗炎药后出现的溃疡，如病情允许，应立即停用。如不能停用，可选择对胃黏膜损伤小的非甾体抗炎药（如特异性COX-2抑制剂），并同时使用质子泵抑制药治疗。如有幽门螺杆菌感染，应同时进行根除幽门螺杆菌治疗。溃疡愈合后如不能停用非甾体抗炎药，应予以质子泵抑制药或米索前列醇长疗程维持治疗。

（五）维持治疗

GU愈合后，大多数患者可停药。但反复发作的溃疡，在去除常见诱因和病因的同时，应给予维持治疗，即较长时间服用维持剂量的H_2受体拮抗药或质子泵抑制药。疗程视具体病情延长用药时间。

（六）内镜治疗及外科手术治疗

1. 内镜治疗　针对消化性溃疡并发症上消化道出血的内镜下治疗，包括溃疡表面喷洒止血药，出血部位注射1∶10 000肾上腺素、出血点钳夹和热凝固术等。结合质子泵抑制药持续静脉滴注对消化性溃疡活动性出血止血成功率达95%以上。

2. 外科手术治疗　大多数消化性溃疡患者已不需要施行外科手术。外科手术主要限于少数出现并发症者，包括：①大量出血经药物、内镜、介入治疗无效者；②急性穿孔、慢性穿透性溃疡；③内镜治疗无效的瘢痕性幽门梗阻；④GU疑有癌变。

【预后】

随着内科治疗的进展,有效的药物治疗可使消化性溃疡愈合率达到 95% 以上,消化性溃疡患者死亡率明显下降至 1% 以下。死亡主要见于高龄伴严重并发症的患者,尤其是并发大出血和急性穿孔者。

自 测 题

一、选择题

1. 预防十二指肠溃疡复发的主要治疗措施为
   A. 促进黏膜修复　　　　B. 降低门静脉压力　　　　C. 抑制胃酸分泌
   D. 应用止血药　　　　　E. 根除幽门螺杆菌

2. 患者,男性,40 岁,反复上腹部疼痛 10 余年,多于秋季、冬季发生,夜间疼痛明显,向背部放射,近 1 周疼痛再发。1 d 前患者排柏油样便 2 次,量中等。无头晕、心悸。体格检查:P 90 次/分,R 17 次/分,BP 110/71 mmHg,腹软,脐上压痛。血 Hb 100 g/L,粪便隐血试验(+++)。导致该患者黏膜损伤的直接原因是
   A. 胃泌素分泌异常　　　　　　　　B. 胃动力异常
   C. 胃肠黏膜分泌功能异常　　　　　D. 胃黏膜血液供应异常
   E. 胃酸、胃蛋白酶导致的自身消化

3. 患者,男性,30 岁,间断上腹部疼痛 2 年,多为空腹痛,于受凉后发作,3 d 前疼痛再发,伴恶心、呕吐,呕吐物为酸臭宿食,无咖啡渣样物。最可能的疾病诊断是
   A. 十二指肠降部溃疡　　B. 胃体溃疡　　　　　　C. 十二指肠球部溃疡
   D. 食管溃疡　　　　　　E. 胃角溃疡

4. 患者,男性,28 岁,间断上腹痛 2 年,加重 1 周,呕血 5 h。胃镜检查见十二指肠球前壁溃疡,底部红色血栓并有少量活动性出血。最适合的治疗是
   A. 外科手术　　　　　　B. 静脉应用质子泵抑制药　　C. 胃镜下止血治疗
   D. 口服凝血酶　　　　　E. 口服去甲肾上腺素盐水

5. 患者,男性,28 岁。十二指肠球部溃疡史 5 年,突感上腹部剧痛 5 h。继之全腹痛,大汗淋漓。体格检查:全腹压痛及反跳痛,有溃疡穿孔可能。最有助于溃疡穿孔诊断的体征是
   A. 腹肌紧张　　　　　　B. 腹部叩诊呈鼓音　　　　C. 肝浊音界消失
   D. 腹部移动性浊音　　　E. 肠鸣音消失

二、简答题

1. 消化性溃疡典型症状的特点是什么?
2. 消化性溃疡的常见并发症有哪些?
3. 感染幽门螺杆菌的消化性溃疡患者的治疗策略是什么?

三、案例分析题

患者,男性,35 岁,间断上腹痛 3 年,黑便 2 d。患者 3 年前开始间断出现上腹痛,常于秋季、冬季发病,以空腹痛为主,进餐或服用"法莫替丁"后症状可暂时缓解,近 2 d 每日排黑色稀便 2~4 次,每日量为 250~400 g,感头晕、心悸、乏力,活动后加重。此次发病以来尿量减少,

近期体重无明显下降。既往饮酒5年余，每日饮白酒约150 g，其父亲死于胃癌。体格检查：T 35.8 ℃，P 110次/分，R 20次/分，BP 90/60 mmHg，贫血貌，皮肤未见出血点及皮疹，浅表淋巴结未触及肿大，结膜苍白，巩膜无黄染，双肺未闻及干啰音、湿啰音，心界不大，各瓣膜听诊区未闻及杂音。腹平软，上腹部轻压痛，无反跳痛，未触及包块，肝、脾肋下未触及，移动性浊音（-），肠鸣音活跃。双下肢无水肿。辅助检查：①血常规 Hb 71 g/L，RBC 2.4×10^{12}/L，WBC 9.8×10^9/L，N 65%，L 27%，PLT 300×10^9/L，粪便常规：黑软便，镜检（-），隐血（+）。

请回答：

（1）本病例的初步诊断及诊断依据是什么？

（2）为明确诊断，需进一步做哪些检查？

（3）该患者的治疗原则有哪些？

（陈　曼）

第二十六章 炎症性肠病

第二十六章数字资源

学习目标

1. 知识：说出溃疡性结肠炎及克罗恩病的概念、临床表现及诊断，列举炎症性肠病的常见病因并解释其发病机制，分析溃疡性结肠炎及克罗恩病的临床表现、诊断依据及治疗原则。

2. 能力：根据患者的病史、临床表现和各项辅助检查做出初步诊断，根据病情拟定治疗计划并正确评估预后，对患者进行健康教育。

3. 素养：树立以患者为中心的职业态度与责任感。深刻认识炎症性肠病的慢性复发特性，摒弃"短期治愈"的功利心态，树立对患者长期随访、持续管理的责任感，重视疾病对患者终身健康（包括生理、心理、社会功能）的深远影响。正视炎症性肠病诊疗中的不确定性（如病情反复、治疗反应个体差异大），培养耐心与同理心，不因治疗效果未达预期而忽视患者的诉求，始终将患者的生命质量置于核心位置。

案例 4-26-1

患者，男性，30 岁。因"反复腹痛、腹泻 5 年，加重半年"入院。5 年来，患者每于受凉或进食刺激性食物后出现腹痛，以左下腹为著，便后缓解，伴有腹泻，每日 3~5 次，为黄色黏液便，伴里急后重，曾被诊断为"慢性结肠炎"，服用甲硝唑等多种抗生素治疗，症状时轻时重，疗效不明显。半年前患者进食不当后再次出现上述不适症状，每日排便 5~7 次，有时多达 10 余次，为黏液脓血便，伴里急后重。曾查粪便常规：白细胞 5~10/HP，红细胞满视野；粪便细菌培养：无致病菌生长。体格检查：T 37.6 ℃，P 83 次 / 分，R 18 次 / 分，BP 110/60 mmHg，轻度贫血貌。心脏、肺检查无异常。腹平软，肝右肋下 2 cm，质地软，无触痛。脾肋下未触及。左下腹压痛，无反跳痛，腹部未触及包块。直肠指检：直肠壁触痛，指套见少许黏液及血液。

问题与思考：

1. 本病例的初步诊断和诊断依据是什么？需与哪些疾病相鉴别？
2. 为明确诊断，需要进一步做哪些检查？
3. 治疗原则是什么？

炎症性肠病（inflammatory bowel disease，IBD）是一组病因尚未明确的慢性非特异性肠道炎症性疾病，包括溃疡性结肠炎（ulcerative colitis，UC）和克罗恩病（Crohn disease，CD）。

【病因与发病机制】

炎症性肠病的病因与发病机制目前尚未完全明确，可能是由环境、遗传、肠道微生态和免疫等多因素相互作用所致。

（一）环境因素

炎症性肠病全球发病率持续增高，这一现象首先出现在经济、社会高度发达的北美及欧洲。我国在近10余年炎症性肠病发病率明显增多，疾病谱的变化，提示环境因素发挥了重要的作用。具体哪些环境因素发挥了关键作用，目前尚未明确。

（二）遗传因素

炎症性肠病患者家庭成员发病率较高，种族间发病率有明显差异，提示遗传因素在发病中有一定的作用。

（三）肠道微生态

多种微生物参与炎症性肠病的发生与发展，但至今仍未找到某一特定微生物病原体与炎症性肠病有恒定关系。因部分患者抗生素治疗有效，认为肠道微生物在疾病发展中起重要作用。细菌感染也可能为继发感染所致。

（四）免疫因素

持续免疫反应及Th1细胞异常激活等释放出多种炎症因子（如IL-1、IL-6、IL-8、TNF-α、IL-2、IL-4、IFN-γ）参与了肠黏膜屏障的免疫损伤。

炎症性肠病的发病机制可概括为：环境因素作用于遗传易感者，在肠道微生物的参与下，引起肠道免疫失衡，肠黏膜屏障损害，导致肠黏膜持续炎症损伤。

第一节 溃疡性结肠炎

溃疡性结肠炎（UC）又称非特异性溃疡性结肠炎，是直肠和结肠的一种原因不明的慢性炎症性疾病。临床主要表现为腹痛、腹泻、黏液脓血便，常有里急后重。本病起病缓慢，症状轻重不一，反复发作，可见于任何年龄，多见于20~40岁，男、女发病率无明显差别。近年来我国溃疡性结肠炎患病率明显增加，病情多较欧美国家轻，但重症者也较常见。

【病理】

溃疡性结肠炎病变主要限于大肠黏膜与黏膜下层，多为连续性、非节段性分布。病变多自直肠开始，逆行向结肠近段发展，可累及全结肠甚至末段回肠。活动期黏膜固有层内弥漫性淋巴细胞、浆细胞、嗜酸性粒细胞及中性粒细胞浸润，可见黏膜糜烂、溃疡以及隐窝脓肿，慢性期腺体萎缩变形、排列紊乱、数目减少，隐窝结构紊乱，杯状细胞减少，出现帕内特细胞化生及炎性息肉。

结肠病变常局限于黏膜层和黏膜下层，很少深达肌层，并发穿孔、瘘管或周围脓肿少见。少数重症患者病变累及肠壁全层，可并发中毒性巨结肠，累及浆膜层可并发穿孔。在反复发作的慢性炎症过程中，肉芽组织增生导致炎性息肉、肠壁增厚及肠腔狭窄。病程大于20年的患者发生结肠癌的风险较正常人增高10~15倍。

 溃疡性结肠炎的病理特点。

【临床表现】

反复发作的腹泻、黏液脓血便及腹痛是溃疡性结肠炎的主要症状。起病多为亚急性，少数急性起病。病程呈慢性经过，发作与缓解交替，少数症状持续并逐渐加重。病情轻重与病变范围、临床分型及病期等有关。

(一)消化系统表现

1. **腹泻和黏液脓血便** 腹泻和黏液脓血便是活动期最重要的临床表现。腹泻主要与炎症导致肠黏膜对水、钠吸收障碍,以及结肠运动功能失常有关。黏液脓血便是由黏膜炎性渗出、糜烂及溃疡所致。轻者每日排便2~4次,重者每日排便超过10次,甚至大量便血,因病变累及直肠,可伴有里急后重。

2. **腹痛** 腹痛多为轻度至中度腹痛,为下腹部或左下腹阵痛,少见全腹痛,与炎症刺激所致肠痉挛或张力增加有关,有腹痛-便意-便后缓解的规律。重症者(如并发中毒性巨结肠或炎症波及腹膜)可有持续剧烈腹痛。

3. **其他症状** 患者常有腹胀、食欲缺乏、恶心、呕吐等。

4. **体征** 轻型、中型患者左下腹有轻压痛,部分患者可能触及痉挛或肠壁增厚的乙状结肠或降结肠。重型和暴发型患者可有明显的腹部压痛。如出现腹肌紧张、反跳痛、肠鸣音减弱等体征,应注意中毒性巨结肠、肠穿孔等并发症。

溃疡性结肠炎的主要临床表现。

(二)全身表现

患者可有低度到中度发热,高热多提示病情进展、严重感染或出现并发症。可出现心动过速、食欲缺乏、消瘦、贫血、水及电解质代谢紊乱、营养不良等症状。

(三)肠外表现

可伴有多种肠外表现,包括外周关节炎、结节性红斑、巩膜外层炎、复发性口腔溃疡、前葡萄膜炎等。骶髂关节炎、强直性脊柱炎、原发性硬化性胆管炎及少见的淀粉样变性等,这些肠外表现可与溃疡性结肠炎共存,但与溃疡性结肠炎本身病情变化无关。

(四)临床分型及分期

1. **临床分型** ①初发型:指首次发作。②慢性复发型:临床上多见,缓解后再次出现症状,常表现为发作期与缓解期交替。③慢性持续型:症状持续存在,间以急性加重。④急性型:急性起病,病情严重,全身毒血症状明显,可伴中毒性巨结肠、肠穿孔、败血症等并发症。

溃疡性结肠炎的临床分型。

2. **疾病分期** 溃疡性结肠炎分为活动期及缓解期。活动期按严重程度分轻度、中度、重度。轻度指每日排便<4次,症状轻微,无发热、贫血,ESR正常,少量或无黏液脓血便。重度指每日排便≥6次,有明显血便或黏液脓血便、发热、心率快、贫血等全身症状,ESR明显增快。中度介于轻度与重度之间。

3. **病变范围** 按病变范围,溃疡性结肠炎分为直肠炎、乙状结肠炎、左半结肠炎、广泛结肠炎。

【并发症】

(一)中毒性巨结肠

约5%重型及暴发型患者由于结肠病变广泛且严重,累及肌层与肠间神经丛,肠壁张力减退,肠蠕动消失,肠内容物及气体大量积聚,导致急性结肠扩张,称为中毒性巨结肠(toxic megacolon)。此症常因抗胆碱药物使用不当、钡剂灌肠或低钾血症而诱发。临床表现为病情急剧恶化,毒血症状明显，患者出现腹胀、腹部压痛、反跳痛，肠鸣音消失。白细胞计数增多。腹部X线检查可见结肠袋消失，结肠扩大。预后差，易引发急性结肠穿孔。

（二）癌变

癌变多见于广泛性结肠炎及病程长者。病程超过20年的患者发生结肠癌的风险较正常人增高10~15倍。

（三）其他并发症

肠出血的发生率约为3%。此外，还可并发结肠穿孔、肠梗阻、瘘管形成、结肠炎性息肉及肛周脓肿等。

【辅助检查】

（一）血液检查

贫血、白细胞计数增多、C反应蛋白增高及ESR增快均提示溃疡性结肠炎处于活动期。

（二）粪便检查

黏液脓血便，显微镜检查可见红细胞、白细胞及脓细胞，急性发作期可见巨噬细胞。本病虽无特异病原学感染，仍需反复检查粪便病原学，除外感染性结肠炎。

（三）结肠镜检查

结肠镜检查是对诊断最有价值的检查方法。溃疡性结肠炎呈连续性、弥漫性分布。从直肠开始逆行向近端扩展，镜下特点：①黏膜弥漫性充血、水肿，血管纹理模糊不清，黏膜粗糙，呈细颗粒状，触之易出血；②病变处有糜烂和多发性浅溃疡，表面覆盖有黏液或脓性分泌物；③慢性病变见炎性息肉及桥状黏膜，后期可见肠壁僵直、肠腔狭窄、结肠袋变浅或消失。

溃疡性结肠炎的结肠镜下特点。

（四）X线钡剂灌肠检查

X线钡剂灌肠检查可作为结肠镜检查有禁忌证或不能完成结肠镜检查的补充。重型或暴发型患者勿做此项检查，以免加重病情和诱发中毒性巨结肠。

气钡双重对比造影主要特征：①黏膜粗乱和（或）颗粒样改变；②多发性浅溃疡，表现为肠壁边缘呈毛刺状或锯齿状，可见小龛影，有炎性息肉时可见充盈缺损；③后期可见肠管狭窄、缩短，肠壁僵硬，结肠袋消失，呈铅管状。

溃疡性结肠炎的气钡双重对比造影的主要特征。

【诊断与鉴别诊断】

（一）诊断

在排除细菌性痢疾、阿米巴痢疾、慢性血吸虫病、肠结核等感染性疾病，以及克罗恩病、缺血性肠炎、放射性结肠炎的基础上，可根据下列条件诊断：①反复发作性腹泻、排黏液脓血便、腹痛典型的临床表现，应临床疑诊，需进一步安排相关检查。②同时具备上述结肠镜和（或）X线钡剂灌肠检查特征者，可临床拟诊，需进一步寻找病理诊断依据。如再有溃疡性结肠炎的病理组织学改变，可确诊。③对无典型临床表现，无典型结肠镜检查表现或X线钡剂灌肠检查表现的初发病例，应密切随访，暂不确诊溃疡性结肠炎。对于诊断有疑虑者，需在一定时间（一般为6个月）后复查内镜及黏膜活体组织检查，综合临床表现、内镜和组织病理学表现、辅助检查等多方面资料，动态观察，进行二次诊断。

（二）鉴别诊断

1. **感染性肠炎** 各种细菌感染（如志贺菌、沙门菌）可引起腹泻、黏液脓血便、里急后重等症状，但粪便可分离出致病菌，抗菌治疗有效。

2. **慢性阿米巴肠炎** 粪便暗红似果酱，有恶臭。粪便检查可找到阿米巴滋养体或包囊，抗阿米巴治疗有效。

3. **直肠癌与结肠癌** 直肠指检或肠镜检查可发现肿瘤，经活检可确诊。

4. **克罗恩病** 溃疡性结肠炎与克罗恩病的鉴别要点列于表 4-26-1。

表 4-26-1 溃疡性结肠炎与克罗恩病的鉴别要点

	溃疡性结肠炎	克罗恩病
症状	脓血便多见	脓血便较少见
病变分布	连续性	节段性
病变范围	逆行性向近端结肠扩展，回肠少见	主要在回肠末端，可累及近端结肠
肠腔狭窄	中心性，少见	偏心性，多见
溃疡及黏膜	溃疡浅，黏膜弥漫性充血、水肿、颗粒状，质地脆	纵行沟槽样溃疡，黏膜呈卵石样，病变间黏膜正常
病理	固有膜全层弥漫性炎症、隐窝脓肿、隐窝结构明显异常，杯状细胞减少	裂隙状溃疡、非干酪样肉芽肿，黏膜下层淋巴细胞聚集

5. **血吸虫病** 患者有疫水接触史，肝大、脾大，粪便检查可发现虫卵，结肠镜检查可见肠黏膜有黄褐色颗粒，活检能查到血吸虫卵。

6. **肠易激综合征** 患者粪便中可有黏液，但无脓血，显微镜检查正常，粪便隐血试验阴性，肠镜与钡剂灌肠检查无器质性改变。

7. **其他** 本病还需与其他感染性肠炎、缺血性肠炎、放射性肠炎、过敏性紫癜、结肠息肉病以及 HIV 感染合并的结肠炎等相鉴别。

溃疡性结肠炎的鉴别诊断。

【治疗】

治疗目标是诱导并维持症状缓解、黏膜愈合，防治并发症，改善生活质量。根据发病部位及严重程度选择合适的治疗药物。

（一）控制炎症反应

1. **对氨基水杨酸制剂** 美沙拉秦和柳氮磺吡啶是治疗本病的主要药物，适用于轻度、中度患者或重度经糖皮质激素治疗已缓解者。用药方法：诱导治疗期美沙拉秦 3~4 g/d 口服，病情缓解后以相同剂量或减量维持治疗。美沙拉秦栓剂适用于病变局限在直肠者，灌肠液适用于病变局限于直肠及乙状结肠者。柳氮磺吡啶疗效与美沙拉秦相似，但不良反应较美沙拉秦多见。

2. **糖皮质激素** 糖皮质激素用于对美沙拉秦疗效不佳的中度及重度患者的首选治疗。口服泼尼松 0.75~1 mg/（kg·d），重度患者也可根据具体情况先静脉应用，如氢化可的松 200~300 mg/d 和甲泼尼龙 40~60 mg/d。症状好转后改为口服泼尼松。糖皮质激素适用于活动期的诱导缓解，症状控制后应予逐渐减量至停药，不宜长期应用。减量期间加用免疫抑制药或美沙拉秦维持治疗。

激素无效：泼尼松 0.75~1 mg/（kg·d）治疗超过 4 周，疾病仍处于活动期。

激素依赖：①虽能维持缓解，但激素治疗 3 个月后，泼尼松仍不能减量至 10 mg/d；②在停用激素 3 个月内复发。

重度溃疡性结肠炎患者静脉使用糖皮质激素治疗无效时，可应用环孢素 2~4 mg/（kg·d）静脉滴注，大部分患者可取得暂时缓解而避免急诊手术。近年来，生物制剂如抗肿瘤坏死因子-α（TNF-α）英利昔单抗在重度溃疡性结肠炎的诱导缓解及补救治疗方面取得进展。

3. 免疫抑制药　对美沙拉秦维持治疗效果不佳、症状反复及对激素有依赖的慢性持续患者可考虑应用免疫抑制药，如硫嘌呤或硫唑嘌呤，常见胃肠道症状、骨髓抑制等不良反应，治疗期间应定期监测血白细胞计数。维持疗程应根据具体病情决定，通常不少于 4 年。

（二）对症治疗

及时纠正水、电解质代谢紊乱。严重贫血者可输血，低蛋白血症者应补充人血白蛋白。活动期患者要充分休息，可给予高糖类、高蛋白、富含维生素和低脂肪饮食。重型或暴发型患者应禁食并予完全胃肠外营养治疗。

对腹痛、腹泻的对症治疗，慎重使用抗胆碱能药物或止泻药，如地芬诺酯，重症患者应禁用，因其有诱发中毒性巨结肠的危险。

抗生素治疗对一般病例并无指征。对重症有继发感染者，应积极应用抗生素。长期应用激素及免疫抑制药的患者易发生艰难梭状杆菌及巨细胞病毒感染，导致症状复发或加重，应及时予以监测及治疗。

（三）健康教育

教育患者活动期应充分休息，调节情绪，避免心理压力过大。急性期进食流质或半流质饮食，病情好转后改为富含营养、易消化的少渣饮食，避免辛辣等刺激性饮食。注重饮食卫生，避免肠道感染。按医嘱服药及定期随诊，不能擅自停药。

（四）手术治疗

急诊手术指征：并发大出血、穿孔、中毒性巨结肠，经积极内科治疗无效者。

择期手术指征：①明确癌变；②内科治疗无效者、药物副作用大不能耐受者、严重影响患者生存质量者。

【预后】

溃疡性结肠炎为慢性病程，大部分患者反复发作，轻度及长期缓解者预后较好。老年患者及有并发症者（如感染、中毒性巨结肠）预后不良。近年来，由于治疗水平的提高，本病病死率已明显下降。慢性持续或反复发作频繁者预后差，但如果能合理选择手术，也可恢复。病程长者癌变危险增加，应定期随访。病程 8~10 年或 10 年以上的广泛结肠炎和病程 15 年以上的左半结肠炎患者，应每两年进行一次结肠镜检查。

第二节　克罗恩病

克罗恩病（CD）是一种慢性炎性肉芽肿性疾病，从口腔至肛门各段消化道均可受累，但多见于回肠末段和邻近结肠。主要临床表现为腹痛、腹泻、体重下降，常有发热、疲乏等全身表现，肛周脓肿或瘘管等局部表现，关节、皮肤、眼、口腔黏膜等肠外损害。本病以青少年多见，发病高峰年龄为 18~35 岁，男性、女性患病率相近。

【病理】

克罗恩病大体形态特点：①病变呈节段性；②病变黏膜呈纵行溃疡及鹅卵石样外观，早期可呈鹅口疮样溃疡；③病变累及肠壁全层，肠壁增厚、变硬，肠腔狭窄。溃疡穿孔引起局部脓肿或穿透至其他肠段、器官、腹壁，形成内瘘或外瘘。肠壁浆膜纤维素渗出、慢性穿孔均可引起肠粘连。

克罗恩病组织学特点：①非干酪样肉芽肿，由类上皮细胞和多核巨细胞构成，可发生在肠壁各层和局部淋巴结；②裂隙溃疡，呈缝隙状，可深达黏膜下层、肌层甚至浆膜层；③肠壁各层炎症，伴固有膜底部和黏膜下层淋巴细胞聚集、黏膜下层增宽、淋巴管扩张及神经节炎等。

【临床表现】

克罗恩病的主要症状为腹痛、腹泻、体重下降。大多数患者起病隐匿、缓慢，病程呈慢性，长短不等的活动期与缓解期交替，迁延不愈。少数患者起病急骤，可表现为急腹症，易与急性阑尾炎相混淆。本病的临床表现复杂多变，与临床类型、病变部位、病期及并发症有关。

（一）消化系统表现

1. 腹痛　腹痛为本病最常见的症状，多位于右下腹部或脐周，呈间歇性发作。体格检查时多在右下腹有压痛。若出现持续性腹痛和明显压痛，提示炎症波及腹膜或腹腔内脓肿形成。

2. 腹泻　病程早期间歇性发作腹泻，后期可转为持续性腹泻。粪便多为糊状，可有血便，但次数增多及黏液脓血便通常没有溃疡性结肠炎明显。当病变累及下段结肠或直肠、肛门者，可有黏液血便及里急后重。

3. 腹部包块　10%～20%的患者可出现腹部包块。由于肠粘连、肠壁增厚、肠系膜淋巴结肿大、内瘘或局部脓肿形成所致，多位于右下腹或脐周。

4. 瘘管形成　瘘管形成是较为常见且特异的临床表现，因透壁性炎性病变穿透肠壁全层至肠外组织或器官而形成。瘘管分为内瘘和外瘘，前者可通向其他肠段、肠系膜、膀胱、输尿管、阴道、腹膜后等处，后者通向腹壁或肛周皮肤。肠段之间内瘘形成可导致腹泻加重及营养不良，肠瘘通向的组织与器官因粪便污染可导致继发性感染，外瘘或通向膀胱、阴道的内瘘均可见粪便与气体排出。

5. 肛门周围病变　肛门周围病变包括肛门周围瘘管、脓肿及肛裂等。有时肛周病变可为本病的首发症状。

（二）全身表现

1. 发热　发热与肠道炎症活动及继发感染有关。多数患者表现为间歇性低热或中度热，少数患者可出现弛张高热伴毒血症。少部分患者以发热为主要症状，甚至较长时间不明原因发热之后才出现消化道症状。

2. 营养不良　营养不良由慢性腹泻、食欲减退及慢性消耗等因素所致。主要表现为体重减轻、贫血、低蛋白血症和维生素缺乏等。青春期前发病者常有生长发育迟滞。

（三）肠外表现

克罗恩病肠外表现与溃疡性结肠炎的肠外表现相似，但发生率较高，以口腔黏膜溃疡、皮肤结节性红斑、关节炎及眼病常见。

（四）临床分型

临床分型有助于全面评估病情和预后，制定治疗方案。

1. 临床类型　依疾病行为（B）可分为非狭窄非穿透型（B_1）、狭窄型（B_2）和穿透型（B_3）以及伴有肛周病变（P）。各型可有交叉或互相转化。

2. 病变部位（L）　可分为回肠末段（L_1）、结肠（L_2）、回结肠（L_3）和上消化道（L_4）。

3. 严重程度　根据主要临床表现的程度及并发症计算克罗恩病活动指数（CDAI），用于区分疾病活动期与缓解期、估计病情严重程度（轻、中、重）和评定疗效。

【并发症】

肠梗阻最常见，其次是腹腔脓肿，偶可并发急性穿孔或大量便血，炎症迁延不愈者癌变风险增加。

【辅助检查】

1. 实验室检查　详见本章第一节。
2. 内镜检查　消化道内镜检查加上活组织病理检查是诊断克罗恩病的重要依据。结肠镜检查应作为克罗恩病的常规首选检查方法，镜检应达回肠末端。镜下一般表现为节段性、非对称性的各种黏膜炎症，其中具有特征性的表现为非连续性病变、纵行溃疡和鹅卵石样外观。胶囊内镜适用于怀疑小肠克罗恩病者，检查前应先排除肠腔狭窄，以免增加胶囊滞留的风险。小肠镜检查适用于病变累及小肠，其他检查手段无法诊断，特别是需要取组织学活检者。
3. 影像学检查　CT或磁共振肠道显像可反映肠壁的炎症改变、病变分布的部位和范围、狭窄的存在、肠腔外并发症如瘘管形成、腹腔脓肿或蜂窝织炎等，可作为小肠克罗恩病的常规检查。活动期克罗恩病典型的CT小肠造影（CTE）表现为肠壁明显增厚、肠黏膜明显强化伴有肠壁分层改变，黏膜内环和浆膜外环明显强化，呈"靶征"或"双晕征"；肠系膜血管增多、扩张、扭曲，呈"木梳征"；相应系膜脂肪密度增高、模糊；肠系膜淋巴结肿大等。盆腔磁共振成像有助于确定肛周病变的位置和范围，了解瘘管类型及其与周围组织的解剖关系。

腹部超声检查对发现瘘管、脓肿和炎性包块具有一定的价值，可用于指导腹腔脓肿的穿刺引流。

【诊断与鉴别诊断】

（一）诊断

对慢性起病，反复腹痛、腹泻、体重下降，特别是伴有肠梗阻、腹部压痛、腹部包块、肠瘘、肛周病变、发热等表现者，临床上应考虑本病。世界卫生组织提出的克罗恩病诊断要点列于表4-26-2。对初诊的不典型病例，应通过随访观察，逐渐明确诊断。

表 4-26-2　克罗恩病诊断要点

	临床	影像	内镜	活检	切除标本
1. 非连续性或节段性病变		+	+		+
2. 鹅卵石样黏膜或纵行溃疡		+	+		+
3. 全壁性炎症反应改变	+（腹块）	+（狭窄）	+（狭窄）		+
4. 非干酪样肉芽肿				+	+
5. 裂沟、瘘管	+	+			+
6. 肛门部病变	+			+	+

注：具有上述1、2、3者为疑诊；再加上4、5、6三者之一可确诊；具备第4项者，只要再加上1、2、3三者之二也可确诊。

（二）鉴别诊断

克罗恩病需与各种肠道感染性或非感染性炎症疾病及肠道肿瘤相鉴别；急性发作时须与急性阑尾炎相鉴别；慢性过程中应与肠结核、肠淋巴瘤相鉴别；病变仅累及结肠者应与溃疡性结肠炎相鉴别。

1. 肠结核　患者有腹痛、腹泻、便秘等消化道症状，伴有发热、盗汗等结核毒血症状。结肠镜检查发现主要位于回盲部的炎症、溃疡、炎性息肉或肠腔狭窄等。结核菌素试验往往呈强阳性。

如肠黏膜病理活检发现干酪样肉芽肿可确诊。鉴别诊断困难者，可先行诊断性抗结核治疗。偶有患者两种疾病可以共存。

2. 肠淋巴瘤　临床表现为非特异性的胃肠道症状，如腹痛、腹部包块、体重下降、肠梗阻、消化道出血等较为多见，发热少见，与克罗恩病鉴别有一定的困难。如 X 线检查见一肠段内广泛侵蚀、呈较大的指压痕或充盈缺损，超声或 CT 检查肠壁明显增厚、腹腔淋巴结肿大，有利于淋巴瘤的诊断。淋巴瘤一般进展速度较快，小肠镜下活检或必要时手术探查可获病理确诊。

3. 溃疡性结肠炎　鉴别要点列于表 4-26-1。

4. 急性阑尾炎　腹泻少见，常有转移性右下腹痛，压痛限于麦氏点，血常规检查白细胞计数升高更为显著，可资鉴别，但有时需开腹探查才能明确诊断。

5. 其他　如血吸虫病、阿米巴肠炎、其他感染性肠炎（耶尔森菌、空肠弯曲菌、艰难梭菌等感染）、贝赫切特病、药物性肠病、嗜酸性粒细胞性肠炎、缺血性肠炎、放射性肠炎、各种肠道恶性肿瘤以及各种原因引起的肠梗阻，在鉴别诊断中均需考虑。

【治疗】

克罗恩病的治疗目标为诱导和维持缓解，预防并发症，改善生存质量。治疗的关键是促进黏膜愈合。通常需要药物维持治疗，以预防复发。

（一）控制炎症反应

1. 活动期

（1）氨基水杨酸类：对克罗恩病疗效有限，仅适用于病变局限在回肠末段或结肠的轻症患者。如症状不能控制、疾病进展，应及时改用其他治疗方法。

（2）糖皮质激素：对控制疾病活动有较好的疗效，适用于各型中度至重度患者以及对美沙拉秦无效的轻度患者。部分患者表现为激素无效或依赖（减量或停药短期内复发），对这些患者，应考虑加用免疫抑制药。病变局限在回肠末端、回盲部或升结肠的轻度至中度患者可考虑使用局部作用的激素布地奈德，口服剂量每次 3 mg，每日 3 次。

（3）免疫抑制药：硫唑嘌呤或巯嘌呤适用于激素治疗无效或对激素依赖的患者，标准剂量为硫唑嘌呤 1.5~2.5 mg/（kg·d）或巯嘌呤 0.75~1.5 mg/（kg·d）。该类药物显效时间为 3~6 个月。不良反应主要是白细胞减少等骨髓抑制表现，应用时应严密监测。对硫唑嘌呤或巯嘌呤不耐受者可试换用甲氨蝶呤。

（4）抗菌药物：主要用于并发感染的治疗，如合并腹腔脓肿或肛周脓肿的治疗，在充分引流的前提下使用抗生素。常用药物有硝基咪唑类及喹诺酮类，也可根据药物敏感试验结果选用抗生素。

（5）生物制剂：近年针对炎症性肠病炎症通路的各种生物制剂在治疗上取得良好疗效。抗 TNF-α 的单克隆抗体如英利昔单抗（infliximab）及阿达木单抗（adalimumab）对传统治疗无效的活动性克罗恩病有效，可用于克罗恩病的诱导缓解与维持治疗。其他生物制剂如阻断淋巴细胞迁移的维多珠单抗（vedolizumab）及拮抗 IL-12/IL-23 与受体结合的乌司奴单抗（ustekinumab）也被证实有良好的疗效。

（6）全肠内营养：对于常规药物治疗效果欠佳或不能耐受者，特别是青少年患者，全肠内要素饮食对控制症状、降低炎症反应有帮助。

2. 缓解期　美沙拉秦仅用于症状轻且病变局限的克罗恩病的维持治疗。硫唑嘌呤或巯嘌呤是常用的维持治疗药物，剂量与活动期相同。使用英利昔单抗取得缓解者，推荐继续使用以维持缓解，也可在病情缓解后改用免疫抑制药维持治疗。维持缓解治疗用药时间可至 4 年以上。

（二）对症治疗

纠正水、电解质代谢紊乱；贫血者可输血，低蛋白血症者输注人血白蛋白。重症患者酌情使用要素饮食及营养支持治疗。全肠内要素饮食除营养支持外，还有助于诱导缓解。

腹痛、腹泻必要时可酌情使用抗胆碱能药物或止泻药，合并感染者可经静脉途径给予广谱抗生素。

（三）手术治疗

因手术后复发率高，故手术适应证主要是针对并发症，包括肠梗阻、腹腔脓肿、急性穿孔、不能控制的大量出血及癌变。瘘管的治疗比较复杂，需内科及外科医师密切配合，根据具体情况决定个体化治疗方法，包括内科治疗与手术治疗。对于病变局限且已经切除者，术后可定期随访。大多数患者需使用药物预防复发，对易于复发的高危患者，可考虑使用英利昔单抗。预防用药推荐在术后2周开始，持续时间不少于4年。

【预后】

克罗恩病经治疗可好转，部分患者也可自行缓解。但多数患者反复发作，迁延不愈，其中部分患者在其病程中因出现并发症而需手术治疗。

自 测 题

一、选择题

1. 患者，男性，28岁。间断腹痛、发热3年。结肠镜检查：回肠末段见4 cm×1 cm纵行溃疡，周围黏膜呈铺路石样改变。活检标本可能出现的主要病理改变为

  A. 隐窝脓肿   B. 杯状细胞减少   C. 非干酪样肉芽肿

  D. 干酪样肉芽肿   E. 可见包涵体

2. 患者，女性，31岁。间断腹痛、腹泻10个月。每日排便3~4次，无发热。粪便镜检：红细胞及白细胞满视野。应用甲硝唑、左氧氟沙星治疗2周症状无缓解。最可能的疾病诊断是

  A. 阿米巴肠病   B. 肠易激综合征   C. 慢性细菌性痢疾

  D. 结肠癌   E. 溃疡性结肠炎

3. 患者，女性，32岁。确诊溃疡性结肠炎6年。腹痛、腹泻加重，伴高热、腹胀3 d，2 d来大量便血，腹胀明显。体格检查：全腹压痛、反跳痛明显，腹部听诊3 min未闻及肠鸣音。首选的检查是

  A. 结肠镜   B. 腹部B超   C. 结肠X线气钡双重造影

  D. 腹部CT   E. 立位腹部X线片

4. 患者，女性，40岁。腹泻1年。体格检查发现肛瘘，结肠镜检示回盲部呈铺路石样改变。最可能的诊断是

  A. 结肠癌   B. 溃疡性结肠炎   C. 细菌性痢疾

  D. 克罗恩病   E. 肠结核

（5~7题共用题干）

患者，男性，18岁。反复腹泻、脓血便6个月，抗生素治疗无效。近2周每日排脓血便2~3次，粪便镜检白细胞和红细胞成堆，细菌培养阴性。

5. 为明确诊断，首选的检查是

  A. 结肠镜   B. 腹部X线片   C. 腹部CT

  D. 腹部B超   E. X线钡剂灌肠

6. 最可能的诊断是
   A. 肠结核　　　　　　B. 结肠癌　　　　　　C. 慢性细菌性痢疾
   D. 慢性阿米巴痢疾　　E. 溃疡性结肠炎
7. 首选的治疗是
   A. 异烟肼　　　　　　B. 手术治疗　　　　　C. 左氧氟沙星
   D. 柳氮磺吡啶　　　　E. 泼尼松

二、简答题

1. 溃疡性结肠炎的主要临床表现是什么？
2. 溃疡性结肠炎、克罗恩病的肠镜下表现分别有什么特点？

三、案例分析题

患者，男性，40岁。腹痛、腹泻、黏液脓血便5个月余。患者于5个月前无明显诱因出现腹痛，以左下腹为主，多为阵发性隐痛，并排黏液脓血便，每日4～6次，便后腹痛无缓解。曾于当地医院检查，粪便常规示：红细胞（++），白细胞（+++），诊断为"肠炎"，予以"诺氟沙星（氟哌酸）、小檗碱（黄连素）"等药物治疗，症状稍有好转，停药后复发。近半个月服用上述药物治疗效果不佳，每日排便8～9次，为稀便，可见黏液、脓血。患者此次起病以来精神、睡眠尚可，小便无明显异常，体重无明显变化。

体格检查：T 37.6 ℃，P 85次/分，R 17次/分，BP 106/62 mmHg，皮肤、黏膜无黄染，浅表淋巴结无肿大。心脏、肺检查未见明显异常。腹软，肝、脾肋下未触及，左下腹压痛、反跳痛，肠鸣音10次/分。双下肢无水肿。

辅助检查：血常规示 ESR 35 mm/h，WBC 9.3×10^9/L，RBC 3.25×10^{12}/L，Hb 90 g/L；粪便常规：RBC（+++），WBC（++++）。

请回答：
（1）本病例的初步诊断及诊断依据是什么？
（2）需与哪些疾病相鉴别？
（3）为明确诊断，需进一步做哪些检查？

（陈　曼）

第二十七章 肝硬化

第二十七章数字资源

学习目标

1. 知识：说出肝硬化的概念，解释肝硬化的常见病因及临床表现，分析肝硬化的并发症、诊断依据及治疗原则。
2. 能力：根据患者的病史、临床表现和各项辅助检查做出初步诊断，根据病情拟定下一步检查手段、治疗计划，能够正确评估预后，对患者进行健康教育。
3. 素养：关注肝硬化的流行病学特征（如地区分布、高危人群占比），认识到其对公共卫生的影响（如医疗负担、劳动力损失）。参与或支持肝硬化筛查项目，推动早诊早治，降低群体发病率和死亡率。理解肝硬化的可预防性，能向公众普及预防知识（如接种乙肝疫苗、控制饮酒、慎用肝毒性药物）。强调慢性肝病的规范管理（如抗病毒治疗依从性）对延缓肝硬化进展的重要性。

案例 4-27-1

患者，男性，55岁，农民，因"反复腹胀、乏力、黄疸半年，躁动不安4 h"入院。该患者于半年前开始出现腹部胀满不适，无腹痛，伴乏力、食欲差。曾于当地医院诊断为"肝炎、肝硬化"，经治疗疗效不佳。近半年患者反复出现腹胀，10 d前因腹胀加重，于当地医院行利尿对症治疗，每日尿量3000 ml左右。4 h前患者开始出现躁动不安、言语混乱、行为举止异常等精神症状，急诊入院。6年前有"乙型病毒性肝炎"病史，患者有饮酒史20年，每日饮白酒约100 g，近半年戒酒，未到过外地，无疫水接触史。体格检查：T 37.3 ℃，P 83次/分，R 22次/分，BP 110/60 mmHg。患者面色晦暗，意识错乱，狂躁不安，有幻觉。皮肤、巩膜中度黄染，腹软、膨隆，腹壁静脉曲张，肝肋下及剑突下均未触及，脾左肋下5 cm，质中，腹部移动性浊音阳性。双下肢轻度凹陷性水肿。扑翼样震颤阳性，四肢肌张力增高，膝反射亢进，巴宾斯基征阳性。实验室检查：①血常规 Hb 101 g/L，WBC $6.7×10^9$/L，N 76%，L 24%，PLT $68×10^9$/L。②血钾 3.3 mmol/L，血钠 126 mmol/L。③肝功能：Tbil 64 mol/L，Dbil 20 mol/L，Ibil 44 mol/L，ALT 48 U/L，AST 86 U/L，TP 48.1 g/L，ALB 21 g/L。

问题与思考：

1. 最有可能的疾病诊断是什么？
2. 诊断依据是什么？
3. 治疗原则是什么？

肝硬化（liver cirrhosis）是由多种病因导致的肝组织炎症、坏死，进而以弥漫性肝纤维化、假小叶和残存肝细胞结节性再生为特征的慢性肝病。临床以肝功能减退和门静脉高压为主要表现，晚期患者常因上消化道出血、肝性脑病、感染、肝肾综合征等严重并发症而死亡。

【病因】

引起肝硬化的原因很多，在我国仍以乙型病毒性肝炎所致的肝硬化最常见；在欧美国家以酒精中毒所致最多见。

（一）病毒性肝炎

主要是乙型和丙型病毒性肝炎；丁型肝炎病毒可在乙型肝炎病毒感染的基础上重叠致病；甲型病毒性肝炎和戊型病毒性肝炎很少发展为肝硬化。从病毒性肝炎发展至肝硬化的病程，可短至数月，长至20年。

（二）酒精中毒

酒精性肝炎（alcoholic hepatitis）是指长期过量饮酒所致的一种肝病，欧美国家多见（每日饮酒80~150 g，8~10年）。乙醇及其中间代谢产物乙醛可直接损伤肝细胞，导致酒精性肝炎，进而发展为肝硬化。

（三）胆汁淤积

由于胆汁淤积，高浓度胆酸和胆红素损伤肝细胞，可发展为肝硬化。根据胆汁淤积的原因，可分为原发性和继发性胆汁性肝硬化。

（四）循环障碍

慢性心力衰竭、缩窄性心包炎、肝静脉和（或）下腔静脉阻塞可导致肝长期淤血，肝细胞变性、坏死、纤维化，形成肝硬化。

（五）化学毒物

长期接触某些工业毒物或药物，如四氯化碳、砷、磷、对乙酰氨基酚，或服用异烟肼、甲氨蝶呤、四环素、甲基多巴、部分中成药等可引起中毒性肝炎，进而发展为肝硬化。

（六）寄生虫感染

血吸虫卵沉积于汇管区，刺激肝（汇管区）纤维组织增生，形成肝纤维化及门静脉高压。所致肝硬化常以门静脉高压为突出特征。华支睾吸虫寄生于肝内、外胆管，导致胆道梗阻及炎症，可逐渐进展为肝硬化。

（七）遗传和代谢性疾病

由于遗传或先天性酶的缺陷，使某些物质代谢障碍，沉积于肝，引起肝细胞坏死和纤维增生。如肝豆状核变性（铜代谢障碍）、血色病（铁代谢障碍）、半乳糖血症、$α_1$-抗胰蛋白酶缺乏症。

（八）营养障碍

长期营养不良，食物中营养物质比例失调，可引起脂肪肝，肝细胞变性、坏死，发展为营养不良性肝硬化。

（九）自身免疫性肝病

原发性胆汁性肝硬化、自身免疫性肝炎和原发性硬化性胆管炎等可导致肝硬化。

（十）原因不明

部分患者的病情难以用目前认识的疾病来解释其肝硬化的发生，称为隐源性肝硬化。

 肝硬化常见的病因。

【发病机制】

肝纤维化是指肝内纤维结缔组织的异常增生，是肝硬化形成的必经阶段。演变过程包括：①广泛肝细胞变性、坏死、肝小叶纤维支架塌陷；②残存肝细胞不沿原有纤维支架排列，堆积形成肝细胞团；③自汇管区和肝包膜大量纤维结缔组织增生，形成纤维束，包绕再生结节或将残留肝小叶重新分割，形成假小叶，形成典型的肝硬化组织病理学特点；④假小叶中的肝细胞失去正常的结构和功能，使肝功能进一步受损。由于再生结节的形成，胶原纤维增加，使肝内血管床挤压、狭窄和扭曲，肝内血流受阻，肝细胞缺氧，养料供给障碍；由于肝窦毛细血管化，进一步影响肝细胞与肝窦血液循环的物质交换，加重肝细胞损伤，并使门静脉血流受阻，导致并加重门静脉高压。肝内门静脉、肝静脉和肝动脉3个血管系之间失去正常关系，出现交通吻合支等。肝外血管增殖，门静脉属支血容量增加，加重门静脉高压，导致食管胃底静脉曲张、脾大、门静脉高压性胃肠病等并发症。

【病理】

肉眼观：肝硬化早期，肝体积正常或稍增大；后期肝体积缩小、重量减轻、质地变硬，表面弥散有大小不等的结节和塌陷区，肝边缘变薄。切面可见圆形或类圆形结节弥漫分布，结节周围被灰白色的纤维隔包绕。

镜下观：正常的肝小叶结构被破坏，被假小叶取代。假小叶内肝细胞排列紊乱，可见不同程度的肝细胞变性、坏死、再生现象，小叶中央静脉消失或偏位。

根据结节形态，肝硬化可分为以下几种。①小结节型肝硬化：最常见，结节大小相近，直径3~5 mm，纤维隔细且均匀，假小叶大小较一致。②大结节型肝硬化：结节大小不均，直径为1~3 cm，最大可达5 cm。纤维隔宽窄不一，假小叶大小不等。③大小结节混合性肝硬化：同时存在大、小结节两种病理形态，此型也很常见。④不完全分隔型肝硬化：纤维隔显著，并向小叶伸入，不完全分隔小叶，再生结节不明显。

【临床表现】

肝硬化通常起病隐匿，病程缓慢。按临床表现可分为肝功能代偿期和失代偿期，但两期分界并不明显。

（一）肝功能代偿期

大部分患者无症状或症状较轻，缺乏特征性，可有乏力、食欲减退、恶心、腹胀、腹泻、腹部不适及消化不良等。疾病多呈间歇性，可因过度劳累或伴发其他疾病而诱发，经休息或治疗后可缓解。部分肝常轻度肿大，脾轻度或中度肿大，肝功能正常或轻度异常。

（二）肝功能失代偿期

症状显著，主要有肝功能减退和门静脉高压两大类临床表现。

1. 肝功能减退

（1）全身症状：一般状况和营养状况较差，消瘦、乏力、精神不振、面色晦暗、不规则低热、水肿。各种维生素缺乏症，如夜盲、口角炎、舌炎、多发性神经炎。半数以上患者有黄疸，皮肤及巩膜黄染，肝细胞进行性或广泛坏死及肝衰竭时，黄疸持续加重，多系肝细胞性黄疸。

（2）消化道症状：食欲减退，上腹饱胀不适，可有恶心、呕吐、腹泻等，因肝功能障碍和门静脉高压，胃肠淤血、水肿，消化和吸收功能障碍所致。

（3）出血和贫血：鼻腔、牙龈出血，皮肤及黏膜瘀点或瘀斑，女性月经过多，消化道出血等，与肝合成的凝血因子减少、脾功能亢进和毛细血管脆性增加有关。常有轻重不等的贫血。

（4）内分泌失调：肝是多种激素转化及降解的重要器官。肝硬化时，肝对雌激素、醛固酮和血管升压素的灭活作用减弱，导致体内雌激素、醛固酮和血管升压素增多。

雌激素增多通过负反馈机制抑制腺垂体分泌功能，使体内雄激素减少。男性患者出现性欲减退、睾丸萎缩、毛发脱落及乳房发育等；女性患者出现月经失调、闭经、不孕等。蜘蛛痣和肝掌与雌激素增多有关。

醛固酮和血管升压素增多，导致水、钠潴留，尿量减少，下肢水肿和腹水形成。由于肾上腺皮质功能减退，部分患者面部和其他暴露部位皮肤色素沉着，面色晦暗无光，称为肝病面容。

2. 门静脉高压（portal hypertension） 门静脉高压多为肝内型，常导致食管胃底静脉曲张破裂出血、腹水、脾大、肝肾综合征、肝肺综合征等，是继发推动肝功能减退的重要病理生理环节，是肝硬化患者的主要死因之一。

（1）侧支循环的形成：是门静脉高压的特征性表现。门静脉压力超过 200 mmH$_2$O 时，门静脉与腔静脉之间的吻合支代偿性扩张，建立门 - 体侧支循环（图 4-27-1）。肝内分流是纤维隔中的门静脉与肝静脉之间形成的交通支。肝外分流形成的侧支循环有如下几个。①食管和胃底静脉曲张：由门静脉的胃冠状静脉、胃短静脉和腔静脉系的食管静脉、奇静脉等相吻合，形成食管胃底静脉曲张，因曲张静脉管壁薄弱、缺乏弹性收缩，易并发上消化道出血，出血量大，往往难以止血，死亡率高。②腹壁静脉曲张：门静脉高压时，已闭锁的脐静脉重新开放，与附脐静脉、腹壁静脉相连，进入上腔静脉、下腔静脉，脐周和腹壁出现迂曲的静脉，以脐为中心，向上及向下呈放射状延伸。③痔静脉曲张：由门静脉系的直肠上静脉与腔静脉系的直肠中、下静脉相吻合，形成痔静脉曲张，易发生便血。④腹膜后吻合支曲张：腹膜后门静脉及下腔静脉之间有许多小分支，门静脉高压时，这些静脉分支增多和曲张，以缓解门静脉高压。⑤脾肾分流：脾静脉、胃静脉与左肾静脉沟通，形成脾肾分流。

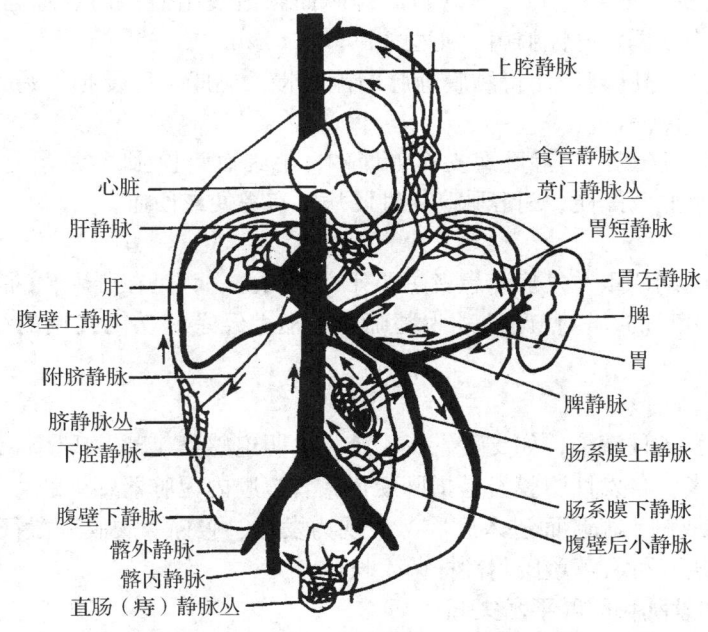

图 4-27-1　门静脉高压时侧支循环建立与开放示意图

大量异常分流可使肝细胞对各种物质的摄取、代谢及库普弗（Kupffer）细胞的吞噬与降解作用不能得以发挥，从肠道进入门静脉血流的毒素等直接进入体循环，引发一系列病理生理改变，如肝性脑病、肝肾综合征、自发性腹膜炎及药物半衰期延长。此外，这些异常分流导致的门静脉血流缓慢，是门静脉血栓形成的原因之一。

（2）脾大及脾功能亢进：是肝硬化门静脉高压较早出现的体征。门静脉高压时，脾静脉回流受阻，脾淤血、增大，肝硬化时毒素刺激单核巨噬细胞增生，引起脾功能亢进。一般为轻度、中度脾大，部分可达脐下。并发上消化道大出血时，脾可暂时缩小。脾功能亢进时，表现为白细胞计数与血小板减少，少数患者有红细胞减少。

（3）腹水：是肝功能减退和门静脉高压的共同结果，是肝硬化失代偿期最突出的表现。患者腹胀、腹部膨隆、蛙腹，严重者出现脐疝。腹水形成的机制与下列因素有关。①门静脉高压：当门静脉压力超过 300 mmH$_2$O 时，门静脉系统毛细血管静水压增高，组织液漏入腹腔；②血浆胶体渗透压降低：当血浆白蛋白低于 30 g/L 时，血浆胶体渗透压降低，血液成分外渗入腹腔或组织间隙；③肝淋巴液生成过多：肝静脉血流受阻，血浆自肝窦壁渗透至窦旁间隙，淋巴液生成增多，超过胸导管的引流能力，自肝包膜表面和肝门淋巴管壁漏入腹腔；④有效循环血容量不足：肾血流量减少，肾小球滤过率下降、肾素-血管紧张素-醛固酮系统激活，尿量减少；⑤继发性醛固酮和血管升压素增多，前者作用于远端肾小管，钠重吸收增加，后者作用于集合系统，水吸收增加。

 肝硬化腹水形成机制。

【并发症】

（一）上消化道出血

上消化道出血是肝硬化最常见的并发症，临床表现为呕血和（或）黑便，严重者导致失血性休克。

1. 食管胃底静脉曲张破裂出血　食管胃底静脉曲张破裂出血由门静脉高压引起，呕血常见，出血量大，常引起休克或诱发肝性脑病，死亡率高。

2. 消化性溃疡　门静脉高压使胃黏膜静脉回流缓慢，黏膜屏障受损，易发生消化性溃疡，从而引起上消化道出血。

3. 门静脉高压性胃肠病　门静脉属支血管增殖，毛细血管扩张，黏膜广泛渗血。门静脉高压性胃病多有反复少量呕血及黑便；门静脉高压性肠病常有黑便或便血。

（二）肝性脑病

肝性脑病是本病晚期严重并发症和患者主要死亡原因之一，是在肝硬化的基础上因肝功能不全和（或）门-体分流引起的，以代谢紊乱为基础、中枢神经系统功能失调的综合征（详见本篇第二十九章）。

（三）感染

肝硬化患者易并发各种感染，如支气管炎、肺炎、胆道感染、革兰氏阴性杆菌败血症、结核性腹膜炎和自发性腹膜炎。自发性腹膜炎是指肝硬化患者腹腔内无脏器感染的急性细菌性腹膜炎，因肠道内细菌通过肠壁或侧支循环而进入腹腔。表现为发热、腹痛、腹膜刺激征，白细胞计数增多。腹水呈渗出液，腹水培养可有革兰氏阴性杆菌生长。

（四）电解质代谢紊乱和酸碱平衡失调

常见低钠血症、低钾及低氯血症、代谢性碱中毒。与长期钠摄入减少、服用利尿药、放腹水及血管升压素增多等因素有关。

（五）原发性肝癌

在肝硬化患者中，肝癌的发生率为 10%~25%。因此，如出现进行性肝大、肝区疼痛、血性腹水、不明原因的发热等，应及时做进一步检查。详见本篇第二十八章。

（六）肝肾综合征

大量腹水时，由于有效血容量和肾血流量减少，使肾小球滤过率下降，但肾无实质性病变，发生肝肾综合征（hepatorenal syndrome，HRS），又称功能性肾衰竭。表现为少尿、无尿、氮质血症，预后差。80% 的急进型患者约于 2 周内死亡，缓进型患者临床上多见，表现为难治性腹水，肾衰竭病程缓慢，可于数月内保持病情稳定，常在各种诱因作用下转为急进型。

（七）肝肺综合征

肝肺综合征（hepatopulmonary syndrome，HPS）是在肝硬化的基础上，排除原发心肺疾病后，出现呼吸困难及缺氧体征，如发绀、杵状指（趾），这与肺内血管扩张和动脉血氧合功能障碍有关，预后差。

考点提示：肝硬化的并发症。

【辅助检查】

（一）血常规

失代偿期可有轻重不等的贫血。脾功能亢进时白细胞计数和血小板计数均减少。

（二）尿常规

失代偿期可有蛋白尿、管型尿和血尿。有黄疸时尿胆红素和尿胆原增加。

（三）肝功能

代偿期肝功能大多正常。失代偿期随着病情加重，血清胆红素水平升高。转氨酶常轻度、中度升高。酒精中毒引起的肝硬化，患者γ-谷氨酰转移酶（GGT）增高持久。血浆白蛋白降低，球蛋白增高，白蛋白和球蛋白比值（A/G）降低或倒置。凝血酶原时间在失代偿期有不同程度的延长。

（四）免疫学检查

反映体液免疫功能的指标IgG、IgA均可增高。部分患者可检出自身抗体，如抗平滑肌抗体、抗核抗体及抗线粒体抗体等。病毒性肝炎患者，乙型、丙型肝炎病毒标记物为阳性。

（五）腹水检查

腹水常为漏出液，并发自发性腹膜炎时其透明度降低，比重增高（＞1.018），李凡他试验阳性，白细胞计数增多（常在 500×10^6/L 以上），分类以中性粒细胞为主，并发结核性腹膜炎时，以淋巴细胞为主。血性腹水时应高度怀疑癌变，应做脱落细胞学检查。

（六）超声检查

超声检查可见肝实质回声增强或呈网状结构，肝内血管走行紊乱，肝包膜不光整，表面凹凸不平。脾体积增大，腹水时出现液性暗区。门静脉及（或）脾静脉增宽。

（七）X线检查

食管胃底静脉曲张时吞钡可见钡剂在食管分布不均，呈蛇状或蚯蚓状充盈缺损，胃底见菊花样充盈缺损。

（八）CT、MRI检查

CT及MRI图像肝密度降低，肝叶比例失调，肝左叶、尾叶增大而右叶萎缩，肝裂增宽，脾大，腹水。

（九）内镜检查

内镜检查可直接观察静脉曲张的程度及范围，并发上消化道出血时，可查明出血部位，并进行镜下止血治疗。

（十）肝穿刺检查

肝穿刺检查发现假小叶，是确诊肝硬化最准确的依据。

（十一）腹腔镜检查

腹腔镜检查可直接观察肝表面情况，可对病变部位进行活检。

知识链接

漏出液与渗出液的鉴别

类别	漏出液	渗出液
原因	非炎症所致	炎症、肿瘤或理化刺激
外观	淡黄色、透明或微浊	黄色、血色、脓性或乳糜性
比重	< 1.018	> 1.018
蛋白定量	< 25 g/L	> 30 g/L
黏蛋白定性	阴性	阳性
细胞数量	< 100×10^6/L	> 500×10^6/L
细胞分类	以淋巴细胞、间皮细胞为主	急性炎症以中性粒细胞为主，慢性炎症以淋巴细胞为主

【诊断与鉴别诊断】

失代偿期肝硬化诊断并不困难，但代偿期诊断常较困难。对原因不明的肝大、迁延不愈的肝炎病例及长期酗酒者，需定期检查肝功能及超声等影像学改变，有时需行肝穿刺活检或腹腔镜检查才能确诊。

（一）肝硬化诊断依据

（1）有病毒性肝炎等病史，长期酗酒。
（2）有肝功能减退及门静脉高压的临床表现。
（3）肝质地坚硬，被膜不光整，脾大，移动性浊音阳性。
（4）肝功能检查有异常。
（5）影像学检查显示肝硬化征象。
（6）当肝功能减退和门静脉高压证据不充分、影像学征象不明确时，肝穿刺活检有假小叶形成，可确定诊断。

 肝硬化的诊断依据。

（二）鉴别诊断

1. 肝大、脾大　应与慢性肝炎、原发性肝癌、慢性白血病、血吸虫病等相鉴别。
2. 腹水　应与结核性腹膜炎、缩窄性心包炎、肾病综合征、腹腔肿瘤、巨大卵巢囊肿等相鉴别。
3. 并发上消化道出血　应与消化性溃疡、急性糜烂出血性胃炎等相鉴别。
4. 并发肝性脑病　应与低血糖、糖尿病酮症酸中毒（diabetic ketoac-idosis，DKA）、尿毒症、脑血管意外、镇静药过量、精神病等相鉴别。
5. 并发肝肾综合征　与慢性肾小球肾炎、急性肾小管坏死等相鉴别。
6. 并发肝肺综合征　与肺部疾病、哮喘等相鉴别。

【治疗】

首先应去除肝硬化的病因。对于代偿期患者，治疗目的是延缓肝功能失代偿，预防肝细胞肝癌；对于失代偿期患者，以改善肝功能、治疗并发症、延缓或减少肝移植为目标。

（一）一般治疗

1. **休息** 肝功能代偿期患者宜劳逸结合，可做轻体力活动。失代偿期患者应休息或住院治疗。

2. **饮食** 以高热量、高蛋白、富含维生素且易消化的食物为宜。有肝性脑病趋向者应限制蛋白质摄入量，有腹水者应限制钠盐摄入量，有食管静脉曲张者应避免粗糙及刺激性食物。

3. **支持治疗** 注意维生素的摄入，且注意水、电解质代谢紊乱及酸碱失衡的处理。避免使用不必要、疗效不明确的药物，减轻肝负担。

（二）药物治疗

抗肝炎病毒治疗和针对其他病因的治疗。保护肝细胞的药物如多烯磷脂酰胆碱、水飞蓟宾、还原型谷胱甘肽及甘草酸二铵等，一般同时选用不超过两种。胆汁淤积时，由于胆汁中鹅去氧胆酸的双亲性，与细胞膜接触时可溶解细胞膜，口服熊去氧胆酸可减少其对肝细胞膜的破坏，也可使用腺苷蛋氨酸等。中医药在治疗肝硬化方面显示了良好的前景，一般常用活血化瘀药，按病情辨证论治。

（三）腹水的治疗

1. **限制钠、水摄入** 以每日氯化钠摄入量 < 2 g 为宜，摄入水量 < 1000 ml，低钠血症者摄入水量限制在 500 ml 以内。

2. **利尿** 不主张使用强利尿药，以避免因快速利尿而引起电解质代谢紊乱及诱发肝性脑病。利尿药一般联合使用保钾利尿药及排钾利尿药，螺内酯和呋塞米联合使用。一般起始剂量螺内酯 40~80 mg/d，3~5 d 递增 40 mg/d，最大剂量 400 mg/d；呋塞米起始剂量 20~40 mg/d，3~5 d 递增 40 mg/d，最大剂量 160 mg/d；利尿药治疗以每日体重减轻不超过 0.5 kg 为宜，以免诱发并发症。

3. **放腹水与补充白蛋白** 对应用大剂量利尿药仍不能使腹水消退者，可采取大量放腹水的方法，每日 4~6 L，同时静脉输注白蛋白，每次 20~40 g，直至腹水消退。当限钠饮食和应用大量利尿药时，腹水仍不能缓解，治疗性腹膜穿刺术后迅速再发，即称为顽固性腹水。

4. **纠正有效循环血容量不足** 有效循环血容量减少和肾灌流不足是难治性腹水的主要原因。定期补充人血清白蛋白、血浆，可提高胶体渗透压，纠正有效循环血容量不足，增加利尿效果。

5. **自身腹水回输** 腹水通过浓缩装置后，以一定速度回输给患者，可补充血浆蛋白质，增加有效血容量、改善肾循环、恢复对利尿药的利尿效应。但对有严重心肺功能不全，近期有上消化道出血、严重凝血障碍、感染性或癌性腹水者，不宜进行此治疗。

6. **腹腔 - 颈内静脉分流术** 采用单向阀门硅管，一端固定在腹腔内，另一端固定在颈内静脉，利用呼吸时腹腔 - 胸膜腔压力差促使腹水向颈内静脉引流，可使腹水消退，但可有急性肺水肿、低钾血症、DIC、全身感染、上腔静脉栓塞、血栓形成和硅管堵塞等风险。

（四）门静脉高压的治疗

可使用通过降低内脏血流量而降低门静脉压力的药物，如加压素、硝酸酯类、β 受体阻断药、生长抑素。其中 β 受体阻断药（如普萘洛尔）可预防近期上消化道出血。

手术治疗的目的主要是降低门静脉系统压力和消除脾功能亢进。有各种分流术、断流术和脾切除术等。手术治疗效果与病例选择和手术时机密切相关。一般而言，无黄疸或腹水、肝功能损害较轻或无并发症者，手术效果较好；大出血时急诊手术、机体一般状况差，肝功能损害显著者，手术效果差。经颈静脉肝内门体静脉分流术（TIPS）是在肝内门静脉属支与肝静脉间植入特殊覆膜的金属支架，建立肝内门体分流，降低门静脉压力，减少或消除门静脉高压。

（五）并发症治疗

1. **上消化道出血** 禁食、静卧、监护、补充有效血容量、止血等。血容量补充达到基本满足组织灌注和循环稳定即可。

对食管静脉曲张破裂出血者，尽早给予收缩内脏血管的药物，如生长抑素、特利加压素，减少门静脉血流量，降低门静脉压力。除药物治疗外，可在内镜下行食管静脉曲张结扎或硬化治疗。TIPS 对急性大出血的止血率达到 95%。三腔双囊管在药物治疗且不具备内镜和 TIPS 操作的大出血时暂时使用，为后续有效止血措施起"桥梁"作用，止血效果肯定，但患者较痛苦，并发症较多，不宜长期应用，停用后再出血率高。服用普萘洛尔、硝酸酯类药物降低门静脉压的药物，可预防食管-胃底曲张静脉再出血。

2. 自发性腹膜炎 一经诊断，就应早期应用抗菌药物，选用肝毒性小、主要针对革兰氏阴性杆菌兼顾革兰氏阳性球菌的抗菌药物，如头孢哌酮或喹诺酮类。疗效不佳时，根据治疗反应和药物敏感试验进行调整。用药时间不少于 2 周。除此以外，还应保持排便通畅，维护肠道正常菌群。

3. 肝性脑病 详见本篇第二十九章。

4. 肝肾综合征 消除各种诱发肝肾综合征的因素，如大量放腹水、使用强利尿药。控制上消化道大出血、感染，严格控制输液量，纠正水、电解质代谢紊乱和酸碱失衡等。输入白蛋白，提高血容量，然后给予利尿药。应用血管活性药物，改善肾血流量，增加肾小球滤过率。TIPS 有助于减少缓进型转为急进型。

【预后】

肝硬化的预后因病因、肝功能代偿程度及有无并发症而有所不同。血吸虫性肝纤维化、循环障碍引起的肝硬化、胆汁性肝硬化及酒精性肝硬化如处于代偿期，在去除病因、经积极治疗后可使病变处于静止状态，预后较肝炎后肝硬化好。如患者已处于肝功能失代偿期，并出现各种严重并发症，则预后极差。此外，患者的年龄与预后也有密切关系。

【健康指导】

注意休息，严格禁酒，避免使用不必要且疗效不确定的药物。合理饮食，注重营养搭配，避免进食辛辣、粗糙食物，以易消化及产气少的食物为主。避免感染。针对病因进行治疗，如口服抗乙肝病毒药物，并定期到医疗机构随访及进行相关的检查。

自 测 题

一、选择题

1. 患者，女性，46 岁。腹胀、气短 1 个月。既往有输血史。血 PLT 56×10^9/L。尿蛋白（+）。腹水检查：淡黄色，比重 1.012，总细胞数 320×10^6/L，总蛋白 18 g/L。腹部 B 超示腹水，脾大，肝叶比例失调。胸部 X 线片示右侧胸腔积液。该患者腹水最可能的原因是

  A. 自发性细菌性腹膜炎　　　　　　　B. 原发性肝癌
  C. 肝硬化失代偿期　　　　　　　　　D. 卵巢肿瘤
  E. 结核性腹膜炎

2. 患者，男性，40 岁，腹胀、乏力 5 年，加重 1 年，有慢性乙型病毒性肝炎病史。近 1 周发热伴腹痛，每日排便 3~4 次，为稀便，无脓血便。体格检查：巩膜轻度黄染，全腹稍膨隆，满腹压痛、反跳痛，脾肋下 3 cm，移动性浊音阳性。最可能的疾病诊断是

  A. 急性出血性坏死性小肠炎　　　　　　B. 肝炎后肝硬化并自发性腹膜炎

C. 消化性溃疡并穿孔　　　　　　　　D. 结核性腹膜炎
E. 原发性肝癌破裂

3. 患者，男性，40岁，既往身体健康，2周前体检发现脾大，今日上午突发呕鲜血200 ml，解柏油样大便350 ml。其上消化道出血最可能的病因是

A. 食管静脉曲张破裂出血　　　　　　B. 消化性溃疡
C. 胃癌　　　　　　　　　　　　　　D. 急性糜烂性胃炎
E. 食管贲门黏膜撕裂症

4. 患者，男性，32岁，慢性肝病6年，每日饮啤酒2瓶，已10余年，近1个月腹胀、尿少。实验室检查：ALT 80 U，HBsAg（+）、HBeAg（+）、HBV-DNA（+），血清胆红素正常，B超示少量腹水。在上述情况下须尽快做出诊断，最确切的检查方法是

A. 血常规　　　　　　　　　　　　　B. 血培养
C. 尿常规 + 尿培养　　　　　　　　　D. 腹部平片
E. 腹水生化常规 + 培养

5. 患者，男性，56岁，患乙型病毒性肝炎10余年，食欲缺乏、腹胀20 d，诊断为肝炎后肝硬化（失代偿期）。入院后检查肝功能试验显著异常，其中白蛋白/球蛋白比例倒置。为治疗低蛋白血症，首选的血液制品是

A. 全血　　　　　　　　　　　　　　B. 新鲜冰冻血浆
C. 普通冰冻血浆　　　　　　　　　　D. 冷沉淀
E. 白蛋白

（6～7题共用题干）

患者，男性，50岁。呕血、黑便7 h。共呕血2次，量约500 ml，解黑便1次，量约200 g，伴晕厥1次。体格检查：P 110次/分，BP 100/60 mmHg。神志清楚，巩膜无黄染。腹壁未见静脉曲张，腹膨隆，无明显压痛，肝肋下未触及，脾肋下4 cm，移动性浊音（+），肠鸣音10次/分。血常规检查：Hb 80 g/L，WBC 2.3×10⁹/L，PLT 135×10⁹/L。

6. 为明确出血原因，首选的检查是

A. 腹部增强CT　　　　　　　　　　　B. 上消化道X线钡剂造影
C. 腹部立卧位X线片　　　　　　　　　D. 胃镜
E. 腹腔动脉造影

7. 目前对该患者不适宜的治疗措施是

A. TIPS　　　　　　　　　　　　　　B. 静脉应用生长抑素
C. 急诊外科手术　　　　　　　　　　D. 三腔双囊管压迫止血
E. 内镜下止血

二、简答题

1. 肝硬化的临床表现是什么？
2. 肝硬化的并发症有哪些？
3. 肝硬化腹水的形成机制有哪些？

三、案例分析题

患者，男性，45岁。乏力、腹胀半年，呕血、黑便1 d。患者半年前开始出现乏力、腹胀，未就诊。1 d前呕鲜血1次，量约200 ml，排黑色不成形便3次，总量约800 ml，感头晕、心悸。发病以来，患者食欲欠佳，尿量减少，睡眠尚可。10年前体格检查发现HBsAg阳性，1年前体格检

查时钡餐检查发现食管胃底静脉曲张。无药物过敏史，无手术及外伤史。体格检查：T 36.5 ℃，P 102 次/分，R 20 次/分，BP 100/70 mmHg。神志清楚，贫血貌，浅表淋巴结未触及肿大。可见肝掌及前胸壁蜘蛛痣，巩膜无黄染。心脏、肺检查无明显异常。腹膨隆，无压痛及反跳痛，未触及包块，肝肋下未触及，脾肋下 3 cm，质地硬。移动性浊音阳性。肠鸣音活跃。双下肢凹陷性水肿。实验室检查：血常规 Hb 69 g/L，WBC 3.5×10^9/L，N 60%，PLT 55×10^9/L。

请回答：

（1）本病例的初步诊断及诊断依据是什么？需与哪些疾病相鉴别？

（2）为明确诊断，需进一步做哪些检查？

（3）治疗原则有哪些？

（陈　曼）

第二十八章　原发性肝癌

第二十八章数字资源

学习目标

1. 知识：说出原发性肝癌的定义，列举常见病因，解释其病理生理机制，分析其临床表现和晚期主要并发症。
2. 能力：完成原发性肝癌的早期诊断、制定最佳的治疗方案，正确评估预后。
3. 素养：树立严谨求实的科学态度，认识到原发性肝癌诊疗的复杂性和严肃性，避免主观臆断和疏忽大意。培养对患者的人文关怀，理解肝癌患者及家属在生理、心理和社会层面的痛苦与压力，尊重患者知情权、选择权，保护患者隐私。强化责任意识，明白医生在肝癌预防、诊断、治疗及康复指导中的角色责任，致力于为患者提供规范、适宜的医疗服务。遵守医学伦理和法律法规，在涉及肝癌诊疗的临床试验、新技术应用等场景中，坚守医学伦理原则，确保患者利益优先。

案例 4-28-1

患者，男性，36岁，已婚，工人。因"肝区胀痛伴不规则发热2周"入院。患者近2周自感肝区胀痛，并向右肩背部放射，伴不规则低热，体温波动于 37.5~38 ℃，无畏寒、盗汗。发病以来精神疲倦、食欲缺乏，二便正常，体重减轻 2.5 kg。既往史：8 年前检查提示 HBsAg（+），HBeAg（+），抗 HBcAb（-），肝功能多次检查正常，未予特殊治疗。否认肺结核、血吸虫疫水接触史。体格检查：T 37.8 ℃，P 96 次/分，R 24 次/分，BP 126/76 mmHg。发育正常，营养中等。皮肤、巩膜未见黄染，左锁骨上未触及肿大淋巴结。颈部、胸部可见数枚蜘蛛痣。肺部体征（-）。心界不大，心率 96 次/分，心律齐，各瓣膜听诊区未闻及杂音。腹平软，右上腹轻压痛，肝肋下 6 cm，质硬，表面凹凸不平，触痛（++），脾肋下 3 cm，移动性浊音（-）。双下肢无水肿，膝反射正常。辅助检查：①血常规 WBC $6\times10^9/L$，N 68%，L 32%，Hb 130 g/L，PLT $80\times10^9/L$；②尿常规（-）；③粪便常规（-）。

问题与思考：
1. 初步诊断和诊断依据是什么？应与哪些疾病相鉴别？
2. 为明确诊断，需要进一步做哪些检查？
3. 治疗原则是什么？

原发性肝癌（primary liver cancer）是指起源于肝细胞或肝内胆管上皮细胞的恶性肿瘤。在我国，肝癌高危人群主要包括：具有乙型肝炎病毒（HBV）和（或）丙型肝炎病毒（HCV）感染、过度饮酒、肝脂肪变性或代谢功能障碍相关性肝病、饮食中黄曲霉毒素 B_1（AFB_1）的暴露、其他各种原因引起的肝硬化及有肝癌家族史等人群，尤其是年龄 > 40 岁的男性。目前，抗 HBV 和抗 HCV 治疗可显著降低肝癌的发生风险，但仍无法完全避免肝癌的发生。临床以肝大、肝区疼痛为主要特征，早期症状不明显，绝大部分患者甲胎蛋白（alpha fetoprotein，AFP）测定呈阳性，后期症状明显，以黄疸、腹水为主。

 原发性肝癌的概念、高危人群。

【病因与发病机制】

原发性肝癌的病因与发病机制可能是多因素协同作用的结果。

（一）病毒性肝炎

在我国，许多研究表明肝癌的发生与乙型病毒性肝炎密切相关：①约 90% 的肝癌患者有乙型肝炎病毒（HBV）感染病史；②肝癌高发区的 HBsAg 阳性率较低发区高；③原发性肝癌患者中 1/3 有慢性肝炎病史；④免疫组化显示肝癌细胞中存在 HBsAg，证明乙型肝炎病毒的 DNA 序列可整合到宿主肝细胞，造成肝细胞损伤，原癌基因激活导致癌变；⑤近年来，丙型肝炎致癌机制与 HCV 序列变异相关，引起肝长期炎症，肝细胞坏死和再生反复发作，从而累积基因突变，破坏细胞增殖的动态平衡，导致细胞癌变。

 原发性肝癌最主要的病因。

（二）肝纤维化

手术和病理学检查证实 80% 以上的肝癌有肝硬化病史，绝大多数为乙型病毒性肝炎导致的大结节性肝硬化。酒精性肝硬化为国外原发性肝癌的主要原因。

（三）黄曲霉毒素

动物实验证实，黄曲霉毒素 B_1（AFB_1）能通过影响 *ras*、*P53* 等基因的表达而引起肝癌的发生。流行病学研究发现，长期进食霉变食物（如玉米、花生等粮食作物被黄曲霉毒素污染），与肝癌的发生密切相关。

（四）其他肝癌的高危因素

长期接触氯乙烯、亚硝胺类、偶氮芥类、苯酚、有机氯农药等化学物质。血吸虫及华支睾吸虫感染。长期饮用污染水、藻类异常繁殖的河沟水。香烟中多环芳烃、亚硝胺和尼古丁。

【病理与分型】

（一）大体形态分型

1. 块状型　块状型最多见，癌块直径为 5 cm 以上，超过 10 cm 者为巨块型，多为单个大肿块，呈膨胀性生长。此型癌组织易缺血、坏死，引起肝破裂。

2. 结节型　为大小、数目不等的多个癌结节，一般癌结节直径不超过 5 cm，常散布于肝右叶，与四周分界不清。此型常伴有肝硬化。

3. 弥漫型　弥漫型最少见，癌结节如米粒至黄豆大小，弥漫于整个肝，肉眼观不易与肝硬化相鉴别。

4. 小癌型　单个或数个直径小于 3 cm 的癌结节称为小肝癌，无明显临床症状和体征，但血清 AFP 阳性，癌肿切除后 AFP 可恢复正常。

（二）组织病理分型

1. 肝细胞癌　肝细胞癌（hepatocellular carcinoma，HCC）最多见，占肝癌的 75%～85%，癌

细胞由肝细胞发展而来。

2. 肝内胆管细胞癌　肝内胆管细胞癌（intrahepatic cholangiocarcinoma，ICC）少见，占肝癌的 10%~15%，癌细胞由胆管上皮细胞发展而来。

3. 混合型肝细胞-胆管细胞癌　混合型肝细胞-胆管细胞癌（combined hepatocellular-cholangio-carcinoma，cHCC-CCA）最少见，上述两型同时存在。

上述三者在发病机制、生物学行为、病理组织学、治疗方法以及预后等方面差异较大。

（三）转移途径

1. 肝内转移　易侵犯门静脉及分支并形成癌栓，脱落后在肝内形成多发性转移灶。

2. 肝外转移　①血行转移：最早、最常见，常转移至肺，其他部位有脑、肾上腺、肾及骨骼等，甚至可见肝静脉中癌栓延至下腔静脉及右心房。②淋巴转移：常见肝门淋巴结转移，也可转移至胰、脾、主动脉旁及锁骨上淋巴结。③种植转移：少见，从肝表面脱落的癌细胞可种植在腹膜、横膈、盆腔等处，引起血性腹水、胸腔积液。女性可有卵巢转移。

 原发性肝癌最常见的转移方式。

【临床表现】

原发性肝癌多见于中年男性，男性、女性发病之比约为3:1。起病隐匿，早期缺乏典型症状，此期称为亚临床肝癌，多在普查或肝病随访时通过AFP测定和B超检查偶然发现。临床症状明显者，病情大多已进入中、晚期。本病常在肝硬化的基础上发生，或者以转移病灶症状为首发表现，此时临床容易漏诊或误诊，应予注意。中、晚期临床表现如下。

1. 肝区疼痛　肝区疼痛为本病最主要的症状，见于50%以上的患者，多呈持续性钝痛、胀痛，是由于癌肿生长迅速，肝包膜被牵拉所致。癌肿侵犯膈肌时，可出现右肩或右背部放射痛。肝表面癌结节破裂，坏死组织、血液流入腹腔，可引起急腹症及失血性休克表现。

2. 肝大　肝呈进行性肿大，质地坚硬，表面凹凸不平，可触及大小不等的结节，边缘不规则，伴有不同程度的压痛。当癌肿突出于右肋弓下或剑突下时，上腹可呈局限性隆起，如癌肿位于膈面，则主要表现为膈抬高，肝下界不下移。肋弓下的癌肿易被触到，有时患者可自行发现而就诊。

3. 黄疸　黄疸一般出现在肝癌晚期，多为阻塞性黄疸，少数为肝细胞性黄疸。前者常因癌肿压迫或侵犯胆管或肝门转移性淋巴结肿大而压迫胆管造成阻塞所致；后者可由于癌组织在肝内广泛浸润或合并肝硬化、慢性肝炎引起。

4. 肝硬化征象　在失代偿期肝硬化基础上发病者，可表现为腹水迅速增加且难治，腹水多为漏出液。血性腹水系肝癌侵犯肝包膜或向腹腔内破溃引起。门静脉高压导致食管胃底静脉曲张破裂出血（EGVB）。

5. 全身表现　出现进行性消瘦、乏力、发热、食欲减退、营养不良和恶病质等表现。如转移至肺、骨、脑、淋巴结、胸腔等处，可产生相应的症状。部分患者以转移灶症状首发而就诊。

6. 伴癌综合征　伴癌综合征是癌肿本身代谢异常或肝癌患者机体内分泌或代谢异常而出现的一组综合征，表现为自发性低血糖症、红细胞增多症。其他罕见的有高钙血症、高脂血症、类癌综合征等。

【并发症】

1. 肝性脑病　肝性脑病是肝癌终末期最严重的并发症，预后不良。诱发肝性脑病的原因有高蛋白饮食、上消化道出血、长期便秘、不恰当使用利尿药等。

2. **上消化道出血** 上消化道出血约占肝癌死因的15%，因侧支循环建立导致食管下段-胃底静脉曲张破裂出血，表现为呕血或黑便。后期可因胃肠黏膜糜烂、溃疡、凝血功能障碍而再出血。

3. **肝癌结节破裂出血** 肝癌结节破裂出血约占10%。癌结节破裂可局限于肝包膜下，产生局部疼痛；如包膜下出血快速增多，则形成压痛性血肿；也可破入腹腔，引起急性腹痛、腹膜刺激征和血性腹水，大量出血可导致休克、死亡。

4. **继发感染** 因机体长期消耗，放射或化疗后白细胞计数减低，机体抵抗力下降，易并发各种感染，如肺部感染、肠道感染、真菌感染、败血症。

 原发性肝癌最主要的并发症。

【辅助检查】

（一）肝癌的血液学分子标志物

1. **甲胎蛋白（AFP）测定** 甲胎蛋白是诊断肝细胞癌特异性的标志物，广泛用于肝癌的普查、诊断、判断治疗效果及预测复发。血清 AFP ≥ 400 μg/L，在排除妊娠、慢性或活动性肝病、生殖腺胚胎源性肿瘤以及其他消化系统肿瘤后，高度提示肝癌；而血清 AFP 轻度升高者，应结合影像学检查动态观察 AFP 变化，并与肝功能变化对比分析，有助于诊断。

 原发性肝癌特异性标志物的检查。

2. **其他肝癌标志物** 异常凝血酶原（PIVKA Ⅱ 或 DCP）、血浆游离微小核糖核酸和血清甲胎蛋白异质体（AFP-L3）也可以作为肝癌早期诊断标志物，其灵敏度和特异度分别为85.6%和93.3%，有助于AFP阴性肝癌的早期诊断。

知识链接

甲胎蛋白

甲胎蛋白（AFP）是一种糖蛋白，这种蛋白主要来自胚胎的肝细胞，胎儿出生约2周后甲胎蛋白从妊娠期妇女血液中消失，因此正常人血清中甲胎蛋白的含量尚不到20 mg/L，在胎儿13周AFP占血浆蛋白总量的1/3，在妊娠30周达最高峰，以后逐渐下降。出生时血浆中浓度为高峰期的1%左右，约为40 mg/L，在1周岁时接近成人水平（低于30 μg/L）。

（二）影像学检查

1. **超声检查** 超声显像具有便捷、实时、无创和无辐射等优势，是临床上最常用的肝影像学检查方法，可显示肿瘤所在部位、大小、数量、形状，并与肝囊肿、肝血管瘤相鉴别。超声可显示直径在2 cm以上的肿瘤，用于早期诊断。肝内转移灶多表现为肝内肿块周边或肝内其他部位出现大小不等的实性结节，数目不定，直径多 < 3 cm，周边可见声晕。门静脉、肝静脉及胆管癌栓表现为管腔内低回声。癌栓完全充满门静脉管腔时周边可出现细小侧支循环形成，呈蜂窝样改变。肝静脉癌栓可以延续至下腔静脉甚至右心房。

2. **增强 CT 检查** 增强 CT 可以更客观、敏感地显示肝癌，对直径1 cm左右肝癌的检出率可 > 80%，是诊断及确定治疗策略的重要手段。CT平扫多为低密度占位，部分有晕圈征，大肝癌常有中央坏死。

3. **数字减影血管造影** 数字减影血管造影（DSA）是肝癌患者血管内介入治疗前必须进行的检查，常采用经选择性或超选择性肝动脉插管进行。DSA 检查可以清楚地显示肝动脉解剖和变异以及肿瘤血管、染色，明确肿瘤数目、大小及其血供丰富程度。

4. **磁共振成像（MRI）** MRI 为非放射性检查，可以短期重复进行。MRI 能清晰地显示肝癌内部结构，发现癌肿及癌栓，对直径 < 1.5 cm 的小肝癌检出率极高。

5. **放射性核素扫描** 放射性核素扫描主要用于亚临床期肝癌的诊断，占位性病变可呈现放射性缺损区或稀疏区，边缘较规则，可显示直径 2 cm 以上的结节。采用核素扫描体层显像，可显著提高小病灶的检出率。

（三）肝穿刺活体组织检查

对于缺乏典型肝癌影像学特征的肝占位性病变，肝病灶穿刺活检可获得明确的病理诊断，为明确病因、指导治疗、判断预后和进行研究提供有价值的信息。

【诊断与鉴别诊断】

（一）诊断

肝癌的临床诊断应结合肝癌发生的高危因素、影像学特征以及血清学分子标志物综合考虑。依照我国《原发性肝癌诊疗指南（2022 年版）》推荐的诊断标准，对于有 HBV 或 HCV 感染，或有任何原因引起肝硬化者，满足下列两项中的任一项，即可临床诊断肝癌：

（1）具有两项典型的肝癌影像学特征（动态增强 CT、多参数 MRI、超声造影或肝细胞特异性对比剂 Gd-EOB-DTPA 增强 MRI），病灶直径 ≤ 2 cm。

（2）具有一项典型的肝癌影像学特征，同时合并病灶直径 > 2 cm 或血清 AFP 升高，特别是持续升高。

以下情况应行肝病灶穿刺活检或密切随访血清 AFP 变化及影像学改变以明确诊断：①病灶直径 ≤ 2 cm，无或只有一项典型的肝癌影像学特征；②病灶直径 > 2 cm，无典型的肝癌影像学特征。

 原发性肝癌的诊断依据。

（二）鉴别诊断

肝癌常需与继发性肝癌、肝硬化、肝脓肿等疾病进行鉴别。

1. **继发性肝癌** 原发于呼吸道、胃肠道、泌尿生殖道、乳房等处的癌灶常转移至肝，尤以结直肠癌最为常见，呈多发性结节，临床以原发癌表现为主，血清 AFP 检测一般为阴性。

2. **肝硬化** 增强 CT 或 MRI 见病灶动脉期强化，呈快进快出，诊断为肝癌；若无强化，则考虑为肝硬化。AFP ≥ 400 μg/L 有助于肝癌的诊断。

3. **活动性病毒性肝炎** 病毒性肝炎活动时血清 AFP 往往呈短期低浓度升高，应定期多次随访测定血清 AFP 和 ALT，或联合检测其他肝癌标志物并进行综合分析。如：① AFP 和 ALT 动态曲线平行或同步升高，或 ALT 持续增高至正常的数倍，则肝炎的可能性大；②二者曲线分离，AFP 持续升高，往往超过 400 μg/L，而 ALT 不升高，呈曲线分离现象，则多考虑肝癌。

4. **肝脓肿** 临床表现为发热、肝区疼痛、压痛明显，白细胞计数和中性粒细胞比例升高。超声检查可发现脓肿的液性暗区。必要时在超声引导下做诊断性穿刺或药物试验性治疗以明确诊断。

【治疗】

肝癌治疗的特点是多学科参与、多种治疗方法共存，各种治疗手段均存在其特有的优势和局限性，且适应证互有重叠。

（一）外科治疗

随着诊断技术的不断发展，早期肝癌与小肝癌的确诊率不断上升，使手术切除及患者的生存率明显提高。手术治疗仍然是根治肝癌的首选治疗方法和最有效的措施。凡定位诊断明确者，均应争取及早手术。

（二）局部治疗

1. 消融治疗　消融治疗已经被认为是手术切除之外治疗小肝癌的根治性治疗方式。消融治疗具有对肝功能影响小、创伤小、疗效确切的特点。肝癌消融治疗是借助医学影像技术的引导，对肿瘤病灶靶向定位，局部采用物理或化学的方法直接杀灭肿瘤组织的一类治疗手段，主要包括射频消融、微波消融、无水乙醇注射治疗、冷冻消融、高强度超声聚焦消融、激光消融及不可逆电穿孔等。

2. 经动脉介入治疗　经肿瘤供血动脉插管灌注化学药物（常用化疗药物有蒽环类、铂类和氟尿嘧啶类等）或栓塞治疗。

（三）肝移植

肝移植是肝癌根治性治疗方法之一，特别适用于肝功能失代偿、不适合手术切除及消融治疗的小肝癌患者。若肝癌已有大血管侵犯和肝外转移，则不宜行肝移植术。肝癌肝移植术后采用以哺乳动物西罗莫司靶蛋白抑制剂为主的免疫抑制药，可以减少肿瘤复发，提高生存率。

（四）放疗

肝癌患者手术不能切除者，可以行姑息性放疗，或选择放疗与 TACE 等联合治疗，延长患者的生存时间。

（五）免疫治疗

在手术、放疗和化疗之后，应用免疫治疗，可起到巩固并增强疗效，杀死残余肿瘤细胞的作用，为肝癌治疗提供了新的手段。常用的免疫抑制药为阿替利珠甲元联合贝伐珠甲元；信迪利甲元联合贝伐珠甲元类似物；甲磺酸阿帕替尼联合卡瑞利珠甲元；多纳非尼、替雷利珠甲元等。

（六）中医传统方药治疗

针对肝癌早期、中晚期、终末期等不同阶段，采取病证结合临床诊疗模式，以肝癌的核心病机"癌毒盛衰"为着眼点，综合运用中国医药学方药、现代中药制剂以及中医药特色诊疗技术，与现代医学技术互补协作，形成系统、规范方案，以期达到协同抗癌、提高治疗耐受性、减少术后并发症、预防复发转移、减轻不良反应及延长生存期的效果。

（七）并发症的治疗

肝癌结节破裂出血时应输血补液，应用止血药，或进行手术止血。

【预后】

下述情况预后较好：①肝癌直径 < 5 cm，能早期手术；②癌肿包膜完整，分化程度高，尚无癌栓形成；③机体免疫状态良好。合并肝硬化或有肝外转移、发生肝癌破裂或消化道出血的患者预后差。

【健康教育】

积极防治病毒性肝炎，注意饮食安全，防止食物霉变，保护水源，对高危人群定期普查。注射肝炎疫苗对预防肝癌的发生有明显作用。此外，保持良好的生活习惯，如适量饮酒、避免吸烟、保持健康饮食和体重，也有助于降低肝癌的风险。

第二十八章 原发性肝癌

自 测 题

一、选择题

1. 最容易并发原发性肝癌的是
   A. 病毒性肝炎后肝硬化　　　　　　B. 酒精性肝硬化
   C. 原发性胆汁性肝硬化　　　　　　D. 淤血性肝硬化
   E. 血吸虫性肝硬化
2. 原发性肝癌转移最主要的部位是
   A. 肺　　　　　　B. 骨　　　　　　C. 肝内
   D. 腹腔内种植　　E. 左锁骨上淋巴结
3. 原发性肝癌肝内播散最主要的途径是
   A. 经肝静脉　　　B. 直接侵犯　　　C. 经肝动脉
   D. 经淋巴管　　　E. 经门静脉
4. 原发性肝癌的肝外血行转移部位最多的是
   A. 肺　　　　　　B. 骨　　　　　　C. 脑
   D. 脾　　　　　　E. 胰
5. 原发性肝癌最多见的淋巴结转移部位是
   A. 肝门　　　　　B. 胰腺后　　　　C. 腹膜后
   D. 主动脉旁　　　E. 锁骨上
6. 原发性肝癌最常见的首发临床表现是
   A. 肝大　　　　　B. 食欲减退　　　C. 恶心、呕吐
   D. 肝区疼痛　　　E. 体重下降
7. 肝癌的临床表现中，提示属于晚期的表现是
   A. 腹胀、乏力　　B. 肝区疼痛　　　C. 食欲缺乏
   D. 肝区肿块　　　E. 体重下降
8. 患者，男性，60 岁。慢性乙型病毒性肝炎病史 35 年，3 次查血甲胎蛋白升高。肝触诊无异常。肝功能正常。腹部 B 超示肝内见直径 2 cm 占位性病变。对诊断及治疗最有意义的检查是
   A. 放射性核素扫描　　B. 腹部 CT 平扫　　C. 腹部增强 CT
   D. 腹部 X 线片　　　　E. 磁共振胰胆管成像
9. 患者，男性，55 岁。慢性乙型病毒性肝炎病史 15 年，肝区隐痛 2 个月。腹部 B 超提示肝后叶直径约 2 cm 的低回声结节。对诊断最有意义的实验室检查是
   A. 碱性磷酸酶　　　B. 癌胚抗原　　　C. γ-谷氨酰转移酶
   D. 甲胎蛋白　　　　E. 糖类抗原 19-9（CA19-9）
10. 患者，男性，58 岁。3 年前曾行直肠癌根治术，近 3 个月右上腹及背部胀痛，无发热，排便正常。体格检查：锁骨上未触及肿大淋巴结，腹平软，未触及肿物，肝肋下未触及。实验室检查：血 WBC 10×10^9/L，AFP 无升高。腹部 B 超示肝右叶多个实性占位，最大者直径约 3 cm。应首先考虑的诊断是
    A. 阿米巴肝脓肿　　B. 肝血管瘤　　　C. 多发肝囊肿
    D. 原发性肝癌　　　E. 肝转移癌

11. 患者，男性，68岁。乏力、腹胀3个月，加重伴尿少1个月。慢性肝炎病史20余年。体格检查：巩膜轻度黄染，肝肋下4 cm，质硬，脾肋下3 cm，移动性浊音阳性，双下肢水肿。对诊断最有意义的实验室检查是

  A. 腹水铁蛋白 B. 血癌胚抗原 C. 血甲胎蛋白
  D. 血 CA125 E. 腹水腺苷脱氨酶

12. 普查原发性肝癌最常用的影像学检查是

  A. 放射性核素肝扫描 B. 肝 CT C. 肝 MRI
  D. 肝 B 超 E. 腹部 X 线片

13. 有关 AFP 升高的临床意义，正确的是

  A. AFP > 200 μg/L 时可诊断为肝细胞癌
  B. 肝转移癌患者 AFP 常显著增高
  C. 肝功能异常伴有 AFP 增高常提示合并肝癌
  D. 消化道其他肿瘤 AFP 不会升高
  E. 肝细胞癌术后 AFP 又升高提示复发

14. 患者，男性，40岁。肝区疼痛3个月，无发热。右肋下触及肝，质硬，表面有直径为5 cm的结节，无触痛。既往有慢性乙型病毒性肝炎病史10年。为确定诊断，最有意义的检查是

  A. 腹部 CT B. 穿刺活检 C. 选择性肝动脉造影
  D. 腹部 B 超 E. 腹部 MRI

二、简答题

1. 简述甲胎蛋白诊断肝癌的价值。
2. 肝癌的并发症有哪些？

三、案例分析题

1. 患者，男性，64岁。散步时突然自觉腹部不适、恶心、头晕、出虚汗、心率加快、心悸，急诊就诊。体格检查：HR 118次/分，BP 100/60 mmHg，心律齐，面色苍白，腹部广泛压痛，尤以右侧腹部明显，轻度肌紧张。既往有肝炎后肝硬化病史，但无出血史，也未做进一步检查。最可能的诊断是什么？

2. 患者，男性，50岁。慢性肝炎病史20年，5年前出现食管黏膜下静脉曲张，3个月前发现肝右叶拳头大肿物，甲胎蛋白阳性。正确的诊断是什么？

（昌大平）

第二十九章　肝性脑病

第二十九章数字资源

学习目标

1. 知识：说出肝性脑病的定义，列举常见病因及诱发因素，解释其病理生理机制、主要临床特征及分期，分析肝性脑病实验室检查的意义。
2. 能力：完成肝性脑病正确的诊断、合理的治疗，正确评估其预后和开展健康教育。
3. 素养：肝性脑病的发病机制复杂，涉及多个生理生化过程，且目前仍有诸多未解之谜。学习者应秉持严谨的科学态度，不盲从权威，对每一个理论、每一项研究成果都进行深入思考和验证。在学习过程中，要注重数据的真实性和可靠性，学会辨别研究中的漏洞和不足，培养独立思考和科学探究的能力。

案例 4-29-1

患者，男性，59 岁。有乙型病毒性肝炎病史 10 余年。双下肢水肿、腹胀，皮肤、黏膜出血 1 个月余。1 周前患者出现夜间失眠，白天昏睡。昨日进食鸡蛋后出现言语含糊、答非所问。体格检查：T 36.3 ℃，P 86 次 / 分，R 19 次 / 分，BP 114/70 mmHg，嗜睡，对答不切题，注意力及计算力减退，定向力差。消瘦，慢性肝病面容，巩膜黄染，扑翼样震颤（+）。腹壁可见静脉曲张，脾肋下 2 cm，腹部移动性浊音（+），双下肢可见瘀斑。实验室检查：肝功能 AST 79 U/L，ALT 97 U/L，Tbil 59.4 μmol/L，Dbil 37.3 μmol/L，ALB 29 g/L，GLB 38 g/L，血氨 145 μmol/L。脑电图（EEG）：散在性慢波，偶有三相波。心电图无异常。头颅 CT 无异常。B 超示肝硬化。

问题与思考：
1. 初步诊断和诊断依据是什么？应与哪些疾病相鉴别？
2. 为明确诊断，需要进一步做哪些检查？
3. 治疗原则是什么？

肝性脑病（hepatic encephalopathy，HE）是由急、慢性严重肝功能障碍或各种门静脉-体循环分流所致的、以代谢紊乱为基础、轻重程度不同的神经精神异常综合征。主要临床表现为认知障碍、行为异常、意识障碍等，严重者出现昏迷。肝性脑病是肝病晚期患者最严重的并发症和主要死亡原因。

【病因和诱因】

（一）病因

大部分肝性脑病由各型肝硬化引起，以病毒性肝炎后肝硬化最多见，其次为门-体分流术后引起。小部分肝性脑病见于重症病毒性肝炎、中毒性肝炎和药物性肝病引起的急性或暴发性肝衰竭。

（二）诱因

1. **感染** 感染是肝性脑病最常见的诱发因素，包括腹腔、肠道、尿路和呼吸道等感染，尤以腹腔感染最为重要，因增加组织分解代谢而增加产氨。

2. **肠内产氨增多** 摄入过多的含氮食物（高蛋白饮食）或药物或上消化道出血使肠内产氨增多。

3. **低钾性碱中毒** NH_4^+容易变成NH_3，导致氨中毒，常由于大量利尿或放腹水引起。

4. **低血容量与缺氧** 可使血氨升高，降低脑细胞对氨的耐受性。

5. **便秘** 增加氨吸收的机会。

6. **低血糖** 使脑内去氨活动停滞，氨毒性增加。

7. **其他** 镇静药、催眠药可直接抑制大脑和呼吸中枢。麻醉和手术可加重肝、脑、肾的负担。

【病理生理和发病机制】

肝性脑病的病理生理基础是肝功能衰竭和门腔静脉之间侧支循环的形成。来自肠道的许多毒性代谢产物不能被肝解毒和清除，经侧支进入体循环，透过血-脑屏障引起大脑功能紊乱。肝性脑病的发病机制迄今尚未明确，目前认为是多因素共同作用导致。

（一）氨中毒学说

氨中毒学说是肝性脑病（特别是门体分流性肝性脑病）的重要发病机制。消化道是氨产生的主要部位，约占总量的90%，以非离子型氨（NH_3）和离子型氨（NH_4^+）两种形式存在，当结肠内pH > 6时，NH_4^+转为NH_3，极易经肠黏膜弥散入血；pH < 6时，NH_3从血液转至肠腔，随粪便排泄。肝衰竭时，肝对门静脉输入NH_3的代谢能力明显减退，体循环血NH_3水平升高；当有门体分流存在时，肠道的NH_3不经肝代谢而直接进入体循环，血NH_3增高。体循环NH_3能透过血-脑屏障，通过多方面干扰脑功能：①干扰脑细胞三羧酸循环，脑细胞能量供应不足；②增加脑对酪氨酸、苯丙氨酸、色氨酸等的摄取，它们对脑功能具有抑制作用；③脑内NH_3升高，增加谷氨酰胺合成，神经元细胞肿胀，导致脑水肿；④NH_3直接干扰脑神经电活动；⑤弥散入大脑的NH_3可上调脑星形胶质细胞苯二氮䓬受体表达，促使Cl^-内流，神经传导被抑制。

 肝性脑病最主要的发病因素。

（二）炎症反应损伤

目前认为，高氨血症与炎症介质相互作用促进肝性脑病的发生与发展。炎症可导致血-脑屏障被破坏，从而使氨等有毒物质及炎症细胞因子进入脑组织，引起脑实质改变和脑功能障碍。同时，高血氨能够诱导中性粒细胞功能障碍，释放活性氧，促进机体产生氧化应激和炎症反应，造成恶性循环。另外，炎症过程所产生的细胞因子又反过来加重肝损伤，增加肝性脑病的发生率。此外，肝性脑病的发生还与机体发生感染有关。研究结果显示，肝硬化患者最为常见的感染为腹膜炎、尿路感染、肺炎等。

（三）氨基酸失衡学说

肝硬化患者血液中的芳香族氨基酸（如色氨酸）增加，而支链氨基酸减少，这两组氨基酸的代谢呈失衡状态。上述两组氨基酸在互相竞争和排斥的状态下通过血-脑屏障，随着支链氨基酸的减少，进入脑中的芳香族氨基酸则会增多，在大脑中代谢为抑制性神经递质5-羟色胺及5-羟吲哚乙酸，导致肝性脑病，尤其与早期睡眠方式及日夜节律改变有关，最终参与肝性脑病的发生。

（四）假性神经递质学说

食物中的芳香族氨基酸（酪氨酸、苯丙氨酸）经肠菌脱羧酶作用，转变为酪胺和苯乙胺，在正常情况下会被肝内单胺氧化酶清除。当肝衰竭时，出现清除障碍，经血液循环进入肝组织，在羟化酶的作用下形成 β-多巴胺和苯乙醇胺，两者的结构与正常神经递质去甲肾上腺素相似，但不能正常传递神经冲动，称为假性神经递质。当假性神经递质取代了正常的神经递质时，则出现神经传导障碍，兴奋性冲动不能上传至大脑皮质，最终引起意识障碍或昏迷。

（五）γ-氨基丁酸/苯二氮䓬（GABA/BZ）复合体学说

γ-氨基丁酸是中枢神经系统特有的、最主要的抑制性递质，在脑内与苯二氮䓬类受体以复合受体的形式存在。肝性脑病时，血γ-氨基丁酸含量升高，且通过血-脑屏障量增加，脑内内源性苯二氮䓬水平升高。实验研究证实，给肝硬化动物服用可激活γ-氨基丁酸/苯二氮䓬复合体的药物如苯巴比妥、地西泮，可诱导或加重肝性脑病；而给予苯二氮䓬类受体拮抗药如氟马西尼，可减少肝性脑病的发作。

（六）锰中毒学说

有研究发现，部分肝硬化患者血和脑中锰含量比正常人高 2~7 倍。当锰进入神经细胞后，低价锰离子被氧化成高价锰离子，通过锰对线粒体特有的亲和力，蓄积在线粒体内。同时，锰离子在价态转变过程中可产生大量自由基，进一步导致脑黑质和纹状体中脑细胞线粒体呼吸链关键酶的活性降低，从而影响脑细胞的功能。

（七）脑干网状系统功能紊乱

严重肝硬化患者的脑干网状系统及黑质-纹状体系统的神经元活性受到不同程度的损害，导致肝性脑病发生，产生扑翼样震颤、肌张力改变；且脑干网状系统受损程度与肝性脑病病情的严重程度一致。

【临床表现】

肝性脑病与其他代谢性脑病相比，并无特征性。临床表现为高级神经中枢的功能紊乱、运动和反射异常，其临床过程分为 5 期（表 4-29-1）。

表 4-29-1 肝性脑病临床分期

分期	临床表现及辅助检查
0 期 （潜伏期）	无行为、性格异常，无神经系统病理征，脑电图正常，只在心理测试或智力测试时有轻微异常
1 期 （前驱期）	轻度性格改变和精神异常，如焦虑、欣快激动、淡漠、睡眠倒错、健忘，可有扑翼样震颤。脑电图多数正常。此期临床表现不明显，易被忽略
2 期 （昏迷前期）	嗜睡，行为异常（如衣冠不整或随地大小便）、言语不清、书写障碍及定向力障碍。有腱反射亢进、肌张力增高、踝阵挛及巴宾斯基征阳性等神经系统体征，有扑翼样震颤，脑电图有特征性异常
3 期 （昏睡期）	昏睡，但可唤醒，醒时尚能应答，常有神志不清或幻觉，各种神经系统体征持续或加重，有扑翼样震颤，肌张力高，腱反射亢进，锥体束征常为阳性。脑电图有异常波形
4 期 （昏迷期）	昏迷，不能唤醒。患者不能合作而无法引出扑翼样震颤。浅昏迷时，腱反射和肌张力仍亢进；深昏迷时，各种反射消失，肌张力降低。脑电图明显异常

肝性脑病的临床分期。

【辅助检查】

（一）血液检查

1. **生物化学指标** 检测肝的生物化学指标，如胆红素、丙氨酸氨基转移酶（ALT）、天冬氨酸氨基转移酶（AST）、白蛋白、凝血酶原活动度等是否有明显异常。肾功能和血常规，在疑诊肝性脑病时均作为常规检查。

2. 血氨　血氨升高对肝性脑病的诊断有较高的价值。多项研究表明，肝性脑病特别是门-体分流性肝性脑病患者血氨多数升高，但血氨升高的水平与病情的严重程度不完全一致。血氨正常的患者也不能排除肝性脑病。止血带压迫时间过长、采血后较长时间才检测、高温下运送，均可能引起血氨假性升高。应在室温下采集静脉血后立即低温送检，30 min 内完成测定，或离心后 4 ℃冷藏，2 h 内完成检测。正常人空腹静脉血氨为 40～70 μg/dl，动脉血氨含量为静脉血氨的 0.5～2 倍，测定动脉血氨更有意义。

3. 其他　血清壳多糖酶 3 样蛋白 1（CHI3L1）为糖基水解酶家族成员之一。它可以结合壳多糖，但没有壳多糖酶的活性，在炎症和组织重塑中起重要作用。CHI3L1 是肝分泌到细胞外基质的蛋白，在肝硬化、肝纤维化时表达明显升高，CHI3L1 表达水平反映了肝硬化、肝纤维化的程度。高尔基体蛋白 73（GP73）是一种位于高尔基体的跨膜糖蛋白。GP73 主要在胆管上皮细胞中表达，很少在肝细胞中表达。但在各种原因引起的进展期肝病中，GP73 在肝细胞中的表达水平升高。最近研究发现，肝细胞癌（HCC）患者中 GP73 水平升高主要与肝硬化有关，而与 HCC 本身无关。

（二）神经生理学检查

1. 脑电图检查　脑电图可以反映大脑皮质的功能，但只有在严重肝性脑病患者中才能检测出典型的脑电图改变，故临床上基本不用于肝性脑病的早期诊断，仅用于儿童肝性脑病的辅助诊断。脑电图的异常主要表现为节律变慢，而该变化并非肝性脑病的特异性改变，也可见于低钠血症、尿毒症性脑病等其他代谢性脑病。

2. 诱发电位检测　诱发电位包括视觉诱发电位、听觉诱发电位和躯体诱发电位，以内源性时间相关诱发电位 P300 诊断的灵敏性最好。

神经生理学检测的优点是结果相对特异，没有学习效应；其缺点是灵敏度差，需要专业设备、人员，与神经心理学测试结果一致性差。

（三）神经心理学测试

神经心理学测试是临床筛查及早期诊断肝性脑病最简便的方法。心理测量的肝性脑病评分（PHES）包括数字连接试验（NCT）、数字符号试验（DST）、轨迹描绘试验（LTT）、系列打点试验（SDT）等。

（四）影像学检查

1. 肝及颅脑 CT　肝增强 CT 血管重建，可以观察是否存在明显的门-体分流。颅脑 CT 检测本身不能用于肝性脑病的诊断或分级，但可发现脑水肿，并排除脑血管意外及颅内肿瘤等。

2. MRI　可以显示脑白质结构的损伤程度及范围。研究显示，肝硬化及肝性脑病患者 MRI 表现正常的脑白质区，平均弥散度（MD）仍可显著增加，且与肝性脑病分期、血氨及神经生理、神经心理改变程度相关。

【诊断与鉴别诊断】

（一）诊断

（1）有严重肝病史。
（2）有肝性脑病的诱因。
（3）有行为、精神、神经改变，出现扑翼样震颤。
（4）肝功能异常、血氨升高、脑电图异常有重要的参考价值。

（二）鉴别诊断

1. 精神障碍　精神障碍以精神症状，如性格改变或行为异常、失眠等为唯一突出表现的肝性脑病易被误诊为精神障碍。因此，凡遇有严重肝病或有门-体分流病史的患者出现神经、精神异常，应警惕肝性脑病的可能。

2. 颅内病变　颅内病变包括蛛网膜下腔出血、硬膜外出血或脑内出血，脑梗死，脑肿瘤，颅内感染，癫痫等。通过检查神经系统定位体征或脑膜刺激征等，结合 CT、腰椎穿刺、动脉造影、脑电图、病毒学检测等做出相应的诊断。

3. 其他代谢性脑病　包括酮症酸中毒、低血糖症、低钠血症、肾性脑病、肺性脑病等。可通过相应的原发疾病及其血液生化分析特点，做出鉴别诊断。

4. 韦尼克脑病　韦尼克脑病多见于严重的酒精性肝病患者，由维生素 B_1 缺乏导致，补充维生素 B_1 后患者症状缓解。

5. 中毒性脑病　中毒性脑病包括酒精性脑病、急性中毒、戒断综合征、重金属（汞、锰等）脑病，以及精神药物或水杨酸盐药物毒性反应等。通过追问相应病史和（或）进行相应的毒理学检测进行鉴别诊断。

6. 肝硬化相关帕金森病

7. 肝性脊髓病　肝性脊髓病多发生在肝硬化的基础上，以皮质脊髓侧束对称性脱髓鞘为特征性的病理改变。临床表现为肢体缓慢、进行性、对称性、痉挛性瘫痪，肌力减退，肌张力增高，痉挛性强直，腱反射亢进，常有病理反射阳性，部分患者有血氨升高。

8. 获得性肝脑变性　获得性肝脑变性少见，且大部分为不可逆性神经功能损害，是慢性肝病引起的一种不可逆性锥体外系综合征。临床表现为帕金森综合征、共济失调、意向性震颤、舞蹈症等运动障碍以及精神行为异常和智能障碍等神经心理学改变。

【治疗】

肝性脑病是终末期肝病患者主要死因之一，早期识别、及时治疗是改善肝性脑病患者预后的关键。治疗原则包括及时去除引发肝性脑病的诱因、维护肝功能、促进氨代谢清除及调节神经递质，尽快将急性神经精神异常恢复到基线状态。

（一）一般治疗

正确评估患者的营养状态，早期进行营养干预，可改善患者的生存质量、降低并发症的发生率、延长患者生存时间。

1. 能量摄入及模式　肝糖原的合成和储存减少，导致静息能量消耗增加，使机体产生类似于健康人体极度饥饿情况下发生的禁食反应。目前认为，每日理想的能量摄入为 35~40 kcal/kg。应鼓励患者少食多餐，每日均匀分配小餐，睡前加餐（至少包含复合糖类 50 g），白天禁食时间不应超过 3~6 h。

2. 蛋白质　欧洲肠外营养学会指南推荐，每日蛋白质摄入量为 1.2~1.5 g/kg，以维持氮平衡，肥胖或超重的肝硬化患者日常膳食蛋白质摄入量维持在 2 g/kg，对于肝性脑病患者是安全的。因为植物蛋白含硫氨基酸的蛋氨酸和半胱氨酸少，不易诱发肝性脑病，含鸟氨酸和精氨酸较多，可通过尿素循环促进氨的清除。故复发性或持久性肝性脑病患者可以每日摄入 30~40 g 植物蛋白。肝性脑病患者蛋白质补充应遵循以下原则：3~4 级肝性脑病患者应禁止从肠道补充蛋白质；1~2 级肝性脑病患者开始数日应限制蛋白质，控制在 20 g/d，随着症状的改善，每 2~3 d 可增加 10~20 g 蛋白质；植物蛋白优于动物蛋白；静脉补充白蛋白安全；慢性肝性脑病患者，鼓励少食多餐，掺入蛋白宜个体化，逐渐增加蛋白质总量。

3. 支链氨基酸（BCAA）　3~4 级肝性脑病患者应补充富含支链氨基酸（缬氨酸、亮氨酸和异亮氨酸）的肠外营养制剂。

4. 其他微量营养素　肝性脑病所致的精神症状可能与缺乏微量元素、水溶性维生素，特别是硫胺素有关，低锌可导致氨水平升高。对于失代偿期肝硬化或有营养不良风险的患者，应给予复合维生素或锌补充剂治疗。

（二）及早识别及去除肝性脑病发作的诱因

1. 纠正电解质代谢紊乱和酸碱平衡失调　低钾性碱中毒是肝硬化患者在进食量减少、利尿过度及大量排放腹水后常出现的内环境紊乱。因此，应重视患者的营养支持，利尿药的应用剂量不宜过大。

2. 预防和控制感染

3. 改善肠内微生态，减少肠内氮源性毒物的生成与吸收

（1）止血和清除肠道积血：上消化道出血是肝性脑病的重要诱因之一。止血后清除肠道积血可用：乳果糖口服导泻；生理盐水或弱酸液（如稀醋酸溶液）清洁灌肠。拉克替醇是肠道不吸收双糖，能清洁、酸化肠道，减少氨的吸收，调节肠道微生态，有效降低内毒素。拉克替醇治疗肝性脑病的疗效与乳果糖相当，同时起效速度快，腹胀发生率低，甜度较低，糖尿病患者可正常应用。推荐的初始剂量为 0.6 g/kg，分 3 次，餐时服用。以每日排软便 2 次为标准来增减服用剂量。

（2）防治便秘：可给予乳果糖，以保证每日排软便 1~2 次。乳果糖是一种合成的双糖，口服后在小肠不被分解，到达结肠后可被细菌分解为乳酸、乙酸而降低肠道 pH，有利于不产尿素酶的乳酸杆菌生长，使肠道细菌产氨减少。此外，酸性的肠道环境可减少氨的吸收，并促进血液中的氨渗入肠道排出体外。乳果糖可用于各期肝性脑病及轻微肝性脑病的治疗。

（3）微生态制剂：包括益生菌、益生元和合生元等，可以促进对宿主有益的细菌菌株的生长，并抑制有害菌群（如产脲酶菌）的繁殖；改善肠上皮细胞的营养状态、降低肠黏膜通透性，减少细菌易位，减轻内毒素血症并改善高动力循环；还可减轻肝细胞的炎症和氧化应激，从而增加肝的氨清除能力。

（4）口服抗生素：可抑制肠道产尿素酶的细菌，减少氨的生成。常用的抗生素有利福昔明、甲硝唑、左氧氟沙星等。利福昔明具有广谱、强效的抑制肠道细菌生长的作用，口服不吸收，只在胃肠道局部起作用，剂量为 0.8~1.2 g/d，分 2~3 次口服。由于肝硬化患者肠黏膜屏障功能减弱，口服可吸收抗生素（如左氧氟沙星）除了减少肠腔细菌量外，也有助于杀灭进入门静脉血流中的细菌。

（5）慎用镇静药及损伤肝功能的药物：镇静药、催眠药、镇痛药及麻醉剂可诱发肝性脑病，在肝硬化特别是有严重肝功能减退时应尽量避免使用。当患者出现烦躁、抽搐时，禁用阿片类、巴比妥类、苯二氮䓬类镇静药，可试用异丙嗪、氯苯那敏等抗组胺药。

（三）促进体内氨的代谢

常用 L-鸟氨酸-L-天冬氨酸。鸟氨酸能增加氨基甲酰磷酸合成酶和鸟氨酸氨基甲酰转移酶的活性，其本身也可通过鸟氨酸循环合成尿素而降低血氨；天冬氨酸可促进谷氨酰胺合成酶活性，促进脑、肾利用和消耗氨以合成谷氨酸和谷氨酰胺而降低血氨，减轻脑水肿。谷氨酸钠、谷氨酸钾、精氨酸等药物理论上有降血氨作用，临床应用广泛，但尚无证据肯定其疗效。

（四）调节神经递质

1. 氟马西尼　拮抗内源性苯二氮䓬所致的神经抑制，对部分 3~4 期患者具有促醒作用。静脉注射氟马西尼 0.5~1 mg，可在数分钟内起效，但维持时间短，通常在 4 h 之内。

2. 减少或拮抗假性神经递质　支链氨基酸制剂是一种以亮氨酸、异亮氨酸、缬氨酸等为主的复合氨基酸。其机制为竞争性抑制芳香族氨基酸进入大脑，减少假性神经递质的形成。其疗效尚有争议，但对于不能耐受蛋白质的营养不良者，补充支链氨基酸有助于改善其氮平衡。

（五）阻断门体分流

经颈静脉肝内门体静脉分流术（TIPS）术后引起的肝性脑病多是暂时的，随着术后肝功能改善、尿量增加及肠道淤血减轻，肝性脑病多呈自限性，很少需要行减小分流道直径的介入术。对于肝硬化门静脉高压所致严重的侧支循环开放，可通过 TIPS 联合曲张静脉的介入断流术，阻断异常的门体分流。

（六）中医中药治疗

中医认为肝性脑病是由于肝肾亏虚、感受湿热疫毒之邪，加之内伤七情，或饮食不节、嗜酒无

度等，导致热毒炽盛、热入心包、痰浊内盛、痰迷心窍而发病。故急则治标，采用醒脑开窍法进行治疗，可选用安宫牛黄丸等中成药或汤剂辨证施治，予以开窍醒脑、化痰清热解毒。另外，针对肝性脑病的氨中毒学说和肠源性内毒素学说，中医的"通腑开窍"理论也被广泛应用于肝性脑病的防治，其中最具代表性的是中药煎剂保留灌肠，如承气汤类、含大黄煎剂、生地黄制剂。多个临床研究显示，使用含大黄煎剂保留灌肠治疗肝性脑病均取得了良好的效果，在通便、促进肠道毒性物质排出、降低血氨水平、缩短昏迷时间等方面均有一定的作用。病缓则治本，扶正化瘀片（胶囊）、安络化纤丸和复方鳖甲软肝片等因其扶正补虚、活血化瘀等功效，具有抗肝纤维化或肝硬化、改善肝功能、改善免疫功能、减轻肝血液循环障碍、降低门静脉高压等作用，对于肝硬化肝性脑病的预防可能有一定的价值。

（七）人工肝治疗

肝衰竭合并肝性脑病时，在内科治疗的基础上，可针对肝性脑病采用一些可改善肝性脑病的人工肝模式，能在一定程度上清除部分炎症因子、内毒素、血氨、胆红素等。常用于改善肝性脑病的人工肝模式有血液灌流、血液滤过、血浆滤过透析、分子吸附再循环系统、双重血浆分子吸附系统或血浆置换联合血液灌流等。

（八）肝移植

对内科治疗效果不理想，反复发作的难治性肝性脑病伴有肝衰竭，是肝移植的指征。

 肝性脑病的治疗。

【预防】

（一）一级预防

一级预防的重点是治疗肝原发疾病及营养干预。病因治疗可减轻肝炎症损伤及肝纤维化，降低门静脉压力，阻止或逆转肝硬化的进展，对预防和控制肝性脑病及其他并发症的发生具有重要意义。积极预防和治疗感染、消化道出血、电解质代谢紊乱、酸碱平衡失调、便秘等肝性脑病的诱发因素，避免大量放腹水或利尿，少食多餐，避免摄入过量高蛋白饮食。

（二）二级预防

二级预防的重点是患者及其家属健康教育、控制血氨升高及调节肠道微生态。加强对患者及其家属的健康教育，告知其肝性脑病的潜在危害，并使其了解肝性脑病的诱因。患者应在医师的指导下根据肝功能损伤的情况合理调整饮食结构，肝性脑病发作期间避免一次性摄入大量高蛋白食物。乳果糖、拉克替醇等可作为预防用药。逐步引导患者进行自我健康管理，并指导家属注意观察患者的行为、性格变化，考察患者有无注意力、记忆力、定向力的减退，尽可能做到肝性脑病的早发现、早诊断、早治疗。

自 测 题

一、选择题

1. 肝硬化患者血氨升高的常见诱因是
   A. 肠道内细菌活动减弱　　B. 肠道内细菌活动增强　　C. 高蛋白饮食
   D. 糖摄入增多　　E. 脂肪摄入增多

2. 肝性脑病患者灌肠可使用的溶液是
   A. 肥皂水　　　　　　　B. 醋酸　　　　　　　　C. 地塞米松
   D. 谷氨酸钾　　　　　　E. 精氨酸

3. 肝性昏迷患者灌肠或导泻时应禁用的是
   A. 25% 硫酸镁　　　　　B. 肥皂水　　　　　　　C. 生理盐水加食醋
   D. 液状石蜡　　　　　　E. 乳果糖加水

4. 治疗肝性脑病时，可以促进氨代谢的药物是
   A. 新霉素　　　　　　　B. 支链氨基酸　　　　　C. 乳果糖
   D. 氟马西尼　　　　　　E. L- 鸟氨酸 -L- 天冬氨酸

5. 治疗肝性脑病，不恰当的是
   A. 口服利福昔明　　　　B. 口服地西泮　　　　　C. 口服乳果糖
   D. 静脉应用生长抑素　　E. 静脉应用奥美拉唑

6. 有助于诊断肝性脑病的血液检查指标是
   A. 球蛋白　　　　　　　B. 丙氨酸转氨酶　　　　C. 白蛋白
   D. 血小板计数　　　　　E. 血氨

7. 慢性肝病患者，血氨升高导致肝性脑病发生的机制，是干扰了大脑的
   A. 蛋白质代谢　　　　　B. 脂肪代谢　　　　　　C. 微量元素代谢
   D. 水盐代谢　　　　　　E. 能量代谢

8. 肝性脑病前驱期的主要表现是
   A. 性格改变　　　　　　B. 计算能力减退　　　　C. 定向力减退
   D. 巴宾斯基征阳性　　　E. 生理反射亢进

9. 患者，女性，53 岁。腹痛、腹胀、低热 4 周，表情淡漠、嗜睡 1 d。腹部 B 超示肝实质弥漫性病变、脾大及腹水。对该患者的诊断最有意义的阳性体征是
   A. 肌张力增高　　　　　B. 巴宾斯基征阳性　　　C. 扑翼样震颤阳性
   D. 腹壁反射消失　　　　E. 腱反射亢进

10. 患者，男性，40 岁。腹胀、乏力 5 个月，嗜睡、言语混乱 2 d。既往患乙型病毒性肝炎 20 年。体格检查：T 36.5 ℃，P 80 次 / 分，R 18 次 / 分，BP 120/80 mmHg。神志不清，消瘦，皮肤、巩膜黄染。双肺呼吸音清，未闻及干啰音、湿啰音，心律齐。腹软，无压痛，移动性浊音（＋）。诱发患者出现神经精神症状的因素中，最不可能的是
    A. 应用大剂量利尿药　　　　　　B. 摄入大量蛋白质
    C. 应用苯二氮䓬类镇静药　　　　D. 便秘
    E. 摄入大剂量维生素 C

11. 患者，男性，50 岁。烦躁、昼睡夜醒 2 d。有肝炎、肝硬化病史 5 年。对明确意识障碍病因最有意义的实验室检查是
    A. 血糖　　　　　　　　B. ALT/AST　　　　　　C. 血清蛋白电泳
    D. 血氨　　　　　　　　E. 血电解质

12. 患者，男性，45 岁。肝功能异常 15 年，门 - 腔静脉分流术后 2 年，性格改变、睡眠倒错 3 d。以下处理措施正确的是
    A. 输血　　　　　　　　B. 口服乳果糖　　　　　C. 碱性肥皂水灌肠
    D. 静脉滴注抗生素　　　E. 口服巴比妥

13. 乳果糖治疗肝性脑病的作用机制是
    A. 促进肝细胞再生　　　B. 抑制肠道细菌增殖　　C. 吸附肠内毒素
    D. 减少肠内氨的生成和吸收　　E. 供给糖，以提供热量

二、简答题

1. 肝性脑病如何分级？
2. 降低血氨的药物有哪些？

三、案例分析题

1. 患者，男性，50岁。肝炎肝硬化10年。门-腔静脉分流术后3年。睡眠倒错、计算能力下降2 d。该患者不宜进食的食物种类有哪些？

2. 患者，男性，58岁。进食高蛋白食物后出现神志不清1 d。大量饮酒25年，否认肝炎病史及家族史。体格检查：T 36.5 ℃，P 80次/分，R 18次/分，BP 120/80 mmHg。面色晦暗，双肺呼吸音清，未闻及干啰音、湿啰音，心律齐，腹软，无压痛，扑翼样震颤（+）。该患者意识障碍最可能的原因是什么？

（昌大平）

第三十章　急性胰腺炎

第三十章数字资源

> **学习目标**
>
> 1. 知识：说出急性胰腺炎的定义，列举常见病因，解释其发病机制、并发症和治疗原则，分析和评估其预后。
> 2. 能力：能够根据临床表现和实验室检查结果做出初步诊断；能够制定急性胰腺炎的治疗方案、术后管理和康复指导。
> 3. 素养：深刻认识到急性胰腺炎诊疗工作的严肃性和重要性，始终将患者的生命安全和健康放在首位。严格遵守医疗行业的规章制度和伦理准则，做到廉洁行医，坚决抵制医疗腐败行为。在诊疗过程中，如实告知患者病情、治疗方案及可能的风险，尊重患者的知情权和选择权，维护患者的合法权益。

案例 4-30-1

患者，男性，40岁，因"腹痛2d，加重4h"入院。患者2d前饭后出现中、上腹部钝痛，进食后加重，与排便无关，偶有反酸，无恶心、呕吐，自服胃黏膜保护药有一定的效果，但疼痛仍然存在，前弓位可略缓解。4h前进食鸡汤后上腹痛明显加重，动则痛甚，解痉药无效（具体药物及剂量不详），呕吐物为胃内容物。发病以来，每日排便1次，未见明显黑便。为进一步诊治入院。既往曾因饮酒后出现上腹部不适，于外院行超声检查：胆囊多发结石。胃镜：慢性浅表性胃炎，Hp（+）。体格检查：T 37.8 ℃，P 93次/分，R 26次/分，BP 136/80 mmHg。神志清楚，言语流利，被动体位，皮肤、巩膜黄染，浅表淋巴结未触及肿大。心脏、肺检查未见明显异常。腹软，中上腹压痛（+），未触及包块，肝、脾肋下未触及。肠鸣音3~5次/分。肛诊（−）。辅助检查：血常规 WBC 13.9×10^9/L，Hb 126 g/L，PLT 380×10^9/L，N 82%，L 17%，RBC 6.0×10^{12}/L；血淀粉酶 546 U/L。

问题与思考：

1. 初步诊断和诊断依据是什么？应与哪些疾病相鉴别？
2. 为明确诊断，需要进一步做哪些检查？
3. 治疗原则是什么？

急性胰腺炎（acute pancreatitis，AP）是急诊科常见疾病，也是容易导致器官功能障碍及病死率较高的疾病之一。急性胰腺炎被定义为因胰酶异常激活对胰腺自身及周围器官产生消化作用而引起的，以胰腺局部炎性反应为主要特征，甚至导致器官功能障碍的急腹症。患者病情轻重不一，轻者以胰腺水肿为著，病情常呈自限性，称为轻症急性胰腺炎，预后良好；重症急性胰腺炎（SAP）约占急性胰腺炎病例的1/5，发病迅速、病情进展快，且临床病理变化错综复杂。疾病早期即出现全身炎性反应综合征（SIRS）及多器官功能障碍综合征（MODS），死亡率高达20%~30%。

【病因】

（一）胆管疾病

胆管梗阻性疾病，如胆石症、胆管感染或胆管蛔虫病等是急性胰腺炎的主要病因，其中以胆石症最为常见。解剖上有 70%～80% 的胰管与胆总管汇合成共同通道开口于十二指肠壶腹部，一旦结石嵌顿于十二指肠壶腹部，将会导致胰腺炎与上行胆管炎，即"共同通道学说"。此外，还有下列其他机制也能导致胰腺炎：①由于胆石症、胆管蛔虫、胆管感染导致壶腹部狭窄和（或）奥迪括约肌痉挛，胆管内压力超过胰管内压力（正常时胰管内压力高于胆管内压力），造成胆汁逆流入胰管，激活胰酶而引起急性胰腺炎。②奥迪括约肌功能不全：胆石、胆管蛔虫在移行过程中损伤胆总管、壶腹部，或胆管炎症引起暂时性奥迪括约肌松弛，使富含肠激酶的十二指肠液反流入胰管，激活胰酶，引起急性胰腺炎。③胆管炎症时，细菌毒素、游离胆酸、非结合胆红素、溶血磷脂酰胆碱等可通过胆胰间淋巴管交通支扩散到胰腺，激活胰酶，引起急性胰腺炎。

（二）酗酒

酗酒引起急性胰腺炎的机制为：①酒精刺激胃酸、胃泌素、胆囊收缩素及胰液分泌增加；②酒精刺激奥迪括约肌收缩，导致十二指肠乳头水肿，使胰液排出受阻；③长期嗜酒者胰液内蛋白质含量增高，易沉淀而形成蛋白栓，导致胰液排出不畅。

（三）胰管阻塞

胰管结石、蛔虫、狭窄、肿瘤（壶腹周围癌、胰腺癌）可引起胰管阻塞和胰管内压力升高。

（四）手术与创伤

腹腔手术、腹部钝挫伤等损伤胰腺组织，导致胰腺严重血液循环障碍，均可引起急性胰腺炎。ERCP 插管时导致的十二指肠乳头水肿或注射造影剂压力过高等也可引发本病。

（五）代谢障碍

高甘油三酯血症可能因脂球微栓影响胰腺微循环，以及胰酶分解甘油三酯导致毒性脂肪酸损伤细胞，从而引发或加重急性胰腺炎。甲状旁腺肿瘤、维生素 D 过多等所致的高钙血症可导致胰管钙化、促进胰酶提前活化而促发本病。

（六）药物

噻嗪类利尿药、硫唑嘌呤、糖皮质激素、磺胺类药等可促发急性胰腺炎，多发生在服药最初的 1～2 个月，与剂量无明确相关性。

（七）感染及全身炎症反应

急性胰腺炎可继发于急性流行性腮腺炎、甲型流感、肺炎衣原体感染、传染性单核细胞增多症、柯萨奇病毒感染等，常随感染痊愈而自行缓解。在全身炎症反应时，作为受损的靶器官之一，胰腺也可有急性炎症损伤。

（八）过度进食

饱餐后，尤其进荤食后分泌的胰液不能经胰管流出道顺利排至十二指肠，胰管内压力升高，可引发急性胰腺炎。

（九）其他

各种自身免疫性血管炎、胰腺主要血管栓塞等血管病变可影响胰腺血供，临床相对少见。少数病因不明者，称为特发性急性胰腺炎。

 急性胰腺炎最主要的病因及诱因。

【发病机制】

各种致病因素导致胰管内高压，腺泡细胞内 Ca^{2+} 水平显著上升，溶酶体在腺泡细胞内提前激活酶原，大量活化的胰酶消化胰腺自身：①损伤腺泡细胞，激活炎症反应的枢纽分子核因子-κB，它的下游系列炎症介质如肿瘤坏死因子-α、白介素-1、花生四烯酸代谢产物（前列腺素、血小板活化因子）、活性氧等均可增加血管通透性，导致大量炎性渗出。②胰腺微循环障碍使胰腺出血、坏死。炎症过程中参与的众多因素可以正反馈方式相互作用，使炎症逐级放大，当超过机体的抗炎能力时，炎症向全身扩展，出现多器官炎症性损伤及功能障碍。

【病理】

急性胰腺炎的病理变化表现为从水肿到出血坏死等一系列改变。从病理上可分为急性水肿型胰腺炎和急性出血坏死型胰腺炎两种。

（一）急性水肿型胰腺炎

此型多见，约占90%。大体上见胰腺肿大、颜色苍白、分叶模糊、质脆，胰腺周围有少量脂肪坏死。组织学检查可见间质水肿、充血、炎症细胞浸润，无明显胰实质坏死和出血。

（二）急性出血坏死型胰腺炎

此型少见，病情严重。大体表现为红褐色或灰褐色，血管损伤引起水肿、出血和血栓形成，胰腺实质及周围组织脂肪坏死，可见大小不等的钙皂斑。组织学检查可见胰腺细胞结构消失，胰腺组织呈凝固性坏死，坏死灶周围有炎症细胞包绕。

由于胰液外溢和血管损伤，部分患者可有腹水、胸腔积液或心包积液，易继发细菌感染；并可出现肾小球病变、急性肾小管坏死、脂肪栓塞和DIC、急性呼吸窘迫综合征。易出现脓肿、假性囊肿和瘘管形成。

【临床表现】

根据病情程度，急性胰腺炎的临床表现多种多样。

1. **急性腹痛** 急性腹痛是绝大多数患者的首发症状，常较剧烈，多位于中腹部、左上腹，甚至全腹，部分患者腹痛向背部放射。患者病初可伴有恶心、呕吐，轻度发热。常见体征有中上腹压痛，肠鸣音减少，轻度脱水貌。

2. **急性多器官功能障碍及衰竭** 在上述症状的基础上，腹痛持续不缓解、腹胀逐渐加重，可陆续出现循环、呼吸、肠、肾及肝衰竭，表4-30-1列出了急性胰腺炎多器官功能障碍的部分症状、体征及病理生理改变。

表4-30-1 急性胰腺炎多器官功能障碍的症状、体征及相应的病理生理改变

症状、体征	病理生理改变
低血压、休克	大量炎性渗出、严重炎症反应及感染
呼吸困难	肺间质水肿，成人呼吸窘迫综合征，胸腔积液，严重肠麻痹及腹膜炎
腹痛、腹胀、呕吐、全腹膨隆、张力较高，压痛及反跳痛，移动性浊音阳性，肠鸣音少	肠麻痹、腹膜炎、腹腔间隔室综合征
少尿、无尿	休克、肾功能不全
黄疸加深	胆总管下端梗阻；肝损伤或肝衰竭
格雷-特纳（Grey-Turner）征，卡伦（Cullen）征	胰腺出血坏死

续表

症状、体征	病理生理改变
体温持续升高或不降	严重炎症反应及感染
意识障碍，精神失常	胰性脑病
上消化道出血	应激性溃疡，左侧门静脉高压
猝死	严重心律失常

急性胰腺炎的临床表现。

【并发症】

（一）局部并发症

1. 液体积聚　液体积聚发生于急性胰腺炎病程的早期，胰腺内、胰周或胰腺远端间隙液体积聚，并缺乏完整包膜。
2. 假性囊肿　假性囊肿常发生在病后3~4周，由胰液和液化的坏死组织在胰腺内或其周围包裹所致。假性囊肿多位于胰体、尾部。囊壁无上皮，仅见坏死的肉芽和纤维组织，囊肿穿破可导致胰源性腹水。
3. 包裹性坏死　包裹性坏死指急性坏死性液体积聚被囊壁包裹。

（二）全身并发症

全身并发症通常见于重症胰腺炎，包括低血压及休克、消化道出血、细菌及真菌感染、慢性胰腺炎和糖尿病、代谢异常、血液学异常、心功能不全或衰竭、肾功能不全或衰竭、呼吸功能不全或衰竭、胰性脑病及多脏器功能衰竭。

急性胰腺炎的并发症。

【辅助检查】

（一）血清酶学检查

1. 血清淀粉酶　血清淀粉酶在起病后6~12h开始升高，48h开始下降，持续3~5d。血清淀粉酶超过正常值3倍可确诊。血清淀粉酶的高低不一定反映病情轻重，出血坏死型胰腺炎血清淀粉酶可正常或低于正常。其他急腹症如胆石症、溃疡病穿孔、肠梗阻均可有血清淀粉酶升高，但一般不超过正常值的2倍。
2. 血清脂肪酶　血清脂肪酶常在起病后24~72h开始升高，持续7~10d，对就诊较晚的患者有诊断价值，且特异性较高。

（二）血清标志物

C反应蛋白是组织损伤和炎症的非特异性标志物，在胰腺坏死时明显升高。

（三）血常规检查

血常规检查多有白细胞计数升高，重症患者中性粒细胞有核左移。

（四）血生化检查

1. 血糖升高　血糖多为暂时性升高，若持久的空腹血糖高于10 mmol/L，反映胰腺坏死，提示预后不良。

2. 低钙血症　低钙血症的程度与病变程度平行，若低于15 mmol/L，提示预后不良。

3. 高胆红素血症　高胆红素血症可见于少数患者，多在发病后4~7d恢复。

4. 高甘油三酯血症　高甘油三酯血症可能是急性胰腺炎的病因或结果。如是后者，在急性期过后可恢复正常。

（五）影像学检查

1. 腹部X线平片　"哨兵袢"和"结肠切割征"为胰腺炎的间接指征。

2. 腹部B超　腹部B超检查应作为常规初筛检查。B超可见胰腺肿大，胰内及胰周围回声异常，后期对脓肿及假性囊肿有诊断意义。但常因胃肠胀气影响观察。

3. CT和MRI检查　CT根据胰腺组织的影像改变进行分级，对急性胰腺炎的诊断、鉴别诊断、病情判断及邻近器官是否受累具有重要价值。增强CT是诊断胰腺坏死的最佳方法，轻症可见胰腺非特异性增大，轮廓不清；重症可见坏死区呈低回声或低密度影，网膜囊和网膜脂肪变性，密度增加。MRI可通过胆胰管造影判断有无胆胰管梗阻。

 急性胰腺炎最主要的辅助检查。

【诊断】

（一）确定是否为急性胰腺炎

确诊急性胰腺炎应具备下列3条中任意2条：①急性持续中上腹痛；②血淀粉酶或脂肪酶高于正常值上限3倍；③急性胰腺炎的典型影像学改变。此诊断一般应在患者就诊后48h内明确。

（二）确定急性胰腺炎程度

根据器官衰竭（organ failure，OF）、胰腺坏死及胰腺感染情况（表4-30-2），将急性胰腺炎分为下列4种程度：①轻症急性胰腺炎（mild acute pancreatitis，MAP）；②中度重症急性胰腺炎（moderately severe acute pancreatitis，MSAP）；③重症急性胰腺炎（severe acute pancreatitis，SAP）；④危重急性胰腺炎（critical acute pancreatitis，CAP）。

表4-30-2　急性胰腺炎程度诊断

	MAP	MSAP	SAP	CAP
器官衰竭	无	≤48h内恢复	>48h	>48h
	和	和（或）	或	和
胰腺坏死	无	无菌性	感染性	感染性

注：MAP. 轻症急性胰腺炎；②MSAP. 中度重症急性胰腺炎；SAP. 重症急性胰腺炎；CAP. 危重急性胰腺炎。

关于器官衰竭，主要依据呼吸、循环及肾功能的量化指标进行评价（表4-30-3）。若评分≥2分，则存在器官功能衰竭。肠功能衰竭表现为腹腔间隔室综合征。急性肝衰竭表现为病程中出现2期及以上肝性脑病，并伴有：①极度乏力，明显厌食、腹胀、恶心、呕吐等严重消化道症状；②短期内黄疸进行性加深；③出血倾向明显，血浆凝血酶原活动度≤40%（或INR≥1.5），且排除其他原因；④肝进行性缩小。

胰腺感染通常根据前述临床表现及实验室检查可确立诊断，高度怀疑胰腺感染而临床证据不足时，可在CT、超声引导下行胰腺或胰周穿刺，抽取物涂片查细菌或培养。

表 4-30-3　器官功能衰竭的改良 Marshall 评分

评分	0分	1分	2分	3分	4分
呼吸（PaO_2/FiO_2）	>400	301~400	201~300	101~200	<101
循环（收缩压 mmHg）	>90	<90 补液后可纠正	<90 补液不能纠正	<90 pH<7.3	<90 pH<7.2
肾肌酐（μmol/L）	<134	134~169	170~310	311~439	>439

（三）寻找病因

住院期间应努力使 80% 以上患者的病因得以明确，尽早治疗病因有助于缩短病程、预防重症急性胰腺炎及避免日后复发。胆道疾病仍是急性胰腺炎的首要病因，应注意多个病因共同作用的可能。CT 主要用于急性胰腺炎病情程度的评估，在胆胰管病因搜寻方面建议采用磁共振胰胆管成像。

【鉴别诊断】

急性胰腺炎常需与消化性溃疡急性穿孔、胆石症、急性胆囊炎、心肌梗死、急性肠梗阻等疾病相鉴别（表 4-30-4）。

表 4-30-4　急性胰腺炎的鉴别诊断

疾病	症状	体征	检查
急性胰腺炎	急性起病，剧烈疼痛，进食后加重，严重时可有发绀、呼吸困难、昏迷	中上腹压痛，肠鸣音减少，严重时可出现烦躁、血压下降、少尿	血清淀粉酶检查可确诊，X线检查"哨兵袢"和"结肠切割征"
消化性溃疡急性穿孔	急性起病，剧烈腹痛，常有慢性、规律性上腹疼痛史	板状腹，腹膜刺激征阳性	X线检查膈下可见游离气体
胆石症	以右上腹腹痛为主，并向右肩部放射	胆囊区压痛	超声检查确诊
心肌梗死	有冠心病史，起病急，心前区压榨性疼痛，有濒死感	心脏扩大，心律失常，心音减弱，闻及心包摩擦音	心电图、心肌酶可确诊
急性肠梗阻	阵发性腹痛、恶心、呕吐、肛门停止排气及排便	腹部隆起、压痛、肠鸣音亢进、有气过水声	X线检查可确诊

【治疗】

（一）一般措施

1. 禁食及胃肠减压　轻症胰腺炎患者可短期禁食，不需胃肠减压，待腹痛消失、体征减轻后即可进食，不需要淀粉酶正常。病情严重者，应禁食并胃肠减压。禁食期间维持水、电解质、酸碱平衡。

2. 监测　密切监护患者的生命体征、腹部体征、血及尿淀粉酶变化。

3. 氧疗　增加循环血氧含量，减轻因组织低灌注带来的细胞缺氧。氧疗的方式可依患者需求采用鼻导管吸氧、面罩吸氧或高流量鼻塞及无创正压通气。

4. 镇痛　急性胰腺炎疼痛性质为伤害感受性疼痛和神经病性疼痛，一般疼痛剧烈，建议口服或静脉使用镇痛药物如非甾体抗炎药，也可以联合普瑞巴林或加巴喷丁口服治疗内脏神经痛。严重疼痛者还可联合中枢性镇痛药加强镇痛效果，如曲马多口服或地佐辛静脉给药。

5. 早期液体支持　尽早阻断由于毛细血管渗漏等导致的组织灌注下降，最大限度地减少并发症和降低病死率。补液的种类以等张晶体液为首选，包括生理盐水、林格液，也可以应用醋酸钠林格液和碳酸钠林格液进行补液治疗。补液的时间和量是关键。在重症急性胰腺炎情况下，根据患者的血压和心率确定补液速度，也可以采用水负荷试验确定患者的液体缺失情况，在 30 min 内将 20 ml/kg 液体静脉输注。通过液体支持，希望能够达到：心率 < 120 次/分，平均动脉压（MAP）65~85 mmHg，尿量 > 0.5~1.0 ml/(kg·h)，HCT 和 BUN 等指标 24 h 后有所下降。

6. **抗凝治疗**　根据急性胰腺炎的病因不同，可能需要考虑调节凝血等手段。此外，在全身炎症反应的后期，各种炎症因子对毛细血管内皮的损伤可能很严重，加上有效血容量不足及外周毛细血管收缩，可能导致毛细血管内小血栓形成，甚至发展为弥散内血管内凝血。及时使用肝素或低分子量肝素可能会减轻毛细血管的损伤，对凝血的改善有一定帮助，同时能预防下肢静脉血栓发生。但在临床实践中，不同病因急性胰腺炎抗凝血治疗的建议不同，应参考相关共识与指南执行。

（二）药物治疗

1. **抑制胰腺分泌与胰酶活性的药物**

（1）生长抑素及其类似物：生长抑素可以广泛地抑制包括胰腺在内的器官外分泌功能，改善胰腺炎早期由于胰酶激活导致的胰腺周围局部病变。奥曲肽是一种人工合成的长效生长抑素类似物，可以调节胰腺分泌，也可调节炎症反应，抑制促炎细胞因子的释放。有研究发现，急性胰腺炎发病 48 h 内静脉输注高剂量奥曲肽（50 μg/h 连续用药 3 d + 25 μg/h 连续用药 4 d），不但可以提高血浆生长抑素浓度，阻断急性胰腺炎向重症转化，而且可以降低早期炎症因子 IL-6 和 TNF-α 水平，从而缩短患者住院时间。抑肽酶（aprotinin）可抗胰血管舒缓素，使缓激肽原不能变为缓激肽，尚可抑制蛋白酶、糜蛋白酶，20 万~50 万 U/d，分 2 次溶于葡萄糖溶液静脉滴注；氟尿嘧啶可抑制 DNA 和 RNA 合成，减少胰液分泌，对磷脂酶和胰蛋白酶有抑制作用，500 mg/d，加入 5% 葡萄糖溶液中静脉滴注；加贝酯（gabexate）可抑制蛋白酶、血管舒缓素、凝血酶原等，100~300 mg 溶于 500~1500 ml 葡萄糖溶液，以 2.5 mg/(kg·h) 的速度静脉滴注，随病情好转后药物减量。

> **知识链接**
>
> **生长抑素**
>
> 生长抑素适用于：①肝硬化门静脉高压所致的食管胃底静脉曲张破裂出血；②消化性溃疡、应激性溃疡、糜烂性胃炎所致的上消化道出血；③预防和治疗急性胰腺炎及其并发症；④胰、胆、肠瘘的辅助治疗；⑤胃泌素瘤、胰岛素瘤及血管活性肠肽瘤。
>
> 药理作用：①可以抑制生长激素、促甲状腺激素、胰岛素、胰高血糖素的分泌；②可以抑制由试验餐和五肽胃泌素刺激的胃酸分泌，可抑制胃蛋白酶、胃泌素的释放；③可以显著减少内脏血流，降低门静脉压力，降低侧支循环的血流和压力，减少肝血流量；④减少胰腺的内、外分泌以及胃、小肠和胆囊的分泌，降低酶活性，对胰腺细胞有保护作用。

（2）质子泵抑制药：一方面，质子泵抑制药能够通过抑制 H^+-K^+-ATP 酶活性导致盐酸生成减少，进而通过神经和体液分泌途径减少胰液分泌，降低胰酶活性。另一方面，质子泵抑制药对胃肠道黏膜的保护作用在一定程度上缓解了重症急性胰腺炎患者的临床症状。

2. **免疫调控**　乌司他丁作为一种蛋白酶抑制剂，既可以有效地抑制胰蛋白酶和糜蛋白酶活性，也可以抑制 IL-6 和 TNF-α 的生成。环氧合酶（COX）具有重要的促炎功能，并可以起到一定程度的止痛作用。对于 ERCP 引起的急性胰腺炎患者，非甾体抗炎药可以通过抑制 COX1 和 COX2 减轻急性胰腺导致的炎症反应，避免疾病加重。

3. **抗感染治疗**　当有证据高度怀疑存在感染时，考虑抗感染治疗。特别是胰腺坏死范围 > 50%，应予以经验性抗生素治疗。在细菌学及药物敏感试验结果出来之前，经验性抗生素治疗应考虑覆盖需氧及厌氧的革兰氏阴性和革兰氏阳性细菌，同时还要考虑药物对胰腺屏障的穿透力。研究发现，碳青霉烯类抗生素（亚胺培南、厄他培南）及喹诺酮类药物（环丙沙星、莫西沙星）均具有很好的胰腺穿透力，并且可以覆盖大肠埃希菌、阴沟肠杆菌等胰腺炎感染常见病原体。甲硝唑作为针对厌氧菌的药物，其胰腺屏障穿透力也很好，可以作为胰腺炎抗感染治疗的联合用药。真菌感染是急性胰腺炎的严重并发症，常见的病原体包括白念珠菌、热带念珠菌等。

4. 中草药治疗　中草药可疏通胰腺微循环，有一定的疗效。常用柴胡、黄芪、黄芩、枳实、厚朴、木香、白芍及大黄（后下）等。

（三）内镜治疗

对于怀疑或确诊急性胆源性胰腺炎的患者，出现下列任意一项应积极会诊，确定是否采取ERCP：①临床除腹痛外，出现发热、黄疸等胆道感染症状；②持续性胆道梗阻，结合胆红素＞86 μmol/L；③病情进展表现，如疼痛加剧，白细胞计数升高，生命体征恶化；④腹部超声及CT显示胆总管或胰管有结石嵌顿。当急性胰腺炎胆道梗阻时，可行内镜下乳头肌切开术，取石或引流，降低胆道压力，有利于胰腺炎恢复。

（四）外科治疗

当重症胰腺炎患者内科治疗无效时，选择手术治疗。最关键的是去除坏死组织，进行腹腔冲洗并引流。结合内科治疗，有助于挽救患者的生命。

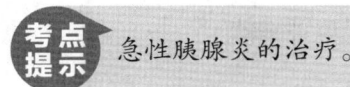 急性胰腺炎的治疗。

自 测 题

一、选择题

1. 患者，男性，40岁。饮酒后持续性上腹疼痛10 h，向腰背部放射，伴恶心、呕吐、发热，无血尿。最可能的疾病诊断为
   A. 急性胰腺炎　　　　　B. 胆囊炎　　　　　　C. 消化性溃疡
   D. 肠梗阻　　　　　　　E. 肾结石

2. 国外胰腺炎最常见的病因是
   A. 胆道疾病　　　　　　B. 过量饮酒　　　　　C. 暴饮暴食
   D. 高脂血症　　　　　　E. 十二指肠液反流

3. 我国胰腺炎最常见的病因是
   A. 胆道疾病　　　　　　B. 过量饮酒　　　　　C. 暴饮暴食
   D. 高脂血症　　　　　　E. 十二指肠液反流

4. 患者，男性，40岁。饮酒后持续性上腹疼痛10 h，向腰背部放射，伴恶心、呕吐、发热，无血尿。对明确诊断最有意义的检查是
   A. 血淀粉酶　　　　　　B. 血常规　　　　　　C. 血清脂肪酶
   D. 尿淀粉酶　　　　　　E. 腹部X线平片

5. 患者，女性，40岁，确诊为急性胰腺炎，经内科治疗2周后体温仍为38～39 ℃，左上腹部压痛明显。尿淀粉酶256 U（Winslow法），血白细胞计数16×10^9/L，可能性最大的情况是
   A. 病情迁延未愈　　　　B. 并发胰腺脓肿　　　C. 并发胰腺假性囊肿
   D. 败血症　　　　　　　E. 合并急性胆囊炎

6. 患者，男性，41岁。上腹疼痛7h。伴发热，体温38.5℃，频繁呕吐。体格检查发现上腹部肌紧张，压痛，无移动性浊音。血WBC15×10⁹/L。X线检查：膈下未见游离气体。如果患者治疗期间出现上腹部包块，首先应考虑的诊断是

    A. 腹膜转移癌   B. 粘连性肠梗阻   C. 胰腺假性囊肿

    D. 胰腺癌   E. 结肠癌

7. 急性胰腺炎假性囊肿形成的时间一般是病后

    A. 3~4 h   B. 24 h   C. 3~4 d

    D. 3~4 周   E. 3~4 个月

8. 诊断急性出血坏死型胰腺炎最有意义的检查是

    A. 血淀粉酶检测   B. 血清甲胎蛋白检测   C. 腹部CT检查

    D. 血CEA   E. 血C反应蛋白

9. 急性重症胰腺炎的临床表现一般不包括

    A. 休克   B. 呼吸衰竭   C. 发热

    D. 腹泻   E. 消化道出血

10. 对出血坏死型胰腺炎最具诊断价值的是

    A. 血脂肪酶增高   B. 血淀粉酶增高   C. 血钙降低

    D. 血胆红素增高   E. B超检查胰腺增大

11. 急性胰腺炎时，关于淀粉酶测定的正确叙述是

    A. 只有血、尿淀粉酶增高才能诊断急性胰腺

    B. 血淀粉酶在8h达峰值

    C. 血淀粉酶超过正常2倍可确诊急性胰腺炎

    D. 淀粉酶的高低并不一定反映病情的严重程度

    E. 尿淀粉酶增高可持续2~4周

12. 患者，男性，41岁。上腹疼痛7h。伴发热，体温38.5℃，频繁呕吐。体格检查发现上腹部肌紧张，压痛，无移动性浊音。血WBC 15×10⁹/L。X线检查：膈下未见游离气体。治疗的基本措施是

    A. 急诊手术   B. 禁食和胃肠减压   C. 腹腔穿刺引流

    D. 使用腹腔镜切除胆囊   E. 应用大量广谱抗生素

二、简答题

1. 胰腺炎的病因有哪些？
2. 诊断急性出血坏死性胰腺炎最有意义的检查是什么？

三、案例分析题

患者，男性，50岁。因"骤发剧烈上腹痛，伴腹胀、恶心、呕吐1d"入院。患者于发病当日无明显诱因突然发作剧烈腹痛，初起时觉剑突下偏右呈发作性胀痛，腹痛迅速波及全腹，转成持续性，呈刀割样剧烈疼痛，并向后背放射，伴恶心、呕吐，吐出胃内容物。发病以来未曾排便、排气，且不敢翻身，也不敢深呼吸，更不敢使腹部受压。12h前腹痛加重并出现烦躁不安，憋气，伴体温升高，遂来急诊。3年前体格检查发现胆囊结石，无症状，未予治疗。既往无类似腹痛发作，无消化性溃疡病史。

体格检查：T 38.9℃，P 110次/分，R 32次/分，BP 110/80 mmHg。急性病面容，右侧卧位，全身皮肤及巩膜可疑黄染，头、颈、心脏、肺（-），全腹膨隆，伴明显肌紧张及广泛压痛、反跳痛。肝、脾触诊不满意，肝浊音界在右侧第6肋间隙，移动性浊音（±），肠鸣音弱。

辅助检查：Hb 96.1 g/L，WBC 18.9×10⁹/L，AST 211 U/L，BUN 9.9 mmol/L，Tbil 30 μmol/L，Dbil 12 μmol/L，血钙 1.75 mmol/L。卧位腹平片示肠管充气扩张，肠间隙增宽。B 超示肝回声均匀，未发现异常病灶，胆囊大小为 7 cm×3 cm×2 cm，壁厚 0.4 cm，内有多个强回声团，回声后有声影，胆总管直径为 0.9 cm，胰形态失常，明显肿大，尤其以胰头、胰体明显，胰周多量液性暗区，胰管增粗。

请回答：

（1）初步诊断和诊断依据是什么？应与哪些疾病相鉴别？

（2）为明确诊断，需要进一步做哪些检查？

（3）治疗原则是什么？

（昌大平）

第三十一章 上消化道出血

第三十一章数字资源

学习目标

1. 知识：了解上消化道出血的定义、病因、临床表现、诊断和治疗方法，掌握其常见病因和预防措施。

2. 能力：能够根据患者的临床表现和实验室检查结果，初步判断是否存在上消化道出血的可能；能够运用内镜检查对上消化道出血进行定位和定性诊断；能够制定上消化道出血的治疗方案，包括药物治疗、内镜治疗、手术治疗等；能够进行上消化道出血患者的术后管理和康复指导；能够进行上消化道出血患者的随访和预后评估。

3. 素养：上消化道出血病情往往较为紧急且复杂，稍有疏忽就可能危及患者的生命。学习者需认识到医疗工作的重要性，树立"生命至上"的理念，在学习和未来的临床实践中，始终保持严谨细致的态度，认真对待每一个病例、每一项检查结果和每一次诊疗操作，确保不会因自身的疏忽给患者带来不良后果。学会在患者病情突然加重的情况下（如失血性休克）保持冷静，迅速做出正确的判断，给予处理措施，为患者争取宝贵的救治时间。

案例 4-31-1

患者，男性，45 岁。因"反复黑便 2 周，呕血 1 d"入院。2 周前，患者自觉上腹部不适，偶有嗳气、反酸，口服"西咪替丁片（具体剂量不详）"好转，但发现大便色黑，排便次数无明显变化，未予注意。1 d 前患者进食辣椒和烤馒头后，上腹不适加重，有便意如厕，排出柏油便，并呕鲜红色血约 500 ml，当即晕倒，急诊入院。发病以来精神疲倦，小便如常，睡眠尚可，体重无明显变化。既往 HbsAg（+），"胃溃疡"病史 10 余年，使用奥美拉唑 20 mg，每日 1 次。否认高血压、心脏病史。否认结核病史，无药物过敏史。体格检查：T 37.2 ℃，P 118 次/分，R 22 次/分，BP 90/60 mmHg，急性病面容，皮肤苍白，无出血点，颈部可见 2 个蜘蛛痣，浅表淋巴结不大，结膜苍白，巩膜可疑黄染。双肺未闻及干啰音、湿啰音。心界正常，心率 118 次/分，心律齐，各瓣膜听诊区未闻及杂音。腹部饱满，未见腹壁静脉曲张，全腹无压痛、肌紧张，肝肋下 4 cm，脾肋下 12 cm，并过正中线 3 cm，质硬，移动性浊音阳性，肠鸣音 3~5 次/分。辅助检查：血常规 Hb 48 g/L。

问题与思考：
1. 初步诊断和诊断依据是什么？应与哪些疾病相鉴别？
2. 为明确诊断，需要进一步做哪些检查？
3. 治疗原则是什么？

上消化道出血（upper gastrointestinal hemorrhage）是指屈氏（Treitz）韧带以上的食管、胃、十二指肠、胰、胆等病变引起的出血，包括胃空肠吻合术后的空肠上段病变。轻者病情发展缓慢，可不被患者察觉，80%具有自限性。上消化道急性大量出血常表现为呕血和黑便，并伴有急性周围循环衰竭，是临床上非常严重的急症之一，应及时诊断、及早治疗。

【病因】

临床上上消化道出血最常见的病因是消化性溃疡、食管胃底静脉曲张破裂、急性糜烂出血性胃炎和胃癌，占上消化道出血的80%~90%。

（一）食管疾病

食管疾病主要有反流性食管炎、食管溃疡、食管癌、食管贲门黏膜撕裂症等。食管癌由于癌组织坏死、溃烂而出血。若侵犯较大血管，则可发生大出血。

（二）胃、十二指肠疾病

消化性溃疡是上消化道大出血较常见的原因之一，约占50%。胃溃疡多位于胃小弯后壁，累及胃左动脉分支；十二指肠溃疡出血多累及十二指肠上动脉。出血多发生于胃、十二指肠溃疡活动期，溃疡侵蚀血管或周围黏膜而出血。

急性胃黏膜损害包括急性糜烂出血性胃炎、应激性溃疡，多在应激状态下发病。其他如胃癌、急性胃扩张、胃扭转、胃肠吻合术后的空肠溃疡和吻合口溃疡等也可引起。

（三）食管胃底静脉曲张破裂出血

在静脉高压情况下，由于食管下段黏膜下静脉缺乏结缔组织支持，曲张静脉突出于食管腔内，该静脉距门静脉主干最近，直接持续受门静脉高压影响，当肝静脉压力持续大于12 mmHg时，可发生食管胃底静脉曲张破裂出血。

（四）上消化道邻近器官或组织的疾病

胆管出血主要是由于胆管的感染、胆管蛔虫病、胆管结石、胆管手术后等引起。胰腺疾病主要有急性胰腺炎并发脓肿或假性囊肿破溃至十二指肠、胰腺癌侵及十二指肠等。其他如纵隔肿瘤或脓肿破入食管、胸或腹主动脉瘤、肝或脾动脉瘤破入上消化道等。

（五）全身性疾病在胃肠道表现出血

常见于白血病、再生障碍性贫血、血友病、血小板减少性紫癜等血液病，以及动脉粥样硬化、系统性红斑狼疮、流行性出血热、钩端螺旋体病及尿毒症等。

 上消化道出血的病因。

【临床表现】

临床表现取决于出血量、出血速度、出血部位及性质，与患者的年龄及循环功能的代偿能力有关。

（一）呕血和黑便

出血部位在幽门以上，出血量大者常有呕血，出血量少则可无呕血。出血速度慢，呕血多呈棕褐色或咖啡色，因血液经胃酸作用产生酸化正铁血红蛋白所致；短期出血量大，血液未经胃酸充分混合即呕出，则为鲜红色或有血块。当出血部位位于幽门以下时，仅表现出黑便而无呕血，粪便呈柏油样改变，是由血红蛋白的铁经肠内硫化物作用形成硫化铁所致。当出血量达5~10 ml时，粪便隐血试验阳性；达50~100 ml时，可表现为黑便；达200~300 ml时，可表现为呕血。

（二）失血性周围循环衰竭

急性大量失血由于循环血容量迅速减少而导致周围循环衰竭，表现为头晕、心悸、乏力，突然起立发生晕厥、肢体冷感、心率加快、血压偏低等。严重者呈休克状态。

（三）发热

消化道大量出血后，部分患者在 24 h 内出现低热，持续 3~5 d 后降至正常。发热的机制可能为循环衰竭影响体温调节中枢功能。

（四）氮质血症

由于大量血液蛋白质的消化产物在肠道被吸收，血液中尿素氮浓度可暂时增高，称为肠源性氮质血症。一般出血后数小时血尿素氮开始上升，24~48 h 达高峰，大多不超过 14.3 mmol/L，3~4 d 后降至正常。氮质血症多因循环血容量降低，肾前性肾功能不全所致。

（五）贫血

慢性上消化道出血在常规体格检查时发现小细胞低色素性贫血；急性大量出血后早期因有周围血管收缩与红细胞重新分布等生理调节，红细胞、血红蛋白和血细胞比容的数值可无变化。此后，大量组织液渗入血管内以补充失去的血浆容量，红细胞和血红蛋白因稀释而降低，出血 24~72 h 后血液稀释到最大限度。贫血的程度取决于失血量和出血前有无贫血基础、出血后液体平衡状况等因素。失血会刺激骨髓代偿性增生，外周血网织红细胞增高于 24 h 内出现，出血停止后逐渐恢复正常。

 上消化道出血的临床表现。

【诊断与鉴别诊断】

（一）诊断步骤

1. **判断是否为上消化道出血**　有上消化道、消化器官等疾病史，出现以下表现者可诊断为上消化道出血。

（1）呕血、黑便、出血性周围循环衰竭。

（2）粪便隐血试验强阳性。

（3）血红蛋白浓度、红细胞计数和血细胞比容下降。

（4）排除了消化道以外的出血原因，如咯血，口、鼻、咽部出血，以及食物、药物因素引起的黑便。

（5）排除下消化道出血。

2. **判断出血程度**　正确估计出血量对判断病情、指导治疗具有重要意义。临床上根据出血量的多少分为轻度、中度和重度出血（表 4-31-1）。同时应注意去除积存于胃肠道、呕血中混有的胃内容物及黑便中混有的粪便等因素。

表 4-31-1　上消化道出血程度的判断

出血程度	占全身总血量及失血量	血压（mmHg）	脉搏（次/分）	血红蛋白（g/L）	临床表现
轻度	10%~15%，成人失血量＜500 ml	基本正常	正常	无变化	一般不引起全身症状或仅有头晕、乏力
中度	20%~30%，成人失血量 500~1000 ml	收缩压下降（≥80）	100~120	70~100	一时性眩晕、口渴、心悸、烦躁、尿少、肤色苍白
重度	＞30%，成人失血量＞1500 ml	收缩压＜80 或测不出	＞120	＜70	神志恍惚、四肢厥冷、大汗、少尿或无尿

3. **判断周围循环状态** 血压和心率是关键指标,再综合其他指标做出判断。如患者由平卧位改为坐位时出现血压下降幅度大于 15~20 mmHg、心率加快幅度大于 10 次/分,提示血容量明显不足,是紧急输血的指征;如收缩压低于 90 mmHg、心率超过 120 次/分,伴有面色苍白、四肢湿冷、烦躁不安或神志不清,则已进入休克状态,属于严重大出血,须积极抢救。

4. **判断出血是否停止** 肠道积血一般需经 3 d 才能排尽,故不能以黑便作为继续出血的判断指标。若有以下迹象,可考虑判断为继续出血或再出血:①反复呕血,或黑便次数增多、粪质稀薄,伴有肠鸣音亢进;②出现周围循环衰竭,经积极补液、输血等治疗未见明显改善,或暂时好转后又恶化;③红细胞计数、血红蛋白浓度、血细胞比容继续下降,网织红细胞计数持续增多;④在充分补液、尿量足够的情况下,血尿素氮持续升高。

5. **判断出血的病因** 详细询问病史及体格检查,症状、体征可为出血的病因提供重要线索:①有慢性、周期性、节律性上腹痛史,出血前疼痛加剧,有饮食不当、精神疲劳等诱因,出血后疼痛减轻或缓解,提示出血来自消化性溃疡;②曾服非甾体抗炎药、酗酒,或处于昏迷、烧伤等应激状态者,要考虑急性胃黏膜损害;③有病毒性肝炎、血吸虫病、慢性酒精中毒病史,出现肝掌、蜘蛛痣、门静脉高压的临床表现者,可能是食管胃底静脉曲张破裂;④ 45 岁以上的患者,近期消瘦、黑便或粪便隐血试验阳性,并伴有缺铁性贫血及左锁骨上淋巴结肿大时,应考虑胃癌或食管裂孔疝;⑤肿大的脾常在消化道出血后收缩而暂时缩小,肝功能检查异常有助于肝硬化的诊断。出血病因的确诊常依赖于辅助检查。

(1)血常规检查:如果血红蛋白进行性下降、血尿素氮升高,表明出血仍在继续;白细胞持续升高,提示胆管或其他部位急性感染。

(2)内镜检查:是上消化道出血定位、定性诊断的首选方法。急性上消化道出血在 1~2 d 内做急诊内镜检查,诊断率高达 95%,可解决 90% 以上上消化道出血的病因诊断。可在直视下按顺序观察食管、胃、十二指肠,可判断出血的原因、部位及程度,还可进行活检,做出病理诊断;可判断是否有继续出血的危险性;还可同时进行内镜止血治疗。急诊胃镜前应先补充血容量,纠正休克,改善贫血。

(3)X 线钡餐检查:仅适用于出血已停止和病情稳定的患者(再出血、积血、血块影响检查)。X 线钡餐检查对急性消化道出血的病因诊断阳性率不高,应用气钡双重造影可提高检出率,若结合上消化道血管造影和胃镜检查,可提高诊断的正确率。气钡双重造影适用于有胃镜检查禁忌证,或不愿进行胃镜检查者,以及胃镜检查后出血原因未明、可疑病变在十二指肠降段以下者。

(4)CT 检查:多排螺旋 CT 在大量出血时检出准确率及阳性预测值均接近 90%,并可显示小肠黏膜及黏膜外病变。CT 血管造影可准确地检出并定位肠道血管性疾病。

(5)血管造影检查:选择性血管造影对活动性上消化道出血或者血管性病变的诊断及治疗具有重要意义,检出率为 40%~60%。根据脏器的不同,可选择腹腔动脉、肠系膜动脉或门静脉造影。当活动性出血速率超过 0.5 ml/min 时,可发现造影剂在出血部位外溢,定位价值较大。选择性血管造影适用于胃镜检查无异常发现,仍有活动性出血;持续大量出血状态,胃镜检查无法安全进行;因积血多影响视野,无法判断出血灶;胃镜检查禁忌证者。选择性动脉造影可明确出血部位,可经动脉插管注入药物(加压素)进行介入治疗。

(二)鉴别诊断

1. 黑便应与进食动物血、猪肝、铁剂、铋剂、炭粉相鉴别。
2. 上消化道出血应与口、鼻、咽喉部出血相鉴别。
3. 上消化道出血有时需与下消化道出血相鉴别(表 4-31-2)。
4. 少数急性上消化道出血者因出血量大、出血速度快,可在呕血或黑便前先出现失血性周围循环衰竭,应注意与其他原因引起的休克相鉴别。

表 4-31-2　上消化道出血与下消化道出血的鉴别

鉴别项目	上消化道出血	下消化道出血
既往史	多曾有溃疡病、肝病、胆病史，或有呕血史	多曾有下腹部疼痛、包块及排便异常史，或便血史
出血先兆	上腹部闷胀、疼痛或绞痛、恶心	中下腹不适或下坠，欲排大便
出血方式	呕血伴柏油样便	便血，无呕血
便血特点	柏油样便，黏稠或成形，无血块	暗红色或鲜红色，稀，多不成形，大量出血时可有血块

【治疗】

治疗原则：补充血容量，迅速止血，纠正贫血，治疗病因。

（一）一般急救措施

（1）嘱患者取卧位，保持呼吸道通畅，避免呕血时吸入引起窒息，必要时吸氧，活动性出血期间禁食。

（2）严密监测患者的生命体征，如心率、血压、呼吸、尿量及神志变化；观察呕血与黑粪，血便情况；定期复查血红蛋白浓度、红细胞计数、血细胞比容与血尿素氮；必要时行中心静脉压测定；对老年患者，根据情况进行心电监护。

（二）及时、有效地补充血容量

尽快建立有效的静脉输液通道和补充血容量，必要时留置中心静脉导管。立即查血型和配血。在配血过程中，可先输平衡液或葡萄糖盐水甚至胶体扩容剂。输液量以维持组织灌注为目标，尿量是有价值的参考指标。应注意避免因输液过快、过多而引起肺水肿，原有心脏病或老年患者必要时可根据中心静脉压调节输入量。以下征象对血容量补充有指导作用：意识恢复；四肢末端由湿冷、青紫转为温暖、红润，肛温与皮肤温度降低（＜1 ℃）；脉搏及血压正常；尿量＞0.5 ml/（kg·h）；中心静脉压改善。下列情况为输浓缩红细胞的指征：①收缩压＜90 mmHg，或较基础收缩压降低幅度＞30 mmHg；②心率增快（＞120 次/分）；③血红蛋白＜70 g/L 或血细胞比容＜25%。输血量以使血红蛋白达到 70 g/L 左右为宜。

（三）积极实施止血措施

1. 食管胃底静脉曲张破裂大出血的止血措施

（1）药物止血：最常用的药物为血管升压素（vasopressin）。其作用机制是通过收缩内脏血管，减少门静脉血流量，降低门静脉及侧支循环阻力，从而达到止血目的。0.2 U/min 持续静脉滴注，可根据实际情况，将剂量增加至 0.4 U/min。不良反应有腹痛、心律失常、心绞痛，严重者可发生心肌梗死。遂主张同时使用硝酸甘油，不仅可以减少血管升压素引起的不良反应，而且还有协同降低门静脉压的作用。有冠心病、高血压及妊娠期妇女禁用血管升压素。

生长抑素（somatostatin）近年来成为治疗食管胃底静脉曲张破裂出血的最主要药物。该药可明显减少内脏血流量，同时可使奇静脉血流量明显减少，而后者是食管静脉血流量的标志。常用药物有奥曲肽（善宁）、注射用生长抑素（思他宁）等。

（2）三腔双囊管压迫止血：止血效果最佳，费用低，但并发症较多（气囊压迫过久会导致黏膜糜烂，持续压迫时间不得超过 24 h），常用于药物止血欠佳或术前准备阶段。

知识链接

三腔双囊管

1. 适应证　食管胃底静脉曲张破裂出血患者局部压迫止血。
2. 禁忌证　严重冠心病、高血压患者慎用。
3. 操作准备　了解患者的病情。与患者或家属沟通，做好解释工作，争取清醒患者配合。检查有无鼻息肉、鼻甲肥厚和鼻中隔偏曲，选择鼻腔较大侧插管，清除鼻腔内的结痂及分泌物。
4. 器械准备　三腔双囊管、50 ml 注射器、止血钳 3 把、治疗盘、无菌纱布、液状石蜡、0.5 kg 沙袋（或盐水瓶）、血压表、绷带、宽胶布。
5. 操作方法

（1）操作者戴帽子、口罩、手套，认真检查气囊有无漏气和充气后有无偏移，通向双气囊和胃腔的管道是否通畅。远端 45 cm、60 cm、65 cm 处管外有记号，标明管外端至贲门、胃、幽门的距离，以判断气囊所在位置。检查合格后抽尽双囊内气体，将三腔双囊管的先端及气囊表面涂以液状石蜡，从患者鼻腔插入，到达咽部时嘱患者吞咽配合，使三腔双囊管顺利进入 65 cm 标记处。

（2）用注射器先注入胃气囊空气 250~300 ml，使胃气囊充气，用止血钳将此管腔钳住。然后将三腔双囊管向外牵引，感觉有中等弹性阻力时，表示胃气囊已压于胃底部，适度拉紧三腔双囊管，系上牵引绳，再以 0.5 kg 沙袋（或盐水瓶）通过滑车固定于床头架上牵引，以达到充分压迫的目的。

（3）经观察仍未能压迫止血者，再向食管囊内注入空气 100~200 ml，然后钳住此管腔，以直接压迫食管下段的扩张静脉。

（4）首次胃囊充气压迫可持续 24 h，24 h 后必须减压 15~30 min。减压前先服液状石蜡 20 ml，10 min 后将管向内略送入，使气囊与胃底黏膜分离，然后去除止血钳，让气囊逐渐缓慢自行放气，抽吸胃管，观察是否有活动性出血，一旦发现活动性出血，立即再行充气压迫。如无活动性出血，30 min 后仍需再度充气压迫 12 h，再嘱患者饮液状石蜡、放气减压，留管观察 24 h，如出血，即可拔管。拔管前必须先饮液状石蜡 20 ml，以防胃黏膜与气囊粘连，并将气囊内气体抽尽，然后才能缓缓拔出。

（5）食管气囊压迫持续时间以 8~12 h 为宜，放气 15~30 min。

（6）压迫止血后，应利用胃管抽吸胃内血液，观察有无活动性出血，并用冰盐水洗胃，以减少氨的吸收和使血管收缩减少出血。通过胃管可注入止血药、制酸药等，一般不主张注入药物。

（3）胃镜下止血：内镜直视下注射硬化剂或用皮圈套扎曲张静脉，可达到有效止血的目的。

（4）外科手术：内科治疗无效时，应考虑外科手术治疗。

2. 其他原因所致上消化道出血的止血措施

（1）抑制胃酸分泌：血小板聚集及血浆凝血功能所诱导的止血作用，需在 pH > 6.0 时才能有效发挥，因此，抑制胃酸分泌有间接的止血作用。常用抗酸药有质子泵抑制药及 H_2 受体拮抗药，前者效果优于后者。急性出血期经静脉途径给药，如奥美拉唑 40 mg，每日 2 次，可静脉注射或静脉滴注。H_2 受体拮抗药，如西咪替丁、雷尼替丁、法莫替丁。

（2）内镜治疗：内镜检查时，如见有活动性出血，应进行内镜下止血。方法包括激光、热探头、高频电灼、微波及注射疗法。

（3）手术治疗：经积极内科治疗无效仍有大量出血者，危及患者生命，需要不失时机地进行手术治疗。

（4）介入治疗：少数严重上消化道大量出血的患者，有时既不适宜接受内镜治疗，又不能耐受手术，可考虑在选择性肠系膜动脉造影下找到病灶部位行血管栓塞治疗。

自 测 题

一、选择题

1. 上消化道出血最常见的病因是
   A. 消化性溃疡　　　　　B. 食管贲门黏膜撕裂　　　　C. 胃癌
   D. 胃血管畸形　　　　　E. 食管胃底静脉曲张破裂

2. 患者，男性，50岁。呕血、黑便4 h。发病前曾进食硬质食物。发现HBsAg阳性30年。体格检查：P 108次/分，BP 90/60 mmHg。烦躁、面色苍白、皮肤湿冷。应首先考虑的出血原因是
   A. 急性胃黏膜病变　　　B. 食管肿瘤　　　　　　　　C. 胃溃疡
   D. 十二指肠溃疡　　　　E. 食管胃底静脉曲张破裂

3. 患者，女性，32岁。进食油腻食物后剧烈呕吐胃内容物数次，末次呕吐鲜血200 ml。既往身体健康。体格检查：T 36.5 ℃，P 110次/分，R 22次/分，BP 90/60 mmHg。皮肤、黏膜未见出血点，浅表淋巴结未触及肿大，双肺呼吸音清，未闻及干啰音、湿啰音，心律齐，腹软，无压痛。最可能的出血原因是
   A. 胃癌　　　　　　　　　　　　　　B. 急性胃黏膜病变
   C. 消化性溃疡　　　　　　　　　　　D. 胃血管异常
   E. 食管贲门黏膜撕裂综合征

4. 骨关节炎患者服用阿司匹林后出现黑便，应首先考虑的是
   A. 食管静脉曲张破裂出血　　　　　　B. 急性胃炎出血
   C. 十二指肠溃疡出血　　　　　　　　D. 胃癌出血
   E. 反流性食管炎出血

5. 上消化道出血表现为呕血或黑便，主要取决于
   A. 出血的速度和量　　　　　　　　　B. 出血部位的高低
   C. 病变的性质　　　　　　　　　　　D. 凝血机制
   E. 胃肠蠕动情况

6. 患者排柏油样便最可能的出血部位是
   A. 胃　　　　　　　　　B. 回肠　　　　　　　　　　C. 空肠
   D. 乙状结肠　　　　　　E. 直肠

7. 患者，男性，32岁。初冬季节上腹痛3年，口服抑酸药有效。1 d来呕血1次，黑便3次。近期因关节痛口服"止痛片"数次。体格检查：皮肤及巩膜无黄染。腹平软，剑突下压痛（+），肝、脾肋下未触及。该患者最可能的出血原因是
   A. 食管贲门黏膜撕裂综合征　　　　　B. 食管胃底静脉曲张破裂
   C. 消化性溃疡　　　　　　　　　　　D. 反流性食管炎
   E. 胃癌

8. 患者，男性，36岁。间断上腹痛10余年，饥饿时及夜间加重。1 d前饮酒后腹痛加剧，1 h前排柏油样便300 ml，伴头晕。为明确诊断，首选的检查是
   A. 腹部B超　　　　　　 B. 上消化道钡剂造影　　　　C. 胃镜
   D. 结肠镜　　　　　　　E. 粪便常规+隐血

9. 患者，男性，65岁。上腹部无规律隐痛2个月，因饮酒后呕咖啡样物250 ml，排柏油样便300 ml来诊，无肝病史。体格检查：BP 90/60 mmHg，P 100次/分，Hb 90 g/L，上腹部轻度压痛，肝、脾肋下未触及。其止血措施最好选择

  A. 奥美拉唑静脉注射   B. 6-氨基己酸静脉滴注   C. 三腔双囊管压迫

  D. 维生素 K_1 静脉滴注   E. 垂体后叶素静脉滴注

10. 怀疑上消化道出血，首选的检查为

  A. X线胃肠钡餐透视   B. X线钡灌肠透视   C. 粪便隐血检查

  D. B型超声检查   E. 胃镜检查

11. 对鉴别上、下消化道出血有帮助的是

  A. 粪便隐血试验阳性   B. 血尿素氮升高   C. 血肌酐升高

  D. 血红蛋白浓度下降   E. 血氨升高

12. 患者，男性，62岁。1 h前呕血1000 ml。既往史：发现HBsAg（＋）20年，冠心病史10年。近期有心绞痛发作。不宜应用的药物是

  A. 血管升压素   B. 生长抑素   C. 支链氨基酸

  D. 奥美拉唑   E. 法莫替丁

二、简答题

1. 上消化道出血的常见病因是什么？
2. 上消化道出血的临床表现有哪些？

三、案例分析题

患者，男性，49岁。有"慢性胃痛"病史多年，因头晕半天，黑便3次急诊入院。BP 80/50 mmHg，HR 124次/分，面色苍白，出冷汗。该患者首先考虑哪种疾病？急救措施首选是什么？待病情稳定后，最能尽快明确诊断的检查是什么？

（昌大平）

第五篇

泌尿系统疾病

5

第三十二章 总论

第三十二章数字资源

学习目标

1. 知识：列举肾的功能，解释肾病常见辅助检查的临床意义。
2. 能力：完成泌尿系统相关的病史采集和体格检查，运用病史、体格检查及辅助检查结果对泌尿系统疾病做出初步分析和处置。
3. 素养：能向公众普及健康的生活方式，参与社区健康宣教，向公众宣传泌尿系统疾病的预防知识（如多饮水，预防泌尿系结石；控制血糖和血压，预防糖尿病肾病），降低疾病发病率。关注泌尿系统疾病的流行病学特点（如尿路感染在女性中的高发因素、慢性肾脏病的人群分布），理解疾病防控对公共卫生的意义，为制定预防策略提供依据。关注特殊患者群体（如老年肾衰竭患者、儿童肾病综合征患者）的身心需求，体现人文关怀，避免因沟通不当导致医患矛盾。

泌尿系统由肾、输尿管、膀胱、尿道及其相关的血管和神经等组成。其主要功能包括滤过功能（生成和排泄尿液，排除人体多余的水和代谢废物）、重吸收和排泌功能（调节机体内环境稳态，保持水、电解质及酸碱平衡）和内分泌功能（调节血压、红细胞生成和骨骼生长等）。本篇主要阐述泌尿系统常见的内科疾病。

【泌尿系统解剖及生理概要】

（一）肾的解剖

肾属于实质性器官，左、右各一个，形似蚕豆，位于腹膜后脊柱两侧，约为第12胸椎至第3腰椎的位置，右肾较左肾位置低半个至1个椎体。在肾的冠状切面上，肾实质分为表层的肾皮质及内侧的肾髓质，肾髓质形成底端朝向肾皮质、尖端朝向肾乳头的肾锥体。

肾单位是肾最基本的结构和功能单位。每个肾约有100万个肾单位。肾单位包括肾小体和肾小管两部分。肾单位按所在部位分为皮质肾单位和近髓肾单位。

1. **肾小体** 肾小体由肾小球和肾小囊两部分组成。

（1）肾小球：为位于入球小动脉和出球小动脉之间的一团毛细血管簇，由入球小动脉分支成40~50条平行且相互吻合成网的毛细血管网，最后又汇合在一起形成出球小动脉。肾小球毛细血管壁由多孔的内皮细胞、致密的基膜和伸出许多足突的上皮细胞组成，因具有滤过功能可形成原尿而被称为肾小球滤过膜。系膜细胞散在于系膜基质内，两者共同构成系膜组织。

（2）肾小囊：附在肾小球毛细血管袢外面，分为脏、壁两层，两层之间为囊腔，可贮存原尿。原尿由肾小囊进入近曲小管，经髓袢各支到远曲小管。远曲小管的末端与集合管相连。

2. **肾小管** 肾小管由近曲小管、髓袢和远曲小管组成。肾小管的初始段高度屈曲，称为近曲小管。肾小管走行在髓质的一段呈"U"形，称为髓袢。髓袢由降支和升支组成。与近曲小管连接的降支其管径比较粗，称为降支粗段。随后管壁变薄，管腔狭窄，称为降支细段。继续上行，管径增粗,称为髓袢升支粗段。髓袢接着连接远曲小管。近曲小管和髓袢降支粗段,称为近端小管。髓袢升支粗段和远曲小管,称为远端小管。远曲小管与集合管相连接,每一集合管接受多条远曲小管输送来的液体并形成尿液。尿液在集合管内生成后,汇入乳头管,经肾盂、输尿管最后进入膀胱。

3. **球旁器** 球旁器又称近球体,主要分布在皮质肾单位的入球小动脉、出球小动脉和远端肾小管形成的三角区内,由球旁细胞、致密斑和球外系膜细胞组成。球旁细胞能合成、储存和释放肾素,致密斑主要感受肾小管液中 NaCl 含量变化,并将其信息传至球旁细胞,调节肾素的释放。分布在入球小动脉和出球小动脉之间的球外系膜细胞具有一定的吞噬功能。

(二)肾的生理功能

肾的生理功能主要是排泄代谢产物,调节水、电解质和酸碱平衡,维持机体内环境稳定及内分泌功能。

1. **肾小球滤过功能** 肾接受的血流灌注约占全心排血量的 25%。滤过功能是肾最重要的生理功能,也是临床最常用的评估肾功能的参数。肾小球滤过率(GFR)成人静息状态下男性约为 120 ml(min·1.73 m^2),女性约低 10%。肾小球滤过率与年龄有关,25~30 岁时达到高峰,此后随年龄增长而逐渐降低。肾小球滤过率主要取决于肾小球血流量、有效滤过压、滤过膜面积和毛细血管通透性等因素。

2. **肾小管重吸收与分泌功能** 原尿进入肾小管后称为小管液,每日生成 180 L 左右。小管液在流经肾小管和集合管时,其中大部分的水和溶质被管壁细胞重吸收回血液。肾小管各段和集合管都具有重吸收的功能,但近端肾小管主要承担滤液的重吸收。在正常情况下,小管液中的葡萄糖、氨基酸等营养物质几乎全部在近端小管被重吸收,Na^+ 在近端肾小管中被主动重吸收,HCO_3^- 和 Cl^-、Na^+ 一起被转运。HCO_3^- 重吸收还继发于 H^+ 的分泌,80%~90% 的 HCO_3^-、65%~70% 的水和 Na^+、K^+、Cl^- 等均在此被重吸收。髓袢在逆流倍增中起着重要作用,维持髓质与间质的高张及尿液的浓缩和稀释。远端肾小管是调节尿液最终成分的主要场所。肾小管各段均有泌氢功能,远端肾小管尚有泌钾、泌氨、保钠及调节酸碱平衡的作用。

3. **肾的内分泌功能** 肾除了具有排泄功能外,还有重要的内分泌功能。肾分泌的激素可分为血管活性激素和非血管活性激素。血管活性激素包括肾素、血管紧张素、前列腺素、激肽类系统等,主要作用于肾本身,参与肾的生理功能。非血管活性激素主要作用于全身,肾间质产生的 1α-羟化酶使 25-羟维生素 D_3 活性增强,以利于钙、磷重吸收。此外,肾能产生促红细胞生成素,可促使骨髓红细胞系的干细胞增殖、成熟,促进血红蛋白合成。

【泌尿系统疾病常见的临床表现】

(一)排尿异常

1. 尿量异常

(1)少尿与无尿:正常成人 24 h 尿量为 1000~2000 ml。少尿是指 24 h 尿量 < 400 ml(每小时 < 17 ml),无尿是指 24 h 尿量 < 100 ml。少尿、无尿的原因可分为肾前性、肾性、肾后性。①肾前性:常见于血容量及心排血量不足或肾血管阻塞,如休克、心力衰竭、失血、脱水、肾血管栓塞;②肾性:见于各种肾实质性疾病,如原发性或继发性肾小球疾病、肾小管间质疾病等发展至急性肾损伤及慢性肾衰竭晚期,均可引起少尿或无尿;③肾后性:多见于泌尿系统结石、肿瘤、前列腺增生及尿道狭窄引起的尿路梗阻。

(2)多尿:是指 24 h 尿量 > 2500 ml,常伴夜尿增多,即夜尿量超过白天尿量或夜尿量超过 750 ml,尿比重低于 1.018。多尿可分为肾源性多尿与非肾源性多尿两类。肾源性多尿见于各种病因所致的肾小管功能不全、急性肾损伤多尿期等。非肾源性多尿多见于糖尿病、尿崩症、神经性烦渴、原发性甲状旁腺功能亢进症、癔症性多尿及原发性醛固酮增多症等。

2. 尿质异常

（1）蛋白尿：正常人尿液中仅含微量蛋白质，每日尿蛋白＞150 mg或尿蛋白定性试验阳性，称为蛋白尿。若24 h尿蛋白量＞3.5 g，称为大量蛋白尿。蛋白尿可分为功能性与病理性两类。功能性蛋白尿见于健康人，多为暂时性，诱因解除后即可消失。病理性蛋白尿见于器质性疾病，多为持续性。病理性蛋白尿可分为：①肾小球性蛋白尿，是由于肾小球滤过膜分子屏障与电荷屏障损害，通透性增加所致。出现以白蛋白为主的中分子量蛋白质增多称为选择性蛋白尿；筛孔屏障受损导致以球蛋白为主的大分子量蛋白增多称为非选择性蛋白尿。肾小球性蛋白尿每日尿蛋白量常在3 g以上，其中白蛋白占60%～90%，常见于肾小球疾病。②肾小管性蛋白尿，是肾小管重吸收障碍或本身分泌的尿黏蛋白增多引起的蛋白尿。③溢出性蛋白尿，血液中异常蛋白质增多，经肾小球滤过后不能全部被肾小管重吸收，因而随尿液排出，见于多发性骨髓瘤、血红蛋白尿等。④分泌性蛋白尿，是因远曲小管与集合管受损后，分泌IgA及大分子T-H（Tamm-Horsfall）蛋白所致。⑤组织性蛋白尿，因肾组织破坏后胞质中酶及蛋白质释出所形成。临床所见蛋白尿大多是肾小球性蛋白尿，它是肾病的重点特征和临床表现之一，对疾病的诊断、治疗策略的选择及预后判断均具有重要意义。

（2）血尿：正常人尿中无或仅有微量红细胞。新鲜尿离心沉渣每高倍镜视野红细胞＞3个，则称为血尿。血尿根据能否被肉眼发现分为肉眼血尿和镜下血尿，通常每升尿液中含有1 ml血液即可出现肉眼血尿。产生血尿的原因如下。①泌尿系统疾病：如各种肾小球肾炎，肾盂肾炎，尿道结石、肿瘤、损伤、血管病变，多囊肾，某些药物的毒性反应或过敏性反应等，占血尿原因的95%～98%。②尿路邻近器官疾病：如女性内生殖器官的炎症、肿瘤及阑尾炎等。③全身性疾病：如出血性疾病、某些传染性疾病、风湿性疾病及个别心血管系统疾病。④运动性血尿：较少见，见于剧烈运动后。⑤特发性血尿：少数血尿患者经各种检查，仍找不到病因，可能为泌尿系统隐匿性疾病所致。总之，对血尿应进一步做出定性、定位诊断，用相差显微镜观察尿红细胞的形态，将血尿区分为肾小球源性和非肾小球源性两类。尿三杯试验可作为定位诊断的一种手段，若为起始血尿，提示病变在尿道；终末血尿提示病变在膀胱或前列腺；全程血尿提示肾病变且常伴有尿蛋白及管型。在排除了泌尿系统结石、结核、肿瘤等病因后，尿红细胞形态以畸形红细胞为主，则多为肾小球肾炎和间质性肾炎所致。

> **知识链接**
>
> **IgA肾病**
>
> IgA肾病是肾小球源性血尿最常见的病因，也是目前世界范围内最常见的原发性肾小球疾病。它是一组肾小球系膜区以IgA或IgA免疫复合物沉积为主的原发性肾小球疾病，病变主要累及肾小球，病理类型多种多样。免疫荧光镜下，可见肾小球系膜区有弥漫分布的颗粒状或团块状IgA沉积物。电镜下可见电子致密物主要沉积于系膜区，有时呈巨大团块样。部分患者发病前1～3 d常有感染。几乎所有患者均有血尿。部分患者在上述感染1～3 d后，出现突发性肉眼血尿，可持续数小时至数日，后转为镜下血尿，少数患者肉眼血尿易反复发作。可伴有轻微全身症状（如肌肉酸痛、腰痛）或一过性血压及尿素氮升高。

（3）管型尿：管型形成于肾小管及集合管，为蛋白质、细胞或其碎片在肾小管内凝聚而成的柱状体。健康人尿中偶见透明管型，若12 h尿管型细胞计数＞5000个，或尿沉渣镜检管型增多或出现其他管型，即称为管型尿。各种管型有不同的临床意义，对疾病的诊断具有一定的意义：红细胞管型提示血尿来自肾实质；白细胞管型多见于肾盂肾炎或间质性肾炎，对上、下尿路感染的鉴别有重要意义；颗粒管型多见于各种肾小球肾炎或肾小管疾病；蜡样管型多见于肾功能不全晚期或淀粉样变；脂肪管型见于肾病综合征。

(4)白细胞尿、脓尿:健康人尿沉渣镜检白细胞每高倍镜视野不超过5个。若新鲜尿沉渣镜检白细胞每高倍镜视野>5个,或1h白细胞排泄率>40万个或12h尿沉渣镜检白细胞计数>100万个,则称为白细胞尿。变性的白细胞明显增多或聚集成堆,称为脓尿,严重脓尿外观呈米汤样混浊。白细胞尿及脓尿多见于尿路感染、肾结核、肾间质性炎症、肿瘤和系统性红斑狼疮等。

(5)细菌尿:是指清洁中段尿培养菌落数≥10^5/ml,或尿沉渣涂片镜检每高倍镜视野均可见到细菌,是诊断尿路感染的重要依据。

(二)水肿

水肿是肾病常见的临床表现之一,可分为肾炎性水肿和肾病性水肿。

1. 肾炎性水肿　其发生机制主要是肾小球滤过率下降,而肾小管对水、钠的重吸收则相对增多,造成所谓"球-管失衡"和肾小球滤过分数下降,引起水、钠潴留,少尿和水肿。全身毛细血管通透性增加,水肿常为全身普遍性,以疏松组织处较易发现。水肿的特点是疾病早期晨起有眼睑与颜面水肿,以后逐渐发展为全身水肿,常伴有尿量改变、高血压、肾功能损害,严重者可发生心力衰竭。

2. 肾病性水肿　主要由于长期、大量蛋白尿造成血浆蛋白过低,血浆胶体渗透压降低,液体从血管内渗入组织间隙,产生水肿。同时,有效血容量减少,导致醛固酮和抗利尿激素分泌增多,水、钠重吸收增加,加剧少尿与水肿。这类水肿的特点是从下肢部位开始,逐渐蔓延至全身,常伴有浆膜腔积液。

(三)高血压

肾性高血压可分为肾实质性与肾血管性,是常见的继发性高血压。前者多由肾小球肾炎、慢性肾盂肾炎、多囊肾等引起。后者多为单侧或双侧肾动脉主干或分支狭窄、阻塞所致。血压升高是加剧肾衰竭的因素之一。

肾性高血压按其发生机制可分为容量依赖型和肾素依赖型。①容量依赖型:肾小球滤过率低,排钠障碍,加之肾小管功能损害,对水、钠的转运失去正常调节,引起水、钠潴留,血压升高。血浆肾素、血管紧张素活性常不升高。②肾素依赖型:引起肾血液灌注不足的病变可导致肾缺血,促使球旁细胞分泌肾素增加,肾素-血管紧张素-醛固酮系统活性增强,使全身小动脉收缩,外周阻力增加,导致高血压。肾性高血压患者80%以上为容量依赖型,10%左右为肾素依赖型,多数患者同时存在上述两种因素。

(四)肾绞痛与肾区钝痛

肾绞痛为突发性剧烈腰痛,疼痛向外阴部及大腿内侧放射,严重者伴恶心、呕吐、面色苍白、肢体发冷。肾绞痛多为肾、输尿管结石嵌顿,血块或坏死组织脱落堵塞输尿管引起,患者多伴血尿。一旦堵塞解除,疼痛即可缓解。肾区钝痛见于肾盂肾炎、肾下垂与肿瘤,患者常有肾区压痛及叩击痛。

(五)膀胱刺激征

尿频、尿急、尿痛称为膀胱刺激征。患者常伴下腹坠痛。膀胱刺激征常见于膀胱炎、尿道炎、前列腺炎、结石及肿瘤。

泌尿系统疾病常见临床表现。

【肾功能检查】

(一)肾小球滤过功能检查

肾小球滤过功能是肾较为重要的功能之一,用肾小球滤过率(GFR)表示,单位为ml/(min·1.73 m^2)。"金标准"是通过菊粉或放射性同位素标记造影剂的清除来测定,但因方法烦琐、价格等因素在临床上不作为常规使用。临床常用血清肌酐及其相关公式来评估滤过功能。

1. **血清肌酐及尿素氮浓度** 肌酐是肌肉组织中储能物质肌酸的代谢终产物，不被肾代谢，也不与血液循环中蛋白质结合，可自由通过肾小球。血清肌酐测量既经济又方便，是粗略间接判断肾小球滤过率的最常用、最广泛的指标。血清尿素在肾小球滤过率下降一半以上时才上升，又受饮食、血容量及体内代谢的影响，仅可粗略估计肾小球滤过率，多与血清肌酐同时测定。

2. **内生肌酐清除率（CCr）测定** 临床上也使用CCr评价肾小球滤过率，但其可靠性受较多因素影响。

3. **血清胱抑素C** 在所有的有核细胞中恒定持续表达，机体产生量恒定，不受肿瘤、炎症、肌容量、性别等影响。肾又是清除胱抑素C的唯一器官，胱抑素C可在肾小球自由滤过，不被肾小管排泌，所以血清胱抑素C的浓度主要由肾小球滤过率决定。特别是在肾功能受损的早期，血清胱抑素C浓度比血清肌酐浓度更敏感。

4. **血肌酐相关公式** 为不受留取尿液的影响，临床常应用经验公式计算CCr或GRF。目前已总结出多个经验公式。简化的适合中国人群的MDRD公式有较多临床应用。2009年发布的一个基于肌酐的肾小球滤过率估计公式——CKD-EPI公式，得到了较为广泛的认可。结合胱抑素C的肾小球滤过率估计公式能更好地预测终末期肾病和死亡。

（二）肾小管功能检查

1. **近端肾小管功能检查** 血液中β_2微球蛋白分子量为1.9×10^4 Da，正常时从肾小球滤过，在近端小管几乎全部被重吸收。如血液中浓度不高而尿中升高，则代表近端小管受损。血液中葡萄糖全部从肾小球滤过后，在近端小管全部被重吸收，故在排除高血糖的影响后，尿糖阳性可反映近端肾小管重吸收功能下降。

2. **远端肾小管功能检查**

（1）尿比重：反映尿中溶质和水的比例，用晨尿测定。应注意尿中蛋白质含量、尿的温度等对尿比重的影响。

（2）浓缩-稀释试验：反映远端小管和集合管的功能。在正常人缺水的情况下，远端小管和集合管对水的重吸收增多，使尿浓缩，尿比重上升到1.020以上。反之，大量饮水、应用利尿药或因肾病肾小管功能受损时，水的重吸收减少，尿比重下降到1.010以下，夜尿增多。重症患者尿比重固定在1.010~1.012，表示肾浓缩和稀释功能均受损。

【泌尿系统疾病的诊断与治疗】

（一）诊断依据

1. **病史、症状及体征** 泌尿系统疾病病史不难获得，在区别原发性与继发性疾病之后再进一步确定病因。症状和体征有尿频、尿急、尿痛、肾区钝痛与绞痛、水肿、高血压、尿量与尿质改变、贫血与发热等。

肾病常以成组症状出现，这种成组出现的一系列症状习惯上被称为综合征，了解这些综合征有助于临床思维的形成。常见的综合征有如下几种，①肾炎综合征：以血尿、蛋白尿、水肿和高血压为主要表现的综合征。②肾病综合征：以大量蛋白尿（>3.5 g/d）、低蛋白血症（<30 g/L）、水肿及高脂血症为主要表现。③肾衰综合征：包括急性肾衰竭综合征和慢性肾衰竭综合征。前者主要指短时间内血肌酐升高，临床表现为少尿、无尿、含氮代谢产物潴留、水与电解质代谢紊乱及酸碱失衡等；后者是慢性肾脏病的严重阶段，临床主要表现为血肌酐升高、消化道症状、心血管并发症、贫血等多系统损害。

2. **辅助检查** 实验室检查的项目有尿常规和血常规、尿细菌学、尿沉渣及尿脱落细胞学检查、血生化分析、肾功能测定等。腹部X线检查可了解肾的大小，肾、输尿管、膀胱内有无阳性结石。静脉肾盂造影可了解肾功能及肾的形态。CT、MRI对判断肾及肾周围的占位性病变有一定的帮助。

核素肾图可了解肾的形态、位置、血流功能，梗阻或占位性病变。此外，超声检查、肾活检均可应用于泌尿系统疾病的诊断。

3. 诊断的注意事项

（1）具有前述泌尿系统的症状与体征者，提示可能有泌尿系统疾病。但上述所有临床表现并不一定同时出现，故对于有上述个别症状、体征，以及原因不明的贫血、发热、倦怠、食欲缺乏者，均应怀疑有泌尿系统疾病，并进行尿常规及其他相应的检查。

（2）已怀疑有肾病时，应做尿常规、血常规及肾功能检查。

（3）要排除继发于全身性疾病的肾损害。

（4）经皮肾穿刺活组织检查，通过穿刺获取少量肾组织，并通过光镜、免疫荧光、电镜等检查，对于明确诊断、指导治疗及判断预后具有重要价值，在肾病的诊治中占有越来越重要的地位。

（5）其他检查：①疑有尿路感染时，应做尿细菌学检查。②疑有泌尿系统肿瘤时，须做尿肿瘤细胞学检查。③腹部X线检查可发现泌尿系X线不透过性（阳性）结石。④静脉肾盂造影能了解肾和肾盂及输尿管等的形态改变、结石、畸形等。⑤肾断层造影对发现肾占位性病变有帮助。⑥放射性核素肾图可以了解两侧肾血流量、排泌功能及肾内尿流有无梗阻。⑦核素肾扫描（包括断层扫描、立体扫描）有助于判断肾的形态、位置，并可同时显示肾内肿物、梗死等无功能区域。⑧尿道镜、膀胱镜检查用于了解尿道、膀胱病变和双侧输尿管排尿情况，通过输尿管插管可了解双侧输尿管是否通畅，可帮助确定病变是单侧还是双侧性，并可测定两侧肾功能。⑨肾区超声检查能粗略了解肾的位置、大小，有无囊肿、肾盂积水等。⑩肾血管造影术可显示肾血管图像，用于诊断肾血管疾病（畸形、狭窄、血管栓塞等）。

（二）诊断步骤

1. 病变部位诊断

（1）肾小球损害：尿蛋白量较多，呈肾小球性蛋白尿，常伴有高血压及水肿。肾小球功能受损比肾小管功能受损先出现且较严重。

（2）肾小管损害：主要表现为尿浓缩功能减退、酸碱平衡失调、水及电解质代谢紊乱，尿蛋白量较少（每日在1g左右），呈肾小管性蛋白尿。

（3）肾以下的泌尿系统疾病：患者常有尿路刺激征或有不同程度的尿路梗阻所引起的排尿异常。尿内虽有少量蛋白，但无管型。除严重双侧尿路梗阻者外，无肾功能损害。

2. 病因诊断　泌尿系统内科疾病常见的病因有感染、免疫性疾病、血管病变。此外，尚有代谢障碍引起的疾病，以及肿瘤、先天性和遗传性疾病等。

3. 功能诊断　对有肾实质疾病的患者，均应判定其肾功能状态，以便对疾病的严重程度及预后做出估计。

（三）泌尿系统疾病的防治

1. 以预防为主　做好卫生宣传教育及妇幼保健工作，注意尿道卫生，降低感染率，达到预防为主的目的。

2. 治疗　治疗原则：去除诱因、一般治疗、抑制免疫及炎症反应、降压治疗、防治并发症、中西医结合治疗、延缓肾病进展和肾替代治疗。

（1）抑制免疫及炎症反应：肾小球病理及免疫发病机制的研究和对慢性肾衰竭发病机制及有关病理生理研究为制定合适的治疗方案创造了条件，促进了糖皮质激素、细胞毒性药物等的合理应用。新型的细胞免疫抑制药如环孢素、他克莫司和吗替麦考酚酯，逐渐用于多种肾病的治疗。生物制剂如利妥昔单抗在特定的肾损害治疗中也有应用。

（2）降压治疗：慢性肾衰竭患者常出现高血压。持续存在的高血压是加速肾功能恶化的重要原因之一，积极控制高血压是肾病各阶段治疗中十分重要的环节。在降压的同时，应注意选择能延缓肾功能恶化、具有肾保护作用的抗高血压药（如血管紧张素转换酶抑制药及血管紧张素Ⅱ受体拮抗药）。

（3）对症治疗：由于蛋白尿本身对肾有毒害作用，故不仅要重视病因治疗，减少尿蛋白，而且要重视对症治疗，直接减少尿蛋白排泄。红细胞生成素（重组人促红素）、活性维生素 D_3 等的广泛应用已使慢性肾衰竭患者获得了症状及生活质量的改善。他汀类降脂治疗和抗凝治疗在一些肾病患者中也显示出一些独特的治疗作用。

（4）肾衰竭的肾替代治疗：肾替代治疗是终末期肾衰竭患者唯一有效的治疗方法。肾替代治疗方法包括如下几种。①血液透析：通过弥散、对流及吸附清除体内积聚的毒性代谢产物，清除体内潴留的水分，纠正酸中毒，达到治疗目的。②腹膜透析：包括连续性和间歇性腹膜透析两种。③肾移植：成功的肾移植可以使患者恢复正常的肾功能（包括内分泌和代谢功能）。

（5）中西医结合治疗：祖国医学在治疗某些肾病方面取得了一些可喜疗效，如大黄、雷公藤、黄芪等制剂的作用也得到很多实验研究证实。中草药在治疗肾病方面的成功经验正在不断积累。

自 测 题

一、选择题

1. 关于肾小球滤过率的测定或计算，它主要反映的功能是
   A. 肾的分泌功能　　　　　B. 肾小球滤过功能　　　　　C. 远端肾小管排泌功能
   D. 肾浓缩稀释功能　　　　E. 肾间质功能
2. 镜下血尿指新鲜尿液离心后尿沉渣每高倍镜视野中红细胞数量大于
   A. 1个　　　　　　　　　　B. 2个　　　　　　　　　　C. 3个
   D. 4个　　　　　　　　　　E. 5个
3. 年轻男性，蛋白尿、血尿持续加重，下列最有意义的检查是
   A. 尿常规　　　　　　　　　B. 自身抗体谱　　　　　　　C. 泌尿系统超声
   D. 肾增强 MRI　　　　　　 E. 肾穿刺活检
4. 蛋白尿的定义是成人 24 h 尿蛋白超过
   A. 50 mg　　　　　　　　　B. 100 mg　　　　　　　　　C. 150 mg
   D. 200 mg　　　　　　　　E. 250 mg
5. 下列哪种蛋白尿是以白蛋白为主的蛋白尿
   A. 肾小管性蛋白尿　　　　　B. 溢出性蛋白尿　　　　　　C. 分泌性蛋白尿
   D. 肾小球性蛋白尿　　　　　E. 组织性蛋白尿

二、简答题

1. 肾的生理功能是什么？
2. 容量依赖性高血压与肾素依赖性高血压的区别是什么？

（蒋　飞）

第三十三章 肾小球疾病

第三十三章数字资源

> **学习目标**
>
> 1. 知识：能列举原发性肾小球疾病的临床及病理分型、急进性肾小球肾炎的临床特点、肾病综合征的病理分型，能说出急性肾小球肾炎、慢性肾小球肾炎、无症状性血尿和（或）蛋白尿、肾病综合征的诊治要点，能解释肾病综合征的常见并发症。
> 2. 能力：运用病史、体格检查及辅助检查结果对常见原发性肾小球疾病做出初步分析和处置。
> 3. 素养：树立严谨的医疗态度，认识到肾小球疾病诊断和治疗的复杂性，培养细致观察、精准操作的习惯。关注肾小球疾病患者的生活质量，不仅关注疾病的治疗，还需考虑疾病对患者生活、工作、家庭的影响，提供心理支持和生活指导。在涉及有创检查（如肾穿刺）、实验性治疗时，坚守医学伦理准则，充分尊重患者的知情权和选择权，保护隐私，确保诊疗行为符合伦理规范。

第一节 概　述

肾小球疾病是一组以血尿、蛋白尿、水肿、高血压、肾功能损害等为主要临床表现，病变通常累及双侧肾小球的常见疾病。其病因、发病机制、病理改变、病程和预后不尽相同。根据病因可分为原发性、继发性和遗传性三大类。原发性肾小球疾病指病因不明者；继发性肾小球疾病指继发于全身性疾病的肾小球损害，如狼疮肾炎、糖尿病肾病；遗传性肾小球疾病为遗传基因突变所致的肾小球疾病。

本章主要介绍原发性肾小球疾病，目前原发性肾小球疾病仍是我国终末期肾病较主要的病因之一。

【病因与发病机制】

（一）免疫反应

免疫反应包括体液免疫和细胞免疫。体液免疫主要涉及循环免疫复合物沉积、原位免疫复合物形成、自身抗体引起典型的少免疫沉积性肾小球肾炎。近年来，细胞免疫在某些类型肾炎发病中的重要作用得到认可。一般认为，免疫机制是肾小球疾病的始发机制。在此基础上，某些炎症介质（如补体、白细胞介素、活性氧和多肽生长因子）参与，导致肾小球损伤，从而产生临床症状。

(二)炎症反应

临床及实验显示,免疫反应需要激活炎症细胞,使之释放炎症介质,才能导致肾小球损伤,产生临床症状。炎症介导系统可分为炎症细胞与炎症介质两大类。炎症细胞(主要包括单核-巨噬细胞、中性粒细胞、嗜酸性粒细胞及血小板等)产生炎症介质,炎症介质又能反作用于炎症细胞使其激活。各种炎症介质间既相互促进又相互制约,在机体中形成十分复杂的网络关系。

(三)非免疫因素

免疫介导性炎症在肾小球疾病的致病中起主要作用和(或)起始作用。在慢性进展过程中还存在着非免疫机制参与,主要包括肾小球毛细血管内高压力、蛋白尿、高脂血症等,这些因素有时成为病变持续、恶化的重要原因。肾实质损害后,剩余的健存肾单位可产生血流动力学变化,导致肾小球毛细血管内压力增高,促进肾小球硬化。此外,大量蛋白尿是肾小球病变进展的独立致病因素,高脂血症也是加重肾小球损伤的重要因素之一。

 肾小球疾病的病因。

【原发性肾小球疾病的分型】

(一)临床分型

原发性肾小球疾病的临床分型是根据临床表现分为相应的临床综合征,一种综合征常包括多种不同类型的疾病或病理改变。

1. 急性肾小球肾炎。
2. 急进性肾小球肾炎。
3. 慢性肾小球肾炎。
4. 无症状性血尿和(或)蛋白尿。
5. 肾病综合征。

(二)病理分型

肾小球疾病病理分型的基本原则是依据病变的性质和病变累及的范围。根据病变累及的范围可分为局灶性病变(累及肾小球数<50%)和弥漫性病变(累及肾小球数≥50%);根据病变累及的面积分为节段性病变(累及血管袢面积<50%)和球性病变(累及血管袢面积≥50%)。

1. 肾小球轻微病变和微小病变
2. 局灶性节段性肾小球病变
(1)局灶性节段性肾小球硬化。
(2)局灶性肾小球肾炎。
3. 弥漫性肾小球肾炎
(1)膜性肾小球肾炎(膜性肾病)。
(2)增生性肾小球肾炎:①系膜增生性肾小球肾炎;②毛细血管内增生性肾小球肾炎;③系膜毛细血管性肾小球肾炎,包括膜增生性肾小球肾炎Ⅰ型和Ⅲ型;④新月体性(毛细血管外性)肾小球肾炎和坏死性肾小球肾炎;⑤致密物沉淀病。
(3)硬化性肾小球肾炎。

肾小球疾病的临床分型和病理分型之间存在一定的联系,但两者之间没有必然的对应关系,即相同的临床表现可来源于不同的病理类型,而同一病理类型又可呈现不同的临床表现。因此,肾活检是确定肾小球疾病病理类型和病变程度的必需手段,而正确的病理诊断又必须与临床密切结合。

肾小球疾病临床分型及病理分型。

第二节　急性肾小球肾炎

案例 5-33-1

患者，男性，17 岁。水肿 1 周，尿量减少 1 d 入院。1 周前患者无明显诱因晨起发现双眼睑水肿，进行性加重。1 d 后出现双下肢水肿，伴尿中泡沫增多，尿色基本正常。1 d 来患者自觉尿量较前减少，为 500～600 ml。无夜尿增多，无发热、皮疹、关节痛。2 周前曾患 "急性扁桃体炎"，于当地医院经抗感染治疗后好转。否认肝炎、结核病病史，无高血压、糖尿病、心脏病史及家族史。体格检查：T 36.8 ℃，P 72 次/分，R 18 次/分，BP 145/95 mmHg。皮肤未见出血点和皮疹，浅表淋巴结无肿大，双眼睑水肿，双肺未闻及干啰音、湿啰音，心界不大，心率 72 次/分，心律齐，各瓣膜听诊区未闻及杂音，腹平软，无压痛，肝、脾肋下未触及，移动性浊音阴性，双下肢中度凹陷性水肿。实验室检查：血常规：Hb 141 g/L，WBC 6.5×10^9/L，N 65%，PLT 263×10^9/L。尿常规：蛋白（++），RBC 25～30/HP。SCr 96 μmol/L，BUN 7.3 mmol/L，ALB 38 g/L。

问题与思考：
1. 初步诊断和诊断依据是什么？应与哪些疾病相鉴别？
2. 为明确诊断，需要进一步做哪些检查？
3. 治疗原则是什么？

急性肾小球肾炎（acute glomerulonephritis）简称急性肾炎，由多种病因引起，常起病急、病程短，是以血尿、蛋白尿、水肿、高血压及一过性肾功能不全为主要表现的一组疾病。本病多见于链球菌感染后，其他细菌、病毒及寄生虫感染也可引起。本节重点介绍链球菌感染后的急性肾炎。

【病因与发病机制】

急性肾小球肾炎主要为 β- 溶血性链球菌 "致肾炎菌株" 感染所致，如扁桃体炎、猩红热和脓疱疮。本病由感染诱发的免疫反应所致，通过循环免疫复合物沉积于肾小球或种植于肾小球的抗原与循环中的特异抗体相结合形成原位免疫复合物而致病。

 急性肾小球肾炎常见的病原体。

【病理】

肉眼可见肾体积较正常增大，病变主要累及肾小球，肾小球呈弥漫性、渗出性、增殖性病变。光镜下所见通常为弥漫性病变，以内皮细胞及系膜细胞增生为主要表现，并有中性粒细胞、单核细胞浸润，少数肾小球上皮细胞轻度增生（图 5-33-1）。电镜检查可见肾小球上皮细胞下有驼峰状大块电子致密物沉积。免疫病理检查可在肾小球基膜上见到颗粒状或高低起伏的 IgG 和补体成分 3（C3）沉积。

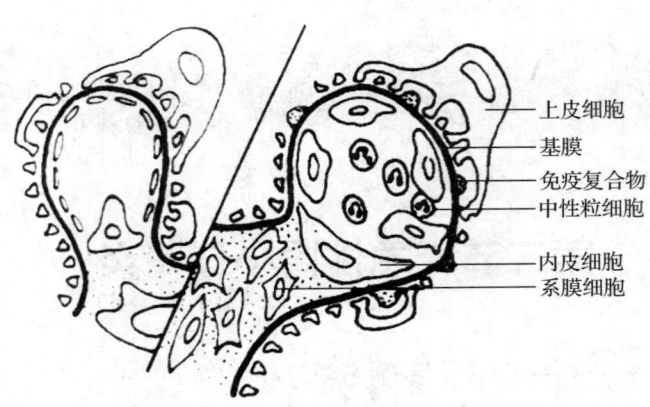

图 5-33-1　毛细血管内增生性肾小球肾炎
（左：正常肾小球；右：病变肾小球）

【临床表现】

急性肾小球肾炎多见于儿童及青年，男性多于女性。一般前驱感染后有 1~3 周潜伏期，呼吸道感染者较皮肤感染者短，急性感染症状消退后才出现肾炎症状，肾炎的轻重与感染的严重程度无关。本病临床表现轻重不一，轻者临床症状轻微或仅有尿改变。重者可呈急进性过程，表现为急性肾衰竭。据报道，本病可有自愈倾向。

（一）水肿

70%~90% 的患者发生水肿，轻者仅晨起眼睑水肿，面色苍白，呈"肾炎面容"；重者出现全身水肿、胸腔积液及腹水、少尿及一过性氮质血症。大多数患者于 2 周后尿量渐增多，水肿消退，少数患者可转为无尿，表明肾损害严重。

（二）尿异常

急性肾小球肾炎患者几乎都有血尿，30% 的患者为肉眼血尿，颜色呈洗肉水样或酱油样，但无血凝块。血尿常为病初突出症状，呈肾小球源性血尿。肉眼血尿可持续数日或 1~2 周，也可转为镜下血尿，多在 6 个月内消失。蛋白尿一般较轻，个别患者可出现大量蛋白尿，尿沉渣中可检出白细胞及管型。

（三）全身症状

多数患者急性起病，常出现疲乏无力、厌食、恶心、呕吐，被误以为消化道疾病给予诊治。部分患者出现头痛、头晕、视物模糊、腰痛、腰酸，少数患者仅有不适感。

（四）高血压

50%~80% 的患者出现轻、中度高血压，主要为水、钠潴留导致血容量增加引起，少数患者出现严重高血压，表现为视网膜出血、渗出、视盘水肿。利尿后血压可恢复正常，个别可演变为心力衰竭及高血压脑病。

【并发症】

（一）心力衰竭

顽固性高血压及血压难降的急性肾小球肾炎患者，可因水、钠潴留，循环血量骤增，左心负荷过重而导致左心衰竭，临床上儿童及老年人发生率较高。

（二）高血压脑病

高血压脑病儿童患者多见，但发生率较低，常易掩盖其本身症状与体征。表现为剧烈头痛、呕吐、嗜睡，严重者发生谵妄、惊厥、抽搐，甚至昏睡、昏迷。

（三）急性肾衰竭

多数患者出现一过性氮质血症后，随着尿量增多，肾功能逐渐恢复。个别患者可因持续少尿或无尿，血肌酐、尿素氮进行性升高，并出现水、电解质代谢紊乱，逐渐发展为急性肾衰竭。

急性肾小球肾炎的临床表现和并发症。

【实验室检查】

（一）尿液检查

多数患者可有肉眼及镜下血尿，尿蛋白多为（+~++），少数出现大量尿蛋白（每日 3~5 g）。尿沉渣镜检可见白细胞、红细胞、红细胞管型及颗粒管型，尿比重多正常或升高。

（二）血液检查

起病初期免疫学检查血清 C3 及总补体下降，8 周内恢复正常，部分患者免疫复合物检测呈阳性。多数患者血清抗链球菌溶血素"O"（ASO）滴度升高，提示近期内曾有链球菌感染。

（三）肾功能检查

多数患者肾功能无损害，也可呈一过性氮质血症，极少数患者出现急性肾衰竭。

【诊断与鉴别诊断】

（一）诊断

若链球菌感染后 1~3 周发生血尿、蛋白尿、水肿及高血压，甚至少尿及一过性氮质血症，则急性肾小球肾炎的诊断基本成立。如伴有血清 C3 下降并在 8 周内病情好转或恢复正常，即可临床诊断为急性肾小球肾炎。对非典型病例或者病情于 1~2 个月内未见好转或肾小球滤过率呈进行性下降者，应及时做肾活检以明确诊断。

（二）鉴别诊断

1. 以急性肾炎综合征起病的肾小球疾病

（1）其他病原体感染后急性肾小球肾炎：细菌、病毒、寄生虫感染后均可引起急性肾小球肾炎，如感染性心内膜炎的致病菌，可引起免疫复合物介导的肾炎。多种病毒（水痘 - 带状疱疹病毒、EB 病毒、流感病毒）感染者，其症状、体征类似于急性肾小球肾炎，须注意鉴别。诊疗时应寻找其他病原菌感染的证据，病毒感染后常不伴血清补体降低，少有水肿和高血压，肾功能一般正常，临床过程为自限性。

（2）系膜毛细血管性肾小球肾炎：临床上除急性肾炎综合征表现外，还常伴有肾病综合征的表现。病变持续进展，无自愈倾向，大多患者 C3 持续性降低，并且 8 周内不恢复。

（3）系膜增生性肾小球肾炎：包括 IgA 肾病及非 IgA 肾病。有前驱感染症状者，可有急性肾炎综合征表现，但血清 C3 基本正常，病情无自愈倾向。IgA 肾病潜伏期短，感染数小时及数日内即可出现肉眼血尿，血尿可反复出现，部分患者血清 IgA 增高。

2. 急进性肾小球肾炎　急进性肾炎是以急性肾炎综合征为主要特征，迅速发展为少尿、无尿型急性肾衰竭的肾小球疾病。其起病过程与急性肾小球肾炎相似，特点是患者早期出现少尿、无尿，肾功能急剧恶化，数周、数月即可出现尿毒症。

3. 全身性疾病肾损害　系统性红斑狼疮、过敏性紫癜患者可有急性肾炎综合征表现，但更具有其疾病本身独特的症状、体征及实验室诊断依据，故鉴别诊断一般不难。

【治疗】

治疗原则应以休息及对症治疗为主，包括清除感染灶，防治水肿、高血压、心力衰竭。对出现急性肾衰竭者，应给予透析。本病为自限性疾病，一般不宜应用糖皮质激素及细胞毒性药物。

（一）一般治疗

急性期患者应卧床休息，待肉眼血尿消失、水肿消退及血压恢复正常后可逐渐增加活动量。饮食应富含维生素，水肿、高血压时应限制钠盐摄入（<3 g/d），肾功能正常时无须限制蛋白质入量，氮质血症时应限制蛋白质摄入，以优质蛋白质为主，少尿的急性肾衰竭时要限制液体摄入量。

> **知识链接**
>
> **优质蛋白质**
>
> 优质蛋白质是指富含必需氨基酸的食物。因为必需氨基酸为人体的组织结构和功能所必需，而机体又不能合成，需从食物中获得。瘦猪肉、鸡肉、鱼、蛋类、奶制品、牛肉等食物中的必需氨基酸含量高，为优质蛋白质，应作为蛋白质的主要来源。

（二）治疗感染灶

急性肾小球肾炎主要为链球菌感染后的免疫反应所致，发作时感染灶多已得到控制，若仍未控制，可使用青霉素10~14 d（过敏者可用大环内酯类抗生素）。对反复发作的慢性扁桃体炎患者，待尿蛋白（+）以下，尿沉渣红细胞<10/HP，可做扁桃体摘除术。

（三）对症治疗

利尿、消肿、降压。水肿患者可选用氢氯噻嗪25~50 mg，每日2~3次，必要时可用呋塞米每日20~60 mg，分次口服或静脉注射，一般不使用保钾利尿药和渗透性利尿药。经休息、低盐和利尿治疗后血压仍高者，可加用抗高血压药，药物选择参考原发性高血压的降压治疗，一般首选血管紧张素转换酶抑制药或血管紧张素受体阻断药，高血压不易控制者可选用不同类型的抗高血压药联合应用。

（四）透析治疗

少数发生急性肾衰竭，有透析指征时（血钾>6.5 mmol/L，pH<7.15，容量负荷过重，对利尿药无效，心包炎，严重脑病等），应及时予以透析，一般不需长期维持透析。

（五）防治并发症

利尿和降压对心力衰竭有治疗作用，心力衰竭严重者可用降低心脏负荷药，如硝普钠或酚妥拉明，疗效差时可用毛花苷C 0.2~0.4 mg静脉注射。

 急性肾小球肾炎的治疗。

【预后】

急性肾小球肾炎为自限性疾病，多数患者预后良好。少数病例遗留尿异常和（或）高血压而转为慢性，或于"临床痊愈"多年后又出现肾小球肾炎表现。一般认为，老年、持续高血压、大量蛋白尿或肾功能不全者预后较差，散发者较流行者预后差。

第三节　急进性肾小球肾炎

案例 5-33-2

患者，男性，30岁，水肿、少尿5 d。既往身体健康。体格检查：BP 160/100 mmHg，全身中重度水肿、轻度贫血貌。实验室检查：2 d前血肌酐210 μmol/L。当前血常规：RBC 3.34×10^{12}/L，Hb 100 g/L。尿常规：尿蛋白（++++），尿红细胞满视野。24 h尿蛋白定量7.8 g。血浆白蛋白25 g/L，血尿素氮23.4 mmol/L，血肌酐530 μmol/L。

问题与思考：
1. 初步诊断和诊断依据是什么？应与哪些疾病相鉴别？
2. 为明确诊断，需要进一步做哪些检查？
3. 治疗原则是什么？

急进性肾小球肾炎（rapidly progressive glomerulonephritis）是以急性肾炎综合征和肾功能急剧恶化为主要特征，迅速发展为少尿或无尿型急性肾衰竭的一组肾小球疾病。病理改变为肾小囊细胞增生、纤维蛋白沉积，并有大量新月体形成，故本病又称为新月体肾小球肾炎。急进性肾小球肾炎多见于中青年，男性多于女性，70%~90%的患者在半年内可发展为不可逆肾衰竭，如不积极治疗，常预后不良。

【病因与发病机制】

根据免疫病理，急进性肾小球肾炎可分为3型，每型病因与发病机制各异。①Ⅰ型：又称抗肾小球基膜（GBM）型，因抗GBM抗体与GBM抗原结合诱发补体活化而致病。②Ⅱ型：又称免疫复合物型，因循环免疫复合物在肾小球沉积或原位免疫复合物形成而致病。③Ⅲ型：为少免疫沉积型，肾小球内无或仅微量免疫球蛋白沉积，多与抗中性粒细胞胞质抗体（ANCA）相关小血管炎相关。

【病理】

肾体积常增大。病理类型为新月体肾小球肾炎（图5-33-2）。光镜下多数（50%以上）肾小球大新月体形成（占肾小球囊腔50%以上），病变早期为细胞新月体，后期为纤维新月体。另外，Ⅱ型常伴有肾小球毛细血管内皮细胞和系膜细胞增生，Ⅰ型和Ⅲ型可见肾小球节段性纤维素样坏死。免疫病理学检查是分型的主要依据，Ⅰ型IgG及C3呈线条状沿肾小球毛细血管壁分布；Ⅱ型IgG及C3呈颗粒状或团块状沉积于系膜区及毛细血管壁；Ⅲ型肾小球内无或仅有微量免疫沉积物。电镜下Ⅱ型可见电子致密物在系膜区和内皮下沉积，Ⅰ型和Ⅲ型无电子致密物。

【临床表现】

Ⅰ型好发于中青年，Ⅱ型及Ⅲ型以中老年患者相对较多，男性多于女性。我国急进性肾小球肾炎以Ⅱ型多见。

多数患者起病急骤，发病前多有上呼吸道感染，也可先有疲乏、食欲缺乏等隐匿症状。起病初期表现与急性肾炎综合征类似，出现血尿、蛋白尿、水肿、高血压后，呈进行性少尿及无尿，水肿日趋加重，并出现氮质血症与代谢性酸中毒，最终演变为尿毒症，常伴有血压升高，血小板减少，轻、中度贫血。Ⅱ型患者常伴肾病综合征，Ⅲ型患者常有不明原因的发热、乏力、关节疼痛或咯血等系统性血管炎的表现。

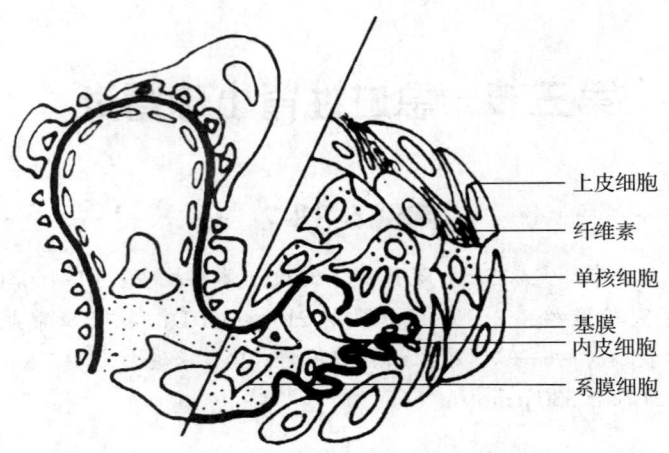

图 5-33-2 新月体肾小球肾炎
（左：正常肾小球；右：病变肾小球）

【辅助检查】

（一）尿液检查

尿液外观多呈肉眼血尿，尿蛋白常为中度，少数患者出现大量蛋白尿。尿比重一般无改变，尿纤维蛋白降解产物增加，其程度与病情一致。尿沉渣镜检有红细胞、白细胞及各种管型。

（二）血液检查

肾小球滤过率下降，血肌酐和血尿素氮持续升高，肾小管重吸收、排泄及浓缩功能损害，并伴有代谢性酸中毒和多种电解质代谢紊乱。免疫病理学检查Ⅰ型抗肾小球基膜抗体（GBM）阳性；Ⅱ型循环免疫复合物及冷球蛋白阳性，血清 C3 降低，类风湿因子阳性；Ⅲ型 cANCA 阳性。

（三）超声及 X 线检查

腹部 X 线检查及 B 超检查可示双肾影增大，轮廓整齐。若为肺出血-肾炎综合征，胸部 X 线检查可见范围较大而散在的斑片状或粟粒状阴影。

【诊断与鉴别诊断】

（一）诊断

起病急骤，以水肿、高血压、蛋白尿为初始症状，短期内血尿显著并出现进行性肾衰竭，在排除其他疾病后可考虑本病。若肾活检示 50% 的肾小球囊存有新月体，即可诊断。

 急进性肾小球肾炎的诊断。

（二）鉴别诊断

1. 引起急性肾损伤的非肾小球疾病

（1）急性肾小管坏死：常有明确的肾缺血（如休克、脱水）和中毒（如肾毒性抗生素）等诱因，实验室检查以肾小管损害为主（尿钠增加、低比重尿及低渗透压尿）。

（2）急性过敏性间质性肾炎：常有用药史，部分患者有药物过敏反应（低热、皮疹、血和尿嗜酸性粒细胞增加），必要时进行肾活检确诊。

（3）梗阻性肾病：常突发无尿，影像学检查可协助确诊。

2. 引起急进性肾炎综合征的其他肾小球疾病

（1）继发性急进性肾炎：肺出血-肾炎综合征、系统性红斑狼疮、过敏性紫癜性肾炎均可引起新月体肾小球肾炎，依据系统受累的临床表现和特异性实验室检查可资鉴别。

（2）原发性肾小球疾病：重症急性肾小球肾炎或重症系膜毛细血管性肾炎也可发生急性肾损伤，但肾病理不一定为新月体肾小球肾炎，肾活检可明确诊断。

【治疗】

应及时明确病因诊断和免疫病理分型，尽早开始强化免疫抑制治疗。本病的治疗往往需要强大的、系统的医疗资源支撑，基层医院若怀疑此病，应及时转诊。

（一）强化疗法

1. 血浆置换疗法 血浆置换疗法适用于免疫病理类型Ⅰ型和Ⅲ型，每日或隔日1次，直至血清自身抗体（如抗GBM抗体、ANCA）转阴。此外，对于肺出血患者，首选血浆置换。

2. 甲泼尼龙冲击疗法 甲泼尼龙 0.5~1.0 g 静脉滴注，每日或隔日1次，3次为1个疗程。一般应用1~3个疗程。该疗法主要适用于免疫病理类型Ⅱ型、Ⅲ型。

上述强化疗法需配合糖皮质激素及细胞毒性药物。

（二）透析和肾移植治疗

凡是达到透析指征者，应及时透析。对强化治疗无效的晚期病例或肾功能已无法逆转者，则有赖于长期维持性透析或肾移植。

【预后】

及时、明确的诊断和早期强化治疗，可改善预后。影响预后的主要因素：①免疫病理类型Ⅲ型较好，Ⅰ型差，Ⅱ型居中。②少尿、血肌酐>600 μmol/L，病理显示广泛慢性病变时预后差。③老年患者预后相对较差。

第四节 慢性肾小球肾炎

案例 5-33-3

患者，男性，35岁。反复肉眼血尿伴尿中泡沫增多5年，间断头晕、头痛1个月。5年前患者"感冒"后突然出现全程肉眼血尿，呈洗肉水样，伴尿中泡沫增加，于当地医院查尿常规示：红细胞满视野/HP，蛋白（++），予"青霉素"抗感染治疗1周，尿色恢复正常。此后上述情况又出现2次，均发生在"上呼吸道感染"后，肉眼血尿持续1~2 d可消失，无尿量减少，无尿频、尿急、尿痛，无发热、皮疹、关节痛。1个月前因工作劳累，患者间断感到头晕、头痛，并发现双下肢凹陷性水肿，自测血压达150/95 mmHg。发病以来患者食欲、睡眠如常，排便正常，体重无明显变化。既往身体健康，无高血压、肾病家族史。体格检查：T 36.2 ℃，P 67次/分，R 18次/分，BP 155/90 mmHg。皮肤未见出血点和皮疹，浅表淋巴结未触及肿大。双肺未闻及干啰音、湿啰音。心界不大，心律齐，各瓣膜听诊区未闻及杂音。腹平软，无压痛，肝、脾肋下未触及，移动性浊音（-）。双下肢轻度凹陷性水肿。实验室检查：血常规 Hb 116 g/L，WBC 7.5×10^9/L，N 65%，PLT 305×10^9/L。尿常规：蛋白（++），RBC 25~30/HP。SCr 87 μmol/L，BUN 6.8 mmol/L。尿相差显微镜检查：80%为变形红细胞。

问题与思考：

1. 初步诊断和诊断依据是什么？应与哪些疾病相鉴别？
2. 为明确诊断，需要进一步做哪些检查？
3. 治疗原则是什么？

慢性肾小球肾炎（chronic glomerulonephritis）简称慢性肾炎，以蛋白尿、血尿、高血压和水肿为基本临床表现，起病方式各有不同，病情迁延并呈缓慢进展，可有不同程度的肾功能损害，部分患者最终将发展至终末期肾衰竭。

【病因与发病机制】

慢性肾小球肾炎多数病因不明，少数患者由急性肾小球肾炎发展而来，多数仍为免疫介导的炎症性疾病，如IgA系膜增生性肾小球肾炎、系膜毛细血管性肾小球肾炎、膜性肾病。此外，非免疫炎症也占一定的比例，如病程中高血压导致肾小球内高压，肾功能不全时残存肾单位代偿性高滤过，大量蛋白尿和高脂血症等，均可引起肾小球硬化。

【病理】

慢性肾小球肾炎可见于多种病理类型，主要为系膜增生性肾小球肾炎（图5-33-3），包括IgA和非IgA系膜增生性肾小球肾炎、系膜毛细血管性肾小球肾炎、膜性肾病及局灶性节段性肾小球硬化等。病变进展至晚期，肾体积缩小、肾皮质变薄，所有病理类型均可进展为程度不等的肾小球硬化，相应肾单位的肾小管萎缩、肾间质纤维化。

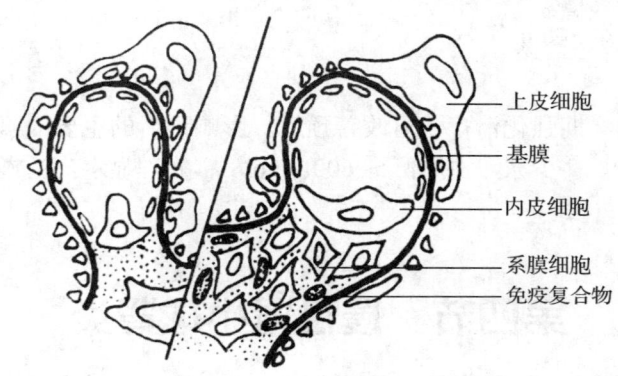

图5-33-3 系膜增生性肾小球肾炎
（左：正常肾小球；右：病变肾小球）

【临床表现及实验室检查】

慢性肾小球肾炎以青、中年患者居多，男性多于女性。临床表现多种多样，大多数起病缓慢、隐匿，以蛋白尿、血尿、管型尿、水肿、高血压为其基本表现，逐渐出现肾功能减退，病情时轻时重、迁延，最终演变为尿毒症。系膜毛细血管性肾小球肾炎及系膜增生性肾小球肾炎常起病急，甚至呈急性肾炎综合征表现。急性肾小球肾炎迁延不愈，病程超过1年，可转为慢性肾小球肾炎。部分患者可无明显临床症状，实验室检查偶见轻度尿异常，尿蛋白常<3 g/d，尿沉渣镜检红细胞可增多，可见管型。多数患者早期可有乏力、疲倦、腰痛、食欲缺乏，水肿可有可无。尿沉渣镜检异常，肾功能正常或轻度受损，如内生肌酐清除率稍下降，血肌酐与尿素氮相应升高或夜尿多，尿比重、尿渗透压及酚红排泄率下降。此情况可持续数年甚至数十年，以后逐渐出现尿毒症。个别患者呈慢性肾小球肾炎急性发作，诱因常为感染及应激状态，短期内病情可迅速恶化，出现大量蛋白尿，甚至肉眼血尿、恶性高血压、高度水肿及肾功能减退，如不积极治疗，可导致肾衰竭。

【诊断与鉴别诊断】

（一）诊断

在排除继发性肾小球肾炎和遗传性肾小球肾炎后，临床上凡出现蛋白尿、血尿、管型尿、水肿及高血压史达1年以上，无论肾功能是否异常，均应考虑此病。临床上肾炎综合征持续3个月以上都应考虑到此病的可能。

 慢性肾小球肾炎的诊断依据。

（二）鉴别诊断

1. 原发性高血压肾损害　原发性高血压患者年龄偏大，有长期渐进式高血压病史，而后出现肾损害，尿蛋白改变轻微（一般＜1～1.5 g/d），可有镜下血尿及管型尿，肾小管功能（尿浓缩功能减退，夜尿增多）损伤较肾小球功能损伤早，且常伴心脑血管并发症。

2. 慢性肾盂肾炎　本病女性患者多见，多有尿路感染及反复发作的病史。主要症状为腰酸、腰痛。多次尿沉渣镜检示白细胞较多，尿蛋白较少，且以小分子白蛋白为主。尿细菌培养呈阳性。后期肾小管功能损害较肾小球功能损害严重，尿浓缩功能减退及夜尿增多。患者可有高氯性酸中毒、低磷性肾性骨病，而肾功能异常较轻，且进展慢。静脉肾盂造影可见肾盂、肾盏变形。

3. 继发性肾小球肾炎　继发性肾小球肾炎见于系统性红斑狼疮、过敏性紫癜等引起的肾损害，依据其临床表现及特异性实验室检查可予以鉴别。

【治疗】

治疗原则：应注意防止或延缓肾功能的进行性恶化、改善或缓解临床症状、防治并发症，而不以消除尿红细胞或轻度尿蛋白为目标。

（一）控制血压与减少蛋白尿

高血压和蛋白尿是加速肾小球硬化、导致肾功能恶化的重要因素，积极控制高血压和减少蛋白尿是两个重要的环节。高血压的治疗目标：力争将血压控制在理想水平（＜130/80 mmHg）。尿蛋白的治疗目标：争取减少至＜1 g/d。

慢性肾小球肾炎常有水、钠潴留引起的容量依赖性高血压，故高血压患者应限盐（＜6 g/d）；可选用噻嗪类利尿药，如氢氯噻嗪12.5～25 mg/d。CCr＜30 ml/min时，噻嗪类无效，应改用袢利尿药，一般不宜过多和长期使用。

其他抗高血压药如血管紧张素转换酶抑制药或血管紧张素受体阻断药、β受体阻断药、α受体阻断药及血管扩张药等也可应用。如无禁忌，应尽量首选具有肾保护作用的抗高血压药，如血管紧张素转换酶抑制药或血管紧张素受体阻断药。血压控制欠佳时，可联合使用多种抗高血压药将血压控制到靶目标值。多数学者认为肾病患者的血压较一般患者控制更严格，蛋白尿＞1.0 g/24 h，血压应控制在125/75 mmHg；如果蛋白尿≤1.0 g/24 h，血压应控制在130/80 mmHg。

研究证实，血管紧张素转换酶抑制药或血管紧张素受体阻断药除具有降低血压作用外，还有减少蛋白尿和延缓肾功能恶化的肾保护作用，为治疗慢性肾小球肾炎高血压和（或）蛋白尿的首选药物。通常要达到减少蛋白尿的目的，应用剂量需高于常规的降压剂量。血肌酐＞264 μmol/L时务必在十分严密观察下谨慎使用或者不用。掌握好适应证和应用方法，监测血肌酐、血钾，防止严重副作用尤为重要。

（二）限制食物中蛋白质及磷的入量

肾功能不全患者应限制蛋白质及磷的入量，根据肾功能的情况给予优质低蛋白饮食［0.6～1.0 g/（kg·d）］，同时控制饮食中磷的摄入。在低蛋白饮食2周后可使用必需氨基酸或α-酮酸［0.1～0.2 g/（kg·d）］。

（三）糖皮质激素和细胞毒性药物

糖皮质激素和细胞毒性药物一般不主张积极应用。但是如果患者肾功能正常或仅轻度受损，病理类型较轻（如轻度系膜增生性肾炎、早期膜性肾病），且尿蛋白较多，无禁忌证者可试用，无效者应及时逐步撤去。

（四）避免加重肾损害的因素

感染、劳累、妊娠及肾毒性药物（如氨基糖苷类抗生素，含马兜铃酸的植物如关木通、广防己）均可能损伤肾，导致肾功能恶化，应予以避免。

 慢性肾小球肾炎的治疗。

【预后】

慢性肾小球肾炎病情迁延，病变均为缓慢进展，最终进展至慢性肾衰竭。病变进展速度个体差异很大，主要取决于肾病的病理类型和严重程度、是否采取有效的延缓肾功能进展的措施、治疗是否恰当及是否避免各种危险因素等。

第五节　无症状性血尿和（或）蛋白尿

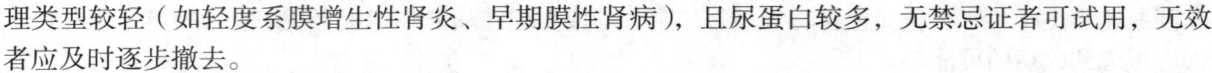
案例 5-33-4

患者，男性，30岁，尿液检查异常8个月。患者8个月前体检时实验室检查尿常规：尿蛋白（++），隐血（++++）。无水肿、少尿，口服中药治疗，复查尿蛋白波动在+~++。体格检查：BP 110/75 mmHg，双眼睑及双下肢无水肿。辅助检查：尿常规示尿蛋白（++），尿红细胞10~20/HP，异形红细胞占85%。血尿素氮4.8 mmol/L，血肌酐76 μmol/L。B超示双肾大小及形态未见异常。

问题与思考：
1. 初步诊断和诊断依据是什么？应与哪些疾病相鉴别？
2. 为明确诊断，需要进一步做哪些检查？
3. 治疗原则是什么？

无症状性血尿和（或）蛋白尿（asymptomatic hematuria and/or proteinuria）既往国内称为隐匿型肾小球肾炎，是指仅表现为肾小球源性血尿和（或）轻至中度蛋白尿，不伴水肿、高血压及肾功能损害的一组肾小球疾病，通常通过实验室检查被发现并诊断。

【病因与发病机制】

无症状性血尿和（或）蛋白尿病因不明，但仍属免疫反应性肾小球疾病。引起免疫反应的病原体多种多样，如链球菌、其他细菌或病毒。无症状性蛋白尿多见于IgA系膜增生性肾小球肾炎、局灶性肾小球硬化，膜性肾病次之。发作性血尿多见于局灶性增生性肾小球肾炎、局灶肾小球硬化与IgA肾病等。

【临床表现】

无症状性血尿和（或）蛋白尿起病隐匿，患者无自觉症状及体征，仅体格检查和偶然情况下发现尿液检查异常，肾功能无异常。

（一）持续性蛋白尿

持续性蛋白尿常见于青年男性，连续多次尿检尿蛋白+~++，以白蛋白为主，尿沉渣检查无异常，肾功能检查正常。近年的研究显示，部分患者肾活检病理改变并不轻，应引起重视。

（二）发作性肉眼血尿

发作性肉眼血尿见于少数患者，平常无症状及体征，尿液检查正常或偶尔发现镜下肾小球源性血尿。某些患者在剧烈运动、呼吸道感染、受寒、发热等诱因刺激下出现一过性肉眼血尿，并于短时间内迅速消失。临床上可反复发作，发作时可伴有腰部酸胀不适。

【诊断与鉴别诊断】

（一）诊断

（1）发病前无急性或慢性肾小球肾炎病史。

（2）无水肿、高血压及肾功能减退。

（3）尿液检查少量蛋白尿和（或）肾小球源性血尿。

（4）肾活检确定病理类型。

（二）鉴别诊断

无症状性血尿和（或）蛋白尿应与功能性蛋白尿、体位性蛋白尿、尿路感染及结石、泌尿系统肿瘤相鉴别。

1. 功能性蛋白尿　无免疫病因，在高热、受寒、剧烈运动等情况下出现不明显症状，短暂性少量蛋白尿，去除原因后很快消失，其他检查无阳性发现。

2. 体位性蛋白尿　体位性蛋白尿多见于儿童，站立时间较长，下腔静脉受压导致肾淤血，无明显自觉症状，直立时间过长可出现轻度下肢水肿、少量尿蛋白，必要时行肾活检、B超检查。

3. 尿路感染及结石　原发病发作时患者有发热、尿痛、尿急、尿频及腰痛等症状。尿中除尿蛋白外，尚有大量红细胞、白细胞、脓细胞，影像学检查可协助诊断。

4. 泌尿系统肿瘤　泌尿系统肿瘤病因不明，部分患者有进行性消瘦、无痛性血尿等恶性肿瘤症状。尿中有红细胞、白细胞，B超示肾影增大，CT、MRI检查可协助诊断。

【治疗】

在未明确病因之前，无须给予特殊的治疗，注意避免加重肾损害的因素。治疗措施包括：①对患者进行定期检查和追踪（每3~6个月1次），监测尿常规、肾功能和血压的变化，女性患者在妊娠前及妊娠期间需加强监测。②保护肾功能，避免肾损伤的因素。③对伴血尿的蛋白尿患者，或单纯尿蛋白明显增多（尤其>1.0 g/d）者，建议考虑使用血管紧张素转换酶抑制药或血管紧张素受体阻断药治疗，治疗时需监测血压。④对合并慢性扁桃体炎反复发作，尤其是与血尿、蛋白尿发生密切相关的患者，可待急性期过后行扁桃体切除术。⑤随访过程中如出现高血压或肾功能损害，按慢性肾小球肾炎治疗。⑥可适当使用中医药辨证论治。

【预后】

无症状性血尿和（或）蛋白尿可长期迁延，预后较好，也可时轻时重；大多数患者的肾功能可长期维持稳定，少数患者自动痊愈，有部分患者尿蛋白增多，出现高血压和肾功能恶化。

第六节　肾病综合征

案例 5-33-5

患者，男性，28岁，双下肢水肿 10 d。未予重视，逐渐加重，水肿蔓延至全身，尿量减少。体格检查：BP 120/80 mmHg，全身重度水肿，双下肢重度凹陷性水肿。腹部移动性浊音阳性。实验室检查：血浆白蛋白 17.8 g/L，血尿素氮 16.5 mmol/L，血肌酐 80 μmol/L。尿常规示尿蛋白（++++），尿红细胞 8~10/HP。24 h 尿蛋白定量 14.6 g。

问题与思考：
1. 初步诊断和诊断依据是什么？应与哪些疾病相鉴别？
2. 为明确诊断，需要进一步做哪些检查？
3. 治疗原则是什么？

肾病综合征（nephrotic syndrome，NS）是由多种肾小球疾病引起的以大量蛋白尿（> 3.5 g/d）、低蛋白血症（血清白蛋白 < 30 g/L）、水肿和高脂血症为主要临床表现的一组非独立疾病。其中前两项为诊断本病的必备条件。

【病因与病理生理】

（一）病因

引起肾病综合征的病因诸多，可分为原发性和继发性两大类。

1. 原发性肾病综合征　原发性肾病综合征由原发于肾本身的疾病所引起，包括急性、急进性、慢性肾小球肾炎和原发性肾小球肾病。

2. 继发性肾病综合征　继发性肾病综合征病因较多，糖尿病肾病、过敏性紫癜、肾淀粉样变性、狼疮肾炎、肿瘤、药物、感染均可引起。儿童患病者多继发于过敏性紫癜，中青年患病者继发于系统性红斑狼疮、风湿性疾病，成年、老年患病者继发于糖尿病肾病，肾淀粉样变性见于多发性骨髓瘤患者。

肾病综合征的病因。

（二）病理生理

1. 大量蛋白尿　主要原因是肾小球滤过膜通透性增加，导致血浆蛋白随尿液丢失。通透性增加是由于肾小球滤过膜分子屏障与电荷屏障被破坏，滤至原尿中的血浆蛋白大量增加。当蛋白滤出量超过了近曲小管上皮细胞的重吸收与分解能力时，即形成蛋白尿。尿中多为白蛋白。尿蛋白的多少与病变程度不完全一致，而尿蛋白的选择性则与病变程度相关。若尿中仅有小分子量蛋白质，则称为选择性蛋白尿；若尿液内大、中、小分子量蛋白质均有，则称为非选择性蛋白尿。尿蛋白还受肾小囊内压、肾小球灌注压和滤过因素的影响，合并高血压、输注血浆或高蛋白饮食均可增加尿蛋白的排出。

2. 低蛋白血症　大量蛋白质随尿液丢失，加之肾小管摄取和分解白蛋白的能力增加，蛋白质摄入及胃肠道吸收减少，肝白蛋白合成增加不足以克服丢失和分解时，则出现低蛋白血症。此外，肾病综合征时胃肠道黏膜水肿导致食欲减退、蛋白质摄入不足、吸收不良或丢失，也是加重低蛋白血症的原因。血液中除白蛋白明显减少外，免疫球蛋白、转运蛋白及主要与内分泌素结合的蛋白均下降，患者出现微量元素缺乏、内分泌功能紊乱及抵抗力下降。

3. 水肿　低蛋白血症导致血浆胶体渗透压下降，使水分从血管腔内进入组织间隙，是造成肾病综合征水肿的基本原因。另外，继发性醛固酮增多，利钠因子减少，肾性水、钠潴留等均可加重水肿。

4. 高脂血症　血浆胆固醇、甘油三酯均明显升高，低密度脂蛋白及极低密度脂蛋白也升高。形成机制是肝代偿性合成脂蛋白增加、脂蛋白转化和利用减少。高脂血症可使肾小球及全身小动脉（特别是脑血管）呈进行性硬化，造成血栓形成、动脉栓塞与硬化等并发症。

【病理类型】

原发性肾病综合征的病理类型以下列几种较常见。

（一）微小病变型肾病

光镜下可见肾小球基本正常，近端肾小管上皮细胞脂肪变性（图5-33-4）。免疫病理检查阴性。电镜下可见肾小球脏层上皮细胞足突广泛融合，伴上皮细胞空泡变性、溶酶体增加，但基膜正常，无电子致密物。

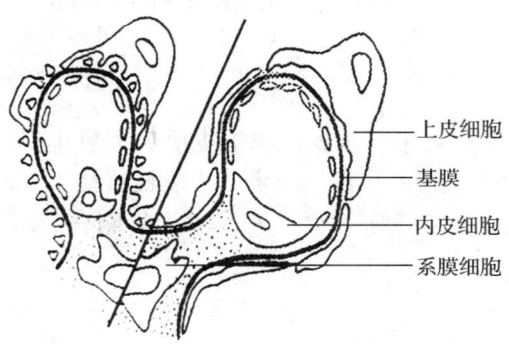

图 5-33-4　微小病变型肾病
（左：正常肾小球；右：病变肾小球）

（二）系膜增生性肾小球肾炎

光镜下系膜细胞及系膜基质呈弥漫性增生为其主要特征。系膜细胞、基质增生差异较大，根据系膜增生程度分为轻度、中度、重度（图5-33-5）。免疫荧光检查可将此型分为IgA肾病及非IgA系膜增生性肾小球肾炎，前者系膜区以IgA沉积为主，后者系膜区以IgG或IgM沉积为主，伴或不伴C3沉积。电镜下系膜区及内皮下可见电子致密物。

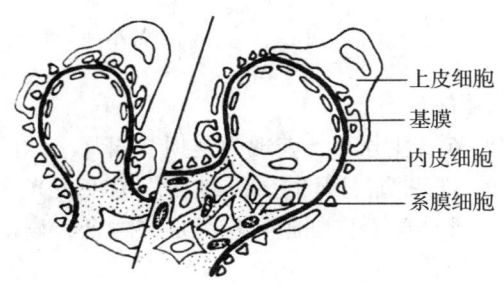

图 5-33-5　系膜增生性肾小球肾炎
（左：正常肾小球；右：病变肾小球）

(三)系膜毛细血管性肾小球肾炎

系膜毛细血管性肾小球肾炎又称膜增生性肾小球肾炎,光镜下系膜细胞及系膜基质弥漫性重度增生,并插入基膜与内皮细胞之间,使毛细血管袢呈"双轨征"(图5-33-6)。免疫荧光检查IgG和C3呈颗粒状在系膜区及毛细血管壁沉积。电镜下系膜区和内皮下可见电子致密物沉积。

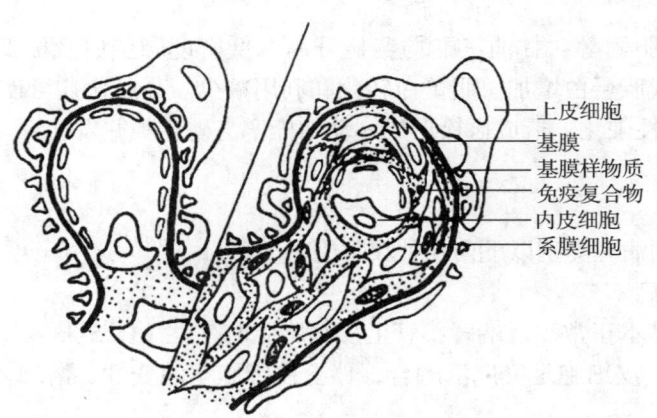

图5-33-6 系膜毛细血管性肾小球肾炎
(左:正常肾小球;右:病变肾小球)

(四)膜性肾病

光镜下呈弥漫性病变,早期仅于肾小球基膜上皮侧见多数排列整齐的嗜复红颗粒(Masson染色),进而有钉突形成(嗜银染色),基膜逐渐增厚(膜性肾病)。免疫荧光检查见IgG及C3呈细颗粒状沿毛细血管壁沉积(图5-33-7)。电镜下在基膜上皮侧有排列整齐的电子致密物,常伴有广泛足突融合。

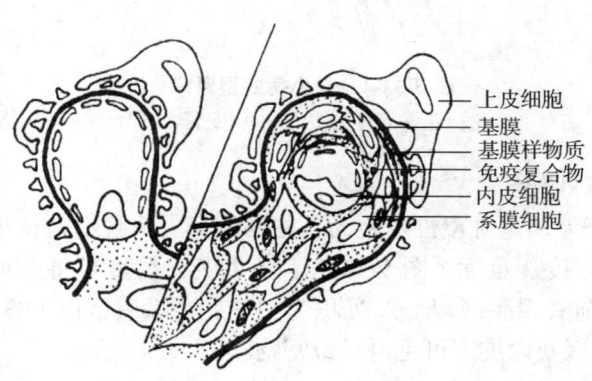

图5-33-7 膜性肾病
(左:正常肾小球;右:病变肾小球)

(五)局灶性节段性肾小球硬化

光镜下可见病灶呈局灶性、节段性分布,表现为受损节段肾小球硬化(系膜基质增多、毛细血管闭塞、球囊粘连等),相应肾小管萎缩、肾间质纤维化。免疫荧光检查可见IgM及C3在肾小球受累节段呈团块状沉积。电镜下肾小球上皮细胞有广泛足突融合,病变肾小球内皮细胞下及系膜区有电子致密物沉积。

 肾病综合征的病理分型。

【临床表现】

各型临床特征不尽相同，一般常在上呼吸道感染、受凉、劳累后发病。起病急缓不一，隐匿起病者也不少见。

（一）微小病变型肾病

微小病变型肾病多见于少年儿童，发病高峰年龄在2~8岁，男性多于女性。患者水肿显著并伴有大量蛋白尿，病程中出现肾前性少尿、氮质血症、特发性急性肾衰竭、肾小管受损合并感染、血栓栓塞等。本病的特点是自行缓解及反复发作，对激素治疗敏感，但较易复发，可转为局灶性节段性肾小球硬化。

（二）系膜增生性肾小球肾炎

系膜增生性肾小球肾炎好发于青少年，男性多于女性，有感染者发病急，甚至呈急性肾炎综合征表现，否则为隐匿发病。此型肾病综合征应用激素及细胞毒性药物的疗效与病理改变轻重相关，轻者治疗效果较好，严重者则治疗效果较差。

（三）系膜毛细血管性肾小球肾炎

系膜毛细血管性肾小球肾炎好发于青壮年，男性多于女性。可急起发病，也可隐匿发病。部分患者常于呼吸道感染后出现发作性肉眼血尿，肾功能迅速减退，较早出现高血压及贫血。

（四）膜性肾病

膜性肾病常见于中、老年患者，男性多于女性，起病较隐匿。患者逐渐出现下肢水肿，间断或持续性镜下血尿，一般无肉眼血尿。病变进展缓慢，肾功能不全发展较迟。本病极易发生血栓栓塞并发症，静脉血栓形成发生率高达40%~50%。

（五）局灶性节段性肾小球硬化

局灶性节段性肾小球硬化好发于青少年，男性稍多于女性，隐匿起病。患者发病前可有呼吸道感染或过敏反应。首发症状和体征为大量蛋白尿、低蛋白血症、高血压及高血脂。镜下血尿多见，可有肉眼血尿，大部分患者有轻度持续性高血压，多数患者肾功能进行性损害。

肾病综合征各病理分型的临床特点。

【并发症】

（一）感染

感染常见于呼吸系统、泌尿系统、皮肤，原因是免疫球蛋白丢失、白细胞功能下降、某些微量元素缺乏、使用激素及免疫抑制药等。感染又可影响肾病综合征的疗效或导致肾病综合征复发，形成恶性循环。

（二）血栓栓塞

血栓栓塞较为严重，常为患者死因之一。因低蛋白血症、高脂血症、纤维蛋白原及凝血因子Ⅴ、Ⅶ、Ⅷ及Ⅹ增加，血小板数目增加，应用激素及利尿药加重血液高凝状态，极易发生血栓栓塞并发症。临床上最常见的为肾静脉血栓形成与栓塞，其次为下肢静脉、脑动脉、肺动脉及冠状动脉等血栓形成与栓塞。

（三）急性肾损伤

急性肾损伤包括肾前性氮质血症、急性肾小管坏死和特发性肾损伤。患者可出现血容量下降，呈少尿、尿钠减少伴低血容量表现，经扩容、利尿后可恢复。少数可出现急性肾损伤，特发性急性肾损伤多见于中、老年患者，常伴有小动脉透明样变及弹力层扩张，85%为肾小球轻微病变。特发性急性肾损伤原因不明，可能与肾间质水肿压迫肾小管，或肾小管被蛋白管型阻塞，使肾小囊内压升高，肾小球滤过率下降有关。多数患者经非透析治疗能痊愈，少数患者需透析治疗。

（四）蛋白质及脂肪代谢紊乱

长期低蛋白血症除引起高度水肿外，还可导致营养不良、儿童发育障碍、微量元素缺乏。高脂血症可促进肾小球进行性硬化，并可增加心血管并发症，促进血栓形成、栓塞及刺激系膜细胞增生，损害系膜细胞。

 肾病综合征并发症的特点。

【诊断与鉴别诊断】

（一）诊断

临床上出现大量蛋白尿（＞3.5 g/d）、低蛋白血症（血清白蛋白＜30 g/L）、水肿和高脂血症，即可诊断为肾病综合征，其中前两项为必备条件。应区分原发性与继发性肾病综合征。应尽可能做肾活检确定病理类型，血清抗磷脂酶 A2 受体抗体检测对膜性肾病有较高的敏感性和特异性。

 肾病综合征的诊断。

（二）鉴别诊断

1. 过敏性紫癜肾炎　本病好发于少年儿童，患者具有典型的皮疹，可有关节痛、腹痛及黑便等临床表现。除蛋白尿外，还常伴血尿。肾受累的严重程度与皮肤、关节、胃肠受累的程度无关。

2. 狼疮肾炎　狼疮肾炎多见于育龄妇女，患者多有发热、皮疹（以蝶形红斑为主）、关节痛、浆膜炎及多系统损害症状。部分患者血液中可找到狼疮细胞，血清抗核抗体、抗双链 DNA 抗体及抗 SM 抗体滴度升高可确诊。

3. 糖尿病肾病　糖尿病肾病多见于中、老年人，病程较长者可引起肾病综合征。患者有糖尿病病史、血糖与尿糖明显增高，眼底检查可出现微动脉瘤。

4. 肾淀粉样变性　肾淀粉样变性分为原发性与继发性两类，好发于中、老年人。原发性者病因不明，继发性者多继发于慢性化脓性感染、结核、类风湿关节炎及恶性肿瘤等。部分患者伴全身多器官功能损害，血浆球蛋白升高，确诊依赖于肾活检。

5. 遗传性肾炎　遗传性肾炎有家族发病史，见于青少年，为罕见的遗传性疾病。

6. 骨髓瘤性肾病　骨髓瘤性肾病好发于中、老年人，男性多见，患者可有多发性骨髓瘤的特征性临床表现，如骨痛、血清单株球蛋白增高、蛋白电泳 M 带及尿本周蛋白阳性，骨髓象显示浆细胞异常增生并伴有质的改变。

【治疗】

（一）一般治疗

出现低蛋白血症、明显水肿或血压较高时需卧床休息，同时需预防深静脉血栓形成。待水肿消失，一般情况较好后，可下床轻微活动。

限制钠摄入，水肿时盐摄入每日 2～3 g，给予优质蛋白质［0.8～1.0 g/（kg·d）］饮食，保证热量供给。脂肪摄入应以含多聚不饱和脂肪酸（植物油、鱼油）为主，少进食饱和脂肪酸（动物油脂）。多吃富含可溶性膳食纤维的食物（如燕麦）。同时应注意补充各种微量元素及维生素。

（二）对症治疗

1. 利尿消肿　对肾病综合征患者，利尿治疗的原则是不宜过快、过猛，以免造成血容量不足，加重血液高黏滞倾向，诱发血栓、栓塞并发症。

（1）利尿药：噻嗪类利尿药、袢利尿药、保钾利尿药、渗透性利尿药均可结合实际情况选用，动态观察肾功能及电解质变化。常见的方式如袢利尿药呋塞米与保钾利尿药螺内酯合用，各 20～40 mg 口服，每日 2～3 次。少尿患者慎用渗透性利尿药。

（2）提高血浆胶体渗透压：血浆或白蛋白可提高血浆胶体渗透压，促进组织中水分回吸收并利尿。由于输入的白蛋白可引起肾小球高滤过及肾小管高代谢，造成肾小球脏层及肾小管上皮细胞损伤，故不提倡常规应用。对低血容量或利尿药抵抗、严重低蛋白血症的患者，在必须利尿的情况下可考虑使用，随后加用袢利尿药如呋塞米，有时可获得较好的利尿效果。

2. 减少尿蛋白　持续性大量蛋白尿本身可导致肾小球高滤过、加重肾小管-间质损伤、促进肾小球硬化，是影响肾小球疾病预后的重要因素。已证实减少尿蛋白可以有效地延缓肾功能的恶化。血管紧张素转换酶抑制药（ACEI）或血管紧张素受体阻断药（ARB），除有效控制高血压外，均可通过降低肾小球内压和直接影响肾小球基膜对大分子的通透性，有不依赖于降低全身血压的减少尿蛋白作用。用 ACEI 或 ARB 降低尿蛋白时，所用剂量一般比常规降压剂量大，才能获得良好的疗效。

（三）免疫抑制治疗

糖皮质激素和细胞毒性药物仍然是治疗肾病综合征的主要药物，原则上应根据肾活检病理结果选择治疗药物及确定疗程。

1. 糖皮质激素　糖皮质激素通过抑制免疫炎症反应，抑制醛固酮和抗利尿激素分泌，影响肾小球基膜通透性等综合作用而发挥其利尿、消除尿蛋白的疗效。使用原则如下。①起始足量：常用药物为泼尼松 1 mg/（kg·d），口服 8 周，必要时可延长至 12 周。②缓慢减药：足量治疗后每 2～3 周减原量的 10%，当减至 20 mg/d 时病情易复发，应更加缓慢减量。③长期维持：最后以最小有效剂量（10 mg/d）再维持半年左右。糖皮质激素可采取全日量顿服，维持用药期间两日量隔日一次顿服，以减轻副作用。水肿严重、有肝功能损害或泼尼松疗效不佳时，应更换为甲泼尼龙（等剂量）口服或静脉滴注。因地塞米松半衰期长、副作用大，现已少用。

根据患者对糖皮质激素的治疗反应，可将其分为"激素敏感型"（用药 8～12 周内肾病综合征缓解）、"激素依赖型"（激素减药到一定程度即复发）和"激素抵抗型"（常规激素治疗无效）3 类。

长期应用糖皮质激素的患者可出现感染、药物性糖尿病、骨质疏松等副作用，少数病例还可能发生股骨头无菌性缺血性坏死，需加强监测，及时处理。

2. 免疫抑制药　对激素依赖型或激素无效型患者，可加用免疫抑制药。①环磷酰胺：为国内外临床上目前最常用的免疫抑制药，主要用于"激素依赖型"与"激素无效型"。一般剂量为 2 mg/kg，分 1～2 次口服；或 200 mg，隔日静脉注射，累积总量达到 6～8 g 后停药。不良反应有骨髓抑制、肝损害、恶心、呕吐、白细胞减少、性腺损伤、脱发及出血性膀胱炎等，与糖皮质激素联合应用可减轻或避免不良反应发生。②环孢素：开始剂量为每日 3～5 mg/kg，分 2 次口服，服用 2～3 个月后缓慢减量，疗程为 3～6 个月以上。服药期间需监测并维持血浓度谷值 100～200 ng/ml。③吗替麦考酚酯：常用剂量为每日 1.5～2 g，分 1～2 次口服，共 3～6 个月，减量维持半年。

（四）并发症的防治

肾病综合征的并发症是影响患者长期预后的重要因素，应积极防治。

1. 感染　通常在激素治疗时无须应用抗生素预防感染。一旦发现感染，应及时选用对致病菌敏感、强效且无肾毒性的抗生素积极治疗，有明确感染灶者应尽快去除。严重感染难以控制时应考虑减少或停用激素，但需视患者具体情况决定。

2. 血栓及栓塞　一般认为，当血浆白蛋白低于 20 g/L 时，应开始预防性抗凝治疗。常给予肝素或低分子量肝素，同时可辅以抗血小板药（如双嘧达莫）口服。也可服用华法林抗凝。对已发生血栓、栓塞者，应尽早全身或局部溶栓，同时配合抗凝治疗。

3. 急性肾损伤　肾病综合征并发急性肾损伤如处理不当，可危及患者的生命，若及时给予正确处理，大多数患者可望恢复。可采取以下措施。①袢利尿药：对袢利尿药仍有效者，应给予较大剂量，以冲刷阻塞的肾小管管型。②血液透析：对利尿无效并已达到透析指征者，应给予血液透析以维持生命，并在补充血浆制品后适当脱水，以减轻肾间质水肿。③原发病治疗。④碱化尿液：可口服碳酸氢钠碱化尿液，以减少管型形成。

4. 蛋白质及脂肪代谢紊乱　在肾病综合征缓解之前常难以完全纠正代谢紊乱，但应调整饮食中蛋白质和脂肪的量与结构，力争将代谢紊乱的影响减少到最低限度。目前，不少药物可用于治疗蛋白质及脂肪代谢紊乱，如血管紧张素转换酶抑制药及血管紧张素受体阻断药均可减少尿蛋白；中药黄芪（30～60 g/d，煎服）可促进肝白蛋白合成，并可能兼有减轻高脂血症的作用。可根据胆固醇和甘油三酯升高情况选择相应的降血脂药，肾病综合征缓解后高脂血症可自然缓解，则无需再继续使用药物治疗。

肾病综合征的治疗。

【预后】

影响肾病综合征预后的因素如下。①病理类型：微小病变型肾病和轻度系膜增生性肾小球肾炎预后较好，系膜毛细血管性肾炎、局灶性节段性肾小球硬化及重度系膜增生性肾小球肾炎预后较差。早期膜性肾病也有一定的缓解率，晚期则难以缓解。②临床表现：大量蛋白尿、严重高血压及肾功能损害者预后较差。③激素治疗效果：激素敏感者预后相对较好，激素抵抗者预后差。④并发症：反复感染导致肾病综合征经常复发者预后差。

自　测　题

一、选择题

1. 原发性肾小球疾病的病理分型不包括
   A. 轻微肾小球病变　　　　B. 局灶性节段性肾病　　　　C. 肾病综合征
   D. 膜性肾病　　　　　　　E. 增生性肾炎
2. 原发性肾小球疾病的发病机制，多数是
   A. 链球菌感染所致　　　　B. 病毒感染所致　　　　　　C. 药物所致
   D. 免疫介导性炎症所致　　E. 基因遗传变异所致
3. 引起急性肾小球肾炎最常见的病原体为
   A. 结核分枝杆菌　　　　　B. 金黄色葡萄球菌　　　　　C. 柯萨奇病毒
   D. 寄生虫　　　　　　　　E. 溶血性链球菌
4. 急性肾小球肾炎的临床表现中最常见和必不可少的项目是
   A. 蛋白尿　　　　　　　　B. 水肿　　　　　　　　　　C. 镜下血尿
   D. 高血压　　　　　　　　E. 肾功能损害
5. 临床表现与急性肾小球肾炎不符合的是
   A. 病程中出现 C3 下降　　　　　　　　　　B. 可并发心力衰竭

C. 高血压持续 2 个月以上
D. 部分患者可有 ASO 水平升高
E. 链球菌感染后 2 周出现血尿、蛋白尿

6. 诊断肾病综合征必须具备的依据是
   A. 高脂血症与水肿
   B. 低蛋白血症与高脂血症
   C. 大量蛋白尿与血尿
   D. 水肿与低蛋白血症
   E. 大量蛋白尿与低蛋白血症

7. 在我国儿童中引起原发性肾病综合征最常见的病理类型是
   A. 微小病变型肾病
   B. 系膜增生性肾炎
   C. 系膜毛细血管性肾炎
   D. 膜性肾病
   E. 局灶性节段性肾小球硬化

8. 肾病综合征最常见的并发症是
   A. 低钠、低钾、低钙血症
   B. 呼吸道感染
   C. 高凝状态及血栓形成
   D. 低血容量性休克
   E. 急性肾功能不全

9. 患者，女性，16 岁，咽痛 2 周后出现肉眼血尿 1 d。体格检查：BP 150/90 mmHg，颜面部轻度水肿。尿常规：蛋白（+），红细胞 20~30/HP，血肌酐 65 μmol/L，C3 下降。首先应考虑的诊断是
   A. 急性肾小球肾炎
   B. 急进性肾小球肾炎
   C. 高血压
   D. 慢性肾小球肾炎
   E. 急性肾盂肾炎

10. 患者，女性，28 岁。水肿 1 周，伴肉眼血尿 3 d。起病前 1 周患者有上呼吸道感染病史。BP 155/95 mmHg，尿红细胞满视野/HP，尿蛋白 4.3 g/d，SCr 128 μmol/L，ALB 28 g/L，C3 下降。最合理的处理是
    A. 尽早做肾活检明确病理类型
    B. 休息及对症处理
    C. 激素联合细胞毒性药物治疗
    D. 青霉素治疗
    E. 足量激素治疗

11. 患者，女性，15 岁。双下肢及颜面水肿 2 周。查尿蛋白 5.2 g/d，尿红细胞 0~2/HP，血白蛋白 28 g/L，血肌酐 90 μmol/L，抗核抗体阴性。应首选的治疗措施是
    A. 泼尼松足量、足疗程
    B. 泼尼松联合环磷酰胺
    C. 静脉滴注白蛋白
    D. 口服血管紧张素转换酶抑制药
    E. 低分子量肝素抗凝

（12~14 题共用题干）

患者，男性，42 岁。间断水肿 2 年，乏力 2 个月。体格检查：BP 155/100 mmHg，心脏、肺、腹未见异常，双下肢凹陷性水肿。实验室检查：尿 RBC 20~25/HP，为异形红细胞，尿蛋白定量 0.4 g/d，血 Hb 118 g/L，血肌酐 102 μmol/L。B 超示双肾未见明显异常。

12. 该患者最可能的诊断是
    A. 肾病综合征
    B. IgA 肾病
    C. 高血压肾损害
    D. 慢性间质性肾炎
    E. 慢性肾小球肾炎

13. 该患者治疗的主要目的不包括
    A. 提高生活质量
    B. 延缓肾功能进行性恶化
    C. 改善或缓解临床症状
    D. 防治严重并发症
    E. 消除蛋白尿及尿红细胞

14. 该患者的降压治疗可首选的是
    A. β受体阻断药　　　　　B. 呋塞米　　　　　　C. 血管紧张素转换酶抑制药
    D. 钙通道阻滞药　　　　　E. α受体阻断药

二、简答题

1. 治疗肾性高血压首选哪类抗高血压药以及原因是什么？
2. 急性肾小球肾炎时血清C3的变化规律是什么？
3. 激素治疗肾病综合征应遵循的用药原则是什么？

三、案例分析题

患者，男性，51岁，因"反复肉眼血尿伴尿中泡沫增多6年，头晕、乏力2个月"就诊。6年前患者无明显诱因出现全程肉眼血尿，呈洗肉水样，伴尿中泡沫增多，于当地医院查尿常规提示红细胞满视野/HP，蛋白（++），对症处理后症状缓解。但类似症状反复发作，自述多发生在"感冒"后，血尿持续1~2 d可消失。近2个月，患者因工作劳累，出现头晕、乏力，并发现双下肢凹陷性水肿，于当地诊所测血压达162/100 mmHg。既往身体健康，无不良嗜好，否认肾病家族史。体格检查：T 36.5 ℃，P 98次/分，R 18次/分，BP 164/96 mmHg。皮肤未见出血点和皮疹，浅表淋巴结未触及肿大，心脏、肺、腹未查见明显异常。双下肢轻度凹陷性水肿。实验室检查：血常规 Hb 107 g/L，WBC 7.0×10^9/L，N 68%，PLT 280×10^9/L。肾功能：BUN 9.2 mmol/L，SCr 155 μmol/L。尿常规：RBC 20~30/HP，蛋白（++）。尿相差显微镜检查：90%为变形红细胞。

请回答：
（1）该患者最可能的疾病诊断及依据是什么？
（2）应与哪些疾病相鉴别？
（3）进一步需做哪些检查？
（4）针对该患者，提出初步的治疗原则。

（蒋　飞）

第三十四章 尿路感染

第三十四章数字资源

> **学习目标**
>
> 1. 知识：理解尿路感染的主要病原体、感染途径、诊断依据，包括症状、体征和实验室检查结果。掌握尿路感染的典型和非典型临床表现，陈述尿路感染的发病机制，包括病原体侵袭和宿主防御因素。分析尿常规、尿培养和其他辅助检查在尿路感染诊断中的意义。
>
> 2. 能力：完成尿路感染患者的病史采集和体格检查，运用病史、体格检查及辅助检查结果对尿路感染做出初步诊断，根据尿路感染的类型和严重程度，拟定个体化的治疗和预防方案，能够监测尿路感染患者的病情变化，及时调整治疗计划。
>
> 3. 素养：要培养严谨细致的职业态度，严格执行尿路感染诊疗的核心规范（如尿液样本采集、药物剂量的精准把控、病情变化的密切观察），需在每一个环节都做到一丝不苟，保障患者的健康与安全。反复发作的尿路感染患者可能会有较大的心理压力，学习者应学会换位思考，理解患者的痛苦与需求，用温和、耐心的语言与患者沟通，解释疾病、管理期望，共同制订个体化治疗与预防计划，增强其治疗的信心与依从性。

案例 5-34-1

患者，女性，45 岁。发热伴腰痛、尿频、尿急、尿痛 1 d。患者 1 d 前劳累后突起畏寒、发热，体温最高达 39.8 ℃，同时伴右侧腰痛，呈钝痛，与体位及活动无关，伴尿频、尿急、尿痛，无肉眼血尿及排尿困难。既往曾患过 2 次尿道炎。已婚，育有 2 子。无药物过敏史。体格检查：T 39.1 ℃，P 97 次 / 分，R 25 次 / 分，BP 130/80 mmHg。急性病容，心脏、肺检查无异常，腹软，右肋脊角有压痛及叩击痛，双下肢无水肿。实验室检查：①血常规 WBC 15×10^9/L，N 86%，L 21%，Hb 123 g/L，PLT 130×10^9/L。②尿常规：呈浅黄色，浑浊，蛋白（−），NIT（＋），WBC 40~60/HP，RBC 5~10/HP。

问题与思考：

1. 初步诊断和诊断依据是什么？应与哪些疾病相鉴别？
2. 为明确诊断，需要进一步做哪些检查？
3. 治疗原则是什么？

尿路感染（urinary tract infection）是由各种病原微生物侵犯尿路引起的非特异性感染，好发于育龄妇女、老年人及尿路畸形、免疫力低下者，男性、女性发病之比约为 1∶10。根据感染发生的部位，尿路感染分为上尿路感染（主要是肾盂肾炎）和下尿路感染（主要是膀胱炎）。有时根据有无尿路结构或功能的异常，尿路感染又可分为复杂性尿路感染和非复杂性尿路感染。复杂性尿路感染是指伴有尿路引流不畅、结石、畸形等异常。一般来说，下尿路感染可单独存在，而肾盂肾炎常合并下尿路感染。本章主要叙述由细菌感染所引起的尿路感染。

【病因】

革兰氏阴性杆菌是尿路感染最常见的致病菌，其中以大肠埃希菌最多见，占非复杂性尿路感染的75%～90%，其次为克雷伯菌、变形杆菌、柠檬酸杆菌、绿脓杆菌属等。5%～15%的尿路感染由革兰氏阳性细菌引起，主要是肠球菌和葡萄球菌。其中，大肠埃希菌最常见于无症状细菌尿，绿脓杆菌多见于尿路器械检查后，变形杆菌常见于尿路结石患者，金黄色葡萄球菌常见于血源性尿路感染。真菌感染见于糖尿病及长期应用广谱抗生素或糖皮质激素的患者，以白念珠菌常见。通常致病菌为一种，极少数为两种以上的混合感染。

 尿路感染的常见致病菌。

【发病机制】

（一）感染途径

1. 上行感染　上行感染为最常见的感染途径，病原菌由尿道上行至膀胱，后沿输尿管进入肾盂、肾，引起肾盂肾炎，约占尿路感染的95%。正常情况下前尿道和尿道口周围定居着少量细菌，一般并不致病。而容易发生尿路感染的情况（如性生活、尿路梗阻、尿路器械检查、肠道及生殖器感染等）可导致上行感染而发生尿路感染。

2. 血行感染　病原菌通过血运到达肾和尿路其他部位引起感染。血行感染少见，不足2%。如果发生，绝大多数见于已有严重的尿路梗阻以及机体抵抗力低下者，或接受免疫抑制药治疗的患者，多为金黄色葡萄球菌和白念珠菌等感染。

3. 直接感染　泌尿系统周围器官、组织发生感染时，病原菌可直接侵入泌尿系统导致感染。

4. 淋巴道感染　淋巴道感染极少见，盆腔和下腹部的器官感染时，病原菌可通过淋巴道感染泌尿系统。

 尿路感染的感染途径。

（二）细菌的致病力

病原菌进入尿路以后，能否引起尿路感染与细菌的致病力有极大的关系。以大肠埃希菌为例，并不是所有的大肠埃希菌菌株都能引起症状性尿路感染，而能引起症状性尿路感染的为其抗原性具备O、K和H血清型的菌株，它们具有特殊的致病力。大肠埃希菌通过菌毛将细菌体附于特殊的含糖基团脂类上皮细胞受体上，导致尿路感染的发生。另外，这些菌株还能产生溶血素等毒素，对尿路黏膜的杀菌能力有抵抗性。目前认为，只有少数致病能力强的细菌才能引起急性非复杂性尿路感染。

（三）机体防御功能

在机体抗病能力正常的情况下，进入膀胱的细菌很快被清除，是否发生尿路感染除了与细菌的数量和毒力有关外，还取决于人体对细菌入侵的防御能力。机体的防御机制包括：①尿道口、外阴分布的正常菌群，可抑制病原菌生长；②在尿流通畅时，尿流的机械性冲洗可冲走绝大多数细菌；③男性在排尿终末时，前列腺收缩，排泄前列腺液于后尿道有杀菌作用；④尿路黏膜有杀菌能力，可分泌有机酸和 IgA、IgG 及通过吞噬细胞的作用而杀菌；⑤尿液的 pH 低、尿素浓度高、有机酸含量多、尿渗透压高，均不利于细菌生长。

（四）易感因素

1. 尿路梗阻　任何妨碍尿液自由流出的因素都会导致尿路梗阻，这是目前最主要的易感因素。尿路梗阻常见于尿路有器质性梗阻（结石、肿瘤、狭窄、前列腺肥大）或功能性梗阻（神经源性膀胱、膀胱输尿管反流）、尿路有异物（结石停留于导尿管）、肾实质有病变（多囊肾、糖尿病、肾移植）等，导致尿液积聚，细菌不易被清除，而在局部繁殖引起感染。

2. 泌尿系统畸形及结构异常　如肾发育不良的马蹄肾、海绵肾、输尿管及肾盂畸形。

3. 医源性因素　导尿或留置导尿管、膀胱镜和输尿管镜检查、逆行尿路造影等可使尿道黏膜受损而发生尿路感染。据统计，严格无菌操作后的一次导尿，尿路感染的发生率达 1%～3%，留置导尿 3 d 以上尿路感染的发生率可达 90% 以上。

4. 尿道内或尿道口周围有炎性病灶　如细菌性前列腺炎和妇科炎症。而细菌性前列腺炎是青年男性尿路感染最常见的易感因素。

5. 机体免疫力低下　如糖尿病、获得性免疫缺陷综合征、长期卧床的严重慢性疾病、长期使用激素及免疫抑制药（如肿瘤化疗、肾移植后）等患者都易发生尿路感染。

6. 性别和性活动　女性本身的生理结构是易发生尿路感染的重要因素，性生活时可将尿道周围的细菌挤入膀胱引起尿路感染。包茎及包皮过长是男性尿路感染的诱发因素。

7. 妊娠　2%～8% 的妊娠妇女可发生尿路感染，与妊娠期输尿管蠕动功能减弱，暂时性膀胱输尿管活瓣关闭不全以及妊娠后期子宫增大导致尿液引流不畅相关。

8. 遗传因素　反复发生尿路感染的女性，其尿路感染的家族史多于对照组，因遗传因素致使尿路黏膜局部防御能力缺陷易发生尿路感染。

 尿路感染的易感因素。

【病理】

急性膀胱炎的病理改变常是黏膜充血、潮红、上皮细胞肿胀，黏膜下组织充血、水肿及白细胞浸润。严重者可有点状或片状充血，可出现黏膜溃疡。急性肾盂肾炎在严重时，可见肾外形增大，单侧或双侧肾受累，肾盂、肾盏黏膜充血及水肿、表面有脓性分泌物，其黏膜下可见大小、数量不等的小脓肿，病灶内的肾小管腔中有脓性分泌物，肾小管上皮细胞肿胀、坏死、脱落。肾间质水肿，内有白细胞浸润和小脓肿形成。慢性肾盂肾炎双侧肾的病变不一致，肾体积缩小，表面不光滑，有肾盂及肾盏粘连、变形及瘢痕形成，肾小管萎缩及肾间质有淋巴细胞和单核细胞浸润。

【临床表现】

（一）膀胱炎

膀胱炎占尿路感染的 60% 以上，分为急性单纯性膀胱炎和反复发作性膀胱炎。主要表现为尿频、尿急、尿痛、排尿不适、下腹部疼痛，个别患者可出现排尿困难。常有尿液混浊，约 30% 有血尿。全身感染症状不明显，致病菌多为大肠埃希菌，占 75% 以上。

（二）急性肾盂肾炎

1. 全身表现　多数起病急骤，数小时至 1～2 d 发展为本病。突发寒战、高热，体温 39 ℃ 以上，多为弛张热，伴头痛、全身酸痛和疲乏无力，可有食欲缺乏、恶心、呕吐、腹痛、腹胀和腹泻，部分患者出现革兰氏阴性杆菌败血症。

2. 泌尿系统表现 可有尿频、尿急、尿痛、排尿困难、下腹部疼痛,常有腰痛,腰痛程度不一,多为酸痛及钝痛。部分膀胱刺激征不明显或缺如,极易误诊。

3. 体格检查 发热、心动过速,并且沿输尿管走行的部位及膀胱区常有压痛,肾区叩击痛阳性。

膀胱炎和急性肾盂肾炎的主要临床表现。

(三)慢性肾盂肾炎

慢性肾盂肾炎大多数由急性肾盂肾炎治疗不彻底或反复发作所致。急性肾盂肾炎病程在半年以上并有肾小管及肾功能损害者应考虑慢性肾盂肾炎。慢性肾盂肾炎临床表现较为复杂,根据其临床表现可分为以下几种类型。①复发型:常反复多次发作,发作时其临床表现与急性肾盂肾炎相似;②长期低热型:表现为长期低热,伴腰酸、疲倦、食欲缺乏、体重减轻等;③发作性血尿型:以反复发作性血尿为主要特征,肉眼或镜下血尿,可伴有腰痛、腰酸和尿路刺激征;④继发性高血压型:病程中症状以高血压为主,偶可发展为急进性高血压,常伴有贫血;⑤无症状细菌尿。

(四)无症状细菌尿

患者有真性菌尿,而无尿路感染的症状,常因其他原因或健康体检时发现菌尿,尿沉渣改变较轻。随着年龄的增长,发病率逐渐增加,20~40岁女性发生率低于5%,超过60岁的女性及男性发生率明显增高,致病菌大多为大肠埃希菌。目前认为无症状细菌尿不会影响老年人的寿命。

【并发症】

尿路感染的并发症较少,而肾周围脓肿及肾乳头坏死是急性重症肾盂肾炎的并发症。在糖尿病、尿路梗阻等情况下未及时治疗或治疗不当可出现下列并发症。

(一)肾乳头坏死

肾乳头坏死常发生于并发糖尿病或尿路梗阻的重症肾盂肾炎患者,主要表现为寒战、高热、剧烈腰痛或腹痛、血尿等,可伴发革兰氏阴性杆菌败血症和(或)急性肾衰竭。应积极治疗原发病,加强抗生素的使用。

(二)肾周围脓肿

肾周围脓肿由重症肾盂肾炎直接发展而来,常合并糖尿病及尿路结石等复杂因素,致病菌常为革兰氏阴性杆菌,尤其是大肠埃希菌。原发症状加剧,同时出现明显单侧腰痛及触痛,超声、CT检查有助于诊断。治疗方法主要是加强抗感染治疗和(或)局部切开引流。

【辅助检查】

(一)尿液检查

1. 尿常规 尿液外观一般无异常,有时尿液混浊,尿蛋白常为阴性或微量,偶有一过性尿蛋白升高。尿沉渣白细胞计数显著增加,>5/HP 为白细胞尿,如出现白细胞管型,则有助于肾盂肾炎的诊断。部分患者有镜下血尿,仅少数急性膀胱炎患者可出现肉眼血尿。

2. 白细胞排泄率 留取 3h 尿液,立即进行尿白细胞计数,所得白细胞数按每小时折算,正常值 $< 2 \times 10^5/h$,白细胞计数 $> 3 \times 10^5/h$ 为阳性,$(2\sim3) \times 10^5/h$ 为可疑。

3. 尿细菌学检查 尿路感染诊断的确立主要依靠尿细菌学检查。检查方法有尿沉渣涂片和尿细菌培养。

(1)尿沉渣涂片:新鲜中段尿不离心,尿沉渣涂片直接找细菌,1/HP以上为阳性,阳性率约为 90%。此法可以迅速获得结果,染色可区别球菌或杆菌,以及革兰氏染色阴性还是革兰氏染色阳性，为选择有效的抗生素提供参考。

（2）尿细菌培养：留取清洁中段尿、导尿或膀胱穿刺尿做细菌培养，菌落数 ≥ 10^5 CFU/ml，即为有意义菌尿；小于 10^4/ml 为阴性，可能污染；10^4~10^5/ml 为可疑，需复查。做尿培养时应注意：①最好在应用抗生素之前或停用抗生素 5 d 后留取标本；②留取标本前清洗外阴，消毒尿道口，留取中段尿；③尿液在膀胱内停留 4~6 h 以上，以提高检出率，故应以晨尿为好。

4. 尿化学检查　尿化学检查常用尿硝酸盐还原试验，其诊断尿路感染的敏感性为 70% 以上，特异性为 90% 以上，假阴性常为球菌感染，可作为尿路感染的筛选试验。白细胞酯酶试验可检测尿中是否存在中性粒细胞，包括已经被破坏的中性粒细胞。

尿细菌学检查的诊断意义。

（二）血液检查

急性肾盂肾炎时血白细胞计数升高，中性粒细胞比例增多，可以出现核左移，ESR 增快，重症患者血培养可阳性，肾浓缩功能一过性下降。慢性肾盂肾炎时肾浓缩功能障碍，尿比重及尿渗透压下降，甚至有肾性糖尿及肾小管酸中毒等。

（三）影像学检查

尿路感染急性期不宜行静脉肾盂造影检查，可进行 B 超及 X 线检查，了解有无结石、梗阻、膀胱输尿管反流、肾盂积水或变形等。

【诊断】

（一）诊断依据

典型的尿路感染有尿路刺激征、感染中毒症状、腰部不适等，再结合尿液改变及尿细菌培养菌落数均 ≥ 10^5/ml，诊断不难。如尿细菌培养菌落数不能达到上述标准，但满足下列指标之一时，也可帮助诊断：①硝酸盐还原试验和（或）白细胞酯酶阳性；②白细胞尿；③未离心新鲜尿液革兰氏染色发现病原体，且一次尿细菌培养菌落数 ≥ 10^3/ml。

留置导尿的患者出现典型的尿路感染表现，且无其他原因可解释，尿细菌培养菌落数 > 10^3/ml 时，可考虑导管相关性尿路感染的诊断。

尿路感染的诊断依据。

（二）定位诊断

真性菌尿仅表明有尿路感染存在，应进一步区分感染在上尿路还是下尿路，即定位诊断。出现下列情况提示上尿路感染：①膀胱冲洗后尿培养阳性；②尿沉渣镜检有白细胞管型，并排除间质性肾炎及狼疮肾炎；③尿酶测定，尿 $β_2$ 微球蛋白（$β_2$-MG）增高，如同时测定尿 N-乙酰-β-葡萄糖苷酶（NAG）、溶菌酶和尿 T-H 蛋白（THP）均增高；④根据疗效和追踪结果定位，单剂抗生素治疗尿路感染追踪 6 周，膀胱炎可治愈，失败者为肾盂肾炎。

【鉴别诊断】

（一）全身感染性疾病

部分患者的全身症状突出而尿路刺激征不明显，易误诊为全身性疾病，如流行性感冒、伤寒、败血症、疟疾，如能详细询问病史，结合尿常规及尿细菌学检查可鉴别。

（二）肾结核

肾结核常以持续不缓解的尿路刺激征为突出表现，一般抗生素治疗无效，尿沉渣可找到抗酸杆菌，但一般细菌阴性，结核菌素试验阳性，静脉肾盂造影可发现肾盂、肾盏破坏灶，部分患者可找到肾外结核，抗结核治疗有效可以帮助鉴别。但需要注意的是，肾结核常可能与尿路感染合并存在，尿路感染经抗生素治疗后仍然有尿路感染的症状或尿沉渣的异常，应高度怀疑肾结核的可能。

（三）尿道综合征

尿道综合征常见于女性，患者有尿急、尿频、尿痛等尿路刺激征，但多次检查均无真性细菌尿。可以分为两种：①感染性尿道综合征，占75%，患者有白细胞尿，但致病微生物常为衣原体、支原体；②非感染性尿道综合征，占25%，无白细胞尿，病因不明，可能由于逼尿肌与膀胱括约肌功能不协调、妇科疾病或肛周疾病、精神因素所致。

（四）慢性肾小球肾炎

慢性肾小球肾炎一般双侧肾受累，较早出现肾小球功能损害，常有明显的蛋白尿、血尿和水肿病史。而慢性肾盂肾炎有尿路刺激征，尿细菌学阳性，影像学检查双肾不对称性缩小。

【治疗】

治疗目的：消灭病原体、控制临床症状、去除诱因、防止复发。

（一）一般治疗

患者急性期应注意休息，多饮水，勤排尿。选择清淡、易消化、富含维生素饮食。尿路刺激征和血尿明显者可口服碳酸氢钠 1 g，每日 3 次，以碱化尿液、缓解症状、抑制细菌生长、避免形成血凝块。尿路感染反复发作者应积极寻找病因，及时去除诱发因素。

（二）抗感染治疗

用药原则：尽可能在治疗前做细菌培养或尿革兰氏染色检查，以便有针对性地使用抗生素。对于膀胱炎，仅要求使用尿浓度高的药物即可，而肾盂肾炎是肾实质性疾病，除尿浓度高外，还需血药浓度及肾内浓度高，最好能用杀菌药。选用肾毒性小、副作用少的抗生素。应积极去除易感因素，对不同类型的尿路感染给予不同的疗程，对复杂性尿路感染要采取针对性的治疗方案。

1. 急性膀胱炎　急性膀胱炎采用3日疗法，对非复杂性膀胱炎通常能治愈。即磺胺甲噁唑-甲氧苄啶（SMZ-TMP，800 mg/160 mg，每日2次，疗程3 d），呋喃妥因（50 mg，每8 h一次，疗程5~7 d），磷霉素（3 g单剂）被推荐为一线药物。由于细菌耐药情况各地区可能有差异，应根据当地细菌的耐药情况选择药物。阿莫西林、头孢菌素类、喹诺酮类也可以选用，疗程一般为3~7 d。停服抗生素7 d后，需进行尿细菌定量培养。如结果为阴性，表示急性细菌性膀胱炎已治愈；如仍有真性细菌尿，则应继续给予2周抗生素治疗。男性患者、妊娠期妇女、复杂性尿路感染，或拟诊为肾盂肾炎者均不宜用3日疗法，应采用较长疗程。

2. 急性肾盂肾炎　急性肾盂肾炎首选对革兰氏阴性杆菌有效的药物，待药物敏感试验回报后调整抗生素。一般轻型患者口服抗生素，较严重者可用肌内注射或静脉滴注，重症者可采用两种抗生素联合。肾功能不全者应选择无肾毒性的药物，临床上常用的有如下几种。

（1）喹诺酮类：一般为首选，代表药物有环丙沙星、氧氟沙星、诺氟沙星、左氧氟沙星、洛美沙星等。如氧氟沙星 0.2 g，每日2次，口服；环丙沙星 0.25 g，每日2次，口服。

（2）半合成青霉素类：可选用阿莫西林、氨苄西林、哌拉西林等。病情较轻者，阿莫西林 0.5 g，每日3次，口服；严重感染者，氨苄西林 1.0~2.0 g，每4 h一次，静脉给药。

（3）头孢菌素类：近年使用得较多，可用第二代、第三代头孢菌素，如头孢呋辛 0.25 g，每日2次，口服；头孢噻肟钠 2.0 g，每8 h一次静脉给药；头孢曲松钠 1.0~2.0 g，每12 h一次，静脉给药。

（4）氨基糖苷类：肾毒性较大，应慎用，且使用时要注意肾功能变化。代表药物有阿米卡星、庆大霉素等。

如药物选择得当，通常治疗后 24 h 内症状即可好转，72 h 之内即可显效；如 72 h 仍无效，应根据药物敏感试验结果更换抗生素，最好参照药物敏感试验选择药物。肾盂肾炎是实质性感染，抗菌药物使用不应短于 2 周。经过治疗仍有持续发热者，应注意肾盂肾炎并发症，如肾盂积脓、肾周脓肿、感染中毒症状。

3. 慢性肾盂肾炎　慢性肾盂肾炎治疗的关键是积极寻找并去除易感因素。急性发作时与急性肾盂肾炎治疗方法相同，但强调肾功能的保护。稳定期要加强全身支持疗法，提高机体抵抗力，维持水、电解质和酸碱平衡，同时要治疗存在的并发症，必要时可采用中药治疗。

4. 再发性尿路感染的处理

（1）重新感染：是一种新的致病菌侵入尿路所致的尿路感染，通常在停药 1 个月以后发病，占再发性尿路感染的 80%。如重新感染是膀胱炎者，按膀胱炎治疗，如仍失败，则为复发。再发性尿路感染可能与尿路抵抗力下降有关，而非治疗不当所致。对于半年内发生 2 次以上者，应使用长疗程低剂量抑菌疗法。可选用呋喃妥因 50～100 mg 或氧氟沙星 200 mg，每晚睡前排空膀胱后口服 1 次，每 7～10 d 更换药物 1 次，连用半年。

（2）复发：是原有的致病菌再次引起尿路感染，通常在停药后 1 个月内发生，且致病菌与上次感染致病菌为同一菌株。复发多为肾盂肾炎，此时应按药物敏感试验选用足量、强力杀菌性抗生素治疗 6 周，对反复发作者，给予长疗程低剂量抑菌疗法。

5. 无症状细菌尿　无症状细菌尿是否需要治疗存在争议，妇女无症状细菌尿不予治疗，因长期观察未见不良后果；老年人无症状细菌尿也可不予治疗，因治疗与否与寿命无关。而下述情况应该治疗：①妊娠期妇女的无症状细菌尿；②曾出现有症状的感染者；③学龄前儿童的无症状细菌尿；④肾移植、尿路梗阻及其他尿路有复杂情况者。一般根据药物敏感结果选择有效抗生素，主张短疗程用药，如治疗后有反复，可选择长程低剂量抑菌疗法。

 尿路感染的抗生素治疗。

【健康教育】

尿路感染的健康教育是多方面的，需要综合考虑患者的生活方式、个人卫生习惯，以及医疗干预措施。

健康教育内容包含：①加强卫生宣传教育，教育患者养成正确的卫生习惯，以减少细菌进入尿道的机会。注意个人清洁卫生，尤其是妇女月经期、妊娠期、产褥期肛周与会阴部清洁。②避免过度劳累，适当运动，增强机体抵抗力。③鼓励患者增加水的摄入量，成人至少 2000～3000 ml/d，以促进尿液的产生和排出，帮助冲洗尿路。④性行为后尽快排尿，以减少细菌在尿路的滞留时间。避免长时间盆浴，减少尿路感染的风险。⑤严格掌握尿路器械检查的适应证，防止尿路逆行感染。⑥膀胱输尿管反流患者要养成"二次排尿"的习惯，即每次排尿后数分钟再重复排尿一次。⑦慢性肾盂肾炎患者遵医嘱坚持服药是治疗过程中至关重要的步骤。

【预后】

尿路感染的预后通常取决于多种因素，包括感染的严重程度、感染部位、患者的整体健康状况、是否存在尿路结构异常或复杂因素，以及治疗的及时性和有效性。

自 测 题

一、选择题

1. 导致尿路感染最常见的致病菌是
   A. 金黄色葡萄球菌
   B. 大肠埃希菌
   C. 变形杆菌
   D. 粪链球菌
   E. 沙雷菌

2. 患者，女性，28岁。妊娠6个月，发热，腰痛伴尿频、尿急、尿痛1 d。体格检查：T 38.5 ℃，左肾区叩击痛。血常规 WBC 11.9×10^9/L，N 82%，尿常规 RBC 5~8/HP，WBC 30~35/HP，尿蛋白（±）。最可能的疾病诊断是
   A. 急性胰腺炎
   B. 急性肾小球肾炎
   C. 急性膀胱炎
   D. 急性肾盂肾炎
   E. 急性胃肠炎

3. 患者，女性，30岁。发热伴寒战3 d，肉眼血尿1 d。无尿频、尿痛。体格检查：右肾区叩击痛（+）。尿常规：蛋白（+），RBC 30~40/HP，WBC 20~30/HP，管型 3~5/LP。其管型最可能是
   A. 透明管型
   B. 蜡样管型
   C. 白细胞管型
   D. 颗粒管型
   E. 上皮细胞管型

4. 患者，女性，56岁。反复尿频、尿急伴腰痛3年，夜尿增多1年。体格检查：BP 155/80 mmHg，双肾区无叩击痛。尿常规：蛋白微量，尿沉渣镜检 RBC 10~15/HP，WBC 30~35/HP，SCr 76 μmol/L，尿渗透压 342 mOsm/（kg·H_2O）。B超：左肾大小为 8.3 cm×4.9 cm。最可能的诊断是
   A. 急性膀胱炎
   B. 急性肾盂肾炎
   C. 慢性肾小球肾炎
   D. 慢性肾盂肾炎
   E. 泌尿系结核

5. 金黄色葡萄球菌所致尿路感染的主要感染途径是
   A. 上行感染
   B. 淋巴道感染
   C. 性接触感染
   D. 血行感染
   E. 直接感染

6. 女性尿路感染最常见的感染途径是
   A. 淋巴道感染
   B. 血行感染
   C. 医源性感染
   D. 上行感染
   E. 直接感染

7. 患者，女性，40岁。畏寒、高热，伴腰痛，尿频、尿急、尿痛2 d。体格检查：左侧肾区有压痛和叩击痛，尿 WBC 40~50/HP，白细胞管型 5/HP。血 WBC 15.4×10^9/L，N 87%。最可能的诊断是
   A. 急性膀胱炎
   B. 尿路结石
   C. 急性肾盂肾炎
   D. 急性肾小球肾炎
   E. 尿道综合征

8. 急性肾盂肾炎可出现的并发症是
   A. 心力衰竭
   B. 肾性贫血
   C. 高血压脑病
   D. 肾静脉血栓
   E. 肾周脓肿

二、简答题

尿路感染的易感因素有哪些？

三、案例分析题

患者，男性，65岁，间断尿频、尿急、尿痛、腰痛和发热30年，再发加重2d。30年前患者因骑跨伤后"下尿路狭窄"，间断发作尿频、尿急、尿痛，有时伴腰痛、发热，经抗感染和对症治疗后好转，平均每年发作1~2次。入院前2d患者无明显诱因出现发热，体温达38~39℃，无寒战，伴腰痛、尿频、尿急、尿痛，无肉眼血尿，无水肿，自服诺氟沙星无效，为进一步诊治入院。发病以来，饮食尚可，大便正常，睡眠好，体重无明显变化。40年前曾患"十二指肠溃疡"，经治疗已痊愈，无结核病密切接触史，无药物过敏史。体格检查：T 38.9 ℃，P 120次/分，R 20次/分，BP 120/80 mmHg，急性热病容，无皮疹，浅表淋巴结未触及肿大，巩膜不黄，眼睑不肿，心脏、肺检查无异常，腹平软，下腹部轻压痛，无肌紧张和反跳痛，肝、脾肋下未触及，双肾区叩击痛（+），双下肢不肿。实验室检查：血 Hb 132 g/L，WBC 28.9×10^9/L，中性分叶核粒细胞86%，杆状核粒细胞5%，淋巴细胞9%，尿蛋白（+），WBC 多数/HP，可见脓球和白细胞管型，RBC 5~10/HP。

请回答：

（1）初步诊断和诊断依据是什么？
（2）应与哪些疾病相鉴别？
（3）为明确诊断，需要进一步做哪些检查？
（4）治疗原则是什么？

（王　芳）

第三十五章 慢性肾脏病

第三十五章数字资源

学习目标

1. 知识：说出慢性肾脏病（CKD）、慢性肾衰竭（CRF）的定义和临床表现；列举慢性肾脏病的常见原因；解释慢性肾脏病的病理生理过程；分析慢性肾脏病的诊断依据，包括实验室检查（血肌酐、尿素氮等）、影像学检查和肾活检结果；理解慢性肾脏病的分期和不同阶段的治疗原则。

2. 能力：完成对患者的病史采集、体格检查和临床评估；根据辅助检查结果和临床症状对慢性肾脏病进行初步诊断；根据慢性肾脏病的严重程度，制订个体化的治疗计划；解决慢性肾衰竭管理中的常见问题，如并发症的处理、多学科团队协作和患者教育。

3. 素养：理解慢性肾脏病患者长期透析及药物治疗带来的生理痛苦、心理压力及社会功能影响（如工作能力下降），培养对患者的人文关怀能力，帮助患者建立与疾病长期共存的能力。能积极开展健康知识的宣传教育（如控制血压和血糖、避免乱用对肾脏有毒性的药物），提升公众对慢性肾脏病"早发现、早干预"的认知。在医疗资源有限时（如肾源分配），坚守公平原则，优先考虑病情紧急度与社会价值平衡。

案例 5-35-1

患者，女性，56岁。因"发现血尿、蛋白尿18年，乏力、食欲缺乏1年，血肌酐升高1周"就诊。患者18年前体检时发现尿蛋白（++），尿中有红细胞，当时血压及肾功能正常，自行服中药治疗，间断检查尿常规均有蛋白和红细胞。1年前患者出现恶心、食欲缺乏，查血压升高达148/95 mmHg，Hb 96 g/L，感乏力明显，尿量无明显改变，未查肾功能。1周前上述症状加重，查血肌酐310 μmol/L，eGFR 23.8 ml/（min·1.73 m^2），Hb 80 g/L，尿蛋白150 mg/d，尿红细胞20~30/HP。B超示双肾缩小。既往无特殊病史。体格检查：T 36.5℃，P 82次/分，R 20次/分，BP 160/92 mmHg。慢性病容，皮肤及睑结膜苍白，双肺呼吸音清，心浊音界向左侧扩大，心率82次/分，心律齐，心尖部可闻及3/6级收缩期杂音，腹部无异常，双肾区无压痛及叩击痛，双下肢不肿。

问题与思考：

1. 初步诊断和诊断依据是什么？应与哪些疾病相鉴别？
2. 为明确诊断，需要进一步做哪些检查？
3. 治疗原则是什么？

慢性肾脏病（chronic kidney disease，CKD）是各种原因引起的肾损伤（肾结构或功能异常）≥3个月，包括出现肾损伤标志（蛋白尿、尿沉渣异常、肾小管相关病变、组织学检查异常及影像学检查异常）或有肾移植病史，伴或不伴肾小球滤过率（GFR）下降；或不明原因的肾小球滤过率下降≥3个月。

慢性肾衰竭（chronic renal failure，CRF）是慢性肾脏病持续进展至后期的临床综合征，它以肾功能进行性减退，代谢产物潴留，水、电解质代谢紊乱及酸碱失衡，内分泌失调和全身各系统症状为主要表现。

目前，国际公认的慢性肾脏病分期依据肾脏病预后质量倡议（K/DOQI）制定的指南分为1～5期（表5-35-1）。应当指出的是，单纯肾小球滤过率轻度下降（60～89 ml/min）而无肾损害其他表现者，不能认为存在慢性肾脏病；只有当肾小球滤过率＜60 ml/min时，才可按慢性肾脏病3期对待。慢性肾脏病在疾病进展过程中肾小球滤过率可逐渐下降进展至慢性肾衰竭，慢性肾衰竭主要为慢性肾脏病4～5期。

表5-35-1　K/DOQI对慢性肾脏病的分期及建议

分期	特征	GFR [ml/(min·1.73 m^2)]	防治目标及措施
1	GFR正常或升高	≥90	慢性肾脏病病因诊治，缓解症状，保护肾功能，延缓慢性肾脏病进展
2	GFR轻度降低	60～89	评估、延缓慢性肾脏病进展，降低脑血管疾病风险
3a	GFR轻到中度降低	45～59	延缓慢性肾脏病进展
3b	GFR中到重度降低	30～44	评估、治疗并发症
4	GFR重度降低	15～29	综合治疗，肾脏替代治疗准备
5	终末期肾病（ESRD）	＜15或透析	适时肾脏替代治疗

注：GFR.肾小球滤过率。

 慢性肾脏病的定义及分期。

【病因及危险因素】

（一）病因

慢性肾脏病的病因主要有糖尿病肾病、高血压肾小动脉硬化、肾小球肾炎、肾小管间质疾病（慢性肾盂肾炎、慢性间质性肾炎、尿酸性肾病、梗阻性肾病等）、肾血管疾病、遗传性肾病（遗传性肾炎、多囊肾病）等。在发达国家，糖尿病肾病、高血压肾小动脉硬化是主要病因，目前在我国原发性肾小球肾炎仍是最常见的病因，但近年来糖尿病肾病导致的慢性肾衰竭明显增加，可能成为我国慢性肾衰竭患者的首要病因。

（二）危险因素

1. 常见危险因素　高血压、糖尿病、心血管疾病（包括心力衰竭）、既往急性肾损伤。
2. 居住在慢性肾病高发地区　不明原因的慢性肾脏病（CKDu）流行地区、APOL$_1$遗传变异高流行地区环境暴露。
3. 泌尿生殖系统疾病　结构性尿路疾病、复发性肾结石。
4. 多系统疾病或慢性炎症性疾病　系统性红斑狼疮、血管炎、HIV等。
5. 医源性（与药物治疗和程序有关）　药物性肾毒性和放射性肾炎。
6. 与慢性肾脏病相关的家族史或已知的遗传变异　肾衰竭无论确定的原因如何，肾病被认为与遗传异常有关，如多囊肾、APOL$_1$（载脂蛋白L$_1$）介导的肾病和奥尔波特（Alport）综合征。
7. 产科原因　早产、小胎龄、先兆子痫、子痫。

8. 增加慢性肾病风险的职业暴露　镉、铅和汞暴露，多环烃类杀虫剂。

(三) 慢性肾衰竭进展的危险因素

慢性肾衰竭通常进展缓慢，但在某些诱因下短期内可急剧加重。慢性肾衰竭渐进性发展的危险因素包括高血糖、高血压、蛋白尿、低蛋白血症、吸烟等。此外，如贫血、高脂血症、高同型半胱氨酸血症、老年、营养不良、尿毒症毒素蓄积等，在慢性肾衰竭进展中也起一定的作用。

慢性肾衰竭急性加重的危险因素主要有：①有效血容量不足（低血压、脱水、大出血或休克等）；②肾局部血供急剧减少（如肾动脉狭窄患者应用血管紧张素转换酶抑制药、血管紧张素受体阻断药等药物）；③肾毒性药物；④累及肾的疾病（肾小球肾炎、高血压、糖尿病、缺血性肾病等）复发或加重；⑤严重高血压未控制；⑥泌尿道梗阻；⑦其他：严重感染、高钙血症、肝衰竭、心力衰竭等。在上述因素中，有效血容量不足或肾局部血供急剧减少引起残余肾单位低灌注、低滤过是导致肾功能急剧恶化的主要原因之一；肾毒性药物尤其是非甾体抗炎药、氨基糖苷类抗生素、造影剂等的不当使用，也是导致肾功能恶化的常见原因。

因此，临床上一方面需要积极控制渐进性发展的危险因素，延缓病情进展；另一方面需注意短期内是否存在急性加重的诱因，在慢性肾衰竭病程中出现肾功能急剧恶化，如处理及时、得当，可使病情有一定程度的逆转。但如这种急剧恶化极为严重或诊治延误，则病情呈不可逆性进展。

 我国慢性肾脏病的主要病因和慢性肾衰竭进展的危险因素。

【发病机制】

(一) 慢性肾衰竭进展的机制

慢性肾衰竭进展的机制尚未明确，目前认为可能与以下因素有关。

1. 肾单位高滤过　慢性肾衰竭时残余肾单位肾小球出现高灌注和高滤过状态，刺激肾小球系膜细胞增殖和基质增加；损伤内皮细胞和血小板集聚增加；导致微动脉瘤形成；引起炎症细胞浸润、系膜细胞凋亡增加等，因而肾小球硬化不断进展，肾单位进行性丧失。

2. 肾单位高代谢　慢性肾衰竭时残余肾单位肾小管高代谢状况，引起肾小管氧消耗增加和氧自由基生成增多以及代谢性酸中毒，均可造成肾小管间质损伤，引起肾小管萎缩、间质纤维化和肾单位进行性损害。

3. 其他　慢性肾衰竭肾组织内一些细胞因子和生长因子（如 TGF-β_1、白细胞介素-1、单个核细胞趋化蛋白-1、血管紧张素Ⅱ、内皮素-1）参与了肾小球和肾小管间质的损伤过程，并对细胞外基质的产生起重要的促进作用。此外，在慢性肾脏病动物模型中，发现肾固有细胞凋亡增多与肾小球硬化、肾小管萎缩、间质纤维化有密切关系；醛固酮增多也参与肾小球硬化和间质纤维化的过程。

(二) 尿毒症症状的发生机制

尿毒症症状的产生主要与毒素、水及电解质和酸碱平衡失调、内分泌及代谢异常等有关。毒素包括小分子物质如尿素氮（BUN 最多）、胍类、酚类、胺类，某些中分子物质（其蓄积与慢性肾衰竭远期并发症相关，如尿毒症脑病、内分泌紊乱、细胞免疫功能低下），以及大分子物质（主要是内分泌激素，如胰岛素、胃泌素、肾素）。

【临床表现】

在慢性肾脏病的不同阶段，其临床表现各异。慢性肾脏病 1~3 期患者可无症状，或仅有乏力、腰酸、夜尿多等轻度不适，少数患者有食欲减退、代谢性酸中毒、轻度贫血。进入慢性肾脏病 4 期以后，上述症状明显。到慢性肾脏病5期，可有急性左心衰竭、严重高钾血症、中枢神经系统障碍、消化道出血等，甚至有生命危险。

（一）各系统症状

1. 心血管系统　心血管疾病是慢性肾衰竭常见的并发症和患者最主要的死因。

（1）高血压：多数有不同程度的高血压，少数为恶性高血压，多由于水、钠潴留，肾素、血管紧张素增高和（或）某些舒张血管的因子产生不足所致。高血压可引起动脉硬化、左心室肥大和心力衰竭。贫血和血液透析内瘘的使用可引起心脏高排血量状态，加重左心室负荷和左心室肥大。

（2）心力衰竭：是尿毒症患者最常见的死因。其原因多与水、钠潴留，高血压及尿毒症性心肌病有关，表现为心脏扩大、心力衰竭及各种心律失常等。

（3）心包炎：分为尿毒症性或透析相关性心包炎，前者已少见，后者主要见于透析不充分者。临床表现与一般心包炎相同。若伴毛细血管破裂，可出现血性心包积液。严重者出现心脏压塞。心包积液在慢性肾衰竭患者中常见，多与尿毒症毒素蓄积、低蛋白血症、心力衰竭等有关，少数与感染、出血等有关。

（4）血管钙化和动脉粥样硬化：高磷血症、钙分布异常和"血管保护性蛋白"（如胎球蛋白A）缺乏可引起血管钙化。动脉粥样硬化进展快，血液透析患者更甚于未透析者。除冠状动脉外，脑动脉和全身周围动脉同样发生动脉粥样硬化，主要由高脂血症和高血压所致。

2. 呼吸系统　酸中毒时呼吸深大。体液过多、心功能不全可引起肺水肿或胸腔积液。由尿毒症毒素诱发的肺泡毛细血管渗透性增加和肺充血引起的"尿毒症肺水肿"，典型胸部X线片呈两侧肺门对称性蝴蝶形阴影。后期可出现尿毒症性支气管炎、肺炎、胸膜炎等。

3. 消化系统　通常是CKD的最早表现。主要为食欲缺乏、厌食，继之恶心、呕吐等。口中常有尿味，可伴舌、口腔黏膜溃疡，食管、胃、十二指肠可发生炎症。消化道出血也很常见，主要与胃黏膜糜烂和消化性溃疡有关，以前者为最常见。

4. 血液系统　主要为肾性贫血和出血倾向。慢性肾衰竭早期多为轻至中度贫血，晚期为重度贫血。多呈正细胞、正色素性贫血，主要原因为促红细胞生成素（EPO）减少，同时伴缺铁和叶酸、营养不良、失血（如频繁的抽血做实验室检查和血液透析时失血）、毒素对骨髓的抑制等。出血倾向多与血小板功能降低有关，部分与凝血因子缺乏有关。

5. 神经肌肉系统　早期可表现为疲乏、失眠、头晕、注意力不集中等；其后可出现性格改变、记忆力减退、判断力降低，可有神经肌肉兴奋性增加，如肌颤、痉挛和呃逆。尿毒症时常有精神异常、淡漠、谵妄、幻觉、抽搐甚至昏迷等。脑电图基本节律紊乱，与尿毒症毒素引起的脑代谢减低、酸中毒及甲状旁腺激素（PTH）升高有关。周围神经受损主要表现为感觉异常，如下肢远端麻木，有时伴烧灼感或痛感，可有不宁腿综合征，最常见的是手套、袜套样分布的感觉缺失，深反射迟钝或消失。肌肉主要表现为肌无力和肌萎缩，以近端肌受累较常见。长期血液透析患者可发生透析性痴呆，与透析液铝含量过多导致铝中毒有关。初透析患者可发生失衡综合征，主要由于血尿素氮等物质降低过快，导致细胞内、外液间渗透压失衡，引起颅内压增高和脑水肿，患者有恶心、呕吐、头痛，严重者可出现惊厥。

6. 皮肤　皮肤瘙痒是常见症状，与代谢产物潴留、PTH过高有关。尿毒症患者面色较深且萎黄，轻度水肿感，称为尿毒症面容，由于贫血、尿色素沉着于皮肤所致。

7. 骨骼病变　常有骨矿化和代谢异常，称为肾性骨营养不良。可引起骨痛、行走不便和自发性骨折，但有症状者少见。其发生与继发性甲状旁腺功能亢进、活性维生素D_3缺乏和铝中毒、代谢性酸中毒、营养不良等有关。在透析前患者中，骨X线片约35%可发现异常，骨活检约90%发现异常，故早期诊断依靠骨活检。

8. 内分泌及代谢异常　一些由肾产生或经肾代谢的内分泌激素发生紊乱，如PTH、胰岛素、胰高血糖素、催乳素水平升高，EPO、性激素水平降低，从而产生贫血、肾性骨病、性功能减退。

代谢失调表现为：①糖代谢紊乱，如空腹血糖或餐后血糖升高，糖耐量减低，也可出现低血糖反应；②低蛋白血症；③脂代谢异常：尿毒症时常有轻、中度高甘油三酯血症，少数有高胆固醇血症；高密度脂蛋白降低，极低密度脂蛋白和低密度脂蛋白升高；④体温过低；⑤高尿酸血症；⑥维生素 A 水平增高等。

9. 免疫功能降低　细胞免疫和体液免疫功能均下降，前者更明显，可能为营养不良的后果。由于免疫功能下降，易发生感染，以肺部感染为最常见。感染后全身反应及局部反应差。

慢性肾脏病常见的各系统症状。

（二）水、电解质代谢紊乱和酸碱平衡失调

以代谢性酸中毒和水、钠平衡失调最常见。

1. 代谢性酸中毒　体内酸性代谢产物排泄障碍，肾小管泌氢功能缺陷，氨产生减少及肾小管对碳酸氢盐的重吸收减少，均可引起代谢性酸中毒，如动脉血 HCO_3^- < 15 mmol/L，症状明显，表现为呼吸深大、食欲缺乏、呕吐、头痛、烦躁，以致昏迷、心力衰竭及血压下降等。

2. 水、钠平衡失调　主要为水、钠潴留，表现为水肿、高血压、心力衰竭等。水肿时常出现稀释性低钠血症。肾衰竭很少发生高钠血症。少数长期低盐饮食、呕吐、腹泻、不适当的利尿可导致低钠血症；体液丧失时又补液不足时，可引起脱水。

3. 钾平衡失调　当肾小球滤过率降至 20～25 ml/min 或更低时，肾排钾减少，易出现高钾血症，如果尿量 > 500 ml，一般不会发生。高钾血症主要见于摄钾增加、输库存血、代谢性酸中毒、使用抑制肾排钾的药物、高分解代谢等。肾衰竭时低钾血症罕见。

4. 钙、磷、镁平衡失调　低钙、高磷刺激 PTH 分泌，因高浓度 PTH 使肾小管对磷的重吸收减少，尿磷排出增加，故在肾衰竭早期，血磷维持在正常范围，但 PTH 已升高。当肾小球滤过率 < 20 ml/min 时，才出现低钙血症、高磷血症、轻度高镁血症，通常不会引起临床症状。钙、磷沉积增加时可导致软组织钙化和肾性骨病。

慢性肾衰竭的水、电解质代谢紊乱和酸碱平衡失调的表现。

【诊断与鉴别诊断】

（一）诊断

1. 诊断依据　依据导致慢性肾脏病的基础疾病病史、临床表现、肾功能检查等诊断为慢性肾脏病并不难。

2. 临床表现多样　慢性肾脏病的不同分期其临床表现复杂多样，慢性肾脏病 1～3 期临床表现并不明显。进入慢性肾衰竭，各系统表现均可成为首发症状，因此临床医师应熟悉慢性肾脏病各期的病史特点。贫血、低钙血症、高磷血症、血 PTH 浓度升高、双肾缩小，均支持本病的诊断。

3. 寻找促使肾衰竭加重的诱因　常见为：①感染；②有效血容量不足；③应用肾毒性药物；④尿路梗阻；⑤心力衰竭和严重心律失常；⑥高血压；⑦高蛋白饮食；⑧急性应激状态等。

慢性肾脏病、慢性肾衰竭的诊断。

（二）鉴别诊断

1. **肾前性氮质血症** 补足有效血容量48～72 h后肾前性氮质血症患者肾功能可恢复，而慢性肾衰竭患者则难以恢复。

2. **急性肾损伤** 根据病史，在多数情况下鉴别并不困难，但病史欠详时可借助影像学（B超、CT等）检查或肾图检查结果进行分析鉴别。

3. **其他** 尿毒症后期患者有意识障碍，应与肝性脑病、脑血管疾病、中毒等相鉴别。

【治疗】

早期诊断、有效治疗原发病和去除引起肾功能恶化的因素是保护肾功能和延缓慢性肾脏病进展的关键，并且是慢性肾衰竭防治的基础。目前，对慢性肾衰竭并无特殊的治疗手段，对诊断为慢性肾脏病者，要采取措施延缓、停止或逆转慢性肾衰竭的发生，防止进展至终末期肾病。其基本对策是：①坚持病因治疗；②避免和消除肾功能急剧恶化的危险因素；③保护健存肾单位，阻断或抑制肾单位损害渐进性发展的各种途径。

（一）一般治疗

1. **休息** 症状明显者应卧床休息，减轻心脏和肾负荷。病情稳定者可适当活动，以不感疲劳、不出现呼吸困难为度。

2. **饮食治疗** 低蛋白饮食能使BUN水平下降，尿毒症症状减轻，有利于降低血磷和减轻酸中毒。慢性肾脏病1～2期患者推荐蛋白质摄入量为0.8～1 g/(kg·d)，从慢性肾脏病3期起至未进行透析治疗的患者，推荐蛋白质摄入量为0.6～0.8 g/(kg·d)；血液透析和腹膜透析患者蛋白质摄入量为1.0～1.2 g/(kg·d)。在低蛋白饮食中，约50%的蛋白质为高生物价蛋白质，如鸡蛋、牛奶、瘦肉及鱼，如有条件，可同时补充适量α-酮酸。每日供给能量126～146.5 kJ/(kg·d)。此外，需注意补充维生素及叶酸等营养素，控制钾、磷等的摄入，磷的摄入量一般应<800 mg/d。

慢性肾脏病的饮食治疗。

（二）原发病治疗及消除危险因素

坚持长期对原发性或继发性肾小球肾炎、原发性高血压、糖尿病肾病等合理的治疗。避免或消除使慢性肾衰竭恶化的因素，如血容量不足、严重感染、尿路梗阻、肾毒性药物的使用。

（三）纠正水、电解质代谢紊乱和酸碱平衡失调

1. **纠正代谢性酸中毒** 主要为口服碳酸氢钠，轻度为1.5～3.0 g/d，中、重度者为3～15 g/d，每日分3～6次口服，在48～72 h或更长时间后基本纠正酸中毒；若HCO_3^-<15 mmol/L，且有酸中毒症状，应静脉补碱。

2. **维持水、钠平衡** 水肿者应限制水、钠入量，补液量以前一日尿量加500～1000 ml为宜，一般氯化钠摄入量不应超过6～8 g/d，有明显水肿、高血压者，钠摄入量为2～3 g/d（氯化钠5～7 g/d），个别严重病例限制为1～2 g/d（氯化钠2.5～5 g/d）。轻度脱水口服补液，重度脱水静脉补液，注意补液不宜过量。根据需要可使用袢利尿药（如呋塞米每次20～200 mg，每日2～3次），明显水、钠潴留常规治疗无效者，需及时进行透析治疗。

3. **维持钾平衡** 轻度低钾，口服钾盐或含钾丰富的食物；严重低钾需静脉补钾，补钾浓度勿超过0.3%。高血钾时除限制钾摄入外，采用利尿、导泻加速钾排泄，血钾>6.5 mmol/L时，需紧急处理，首先用10%葡萄糖酸钙溶液20 ml稀释后缓慢静脉注射；继之静脉注射5%碳酸氢钠溶液100 ml，5 min注射完；然后用50%葡萄糖溶液50～100 ml加胰岛素6～12 U静脉注射。上述方法只能暂时地将血钾转移入细胞内，维持6～8 h，应准备透析治疗。

考点提示 高钾血症的防治。

4. 磷钙平衡失调和肾性骨营养不良　防治继发性甲状旁腺功能亢进和肾性骨营养不良的最好方法是肾衰竭早期防治高血磷。除限磷饮食外，可用磷结合剂口服，如碳酸钙（含钙40%）、醋酸钙（含钙25%）、司维拉姆、碳酸镧。口服碳酸钙0.5～2 g，每日3次，餐中服用效果好。司维拉姆和碳酸镧可有效地降低血磷水平而不提高血钙水平。骨化三醇可有效地提高血钙和防治肾性骨病，主要用于明显低钙血症者及长期透析者。

（四）对症治疗

1. 控制血压　高血压多数是容量依赖性，清除水、钠潴留后，血压多可恢复正常。务必使血压控制在130/80 mmHg以下，维持透析患者血压不超过140/90 mmHg。如尿蛋白＞1 g/d，应降至125/75 mmHg以下。降压不宜过快，以免降低肾血流量和肾小球滤过率，降压方法和药物同一般高血压治疗，以血管紧张素转换酶抑制药、血管紧张素受体阻断药、钙通道阻滞药应用较为广泛。血管紧张素转换酶抑制药及血管紧张素受体阻断药可引起高血钾及一过性血肌酐升高，当SCr＞265 μmol/L时不宜使用。

2. 纠正贫血　透析能改善肾衰竭贫血。轻度贫血可补充铁剂、叶酸等造血原料，重度贫血可输少量新鲜血或红细胞，但无持久性作用。重组人促红细胞生成素（rHuEPO）治疗肾衰竭贫血疗效显著，Hb＜100 g/L可考虑开始应用。一般开始用量为每周80～120 U/kg，分2～3次，或每次2000～3000 U，每周2～3次，皮下或静脉注射（皮下注射既有较好的疗效，又可节约用量1/4～1/3），每个月查一次血红蛋白（Hb），根据患者Hb水平及Hb升高速率等调整剂量。新型缺氧诱导因子脯氨酰羟化酶抑制剂（罗沙司他）是一种口服纠正贫血的药物，为肾性贫血患者提供了新选择。

3. 其他　充分透析可以改善神经精神和肌肉症状，肾移植后周围神经病变可明显改善。心力衰竭时同一般心力衰竭的治疗，但疗效常不佳，必要时透析。感染时选用无肾毒性的抗生素。

（五）肾脏替代治疗

当非糖尿病肾病患者肾小球滤过率＜10 ml/min，并有明显尿毒症症状和体征时，应进行肾脏替代治疗。对于糖尿病肾病患者，可适当提前至肾小球滤过率＜15 ml/min时开始。肾脏替代治疗包括透析治疗和肾移植。

1. 透析治疗　对慢性肾脏病4期以上或有难以纠正的水肿、心力衰竭、高钾血症及严重代谢性酸中毒时，均应进行透析治疗。用人工方法代替肾的排泄功能，使血液得以净化，维持患者生命并为肾移植做准备。目前常用的方法有血液透析和腹膜透析，两者疗效相近，各有优点和缺点，在临床上可互为补充。

2. 肾移植　肾移植是目前最佳的肾脏替代疗法，成功的肾移植可恢复正常的肾功能（包括内分泌和代谢功能）。移植肾可由尸体或活体供肾，选择供肾者要在ABO血型配型和HLA配型合适的基础上进行。肾移植后需长期使用免疫抑制药，以防发生排斥反应。

知识链接

人　工　肾

人工肾是一种替代肾功能的装置。新型便携式和可穿戴人工肾是近年来肾脏替代治疗领域正在研究的创新技术，旨在提高患者的自由度和生活质量。

1. 可穿戴人工肾PD（腹膜透析）装置　这是一种新型的腹膜透析装置，重量＜2 kg，内含特殊吸附剂，不需要依赖大量的透析液体。允许患者背着它随意走动，提供了更大的活动自由度。

2. WAK3.0 穿戴式人工肾　这款设备重量仅为 0.9 kg，体积小，在设计上可以像腰带一样佩戴在身上。WAK3.0 穿戴式人工肾能够 24 h 持续、稳定地清除患者体内的毒素和水分，不影响患者的日常活动。

3. 植入式人工肾　这是一种结合了硅纳米技术和人工培养的生物肾小管上皮细胞的模拟人工肾，重量大约为 0.5 kg。现已在动物体内进行实验，未来可能改变许多透析患者的命运。

4. 生物人工肾　这种生物人工肾含有肾近端细胞，具有转运、代谢和内分泌活性，模拟人体肾小管的功能。生物人工肾在动物模型中已经取得初步成功，但面临的挑战包括细胞的获取与储存、小型化以及如何延长细胞寿命。

【健康教育与管理】

慢性肾脏病病程较长，应积极教育患者正确对待自身的疾病，健康教育内容如下。①心理指导：鼓励患者保持乐观、积极的心态，可增强机体的抗病能力。②饮食指导：应注意低盐饮食，对严重高血压、水肿的患者，应严格限制盐的摄入；限制蛋白质摄入量，以减轻肾的负担，可选用优质蛋白质，以动物蛋白为主，如牛奶、鸡蛋、瘦肉，禁食黄豆、花生及豆制品等含植物性蛋白质的食物；对行透析治疗的患者，可适当增加蛋白质的摄入量，饮食中应注意补充维生素；少尿或无尿时，限制榨菜、香蕉、土豆等含钾高的食物，以免引起高钾血症。③注意休息，避免劳累。④注意保暖及个人卫生，避免感染。⑤遵医嘱用药，避免使用有肾毒性的药物。⑥定期复查肾功能、电解质等。

【预后】

慢性肾脏病的预后受多种因素影响，早期诊断、及时治疗、多学科团队协作、患者自我管理和适当的社会心理支持，对于延缓慢性肾脏病进展、提高患者的生活质量至关重要。

自 测 题

一、选择题

1. 慢性肾脏病（CKD）4 期是指
    A. GFR < 10 ml/（min · 1.73 m^2）
    B. GFR < 15 ml/（min · 1.73 m^2）
    C. GFR 15 ~ 29 ml/（min · 1.73 m^2）
    D. GFR 50 ~ 59 ml/（min · 1.73 m^2）
    E. GFR ≥ 60 ml/（min · 1.73 m^2）

2. 我国慢性肾衰竭患者最常见的病因是
    A. 高血压肾小动脉硬化
    B. 糖尿病肾病
    C. 肾小球肾炎
    D. 肾血管疾病
    E. 遗传性肾病

3. 慢性肾衰竭恶化的常见诱因，应除外的是
    A. 感染、发热
    B. 外伤、失血
    C. 呕吐伴腹泻
    D. 血尿酸或血钙过低
    E. 心力衰竭

4. 慢性肾衰竭进展过程中最早出现的临床表现常为
    A. 消化道症状
    B. 贫血
    C. 出血
    D. 反复感染
    E. 骨痛

5. 慢性肾衰竭周围神经病变较明显的症状是
   A. 迟缓性瘫痪　　　　　　B. 震颤　　　　　　C. 不宁腿综合征
   D. 肌无力　　　　　　　　E. 偏身瘫痪

6. 慢性肾衰竭时，钙和磷的代谢障碍为
   A. 血磷升高，血钙升高　　　　　　B. 血磷降低，血钙降低
   C. 血磷升高，血钙降低　　　　　　D. 血磷降低，血钙升高
   E. 血磷升高，血钙正常

7. 患者，男性，38岁。间歇性水肿10余年，伴恶心、呕吐1周，BP 155/110 mmHg，血常规 Hb 80 g/L。尿常规：尿蛋白（++），颗粒管型2~3/HP。SCr 485 μmol/L。该患者原发病的诊断可能是
   A. 隐匿性肾炎　　　　　B. 原发性高血压　　　　　C. 慢性肾盂肾炎
   D. 慢性肾小球肾炎　　　E. 肾病综合征

8. 患者，女性，25岁，乏力3个月。体格检查：BP 170/105 mmHg。实验室检查：Hb 84 g/L。尿常规：蛋白（++），颗粒管型2~3/HP。BUN 12.3 mmol/L，SCr 276.8 μmol/L。针对该患者，不应采取的措施是
   A. 控制血压　　　　　B. 根据尿量适当限水　　　　　C. 高蛋白饮食
   D. 低钠饮食　　　　　E. 低磷饮食

9. 尿毒症患者伴高钾血症降血钾最有效的疗法是
   A. 氢氧化铝凝胶　　　　B. 血液透析　　　　C. 口服碳酸氢钠
   D. 蛋白同化激素　　　　E. 抗生素

二、简答题

1. 慢性肾脏病如何分期？
2. 慢性肾衰竭的常见并发症有哪些？

三、案例分析题

患者，男性，62岁，尿泡沫增多、下肢水肿3个月。3个月前患者发现尿中有大量泡沫，不易消散，伴双下肢水肿、夜尿次数增多，每晚排尿3~4次，无明显尿频、尿急、尿痛，无发热、腰痛。症状逐渐加重，遂来院就诊。既往患2型糖尿病20年，高血压15年，血压最高190/110 mmHg，规律服用降血糖药和抗高血压药，具体药物及控制情况不详。体格检查：BP 150/90 mmHg，HR 88次/分，身高168 cm，体重75 kg。神志清楚，贫血貌，颈静脉无怒张。双肺呼吸音清，未闻及干啰音、湿啰音。心界向左下扩大，心音低钝，心律齐，未闻及病理性杂音。腹部无压痛，肝、脾肋下未触及，移动性浊音阴性。双下肢中度凹陷性水肿。辅助检查：①血常规：Hb 105 g/L，RBC 3.5×10^{12}/L；②尿常规：尿蛋白（+++），尿RBC 5~6/HP，尿WBC未见；③血生化：SCr 176 μmol/L，UA 480 μmol/L，GFR 44.6 ml/（min·1.73 m^2），血 K^+ 4.8 mmol/L，血 Na^+ 138 mmol/L，血 Cl^- 100 mmol/L，血 Ca^{2+} 2.1 mmol/L，血 P^- 1.6 mmol/L；④心电图：窦性心律，左室肥厚；⑤肾超声：双肾大小正常，实质回声增强，结构模糊，未见明显结石或肿瘤。

请回答：
（1）初步诊断是什么？
（2）应与哪些疾病相鉴别？
（3）为明确诊断，需要进一步做哪些检查？
（4）治疗原则是什么？

（王　芳）

第三十六章　急性肾损伤

第三十六章数字资源

学习目标

1. 知识：说出急性肾损伤（AKI）的主要病因，掌握急性肾损伤的临床表现，理解急性肾损伤的诊断依据，包括实验室检查结果和临床症状。列举急性肾损伤需要与哪些疾病相鉴别，解释急性肾损伤的发病机制，分析辅助检查在急性肾损伤诊断中的意义。

2. 能力：完成急性肾损伤患者的病史采集和体格检查，运用病史、体格检查及辅助检查结果对急性肾损伤做出初步诊断。根据急性肾损伤的类型和严重程度拟定个体化的治疗和预防方案。能够监测急性肾损伤患者的病情变化，及时调整治疗计划。

3. 素养：树立人文关怀精神，关注患者的心理状态，实施与患者的高效沟通（及时告知关键信息、回应关切、尊重意愿和权利），让患者在治疗过程中感受到温暖和尊严，提高患者的治疗依从性和生活质量。要强化团队协作与沟通能力，学会与团队成员有效沟通，清晰表达自己的观点和建议，同时善于倾听他人的意见，共同制订最佳的治疗方案。

案例 5-36-1

患者，女性，23岁，以"食欲缺乏、呕吐5d，加重伴少尿1d"为主诉入院。入院前5d患者因"腹痛"就诊于当地诊所，予以"青霉素"静脉应用（具体剂量不详），而后患者出现食欲缺乏、呕吐，呕吐物为胃内容物。无寒战、发热，无胸闷、气喘，无腹泻，无尿频、尿急、尿痛及尿色异常。继续应用抗生素治疗，上述症状无明显缓解。1d前患者自觉食欲缺乏、呕吐进一步加重，伴尿量减少，每日400～500ml。于当地医院门诊查肾功能：血肌酐231μmol/L。收入院。患者平素身体健康。家族史无特殊。

入院体格检查：T 36℃，P 72次/分，R 19次/分，BP 100/75 mmHg，神志清楚，双肺呼吸音清，未闻及干啰音、湿啰音，心律齐，未闻及杂音。腹软，剑突下及下腹部轻压痛，无反跳痛，肝、脾肋下未触及，移动性浊音阴性，肠鸣音4次/分。双下肢无明显水肿。

辅助检查：血常规 WBC 12.4×10^9/L，N 69.9%，Hb 114 g/L，PLT 436×10^9/L；超敏C反应蛋白10.0 mg/L，C反应蛋白 31.3 mg/L；尿隐血试验（+）。肾功能：SCr 231 μmol/L，BUN 10.5 mmol/L；血淀粉酶、血脂肪酶均正常。

问题与思考：
1. 初步诊断是什么？应与哪些疾病相鉴别？
2. 为明确诊断，需要进一步做哪些检查？
3. 治疗原则是什么？

急性肾损伤（acute kidney injury，AKI）是一种由各种病因引起短时间内肾功能快速减退而出现的临床综合征，其特点是肾功能快速下降，通常发生在几小时至几天内。急性肾损伤的发病机制复杂，涉及多种因素，包括肾血流急剧减少、肾本身损伤以及尿路梗阻等。急性肾损伤的临床表现多样，从轻微的肾功能下降到严重的代谢紊乱和多系统并发症。急性肾损伤的发病率呈逐年上升的趋势。由于急性肾损伤的高发病率和高死亡率，它已成为全球医疗领域关注的重点。

急性肾损伤不仅对患者的生活质量和预后产生重大影响，而且对医疗系统构成了重大负担。近年来，随着对急性肾损伤认识的不断深入，其诊断和治疗方法也在不断进步。早期识别、及时干预和个体化治疗是改善急性肾损伤患者预后的关键。

 急性肾损伤的定义。

【病因和分类】

急性肾损伤的病因复杂多样，通常根据发病机制分为肾前性、肾性和肾后性三大类。

（一）肾前性急性肾损伤

肾前性急性肾损伤主要由肾血流灌注不足引起，见于细胞外液容量减少，或细胞外液容量正常，但有效循环血容量下降的某些疾病。

1. 有效血容量不足　大量出血、剧烈呕吐、腹泻、烧伤等导致有效循环血容量下降。
2. 心排血量降低　心脏疾病如心力衰竭、心肌梗死、心脏压塞；肺栓塞、肺动脉高血压等。
3. 全身血管扩张　脓毒血症、药物（如某些麻醉药、抗高血压药）等引起。
4. 肾动脉收缩　由药物作用、高钙血症、脓毒血症等引起。
5. 肾血流自主调节反应受损　由血管紧张素转换酶抑制药、血管紧张素受体阻断药、非甾体抗炎药、环孢素等引起。

（二）肾性急性肾损伤

肾性急性肾损伤由肾本身的损伤引起，可累及肾单位和肾间质的任何部位。

1. 急性肾小管坏死　急性肾小管坏死最常见，常因缺血、使用肾毒性药物（如抗生素、造影剂）、重金属、生物毒素等所致。
2. 急性间质性肾炎　急性间质性肾炎见于药物过敏、感染（细菌、病毒）、系统性红斑狼疮、干燥综合征等。
3. 肾小球疾病　如新月体肾小球肾炎、系统性红斑狼疮、IgA 肾病加重期。
4. 肾血管疾病　包括大血管病变和微血管病变。肾大血管病变如动脉粥样硬化斑块破裂和脱落，肾微血管病变如血栓性血小板减少性紫癜、溶血性尿毒症综合征。

（三）肾后性急性肾损伤

肾后性急性肾损伤由双侧尿路梗阻或者孤立肾患者单侧尿路梗阻导致，梗阻可以发生在尿路的任何部位。

1. 尿路梗阻　尿路梗阻见于结石、肿瘤、血凝块、前列腺肥大等。
2. 功能性梗阻　功能性梗阻见于神经源性膀胱、药物（如抗胆碱药物）所致等。

【发病机制】

（一）肾前性急性肾损伤

早期肾通过自我调节机制，如改变血管阻力和增加心排血量来维持肾小球滤过率。当肾血流灌注不足，超过自我调节能力时即可导致肾小球滤过率下降。如果血流灌注不足持续存在，将导致肾小管损伤和功能障碍，进而发展为肾性AKI。

（二）肾性急性肾损伤

1. **急性肾小管坏死**　缺血或肾毒性物质导致肾小管上皮细胞损伤，分为以下4个阶段。

（1）起始期：持续数小时至数日，上皮细胞坏死脱落形成管型，肾小管液受阻，肾小球滤出液回漏进入间质，肾小球滤过率下降。如肾血流量不能及时恢复，细胞损伤将进一步加重，引起细胞凋亡和坏死。

（2）进展期：持续数日或数周，肾内微血管充血，伴组织缺氧和炎症反应。肾小球滤过率进一步下降。

（3）持续期：持续数周，肾小球滤过率保持在低水平，尿量减少，可出现尿毒症并发症，但肾小管细胞不断修复、重建，保持肾小管的完整性。

（4）恢复期：肾小管逐渐恢复，肾小球滤过率开始改善。若修复延迟，可出现多尿和低钾血症。

2. **急性间质性肾炎**　药物或感染引起的免疫反应导致间质炎症和细胞浸润。

（三）肾后性急性肾损伤

1. **尿路梗阻**　导致尿液回流，增加肾盂压力，影响肾功能。
2. **功能性梗阻**　如神经源性膀胱导致尿液排出受阻。

【病理生理】

1. **肾小管损伤**　缺血或毒性物质导致肾小管上皮细胞功能障碍，影响其重吸收和分泌功能。
2. **炎症反应**　损伤组织释放炎症介质，吸引炎症细胞，加剧肾损伤。
3. **细胞凋亡和坏死**　严重损伤导致细胞程序性死亡或坏死。
4. **纤维化**　长期损伤后，修复过程中可能出现纤维化，影响肾功能。

急性肾损伤的病因与发病机制。

【临床表现】

急性肾损伤临床表现多样，且差异性大，与损伤的严重程度、病因、患者的健康状况以及是否合并其他疾病有关。急性肾小管坏死通常会经历起始期、进展期和持续期、恢复期。

（一）起始期

起始期的长短因病因的不同而不同，通常为数小时或数日，如能及时采取有效措施，急性肾损伤常能逆转。此期患者可无明显的临床症状或仅仅表现为轻微的有效循环血容量不足，常以导致肾低灌注的病因，如低血压、缺血、脓毒症等原发病因为主，临床不易被发现。患者可能主诉口渴、黏膜干燥、尿少，体格检查可出现黏膜干燥、腋窝无汗、体位性心动过速或低血压。肾小球滤过率逐渐下降，进入进展期。

（二）进展期和持续期

进展期和持续期可持续数日或数周。大部分急性肾损伤患者就诊均处于此期。就诊越晚，肾损害的可逆性越差。患者严重时可出现多脏器功能障碍，死亡率增高。

1. **尿量变化**　典型患者出现少尿，甚至无尿。
2. **全身表现**

（1）电解质代谢紊乱和酸碱平衡失调：肾排钾能力下降引起高钾血症，由于肾排泄氢离子的能力下降，可能导致代谢性酸中毒，表现为呼吸深快、意识障碍。

（2）呼吸系统：容量过多引起急性肺水肿和感染。

（3）消化系统：食欲减退、恶心、呕吐、腹胀、腹泻，在严重情况下，患者可能发生消化道出血。

（4）循环系统：由于尿少和水、钠潴留，患者可能出现高血压和心力衰竭、肺水肿等表现。因毒素滞留、电解质代谢紊乱和酸碱平衡失调等，可引起心律失常及心肌病变。

（5）神经系统：可出现意识障碍、躁动、谵妄、抽搐、昏迷等尿毒症脑病症状。

（6）血液系统：由于肾产生红细胞生成素减少，患者可能出现贫血。由于血小板功能障碍和凝血因子异常，患者可能有出血倾向。

（7）其他表现：由于免疫系统受损，急性肾损伤患者可能更容易发生感染，感染是急性肾损伤常见而严重的并发症。

（三）恢复期

恢复期患者可呈现尿量增加、多尿到恢复正常尿量，肾小球滤过率逐渐恢复。部分患者会遗留不同程度的肾结构和功能损伤。

 急性肾损伤的主要特征和临床表现。

【辅助检查】

（一）实验室检查

1. 血液检查　血常规评估贫血情况，血清肌酐和尿素氮评估肾排泄功能。血电解质监测钾、钠、氯、钙、磷等水平，排除有无电解质代谢紊乱。血气分析评估酸碱平衡状态，注意有无代谢性酸中毒。

2. 尿液检查

（1）尿常规：检查尿比重、蛋白尿、血尿、管型尿等。

（2）尿沉渣：观察红细胞、白细胞、上皮细胞、管型等。

（3）尿生化：评估尿钠排泄分数（FENa）、尿尿素排泄分数（FEurea）等指标。

（4）尿生物学标志的检测：可用于早期诊断，已知的标志物包括 KIM-1、NGAL、IL-18 等。

（二）影像学检查

1. 肾超声　评估肾大小、形态、血流情况，排除尿路梗阻，鉴别急性肾损伤和慢性肾脏病。

2. CT 检查或 MRI 检查　必要时进行 CT 或 MRI 检查，以排除或评估肾结构性病变。

（三）肾活检

在排除了肾前性和肾后性病因后，对于病因不明的肾性急性肾损伤，肾活检可以提供病理学诊断，帮助确定具体的病理类型。

 急性肾损伤的辅助检查。

【诊断】

（一）急性肾损伤的临床诊断标准

根据改善全球肾脏病预后组织（KDIGO）标准，急性肾损伤的诊断可基于以下任一情况：

（1）SCr 在 48 h 内升高 ≥ 26.5 μmol/L。

（2）SCr 升高至大于基线值的 1.5 倍，在 7 d 内发生。

(3) 尿量 < 0.5 ml/(kg·h)，持续时间 ≥ 6 h。

(二) 急性肾损伤的分期

急性肾损伤可分为3个阶段，每个阶段具有不同的治疗和管理策略。

1期：肾损伤初期，SCr升高或尿量减少。

2期：肾损伤加重，SCr进一步升高，尿量持续减少。

3期：肾损伤严重，SCr显著升高，可能伴有高钾血症、代谢性酸中毒等并发症。

【鉴别诊断】

排除其他可能导致相似临床表现的疾病，需要详细询问病史，寻找病因。急性肾损伤的鉴别诊断首先要确定急性肾损伤的诊断，然后明确急性肾损伤的严重程度及有无基础的慢性肾脏病，接下来筛查病因，鉴别是肾前性、肾性还是肾后性。

(一) 慢性肾脏病及慢性肾衰竭急性加重

慢性肾衰竭患者通常既往有慢性肾脏病史，平时有夜尿增多或者多尿的表现；超声检查可见双肾缩小，皮质变薄，结构紊乱；常伴有贫血、肾性高血压或其他相关并发症，指甲肌酐异常增高。如患者为慢性肾脏病急性加重，兼具慢性和急性的特点，鉴别诊断比较困难，需要详细询问病史，细致分析，必要时行肾活检病理检查以明确诊断。

(二) 肾实质性急性肾损伤与肾前性及肾后性急性肾损伤的鉴别诊断

确诊急性肾损伤后，需要尽快找到病因，肾前性和肾后性急性肾损伤有较明确的致病因素，可首先进行鉴别诊断。

1. 肾前性急性肾损伤　肾前性氮质血症是急性肾损伤最常见的原因。应注意以下几个方面：①有无引起容量绝对或者相对不足的原因；②近期的用药史，特别是血管紧张素转换酶抑制药、血管紧张素受体阻断药等；③体格检查注意有无容量不足的体征，包括心动过速、皮肤及黏膜干燥、直立性低血压。可根据线索检查尿钠、尿肌酐等，并计算钠排泄分数和肾衰指数。通常肾前性氮质血症钠排泄分数 < 1%，肾衰指数 < 1。此外，还可以进行补液试验或利尿试验辅助鉴别，通常根据中心静脉压决定补液量。静脉输入5%葡萄糖溶液200~250 ml并注射呋塞米（40~100 mg），如果补足血容量后血压恢复正常，尿量增加，则支持肾前性少尿的诊断。

2. 肾后性急性肾损伤　肾后性急性肾损伤的鉴别诊断需要注意以下几点：①有无导致尿路梗阻的器质性或功能性疾病；②通常出现突然性无尿、间歇性无尿或伴肾绞痛；③超声或影像学检查常见双侧肾盂积水、双侧输尿管扩张，当存在下尿路梗阻时，可见膀胱尿潴留。膀胱导尿兼有诊断和治疗意义。影像学检查可帮助判断，若梗阻发生过于迅速，短时间内影像学检查可能无特征性变化，要严密观察，必要时复查。

(三) 急性肾小管坏死的鉴别诊断

急性肾小管坏死的诊断常基于对确立急性肾损伤后的病因分析及鉴别诊断而做出。需除外包含肾小球及肾微血管疾病、急性间质性肾炎、肾血管疾病所致的急性肾损伤。

1. 肾小球及肾微血管疾病　患者常有肾炎综合征或者肾病综合征的表现，部分患者可有相应肾外表现，肾功能减退相对缓慢，很少完全无尿。特殊抗体可呈阳性（ANA、ANCA、抗GBM等）。

2. 急性间质性肾炎　患者有药物或者食物过敏史，可出现发热、皮疹、关节痛，尿液检查异常伴肾小管功能异常，血、尿嗜酸性粒细胞增加。

3. 肾血管疾病　高血压、心血管疾病史，突发腰腹痛、血尿、血压增高。急性肾动脉闭塞常见于动脉栓塞、主动脉夹层分离。多见于动脉粥样硬化患者接受血管介入治疗或抗凝治疗后，心脏附壁血栓脱落也是引起血栓栓塞的常见原因，可导致急性肾梗死。急性静脉血栓罕见，多发生于肾病综合征、肾细胞癌等，常伴有下肢静脉血栓形成。

考点提示：急性肾损伤的鉴别诊断。

【治疗】

急性肾损伤因不同病因、不同类型，治疗方法有所不同。总体治疗原则是：尽早识别并纠正可逆病因，及时干预，避免肾进一步损伤，维持水、电解质和酸碱平衡，适当进行营养支持，积极防治并发症，适时进行肾脏替代治疗。

（一）积极控制病因并纠正可逆因素

包括积极控制感染，根据细菌培养和药物敏感试验选用无肾毒性的抗生素治疗；对容量不足的患者及时补液；及时调整肾毒性药物，对创伤、心血管异常等病因积极处理；继发于肾小球肾炎、小血管炎的急性肾损伤，需要使用糖皮质激素和（或）免疫抑制药治疗；肾后性急性肾损伤应尽早解除尿路梗阻。

（二）营养支持治疗

可优先通过胃肠道提供营养，酌情限制水分、钠盐和钾盐摄入，不能口服者需要静脉营养。临床上应根据患者的病情轻重、蛋白分解状态和摄食情况进行营养支持治疗。需要保证能量摄入与实际消耗量相当。不同程度的急性肾损伤应适度补充蛋白质、脂肪、葡萄糖。

1. 蛋白质 早期应严格限制蛋白质入量，优质蛋白质 $0.8 \sim 1.0$ g/（kg·d），高分解代谢、接受肾脏替代治疗，蛋白质入量可酌情增加。

2. 脂肪 脂肪主要来源于食用油、动物脂肪等，应占总热量的 30%~40%。对于重症患者，应注意口服后吸收不良及造成腹泻等副作用，必要时补充脂肪乳注射液，以中长链混合液为宜。

3. 葡萄糖 葡萄糖是能量供应的主要物质，主要来源于饮食中的糖类，或补液、透析液中的葡萄糖。需要量一般为 $3 \sim 5$ g/（kg·d）。危重患者血糖靶目标应低于 8.3 mmol/L。

（三）并发症的治疗

并发症的治疗主要是维持水、电解质、酸碱平衡，控制心力衰竭和感染。

1. 高钾血症 高钾血症是急性肾损伤患者的主要死因之一。当血钾高于 6.0 mmol/L 或心电图有高钾表现或有神经肌肉症状时，需紧急处理。①停用高钾食物或者药物；②对抗钾离子的心肌毒性：10% 葡萄糖酸钙溶液稀释后静脉注射，注意注射速度要慢；③转移钾至细胞内：葡萄糖与胰岛素比值为（4~6）:1，伴代谢性酸中毒时可补充碳酸氢钠；④清除钾：使用粒子交换树脂、呋塞米利尿。对内科治疗效果不佳的患者，血液透析是最有效的方式，应及时给予急诊透析。

2. 代谢性酸中毒 5% 碳酸氢钠溶液 250 ml 静脉滴注，对于严重酸中毒的患者，要及时给予透析治疗。

3. 心力衰竭 利尿药、洋地黄效果不佳，药物治疗以扩血管为主，减轻心脏前负荷，通过透析超滤脱水，纠正容量超负荷，缓解心力衰竭症状最为有效。

4. 感染 应尽早使用抗生素，根据细菌培养和药物敏感试验选用对肾无毒或低毒的药物，并按肌酐清除率调整用药剂量。

（四）肾脏替代治疗

首先要明确患者是否需要进行肾脏替代治疗，然后确定透析的时机、模式、剂量等，并在治疗期间根据患者的情况动态调整。紧急透析指征包括：内科保守治疗无效的严重代谢性酸中毒（动脉血 pH < 7.2）、高钾血症（K^+ > 6.5 mmol/L）或出现严重心律失常等、积极利尿治疗无效的严重肺水肿以及严重尿毒症症状，如脑病、心包炎、癫痫发作。

（五）恢复期治疗

恢复期治疗重点是支持、对症治疗。维持水、电解质、酸碱平衡，控制氮质血症，防止并发症。要求长期随访治疗。

 急性肾损伤的治疗原则。

【健康教育与管理】

急性肾损伤是一种临床紧急情况，可能对患者的长期健康产生深远影响。有效的健康管理对于改善患者预后、减少复发风险和提高生活质量至关重要。以下是急性肾损伤患者健康管理的具体内容。①健康教育：向患者和家属解释急性肾损伤的定义、常见原因、可能的并发症和长期影响；教育患者识别急性肾损伤的风险因素，如某些药物、对比剂、感染和脱水。②生活方式指导：推荐低盐、优质蛋白饮食，以减轻肾负担；鼓励患者进行适量的体力活动，以促进血液循环和整体健康。③药物治疗管理：教育患者和家属识别可能影响肾功能的药物，并在必要时听取医师建议，根据患者肾功能的变化调整药物剂量。④自我监测与紧急应对：教育患者识别急性肾损伤的症状，如尿量减少、水肿、疲劳；指导患者在出现急性肾损伤症状时及时就医。⑤定期复查与跟踪：安排患者定期进行肾功能检查，包括血清肌酐和尿量监测；长期跟踪患者的肾功能变化，及时调整治疗计划。⑥心理支持：为患者提供心理支持，帮助他们应对急性肾损伤带来的情绪压力；帮助患者适应疾病带来的生活变化，提高生活质量。

【预后】

急性肾损伤的预后受多种因素影响，包括患者原有的疾病状态和是否有其他严重并发症。如果肾前性急性肾损伤能在早期被识别并接受恰当治疗，患者的肾功能通常有望恢复到发病前的状态，死亡率<10%。对于肾后性急性肾损伤，如果梗阻问题能够在发病后2周内得到有效解决，患者的肾功能多数情况下也能获得较好的恢复。然而，肾性急性肾损伤的预后则相对较差，其死亡率为30%~80%。在某些情况下，即使经过治疗，急性肾损伤患者的肾功能也无法完全恢复到发病前水平，特别是对于那些在慢性肾脏病基础上发生急性肾损伤的患者，其肾功能的恢复尤为困难，且可能加速进展至终末期肾病。因此，针对急性肾损伤的早期诊断、及时治疗以及对原发病的妥善管理，对于改善患者的预后至关重要。

自 测 题

一、选择题

1. 急性肾损伤少尿期患者的主要死因是
    A. 低血钾　　　　　　　　B. 高血钾　　　　　　　　C. DIC
    D. 代谢性酸中毒　　　　　E. 氮质血症
2. 急性肾损伤少尿期最常见的酸碱失衡是
    A. 代谢性酸中毒　　　　　B. 呼吸性酸中毒　　　　　C. 代谢性碱中毒
    D. 呼吸性碱中毒　　　　　E. 呼吸性酸中毒合并代谢性碱中毒

3. 鉴别急性与慢性肾衰竭首选的检查是
   A. 同位素肾动态显像　　B. 内生肌酐清除率　　C. 尿钠排泄分数
   D. 尿沉渣镜检　　E. 肾 B 超

4. 患者，男性，68 岁，急性重症胰腺炎。治疗过程中尿量逐渐减少，无尿 2 d，出现水肿、呼吸困难，BP 176/100 mmHg，HR 123 次/分，听诊闻及两下肺布满细湿啰音，查 K^+ 6.8 mmol/L，BUN 25.4 mmol/L，SCr 596 mol/L。目前应采取的最有效的治疗手段是
   A. 袢利尿药静脉注射　　B. 静脉滴注甘露醇利尿
   C. 口服甘露醇或硫酸镁导泻　　D. 控制液体入量，停止补钾
   E. 及时紧急透析

5. 由肾实质性因素导致的急性肾损伤，最常见的类型是
   A. 急性肾小球肾炎　　B. 急进性肾炎　　C. 急性肾小管坏死
   D. 急性间质性肾炎　　E. 多发性小血管炎

6. 急性肾损伤最重要的临床改变是
   A. 少尿　　B. 多尿　　C. 血钙降低
   D. 肾小球滤过率下降　　E. 血磷降低

7. 急性肾小管坏死分期正确的是
   A. 分为氮质血症期、肾衰期、尿毒症期
   B. 分为起始期、进展期和持续期、恢复期
   C. 分为非肾衰竭期、肾衰竭期
   D. 分为肾小管病变期、肾小球病变期
   E. 分为肾前期、肾后期、肾实质期

8. 患者，男性，56 岁，因少尿 2 d 入院。患者发病前因腹泻服用"硫酸庆大霉素和碳酸铋胶囊"。既往有蛋白尿病史 15 年。血 BUN 42 mmol/L，SCr 1028 μmol/L，与其预后无关的因素是
   A. 原发病　　B. 年龄　　C. 性别
   D. 肾功能损害程度　　E. 早期透析

9. 急性肾损伤高钾血症的发生不受影响的因素是
   A. 感染　　B. 酸中毒　　C. 水、钠潴留
   D. 外伤　　E. 输入库存血

10. 不是术后必须紧急施行透析的指征的是
    A. 因容量负荷过重而引起的心力衰竭
    B. 未能纠正的严重酸中毒
    C. 经治疗无效的高钾血症
    D. 经治疗无效的低钠血症导致脑水肿
    E. 血肌酐达 440 μmol/L

二、简答题

1. 临床医师依据哪些关键指标来诊断急性肾损伤？
2. 请简述根据 KDIGO 标准对急性肾损伤进行分期的方法。

三、案例分析题

患者，男性，65 岁，腹泻、呕吐 3 d，少尿 2 d。3 d 前患者因腹泻和呕吐至当地诊所就诊，给予补液和止泻药后症状无明显缓解。近 2 d 患者尿量明显减少，每日尿量为 100～400 ml，伴恶心、呕吐，呕吐物为胃内容物，非咖啡色，无明显腹痛、腹胀。既往有高血压病史 10 年，平时服用血管

紧张素转换酶抑制药控制血压，血压控制在 140/90 mmHg 左右。体格检查：T 36.8 ℃，P 98 次/分，R 20 次/分，BP 160/100 mmHg。意识清楚，表情淡漠，皮肤无黄染，双肺呼吸音清，未闻及干啰音、湿啰音。心律齐，未闻及病理性杂音。腹软，无压痛，肝、脾肋下未触及，双下肢轻度凹陷性水肿。辅助检查：血常规 WBC 14.5×10^9/L，N 85%；血生化：SCr 310 μmol/L（基线 90 μmol/L），BUN 90 mg/dl，K^+ 5.6 mmol/L；动脉血气：pH 7.35，$PaCO_2$ 35 mmHg，HCO_3^- 22 mmol/L；尿常规：尿蛋白（++），尿红细胞 5~10/HP，尿白细胞 0~2/HP；肾超声：双肾大小正常，实质回声均匀，集合系统无分离。

请回答：

（1）该患者的初步诊断是什么？

（2）为明确诊断，需要进一步做哪些检查？

（3）针对该患者的情况，治疗原则应包括哪些？

（王　芳）

第六篇

血液系统疾病

第三十七章 总论

学习目标

1. 知识：掌握血液系统疾病的分类原则，包括贫血、白血病、淋巴瘤、出血性疾病、凝血障碍等疾病的定义、病因及发病机制。
2. 能力：综合应用血液系统疾病的一般诊断流程，包括病史采集、体格检查、实验室检查（血常规、骨髓穿刺等）及影像学检查。
3. 素养：认识到部分血液系统疾病的可预防性（如缺铁性贫血与营养不均衡、阵发性睡眠性血红蛋白尿与环境因素、放射暴露与白血病），能主动参与健康知识的宣传（如向公众普及"儿童缺铁性贫血的预防""避免苯接触预防再生障碍性贫血"），从"治疗者"延伸为"预防者"。关注血液病患者的社会需求（如地中海贫血患者的长期输血依赖、白血病患者的经济负担），理解医疗保障、慈善救助对患者生存质量的意义，形成"医学不仅是技术，更是社会关怀载体"的认知。

血液系统疾病简称血液病，包括原发于血液系统的疾病和主要累及血液或造血组织的疾病。血液系统包括造血组织和血液。造血组织主要有骨髓、胸腺、脾、淋巴结、胚胎及胎儿的造血组织。血液由红细胞、白细胞、血小板和血浆组成。

【血细胞生成与调节】

（一）血细胞生成部位

生命在不同时期造血部位不同，可分为胚胎期、胎儿期及出生后3个阶段的造血期。卵黄囊是胚胎期最早出现的造血场所；卵黄囊退化后，由肝、脾代替其造血功能。胎儿从妊娠第16~20周起，肝、脾造血功能逐渐减退，骨髓、胸腺及淋巴结开始出现造血活动，一直到出生后仍保持造血功能。出生后肝、脾停止造血，青春期后胸腺逐渐萎缩，淋巴结生成淋巴细胞和浆细胞，骨髓成为出生后造血的主要器官。在成人，造血的主要场所为肱骨和股骨的骨骺端、椎骨、骨盆、胸骨、肋骨等。当骨髓发生某些病理改变时，即由骨髓以外的组织（如肝、脾）来参与造血，称为髓外造血（extramedullary hemapoiesis）。

（二）造血干细胞

造血干细胞（hematopoietic stem cell，HSC）是各种血细胞与免疫细胞的始祖细胞，具有自我更新和多向分化的特征。造血干细胞的识别一般根据其表面的抗原特征，多能造血干细胞主要为抗原 $CD34^+$。随着造血干细胞的分化成熟，细胞表面CD34抗原的表达逐渐减少。髓系的祖细胞有CD34、CD33等抗原；淋巴系的祖细胞除CD34外，还有CD38和HLA-DR等抗原。目前研究发现，$CD34^+$ 细胞占骨髓有核细胞的1%，在外周血中大约占0.05%。造血干细胞定向分化为髓系祖细胞和淋巴系祖细胞，前者主要分化为红细胞系、粒-单核细胞系、巨核细胞系，后者主要分化为T淋巴细胞和B淋巴细胞。

血细胞的成长除需要造血干细胞外，还需要正常造血微环境及正、负造血调控因子的存在。造血组织中的非造血细胞成分，包括微血管系统、神经成分、网状细胞、基质及其他结缔组织，统称为造血微环境。造血微环境中存在着大量调控造血功能的体液因子，包括刺激各种祖细胞增殖的正调控因子，如促红细胞生成素（erythropoietin，EPO）、集落刺激因子（colony-stimulating factor，CSF）及白细胞介素3（IL-3），同时也有各系的负调控因子，如肿瘤坏死因子（TNF）及干扰素（IFN），影响或诱导造血细胞的生成。二者互相制约，维持体内造血功能的恒定。

【血液病分类】

（一）红细胞疾病

1. 各类贫血　如缺铁性贫血、再生障碍性贫血。
2. 红细胞增多症　如真性红细胞增多症、继发性红细胞增多症。

（二）白细胞疾病

白细胞疾病，如淋巴瘤、白血病、恶性组织细胞病、多发性骨髓瘤、类白血病反应、白细胞减少和粒细胞缺乏症。

（三）出血性疾病

出血性疾病如过敏性紫癜、原发免疫性血小板减少症、遗传性毛细血管扩张症、血小板无力症、血小板增多症、血友病及弥散性血管内凝血（DIC）等。

（四）其他血液病

其他血液病，如脾功能亢进、骨髓纤维化、血栓性疾病。

【临床表现】

（一）乏力、皮肤及黏膜苍白

乏力、皮肤及黏膜苍白常是血液病患者最常见的临床表现。注意观察眼睑、口唇、甲床部位。皮肤、黏膜苍白伴黄疸常提示溶血。

（二）出血倾向

出血倾向常表现为多部位、经常性、自发性出血。出血可发生在皮肤、黏膜和内脏，也可以发生在关节腔或肌肉。女性常有月经过多。

（三）反复感染

粒细胞数量和质量异常可引起全身多部位发生反复难以控制的感染。常见的病原体是细菌、病毒、真菌等。

（四）淋巴结肿大及肝大、脾大

恶性血液病常有淋巴结肿大，其特点是多部位、无痛性、融合成块、增长迅速。淋巴结肿大常伴有肝大、脾大。

【辅助检查】

（一）血常规检查

血细胞计数、血红蛋白测定以及血细胞形态学检查是血液病最基本的诊断方法，常可反映骨髓造血的病理变化。网织红细胞计数可提示骨髓红细胞的增生程度。

（二）骨髓检查

骨髓检查包括骨髓穿刺液涂片及骨髓活检，对某些血液病有确诊价值。骨髓涂片的细胞化学染色对急性白血病的鉴别诊断是必不可少的，如过氧化物酶（POX）、碱性磷酸酶（NAP）、非特异性酯酶染色（NSE）。

（三）出血性疾病检查

出血时间、凝血时间、凝血酶原时间（PT）、活化部分凝血活酶时间（APTT）、纤维蛋白原定量等为常规检查。血块回缩试验、血小板聚集和黏附试验可了解血小板功能，凝血因子检测可评估体内凝血因子活性。

（四）溶血性疾病检查

游离血红蛋白测定、尿隐血试验、酸溶血试验、蔗糖溶血试验（阵发性睡眠性血红蛋白尿症）、抗人球蛋白试验（自身免疫性溶血性贫血）等，以确定溶血的原因。

（五）免疫学和分子生物学检查

免疫学分型已成为白血病诊断要求和治疗依据。免疫组化是淋巴瘤诊断的必要检查。细胞遗传学及分子生物学检查（如染色体检查及基因诊断）用于恶性血液病的诊断和治疗。

（六）病理学检查

淋巴结活检对诊断淋巴瘤及其与淋巴结炎、转移癌的鉴别有意义；脾活检主要用于脾显著增大的疾病；体液细胞学检查包括胸腔积液、腹水和脑脊液中的肿瘤细胞检查，对血液病的诊断、治疗和预后判断有价值。

（七）其他检查

影像学（超声、CT、MRI、PET/CT 等）检查、放射性核素等均对血液病的诊断、治疗和预后的判断有很大的帮助。

知识链接

血液病前沿治疗方法

血液病是一门进展速度很快的学科，特别是血液恶性肿瘤学，更是当今世界医学研究领域引人注目的学科之一。目前世界范围内前沿的治疗技术涉及以下几种。

基因治疗在血液病领域取得了显著进展，尤其是针对血友病等遗传性出血性疾病。通过 CRISPR-Cas9 等基因编辑技术，可以纠正患者的基因缺陷，实现内源性凝血因子的表达，从而有望实现疾病的根治。中国正在进行多个血友病基因治疗临床试验，预计不久将有国产基因治疗药物上市，价格将远低于国际同类产品，惠及更多中国患者。

免疫疗法，如 CAR-T 细胞疗法，已在某些类型的淋巴瘤和白血病治疗中显示出希望。这种疗法通过改造患者自身的 T 细胞，使其能够识别并攻击癌细胞，从而达到治疗目的。

干细胞移植仍然是治疗多种血液病的重要手段。近年来，基于环磷酰胺的移植物抗宿主病（GVHD）预防新策略，可能使更多的血液系统恶性肿瘤风险高危的患者接受不相合的无关供体干细胞移植治疗，从而扩大供者群体，提高治疗效果。

【治疗】

（一）一般治疗

强调合理的膳食和必要的心理治疗。严格、规范的护理和完善的医疗环境也有助于患者的康复。

（二）消除病因

让患者迅速摆脱致病因素，是某些血液病治疗的首要条件。

（三）恢复正常血液成分及功能

1. 补充造血原料　巨幼细胞贫血时，补充叶酸和（或）维生素 B_{12}。缺铁性贫血时补充铁剂。
2. 刺激造血　再生障碍性贫血时应用雄激素刺激造血。粒细胞减少时应用粒细胞集落刺激因子刺激中性粒细胞释放等。

3. 脾切除术　脾切除术以去除体内最大的单核-巨噬细胞系统器官，减少血细胞的破坏与滞留，从而延长血细胞的寿命。脾切除术对遗传性球形红细胞增多症所致的溶血性贫血有确切疗效。

4. 成分输血　严重贫血或失血时输注红细胞，血小板减少、有出血危险时补充血小板。白细胞减少可以输注白细胞。

（四）清除异常血液成分

1. 化疗　化疗可杀灭病变细胞。
2. 放疗　放疗可杀灭白血病或淋巴瘤等恶性肿瘤细胞。
3. 诱导分化　我国科学家发现全反式维A酸、三氧化二砷通过诱导分化，可使异常早幼粒细胞加速凋亡或使其分化为正常成熟的粒细胞。
4. 治疗性血细胞单采　通过血细胞分离器选择性地去除血液中的某一成分，可用于治疗骨髓增殖性肿瘤（MPNs）、白血病等。
5. 免疫抑制药　糖皮质激素、环孢素及抗淋巴/胸腺细胞球蛋白等，抑制淋巴细胞的异常功能以治疗自身免疫性溶血性贫血、再生障碍性贫血及异基因造血干细胞移植（allogeneic hematopoietic stem cell transplantation，allo-HSCT）时发生的移植物抗宿主病等。
6. 抗凝及溶栓治疗　如弥散性血管内凝血时为防止凝血因子进一步消耗，采用肝素抗凝。血小板过多时为防止血小板异常聚集，可使用阿司匹林等药物。一旦有血栓形成，可使用尿激酶等溶栓，以恢复血流通畅。
7. 血浆置换　可治疗巨球蛋白血症、某些自身免疫病等。

（五）靶向治疗

靶向治疗是在细胞分子水平上针对已明确的致癌位点的治疗方式，如酪氨酸激酶抑制剂（伊马替尼等）治疗慢性髓细胞性白血病（CML）。

（六）表观遗传学抑制

如组蛋白去乙酰化、DNA去甲基化药物用于治疗复发及难治性外周T细胞淋巴瘤和骨髓增生异常综合征（MDS）。

（七）细胞免疫治疗

应用嵌合抗原受体T细胞（CAR-T）治疗在急性淋巴细胞白血病（ALL）及非霍奇金淋巴瘤治疗中有显著作用。

（八）造血干细胞移植

造血干细胞移植（hematopoietic stem cell transplantation，HSCT）通过预处理，清除异常的骨髓造血细胞，然后输注自体或异体的正常造血干细胞，重建造血与免疫系统。造血干细胞移植是一种可以根治血液系统恶性肿瘤和遗传性疾病的治疗方法。

（夏　鑫）

第三十八章 贫血

第三十八章数字资源

学习目标

1. 知识:说出贫血的病因、主要特征、临床表现、诊断依据和治疗原则,列举贫血需要与哪些疾病相鉴别,解释贫血的发病机制,分析辅助检查的临床意义。
2. 能力:完成病史采集和体格检查,运用病史、体格检查及辅助检查结果对贫血做出初步诊断,根据病情拟定防治方案。
3. 素养:认识到贫血可能是多种严重疾病(如消化道肿瘤、慢性肾病)的"信号",培养对患者病情的警惕性。在解读检查结果、制定干预方案时,保持严谨的态度,确保信息准确。理解贫血对患者生活质量的影响,能以共情态度与患者沟通,缓解其焦虑情绪。能从临床案例中总结经验,不断提高发现问题和解决问题的能力。认识到贫血与公共卫生的关联(如营养不良、慢性疾病管理不足),具备参与社区贫血筛查与健康教育的意识。

案例 6-38-1

患者,女性,58岁。头晕、乏力,活动后心悸2个月余,加重1周。患者2个月余前无明显诱因出现头晕、乏力,上三层楼时出现心悸,需要中途休息,同时家人发现其面色苍白,无出血表现,一直未予诊治。近1周头晕、乏力加重。发病以来,患者饮食和睡眠正常,不挑食,大小便正常,体重下降5 kg。既往身体健康,无胃病、肝病、肾病史。无烟、酒嗜好。5年前绝经,无阴道出血,育有1子,无流产史和早产史。无遗传病家族史。体格检查:T 36.5 ℃,P 105次/分,BP 130/80 mmHg,贫血貌,皮肤未见出血点和皮疹,浅表淋巴结未触及肿大。睑结膜苍白,巩膜未见黄染,口唇苍白,舌乳头正常。双肺未见异常。心界不大,心率105次/分,心律齐,腹软,上腹中部轻压痛,肝、脾肋下未触及,双下肢无水肿。实验室检查:血常规 Hb 76 g/L,RBC 3.1×10^{12}/L,MCV 72 fl,MCH 24 pg,MCHC 28%,WBC 7.8×10^{9}/L,N 70%,L 25%,M 5%,PLT 325×10^{9}/L,网织红细胞0.013。尿常规(-),粪便常规:黄色成形便,镜检(-),粪便隐血试验(+)。血清铁蛋白5 μg/L,血清铁6 μmol/L,总铁结合力88 μmol/L。

问题与思考:
1. 初步诊断和诊断依据是什么?
2. 应与哪些疾病相鉴别?
3. 为明确诊断,还需要做哪些检查?
4. 治疗原则是什么?

第一节 概述

贫血（anemia）是指外周血中单位容积内血红蛋白（Hb）浓度、红细胞（RBC）计数和（或）血细胞比容（HCT）低于同年龄、同性别、同地区的正常标准。一般认为，在我国海平面地区，成年男性血红蛋白（Hb）< 120 g/L，成年女性（非妊娠）Hb < 110 g/L，妊娠期妇女 Hb < 100 g/L 可诊断为贫血。

红细胞计数不一定能准确地反映贫血的存在和贫血程度，如在小细胞低色素性贫血时，红细胞数量的减少往往比血红蛋白降低的程度轻；相反，在大细胞性贫血时，红细胞数量的减少比血红蛋白降低的程度显著。婴儿、儿童及妊娠期妇女的血红蛋白浓度比成人低。久居高原地区居民的血红蛋白正常值较海平面居民为高。同时妊娠、低蛋白血症、充血性心力衰竭、脾大及巨球蛋白血症时，血浆容量增加，血液被稀释，血红蛋白浓度降低，即使血红蛋白浓度本来是正常的，此时也容易被误诊为贫血。在病理情况下，当脱水或循环血容量减少时，由于血液浓缩，血红蛋白浓度偏高，即使本来是贫血的，此时血红蛋白浓度也可以在正常范围内或减低较少，因此容易漏诊贫血。在诊断贫血时，应考虑上述影响因素。

 贫血的定义。

【分类】

贫血的分类通常根据红细胞形态特点或引起贫血的原因与发病机制来进行。此外，对贫血的严重程度进行分类，有助于临床诊断和治疗。

（一）根据红细胞形态特点分类

根据平均红细胞体积（MCV）和平均红细胞血红蛋白浓度（MCHC）将贫血分为三类（表 6-38-1）。

1. 小细胞低色素性贫血　小细胞低色素性贫血包括缺铁性贫血、珠蛋白生成障碍性贫血、铁粒幼细胞贫血及某些慢性疾病贫血。

2. 大细胞性贫血　大细胞性贫血包括叶酸或维生素 B_{12} 缺乏引起的巨幼细胞贫血、伴网织红细胞大量增生的溶血性贫血、骨髓增生异常综合征、肝病及甲状腺功能减退症所致的贫血。

3. 正常细胞性贫血　此类贫血大多数为正常色素性，少数为低色素性，主要有再生障碍性贫血、溶血性贫血及急性失血性贫血。

表 6-38-1　贫血的红细胞形态分类

类别	MCV（fl）	MCHC（%）	常见疾病
小细胞低色素性贫血	< 80	< 32	缺铁性贫血 铁粒幼细胞贫血 珠蛋白生成障碍性贫血
大细胞性贫血	> 100	32～35	巨幼细胞贫血
正常细胞性贫血	80～100	32～35	再生障碍性贫血 溶血性贫血 急性失血性贫血

注：MCV. 平均红细胞体积；MCHC. 平均红细胞血红蛋白浓度。

（二）根据贫血的病因与发病机制分类

根据病因与发病机制，可将贫血分为三大类（表 6-38-2）。

1. 红细胞生成减少　包括缺乏造血原料（铁、叶酸及维生素 B_{12} 等）和造血功能障碍。
2. 红细胞破坏过多　过度的红细胞破坏，致使体内的代偿能力不足以弥补和维持红细胞生成与破坏之间的平衡。
3. 红细胞丢失过多　即失血。

表 6-38-2　贫血的病因及发病机制分类

病因及发病机制	常见疾病
红细胞生成减少	
造血原料缺乏	缺铁性贫血
	叶酸及维生素 B_{12} 缺乏的巨幼细胞贫血
造血功能障碍	再生障碍性贫血
	骨髓增生异常综合征
	甲状腺功能减退症及肾衰竭导致的贫血
	白血病、骨髓瘤、转移癌、骨髓纤维化、恶性组织细胞病
	铁粒幼细胞贫血
红细胞破坏过多	
红细胞内在缺陷	缺铁性贫血
	叶酸及维生素 B_{12} 缺乏的巨幼细胞贫血
	遗传性球形红细胞增多症
	阵发性睡眠性血红蛋白尿
	葡萄糖-6-磷酸脱氢酶缺乏症
	海洋性贫血（又称地中海贫血，珠蛋白异常）
红细胞外来因素	免疫性溶血性贫血（自身免疫、新生儿免疫、血型不合输血及药物所致）
	机械性溶血性贫血（人工心脏瓣膜、微血管病及行军性血红蛋白尿所致）
	其他（化学因素、物理因素、生物因素及脾功能亢进等）
红细胞丢失过多	急性失血后贫血、慢性失血后贫血

（三）根据贫血的严重程度分类

根据血红蛋白浓度，可将贫血的严重程度分为轻度（Hb > 90 g/L）、中度（Hb 60～90 g/L）、重度（Hb 30～59 g/L）和极重度（Hb < 30 g/L）4 种。

以上贫血分类法各有其优点、缺点，临床上常将其结合起来应用。红细胞形态分类法可为缺铁性贫血和巨幼细胞贫血的诊断提供重要线索，但对正常细胞性贫血的诊断帮助不大。病因及发病机制分类法虽然比较繁杂，但更能反映贫血的本质。

 贫血的分类。

【临床表现】

贫血不是一种疾病，只是一个临床症状，可由不同病因或疾病引起，因此贫血的症状、体征由原发病和贫血所致的临床表现组成。有时原发病的症状、体征很轻或隐蔽，患者则以原因不明贫血就诊；有时患者以原发病的症状、体征为主要表现，贫血的症状则会被忽略。

贫血症状的轻重取决于以下几个方面：①贫血的程度；②贫血发生的速度；③机体对缺氧的代偿功能和适应能力；④患者的体力活动程度；⑤患者的年龄；⑥有无心脑血管病及呼吸系统基础疾病存在。如果贫血发生较迅速，血容量明显减少，患者年龄较大，伴有心血管及肺部疾病，临床症状会较为严重。如果贫血是缓慢发生的，机体有足够的时间适应低氧状态，红细胞内的2,3-二磷酸甘油酸（2,3-DPG）的产生增多和浓度增高，使红细胞在组织内释放的氧增多，减轻了缺氧的状态，那么即使贫血较为严重，缺氧的症状也可以较为轻微。贫血的临床症状和体征表现如下。

（一）一般表现

乏力、疲倦是最常见和最早出现的症状。皮肤、黏膜苍白是最突出的体征，以睑结膜、口唇及甲床等皮肤薄、毛细血管丰富、色素沉着少的部位更为明显，但环境温度、个人皮肤色素及水肿等因素会影响对皮肤颜色的观察。此外，患者常有毛发干枯、免疫力低下、视网膜损害导致视力异常等。

（二）心血管系统

活动后心悸、气促是较为突出的症状之一。贫血严重时甚至可以诱发心绞痛、心力衰竭。体格检查发现心率增快甚至出现心律失常、心搏增强、脉压增大、心脏扩大、二尖瓣等部位出现收缩期吹风样杂音，心电图出现ST段降低，T波平坦或倒置。

（三）中枢神经系统

患者常有头痛、头晕目眩、耳鸣、失眠、多梦、注意力不集中及嗜睡等症状。严重者可有晕厥及意识障碍等表现。维生素B_{12}缺乏引起的巨幼细胞贫血可有肢体麻木、感觉障碍等周围神经系统的症状。

（四）呼吸系统

轻度贫血时机体有一定的代偿能力，仅在活动后出现缺氧和高二氧化碳状态下才感到呼吸、心率加快。重度贫血即使在安静时也有气短甚至端坐呼吸。

（五）消化系统

常有食欲下降、腹胀、恶心、腹泻或便秘等症状。缺铁性贫血患者可有吞咽异物感，钩虫病引起的缺铁性贫血可有异嗜症。巨幼细胞贫血患者可出现舌炎、舌乳头萎缩、牛肉舌或镜面舌。溶血性贫血患者可伴有黄疸及脾大。

（六）泌尿及生殖系统

严重贫血患者可有轻度蛋白尿。溶血性贫血可因血红蛋白尿和含铁血黄素尿损害肾小管导致肾功能障碍。性欲改变及女性患者月经功能失调也较为常见。

 贫血的主要临床表现。

【诊断】

贫血的诊断最重要的是病因诊断，只有查明病因，才能合理而有效地治疗。对所采集的病史、体格检查和实验室检查结果进行分析，通常可以查明发病机制或病因，做出贫血的病因诊断。

（一）病史询问

病史询问是判断贫血病因最重要的诊断方法。应详细询问有无出血史、黑便、酱油色尿，妇女月经是否过多，营养状况及有无偏食习惯，有无化学毒物、放射物质接触史，起病前有无服用能引起贫血的药物，有无感染、肝病、肾病、结缔组织病及恶性肿瘤病史，家族中有无类似的贫血患者。

（二）体格检查

需要进行全面体格检查，尤其应注意有无黄疸，淋巴结、肝、脾是否肿大，心脏是否有杂音，骨骼有无压痛等。指甲变平或凹陷常见于缺铁性贫血。舌乳头萎缩及感觉障碍见于维生素 B_{12} 缺乏。另外，直肠指检可发现有无出血的内痔和直肠癌。

（三）实验室检查

实验室检查是诊断贫血病因的主要依据。

1. **外周血和骨髓检查** 血常规检查血红蛋白及红细胞计数是确定贫血的可靠指标。平均红细胞体积（MCV）及平均红细胞血红蛋白浓度（MCHC）有助于贫血的诊断及分类。红细胞系、白细胞系及血小板系细胞数量和形态改变，骨髓增生情况、各系细胞比例、铁粒幼细胞多少等可帮助寻找贫血的病因。网织红细胞计数可了解幼红细胞的增生程度，并可了解贫血治疗的效果。如为正常细胞性贫血，同时伴网织红细胞增多，则有溶血的可能，可进行溶血的实验室检查，以明确溶血的性质。如果网织红细胞不增多，且伴有白细胞及血小板减少，则应考虑是否为再生障碍性贫血。

2. **其他检查** 对贫血病因的诊断还需依据相关的实验室检查，如造血原料测定、溶血性贫血的相关检查、凝血障碍相关检查、尿常规检查、肾功能测定、粪便隐血试验、寄生虫虫卵检测以及血细胞的免疫检查、染色体、基因等都有助于贫血的病因诊断。

贫血的诊断。

【治疗】

（一）对症治疗

对症治疗的目的是减轻重度血细胞减少对患者的致命影响，为对因治疗赢得时间。如重度贫血患者、老年人或合并心肺功能不全的贫血患者，应输红细胞，纠正贫血，改善体内缺氧状态；急性大量失血患者应及时输血或红细胞及血浆，迅速恢复血容量并纠正贫血；对贫血合并出血者，应根据出血机制的不同采取不同的止血治疗方法（如重度血小板减少应输注血小板）；对贫血合并感染者，应给予抗感染治疗；对贫血合并其他脏器功能不全者，应根据脏器的不同及功能不全的程度而给予不同的支持治疗。

（二）对因治疗

针对贫血的病因与发病机制进行治疗。如缺铁性贫血补铁及治疗导致缺铁的原发病；巨幼细胞贫血补充叶酸或维生素 B_{12}；溶血性贫血采用糖皮质激素或脾切除术；遗传性球形红细胞增多症脾切除术有肯定的疗效；造血干细胞疾病引起贫血常应用造血干细胞移植治疗；再生障碍性贫血采用抗淋巴/胸腺细胞球蛋白、环孢素和造血正调控因子如促红细胞生成素（EPO）；肿瘤性贫血可采用化疗和放疗；继发性贫血则治愈原发病即可纠正贫血。

贫血的治疗原则。

第二节　缺铁性贫血

缺铁性贫血（iron deficiency anemia，IDA）是指体内可用于制造血红蛋白的贮存铁消耗殆尽，不能满足正常红细胞的生成而发生的贫血，是铁缺乏症的最终阶段，同时也是血红素合成异常性贫血中的一种。典型病例呈小细胞低色素性贫血。铁是人体必需的微量元素，除参与血红蛋白的合成外，还参与体内的一些生物化学过程。故当缺铁时，除贫血的症状外，患者还会有一些非贫血的症状。

【流行病学】

缺铁性贫血是最常见的贫血。在育龄妇女（特别是妊娠期妇女）、婴幼儿及儿童中的发病率较高。世界上经济不发达地区缺铁性贫血的发病情况则更加严重。

【铁的代谢】

（一）机体铁总量及分布

正常成人机体含铁总量随年龄、性别、体重不同而不同。男性体内铁的总量为 50~55 mg/kg，女性为 35~40 mg/kg。体内 67% 的铁存在于血红蛋白内，15% 存在于肌红蛋白中。血浆中与转铁蛋白结合的运输铁仅有 3~4 mg。细胞中各种酶所含的铁仅占 0.2%，但其功能极为重要。其余的为贮存铁，正常男性约为 1000 mg，女性为 300~400 mg。

体内的铁分为两部分：其一为功能状态铁，包括血红蛋白、肌红蛋白、酶和辅因子、转铁蛋白和乳铁蛋白结合的铁；其二为贮存铁，包括铁蛋白和含铁血黄素。正常人体每日所需的铁为 20~25 mg。

（二）铁的来源和吸收

1. 铁的来源

（1）内源性：红细胞在体内破坏后，从血红蛋白分解出的铁几乎全部被利用，作为新生红细胞中血红蛋白合成或其他组织所需的铁。红细胞的正常寿命约为 120 d，故人体每日约有 0.8% 的红细胞因老化而破坏。红细胞破坏后的血红素铁几乎全部被用于制造相等数量的新生红细胞的血红素，如此周而复始地循环，维持体内铁的动态平衡。

（2）外源性：正常成人每日从食物中摄取 1~1.5 mg 铁，妊娠期和哺乳期妇女为 2~4 mg，即可维持体内铁的平衡。多数食物中都含有铁，以海带、紫菜、木耳、香菇以及动物的肝、肉、血中铁的含量较为丰富。

2. 铁的吸收　机体吸收铁的主要部位在十二指肠及空肠上段。小肠上皮细胞根据体内铁的贮存量及红细胞生成状态调节铁的吸收量。肉类食物中的肌红蛋白所含的铁可直接被完整地吸收，吸收率约为 20%。植物中的铁吸收率为 1%~7%。植物中的铁多为三价的胶状氢氧化铁，需要还原成二价的亚铁或与铁螯合物结合后才易被吸收。维生素 C 及其他还原剂能使高铁还原成亚铁。体内贮存铁的含量对铁的吸收影响极大。当贮存量多时，幼红细胞上的转铁蛋白受体减少，血浆铁的转运率降低，铁的吸收减少。当贮存铁减少时，则相反。正常人铁的吸收率约为 10%，当缺铁时，吸收率可增至 30%~40%。最新的研究发现，肝分泌的铁调素（hepcidin）是铁在肠道吸收和体内铁从巨噬细胞释放的负调控因子。

（三）铁的运输

铁被吸收后需经铜蓝蛋白氧化成高铁，与血浆中的转铁蛋白结合，然后被运到各组织中，主要是骨髓内的幼红细胞，参与血红蛋白的合成。转铁蛋白是一种球蛋白，正常体内仅 1/3 的转铁蛋白与铁结合，此部分称为血清铁。其余 2/3 未与铁结合的转铁蛋白称为未饱和铁。

（四）铁的贮存

体内多余的铁主要以铁蛋白和含铁血黄素的形式贮存于肝、脾、骨髓等器官的单核吞噬细胞系统中。铁蛋白是以磷酸氧化高铁的形式存在的，能溶于水。当机体对铁需求量增加时，铁蛋白可再被动员。含铁血黄素是红细胞被巨噬细胞摄入其血红蛋白由溶酶体分解的降解物，可被亚铁氰化钾染成蓝色，不溶于水，不容易再被利用。正常情况下，贮存铁很少被动用，当体内铁丧失或机体对铁的需求量增加，肠吸收的铁不能满足需求量时，贮存铁被利用增多，甚至耗竭。

（五）铁的排泄

在正常情况下，人体每日铁的排泄量约为 1 mg。主要是随肠黏膜脱落细胞从粪便中排出，少数随尿液排出，随皮肤、汗液排出的铁量极少，与每日铁吸收量保持平衡。哺乳期妇女每日经乳汁排出的铁约为 1 mg。

【病因】

在正常情况下，铁的吸收和排泄维持动态平衡。体内的铁呈封闭式循环，人体一般不会缺铁，只有在需求量增加、铁的摄入不足及慢性失血等情况下才会缺铁。造成缺铁的病因有以下几种。

（一）摄入不足

需铁量增加人群，如婴幼儿、青少年、妊娠期和哺乳期妇女，饮食中未注意食物的组成，缺少肝、肉类等高铁食物，导致铁摄入不足，容易发生缺铁性贫血。青少年严重偏食也可导致缺铁性贫血。

（二）丢失过多

铁丢失过多是缺铁性贫血最主要的原因。成年男性以消化道疾病所致的慢性失血多见。成年女性月经过多也是缺铁性贫血的常见原因。对老年人，应注意胃肠道恶性肿瘤引起的慢性失血。反复鼻出血、钩虫病等都是慢性失血的常见原因。此外，反复发作阵发性睡眠性血红蛋白尿也可因血红蛋白随尿液排出而导致缺铁。

（三）吸收障碍

萎缩性胃炎致使胃酸缺乏、胃及十二指肠术后也因胃酸分泌不足且食物快速进入空肠，可影响铁的吸收。胃肠功能紊乱、慢性肠道疾病引起的长期腹泻也会影响铁的吸收。

 缺铁性贫血的病因。

【临床表现】

缺铁性贫血的发生如果较为缓慢，患者早期可以没有症状或症状较轻，进展较快者症状较重。患者除有原发病表现外，还可有以下表现。

（一）贫血的表现

贫血的表现有头晕、头痛、面色苍白、乏力、易倦、心悸、活动后气短、视物模糊及耳鸣等。症状与贫血严重程度相关。

（二）组织缺铁的表现

组织缺铁的表现有儿童及青少年发育迟缓、体力下降、智商低、容易兴奋、注意力不集中、烦躁、易怒或淡漠、异食癖和吞咽困难［普卢默-文森综合征（Plummer-Vinson syndrome）］。

（三）体征

除皮肤及黏膜苍白外，毛发干燥、易脱、易断，指甲扁平、失去光泽、易碎裂，部分患者有勺状甲（反甲）或轻度脾大。

（四）小儿可有神经精神异常

【实验室检查】

（一）血常规

血常规呈现小细胞低色素性贫血。平均红细胞体积（MCV）< 80 fl，平均红细胞血红蛋白量（MCH）< 27 pg，平均红细胞血红蛋白浓度（MCHC）< 32%。血涂片中可见红细胞中心淡染区

扩大。网织红细胞大多正常或轻度增多。白细胞计数正常或轻度减少。

(二) 骨髓象

骨髓涂片呈现增生活跃或明显活跃，以红细胞系增生为主。幼红细胞通常数量增多，早幼红细胞和中幼红细胞比例增多，染色质颗粒致密，胞质少。粒细胞系和巨核细胞系常为正常。骨髓铁染色示铁粒幼细胞极少或消失（＜15%），细胞外铁也缺少。

(三) 生化检查

血清铁＜8.95 μmol/L；转铁蛋白饱和度＜15%；血清铁蛋白＜12 μg/L；总铁结合力＞64.44 μmol/L；红细胞内游离原卟啉（FEP）＞0.9 μmol/L。当炎症、肿瘤或肝病时，血清铁蛋白增加会掩盖缺铁的表现，应结合临床表现或骨髓铁染色加以判断。

血清转铁蛋白受体（sTfR）是迄今反映缺铁性贫血红细胞生成的最佳指标，sTfR浓度＞26.5 nmol/L可诊断为缺铁。

 缺铁性贫血的实验室检查。

【诊断与鉴别诊断】

(一) 诊断

诊断应包括缺铁性贫血的诊断及病因诊断。

缺铁性贫血诊断依据：①有导致缺铁性贫血的病因及临床表现；②有典型红细胞呈小细胞低色素性的血象表现；③血清铁＜8.95 μmol/L、转铁蛋白饱和度＜15%、血清铁蛋白＜12 μg/L、总铁结合力＞64.44 μmol/L、sTfR浓度＞26.5 nmol/L、FEP＞0.9 μmol/L；④骨髓铁染色示细胞外铁明显降低或消失，铁粒幼细胞显著减少；⑤铁剂治疗有效。

缺铁性贫血的病因诊断：缺铁性贫血只是一种临床表现，为查明引起缺铁性贫血的病因，还需进一步根据病史、体格检查中发现的线索，进行某些针对性的检查，如粪便隐血试验，尿常规检查，肝、肾功能测定，胃肠X线或胃镜检查，以及相应的生化、免疫学检查，月经过多的女性还应做相应的妇科检查。

(二) 鉴别诊断

缺铁性贫血主要应与其他小细胞性贫血相鉴别。

1. **慢性病性贫血** 肿瘤或慢性感染性疾病因铁代谢异常而导致贫血。转铁蛋白饱和度正常或稍有增加，血清铁蛋白增多，骨髓中铁粒幼细胞数量减少，含铁血黄素颗粒增加。

2. **铁粒幼细胞贫血** 铁粒幼细胞贫血主要是由于先天或后天获得性铁利用障碍而导致的贫血，好发于老年人，转铁蛋白饱和度、铁蛋白及骨髓中铁粒幼细胞增多并出现环形铁粒幼细胞。

3. **地中海贫血** 地中海贫血即珠蛋白生成障碍性贫血，患者常有家族史，外周血涂片可见多数靶形红细胞，血红蛋白电泳常有异常，有溶血表现。血清铁、转铁蛋白饱和度及骨髓铁染色的细胞外铁均增加。

 缺铁性贫血的诊断与鉴别诊断。

【治疗】

尽可能去除导致缺铁的病因，补足体内正常的铁贮存量。

（一）病因治疗

慢性失血的原因若得不到纠正，那么即使单纯的铁剂补充可能使血象暂时恢复，也不能使贫血得到彻底的治疗，故对病因的治疗相当重要。对婴幼儿、青少年和妊娠期妇女营养不足引起者，应改善饮食，多进食高铁食物，尤其是人体易吸收的动物类食物；对月经过多引起者，应调理月经；寄生虫感染者应驱虫治疗。

> **知识链接**
>
> **富含铁的食物**
>
> 1. 动物类　动物肝、血液，蛋黄，牛肉、羊肉及各种瘦肉，牛奶等。
> 2. 植物类　黑芝麻，紫芸豆，赤豆，红枣，樱桃，菠菜，韭菜，芹菜等。
> 3. 菌藻类　黑木耳，紫菜，海带，香菇，发菜，口蘑等。
> 4. 海产品　牡蛎，蛤蜊，海蜇头，海蜇皮，虾米等。

（二）铁剂治疗

铁剂治疗的目的是纠正贫血并补足贮存铁。铁剂分为无机铁和有机铁两大类。无机铁主要是硫酸亚铁。有机铁包括琥珀酸亚铁、富马酸亚铁、右旋糖酐铁、葡萄糖酸亚铁和多糖铁复合物等。无机铁的副作用较有机铁明显，因此目前常以有机铁口服制剂为首选。常用的有琥珀酸亚铁和富马酸亚铁等。每日服元素铁 150～200 mg 即可，餐后服用，以减少药物对胃肠道的刺激。服用时注意不宜与茶、牛奶及氢氧化铝等同服，以免影响铁的吸收。与维生素 C、肉类等同服可加强铁的吸收。患者服用铁剂后，自觉症状可以很快恢复。网织红细胞于服用铁剂后逐渐上升，7 d 左右达高峰。血红蛋白 2 周后上升，2 个月左右可恢复正常。在血红蛋白完全恢复正常后，仍需继续补充小剂量铁剂 4～6 个月，以补足体内铁贮存量达正常水平。

如果患者对口服铁剂不能耐受，可改用胃肠外给药。常用的是右旋糖酐铁肌内注射。用药总剂量的计算方法是：所需补充铁（mg）=［150- 患者 Hb（g/L）］× 体重（kg）×0.33。首次注射量为 50 mg，如无不良反应，第 2 次可增加到 100 mg，以后每周注射 2～3 次，直至注射完总量。

（三）其他治疗

对于重度贫血且伴有严重症状的患者，可考虑给予成分输血，即输注红细胞悬液。

> **知识链接**
>
> **铁剂的发展史**
>
> 铁剂的发展史可以追溯到多个历史时期，其发展历程充满了科学探索和技术进步。
>
> 1. 早期铁剂的应用
>
> （1）铁器时代的起源：铁的发现和使用可以追溯到公元前 3000 多年前，当时人类开始使用天然铁制品。随着铁器制造技术的改进，铁逐渐取代了铜和青铜等材料，成为主要的金属材料之一。
>
> （2）医疗应用的尝试：18 世纪中叶，人们开始尝试将铁剂用于治疗贫血和营养不良等疾病。早期的铁剂多为天然铁矿石或铁屑，使用时需要经过高温煅烧和研磨等处理。
>
> 2. 第一代铁剂的开发
>
> （1）开创性进展：1832 年，法国学者 Blaud 将硫酸亚铁与碳酸钾制成复方制剂，开创了贫血治疗的新方法。这一创举标志着铁剂在医疗领域的正式应用。

(2) 无机铁剂的发展：随后，碳酸亚铁、氯化亚铁、焦磷酸铁等一系列无机铁相继被开发成为第一代口服铁剂。这些铁剂以 Fe^{2+} 为主，虽然易吸收，但快速释放的 Fe^{2+} 会导致患者出现恶心、呕吐、腹痛、便秘等症状，同时过量的 Fe^{2+} 还可能对人体造成不可逆损伤。

3. 第二代铁剂的研制

(1) 技术改进：为弥补第一代铁剂的缺陷，提高铁的吸收率并减少胃肠道刺激，20世纪60年代医药工作者研制了第二代铁剂。这些铁剂分子更稳定，能够延缓铁离子释放的速度，从而降低毒性反应。

(2) 种类丰富：第二代铁剂包括小分子有机铁剂（如乳酸亚铁、葡萄糖酸亚铁、琥珀酸亚铁、富马酸亚铁、抗坏血酸亚铁）和氨基酸铁等。这些铁剂在铁腥味、吸收率和生物利用度上均有明显优点，但仍然存在各自的不足。

4. 现代铁剂的发展

(1) 新型铁剂的出现：随着科技的进步和医疗需求的增加，现代铁剂在种类和性能上都有了显著的提升。例如，血红素铁作为动物铁存在的主要形式，以其独特的卟啉铁形式直接被吸收，不受食物影响且不会产生消化道不适。然而，其制备困难，且成本较高。

(2) 个性化铁剂的定制：随着个性化医疗的发展，未来将有更多个性化铁剂被定制出来。这些铁剂将根据每个人的身体状况、营养需求等因素进行定制，以达到更好的治疗效果。

(3) 与其他营养素的结合：未来的铁剂研究将更加注重与其他营养素的结合。例如，将铁剂与维生素C、叶酸等营养成分结合以提高铁的吸收率和利用效率，同时满足多种营养需求。

5. 未来展望

(1) 更高吸收率、更低副作用：未来的新型铁剂可能具有更高的吸收率和更低的副作用等，能够更好地满足人们的需求。

(2) 安全性和有效性的验证：通过科学的实验和临床研究对新型铁剂进行严格的安全性和有效性验证，确保其能够为人们的健康保驾护航。

缺铁性贫血的治疗。

【健康教育】

重视营养知识的教育及妇幼保健工作，改进婴幼儿的喂养，提倡母乳喂养和及时添加辅食，妊娠期及哺乳期妇女应予铁剂补充。在钩虫病流行地区，应进行大规模防治工作，及时治疗各种慢性出血性疾病等。

第三节 巨幼细胞贫血

巨幼细胞贫血（megaloblastic anemia，MA）是由于叶酸和（或）维生素 B_{12} 缺乏，影响细胞核脱氧核糖核酸（DNA）的生物合成，使细胞核分裂发生障碍所致的大细胞性贫血。其特点是外周血和骨髓中出现形态和功能异常的"巨幼变"细胞。骨髓红细胞、粒细胞和巨核细胞三系细胞及上皮细胞均可受累，严重者可表现为全血细胞减少。维生素 B_{12} 缺乏者还可出现消化系统、神经系统和精神方面的异常。因胃黏膜萎缩，内因子缺乏导致维生素 B_{12} 吸收障碍引起的巨幼细胞贫血称为恶性贫血。

在我国，因叶酸缺乏所致的巨幼细胞贫血较为多见，以山西、陕西、河南及山东等地多发。维生素 B_{12} 缺乏者较少，恶性贫血更少见。而在欧美国家，维生素 B_{12} 缺乏所致的恶性贫血较多见。

【叶酸及维生素 B_{12} 的代谢】

（一）叶酸的代谢

叶酸也称蝶酰谷氨酸，由蝶啶、对氨基苯甲酸和L-谷氨酸组成。叶酸属于水溶性维生素B族，性质极不稳定，容易被光及热分解破坏。人体必须从食物中获得所需的叶酸，叶酸富含于新鲜水果、蔬菜、肉类食品中。叶酸在食物中以多聚谷氨酸型叶酸存在，溶解度较低，需先经小肠分泌的解聚酶分解为单谷氨酸或双谷氨酸型叶酸后才能被吸收进入小肠上皮细胞，吸收的主要部位在十二指肠和空肠近端。叶酸在肠道吸收的过程中转变为 N^5-甲基四氢叶酸，通过维生素 B_{12} 的作用，去甲基后成为四氢叶酸进入细胞内。单谷氨酸的四氢叶酸通过ATP合成酶的作用，再形成多谷氨酸盐，在肝细胞内贮存。人体内叶酸的贮存量为 5~20 mg，每日叶酸的需要量为 200 μg，故当食物中缺乏叶酸时，短时间极易导致叶酸缺乏。叶酸及其代谢产物主要随尿液排泄，胆汁及粪便中可有少量叶酸排出。胆汁中的叶酸浓度为血液中的 2~10 倍，排出后大部分可被空肠再吸收。

（二）维生素 B_{12} 的代谢

维生素 B_{12} 也称氰钴胺，属于水溶性维生素B族。维生素 B_{12} 在血液中的主要形式是甲基钴胺素，在肝及其他组织内主要以5-脱氧腺苷钴胺素的形式存在。人体维生素 B_{12} 的来源是食物。动物的肝、肾、心、肌肉组织及蛋类、乳制品中维生素 B_{12} 含量丰富，蔬菜中含量极少。食物中的维生素 B_{12} 在胃内先与R结合蛋白结合，到十二指肠后，在胰蛋白酶的参与下，与胃壁细胞分泌的内因子结合成维生素 B_{12}-内因子复合体，在回肠末端进入肠上皮细胞，由钴氨素传递蛋白Ⅱ转送到各组织。成人体内维生素 B_{12} 储存量为 2~5 mg，50%~90% 储存在肝细胞内。维生素 B_{12} 主要经粪便和尿液排出，随胆汁排入肠腔的部分，其中 2/3 由内因子自肠内再吸收。故除非是绝对的素食者或维生素 B_{12} 吸收有障碍者，否则一般不容易发生维生素 B_{12} 缺乏症，素食者一般也要经过 10~15 年才会发生维生素 B_{12} 缺乏。

【病因与发病机制】

（一）病因

1. 叶酸缺乏的原因

（1）摄入量不足：多由于食物中叶酸含量过少所致，如食物过度烹煮或腌制可使叶酸丢失，严重偏食者食物中新鲜蔬菜、肉蛋类摄入不足，乙醇可干扰叶酸的代谢，酗酒者也会有叶酸缺乏。

（2）需要量增加：婴幼儿，妊娠期及哺乳期妇女，慢性反复溶血、慢性炎症、感染、甲状腺功能亢进症、白血病、恶性肿瘤等疾病时叶酸的需要量增加，如补充不足，就会发生叶酸缺乏。

（3）吸收障碍：小肠（尤其是空肠段）炎症、肿瘤、胃肠道切除手术后，某些药物如抗癫痫药、柳氮磺吡啶也会影响叶酸的吸收。

（4）其他：甲氨蝶呤、氨苯蝶啶、乙胺嘧啶、甲氧苄啶等药物可干扰叶酸的利用；一些先天性酶（如甲基四氢叶酸转移酶）缺乏也可引起叶酸利用障碍；血液透析会导致叶酸排出增加。

2. 维生素 B_{12} 缺乏的原因

（1）吸收障碍：如内因子缺乏主要见于恶性贫血患者和全胃切除术后。恶性贫血患者常有特发性胃黏膜萎缩和内因子抗体存在，对食物中的维生素 B_{12} 及胆汁中维生素 B_{12} 的重吸收均有障碍，故易导致维生素 B_{12} 缺乏。此外，胃酸、胃蛋白酶和胰蛋白酶缺乏也会引起维生素 B_{12} 吸收减少。

（2）摄入减少：绝对素食者和老年人、萎缩性胃炎患者容易有维生素 B_{12} 摄入减少。由于维生素 B_{12} 每日的需要量极少，且可由肠肝循环再吸收，故由于膳食中摄入不足而致贫血者较叶酸缺乏为少。

（3）回肠疾病：肠道大量细菌繁殖、寄生虫感染（如绦虫病），外科手术后的盲袢综合征等均可影响维生素 B_{12} 的吸收。

（4）其他：先天性钴胺素传递蛋白Ⅱ缺乏、长期接触氧化亚氮等均可影响维生素 B_{12} 的血浆转运和细胞内的转变、利用。某些药物如对氨水杨酸、新霉素、二甲双胍、秋水仙碱、苯乙双胍可影响维生素 B_{12} 的吸收。

> **知识链接**
>
> **叶酸的作用**
>
> 叶酸也被称为维生素 B_9 或蝶酰谷氨酸，是一种水溶性维生素，在人体细胞分裂和生长过程中扮演着至关重要的角色。它对人体有多种重要作用，主要包括以下几个方面。
>
> 预防胎儿神经管缺陷：叶酸是胎儿生长发育过程中不可或缺的营养素，尤其是在妊娠早期。妊娠期妇女适量补充叶酸，可以显著降低胎儿神经管缺陷（如脊柱裂和无脑儿）的发生风险。因此，很多国家和地区都推荐妊娠期妇女在妊娠期增加叶酸的摄入量。
>
> 促进红细胞生成：叶酸是红细胞生成过程中的重要辅助因子，它参与嘌呤和胸腺嘧啶的合成，进而促进红细胞的生成和成熟。缺乏叶酸可能导致巨幼细胞贫血，表现为红细胞体积增大，但数量减少。
>
> 维护神经系统健康：叶酸对维持神经系统的正常功能也有重要作用。它参与 DNA 和 RNA 的合成，对神经细胞的发育和修复至关重要。缺乏叶酸可能导致神经系统受损，表现为注意力不集中、记忆力下降等症状。
>
> 降低心血管疾病风险：研究表明，适量补充叶酸可以降低血液中同型半胱氨酸的水平，而同型半胱氨酸过高是心血管疾病的一个独立危险因素。因此，叶酸在一定程度上有助于降低心血管疾病的风险。
>
> 提高机体免疫力：叶酸还参与机体的免疫反应过程，对维护免疫系统的正常功能有一定帮助。虽然它不是直接提高免疫力的主要营养素，但保持足够的叶酸水平对于保持整体健康至关重要。
>
> 促进消化和食欲：叶酸有助于促进肠道的健康和蠕动，从而改善消化功能和食欲。这对于保持身体对营养物质的吸收和利用至关重要。

（二）发病机制

叶酸和维生素 B_{12} 都是核酸代谢不可缺少的重要辅酶，如果缺乏，就会导致 DNA 合成障碍。在脱氧尿嘧啶核苷（dUMP）转变成脱氧胸腺嘧啶核苷（dTMP）时，需要亚甲基四氢叶酸提供一个亚甲基和两个氢原子。如果叶酸缺乏，会影响上述生化反应的进行，影响 DNA 的合成。维生素 B_{12} 在使高半胱氨酸转变成甲硫氨酸的过程中，促使甲基四氢叶酸去甲基，转变成四氢叶酸、亚甲基四氢叶酸，还可促使甲基四氢叶酸进入细胞内。四氢叶酸是叶酸参与体内各种生化活动的主要形式。亚甲基四氢叶酸是 DNA 合成过程中的重要辅酶。因此，维生素 B_{12} 缺乏直接影响叶酸进入细胞参与各种生化反应。当叶酸或维生素 B_{12} 缺乏时，细胞核中的 DNA 合成速度减慢，胞质内的 RNA 仍继续成熟，RNA 与 DNA 的比例失调，造成细胞核、细胞质发育不平衡，细胞体积大而核发育较幼稚（巨幼细胞）。这种巨幼变也可发生在粒细胞和巨核细胞。巨幼变的细胞大部分在骨髓内未成熟就被破坏，称为无效性造血。抗肿瘤药物干扰核苷酸合成也可引起巨幼细胞贫血。

此外，维生素 B_{12} 缺乏还可引起神经精神异常，其机制与两个维生素 B_{12} 依赖酶（L-甲基丙二酰-辅酶 A 变位酶和甲硫氨酸合成酶）的催化反应发生障碍有关，前者导致神经髓鞘合成障碍，后者引起神经细胞甲基化反应受损。

【临床表现】

巨幼细胞贫血起病大多缓慢，主要有以下临床表现。

（一）血液系统症状

血液系统主要以慢性贫血表现为主，如乏力、头晕、活动后心悸、气促、皮肤和黏膜苍白，部分患者可出现轻度黄疸。严重者全血细胞减少，反复感染和出血。

（二）消化系统症状

患者常有食欲减退、腹胀、便秘或腹泻。舌炎、舌痛、舌乳头萎缩，舌面呈"牛肉样舌"等。

（三）神经系统症状

巨幼细胞贫血可出现神经系统症状，表现为手足对称性远端肢体麻木、软弱无力，深感觉障碍，共济失调，步态不稳，味觉、嗅觉减退等，部分患者肌张力增高、腱反射亢进、锥体束征阳性，严重者大小便失禁。叶酸缺乏可伴有易怒、妄想。维生素 B_{12} 缺乏可出现抑郁、失眠、谵妄、精神错乱及人格变态等。

【实验室检查】

（一）血象

巨幼细胞贫血属大细胞性贫血，MCV、MCH 均增高，MCHC 正常。患者可呈现全血细胞减少。血涂片中红细胞大小不等、中央淡染区消失，以大卵圆形红细胞为主，可见点彩红细胞。中性粒细胞分叶过多，可有 6 叶或更多的分叶，偶见巨型杆状核粒细胞。网织红细胞数正常或轻度增多。血小板计数也可减少，并有形态异常。

（二）骨髓象

骨髓增生活跃或明显活跃，以红系细胞最为显著，粒细胞/红细胞比值降低。各系细胞均可见到"巨幼变"，巨型红细胞呈"核幼浆老"改变，细胞体积增大，核发育明显落后于胞质。巨核细胞减少，也可见体积增大及分叶过多，血小板成熟障碍。骨髓铁染色增多。

（三）生化检查

血清胆红素可稍增高，血清叶酸 < 6.8 nmol/L；血清维生素 B_{12} < 74 pmol/L；红细胞叶酸 < 227 nmol/L。血清铁及转铁蛋白饱和度正常或高于正常。

（四）其他

如怀疑恶性贫血，还应进行内因子抗体测定，如内因子抗体为阳性，还应做维生素 B_{12} 吸收试验来证实。

【诊断与鉴别诊断】

（一）诊断

有巨幼细胞贫血的原因及临床表现；血象呈现大细胞性贫血，中性粒细胞核分叶过多；骨髓细胞呈典型的巨幼变，且无其他异常造血；血清叶酸和（或）维生素 B_{12} 检测，血清叶酸 < 6.8 nmol/L 应考虑为叶酸缺乏；血清维生素 B_{12} < 74 pmol/L 应考虑为维生素 B_{12} 缺乏。此外，应用叶酸或维生素 B_{12} 进行诊断性治疗，1 周左右网织红细胞明显升高也可帮助诊断。

（二）鉴别诊断

临床上，有些恶性血液病（如急性红白血病、骨髓增生异常综合征、多发性骨髓瘤）血象或骨髓象也会出现类似巨幼细胞。这些疾病与巨幼细胞贫血不同的是除巨幼细胞外，还会有过多的原始、幼稚细胞和病态造血的表现，血清叶酸及维生素 B_{12} 水平均不降低。

【治疗】

去除引起叶酸或维生素 B_{12} 缺乏的原因，积极治疗原发病和补充所缺乏的维生素。

（一）病因治疗

治疗原发病，如胃肠道疾病、免疫性疾病；药物导致的巨幼细胞贫血则酌情停用；偏食者调理膳食，进食富含叶酸或维生素 B_{12} 的食物，如新鲜蔬菜、肉、蛋。

（二）补充叶酸和（或）维生素 B_{12}

1. 补充叶酸 口服叶酸 5~10 mg，每日 3 次。对胃肠道不能吸收者，可肌内注射亚叶酸钙（四氢叶酸钙）5~10 mg，每日 1 次，直至血红蛋白恢复正常。如果同时有维生素 B_{12} 缺乏，则不宜单用叶酸治疗，否则会加重维生素 B_{12} 缺乏的症状，容易导致神经系统症状发生或使其加重。

2. 补充维生素 B_{12} 维生素 B_{12} 500 μg 肌内注射，每周 2 次，没有胃肠道吸收障碍者可口服维生素 B_{12} 片 500 μg，每日 1 次，直至血红蛋白恢复正常。有神经精神症状者要治疗半年到 1 年。恶性贫血或全胃切除的患者需终生用维生素 B_{12} 维持治疗（血红蛋白正常后每个月注射 1 次）。一般在上述药物治疗后 8~12 h 骨髓的巨幼红细胞开始转变为正常幼红细胞，48~72 h 巨幼红细胞形态基本恢复正常，3 d 后网织红细胞开始上升，4~10 d 可达高峰，同时白细胞及血小板也开始恢复，但血象恢复正常一般需 1~2 个月。

【健康教育】

加强营养知识教育，纠正偏食及不恰当的烹调习惯，可预防叶酸或维生素 B_{12} 缺乏，特别是对需要量多的生长发育期的儿童、青少年、妊娠期及哺乳期妇女。对有慢性溶血疾病、慢性炎症、感染、恶性肿瘤、骨髓增生性疾病者，应予补充叶酸。

第四节 再生障碍性贫血

再生障碍性贫血（aplastic anemia，AA）是由化学、物理、生物因素及不明原因引起的造血干细胞及造血微环境损伤，引起骨髓造血功能衰竭，以骨髓造血功能低下、全血细胞减少及其导致的贫血、出血和感染为主要表现的一组综合征。再生障碍性贫血在我国每年发病率为 0.74/10 万，男性、女性发病率无明显差别，其中 0.14/10 万为重型再生障碍性贫血。

【病因与发病机制】

（一）病因

再生障碍性贫血的发病原因尚不明确，可能与以下因素有关。

1. 化学因素 药物（氯霉素、合霉素及抗肿瘤药、磺胺类药）和工业用化学物品（苯）。其中一部分对骨髓的抑制作用与其剂量有关（如苯及各种抗肿瘤药），抗生素、磺胺药及杀虫剂等引起再生障碍性贫血与剂量关系不大，而与个人的敏感性有关。

2. 物理因素 X 线、镭、放射性核素等可因阻挠 DNA 的复制而抑制细胞的有丝分裂，使造血干细胞数量减少，干扰骨髓细胞的生成。较长时间或较大剂量接触可损害造血微环境，造成骨髓永久增生低下。

3. 生物因素 生物因素包括病毒性肝炎及各种严重感染。

（二）发病机制

再生障碍性贫血的发病机制目前仍未明确。大量临床及实验研究表明，再生障碍性贫血是一组后天获得的异质性综合征。可能的发病机制包括以下 3 种。

1. 造血干细胞和祖细胞（"种子"）的内在缺陷　原发或继发性造血干细胞和祖细胞的内在缺陷包括量和质的异常。再生障碍性贫血患者骨髓中的 $CD34^+$ 细胞明显减少，且 $CD34^+$ 细胞减少的程度与病情的严重性成正相关；造血干细胞和祖细胞集落形成能力显著下降，体外对造血生长因子反应明显减弱。

2. 造血微环境（"土壤"）异常　再生障碍性贫血患者骨髓活检提示除造血细胞减少外，还存在骨髓脂肪化、静脉窦壁出血、水肿、毛细血管坏死；骨髓基质细胞分泌的各种造血调控因子的能力与正常人不同。骨髓基质细胞损害严重的再生障碍性贫血进行造血干细胞移植可能会移植失败。

3. 免疫（"虫子"）异常　再生障碍性贫血患者骨髓及外周血淋巴细胞比例最高，尤其T淋巴细胞更为明显且出现功能紊乱，其分泌的造血负调控因子对红细胞系和粒细胞系的生长有明显的抑制作用。将骨髓中抑制性T细胞去除后再进行体外细胞培养，其所生成的粒细胞及红细胞集落比未做T细胞处理时增多。再生障碍性贫血应用免疫治疗有效，均说明患者的发病与免疫有关。目前认为，T淋巴细胞异常活化、功能亢进导致的骨髓损害是获得性再生障碍性贫血的主要发病机制，而遗传背景也发挥一定的作用。

再生障碍性贫血的病因及发病机制。

【临床表现】

临床上主要以进行性贫血，皮肤、黏膜或内脏出血，反复感染和发热为特点。患者一般无肝大、脾大、淋巴结肿大。

1. 重型再生障碍性贫血　重型再生障碍性贫血起病急，进展迅速。①贫血进行性加重，伴明显的乏力、头晕及心悸等。②出血部位广泛，除皮肤、黏膜外，还常有深部出血，如便血、血尿、子宫出血或颅内出血，危及生命，颅内出血是常见的致死原因。③皮肤感染、肺部感染多见，严重者可发生败血症，病情险恶，常用的对症治疗不易奏效。

2. 慢性再生障碍性贫血　慢性再生障碍性贫血起病及进展较缓慢。①贫血往往是首发和主要表现。②出血较轻，以皮肤、黏膜为主。除妇女易有子宫出血外，很少有内脏出血。③感染，以呼吸道感染多见，合并严重感染者少见。

再生障碍性贫血的临床表现。

【实验室检查】

（一）血象

全血细胞减少为再生障碍性贫血的突出特点。重型再生障碍性贫血多表现为重度正细胞正色素性贫血；网织红细胞百分比多 < 0.005，且绝对值 $< 15 \times 10^9/L$；白细胞计数多 $< 2 \times 10^9/L$，中性粒细胞 $< 0.5 \times 10^9/L$，淋巴细胞比例明显增加；血小板计数 $< 20 \times 10^9/L$；血涂片多无幼稚细胞；出血时间延长，血块退缩不良。

（二）骨髓象

多部位骨髓穿刺涂片显示骨髓增生程度明显减低或极度减低，粒细胞系、红细胞系及巨核细胞均明显减少，淋巴细胞、浆细胞等非造血细胞比例明显增多。骨髓液中骨髓小粒很少且空虚，脂肪滴增多。骨髓活检显示增生减低，造血细胞减少，脂肪组织和非造血细胞增多，无异常细胞。

（三）其他检查

CD4 细胞与 CD8 细胞比值减低，Th1 型细胞与 Th2 型细胞比值增高。骨髓细胞染色体核型正常，骨髓铁染色显示储存铁增多，中性粒细胞碱性磷酸酶染色强阳性。溶血检查均为阴性。

 再生障碍性贫血的实验室检查。

【诊断与鉴别诊断】

（一）诊断

1. 再生障碍性贫血的诊断

（1）全血细胞减少，网织红细胞百分数 < 0.01，淋巴细胞比例增多。

（2）一般无肝大、脾大。

（3）骨髓检查显示多部位增生减低（< 50%）或重度减低（< 25%），造血细胞减少，非造血细胞比例增多，骨髓小粒空虚（有条件可做骨髓活检）。

（4）除外引起全血细胞减少的其他疾病，如阵发性睡眠性血红蛋白尿、骨髓增生异常综合征中的难治性贫血、急性造血功能停滞、骨髓纤维化、急性白血病、恶性组织细胞病等。

2. 再生障碍性贫血的分型诊断　再生障碍性贫血分为重型再生障碍性贫血 Ⅰ 型（SAA-Ⅰ）、重型再生障碍性贫血 Ⅱ 型（SAA-Ⅱ）以及非重型再生障碍性贫血（NSAA）。

（1）SAA-Ⅰ 诊断标准：骨髓增生广泛重度减低，并符合以下 3 项中任意 2 项：①网织红细胞绝对值 < 15×10^9/L；②中性粒细胞 < 0.5×10^9/L；③血小板 < 20×10^9/L。

（2）NSAA 诊断标准：符合再生障碍性贫血的诊断，但未达到 SAA-Ⅰ 的标准。

（3）SAA-Ⅱ 诊断标准：NSAA 患者病情恶化，达到了 SAA-Ⅰ 的诊断标准。

（二）鉴别诊断

1. 阵发性睡眠性血红蛋白尿　哈姆（Ham）试验（酸溶血试验）、糖水试验及尿含铁血黄素试验（Rom 试验）均为阳性。中性粒细胞碱性磷酸酶活力正常或降低，临床上常有反复发作的血红蛋白尿（酱油色尿）及黄疸、脾大。

2. 骨髓增生异常综合征　血象呈现一项或两项减少，不一定是全血细胞减少。红系巨幼变，核浆发育不平衡，骨髓象呈现增生明显活跃，三系细胞有病态造血现象，为本病明显的特征。

3. 恶性组织细胞病　多有高热，出血严重，晚期可有肝大、黄疸。骨髓中有异常的组织细胞。

4. 急性造血功能停滞　急性造血功能停滞常由感染或药物引起，有高热、外周血三系下降、病情进展迅速，易误诊为重型再生障碍性贫血。但该病有自限性，2~6 周可恢复。

 再生障碍性贫血的诊断与鉴别诊断。

【治疗】

尽可能地去除有关病因。及时给予支持治疗，包括防治感染和出血，并予以成分输血等。采取各种措施促进骨髓造血功能恢复，包括药物治疗、使用免疫抑制药、造血生长因子、造血干细胞移植。

（一）支持及对症治疗

1. 注意个人卫生　特别应注意皮肤及口腔卫生。血象过低（中性粒细胞 < 0.5×10^9/L）时，应

采取保护隔离措施,防止交叉感染,严重者可予以预防性抗真菌治疗。注意加强营养,食物以高热量、富含维生素 B 族和维生素 C 及易消化为宜。必要时给予心理护理。

2. 对症治疗　成分输血、止血及控制感染。对贫血严重、症状明显者,宜输血以提高血红蛋白水平。选用对致病菌有效的抗生素治疗,严重者可予以预防性抗真菌治疗。

(二)促造血治疗

1. 雄激素　雄激素可以刺激骨髓造血,对慢性再生障碍性贫血有一定的疗效。常用十一酸睾酮 40~80 mg,每日 3 次,口服;丙酸睾酮 100 mg,每日 1 次,肌内注射;司坦唑醇(康力龙)每次 2 mg,每日 3 次,口服。雄激素作用缓慢,有效者常先出现网织红细胞计数上升,然后红细胞及血红蛋白上升。不良反应:女性可有男性化和停经,停药后可消失,水、钠潴留。疗程中应定期检查肝功能。

2. 造血生长因子　造血生长因子可用于所有再生障碍性贫血患者,尤其是重型再生障碍性贫血患者。常用红细胞生成素(EPO)、粒-单系集落刺激因子或粒系集落刺激因子、重组人血小板生成素(TPO),均有一定的疗效。艾曲波帕(revolade) 50 mg,每日 1 次,口服。该药是新一代的血小板受体激动剂,目前已广泛应用于临床,对促进血小板的生成有很好的疗效。

(三)免疫抑制药

抗淋巴细胞球蛋白(ALG)或抗胸腺细胞球蛋白(ATG)是目前治疗重型再生障碍性贫血的重要药物,可与其他免疫抑制药(环孢素等)联合使用。临床上还常用大剂量甲泼尼龙、大剂量静脉丙种球蛋白治疗重型再生障碍性贫血。应根据患者的不同情况分别应用或联合应用。环孢素 3~5 mg/(kg·d),可用于全部再生障碍性贫血患者,疗程可达 1 年以上。该药副作用较大,用药期间注意肝功能、肾功能损害,消化道反应及牙龈增生等。

(四)造血干细胞移植

造血干细胞移植主要用于重型再生障碍性贫血,没有发生感染或其他并发症,年龄不应超过 40 岁,有合适的供体可考虑 allo-HSCT。

再生障碍性贫血的治疗原则。

【健康教育】

加强有关化学和放射性物质的工业、农业生产中的防护措施,严格操作规程。对某些损害造血系统的药物要慎用或不用。防止有害物质污染环境。防御化学战争及核爆炸等。

知识链接

再生障碍性贫血的疗效标准

1. 基本治愈　贫血和出血症状消失,血红蛋白男性达 120 g/L、女性达 110 g/L,中性粒细胞达 1.5×10^9/L,血小板达 100×10^9/L,随访 1 年以上未复发。

2. 缓解　贫血和出血症状消失,血红蛋白男性达 120 g/L、女性达 100 g/L,白细胞达 3.5×10^9/L 左右,血小板也有所增加,随访 3 个月病情稳定或继续好转。

3. 明显进步　贫血和出血症状明显好转,无需输血,血红蛋白较治疗前 1 个月内常见值增长 30 g/L 以上,并能维持 3 个月。欲判断以上三项疗效标准,均应 3 个月内不输血。

4. 无效　经充分治疗后,症状、血常规未达到明显进步。

第五节 溶血性贫血

溶血（hemolysis）是指红细胞非自然衰老而提前遭受破坏的过程。溶血性贫血（hemolytic anemia，HA）是指由于红细胞寿命显著缩短，过度破坏，超过骨髓造血代偿能力引起的一种贫血。因骨髓有相当于正常造血能力 6~8 倍的代偿潜力，所以发生溶血而骨髓能够代偿，不出现贫血者称为溶血状态（hemolytic state）。溶血性贫血约占全部贫血的 5%，各年龄段均可发病。

【病因和临床分类】

溶血性贫血有多种临床分类方法，目前临床上多按发病机制分类。

（一）红细胞自身异常

1. 红细胞膜异常

（1）遗传性红细胞膜异常：遗传性球形红细胞增多症、遗传性椭圆形红细胞增多症、遗传性棘形红细胞增多症、遗传性口形红细胞增多症等。

（2）获得性细胞膜锚链膜蛋白异常：阵发性睡眠性血红蛋白尿（PNH）。

2. 遗传性红细胞酶缺陷

（1）磷酸戊糖途径酶缺陷：葡萄糖-6-磷酸脱氢酶缺乏症。

（2）无氧酵解途径酶缺陷：丙酮酸激酶缺乏症。

3. 遗传性珠蛋白生成障碍

（1）珠蛋白肽链数量异常：珠蛋白生成障碍性贫血（地中海贫血）。

（2）珠蛋白肽链结构异常：异常血红蛋白病。

（二）红细胞外部异常

1. 免疫性因素

（1）自身免疫性因素：自身免疫性溶血性贫血（温抗体型或冷抗体型）。

（2）同种免疫性因素：血型不相容性输血反应、新生儿溶血性贫血。

2. 血管性因素

（1）微血管病：血栓性血小板减少性紫癜（TTP）、弥散性血管内凝血（DIC）。

（2）瓣膜病：钙化性主动脉瓣狭窄及人工心脏瓣膜、血管炎。

3. 生物因素　蛇毒、疟疾、黑热病等。

4. 理化因素　大面积烧伤、血浆渗透压改变导致溶血（亚硝酸盐中毒等）。

【发病机制】

正常红细胞在循环血液中虽不断受机械损伤，但仍保持其完整性，这与红细胞正常时的形态有关，其表面积大于相应体积，使其具有高度的可变性。红细胞的这种特性与红细胞膜的结构和功能、红细胞内酶和能量代谢，以及血红蛋白的结构正常有关。三者中任何一方发生异常，均可使红细胞完整性受损而发生溶血。

（一）红细胞内部异常引起红细胞破坏

1. 红细胞膜的异常　红细胞膜主要由双层脂质及蛋白质两大部分组成。膜蛋白质包括收缩蛋白、肌动蛋白、载体及各种酶等，形成膜支架；脂质则以胆固醇和磷脂为主。细胞膜结构的正常是保持红细胞可变性和柔韧性的重要条件，而红细胞膜的完整性则与红细胞内酶及能量代谢有密切关系。

（1）红细胞膜支架异常：使红细胞形态发生改变，失去可塑性，此类异形红细胞易在单核吞噬细胞系统内遭到破坏，如遗传性球形红细胞或椭圆形红细胞增多症。

（2）红细胞膜通透性改变：如丙酮酸激酶缺乏症时，红细胞内K^+漏出和Na^+增加，从而使红细胞的稳定性发生破坏。

（3）红细胞膜化学成分的改变：如无β^-脂蛋白血症，因红细胞胆固醇含量增加，而磷脂酰胆碱含量较低，从而使红细胞呈棘状。

（4）红细胞膜吸附凝集抗体、不完全抗体或补体：使红细胞易在单核吞噬细胞系统被破坏，如自身免疫性溶血性贫血。

2. 血红蛋白的异常　由于血红蛋白分子结构的异常，使分子间易发生聚集或形成结晶，导致红细胞硬度增加，无法通过直径比它小的微循环而被单核吞噬细胞所吞噬。不稳定血红蛋白病和磷酸戊糖旁路的酶缺陷等，由于氧化作用破坏血红蛋白，导致海因小体形成。这种含有坚硬珠蛋白变性小体的红细胞，极易被脾索阻滞而清除。

3. 物理和机械因素　如大面积烧伤，可使红细胞变为球形而易被破坏，病理性瓣膜（钙化性主动脉瓣狭窄等）、人工机械瓣膜等对红细胞的机械性损伤。弥散性血管内凝血时，微血管内形成纤维蛋白条索。当循环的红细胞被黏附到网状结构的纤维蛋白条索上以后，由于血流不断冲击，导致红细胞破裂。红细胞强行通过纤维蛋白条索间的网孔时，也可受到机械性损伤而溶血，临床上称为微血管病性溶血性贫血。

（二）异常红细胞破坏的场所

1. 血管内溶血　血管内溶血见于血型不合输血、输注低渗溶液、阵发性睡眠性血红蛋白尿等。此时红细胞在循环血流中遭到破坏，血红蛋白释放而引起症状。血管内溶血起病比较急，患者常有全身症状，如腰背酸痛、血红蛋白血症和血红蛋白尿。慢性血管内溶血患者可有含铁血黄素尿。

2. 血管外溶血　单核吞噬细胞系统（主要是脾）破坏红细胞，见于遗传性球形红细胞增多症和温抗体型自身免疫性溶血性贫血等。血管外溶血起病比较缓慢，可引起脾大，患者血清游离胆红素增多，多无血红蛋白尿。

在巨幼细胞贫血及骨髓增生异常综合征等疾病时，骨髓内的幼红细胞在释放入血液循环之前已在骨髓内被破坏，称为无效性红细胞生成。其本质也是一种血管外溶血，严重时可伴有黄疸。

【临床表现】

（一）急性溶血性贫血

急性溶血性贫血起病急骤，多为血管内溶血。表现为严重的腰背及四肢酸痛，伴寒战、头痛、呕吐、腹泻、腹痛，随后出现高热、面色苍白、血红蛋白尿、黄疸和贫血。出现血红蛋白尿时，尿色如浓红茶，严重时呈酱油色。病情危重时可出现周围循环衰竭。溶血产物可引起肾小管阻塞及肾小管细胞坏死，最终导致急性肾衰竭。

（二）慢性溶血性贫血

慢性溶血性贫血起病缓慢，症状较轻，多为血管外溶血。主要临床表现为贫血、黄疸、肝脾大三大特征。轻微溶血性贫血仅仅表现贫血的症状，如无力、苍白、头晕、气促，可以没有黄疸。慢性溶血性贫血由于长期的高胆红素血症，可并发胆石症和肝功能损害。在慢性溶血的病程中，可因为感染等因素导致溶血加重，发生溶血危象或再生障碍性贫血危象。

【实验室检查】

（一）红细胞破坏增多的检查

1. 外周血象　呈不同程度的贫血。一般呈正细胞正色素性贫血，网织红细胞明显增多。

2. 血管内溶血检查

（1）游离血红蛋白可升高。

（2）血清结合珠蛋白降低。

（3）血红蛋白尿：尿常规检查时隐血阳性，尿蛋白阳性，红细胞阴性。

（4）含铁血黄素尿：多见于慢性血管内溶血，尿沉渣镜检发现脱落上皮细胞内有含铁血黄素。

（5）高铁血红蛋白阳性，见于严重血管内溶血。

3. 血管外溶血检查

（1）胆红素：血管外溶血时总胆红素升高，以非结合胆红素升高为主。慢性中、重度溶血常合并胆结石。

（2）尿常规：尿胆原升高、尿胆红素阴性；粪胆原升高。

4. 红细胞生存期缩短　用 ^{51}Cr 同位素标记红细胞测定在体内的生存期，并可结合体表扫描判断红细胞破坏的部位。正常红细胞半寿期 $T_{1/2}$（^{51}Cr）为 25～30 d。

5. 红细胞破坏增多的其他检查

（1）血管内溶血时乳酸脱氢酶升高。

（2）外周血涂片可发现大量裂细胞（破碎红细胞），多见于微血管病性溶血性贫血。

（二）红细胞代偿增生的检查

1. 网织红细胞增多　溶血时可达 5%～20%。

2. 外周血涂片　可见幼稚红细胞，以晚幼红细胞为主。

3. 骨髓红细胞系统增生明显活跃　以中、晚幼红细胞为主，粒红比例降低甚至倒置。

（三）红细胞膜缺陷和红细胞内酶缺陷检查

1. 红细胞形态检查　外周血涂片中大量球形、椭圆形、口形、靶形红细胞见于遗传性溶血性贫血。

2. 红细胞渗透脆性试验　红细胞渗透脆性增加见于遗传性球形红细胞增多症，也见于自身免疫性溶血性贫血；红细胞渗透脆性降低见于海洋性贫血、镰状细胞贫血及其他血红蛋白病。

3. 血红蛋白电泳　血红蛋白电泳检测异常血红蛋白区带，如 β 地中海贫血时 HbA_2 和（或）HbF 增多，α 地中海贫血时可见 HbH 或 HbBarts。

4. 酸溶血试验（Ham test）及蔗糖水溶血试验　酸溶血试验及蔗糖水溶血试验阳性见于 PNH。

5. 抗人球蛋白试验（Coombs test）　Coombs 试验阳性见于自身免疫性溶血性贫血。直接 Coombs 试验阳性提示红细胞膜结合了自身抗体、间接 Coombs 试验阳性提示血清中存在游离的自身抗体。

6. 红细胞葡萄糖-6-磷酸脱氢酶（G6PD）活性定量测定　红细胞葡萄糖-6-磷酸脱氢酶活性定量测定是确定葡萄糖-6-磷酸脱氢酶缺乏最可靠的实验室检查，具有确诊意义。

7. 流式细胞术　检测 CD55 和 CD59PNH 骨髓和外周血的细胞膜（红细胞、粒细胞及单核细胞）CD55 和 CD59 表达下降，有利于诊断的确立。

【诊断】

具有溶血性贫血的临床表现。实验室检查提示有红细胞破坏增多，红细胞生存期缩短及骨髓红细胞系统增生明显活跃，可做出诊断。在确定溶血性贫血的诊断后，应根据病史、临床表现及进一步实验室检查确定溶血的病因诊断。起病缓慢、病程长、有遗传性、脾大者多属血管外溶血；血管内溶血则大多起病急、病程短、获得性、无脾大，且有血红蛋白尿、含铁血黄素尿、游离血红蛋白血增多和高铁血红蛋白血增多等。有些特殊检查（如流式细胞术）可进一步明确溶血性贫血的类型。

【鉴别诊断】

（一）与其他类型贫血的鉴别

有贫血及网织红细胞增多者，如失血性、缺铁性或巨幼细胞贫血的恢复期，可根据病史及临床表现，结合实验室检查进行鉴别。

（二）与其他类型黄疸的鉴别

急性溶血性贫血应与急性黄疸型肝炎相鉴别，后者无严重贫血及网织红细胞增高，血清非结合胆红素与结合胆红素均增高，且尿中胆红素阳性，无血红蛋白尿。慢性黄疸又有家族史的遗传性溶血性贫血应与家族性非溶血性黄疸［吉尔伯特综合征（Gilbert syndrome）］相鉴别，后者有明显的遗传倾向，也可长期间歇出现非胆红素升高的黄疸，但无贫血，也无红细胞破坏增加及代偿增生的特征。

【治疗】

溶血性贫血是一组异质性疾病，治疗因病因不同而异。最合理的治疗方法应是去除病因。如无法纠正病因，则针对发病机制进行治疗。

（一）去除病因及诱因

对化学品或药物诱发的溶血性贫血，立即停用该类药物，病情很快会恢复；感染引起的溶血性贫血，应迅速控制感染；怀疑溶血性输血反应，应立即停止输血，更换所有输血器具，再进一步查找原因；葡萄糖-6-磷酸脱氢酶缺乏者应避免食用蚕豆及其制品。

（二）糖皮质激素

糖皮质激素主要用于免疫性溶血性贫血、溶血性输血反应，还可用于治疗阵发性睡眠性血红蛋白尿。常用泼尼松片，成人 $1\sim1.5$ mg/（kg·d），维持 $3\sim4$ 周溶血缓解，Hb > 100 g/L 后逐渐减量，一般每周 $5\sim10$ mg，疗程至少 $3\sim6$ 个月。若停药过早或减量过急，均易导致复发。对危重病例，可用甲泼尼龙、地塞米松静脉滴注，病情稳定后改为口服。糖皮质激素足量使用 4 周仍未达上述疗效，建议换用其他治疗方法。

（三）脾切除术

脾切除术适用于糖皮质激素无效或需要较大剂量糖皮质激素（泼尼松片 > 10 mg/d）维持治疗的溶血性贫血患者。脾切除术后红细胞寿命延长，贫血将有所减轻。有效率约为 60%。

（四）其他免疫抑制药

对糖皮质激素疗效不佳或需较大维持剂量者可加用免疫抑制药，如环磷酰胺、硫唑嘌呤、吗替麦考酚酯、环孢素。常用硫唑嘌呤 $2\sim2.5$ mg/（kg·d），病情稳定后可逐渐减量，总疗程为 6 个月左右。用药期间应定期检测血常规，密切注意有无骨髓抑制。

（五）利妥昔单抗

利妥昔单抗（rituximab）是一种 B 淋巴细胞表面 CD20 抗原的单克隆抗体，常用于 B 淋巴细胞淋巴瘤患者，对自身免疫性溶血性贫血脾切除术无效患者有较好的疗效。

（六）输血

一般输洗涤红细胞。输血虽可暂时改善患者的情况，但可能加重自身免疫性溶血性贫血或诱发阵发性睡眠性血红蛋白尿发作，所以输血适应证宜从严掌握。较重的海洋性贫血需要长期依赖输血，但过多输血可造成血色素沉着症。

【健康教育】

深入开展流行病学调查，开展遗传咨询，对与遗传有关的溶血性贫血患者进行婚姻咨询、产前诊断，早期发现胎儿遗传病、及时进行人工流产是预防遗传病的有效措施，逐步降低其发病率。葡萄糖-6-磷酸脱氢酶缺乏症患者应避免接触氧化剂类药物，避免食用蚕豆或与蚕豆、花粉接触。禁用已知可诱发免疫性溶血性贫血的药物。

自 测 题

一、选择题

1. 根据我国标准，血红蛋白测定值下列哪项可诊断为贫血
   A. 成年男生低于 130 g/L
   B. 成年女性低于 110 g/L
   C. 妊娠期低于 105 g/L
   D. 哺乳期低于 115 g/L
   E. 初生儿至 3 个月低于 150 g/L

2. 根据病因及发病机制贫血可分为
   A. 红细胞生成减少、造血功能不良两类
   B. 红细胞生成减少、造血功能不良及红细胞破坏过多三类
   C. 红细胞生成减少、红细胞破坏过多及失血三类
   D. 红细胞生成减少、溶血、失血、再生障碍性贫血及缺铁五类
   E. 红细胞生成减少、红细胞过度破坏、失血及造血功能不良四类

3. 关于贫血的病理生理基础，错误的是
   A. 红细胞内 2,3-DPG 含量减少
   B. 心脏扩大，脉压加大
   C. 性功能减退，月经紊乱
   D. ST 段压低，T 波倒置
   E. 多尿

4. 正常人消化道内铁吸收效率最高的部位是
   A. 胃
   B. 十二指肠及空肠上部
   C. 空肠
   D. 回肠
   E. 回盲部

5. 不能抑制铁吸收的是
   A. 咖啡
   B. 蛋类
   C. 茶
   D. 维生素 C
   E. 菠菜

6. 关于贮存铁，错误的是
   A. 以铁蛋白和含铁血黄素形式存在
   B. 铁蛋白主要在细胞质中
   C. 含铁血黄素可能是变性的铁蛋白
   D. 体内铁主要贮存在肝、脾、骨髓
   E. 铁蛋白不溶于水，由皮肤细胞代谢

7. 早期缺铁性贫血形态学改变为
   A. 小细胞正色素性贫血
   B. 小细胞低色素性贫血
   C. 正细胞正色素性贫血
   D. 大细胞性贫血
   E. 镰状细胞贫血

8. 缺铁性贫血的改变顺序是
   A. 低血清铁 - 骨髓贮存铁减少 - 贫血
   B. 低血清铁 - 贫血 - 骨髓贮存铁减少
   C. 骨髓贮存铁减少 - 贫血 - 低血清铁
   D. 贫血 - 骨髓贮存铁减少 - 低血清铁
   E. 骨髓贮存铁减少 - 低血清铁 - 贫血

9. 血清铁减低，总铁结合力增高及转运铁蛋白饱和度减低见于
   A. 海洋性贫血
   B. 感染性贫血
   C. 缺铁性贫血
   D. 再生障碍性贫血
   E. 铁粒幼细胞贫血

10. 慢性骨髓炎患者，发现贫血，红细胞为正常细胞型，血清铁 450 μg/L，总铁结合力 2000 μg/L，骨髓细胞外铁（++），诊断为

    A. 缺铁性贫血　　　　　　　　　　　B. 营养性巨幼红细胞贫血
    C. 慢性感染性贫血　　　　　　　　　D. 失血性贫血
    E. 铁粒幼红细胞贫血

11. 患者，女性，29 岁，贫血病史 1 年，浅表淋巴结不肿大，肝、脾肋下未触及，血象呈现全血细胞减少，若诊断再生障碍性贫血，意义最大的是

    A. 网织红细胞减少　　　　　　　　　B. 骨髓增生低下，造血细胞减少
    C. 骨髓非造血细胞增多，NAP 增加　　D. 铁粒幼细胞消失
    E. 巨核细胞增多

12. 患者，女性，32 岁，月经增多伴发热 2 周，Hb 50 g/L，WBC 3.2×10^9/L，PLT 30×10^9/L，骨髓象呈成熟红细胞与有核细胞比例 100∶1，该病诊断为

    A. 急性白血病早期
    B. 急性再生障碍性贫血
    C. 急性原发免疫性血小板减少症伴缺铁性贫血
    D. 类白血病反应
    E. 粒细胞缺乏症早期

13. 患者，男性，28 岁，头晕、乏力 1 年半，皮肤散在出血点，Hb 65 g/L，RBC 2.0×10^{12}/L，WBC 1.8×10^9/L，白细胞分类：淋巴细胞 80%，中性粒细胞 20%，骨髓增生低下，诊断为

    A. 骨髓纤维化　　　　　　　　　　　B. 慢性再生障碍性贫血
    C. 急性再生障碍性贫血　　　　　　　D. 脾功能亢进
    E. 白血病

14. 患者，女性，34 岁，妊娠 6 个月，既往月经过多，Hb 75 g/L，RBC 3.3×10^{12}/L，网织红细胞 2%，血清铁 460 μg/L，总铁结合力 4600 μg/L，血清总胆红素 2.0 μmol/L。诊断最可能的是

    A. 失血性贫血　　　　　　　　　　　B. 妊娠期巨幼细胞贫血
    C. 缺铁性贫血　　　　　　　　　　　D. 溶血性贫血
    E. 铁幼粒细胞贫血

15. 患者，男性，28 岁，贫血 3 年，伴有下肢慢性溃疡。实验室检查为正细胞贫血，血清铁 460 μg/L，总铁结合力 210 μg/L，骨髓贮存铁（++），应诊断为

    A. 再生障碍性贫血　　　　　　　　　B. 慢性感染性贫血
    C. 营养性巨幼红细胞贫血　　　　　　D. 缺铁性贫血
    E. 铁幼粒细胞贫血

二、简答题

1. 简述贫血的分类和分类依据。
2. 描述体内铁代谢过程。

（夏　鑫）

第三十九章 出血性疾病

第三十九章数字资源

> **学习目标**
>
> 1. 知识：列举出血性疾病的分类；描述原发免疫性血小板减少症、过敏性紫癜、弥散性血管内凝血的临床表现、诊断依据和治疗原则；概括止血和凝血、抗凝与纤维蛋白溶解的机制；解释原发免疫性血小板减少症、过敏性紫癜、弥散性血管内凝血的病因。
> 2. 能力：能对不同病因的出血性疾病进行诊断，并针对不同病因选择合理的治疗方案；能对出血性疾病患者进行健康教育。
> 3. 素养：出血性疾病可能会在短时间内导致失血性休克或重要器官功能衰竭等，学习者要具备较强的应变能力，在紧急情况下能够保持冷静，迅速做出判断并采取有效的应对措施，保障患者的生命安全。同时要树立严谨细致的工作态度，认识到出血性疾病的病情复杂多变，任何一个细微的症状或检查结果都可能影响诊断和治疗，因此在学习和未来的临床实践中，需做到一丝不苟，避免因疏忽造成误诊或漏诊。主动承担起为患者提供准确诊断、有效治疗的责任，始终将患者的利益放在首位。

案例 6-39-1

患者，女性，20岁。因"月经过多3个月余，皮肤瘀斑3d"就诊。患者3个多月前无明显诱因出现月经量过多，无鼻出血、牙龈渗血，无黑便及血尿，无发热，未在意。3d前出现下肢皮肤瘀斑，进行性加重，来院就诊。发病以来进食尚可，二便正常，体重无明显变化。既往身体健康，无肺结核、肝炎病史，无药物过敏史。无遗传病家族史。体格检查：T 36.5 ℃，P 70次/分，R 17次/分，BP 120/75 mmHg，意识清楚，精神尚可，未见皮肤、黏膜黄染，双下肢可见片状皮肤瘀斑，浅表淋巴结未触及肿大，胸骨无压痛，双肺呼吸音清，未闻及啰音，心脏听诊未闻及异常，肝、脾肋下未触及肿大，双下肢无水肿，生理反射存在，病理反射未引出。实验室检查：血常规 WBC 5.0×10^9/L，RBC 4.5×10^{12}/L，Hb 111 g/L，PLT 31×10^9/L；凝血功能：正常。

问题与思考：

1. 初步诊断和诊断依据是什么？应与哪些疾病相鉴别？
2. 为明确诊断，需要进一步做哪些检查？
3. 治疗原则是什么？

第一节 概 述

人体血管受到损伤时，血液可自血管外流或渗出。此时，机体将通过一系列生理性反应使出血停止，即止血。止血过程有多种因素参与，并包含一系列复杂的生理、生化反应。因先天性或遗传性及获得性因素导致血管、血小板、凝血、抗凝及纤维蛋白溶解等止血功能缺陷或异常而引起的以自发性或轻度损伤后过度出血为特征的疾病，称为出血性疾病。

【生理性止血过程】

（一）血管收缩

生理性止血首先表现为受损血管局部和附近的小血管收缩，使局部血流减少，有利于减轻或阻止出血。引起血管收缩的原因有以下3个方面：①损伤性刺激反射性使血管收缩；②血管壁的损伤引起局部血管肌源性收缩；③黏附于损伤处的血小板释放5-羟色胺（5-HT）、血栓烷A_2（TXA_2）等缩血管物质，引起血管收缩。

（二）血小板止血栓的形成

血管损伤后，由于内皮下胶原的暴露，1~2s内即有少量的血小板黏附于内皮下的胶原上，这是形成止血栓的第一步。通过血小板的黏附，可"识别"损伤部位，使止血栓能正确定位。黏附的血小板进一步激活血小板内信号途径导致血小板的活化并释放内源性二磷酸腺苷（ADP）和TXA_2，进而激活血液中其他血小板，募集更多的血小板相互黏着而发生不可逆聚集；局部受损红细胞释放的ADP和局部凝血过程中生成的凝血酶均可使流经伤口附近的血小板不断地黏着、聚集在已黏附固定于内皮下胶原的血小板上，最终形成血小板止血栓堵塞伤口，达到初步的止血，也称一期止血。一期止血主要依赖于血管收缩及血小板止血栓的形成。

（三）血液凝固

血管受损也可启动凝血系统，在局部迅速发生血液凝固，使血浆中可溶性的纤维蛋白原转变成不溶性的纤维蛋白，并交织成网，以加固止血栓，称为二期止血。最后，局部纤维组织增生，并长入血凝块，达到永久性止血。

【凝血机制】

血液凝固是指血液由流动的液体状态变成不能流动的凝胶状态的过程。其实质就是血浆中的可溶性纤维蛋白原转变成不溶性的纤维蛋白的过程。纤维蛋白交织成网，将血细胞和血液的其他成分网罗在内，从而形成血凝块。

（一）凝血因子

血浆与组织中直接参与血液凝固的物质，统称为凝血因子。目前已知的凝血因子主要有14种，其中已按国际命名法依发现的先后顺序用罗马数字编号的有12种，即凝血因子Ⅰ~ⅩⅢ（简称FⅠ~FⅩⅢ，其中FⅥ是血清中活化的FⅤ，已不再视为一个独立的凝血因子），此外还有高分子量激肽原、前激肽释放酶等（表6-39-1）。习惯上在凝血因子代号的右下角加一个"a"表示其活化型。

表6-39-1 凝血因子的名称及特性

因子	同义名	合成部位	主要激活物	主要抑制物
Ⅰ	纤维蛋白原	肝细胞		
Ⅱ	凝血酶原	肝细胞（需维生素K）	凝血酶原酶复合物	抗凝血酶
Ⅲ	组织因子（TF）	内皮细胞和其他细胞		
Ⅳ	钙离子（Ca^{2+}）			
Ⅴ	前加速素易变因子	内皮细胞和血小板	凝血酶、FXa	活化的蛋白质C
Ⅶ	前转变素稳定因子	肝细胞（需维生素K）	FXa、FIXa	TFPI
Ⅷ	抗血友病因子	肝细胞	凝血酶、FXa	活化的蛋白质C

续表

因子	同义名	合成部位	主要激活物	主要抑制物
IX	血浆凝血活酶	肝细胞（需维生素K）	FXIa、FVIIa-TF复合物	抗凝血酶
X	Stuart-Prower因子	肝细胞（需维生素K）	FVIIa-TF复合物、FIXa-FVIIIa复合物	抗凝血酶、TFPI
XI	血浆凝血活酶前质	肝细胞	FXIIa、凝血酶	抗凝血酶
XII	接触因子或Hageman因子	肝细胞	激肽释放酶	抗凝血酶
XIII	纤维蛋白稳定因子	肝细胞和血小板	凝血酶	
PK	高分子量激肽原	肝细胞		
HMWK	前激肽释放酶	肝细胞		

注：TFPI.组织因子途径抑制物。

（二）凝血过程

血液凝固是由凝血因子按一定顺序相继激活而生成凝血酶，最终使纤维蛋白原变为纤维蛋白的过程。因此，凝血过程可分为凝血酶原酶复合物（也称凝血活酶）的形成、凝血酶的形成和纤维蛋白的形成3个基本步骤（图6-39-1）。凝血过程依其启动环节不同分为外源性（以血液与组织因子接触为起点）和内源性（以FXII激活为起点）两种途径，在FXa之后直至纤维蛋白形成是共同通路。

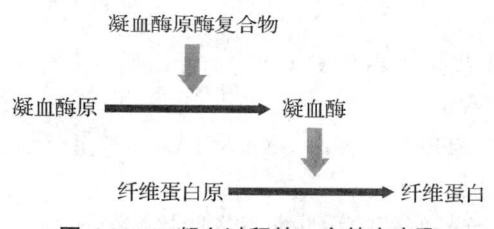

图6-39-1 凝血过程的3个基本步骤

1. 凝血酶原酶复合物的形成

（1）外源性凝血途径：由来自血液之外的组织因子（TF）暴露于血液而启动的凝血过程，称为外源性凝血途径。血管损伤时，组织因子暴露于血液，组织因子与FVIIa在Ca^{2+}存在的条件下，形成FVIIa-TF复合物，该复合物可激活FX形成FXa，同时还可激活FIX形成FIXa。

（2）内源性凝血途径：参与凝血的因子全部来自血液。血管损伤时，内皮下胶原暴露，FXII与带负电荷的胶原接触而被激活为FXIIa。FXIIa可激活FXI形成FXIa。在Ca^{2+}存在的条件下，FXIa激活FIX形成FIXa。FIXa在Ca^{2+}的作用下与FVIIIa在活化的血小板提供的膜磷脂表面结合成FIXa-FVIIIa复合物，可进一步激活FX形成FXa。

上述两种途径生成FXa后，凝血过程即进入共同途径。FXa在Ca^{2+}存在的情况下可与FVa在磷脂膜表面形成FXa-FVa-Ca^{2+}-磷脂复合物，即凝血酶原酶复合物，进而激活凝血酶原。

2. 凝血酶的形成　凝血酶原在凝血酶原酶复合物的作用下激活成为凝血酶。凝血酶形成是凝血连锁反应中的关键。凝血酶具有多种功能：①使纤维蛋白原转变为纤维蛋白；②激活FXIII，生成FXIIIa。在Ca^{2+}的作用下，FXIIIa使纤维蛋白单体相互聚合，形成不溶于水的交联纤维蛋白多聚体凝块，完成凝血过程；③激活FV、FVIII和FXI，形成凝血过程中的正反馈机制；④使血小板活化，加速凝血。

3. 纤维蛋白的形成　在凝血酶的作用下，纤维蛋白原（四聚体）从N端脱下四段小肽，即两个A肽和两个B肽，转变为纤维蛋白单体。单体自动聚合，形成不稳定性纤维蛋白，再经FXIIIa

的作用，形成稳定性交联纤维蛋白。

【抗凝与纤维蛋白溶解机制】

除凝血系统外，人体还存在完善的抗凝及纤维蛋白溶解（简称纤溶）机制。体内凝血与抗凝、纤维蛋白形成与纤溶维持着动态平衡，以保持血流的通畅。

（一）抗凝系统的组成

1. 血管内皮的抗凝作用　正常的血管内皮可防止凝血因子、血小板与内皮下的成分接触，从而避免凝血系统的激活和血小板的活化。血管内皮细胞膜上存在硫酸乙酰肝素蛋白多糖、凝血酶调节蛋白（TM），并合成分泌组织因子途径抑制物（TFPI）、抗凝血酶等生理性抗凝物质。血管内皮细胞可以释放前列环素（PGI_2）和一氧化氮（NO）抑制血小板的聚集。内皮细胞膜上还有胞膜 ADP 酶，可分解 ADP 而抑制血小板的激活。此外，血管内皮细胞还能合成分泌组织型纤溶酶原激活物（t-PA）促进纤维蛋白溶解，保证血管的通畅。

2. 纤维蛋白的吸附和血流的稀释　纤维蛋白与凝血酶有高亲和力。在凝血过程中所形成的凝血酶，85%~90% 可被纤维蛋白吸附，这不仅有助于加速局部凝血反应的进行，也可避免凝血酶向周围扩散。进入循环的活化凝血因子可被血流稀释，并被血浆中的抗凝物质灭活和被单核吞噬细胞吞噬。

3. 生理性抗凝物质

（1）抗凝血酶（AT）：AT 是人体内最重要的抗凝物质，由肝和血管内皮细胞产生，主要功能是灭活 FXa 及凝血酶，对其他丝氨酸蛋白酶（如 FIXa、FXIa、FXIIa）也有一定的灭活作用，其抗凝活性与肝素密切相关。

（2）蛋白质 C 系统：主要包括蛋白质 C（PC）、蛋白质 S（PS）、凝血酶调节蛋白（TM）等。蛋白质 C 系统可灭活 FVIIIa 和 FVa。

（3）组织因子途径抑制物（TFPI）：抑制 FXa 及 FVIIa-TF 复合物的活性，是外源性凝血途径的特异性抑制物。

（4）肝素：主要通过增强抗凝血酶的活性而发挥间接抗凝作用。肝素还可以促进结合于血管内皮细胞表面的 TFPI 释放，使血浆 TFPI 水平升高。

（二）纤维蛋白溶解系统的组成

正常情况下，组织损伤后所形成的止血栓在完成止血使命后将逐步溶解，从而保证血管的畅通，也有利于受损组织的再生和修复。止血栓的溶解主要依赖于纤维蛋白溶解系统（简称纤溶系统）。纤溶系统主要包括纤溶酶原、纤溶酶、纤溶酶原激活物与纤溶抑制物。

1. 纤溶酶原　正常情况下，血浆中的纤溶酶是以无活性的纤溶酶原形式存在。纤溶酶原主要由肝产生。嗜酸性粒细胞也可合成少量纤溶酶原。纤溶酶原在激活物的作用下发生有限水解，脱下一段肽链而激活成纤溶酶。

2. 纤溶酶原激活物　纤溶酶原激活物主要有组织型纤溶酶原激活物（t-PA）和尿激酶型纤溶酶原激活物（u-PA）。

（1）组织型纤溶酶原激活物（t-PA）：是血液中主要的内源性纤溶酶原激活物，大多数组织的血管内皮细胞均可合成。重组人组织型纤溶酶原激活物（rt-PA）已经作为溶栓药物广泛用于临床血栓栓塞的溶栓治疗。

（2）尿激酶型纤溶酶原激活物（u-PA）：主要由肾小管、集合管上皮细胞产生，人尿液、眼泪和唾液中也发现 u-PA。因其最先由尿中分离而得名，也称尿激酶（UK）。

3. 纤溶抑制物　纤溶抑制物主要包括纤溶酶原激活物抑制物 -1（PAI-1）、α_2-纤溶酶抑制剂（α_2-PI）和 α_2-抗纤溶酶（α_2-AP）等，有抑制 t-PA、纤溶酶等作用。

【出血性疾病的分类】

按病因及发病机制，出血性疾病可分为以下几种主要类型。

（一）血管壁异常

1. 先天性或遗传性　①遗传性出血性毛细血管扩张症；②家族性单纯性紫癜；③先天性结缔组织病（血管及其支持组织异常）。

2. 获得性　①感染：如败血症；②过敏：如过敏性紫癜；③化学物质及药物：如药物性紫癜；④营养不良：如维生素C及维生素B_3缺乏；⑤代谢及内分泌障碍：如糖尿病、库欣病；⑥其他：如结缔组织病、动脉硬化、机械性紫癜、体位性紫癜。

（二）血小板异常

1. 血小板数量异常

（1）血小板减少：①血小板生成减少：如再生障碍性贫血、白血病、放疗及化疗后的骨髓抑制；②血小板破坏过多：如原发免疫性血小板减少症；③血小板消耗过度：如弥散性血管内凝血（DIC）；④血小板分布异常：如脾功能亢进。

（2）血小板增多（伴血小板功能异常）：原发性血小板增多症。

2. 血小板功能异常

（1）先天性或遗传性：血小板无力症、巨大血小板综合征、血小板颗粒性疾病。

（2）获得性：由抗血小板药物、感染、尿毒症、异常球蛋白血症等引起。

（三）凝血异常

1. 先天性或遗传性　血友病A、血友病B、遗传性凝血因子缺乏、遗传性凝血酶原缺乏症、遗传性纤维蛋白原缺乏及减少症等。

2. 获得性　①肝病性凝血障碍；②维生素K缺乏症；③尿毒症性凝血异常等。

（四）抗凝及纤维蛋白溶解异常

主要为获得性：①肝素使用过量；②香豆素类药物过量及敌鼠钠中毒；③免疫相关性抗凝物增多；④蛇咬伤、水蛭咬伤；⑤溶栓药物过量。

（五）复合性止血机制异常

1. 先天性或遗传性　血管性血友病（vWD）。
2. 获得性　弥散性血管内凝血（DIC）。

出血性疾病的分类。

【出血性疾病的诊断】

应结合病史、体格检查和实验室检查全面、综合分析，才能得出正确的结论，尤其是实验室检查在出血性疾病的诊断上占有重要的地位。

（一）病史

1. 出血特征　包括出血发生的年龄、部位、持续时间、出血量、有无出生时脐带出血及迟发性出血、有无同一部位反复出血等。一般认为，皮肤、黏膜出血点或紫癜多为血管、血小板异常所致，深部血肿、关节出血则提示可能与凝血障碍有关，而创伤、手术后延迟性出血则考虑与纤溶异常有关。

2. 出血诱因　是否为自发性，与手术、创伤及接触或使用药物的关系等。

3. 基础疾病　有无肝病、肾病、消化系统疾病、糖尿病、免疫系统疾病及某些特殊感染等。

4. 家族史　父系、母系及近亲家族有无类似疾病或出血病史。

5. 其他　饮食、营养状况、职业及环境等。对于女性患者，要明确月经史及是否有经量增多、经期延长及排出较大血凝块的情况。

（二）体格检查

1. 出血体征　出血范围、部位，有无血肿等深部出血、伤口渗血，分布是否对称等。

2. 相关疾病体征　贫血貌，肝大、脾大、淋巴结肿大，胸骨压痛，黄疸，蜘蛛痣，腹水，水肿，关节畸形，皮肤异常扩张的毛细血管团等。

3. 一般体征　心率、呼吸、血压、末梢循环状况等。

病史及体格检查对出血性疾病的诊断意义列于表6-39-2。

表6-39-2　常见出血性疾病的临床鉴别

项目	血管性疾病	血小板疾病	凝血障碍性疾病
性别	女性多见	女性多见	80%~90%发生于男性
阳性家族史	较少见	罕见	多见
出生后脐带出血	罕见	罕见	常见
皮肤紫癜	常见	多见	罕见
皮肤大块瘀斑	罕见	多见	可见
血肿	罕见	可见	常见
关节腔出血	罕见	罕见	多见
内脏出血	偶见	常见	常见
眼底出血	罕见	常见	少见
月经过多	少见	多见	少见
手术或外伤后渗血不止	少见	可见	多见

（三）实验室检查

实验室检查是许多出血性疾病最终确诊的重要依据，应根据筛选、确诊及特殊试验的顺序进行。常用的出、凝血试验在出血性疾病诊断中的意义列于表6-39-3。

1. 筛选试验

（1）血管异常：出血时间（BT）、毛细血管脆性试验。

（2）血小板异常：血小板计数（PLT）等。

（3）凝血异常：凝血酶原时间（PT）、活化部分凝血活酶时间（APTT）、凝血酶时间（TT）等。

2. 确诊试验

（1）血管异常：血vWF、内皮素-1（ET-1）及凝血酶调节蛋白（TM）测定等。

（2）血小板异常：血小板数量和形态，血小板黏附、聚集功能，血小板抗原（GPⅡb/Ⅲa和Ⅰb/Ⅸ）单克隆抗体检测等。

（3）凝血异常：①凝血第一阶段：测定FⅫ、Ⅺ、Ⅹ、Ⅸ、Ⅷ、Ⅶ、Ⅴ及TF等抗原及活性；②凝血第二阶段：凝血酶原抗原及活性等；③凝血第三阶段：纤维蛋白原、异常纤维蛋白原、纤维蛋白单体、FⅩⅢ抗原及活性测定等。

（4）抗凝异常：①AT抗原及活性或凝血酶-抗凝血酶复合物（TAT）测定；②PC、PS和TM测定；③狼疮抗凝物和心磷脂抗体测定。

（5）纤溶异常：血浆鱼精蛋白副凝试验（3P试验）、纤维蛋白降解产物（FDP）测定、D-二聚体测定、纤溶酶原测定、t-PA、纤溶酶原激活物抑制物（PAI）及纤溶酶-抗纤溶酶复合物（PIC）等测定。

表 6-39-3　常用的出、凝血试验在出血性疾病诊断中的意义

项目	血管性疾病	血小板疾病	凝血障碍性疾病		
			凝固异常	纤溶亢进	抗凝物增多
BT	正常或异常	正常或异常	正常或异常	正常	正常
PLT	正常	正常或异常	正常	正常	正常
PT	正常	正常	正常或异常	正常或异常	正常或异常
APTT	正常	正常	正常或异常	正常或异常	正常或异常
TT	正常	正常	正常或异常	异常	异常
纤维蛋白原	正常	正常	正常或异常	异常	正常
FDP	正常	正常	正常	异常	正常

注：BT. 出血时间；PLT. 血小板计数；PT. 凝血酶原时间；APTT. 活化部分凝血活酶时间；TT. 凝血酶时间；FDP. 纤维蛋白降解产物。

（四）诊断步骤

按照先常见病、后少见病及罕见病，先易后难，先普通后特殊的原则，逐层深入进行程序性诊断：①确定是否属于出血性疾病；②大致区分是血管、血小板异常，还是凝血障碍或其他疾病；③判断是数量异常还是功能缺陷；④通过病史、家系调查及某些特殊检查，初步确定是先天性、遗传性或获得性；⑤如为先天性或遗传性疾病，应进行基因及其分子生物学检测，以确定病因的准确性质及发病机制。

【出血性疾病的防治】

（一）病因防治

1. 防治基础疾病　如控制感染，积极治疗肝、胆、肾等原发疾病，抑制异常免疫反应等。
2. 避免使用可加重出血的药物　如血小板功能缺陷症、血管性血友病等应避免使用阿司匹林、吲哚美辛、噻氯匹定、氯吡格雷等抗血小板药物。凝血障碍所致如血友病，应慎用抗凝血药，如华法林、肝素。

（二）止血治疗

1. 补充血小板和（或）相关抗凝因子　在紧急情况下，输入新鲜血浆或新鲜冰冻血浆是一种可靠的补充或替代疗法，因其含有除 TF、Ca^{2+} 以外的全部凝血因子。此外，如血小板悬液、凝血酶原复合物、纤维蛋白原、冷沉淀物、FⅧ等，也可根据病情予以补充。

2. 止血药物

（1）收缩血管、增加毛细血管致密度、改善其通透性的药物：如卡巴克络、曲克芦丁、垂体后叶素、维生素 C 及糖皮质激素。

（2）合成凝血相关成分所需的药物：如维生素 K。

（3）抗纤溶药物：如氨基己酸、氨甲苯酸。

（4）促进止血因子释放的药物：如去氨加压素。

（5）局部止血药物：如凝血酶、巴曲酶及吸收性明胶海绵。

（6）重组活化因子Ⅶ（rFⅦa）：是一种新型凝血制剂，rFⅦa 直接或者与组织因子组成复合物，促使 FX 活化和凝血酶形成。

3. 促血小板生成的药物　包括血小板生成素（TPO）、白介素-11（IL-11）、艾曲泊帕等。

4. 局部处理　局部加压包扎、固定及手术结扎局部血管等。

（三）其他治疗

1. 免疫治疗　免疫治疗适用于某些免疫因素相关的出血性疾病，如原发免疫性血小板减少症。

2. 血浆置换　通过血浆置换去除抗体或相关致病因素，适用于血栓性血小板减少性紫癜（TTP）等。

3. 手术治疗　手术方法包括脾切除术、血肿清除、关节成形及置换等。

4. 抗凝及抗血小板药物　对某些消耗性出血性疾病，如DIC，以肝素等抗凝治疗终止异常凝血过程，减少凝血因子、血小板的消耗，可发挥一定的止血作用。

5. 中医中药治疗　中药中有止血作用的药物或方剂也可使用。

6. 基因治疗　基因治疗有望为遗传性出血性疾病患者带来曙光。

第二节　原发免疫性血小板减少症

原发免疫性血小板减少症（primary immune thrombocytopenia）既往也称特发性血小板减少性紫癜（ITP），是一种获得性自身免疫性出血性疾病，以无明确诱因的孤立性外周血血小板计数减少为主要特点。

该病临床表现变化较大，无症状血小板减少、皮肤及黏膜出血、严重内脏出血、致命性颅内出血均可发生。出血风险随年龄增长而增加，老年患者致命性出血发生风险明显高于年轻患者。

原发免疫性血小板减少症是临床上最为常见的出血性疾病，约占出血性疾病总数的1/3。目前国内尚无基于人口基数的原发免疫性血小板减少症流行病学数据，国外报道的成人原发免疫性血小板减少症年发病率为（2~10）/10万，60岁以上老年人是高发群体，育龄期女性略高于同年龄组男性。

【病因与发病机制】

原发免疫性血小板减少症病因不明。主要发病机制是血小板自身抗原免疫耐受性丢失，导致体液和细胞免疫异常活化，共同介导血小板破坏加速及巨核细胞产生血小板不足。

（一）血小板破坏增加

50%~70%的原发免疫性血小板减少症患者血浆和血小板表面可检测到一种或多种抗血小板糖蛋白自身抗体。自身抗体致敏的血小板被单核巨噬细胞系统吞噬破坏。另外，原发免疫性血小板减少症患者的细胞毒性T细胞可直接破坏血小板。

（二）血小板生成不足

自身抗体可损伤巨核细胞或抑制巨核细胞释放血小板，造成血小板生成不足；活化的细胞毒性T细胞可通过抑制巨核细胞凋亡使血小板生成障碍。另外，原发免疫性血小板减少症患者血浆血小板生成素（thrombopoietin，TPO）水平相对不足是血小板生成减少的另一种重要机制。

【临床表现】

（一）症状

成人原发免疫性血小板减少症一般起病隐匿，常表现为反复的皮肤、黏膜出血，如瘀点、紫癜、瘀斑及外伤后不易止血，鼻出血、牙龈出血、月经过多也很常见。严重内脏出血较少见。重症患者可出现广泛、严重的皮肤、黏膜及内脏出血。部分患者仅有血小板减少而没有出血症状。乏力是原发免疫性血小板减少症的另一常见临床症状，部分患者有明显的乏力症状。出血过多或长期月经过多可出现头晕、心悸等失血性贫血的表现。

（二）体征

体格检查可见皮肤紫癜或瘀斑，以四肢远侧端多见，黏膜出血以鼻出血、牙龈出血或口腔黏膜血疱多见。本病一般无肝大、脾大、淋巴结肿大，极少数患者因反复发作，脾可轻度肿大。

 原发免疫性血小板减少症的临床表现。

【实验室检查】

（一）血常规检查

血小板计数（PLT）减少，血小板平均体积偏大。可有正常细胞或小细胞低色素性贫血，伴网织红细胞增多。血细胞形态无异常。

（二）出血、凝血及血小板功能检查

凝血功能正常，出血时间延长，血块收缩不良，束臂试验阳性。血小板功能一般正常。

（三）骨髓象检查

骨髓巨核细胞数正常或增加，伴成熟障碍，幼稚巨核细胞增加，产板型巨核细胞显著减少。

（四）特殊检查

1. 血小板糖蛋白特异性自身抗体　约70%的患者阳性，对抗体介导的免疫性血小板减少症有较高的特异性，可鉴别免疫性与非免疫性血小板减少，但不能区分原发与继发免疫性血小板减少。

2. 血清血小板生成素（TPO）水平测定　正常或轻度升高。

【诊断】

（一）诊断

（1）至少连续2次血常规检查示血小板计数减少，外周血涂片镜检血细胞形态无明显异常。

（2）脾一般不大。

（3）骨髓检查巨核细胞增多或正常，伴成熟障碍。

（4）须排除其他继发性血小板减少症（自身免疫病、甲状腺疾病、淋巴系统增殖性疾病、骨髓增生异常综合征、再生障碍性贫血、各种恶性血液病、肿瘤浸润、慢性肝病、脾功能亢进、普通变异型免疫缺陷病、感染、疫苗接种等所致继发性血小板减少；血小板消耗性减少；药物所致血小板减少；同种免疫性血小板减少；妊娠期血小板减少；先天性血小板减少及假性血小板减少）。

（二）分期与分级

1. 分期　依据病程长短，原发免疫性血小板减少症分为以下三期。①新诊断的原发免疫性血小板减少症：确诊后3个月以内的患者；②持续性原发免疫性血小板减少症：确诊后3~12个月血小板持续减少的患者，包括未自发缓解和停止治疗后不能维持完全缓解的患者；③慢性原发免疫性血小板减少症：血小板持续减少超过12个月的患者。

2. 重症原发免疫性血小板减少症　血小板计数$< 10 \times 10^9$/L，伴活动性出血。

3. 难治性原发免疫性血小板减少症　指对一线治疗药物、二线治疗中的促血小板生成药物及利妥昔单抗治疗均无效，或脾切除术无效或术后复发，进行诊断再评估仍确诊为原发免疫性血小板减少症的患者。

 原发免疫性血小板减少症的诊断、分期与分级。

【治疗】

（一）治疗原则

原发免疫性血小板减少症目前尚无根治的方法，治疗应遵循个体化原则，在治疗不良反应最小化基础上提升血小板计数至安全水平，减少出血事件，关注患者健康相关生活质量。

对于血小板计数 $\geq 30 \times 10^9/L$、无出血表现且不从事增加出血风险工作、无出血风险因素的原发免疫性血小板减少症患者，可予以观察随访。若患者有活动性出血症状（出血症状评分 ≥ 2 分），不论血小板减少程度如何，都应给予治疗。

（二）紧急治疗

原发免疫性血小板减少症患者发生危及生命的出血（如颅内出血）或需要急诊手术时，应迅速提升血小板计数至安全水平。可给予静脉注射免疫球蛋白（IVIg）、静脉滴注大剂量甲泼尼龙和皮下注射重组人血小板生成素（rhTPO）治疗。上述措施可单用或联合应用，并及时予以血小板输注。

其他紧急治疗措施包括使用长春碱类药物、急症脾切除术、抗纤溶药物、控制高血压、口服避孕药控制月经过多、停用抗血小板药物等。

（三）一线治疗

1. 糖皮质激素

（1）大剂量地塞米松：40 mg/d×4 d，口服或静脉给药，无效或复发患者可重复1个周期。治疗过程中注意监测血压、血糖水平，注意预防感染及消化道溃疡。高龄、糖尿病、高血压、青光眼等患者应慎用。

（2）泼尼松：1 mg/（kg·d），最大剂量 80 mg/d，分次或顿服，起效后应尽快减量，6~8周内停用，减停后不能维持疗效的患者考虑二线治疗。如需维持治疗，泼尼松的安全剂量不宜超过 5 mg/d。2周内泼尼松治疗无效的患者应尽快减停。

2. 静脉注射免疫球蛋白（IVIg） 推荐 400 mg（kg·d）×5 d 或 1 g（kg·d）×2 d。IVIg 主要用于：①紧急治疗；②糖皮质激素不耐受或有禁忌证的患者；③妊娠或分娩前。有条件者可行血小板糖蛋白特异性自身抗体检测，有助于IVIg的疗效预判。IgA缺乏和肾功能不全患者应慎用。

（四）二线治疗

1. 促血小板生成药物 促血小板生成药物包括重组人血小板生成素（rhTPO）、艾曲泊帕等。此类药物于1~2周起效，有效率可达60%以上，停药后多不能维持疗效，需进行个体化维持治疗。

2. 利妥昔单抗 利妥昔单抗有效率为50%左右，长期反应率为20%~25%，原则上禁用于活动性乙型病毒性肝炎患者。

3. 脾切除术 脾切除术适用于糖皮质激素正规治疗无效、泼尼松安全剂量不能维持疗效及存在糖皮质激素应用禁忌证的患者。脾切除术应在原发免疫性血小板减少症确诊12~24个月后进行，术中留意有无副脾，如发现，则应一并切除。

（五）三线治疗

目前，有设计良好的前瞻性多中心临床试验支持的三线治疗方案，包括：①全反式维A酸（ATRA）联合达那唑；②地西他滨。总有效率约为50%，6个月持续反应率约为40%，不良反应轻微。

（六）其他药物

硫唑嘌呤、环孢素A、达那唑、长春碱类等药物缺乏足够的循证医学证据，可根据医师经验及患者状况进行个体化选择。

考点提示　原发免疫性血小板减少症的治疗。

第三节　过敏性紫癜

过敏性紫癜（henoch-schönlein purpura，HSP）又称 IgA 血管炎，是一种常见的血管变态反应性疾病，以 IgA 为主的免疫复合物沉积为特征，主要累及细小血管和毛细血管，以非血小板减少性皮肤可触性紫癜、腹痛、关节炎、肾炎为临床特征。实验室检查无特异性。本病多见于儿童和青少年，男性略多于女性，秋季、冬季相对高发。

【病因】

过敏性紫癜病因尚未明确，可能与下列因素有关。

（一）感染

上呼吸道感染常是本病发生的触发因素，以 A 组 β 溶血性链球菌所致的上呼吸道感染最多见。其他如幽门螺杆菌（Hp）、金黄色葡萄球菌、副流感病毒、肺炎支原体等可能与本病的发生有一定的相关性。

（二）药物

1. 抗生素类　克拉霉素、头孢呋辛、米诺环素、环丙沙星及青霉素类等。
2. 解热镇痛类　双氯芬酸、水杨酸类、保泰松及吲哚美辛等。
3. 其他　丙硫氧嘧啶、肼屈嗪、别嘌醇、苯妥英钠、卡马西平、异维 A 酸、阿糖胞苷、阿达木单抗、依那西普等也可能触发本病发生。

（三）食物

目前尚无明确证据证明食物过敏可导致过敏性紫癜。

（四）疫苗接种

某些疫苗（如流感疫苗、乙肝疫苗、狂犬病疫苗、流脑疫苗、白喉疫苗、麻疹疫苗）接种也可能诱发本病。

（五）遗传因素

本病存在遗传倾向，主要涉及 HLA 基因、家族性地中海基因、血管内皮生长因子基因等。

考点提示　过敏性紫癜的病因。

【发病机制】

过敏性紫癜的发病机制尚未明确。以 IgA 介导的体液免疫异常为主，IgA_1 沉积于小血管壁引起的自身炎症反应和组织损伤在本病发病中起重要作用，特别是 IgA_1 糖基化异常及 IgA_1 分子清除障碍在肾损害中起着关键作用，而大分子的 IgA_1-IgG 循环免疫复合物沉积于肾可能是导致紫癜性肾炎的重要发病机制。T 细胞功能改变、细胞因子和炎症介质的参与、凝血与纤溶机制紊乱、易感基因等因素在本病发病中也起着重要作用。

【临床表现】

多数患者发病前 1~3 周有全身不适、低热、乏力及上呼吸道感染等前驱症状，随之出现典型的临床表现。

（一）皮肤紫癜

皮肤紫癜最常见，常为首发表现，通常略高起皮肤，故称为"可触性"紫癜，大小不等，呈紫红色，压之不褪色，可融合成片，严重时可融合成疱，甚至发生中心性坏死。一般 7~14 d 逐渐消退，可成批反复出现，以四肢远端和臀部多见，伸侧为主，呈对称性分布。

（二）胃肠道症状

胃肠道症状发生率为 50%~75%，因消化道黏膜及腹膜脏层毛细血管受累而产生一系列消化道症状及体征，表现为腹痛、呕吐、腹泻及便血等。腹痛最常见，常为阵发性绞痛，伴压痛，但无腹肌紧张，反跳痛少见。可并发肠套叠、肠梗阻、肠穿孔及出血性小肠炎。腹部症状与紫癜多同时发生，偶可发生于紫癜之前。

（三）关节症状

关节症状可表现为关节肿痛及功能障碍等，多发生于膝、踝、肘、腕等大关节，呈游走性、反复性发作，数日可愈，不遗留关节畸形。

（四）肾损害

临床上肾受累发生率为 20%~60%，可出现血尿、蛋白尿。多数病例能完全恢复，10%~20% 的青少年和成人患者出现进行性肾功能损害，少数病例可迁延数月或数年，发展为慢性肾小球肾炎或肾病综合征。

（五）其他

睾丸炎、头痛及各种神经精神症状、咯血及间质性肺炎等。视神经炎、吉兰 - 巴雷综合征、蛛网膜下腔出血、腮腺炎、心肌炎等很少见。

 过敏性紫癜的临床表现。

【辅助检查】

（一）实验室检查

1. 血常规　白细胞计数正常或增多，中性粒细胞比例可增高。血小板计数正常或升高。
2. 尿常规　可有血尿、蛋白尿、管型尿。
3. 粪便常规　粪便隐血试验可呈阳性。

（二）血小板功能及凝血检查

血小板功能正常，部分患者出血时间（BT）延长，纤维蛋白原、D-二聚体升高。

（三）血生化检查

血肌酐、尿素氮多数正常，急性肾小球肾炎和急进性肾炎者可升高，少数患者转氨酶、心肌酶升高。

（四）免疫学检查

部分患者血清 IgA 升高，抗中性粒细胞胞质抗体 IgA 升高。

（五）影像学检查

影像学检查对消化道受累患者的早期诊断与鉴别诊断有重要作用。CT 表现为多发阶段性肠壁水肿增厚、肠管狭窄、肠系膜水肿、肠系膜淋巴结肿大等。

（六）皮肤活检

对于临床皮疹不典型或疑诊患者，可行皮肤活检协助诊断。典型改变为白细胞破裂性血管炎，血管周围中性粒细胞及嗜酸性粒细胞浸润。免疫荧光可见 IgA、IgM、C3、纤维蛋白沉积。

【诊断与鉴别诊断】

（一）诊断

欧洲抗风湿病联盟/国际儿童风湿病研究组织/欧洲儿童风湿病学会（EULAR/PRINTO/PRES）2010年标准如下：

典型皮疹（必要条件）伴下述至少一条：①弥漫性腹痛；②组织病理：伴 IgA 沉积的白细胞破裂性血管炎或伴 IgA 沉积的膜增生性肾小球肾炎；③关节炎/关节痛；④肾受累表现（血尿：红细胞管型，红细胞＞5/HP；蛋白尿：尿蛋白＞0.3 g/24 h）。

部分患者仅表现为单纯皮疹而无其他症状，因此，对于有典型皮疹急性发作者，排除相关疾病后可以做出临床诊断，对于皮疹不典型者，仍须严格按标准诊断，必要时行皮肤活检。

（二）鉴别诊断

本病须与继发性变应性皮肤血管炎、原发免疫性血小板减少症、风湿性关节炎、肾小球肾炎、系统性红斑狼疮及外科急腹症等进行鉴别。

 过敏性紫癜的诊断与鉴别诊断。

【治疗】

过敏性紫癜具有自限性，单纯皮疹通常无须治疗。治疗方法包括控制急性症状和影响预后的因素，如关节痛、腹痛及肾损害。

（一）一般治疗

目前尚无明确证据证明食物过敏是导致本病的病因，故仅在胃肠道损害时需注意控制饮食，以免加重胃肠道症状。轻症者可进食少量少渣、易消化食物，对严重腹痛或呕吐者，可给予营养要素饮食，或暂时禁饮食，并给予胃肠外营养支持治疗。

（二）抗感染治疗

急性期呼吸道及胃肠道等感染可适当给予抗感染治疗，注意急性期感染控制后抗感染治疗对本病的发生并无治疗和预防作用。

（三）对症治疗

1. 维生素 C 和曲克芦丁　增加血管抗力，降低血管通透性。
2. 非甾体抗炎药　用于有关节症状的患者。
3. 阿托品或山莨菪碱　用于腹痛者。呕吐严重者可用镇吐药。
4. 血管紧张素转换酶抑制药或血管紧张素Ⅱ受体拮抗药　适用于轻度或中度蛋白尿者。

（四）糖皮质激素

1. 适应证　糖皮质激素适用于出现胃肠道症状、关节炎、血管神经性水肿、肾损害较重及其他器官损害的患者。目前认为，激素对胃肠道及关节症状有效。早期应用激素能有效地缓解腹部及关节症状，明显减轻腹痛，提高24 h内腹痛缓解率，可能减少肠套叠、肠出血的发生风险。

2. 剂量及疗程　口服泼尼松 1~2 mg/(kg·d)，持续 1~2 周，而后 1~2 周减量。重症者可静脉使用甲泼尼龙 5~10 mg/(kg·d)，或地塞米松 0.3 mg/(kg·d)，严重症状控制后应改口服糖皮质激素，并逐渐减量，总疗程推荐 2~4 周，注意疗程不宜过长。

(五)免疫抑制药

吗替麦考酚酯、环磷酰胺、硫唑嘌呤、环孢素或他克莫司等,用于糖皮质激素反应不佳或依赖者。

(六)其他

静脉注射免疫球蛋白(IVIG)、血浆置换、白细胞去除法等。

 过敏性紫癜的治疗。

【预后】

过敏性紫癜近期预后与消化道症状有关,远期预后与肾受累的严重程度有关,约有2%的患者发展为终末期肾病,预后较差。

第四节 弥散性血管内凝血

弥散性血管内凝血(disseminated intravascular coagulation,DIC)是在许多疾病的基础上,致病因素损伤微血管体系,导致凝血活化、全身微血管血栓形成、凝血因子大量消耗并继发纤溶亢进,引起以出血及微循环衰竭为特征的临床综合征。

【病因】

(一)严重感染

严重感染是DIC的主要病因。

1. 细菌感染 革兰氏阴性菌(如大肠埃希菌、铜绿假单胞菌、脑膜炎球菌)感染,革兰氏阳性菌(如金黄色葡萄球菌)感染。
2. 病毒感染 流行性出血热、重症肝炎等。
3. 其他感染 斑疹伤寒、钩端螺旋体病、疟疾等。

(二)恶性肿瘤

恶性肿瘤是诱发DIC的另一主要原因,近年来发病有上升趋势。常见疾病如急性早幼粒细胞白血病、淋巴瘤、前列腺癌及胰腺癌等。

(三)病理产科

某些产科疾病,如羊水栓塞、流产、胎盘早剥、死胎滞留、重度妊娠高血压综合征、子宫破裂、胎盘早剥及前置胎盘等可诱发DIC。

(四)手术及创伤

富含组织因子的器官如脑、前列腺、胰腺、子宫及胎盘,可因手术及创伤等释放组织因子,诱发DIC。大面积烧伤、严重挤压伤、骨折也易导致DIC。

(五)其他

如严重中毒、毒蛇咬伤、输血反应、系统性红斑狼疮、移植排斥、重症肝炎及急性胰腺炎等均可诱发DIC。

【发病机制】

（一）组织损伤，组织因子释放，外源性凝血系统激活

严重感染、创伤、烧伤、大手术、肿瘤组织坏死等因素导致大量组织因子（TF）释放入血，激活外源性凝血途径。蛇毒等外源性物质也可激活此途径，或直接激活FX及凝血酶原。

（二）血管内皮损伤，凝血-抗凝调控失调

感染、炎症、变态反应、缺氧、酸中毒等引起血管内皮损伤，导致组织因子释放，启动凝血系统。

（三）血细胞大量破坏

1. 红细胞大量破坏　异型输血、疟疾、阵发性睡眠性血红蛋白尿等，特别是伴有较强免疫反应的急性溶血时，可引起红细胞大量破坏，释放大量促凝物质，促进血小板黏附、聚集，导致凝血；另外，红细胞膜磷脂可浓缩并局限FⅦ、FⅨ、FX及凝血酶原等，生成大量凝血酶，促进DIC的发生。

2. 白细胞大量破坏　急性早幼粒细胞白血病患者放疗、化疗导致白细胞大量破坏时，释放组织因子，激活外源性凝血系统，启动凝血，促进DIC的发生。

（四）血小板被激活

各种炎症反应、药物、缺氧等可诱发血小板聚集及释放，通过多种途径激活凝血系统。

（五）促凝物质进入血液

急性坏死性胰腺炎时，大量胰蛋白酶入血，可激活凝血酶原，促进凝血酶生成。蛇毒，如斑蝰蛇毒含有的两种促凝成分或在Ca^{2+}参与下激活FX，或可加强FV的活性，促进DIC的发生；锯鳞蝰蛇毒可直接将凝血酶原变为凝血酶。某些肿瘤细胞也可分泌促凝物质，激活FX等。羊水中含有组织因子样物质。此外，内毒素可损伤血管内皮细胞，并刺激血管内皮细胞表达组织因子，促进DIC的发生。

（六）纤溶系统激活

上述致病因素也可同时通过直接或间接方式激活纤溶系统，导致凝血-纤溶平衡进一步失调。

【病理生理】

（一）高凝期

高凝为DIC的早期改变。各种病因导致凝血系统激活，凝血酶产生增多，血液凝固性异常增高，微循环中形成大量微血栓。微血栓形成是DIC的基本和特异性病理变化。其发生部位广泛，多见于肺、肾、脑、肝、心脏、肾上腺、胃肠道、皮肤及黏膜等部位。主要为纤维蛋白血栓及纤维蛋白-血小板血栓。

（二）消耗性低凝期

大量凝血酶的产生和微血栓形成，使凝血因子和血小板被大量消耗，同时可能继发性激活纤溶系统，使血液处于消耗性低凝状态。此期患者可有明显的出血症状，PT显著延长，血小板及多种凝血因子水平减低。此期持续时间较长，常构成DIC的主要临床特点及实验室检测异常。

（三）继发性纤溶亢进期

继发性纤溶亢进多出现在DIC中、晚期，也是重要的DIC病理过程。DIC时产生的大量凝血酶及FⅫa等激活了纤溶系统，产生大量纤溶酶，导致纤溶亢进。此期出血十分明显。

DIC的病理生理。

【临床表现】

DIC 早期为高凝期，患者可能无临床症状或临床症状轻微，也可表现为血栓栓塞、休克；消耗性低凝期以广泛多部位出血为主要临床表现；继发性纤溶亢进期出血更加广泛且严重，出现难以控制的内脏出血；脏器衰竭期可出现肝衰竭、肾衰竭，呼吸及循环衰竭是导致患者死亡的常见原因。DIC 典型的临床表现如下。

（一）出血

出血最常见，特点为自发性、多部位（皮肤、黏膜、伤口及穿刺部位）出血。自发性内脏出血多见，严重者可发生颅内出血，危及生命。

（二）休克或微循环衰竭

休克不能用原发病解释，顽固，不易纠正，早期即出现肾、肺、脑等器官功能不全，表现为肢体湿冷、少尿、呼吸困难、发绀及神志改变等。休克的程度与出血量常不成比例。难治、顽固性休克是 DIC 患者病情严重、预后不良的征兆。

（三）微血管栓塞

微血管栓塞累及浅层皮肤、消化道黏膜微血管，根据受累器官差异可表现为顽固性休克、呼吸衰竭、意识障碍、颅内高压及多器官功能衰竭。

（四）微血管病性溶血

微血管病性溶血较少发生，表现为进行性贫血，贫血程度与出血量不成比例，偶见皮肤、巩膜黄染。

 DIC 的临床表现。

【实验室检查】

（一）反映凝血因子消耗的检查

反映凝血因子消耗的检查包括凝血酶原时间（PT）、活化部分凝血活酶时间（APTT）、纤维蛋白原浓度及血小板计数。

（二）反映纤溶系统活化的检查

反映纤溶系统活化的检查包括纤维蛋白降解产物（FDP）、D- 二聚体、血浆鱼精蛋白副凝试验（3P 试验）。

【诊断】

中华医学会血液学分会血栓与止血学组于 2014 年起通过多中心、大样本的回顾性与前瞻性研究，建立了中国弥散性血管内凝血诊断积分系统（Chinese DIC scoring system，CDSS）（表 6-39-4）。非恶性血液病：每日计分 1 次，≥ 7 分时可诊断为 DIC；恶性血液病：临床表现第一项不参与评分，每日计分 1 次，≥ 6 分时可诊断为 DIC。

表 6-39-4 中国弥散性血管内凝血诊断积分系统（CDSS）

积分项	分数
存在导致 DIC 的原发病	2
临床表现	
不能用原发病解释的严重或多发出血倾向	1

续表

积分项	分数
不能用原发病解释的微循环障碍或休克	1
广泛性皮肤、黏膜栓塞，灶性缺血性坏死、脱落及溃疡形成，不明原因的肺、肾、脑等脏器功能衰竭	1
实验室指标	
血小板计数	
非恶性血液病	
≥ 100 × 10⁹/L	0
(80 ~ < 100) × 10⁹/L	1
< 80 × 10⁹/L	2
24 h 内下降 ≥ 50%	1
恶性血液病	
< 50 × 10⁹/L	1
24 h 内下降 ≥ 50%	1
D-二聚体	
< 5 mg/L	0
5 ~ < 9 mg/L	2
≥ 9 mg/L	3
PT 及 APTT 延长	
PT 延长 < 3 s 且 APTT 延长 < 10 s	0
PT 延长 ≥ 3 s 或 APTT 延长 ≥ 10 s	1
PT 延长 ≥ 6 s	2
纤维蛋白原	
≥ 1.0 g/L	0
< 1.0 g/L	1

【鉴别诊断】

（一）血栓性血小板减少性紫癜

血栓性血小板减少性紫癜（thrombotic thrombocytopenic purpura，TTP）是一组以血小板血栓为主的微血管血栓出血综合征，其主要临床特征包括微血管病性溶血性贫血、血小板减少、神经精神症状、发热和肾受累等。鉴别要点列于表 6-39-5。

表 6-39-5　弥散性血管内凝血与血栓性血小板减少性紫癜的鉴别要点

鉴别项目	弥散性血管内凝血	血栓性血小板减少性紫癜
起病及病程	多数急骤，病程短	可急可缓，病程长
微循环衰竭	多见	少见
黄疸	轻、少见	极常见，较重
FⅧ：C	降低	正常
vWF 裂解酶	多为正常	多为显著降低
血栓性质	以纤维蛋白血栓为主	以血小板血栓为主

(二)溶血性尿毒症综合征

溶血性尿毒症综合征(hemolytic uremic syndrome,HUS)是以微血管内溶血性贫血、血小板减少和急性肾衰竭为特征的综合征。病变主要局限于肾,主要病理改变为肾毛细血管内微血栓形成,少尿、无尿等尿毒症表现更为突出,多见于儿童与婴儿,发热与神经系统症状少见。溶血性尿毒症综合征分为流行性(多数有血性腹泻的前驱症状)、散发性(常无腹泻)和继发性。实验室检查:尿中大量蛋白、红细胞、白细胞、管型、血红蛋白尿、含铁血黄素及尿胆素,肾功能损害严重。溶血性尿毒症综合征患者血小板计数一般正常,血涂片破碎红细胞较少。

(三)原发性纤溶亢进

严重肝病、恶性肿瘤、感染、中暑、冻伤可引起纤溶酶原激活物抑制物(PAI)活性减低,导致纤溶活性亢进、纤维蛋白原减少、其降解产物FDP明显增加,引起临床广泛、严重出血,但无血栓栓塞和微循环衰竭表现。原发性纤溶亢进时无血管内凝血存在,无血小板消耗与激活,因此血小板计数正常。由于不是继发性纤溶亢进,故D-二聚体正常或轻度增高。鉴别要点列于表6-39-6。

表6-39-6 弥散性血管内凝血与原发性纤溶亢进的鉴别要点

鉴别项目	弥散性血管内凝血	原发性纤溶亢进
病因或基础疾病	种类繁多	多为手术、产科意外
微循环衰竭	多见	少见
微血管栓塞	多见	罕见
微血管病性溶血	多见	罕见
血小板计数	降低	正常
血小板活化产物	增高	正常
D-二聚体	增高或阳性	正常或阴性
红细胞形态	破碎或畸形	正常

(四)严重肝病

严重肝病患者多有肝病病史,黄疸、肝功能损害症状较为突出,血小板减少程度较轻、较少,凝血因子Ⅷ活性(FⅧ:C)正常或升高,纤溶亢进与微血管病性溶血表现少见,但需注意严重肝病合并DIC的情况。鉴别要点列于表6-39-7。

表6-39-7 弥散性血管内凝血与严重肝病的鉴别要点

鉴别项目	弥散性血管内凝血	严重肝病
微循环衰竭	早、多见	晚、少见
黄疸	轻、少见	重、极常见
肾功能损伤	早、多见	晚、少见
红细胞破坏	多见(50%~90%)	
FⅧ:C	降低	正常
D-二聚体	增加	正常或轻度增加

(五)原发性抗磷脂综合征

原发性抗磷脂综合征(APS)临床表现包括:血栓形成,习惯性流产,神经症状(脑卒中发作、癫痫、偏头痛、舞蹈症),肺高压症,皮肤表现(网状皮斑、下肢溃疡、皮肤坏死、肢端坏疽)等。实验室检查:抗磷脂抗体(APA)阳性,抗心磷脂抗体(ACA)阳性,狼疮抗凝物质(LA)

阳性，BFP-STS 相关抗体假阳性，Coomb 试验阳性，血小板计数减少及凝血时间延长。

【治疗】

（一）治疗基础疾病及去除诱因

原发病治疗是终止 DIC 病理过程最为关键和根本的治疗措施。在某些情况下，凡是病因能迅速去除或控制的 DIC 患者，凝血功能紊乱往往能自行纠正。

（二）抗凝治疗

抗凝治疗的目的是阻止凝血过度活化、重建凝血 - 抗凝平衡、中断 DIC 的病理过程。DIC 的抗凝治疗应在处理基础疾病的前提下，与凝血因子补充同步进行。临床上常用的抗凝血药主要包括普通肝素和低分子量肝素。

1. 使用方法

（1）普通肝素：一般不超过 12 500 U/d，每 6 h 用量不超过 2500 U，静脉或皮下注射，根据病情决定疗程，一般连用 3~5 d。

（2）低分子量肝素：剂量为 3000~5000 U/d，皮下注射，根据病情决定疗程，一般连用 3~5 d。

2. 适应证和禁忌证

（1）适应证：① DIC 早期（高凝期）者；②血小板及凝血因子呈进行性下降，微血管栓塞表现（如器官功能衰竭）明显者；③消耗性低凝期但病因短期内不能去除者，在补充凝血因子的情况下使用；④除外原发病因素，顽固性休克不能纠正者。

（2）禁忌证：①手术后或损伤创面未经良好止血者；②近期有严重的活动性出血者；③蛇毒所致 DIC 者；④严重凝血因子缺乏及明显纤溶亢进者。

（3）监测：普通肝素使用的血液学监测最常用的指标为 APTT，肝素治疗使其延长为正常值的 1.5~2.0 倍时即为合适剂量。普通肝素过量可用鱼精蛋白中和，鱼精蛋白 1 mg 可中和肝素 100 U。低分子量肝素常规剂量下无需严格进行血液学监测。

 DIC 的抗凝治疗。

（三）替代治疗

替代治疗以控制出血风险和临床活动性出血为目的，适用于有明显血小板或凝血因子减少证据且已进行病因及抗凝治疗、DIC 未能得到良好控制、有明显出血表现者。

1. 新鲜冷冻血浆　每次 10~15 ml/kg，也可使用冷沉淀。

2. 纤维蛋白原　纤维蛋白原水平较低时，可输入纤维蛋白原。首次剂量 2.0~4.0 g，静脉滴注。24 h 内给予 8.0~12.0 g，可使血浆纤维蛋白原升至 1.0 g/L。

3. 血小板悬液　未出血的患者 PLT $< 20 \times 10^9$/L，或者存在活动性出血且 PLT $< 50 \times 10^9$/L 的 DIC 患者，需紧急输注血小板悬液。

4. FⅧ及凝血酶原复合物　偶在严重肝病合并 DIC 时考虑应用。

（四）其他治疗

1. 对症支持治疗　抗休克治疗，纠正缺氧、酸中毒、水及电解质代谢紊乱。

2. 纤溶抑制药物　临床上一般不使用纤溶抑制药物，仅适用于 DIC 的基础病因及诱发因素已经去除或控制，并有明显纤溶亢进的临床及实验室证据，继发性纤溶亢进已成为迟发性出血主要或唯一原因的患者。

3. 糖皮质激素　糖皮质激素不作常规应用，但下列情况可予以考虑：①基础疾病需糖皮质激素治疗者；②感染中毒性休克合并 DIC 已经有效抗感染治疗者；③并发肾上腺皮质功能不全者。

自 测 题

一、选择题

1. 不是 DIC 的临床表现的是
   A. 栓塞症状　　　　　　B. 溶血表现　　　　　　C. 血压降低
   D. 皮下出血　　　　　　E. 阻塞性黄疸
2. DIC 患者最突出的症状是
   A. 出血　　　　　　　　B. 黄疸　　　　　　　　C. 昏迷
   D. 溶血　　　　　　　　E. 休克
3. 与 DIC 关系最为密切的是
   A. 急性淋巴细胞白血病　　　　　　B. 急性单核细胞白血病
   C. 急性粒细胞白血病　　　　　　　D. 慢性粒细胞白血病
   E. 急性早幼粒细胞白血病
4. 不是 DIC 病因的是
   A. 胰腺癌　　　　　　　B. 大面积烧伤　　　　　C. 重症肝炎
   D. 胎盘早剥　　　　　　E. 原发免疫性血小板减少症
5. 原发免疫性血小板减少症的主要发病机制是
   A. 骨髓巨核细胞生成减少　　　　　B. 骨髓巨核细胞成熟障碍
   C. 产生抗血小板抗体　　　　　　　D. 脾功能亢进
   E. 雌激素抑制血小板生成
6. DIC 最多见的原因是
   A. 感染性疾病　　　　　B. 肿瘤　　　　　　　　C. 风湿性疾病
   D. 病理产科　　　　　　E. 创伤
7. 原发免疫性血小板减少症的主要出血部位是
   A. 皮肤与黏膜　　　　　B. 消化道　　　　　　　C. 肌肉和关节腔
   D. 子宫、阴道　　　　　E. 颅内
8. 符合原发免疫性血小板减少症表现的是
   A. 骨髓巨核细胞显著减少
   B. 骨髓巨核细胞增多，体积增大
   C. 骨髓巨核细胞减少，幼稚巨核细胞增多
   D. 骨髓巨核细胞正常或增多，胞质内颗粒减少
   E. 骨髓巨核细胞正常或增多，产板型巨核细胞增多
9. 原发免疫性血小板减少症患者最常见的死亡原因是
   A. 颅内出血　　　　　　B. 心源性休克　　　　　C. 胃肠道出血
   D. 骨髓造血功能低下　　E. 皮肤及黏膜出血
10. 关于过敏性紫癜的特征，下列说法正确的是
    A. 为免疫因素介导的全身血管炎症　　B. 多数患者发病前无前驱症状
    C. 不会累及中枢神经系统　　　　　　D. 皮肤紫癜多发于躯干
    E. 常继发关节畸形

11. 关于过敏性紫癜的疾病特征，下列说法不正确的是
    A. 多数发病前有前驱症状
    B. 少数会累及中枢神经系统
    C. 皮肤紫癜常局限于四肢
    D. 不遗留关节畸形
    E. 多数患者凝血功能异常
12. 关于过敏性紫癜的肾损害，下列说法错误的是
    A. 病情常较严重
    B. 常在皮肤紫癜的基础上发生
    C. 多在3~4周内恢复
    D. 偶见高血压
    E. 不会导致肾衰竭
13. 下列疾病发生消化道出血时，不应输注血小板的是
    A. 原发免疫性血小板减少症
    B. 过敏性紫癜
    C. 血小板无力症
    D. 再生障碍性贫血
    E. 急性白血病

二、简答题

1. 试述原发免疫性血小板减少症的诊断要点、分期与分级。
2. 列举过敏性紫癜临床表现的常见类型，并简述各类型的临床特点。
3. 简述DIC的临床表现和治疗。

三、案例分析题

1. 患者，男性，19岁，突发下肢紫癜，隆起于皮肤表面，呈对称性。实验室检查：WBC 12×10^9/L，Hb 120 g/L，PLT 200×10^9/L，出血时间与凝血时间正常，血块收缩时间正常，毛细血管脆性试验阳性。初步诊断是什么？

2. 患者，女性，19岁，因高热伴皮肤瘀斑3 d入院。体格检查：双下肢瘀斑，胸骨压痛。血常规：WBC 3.9×10^9/L，Hb 59 g/L，PLT 12×10^9/L。诊断为急性早幼粒细胞白血病，此后在化疗过程中出现穿刺部位出血不止，输注血小板无效，应高度怀疑什么问题？

（李 观）

第四十章 白血病

第四十章数字资源

学习目标

1. 知识：详述白血病的临床表现、诊断方法和治疗措施，简述白血病需要与哪些疾病相鉴别，分析骨髓象、分子生物学以及遗传学检查结果的临床意义，总结白血病的预防与健康促进的重要性。

2. 能力：能够全面、正确地采集白血病患者的病史，能够系统、准确地对白血病患者进行体格检查，能够规范书写病历，能够根据病情拟定治疗计划，能够对白血病患者开展健康教育，促进疾病康复。

3. 素养：能够用通俗易懂的语言向公众普及白血病的预防知识（如避免接触苯、辐射等危险因素）、早期症状识别及筛查的重要性。关注白血病的流行病学特征（如发病率、年龄分布、地域差异），理解其对公共卫生政策制定的参考意义。树立职业责任感，认识到白血病诊疗的复杂性和风险性，培养严谨、细致的工作态度（如化疗药物剂量计算的准确性、骨髓移植后的密切监测）。遵守医疗伦理规范，在涉及实验性治疗、资源分配等问题时，坚守公平、公正原则。

案例 6-40-1

患者，男性，27岁，室内装修工人，主因"发热2周，加重伴皮肤瘀斑3 d"就诊。2周前患者无明显诱因开始出现发热，伴干咳、乏力、咽痛、畏寒、活动后气短，体温波动于38.2~39.5 ℃，到社区卫生服务中心就诊，实验室检查血常规异常（具体不详），经对症治疗，上述症状无改善，近3 d发现四肢皮肤出现瘀斑。自发病以来，患者食欲差，睡眠尚可，二便无异常，体重无明显变化。既往身体健康，否认肺结核接触史，否认肝炎病史，否认药物过敏史，否认家族性遗传病史。体格检查：T 38.8 ℃，P 105次/分，R 22次/分，BP 110/80 mmHg。发育正常，神志清楚，贫血貌，口唇苍白，牙龈增生，咽部充血，四肢皮肤可见瘀斑。双侧颈前、颈后可触及数个肿大淋巴结，最大者约为1.8 cm×2.5 cm，活动佳，无压痛。胸骨下段压痛。双肺呼吸音粗，未闻及干啰音、湿啰音。心率105次/分，心律齐，各瓣膜听诊区未闻及杂音。腹部平坦，左侧肋弓下3 cm可触及脾。辅助检查：①血常规示 WBC 40.0×10^9/L，Hb 80 g/L，PLT 50×10^9/L。血涂片分类检查可见原始和幼稚细胞；②凝血系列未见异常；③腹部超声：脾轻度肿大，肝、胆、胰未见明显异常；④胸部正、侧位X线片：双肺纹理增粗。

问题与思考：

1. 初步诊断是什么？
2. 下一步需要做什么检查？
3. 治疗措施有哪些？

第四十章 白血病

第一节 概述

白血病（leukemia）是一类造血干细胞和祖细胞的恶性克隆性疾病，白血病细胞因自我更新增强、增殖失控、分化障碍、凋亡受阻，而停滞在不同发育阶段。白血病细胞在骨髓和其他造血组织中大量增生累积，抑制正常造血并浸润其他组织和器官。

【分类】

（一）根据白血病细胞的成熟程度和疾病的自然病程分类

1. 急性白血病（acute leukemia，AL） 细胞发育停滞在较早阶段，多为原始及早期幼稚细胞，疾病发展迅速，病程仅为几个月。

2. 慢性白血病（chronic leukemia，CL） 细胞发育停滞在较晚阶段，多为较成熟幼稚细胞和成熟细胞，疾病发展缓慢，病程可为数年。

（二）根据主要受累的细胞系列分类

1. 急性白血病 分为急性淋巴细胞白血病（acute lymphoblastic leukemia，ALL）和急性髓系白血病（acute myeloid leukemia，AML）。

2. 慢性白血病 分为慢性髓细胞性白血病（chronic myelogenous leukemia，CML）、慢性淋巴细胞白血病（chronic lymphocytic leukemia，CLL）。

3. 其他少见类型 毛细胞白血病、幼淋巴细胞白血病等。

【发病情况】

我国白血病发病率低于欧美国家，男性发病率高于女性（1.81∶1）。在恶性肿瘤所致的死亡率中，分别居男性第6位和女性第7位，儿童及35岁以下成人则居首位。急性白血病比慢性白血病多见（约为5.5∶1），其中AML最多见（1.62/10万），其次为ALL（0.69/10万），CML（0.39/10万）、CLL少见（0.05/10万）。成人以AML多见，儿童以ALL多见。随着年龄增长，CML的发病率逐渐升高。CLL在50岁以后发病增多。

【病因与发病机制】

白血病的病因至今尚未明确，可能与下列因素有关。

（一）生物因素

病毒感染和免疫功能异常是主要的生物因素。成人T细胞白血病/淋巴瘤（ATL）可由人类嗜T淋巴细胞病毒I型所致。一旦病毒感染，可以作为内源性病毒整合并潜伏在宿主细胞内，在某些理化因素的作用下，被激活表达而诱发白血病；也可作为外源性病毒由外界以横向方式传播感染，直接致病。某些自身免疫病患者因免疫功能异常，发生白血病的风险增加。

> **知识链接**
>
> **人类嗜T淋巴细胞病毒**
>
> 人类嗜T淋巴细胞病毒（HTLV）是反转录病毒，含有RNA和反转录酶，是致瘤性RNA病毒。HTLV属于慢病毒亚科，可分为HTLV-I型和HTLV-II型。近年发现该病毒在人类可引起多种疾病：HTLV-I可引起成人T细胞白血病/淋巴瘤（ATL）、热带痉挛性截瘫/HTLV相关性脊髓病等；HTLV-II与T-多毛细胞/巨粒细胞白血病等疾病相关。

(二)物理因素

X射线、γ射线等电离辐射有致白血病作用。大面积和大剂量照射可使机体骨髓抑制及免疫力下降，DNA发生突变、断裂、重组，继而诱发白血病。如日本广岛和长崎受原子弹袭击的幸存者中白血病发病率分别较未受辐射人群高30倍和17倍。

(三)化学因素

化学物质所致的白血病以AML多见。接触苯及含有苯的有机溶剂的人群白血病发病率高于一般人群。含有烷化剂和拓扑异构酶Ⅱ抑制剂的抗肿瘤药物也有致白血病作用。

(四)遗传因素

家族性白血病约占白血病总数的7‰。单卵双生子中，一人发病，另一人发病率为20%，比异卵双生子高12倍。唐氏综合征、先天性再生障碍性贫血、布卢姆（Bloom）综合征、共济失调毛细血管扩张症及先天性免疫球蛋白缺乏症等患者存在染色体畸变，其白血病的发病率增加，表明白血病的发病与遗传相关。

(五)其他血液系统疾病

某些血液病最终可能发展为白血病，如骨髓增生异常综合征、淋巴瘤、阵发性睡眠性血红蛋白尿及多发性骨髓瘤。

白血病的发生是多步骤的，目前认为至少有两类分子事件共同参与发病，即所谓的"二次打击"学说。各种原因所致的造血细胞的基因突变（如 *ras*、*myc*），激活某种信号通路，导致克隆性异常造血干细胞生成。某些遗传学改变（如形成 *PML/RARA* 融合基因）导致造血细胞分化阻滞或紊乱，引起白血病。

第二节　急性白血病

急性白血病是造血干细胞和祖细胞的恶性克隆性疾病，发病时骨髓中异常的原始细胞及幼稚细胞（白血病细胞）大量增殖并抑制正常造血，广泛浸润肝、脾、淋巴结等脏器，表现为贫血、出血、感染和组织浸润等征象。

【分类】

临床并行使用法美英（FAB）分型及世界卫生组织（WHO）分型。

(一)急性白血病的FAB分型

FAB分型是对患者骨髓涂片细胞形态学和组织化学染色进行观察与计数，为最基本的诊断学依据。

1. AML的FAB分型

（1）M_0（急性髓系白血病微分化型）：骨髓原始细胞＞30%，无嗜天青颗粒及奥氏（Auer）小体，光镜下髓过氧化物酶（MPO）及苏丹黑B阳性细胞＜3%；电镜下MPO阳性；CD33或CD13等髓系抗原可呈阳性，淋系抗原常为阴性。血小板抗原阴性。

（2）M_1（急性粒细胞白血病未分化型）：骨髓中原粒细胞占非红系有核细胞的比例≥90%，至少3%以上细胞为MPO阳性。

（3）M_2（急性粒细胞白血病部分分化型）：骨髓中原粒细胞占非红系有核细胞的30%~89%，其他粒细胞≥10%，单核细胞＜20%。

（4）M_3［急性早幼粒细胞白血病（APL）］：骨髓中以颗粒增多的早幼粒细胞为主，占非红系有核细胞的比例≥30%。

（5）M_4［急性粒-单核细胞白血病（AMMoL）］：骨髓中原始细胞占非红系有核细胞的30%以

上，各阶段粒细胞≥20%，各阶段单核细胞≥20%。

（6）M_5［急性单核细胞白血病（AMoL）］：骨髓非红系有核细胞中原单核细胞、幼单核细胞≥30%，且原单核细胞、幼单核细胞及单核细胞≥80%。

（7）M_6［红白血病（EL）］：骨髓中幼红细胞≥50%，非红系有核细胞中原始细胞≥30%。

（8）M_7［急性巨核细胞白血病（AMeL）］：骨髓中原始巨核细胞≥30%。血小板抗原阳性，血小板MPO阳性。

2. ALL的FAB分型

（1）L_1：原始细胞和幼淋巴细胞以小细胞（直径≤12 μm）为主。

（2）L_2：原始细胞和幼淋巴细胞以大细胞（直径>12 μm）为主。

（3）L_3（伯基特型）：原始细胞和幼淋巴细胞以大细胞为主，大小较一致，细胞内有明显空泡，胞质嗜碱性，染色深。

（二）急性白血病的WHO分型

WHO分型是整合了白血病细胞形态学（morphology）、免疫学（immunology）、细胞遗传学（cytogenetics）和分子生物学（molecular biology）（简称MICM）特征的新分型系统。根据WHO分型方法，AML包括伴重现性遗传学异常的AML、AML伴骨髓增生异常相关改变、治疗相关AML、非特殊类型AML、髓系肉瘤和唐氏（Down）综合征相关的髓系增殖。ALL包括原始B淋巴细胞白血病和原始T淋巴细胞白血病。

【临床表现】

急性白血病起病急缓不一。发病急者往往以突然高热为早期表现，类似"感冒"症状，也有部分患者为严重出血。发病缓慢者常为面色苍白、皮肤紫癜、月经过多或拔牙后出血难止而就医时被发现。

（一）正常骨髓造血功能受抑制的表现

1. 贫血 贫血是急性白血病的常见症状，部分患者因起病急、病程短，可无贫血。半数患者就诊时已有严重贫血，表现为苍白、乏力、头晕、心悸、气促及食欲差等症状。

2. 发热 发热为半数以上患者的早期症状，可为低热，也可为高热，可伴畏寒、出汗、全身酸痛等症状。白血病本身能够引起发热，但高热提示有继发感染。感染以口腔炎、牙龈炎、咽峡炎最常见；肺部感染、肛周炎、肛旁脓肿也常见。革兰氏阴性杆菌为最多见的致病菌。长期应用抗生素及粒细胞缺乏者可出现真菌感染。因患者伴免疫功能缺陷，故可发生单纯疱疹病毒、带状疱疹病毒等感染。

3. 出血 近40%的患者以出血为早期表现。出血可发生在全身各部位，以皮肤瘀点、瘀斑、鼻出血、牙龈出血、女性患者月经过多等多见。颅内出血表现为头痛、呕吐，甚至昏迷、死亡。有资料表明急性白血病死于出血者占62.24%，其中87%为颅内出血。眼底出血可导致视力障碍。APL易并发凝血功能障碍而导致全身广泛性出血。

 白血病骨髓造血功能受抑制的临床表现。

（二）白血病细胞增殖浸润的表现

1. 肝大、脾大和淋巴结肿大 ALL患者常出现淋巴结肿大。患者常有轻至中度肝大、脾大，除CML急性变外，巨脾较为罕见。

2. 骨骼和关节 胸骨下段局部压痛较常见。儿童患者常出现关节、骨骼疼痛。骨骼剧痛往往提示发生骨髓坏死。

3. 眼部　部分AML可伴粒细胞肉瘤（或称绿色瘤），常累及骨膜，以眼眶部位最常见，可引起眼球突出、复视或失明。

4. 口腔和皮肤　急性白血病尤其是M_4和M_5，因白血病细胞浸润，可使牙龈增生、肿胀；皮肤可出现蓝灰色斑丘疹或紫蓝色皮肤结节。

5. 中枢神经系统　中枢神经系统是白血病最常见的髓外浸润部位，易出现在治疗后缓解期。多数化疗药物难以通过血-脑屏障，隐藏在中枢神经系统的白血病细胞不能被有效杀灭，导致中枢神经系统白血病（central nervous system leukemia，CNSL）。轻者表现为头晕、头痛，严重者出现呕吐、颈项强直，甚至抽搐、昏迷，可危及生命。

6. 睾丸　睾丸是仅次于CNSL的髓外复发部位，多见于ALL化疗缓解后的幼儿和青年。临床表现为一侧睾丸无痛性肿大。

此外，白血病细胞可浸润肺、心脏、消化道、泌尿生殖系统等组织和器官。

 白血病细胞增殖浸润的临床表现。

【实验室检查】

（一）血象

大多数患者白细胞计数增多，超过$10 \times 10^9/L$者称为白细胞增多性白血病。部分患者白细胞计数正常或降低，少于$1.0 \times 10^9/L$者称为白细胞不增多性白血病。血涂片分类检查可见数量不等的原始细胞和幼稚细胞。患者往往存在不同程度的正常细胞性贫血。约半数患者血小板计数低于$60 \times 10^9/L$，病程晚期血小板严重减少。

（二）骨髓象

骨髓象是诊断急性白血病必做的检查和诊断依据。FAB分型将原始细胞≥骨髓有核细胞（ANC）的30%作为急性白血病的诊断标准，WHO分型将原始细胞≥骨髓有核细胞的20%定为急性白血病的诊断标准。多数急性白血病骨髓象有核细胞增生明显，呈现"裂孔"现象，即原始细胞为主，成熟中间阶段细胞缺如，并残留少许成熟粒细胞。少数急性白血病骨髓象增生低下，称为低增生性急性白血病。

（三）细胞化学

细胞化学可协助形态鉴别各类白血病。常见急性白血病的细胞化学鉴别列于表6-40-1。

表6-40-1　常见急性白血病的细胞化学鉴别

鉴别项目	急性淋巴细胞白血病	急性粒细胞白血病	急性单核细胞白血病
髓过氧化物酶（MPO）	（-）	分化差的原始细胞（-）~（+） 分化好的原始细胞（+）~（+++）	（-）~（+）
糖原染色（PAS）	（+）成块或粗颗粒状	（-）或（+）弥漫性淡红色或细颗粒状	（-）或（+）弥漫性淡红色或细颗粒状
非特异性酯酶（NSE）	（-）	（-）~（+）NaF抑制<50%	（+），NaF抑制≥50%

（四）免疫学检查

白血病细胞可出现异常的抗原表达模式，利用单克隆抗体（MoAb）识别这些标记物，通过流式细胞仪（FCM）等方法进行定性或定量，从而识别异常的血细胞，为精确诊断提供有效信息。如造血干细胞和祖细胞表达CD34，APL细胞表达CD13、CD33和CD117。急性混合细胞白血病包括急性双表型（白血病细胞同时表达髓系和淋系抗原）和双克隆（两群来源各自干细胞的白血病细胞分别表达髓系和淋系抗原）白血病，其髓系和一个淋系积分均＞2（表6-40-2）。

表6-40-2 白血病免疫学积分系统（EGIL，1998）

分值	B系	T系	髓系
2	*CyCD79a	CD3	CyMPO
	CyCD22	*TCRα/β	
	CyIgM	TCRγ/δ	
1	CD19	CD2	CD117
	CD20	CD5	CD13
	CD10	CD8	CD33
		CD10	CD65
0.5	TdT	TdT	CD14
	CD24	CD7	CD15
		CD1a	CD64

*注：Cy. 胞质内；TCR.T细胞受体。

（五）细胞遗传学和分子生物学

细胞遗传学通过检测细胞染色体变化，不仅可以预测白血病的分型，还可以作为白血病评估预后的依据。重现性的细胞遗传学异常及其对应的融合基因，例如t（15；17）(q22；q21) 及其对应的 *PML-RARα* 融合基因，t（8；21）(q22；q22) 及其对应的 *AML$_1$-ETO* 融合基因等，是急性白血病 WHO 诊断分型的主要标准之一。分子生物学诊断俗称基因诊断，是将特定基因变化与临床进程和预后紧密联系的精确诊断方法。与细胞遗传学相比，该诊断方法侧重染色体这些遗传物质转录及转录后的功能变化。常见的染色体和基因异常列于表6-40-3。

表6-40-3 白血病常见染色体异常和受累基因

染色体异常	受累基因	常见白血病类型
t（8；21）(q22；q22)	*AML$_1$-ETO*	M_2
t（15；17）(q22；q21)	*PML-RAR$_α$*	M_3
inv16（p13；q22）	*CBF$_β$-MYH11*	M_4
t（variable；11q23）	*MLL*	M_4、M_5、其他类型
t（8；14）(q24；q32)	*MYC-IgH*	L_3
t（9；22）(q34；q11)	*BCR-ABL*	ALL、CML、AML

（六）血液生化检查

患者在化疗期间会出现血尿酸水平增高，尿酸排泄量增加，甚至出现尿酸结晶。患者发生DIC时，可出现凝血功能障碍。发生CNSL时，脑脊液压力升高，白细胞计数增多，蛋白质增加，而含糖量减少。血涂片中可找到白血病细胞。

FAB 分型将原始细胞≥骨髓有核细胞（ANC）的 30% 作为急性白血病的诊断标准，WHO 分型将原始细胞≥骨髓有核细胞的 20% 定为急性白血病的诊断标准。

【诊断与鉴别诊断】

（一）诊断

根据临床表现、血象、骨髓象的特点，大部分病例可初步正确诊断为白血病。但因白血病类型不同，治疗方案及预后存在差异，因此初诊患者应尽力完善全面 MICM 资料，以便选择合适的治疗方案并评估预后。

（二）鉴别诊断

1. **骨髓增生异常综合征** 该病的难治性贫血伴原始细胞增多型（RAEB）易与白血病相混淆。该病除病态造血外，外周血中可见原始细胞和幼稚细胞，但原始细胞小于 20%。

2. **某些感染引起的白细胞异常** 传染性单核细胞增多症患者血象中有异形淋巴细胞，但形态与原始细胞不同，血清中嗜异性抗体效价逐步上升，可自愈。百日咳、传染性淋巴细胞增多症、风疹病毒感染时，血象中淋巴细胞增多，但淋巴细胞形态正常，为良性疾病。

3. **巨幼细胞贫血** 巨幼细胞贫血需与红白血病进行鉴别。该病骨髓中原始细胞正常，幼红细胞 PAS 反应阴性，经叶酸、维生素 B_{12} 治疗可痊愈。

4. **急性粒细胞缺乏症恢复期** 在药物或某些感染引起的粒细胞缺乏症的恢复期，骨髓中原粒细胞、幼粒细胞增多。但该病多有明确的病因，原粒细胞、幼粒细胞中无奥氏小体及染色体异常。

【治疗】

根据患者的 MICM 结果及临床特征，对白血病进行预后危险分层，按照患者意愿及经济能力，制定治疗方案。治疗过程中留置深静脉导管可减少反复穿刺的痛苦。适合行异基因 allo-HSCT 者应抽血做 HLA 配型。

（一）一般治疗

1. **紧急处理高白细胞血症** 当外周血白细胞计数 $> 100 \times 10^9/L$ 时，患者可出现白细胞淤滞症（leukostasis），临床表现为呼吸困难、低氧血症、反应迟钝、言语不清，甚至颅内出血，不仅增加患者早期死亡率，也增加髓外白血病的发病率和复发率。因此，当白细胞计数 $> 100 \times 10^9/L$ 时，需紧急使用血细胞分离机，单采清除过高的白细胞（APL 不推荐），并进行化疗和补液。也可按白血病分类实施相应的化疗方案，也可先进行化疗前短期预处理：ALL 给予地塞米松 10 mg/m²，静脉注射；AML 给予羟基脲 1.5 ~ 2.5 g/6 h（总量为 6 ~ 10 g/d），约 36 h，然后进行联合化疗。同时注意预防白血病细胞溶解导致的高尿酸血症、酸中毒、电解质代谢紊乱及凝血异常等。

2. **防治感染** 白血病患者容易出现粒细胞减少或缺乏。在化疗、放疗后粒细胞缺乏期间，患者宜住层流病房或消毒隔离病房。粒细胞集落刺激因子（G-CSF）可用于 ALL，老年、强化疗或伴感染的 AML，缩短粒细胞缺乏期。发热患者需做细菌培养和药物敏感试验，并根据感染征象明确感染的原因，进行经验性抗生素治疗。

3. **成分输血支持** 严重贫血可吸氧、输浓缩红细胞，维持血红蛋白（Hb）浓度 > 80 g/L。当出现白细胞淤滞时，避免立即输红细胞，防止血液黏滞度进一步增加。如因血小板过低而致出血时，需输注单采血小板悬液。输血时采用白细胞滤器去除成分血中的白细胞，可防止异体免疫反应所致无效输注和发热反应。输注前将含细胞成分血液辐照 25 ~ 30 Gy，灭活其中的淋巴细胞，预防输血相关移植物抗宿主病（TA-GVHD）。

4. **防治高尿酸血症肾病** 化疗期间白血病细胞大量破坏，血清和尿中尿酸水平增高，阻塞肾小管，导致高尿酸血症肾病。需鼓励患者多饮水或进行 24 h 持续静脉补液。当患者出现少尿、无尿、肾功能不全时，按急性肾衰竭处理。在化疗过程中，应用别嘌醇，每次 100 mg，每日 3 次，以抑制尿酸合成。少数患者应用别嘌醇时可出现严重皮肤过敏，应严密观察。

5. 维持营养 白血病本身为恶性消耗性疾病,并且化疗、放疗可引起患者消化道黏膜炎及功能紊乱。患者宜进食高蛋白、高热量、易消化食物。必要时经静脉补充营养。

(二)抗白血病治疗

抗白血病治疗是由放疗、化疗、分子靶向治疗、免疫治疗、细胞治疗及造血干细胞移植等组成的多元化治疗体系。化疗仍是应用最广泛的治疗手段,也是靶向治疗、免疫治疗等方式联合的基础手段。

抗白血病治疗的第一阶段为诱导缓解,联合化疗是主要的治疗方法。化疗的目标是使患者迅速获得完全缓解(complete remission,CR),即白血病的症状和体征消失,外周血无原始细胞,不伴髓外白血病;骨髓三系造血恢复,原始细胞 < 5%;外周血中性粒细胞 > 1.0×10^9/L,血小板计数 ≥ 100×10^9/L。白血病患者初诊时出现的免疫学、细胞遗传学和分子生物学异常标志消失,达到理想的完全缓解。

达到完全缓解后,开始抗白血病治疗的第二阶段,即缓解后治疗,主要方法为化疗和造血干细胞移植。理论上,完全缓解患者体内仍残留 10^9 以下白血病细胞,形态难以分辨,称为微小残留病灶(MRD),是疾病复发的根源,动态检测微小残留病灶对预测早期复发并及时治疗非常重要。微小残留病灶持续阴性的患者有望获长期无病生存甚至治愈。

1. ALL 的治疗　目前儿童 ALL 的完全缓解率可达 98%,5 年无病生存率达 80% 以上,虽然成人 ALL 的完全缓解率也能达到 80% 以上。根据患者的年龄、ALL 分型、治疗后的微小残留病灶、是否进行造血干细胞移植等因素选择化疗方案。

(1)诱导缓解治疗:长春新碱(VCR)和泼尼松(P)组成的 VP 方案是诱导 ALL 缓解的基本方案,可使 50% 的成人 ALL 获得完全缓解。末梢神经炎和便秘是 VCR 的主要副作用。为了提高缓解率,在 VP 方案中加入蒽环类药物[如柔红霉素(DNR)]组成 DVP 方案,可使完全缓解率达到 70% 以上,用药过程中需要注意蒽环类药物的心脏毒性。DVP 方案加门冬酰胺酶(L-ASP)或培门冬酶(PEG-Asp)组成 DVLP 方案,是目前 ALL 常用的诱导方案,用药过程中需警惕肝功能损伤、胰腺炎、过敏反应、凝血因子及白蛋白合成减少等副作用。也可在 DVLP 方案的基础上加入环磷酰胺(CTX)或阿糖胞苷(Ara-C)等药物,提高 ALL 的完全缓解率。

(2)缓解后治疗:获得完全缓解后,需进行强化巩固治疗和维持治疗。强化巩固治疗主要有化疗和造血干细胞移植两种方法。如未行 allo-HSCT 治疗,ALL 的巩固维持治疗一般需 2~3 年。化疗主要采用间歇重复原诱导方案,定期给予其他强化方案。强化治疗时药物剂量宜大,不同种类交替轮换使用以避免毒性蓄积,如高剂量甲氨蝶呤(HD MTX)、Ara-C、6-巯基嘌呤(6-MP)和 L-ASP。常用的维持治疗方案为 6-MP 与 MTX 联合,同时间断给予 VP 方案。另外,酪氨酸激酶抑制剂(TKI,如伊马替尼或达沙替尼)可用于 Ph^+ ALL 的靶向治疗。

(3)CNSL 的防治和睾丸白血病的治疗:采用早期全身强化治疗和鞘内注射化疗(如 MTX、Ara-C、糖皮质激素)预防 CNSL 的发生,颅脊椎照射因可诱发认知障碍、继发肿瘤等不良反应,仅作为 CNSL 的挽救治疗。睾丸白血病患者即使仅有单侧睾丸受累,也需进行双侧照射和全身化疗。

复发指完全缓解后在身体任何部位出现可检出的白血病细胞,多在完全缓解 2 年内出现,此时可选择原诱导方案再诱导,也可采用含 HDAra-C 的联合方案或者新药进行治疗。靶向 CD19 的嵌合抗原受体 T 细胞(CAR-T)治疗可使约 90%CD19 阳性的复发 ALL 患者获得完全缓解。

allo-HSCT 可使 40%~65% 的患者长期生存。复发难治 ALL、完全缓解 2 期 ALL、完全缓解 1 期高危 ALL(如 Ph^+ 染色体、亚二倍体者;MLL 基因重排阳性;白细胞升高明显;获完全缓解时间 > 4~6 周;微小残留病灶持续存在者)适合进行 allo-HSCT。

2. AML 的治疗　AML 的治疗仍以联合化疗及造血干细胞移植为主,靶向治疗和免疫治疗逐步应用于临床,目前 60 岁以下 AML 患者的预后较以前有所改善,有 30%~50% 的患者可望长期生存。

(1) 诱导缓解治疗：AML 采用蒽环类药物联合标准剂量的 Ara-C（3+7 方案）进行化疗，最常用的是 DA 方案，DNR 45 mg/（m²·d）静脉滴注，第 1~3 天；Ara-C100 mg/（m²·d），持续静脉滴注，第 1~7 天。60 岁以下患者的总完全缓解率为 50%~80%。去甲氧柔红霉素（IDA）12 mg/（m²·d）代替 DNR 与 Ara-C 组成 IA 方案，使年轻患者完全缓解率增加。我国学者率先以高三尖杉酯碱（HHT）替代 IDA 或 DNR 组成 HA 方案诱导治疗 AML，HHT3~6 mg/d，静脉滴注 5~7 d，完全缓解率为 60%~65%。两个标准疗程未获得完全缓解者考虑存在原发耐药，需更换方案或者进行 allo-HSCT。

急性早幼粒细胞白血病（APL）是 AML 中独具特征的一种亚型，疾病早期容易发生出血而导致患者死亡。多采用全反式维 A 酸（ATRA）联合蒽环类药物治疗。也可在 ATRA 联合蒽环类药物的基础上加用砷剂［如三氧化二砷（ATO）］。治疗过程中需注意出现分化综合征，初诊时白细胞计数较高及治疗后迅速上升者易发生，临床表现为发热、肌肉及骨骼疼痛、呼吸窘迫、胸腔积液、低血压、急性肾衰竭甚至死亡。当出现分化综合征时，立即应用糖皮质激素治疗，并予吸氧、利尿，暂停使用 ATRA。

(2) 缓解后治疗：AML 缓解后治疗包括：①对初诊白细胞计数 $\geq 40 \times 10^9$/L，伴髓外病变的患者应在完全缓解后检查脑脊液，筛查 CNSL，并进行至少一次预防性鞘内注射化疗。APL 至少鞘内用药 3 次。② AML 治疗较 ALL 时间缩短。③ APL 需维持治疗近 2 年。对于预后较差的 AML，首选 allo-HSCT 治疗。

(3) 难治、复发 AML 的治疗：①含 HD Ara-C 联合化疗。②无交叉耐药的新药组成联合化疗方案：如氟达拉滨、Ara-C 和 G-CSF ± IDA。③造血干细胞移植。④临床试验：如耐药逆转剂、新的靶向药物（如 *FLT3* 抑制剂）、生物治疗等。

3. 老年急性白血病的治疗　年龄大于 60 岁的急性白血病患者，需减少化疗药物的用量。部分体质好、身体条件佳的老年患者可采用年轻患者的治疗方案，有 HLA 相合同胞供体者可行减低剂量预处理的 allo-HSCT。

ALL 诱导缓解治疗基本方案。预防 CNSL 的措施。

【预后】

未进行正规治疗的急性白血病患者平均生存期仅为约 3 个月，短者可在诊断数日后即死亡。经过规范化诊疗，不少患者获得完全缓解，并可长期存活。1~9 岁儿童 ALL，初诊时白细胞计数 < 50×10^9/L 的患者预后最好，80% 以上可获得长期无病生存。APL 未发生早期死亡者预后良好，多可治愈。年龄大于 60 岁、白细胞计数高的急性白血病患者预后差。继发性急性白血病、复发、多药耐药、需较长时间化疗才能缓解及合并髓外白血病者预后差。

第三节　慢性白血病

慢性白血病包括慢性髓细胞性白血病（CML）和慢性淋巴细胞白血病（CLL）。临床表现以淋巴结肿大为主，伴有肝大、脾大、贫血及出血等症状。

一、慢性髓细胞性白血病

慢性髓细胞性白血病（CML）是一种发生在造血干细胞的恶性骨髓增殖性疾病，主要涉及髓系。外周血粒细胞显著增多，出现 Ph 染色体和（或）*BCR-ABL* 融合基因。疾病进展缓慢，脾大多见。患者可因健康体检或其他疾病就医时被发现。我国 CML 中位发病年龄 45～50 岁，男性多于女性。

【临床表现及分期】

（一）慢性期

慢性期持续 1～4 年。患者出现乏力、低热、多汗或盗汗、体重减轻等代谢亢进的临床表现。最显著的体征为脾大，患者常因脾大而自觉左上腹坠胀感。多数患者就医时脾已达脐或脐以下，触之质地坚实、平滑、无压痛。伴有脾梗死时，脾区压痛明显，并伴有摩擦音。部分患者有胸骨中、下段压痛。少数患者肝大明显。当白细胞计数显著增高时，可有眼底充血及出血。白细胞计数极度增高时，易发生白细胞淤滞症。

（二）加速期

加速期持续数月至数年。临床常表现为发热、虚弱、进行性体重下降、骨骼疼痛，脾持续或进行性增大，逐渐出现贫血和出血。酪氨酸激酶抑制剂（TKI）等原来治疗有效的药物变得无效。

（三）急变期

急变期为 CML 的终末期。临床表现与急性白血病相似。预后极差，患者通常在数月内死亡。

 CML 的显著体征及临床分期。

【实验室检查】

（一）慢性期

1. 血象　白细胞计数常超过 20×10^9/L，甚至达 100×10^9/L 以上，外周血粒细胞明显增多，可见各阶段粒细胞，以中性中幼、晚幼和杆状核粒细胞居多；原始细胞 < 10%；嗜酸性、嗜碱性粒细胞也增多，后者有助于诊断。近半数患者血小板增多；疾病晚期血小板逐渐减少，并出现贫血。

2. 中性粒细胞碱性磷酸酶（NAP）　NAP 活性减低或呈阴性反应。NAP 活性恢复，提示治疗有效；NAP 下降提示疾病复发；细菌感染时 NAP 可略升高。

3. 骨髓象　骨髓增生明显至极度活跃，以粒细胞为主，粒红比例明显增高，其中中性中幼、晚幼及杆状核粒细胞明显增多，原始细胞 < 10%。嗜酸性、嗜碱性粒细胞增多。红细胞相对减少。巨核细胞正常或增多，疾病晚期减少。偶见戈谢（Gaucher）细胞。

4. 细胞遗传学及分子生物学检查　95% 以上的 CML 细胞中出现 Ph 染色体（小的 22 号染色体），显带分析为 t（9；22）(q34；q11)。9 号染色体长臂上 *C-ABL* 原癌基因易位至 22 号染色体长臂的断裂点簇集区（*BCR*）形成 *BCR-ABL* 融合基因。

5. 血液生化检查　血清及尿中尿酸水平增高。血清中乳酸脱氢酶（LDH）增高。

（二）加速期

加速期外周血或骨髓原始细胞 ≥ 10%；外周嗜碱性粒细胞 > 20%；可出现不明原因的血小板进行性减少或增加；Ph 染色体阳性细胞中可发现其他染色体异常，如 +8、双 Ph 染色体。

（三）急变期

急变期外周血或骨髓中原始细胞 > 20% 或出现髓外原始细胞浸润。

【诊断与鉴别诊断】

（一）诊断

根据典型的血象、骨髓象异常，脾大，Ph 染色体阳性或 *BCR-ABL* 融合基因阳性做出诊断。1%AML、5% 儿童 ALL 及 25% 成人 ALL 可出现 Ph 染色体阳性，需进行鉴别。

（二）鉴别诊断

1. 类白血病反应　严重感染、恶性肿瘤等患者易并发类白血病反应，伴有相应原发病的临床特征。NAP 反应强阳性。Ph 染色体及 *BCR-ABL* 融合基因均阴性有助于鉴别。

2. 骨髓纤维化　原发性骨髓纤维化患者脾大明显，外周血白细胞增多，并出现幼粒细胞等，但白细胞计数不超过 30×10^9/L。NAP 阳性。患者存在 *JAK2V617F*、*CALR*、*MPL* 基因突变，而 Ph 染色体及 *BCR-ABL* 融合基因均为阴性。

3. 其他原因引起的脾大　血吸虫病、慢性疟疾、黑热病、肝硬化、脾功能亢进等疾病均伴脾大。不同原发病的临床特征存在明显区别，并且血象及骨髓象无 CML 改变。

【治疗】

CML 一旦进入加速期或急变期，则预后不良，因此应重视慢性期的治疗，避免疾病恶化。

（一）紧急处理高白细胞血症

详见本章第二节，需合用羟基脲和别嘌醇。

（二）分子靶向治疗

第一代酪氨酸激酶抑制剂（TKI）甲磺酸伊马替尼（imatinib mesylate）能够抑制 *BCR-ABL* 阳性细胞增殖。甲磺酸伊马替尼治疗 CML 缓解率为 92%，10 年总体生存率为 84%。第二代 TKI 如尼洛替尼、达沙替尼治疗 CML 效果更好，逐渐成为 CML 一线治疗方案的药物。TKI 治疗可出现白细胞减少、血小板降低、贫血、水肿、头痛及胆红素异常等表现。

（三）干扰素

在分子靶向药物出现之前，干扰素（interferon-α，IFN-α）为首选治疗药物。目前用于不适合 TKI 及 allo-HSCT 的患者。常用剂量为 300 万～500 万 U/（$m^2 \cdot d$），肌内或皮下注射，每周 3～7 次。推荐与小剂量 Ara-C 合用。常见副作用有乏力、发热、全身肌肉和骨骼疼痛、肝功能损伤等。

（四）其他药物治疗

1. 羟基脲　羟基脲（hydroxyurea）为细胞周期特异性化疗药物，起效迅速，停药后易反复。常用剂量为 3 g/d，分两次口服，需根据血象调整药物剂量。羟基脲适用于高龄、伴有合并症、TKI 和 INF-α 不耐受的患者。

2. 其他药物　包括 Ara-C、高三尖杉酯碱（HHT）、砷剂、白消安等。

（五）异基因造血干细胞移植

异基因造血干细胞移植（allo-HSCT）是根治 CML 的治疗方法，用于移植风险很低且对 TKI 耐药、不耐受以及进展期的 CML 患者，不作为 CML 慢性期的一线选择。

【预后】

CML 慢性期患者的中位生存期为 39～47 个月，3～5 年后发展为急变期，少数患者可生存 10～20 年。近年来，TKI 的应用使 CML 患者生存期显著延长。初诊时的风险评估、治疗方案的选择及病情的进展均影响预后。

二、慢性淋巴细胞白血病

慢性淋巴细胞白血病（CLL）是一种进展缓慢的成熟 B 淋巴细胞增殖性肿瘤，以外周血、骨髓、脾和淋巴结中出现大量克隆性 B 淋巴细胞为特征。男性多见，好发于老年人群。本病是西方国家常见的成人白血病，在亚洲发病率较低。

【临床表现】

CLL 起病缓慢，早期症状可为乏力、疲倦、消瘦、低热等。淋巴结肿大见于 60%～80% 的患者，多见于头颈部、锁骨上、腋窝、腹股沟等部位。50% 以上患者可出现轻度至中度的脾大。

【实验室检查】

（一）血象

血象以淋巴细胞持续增多为主要特征，外周血 B 淋巴细胞 $\geq 5 \times 10^9/L$，至少持续 3 个月。随着病情进展，可出现贫血和血小板减少。

（二）骨髓象

骨髓象有核细胞增生明显或极度活跃，淋巴细胞 $\geq 40\%$，以成熟淋巴细胞为主。

（三）免疫学检查

CLL 细胞具有单克隆性，呈现 B 细胞免疫表型特征。细胞膜表面免疫球蛋白（sIg）为弱阳性表达。

（四）细胞遗传学检查

细胞遗传学检查部分患者出现克隆性核型异常，如 13q14 缺失。

（五）分子生物学检查

分子生物学检查 50%～60% 的 CLL 患者出现免疫球蛋白重链可变区（IgHV）基因体细胞突变，此类病例生存期长。无 IgHV 突变的 CLL 细胞多数高表达 CD38、ZAP70，均与不良预后有关。

【诊断与鉴别诊断】

根据临床表现，外周血 B 淋巴细胞 $\geq 5 \times 10^9/L$ 至少持续 3 个月和典型的实验室检查可确诊。CLL 需与病毒感染引起的反应性淋巴细胞增多症、其他 B 细胞慢性淋巴增殖性疾病、幼淋巴细胞白血病、毛细胞白血病相鉴别。

【治疗】

CLL 被称为惰性白血病，早期患者无需治疗，出现下列情况应开始治疗：①体重减轻 $\geq 10\%$、发热（体温超过 38 ℃）≥ 2 周、盗汗；②巨脾或进行性脾大及脾区疼痛；③淋巴结进行性肿大或直径 > 10 cm；④进行性外周血淋巴细胞增多；⑤糖皮质激素治疗自身免疫性血细胞减少效果差；⑥骨髓进行性衰竭。

（一）化疗

1. 烷化剂　苯丁酸氮芥（chlorambucil）适用于年龄较大、不耐受其他化疗药物或有并发症的患者。新型烷化剂苯达莫司汀较苯丁酸氮芥效果好。

2. 嘌呤类似物　氟达拉滨（fludarabine）中位缓解率是苯丁酸氮芥的 2 倍，对烷化剂耐药者仍有效。克拉屈滨、喷司他丁的疗效与氟达拉滨相近。

3. 糖皮质激素　糖皮质激素通常用于伴有自身免疫性血细胞减少的患者。

（二）免疫治疗

利妥昔单抗（rituximab）对于表达 CD20 的 CLL 细胞有显著作用。

（三）分子靶向治疗

伊布替尼为 BTK 通路特异性抑制剂，已经应用于 CLL 患者的一线和挽救治疗。

（四）造血干细胞移植

大多数 CLL 患者不需一线造血干细胞移植，高危或复发难治患者可作为二线治疗。allo-HSCT 可使部分患者长期生存。

【预后】

CLL 患者从无需治疗到疾病快速进展，病程长短不一。多数 CLL 患者死于骨髓衰竭导致的感染、贫血、出血。

自 测 题

一、选择题

1. 急性白血病患者出现高热，首先考虑
   A. 继发感染　　　　　　B. 高核酸代谢　　　　　C. 细胞溶解
   D. 深部组织出血　　　　E. 中枢神经系统白血病
2. 最易发生中枢神经系统白血病的疾病是
   A. 急性淋巴细胞白血病　　　　　　B. 急性粒细胞白血病
   C. 急性单核细胞白血病　　　　　　D. 急性红白血病
   E. 急性粒 - 单核细胞白血病
3. 最易发生 DIC 的疾病是
   A. 急性红白血病　　　　　　　　　B. 急性早幼粒细胞白血病
   C. 急性淋巴细胞白血病　　　　　　D. 急性单核细胞白血病
   E. 慢性粒细胞白血病
4. 急性早幼粒细胞白血病化疗首选
   A. DA 方案　　　　　　B. 全反式维 A 酸　　　　C. 羟基脲
   D. VP 方案　　　　　　E. 骨髓移植

（5~6 题共用题干）

患者，女性，26 岁，鼻出血、皮肤瘀斑 1 周。体格检查：睑结膜苍白，四肢皮肤可见瘀斑。实验室检查：Hb 80 g/L，WBC 40.0×10^9/L，PLT 80×10^9/L。骨髓检查：粒系增生活跃，原始细胞 > 30%，髓过氧化物酶阳性。

5. 该患者的诊断考虑
   A. 急性淋巴细胞白血病　　　　　　B. 急性粒细胞白血病
   C. 慢性白血病　　　　　　　　　　D. 缺铁性贫血
   E. 再生障碍性贫血
6. 该疾病常用的化疗方案为
   A. DA 方案　　　　　　B. VP 方案　　　　　　　C. 羟基脲
   D. CHOP 方案　　　　　E. 骨髓移植

二、简答题

1. 急性白血病的临床表现有哪些?
2. 急性白血病的一般治疗包括哪些?

三、案例分析题

患者,男性,24岁,乏力、消瘦、腹胀半年。体格检查:贫血貌,肝肋下 1 cm,脾肋下 8 cm。实验室检查:Hb 80 g/L,WBC 60.0×10^9/L,PLT 100×10^9/L。细胞 Ph 染色阳性,*BCR-ABL* 融合基因阳性。

请回答:

(1)该患者的诊断是什么?

(2)该疾病的临床分期包括什么?慢性期首选治疗药物是什么?

(朱玲玲 贾晋松)

第四十一章 淋巴瘤

第四十一章数字资源

> 1. 知识：描述淋巴瘤的临床表现、临床分期、诊断要点和治疗方案，分析淋巴瘤的血象、骨髓象、影像学及病理学检查结果的临床意义，简述淋巴瘤的防治方法。
> 2. 能力：规范地采集淋巴瘤患者的病史，系统地对淋巴瘤患者进行体格检查，正确书写病历，根据病情提供治疗计划，对淋巴瘤患者开展健康教育，促进疾病康复。
> 3. 素养：具备向公众科普淋巴瘤知识的能力（如"淋巴结肿大不一定是淋巴瘤""规范治疗可显著提高治愈率"），减少社会对淋巴瘤的误解与恐惧。能向患者家属清晰传递病情严重性与治疗预期（避免过度乐观或悲观），并指导患者家属参与患者照护（如感染预防、营养支持）。具有团队协作精神，能够理解淋巴瘤诊疗的"多学科团队"核心价值，能主动联合病理科（明确分型）、影像科（精准分期）、放疗科（靶区设计）、血液科（造血支持）、心理科（精神干预）等，形成"无缝衔接"的诊疗链条，共同优化诊疗方案，培养集体荣誉感和协作能力。

学习目标

案例 6-41-1

患者，男性，30岁，因"双侧颈部淋巴结肿大1周"就诊。1周前患者无明显诱因出现双侧颈部淋巴结肿大，伴发热、盗汗，未测体温，不伴淋巴结疼痛、咽痛、咳嗽，自服"消炎药"2 d无效，遂到我院就诊。发病以来，患者食欲、睡眠尚可，二便未见异常，近1个月体重下降6 kg。既往身体健康，否认肺结核接触史，否认肝炎病史，否认药物过敏史，否认家族性遗传病史。体格检查：T 37.8 ℃，P 98次/分，R 20次/分，BP 130/80 mmHg。发育正常，神志清楚，双侧颈部及腋下可触及肿大淋巴结，触诊有软骨样感觉，无压痛。双肺呼吸音清，未闻及干啰音、湿啰音。心率98次/分，心律齐，各瓣膜听诊区未闻及杂音。腹部平坦，肝、脾肋下未触及。辅助检查：①血常规：Hb 130 g/L，WBC $6.0×10^9$/L，PLT $214×10^9$/L；②胸部CT：平扫可见纵隔增宽，内部结构不清，纵隔脂肪间隙消失，双侧胸腔积液，增强后可见纵隔内多发淋巴结肿大；③浅表淋巴结超声探查：双侧颈部可探及多发肿大淋巴结，呈椭圆形，部分融合成片，最大者直径约为2.8 cm。双侧腋下可探及多发肿大淋巴结，边界不清晰，最大者直径约为2.6 cm。

问题与思考：
1. 初步诊断是什么？
2. 下一步需要做什么检查？
3. 治疗措施有哪些？

淋巴瘤（lymphoma）是起源于淋巴结和淋巴组织的恶性肿瘤，与免疫应答过程中的某种免疫细胞恶变相关。按组织病理学特点，淋巴瘤可分为霍奇金淋巴瘤（Hodgkin lymphoma，HL）和非霍奇金淋巴瘤（non-Hodgkin lymphoma，NHL）两大类。我国男性发病率高于女性，20~40岁为发病高峰，农村发病率低于城市。

> **知识链接**
>
> **里 - 施细胞**
>
> 里 - 施细胞（Reed-Sternberg cell，RS cell）见于淋巴瘤患者骨髓象涂片，由 Dorothy Mabal Reed Mendenhall 发现，故以此命名。典型的里 - 施细胞是一种直径为 20~50 μm 或更大的双核或多核瘤巨细胞。瘤细胞呈椭圆形，胞质丰富，稍嗜酸性或嗜碱性，细胞核圆形，呈双叶或多叶状，以致细胞看起来像双核细胞或多核细胞，形态相同，状如鹰眼及所谓"镜影"核。染色质粗糙，沿核膜聚集呈块状，核膜厚而清楚。核内有一个非常大的直径与红细胞相当的嗜酸性的中位核仁，周围有空晕。

【病因与发病机制】

感染、免疫因素、理化因素和遗传因素与淋巴瘤的发病相关。目前，病毒学说颇受重视。

霍奇金淋巴瘤患者的淋巴结在电镜下可见 EB 病毒颗粒。20% 霍奇金淋巴瘤的里 - 施细胞内也可找到 EB 病毒。伯基特（Burkitt）淋巴瘤患者血清中 EB 病毒抗体滴度升高，提示 EB 病毒与伯基特淋巴瘤的发生密切相关。研究发现，日本成人 T 细胞白细胞/淋巴瘤的发病有家族聚集性，人类嗜 T 淋巴细胞病毒 I 型是致病因素。胃黏膜相关淋巴组织淋巴瘤与幽门螺杆菌（Hp）感染相关，抗 Hp 治疗可缓解其病情进展。

此外，遗传性或获得性免疫缺陷病患者淋巴瘤发病率高于正常人群，器官移植患者因长期应用免疫抑制药而发生淋巴瘤。干燥综合征患者中淋巴瘤的发病率比一般人群高。因此推测免疫功能低下也与淋巴瘤的发病有关。

【病理与分型】

目前根据 2016 年世界卫生组织（WHO）的淋巴造血系统肿瘤进行分类。

（一）霍奇金淋巴瘤

霍奇金淋巴瘤分为结节性淋巴细胞为主型霍奇金淋巴瘤和经典霍奇金淋巴瘤两大类。里 - 施细胞是霍奇金淋巴瘤的特征性表现，该细胞大小不一，为巨大双核和多核细胞。核外形不规则，可呈"镜影"状。

1. 结节性淋巴细胞为主型霍奇金淋巴瘤（NLPHL） 95% 以上为结节型，镜下以单一小淋巴细胞增生为主，其间散在大瘤细胞（呈爆米花样）。可见大量免疫学表型为 CD20$^+$ 的小 B 细胞，形成结节样结构。

2. 经典霍奇金淋巴瘤（CHL）

（1）结节硬化型：20%~40% 的里 - 施细胞表达 CD20、CD15、CD30。

（2）富于淋巴细胞型：大量成熟淋巴细胞，里 - 施细胞少见。

（3）混合细胞型：可见嗜酸性粒细胞、淋巴细胞、浆细胞等，其间可见多个里 - 施细胞伴坏死。

（4）淋巴细胞消减型：淋巴细胞显著减少，有大量里 - 施细胞。

（二）非霍奇金淋巴瘤

非霍奇金淋巴瘤大部分为 B 细胞性，病变淋巴结切面外观呈鱼肉样。镜下正常淋巴结结构被破坏，淋巴滤泡和淋巴窦消失。

1. 弥漫大 B 细胞淋巴瘤 弥漫大 B 细胞淋巴瘤（diffuse large B cell lymphoma，DLBCL）为非

霍奇金淋巴瘤中最常见的类型，占35%~40%。多数为原发DLBCL，也可由惰性淋巴瘤转化而来。

2. 边缘区淋巴瘤（marginal zone lymphoma，MZL） 淋巴滤泡及滤泡外套之间的结构为边缘区，在边缘区发生的淋巴瘤为B细胞来源，属于"惰性淋巴瘤"。边缘区淋巴瘤包括3种亚型：①结外黏膜相关淋巴组织边缘区淋巴瘤（黏膜相关淋巴组织）；②脾B细胞边缘区淋巴瘤；③淋巴结边缘区淋巴瘤。

3. 滤泡性淋巴瘤 滤泡性淋巴瘤（follicular lymphoma，FL）为生发中心淋巴瘤，系B细胞来源，$CD10^+$，$bcl-6^+$，$bcl-2^+$，伴t(14;18)。常累及脾和骨髓，化疗效果好，易复发，属于"惰性淋巴瘤"。

4. 套细胞淋巴瘤 套细胞淋巴瘤（mantle cell lymphoma，MCL）来源于滤泡外套$CD5^+$的B细胞，Cyclin D1核内高表达是其特征性标志。老年男性多见，发展迅速，化疗完全缓解率低，属于侵袭性淋巴瘤。

5. 伯基特淋巴瘤/白血病 伯基特淋巴瘤/白血病（Burkitt lymphoma/leukemia，BL）侵犯血液和骨髓时即为ALL L_3型。t(8;14)与MYC基因重排有诊断意义，是严重的侵袭性非霍奇金淋巴瘤。

6. 血管免疫母细胞性T细胞淋巴瘤 血管免疫母细胞性T细胞淋巴瘤（angioimmunoblastic T cell lymphoma，AITL）是一种侵袭性T细胞淋巴瘤，占非霍奇金淋巴瘤的2%，预后差。

7. 间变性大细胞淋巴瘤 间变性大细胞淋巴瘤（anaplastic large cell lymphoma，ALCL）为侵袭性非霍奇金淋巴瘤，占非霍奇金淋巴瘤的2%~7%，好发于儿童。

8. 外周T细胞淋巴瘤 外周T细胞淋巴瘤（非特指型）（peripheral T-cell lymphoma，PTCL）是一组异质性较大的恶性肿瘤，占非霍奇金淋巴瘤的25%~30%，呈侵袭性，预后不良。

9. 蕈样肉芽肿病和塞扎里综合征 常见为蕈样肉芽肿病（mycosis fungoides），侵及末梢血液者称为塞扎里综合征（Sézary syndrome）。

【临床表现】

（一）霍奇金淋巴瘤

霍奇金淋巴瘤青年多见，儿童少见。60%~80%的患者以颈部或锁骨上淋巴结无痛性进行性肿大为首发症状。其次为腋下淋巴结肿大。肿大的淋巴结可活动，也可相互粘连、融合成块，触之有软骨样感觉。部分霍奇金淋巴瘤患者的肿大淋巴结可压迫邻近器官，或肿瘤细胞侵犯其他器官而产生相应的症状。发热、盗汗、瘙痒及消瘦等全身症状也常见，30%~40%的患者以持续性发热为就诊原因。饮酒后引起的淋巴结疼痛为霍奇金淋巴瘤所特有，但并非每一个霍奇金淋巴瘤患者都如此。

（二）非霍奇金淋巴瘤

无痛性进行性淋巴结肿大或局部肿块是淋巴瘤的共同临床表现。非霍奇金淋巴瘤具备以下特点。①全身性：淋巴瘤可发生在身体的任何部位，以淋巴结、扁桃体、脾及骨髓最易受累，常伴全身症状。②多样性：受压迫或浸润组织器官的范围和程度不同，引起的临床表现不同。③随年龄增长而发病增多，男性多于女性，除惰性淋巴瘤外，发展迅速。④非霍奇金淋巴瘤对各组织、器官的压迫和浸润比霍奇金淋巴瘤多见，常以高热或各器官、系统症状为主要临床表现，出现吞咽困难、鼻塞、鼻出血及颌下淋巴结肿大提示咽淋巴环病变，咳嗽、胸闷、气促、肺不张及上腔静脉压迫综合征等提示肺门及纵隔受累，累及胃肠道时表现为腹痛、腹泻和腹部包块，常因肠梗阻或大出血施行手术而确诊。腹膜后淋巴结肿大可压迫输尿管，引起肾盂积水。中枢神经系统病变主要累及脑膜、脊髓。骨骼损害以胸椎、腰椎最常见。皮肤受累表现为肿块、皮下结节、浸润性斑块、溃疡等。晚期患者可出现肝大、黄疸等症状。

考点提示 淋巴瘤的典型临床表现为无痛性进行性淋巴结肿大。

【辅助检查】

（一）血液和骨髓检查

霍奇金淋巴瘤常伴贫血，约20%患者嗜酸性粒细胞水平升高。骨髓浸润或脾功能亢进时，可出现全血细胞减少。骨髓涂片发现里-施细胞是霍奇金淋巴瘤骨髓浸润的依据，活检可增加阳性率。

非霍奇金淋巴瘤白细胞计数基本正常，伴有淋巴细胞绝对或相对增多。晚期并发淋巴细胞白血病时，血象和骨髓象有相应的改变。

（二）实验室其他检查

ESR加快提示疾病活动，血清乳酸脱氢酶（LDH）升高提示预后差。血清碱性磷酸酶活力或血钙增加，提示侵及骨骼。B细胞非霍奇金淋巴瘤可并发溶血性贫血。中枢神经系统受累时脑脊液中的蛋白水平升高。

（三）影像学检查

1. 浅表淋巴结检查　B超检查和放射性核素显像有助于发现体格检查时触诊的遗漏。
2. 纵隔与肺检查　拍摄胸部X线片可了解纵隔增宽、肺门增大、胸腔积液及肺部病灶等情况。胸部CT可发现纵隔与肺门淋巴结肿大。
3. 腹腔、盆腔淋巴结检查　腹部检查的首选方法为CT检查，下肢淋巴结造影可发现CT检查未发现的淋巴结。
4. 肝、脾检查　CT、B超、放射性核素显像及磁共振成像（MRI）只能查出单发或多发结节，难以发现弥漫性浸润或粟粒样小病灶。建议两种以上影像学诊断同时显示实质性占位病变时，才能确定肝、脾受累。
5. PET/CT　PET/CT是一种根据生化影像来进行肿瘤定性、定位的诊断方法，可以显示淋巴瘤病灶及部位。

（四）病理学检查

选取较大的淋巴结组织进行淋巴结印片瑞特（Wright）染色后做细胞病理学检查。深部淋巴结可在B超或CT引导下进行穿刺活检，做细胞病理学检查。病理学检查是诊断淋巴瘤的基本方法。免疫组化、免疫酶标、流式细胞术等可为淋巴瘤的进一步分型提供依据。

【诊断、分期和分组】

（一）诊断

无痛性、进行性淋巴结肿大患者，做淋巴结病理学检查可确诊。伴有血细胞数量异常者，做骨髓活检和涂片了解骨髓受累情况。

（二）分期和分组

Ann Arbor分期系统将霍奇金淋巴瘤分为Ⅰ～Ⅳ期。其中Ⅰ～Ⅳ期按淋巴结病变范围区分，脾和韦氏环淋巴组织分别记为一个淋巴结区域。结外病变定为Ⅳ期，包括骨髓、肺、骨或肝受侵犯。非霍奇金淋巴瘤也参照此方案。

Ⅰ期：单个淋巴结区域（Ⅰ）或局灶性单个结外器官（ⅠE）受侵犯。

Ⅱ期：在膈肌同侧的两组或多组淋巴结受侵犯（Ⅱ）或局灶性单个结外器官及其区域淋巴结受侵犯，伴或不伴横膈同侧其他淋巴结区域受侵犯（ⅡE）。

注：受侵淋巴结区域数目应以脚注的形式标明（如$Ⅱ_3$）。

Ⅲ期：横膈上、下淋巴结区域同时受侵犯（Ⅲ），可伴有局灶性相关结外器官（ⅢE）、脾受侵犯（ⅢS）或两者均有（ⅢE+S）。

Ⅳ期：弥漫性（多灶性）单个或多个结外器官受侵犯，伴或不伴相关淋巴结肿大，或孤立性结外器官受侵犯伴远处（非区域性）淋巴结肿大。如肝或骨髓受累，即使局限，也属Ⅳ期。

全身症状分组：分为A、B两组。凡无以下症状者为A组，有以下症状之一者为B组：

（1）不明原因发热，体温大于38 ℃；

（2）盗汗；

（3）半年内体重下降10%以上。

累及的部位可采用下列记录符号：E.结外；X.直径10 cm以上的巨块；M.骨髓；S.脾；H.肝；O.骨骼；D.皮肤；P.胸膜；L.肺。

【鉴别诊断】

（一）与其他淋巴结肿大疾病相鉴别

恶性肿瘤转移及淋巴结炎患者会出现局部淋巴结肿大，需与淋巴瘤进行鉴别。

（二）以发热为主要表现的淋巴瘤

与结核病、败血症、结缔组织病、坏死性淋巴结炎和嗜血细胞性淋巴组织细胞增多症等疾病相鉴别。

（三）结外淋巴瘤

与相应器官的其他恶性肿瘤相鉴别。

（四）里-施细胞

里-施细胞是诊断霍奇金淋巴瘤的病理组织学依据，但是有研究发现里-施细胞可见于传染性单核细胞增多症、结缔组织病及其他恶性肿瘤。因此，单独见到里-施细胞不能确诊霍奇金淋巴瘤，需与其他组织学改变结合进行诊断。

【治疗】

（一）霍奇金淋巴瘤

霍奇金淋巴瘤是一种治愈率较高的恶性肿瘤，治疗上主要采用化疗加放疗的综合治疗措施。

1. 结节性淋巴细胞为主型霍奇金淋巴瘤的治疗　结节性淋巴细胞为主型霍奇金淋巴瘤多为ⅠA期，预后较好。ⅠA期可进行单纯淋巴结切除或受累野照射20~30 Gy。

2. 早期（Ⅰ、Ⅱ期）霍奇金淋巴瘤的治疗　化疗采用ABVD方案（表6-41-1）。预后良好组2~4疗程ABVD+受累野放疗30~40 Gy；预后差组4~6疗程ABVD+受累野放疗30~40 Gy。

3. 晚期（Ⅲ、Ⅳ期）霍奇金淋巴瘤的治疗　首选ABVD化疗6~8个周期，化疗前有大肿块或化疗后肿瘤残存者需做放疗。

4. 复发难治性霍奇金淋巴瘤的治疗　首次全程放疗后复发可采取常规化疗。常规化疗缓解后复发可行高剂量化疗及自体造血干细胞移植（auto-HSCT）。免疫疗法可用于治疗复发性或难治性（R/R）经典型霍奇金淋巴瘤。

表6-41-1　霍奇金淋巴瘤的化疗方案

方案	药物	剂量与用法	备注
MOPP	氮芥（M） 长春新碱（O） 丙卡巴肼（P） 泼尼松（P）	4 mg/（m²·d），静脉注射，第1天及第8天 1~2 mg，静脉注射，第1天及第8天 70 mg/（m²·d），口服，第1~14天 40 mg/d，口服，第1~14天	完全缓解率为80%，5年生存率为75%。部分患者出现第二肿瘤和不孕 环磷酰胺（C）600 mg/m²静脉注射代替氮芥即为COPP方案

续表

方案	药物	剂量与用法	备注
ABVD	多柔比星（A） 博莱霉素（B） 长春碱（V） 达卡巴嗪（D）	25 mg/m² 10 mg/m² 6 mg/m² 375 mg/m² 均在第1天及第15天静脉注射1次	完全缓解率和5年无病生存率均优于MOPP方案，目前ABVD已成为霍奇金淋巴瘤的首选化疗方案

（二）非霍奇金淋巴瘤

1. 以化疗为主的化疗、放疗结合的综合治疗

（1）惰性淋巴瘤：发展缓慢，化疗、放疗有效，但不易缓解。Ⅰ期和Ⅱ期放疗或化疗后可生存10年，部分患者肿瘤可自发性消退，故以观察和姑息治疗为原则。当病情进展时，可口服苯丁酸氮芥或环磷酰胺治疗。Ⅲ期和Ⅳ期患者化疗后会多次复发，可用COP方案或CHOP方案（表6-41-2）治疗。进展控制不佳者可试用FC（氟达拉滨、环磷酰胺）方案。

（2）侵袭性淋巴瘤：不论分期如何，均应以化疗为主，对化疗后残留肿块、局部巨大肿块或中枢神经系统受累者，行局部放疗扩大照射（25 Gy）作为化疗的补充。血管免疫母细胞性T细胞淋巴瘤及伯基特淋巴瘤进展速度快，预后差，需采用强烈的化疗方案。大剂量环磷酰胺组成的化疗方案对伯基特淋巴瘤有治愈作用。

表6-41-2 非霍奇金淋巴瘤的化疗方案

方案	药物	剂量与用法	备注
CHOP	环磷酰胺（C） 多柔比星（H） 长春新碱（O） 泼尼松（P）	750 mg/m²，静脉滴注，第1天 50 mg/m²，静脉滴注，第1天 1.4 mg/m²，静脉注射，第1天 100 mg/d，口服，第1~5天	为侵袭性非霍奇金淋巴瘤的标准治疗方案。5年无病生存率（PFS）达41%~80%
R-CHOP	利妥昔单抗（R） 环磷酰胺（C） 多柔比星（H） 长春新碱（O） 泼尼松（P）	375 mg/m²，静脉滴注，第1天 750 mg/m²，静脉滴注，第2天 50 mg/m²，静脉滴注，第2天 1.4 mg/m²，静脉注射，第2天 100 mg/d，口服，第2~6天	为弥漫大B细胞淋巴瘤（DLBCL）治疗的经典方案
EPOCH	依托泊苷（E） 多柔比星（H） 长春新碱（O） 泼尼松（P） 环磷酰胺（C）	50 mg/(m²·d)，静脉滴注，第1~4天 10 mg/(m²·d)，静脉滴注，第1~4天 0.4 mg/(m²·d)，静脉滴注，第1~4天 60 mg/m²，bid，口服，第1~5天 750 mg/(m²·d)，静脉滴注，第5天	

（3）新药：组蛋白去乙酰化酶（HDAC）抑制剂为综合靶向抗肿瘤药物，适用于复发及难治性外周T细胞淋巴瘤。

2. 生物治疗

（1）单克隆抗体：大部分非霍奇金淋巴瘤为B细胞性，凡CD20表达阳性的B细胞淋巴瘤，可用CD20单抗（利妥昔单抗）治疗。

（2）干扰素：对蕈样肉芽肿病等有部分缓解作用。

（3）抗Hp的药物：治疗Hp感染可改善胃黏膜相关淋巴组织淋巴瘤的症状，使淋巴瘤消失。

（4）嵌合抗原受体T细胞免疫治疗（chimeric antigen receptor T cell immuno-therapy，CAR-T）：

治疗复发性难治 B 细胞淋巴瘤可取得疗效。

3. 造血干细胞移植　年龄 55 岁以下、重要脏器功能正常、缓解期短、难治易复发的侵袭性淋巴瘤、4 个 CHOP 方案能使淋巴结缩小超过 3/4 者，可行大剂量联合化疗后进行自体或异基因造血干细胞移植。

4. 手术治疗　有脾切除术指征合并脾功能亢进的患者，可行脾切除术使血象提高，为化疗创造条件。

霍奇金淋巴瘤的首选化疗方案和侵袭性非霍奇金淋巴瘤的标准治疗方案。

【预后】

霍奇金淋巴瘤 Ⅰ 期与 Ⅱ 期 5 年生存率达 90% 以上，Ⅳ 期为 31.9%；中青年预后较儿童及老年好；女性的预后较男性好。无全身症状者较伴全身症状者预后好。

自　测　题

一、选择题

1. 淋巴瘤最典型的临床表现为
    A. 肝大、脾大　　　　　　　　　　　B. 发热
    C. 贫血　　　　　　　　　　　　　　D. 无痛性进行性淋巴结肿大
    E. 恶病质

2. 恶性淋巴瘤累及颈部淋巴结、腹股沟淋巴结、肝及骨髓，伴有发热、盗汗、体重减轻，临床分期为
    A. ⅡB　　　　　　　B. ⅢB　　　　　　　C. ⅣB
    D. ⅢA　　　　　　　E. ⅣA

3. 关于霍奇金淋巴瘤的临床表现，下列描述正确的是
    A. 见于各年龄组，随年龄增长而发病增多
    B. 脾大常见
    C. 起病症状常是全身瘙痒
    D. 饮酒后引起淋巴结疼痛，是霍奇金淋巴瘤特有的表现
    E. 周期性发热见于绝大多数患者

4. 恶性淋巴瘤的特异性诊断依据是
    A. 骨髓活检和涂片　　　　　　　　　B. 淋巴结病理学检查
    C. 尿凝溶蛋白测定　　　　　　　　　D. 免疫球蛋白测定
    E. 血碱性磷酸酶及 ESR 测定

（5~6 题共用题干）

患者，男性，28 岁，颈部淋巴结肿大 1 周。体格检查：颈部淋巴结肿大，无压痛，触之有软骨样感觉。淋巴结病理组织学检查可见里-施细胞。

5. 关于该患者的诊断，考虑为
   A. 霍奇金淋巴瘤　　　　　　　　　B. 非霍奇金淋巴瘤
   C. 急性粒细胞白血病　　　　　　　D. 急性淋巴细胞白血病
   E. 甲状腺癌
6. 治疗该疾病的首选方案是
   A. COP 方案　　　　B. CHOP 方案　　　　C. ABVD 方案
   D. MOPP 方案　　　E. MACOP-B 方案

二、简答题

1. 霍奇金淋巴瘤的临床表现有哪些？
2. 淋巴瘤如何进行临床分期、分组？

三、案例分析题

患者，男性，30 岁，颈部淋巴结肿大 1 个月，饮酒后肿大的淋巴结疼痛。体格检查：颈部淋巴结肿大，相互粘连，触之无压痛。淋巴结组织病理学检查可见里 - 施细胞。

请回答：

（1）该患者的初步诊断是什么？

（2）该疾病需与哪些疾病相鉴别？

（朱玲玲）

第四十二章 白细胞减少和粒细胞缺乏症

第四十二章数字资源

学习目标

1. 知识：描述白细胞减少和粒细胞缺乏症的概念、临床表现及治疗措施，分析白细胞减少和粒细胞缺乏症需要与哪些疾病相鉴别。

2. 能力：能够识别白细胞减少和粒细胞缺乏症的病因，能够规范书写病历并制订治疗计划，能够对白细胞减少和粒细胞缺乏症患者进行健康宣传教育，促进痊愈。

3. 素养：患者往往因免疫力低下而面临感染风险，容易产生焦虑、恐惧等情绪，医学生要学会换位思考，理解患者的痛苦和担忧，用温和、易懂的语言向患者及家属解释病情、治疗方案和注意事项，缓解他们的心理压力。在与患者沟通时，要注重倾听，尊重患者的意愿，建立良好的医患信任关系，体现医学的人文温度。避免"技术至上"的冷漠，形成"以患者为中心"的沟通与照护意识。在处理因药物引起的白细胞减少时，能准确判断停药时机和替代药物的选择，同时监测患者的病情变化，及时调整治疗策略，培养灵活应变和学以致用的能力。

案例 6-42-1

患者，女性，75岁，因"咳嗽、咳痰、发热2周，食欲减退、乏力、头晕3 d"就诊。2周前患者受凉后出现咳嗽、咳痰，痰为铁锈色，伴发热，体温波动于38.5～40.1 ℃，到当地医院就诊，静脉滴注青霉素5 d，咳嗽减轻，痰量减少，并转为稀薄白色痰，体温较前降低，波动于37.0～37.8 ℃。3 d前患者出现食欲减退、乏力、头晕等症状。自发病以来，患者食欲差，睡眠尚可，二便无异常，体重无明显变化。既往身体健康，否认肺结核接触史，否认肝炎病史，否认药物过敏史，否认家族性遗传病史。体格检查：T 37.0 ℃，P 80次/分，R 18次/分，BP 120/80 mmHg。发育正常，神志清楚，双肺呼吸音粗，双下肺可闻及湿啰音。心率80次/分，心律齐，各瓣膜听诊区未闻及杂音。腹部平坦，肝、脾肋下未触及，全腹无压痛及反跳痛。辅助检查：①血常规示WBC 3.0×10^9/L，N 0.4×10^9/L，Hb 120 g/L，PLT 250×10^9/L；②腹部超声：肝、胆、脾、胰未见异常；③胸部正、侧位X线片：双肺纹理增粗，两下肺可见斑片状影。

问题与思考：
1. 初步诊断是什么？
2. 导致该病的病因有哪些？
3. 治疗措施有哪些？

白细胞减少（leukopenia）指外周血白细胞计数持续低于 4.0×10^9/L。中性粒细胞减少（neutropenia）是指中性粒细胞绝对计数在成人低于 2.0×10^9/L，儿童<10岁低于 1.5×10^9/L 或≥10岁低于 1.8×10^9/L；中性粒细胞绝对计数低于 0.5×10^9/L 时，称为粒细胞缺乏症（agranulocytosis）。

【病因与发病机制】

中性粒细胞减少的病因与发病机制包括生成减少、破坏或消耗过多、分布异常。

（一）生成减少

1. 骨髓损伤　电离辐射、化学毒物、细胞毒类药物是最常见的继发性原因，可直接损伤或抑制骨髓造血。
2. 骨髓浸润　白血病、骨髓瘤及转移瘤细胞等浸润，影响骨髓正常造血细胞增殖。
3. 成熟障碍　维生素 B_{12}、叶酸缺乏者，大量幼稚粒细胞未能正常成熟。
4. 感染病毒或细菌　感染时，中性粒细胞消耗增加。
5. 先天性　先天性中性粒细胞减少。

（二）破坏或消耗过多

1. 免疫性因素
（1）药物：与药物的种类有关，与剂量无关，停药后可恢复。
（2）自身免疫：如系统性红斑狼疮、类风湿关节炎。
2. 非免疫性因素
（1）消耗增多：重症感染时，中性粒细胞在血液或炎症部位消耗增多。
（2）脾功能亢进：中性粒细胞在脾内滞留、破坏增多。

（三）分布异常

1. 假性粒细胞减少　假性粒细胞减少见于遗传性良性假性中性粒细胞减少症、严重细菌感染、恶性营养不良病等。
2. 粒细胞滞留　粒细胞滞留于循环池其他部位或滞留于脾。

【临床表现】

粒细胞减少的临床表现常与其减少程度及原发病不同而存在差异。根据中性粒细胞减少的程度，分为轻度（≥ 1.0×10^9/L）、中度[（0.5~0.9）$\times 10^9$/L]和重度（< 0.5×10^9/L）。轻度患者无典型表现，多为原发病症状。中度和重度减少者表现为疲乏、头晕、食欲减退等非特异性症状。粒细胞缺乏者，易出现感染风险。常见的感染部位是呼吸道、消化道及泌尿生殖道，严重者可出现高热，甚至感染性休克。

中性粒细胞减少的病因及程度。

【实验室检查】

1. 常规检查　血常规提示白细胞减少，中性粒细胞减少，淋巴细胞百分比增加。因粒细胞减少的病因不同，骨髓涂片的骨髓象各异。
2. 特殊检查　中性粒细胞特异性抗体测定：包括白细胞聚集反应、免疫荧光粒细胞抗体测定法。肾上腺素试验用于鉴别假性粒细胞减少。

【诊断】

根据血常规检查结果，可明确白细胞减少、中性粒细胞减少或粒细胞缺乏的诊断。反复检查可排除生理因素（运动、妊娠等）、年龄、种族、采血部位等的影响。

明确导致中性粒细胞减少的病因有助于治疗，询问有无药物、化学物质、放射线的接触史或放疗、化疗史，有无感染性疾病、自身免疫病、肿瘤性疾病史等有助于明确病因。

【治疗】

1. 病因治疗　立即停止接触可疑的药物或其他致病因素。继发性减少者通过积极治疗原发病，粒细胞可恢复正常。

2. 感染防治　中度减少者发生感染的风险增加，需注意个人防护，保持卫生，去除慢性感染灶，减少出入公共场所。粒细胞缺乏者易发生严重感染，需采取无菌隔离措施。出现感染症状的患者需行病原学检查，明确感染类型和部位。在致病菌未明确之前，可经验性应用广谱抗生素治疗，明确后根据病原和药物敏感试验结果调整用药。病毒感染可加用抗病毒药。若3～5d无效，可考虑抗真菌治疗。免疫球蛋白有助于治疗重症感染。

3. 促进粒细胞生成

（1）重组人集落刺激因子：可促进中性粒细胞增殖和释放，并增强其吞噬杀菌及趋化功能。临床上常用重组人粒细胞集落刺激因子（rhG-CSF）和重组人粒细胞-巨噬细胞集落刺激因子（rhGM-CSF）。rhG-CSF的常用剂量为2～10 μg/（kg·d），较rhGM-CSF作用强而快，发热、肌肉酸痛、皮疹为其常见副作用。

（2）其他：维生素B族、鲨肝醇、利血生等。

4. 免疫抑制药　糖皮质激素可用于治疗自身免疫性粒细胞减少和免疫机制所致的粒细胞缺乏。

【预后】

本病的预后与中性粒细胞减少的病因、程度、治疗方案有关。粒细胞缺乏症患者病死率较高。

自 测 题

一、选择题

1. 粒细胞缺乏症是指粒细胞计数绝对值低于
   A. 0.5×10^9/L　　　B. 1.0×10^9/L　　　C. 1.5×10^9/L
   D. 2.0×10^9/L　　　E. 2.5×10^9/L
2. 白细胞减少是指外周血白细胞计数持续低于
   A. 4.0×10^9/L　　　B. 4.5×10^9/L　　　C. 5.0×10^9/L
   D. 5.5×10^9/L　　　E. 6.0×10^9/L

二、简答题

中性粒细胞减少的病因包括哪些？

（朱玲玲）

第四十三章 多发性骨髓瘤

第四十三章数字资源

学习目标

1. 知识：描述多发性骨髓瘤的临床表现，列举多发性骨髓瘤的辅助检查和分型，分析多发性骨髓瘤的治疗方案。
2. 能力：完成全面的病史采集和病历书写，能对多发性骨髓瘤患者进行初步诊治。
3. 素养：理解患者因骨痛、反复感染、容貌改变（如淀粉样变性导致的舌体增大）等带来的身心痛苦，能耐心倾听患者诉求，避免用"难治""晚期"等标签化语言加重患者焦虑。严格遵守医疗伦理，确保患者对治疗方案（包括副作用、风险、替代方案）的知情权与选择权；对经济困难患者，优先推荐最优的治疗方案，避免过度医疗；保护患者隐私（如遗传检测结果等敏感信息）。能用通俗的语言向患者及家属解释复杂概念（如"靶向治疗"），清晰说明治疗预期（缓解率、生存期）与风险（如化疗导致的脱发、感染），平衡"希望传递"与"风险告知"，减少医患之间的信息差。

案例 6-43-1

患者，女性，56岁，腰背疼痛半年余，牙龈出血2周。体格检查：中度贫血貌，肝肋下1 cm，脾肋下刚刚可及。实验室检查：Hb 90 g/L，WBC 3.8×10^9/L，PLT 56×10^9/L；尿蛋白（+++）；ESR 105 mm/h，血钙 3.25 mmol/L，IgG 5.0 g/L，IgA 2.1 g/L，IgM 0.5 g/L，IgD 0.03 g/L；尿本周蛋白（-）。骨骼X线检查：L_1、L_3有楔形压缩，多根肋骨有虫蚀样破坏。

问题与思考：
1. 初步诊断和诊断依据是什么？应与哪些疾病相鉴别？
2. 为明确诊断，需要进一步做哪些检查？
3. 治疗原则是什么？

多发性骨髓瘤（multiple myeloma）是一种克隆浆细胞异常增殖的恶性疾病，在很多国家是血液系统第二位常见恶性肿瘤，多发于老年人，目前仍无法治愈。其特征为骨髓中克隆性浆细胞异常增生，绝大部分病例存在单克隆免疫球蛋白或其片段（M蛋白）的分泌，导致相关器官或组织损伤。常见临床表现为骨痛、贫血、肾功能损害、血钙增高和感染等。

【病因与发病机制】

多发性骨髓瘤的病因不明。遗传、电离辐射、化学物质、病毒感染、抗原刺激等可能与骨髓瘤的发病有关。尽管发病机制尚不清楚，但对多发性骨髓瘤分子机制的研究显示多发性骨髓瘤是一种由复杂的基因组改变和表观遗传学异常所驱动的恶性肿瘤。遗传学的不稳定性是其主要特征，表现为明显多变的染色体异常核型，同时骨髓瘤细胞与骨髓微环境的相互作用进一步促进了骨髓瘤细胞增殖和耐药的发生。

【临床表现】

多发性骨髓瘤常见的临床表现包括骨髓瘤相关器官功能损伤的表现，即"CRAB"。C：血钙增高（calcium elevation）；R：肾功能损害（renal insufficiency）；A：贫血（anemia）；B：骨病（bone disease），以及继发淀粉样变性等相关表现。

（一）高钙血症

食欲缺乏、呕吐、乏力、意识模糊、多尿或便秘等，主要由广泛的溶骨性改变和肾功能不全所致。

（二）肾功能损害

多发性骨髓瘤肾损伤表现多样，主要包括急性肾损伤（AKI）和慢性肾脏病（CKD）。多发性骨髓瘤肾损伤患者中20%～39%需要肾脏替代治疗。

1. 急性肾损伤 急性肾损伤占多发性骨髓瘤肾损伤的20%～55%。多发性骨髓瘤导致急性肾损伤最常见的原因为轻链管型肾病，其次为急性肾小管坏死，其他原因还包括急性间质性肾炎、浆细胞浸润、高黏滞血症、结晶储积性组织细胞增生症、血栓性微血管病、容量不足及药物相关肾损伤等。轻链管型肾病可以是多发性骨髓瘤的首发表现，也可在病程中出现，多数患者血清游离轻链超过1000 mg/L。

2. 慢性肾脏病 多发性骨髓瘤患者中慢性肾脏病的发生率可高达50%。多发性骨髓瘤所致的慢性肾脏病主要表现为小分子蛋白尿、混合性蛋白尿和肾小管功能损害，部分肾小球受累患者可出现肾病综合征。小分子蛋白尿，其实质为大量轻链蛋白从尿液中排出所导致的溢出性蛋白尿，尿液检查呈现尿总蛋白和尿白蛋白分离，即尿中蛋白定性（白蛋白）阴性或者弱阳性，而尿总蛋白定量较多，甚至＞2 g/d。尿蛋白电泳显示小分子蛋白（免疫球蛋白轻链）比例超过40%，尿白蛋白占尿总蛋白比例＜50%。少数表现为近端肾小管功能受损的范科尼综合征。混合型蛋白尿多提示肾小球损伤机制的参与，尿常规检查中除可检出小分子蛋白（免疫球蛋白轻链）外，还可检测出不同程度的尿白蛋白、大分子蛋白。多发性骨髓瘤所致的慢性肾脏病患者贫血出现较早，并且与肾功能受损程度不成比例，双肾体积一般无明显缩小，多无血尿。

3. 疑似多发性骨髓瘤肾损伤的临床表现 下述临床表现提示可能存在多发性骨髓瘤肾损伤，建议进一步检查：①年龄＞40岁，患者出现不明原因肾功能不全；②尿蛋白定性（较少）与定量（较多）不平行；③贫血（较重）与肾功能受损（相对较轻）程度不平行；④肾功能不全伴高钙血症；⑤肾病合并血清球蛋白或总蛋白升高；⑥骨痛（较重）与肾功能受损（相对较轻）程度不平行。

（三）贫血

贫血为本病的另一个常见表现。因贫血发生缓慢，贫血症状多不明显，多为轻、中度贫血。贫血的发生主要为红细胞生成减少所致，与骨髓瘤细胞浸润抑制造血、肾功能不全等有关。

（四）骨病

多发性骨髓瘤骨病（multiple myeloma bone diseases，MBD）是本病的特征性表现之一，初诊多发性骨髓瘤患者中高达80%存在溶骨性损害。骨痛常为疾病的首发症状和患者就医的主要原因之一，1/2～2/3的多发性骨髓瘤患者因骨痛就诊。骨痛部位以腰骶部最为常见，其次是胸背部。早期疼痛较轻，可为游走性或间歇性，易被误认为"风湿痛"、神经痛；后期疼痛较剧烈，活动、负重或咳嗽时加重。部分患者可无骨痛症状，仅在骨骼X线摄片时发现有骨质破坏。骨髓瘤细胞骨质浸润严重时还可形成局部肿块和骨骼变形。骨质破坏可发生在疾病的整个病程中，可导致骨侵犯、骨破坏或骨损伤所致的病理性骨折、脊髓压迫、高钙血症等。骨髓瘤所致骨骼病变不仅严重影响患者自主活动能力和生活质量，甚至会缩短患者的生存时间。

（五）感染

正常多克隆免疫球蛋白及中性粒细胞减少，免疫力下降，容易发生各种感染，如细菌性肺炎和尿路感染，甚至败血症。病毒感染以带状疱疹多见。

（六）高黏滞综合征

头晕、眩晕、视物模糊、耳鸣、手指麻木、视力障碍、充血性心力衰竭、意识障碍甚至昏迷。血清中M蛋白增多，可使血液黏滞性过高，引起血流缓慢、组织淤血和缺氧。部分患者的M蛋白成分为冷球蛋白，可引起微循环障碍，出现雷诺现象。

（七）出血倾向

鼻出血、牙龈出血和皮肤紫癜多见。出血的机制：①血小板减少，且M蛋白包裹在血小板表面，影响血小板的功能。②凝血障碍：M蛋白与纤维蛋白单体结合，影响纤维蛋白多聚化，M蛋白尚可直接影响凝血因子的活性。③血管壁因素：高免疫球蛋白血症和淀粉样变性损伤血管壁。

（八）淀粉样变性

少数患者可发生淀粉样变性，常见舌体、腮腺肿大，心肌肥厚、心脏扩大，腹泻或便秘，皮肤苔藓样变，外周神经病变及肝功能、肾功能损害等。心肌淀粉样变性严重时患者可发生猝死。

（九）神经系统损害

神经系统损害表现为肌肉无力、肢体麻木和痛觉迟钝等。脊髓压迫是较为严重的神经受损表现。多发性骨髓瘤的神经损害的病因包括骨髓瘤细胞浸润、肿块压迫、高钙血症、高黏滞综合征、淀粉样变性、单克隆轻链和（或）其片段的沉积等。

（十）髓外浸润

髓外浸润以肝、脾、淋巴结和肾多见，因骨髓瘤细胞的局部浸润和淀粉样变性所致。肝大、脾大一般为轻度。淋巴结肿大者较为少见。其他组织（如甲状腺、肾上腺、卵巢、睾丸、肺、皮肤、胸膜、心包、消化道和中枢神经系统）也可受累。瘤细胞也可以侵犯口腔及呼吸道等软组织。多发性骨髓瘤患者可以在诊断时即合并髓外浆细胞瘤，也可以在多发性骨髓瘤的治疗过程中，随着疾病的进展而出现。

 多发性骨髓瘤的临床表现。

【辅助检查】

（一）血液检查

1. 血常规及外周血涂片　多为正常细胞正色素性贫血。血涂片中红细胞呈缗钱状排列。白细胞计数正常或减少。晚期可见大量浆细胞。血小板计数多数正常，有时可减少。

2. 血清蛋白电泳　血清中出现M蛋白是本病的突出特点。血清蛋白电泳可见一染色浓而密集、单峰突起的M蛋白，正常免疫球蛋白减少。

3. 血清游离轻链　血清游离轻链是浆细胞分泌的游离分子，包括κ轻链和λ轻链。

4. 电解质　因骨质破坏，出现高钙血症。晚期肾功能不全时血磷可升高。

5. 血清β_2-微球蛋白　β_2-微球蛋白与全身骨髓瘤细胞总数有显著相关性。肾功能不全时会使患者β_2-微球蛋白增高得更加显著。

6. 血清总蛋白、白蛋白　约95%患者血清总蛋白超过正常，球蛋白增多，白蛋白减少与预后密切相关。

7. C反应蛋白　C反应蛋白可反映疾病的严重程度。

8. 血清乳酸脱氢酶　血清乳酸脱氢酶与肿瘤细胞活动有关，反映肿瘤负荷。

9. 血肌酐和尿素氮　伴肾功能减退时血肌酐和尿素氮可升高。

(二)骨髓检查

1. **骨髓细胞形态学** 骨髓中浆细胞异常增生,并伴有质的改变。骨髓瘤细胞大小、形态不一,成堆出现,核内可见核仁1~4个,并可见双核或多核浆细胞。
2. **骨髓免疫组化** 应包括针对如下分子的抗体:CD19、CD20、CD38、CD56、CD138、κ轻链、λ轻链。
3. **骨髓细胞遗传学** 荧光原位杂交(FISH)可发现90%以上多发性骨髓瘤患者存在细胞遗传学异常。检测位点建议包括:IgH易位、17p$^-$(p53缺失)、13q14缺失、1q21扩增;若FISH检测IgH易位阳性,则进一步检测t(4;14)、t(11;14)、t(14;16)、t(14;20)等。

(三)尿液检查

1. **尿常规** 尿常规可出现蛋白尿、血尿和管型尿。
2. **尿免疫固定电泳、24 h尿轻链** 约半数患者尿中出现本周蛋白(Bence Jones protein)。本周蛋白即从患者的肾排出的轻链,或为κ链,或为λ链,分子量小,可在尿中大量排出。

(四)影像学检查

1. **全身X线平片** 骨病X线表现:①典型者为圆形、边缘清楚如凿孔样的多个大小不等的溶骨性损害,常见于颅骨、盆骨、脊柱、股骨、肱骨等处;②病理性骨折;③骨质疏松,多在脊柱、肋骨和盆骨。为避免急性肾衰竭,应禁止行静脉肾盂造影。
2. **CT** 全身低剂量CT扫描可早期发现骨皮质破坏及新发的溶骨性病变,尤其对脊柱和骨盆病变的敏感性明显高于X线。肋骨CT三维成像有助于发现肋骨病变。但CT对骨髓的早期浸润敏感性低,不能区分陈旧骨质破坏病变部位是否存在活动性骨髓瘤病变。
3. **MRI** 全身MRI是目前最敏感的骨髓成像技术,也是评估多发性骨髓瘤骨髓浸润的金标准,在可疑溶骨或骨质疏松部位是否存在骨髓浸润的诊断上具有重要意义。
4. **PET/CT** PET/CT可早期发现全身活动性病灶,是检测多发性骨髓瘤伴骨骼破坏的良好手段,也可评估髓外浸润情况。

【诊断】

(一)诊断标准

1. **活动性多发性骨髓瘤(active multiple myeloma,aMM)的诊断标准** 骨髓单克隆浆细胞比例≥10%和(或)组织活检证明为浆细胞瘤;且有SLiM和CRAB特征之一(表6-43-1)。
2. **冒烟型骨髓瘤(smoldering multiple myeloma,SMM)的诊断标准** 血清M蛋白≥30 g/L,或24 h尿轻链≥0.5 g,或骨髓单克隆浆细胞比例≥10%和(或)组织活检证明为浆细胞瘤,且无SLiM和CRAB。

表6-43-1 骨髓瘤引起的相关表现

CRAB
[C] 校正血清钙>2.75 mmol/L[a]
[R] 肾功能损害(肌酐清除率<40 ml/min或血清肌酐>177 μmol/L)
[A] 贫血(血红蛋白低于正常下限20 g/L或<100 g/L)
[B] 溶骨性破坏,通过影像学检查(X线片、CT、MRI或PET/CT)显示1处或多处溶骨性病变
SLiM
[S] 骨髓单克隆浆细胞比例≥60%
[Li] 受累/非受累血清游离轻链比≥100(受累轻链数值至少≥100 mg/L)
[M] MRI检测有>1处5 mm以上局灶性骨质破坏

注:[a] 校正血清钙(mmol/L)=血清总钙(mmol/L)-0.025×血清白蛋白浓度(g/L)+1.0(mmol/L)。

（二）分型

依照 M 蛋白类型分为 IgG 型、IgA 型、IgD 型、IgM 型、IgE 型、轻链型、双克隆型以及不分泌型。进一步可根据 M 蛋白的轻链型别分为 κ 型和 λ 型。

【鉴别诊断】

多发性骨髓瘤需与可出现 M 蛋白的下列疾病相鉴别：意义未明单克隆丙种球蛋白血症（monoclonal gammopathy of undetermined significance，MGUS）、华氏巨球蛋白血症（WM）、急性白血病型淀粉样变性、孤立性浆细胞瘤（骨或骨外）。此外，多发性骨髓瘤还需与反应性浆细胞增多症（RP）、转移性癌的溶骨性病变、浆母细胞性淋巴瘤（PBL）、单克隆免疫球蛋白相关肾损害（MGRS）等相鉴别。

【治疗】

（一）新诊断多发性骨髓瘤的治疗

1. 治疗原则　SMM 暂不推荐治疗。多发性骨髓瘤如有 CRAB 或 SLiM 表现，需要启动治疗。如年龄 ≤ 70 岁，体能状况好，或虽年龄 > 70 岁，但经全身体能状态评分良好的患者，经有效的诱导治疗后应将自体造血干细胞移植（autologous hematopoietic stem cell transplantation，auto-HSCT）作为首选。

2. 拟行 ASCT 的治疗方案

（1）诱导治疗：拟行 ASCT 的患者，在选择诱导治疗方案时需避免选择对造血干细胞有毒性的药物，含来那度胺的疗程数应 ≤ 4 个疗程，尽可能避免使用烷化剂，以免随后的干细胞动员采集失败和（或）造血重建延迟。目前诱导多以蛋白酶体抑制剂联合免疫调节剂及地塞米松的三药联合方案为主，三药联合优于两药联合方案。为达到更好的诱导后疗效，可考虑加入达雷妥尤单抗的四药联合方案，但目前在中国尚未批准为初诊适于移植多发性骨髓瘤患者的一线治疗。硼替佐米皮下使用可减少周围神经病变的发生率。

适合移植患者的诱导治疗可选择下述方案：

1）硼替佐米 / 地塞米松（Vd）。
2）来那度胺 / 地塞米松（Rd）。
3）来那度胺 / 硼替佐米 / 地塞米松（RVd）。
4）硼替佐米 / 阿霉素 / 地塞米松（VAd）。
5）硼替佐米 / 环磷酰胺 / 地塞米松（VCd）。
6）硼替佐米 / 沙利度胺 / 地塞米松（VTd）。
7）沙利度胺 / 阿霉素 / 地塞米松（TAd）。
8）沙利度胺 / 环磷酰胺 / 地塞米松（TCd）。
9）来那度胺 / 环磷酰胺 / 地塞米松（RCd）。

（2）诱导后治疗：诱导后主张早期序贯 ASCT。对于高危的多发性骨髓瘤患者，可考虑在第 1 次移植后 6 个月内行 2 次移植。移植后是否需巩固治疗尚存在争议，建议在 ASCT 后进行再分层，对于高危患者使用巩固治疗，采用巩固治疗一般再用有效的诱导方案 2~4 个疗程，随后进入维持治疗。对于不行巩固治疗的患者，良好造血重建后需进行维持治疗。对于年轻的具有高危预后因素且有合适供者的患者，可考虑 allo-HSCT。

3. 不适合接受 ASCT 的治疗方案

（1）诱导治疗：适合移植的诱导方案均适用于不适合移植的患者，除以上方案外，尚可选用以下方案。

1）美法仑 / 醋酸泼尼松 / 硼替佐米（VMP）。

2）美法仑/醋酸泼尼松/沙利度胺（MPT）。
3）达雷妥尤单抗/美法仑/醋酸泼尼松/硼替佐米（Dara-VMP）。
4）达雷妥尤单抗/来那度胺/地塞米松（DRd）。

三药方案的疗效优于两药，但也需注意，不适合ASCT的患者中有很大一部分为老年衰弱的患者，选择治疗时可先予两药，待一般情况改善后可考虑给予三药联合。

如诱导方案有效，建议继续使用有效方案至最大疗效，随后进入维持阶段治疗。

（2）维持治疗：可选择来那度胺、硼替佐米、伊沙佐米、沙利度胺等，对于有高危因素的患者，主张用联合蛋白酶体抑制剂的方案进行维持治疗2年或2年以上。高危患者不可单独使用沙利度胺。来那度胺的维持治疗对细胞遗传学标危及中危患者获益更多。

（二）复发多发性骨髓瘤的治疗

1. **首次复发**　治疗目标是获得最大程度的缓解，延长无进展生存期。尽可能选用含蛋白酶体抑制剂（卡非佐米、伊沙佐米、硼替佐米）、免疫调节剂（泊马度胺、来那度胺）、达雷妥尤单抗以及核输出蛋白抑制剂（塞利尼索）等的三药或四药联合化疗。

2. **多线复发**　以提高患者的生活质量为主要治疗目标，在此基础上尽可能获得最大程度缓解。应考虑使用含蛋白酶体抑制剂、免疫调节剂、达雷妥尤单抗以及核输出蛋白抑制剂、细胞毒性药物等的两药至四药联合化疗。

3. **侵袭性复发及症状性复发与生化复发**　侵袭性复发及症状性复发的患者应该启动治疗。对于无症状的生化复发患者，受累球蛋白上升速度缓慢，仅需观察，建议每3个月随访1次。这些患者如果出现单克隆球蛋白增速加快（如3个月内增加1倍），才应该开始治疗。

（三）支持治疗

1. **骨病的治疗**　静脉使用双膦酸盐（包括帕米膦酸二钠、唑来膦酸等）或皮下注射地舒单抗。双膦酸盐适用于所有需要治疗的有症状多发性骨髓瘤患者。肾功能不全患者推荐使用地舒单抗。骨靶向治疗药物建议在多发性骨髓瘤诊断后前2年每个月1次、2年之后每3个月1次持续使用。若出现了新的骨相关事件，则重新开始至少2年的治疗。即将发生或已有长骨病理性骨折、脊椎骨折压迫脊髓或脊柱不稳者，可行外科手术治疗。低剂量放疗可以作为姑息治疗，用于缓解药物不能控制的骨痛，也可用于预防即将发生的病理性骨折或脊髓压迫。以受累部位的局部放疗为主，以减轻放疗对干细胞采集和化疗的影响。

2. **高钙血症**　地舒单抗和双膦酸盐是治疗骨髓瘤高钙血症的理想选择，同时需要水化、利尿、补液2000～3000ml。

3. **肾功能不全**　水化、碱化、利尿，以避免肾功能不全；减少尿酸形成和促进尿酸排泄；必要时透析；避免使用非甾体抗炎药等肾毒性药物；避免使用静脉造影剂；长期接受双膦酸盐治疗的患者需监测肾功能。

4. **贫血**　持续存在症状性贫血的患者可考虑使用促红细胞生成素（EPO）治疗；酌情补充铁剂、叶酸、维生素B_{12}等造血原料。

5. **感染**　如反复发生感染或出现威胁生命的感染，可考虑静脉使用免疫球蛋白；若使用大剂量地塞米松方案，应考虑预防卡氏肺孢子菌肺炎和真菌感染；使用蛋白酶体抑制剂、达雷妥尤单抗的患者应该预防性使用抗病毒药，推荐使用阿昔洛韦进行带状疱疹病毒的预防。对于HBV，注意监测病毒载量，特别是联合达雷妥尤单抗治疗的患者。

6. **凝血和血栓**　静脉血栓栓塞症是多发性骨髓瘤的主要并发症之一。对接受以沙利度胺、来那度胺或泊马度胺等免疫调节剂为基础方案的患者，应进行静脉血栓栓塞风险评估，并根据发生血栓栓塞的危险因素给予分层预防性抗凝或抗血栓治疗。建议低危患者给予阿司匹林，高危患者根据危险程度给予预防或治疗剂量华法林、低分子量肝素或口服抗凝血药。

7. **高黏滞血症**　血浆置换可作为症状性高黏滞血症患者的辅助治疗。

【预后】

多发性骨髓瘤自然病程具有高度异质性，患者生存期差别较大。多发性骨髓瘤至今仍被认为是一种不可治愈的肿瘤。但是随着新药及造血干细胞移植等的临床应用，患者的生存时间得到了显著的延长。适合移植的患者中位总生存时间接近10年，不适合移植的患者中位总生存时间可达4～5年。

自 测 题

一、选择题

1. 多发性骨髓瘤的治疗原则，下列说法错误的是
   A. 无进展的多发性骨髓瘤患者可以观察
   B. 有症状患者可以开始诱导化疗
   C. 异基因干细胞移植是首选的移植方案
   D. 双膦酸盐可以抑制破骨细胞
   E. 肾功能不全患者可进行透析

2. 多发性骨髓瘤患者的贫血性质为
   A. 小细胞性贫血
   B. 正常细胞性贫血
   C. 大细胞性贫血
   D. 小细胞低色素性贫血
   E. 巨细胞性贫血

3. 多发性骨髓瘤引起肾损害最常见的原因为
   A. 高钙血症
   B. 高黏滞血症
   C. 淀粉样变性
   D. 轻链蛋白沉积于肾小管内
   E. 骨髓瘤细胞浸润

4. 多发性骨髓瘤临床表现中，最突出的一项是
   A. 感染
   B. 高黏滞综合征
   C. 骨骼破坏、疼痛
   D. 肾功能损害
   E. 出血倾向

5. 患者，男性，61岁。因头晕伴腰痛1周入院。查血Hb 52 g/L，血清球蛋白66 g/L。骨髓细胞形态学诊断为多发性骨髓瘤。腰椎CT提示溶骨性损害。其骨病的治疗抑制破骨细胞可以采用的药物是
   A. 维生素D_3
   B. 硫酸锌
   C. 磷酸钠盐
   D. 双膦酸盐
   E. 骨化三醇

6. 关于多发性骨髓瘤，以下说法不正确的是
   A. 血液黏滞度增高可以成为血栓的原因
   B. 骨髓瘤细胞是异常增生的浆细胞
   C. 本周蛋白是免疫球蛋白重链出现在尿中所致
   D. 骨质破坏主要为溶骨性
   E. 常有出血倾向

7. 多发性骨髓瘤的骨痛最多见的部位是
   A. 胸部
   B. 背部
   C. 腰骶部
   D. 肋骨
   E. 下肢骨骼

8. 有关多发性骨髓瘤的治疗原则，不正确的是
   A. 无症状患者可以暂时观察
   B. 有症状患者可以开始诱导化疗
   C. 自体干细胞移植可以提高缓解率
   D. 肾盂造影有助于早期发现尿路感染并治疗
   E. 贫血可以给予促红细胞生成素

二、简答题

1. 简述多发性骨髓瘤的临床表现。
2. 简述活动性多发性骨髓瘤的诊断标准。

三、案例分析题

1. 患者，女性，57岁，因头晕、乏力伴胸椎压缩性骨折1个月入院。实验室检查：Hb 65 g/L，白细胞和血小板正常，BUN 12 mmol/L，Cr 390 μmol/L。为明确诊断，需要进一步做哪些检查？

2. 患者，男性，52岁。头晕、乏力伴腰痛3个月。实验室检查：Hb 82 g/L，WBC 6.2×10^9/L，PLT 175×10^9/L，ESR 116 mm/h，尿蛋白（+），骨髓浆细胞52%，血清蛋白电泳见 M 带，X 线检查示 L_2、L_3 椎体压缩性骨折。该患者最可能的诊断是什么？需要进行哪些治疗？

（李 观）

第七篇

内分泌和代谢性疾病

第四十四章 总论

第四十四章数字资源

学习目标

1. 知识：说出内分泌系统的组成，列举激素的分类，解释内分泌系统功能的调节，尤其是反馈调节及反馈调节机制。
2. 能力：完成内分泌疾病的分类、诊断和治疗原则的概括总结，能够运用内分泌系统的反馈调节机制解释内分泌腺体功能异常时的激素检查结果。
3. 素养：要具备严谨求实的科学态度，认识到内分泌代谢性疾病临床表现、病因和发病机制的复杂性，培养对疾病诊断、治疗及随访的严谨性，避免因疏忽导致漏诊、误诊。要具有"以患者为中心"的责任感，理解多数内分泌代谢性疾病为慢性病（如糖尿病需终身管理，骨质疏松需长期干预），需关注患者长期预后，培养对患者全程管理的责任心，主动跟踪病情变化，避免仅关注"短期指标改善"而忽视长期并发症防控。

内分泌系统是由固有的内分泌腺（垂体、甲状腺、甲状旁腺、肾上腺、胰岛、性腺）和散在于心血管、胃肠、肾、脂肪组织、脑（尤其是下丘脑）等部位的内分泌组织和细胞构成的。内分泌腺体（以合成和分泌激素为主要功能的器官）和内分泌细胞所分泌的激素，可通过血液循环作用于细胞传递（内分泌），也可通过细胞外液作用于局部或邻近部位（旁分泌），还可以直接作用于自身细胞（自分泌）发挥调控作用。要使激素发挥作用，细胞就必须具有识别微量激素的受体，并在与激素结合后，受体的立体构象发生改变，进而通过第二信使在细胞内进行信号放大和转导，促进蛋白质的合成和酶促反应，表达其生物学活性。

【激素的分类与生化】

（一）激素的分类

已知的激素和化学介质达150种，根据其化学特性分为以下4类。

1. 肽类激素　肽类激素如胰岛素、生长激素、促肾上腺皮质激素、降钙素。
2. 氨基酸激素　氨基酸激素包括甲状腺素（T_4）和三碘甲腺原氨酸（T_3），由酪氨酸与碘偶联而成。
3. 类固醇激素　类固醇激素由胆固醇转换而来，包括糖皮质激素、雄激素、雌激素和活性维生素D_3等。
4. 胺类激素　胺类激素由氨基酸转化而来，如由酪氨酸转化而来的肾上腺素、去甲肾上腺素、多巴胺，由色氨酸转化而来的褪黑素。

（二）激素的降解与转换

激素通过血液、淋巴液和细胞外液而转运到靶细胞部位发挥作用，并经肝、肾和靶细胞代谢降解而灭活。血液中水溶性肽类激素的半衰期仅为3~7 min，而非水溶性激素（如甲状腺激素、类固醇激素)则与转运蛋白结合,半衰期延长。

(三)激素的作用机制

激素要发挥作用,首先必须转变为具有活性的激素,如 T_4 转变为 T_3,以便与其特异性受体结合。根据激素受体所在部位不同,可将激素作用机制分为两类:①作用于细胞膜受体,如肽类激素、胺类激素、细胞因子、前列腺素;②作用于细胞核内受体,如类固醇激素、T_3、维生素 D、视黄酸(维生素 A 酸)。受体有两个功能:一是识别微量的激素,二是与激素结合后可将信息在细胞内转变为生物活性作用。

【内分泌系统的调节】

(一)神经系统与内分泌系统的相互调节

内分泌系统直接由下丘脑调控,下丘脑含有重要的神经核,具有神经分泌细胞的功能,可以合成、释放激素和抑制激素,通过垂体门静脉系统进入腺垂体,调节腺垂体各种分泌细胞激素的合成和分泌。下丘脑视上核及脑室旁核分别分泌血管加压素(抗利尿激素)和催产素,经过神经轴突进入神经垂体,贮存并由此向血液释放激素。通过腺垂体所分泌的激素对靶腺(如肾上腺、甲状腺和性腺)进行调控,也可直接对靶器官、靶细胞进行调节(表 7-44-1)。下丘脑是联系神经系统和内分泌系统的枢纽,也受中枢神经系统其他各部位的调控。神经细胞具有传导神经冲动的能力,它们可分泌各种神经递质,如去甲肾上腺素、乙酰胆碱、5-羟色胺、多巴胺、γ-氨基丁酸,通过突触后神经细胞表面的膜受体,影响神经分泌细胞。内分泌系统对神经系统也有影响。神经系统是许多激素的重要靶部位,某些激素水平异常能使患者出现神经精神症状。

表 7-44-1 下丘脑、垂体激素及其靶器官(组织)

下丘脑激素	腺垂体细胞	垂体激素	靶腺(组织)	靶腺(组织)激素
促肾上腺皮质激素释放激素(CRH)	促肾上腺皮质激素分泌细胞	促肾上腺皮质激素(ACTH)	肾上腺	皮质醇
促甲状腺激素释放激素(TRH)	促甲状腺激素分泌细胞	促甲状腺素(TSH)	甲状腺	甲状腺激素(T_3、T_4)
促性腺激素释放激素(GnRH)	促性腺激素分泌细胞	黄体生成素(LH)、促卵泡激素(FSH)	性腺(睾丸、卵巢)	睾酮(男性)、雌二醇、黄体酮(女性)、抑制素
生长激素释放激素(GHRH)	生长激素分泌细胞	生长激素(GH)	肝	胰岛素样生长因子1(IGF-1)
生长抑素(SS,SRIF)	生长激素分泌细胞	生长激素(GH)	多种细胞	
催乳素释放因子(PRF)	催乳素分泌细胞	催乳素(PRL)	乳腺	
催乳素释放抑制激素(PRIH)	催乳素分泌细胞	催乳素(PRL)		

(二)内分泌系统的反馈调节

垂体分泌促激素促使靶腺激素合成和分泌,靶腺激素又可作用于下丘脑和垂体,对其相应的激素起兴奋和抑制作用,称为反馈作用。下丘脑、垂体与靶腺(甲状腺、肾上腺皮质和性腺)之间存在反馈调节。如 CRH 通过垂体门静脉系统刺激垂体促肾上腺皮质激素分泌细胞分泌 ACTH,而 ACTH 水平增高又可兴奋肾上腺皮质束状带分泌皮质醇,使血液皮质醇浓度升高,而皮质醇浓度升高反过来可作用于下丘脑,抑制 CRH 的分泌,并在垂体部位抑制 ACTH 的分泌,从而减少肾上腺分泌皮质醇，维持三者之间的动态平衡。这种通过先兴奋后抑制达到相互制约保持平衡的机制，称为负反馈。但是在月经周期中，除有负反馈调节外，还有正反馈调节，如 FSH 刺激卵巢使卵泡生长，通过分泌雌二醇，卵巢不仅使 FSH 分泌增加，而且还可促进黄体生成素及其受体数量增加，以便达到共同兴奋，促进排卵和黄体形成，这是一种相互促进，为完成一定的生理功能所必需。反馈调节现象也见于内分泌腺和体液代谢物质之间，如胰岛 β 细胞的胰岛素分泌与血糖浓度之间成正相关，血糖升高可刺激胰岛素分泌，而血糖过低可抑制胰岛素分泌。应激时，血管加压素可促使 ACTH、PRL 和 GH 分泌增加，而全身性疾病时则可抑制下丘脑 - 垂体 - 甲状腺系统，减少甲状腺激素的分泌，导致低 T_3、低 T_4 综合征。

（三）神经、内分泌和免疫系统的相互调节

神经、内分泌和免疫系统之间可通过相同的肽类激素和共有的受体相互作用，形成一个完整的调节环路。神经、内分泌系统对机体的免疫系统有调节作用，淋巴细胞膜表面有多种神经递质和激素的受体，表明神经、内分泌系统通过其递质或激素与淋巴细胞膜表面受体结合，从而介导免疫系统的调节，如糖皮质激素、前列腺素 E、性激素可抑制免疫应答，而生长激素、胰岛素和甲状腺激素能促进免疫应答。免疫系统对神经、内分泌系统也有调节作用。免疫细胞本身能合成各种神经递质和内分泌激素，如淋巴细胞和巨噬细胞能产生 ACTH，并可被 CRH 兴奋，被糖皮质激素抑制。近年发现神经、内分泌细胞膜上有免疫反应产物（IL-1、IL-2、IL-3、IL-4、胸腺肽等细胞因子）的受体，提示免疫系统可通过细胞因子对神经、内分泌系统的功能产生影响。

【内分泌疾病的分类】

内分泌疾病很常见，根据其功能可分为功能亢进、功能减退或功能正常。根据病变部位可分为原发性（靶腺）和继发性（下丘脑 - 垂体）。内分泌腺或靶组织对激素的敏感性或应答反应降低也可导致疾病，非内分泌组织恶性肿瘤可异常地产生过多激素。此外，应用药物或激素治疗也可导致医源性内分泌疾病。

（一）激素产生过多

1. **内分泌腺肿瘤**　如各种垂体肿瘤（生长激素瘤、促肾上腺皮质激素腺瘤、促甲状腺素瘤、催乳素瘤）、甲状腺瘤、甲状旁腺瘤、胰岛素瘤、醛固酮瘤及嗜铬细胞瘤。

2. **多内分泌腺瘤**　多内分泌腺瘤 1 型、2A 型、2B 型。

3. **异位内分泌综合征**　异位内分泌综合征由非内分泌组织肿瘤分泌过多激素或类激素所致。

4. **激素代谢异常**　如严重肝病患者血液中雌激素水平增高，雄烯二酮在周围组织转变为雌二醇增多。

5. **自身免疫**　如格雷夫斯病的甲状腺刺激性抗体刺激甲状腺细胞表面的 TSH 受体，引起甲状腺功能亢进症。

6. **基因异常**　基因的异常导致激素合成和释放调节的异常激素分泌过量，如糖皮质激素可抑制的醛固酮增多症是由于染色体互换异常所致。

7. **外源激素**　外源激素过量摄入。

（二）激素产生减少

1. **内分泌腺破坏**　可因自身免疫性损害、肿瘤压迫、感染、放射损伤、手术切除或损伤等引起。

2. **内分泌腺激素合成缺陷**　如因基因突变导致内分泌腺功能减退症。

3. **内分泌腺以外的疾病**　如肾破坏性病变，不能对 25- 羟维生素 D_3 进行 1α 羟化而转变为具有活性的 1,25- 二羟维生素 D_3，也不能合成红细胞生成素。

（三）激素在靶组织抵抗

激素受体突变或者受体后信号转导系统障碍，导致激素在靶组织不能发挥作用。临床大多表现

为功能减退或正常，但血液中激素水平异常增高，如2型糖尿病的胰岛素抵抗来自脂肪细胞等细胞膜上胰岛素受体的病变。

【内分泌疾病的诊断原则】

完整的内分泌疾病的诊断应包括功能诊断、定位诊断、病因诊断3个方面。在临床诊断过程中，往往首先从临床表现及初步检查资料中确定功能诊断，然后经进一步检查确定病变性质和病变部位，即定位诊断。至于病因诊断，凡能明确者必须及早确定，以进行病因治疗。

（一）功能诊断

1. 临床表现　典型症状和体征对诊断内分泌疾病具有重要的参考价值，而有些表现与内分泌疾病关系比较密切，如闭经、月经过少、性欲和性功能改变、毛发改变、生长障碍或过度、体重减轻或增加、头痛、视力减退、精神兴奋、抑郁、软弱无力、皮肤色素改变、紫纹、多饮多尿、多血质、贫血及消化道症状。应注意从非特异性临床表现中寻找内分泌功能紊乱和内分泌疾病的诊断线索。

2. 实验室检查

（1）代谢紊乱证据：各种激素可以影响不同的物质代谢，包括糖、脂质、蛋白质、电解质和酸碱平衡，可测定基础状态下血糖、血脂、血清电解质等。

（2）激素血液浓度测定：血液激素浓度是内分泌腺功能的直接证据。一般采集空腹静脉血液标本测定。少数激素呈脉冲式分泌，需要限定特殊的采血时间。例如测定血浆皮质醇浓度需要采集早晨8时和下午4时的标本。尿液中的激素代谢产物也可反映激素的水平，例如17-羟皮质类固醇可反映肾上腺分泌皮质醇的情况。通常收集24h尿标本，可间接反映全天的激素分泌量，避免单点采血带来的误差。

（3）动态功能测定：主要有兴奋试验与抑制试验两类。兴奋试验多适用于分泌功能减退的情况，可估计激素的贮备功能，应用促激素试验探测靶腺的反应。抑制试验多适用于分泌功能亢进的情况，观察其正常反馈调节是否消失，有无自主性激素分泌过多，是否有功能性肿瘤存在，如地塞米松抑制试验。

 内分泌疾病功能诊断的检查。

（二）定位诊断

定位诊断包括确定病变部位和病变性质，现有多种检查方法可以帮助明确微小病变。

1. 影像学检查　如蝶鞍X线检查、分层摄影、CT、MRI、B超，属非侵袭性内分泌腺检测法，可鉴定下丘脑-垂体疾病，甲状腺、性腺疾病，肾上腺肿瘤、胰岛肿瘤等。

2. 放射性核素检查　^{131}I甲状腺扫描、^{131}I-胆固醇肾上腺皮质扫描等。

3. 细胞学检查　如细针穿刺细胞病理活检、免疫细胞化学检查、精液检查、激素受体测定。

4. 静脉导管检查　使用选择性静脉导管在不同部位取血测定激素以明确垂体、胰岛、甲状腺、肾上腺等病变部位。

（三）病因诊断

1. 自身抗体检测　如检测甲状腺球蛋白抗体（TgAb）、甲状腺过氧化物酶抗体（TPO-Ab）、促甲状腺激素受体抗体（TRAb）、胰岛素抗体、胰岛细胞抗体（ICA）、谷氨酸脱羧酶抗体（GAD-Ab）、抗肾上腺抗体。抗体测定有助于明确内分泌疾病的性质以及自身免疫病的发病机制，甚至可作为早期诊断和长期随访的依据。

2. 染色体检查　有无畸变、缺失、增多等。

3. 基因检查

内分泌疾病的诊断。

【内分泌疾病的防治原则】

（一）病因治疗

对病因已明确者，应积极治疗病因，如对结核病所致慢性肾上腺皮质功能减退症，应积极进行抗结核治疗。但目前多数内分泌疾病的病因尚未完全明确，因而不易彻底治愈，故其主要治疗措施在于纠正功能异常。

（二）内分泌腺功能亢进的治疗

1. 手术　手术切除导致功能亢进的肿瘤或增生组织。
2. 放疗　毁坏肿瘤或增生组织，减少激素的分泌。
3. 针对内分泌腺体的药物治疗　抑制激素的合成和释放，如奥曲肽抑制多种激素（GH、PRL、胰岛素等）的分泌；溴隐亭抑制PRL、GH的分泌并有缩小肿瘤的作用；咪唑类和硫脲类药物抑制甲状腺碘的氧化和有机结合，减少甲状腺激素的合成，治疗格雷夫斯病。
4. 针对激素受体的药物治疗　如米非司酮可以阻断糖皮质激素受体，缓解库欣综合征患者的症状，肾上腺素能受体拮抗药普萘洛尔可以缓解甲状腺激素过多引起的肾上腺素能受体活性增强。
5. 针对内分泌腺肿瘤的化疗治疗　如米托坦（双氯苯二氯乙烷）治疗肾上腺皮质癌。
6. 放射性核素治疗　利用甲状腺细胞摄碘的特性，给予甲状腺功能亢进症患者 ^{131}I 治疗，利用射线杀伤甲状腺细胞。

内分泌腺功能亢进的治疗。

（三）内分泌腺功能减退的治疗

1. 外源性激素替代治疗或补充治疗　原则是"缺什么，补什么；缺多少，补多少；不多不少，一直到老"。如甲状腺功能减退者补充甲状腺激素（左甲状腺素、干甲状腺片）；肾上腺皮质功能减退者补充皮质醇（氢化可的松）。
2. 直接补充激素产生的效应物质　如甲状旁腺功能减退者补充钙与活性维生素D。
3. 内分泌腺或组织移植　如胰岛细胞或胰腺移植、甲状旁腺组织移植。

内分泌腺功能减退的治疗。

自 测 题

一、选择题

1. 对内分泌疾病患者的诊断中，首先易于确定的是
   A. 定位诊断　　　　　　　B. 细胞学诊断　　　　　　　C. 病因诊断

D. 功能诊断　　　　　　　　E. 鉴别诊断
2. 内分泌疾病检查方法中属于功能诊断检查的是
   A. MRI 或 CT 扫描　　　B. 激素测定　　　　　C. 动脉插管造影技术
   D. 静脉导管分段取血　　E. B 超检查
3. 鉴别原发性和继发性靶腺功能减退时，最好的方法是
   A. 靶腺激素的测定　　　B. 代谢状态的测定　　C. 促激素的测定
   D. 影像学检查　　　　　E. 测定游离靶腺激素
4. 内分泌功能减退性疾病患者应首选
   A. 对症治疗　　　　　　B. 替代治疗　　　　　C. 病因治疗
   D. 支持治疗　　　　　　E. 放疗及化疗
5. 对内分泌功能亢进者，最为理想的治疗方法是
   A. 手术切除增生或肿瘤　　　　　　B. 药物抑制激素合成
   C. 增强激素的敏感性治疗　　　　　D. 用靶激素抑制促激素的合成与分泌
   E. 内分泌腺移植

二、简答题

1. 举例说明内分泌系统的反馈调节机制。
2. 简述内分泌疾病的诊断原则。

（王丽红）

第四十五章　甲状腺功能亢进症

第四十五章数字资源

学习目标

1. 知识：说出格雷夫斯病的病因、临床表现、诊断依据和三种治疗方法的适应证和禁忌证，列举格雷夫斯病需要与哪些疾病相鉴别，解释格雷夫斯病的发病机制，分析格雷夫斯病辅助检查的临床意义。

2. 能力：完成病史采集和体格检查，运用病史、体格检查及辅助检查结果等临床资料完成对甲状腺功能亢进症的初步诊断，根据病情拟定治疗方案。

3. 素养：通过对甲亢典型及非典型临床表现的学习，学习者应能建立从症状到诊断、从诊断到治疗的完整临床思维链条。面对复杂的病例，如甲亢合并心脏病、甲亢危象，能够快速、准确地分析问题，找出关键矛盾，并运用所学知识制订合理的诊疗计划。同时，要学会"举一反三"，将甲亢的学习经验迁移到其他内分泌疾病的诊疗中，提高综合处理临床问题的能力。要认识到终身学习的重要性，保持对医学知识的好奇心和求知欲，主动关注甲亢领域的最新研究进展，不断更新自己的知识储备，以适应医学发展的需要，为患者提供更先进、更有效的诊疗服务。

案例 7-45-1

患者，女性，38岁，家庭妇女。因"心悸、乏力、消瘦，伴颈部增粗3个月"就诊。患者3个月前无明诱因出现心悸、乏力，体重减轻约7 kg，怕热、多汗、食欲亢进、失眠，自己发现颈部增粗，脾气急躁。自发病以来，患者易激动，睡眠欠佳，小便正常，大便次数增多（每日3~5次）。体格检查：T 37.8 ℃，P 108次/分，R 20次/分，BP 130/80 mmHg，发育正常，消瘦体型，神志清楚，皮肤潮湿、细腻。双侧眼球突出，甲状腺二度肿大，质软，无压痛，甲状腺上、下极可闻及血管杂音。双肺呼吸音清，心率120次/分，心律绝对不齐，第一心音强弱不一致，未闻及杂音。双手平举有震颤。辅助检查：①血常规 Hb 130 g/L，WBC 7.2×10^9/L，N 70%，L 30%；②血清甲状腺激素测定：T_3 6.9 nmol/L，T_4 292 nmol/L；③心电图示心房颤动。

初步诊断：支气管哮喘急性发作期（中度）。

问题与思考：

1. 该患者的初步诊断和诊断依据是什么？应与哪些疾病相鉴别？
2. 为明确诊断，下一步需要做哪些检查？
3. 请提出本病的治疗原则。

甲状腺功能亢进症（hyperthyroidism）简称甲亢，是指甲状腺腺体本身产生甲状腺激素过多而引起的甲状腺毒症。甲状腺毒症（thyrotoxicosis）是指体内甲状腺激素过多，引起以神经、循环、消化等系统兴奋性增高和代谢亢进为主要表现的一组临床综合征。根据甲状腺的功能状态，可将甲状腺毒症分为甲状腺功能亢进型和非甲状腺功能亢进型（表7-45-1）。非甲状腺功能亢进型包括破坏性甲状腺毒症（destructive thyrotoxicosis）和服用外源性甲状腺激素所致甲状腺毒症。甲状腺功能亢进症病因复杂，其中以弥漫性毒性甲状腺肿最常见，弥漫性毒性甲状腺肿又称格雷夫斯病（Graves disease，GD），约占全部甲状腺功能亢进症的80%~85%，临床主要表现为甲状腺毒症、甲状腺肿大、突眼征、胫前黏液性水肿。本章主要介绍格雷夫斯病。

表 7-45-1　甲状腺毒症的常见原因

甲状腺功能亢进型	非甲状腺功能亢进型
1. 弥漫性毒性甲状腺肿（格雷夫斯病）	1. 亚急性甲状腺炎
2. 结节性毒性甲状腺肿	2. 无症状型甲状腺炎
3. 甲状腺自主高功能腺瘤［普卢默病（Plummer disease）］	3. 桥本甲状腺炎（包括萎缩性甲状腺炎）
4. 碘致性甲状腺功能亢进症（碘甲亢，IIH）	4. 产后甲状腺炎（PPT）
5. 桥本甲状腺毒症	5. 外源甲状腺激素替代
6. 滤泡状甲状腺癌	6. 异位甲状腺激素产生（卵巢甲状腺肿）
7. 新生儿甲状腺功能亢进症	
8. 妊娠一过性甲状腺毒症（GTT）	
9. 垂体TSH腺瘤	

【病因与发病机制】

格雷夫斯病为器官特异性自身免疫病，其发生还与遗传和环境因素有关。

（一）自身免疫

格雷夫斯病患者的血清中存在针对甲状腺细胞TSH受体的特异性自身抗体，称为促甲状腺激素受体抗体（thyroid stimulating hormone receptor antibody，TRAb）。TRAb有两种类型，即促甲状腺激素受体刺激性抗体（thyroid stimulating hormone receptor-stimulating antibody，TSAb）和促甲状腺激素刺激阻断性抗体（thyroid stimulating hormone-stimulation blocking antibody，TSBAb）。TSAb与TSH受体结合，激活腺苷酸环化酶信号系统，导致甲状腺细胞增生和甲状腺激素合成、分泌增加，所以TSAb是格雷夫斯病的致病性抗体。95%未经治疗的格雷夫斯病患者TSAb阳性，母体的TSAb也可以通过胎盘导致胎儿或新生儿发生甲状腺功能亢进症。TSBAb与TSHR结合，占据了TSH的位置，使TSH无法与TSHR结合，所以产生抑制效应，甲状腺细胞萎缩，甲状腺激素产生减少。50%~90%的格雷夫斯病患者也存在针对甲状腺的其他自身抗体。

格雷夫斯眼病（Graves ophthalmopathy，GO）也称浸润性突眼，是本病的表现之一。其病理基础是眶后组织淋巴细胞浸润，细胞因子刺激成纤维细胞分泌黏多糖，沉积在眼外肌和眶后组织，导致突眼和眼外肌纤维化。

（二）遗传因素

格雷夫斯病有显著的遗传倾向，临床上可见到家族性格雷夫斯病，同胞兄妹发病危险为11.6%，单卵双生子发病有较高的一致率。目前发现格雷夫斯病与人类白细胞抗原（HLA）、细胞毒性T淋巴细胞相关蛋白4（CTLA4）、*PTPN22*、CD40、白细胞介素-2受体（IL-2R）、可结晶片段受体样因子、Tg和TSHR等相关，是一种复杂的多基因疾病。

（三）环境因素

环境因素参与格雷夫斯病的发生，感染、应激、皮质醇升高和性腺激素等的变化可能为本病的诱发因素，尤其是精神因素，当突然受到强烈的精神刺激时，可诱发甲状腺功能亢进症的发生。精神应激促使患者血液中肾上腺皮质激素急剧升高，进而改变辅助性或抑制性T淋巴细胞的功能，使免疫反应增强，甲状腺功能亢进症症状加重。

【病理】

（一）甲状腺

格雷夫斯病患者甲状腺呈对称性、弥漫性肿大，甲状腺内血管增生、充血。滤泡上皮细胞增生，呈高柱状或立方体形。滤泡腔内胶质减少或消失。甲状腺内淋巴细胞浸润，甚至出现淋巴组织生发中心。

（二）眼

非浸润性突眼患者无异常病理改变。浸润性突眼患者的眶后组织中有脂肪浸润，纤维组织增生，黏多糖和糖胺聚糖（glycosaminoglycan, GAG）沉积，透明质酸增多，淋巴细胞和浆细胞浸润。眼肌纤维增粗、纹理模糊，肌纤维透明变性、断裂和破坏。

（三）胫前黏液性水肿

病变部位可见黏蛋白样透明质酸沉积，肥大细胞、巨噬细胞和成纤维细胞浸润。

（四）其他

心肌、骨骼肌可见类似眼肌的改变，久病者肝内可见脂肪浸润、坏死，少数可引起骨质疏松。

【临床表现】

格雷夫斯病多见于女性，男性、女性发病之比为1:（4~6），各年龄段均可发病，以20~40岁多见。本病起病缓慢，精神刺激为重要诱因，临床表现轻重不一。典型患者有高代谢综合征、甲状腺肿大及突眼征，但此三者出现的先后顺序与程度可不平行。

（一）甲状腺毒症表现

1. 高代谢综合征　甲状腺激素分泌增多导致交感神经兴奋性增高和新陈代谢加速，患者常有疲乏无力、怕热、多汗、皮肤温暖及潮湿、多食易饥、体重显著减轻、低热（甲状腺危象时为高热）等。

2. 神经精神症状　紧张、焦虑、多言好动、烦躁易怒、失眠、多梦、注意力不集中、记忆力减退、舌及手有细震颤、腱反射亢进。

3. 心血管系统

（1）心动过速：是心血管系统最早、最突出的表现，多为窦性心动过速，心率多为90~120次/分，休息和睡眠时仍快，为本病特征之一，是诊断和疗效观察的一个重要参数。

（2）心律失常：房性期前收缩最常见，其次为阵发性或持久性心房颤动，偶见房室传导阻滞等。

（3）心音和杂音：由于心肌收缩力增强，使心搏增强，心尖部第一心音亢进，常有收缩期杂音，偶可闻及舒张期杂音。

（4）心脏扩大甚至发生充血性心力衰竭：多见于长年重症及老年患者。

（5）血压变化：收缩压升高、舒张压降低和脉压增大为甲状腺功能亢进症的特征性血压异常表现，可呈现水冲脉和毛细血管搏动征。

4. 消化系统　食欲亢进，但体重明显减轻。胃肠蠕动增快，消化及吸收不良致使排便次数增多或慢性腹泻，严重者肝大、肝功能异常，偶有黄疸。

5. 运动系统

（1）可表现为甲状腺功能亢进症性周期性瘫痪。病变主要累及下肢，患者可有低钾血症。发作前有诱因，如注射胰岛素、高糖类饮食、剧烈运动。其病程为自限性，甲状腺功能亢进症控制后可自愈。

（2）少数患者发生甲状腺毒性肌病，表现为肌无力，多累及近心端的肩胛骨和骨盆带肌群。

（3）另外有1%患者在甲状腺功能亢进症发生的前后或同时伴发重症肌无力。

6. 造血系统　由于消耗增加、营养不良和铁的利用障碍，可引起贫血。外周血中白细胞计数偏低，淋巴细胞及单核细胞比例增加。可伴发血小板减少性紫癜。

7. 生殖系统　女性患者月经减少或闭经，男性患者阳痿，偶见乳腺增生。

（二）甲状腺肿大

甲状腺弥漫性、对称性肿大，质地不等，吞咽时上下移动，无压痛。甲状腺上、下极可触及震颤，闻及血管杂音。少数病例甲状腺可以不肿大。

> **知识链接**
>
> **甲状腺肿大的分度**
>
> 1. 轻度（一度）　外观看不到，但能触及者。
> 2. 中度（二度）　既能看到又能触及，但肿大的甲状腺没有超过胸锁乳突肌外缘者。
> 3. 重度（三度）　肿大的甲状腺超出了胸锁乳突肌外缘。
>
> B超是确定甲状腺肿大的主要检查方法。

（三）突眼征

突眼征可分为非浸润性突眼和浸润性突眼两种类型。

1. 非浸润性突眼　非浸润性突眼又称良性突眼、单纯性突眼，占本病的大多数，一般为双侧对称性。病因与甲状腺毒症所致的交感神经兴奋、眼外肌群和上睑肌张力增高有关。临床表现：①轻度突眼：突眼度一般不超过18 mm；②施特尔瓦格征（Stellwag's sign）：瞬目减少和凝视；③Dalymple征：眼裂增宽；④冯·格雷费征（von Graefe's sign）：双眼向下看时，因上睑不能随眼球下落，出现白色巩膜；⑤若弗鲁瓦征（Joffroy's sign）：眼球向上看时，前额皮肤不能皱起；⑥默比乌斯征（Mobius' sign）：双眼看近物时，眼球辐辏不良。

2. 浸润性突眼　浸润性突眼又称内分泌性突眼、眼肌麻痹性突眼或恶性突眼，也称格雷夫斯眼病（GO），较少见，但症状较重。病因与眶周组织的自身免疫反应有关。除上述突眼征外，患者有畏光、流泪、眼部胀痛、刺痛、异物感、复视、视野缩小、视力减退。突眼度超过18 mm，个别达30 mm以上，眼睑不能闭合，结合膜和角膜经常暴露，易受外界刺激而发生结膜充血、水肿、角膜炎、角膜溃疡等，严重时会引起全眼球炎致失明。

（四）胫前黏液性水肿

胫前黏液性水肿与格雷夫斯眼病同属于自身免疫病，约5%的格雷夫斯病患者伴发本症。胫前黏液性水肿多发生在小腿胫前下1/3部位（图7-45-1），也可见于足背、踝关节、肩部、手背或手术瘢痕处，偶见于面部。皮损大多为对称性，早期皮肤增厚、变粗，有广泛大小不等的棕红色、红褐色或暗紫色凹凸不平的斑块或结节，结节表面皮肤薄而紧张，稍发亮，毛发粗而稀疏，有时有脱屑。后期皮肤呈橘皮状或树皮状，皮损融合，下肢粗大似"象皮腿"。

（五）特殊临床表现

1. 甲状腺危象　甲状腺危象为本病恶化而成的

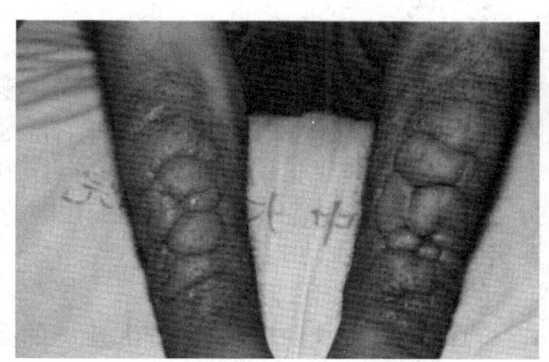

图7-45-1　胫前黏液性水肿

危重综合征，主要诱因包括感染、劳累、应激、急性胃肠炎、脱水、手术、放射性碘治疗及严重的药物反应、心肌梗死等。发生原因与循环内 FT_3 水平增高、心脏和神经系统的儿茶酚胺激素受体数目增加或敏感性增强有关。临床表现为原有甲状腺功能亢进症症状加重伴高热，体温＞39℃，心率＞140 次/分，患者大汗淋漓、恶心、呕吐、腹泻、全身肌肉震颤、手部震颤、烦躁不安、嗜睡、谵妄、昏迷，部分患者出现心律失常、心房颤动、心功能不全。常因高热、虚脱、心力衰竭、肺水肿、水及电解质代谢紊乱而危及生命。

2. 甲亢性心脏病　甲状腺功能亢进症伴有明显心律失常、心脏扩大和心力衰竭、二尖瓣脱垂、心绞痛或显著心电图改变，而无其他原因的心脏病变时，有其中一项或一项以上者称为甲亢性心脏病。甲亢性心脏病的心力衰竭分为两种类型：一类是心动过速和心排血量增加导致的心力衰竭，多发生于年轻患者，并非心脏泵衰竭所致，属于高排出量型心力衰竭，心功能常随甲状腺功能亢进症控制而恢复；另一类多发生于老年患者，属于心脏泵衰竭。心房颤动发生率为 10%～15%。

3. 淡漠型甲状腺功能亢进症　淡漠型甲状腺功能亢进症多见于老年患者。起病隐匿，高代谢综合征、甲状腺肿大、突眼征均不明显。主要表现为明显消瘦、心悸、乏力、头晕、晕厥、神经质或表情淡漠、反应迟钝等，可伴有心房颤动和肌病等。

4. T_3 型甲状腺功能亢进症　其特点是血清 TT_3、FT_3 升高，TT_4 和 FT_4 正常，TSH 减低，^{131}I 摄取率增加。发生原因可能是甲状腺腺体内碘不足，致使代偿性合成的甲状腺素以含碘少的 T_3 为主，或由甲状腺功能亢进症在病情发展中 T_3 上升得较多、较快，而治疗过程中则 T_4 下降得较多、较快。

5. 亚临床甲状腺功能亢进症　其特点是血 T_3、T_4 正常，而 TSH 减低，可发生于格雷夫斯病早期、格雷夫斯病经手术或 ^{131}I 治疗后，可以是各种甲状腺炎恢复期的暂时性临床现象，但也可持续存在，并成为甲状腺功能亢进症的一种特殊临床表现。少数可进展为临床甲状腺功能亢进症。患者无症状或有甲状腺功能亢进症的某些表现，并可导致心血管、肌肉或骨骼损害。

6. 妊娠期甲状腺功能亢进症　正常妊娠时，由于多种激素分泌水平增高，可有高代谢综合征的表现，并且妊娠期甲状腺结合球蛋白（thyroxine binding globulin，TBG）增高，引起血清 TT_4 和 TT_3 增高，所以妊娠期甲状腺功能亢进症的诊断应依赖血清 FT_3、FT_4 和 TSH。妊娠和甲状腺功能亢进症互相影响，妊娠使甲状腺功能亢进症加重，甲状腺功能亢进症可导致流产、早产、死胎及妊娠高血压综合征等，因此对于甲状腺功能亢进症未控制的患者，不建议妊娠。

 格雷夫斯病的临床表现。

【辅助检查】

（一）甲状腺激素测定

1. 血清总甲状腺素（TT_4）、血清总三碘甲腺原氨酸（TT_3）　该指标稳定，是判定甲状腺功能亢进症的主要指标，受血液中甲状腺结合球蛋白的影响。

2. 血清游离甲状腺素（FT_4）与游离三碘甲腺原氨酸（FT_3）　FT_3、FT_4 是甲状腺激素的活性部分，不受血液中甲状腺结合球蛋白变化的影响，直接反映甲状腺功能状态，但因血液中含量甚微，测定的稳定性不如 TT_3、TT_4。

（二）血清 TSH 测定

血清 TSH 是反映甲状腺功能最敏感的指标，它的改变发生在 T_4、T_3 水平改变之前。格雷夫斯病患者 TSH 降低。

（三）促甲状腺激素释放激素（TRH）兴奋试验

格雷夫斯病患者血清 T_3、T_4 增高，反馈抑制 TSH，所以 TSH 不受 TRH 兴奋。如静脉注射 TRH 200 μg 后 TSH 升高者，可排除格雷夫斯病；如 TSH 不增高，则支持格雷夫斯病的诊断。

（四）甲状腺影像学检查

1. 甲状腺摄 ^{131}I 率　摄 ^{131}I 率正常值（盖革计数管测定）3 h 为 5%~25%，24 h 为 20%~45%，高峰在 24 h 出现。甲状腺功能亢进症患者摄 ^{131}I 率 3 h > 25%，24 h > 45%，且摄取高峰前移。妊娠期和哺乳期妇女禁做该项检查。

2. 甲状腺放射性核素扫描　甲状腺放射性核素扫描主要用于诊断甲状腺自主高功能腺瘤。肿瘤区有核素增强，其他区域的核素分布稀疏。

3. 甲状腺 B 超、CT、MRI　可根据需要选择。

（五）甲状腺自身抗体测定

甲状腺自身抗体测定是鉴别甲状腺功能亢进症病因、诊断格雷夫斯病的指标之一，新诊断的格雷夫斯病患者 75%~96%TRAb 阳性。需要注意的是，TRAb 分为甲状腺刺激性抗体（TSAb）和甲状腺阻断性抗体（TBAb）两种抗体，而检测到的 TRAb 仅能反映有针对 TSH 受体的自身抗体存在，不能反映这种抗体的功能。但是，当临床表现符合格雷夫斯病时，一般都将 TRAb 视为促甲状腺激素受体刺激性抗体。

（六）其他检查

血常规检查示白细胞计数正常或偏低，淋巴细胞比例增多。24 h 尿肌酐排出增多。血清胆固醇可低于正常。

 格雷夫斯病的辅助检查。

【诊断与鉴别诊断】

（一）诊断

诊断的程序：①甲状腺毒症的诊断，测定血清 TSH、TT_4、FT_4、TT_3、FT_3 的水平；②确定甲状腺毒症是否源于甲状腺功能亢进症；③确定甲状腺功能亢进症的原因，如格雷夫斯病、结节性毒性甲状腺肿、甲状腺自主高功能腺瘤。

1. 甲状腺功能亢进症的诊断　①甲状腺毒症；②甲状腺肿大；③血清 TT_4、FT_4 增高，TSH 减低。具备以上 3 项，诊断即可成立。应注意的是，淡漠型甲状腺功能亢进症甲状腺毒症不明显，仅有明显消瘦或心房颤动等表现。少数患者无甲状腺肿大。T_3 型甲状腺功能亢进症患者仅有血清 T_3 增高。

2. 格雷夫斯病的诊断　①甲状腺功能亢进症诊断成立；②甲状腺弥漫性肿大（经触诊和 B 超证实），也有少数患者无甲状腺肿大；③突眼征；④胫前黏液性水肿；⑤ TRAb、TSAb 阳性。以上 5 项中，①、②项为诊断格雷夫斯病的必备条件，③、④、⑤项为诊断格雷夫斯病的辅助条件。

 格雷夫斯病的诊断依据。

（二）鉴别诊断

1. 单纯性甲状腺肿　除甲状腺肿大外，无甲状腺功能亢进症的症状和体征，血清 TT_4、TT_3、

TSH水平一般正常。

2. 甲状腺毒症原因的鉴别　主要是甲状腺功能亢进症所致的甲状腺毒症与破坏性甲状腺毒症（如亚急性甲状腺炎）的鉴别。两者均有甲状腺毒症的表现、甲状腺肿大和血清甲状腺激素水平升高。通过详细询问病史、甲状腺体征和 ^{131}I 摄取率测定可确立诊断。

3. 甲状腺功能亢进症原因的鉴别　格雷夫斯病、结节性毒性甲状腺肿和甲状腺自主高功能腺瘤分别占甲状腺功能亢进症病因的 80%、10% 和 5% 左右。伴浸润性突眼、TRAb 和 TSAb 阳性、胫前黏液性水肿等均支持格雷夫斯病的诊断。鉴别诊断的主要方法是甲状腺放射性核素扫描和甲状腺B超：格雷夫斯病时，放射性核素扫描可见核素均质性分布增强；结节性毒性甲状腺肿者可见核素分布不均，增强和减弱区呈灶状分布；甲状腺自主高功能腺瘤仅在肿瘤区有核素浓聚，其他区域的核素分布稀疏。甲状腺B超可发现结节和肿瘤。

【治疗】

针对甲状腺功能亢进症，主要有3种治疗方法，即抗甲状腺药物（antithyroid drug，ATD）、^{131}I 和手术治疗。抗甲状腺药物的作用机制是抑制甲状腺合成甲状腺激素；^{131}I 和手术则是通过破坏甲状腺组织，减少甲状腺激素的产生，以达到治疗目的。应根据患者的具体情况，选用适当的治疗方案。

（一）一般治疗

患者应适当休息。饮食要补充足够热量和营养，包括糖、蛋白质和维生素B族等。消除精神紧张等不利因素，对精神紧张、不安或失眠者，可给予镇静催眠药。禁食含碘高的食物，如海带、紫菜。

（二）抗甲状腺药物

1. 适应证　①病情轻度、中度的患者；②甲状腺轻度、中度肿大者；③妊娠期妇女、高龄或由于其他严重疾病不适宜手术者；④手术前准备；⑤ ^{131}I 治疗前准备；⑥手术后复发且不适宜 ^{131}I 治疗者。

2. 禁忌证　①对硫脲类药物有严重过敏反应或毒性反应者；②应用抗甲状腺药物治疗2个疗程复发者；③外周血白细胞计数持续低于 3×10^9/L 或中性粒细胞低于 1.5×10^9/L 者。

3. 常用药物

（1）硫脲类：如甲硫氧嘧啶（methylthiouracil，MTU）、丙硫氧嘧啶（propylthiouracil，PTU）。

（2）咪唑类：包括甲巯咪唑（thiamazole）和卡比马唑（carbimazole，CMZ）。

这些药物能抑制甲状腺激素的合成，抑制甲状腺过氧化物酶活性，抑制碘离子转化为新生态碘或活性碘，从而妨碍甲状腺激素的合成，但对已合成的甲状腺激素并无作用，用药后需经2周左右才能见效。临床常用的是丙硫氧嘧啶和甲巯咪唑。甲巯咪唑半衰期长，血浆半衰期为 4～6 h，可以每日给药一次。丙硫氧嘧啶血浆半衰期为 2 h，能阻断 T_4 在周围组织中脱碘，使 T_3 的生成减少，在甲状腺危象治疗时为首选，但必须每 6～8 h 给药一次。卡比马唑则在体内转化为甲巯咪唑才起作用。

4. 剂量与疗程

（1）治疗量阶段：丙硫氧嘧啶每日 300～400 mg 或甲巯咪唑每日 30～40 mg，分3次口服，持续 6～8 周，每4周复查血清甲状腺激素水平一次；妊娠期甲状腺功能亢进症患者宜选择丙硫氧嘧啶；治疗至症状缓解，T_3、T_4、FT_3、FT_4 恢复正常或接近正常时可减量，进入减量阶段；治疗量阶段需 1～3 个月。

（2）减量阶段：每 2～4 周减量一次，丙硫氧嘧啶每次减 50～100 mg，甲巯咪唑每次减 5～10 mg，每次减量前需复查血清甲状腺激素水平，正常才可减量，逐渐减量至最小维持量，此阶段需 3～4 个月。

（3）维持量阶段：丙硫氧嘧啶每日 50~100 mg，甲巯咪唑每日 5~10 mg，维持治疗 1~1.5 年。

TSH 能刺激甲状腺细胞表面免疫相关抗原分子的异常表达，TSH 升高可加重甲状腺肿大，为稳定下丘脑-垂体-甲状腺轴的功能，防止甲状腺肿大和突眼反馈性加重，或对合并妊娠者，可加用适量甲状腺片，一般每日 60~90 mg。老年人及高血压、冠心病患者慎用。

5. **药物不良反应** ①粒细胞减少：是常见的不良反应，主要发生在治疗开始后的 2~3 个月，如白细胞低于 $3.0 \times 10^9/L$ 或中性粒细胞低于 $1.5 \times 10^9/L$，应当停药。在治疗前和治疗后，每周应检查白细胞，当发现有白细胞计数减少时，应用促进白细胞增生药。粒细胞缺乏伴发热、咽痛、皮疹时，须立即停药抢救，应用重组人粒细胞集落刺激因子使白细胞上升后，再继续用药或改用另一种抗甲状腺药物。②皮疹：可用抗组胺药控制，如皮疹加重，应立即停药，以免发生剥脱性皮炎。③胆汁淤积性黄疸、中毒性肝炎、急性关节病、血管神经性水肿等不良反应较为罕见，如有发生，应立即停药。丙硫氧嘧啶引起的药物性肝炎高于甲巯咪唑。

6. **停药指标** 目前认为，抗甲状腺药物维持治疗 18~24 个月可以停药，主要根据临床症状和体征判断。如已达到下述指标，则预示甲状腺功能亢进症可能治愈：①甲状腺肿明显缩小；② TSAb（或 TRAb）转为阴性；③ T_3 抑制试验恢复正常。

抗甲状腺药物治疗。

（三）放射性碘（RAI）治疗

放射性 ^{131}I 能被甲状腺高度摄取。^{131}I 释放出 β 射线，破坏甲状腺组织细胞，可减少甲状腺激素的分泌，同时可抑制甲状腺内淋巴细胞的抗体生成，以达到治疗甲状腺功能亢进症的目的。

1. **适应证** ①成人格雷夫斯病伴甲状腺二度以上肿大者；②经抗甲状腺药物治疗无效或对抗甲状腺药物过敏者；③抗甲状腺药物治疗或手术治疗后复发者；④甲状腺毒性心脏病或甲状腺功能亢进症伴其他病因的心脏病者；⑤甲状腺功能亢进症合并白细胞和（或）血小板减少或全血细胞减少者；⑥不宜手术或不愿手术者；⑦甲状腺功能亢进症合并糖尿病，肝、肾等脏器功能损害者；⑧浸润性突眼：对轻度和稳定期的中度、重度格雷夫斯眼病患者，可单用 ^{131}I 治疗，对活动期患者，可加用糖皮质激素。

2. **禁忌证** 妊娠期及哺乳期妇女。

3. **剂量与疗法** 根据甲状腺组织的重量和甲状腺 ^{131}I 摄取率计算剂量。病情较重者先用抗甲状腺药物治疗 3 个月左右，待症状减轻后，停药 1 周，然后服 ^{131}I。一般治疗 2~4 周后症状减轻，甲状腺缩小，6~12 周甲状腺功能恢复至正常。对未治愈者，半年后进行第二次治疗，第二次治疗采用首次 1.5 倍的剂量。约 80% 患者可一次治愈。

4. **并发症** ①放射性甲状腺炎：发生在摄 ^{131}I 后的 7~10 d；②诱发甲状腺危象：见于个别患者；③有时可加重浸润性突眼；④甲状腺功能减退：包括一过性和永久性两类，对永久性者，要给予甲状腺激素终身替代治疗。发生原因与继发性免疫损伤和电离辐射损伤有关。对于接受放射性碘治疗的患者，应定期检测甲状腺功能。

放射性碘治疗的并发症。

（四）手术治疗

1. **适应证** ①中度、重度甲状腺功能亢进症，不能坚持服药者或长期服药无效或停药复发者；②甲状腺显著肿大，有压迫症状者；③结节性甲状腺肿伴甲状腺功能亢进症患者；④胸骨后甲状腺肿患者；⑤细针穿刺细胞学检查怀疑恶变者；⑥抗甲状腺药物治疗无效或过敏的妊娠患者，手术需要在妊娠 T_2 期（第 4~6 个月）施行。

2. 禁忌证　①较重或发展较快的浸润性突眼患者；②合并较严重的心脏病、肺病、肾病、全身状况差不能耐受手术者；③妊娠 T_1 期（第 3 个月前）和 T_3 期（第 6 个月后）。T_1 期和 T_3 期手术可出现流产和麻醉药致畸。

3. 手术方式　常选择甲状腺次全切除术，两侧各保留 2~3 g 甲状腺组织。术后，甲状腺功能亢进症复发率为 8% 左右。术后并发症主要有伤口出血、感染、甲状腺危象、喉上神经或喉返神经损伤、甲状旁腺功能减退、甲状腺功能减退和突眼症加重等。

（五）其他治疗

1. 复方碘溶液　复方碘溶液可减少甲状腺充血，阻抑 TH 释放，抑制 TH 合成，但属暂时性。于给药 2~3 周内症状逐渐减轻，但以后又可使甲状腺功能亢进症临床症状加重，并影响抗甲状腺药物的疗效。所以复方碘溶液仅在术前准备和甲状腺危象时使用。

2. β受体阻断药　机制：①阻断外周组织 T_4 向 T_3 的转化，主要在抗甲状腺药物治疗量阶段使用，能较快地控制甲状腺功能亢进症的临床症状；②阻断甲状腺激素对心脏的兴奋作用。通常应用普萘洛尔，每次 10~40 mg，每日 3~4 次，有支气管疾病的患者可选用 $β_1$ 受体阻滞药，如阿替洛尔、美托洛尔。

（六）甲状腺危象的治疗

1. 抑制甲状腺激素合成　首选丙硫氧嘧啶，首剂 500~1000 mg 口服或经胃管注入，以后每次 200 mg，每 6 h 口服一次，待症状缓解后减至常规治疗剂量。

2. 抑制甲状腺激素释放　服丙硫氧嘧啶 1~2 h 后再加用复方碘溶液 5~10 滴，每 6~8 h 一次；或碘化钠 0.5~1.0 g 加入 10% 葡萄糖溶液中静脉滴注，每 12~24 h 一次。症状缓解后，逐渐减量，一般 2 周内停用。如果对碘剂过敏，可用碳酸锂，每日 0.5~1.5 g，分 3 次口服，连用数日。

3. 降低外周组织对甲状腺的反应　在无心力衰竭的情况下可用普萘洛尔 20~40 mg，每 6~8 h 口服一次，或 1 mg 经稀释后缓慢静脉注射，视需要可间断给药 3~5 次。必要时在密切心电监护下进行。

4. 糖皮质激素　氢化可的松 50~100 mg 加入 5%~10% 葡萄糖溶液静脉滴注，每 6~8 h 一次，可提高机体的应激能力，抑制 T_4 转化为 T_3，减少 TH 释放，降低外周组织对 TH 的反应。

5. 降低和清除血浆甲状腺激素　当以上治疗效果不满意时，可选用腹膜透析、血液透析或血浆置换等措施，迅速降低血浆甲状腺激素浓度。

6. 去除诱因　有感染者使用抗生素。

7. 对症治疗　①降温，对高热者，给予物理降温或用氯丙嗪，避免用乙酰水杨酸类药物；②给氧；③纠正水、电解质代谢紊乱及酸碱平衡失调；④补充大量维生素；⑤监护心脏、肾功能，改善微循环，及时处理各种并发症。

 甲状腺危象的治疗。

（七）浸润性突眼的治疗

1. 一般治疗　限制食盐，给予利尿药，夜间高枕卧位。

2. 局部治疗　外出时戴茶色眼镜以避免刺激，睡眠时使用抗生素眼膏或眼罩，以免角膜暴露部受刺激而发生炎症。可交替使用抗生素滴眼液及醋酸可的松滴眼液，或采用 0.5% 甲纤维素滴眼液减轻眼部刺激。

3. 全身药物治疗　①泼尼松 20~40 mg 口服，每日 1~2 次，持续 2~4 周，症状好转后逐渐减量。一般于4周后递减为维持量，10~20 mg/d，最后可用最小维持量隔日服用。疗程一般需3个月以上，有时需1~2年或更长。②对病情严重者，可用甲泼尼松0.5~1.0 g加入生理盐水中静脉滴注，隔日1次，连用2~3次，然后以大剂量泼尼松口服4周左右，待病情缓解后减至维持量。③也可选用环磷酰胺、硫唑嘌呤等免疫抑制药或生物制剂，如替妥木单抗治疗。

4. 其他治疗　如果上述治疗效果不佳，必要时可选用特殊治疗方法，如垂体或球后放疗、眶内减压术。近年有应用血浆置换疗法，以去除免疫球蛋白与免疫复合物等因子，但单用此法其疗效为一过性，故需与糖皮质激素和放疗三者并用。

（八）甲亢性心脏病的治疗

（1）首选放射碘治疗。

（2）对不适合放射碘治疗的患者，给予抗甲状腺药物治疗。

（3）普萘洛尔40~60 mg，每6~8 h一次。普萘洛尔可减少心排血量，缩小脉压，对控制心房颤动的心室率有明显效果。由于甲状腺功能亢进症可致代谢率增加，所以普萘洛尔的剂量相对要增大。

（4）心力衰竭患者不能使用β受体阻断药，可用地高辛和利尿药。

自　测　题

一、选择题

1. 甲状腺功能亢进症病因分类最常见的是
    A. 格雷夫斯病　　　　　　　　　　　B. 垂体性甲状腺功能亢进症
    C. 异源性TSH综合征　　　　　　　　D. 卵巢甲状腺肿伴甲状腺功能亢进症
    E. 药源性甲状腺功能亢进症
2. 引起格雷夫斯病最根本的原因是
    A. 免疫系统功能障碍和遗传因素引起的TRAb升高
    B. 精神因素刺激
    C. TRH升高
    D. TSH升高
    E. 甲状腺细胞产生自身抗体
3. 可与格雷夫斯病伴发，应除外的疾病是
    A. 1型糖尿病　　　　　　　　　　　B. 慢性特发性肾上腺皮质功能减退症
    C. 特发性血小板减少性紫癜　　　　　D. 重症肌无力
    E. 青春期甲状腺肿
4. 甲状腺功能亢进症（甲亢）的早期诊断，最为敏感的检查是
    A. 血清总三碘甲腺原氨酸和血清总甲状腺素
    B. 血清游离三碘甲腺原氨酸和血清游离甲状腺素
    C. 高敏促甲状腺激素
    D. 基础代谢率
    E. 甲状腺摄^{131}I率测定
5. 关于浸润性突眼的特点，不正确的是
    A. 浸润性突眼与甲状腺毒症所致的交感神经兴奋性增高有关
    B. 浸润性突眼与眶后组织的自身免疫炎症有关

C. 浸润性突眼的突眼度一般超过 18 mm

D. 严重的浸润性突眼可导致失明

E. 手术治疗甲状腺功能亢进症时可能加重浸润性突眼

6. 某甲状腺功能亢进症患者应用抗甲状腺药物治疗 11 个月后，白细胞计数降至 $1.8 \times 10^9/L$，中性粒细胞比例 30%，宜采取的措施是

    A. 继续原治疗方案，密切观察白细胞变化

    B. 继续原治疗方案，加升白细胞药物

    C. 停抗甲状腺药物，用升白细胞药物

    D. 抗甲状腺药物减量，加甲状腺片

    E. 停抗甲状腺药物，密切观察白细胞变化

（7~9 题共用题干）

患者，男性，32 岁，消瘦、乏力、怕热、手颤 3 个月，夜间突然出现双下肢弛缓性瘫痪，急诊入院。体格检查：神志清楚，BP 135/80 mmHg，HR 110 次/分，心律齐，甲状腺轻度肿大，无血管杂音。

7. 导致患者双下肢弛缓性瘫痪的直接原因可能是

    A. 脑栓塞   B. 重症肌无力   C. 运动神经元病

    D. 呼吸性碱中毒   E. 血钾异常

8. 为明确诊断，应首先进行的检查项目是

    A. 血电解质测定及甲状腺功能测定   B. 头颅 CT、血糖测定

    C. 肌电图及血电解质测定   D. 胸部 CT 及血抗乙酰胆碱受体抗体测定

    E. 血气分析及血电解质测定

9. 对此患者的急诊处理为

    A. 纠正电解质代谢紊乱   B. 使用螺内酯治疗

    C. 静脉滴注氯化钾及胰岛素   D. 溴吡斯的明和皮质激素治疗

    E. 脱水降颅压治疗

（10~12 题共用题干）

患者，女性，39 岁，近 1 年多汗、怕热、心悸、气短、失眠，食量增加，体重下降，眼球突出。体格检查：P 136 次/分，BP 160/80 mmHg，眼球明显突出，甲状腺呈弥漫性肿大，触之有细震颤，有明显的血管杂音。经抗甲状腺药物治疗 3 个月后，P 80 次/分，BP 120/80 mmHg。

10. 本例患者最可能的诊断是

    A. 高功能腺瘤

    B. 结节性甲状腺肿继发甲状腺功能亢进症

    C. 慢性淋巴细胞性甲状腺炎

    D. 原发性甲状腺功能亢进症

    E. 甲状腺癌合并甲状腺功能亢进症

11. 本例患者的治疗原则是

    A. 服复方碘溶液后行甲状腺大部切除术

    B. 单用 β 受体阻断药

    C. 采用抗甲状腺药物治疗，再服复方碘溶液

    D. 放射治疗

    E. 服含碘的中药治疗

12. 本例术前甲状腺功能亢进症症状未控制，急于行甲状腺大部切除术，术后易出现的并发症是
    A. 甲状腺功能减退   B. 创口感染   C. 急性窒息
    D. 甲状腺危象   E. 喉返神经损伤

二、简答题

1. 如何诊断甲状腺功能亢进症？格雷夫斯病的诊断条件是什么？
2. 甲状腺危象的临床表现是什么？如何治疗？

三、案例分析题

患者，女性，26岁，已婚，农民，因多食易饥、消瘦3个月，发现颈部增粗3d入院。3个月前患者无明显诱因出现食欲亢进、乏力，偶有心悸、手抖，性格变得急躁、怕烦，常因小事迁怒于丈夫。体格检查：T 37.8 ℃，P 108次/分，R 20次/分，BP 150/75 mmHg，水冲脉，皮肤温暖、潮湿，眼球轻度突出，睑裂增宽，双侧甲状腺二度肿大，扪及震颤，无结节、压痛。两肺呼吸音清，未闻及干啰音及湿啰音。心率108次/分，心律齐。肺、腹部无阳性体征。双手平举细震颤。目前宜采取的治疗措施是什么？

（王丽红）

第四十六章　甲状腺功能减退症

第四十六章数字资源

学习目标

1. 知识：说出甲状腺功能减退症的分类、病因、临床表现、诊断依据及治疗原则，列举甲状腺功能减退症需与哪些疾病相鉴别，分析甲状腺功能减退症辅助检查的临床意义。
2. 能力：完成病史采集和体格检查，运用患者症状、体征、辅助检查等临床资料完成对甲状腺功能减退症的初步诊断，根据病情拟定治疗方案并正确评估预后。
3. 素养：医学生要增强社会责任感，认识到甲状腺功能减退症是一种常见的内分泌疾病，对患者的生活质量和社会劳动力都会产生一定的影响。学习者应积极参与疾病预防的宣传教育工作，提高公众对该疾病的认识，为降低疾病的发生率、提高患者的生活质量贡献自己的力量。

案例 7-46-1

患者，女性，70岁。畏寒、乏力、嗜睡1年。患者1年前无明显诱因出现畏寒、乏力、嗜睡，无发热，一直未予治疗。发病以来，精神差、食欲减退，1~3 d排1次大便。既往身体健康，否认高血压、高血脂、心脏病病史，无烟、酒嗜好。无遗传病家族史。体格检查：T 36.5 ℃，P 56次/分，R 18次/分，BP 120/80 mmHg。毛发稀疏，皮肤干燥，未见出血点和皮疹，浅表淋巴结未触及肿大，眼睑无水肿，眼球无突出及活动受限，巩膜无黄染，甲状腺无肿大，双肺呼吸音清，未闻及干啰音、湿啰音，心界不大，心率56次/分，心律齐，各瓣膜听诊区未闻及杂音，腹软、无压痛，肝、脾肋下未触及，移动性浊音阴性，双下肢非凹陷性水肿，双手平举无震颤。实验室检查：T_3 1.0 nmol/L，T_4 45 nmol/L，FT_3 4.0 pmol/L，FT_4 9.2 pmol/L，TSH 13 mU/L。

问题与思考：
1. 初步诊断和诊断依据是什么？应与哪些疾病相鉴别？
2. 为明确诊断，需要进一步做哪些检查？
3. 治疗原则是什么？

甲状腺功能减退症（hypothyroidism）简称甲减，是由各种原因导致的低甲状腺激素血症或甲状腺激素抵抗而引起的全身性低代谢综合征，其病理特征是黏多糖在组织和皮肤堆积，表现为黏液性水肿。

由于起病时年龄不同，功能减退程度不同，故对患者病理生理的影响不同，因而所产生的症状各异，临床上可分为三型：①功能减退始于胎儿期或出生不久的新生儿，称为呆小病；②功能减退始于发育前儿童期，称为幼儿型甲减；③功能减退始于成人期，称为成年型甲减。本章重点介绍成年型甲减。

第四十六章 甲状腺功能减退症

甲状腺功能减退症的概念。

【分类】

（一）根据病变发生的部位分类

1. **原发性甲状腺功能减退症** 原发性甲状腺功能减退症（primary hypothyroidism）又称甲状腺性甲状腺功能减退症，是由于甲状腺腺体本身病变引起的甲状腺功能减退症，占全部甲状腺功能减退症的95%以上。多数是由自身免疫病、甲状腺手术和甲状腺功能亢进症 ^{131}I 治疗所致。

2. **中枢性甲状腺功能减退症** 中枢性甲状腺功能减退症（central hypothyroidism）是由下丘脑和垂体病变引起的促甲状腺激素释放激素（TRH）或者促甲状腺激素（TSH）产生和分泌减少所致的甲状腺功能减退症。垂体外照射、垂体大腺瘤、颅咽管瘤及产后大出血是其较常见的原因。其中由于下丘脑病变引起的甲状腺功能减退症称为三发性甲状腺功能减退症（tertiary hypothyroidism）。

3. **甲状腺激素抵抗综合征** 是由于机体内存在结合甲状腺素的抗体或外周组织对甲状腺素敏感性降低而发生的一系列病理生理和临床变化。

（二）根据病变的原因分类

药物性甲状腺功能减退症、手术后甲状腺功能减退症、^{131}I 治疗后甲状腺功能减退症、特发性甲状腺功能减退症、垂体或下丘脑肿瘤手术后甲状腺功能减退症、先天性甲状腺功能减退症、消耗性甲状腺功能减退症等。

（三）根据甲状腺功能减退的程度分类

根据甲状腺功能减退的程度，可分为临床甲状腺功能减退症（clinical hypothyroidism）和亚临床性甲状腺功能减退症（subclinical hypothyroidism）。

甲状腺功能减退症的分类。

【病因】

成人甲状腺功能减退症的主要病因是：①自身免疫损伤：最常见的原因是自身免疫性甲状腺炎，包括桥本甲状腺炎、萎缩性甲状腺炎、产后甲状腺炎等。②甲状腺破坏：包括甲状腺手术、^{131}I 治疗、颈部放疗等。③碘过量：可引起具有潜在性甲状腺疾病者发生甲状腺功能减退症，也可诱发和加重自身免疫性甲状腺炎。④抗甲状腺药物：如锂盐、硫脲类、咪唑类。

【临床表现】

原发性甲状腺功能减退症患者年龄以40~60岁多见，男性、女性发病之比为1：（4~5）。起病缓慢、隐匿，病程较长，症状主要表现为代谢率减低和交感神经兴奋性下降。

（一）一般表现

易疲劳、怕冷、体重增加、记忆力减退、反应迟钝、嗜睡、精神抑郁、便秘、月经不调及肌肉痉挛等。检查可见表情淡漠，面色苍白，皮肤干燥、发凉、粗糙、脱屑，颜面、眼睑和手皮肤水肿，声音嘶哑，毛发稀疏，眉毛外1/3脱落。由于高胡萝卜素血症，手足皮肤呈姜黄色。

（二）肌肉与关节

肌肉松弛无力，暂时性肌强直、痉挛、疼痛，严重者进行性肌萎缩，主要累及咀嚼肌、肩、背部、上肢和下肢肌肉。腱反射的弛缓时间特征性延长，超过 350 ms（正常为 240~320 ms），跟腱反射的半弛缓时间明显延长。关节也常有疼痛，偶有关节腔积液。

（三）心血管系统

心肌黏液性水肿导致心肌收缩力损伤、心动过缓、心排血量下降。ECG 显示低电压。由于心肌间质水肿、非特异性心肌纤维肿胀、左心室扩张导致心脏增大，常伴有心包积液。久病者易并发动脉粥样硬化，发生心绞痛和心律失常。10% 患者伴发高血压。

（四）血液系统

由于下述 4 种原因发生贫血：①甲状腺激素缺乏引起血红蛋白合成障碍；②肠道吸收铁障碍引起铁缺乏；③肠道吸收叶酸障碍引起叶酸缺乏；④自身免疫性甲状腺炎可伴发恶性贫血。

（五）消化系统

厌食、腹胀、便秘，严重者出现麻痹性肠梗阻或黏液水肿性巨结肠。半数有胃酸缺乏。

（六）内分泌系统

患者性欲减退，男性阳痿，女性常有月经过多或闭经。长期严重的病例可导致垂体增生、蝶鞍增大。部分患者血清催乳素（PRL）水平增高，发生溢乳。原发性甲状腺功能减退症伴特发性肾上腺皮质功能减退和 1 型糖尿病者属自身免疫性多内分泌腺体综合征的一种，称为多内分泌腺功能减退综合征。

（七）黏液性水肿昏迷

黏液性水肿昏迷为甲状腺功能减退症最严重的临床表现，多见于老年长期未接受治疗的患者。大多在冬季寒冷时发病，受寒及感染是最常见的诱因，其他为严重的全身性疾病、甲状腺激素替代治疗中断、手术、麻醉和使用镇静药等。临床表现为嗜睡、低体温（< 35 ℃）、呼吸浅慢、心动过缓、心音微弱、血压下降、四肢肌肉松弛、反射减弱或消失，甚至昏迷、休克、肾功能不全危及生命。

 甲状腺功能减退症的临床表现。

【辅助检查】

（一）血清甲状腺激素和 TSH

血清 TSH 增高，TT_4、FT_4 降低是诊断本病的必备指标。严重病例血清 TT_3 和 FT_3 减低。亚临床性甲状腺功能减退症仅有血清 TSH 增高，血清 T_4 或 T_3 正常。

（二）甲状腺自身抗体

血清抗甲状腺过氧化物酶抗体（TPO-Ab）和抗甲状腺球蛋白抗体（TgAb）阳性提示甲状腺功能减退症是由于自身免疫性甲状腺炎所致。

（三）TRH 刺激试验

TRH 刺激试验主要用于原发性甲状腺功能减退症与中枢性甲状腺功能减退症的鉴别诊断。静脉注射 TRH 后，血清 TSH 不增高者提示为垂体性甲状腺功能减退症；延迟增高者为下丘脑性甲状腺功能减退症；血清 TSH 在增高的基础上进一步增高，提示为原发性甲状腺功能减退症。

（四）血常规检查

血常规检查多为轻度、中度正细胞正色素性贫血。

（五）生化检查

血清甘油三酯、总胆固醇、LDL-C 增高，HDL-C 降低，同型半胱氨酸（homocysteine，Hcy）增高，血清 CK、LDH 增高。

（六）X 线检查

X 线检查可见心脏向两侧增大，可伴心包积液和胸腔积液。部分患者颅骨 X 线平片有蝶鞍增大。

 甲状腺功能减退症的实验室检查。

【诊断与鉴别诊断】

（一）诊断

（1）甲状腺功能减退症的症状和体征。

（2）实验室检查血清 TSH 增高，FT_4 减低，原发性甲状腺功能减退症诊断即可以成立。进一步寻找甲状腺功能减退症的病因，如果 TPO-Ab 阳性，可考虑甲状腺功能减退症的病因为自身免疫性甲状腺炎。

（3）实验室检查血清 TSH 减低或者正常，TT_4、FT_4 减低，考虑中枢性甲状腺功能减退症。做 TRH 刺激试验证实，进一步寻找垂体和下丘脑的病变。

（二）鉴别诊断

1. 贫血　应与其他原因引起的贫血相鉴别。
2. 蝶鞍增大　应与垂体瘤相鉴别。原发性甲状腺功能减退症时 TRH 分泌增加，可以导致高催乳素血症、溢乳及蝶鞍增大，酷似垂体催乳素瘤。可行 MRI 鉴别。
3. 心包积液　需与其他原因引起的心包积液相鉴别。
4. 水肿　主要与特发性水肿相鉴别。
5. 低 T_3 综合征　低 T_3 综合征也称甲状腺功能正常的病态综合征，指非甲状腺疾病原因引起的伴有低 T_3 的综合征。严重的全身性疾病、创伤和心理疾病等都可导致甲状腺激素水平改变，它反映了机体内分泌系统对疾病的适应性反应。主要表现在血清 TT_3、FT_3 减低，血清 rT_3 增高，血清 T_4、TSH 水平正常。

【治疗】

（一）左甲状腺素（L-T_4）治疗

治疗的目标是将血清 TSH 和甲状腺激素水平恢复到正常范围内，需终生服药。治疗的剂量取决于患者的病情、年龄、体重和个体差异。成年患者 L-T_4 替代剂量为 50～200 μg/d，平均 125 μg/d。按照体重计算的剂量是 1.6～1.8 μg/（kg·d）；儿童需要较高的剂量，大约为 2.0 μg/（kg·d）；老年患者则需要较低的剂量，大约为 1.0 μg/（kg·d）；妊娠时的替代剂量需要增加 30%～50%；甲状腺癌术后的患者需要的剂量大约为 2.2 μg/（kg·d）。T_4 的半衰期是 7 d，所以可以每日早晨服药一次。服药方法：年龄小于 50 岁，既往无心脏病史患者可以尽快达到完全替代剂量，50 岁以上患者服用 L-T_4 前要常规检查心脏状态。一般从 25～50 μg/d 开始，每 1～2 周增加 25 μg，直至达到治疗目标。患缺血性心脏病者起始剂量宜小，调整剂量宜慢，防止诱发和加重心脏病。补充甲状腺激素，重新建立下丘脑-垂体-甲状腺轴的平衡一般需要 4～6 周，所以治疗初期，每 4～6 周测定激素指标。然后根据检查结果调整 L-T_4 剂量，直至达到治疗的目标。治疗达标后，需要每 6～12 个月复查一次激素指标。

（二）亚临床性甲状腺功能减退症的治疗

有下述情况之一者需给予替代治疗：① TSH > 10 mU/L；② TSH 6～10 mU/L，同时伴有甲状腺自身抗体阳性或甲状腺明显肿大、甲状腺功能减退症症状、高脂血症；③妊娠期妇女；④医源性亚临床性甲状腺功能减退症。

（三）黏液性水肿昏迷的治疗

1. 补充甲状腺激素　选用快速作用的 L-T$_3$。首次静脉注射 40~120 μg，以后每 6 h 静脉注射 5~15 μg，至患者清醒后改为口服。有心脏病者，起始量宜较小，为一般剂量的 1/5~1/4。
2. 肾上腺皮质激素　氢化可的松 200~300 mg/d 持续静脉滴注，患者清醒后逐渐减量、撤除。
3. 氧疗　保持呼吸道通畅，吸氧，必要时行气管切开、机械通气。
4. 补液　适当补液及给予维生素 B 族，但是补液量不宜过多，以免诱发心力衰竭。
5. 保暖　采用增添被褥和提高室温等办法保暖，促使患者体温缓慢上升。
6. 其他　控制感染，积极治疗原发疾病。

甲状腺功能减退症的治疗。

【预后】

甲状腺功能减退症患者的预后取决于是否及时进行适当的激素替代治疗，合适剂量的激素治疗预后良好，可恢复正常的生活状态，未及时治疗可能引起多组织黏液性水肿，如心包积液、腹水，甚至发生黏液性水肿昏迷，血脂异常还可增加心血管疾病的发病风险。

【预防】

成人甲状腺功能减退症不少是由于手术切除或放射性 ^{131}I 治疗甲状腺功能亢进症所致，应严格掌握甲状腺的手术切除量及 ^{131}I 剂量，以防止手术切除过多或 ^{131}I 剂量过大等因素导致本病。

自 测 题

一、选择题

1. 不能根除病因的继发性甲状腺功能减退的治疗首选
   - A. TRH
   - B. TRH 促效剂
   - C. 大剂量 TSH
   - D. 生理剂量 TSH
   - E. 甲状腺制剂
2. 下列不符合甲状腺功能减退症表现的是
   - A. 畏寒、乏力
   - B. 注意力不集中、记忆力减退
   - C. 表情呆滞、面色苍白
   - D. 心率加快
   - E. 颜面、眼睑水肿
3. 用于鉴别原发性与继发性甲状腺功能减退的指标是
   - A. TSH
   - B. TT$_3$
   - C. TT$_4$
   - D. FT$_3$
   - E. FT$_4$
4. 对亚临床性甲状腺功能减退症的诊断具有较高敏感性的是
   - A. 血清 TSH 测定
   - B. 血清 T$_3$ 含量测定
   - C. 血清 T$_4$ 含量测定
   - D. 基础代谢率测定
   - E. 碘摄取率测定
5. 不是成人甲状腺功能减退症表现的是
   - A. 怕冷少汗
   - B. 体重增加
   - C. 唇厚舌大

D. 血压升高、脉压增大　　　E. 颜面、眼睑水肿

6. 患者，女性，55岁，因怕冷、便秘、声音嘶哑1年入院。经检查诊断为甲状腺功能减退症，拟用左甲状腺素替代治疗。最适宜的起始剂量为

　　A. 125 μg　　　　　　　B. 100 μg　　　　　　　C. 75 μg
　　D. 50 μg　　　　　　　 E. 25 μg

（7~8题共用题干）

患者，男性，65岁，因声音嘶哑、反应迟缓、水肿入院，诊断为慢性淋巴细胞性甲状腺炎、甲状腺功能减退症，有黏液性水肿、心包积液。

7. 本例首选的治疗是

　　A. 支持治疗　　　　　　B. 保暖　　　　　　　　C. 左甲状腺素替代治疗
　　D. 吸氧　　　　　　　　E. 糖皮质激素

8. 本例治疗药物宜从小剂量逐渐递增剂量，调整剂量应依据

　　A. TSH　　　　　　　　B. TT_3　　　　　　　　C. TT_4
　　D. FT_3　　　　　　　　E. FT_4

（9~11题共用题干）

患者，女性，33岁，近1周怕冷、乏力、反应迟钝、嗜睡、体重增加及记忆力下降。

9. 本例患者的诊断，考虑是

　　A. 慢性甲状腺炎　　　　B. 甲状腺功能减退症　　C. 亚急性甲状腺炎
　　D. 单纯甲状腺肿　　　　E. 甲状腺功能亢进症

10. 本例患者应使用的激素替代治疗方案是

　　A. 性激素　　　　　　　B. 左甲状腺素　　　　　C. 糖皮质激素
　　D. 促甲状腺素　　　　　E. 抗利尿激素

11. 在激素替代治疗过程中患者出现心悸、发热、出汗、多食、消瘦、情绪激动，首先考虑

　　A. 自主神经功能紊乱　　B. 肾上腺危象　　　　　C. 甲状腺素服用过量
　　D. 甲状腺危象　　　　　E. 黏液性水肿昏迷

二、简答题

1. 成人甲状腺功能减退症常见的临床表现是什么？
2. 黏液性水肿昏迷的抢救措施是什么？

三、案例分析题

患者，男性，57岁，因"反复水肿3年"入院。3年前患者无明显诱因出现颜面及眼睑水肿，伴有怕冷、乏力、懒言少语、反应迟钝，门诊查FT_3 0.61 pg/ml（参考值0.7~2.2 pg/ml）、FT_4 0.37 ng/dl（参考值60~135 ng/dl）、TSH 87.5 mIU/L，心电图提示T波低平、电轴左偏、低电压。既往无特殊病史。本例患者的疾病诊断是什么？诊断依据是什么？

（王丽红）

第四十七章 糖尿病

第四十七章数字资源

学习目标

1. 知识：说出糖尿病的病因、主要特征、临床表现、诊断依据和治疗原则，列举糖尿病需要与哪些疾病相鉴别，解释糖尿病的发病机制，分析辅助检查的临床意义。

2. 能力：完成病史采集和体格检查，运用病史、体格检查及辅助检查结果对糖尿病做出初步诊断，根据病情拟定防治方案。

3. 素养：医学生应充分理解糖尿病患者在生理和心理上所承受的压力，恪守医学伦理原则，尊重患者的人格和权利，秉持公正原则，一视同仁地提供关怀和规范治疗。要善于与患者及其家属进行沟通，向他们普及糖尿病的相关知识，指导患者进行自我管理，提高患者的治疗依从性。糖尿病的病因、发病机制、诊断方法和治疗手段也在持续研究和完善中，医学生必须认识到终身学习的重要性，不断更新自己的知识储备，以适应医学发展的需要。

案例 7-47-1

患者，女性，65 岁，因"多饮、多食、多尿、消瘦 10 年，下肢水肿伴麻木 1 个月"入院。10 年前患者无明显诱因出现烦渴、多饮，饮水量每日达 4000 ml，尿量明显增多，主食由 300 g/d 增至 500 g/d，体重在 6 个月内下降约 5 kg，门诊查静脉空腹血糖 12.5 mmol/L，尿糖（++++），服用降血糖药（具体不详）治疗好转。近 1 年，患者逐渐出现视物模糊，眼科检查"视网膜有新生血管形成"。近 1 年出现泡沫尿，下肢水肿及麻木，伴针刺感。既往史：7 年来有时血压偏高，未服药控制血压。无药物过敏史，个人史和家族史无特殊。体格检查：T 36 ℃，P 78 次/分，R 18 次/分，BP 170/100 mmHg，体重 65 kg，身高 155 cm，心脏、肺、腹部无异常。双下肢凹陷性水肿，下肢针刺感觉减退。血常规：Hb 123 g/L，WBC 6.5×10^9/L，N 65%，L 35%，PLT 235×10^9/L。尿常规：尿糖（++++），酮体（-），尿蛋白（++++）。随机静脉血糖 13.0 mmol/L，BUN 7.0 mmol/L。

问题与思考：

1. 初步诊断和诊断依据是什么？应与哪些疾病相鉴别？
2. 为明确诊断，需要进一步做哪些检查？
3. 治疗原则是什么？

第一节 糖尿病

糖尿病（diabetes mellitus，DM）是由于多种因素（如遗传和环境因素）相互作用，导致机体胰岛素绝对或相对分泌不足，和（或）靶组织细胞对胰岛素敏感性降低，从而引起蛋白质、脂肪、水和电解质等一系列物质代谢紊乱综合征，其中以慢性高血糖为主要标志。临床典型病例可出现多饮、多食、多尿、消瘦等，即"三多一少"症状。

随着人们生活水平的提高，生活方式的改变，人口老龄化，糖尿病呈快速增长的流行趋势，已经成为继心血管疾病和恶性肿瘤之后的第三大非传染性疾病，严重威胁人类健康。

【糖尿病分型】

目前国际上通用WHO糖尿病专家委员会提出的分型标准（1999）。

（一）1型糖尿病（T1DM）

1. 免疫介导性 急性型及缓发型。
2. 特发性 无自身免疫证据。

（二）2型糖尿病（T2DM）

从以胰岛素抵抗为主伴胰岛素进行性分泌不足，到以胰岛素进行性分泌不足为主伴胰岛素抵抗。此型占糖尿病总数的90%~95%，多见于成人，患病风险随着年龄、肥胖及体力活动缺乏而增长。

（三）其他特殊类型糖尿病

目前病因已明确的继发性糖尿病分为8个亚型，临床上极少见。

1. 胰岛β细胞功能遗传缺陷 ①青年人中的成人发病型糖尿病（MODY）；②线粒体DNA基因突变糖尿病；③其他。
2. 胰岛素作用的基因缺陷 ①A型胰岛素抵抗；②妖精貌综合征；③Rabson-Mendenhall综合征；④脂肪萎缩性糖尿病；⑤其他。
3. 胰腺外分泌性疾病 ①胰腺炎；②胰腺外伤或胰腺切除；③胰腺肿瘤；④胰腺囊性纤维化病；⑤血色病；⑥纤维钙化性胰腺病；⑦其他。
4. 内分泌疾病 ①肢端肥大症；②库欣综合征；③胰高血糖素瘤；④嗜铬细胞瘤；⑤甲状腺功能亢进症；⑥生长抑素瘤；⑦醛固酮瘤；⑧其他。
5. 药物或化学因素诱发 ①吡甲硝苯脲（灭鼠剂）；②喷他脒；③烟酸；④糖皮质激素；⑤甲状腺激素；⑥二氮嗪；⑦β-肾上腺素能激动剂；⑧噻嗪类利尿药；⑨苯妥英钠；⑩α-干扰素及其他。
6. 感染 ①先天性风疹病毒感染；②巨细胞病毒感染；③其他。
7. 不常见的免疫介导性糖尿病 ①僵人综合征（stiff-Person syndrome）；②抗胰岛素受体抗体；③其他。
8. 伴有糖尿病的其他遗传综合征 ①唐氏综合征；②克兰费尔特综合征（Klinefelter syndrome）；③特纳综合征（Turner syndrome）；④Wolfram综合征；⑤弗里德赖希共济失调（Friedreich ataxia）；⑥亨廷顿舞蹈症（Huntington chorea）；⑦劳-穆-比综合征（Lawrence-Moon-Biedl syndrome）；⑧强直性肌营养不良；⑨卟啉病；⑩普拉德-威利综合征（Prader-Willi syndrome）及其他。

（四）妊娠糖尿病

妊娠糖尿病（gestational diabetes mellitus，GDM）指妊娠期间发生的不同程度的糖代谢异常。妊娠前已诊断糖尿病的，称为糖尿病合并妊娠，不包含在此类型中。

【病因与发病机制】

糖尿病的病因与发病机制复杂，至今尚未阐明。

（一）1型糖尿病

1型糖尿病由于胰岛β细胞完全破坏，导致胰岛素绝对缺乏。其中绝大多数患者与自身免疫有关，称为免疫介导性糖尿病。免疫介导性糖尿病是相对比较明显的独立疾病，包括急进型（儿童、青少年发病）及缓发型（成人发病，又称晚发性成人自身免疫性糖尿病）。其发病机制主要是遗传因素加上胰岛β细胞的自身免疫性破坏，往往由病毒感染促发。仅很少一部分1型糖尿病患者无自身免疫反应的证据，称为特发性糖尿病。

1. 遗传因素　在同卵双生子中1型糖尿病同病率达30%～40%，提示遗传与其发病有密切关系，现已知位于6号染色体短臂的HLA基因为主效基因。

2. 自身免疫性　免疫介导性糖尿病是由于在胰岛β细胞发生了细胞介导的自身免疫性损伤而引起。患者体内的免疫损伤性抗体有胰岛细胞抗体（ICA）、胰岛素自身抗体（IAA）、谷氨酸脱羧酶抗体（GADA）、蛋白质酪氨酸酶（IA-2A及IA-2BA）、锌转运体8抗体（ZnT8A）等。在最初发现有空腹高血糖时，85%～90%的患者体内至少存在一种抗体，通常是多种自身抗体，病理组织学上可观察到胰岛有淋巴细胞等浸润呈自身免疫性胰岛炎。另外，这些人容易发生其他类型的自身免疫病，如慢性淋巴细胞性甲状腺炎、格雷夫斯病、慢性肾上腺皮质功能减退症。胰岛细胞自身抗体检测可预测1型糖尿病的发病和确定高危人群，并可协助糖尿病的分型及指导治疗。

3. 病毒感染　已知与1型糖尿病发病有关的病毒有柯萨奇病毒、腮腺炎病毒、风疹病毒、巨细胞病毒、脑心肌炎病毒及传染性单核细胞增多症病毒等。病毒可直接损伤胰岛β细胞，或暴露其抗原成分并启动自身免疫反应，进而破坏胰岛β细胞，从而使其数量逐渐减少。

1型糖尿病的发生、发展可分为6期。①第1期：具有遗传学易感性。②第2期：某些环境因素（如病毒感染）启动自身免疫反应。③第3期：免疫学异常，血液中可出现一组自身抗体。④第4期：进行性胰岛β细胞功能减退。⑤第5期：临床糖尿病。⑥第6期：胰岛β细胞功能衰竭。

（二）2型糖尿病

2型糖尿病占所有糖尿病患者的90%～95%。发病除有较强的遗传易感性外，与环境因素密切相关。

1. 遗传因素　2型糖尿病在不同种族中患病率差别很大，有明显的家族史。同卵双生子中2型糖尿病的同病率接近100%。

2. 环境因素　包括肥胖、摄食过多、体力劳动强度减低、生活方式改变、年龄增长、子宫内环境及应激、化学毒物等，可使易感人群的糖尿病患病率显著增加。在遗传和环境因素的共同作用下引起的肥胖，特别是向心性肥胖，与胰岛素抵抗和2型糖尿病的发生密切相关。

3. 胰岛素抵抗和胰岛β细胞功能缺陷　胰岛素抵抗和胰岛β细胞功能缺陷导致的不同程度的胰岛素缺乏是2型糖尿病的两个主要环节。①胰岛素抵抗（insulin resistance，IR）：是指胰岛素作用的器官或组织（主要是肝、肌肉和脂肪组织）对胰岛素作用的敏感性降低。胰岛素抵抗是2型糖尿病的特性，胰岛素抵抗和胰岛素相对缺乏使周围组织对葡萄糖利用减少和肝糖原输出增加，从而使血糖升高。②胰岛β细胞功能缺陷：是糖尿病发病机制中最重要的继发性因素，在糖尿病发生、发展过程中所发生的高血糖和脂质代谢紊乱，进一步加重胰岛素抵抗和降低胰岛β细胞功能，从糖耐量正常到糖耐量减低（IGT）到2型糖尿病的进程中，胰岛β细胞功能进行性减退，因此，胰岛β细胞功能缺陷在2型糖尿病的发病中起关键作用。

4. 胰岛α细胞功能缺陷和胰高血糖素样肽-1（GLP-1）分泌缺陷　胰岛中α细胞分泌胰高血糖素，在血糖降低时可以升高血糖，使血糖保持在稳定的范围内。而GLP-1则由肠道L细胞分泌，其主要生物作用包括刺激胰岛β细胞合成和分泌胰岛素、抑制胰岛α细胞分泌胰高血糖素。正常情况下，进餐后血糖升高刺激早期时相的胰岛素分泌和GLP-1的分泌，抑制α细胞分泌胰高血糖素，从而减少肝糖原输出，防止餐后高血糖。2型糖尿病患者由于胰岛β细胞明显减少，α/β细胞比例增加，另外胰岛α细胞对葡萄糖敏感性降低，从而使胰高血糖素水平升高，导致肝糖原输出增加。胰岛α细胞功能缺陷和胰高血糖素样肽-1（GLP-1）分泌缺陷在2型糖尿病的发病中起重要作用。

2型糖尿病的自然病程分为4个阶段。①第1阶段：遗传易感性。②第2阶段：胰岛素抵抗和（或）高胰岛素血症。③第3阶段：糖耐量减低，大多数2型糖尿病患者均经过糖耐量减低阶段。④第4阶段：临床糖尿病，每年有1%~5%的糖耐量减低发展成2型糖尿病。

（三）胰岛β细胞功能遗传缺陷引起的单基因糖尿病

这是一种单基因遗传性疾病，由于某些基因的突变而使胰岛β细胞分泌功能缺陷、胰岛素分泌减少而导致糖尿病，主要包括MODY和线粒体糖尿病。

（四）妊娠糖尿病

妊娠糖尿病妇女分娩后血糖可恢复正常，但有若干年后发生2型糖尿病的高度危险性，故妊娠糖尿病患者应在产后6~12周筛查糖尿病，并长期追踪观察。

 糖尿病的分型。

【病理】

1型糖尿病胰岛β细胞数量减少，细胞核深染，胞质稀少呈脱颗粒现象，胰岛α细胞相对增多。胰岛内毛细血管及纤维组织增生，严重者可见广泛纤维化。1型糖尿病早期，50%~70%病例在胰岛及其周围可见淋巴细胞和单核细胞浸润，称为胰岛炎。2型糖尿病患者胰岛病变较轻，在光学显微镜下约1/3病例在组织学上无肯定性病变。

约70%的糖尿病患者在全身小血管和微血管出现病变，此病变具有较高的特异性，称为糖尿病性微血管病变，常见于肾、视网膜、肌肉、神经、皮肤等组织。糖尿病性大血管病变是动脉粥样硬化和继发于高血压的中、小动脉硬化。因此种病变也可见于非糖尿病患者，故缺乏特异性。

糖尿病性神经病变多见于病程较长、病情控制不佳的患者。周围神经纤维呈轴突变性，继以节段性或弥漫性脱髓鞘改变，神经营养血管也可出现微血管病变。病变有时累及神经根、椎旁交感神经节和脑神经，脊髓和脑实质病变罕见。脂肪肝是糖尿病控制不佳时常见的肝脂肪沉积和变性。

【病理生理】

糖尿病代谢紊乱主要是由于胰岛素绝对或相对不足或伴胰岛素抵抗引起。

（一）糖代谢紊乱

由于胰岛素不足或胰岛素抵抗，葡萄糖不能进入细胞；同时由于葡萄糖激酶活性降低，葡萄糖在细胞内磷酸化减少；磷酸果糖激酶和丙酮酸激酶合成减少，糖酵解减弱；磷酸戊糖通路减弱；三羧酸循环减弱，能量的供给明显减少；糖原合成减少，分解增多。总之，葡萄糖在肝、肌肉和脂肪组织的利用减少，肝糖原输出增多，因而发生高血糖。

（二）脂肪代谢紊乱

由于胰岛素不足或胰岛素抵抗，脂肪组织摄取葡萄糖及从血浆移除甘油三酯减少，脂肪合成减少；脂蛋白酶活性低下，血游离脂肪酸和甘油三酯浓度升高；在胰岛素极度缺乏时，激素敏感性脂肪酶活性增强，储存脂肪分解加速，血游离脂肪酸浓度更为增高，肝细胞摄取脂肪酸后，因再酯化代谢通路受阻，脂肪酸与辅酶A结合生成脂肪酰辅酶A，经β氧化生成乙酰辅酶A，因草酰醋酸生成不足，乙酰辅酶A进入三羧酸循环受阻而大量缩合为乙酰乙酸，转化为丙酮和β羟丁酸（三者统称为酮体），当酮体生成超过组织利用和排泄的能力时，大量酮体堆积形成酮症或进一步发展为酮症酸中毒。

（三）蛋白质代谢紊乱

肝、肌肉等组织摄取氨基酸减少，蛋白质合成减弱，分解代谢加速，呈负氮平衡；血浆中的成糖氨基酸（如丙氨酸、甘氨酸、苏氨酸和谷氨酸）浓度降低，同时血液中成酮氨基酸（包括蛋氨酸、异亮氨酸和缬氨酸等支链氨基酸）水平增高，提示肌肉摄取氨基酸合成蛋白质的能力减弱，导致患者消瘦、乏力、组织修复能力和抵抗力降低，儿童生长发育迟缓。

2 型糖尿病患者，当轻度胰岛素不足或抵抗时，由于基础胰岛素分泌量和敏感性尚足以维持正常糖代谢，故空腹血糖一般正常，但由于胰岛素分泌不足和敏感性下降，故出现餐后高血糖。当胰岛素分泌量和敏感性中度不足时，空腹血糖可出现增高。随着病情进展，糖原合成减少，分解增多进一步加重，可导致严重高血糖，甚至发生酮症酸中毒或高渗性昏迷。

【临床表现】

（一）基本临床表现：代谢紊乱症状群

1. 典型表现　各型糖尿病的典型表现可为"三多一少"，即多饮、多食、多尿和体重减轻。

（1）烦渴、多饮、多尿：由于血糖升高，机体晶体渗透压升高，从而引起渗透性利尿作用增强，导致尿量增多。而多尿失水，会进一步加重患者口渴，从而多饮水。

（2）多食易饥：由于葡萄糖不能被组织所利用，机体供能不足，因此患者常处于饥饿状态；而为了维持机体活动需要，患者需通过多食来补充。

（3）消瘦、乏力、体重减轻：由于机体不能利用葡萄糖，需通过蛋白质和脂肪分解来供能，因此引起消瘦、体重减轻。

2. 皮肤瘙痒　由于尿糖刺激局部皮肤，可出现皮肤瘙痒，尤其是外阴瘙痒，并发真菌感染时瘙痒更加严重。

3. 其他症状　有四肢酸痛、麻木、腰痛、性欲减退、阳痿不育、月经失调及便秘等。也有一部分患者仅因体检或检查其他疾病，或妊娠检查时偶然发现高血糖。

 糖尿病代谢紊乱症状群的临床表现。

（二）不同类型糖尿病的典型表现

1. 1 型糖尿病　1 型糖尿病发病急，多见于青少年，"三多一少"症状尤为明显。如未能及时诊治，病情常急剧进展，可出现糖尿病酮症酸中毒。主要特点为临床症状为中度至重度，体型多消瘦，空腹或餐后血清 C 肽水平低下，自身免疫标志物 GADA、ICA、IAA 等可为阳性。此型患者大多起病初期即依赖胰岛素治疗，有酮症或酮症酸中毒倾向。由于此型糖尿病患者体内胰岛素水平明显不足，在出现如创伤、手术、感染及其他应激时易发生糖尿病酮症酸中毒，此为糖尿病常见的一种危急并发症。1 型糖尿病中有部分患者以酮症酸中毒并发昏迷而首次诊断为糖尿病。临床上尚有一种 1 型糖尿病患者，病情进展较为缓慢，甚至在相当长的一段时间内不需要接受胰岛素治疗，称为成人晚发自身免疫性糖尿病（latent autoimmune diabetes in adults，LADA）。另有一部分患者可表现为自身免疫标志物阳性（IAA、ICA、GADA），此类患者多需要胰岛素替代治疗。LADA 开始发病时类似于 2 型糖尿病表现，但很快过渡到 1 型糖尿病的表现。

2. 2 型糖尿病　此型是临床上最为常见的一种类型，多于 40 岁后起病，通常有家族史，多数患者合并肥胖、脂代谢紊乱、高血压、冠心病等。该型隐匿起病，症状相对较轻，"三多一少"多不典型，多因并发症就诊或体检时被发现。自发性糖尿病酮症酸中毒风险较低，但可因感染或应激等诱因并发糖尿病酮症酸中毒（DKA）或高渗高血糖综合征（HHS）。早期一般不需要胰岛素治疗，但随着病情的进展及并发症的出现，多数患者最终需要使用胰岛素治疗。值得注意的是，近年来，2型糖尿病在儿童和青少年中发病率有所增加，因此在儿童及青少年糖尿病分型诊断时需注意鉴别。

3. **特殊类型糖尿病** 多数存在基因突变或变异，如青年人中的成年发病型糖尿病（MODY）、线粒体基因突变糖尿病。

4. **妊娠糖尿病** 妊娠糖尿病通常在妊娠中、晚期出现，血糖轻度升高，无明显症状。胎儿娩出后血糖一般可恢复正常，但未来发生2型糖尿病的风险显著增加。妊娠期间高血糖对胎儿的主要危害包括：胎儿宫内发育异常、新生儿畸形、巨大儿和新生儿低血糖、围生期死亡率发生的危险性增高。

【并发症】

（一）急性并发症

1. **糖尿病酮症酸中毒（diabetic ketoac-idosis，DKA）** 糖尿病酮症酸中毒是胰岛素不足和拮抗胰岛素激素过多共同作用所致的严重代谢紊乱综合征，以高血糖、酮症和酸中毒为主要表现。

2. **高渗高血糖综合征（hyperosmolar hyperglycemic syndrome，HHS）** 高渗高血糖综合征是糖尿病急性代谢紊乱的另一种临床类型，多见于老年人，好发年龄为50~70岁，男女发病率大致相同。以高血糖、高血浆渗透压、脱水、神经精神症状为主要表现。

（二）感染

糖尿病易并发各种感染。①皮肤化脓性感染：糖尿病可反复发生疖、痈，可引起脓血症或败血症。②皮肤真菌感染：如体癣、足癣。女性患者可并发真菌性阴道炎和巴氏腺炎，多为白念珠菌感染所致。③尿路感染：以肾盂肾炎和膀胱炎最常见，多见于女性，易反复发作，严重者可导致肾及肾周脓肿、肾乳头坏死。④肺结核：发生率显著增高，病灶多呈渗出干酪样，易播散，且影像学表现多不典型。

（三）慢性并发症

1. **大血管病变** 主要表现为动脉粥样硬化。大血管病变的危险性与血清低密度脂蛋白和极低密度脂蛋白水平成正相关，与高密度脂蛋白水平成负相关。大、中动脉粥样硬化，主要累及主动脉、冠状动脉、脑动脉、肾动脉和肢体外周动脉等，引起冠心病、缺血性或出血性脑血管疾病、肾动脉硬化、肢体动脉硬化等。肢体外周动脉粥样硬化常以下肢动脉病变为主，表现为下肢疼痛、感觉异常和间歇性跛行，严重的供血不足可发生肢体坏疽。

2. **微血管病变** 微血管是指微小动脉和微小静脉之间直径在100 μm以下的毛细血管及微血管网。微血管病变的典型改变有微循环障碍、微血管瘤形成和微血管基膜增厚。微血管病变主要见于心肌、肾、视网膜、神经组织，以糖尿病视网膜病变和糖尿病肾病最为重要。

（1）糖尿病肾病：常见于病史超过10年的患者，是1型糖尿病患者的主要死因。在2型糖尿病，其严重性仅次于心脏、脑血管疾病。病理改变有3种类型：①结节性肾小球硬化型，特异性较高。②弥漫性肾小球硬化型，最常见，对肾功能影响最大，特异性较低。③渗出性病变，特异性不高。

1型糖尿病肾病的发生、发展可分为5期。2型糖尿病导致的肾损害可参考此分期。

Ⅰ期：糖尿病初期，肾体积增大，肾小球入球小动脉扩张，肾小球内压增加，肾小球滤过率明显升高，肾小球超滤过是此期最突出的特征。

Ⅱ期：肾小球毛细血管基膜增厚及系膜基质轻度增宽，尿白蛋白排泄率（UAER）多数正常，可间歇性增高，肾小球滤过率轻度升高。

Ⅲ期：早期肾病，肾小球毛细血管基膜增厚及系膜基质明显增宽，出现持续微量白蛋白尿，尿白蛋白排泄率持续在 20～200 g/min（正常＜10 g/min），肾小球滤过率高于正常或正常。

Ⅳ期：临床肾病，尿蛋白增多，尿白蛋白排泄率＞200 g/min，肾小球病变更严重，部分肾小球硬化，肾小球滤过率下降，可伴高血压和水肿，肾功能逐渐减退。

Ⅴ期：尿毒症，尿白蛋白排泄率降低，多数肾单位闭锁，血肌酐升高，尿素氮升高，血压升高。

（2）糖尿病视网膜病变：糖尿病病程超过10年的患者常有程度不等的视网膜病变，是患者失明的主要原因之一。按眼底改变可分两大类，共六期：Ⅰ～Ⅲ期为非增殖性视网膜病变（NPDR），Ⅳ～Ⅵ期为增殖性视网膜病变（PDR）。

Ⅰ期：微血管瘤、小出血点。

Ⅱ期：出现硬性渗出。

Ⅲ期：出现棉絮状软性渗出。

Ⅳ期：新生血管形成，玻璃体积血。

Ⅴ期：纤维血管增殖，玻璃体机化。

Ⅵ期：牵拉性视网膜脱离、失明。

（3）其他：心肌代谢紊乱和心脏微血管病变可引起心肌广泛性坏死，称为糖尿病心肌病，可诱发心律失常、心力衰竭、心源性休克和猝死。

3. 神经系统并发症　可累及神经系统的任何部分，其发生与大血管和微血管病变、代谢因素、自身免疫机制及生长因子不足有关。

（1）中枢神经系统病变：①伴随糖尿病酮症酸中毒、高渗高血糖综合征或低血糖症出现的神志改变；②缺血性脑卒中；③脑老化加速及阿尔茨海默病等。

（2）周围神经病变：最常见。下肢较上肢严重，常为对称性，病程进展缓慢。临床早期出现肢端感觉异常，呈手套或袜子状分布，伴灼热、麻木、针刺或踩棉垫感，可伴痛觉过敏。肢痛呈隐痛、刺痛、烧灼样痛，寒冷季节及夜间加重。后期运动神经受累，手、足小肌群萎缩，检查发现肌力减弱，肌张力减弱，腱反射早期亢进，后期减弱或消失，触觉、温度觉常有不同程度降低。单一周围神经损害不常发生，主要累及脑神经，以动眼神经麻痹常见，其次为展神经麻痹。

（3）自主神经病变：可累及多系统，如心血管、消化、泌尿、生殖系统等。心血管系统表现有持续心动过速、直立性低血压、Q-T间期延长等；消化系统表现有胃排空延迟、腹泻、便秘等；泌尿生殖系统表现有残尿量增加、尿潴留、尿失禁，男性有阳痿、早泄、逆向射精，女性有性冷淡、阴部瘙痒症等；瞳孔改变为缩小且不规则、对光反射消失、调节反射存在；排汗异常表现为无汗、少汗或多汗。

4. 糖尿病足　糖尿病足指与下肢远端神经异常和不同程度周围血管病变相关的足部溃疡、感染和（或）深层组织破坏。轻者表现为足部畸形、皮肤干燥和发凉、胼胝（高危足），严重者可出现足部溃疡、坏疽，是糖尿病非外伤性截肢、致残的最主要原因。

5. 其他　糖尿病还可引起视网膜黄斑病、白内障、青光眼、屈光改变、虹膜睫状体病变等。牙周病是最常见的糖尿病口腔并发症。此外，抑郁、焦虑及认知功能损害等也较常见。

 糖尿病合并哪些并发症；糖尿病肾病分期；糖尿病视网膜病变分期。

【实验室检查】

（一）尿糖测定

尿糖阳性是诊断糖尿病的重要线索。尿糖阳性只是表示血糖值超过肾糖阈，不能作为诊断标准。肾糖阈升高时（肾病），尽管血糖升高，尿糖仍可为阴性。肾糖阈降低时（妊娠），尽管血糖正常，尿糖仍可为阳性。

（二）血糖测定

血糖升高是诊断糖尿病的主要依据，也是判断糖尿病病情和疗效的主要指标。血糖值反映瞬间血糖状态，标本可选择静脉血（血浆、血清或全血），也可选取毛细血管血。一般情况下，血浆、血清的血糖值比全血的血糖值高 15%，诊断糖尿病时必须用静脉血浆血糖值。随访血糖控制情况可用便携式血糖计测定末梢血糖。

（三）口服葡萄糖耐量试验

当血糖高于正常范围而又未达到诊断糖尿病的标准时，需进行口服葡萄糖耐量试验（OGTT）。OGTT 应在无任何热量摄入 8 h 后，于清晨空腹进行，成人口服 75 g 无水葡萄糖，溶于 250～300 ml 水中，5～10 min 内饮完，分别于空腹及饮葡萄糖溶液后 2 h 后检测静脉血浆葡萄糖。

（四）糖化血红蛋白和糖化血浆白蛋白测定

1. 糖化血红蛋白　糖化血红蛋白是葡萄糖或其他糖与血红蛋白的氨基发生非酶催化反应（不可逆）的产物，与血糖浓度成正相关，其中 HbA1c 含量最多，最稳定。红细胞在血液循环中的寿命约为 120 d，因此 HbA1c 反映取血前 8～12 周平均血糖水平，是糖尿病患者病情的监测指标之一。2010 年美国糖尿病协会（American Diabetes Association，ADA）糖尿病防治指南已明确采用 HbA1c ≥ 6.5% 作为糖尿病诊断标准之一。《中国 2 型糖尿病防治指南（2020 年版）》推荐，有严格质量控制的医疗机构采用标准化检测方法，可以将 HbA1c ≥ 6.5% 作为糖尿病的补充诊断标准。病情控制不良者，HbA1c 较正常高，且与血糖升高的程度和持续时间相关。此指标有助于鉴别应激性高血糖和糖尿病。

2. 糖化血浆白蛋白　糖化血浆白蛋白是人血浆白蛋白与葡萄糖发生非酶催化的糖基化反应而形成的果糖胺（FA），血浆白蛋白在血液中半衰期为 19 d，因此果糖胺测定值可反映糖尿病患者近 2～3 周的平均血糖水平，为糖尿病患者近期病情监测的指标。

（五）胰岛 β 细胞功能检查

血浆胰岛素释放试验和 C 肽释放试验能够反映胰岛 β 细胞的功能和指导治疗。

1. 血浆胰岛素测定　正常人空腹基础血浆胰岛素水平为 35～145 pmol/L。人体在进食后胰岛素分泌会增加，而 1 型糖尿病患者胰岛素分泌减少或不能测得，胰岛素释放曲线呈低平曲线。2 型糖尿病患者胰岛素分泌可偏低、正常或高于正常，胰岛素释放曲线第一时相减弱或缺失，第二时相高峰延迟。但该指标受血清中胰岛素抗体和外源性胰岛素干扰。

2. 血浆 C 肽测定　C 肽与胰岛 β 细胞分泌的胰岛素呈等摩尔量生成，因此对于使用胰岛素治疗的患者，可通过 C 肽测定了解自身胰岛 β 细胞分泌情况。正常人基础血浆 C 肽水平约为 400 pmol/L，1 型糖尿病患者减少或不能测得，2 型糖尿病患者可正常或偏低。

（六）其他

糖尿病控制不良者可有高脂血症；糖尿病合并高血压、糖尿病肾病、肾动脉硬化，可导致肾功能减退，出现氮质血症，甚至尿毒症；糖尿病合并酮症、酮症酸中毒时血酮体升高，出现酮尿，电解质代谢紊乱、酸碱平衡失调，二氧化碳结合力改变；合并高渗性糖尿病昏迷时血浆渗透压明显升高；1 型糖尿病可检测相关自身抗体。

【诊断与鉴别诊断】

（一）诊断

大多数糖尿病患者，尤其是早期 2 型糖尿病患者，并无明显症状。在临床工作中要善于发现糖尿病，尽可能早期诊断和治疗。糖尿病的诊断以血糖异常升高作为依据，应注意单纯空腹血糖正常不能排除糖尿病的可能性，需加测餐后血糖，必要时进行 OGTT 试验。

诊断线索：①"三多一少"症状；②以糖尿病的各种并发症或伴发病首次就诊的患者；③高危人群：糖调节受损（IGR）史、年龄超过45岁、肥胖或超重、巨大胎儿生产史或妊娠糖尿病史、糖尿病或肥胖家族史、多囊卵巢综合征、长期接受抗抑郁药治疗等。

（二）糖尿病诊断标准及糖代谢状态的分类

我国临床目前逐渐采用《中国2型糖尿病防治指南（2020年版）》作为糖尿病诊断标准。该标准较WHO糖尿病专家委员会（1999年）提出的糖尿病诊断标准增加了HbA1c的参考。表7-47-1是糖尿病诊断标准，表7-47-2是糖代谢状态的分类。

表7-47-1 糖尿病诊断标准《中国2型糖尿病防治指南（2020年版）》

诊断标准	静脉血浆葡萄糖水平或HbA1c水平
有典型糖尿病症状	
加上随机血糖	≥ 11.1 mmol/L
或	
加上空腹血糖（FBG）	≥ 7.0 mmol/L
或	
加上OGTT 2 h血糖（2 h PG）	≥ 11.1 mmol/L
或	
加上HbA1c	≥ 6.5%
无糖尿病典型症状者，需改日复查确认	

注：典型糖尿病症状包括烦渴多饮、多食、多尿，不明原因体重下降；空腹状态指至少8 h没有进食热量；HbA1c必须是有严格质量控制的医疗机构采用标准化检测方法所得的结果。

临床医师在做出糖尿病的诊断时，应充分确定其依据的准确性和可重复性。对于无急性代谢障碍表现，仅一次血糖值达到糖尿病诊断标准者，必须在另一天按以上3个诊断标准之一复测核实。如复测结果未达到诊断标准，应对患者定期复检，直至诊断明确。应注意的是，在急性创伤、感染或各种应激情况下可出现暂时血糖升高，不能以应激时血糖水平诊断糖尿病。

表7-47-2 糖代谢状态的分类（WHO，1999年）

糖代谢状态的分类	FBG（mmol/L）	2 h PG（mmol/L）
正常血糖（NGR）	< 6.1	< 7.8
空腹血糖受损（IFG）	6.1 ~ 7.0	< 7.8
糖耐量减低（IGT）	< 7.0	7.8 ~ 11.1
糖尿病（DM）	≥ 7.0	≥ 11.1

注：FBG.空腹血糖；2 h PG.OGTT 2 h血糖；2003年11月WHO糖尿病专家委员会建议将IFG的界限值修订为5.6 ~ 6.9 mmol/L。

（三）鉴别诊断

1. 内分泌疾病　甲状腺功能亢进症、肢端肥大症、皮质醇增多症等。
2. 肾性糖尿　因肾糖阈降低所致，血糖及糖耐量均正常。
3. 胰腺疾病　胰腺炎、胰腺癌、胰腺切除术后。
4. 消化系统疾病　严重肝病（肝糖原合成受阻，糖原贮存减少，进食后半小时至1 h血糖过高出现糖尿，但空腹血糖偏低，餐后2~3 h血糖正常或低于正常）、胃空肠吻合术后（因糖类在肠道吸收快，可引起进食后0.5~1 h血糖过高出现糖尿，但FBG和OGTT 2 h后血糖正常）。

5. 应激　急性应激状态时胰岛素拮抗激素如肾上腺素、ACTH、肾上腺皮质激素和生长激素分泌增加，可导致一过性血糖升高，尿糖阳性，应激过后可恢复正常。

6. 药物　肾上腺皮质激素、雌激素、女性避孕药、噻嗪类利尿药、呋塞米、阿司匹林等可抑制胰岛素释放或拮抗胰岛素作用，引起糖耐量减低，血糖升高，尿糖阳性。

7. 其他原因所致的尿糖阳性　如果糖、乳糖、半乳糖尿，用班氏试剂（硫酸铜）检测呈阳性反应，但用葡萄糖氧化酶试剂检测呈阴性。

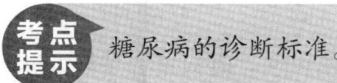
糖尿病的诊断标准。

【治疗】

治疗原则：早期、长期、综合、措施个体化。

目标：纠正代谢紊乱并消除其相关症状，防止或延缓并发症的发生，维持良好的健康和劳动（学习）能力，保障儿童生长发育，延长寿命，降低死亡率，提高生活质量。《中国 2 型糖尿病防治指南（2020 年版）》糖尿病控制目标列于表 7-47-3。

表 7-47-3　糖尿病控制目标
《中国 2 型糖尿病防治指南（2020 年版）》

检测指标	单位	目标值
毛细血管血糖	mmol/L	
空腹		4.4～7.0
非空腹		<10.0
HbA1c	%	<7.0
血压	mmHg	<130/80
高密度脂蛋白胆固醇	mmol/L	
男性		>1.0
女性		>1.3
总胆固醇	mmol/L	<4.5
甘油三酯	mmol/L	<1.7
低密度脂蛋白胆固醇	mmol/L	
未合并动脉粥样硬化性心血管疾病		<2.6
合并动脉粥样硬化性心血管疾病		<1.8
体重指数（BMI）	kg/m^2	<24.0

医学国际糖尿病联盟（IDF）提出糖尿病现代治疗的 5 个要点分别为医学营养治疗、运动治疗、血糖监测、药物治疗和糖尿病教育。医学营养治疗和运动治疗是生活方式管理的核心，是控制高血糖的基础治疗措施，应贯穿糖尿病管理的始终。糖尿病防治策略应全面治疗心血管危险因素，包括强调早期干预（糖耐量减低阶段）、纠正脂代谢紊乱、严格控制血压、抗血小板治疗（如阿司匹林）、限酒、戒烟，控制体重和处理胰岛素抵抗等措施并达标。

(一)糖尿病健康教育

糖尿病健康教育是重要的基础治疗措施之一,包括糖尿病防治专业人员的培训、医务人员的继续医学教育、患者及其家属和公众的卫生保健教育。应当使患者和家属认识到糖尿病是终身疾病,治疗需要持之以恒。如有条件,学会正确使用便携式血糖测量计。掌握饮食治疗和体育锻炼的具体要求。掌握降血糖药的注意事项,学会胰岛素注射技术,了解紧急情况时(如低血糖、应激)的应对措施。坚持长期、合理治疗,坚持随访,按需要调整治疗方案。讲究个人卫生,预防各种感染。生活作息应规律,戒烟、限酒。

(二)医学营养治疗

1. **制订总热量** 成人休息状态下每日每公斤理想体重 105~125.5 kJ(25~30 kcal),轻体力劳动者 125.5~146 kJ(30~35 kcal),中度体力劳动者 146~167 kJ(35~40 kcal),重体力劳动者 167 kJ(40 kcal)以上。儿童、妊娠期及哺乳期妇女、营养不良和消瘦,以及伴有消耗性疾病者应酌情增加,肥胖者应酌减。

2. **糖类** 糖类含量占总热量的 50%~60%。提倡食用粗制米、面和一定量杂粮,低升糖指数食物有利于血糖控制。

3. **蛋白质和脂肪** 蛋白质含量一般不超过总热量的 15%,成人摄入 0.8~1.0 g/(kg·d),儿童、妊娠期及哺乳期妇女、营养不良或伴有消耗性疾病者宜增至 1.5~2.0 g/(kg·d),伴有糖尿病肾病而肾功能正常者应限制在 0.8 g/(kg·d);血肌酐升高者,应限制在 0.6 g/(kg·d),并补充复方 α-酮酸制剂。蛋白质来源应至少 1/2 来自动物蛋白质,以确保必需氨基酸的供给。脂肪约占总热量的 30%,注意饱和脂肪、多价不饱和脂肪与单价不饱和脂肪的比例。

4. **合理分配** 计算出热量后,换算成食物重量,制订食谱,进行各餐分配,可 1/5、2/5、2/5;也可 1/3、1/3、1/3;或 1/7、2/7、2/7、2/7 等。

(三)体育锻炼

合理的运动有利于降低血糖,提高胰岛素的敏感性,减轻体重,改善血液循环,减少和延缓糖尿病并发症的发生。体育锻炼适用于轻、中度 2 型糖尿病患者,体重超重的 2 型糖尿病患者及病情稳定的 1 型糖尿病患者。运动强度需遵循适量、个体化、循序渐进的原则进行。对于合并严重并发症(如心肌梗死、心力衰竭、肾衰竭、糖尿病足坏疽、严重视网膜病变、严重高血压)的患者、血糖波动大或有低血糖风险及糖尿病酮症酸中毒患者、急性感染患者,禁忌进行体育锻炼。

(四)自我监测血糖

自我监测血糖,为调整药物剂量提供依据,指尖毛细血管血糖监测适用于日常血糖随访监测。病情稳定或血糖达控制目标者,每周监测血糖 1~2 d,每 2~3 个月复查 HbA1c 或每 3 周复查果糖胺,以了解糖尿病病情的控制程度。每年至少 1 次全面复查血脂、心脏功能、肾功能、神经功能和眼底情况。

(五)药物治疗

药物治疗主要分为口服降血糖药治疗及胰岛素与胰岛素类似物注射治疗。口服降血糖药有以下几种。

1. **促进胰岛素分泌剂** 促进胰岛素分泌剂只适合于无急性并发症的 2 型糖尿病,不适合 1 型糖尿病、有严重并发症的 2 型糖尿病、妊娠期及哺乳期妇女、大手术围手术期、儿童糖尿病和胰腺切除术后等。

(1)磺脲类(SUs)

1)作用机制:磺脲类与胰岛 β 细胞膜上受体结合,关闭钾通道,减少细胞内钾离子外流,细胞膜去极化,开放钙通道,细胞内钙离子增加,促进内源性胰岛素分泌。磺脲类降血糖作用的前提是机体尚保存相当数量(30% 以上)有功能的胰岛 β 细胞。

2)适应证:2 型非肥胖患者经饮食、运动等基本治疗未能控制者;2 型糖尿病未用过胰岛素或

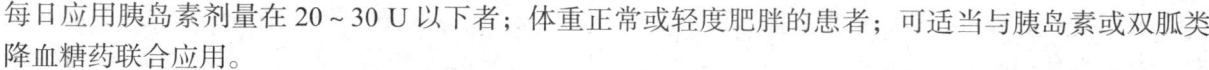

每日应用胰岛素剂量在20~30 U以下者；体重正常或轻度肥胖的患者；可适当与胰岛素或双胍类降血糖药联合应用。

3）禁忌证：1型糖尿病；胰岛β细胞功能很差的2型糖尿病患者；有急性严重感染、手术创伤或糖尿病急性并发症者；有严重的肝、脑、心脏、肾、眼等并发症者；对磺脲类有过敏反应或重度不良反应者；儿童糖尿病、妊娠期妇女、哺乳期妇女。应根据病情轻重、年龄等因素来选择，年龄大者宜选短、中效药物，以减少低血糖的发生。

4）不良反应：主要是低血糖，还有少见的恶心、呕吐、消化不良、胆汁淤积性黄疸、肝功能损害、白细胞缺乏、再生障碍性贫血、溶血性贫血、血小板减少、皮肤瘙痒、皮疹和光敏感性皮炎等，一旦出现，应立即停药。与其他药物发生相互作用，一些药物与其合用时可增强降糖效果，另一些则可降低其降糖作用。

5）常用药物：列于表7-47-4。

表7-47-4　目前常用磺脲类药物的主要特点及应用

药物名称	每片剂量（mg）	剂量范围（mg/d）	服药次数（每日）	作用时间（h）	经肾排泄率（%）
格列本脲	2.5	2.5~15	1~2	16~24	50
格列吡嗪	5	2.5~30	1~2	8~12	89
格列吡嗪控释片	5	5~20	1	6~12	
格列齐特	80	80~320	1~2	10~20	80
格列齐特缓释片	30	30~120	1	12~20	
格列喹酮	30	30~180	1~2	8	5
格列美脲	1，2	1~8	1	24	60

（2）格列奈类：又称为非磺脲类促泌剂。

1）作用机制：该类药物也作用于胰岛β细胞膜的三磷酸腺苷（ATP）敏感性钾通道，但结合位点与磺脲类不同，降糖作用快而短，模拟胰岛素生理性分泌，在每次进餐前即刻口服，因此又称餐时血糖调节剂。该药低血糖发生率低，适用于以餐后血糖升高为主的老年糖尿病患者。

2）适应证：同磺脲类，因该类药物主要从胃肠道排泄，伴肾功能损害者也能使用。

3）禁忌证：同磺脲类。

4）不良反应：有头痛、头晕、低血糖、体重增加等，偶有肝功能异常及皮肤过敏反应。

5）常用药物：①瑞格列奈：每次0.5~4 mg，每日3次；②那格列奈：常用剂量为每次60~120 mg，每日3次，那格列奈血浆半衰期短于瑞格列奈，低血糖发生率低于瑞格列奈，较适合老年患者；③米格列奈：常用剂量为每次10~20 mg，每日3次。

2. 双胍类

（1）作用机制：提高外周组织对葡萄糖的摄取和利用；通过抑制糖原异生和糖原分解，降低过高的肝糖输出；降低脂肪酸氧化率；提高葡萄糖的转运能力；改善机体对胰岛素的敏感性，减轻胰岛素抵抗。治疗2型糖尿病可降低过高的血糖，降低体重，不增加血胰岛素水平，对血糖在正常范围者无降血糖作用，单独使用不引起低血糖，与磺脲类合用可增强其降血糖作用。

（2）适应证：超重和肥胖2型糖尿病患者；与磺脲类或其他降血糖药联用；与胰岛素合用治疗1型糖尿病患者；还可以治疗糖耐量异常的人群。

（3）禁忌证：1型糖尿病患者单药治疗、糖尿病急性并发症和感染、手术、应激；肝衰竭、肾衰竭；妊娠期妇女和哺乳期妇女；以及当日有血管造影检查者。

（4）不良反应：消化道反应最常见，如口干、口苦、口内金属味、食欲降低、恶心、呕吐、腹泻，采用餐中或餐后服药或从小剂量开始可减轻不良反应。二甲双胍发生乳酸酸中毒虽较少见，但对于老年人合并缺氧，心脏、肺、肝、肾功能不全者，需注意。一般单药使用不发生低血糖反应，与其他降血糖药合用可增加低血糖反应发生的风险。

（5）常用药物：二甲双胍，开始时小剂量使用，每次250 mg，每日2~3次，餐中服，最大剂量每日不超过2 g。

3. α-葡萄糖苷酶抑制药（AGI）

（1）作用机制：α-葡萄糖苷酶抑制药能抑制小肠刷状缘近腔上皮细胞内的α-葡萄糖苷酶，延缓肠道对糖类的吸收，降低餐后高血糖。

（2）适应证：适用于以糖类为主要食物或空腹血糖正常（或不太高）而餐后血糖明显升高者。可单独用药或与磺脲类药物、双胍类合用。1型糖尿病患者在使用胰岛素的基础上，加用α-葡萄糖苷酶抑制药有助于降低餐后高血糖。

（3）禁忌证：肠道吸收甚微，通常无全身不良反应。肝、肾功能不全者应慎用；不宜用于肠道功能紊乱者、妊娠期及哺乳期妇女和儿童；糖尿病伴急性并发症者禁用；对此药过敏者禁用；1型糖尿病不宜单独使用。

（4）不良反应：主要是消化道反应，如腹胀、腹泻或排气增多。本药单独使用不引起低血糖反应，但与磺脲类或胰岛素合用仍可导致低血糖反应发生。一旦发生，应直接口服或静脉注射葡萄糖，进食双糖或淀粉类食物无效。

（5）常用药物：①阿卡波糖：主要抑制α-淀粉酶，每次50~100 mg，每日3次。②伏格列波糖：主要抑制麦芽糖酶和蔗糖酶，每次0.2 mg，每日3次。③米格列醇：每次50~100 mg，每日3次。α-葡萄糖苷酶抑制药应在进食第一口食物后立即服用。

4. 噻唑烷二酮（TZD）类

（1）作用机制：主要通过结合和活化过氧化物酶体增殖物激活受体起作用。PPARγ受体被激活后，通过诱导脂肪生成酶和与糖代谢调节相关蛋白的表达，促进脂肪细胞和其他细胞分化，提高细胞对胰岛素作用的敏感性，减轻胰岛素抵抗，故称为胰岛素增敏剂。

（2）适应证：本类药物可单独或联合其他口服降血糖药治疗2型糖尿病，尤其是肥胖、胰岛素抵抗明显者。

（3）禁忌证：不宜用于治疗1型糖尿病或2型糖尿病合并严重代谢紊乱时、妊娠期、哺乳期和儿童糖尿病患者；有心力衰竭（NYHA分级Ⅱ级以上）或活动性肝病及严重骨质疏松和骨折病史者应禁用。

（4）不良反应：单独使用不导致低血糖，但与胰岛素或促泌剂等联用时可增加低血糖的发生风险。主要不良反应为水肿和体重增加，还与骨折和心力衰竭风险增加相关。

（5）常用药物：①罗格列酮：每日4~8 mg，每日1次或分2次口服。②吡格列酮：每日15~30 mg，每日1次，口服。建议用药前检测肝功能。

5. DPP-Ⅳ抑制剂

（1）作用机制：可抑制DPP-Ⅳ活性而减少GLP-1的失活，提高内源性GLP-1水平。可降低糖化血红蛋白0.5%~1.0%。单独使用不增加低血糖发生的风险，也不增加体重。可单独使用或与二甲双胍联合应用治疗2型糖尿病。

（2）适应证：单药使用，或与其他口服降血糖药或胰岛素联合应用治疗2型糖尿病。

（3）禁忌证：妊娠期妇女、儿童和对DPP-Ⅳ抑制剂过敏的患者，1型糖尿病或糖尿病酮症酸中毒患者。

（4）不良反应：总体不良反应发生率低。胃肠道不良反应较少见，主要为恶心、呕吐和腹泻等，但一般症状轻微且持续时间短，无需特殊处理。如疑发生胰腺炎、严重过敏或超敏反应，应立即停用该药。其他主要不良反应包括鼻咽炎、头痛、上呼吸道感染等，少见不良反应为血管神经性水肿、超敏反应、肝酶升高、咳嗽、淋巴细胞计数绝对计数降低等。另外，对有心衰诱发因素（如感染、贫血、过度补液）的患者，使用沙格列汀或阿格列汀时应注意患者有无心衰的症状和体征。

（5）临床应用：沙格列汀 5 mg，每日 1 次；西格列汀 100 mg，每日 1 次；利格列汀 5 mg，每日 1 次；阿格列汀 25 mg，每日 1 次；维格列汀 50 mg，每日 1～2 次。肾功能不全的患者在使用时，除利格列汀外，应注意根据 eGFR 调整药物剂量。

6. 钠-葡萄糖协同转运蛋白 2 抑制剂

（1）作用机制：通过抑制近段肾小管管腔侧细胞膜上的钠-葡萄糖共转运蛋白 2（SGLT-2）的作用而抑制葡萄糖重吸收，降低肾糖阈，促进尿葡萄糖排泄，从而起到降低血糖的作用。钠-葡萄糖协同转运蛋白 2 抑制剂降低糖化血红蛋白 0.5%～1.0%。还具有减轻体重和降低血压的作用。另外，钠-葡萄糖协同转运蛋白 2 抑制剂可降低尿酸水平，减少尿蛋白排泄，降低 TG，同时升高 HDL-C 和 LDL-C。临床研究发现，钠-葡萄糖协同转运蛋白 2 抑制剂恩格列净可降低合并心血管疾病的 2 型糖尿病患者的全因死亡率和心血管死亡率。坎格列净降低心血管复合终点、心力衰竭住院风险和肾复合结局风险。钠-葡萄糖协同转运蛋白 2 抑制剂单独使用不增加低血糖风险，联合使用胰岛素或磺脲类药物时，可增加低血糖发生的风险。

（2）适应证：单独使用，或与其他口服降血糖药及胰岛素联合使用治疗 2 型糖尿病。

（3）禁忌证：1 型糖尿病。2 型糖尿病 GFR ＜ 45 ml/min 者。

（4）不良反应：总体不良反应发生率低。可能出现轻度到中度泌尿生殖道感染，抗感染治疗有效。部分可能增加骨折风险和截肢风险。钠-葡萄糖协同转运蛋白 2 抑制剂可能会引起糖尿病酮症酸中毒，在使用期间应密切监测；确诊为糖尿病酮症酸中毒者应立即停用，并按糖尿病酮症酸中毒治疗原则处理。

（5）临床应用：坎格列净 100～300 mg，每日 1 次；恩格列净 10～25 mg，每日 1 次。从小剂量开始，根据血糖控制需求和是否耐受可调整至最大剂量。坎格列净需要在第一次正餐前口服，恩格列净餐前或餐后服用均可。

 口服降血糖药的分类。

7. 胰岛素及胰岛素类似物注射治疗

（1）适应证：①1 型糖尿病；②糖尿病合并各种严重的急性或慢性并发症；③2 型糖尿病患者经饮食及口服降血糖药治疗未获得良好控制；④妊娠和分娩；⑤因伴发病需外科治疗的围手术期；⑥全胰腺切除引起的继发性糖尿病。

（2）胰岛素和胰岛素类似物分类：根据来源和化学结构的不同，胰岛素可分为动物胰岛素、人胰岛素和胰岛素类似物。按作用时间起效快慢和维持时间，胰岛素又分为超短效胰岛素类似物、短效胰岛素、中效胰岛素、长效胰岛素和超长效胰岛素类似物。

短效胰岛素和超短效胰岛素类似物起效速度快，持续时间短，主要用于控制餐后高血糖及糖尿病酮症酸中毒抢救；中效胰岛素主要提供基础胰岛素，可控制两餐饭后高血糖；长效胰岛素无明显作用高峰，主要提供基础水平胰岛素。胰岛素吸入是一种新的给药方式，主要经肺、口腔黏膜和鼻腔黏膜等途径吸收。已在国内上市的胰岛素和胰岛素类似物制剂的特点列于表 7-47-5。

表 7-47-5 已在国内上市的胰岛素和胰岛素类似物制剂的特点

胰岛素制剂	起效时间	峰值时间	作用持续时间
• 胰岛素			
短效（RI）	15～60 min	2～4 h	5～8 h

续表

胰岛素制剂	起效时间	峰值时间	作用持续时间
中效胰岛素（NPH）	2.5~3 h	5~7 h	13~16 h
长效胰岛素（PZI）	3~4 h	8~10 h	长达 20 h
预混胰岛素（30 R）	30 min	2~12 h	14~24 h
预混胰岛素（50 R）	0.5 h	2~3 h	10~24 h
• 胰岛素类似物			
超短效胰岛素类似物（门冬胰岛素）	10~15 min	1~2 h	4~6 h
超短效胰岛素类似物（赖脯胰岛素）	10~15 min	1~1.5 h	4~5 h
超短效胰岛素类似物（谷赖胰岛素）	10~15 min	1~1.5 h	3~5 h
长效胰岛素类似物（甘精胰岛素）	2~3 h	无峰	长达 30 h
长效胰岛素类似物（地特胰岛素）	3~4 h	3~14 h	长达 24 h
长效胰岛素类似物（德谷胰岛素）	1 h	无峰	长达 24 h
预混胰岛素类似物（门冬胰岛素 30）	10~20 min	1~4 h	14~24 h
预混胰岛素类似物（门冬胰岛素 50）	10~20 min	1~4 h	14~24 h

（3）治疗原则和方法：对于任何类型糖尿病，胰岛素治疗均应在一般治疗和饮食治疗的基础上进行，并监测病情。胰岛素治疗方案力求模拟生理性胰岛素分泌方式，从小剂量开始，根据血糖水平逐渐调整至合适剂量。

1 型糖尿病的胰岛素治疗：一经诊断，即应终身使用胰岛素替代治疗。胰岛素剂量应按血糖变化及每餐量的多少进行个体化调节。保持基础胰岛素水平有如下两种方法：①每日注射 1~2 次长效胰岛素制剂，使胰岛素在体内达到稳态而无峰值。②睡前注射中效胰岛素可保持夜间胰岛素基础水平，减少夜间低血糖发生的危险。对胰岛 β 细胞功能特别差、血糖波动大者，可于早餐前给予一次小剂量中效或长效胰岛素，以维持日间的基础水平。通常使用较普遍的强化胰岛素治疗方案是：每餐前 20~30 min 皮下注射超短效胰岛素加睡前注射中效胰岛素制剂。应小心确定初始剂量，对体重超过或低于理想体重 20% 以内、近期无感染、病情相对稳定的 1 型糖尿病患者，初始剂量为每日 0.5~1.0 U/kg。在疾病早期或相对稳定阶段（蜜月期），胰岛素剂量常较小。若近期有急性并发症或伴发症，则用量增加。用于维持机体昼夜基础胰岛素水平的剂量为全天胰岛素剂量的 40%~50%，剩余部分按需要分别用于每餐前。部分 1 型糖尿病患者应用胰岛素治疗后，在一段时间内病情部分或完全缓解，胰岛素剂量可减少或完全停用，称为蜜月期。蜜月期持续时间不等，一般不超过 1 年。

2 型糖尿病的胰岛素治疗：① FBG < 7.8 mmol/L 者，不需要胰岛素治疗。② FBG 在 7.8~11.1 mmol/L 者，若需要胰岛素治疗，可在睡前注射中效胰岛素制剂，早晨加小剂量或不加，或每日注射 1~2 次长效胰岛素制剂，以维持基础胰岛素水平。③ FBG > 11.1 mmol/L 者，可每日注射 2 次中效胰岛素制剂，或加用超短效胰岛素，或用预混制剂（含 30% 超短效胰岛素制剂和 70% 中效胰岛素制剂）。2 型糖尿病患者有较明显的胰岛素抵抗，有时需用偏大一些的初始量，血糖控制后胰岛素剂量可减少，若每日胰岛素用量 < 0.3 U/kg，提示可改用口服药治疗。④极重型 2 型糖尿病患者，FBG > 13.9~16.7 mmol/L，此时与 1 型糖尿病难以区别，应按与 1 型糖尿病类似的方案治疗。

采用强化胰岛素治疗方案后，有时早晨空腹血糖仍较高，可能有以下原因：①夜间胰岛素作用不足。②黎明现象，即夜间血糖控制良好，也无低血糖发生，仅在黎明出现高血糖，可能由于皮质醇、生长激素等胰岛素拮抗激素分泌增加所致。③索莫吉反应（Somogyi effect），即在夜间曾有低血糖，在睡眠中时未察觉，而导致体内升血糖激素分泌增加，继而发生低血糖后的反跳性高血糖。要鉴别早晨高血糖的原因，应在夜间多次进行血糖测定。老年患者、2岁以下幼儿、已有晚期严重并发症者不宜用强化胰岛素治疗。

持续皮下注射胰岛素，俗称胰岛素泵，是强化胰岛素治疗的另一种方法。将放置超短效胰岛素的容器通过导管分别与针头和泵连接，针头置于腹部皮下组织，用可调程序的微型电子计算机控制胰岛素注射、模拟胰岛素的持续基础分泌（通常为每小时0.5~2 U）和进餐时的脉冲式释放。胰岛素剂量和脉冲式注射时间均可通过计算机程序的调整来控制。胰岛素泵的治疗应严格遵守无菌操作原则，定期更换导管和注射部位，密切自我监测血糖，正确、及时地调整程序。

（4）胰岛素的不良反应：①低血糖反应：最常见，与运动量大、进食少和药物剂量大有关。注意识别索莫吉反应，以免发生胰岛素剂量调节上的错误。②轻度水肿：为胰岛素治疗初期钠潴留所致，可自行缓解。③屈光改变：部分患者出现视物模糊，常于数周内自然恢复。④过敏反应：注射部位瘙痒或出现荨麻疹样皮疹，可伴恶心、呕吐、腹泻等胃肠道症状。严重过敏反应罕见，如过敏性休克。处理措施包括更换胰岛素制剂品种，使用抗组胺药、糖皮质激素及脱敏疗法，对严重过敏反应者，需停止或暂时中断胰岛素治疗。⑤脂肪营养不良：少见，主要原因是长期在同一个位置进行胰岛素注射，注射部位皮下脂肪萎缩或增生，停止在该部位注射后可缓慢自然恢复。⑥胰岛素抵抗：即胰岛素抗药性，是指在无酮症酸中毒和拮抗胰岛素因素存在的情况下，每日胰岛素总需要量>100~200 U。此时可改用人超短效胰岛素静脉注射或加大胰岛素剂量持续静脉输注，并考虑糖皮质激素及口服降血糖药联合治疗。因可能引起严重的低血糖反应，故应严密监护、及早发现和处理。

8. 胰高血糖素样肽-1（GLP-1）受体激动剂　与胰腺β细胞的GLP-1受体结合后，可葡萄糖依赖性地刺激胰岛素合成和分泌，减少胰高血糖素释放，还可作用于中枢神经系统GLP-1受体，进而减少食物摄入，并通过促进棕色脂肪组织的生热作用和白色脂肪组织分解增加能量消耗，延迟胃排空。GLP-1受体激动剂均需皮下注射，可使糖化血红蛋白降低1.0%~1.5%，且有显著的降低体重的作用，短效制剂如艾塞那肽，长效制剂如利拉鲁肽。

考点提示　胰岛素适用范围及副作用。

（六）胰腺移植或胰岛细胞移植

单独胰腺移植（节段或全胰腺）或胰岛移植、胰肾联合移植适用于1型糖尿病合并肾病、肾功能不全者。移植治疗的供体来源、移植物的长期存活及再生难以解决，只限于在技术精良、经验丰富的中心进行。

（七）糖尿病合并妊娠的治疗

糖尿病合并妊娠宜选用超短效和中效胰岛素，忌用口服降血糖药。

知识链接

糖尿病的中医药治疗

我国中医药在治疗慢性疾病方面有着丰富的经验。《国家基层糖尿病防治管理指南（2022）》首次增加"糖尿病的中医药防治"章节，积极支持和鼓励中医药融入糖尿病综合防治体系。该指南明确中医药对防治糖尿病的功效：一是中医药能协同控糖、改善症状。2型糖尿病在常规治疗基础上可辨证联用津力达颗粒、参芪降糖颗粒、天麦消渴片、消渴丸［为含格列本脲（每粒0.25 mg）等复方制剂］、葛根芩连汤、大柴胡汤加减等。二是中医药可防治糖尿病并发症。

糖尿病肾病在常规治疗基础上可应用黄葵胶囊、渴络欣胶囊等；糖尿病视网膜病变在常规治疗基础上可应用芪明颗粒、复方丹参滴丸等；糖尿病周围神经病变在常规治疗基础上可应用木丹颗粒等。三是在常规治疗的基础上结合针刺疗法，有一定的降糖、改善脂代谢和减重作用。常用方法包括手针、电针、耳针、耳穴贴压、穴位按摩等。对于糖尿病周围神经病变和糖尿病足病患者，在常规治疗基础上配合活血化瘀等中药熏洗足浴和足部穴位按摩，可以提高神经传导速度，降低疼痛评分。

第二节　糖尿病酮症酸中毒

糖尿病酮症酸中毒（DKA）是指糖尿病患者在某些诱因（如感染）的作用下，由于体内胰岛素严重不足以及升糖激素（胰高血糖素、肾上腺素、皮质醇等）升高所导致的以高血糖、酮症和代谢性酸中毒为主要改变的临床综合征。糖尿病酮症酸中毒是糖尿病较常见的急性并发症之一，一旦延误诊治，往往会危及生命。

糖尿病酮症酸中毒的定义。

【诱因】

1 型糖尿病患者有自行发生糖尿病酮症酸中毒倾向。2 型糖尿病患者在一定诱因作用下也可发生糖尿病酮症酸中毒，常见的诱因如下。①急性感染：如呼吸道感染、尿路感染、急性胃肠炎；②胰岛素减量不当或停用；③饮食不当：如暴饮暴食、过度饥饿、大量饮用甜品、酗酒；④应激因素：如急性心肌梗死、脑卒中、手术、创伤、妊娠与分娩、精神刺激；⑤运动过度：特别是胰岛素严重缺乏的 1 型糖尿病患者，剧烈运动可诱发糖尿病酮症酸中毒。

糖尿病酮症酸中毒的常见诱因。

【病理生理】

（一）酸中毒

糖尿病代谢紊乱加重时，脂肪动员和分解加速，大量脂肪酸在肝经氧化产生大量乙酰乙酸、β-羟丁酸和丙酮，三者统称为酮体。当酮体生成量剧增，超过肝外组织的氧化能力时，血酮体升高，称为酮血症。酮体可经肾排出，尿酮体排出增多称为酮尿，临床上酮血症和酮尿统称为酮症。乙酰乙酸和 β-羟丁酸均为强有机酸，大量消耗体内储备碱，若代谢紊乱进一步加剧，血酮体继续升高，超过机体的处理能力，便发生代谢性酸中毒。

（二）严重失水

严重失水可由下列原因综合引起：①进一步升高的血糖加重渗透性利尿，大量酮体从肾、肺排出又带走大量水分；②蛋白质和脂肪分解加速，大量酸性代谢产物排出，加重水分丢失；③厌食、恶心、呕吐等胃肠道症状，体液丢失，使水分入量减少。

(三)电解质代谢紊乱

渗透性利尿的同时使钠、钾、氯、磷酸根等离子大量丢失,酸中毒使钾离子从细胞内释出至细胞外,使失钾更为明显,但由于失水甚于失盐,血液浓缩,故治疗前血钾浓度可正常或偏高,随着脱水缓慢纠正,可发生严重低血钾,引起心律失常、心搏骤停。

(四)携带氧系统失常

一方面,酸中毒时,低pH使血红蛋白和氧的亲和力降低,血氧解离曲线右移,以利于向组织供氧(直接作用);另一方面,酸中毒时使血红蛋白与氧的亲和力增加,血氧解离曲线左移(间接作用)。

(五)周围循环衰竭和肾衰竭

一方面,严重失水,血容量减少,加以酸中毒引起的微循环障碍,若未能及时纠正,最终可导致低血容量性休克、血压下降。肾灌注量减少,引起少尿或无尿,严重者发生肾衰竭。另一方面,肾衰竭进一步增加酮体的蓄积,从而进一步加重酮症。

(六)中枢神经功能障碍

严重失水、循环障碍、渗透压升高、脑细胞缺氧等多种因素引起脑细胞脱水或水肿、中枢神经系统功能障碍,使患者出现不同程度的意识障碍、嗜睡,甚至昏迷,后期可发生脑水肿。

【临床表现】

患者口渴、多饮、多尿的症状在糖尿病酮症酸中毒后加重,待酸中毒失代偿后病情迅速恶化,患者出现明显的消化道症状,如食欲缺乏、恶心、呕吐、腹痛。随着病情进展,患者出现脱水及酸中毒症状,如皮肤及黏膜干燥、眼球凹陷、尿量减少、心搏加快、血压下降以及呼吸深快、呼气中带有烂苹果味(丙酮的味道)。病情进一步恶化,患者可发生头痛、嗜睡、意识不清甚至昏迷等精神意识障碍,如不及时抢救,可导致死亡。

【实验室检查】

1. 尿糖、尿酮体 尿糖、尿酮体呈强阳性,当肾功能严重损害而阈值增高时,尿糖、尿酮体阳性程度与血糖、血酮体数值不相称。可有蛋白尿和管型尿。

2. 血糖 血糖多数为16.7~33.3 mmol/L,有时可达55.5 mmol/L以上。

3. 血酮体 血酮体升高,正常值<0.6 mmol/L,血酮体>1.0 mmol/L提示高血酮,超过3.0 mmol/L提示酸中毒。当出现糖尿病酮症酸中毒时,血酮体多在4.8 mmol/L以上。

4. 血气分析 二氧化碳结合力降低,轻者为13.5~18.0 mmol/L,重者在9.0 mmol/L以下;$PaCO_2$降低,pH<7.35;碱剩余负值增大;阴离子间隙增大,与碳酸氢盐降低水平大致相等。

5. 血钾 血钾正常或偏低,尿量减少后血钾可偏高,治疗后可出现低钾血症。血钠、血氯降低,血尿素氮和肌酐常偏高。

6. 血清淀粉酶 血清淀粉酶升高可见于40%~75%的患者,治疗后2~6 d降至正常。

7. 血浆渗透压 血浆渗透压轻度上升。

8. 血常规 即使没有合并感染,白细胞计数及中性粒细胞比例可出现升高。

【诊断与鉴别诊断】

(一)诊断

1. 病史 患者有糖尿病病史,特别是1型糖尿病病史。

2. 存在相关诱因 如急性感染或并发其他疾病、药量不足或停药、严重应激、精神刺激、暴饮暴食、妊娠及分娩等。

3. 具备糖尿病酮症酸中毒的症状及体征 如极度口渴、多饮、多尿、厌食、呕吐、脱水、深大呼吸、呼气有烂苹果味、意识障碍等。

4. 血糖、尿糖及血渗透压　血糖显著升高（16.7～33.3 mmol/L），尿糖呈强阳性（+++）～（++++），血渗透压正常或略高。

5. 血酮体及尿酮体　血酮体升高，尿酮体为阳性。

6. 动脉血气分析　血 pH 低于 7.35 或 HCO_3^- < 15 mmol/L，并排除其他原因所致酸中毒。

其中，高血糖（血糖 ≥ 16.7 mmol/L）、酮症（高血酮体或尿酮体阳性）和代谢性酸中毒（血 pH 低于正常）三项是诊断标准的核心和必要条件。

（二）鉴别诊断

对昏迷、酸中毒、失水、休克的患者，均应考虑糖尿病酮症酸中毒发生的可能性，尤其对原因不明的意识障碍、呼气有酮臭味、血压低而尿量仍多者，应及时做有关实验室检查，以争取早期诊断、早期治疗。应重视与低血糖昏迷、糖尿病非酮症高渗性昏迷及糖尿病乳酸性酸中毒之间的鉴别。

1. 低血糖昏迷　患者可有进食少、运动过多、胰岛素用量过大或服降血糖药过多史。发病急，出汗、心悸、烦躁、血压升高，部分患者可表现为意识或辨认能力障碍。患者皮肤湿冷，与糖尿病非酮症高渗性昏迷及糖尿病酮症酸中毒皮肤干燥不一样。实验室检查见尿糖阴性，尿酮体阴性，血糖低于 3.0 mmol/L。输入 50% 葡萄糖溶液治疗有效，可用于抢救，也可鉴别是否为本病。

2. 糖尿病乳酸性酸中毒　糖尿病乳酸性酸中毒常见于大量服用双胍类降血糖药（尤其是苯乙双胍）、感染、酗酒，以及合并肝功能、肾功能障碍时。起病较急，有深大呼吸（不伴酮臭味）、神志模糊、嗜睡、木僵、昏迷等症状。主要诊断标准：①血乳酸 ≥ 5 mmol/L；②血 pH ≤ 7.35；③阴离子间隙 ≥ 18 mmol/L；④ HCO_3^- < 10 mol/L；⑤二氧化碳结合力降低；⑥乳酸：丙酮酸 > 30：1；⑦血酮体一般不升高。

3. 其他　尚需与感染性休克、糖尿病肾病、尿毒症、脑血管意外、各种急腹症相鉴别。

糖尿病酮症酸中毒的诊断与鉴别诊断。

【治疗】

治疗原则：尽快补液恢复血容量，纠正脱水状态，降低血糖，纠正电解质代谢紊乱和酸碱失衡，寻找和消除诱因，防治并发症，降低病死率。

（一）补液

补液是治疗的关键。只有在有效组织灌注改善及恢复后，胰岛素的生物效应才能充分发挥。基本原则为"先快后慢，先盐后糖"。轻度脱水不伴酸中毒者可以口服补液，中度以上的糖尿病酮症酸中毒患者须进行静脉补液，糖尿病酮症酸中毒失水量可达体重的 10% 以上。通常先使用生理盐水。输液量和输液速度的控制非常重要。开始时输液速度较快，在 1～2 h 内输入 0.9% 氯化钠溶液 1000～2000 ml，前 4 h 输入所计算失水量 1/3 的液体，以便尽快补充血容量，改善周围循环和肾灌注。如治疗前已有低血压或休克，经快速输液仍不能有效升高血压，应输入胶体溶液并采用其他抗休克措施。以后根据血压、心率、每小时尿量、末梢循环情况及有无发热、吐泻等以决定输液量和输液速度，老年患者及有心脏病、肾病患者必要时根据中心静脉压（CVP）指导治疗。24 h 输液量应包括已失水量和部分继续失水量。当血糖下降至 13.9 mmol/L 时，根据血钠情况以决定改为 5% 葡萄糖溶液或葡萄糖生理盐水，并按每 2～4 g 葡萄糖加入 1 U 短效胰岛素或超短效胰岛素类似物进行静脉滴注。鼓励患者饮水，减少静脉补液量；也可使用胃管灌注温 0.9% 氯化钠溶液或温开水，但要分次、少量、缓慢灌注，避免呕吐而造成误吸，口服补液不宜用于有呕吐、胃肠胀气或上消化道出血者。对于心功能、肾功能不全的患者，应避免过度补液，在严密监测血浆渗透压、心功能、肺功能、肾功能和神志状态下调整补液量和补液速度。

（二）胰岛素治疗

一般采用小剂量短效胰岛素或超短效胰岛素类似物治疗方案，即每小时给予 0.1 U/kg 胰岛素，使血清胰岛素浓度恒定达到 100~200 μU/ml。此方案有抑制脂肪分解和酮体生成的最大效应以及相当强的降低血糖效应，而促进钾离子运转的作用较弱。通常将短效胰岛素或超短效胰岛素类似物加入生理盐水中持续静脉滴注（应另建输液途径），也可间歇静脉注射。以上2种方案治疗前均可加用首次负荷量，即静脉注射短效胰岛素 10~20 U。血糖下降速度一般以每小时降低 3.9~6.1 mmol/L 为宜，每 1~2 h 复查血糖；若在补液量充足的情况下，开始治疗 2 h 后血糖下降不理想或反而升高，胰岛素剂量应加倍。当血糖降至 13.9 mmol/L 时，改为输入 5% 葡萄糖溶液（或葡萄糖生理盐水），并按比例加入胰岛素，此时仍需每 4~6 h 复查血糖，调节输液中胰岛素的比例及每 4~6 h 皮下注射一次短效胰岛素 4~6 U，使血糖水平稳定在较安全的范围内。病情稳定后过渡到胰岛素常规皮下注射。

（三）纠正电解质代谢紊乱及酸碱平衡失调

糖尿病酮症酸中毒主要由酮体中酸性代谢产物引起，经输液和胰岛素治疗后，酮体水平下降，酸中毒可自行纠正，一般不必补碱。但严重酸中毒影响心血管、呼吸和神经系统功能时，应给予相应治疗，但补碱不宜过多、过快。补碱指征为血 pH < 7.1，HCO_3^- < 5 mmol/L。应采用 1.25%~1.4% 等渗碳酸氢钠溶液，或将 5% 碳酸氢钠溶液 84 ml 加注射用水至 300 ml 配成 1.4% 等渗溶液，一般仅给 1~2 次。补碱过多、过快可产生不利影响，包括脑脊液反常性酸中毒加重、组织缺氧加重、血钾下降和反跳性碱中毒等。

糖尿病酮症酸中毒患者有不同程度的钾离子丢失，治疗前的血钾水平不能真实地反映体内缺钾程度，补钾应根据血钾和尿量调整：治疗前血钾低于正常，在开始胰岛素和补液治疗同时立即开始补钾；血钾正常、尿量 > 40 ml/h，也应立即开始补钾；血钾正常、尿量 < 30 m/h，暂缓补钾，待尿量增加后再开始补钾；血钾高于正常，暂缓补钾。氯化钾部分稀释后静脉输注、部分口服。治疗过程中定期监测血钾和尿量，调整补钾量和速度。病情恢复后仍应继续口服钾盐数日。

（四）处理诱因及防治并发症

在抢救过程中要注意治疗措施之间的协调及从一开始就重视防治重要的并发症，特别是脑水肿和肾衰竭，维持重要脏器功能。

1. **休克** 如休克严重且经快速输液后仍不能纠正，应详细检查并分析原因，例如确定有无合并感染或心源性疾病，给予相应的处理措施。

2. **严重感染** 严重感染是本症常见的诱因，也可继发于本症。因糖尿病酮症酸中毒可引起低体温和血白细胞计数升高，故不能以有无发热或血象改变来判断是否存在感染。对于感染，应积极给予处理。

3. **心力衰竭及心律失常** 年老或合并冠心病者补液过多可导致心力衰竭和肺水肿，应注意预防。可根据血压、心率、中心静脉压、尿量等调整输液量和输液速度，酌情应用利尿药和正性肌力药。血钾过低、过高均可引起严重心律失常，宜使用心电监护，及时治疗。

4. **肾衰竭** 肾衰竭是本病患者主要死亡原因之一，与有无基础肾病、失水和休克程度及持续时间、是否延误治疗等因素密切相关。强调注意预防，治疗过程中密切观察尿量变化，及时处理。

5. **脑水肿** 脑水肿的病死率甚高，应着重早发现、早防治。脑水肿常与脑缺氧、补碱或补液不当、血糖下降过快等有关。如经治疗后血糖有所下降，酸中毒改善，但昏迷反而加重，或患者虽然一度清醒，再次昏迷，或出现烦躁、心率慢而血压偏高、肌张力增高，应警惕脑水肿的可能，可给予地塞米松、呋塞米或白蛋白治疗。慎用甘露醇。

（五）其他

应按时清洁口腔、皮肤，预防压疮和继发性感染。细致观察病情，准确记录患者的意识状态、生命体征和液体出入量等。

 糖尿病酮症酸中毒的抢救原则。

第三节　高渗高血糖综合征

高渗高血糖综合征（hyperosmolar hyperglycemic syndrome，HHS）是糖尿病急性并发症的另一临床类型，患者以严重高血糖、高血浆渗透压、脱水为特点，无明显酮症，可有不同程度的意识障碍或昏迷（<10%）。部分患者可伴有酮症，主要见于老年2型糖尿病患者，超过2/3患者既往无糖尿病病史。本病病情危重、并发症多，病死率高于糖尿病酮症酸中毒，强调早期诊断和治疗。

【诱因】

急性感染、外伤、手术、脑血管意外等应激状态；使用糖皮质激素、利尿药、甘露醇等药物；水摄入不足或失水；透析治疗；静脉高营养等均可诱发本病。有时在病程早期因误诊而输入大量葡萄糖溶液或因口渴而摄入大量含糖饮料导致诱发本病或使病情恶化。

【临床表现】

高渗高血糖综合征起病缓慢，最初表现为多尿、多饮、食欲减退。逐渐出现严重脱水和神经精神症状，起初为反应迟钝、烦躁或淡漠、嗜睡，逐渐陷入昏迷，晚期尿少甚至尿闭。就诊时患者多呈严重脱水状态，可有神经系统损害的定位体征，易误诊为脑卒中。与糖尿病酮症酸中毒相比，高渗高血糖综合征患者失水更为严重、神经精神症状更为突出。

【实验室检查】

血糖达到或超过33.3 mmol/L（一般为33.3～66.8 mmol/L），血浆渗透压达到或超过320 mOsm/L（一般为320～430 mOsm/L）可诊断本病。血钠正常或升高，尿酮体阴性或弱阳性，一般无明显酸中毒，以此鉴别糖尿病酮症酸中毒，但有时二者可同时存在。

有效血浆渗透压（mOsm/L）= 2（$Na^+ + K^+$）+ 血糖（均以mmol/L计算）。

【诊断】

临床上对于原因不明的脱水、休克、意识障碍，均应考虑到本病的可能性，尤其是血压低而尿量多者，无论有无糖尿病病史，均应进行血糖、血酮体、血电解质、血气分析等检查，以肯定或排除本病。

【治疗】

高渗高血糖综合征的治疗原则同糖尿病酮症酸中毒。本病患者失水比糖尿病酮症酸中毒更为严重，可达体重的10%～15%，输液要更为积极、小心，24 h补液量可达6000～10 000 ml。根据有效血浆渗透压计算公式可知，血糖是维护患者血容量的重要因素，因此血糖迅速降低而补液不足，将导致血容量和血压进一步下降，所以补液是治疗的关键。目前多主张治疗开始时用等渗溶液如

0.9%氯化钠溶液，因大量输入等渗溶液不会引起溶血，有利于恢复血容量，纠正休克，改善肾血流量，恢复肾的调节功能。休克患者应另给予血浆等胶体溶液。如无休克或休克已纠正，在输入生理盐水后血浆渗透压高于350 mOsm/L，血钠高于155 mmol/L，可考虑输入适量低渗溶液如0.45%氯化钠。视病情可考虑同时给予胃肠道补液。当血糖下降至16.7 mmol/L时，应改为5%葡萄糖溶液并按每2~4 g葡萄糖加入1 U胰岛素继续静脉滴注。

胰岛素治疗方法与糖尿病酮症酸中毒相似。一般来说，本病患者对胰岛素较敏感，因而胰岛素用量较小。补钾要更及时，一般不补碱。注意补液后患者从脑细胞脱水转为脑水肿的可能，患者可一直处于昏迷状态，或稍有好转后又陷入昏迷，应及早发现和处理。

 高渗高血糖综合征抢救治疗原则。

自 测 题

一、选择题

1. 患者，女性，28岁，2 d前尿频、尿急、尿痛，伴口干、多饮、多尿明显。T 38.5 ℃，皮肤干燥，脱水貌，唇红，神志清楚，血糖18.8 mmol/L，尿糖（++++），尿酮体（+++），血 pH < 7.35。此时最关键的两项治疗原则是

  A. 纠正酸中毒＋补充液体和电解质 B. 补充液体和电解质＋小剂量胰岛素

  C. 纠正酸中毒＋大剂量胰岛素 D. 补充小剂量胰岛素＋抗生素

  E. 补充液体＋抗生素

2. 患者，男性，24岁，1型糖尿病，采用强化胰岛素治疗，夜间血糖控制良好，无低血糖发生，但清晨空腹血糖仍然较高。其原因可能是

  A. 糖耐量减低 B. 夜间胰岛素作用不足 C. 索莫吉反应

  D. 反应性高血糖 E. 黎明现象

3. 患者，男性，30岁，多饮、多尿、多食3个月，体重下降4 kg，随机血糖14.5 mmol/L。为明确分型，下列指标最有意义的是

  A. 胰岛β细胞分泌功能 B. 对胰岛素敏感性 C. 尿酮体

  D. 体重 E. 年龄

4. 患者，男性，70岁。因胸闷、心前区疼痛2 h入院。体格检查：神志欠清，大汗，BP 70/40 mmHg，HR 114次/分，血糖18.6 mmol/L，ECG示心室左前壁心肌梗死。有高血压、糖尿病病史，平时口服二甲双胍、格列齐特控制血糖效果良好。入院后对血糖增高的处理为

  A. 停用其中一种降血糖药，并监测血糖

  B. 不必进行特殊处理

  C. 皮下注射短效胰岛素，每日3次

  D. 继续口服二甲双胍、格列齐特

  E. 静脉滴注小剂量胰岛素，密切监测血糖，及时调整剂量

5. 患者，男性，55岁。身高163 cm，体重75 kg。体格检查：空腹血糖7.3 mmol/L，无任何不适。其母亲有糖尿病病史。下列考虑正确的是

  A. 可确诊为糖尿病

B. 应进行口服 50 g 葡萄糖耐量试验（OGTT）

C. 应进行口服 75 g 葡萄糖耐量试验（OGTT）

D. 可诊断为空腹血糖受损（IFG）

E. 应通过静脉葡萄糖耐量试验确诊

（6~8题共用题干）

患者，男性，48 岁，肥胖，父亲为 2 型糖尿病患者。因左下肢反复皮损 1 个月就诊，无明显"三多一少"症状。

6. 此时首先应做的最有诊断意义的检查是
   A. 100 g 葡萄糖耐量试验＋C 肽释放试验
   B. 75 g 葡萄糖耐量试验＋胰岛素释放试验
   C. 尿糖测定
   D. 空腹血糖测定
   E. 糖化血红蛋白测定

7. 此后该患者临床证实为 2 型糖尿病。对此患者，首先要进行的治疗是
   A. 饮食控制 B. 体育锻炼 C. 使用减肥药
   D. 口服磺脲类降血糖药 E. 胰岛素

8. 经药物治疗后，患者空腹及餐后血糖多次正常，出院后最不合适的处理为
   A. 停止药物治疗
   B. 继续长期原剂量药物治疗，并随访血糖
   C. 控制饮食，并适量运动
   D. 血脂偏高，加用降血脂药
   E. 加用二甲双胍并调整原有药物剂量

二、简答题

1. 糖尿病的慢性并发症有哪些？
2. 胰岛素的适应证及常见的不良反应有哪些？

三、案例分析题

患者，男性，45 岁，因"发现血糖升高 1 周"入院。患者 1 周前体检发现血糖升高，空腹血糖 8.5 mmol/L，无明显口渴、多饮、多尿症状，无视物模糊、手足麻木。近 3 个月患者感觉身体疲惫，体重下降约 4 kg。既往史：无高血压、冠心病、高脂血症等病史，否认吸烟史，偶饮酒，饮食较清淡，每周运动时间约 2 h。家族史：父亲患有 2 型糖尿病。体格检查：生命体征平稳、正常。身高 165 cm，体重 78 kg，腰围 86 cm。精神状态尚可，神志清楚，心脏、肺、腹部未见明显异常，双下肢无水肿，双足背动脉搏动尚可。辅助检查：血糖 FBG 9.2 mmol/L，PBG（2 h）14.1 mmol/L，HbA1c 7.4%；肝功能、肾功能、血脂正常，胰岛素自身抗体（IAA）、胰岛素细胞抗体（ICA）均阴性。

请回答：

（1）该患者的初步诊断及诊断依据是什么？

（2）治疗原则是什么？

（张晓丹）

第四十八章 肥胖症

第四十八章数字资源

学习目标

1. 知识：说出肥胖症的病因、主要特征、临床表现、诊断依据和治疗原则，列举肥胖症需要与哪些疾病相鉴别，解释肥胖症的发病机制，分析辅助检查的临床意义。

2. 能力：完成病史采集和体格检查，运用病史、体格检查及辅助检查结果对本病做出初步诊断，根据病情拟定防治方案。

3. 素养：医学生需深刻认识到肥胖症已成为影响公众健康的重大公共卫生问题，将解决肥胖症相关健康问题视为自身的使命。在学习和未来的临床实践中，始终坚守职业道德，以患者健康为中心，严谨对待每一个病例，不敷衍、不推诿，对患者的健康负责到底。要培养浓厚的人文关怀与同理心，学会理解患者的处境，尊重患者的人格和尊严，耐心倾听患者的诉求和困扰，避免用偏见或评判的态度对待患者。通过共情，给予患者心理上的支持和安慰，帮助他们建立"健康体重可达成"的信念。

案例 7-48-1

患者，男性，33 岁，因体重增加 5 年，发现血糖升高 2 个月就诊。既往身体健康，其母系体型肥胖。体格检查：身高 170 cm，体重 106 kg，腰围 102 cm，臀围 105 cm。空腹血糖 8.4 mmol/L，血总胆固醇 6.8 mmol/L，甘油三酯 11.3 mmol/L。

问题与思考：
1. 初步诊断和诊断依据是什么？应与哪些疾病相鉴别？
2. 为明确诊断，需要进一步做哪些检查？
3. 治疗原则是什么？

肥胖症（obesity）是指以体内脂肪过多蓄积和体重超重为特征的代谢性疾病，由遗传和环境等多种因素相互作用所引起。肥胖常与高血糖、高血脂、高血压、冠心病等多种代谢异常同时存在，称为代谢综合征（metabolic syndrome，MS）。WHO 明确认定，肥胖症已是全球最常见的慢性疾病。中国是全世界肥胖症发病率升高速度较快的国家之一。

【病因与发病机制】

肥胖的发生是能量摄入超过能量消耗。按病因与发病机制，可将肥胖分为单纯性肥胖和继发性肥胖。单纯性肥胖是病因未明而不伴器质性疾病的肥胖（肥胖所致并发症除外），是肥胖症中较常见的一种，本章重点介绍单纯性肥胖。目前认为，其与以下因素有关，这些因素引起脂肪细胞增殖、分化失常而使脂肪堆积，从而导致肥胖。

（一）遗传因素

1. 家族聚集倾向　肥胖有一定的家族聚集倾向，大部分原发性肥胖症为多基因遗传。
2. "节俭基因学说"　目前认为"节俭基因学说"是肥胖症发生的重要机制，具有节俭基因的个体在营养情况恶劣的情况下能更好地生存，在营养状况大大改善后，节俭基因成为肥胖症及2型糖尿病的易患基因。
3. 基因突变　近年来发现部分肥胖症由单基因突变引起，如瘦素基因、瘦素受体基因、阿片-促黑素细胞皮质素原基因、过氧化物酶体增殖物激活受体γ等基因突变所致肥胖症。

（二）环境因素

1. 生活方式　热量摄入增加和体力活动减少，饮食结构改变，脂肪及糖类摄入增加更容易引起脂肪堆积。
2. 社会因素　城市化、移民、身心问题。
3. 药物　某些药物如糖皮质激素、抗精神病药的使用均可使体重增加。

（三）神经、内分泌、精神因素

下丘脑腹内侧核（饱中枢）与腹外侧核（饥饿中枢）处于动态平衡状态，当平衡破坏时，可引起肥胖或消瘦。精神因素也常影响食欲，最终导致肥胖或消瘦。

（四）炎症

肥胖是一种低度炎症反应，肥胖症患者血清中及脂肪组织中炎症因子升高，促使炎症细胞在脂肪中浸润，引起胰岛素抵抗。

（五）肠道菌群

人体肠道菌群分为有益菌、有害菌、中性菌。有害菌及中性菌一旦增殖失控，可引起多种疾病，包括肥胖症、糖尿病等。

知识链接

代谢综合征

代谢综合征（metabolic syndrome，MS）是指人体的蛋白质、脂肪及糖类等物质发生代谢紊乱的病理状态，是一组复杂的代谢紊乱综合征。代谢综合征的中心环节是肥胖和胰岛素抵抗。代谢综合征是心脑血管病的危险因素，代谢综合征患者心血管事件的发生率及死亡风险是正常人群的2~3倍。我国代谢综合征发病率逐年升高，总体患病率已达33.9%，加强该病的预防、早期诊断及干预是改善国民健康的迫切需要。

【临床表现】

（一）肥胖症本身的症状

轻型肥胖症患者多无症状，中度到重度肥胖症患者因体重增加，身体长期负重，易引起关节痛、肌肉酸痛、气喘、皮肤皱褶易发生擦烂、皮炎，易合并化脓性或真菌感染。肥胖症患者的体型按脂肪分布分为两种。

1. 周围性（皮下脂肪型）　呈现"梨形"肥胖，多见于女性，脂肪主要分布在下腹部、臀部、大腿皮下。
2. 中心性（腹型）　呈现"苹果形"肥胖，多见于男性，脂肪主要分布在内脏和上腹部皮下。

女性更多见的是周围性肥胖，而更年期后脂肪分布与男性相似。中心性肥胖者发生代谢综合征的危险性大于周围性肥胖者，而周围性肥胖患者减肥更为困难。

（二）肥胖症的并发症

肥胖症的并发症主要有睡眠呼吸暂停综合征、静脉血栓、生育功能受损（女性出现多囊卵巢综合征）；与肥胖密切相关的一些疾病（如糖尿病、高血压、心血管疾病）的患病率随之增加；并可增加麻醉和手术危险性；高脂血症、高尿酸血症、痛风、胆石症、胰腺炎、脂肪肝发生率也高；肥胖症患者的恶性肿瘤发生率较非肥胖症者增加。肥胖症患者常因体型改变而有焦虑、抑郁、自卑等身心相关问题。

 肥胖症的并发症。

【诊断】

详细询问病史，包括个人饮食、生活习惯、病程、家族史、用药情况，心理健康情况，其他引起肥胖的疾病史，如皮质醇增多症、甲状腺功能减退，进一步检查有无相应并发症和伴发病，如血脂异常、糖尿病或糖耐量异常、高血压、冠心病、阻塞性呼吸睡眠暂停综合征。肥胖症评估采用人体测量学指标，目前尚无肥胖症的统一诊断标准，以下指标可供参考。

（一）体重指数

体重指数（body mass index，BMI）是诊断肥胖症重要的指标。BMI（kg/m^2）=体重（kg）/身高（m）^{2}，但不能区分体内脂肪的分布情况，不能区分肌肉及脂肪含量，肌肉发达的人容易被误判。成人体重指数标准列于表 7-48-1。

表 7-48-1　成人体重指数标准

分类	体重指数（kg/m^2）	分类	体重指数（kg/m^2）
体重过低	<18.5	超重	24.0～27.0
正常	18.5～23.9	肥胖	≥28

（二）理想体重

理想体重（ideal body weight，IBW）可反映身体肥胖程度，主要用于计算饮食中热量和各种营养素的供应量。IBW（kg）=身高（cm）-105，理想体重±10%为正常，大于理想体重10%～19.9%为超重，大于理想体重20.0%为肥胖。

（三）腰围和腰臀比

腰围（waist，W）和腰臀比（waist-hip ratio，WHR）可反映脂肪的分布情况。WHO 推荐的测量方法是：被测者站立位，双足分开 25～30 cm，使体重均匀分配。腰围测量髂前上棘和第 12 肋下缘连线的中点水平周径，臀围测量环绕臀部的骨盆最突出点的周径。男性腰围≥85 cm，女性腰围≥80 cm 为腹型肥胖，腰臀比男性大于 0.9，女性大于 0.85 可诊断为向心性肥胖，腰围测量简单、可靠，是评估体内脂肪分布最准确的指标。

（四）CT、MRI 检查

CT、MRI 检查是评估体内脂肪分布最准确的方法，但不作为常规检查，可以测量皮下脂肪厚度或内脏脂肪量，以确定是否为肥胖症。

【鉴别诊断】

肥胖症主要应与继发性肥胖（如库欣综合征、甲状腺功能减退症、多囊卵巢综合征、下丘脑性肥胖、药物性肥胖）相鉴别，继发性肥胖有原发病的临床表现和实验室检查特点。

【治疗】

继发性肥胖主要针对病因治疗，单纯性肥胖主要以减少热量摄入及增加热量消耗为主，强调以行为、饮食疗法为主的综合治疗，必要时辅以药物或手术治疗。

（一）行为疗法

行为疗法是治疗肥胖症最重要的步骤。应了解患者肥胖史及生活习惯，取得患者及其家属的配合，指导患者制订具体、可行的计划，采取健康的生活方式，包括改变饮食习惯，养成良好的生活习惯，参加适当体力劳动。使患者树立信心，自觉长期坚持。

（二）医学营养治疗

营养治疗是肥胖症最基本的治疗方法，对轻度、中度患者有一定的疗效。营养治疗主要是在平衡膳食的基础上控制热量摄入，使摄入热量小于消耗热量。关键是限制糖及脂肪摄入量。糖类、蛋白质、脂肪摄入量分别占总热量的50%～55%、15%～20%、20%～30%。优质蛋白摄入量应大于总蛋白质摄入量的50%。避免油煎炸食品、方便食品、快餐、巧克力、零食等，适当增加膳食纤维、非吸收食物及无热量液体，以满足饱腹感。常见减重膳食主要包括限制热量平衡膳食、低热量膳食、极低热量膳食及轻断食膳食等。

1. 限制热量平衡膳食　限制热量平衡膳食指限制热量，同时保证基本营养需求，具有合理的营养分配比例。每日摄入热量比其所需热量少2092 kJ。该方法适合所有需要控制体重者。

2. 低热量膳食　低热量膳食指在满足蛋白质、水、矿物质、维生素和膳食纤维的供给基础上，适当减少脂肪及糖类摄入，成人每日热量摄入低于4184 kJ。

3. 极低热量膳食　极低热量膳食指每日热量摄入1623～3347 kJ，热量主要来自蛋白质。严格控制脂肪和糖类摄入量。极低热量膳食不适合妊娠期及哺乳期妇女及生长发育期青少年。

4. 轻断食膳食　轻断食膳食指1周内5 d正常饮食，其他2 d（非连续）摄取平日热量的1/4（女性2092 kJ，男性2510 kJ）的饮食模式，也称间歇式断食5:2模式。该方法适用于伴有糖尿病、高脂血症、高血压的肥胖症患者，不适用于存在低血糖风险、低血压风险和体质弱的患者，长期应用可导致营养不良或酮症。

中国居民成人膳食能量需要量列于表7-48-2。

表7-48-2　中国居民成人膳食能量需要量（kcal/d）

	低强度身体活动水平	中等强度身体活动水平	高强度身体活动水平
成年男性	1950～2150	2400～2550	2800～3000
成年女性	1600～1700	1950～2100	2300～2450

注：摘自《2023版中国居民膳食营养素参考摄入量》。

（三）运动疗法

运动疗法应与饮食疗法同步进行，循序渐进，持之以恒。运动方式应个体化。鼓励患者多步行，每日步行30～45 min，可使热量消耗增加418～837 kJ。减少静坐时间。提倡大肌肉群（如肱二头股、股四头肌）参与有氧运动。有心血管疾病及肺功能不佳的患者更应慎重，根据实际情况制定个体化运动处方。

（四）药物治疗

1. 适应证　①餐前饥饿难忍，每餐进食量较多，食欲旺盛；②合并负重关节疼痛；③合并高血糖、高血压、血脂异常和脂肪肝；④肥胖引起呼吸困难或有阻塞性睡眠呼吸暂停综合征；⑤ BMI ≥ 24 kg/m² 并有上述并发症，或 BMI ≥ 28 kg/m²，不论有无并发症，经过3～6个月单纯控制饮食和增加活动量处理仍不能减重5%，甚至体重仍有上升趋势者。

2. 禁忌证　下列情况不宜应用减肥药：①对减肥药物有不良反应；②儿童；③妊娠期妇女、哺乳期妇女；④正在服用其他选择性血清素再摄取抑制剂。

3. 药物减重目标　体重减少 5%～15% 或 15% 以上能显著改善代谢异常，降低多种与超重、肥胖相关的疾病风险，并可以减少治疗其他疾病药物的种类或者剂量。国内专家建议药物减重目标：①使原有体重减轻 5%～10%，最好能逐步接近理想体重；②使降血糖药、抗高血压药、调血脂药能更好地被利用；③减重后保持体重不再反弹和增加。

4. 治疗肥胖症的药物　目前，全球用于治疗肥胖症的药物主要有 3 类：中枢性减重药、非中枢性减重药以及兼有减重效果的降血糖药。中枢性减重药是指去甲肾上腺素能再摄取抑制剂，美国食品和药物管理局（Food and Drug Administration，FDA）已批准芬特明、安非拉酮等药物上市，我国暂未获批。非中枢性减重药主要是肠道脂肪酶抑制剂，代表药物是奥利司他。其他兼有减重效果的降血糖药包括胰高血糖素样肽-1 受体激动剂（glucagon-like peptide-1 receptor agonist，GLP-1RA）受体激动剂、胰高血糖素样肽-1/葡萄糖依赖性促胰岛素多肽（glucagon-like peptide-1/glucose-dependent insulinotropic poly peptide，GLP-1/GIP）双受体激动剂、二甲双胍等。我国获批上市的减重药物选择种类较少，仅有奥利司他和利拉鲁肽。

（1）奥利司他：通过减少对脂肪的吸收起作用。每次 120 mg，每日 3 次，餐前服用。主要不良反应是胀气和脂肪便。

（2）利拉鲁肽：是一种中效 GLP-1 类似物，与人体天然 GLP-1 相比具有 97% 以上的序列相似性。我国于 2023 年 7 月批准利拉鲁肽注射液用于临床减重治疗，是继奥利司他后第二种获批用于肥胖症的减重药物，其批准适应人群为：BMI ≥ 30 kg/m² 的成人肥胖者；BMI ≥ 27 kg/m² 并伴有至少 1 种体重相关合并症，如高血压、2 型糖尿病、血脂异常的成人超重者。利拉鲁肽注射液用于减重治疗的初始剂量为每日 1 次，皮下注射 0.6 mg，持续 1 周，逐渐递增，最大剂量为 3 mg/d。利拉鲁肽能控制血糖、减轻体重，并降低身体总脂肪量和躯干脂肪量，且具有明显的剂量依赖性。在不良反应方面，利拉鲁肽注射后患者可能出现上腹部不适、恶心、呕吐、腹泻、腹胀等，如出现上诉症状，可缓慢调整剂量。其他不良反应有低血糖，比较少见的不良反应有胰腺炎、胆囊疾病。该药禁用于有胰腺炎、甲状腺髓样癌或多发性内分泌腺肿瘤 2A 型和 2B 型个人史和家族史的患者。

（3）二甲双胍：促进组织摄取葡萄糖和增加胰岛素敏感性，有一定的减重作用，但我国尚未批准二甲双胍用于肥胖症患者的治疗，对伴有糖尿病及多囊卵巢综合征的患者有效，可给予 0.5 g，每日 3 次，口服，主要不良反应为肠道反应、乳酸性酸中毒。

（五）手术治疗

手术方式有吸脂、切脂和减少食物吸收的手术，如胃旁路手术、袖状胃切除术。手术的不良后果有贫血、管道狭窄、吸收不良等。

（六）心理支持

肥胖症患者常伴随心理问题，如自卑、抑郁，需给予心理支持和干预，帮助患者建立积极的生活态度和治疗信心。

肥胖症的药物治疗。

【预防、健康教育及健康管理】

肥胖症的预防比治疗更重要，应从幼年开始，加强健康教育。①针对整个群体：目的是稳定群体的肥胖水平，降低肥胖症发生率，降低肥胖症患病率；通过改善生活方式，包括健康饮食、减少饮酒、进行适当体力活动，减少肥胖相关的疾病。②针对高危人群：已超重而未达肥胖症的个体应防止体重继续增加，减少体重相关性疾病。已有2型糖尿病或心血管疾病的个体，应成为针对性预防的主要对象。

肥胖症作为一种全身系统性疾病，其管理依赖于各临床专业的通力协作。目前我国的一些主要城市的三甲医院已经开展肥胖症的多学科诊疗模式，包括内科医师、外科医师、营养师、运动康复师、个案管理师，联合内分泌科、心血管内科、中医针灸科等科室进行临床合作。通过整合不同专科的优势资源，为肥胖症患者提供一站式诊疗服务，提高医师工作效率，减少医疗资源重复浪费。对于肥胖症患者，应该采用MDT管理和治疗方法，在调整生活方式的前提下，增加减重药物或进行代谢手术，以帮助肥胖症患者维持减重效果和达到治疗目标。

自 测 题

一、选择题

1. 药物减重的目标不包括
   A. 使原有体重减轻5%~10%
   B. 使体重恢复正常范围
   C. 最好能逐步接近理想体重
   D. 减重后维持体重不再反弹和增加
   E. 使抗高血压药、降血糖药、调血脂药能更好地发挥作用

2. 由于脂肪水平过高易引起肥胖、高脂血症、冠心病，甚至影响寿命，因此，脂肪摄入量应限制在占总热量的
   A. 10%以下
   B. 20%以下
   C. 30%以下
   D. 40%以下
   E. 50%以下

二、简答题

1. 单纯性肥胖可与哪些继发性肥胖相鉴别？
2. 肥胖症评估应采用哪些人体测量学指标？

三、案例分析题

患者，男性，45岁。身高175 cm，体重110 kg。近10年体重逐渐增加，尤其是近5年体重增加迅速。平时食欲旺盛，偏好高热量食物，如油炸食品、快餐及含糖饮料。近1年，患者感到上楼梯时气喘明显，容易疲劳，且伴有关节疼痛，特别是膝关节和踝关节疼痛。曾尝试控制饮食和增加运动量，但效果不佳。体格检查：BP 140/90 mmHg，体型肥胖，腹部膨隆，无皮下出血点，心肺检查未见异常，腰围100 cm，臀围110 cm。辅助检查：体重指数（BMI）36 kg/m²。MRI检查示肝、脾、胰及皮下脂肪层厚度增加，尤其是腹部皮下脂肪堆积明显。生化检查：血糖正常，总胆固醇偏高，甘油三酯正常。骨密度+全身体脂测定结果提示全身脂肪含量远高于正常人群。

请回答：
（1）该患者的诊断及诊断依据是什么？
（2）针对该患者的具体情况，提出合理的治疗方案。

（张晓丹）

第四十九章 痛风

第四十九章数字资源

学习目标

1. 知识：说出痛风的病因、主要特征、临床表现、诊断依据和治疗原则，列举痛风需要与哪些疾病相鉴别，解释痛风的发病机制，分析辅助检查的临床意义。

2. 能力：完成病史采集和体格检查，运用病史、体格检查及辅助检查结果对本病做出初步诊断，根据病情拟定防治方案。

3. 素养：认识到痛风是一种需要长期管理的慢性病，培养"预防为主、综合干预"的健康理念。能向公众普及痛风及高尿酸血症的防治知识，纠正错误观念，提升公众对疾病的认知水平，助力降低群体发病风险。理解痛风作为代谢性疾病对公共卫生的影响（如发病率上升带来的医疗负担），具备参与健康促进活动（如社区义诊、科普讲座）的意愿和能力。主动关注痛风相关的权威科普平台、医学期刊或学术会议，不断更新知识储备，适应疾病防治的新需求。

案例 7-49-1

患者，男性，49岁，因反复跖趾关节肿痛3年，加重1h就诊。患者发病前曾进食海鲜，同时大量饮酒。既往有高血压病史，未规律治疗。有高尿酸血症、高脂血症病史。体格检查：BP 190/100 mmHg，肥胖体型，右足第一跖趾关节红、肿、皮温高、压痛明显、活动明显受限。实验室检查：血 WBC 13×10^9/L，N 82%，ESR 33 mm/h，血尿酸 588 μmol/L。

问题与思考：
1. 初步诊断和诊断依据是什么？应与哪些疾病相鉴别？
2. 为明确诊断，需要进一步做哪些检查？
3. 治疗原则是什么？

痛风（gout）是嘌呤代谢紊乱和（或）尿酸排泄障碍引起血尿酸增高的一组代谢性疾病。临床上主要表现为高尿酸血症、急性关节炎反复发作、痛风石形成、间质性肾炎、尿酸性肾结石，严重者呈关节畸形及功能障碍。我国痛风患病率呈逐年上升趋势，男性高于女性，城市高于农村，沿海高于内陆。发病年龄趋于年轻化。痛风分为原发性和继发性两类。原发性痛风男性多见，与遗传有关，与原发性高血压、肥胖症、糖尿病等关系密切。继发性痛风可因肾病、血液病等疾病，或药物、高嘌呤饮食等引起。本章只讨论原发性痛风。

【病因与发病机制】

（一）尿酸生成增多

尿酸生成增多在痛风患者中所占比例不足10%。尿酸是嘌呤代谢的最终产物，嘌呤由食物及机体内源性产生。嘌呤的代谢缺陷是导致尿酸生成增多的原因。

（二）尿酸排泄减少

尿酸排泄减少是导致高尿酸血症的重要因素。正常情况下，尿酸约2/3通过肾排泄。80%~90%的痛风患者有尿酸排泄障碍。

（三）痛风的发生

原发性痛风由遗传因素和环境因素共同致病，绝大多数为尿酸排泄障碍，临床上5%~15%高尿酸血症患者发展为痛风。急性关节炎是由于尿酸盐结晶沉积引起炎症反应。长期尿酸盐结晶沉积致使单核细胞、上皮细胞和巨噬细胞浸润，形成痛风石。

知识链接

高尿酸血症对多脏器损害的机制

高尿酸血症可引起多个脏器损害，机制包括：促进氧自由基生成、损伤血管内皮细胞、上调内皮素并下调一氧化氮合酶的表达，导致血管舒缩功能失调；引起LDL-C氧化修饰，导致动脉粥样硬化；损害线粒体、溶酶体功能，引起肾小管上皮细胞和心肌细胞凋亡等；激活肾素-血管紧张素-醛固酮系统，导致血管重构器官受损；促进炎性反应，导致血小板聚集黏附。

【临床表现】

痛风多见于体型肥胖的中老年男性及绝经后的妇女，近些年发病有年轻化趋势，男性占95%以上。

（一）自然病程

1. **无症状期** 仅有血尿酸间断性或持续性升高，可数年后出现症状或终身无症状。

2. **急性关节炎** 反复发生的急性关节炎是痛风的典型表现，诱因常见为饮酒、高蛋白饮食、高嘌呤饮食、过度疲劳、关节局部损伤、应用利尿药、化疗等；起病急骤，夜间尤甚；多为下肢远端单关节受累，表现为红、肿、热、痛和功能障碍，最易受累的关节是单侧第一跖趾关节，其他依次为踝、膝、腕、指、肘等关节；可伴高尿酸血症，但部分患者急性发作时血尿酸水平正常；关节液或皮下痛风石抽吸物中发现双折光的针形尿酸盐结晶是确诊本病的依据。除关节炎表现外，患者可伴发热、白细胞计数升高等全身症状。发作常呈自限性，多在2周内自然缓解。秋水仙碱可迅速缓解症状。

3. **间歇期** 间歇期是指两次急性发作之间的无症状期。

4. **痛风石及慢性关节炎** ①痛风石：是痛风的特征性损害，典型部位在耳郭，除此以外，常见于跖趾、指间、掌指、鹰嘴、跟腱等处，是尿酸盐结晶局部沉积而形成结节的一种慢性异物样反应，呈黄白色大小不等的隆起，初期质软，后期坚硬如石，严重时可发生破溃，有白色糊状的尿酸盐漏出，且溃疡不易愈合，但继发感染少见。②慢性关节炎：常为多关节受累，多见于关节远端，为非对称性。关节内大量沉积的痛风石可造成关节骨质破坏、关节周围组织纤维化、继发退行性改变等，临床表现为持续关节肿痛、压痛、畸形、功能障碍。

（二）肾损害

肾损害起病隐匿，早期仅有间歇性蛋白尿，随着病情的发展，而呈持续性蛋白尿，伴有肾浓缩功能受损时夜尿增多，晚期可发生肾功能不全，出现水肿、高血压、血尿素氮和肌酐升高。10%~25%的痛风患者肾有尿酸结石，呈泥沙样，常无症状，结石较大者可发生肾绞痛、血尿。当结石引起梗阻时，导致肾积水、肾盂肾炎、肾积脓或肾周围炎，感染可加速结石的增长和肾实质的损害。纯尿酸结石能被X线透过而不显影，所以对尿路平片阴性而B超阳性的肾结石患者应常规检查血尿酸并分析结石的性质。当大量尿酸盐结晶堵塞肾小管、肾盂、输尿管时，患者可突然出现少尿、无尿，可进展为急性肾衰竭。

（三）痛风与代谢综合征

痛风常与代谢综合征伴发，可明显加重动脉粥样硬化的发展，使心肌梗死、脑卒中的发生率显著升高。痛风常与高血压、糖尿病伴发。

 痛风的临床表现。

【辅助检查】

（一）血液尿酸测定

成年男性血尿酸值为 208～416 µmol/L；女性为 149～358 µmol/L，绝经后接近男性。血尿酸波动较大，应反复测定。

（二）尿液尿酸测定

正常限制嘌呤饮食 5 d 后，尿酸排出量每日超过 357 µmol/L，可确定为尿酸生成增多。

（三）关节滑囊液或痛风石检查

关节腔穿刺抽取滑囊液或痛风石活检或穿刺结节内容物检查，在偏振光显微镜下，见有双折光现象的针形尿酸盐结晶。

（四）X 线检查

急性关节炎期可见非特征性软组织肿胀影。慢性期或反复发作后，可见软骨缘破坏，关节面不规则，特征性改变为圆形或不规则的穿凿样、虫蚀样或圆形透亮缺损。

（五）超声检查

关节超声检查可见双轨征或不均匀低回声与高回声混合团块影。

（六）CT 检查

双能 CT 扫描能识别尿酸盐结晶，可辅助诊断痛风，但需注意假阳性。

【诊断与鉴别诊断】

（一）诊断

正常膳食状态下，非同日 2 次检测空腹血尿酸，男性和绝经后女性血尿酸＞420 µmol/L、绝经前女性血尿酸＞360 µmol/L 可诊断为高尿酸血症。

中老年男性，病程中出现特征性关节炎发作或尿酸性结石引起肾绞痛表现，且伴有高尿酸血症者应考虑痛风。急性关节炎期，秋水仙碱治疗迅速缓解症状，是诊断本病的重要依据。

 痛风的诊断。

（二）鉴别诊断

1. 丹毒与蜂窝织炎　丹毒与蜂窝织炎患者有畏寒、发热等全身中毒症状，血白细胞计数升高更明显，局部主要是软组织肿胀，关节痛不明显，也无血尿酸升高。

2. 急性风湿性关节炎　急性风湿性关节炎患者有 A 族溶血性链球菌感染史，起病前有咽炎或扁桃体炎，青少年多见。病变主要侵犯大关节，表现为对称性、游走性关节炎，常伴心脏瓣膜疾病、心肌炎、环形红斑、皮下结节等表现，抗链球菌溶血素 O（ASO）升高，而血尿酸正常，水杨酸制剂治疗有效。

3. 类风湿关节炎　类风湿关节炎主要与慢性期的痛风相鉴别。类风湿关节炎患者多为中老年女性，以手关节病变为主，对称分布，血尿酸通常不高，大多数患者类风湿因子阳性，关节液中无尿酸盐结晶，X线摄片示骨质普遍疏松，关节间隙变窄，有骨侵蚀表现，与痛风的穿凿样缺损有明显区别。

【治疗】

（一）防治目标

原发性痛风是一种终身疾病，目前不能根治，只能根据疾病的不同阶段采取不同的治疗措施。其目标是：控制高尿酸血症，预防尿酸盐沉积；迅速终止急性关节炎发作；防止尿酸结石和肾功能损害，提高生命质量。

（二）非药物治疗

避免摄入高嘌呤食物，限制饮酒；注意足量饮水（每日饮水量在2000 ml以上），积极治疗相关疾病等。

（三）急性发作期治疗

迅速、有效、彻底终止发作，可以减轻患者的痛苦，防止转成慢性。除卧床休息外，应迅速使用药物治疗。

1. 秋水仙碱　秋水仙碱可抑制白细胞趋化、增殖、吞噬尿酸，为急性期首选药物，48 h内用药效果较好。首次剂量1 mg，以后每1~2 h 0.5 mg，24 h总量不超过6 mg，出现恶心、呕吐、腹泻或疼痛缓解后停药。一般用药6~12 h症状减轻，约90%患者在24~48 h内症状完全缓解，缓解后用量0.5~1.0 mg，每日2~3次，以控制疼痛的严重程度。

2. 非甾体抗炎药　非甾体抗炎药效果不如秋水仙碱，但较温和。常用药物有吲哚美辛、布洛芬、依托考昔等。禁止同时使用两种或两种以上非甾体抗炎药。

3. 糖皮质激素　如应用非甾体抗炎药、秋水仙碱治疗无效或禁忌，可短期中、小剂量应用糖皮质激素。口服、肌内注射、静脉注射均可，也可关节腔注射。停药后症状易反跳。

4. 促进尿酸排泄及抑制尿酸合成的药物　应暂缓使用促进尿酸排泄及抑制尿酸合成的药物。

（四）间歇期或慢性期治疗

间歇期或慢性期的治疗目的是控制血尿酸在正常水平，保护已损害的脏器功能。痛风患者及高尿酸血症患者建议控制目标是血尿酸< 360 μmol/L，并终身保持；对于有痛风石、慢性痛风性关节炎，或痛风性关节炎频繁发作的患者，治疗目标为血尿酸< 300 μmol/L，但不建议降至180 μmol/L以下。

1. 促进尿酸排泄药　其机制是抑制肾小管对尿酸的再吸收，适用于肾功能尚好的高尿酸血症期、发作间歇期及慢性期患者。

（1）苯溴马隆：25~100 mg，每日1次。该药副作用小，一般不影响肝功能、肾功能，可出现胃肠道反应、过敏性皮炎、发热等。

（2）丙磺舒：开始剂量为0.25 g，每日2次，2周后逐渐增加剂量，最大剂量不超过每日2 g，对磺胺类药过敏者禁用。

2. 抑制尿酸合成药　抑制黄嘌呤氧化酶，阻断黄嘌呤转化为尿酸。

（1）别嘌醇：每次0.1 g，每日2~4次，逐渐增加剂量，最大剂量为600 mg/d。肾功能不全者可减半量应用。待血尿酸降至360 μmol/L以下，可减至最小剂量或使用别嘌醇缓释片250 mg/d，与排尿酸药物合用效果更好。副作用可见皮疹、胃肠道刺激、发热、肝损害及骨髓抑制、皮肤过敏等。严重者可发生致死性剥脱性皮炎等超敏反应综合征。

（2）非布司他：初始剂量为20~40 mg/d，2~5周后如血尿酸不达标，逐渐加量，最大剂量为

80 mg/d。因其主要通过肝清除,在肾功能不全和肾移植患者中具有较高的安全性。不良反应包括肝功能损害、恶心、皮疹等。

3. **碱性药物** 碳酸氢钠可碱化尿液,使尿酸不易在尿中积聚形成结晶,成人口服 3~6 g/d。注意长期大量服用可导致代谢性碱中毒,并引起水肿。

(五) 手术治疗

必要时通过外科手术剔除痛风石,对变形关节进行矫形等。

 痛风急性期和间歇期治疗。

【预后】

痛风是一种慢性严重疾病,不能治愈,但可有效地治疗。

自 测 题

一、选择题

1. 患者,男性,50 岁。突发左足关节肿痛,活动受限。体格检查:左足第一跖趾关节明显红、肿、有压痛。辅助检查:尿酸 430 μmol/L。痛风不会出现的是
   A. 急性关节炎　　　　　　　　B. 关节镜见痛风石
   C. 骨质疏松　　　　　　　　　D. 痛风性肾病
   E. 代谢综合征

2. 患者,男性,45 岁,肥胖体型,反复多关节肿痛 15 年,大量饮啤酒或进食海鲜后易诱发。体格检查:手指关节和左耳郭见数枚白色粟粒大小结节。其产生的原因是
   A. 风湿性肉芽肿　　B. 磷酸盐沉着　　C. 骨赘形成
   D. 尿酸盐沉着　　　E. 软骨增生

(3~4 题共用题干)

患者,男性,60 岁,既往有高血压、糖尿病病史,长期服用抗高血压药、降血糖药。近期出现左足第一跖趾关节肿痛,伴有低热。体格检查见局部红、肿、皮温升高。

3. 对该患者的诊断最有帮助的检查是
   A. 血尿酸测定　　　B. 血常规　　　　C. 尿常规
   D. 血糖测定　　　　E. 肾功能检查

4. 若患者血尿酸水平显著升高,现阶段首选的治疗药物是
   A. 糖皮质激素　　　　　　　　B. 秋水仙碱
   C. 别嘌醇　　　　　　　　　　D. 非甾体抗炎药
   E. 碳酸氢钠

二、简答题

1. 痛风性关节炎急性期临床特点是什么?
2. 痛风性关节炎慢性期治疗药物有哪些?

三、案例分析题

患者,男性,65岁,退休教师,有原发性高血压病史10年,长期服用氢氯噻嗪控制血压。近2 d患者右足第一跖趾关节出现红、肿、热、痛、活动受限,疼痛呈波动性,夜间加重。体格检查见右足第一跖趾关节红、肿明显,皮温升高,触痛显著。

请回答:

(1)该患者的初步诊断是什么?

(2)针对该患者目前的情况,请制定治疗原则。

(张晓丹)

第五十章　腺垂体功能减退症

第五十章数字资源

学习目标

1. 知识：说出腺垂体功能减退症的病因、临床表现、诊断依据及靶腺激素替代治疗的原则，列举腺垂体功能减退症需与哪些疾病相鉴别，分析腺垂体功能减退症辅助检查的临床意义。

2. 能力：完成病史采集和体格检查，运用患者症状、体征、辅助检查等临床资料完成对腺垂体功能减退症的初步诊断，根据病情拟定治疗方案并正确评估预后。

3. 素养：培养严谨求实的科学精神，认识到腺垂体功能减退症的复杂性，在学习和实践中注重证据收集，不盲目下结论，尊重科学规律。增强职业责任感，意识到激素替代治疗的规范性直接影响患者的生活质量和生命安全，在学习和工作中严格遵守诊疗规范，对患者的健康负责。树立以患者为中心的理念，理解腺垂体功能减退症患者因激素紊乱可能出现的生理不适（如体力下降、性功能障碍）和心理压力（如焦虑、自卑），学会尊重患者隐私，给予其充分的心理支持和情感关怀。

案例 7-50-1

患者，女性，37岁，5年前分娩时失血过多伴晕厥，产后无乳汁，闭经2~3年，伴怕冷、乏力、食欲减退、嗜睡、体位性头晕，餐前经常手抖、心悸、饥饿感。体格检查：T 36.5 ℃，P 60 次/分，R 16 次/分，BP 80/60 mmHg。神志清楚，消瘦，声音低哑，反应迟钝，毛发稀疏，腋毛、阴毛脱落。双侧乳房萎缩，双肺呼吸音清，未闻及干啰音、湿啰音。腹平软，双下肢无水肿。实验室检查：血糖 4.0 mmol/L，血皮质醇、雌二醇均低，FSH、LH 水平低于正常。

问题与思考：

1. 该患者的初步诊断和诊断依据是什么？
2. 如何为该患者施行雌孕激素替代治疗的人工周期？

腺垂体功能减退症（anterior pituitary hypofunction）又称垂体前叶功能减退症，指各种原因损伤下丘脑、下丘脑-垂体通路或垂体所致的腺垂体全部或部分受损，表现为腺垂体激素分泌减少，可以是单种激素减少，也可以是多种垂体激素同时缺乏。腺垂体功能减退症可原发于垂体病变，或继发于下丘脑病变，表现为甲状腺、肾上腺、性腺等靶腺功能减退。临床症状变化较大，可长期延误诊断，但补充所缺乏的激素治疗后症状可迅速缓解。生育后妇女因产后腺垂体缺血性坏死所致者称为希恩综合征（Sheehan syndrome），又称席汉综合征。

【病因与发病机制】

(一) 原发性

1. 先天遗传　腺垂体激素合成障碍可有基因遗传缺陷，如垂体先天发育缺陷、胼胝体及前联合发生异常、漏斗部缺失、转录因子突变。

2. 垂体瘤　为垂体瘤成人发病最常见的原因。腺瘤增大，可压迫正常垂体组织，使其功能减退或功能亢进，与垂体功能减退症合并存在。垂体也可为其他癌的转移部位。

3. 垂体缺血性坏死　如产后引起大出血、休克、血栓形成，使腺垂体大部缺血坏死和纤维化。糖尿病血管病变使垂体供血障碍也可导致垂体缺血性坏死。

4. 垂体创伤或医源性损伤　严重颅脑创伤所致颅底骨折、损毁垂体柄和垂体门静脉血液供应等可引起垂体功能减退症。此外，垂体瘤手术、鼻咽部或蝶鞍区的放射治疗也可直接损伤垂体，引起垂体功能减退症。

5. 垂体感染性疾病或免疫性病变　如脑炎、脑膜炎、流行性出血热、梅毒或疟疾可引起垂体组织炎症，免疫性病变如自身免疫性垂体炎均可损伤垂体，引起腺垂体功能减退症。

6. 垂体卒中　常见垂体瘤内突然出血、瘤体增大压迫正常垂体组织或邻近神经组织，呈现急症危象。

7. 其他　全身性疾病如营养不良、白血病、淋巴瘤，空泡蝶鞍、海绵窦处颈内动脉瘤或血栓形成等引起腺垂体功能减退症。

(二) 继发性

1. 垂体柄破坏　如手术、创伤、肿瘤。

2. 下丘脑病变　如肿瘤、炎症、浸润性病变（如淋巴瘤、白血病）、肉芽肿（如结节病）、糖皮质激素长期治疗和营养不良。

【临床表现】

临床表现与垂体病变发生的快慢和范围有关，可以仅呈亚临床表现，也可以危象发病，甚至危及生命。一般认为，50%以上腺垂体组织破坏后才有症状，75%以上破坏时症状明显，达95%以上时，临床症状比较严重。腺垂体功能容易受累的顺序是生长激素（GH）、催乳素（PRL）、促性腺激素（Gn）、促甲状腺激素（TSH）、促肾上腺皮质激素（ACTH）。一些病因仅累及腺垂体功能，如希恩综合征；而另一些病因，如垂体及鞍旁肿瘤引起者则除有腺垂体功能减退症外，还伴有视野缺损、眼外肌麻痹、头痛等占位性病变的症状或体征。生长激素缺乏在成人表现为胰岛素敏感和低血糖，而在儿童可引起侏儒症。腺垂体功能减退症主要表现为各靶腺（性腺、甲状腺、肾上腺）功能减退。

(一) 性腺（卵巢、睾丸）功能减退

女性有产后大出血、休克、昏迷病史，产后无泌乳，月经不再来潮，性欲减退，不孕，阴道分泌物减少，外阴、子宫和阴道萎缩，阴道炎，性交痛，毛发脱落，尤以阴毛、腋毛为甚等。成年男子性欲减退，阳痿，睾丸松软、缩小、缺乏弹性，胡须、阴毛、腋毛稀少，无男性气质、肌力减弱、皮脂分泌减少、骨质疏松等。

(二) 甲状腺功能减退

患者怕冷、易疲劳、记忆力减退、反应迟钝、嗜睡、精神抑郁、便秘、心率变慢、心电图低电压。严重者出现精神失常，有幻觉、妄想、木僵。不同于原发性甲状腺功能减退症，皮肤粗糙、黏液性水肿少见。

(三) 肾上腺皮质功能减退

由于ACTH缺乏，皮质醇减少，患者常感到疲乏、软弱无力、体重减轻、食欲减退、恶心、呕吐、血压偏低。对胰岛素敏感，可出现低血糖，伴有生长激素缺乏时，出现严重的低血糖发作。与原发性肾上腺皮质功能减退症不同的是，本病由于缺乏黑素细胞刺激素，故有皮肤色素减退，面色苍白，乳晕色素浅淡，而原发性肾上腺皮质功能减退症则表现为皮肤色素加深。

（四）腺垂体功能减退症危象（简称垂体危象）

在全垂体功能减退症的基础上，各种应激如感染、败血症、腹泻、呕吐、失水、饥饿、受寒、过度疲劳、急性心肌梗死、脑血管意外、手术、外伤、麻醉及使用镇静药、催眠药、降血糖药等均可诱发垂体危象。主要引起消化系统、循环系统和神经精神方面的症状，包括高热、循环衰竭、休克、恶心、呕吐、头痛、神志不清、谵妄、抽搐及昏迷等。根据其主要症状，可分为：①高热型（体温＞40 ℃）；②低温型（体温＜30 ℃）；③低血糖型；④低血压、循环衰竭型；⑤水中毒型；⑥混合型。

 腺垂体功能减退症及垂体危象的临床表现。

【辅助检查】

（一）一般检查

（1）空腹血糖偏低，易出现低血糖症。

（2）血清钠、氯可偏低，血钾大多正常。

（二）内分泌功能检查

1. 腺垂体功能测定　促卵泡激素（FSH）、黄体生成素（LH）、TSH、ACTH、PRL及GH血浆低于正常。如需了解腺垂体贮备功能或鉴别病变部位，可做相关兴奋试验，如TRH兴奋试验、GnRH兴奋试验。

2. 靶腺功能测定

（1）性腺功能测定：女性有血雌二醇水平降低，没有排卵及基础体温改变，阴道涂片未见雌激素作用的周期性改变；男性见血睾酮水平降低或正常低值，精液检查精子数量减少，形态改变，活动度差，精液量少。

（2）肾上腺皮质功能测定：24 h尿17-羟皮质醇及游离皮质醇低于正常，但节律正常，ACTH兴奋试验呈延迟反应。

（3）甲状腺功能测定：基础代谢率降低，大多在20%以下。血清总T_4、游离T_4均降低，而总T_3、游离T_3可正常或降低。

【诊断与鉴别诊断】

（一）诊断

有典型的性腺、甲状腺和肾上腺皮质等多靶腺功能减退的症状和体征，同时具有实验室检查依据，结合相关病史，诊断比较容易。少数患者早期症状不典型，或者3种靶腺功能减退发展不平衡，则诊断较为困难。视野检查必不可少。推荐垂体检查以磁共振成像检查为首选。

（二）鉴别诊断

1. 原发性靶腺功能减退　尤其是一种垂体激素分泌减退时，需要与靶腺功能原发性减退相鉴别。

2. 多内分泌腺功能减退症　其主要表现为靶腺激素水平低，而垂体激素促激素水平升高。患者有多种内分泌腺功能减退的表现，但病因不在垂体。鉴别时，可行ACTH兴奋试验、TSH兴奋试验等，垂体功能减退症患者往往有延迟反应。

3. 慢性消耗性疾病或神经性厌食　前者有原发疾病的表现，后者有精神因素。

【治疗】

（一）一般治疗

患者宜摄入高热量、高蛋白、富含维生素饮食，适当增加食盐的摄入量，生活要有规律，注意保暖，预防感染，避免过度劳累及精神刺激。禁用或慎用吗啡等镇痛药、巴比妥类等催眠药、氯丙嗪等中枢神经抑制药及各种降血糖药，以免诱发垂体危象。

（二）病因治疗

腺垂体功能减退症可由多种原因引起，应针对病因治疗，尤其是肿瘤患者，可采用手术、放疗和化疗等措施。对于鞍区占位性病变，首先必须解除压迫及破坏作用，减轻和缓解颅内高压的症状，提高生活质量。对于出血、休克而引起缺血性垂体坏死，关键在于预防，加强产妇围生期的监护，及时纠正产科病理状态，应尽早明确诊断，及时进行激素替代治疗。

（三）靶腺激素替代治疗

腺垂体功能减退症采用相应靶腺激素替代治疗，能取得满意的效果，如改善精神和体力活动，改善全身代谢及性功能，防治骨质疏松，但需要长期、甚至终身维持治疗。应激情况下需要适当增加糖皮质激素的剂量。所有替代治疗宜经口服给药。

1. 肾上腺皮质激素　泼尼松 5～7.5 mg/d 或氢化可的松 20～30 mg/d 或醋酸可的松 25～37.5 mg/d，在清晨睡醒时服全日量的 2/3，下午 4 时前服余下的 1/3。如遇应激情况（如感染、手术、创伤、分娩），应将用量临时加大 2～3 倍。治疗过程中应先补给糖皮质激素，然后再补充甲状腺激素，以防肾上腺危象的发生。一般不必补充盐皮质激素。

2. 甲状腺激素　一般在糖皮质激素服用 3～5 d 后开始使用，常用左甲状腺素 50～150 μg/d。对于老年人、冠心病、骨密度低的患者，治疗原则为甲状腺激素宜从小剂量开始，并缓慢递增剂量。

3. 性激素　中年以上妇女，可不用或小剂量应用性激素。年龄较轻者，可行雌孕激素替代的人工周期：第一个疗程每晚睡前服己烯雌酚 0.5～1.0 mg，连用 20 d，于服药第 16 日起，每日加用肌内注射黄体酮 10～20 mg 或口服甲羟黄体酮 4～8 mg，连续 5 d，停药后 3～5 d 可有月经出现。该方法可维持第二性征和性功能。第二个疗程于月经停止后按上述方法重复治疗。对于男性患者，常给予十一酸睾酮，每次 40 mg，每日 2～3 次，饭后口服，有利于改善男性性功能。可疑或确诊前列腺癌者禁用。

（四）垂体危象的处理

给予静脉注射 50% 葡萄糖溶液 40～60 ml 以抢救低血糖，继而补充 10% 葡萄糖盐水，每 500～1000 ml 中加入氢化可的松 50～100 mg 静脉滴注，以解除急性肾上腺功能减退危象。有循环衰竭者按休克原则治疗，有感染败血症者应积极抗感染治疗，有水中毒者主要应加强利尿，可给予泼尼松或氢化可的松。低温与甲状腺功能减退有关，可给予小剂量甲状腺激素，并用保暖毯逐渐加温。禁用或慎用麻醉药、镇静药、催眠药或降血糖药等。

 靶腺激素替代治疗原则。

【预后】

腺垂体功能减退症患者死亡率为正常人的 2 倍以上，但只要诊断及时，相应缺乏激素一经补充后症状可迅速改善和缓解。

自 测 题

一、选择题

1. 腺垂体功能减退症常先出现
   A. 皮肤色素沉着
   B. 溢乳 - 闭经
   C. 继发性糖尿病
   D. 产后无乳汁，长期闭经、不孕
   E. 体位性头晕、低血压

2. 腺垂体功能减退症最常见的病因是
   A. 下丘脑病变
   B. 各种垂体肿瘤
   C. 原发性空泡蝶鞍综合征
   D. 糖尿病血管病变
   E. 颅内感染后遗症

3. 对诊断腺垂体功能减退症无意义的是
   A. 甲状旁腺激素测定
   B. 甲状腺素测定
   C. 性腺激素测定
   D. 皮质醇测定
   E. 泌乳素测定

4. 患者，女性，27岁，因患"希恩综合征"入院医治。激素替代治疗应选用的方案是
   A. 补充甲状腺激素宜先于糖皮质激素
   B. 补充糖皮质激素宜先于甲状腺激素
   C. 仅需补充糖皮质激素
   D. 仅需补充甲状腺激素
   E. 甲状腺激素与糖皮质激素同时大剂量补充

5. 患者，女性，35岁。乏力、虚弱、食欲减退、消瘦1年，伴闭经、阴毛及腋毛脱落，无皮肤、黏膜色素沉着，时有餐前饥饿感。实验室检查：$FT_3\downarrow$，$FT_4\downarrow$，TSH↓，空腹血糖2.68 mmol/L，诊断应考虑为
   A. 甲状腺功能亢进症
   B. 甲状腺功能减退症
   C. 腺垂体功能减退症
   D. 肾上腺皮质功能减退症
   E. 慢性消耗性疾病

（6~7题共用题干）

患者，女性，32岁，2年前分娩时失血过多伴晕厥，产后无乳汁，闭经1年余，伴怕冷、乏力、体位性头晕，餐前经常有心悸、饥饿感。体格检查：消瘦，声音低哑，毛发稀疏，双乳房萎缩，BP 80/50 mmHg，血糖3.0 mmol/L，血皮质醇、雌二醇均低。B超显示子宫体积小。

6. 本例患者最可能的临床诊断是
   A. 艾迪生病（Addison disease）
   B. 卵巢功能早衰
   C. 原发性性腺功能减退症
   D. 黏液性水肿
   E. 希恩综合征

7. 为纠正患者内分泌功能减退，最理想的治疗方法是
   A. 靶腺激素替代
   B. 应用促激素刺激靶腺
   C. 应用促激素释放激素
   D. 抑制靶腺激素的拮抗激素
   E. 补充靶腺激素所调节的物质

（8~9题共用题干）

患者，女性，42岁。乏力、面色苍白20年。感冒后出现恶心、呕吐1周，意识模糊1d。体格检查：BP 90/60 mmHg，血钠125 mmol/L，血钾4.0 mmol/L。眉毛外1/3、阴毛、腋毛脱落。

8. 有助于明确诊断的实验室检查，不包括的是
   A. GH、PRL测定　　　　　　　　　B. FSH和LH测定
   C. ADH测定　　　　　　　　　　　D. ACTH和皮质醇测定
   E. TSH测定
9. 本例患者最可能的临床诊断是
   A. 甲状腺危象　　　B. 黏液性水肿昏迷　　　C. 垂体危象
   D. 低血糖昏迷　　　E. 休克

二、简答题

1. 腺垂体功能减退症有哪些临床表现？
2. 垂体危象有哪些临床表现？
3. 腺垂体功能减退症靶腺激素替代治疗的原则是什么？

三、案例分析题

患者，女性，38岁，10年前分娩时出现大出血，分娩后出现无泌乳，闭经，食欲减退，怕冷，面色苍白，毛发脱落。体格检查：T 36.7 ℃，P 58次/分，R 15次/分，BP 85/60 mmHg。神志清楚，消瘦，声音低哑，反应迟钝，毛发稀疏，腋毛、阴毛脱落。双乳房萎缩，双肺呼吸音清，未闻及干啰音、湿啰音。腹平软，双下肢无水肿。实验室检查：血糖3.2 mmol/L。

请回答：
（1）本例患者的初步诊断是什么？
（2）为进一步明确诊断，还需做哪些检查？

（王丽红）

第五十一章　骨质疏松症

第五十一章数字资源

学习目标

1. 知识：说出骨质疏松症的病因、主要特征、临床表现、诊断依据和治疗原则，列举骨质疏松症需要与哪些疾病相鉴别，解释骨质疏松症的发病机制，分析辅助检查的临床意义。

2. 能力：完成病史采集和体格检查，运用病史、体格检查及辅助检查结果对本病做出初步诊断，根据病情拟定防治方案。

3. 素养：关注骨质疏松症的公共卫生意义（如老年骨质疏松性骨折对家庭和社会的负担），主动参与科普宣传、社区筛查等公益活动，助力降低疾病的社会危害。关注不同群体的需求差异，如对绝经后女性强调激素水平变化的影响，对青少年强调峰值骨量积累的重要性，避免"一刀切"的健康宣教。理解不同地区、不同经济水平人群在骨质疏松症防治中的差异（如农村地区营养不足、医疗资源匮乏等问题），培养关注弱势群体的意识。

案例 7-51-1

患者，女性，79岁，因跌倒后右髋部疼痛6 d就诊。患者于6 d前跌倒受伤，导致右髋部持续性胀痛，伴右髋关节活动障碍、行走困难，自行口服镇痛药效果不佳。右髋部疼痛加重，遂住院治疗。体格检查：骨盆挤压、分离试验（−）；右髋部稍肿胀，伴深压痛，伴轴向叩击痛，右髋关节疼痛、活动受限，右下肢外旋并较左下肢短缩约1 cm。全骨盆CT示：①右侧股骨颈头下型骨折；②双侧骶髂关节、髋关节退行性变；③骨盆各组成骨骨质疏松。

问题与思考：

1. 初步诊断和诊断依据是什么？应与哪些疾病相鉴别？
2. 为明确诊断，需要进一步做哪些检查？
3. 治疗原则是什么？

骨质疏松症（osteoporosis，OP）是一类以骨量低下、骨组织微结构破坏，导致骨强度降低、骨折危险性增高为特征的全身性疾病。骨质疏松症根据病因可分为原发性和继发性两大类。原发性骨质疏松症已成为中、老年常见的疾病之一，是骨质疏松症最常见的类型（80%以上），可分为Ⅰ型：绝经妇女骨质疏松症（postmenopausal osteoporosis，PMOP），一般发生于女性绝经后5~10年内；Ⅱ型：老年性骨质疏松症，见于70岁以上的老年人。继发性骨质疏松症有明确的病因，主要由内分泌疾病、血液病、肿瘤等各种不同的原发病或药物所致。特发性骨质疏松症主要发生在青少年，病因尚未明确。

【病因与发病机制】

骨质疏松症的病因与发病机制极为复杂,至今尚未明确,但考虑与骨吸收和骨形成失衡、骨质量下降等因素,以及高龄和某些不良的生活方式(如吸烟、制动、体力活动过少、酗酒、长期卧床、光照减少等)有关。老年性骨质疏松症还与蛋白质摄入不足、营养不良和肌肉功能减退相关,药物方面如长期服用糖皮质激素也可导致骨质疏松症的发生。凡是使骨吸收增加和(或)骨形成减少的因素都会导致骨丢失和骨质量下降,骨脆性增加,直至发生骨折。

(一)骨吸收因素

1. **性激素缺乏** 人体在性成熟后骨的代谢主要以骨重建的形式进行。更年期后的女性由于有雌激素缺乏,破骨细胞功能增强,骨丢失加速,这是绝经妇女骨质疏松症的主要病因;而雄激素缺乏在老年性骨质疏松症的发病中也起到重要作用。

2. **活性维生素 D 缺乏和甲状旁腺素(PTH)增高** 由于高龄和肾功能减退等因素导致肠道钙吸收和 $1,25(OH)_2D_3$ 生成减少,PTH 呈代偿性分泌增多,导致骨转换率加速和骨丢失。

3. **细胞因子表达紊乱** 骨组织的白细胞介素 IL-1、IL-6 和肿瘤坏死因子(TNF)增高,而护骨因子减少,导致破骨细胞活性增强以及骨吸收增加。

(二)骨形成因素

1. **峰值骨量降低** 青春期是人体骨量增加最快速的时期,约在 30 岁达到峰值骨量(peak bone mass,PBM)。峰值骨量主要由遗传因素决定,并与种族、骨折家族史、瘦高体型等临床表象,以及营养、发育和生活方式等相关联。性成熟障碍致使峰值骨量降低,成年后发生骨质疏松症的可能性增加,发病年龄提前。达到峰值骨量后,骨质疏松症的发生主要取决于骨丢失的速度和量。

2. **骨重建功能衰退** 成骨细胞的功能与活性缺陷导致骨形成不足和骨丢失。这可能是老年性骨质疏松症的重要发病原因。

(三)骨质量下降

骨质量主要与遗传因素有关,包括骨的矿化程度、几何形态、微损伤累积、骨矿物质与骨基质的理化和生物学特性等。骨质量下降导致骨脆性增加和骨折风险增高。

【临床表现】

(一)症状

骨质疏松症起病缓慢,许多患者早期常无症状或仅有轻微症状,往往在骨折后才得到临床诊断。典型症状为疼痛、脊柱变形和易发生脆性骨折。

1. **疼痛** 患者可有腰背疼痛或周身骨痛。骨痛为弥漫性,无固定压痛点,负荷增加时疼痛加重或活动受限,严重时翻身、起坐及行走困难。常伴有乏力,尤其是劳累或活动后。

2. **脊柱变形** 骨质疏松症严重者可有身高缩短和驼背等,严重者会影响心肺功能。

3. **骨折** 低能量或非暴力(如轻微跌倒或因其他日常活动)导致的骨折为脆性骨折,如用力咳嗽所致骨折。发生脆性骨折的常见部位为脊柱(胸椎、腰椎)、髋部(股骨近端)、前臂远端和肱骨近端。脆性骨折发生过一次后,再发风险明显增高。

(二)并发症

髋部骨折患者因长期卧床,可导致骨丢失进一步加重,使骨折极难愈合,并且常因合并坠积性肺炎、压疮、心血管疾病或慢性衰竭而死亡;驼背和胸廓畸形者常伴心肺功能下降,极易并发上呼吸道感染和肺部感染。

 骨质疏松症的临床表现。

【辅助检查】

（一）生化检查

1. 一般检查　一般检查包括血常规、尿常规、肝功能、肾功能、血糖、血钙、尿钙、血磷及碱性磷酸酶、性激素、1,25-$(OH)_2D_3$ 和 PTH 等。

2. 骨转换生化标志物　骨转换生化标志物是由成骨细胞和破骨细胞活动而释放至血液和尿液中的骨基质成分，分为骨形成指标和骨吸收指标（表 7-51-1），它们及时并动态地反映整体骨转换率，对诊断代谢性骨病及分型、预测骨丢失和骨折的危险性、监测药物疗效等均有重要的意义。

表 7-51-1　骨转换生化标志物

骨形成指标	骨吸收指标
骨钙素（OC）	空腹 2 h 尿钙/肌酐比值
血清碱性磷酸酶（ALP）	血浆抗酒石酸酸性磷酸酶（TPACP）
骨源性碱性磷酸酶（BALP）	血 I 型胶原 C 端肽（S-CIX）
I 型前胶原 C 端前肽（P1 CP）	尿 I 型胶原 C 端肽（U-CTX）
I 型前胶原 N 端前肽（P1 NP）	尿 I 型胶原 N 端肽（U-NTX）
	尿吡啶啉（Pyr）
	尿脱氧吡啶啉（D-Pyr）

（二）骨密度测定

骨密度即骨矿密度，是目前诊断骨质疏松症、预测骨质疏松性骨折风险、监测自然病程及评价药物疗效的最佳定量指标。

双能 X 射线吸收法（dual energy X-ray absorptiometry，DXA）是目前国际学术界公认的骨密度检查方法，其测定值是骨质疏松症的诊断金标准。临床上常用的推荐测量部位是第 1~4 腰椎、股骨颈或全髋。

对绝经后女性及年龄 > 50 岁男性，使用 T 值作为判断标准，T 值 =（实测值 − 同种族同性别正常青年人峰值骨密度）/同种族同性别正常青年人峰值骨密度的标准差，T 值 ≤ −2.5 可诊断为骨质疏松。

对儿童、绝经前女性和年龄 < 50 岁男性，使用 Z 值作为判断标准，Z 值 =（骨密度测定值 − 同种族同性别同龄人骨密度均值）/同种族同性别同龄人骨密度的标准差。Z 值 < −2.0 为"低于同年龄段预期范围"或低骨量。

（三）X 线检查

X 线检查诊断骨质疏松症的敏感性和准确性较低，但可对骨质疏松症所致的骨折进行定性和定位诊断。胸椎、腰椎侧位 X 线检查可作为判定骨质疏松性椎体压缩性骨折的首选检查方法。

【诊断与鉴别诊断】

（一）诊断

骨质疏松症的诊断主要根据骨密度测量结果和（或）脆性骨折判断。

1. 基于骨密度测量的诊断　参照 WHO 推荐的诊断标准，双能 X 射线吸收法检测 T 值 ≥ −1.0 属正常；−2.5 < T 值 < −1.0 为骨量低下（骨量减少）；T 值 < −2.5 为骨质疏松症。当骨密度降低程度符合骨质疏松症诊断标准的同时，伴脆性骨折，为严重骨质疏松症。

2. 基于脆性骨折的诊断　符合以下三条之一者可诊断为骨质疏松症：①髋骨或椎体脆性骨折；

②双能X射线吸收法测定中轴骨骨密度或桡骨远端1/3骨密度T值≤-2.5；③骨密度测量符合骨量减少（-2.5＜T值＜-1.0）+肱骨近端、骨盆或前臂远端脆性骨折。

（二）评估骨折的风险

多数骨质疏松症早期不易察觉，往往在出现骨折等并发症时才会被患者重视，对健康产生严重危害。因此《原发性骨质疏松症诊疗指南（2022版）》强调对骨质疏松症及骨质疏松性骨折高危人群的早期筛查，提倡早诊断、早治疗，减少骨质疏松症带来的不良后果。

目前较常用的有骨折风险评估工具（fracture risk assessment tool，FRAT），该系统适用于未治疗的绝经后妇女和40岁以上的男性，以预测骨质疏松症患者未来10年发生脆性骨折的概率，并可确定进行预防骨折和再骨折治疗的时机。骨质疏松症的危险因素有：种族、增龄、性别、低体重、脆性骨折史、口服糖皮质激素史、双亲髋部骨折史、酗酒、过量饮用含咖啡的饮料、类风湿关节炎和继发性骨质疏松症等。

（三）鉴别诊断

诊断原发性骨质疏松症需首先排除继发性疾病引起的骨质疏松症，如原发性甲状旁腺功能亢进症、原发性甲状旁腺功能减退症、格雷夫斯病、多发性骨髓瘤、白血病、肾性骨营养不良、佝偻病和骨软化症。

【治疗】

原发性骨质疏松症强调早防早治，根据骨折风险分层予以长期、个体化、综合性治疗。治疗目的为缓解疼痛，提高骨密度，防止初次骨折及再次骨折，提高生活质量。

（一）一般治疗

1. 调整生活方式 如进食富含钙、低盐和适量蛋白质的均衡膳食；注意适当进行户外活动，充足日照；进行可承受且能够长期坚持的负重锻炼；避免嗜烟、酗酒；慎用影响骨代谢的药物。老年人应采取防止跌倒的各种措施。

2. 对症治疗 对于疼痛者，可给予适量非甾体抗炎药。对于骨畸形者，应采取局部固定或矫形措施防止骨畸形加剧。对于骨折者，应给予复位、牵引、固定或手术治疗，同时辅以理疗，以尽早恢复运动功能。

（二）药物治疗

药物治疗适用于已有骨质疏松症或已发生脆性骨折，或已有骨量减少并伴有骨质疏松症高危因素者。根据药物作用机制，可分为抗骨吸收药、促骨形成药、骨营养剂等。目前，多种抗骨质疏松症药存在疗程限制，不能单药贯穿治疗始终，因此需采取联合治疗或序贯治疗，以达到长期稳定骨密度的目的。

1. 抗骨吸收药

（1）双膦酸盐类：如阿屈膦酸盐、唑来膦酸钠、利塞膦酸钠、伊班膦酸钠、米诺膦酸，选择性结合在骨吸收的活跃部位，抑制破骨细胞活性、降低骨转换，长期应用可明显提高腰椎和髋部的骨密度，降低椎体及髋部等部位骨折发生的危险。双膦酸盐类可用于绝经妇女骨质疏松症（高转换型骨质疏松症）和骨吸收明显增强的继发性骨质疏松症（如甲状旁腺功能亢进、肿瘤性高钙血症及糖皮质激素性骨质疏松症。其不良反应有胃肠道反应、一过性"流感样"症状、肾毒性（肌酐清除率＜35 ml/min时禁用）、下颌骨坏死（有严重口腔疾病或需要接受牙科手术的患者慎用）、非典型股骨骨折出现大腿或腹股沟处疼痛时，应行股骨X线检查，一旦确诊，应立即停用。

（2）降钙素类：为骨吸收的抑制剂，对高转换型骨质疏松症效果较好，对骨质疏松性骨折或骨骼变形所致的慢性疼痛及骨肿瘤等疾病引起的骨痛均有效。常用制剂为鲑鱼降钙素和鳗鱼降钙素类似物。少数患者用药后可出现面部潮红、恶心等不良反应，偶有过敏现象，妊娠期妇女禁用。

（3）选择性雌激素受体调节剂（selective estrogen receptor modulaor，SERM）：作用机制为在某

些组织内（如骨骼）增加雌激素受体介导的细胞内活性，在其他组织（如乳腺和子宫内膜）起拮抗雌激素的作用，从而改善绝经后妇女雌激素下降引起的骨丢失，降低乳腺癌和子宫内膜癌的风险，不造成乳腺肿胀、疼痛或阴道出血。常用药物为盐酸雷洛昔芬、拉索昔芬和巴多昔芬。有静脉栓塞史的患者禁用。

（4）雌激素补充治疗（estrogen replacement therapy，ERT）：该类药物能抑制骨转换、阻止骨丢失。雌激素或雌孕激素补充疗法能降低脆性骨折的发生危险，是防治绝经妇女骨质疏松症的有效措施。由于雌激素有引起或诱发雌激素依赖性肿瘤的风险及其他严重不良反应，需严格掌握用药适应证和禁忌证，激素治疗的方案、剂量、制剂选择及治疗期限等应根据患者情况个体化，用最低有效剂量维持，坚持定期随访和安全性监测，是否继续用药应每年进行利弊评估。常用药物有结合雌激素：戊酸雌二醇、17β-雌二醇、尼尔雌醇、替勃龙等。

（5）RANKL单克隆抗体：地舒单抗是用于治疗高骨折风险的绝经妇女骨质疏松症的RANKL抑制剂，也是我国首个用于男性骨质疏松症的抗RANKL单抗类药物。美国食品和药物管理局（FDA）还批准该药用于糖皮质激素诱发的骨质疏松症治疗。有研究表明，该药长期使用能增加腰椎和髋部骨密度，能有效地降低绝经妇女骨质疏松症患者椎体、非椎体和髋部骨折风险。推荐用量每半年皮下注射1次，每次60 mg，疗程为5～10年。

2. 促骨形成药

（1）甲状旁腺激素类似物：常用药物为特立帕肽。近年来临床验证该类药物能促进骨形成、抑制骨吸收，对骨细胞的代谢发挥重要作用，可增加骨骼强度，该药疗程为24个月，需采用序贯疗法。

（2）雄激素：用于男性骨质疏松症的治疗，一般选用雄酮类似物苯丙酸诺龙或司坦唑醇。其机制是抑制骨转换，阻止骨丢失。

（3）其他：有双向调节药物锶盐、生长激素和胰岛素样生长因子等。

> **知识链接**
>
> **罗莫佐单抗**
>
> 罗莫佐单抗是唯一具有促进骨形成和抑制骨吸收双重作用的药物。2019年，FDA和欧洲药品监督局（EMA）批准该药上市，用于存在高骨折风险的绝经后妇女。但该药在我国尚未获得批准上市，仍处于Ⅲ期临床试验阶段。该药总体安全性良好，但可能会增加心肌梗死、脑卒中和心血管疾病死亡的风险。

3. 骨营养剂

（1）钙剂：可减缓骨丢失，改善骨矿化。绝经后妇女和老年人每日钙推荐摄入量为1000 mg，我国老年人平均每日从饮食中获得的钙约为400 mg，故平均每日补充钙量为500～600 mg。常见的钙剂分为有机钙剂及无机钙剂。有机钙剂含钙量低，吸收好，刺激性小；无机钙剂含钙量高，作用快，但胃肠道不良反应大。

（2）活性维生素D及其类似物：该类药物能促进钙在胃肠道的吸收，增加骨密度。其中1α-(OH)D_3（阿法骨化醇）和1,25-(OH)$_2D_3$（骨化三醇）适用于老年人、肾功能减退及1α-羟化酶缺乏的患者，用药期间应定期检测患者的血钙和尿钙水平。

（三）骨质疏松症性骨折的治疗

骨质疏松症性骨折的治疗原则包括复位、固定、功能锻炼和抗骨质疏松症治疗。

【预防】

加强卫生宣教，强调早期发现骨质疏松症易感人群，以提高峰值骨量值，降低骨质疏松症风险。提倡运动和补充足够的钙。成年后的预防主要包括降低骨丢失速率以及预防骨折的发生。妇女围绝经期和绝经后 5 年内是治疗绝经妇女骨质疏松症的关键时期。

自 测 题

一、选择题

1. 患者，男性，70 岁，近期频繁出现腰背疼痛，尤其是夜间和翻身时加剧。骨密度测定结果显示腰椎 $L_1 \sim L_4$ 平均 T 值为 -2.8。根据这些信息，以下诊断最符合的是

    A. 腰椎间盘突出   B. 腰肌劳损   C. 骨质疏松症

    D. 骨关节炎   E. 骨折

2. 患者，女性，65 岁，因轻微跌倒导致手腕骨折就医。骨密度测定显示股骨颈 T 值为 -3.5。关于李女士的治疗措施，不是首选的是

    A. 立即手术治疗手腕骨折   B. 口服双膦酸盐类药物

    C. 补充钙剂和维生素 D   D. 增加日常活动量以强化骨骼

    E. 评估并预防未来骨折的风险

二、简答题

1. 简述骨质疏松症的主要临床表现及诊断依据。
2. 针对已确诊为重度骨质疏松症的患者，请列出至少 3 项治疗措施。

三、案例分析题

患者，女性，68 岁。腰部疼痛半年，跌倒后髋部疼痛 2 d 入院。

现病史：患者近半年常感到腰背酸痛，尤其是在长时间站立或行走后症状加剧。2 d 前患者不慎在家中滑倒，右侧髋部着地，随即感到剧烈疼痛，无法站立行走，被家人送往医院就诊。绝经 13 年，有轻微高血压病史，长期规律服用抗高血压药。体格检查：生命体征平稳。右侧髋部压痛明显，活动受限，下肢外旋畸形。辅助检查：X 线检查示右侧股骨颈骨折，骨小梁稀疏，骨皮质变薄，提示骨质疏松。骨密度测定（双能 X 射线吸收法）：腰椎 $L_1 \sim L_4$ 平均 T 值为 -3.2，诊断为骨质疏松症。血液检查：血钙、血磷、碱性磷酸酶等生化指标均在正常范围内。

请回答：

（1）请说出该患者的诊断及诊断依据。

（2）针对该患者的具体情况，提出合理的治疗方案。

（张晓丹）

第五十二章 低血糖症

第五十二章数字资源

学习目标

1. 知识：说出低血糖症的病因、主要特征、临床表现、诊断依据和治疗原则，列举低血糖症需要与哪些疾病相鉴别，解释低血糖症的发病机制，分析辅助检查的临床意义。
2. 能力：完成病史采集和体格检查，运用病史、体格检查及辅助检查结果对本病做出初步诊断，根据病情拟定防治方案。
3. 素养：低血糖症的症状多样且隐匿，学习者需养成对病情细节高度关注的习惯。在观察患者临床表现时，能细致捕捉如细微的手抖、情绪波动等易被忽略的信号，通过严谨的分析判断病情，避免因疏忽导致漏诊或误诊，树立严谨细致的职业态度。同时，在面对突发的严重低血糖案例或特殊患者情况时，能快速反应，灵活运用所学知识制定应对方案，提高应急处理能力。

案例 7-52-1

患者，女性，58岁，患有2型糖尿病8年，一直使用口服降血糖药（格列吡嗪和二甲双胍）治疗。近2周，患者频繁出现心悸、乏力、头晕、手抖，尤其在餐前症状明显，进食后症状有所缓解。昨日晚餐后未再进食，夜间突然醒来，感到极度饥饿、大汗淋漓、视物模糊，家属发现后立即将其送医。急诊查血糖 2.5 mmol/L。

问题与思考：
1. 初步诊断和诊断依据是什么？应与哪些疾病相鉴别？
2. 为明确诊断，需要进一步做哪些检查？
3. 治疗原则是什么？

低血糖症（hypoglycemia）是一组由多种病因（如生理性、病理性或医源性因素）引起的导致血浆葡萄糖（简称血糖）低于 2.8 mmol/L 而引起的以交感神经兴奋、神经精神和行为异常为主要表现的临床综合征。

【分类】

低血糖症的分类方法很多。根据低血糖发病机制，低血糖症可分为胰岛素介导性和非胰岛素介导性两大类，包括胰岛素瘤、内分泌功能减退、肝衰竭、肾衰竭及餐后反应性低血糖等。

【发病机制】

生理情况下，血糖水平维持在一个相对稳定的范围内，血糖浓度空腹为 3.3~6.1 mmol/L，餐

后高峰值 < 10 mmol/L，餐后 2 h < 7.8 mmol/L。在肝、内分泌系统、神经系统的调节下，体内血糖的分解与合成保持动态平衡。中枢神经系统感知低血糖后，体内的升血糖激素分泌随之增多。胰腺胰岛素分泌减少，胰升糖素分泌增加。此外，低血糖刺激下丘脑和垂体释放生长激素及促肾上腺皮质激素，而肾上腺皮质释放皮质醇，肾上腺髓质释放儿茶酚胺。胰升糖素、生长激素、皮质醇、儿茶酚胺通过增加糖原分解、增加糖异生、减少糖利用、拮抗胰岛素作用来升高血糖。升糖激素与胰岛素共同作用，控制机体血糖在稳定的范围内。一旦上述某个环节失调，如升血糖激素缺乏、降血糖激素过多或肝不能分解糖原，则可导致血糖下降。

低血糖症对机体的影响以神经系统为主。血糖为脑组织的主要能源，脑组织的储糖量仅够供给几分钟使用，低血糖持续时间越久或反复发作，引起脑组织病理生理改变越严重。低血糖症发生时，大量释放儿茶酚胺，可出现心动过速、烦躁不安、面色苍白、大汗等交感神经兴奋症状。

【临床表现】

由于不同个体对低血糖反应阈值不同，患者的症状差异较大。典型的低血糖症具有惠普尔（Whipple）三联征特点，即：①与低血糖相一致的症状；②血糖水平低于 2.8 mmol/L；③服糖后症状减轻或消失。

1. 症状

（1）自主神经症状：见于血糖迅速下降的患者。表现为饥饿感、出汗、心悸、乏力、面色苍白、四肢震颤、情绪激动及焦虑等。

（2）大脑神经元症状：包括认知损害、行为改变、精神运动异常，如注意力不集中、思维和言语迟钝、步态不稳、躁动易怒、幻觉、行为怪异、肌肉痉挛、癫痫样抽搐、瘫痪及昏迷等。

部分糖尿病患者由于病史较长，影响了感觉神经或自主神经，或长期服用肾上腺素受体阻断药，其反应性会逐渐变得迟钝，出现血糖水平下降而无明显症状。此种情况称为无知觉性低血糖症。

2. 体征　低血糖症的常见体征有面色苍白，出汗，心率和收缩压轻、中度上升。可有自主神经低血糖表现，偶尔会出现短暂性神经功能缺陷。长期、反复严重低血糖症患者以及一次严重低血糖未能及时纠正的患者可出现永久性神经功能损害。

【辅助检查】

（一）血糖

血糖低于 2.8 mmol/L 可确定为低血糖症。因低血糖症常为发作性，症状消失后测血糖正常不能除外此症，需多次检查空腹、发作时的血糖水平来确定低血糖症。此外，需要注意的是，低血糖的阈值是可变的，临床上应根据患者的实际情况进行判别。

（二）血浆胰岛素

1. 血浆胰岛素　血浆胰岛素是病因诊断的重要依据，在低血糖发作时应同时抽血检测胰岛素水平，在血糖低而胰岛素水平高时有临床意义。测定血浆（或血清）胰岛素，当血糖 < 3.0 mmol/L 时，免疫化学发光分析（ICM）测得血浆胰岛素浓度 ≥ 3 μU/ml，即提示胰岛素过量，符合内源性高胰岛素血症（如胰岛素瘤）。

2. 血浆 C 肽、胰岛素原及胰岛素原/总胰岛素　测定血浆 C 肽和胰岛素原，可进一步确定内源性或外源性高胰岛素血症。胰岛素原是胰岛素的前体物质，由胰岛 β 细胞合成和分泌，主要在肾分解代谢。生理情况下，只有极少量的胰岛素原释放入血，在病理情况下，胰岛 β 细胞释放胰岛素原增多，血液中胰岛素原水平升高。

血糖 < 3.0 mmol/L 的患者，如血浆 C 肽为 0.2 nmol/L，胰岛素原至少 5.0 pmol/L，即可确定为内源性高胰岛素血症。

正常情况下，胰岛素原/总胰岛素＜15%，胰岛素瘤患者由于胰岛素原合成增多，过多的胰岛素原来不及分解成胰岛素就被释放入血，故此值升高，常＞20%。

（三）低血糖症的功能试验

1. 禁食评估　部分患者在短期禁食后即可出现低血糖症状，可在禁食观察期间重复测定血糖。如出现低血糖症状且血糖＜3 mmol/L，需进一步进行相应激素测定和影像学定位诊断。如果此方法未能诱发症状和低血糖，应进行72 h禁食试验。

2. 72 h禁食试验　目的是在缺乏食物的状态下激发出低血糖。健康人或功能性低血糖者能耐受此试验。而90%以上胰岛素瘤患者在禁食24 h后或终止试验前2 h增加运动量，可激发低血糖，少数患者需要延迟到48～72 h才发作。72 h禁食试验为诊断胰岛素瘤的标准检查方法。

（1）试验方法：该试验通常在晚餐后开始，试验过程中应仔细、准确地记录患者出现的症状和体征，并进行相应的实验室检测。应仔细标记血液样本和实验室检查单，并在流程表中记录标签信息。需准确记录禁食开始时间；停用所有非必需的药物；试验过程中患者可饮水；每6 h采集1次血样用于血糖检测，直至血糖＜3.3 mmol/L，之后采样频率应增加到每1～2 h 1次。由于血糖检测结果的获取可能会延迟，同时频繁采集样本时可能会采用便携式血糖仪测定血糖，因此必须根据静脉血糖值而不是手指末梢血糖值来决定是否终止72 h禁食试验。且仅对血糖浓度＜3.3 mmol/L的样本测定胰岛素、C肽和胰岛素原。

（2）试验终点和持续时间：当血糖≤2.5 mmol/L，患者出现低血糖的症状和体征时，禁食已72 h；或血糖＜3.3 mmol/L且之前已证实惠普尔三联征时，可终止72 h禁食试验。72 h禁食试验结束时同时进行以下3个步骤：①采集样本测定血糖、胰岛素、C肽、胰岛素原、β-羟丁酸和可能的口服降血糖药；②静脉给予1 mg胰高血糖素，并在10 min、20 min、30 min后检测血糖值；③嘱患者进食。

如果72 h禁食试验期间无低血糖症状和体征，且未检出低血糖浓度，则表明72 h禁食试验结果正常，但不能排除存在仅导致餐后症状的低血糖疾病。目前认为，胰岛素绝对值对于诊断高胰岛素血症更有价值。

（四）影像学检查

对于可能为内源性胰岛素介导的低血糖，需要进行定位检查。首先可选择经腹超声检查、双期增强薄层重建CT及MRI检查。如果以上影像学检查未能发现胰岛素瘤，可进一步选择超声内镜或选择性动脉钙刺激试验。放射性核素标记的生长抑素受体显像对于定位诊断也有一定的帮助。

【诊断与鉴别诊断】

（一）诊断

典型病例根据惠普尔三联征可诊断。而无明显低血糖发作的可疑患者，可进行72 h饥饿试验或刺激试验来诱发低血糖。

（二）鉴别诊断

1. 神经系统疾病和精神疾病　当低血糖主要表现为中枢神经系统症状，如意识障碍、精神错乱、癫痫样发作、行为异常时，易误诊为神经系统疾病和精神疾病。需及时查血糖，发现血糖水平低则有助于低血糖的诊断。

2. 其他原因引起的昏迷　低血糖昏迷可与其他原因引起的昏迷，如糖尿病酮症酸中毒或高渗性昏迷、脑血管意外、肝性脑病等相混淆，检查血糖水平对鉴别诊断至关重要。

3. 非低血糖综合征　患者可有疲惫、淡漠、迟钝、痉挛、心悸等类似低血糖的表现，但血糖值不低，服糖后症状改善不明显。

【治疗】

（一）低血糖发作时处理

1. 意识清楚者　立即口服糖类食物，如饼干、糖块、水果或含糖饮料，可快速缓解症状。对口服降血糖药阿卡波糖引起的低血糖，由于此药物抑制多糖分解为单糖，用淀粉类食物纠正低血糖效果不显著，须服用葡萄糖水。

2. 意识障碍者　立刻静脉注射50%葡萄糖注射液20 ml，每15 min监测血糖一次，如血糖仍≤3.0 mmol/L，继续给予50%葡萄糖注射液60 ml静脉滴注。可重复注射，直至患者清醒，清醒后继续予静脉滴注10%葡萄糖注射液，以保持血糖浓度正常，并密切观察24~48 h，以利脑细胞的恢复和防止再度昏迷。

3. 紧急而严重低血糖状态　可加用氢化可的松100 mg和（或）高血糖素0.5~1 mg肌内注射或静脉注射。

（二）病因治疗

寻找导致低血糖的病因，如糖尿病患者是否过量使用降血糖药，是否存在进食减少或剧烈运动，是否存在肝病等，消除诱因能减轻和防止低血糖症的发作。根据不同病因的低血糖，采取不同的特殊处理措施。

1. 肝源性低血糖　护肝治疗，多进食高蛋白、高糖类食物，必要时睡前加餐。
2. 内分泌功能减退　使用相应的激素替代治疗。
3. 反应性低血糖　采用少量多餐，饮食中严格控制糖类入量，增加蛋白质入量，对于精神紧张、易激动、易焦虑患者，可适当应用安神药或镇静药，也可应用阿托品或溴丙胺太林（普鲁本辛）以减轻迷走神经张力。
4. 胰岛素瘤　确诊后应尽早手术切除，对不能手术者可试用：①链佐星（链脲霉素）及氟尿嘧啶，有效率达60%以上；②二氮嗪、氢氯噻嗪，直接作用于胰岛β细胞，抑制胰岛素的分泌和释放而起作用；③糖皮质激素和高血糖素合用，以提高血糖。
5. 胰外肿瘤　以切除肿瘤为主。

> **知识链接**
>
> **胰岛素瘤**
>
> 胰岛素瘤是最常见的胰腺分泌胰岛素的功能性神经内分泌瘤。其患病情况在普通人群中为（1~4）/100万。胰岛素瘤可以发生在任何年龄，约90%为良性肿瘤，90%为孤立性，胰腺外异位不到1%，临床症状与肿瘤大小不成正比。
>
> 胰岛素瘤的临床症状与低血糖程度相关，表现为自主神经症状，包括心悸、出汗、发抖和神经精神症状，如认知障碍、遗忘、精神症状、癫痫样发作，部分患者可以出现体重增加。部分患者可仅表现为餐后低血糖。对空腹低血糖患者，72 h禁食试验发现血清胰岛素浓度异常升高，结合定位检查即可确立胰岛素瘤的诊断。
>
> 手术切除胰岛素瘤是首选治疗。对不适合或拒绝进行手术的患者、或有手术无法切除的转移性病变的患者，应该考虑进行内科治疗。预防症状性低血糖的治疗选择包括：二氮嗪可抑制胰岛素分泌，用于控制低血糖。生长抑素类似物如奥曲肽，通过抑制胰岛素的分泌控制低血糖，但是也抑制生长激素、促甲状腺素和胰高血糖素的分泌。对于二氮嗪难治性的持续性低血糖患者，可选用奥曲肽。对于有转移的恶性胰岛素瘤，可用链佐星、氟尿嘧啶、多柔比星等药物化

疗。对于不能手术切除的肝转移灶，经动脉灌注化疗或栓塞治疗效果良好。近年来，随着分子生物学和基因遗传通路的研究不断进展，生物治疗及靶向治疗成为一种新的治疗思路，有待进一步探索。

自 测 题

一、选择题

1. 患者，男性，72岁，2型糖尿病，今日因感冒，食欲减退、少食，餐前按常规注射胰岛素，近午时突然出现心悸、出汗、手抖，继而头晕、视物模糊。应做的处理是
   A. 胰岛素皮下注射　　　　　　　　　　B. 静脉滴注生理盐水
   C. 50%葡萄糖溶液静脉注射　　　　　　D. 碳酸氢钠注射
   E. 静脉抽血急查血糖，根据结果再行处理

2. 患者，女性，44岁，功能性低血糖患者。为减少低血糖发作，下述饮食调整不正确的是
   A. 少食多餐　　　　B. 进食较干食物　　　　C. 高蛋白饮食
   D. 高脂饮食　　　　E. 低纤维饮食

3. 患者，女性，56岁，肝衰竭患者。30 min前出现心悸、手抖、出冷汗，逐渐出现意识障碍，测血糖1.8 mmol/L。考虑其低血糖的原因为
   A. 胰岛素瘤　　　　　　　　　　　　　B. 特发性功能性低血糖症
   C. 肝源性低血糖症　　　　　　　　　　D. 胰岛素自身免疫综合征
   E. 药源性低血糖症

二、简答题

典型低血糖症的临床表现有哪些？

三、案例分析题

患者，男性，65岁，有多年2型糖尿病病史，平时使用胰岛素治疗（每日早、晚2次注射）及口服二甲双胍。近1周饮食不规律，因工作繁忙常常错过早餐，频繁出现头晕、心悸、手抖、出汗等症状。糖代谢相关检测指标：急诊血糖2.9 mmol/L，糖化血红蛋白6.8%，酮体（−）。

请回答：
（1）该患者的诊断及诊断依据是什么？
（2）针对该患者，应提出哪些治疗措施和预防策略？

（张晓丹）

第八篇

风湿性疾病

第五十三章　总论

第五十三章数字资源

学习目标

1. 知识：列举风湿性疾病的分类，描述风湿性疾病的临床表现。
2. 能力：分析风湿性疾病的发病机制及病理特点，解释影像学检查对风湿性疾病的诊断及病情监测的意义。
3. 素养：风湿性疾病多为慢性进展性疾病，患者常伴随疼痛、功能障碍及心理压力（如焦虑、抑郁），医学生需培养共情能力，理解患者的身心痛苦，给予心理支持。能用通俗易懂的语言向患者解释疾病知识、治疗方案及康复计划，耐心解答患者的疑问，建立信任的医患关系，提高患者的治疗依从性。针对老年、妊娠期等特殊风湿性疾病患者，能考虑其生理特点和社会角色，制订兼顾疾病治疗与生活质量的个性化方案，体现人文关怀。

风湿性疾病（rheumatic disease）是一组累及骨与关节及其周围软组织（如肌肉、肌腱、滑膜、滑囊、韧带和软骨）及其他相关组织和器官的慢性自身免疫病。风湿性疾病主要由免疫系统失稳引起，过多的免疫复合物沉积在皮肤、肾、关节等处，从而触发单核吞噬细胞系统，这一类主要见于感染。另一类则是免疫系统的自身耐受性出现了问题，导致 T 细胞、B 细胞对自身组织细胞进行攻击。近年来，随着单克隆抗体药物的应用，很多难治性风湿性疾病都获得了明显缓解，广谱性的免疫抑制药已逐渐减少使用。

【分类】

目前临床较为常用的分类方法仍是沿用 1983 年美国风湿病协会（American College of Rheumatology，ACR）所制定的分类方法，将风湿性疾病分为以下 10 大类。

（一）弥漫性结缔组织病

弥漫性结缔组织病，如系统性红斑狼疮、类风湿关节炎、原发性干燥综合征、硬皮病、多发性肌炎、皮肌炎、混合性结缔组织病及血管炎等。

（二）血清阴性脊柱关节病

血清阴性脊柱关节病，如强直性脊柱炎、反应性关节炎、银屑病关节炎及未分化脊柱关节病。

（三）骨关节病

骨关节病，如骨性关节炎、关节退行性改变。

（四）与遗传、代谢和内分泌相关的风湿性疾病

与遗传、代谢和内分泌相关的风湿性疾病，如痛风、甲状腺功能减退症、马方综合征、肢端肥大症及免疫缺陷病。

（五）与感染相关的风湿性疾病

与感染相关的风湿性疾病，如蓬塞（Poncet）综合征、风湿热。

（六）与肿瘤相关的风湿性疾病

与肿瘤相关的风湿性疾病，如原发性（骨膜瘤、滑膜肉瘤）和继发性（多发性骨髓瘤、转移瘤）。

（七）神经血管病

神经血管病，如神经性关节病、压迫性神经病变（周围神经受压、神经根受压等）、雷诺病等。

（八）骨与软骨病变

骨与软骨病变，如骨质疏松、骨软化、肥大性肺性骨关节病、弥漫性原发性骨肥厚及骨炎。

（九）关节附属器官相关病变

关节附属器官相关病变，如关节周围病变（肌腱病、滑囊炎）、椎间盘病变、特发性腰痛。

（十）其他有关节症状的疾病

其他有关节症状的疾病，如结节病、药物相关的风湿综合征。

【病理】

风湿性疾病的病理改变有炎症性及非炎症性病变，其病理特点列于表 8-53-1。

表 8-53-1　风湿性疾病的病理特点

疾病名称	靶器官病变主要特征	
	炎症性	非炎症性
骨关节炎		关节软骨变性
类风湿关节炎	滑膜炎	骨质破坏
强直性脊柱炎	附着点炎	
痛风	关节腔炎症	
系统性红斑狼疮	小血管炎	
干燥综合征	唾液腺炎、泪腺炎	
系统性硬化症	间质性肺炎	皮下纤维组织增生、微血管病
多发性肌炎和皮肌炎	肌炎、间质性肺炎	肌萎缩
抗磷脂综合征		血栓、栓塞
血管炎	不同大小的动静脉炎	

【病史采集和体格检查】

虽然影像学检查和免疫学检测极大地促进了风湿性疾病的确诊，但进行认真而详细的病史采集和体格检查，始终是疾病诊断的指南针。风湿性疾病通常累及多个系统，临床症状多变，绝大多数都不典型，时间跨度长，病情处于缓解与活动的波浪样曲线中，没有耐心、细致的询问，患者是很难主动告知的，非常容易造成漏诊和误诊。体格检查除一般内科体格检查外，还应进行皮肤、肌肉、脊柱和关节的检查。常见弥漫性结缔组织病的临床症状和体征列于表 8-53-2。

表 8-53-2　常见弥漫性结缔组织病的临床症状和体征

疾病名称	临床症状和体征
系统性红斑狼疮	颧部蝶形红斑，环形红斑，盘状红斑，脱发，口腔溃疡，多关节肿痛，颜面、眼睑和下肢水肿，紫癜，精神症状，癫痫，偏瘫，截瘫和习惯性流产
类风湿关节炎	对称性多关节肿痛、关节变形、晨僵和类风湿结节

续表

疾病名称	临床症状和体征
干燥综合征	口干、眼干、腮腺肿大、猖獗龋、紫癜、夜尿增多和肢体软瘫
炎症性肌病	四肢近端肌痛及肌无力、吞咽困难、上眼睑紫红色水肿性红斑、Gottron征、颈部呈V形充血、颈背部及双上臂外侧红斑、技工手、甲周红斑、皮下钙化、干咳和劳力性呼吸困难
系统性硬化症	雷诺现象，指端缺血性溃疡，硬指，皮肤肿硬、失去弹性，吞咽困难，反酸，干咳，劳力性呼吸困难，肺底爆裂音和杵状指
肉芽肿性多血管炎	鞍鼻、咯血、劳力性呼吸困难、少尿、手足麻木、突眼和可触性紫癜
大动脉炎	发热，盗汗，无脉，颈部、腹部血管杂音和高血压
白塞病	口腔溃疡、外阴溃疡、毛囊炎、结节红斑、针刺反应、关节肿痛、葡萄膜炎和视力下降

【实验室检查】

（一）常规检查

血常规、尿常规、粪便常规、肝功能、肾功能检查是必不可少的，如白细胞数量的变化、溶血性贫血、血小板减低、蛋白尿、镜下血尿都可能与风湿性疾病相关。ESR、C反应蛋白、球蛋白定量、补体检查对于诊断及病情活动性的判断都很有帮助。如类风湿关节炎、血管炎活动伴随炎症指标（如ESR、CRP）升高；系统性红斑狼疮活动时常伴随C3、C4下降。

（二）特异性检查

1. 自身抗体　患者血清中出现自身抗体是风湿性疾病的一大特点，常见自身抗体及临床意义列于表8-53-3。但任何抗体的检测都存在一定的假阳性率、假阴性率，因此要遵循"孤证不立"的原则，同时检测几个指标，并结合临床表现。目前应用于风湿性疾病临床的主要自身抗体有以下五大类。

（1）抗核抗体（antinuclear antibody，ANA）：分为抗DNA抗体、抗组蛋白抗体、抗非组蛋白抗体、抗核仁抗体及抗其他细胞成分抗体五大类。其中抗非组蛋白抗体中包含一组可被盐水提取的可溶性抗原抗体（extractable nuclear antigen，ENA），即抗ENA抗体，对于风湿性疾病的鉴别诊断尤为重要，但与疾病的严重程度及活动度无关。ANA阳性应警惕结缔组织病（connective tissues disease，CTD）的可能，但正常老年人或其他疾病（如肿瘤）患者血清中也可能存在低滴度抗核抗体。

（2）类风湿因子（rheumatoid factor，RF）：其靶抗原为变性IgG分子的Fc片段。类风湿因子阳性不仅可见于类风湿关节炎、原发性干燥综合征、系统性红斑狼疮、系统性硬化症等多种结缔组织病，也见于感染性疾病、肿瘤等其他疾病以及约5%的正常人群。类风湿因子在类风湿关节炎的阳性率为80%左右，但特异性较差。

（3）抗中性粒细胞胞质抗体（antineutrophil cytoplasmic antibody，ANCA）：其靶抗原为中性粒细胞胞质的多种成分，其中以丝氨酸蛋白酶-3（PR3）和髓过氧化物酶（MPO）与血管炎密切相关。

（4）抗磷脂抗体（antiphospholipid antibody）：其靶抗原为各种带负电荷的磷脂。目前临床常检测抗心磷脂抗体、狼疮抗凝物、抗GPI抗体。这些抗体常见于抗磷脂综合征、系统性红斑狼疮等结缔组织病及非结缔组织病，主要引起凝血系统改变，临床上表现为血栓形成、血小板减少和习惯性流产等。

（5）抗角蛋白抗体谱：其靶抗原为细胞基质中的聚角蛋白微丝蛋白，该组抗体对类风湿关节炎特异性较高，且有助于类风湿关节炎的早期诊断。临床常检测抗核周因子抗体（APF）、抗角蛋白抗体（AKA）及抗环瓜氨酸肽（CCP）抗体。

2. 人类白细胞抗原（HLA）检测　HLA-B27与有中轴关节受累的脊柱关节病密切相关。HLA-B27在强直性脊柱炎中阳性率为90%，也可见于反应性关节炎、银屑病关节炎等脊柱关节病，在正常人群中也有10%的阳性率。

表8-53-3　常见自身抗体及临床意义

分类	抗体	临床意义
抗DNA抗体	抗双链DNA抗体（抗dsDNA抗体）	抗dsDNA抗体常被作为系统性红斑狼疮活动的指标，用于监测系统性红斑狼疮病情变化、活动性判断、药物治疗效果观察等
抗组蛋白抗体	AHA抗体	可以在多种结缔组织病中出现，不具有诊断特异性，但抗组蛋白抗体检测对结缔组织病尤其是药物性狼疮的诊断与鉴别诊断具有重要的临床价值
抗DNA组蛋白抗体	抗核小体抗体	多见于活动性狼疮，特别是狼疮肾炎，与抗dsDNA和抗Sm抗体等系统性红斑狼疮的其他特异性抗体同时检测，可明显提高诊断的敏感性和特异性
抗非组蛋白抗体	抗Sm抗体	是目前公认的系统性红斑狼疮的血清标记抗体
	抗URNP抗体	对结缔组织病的诊断与鉴别诊断具有重要临床意义
	抗SS-A抗体	主要见于原发性干燥综合征，阳性率达40%~95%，也可见于系统性红斑狼疮（20%~60%）、类风湿关节炎、系统性硬化症（24%）等
	抗干燥综合征-B抗体	对干燥综合征具有高特异性，原发性干燥综合征阳性率为65%~85%，还可作为干燥综合征患者的预后参考
	抗核糖体抗体（抗rRNP抗体）	为系统性红斑狼疮特异性自身抗体，阳性率为10%~40%。系统性红斑狼疮患者出现抗rRNP抗体与中枢神经系统受累相关
	抗Scl-70抗体	为系统性硬化症的标记性抗体
	抗Jo-抗体及抗合成酶抗体	为炎症性肌病的血清标记性抗体，多发性肌炎和皮肌炎（PM/DM）阳性率为20%~30%，多数患者伴有间质性肺部疾病和多关节炎、关节痛等
	抗着丝点抗体	是系统性硬化症的局限型CREST综合征的特异性抗体，阳性率可达80%~98%。
抗核仁抗体	抗核仁抗体	20%~40%的系统性硬化症患者抗核仁抗体阳性
抗磷脂抗体	抗心磷脂抗体	抗心磷脂抗体可作为原发性抗磷脂综合征（APS）的筛选指标之一。中、高滴度的抗心磷脂抗体是诊断抗磷脂综合征的重要指标
	抗β2-糖蛋白1抗体	与血栓形成有较强的相关性，其次是血小板减少、APTT延长、深静脉血栓形成和流产等
抗中性粒细胞胞质抗体（ANCA）	胞质型ANCA（cANCA）靶抗原主要是抗蛋白酶3	诊断原发性小血管炎韦格纳肉芽肿的特异性大于90%，且该抗体持续阳性者易复发
	核周型ANCA	主要与显微镜下多血管炎、嗜酸性肉芽肿性多血管炎相关，特异性稍差
类风湿关节炎相关自身抗体	类风湿因子	类风湿因子在类风湿关节炎中的阳性率为80%左右，是诊断类风湿关节炎的重要血清学指标之一，但是5%的正常老年人可为阳性，其阳性率随年龄的增长而增加

续表

分类	抗体	临床意义
抗角蛋白抗体	抗环瓜氨酸多肽抗体	抗环瓜氨酸多肽抗体在早期类风湿关节炎时即可出现,是类风湿关节炎的特异性抗体
	抗角蛋白抗体	与疾病严重程度和活动性相关,是类风湿关节炎早期诊断和判断预后的指标之一
	抗核周因子抗体	与类风湿关节炎的多关节痛、晨僵及 X 线骨破坏之间呈明显相关性,可弥补检测类风湿因子的不足

3. 关节液检查 可通过关节腔穿刺获取关节液,计数白细胞,有助于鉴别炎症性、非炎症性和化脓性关节炎。非炎症性关节炎白细胞计数往往在 $2\times10^9/L$ 以下;当白细胞计数超过 $3\times10^9/L$,中性粒细胞达 50% 以上时,提示炎症性关节炎;化脓性关节液不仅外观呈脓性且白细胞计数更高。此外,在关节液中找到尿酸盐结晶或细菌涂片/培养阳性分别有助于痛风性关节炎和感染性关节炎的诊断。

4. 活体组织病理检查 对诊断有决定性意义,并有指导治疗的作用。如肾活检对于狼疮肾炎的病理分型、滑膜活检对于关节炎病因的判断、唇腺活检对干燥综合征的诊断及肌肉活检对于多发性肌炎和皮肌炎的诊断均具有重要意义。

【影像学检查】

影像学检查是重要的辅助检测手段,一方面有助于各种关节和脊柱受累疾病的诊断、鉴别诊断、疾病分期、药物疗效的判断等;另一方面可用于评估肌肉、骨骼系统以外脏器的受累情况。

1. X 线检查 在疾病的典型时期,通过正、侧位 X 线片,可以对关节病变做出准确的评判。但疾病早期,或者病变主要累及软骨或者周围软组织时,如关节软骨损伤、骨髓水肿、缺血性骨坏死、肌肉炎症,首选 MRI。

2. CT 检查 CT 检查用于检测有多层组织重叠的病变部位,如骶髂关节、股骨头、胸锁关节、椎间盘,比 X 线敏感性更高。近年来,新出现的双能 CT 有助于检查痛风性关节炎患处的尿酸盐结晶。

3. 超声检查 超声检查可以发现滑膜炎症、关节腔积液、肌腱炎及肌鞘炎、滑囊炎、骨侵蚀等类风湿关节炎常见病变。滑膜炎作为诊断类风湿关节炎纳入标准,超声对其具有较早的检出率,可以非常早期发现骨侵蚀,因此借助超声可以明显提高类风湿关节炎的诊断率。此外,超声检查有助于判定疾病活动度,对于达到临床缓解的类风湿关节炎患者,超声能够发现预示未来关节侵蚀和疾病复发的亚临床滑膜炎,有助于指导停药;更能够提高关节腔内或肌腱旁穿刺抽液或药物注射的准确性,具有便捷、价格低廉、无辐射等优势。

4. 血管造影 结合三维 CT 血管成像,可以更好地评判血管病变。

【治疗】

风湿性疾病种类繁多,多为慢性疾病,明确诊断后应尽早开始治疗。治疗以改善病情的抗风湿药(DMARDs)为主;对于难治性风湿性疾病,使用生物制剂;非甾体抗炎药、糖皮质激素通常只能作为"桥梁治疗",不能长期使用。

1. 改善病情的抗风湿药(disease modifying antirheumatic drugs,DMARDs) 这里要特别强调一点,这组药物才是最根本的可以从源头改善风湿性疾病病情的药物,是治疗的核心药物。其特点是起效慢,通常在治疗 2~4 个月后才显现效果,所以需要使用糖皮质激素做 2 个月左右的"桥梁治疗",待病情缓解后长期维持。这组药物的作用机制各不相同,列于表 8-53-4。

表 8-53-4　改善病情的抗风湿药作用机制

药名	作用机制
柳氮磺吡啶	不十分清楚，本药在肠道分解为美沙拉秦和磺胺吡啶。前者抑制前列腺素并清除吞噬细胞释放的致炎性氧离子。关节炎患者服本药 12 周后，周围血活化淋巴细胞减少
抗疟药	通过改变细胞溶酶体的 pH，减弱巨噬细胞的抗原提呈功能和 IL-1 的分泌，也减少淋巴细胞活化
硫唑嘌呤	干扰 AMP、GMP 合成，使活化淋巴细胞合成和生长受阻
甲氨蝶呤	通过抑制 DHFR 阻碍嘌呤、嘧啶核苷酸的合成，使活化淋巴细胞合成和生长受阻
来氟米特	其活性代谢物通过抑制 DHFR 阻碍嘧啶核苷酸的合成，使活化淋巴细胞合成、生长受阻
环磷酰胺	交联 DNA 和蛋白，使细胞生长受阻
吗替麦考酚酯	其活性代谢物通过抑制 IMPDH 阻碍 GMP，使活化淋巴细胞合成、生长受阻
环孢素	通过抑制 IL-2 的合成和释放，抑制、改变 T 细胞的生长和反应
雷公藤多甙	抑制淋巴细胞增殖，减少免疫球蛋白合成

注：AMP. 腺嘌呤核苷 - 磷酸；GMP. 鸟嘌呤核苷 - 磷酸；DHFR. 二氢叶酸还原酶；IMPDH. 次黄嘌呤核苷酸脱氢酶。

2. 非甾体抗炎药（nonsteroidal anti-inflammatory drug，NSAID）　该药不能控制原发病的病情进展。对消化道、肾以及心血管系统有一定的副作用，在有消化道疾病及肾基础疾病、老年人群中应用时则更要谨慎。选择性 COX-2 抑制剂可减少胃肠道副作用，疗效与传统非甾体抗炎药相似，有条件者优先选用。

3. 糖皮质激素　糖皮质激素主要作为消肿止痛的"桥梁治疗"，不能长期应用，要特别注意其副作用，如库欣综合征、股骨头坏死、消化性溃疡。

4. 生物制剂　通过基因工程制造的单克隆抗体，称为生物制剂，是近 30 年风湿免疫领域较大的进展之一。目前生物制剂已广泛应用于类风湿关节炎、脊柱关节炎、系统性红斑狼疮、系统性血管炎等的治疗。已用于临床的药物有利妥昔单抗、贝利尤单抗、泰它西普、阿巴西普等。

5. 辅助性治疗　静脉注射免疫球蛋白、血浆置换、血浆免疫吸附等有一定的疗效，作为上述治疗的辅助治疗，可用于一些风湿性疾病患者。

自 测 题

选择题

1. 下列不是风湿性疾病的是
    A. 自身免疫病　　　　　　　B. 退行性变　　　　　　　C. 感染因子相关性疾病
    D. 晶体性疾病　　　　　　　E. 过敏性疾病

2. 患者，男性，28 岁，腰痛 1 年。有过 3 次右眼虹膜炎发作。体格检查：右足跟轻度肿胀，压痛（+）。实验室检查：HLA-B27（+），ESR 52 mm/h。患者最可能的疾病诊断是
    A. 银屑病关节炎　　　　　　B. 强直性脊柱炎　　　　　C. 痛风
    D. 感染性关节炎　　　　　　E. 类风湿关节炎

（田　云）

第五十四章　类风湿关节炎

第五十四章数字资源

> **学习目标**
>
> 1. 知识：列举类风湿关节炎的病因，描述类风湿关节炎的临床表现、关节病变分期，熟悉类风湿关节炎的典型关节畸形。
> 2. 能力：完成病史采集和体格检查，运用病史、体格检查及辅助检查结果对本病做出初步诊断，根据病情拟定防治方案。
> 3. 素养：能向患者及家属传授类风湿性关节炎自我管理知识（如关节保护技巧、晨僵缓解方法、药物正确使用），提升患者的主动管理能力。能通过科普文章、讲座等形式，向公众普及类风湿性关节炎的早期识别知识（如"持续3周以上的多关节肿痛需及时就医"），减少疾病认知误区。能主动关注类风湿性关节炎的最新研究（如新型生物制剂、小分子靶向药的研发），对新理论、新疗法能结合循证医学证据进行分析，不盲目跟风。

案例 8-54-1

患者，男性，28岁，以"指间关节肿痛伴晨僵"就诊。症状首次发作于2012年6月，左膝关节无明显诱因出现疼痛，伴皮温增高。就诊于广州市某医院骨科，左膝X线片及MRI示：骨质结构未见明显异常，膝关节软组织稍肿胀。考虑为"左膝滑膜炎"，予"双氯芬酸钠"及中成药，疼痛缓解，而后时有发作。2015年变成右膝，就诊于广州市另一所医院内分泌科，考虑为"痛风"，此后逐渐累及双手、双足小关节，缓解与发作交替进行，一年发作8~12次。2019年2月21日凌晨，患者右手中指近节指间关节及掌指关节疼痛，关节略肿胀，伴晨僵，当日就诊于湖南省某医院风湿科，医师也考虑为"类风湿关节炎、痛风"，查类风湿因子 20 IU/ml、抗环瓜氨酸多肽抗体 49.2 RU/ml。

问题与思考：
1. 初步诊断和诊断依据是什么？应与哪些疾病进行鉴别诊断？
2. 为明确诊断，需要进一步做哪些检查？
3. 首选的治疗方案是什么？

类风湿关节炎（rheumatoid arthritis，RA）是一种以侵蚀性、对称性多关节炎为主要临床表现的慢性、全身性自身免疫病，确切发病机制尚不明确。基本病理改变为关节滑膜的慢性炎症、血管翳形成，并逐渐出现关节软骨和骨破坏，最终导致关节畸形和功能丧失。本病呈全球性分布，是造成人类丧失劳动力和致残的主要原因之一。流行病学资料显示，类风湿关节炎可发生于任何年龄，80%发病于35~50岁，女性、男性发病之比为（2~3）:1。

【病因与发病机制】

类风湿关节炎的病因与发病机制比较复杂,在遗传、感染、环境等多因素共同作用下,自身免疫反应导致的免疫损伤和修复是类风湿关节炎发生和发展的基础。

1. **遗传易感性** 家系调查显示,类风湿关节炎现症患者的一级亲属患类风湿关节炎的概率为11%。大量研究发现,*HLA-DRB1*等位基因突变与类风湿关节炎的发病相关。

2. **环境因素** 未证实有导致本病的直接感染因子,但目前认为细菌、支原体和病毒等激活T、B等淋巴细胞,产生自身抗体,影响类风湿关节炎的发病和病情进展,感染因子的某些成分也可通过分子模拟导致自身免疫反应。吸烟能够显著增加类风湿关节炎发生的风险,并且与抗瓜氨酸化蛋白抗体(ACPA)阳性的类风湿关节炎相关性更为密切。

3. **免疫紊乱** 免疫失稳是类风湿关节炎主要的发病机制,活化的$CD4^+T$细胞和MHC-Ⅱ型阳性的抗原提呈细胞(antigen presenting cell,APC)浸润关节滑膜。关节滑膜组织的自身抗原被APC提呈给活化的$CD4^+T$细胞,启动特异性免疫应答,导致相应的关节炎症状。

【病理】

1. **滑膜炎** 类风湿关节炎的基本病理改变是滑膜炎。

(1)急性期:滑膜出现明显炎症,小血管扩张,间质水肿,免疫细胞浸润。

(2)慢性期:滑膜变得肥厚,形成血管翳(pannus),即突向关节腔内或侵入软骨和骨质的绒毛样突起。血管翳有很强的破坏性,是关节畸形、功能障碍的病理基础。

2. **血管炎** 累及中、小动静脉,管壁有淋巴细胞浸润、纤维素沉着,内膜增生,导致血管腔狭窄或堵塞,可影响关节外的任何器官。

3. **类风湿结节** 类风湿结节是血管炎的一种表现,中心为纤维素样坏死,周围上皮样细胞呈环状排列,外被肉芽组织。肉芽组织间有大量的淋巴细胞和浆细胞。

【临床表现】

类风湿关节炎的临床表现个体差异大,多为慢性起病,以对称性双手、腕、足等多关节肿痛为首发表现,常伴有晨僵,可伴有乏力、低热、肌肉酸痛、体重下降等全身症状。少数急性起病,在数日内出现典型的关节症状。

(一)关节表现

1. **晨僵** 晨僵(morning stiffness)是指晨起时关节的僵硬和胶着感,活动后减轻。持续时间超过1 h有意义较大。晨僵常作为观察本病活动的指标之一,但主观性很强,可见于多种关节炎,但类风湿关节炎最突出。

2. **关节痛与压痛** 关节痛与压痛往往是最早出现的症状,最常出现的部位为腕、掌指、近端指间关节,其次是足趾、膝、踝、肘、肩等关节,多呈对称性、持续性,但时轻时重,疼痛的关节往往伴有压痛,受累关节的皮肤可出现褐色色素沉着。

3. **关节肿胀** 关节肿胀多因关节腔积液、滑膜增生和软组织水肿所致。关节肿胀常见的部位与关节痛部位相同,也多呈对称性。

4. **关节畸形** 关节畸形见于较晚期患者,关节周围肌肉的萎缩、痉挛使畸形更加明显,最为常见的是掌指关节的半脱位,手指向尺侧偏斜呈"纽扣花样"表现和手指"天鹅颈"样屈曲,以及腕关节和肘关节强直。

5. **特殊关节**

(1)颈椎关节:超过80%的患者出现颈椎关节受累,特别是病情长期控制不佳者,表现为颈部疼痛、活动受限,最严重的表现为寰椎、枢椎关节半脱位,可导致脊髓受压。

（2）肩关节及髋关节：其周围有较多肌腱等软组织包围，因此很难发现关节肿胀。最常见的症状是局部疼痛和活动受限，髋关节往往表现为臀部及下腰部疼痛。

（3）颞下颌关节：表现为讲话或咀嚼时疼痛加重，严重者有张口受限。

6. 关节功能障碍　关节肿痛和结构破坏都会引起关节活动障碍。美国风湿病学会将因本病影响生活的程度分为4级。

Ⅰ级：能照常进行日常生活和各项工作。

Ⅱ级：可进行一般的日常生活和某种职业工作，但参与其他项目活动受限。

Ⅲ级：可进行一般的日常生活，但参与某种职业工作或其他项目活动受限。

Ⅳ级：日常生活的自理和参与工作的能力均受限。

（二）关节外表现

1. 类风湿结节　类风湿结节是本病较常见的关节外表现，可见于30%~40%的患者。类风湿结节多位于关节隆凸部位及受压部位的皮下，如前臂伸面、尺骨鹰嘴下方、跟腱、滑囊。结节大小不一，直径为数毫米至数厘米不等，质硬、无压痛，呈对称性分布。其存在提示类风湿关节炎病情活动。

2. 类风湿血管炎　类风湿血管炎通常见于长病程、类风湿因子（+）、活动期的类风湿关节炎患者，整体发病率不足1.0%。其皮肤表现包括瘀点、紫癜、指（趾）坏疽、梗死、网状青斑，严重者可出现下肢深大溃疡。需积极应用免疫抑制药治疗。

3. 心脏　心包炎最常见，多见于类风湿因子（+）、有类风湿结节的患者。但不足10%的患者会出现临床症状，近半数患者可通过超声心动图检查发现。

4. 肺　肺受累很常见，其中男性多于女性，有时可为首发症状。

（1）肺间质病变：是最常见的肺病变，见于约30%患者，主要表现为活动后气短，肺纤维化。肺功能和肺影像学，如肺部高分辨率CT有助于早期诊断。

（2）胸膜炎：见于约10%患者，为单侧或双侧少量胸腔积液，偶为大量胸腔积液。胸腔积液呈渗出性，糖含量低。

（3）结节样改变：肺内出现单个或多个结节，为肺内的类风湿结节表现。结节有时可液化，咳出后形成空洞。肺尘埃沉着病患者合并类风湿关节炎时易出现大量肺结节，称为Caplan综合征，也称类风湿尘肺。临床和胸部X线表现均类似肺内的类风湿结节，数量多，较大，可突然出现并伴关节症状加重。

5. 眼　最常见的表现为继发干燥综合征所致的干眼症，可能合并口干、淋巴结肿大，需结合自身抗体，经口腔科及眼科检查进一步明确诊断。

6. 神经系统　神经受压是类风湿关节炎患者出现神经系统病变的常见原因。如正中神经在腕关节处受压可出现腕管综合征，胫后神经在踝关节处受压可出现跗管综合征。类风湿关节炎继发血管炎可以导致手足麻木或多发性单神经炎，均提示需要更积极的治疗。第1~2颈椎受累可出现脊髓病变。

7. 血液系统　正细胞正色素性贫血是最常见的血液系统表现，贫血程度与关节的炎症程度相关，炎症得以控制后，贫血也可得以改善。如出现小细胞低色素性贫血时，贫血可因病变本身或服用非甾体抗炎药而造成的胃肠道长期少量出血所致。活动期的类风湿关节炎患者常有血小板增多，与疾病活动度相关，病情缓解后可下降。

当类风湿关节炎患者出现费尔蒂（Felty）综合征时，关节外表现非常突出，很多患者合并下肢溃疡、色素沉着，皮下结节，关节畸形，以及发热、乏力、食欲减退和体重下降等全身表现；但关节炎的表现反而比较轻微，并非均处于活动期。费尔蒂综合征是指类风湿关节炎患者中性粒细胞减少，伴有脾大，有的甚至有贫血和血小板减少。

8. 肾　本病的血管炎很少累及肾，偶有轻微膜性肾病、肾小球肾炎、肾内小血管炎以及肾淀粉样变等报道。

【辅助检查】

（一）血液学改变

轻度至中度贫血，以正细胞正色素性贫血常见，多与病情活动程度相关。活动期患者血小板计数可增高。白细胞计数及分类多正常，免疫球蛋白升高，血清补体大多正常或者轻度升高，少数伴有血管炎者可出现补体降低。

（二）炎症标志物

ESR 和 CRP 常升高，是反映病情活动度的主要指标，病情缓解时可降至正常。

（三）自身抗体

1. 类风湿因子　类风湿因子（RF）是类风湿关节炎患者血清中针对变性 IgG Fc 片段的一类自身抗体，但它并非类风湿关节炎的特异性抗体，类风湿关节炎患者中阳性率为 75%~80%，但早期阳性率只有 47%，不适合早期患者。

2. 抗瓜氨酸化蛋白抗体　抗瓜氨酸化蛋白抗体（ACPA）是一类针对瓜氨酸修饰的抗原表位的抗体统称，包括抗核周因子（APF）抗体、抗角蛋白（AKA）抗体、抗聚丝蛋白（AFA）抗体、抗环瓜氨酸多肽（CCP）抗体和抗突变异瓜氨酸化波形蛋白（MCV）抗体。其中抗环瓜氨酸多肽抗体敏感性和特异性均很高，约 75% 的类风湿关节炎患者出现，且具有很高的特异性（93%~98%），也可在疾病早期出现，与疾病预后相关。约 15% 的类风湿关节炎患者类风湿因子和 ACPA 均为阴性，称为血清学阴性类风湿关节炎。

（四）关节滑液

正常人关节腔内的滑液不超过 3.5 ml。在关节有炎症时滑液增多，呈淡黄色透明黏稠状，滑液中的白细胞明显增多，达 5000~50 000/μl，约 2/3 为多核白细胞。临床上关节滑液检查可用于证实关节炎症，同时可鉴别感染和晶体性关节炎，如痛风、假性痛风，但是尚不能通过关节滑液检查来确诊类风湿关节炎。

（五）关节影像学检查

1. X 线检查　双手、腕关节以及其他受累关节的 X 线片对类风湿关节炎的诊断、关节病变分期、病变演变的监测均很重要。早期可见关节周围软组织肿胀影、关节附近骨质疏松（Ⅰ期）；进而关节间隙变窄（Ⅱ期）；关节面出现虫蚀样改变（Ⅲ期）；晚期可见关节半脱位和关节破坏后的纤维性和骨性强直（Ⅳ期）。

2. 关节 MRI　关节软组织病变、滑膜水肿、增生和血管翳形成，以及骨髓水肿等早期改变，更适合做关节 MRI 检查。

3. 关节超声　高频超声能够清晰地显示关节腔、关节滑膜、滑囊、关节腔积液、关节软骨厚度及形态等，能够反映滑膜增生情况，也可指导关节穿刺及治疗。

（六）关节镜及针刺活检

关节镜对诊断及治疗均有价值，针刺活检是一种操作简单、创伤小的检查方法，应用已经日趋成熟。

【诊断与鉴别诊断】

（一）诊断

类风湿关节炎的临床诊断主要基于慢性关节炎的症状和体征、实验室及影像学检查。类风湿关节炎的诊断可参考美国风湿病协会（ACR）1987 年修订的分类标准，列于表 8-54-1，符合 7 项条目中至少 4 项可诊断为类风湿关节炎。其敏感性为 94%，特异性为 89%。但对于早期、不典型及非活动期类风湿关节炎易漏诊。

表 8-54-1　美国风湿病协会（ACR）1987 年修订的类风湿关节炎分类标准

1. 晨僵	关节或周围晨僵持续至少 1 h
2. ＞3 个关节区的关节炎	医师观察到下列 14 个关节区域（两侧的近端指间关节、掌指关节、腕关节、肘关节、膝关节、踝关节及跖趾关节）中至少 3 个有软组织肿胀或积液（不是单纯骨隆起）
3. 手关节炎	腕关节、掌指关节或近端指间关节区中，至少有一个关节区肿胀
4. 对称性关节炎	左、右两侧关节同时受累（双侧近端指间关节、掌指关节及跖趾关节受累时，不一定绝对对称）
5. 类风湿结节	医师观察到在骨隆凸部位、伸肌表面或关节周围有皮下结节
6. 血清类风湿因子阳性	任何检测方法证明血清中类风湿因子含量升高（所用方法在健康人群中阳性率＜5%）
7. 影像学改变	在手和腕的后前位像上有典型的类风湿关节炎影像学改变：必须包括骨质侵蚀或受累关节及其邻近部位有明确的骨质脱钙

注：以上 7 项中满足 4 项或者 4 项以上并除外其他关节炎者可诊断为类风湿关节炎（要求第 1～4 项病程至少持续 6 周）。

目前的诊断普遍采用 2010 年美国风湿病学会（ACR）和欧洲抗风湿病联盟（EULAR）联合提出的类风湿关节炎分类标准和评分系统（表 8-54-2）。该标准包括关节受累情况、血清学指标、滑膜炎持续时间和急性期反应物 4 个部分，总得分 6 分以上可确诊为类风湿关节炎。

表 8-54-2　2010 年美国风湿病学会（ACR）和欧洲抗风湿病联盟（EULAR）的类风湿关节炎分类标准和评分系统

项目		评分
关节受累情况		（0～5 分）
中、大关节	1 个	0
	2～10 个	1
小关节	1～3 个	2
	4～10 个	3
至少一个为小关节	＞10 个	5
血清学指标		（0～3 分）
类风湿因子和抗环瓜氨酸多肽抗体均阴性		0
类风湿因子或抗环瓜氨酸多肽抗体低滴度阳性		2
类风湿因子或抗环瓜氨酸多肽抗体高滴度阳性（正常上限 3 倍）		3
滑膜炎持续时间		（0～1 分）
＜6 周		0
＞6 周		1
急性期反应物		（0～1 分）
CRP 和 ESR 均正常		0
CRP 或 ESR 异常		1

注：受累关节指关节肿胀、疼痛，小关节包括掌指关节、近端指间关节、第 2～5 跖趾关节、腕关节，不包括第一腕掌关节、第一跖趾关节和远端指间关节；大关节指肩关节、肘关节、髋关节、膝关节和踝关节。

(二)鉴别诊断

类风湿关节炎的鉴别诊断列于表 8-54-3。

表 8-54-3 类风湿关节炎的鉴别诊断

鉴别项目	类风湿关节炎	骨关节炎	强直性脊柱炎	银屑病关节炎	系统性红斑狼疮
年龄	35~50 岁	中老年人	青年人	30~55 岁	青年人
性别	女:男=(2~3):1	男女相当	男性多见	女性多见	女:男=9:1
好发部位	近端指间关节、腕关节、掌关节	膝关节,脊柱	骶髂关节、脊柱	远端指间关节	指关节
手关节	近端指间关节	几乎不累及	极少累及	对称性多关节炎	非侵蚀性病变
外周关节	膝关节、足趾、颈椎		下肢大关节炎、非对称	脊柱、足趾	膝关节
晨僵	晨起>1h	无	下腰背痛,伴晨僵	僵硬	少见
关节肿痛	红、肿、疼痛	肿胀、积液	疼痛	红、肿、疼痛	关节痛,红、肿少见
关节外症状	类风湿结节、肺间质病变		反复发作的葡萄膜炎、虹膜炎	皮肤银白色鳞屑	盘状红斑、脱发、蛋白尿
影像学表现	虫蚀样关节腔隙变窄,纤维性和骨性强直	关节边缘唇样增生,骨疣形成,非对称性关节腔隙狭窄	竹节征、亮角征、轨道征	骨侵蚀、骨质增生	多无骨质破坏
血清学检测	anti-CCP(+)RF(+)	ACPA(−)、RF(−)	90%HLA-B27(+)、(RF−)	RF(−)	ANA(+)、dsDNA(+)

注:anti-CCP. 抗环瓜氨酸多肽抗体;RF. 类风湿因子;ACPA. 抗瓜氨酸化蛋白抗体;HLA-B27. 人类白细胞抗原 B27;ANA. 抗核抗体;dsDNA. 双链 DNA。

(三)病情判断

判断类风湿关节炎活动性的指标包括疲劳程度、晨僵持续时间、关节疼痛和肿胀的数目和程度以及炎性指标(如 ESR、CRP)。此外,类风湿关节炎患者就诊时应对预后因素进行分析,这些因素包括病程、躯体功能障碍、关节外表现、血清中自身抗体是否阳性,以及早期出现 X 线提示的骨破坏等。

【治疗】

目前类风湿关节炎不能根治,需要终身服药,晚期患者甚至需要进行人工关节置换术。治疗措施以延缓病情进展为主。

(一)一般治疗

教育患者要相信现代医学、相信科学,远离各种假药,不要随意服用大剂量糖皮质激素。减少不正常的期望,接受现实,坚持终身服药。

(二)药物治疗

根据欧洲抗风湿病联盟(EULAR)2022 年颁布的指南,类风湿关节炎的药物治疗方案以甲氨蝶呤(MTX)为核心首选药物,具体如下。

1. 一线治疗方案 甲氨蝶呤/来氟米特+激素/非甾体抗炎药。不能耐受甲氨蝶呤的患者,用来氟米特(LEF)或柳氮磺吡啶代替甲氨蝶呤。

2. 难治性患者 甲氨蝶呤/来氟米特+柳氮磺吡啶/硫酸羟氯喹+TNF-α抑制剂（修美乐）/IL-6抑制剂（托珠单抗）+JAK抑制剂（托法替布、巴瑞替尼）。

甲氨蝶呤（MTX），每周1次，7.5~20 mg，4~6周起效。在起效前，以激素或非甾体抗炎药消肿止痛，作为桥梁治疗使用，起效后停用。其他改善病情的抗风湿药详见表8-53-4。改善病情的抗风湿药（DMARDs）是近30年类风湿关节炎治疗的一个重要进展，主要是各类单克隆抗体。TNF-α拮抗剂（阿达木单抗，修美乐）是首次获批治疗类风湿关节炎的靶向药物，这类药物主要用于难治性患者。已有多种治疗类风湿关节炎的植物制剂，如雷公藤多甙、白芍总苷、青藤碱，对缓解关节症状有较好的作用，长期控制病情的作用尚待进一步研究证实。

（三）外科治疗

外科治疗方法包括人工关节置换术和滑膜切除术，前者适用于较晚期有畸形并失去功能的关节，滑膜切除术可以使患者病情得到一定的缓解，但当滑膜再次增生时，病情又趋复发，所以必须同时应用改善病情的抗风湿药。

【预后】

类风湿关节炎患者的预后与患者的依从性、甲氨蝶呤或者修美乐是否规范使用密切相关。近年来，随着人们对类风湿关节炎的认识加深、传统改善病情的抗风湿药正确的应用以及生物改善病情的抗风湿药的不断涌现，类风湿关节炎患者的预后明显改善，经早期诊断、规范化治疗，80%以上类风湿关节炎患者能实现病情缓解，只有少数最终致残。

自 测 题

一、选择题

1. 不是类风湿关节炎关节表现特点的是
   A. 关节晨僵
   B. 不对称关节肿
   C. 关节痛
   D. 关节压痛
   E. 关节畸形

2. 患者，女性，63岁。双手掌指关节肿痛7个月，伴晨僵，约每日1 h。体格检查：双手掌指关节压痛。双手X线提示骨质疏松，双手掌指关节轻度狭窄。该患者最可能的诊断是
   A. 骨质疏松
   B. 骨关节炎
   C. 强直性脊柱炎
   D. 痛风
   E. 类风湿关节炎

（3~4题共用题干）

患者，女性，39岁。反复双手近端指间关节、腕关节疼痛5年，临床诊断考虑类风湿关节炎，X线片示双侧腕关节骨质疏松，部分近端指间关节狭窄。

3. 该患者的X线片分期为
   A. Ⅰ期
   B. Ⅱ期
   C. Ⅲ期
   D. Ⅳ期
   E. Ⅴ期

4. 首选的改善病情的抗风湿药是
   A. 青霉胺
   B. 硫唑嘌呤
   C. 霉酚酸酯
   D. 甲氨蝶呤
   E. 环孢素

二、简答题

1. 类风湿关节炎的血清学检测指标有哪些?
2. 简述类风湿关节炎的治疗方案。

三、案例分析题

1. 患者,女性,55岁,类风湿关节炎20年,双手纽扣花样畸形,双髋关节严重屈曲畸形,肌肉萎缩,卧床不起,反复多关节疼痛,无肿胀,X线示双髋关节融合。血常规、尿常规、肝功能、肾功能、ESR、CRP均正常。

请回答:该患者的治疗方案是什么?

2. 患者,男性,45岁,对称性小关节肿痛伴晨僵3年。近3个月症状加重,晨僵时间明显延长,并出现干咳、气短、活动后呼吸困难,无夜间阵发性呼吸困难。体格检查:双手腕关节、掌指关节肿胀,压痛(+),双手握力下降,双肘部发现无痛性皮下结节,两下肺可闻及velcro啰音。

请回答:

(1)该患者考虑患有何种疾病?
(2)为明确诊断,需要进行哪些检查?
(3)治疗方案是什么?

(田 云)

第五十五章　系统性红斑狼疮

第五十五章数字资源

学习目标

1. 知识：列举系统性红斑狼疮的病因，陈述其分类、诊断标准，说出系统性红斑狼疮的关键实验室检测指标，解释系统性红斑狼疮发病机制及病理特点，概括自身抗体检查对诊断系统性红斑狼疮、判断疾病活动性和区分临床类型的意义。

2. 能力：分析系统性红斑狼疮患者临床表现的个体差异性，根据患者的临床表现和辅助检查结果做出正确诊断，并制定治疗方案。

3. 素养：系统性红斑狼疮患者往往面临身体和心理（如因容貌改变引起的焦虑、抑郁）的双重压力，病程长且易反复发作，患者对治疗缺乏信心。学习者应充分理解患者的痛苦和需求，尊重患者的人格和权利，关注患者的心理状态。在与患者沟通时，要富有同情心和耐心，用通俗易懂的语言解释病情和治疗方案，给予患者心理支持和人文关怀，帮助他们树立战胜疾病的信心。

案例 8-55-1

患者，女性，15岁，3个月前颜面部及双侧耳郭出现冻疮样皮疹，伴脱屑、瘙痒，给予抗过敏药，皮疹减轻，但5~6 d再出现。1个月前患者双上肢再次出现皮疹，伴疼痛，以双侧下肢膝关节、髋关节疼痛为主，上楼、下楼时疼痛加重，予"泼尼松"5 d，肢体疼痛缓解后停药。今双上肢再次出现如前所述皮疹，伴双下肢疼痛。体格检查：颜面部及双侧耳郭可见暗红色冻疮样皮疹伴皮屑，无瘙痒，双上肢、双侧手掌面及后背部可见数片暗红色瘀斑，伴触痛，无脱屑。双侧膝关节及髋关节活动时疼痛，关节无肿胀，皮温不高。辅助检查：CRP 0.91 mg/L；ESR 40 mm/h；C3 0.68 g/L；尿红细胞 16/HP，尿蛋白（++）。实验室检查：尿蛋白 0.09 g/24 h；尿肌酐 9907 μmol/24 h。CRP、RF均正常。EBV、CMV、HBV、TB等感染筛查均阴性。自身抗体：抗SSA抗体、抗组蛋白抗体、抗Rip/SM抗体均阳性；抗核抗体（+）；抗中性粒细胞胞质抗体（+）；抗磷脂抗体（+）。胸部CT平扫+三维重建：右肺下叶少许炎症，左肺下叶胸膜下小结节。双手关节超声：双手小指掌指关节处滑膜稍增厚。双侧膝关节+踝关节彩超：双侧膝关节髌上囊积液、双侧踝关节滑膜增厚，右侧踝关节腔积液。

问题与思考：
（1）初步诊断和诊断依据是什么？应与哪些疾病进行鉴别诊断？
（2）需要进一步做何种检查以明确诊断？
（3）治疗首选什么方案？
（4）患者的健康教育方案是什么？

第五十五章 系统性红斑狼疮

系统性红斑狼疮（systemic lupus erythematosus，SLE）是一种以皮肤黏膜的皮疹、溃疡为主要表现，但几乎能累及每一个系统的自身免疫病，患者的血清中含有多种致病性自身抗体，能形成免疫复合物沉积在不同的组织和器官内，导致免疫损伤。本病多见于20～40岁的育龄期女性。

【病因】

（一）遗传

1. 流行病学　流行病学及家系调查资料表明，系统性红斑狼疮患者第1代亲属中，8倍于无系统性红斑狼疮患者家庭，单卵双胎患系统性红斑狼疮者，5～10倍于异卵双胎。临床上系统性红斑狼疮患者的家族中也常有患其他结缔组织病的亲属。

2. 易感基因　多年研究已证明系统性红斑狼疮是多基因相关疾病。有HLA-Ⅲ类的C2或C4缺失，HLA-Ⅱ类的DR2、DR3频率异常，系统性红斑狼疮的发病是很多易感基因异常的叠加效应。然而，现已发现的系统性红斑狼疮相关基因也只能解释约15%的遗传可能性。

（二）环境因素

1. 紫外线　紫外线使皮肤上皮细胞出现凋亡，新抗原暴露而成为自身抗原。
2. 化学试剂及药物　化学试剂及药物可以使得DNA甲基化程度降低，从而诱发药物相关的狼疮。
3. 微生物　微生物病原体等也可诱发疾病。

（三）雌激素

女性患病率明显高于男性，在更年期前阶段为9∶1，儿童及老人为3∶1。

【发病机制】

目前认为，系统性红斑狼疮的发病机制是易感者的免疫耐受失去稳态，模拟自身组织成分的外来抗原被B细胞提呈给T细胞，从而激活B细胞产生大量不同类型的自身抗体，造成组织损伤。

1. 致病性自身抗体　这类自身抗体的特性为：①以IgG型为主，与自身抗原有很高的亲和力，如抗DNA抗体可与肾组织直接结合导致肾小球损伤；②抗血小板抗体及抗红细胞抗体，导致临床出现血小板减少和溶血性贫血；③抗SSA抗体，经胎盘进入胎儿心脏，引起新生儿心脏传导阻滞；④抗磷脂抗体，引起抗磷脂综合征；⑤抗核糖体抗体，与狼疮脑病相关。

2. 免疫复合物　致病性免疫复合物（immune complex，IC）由自身抗体和相应自身抗原相结合而成，能够沉积在组织造成组织损伤。本病免疫复合物增高的原因有：①机体清除免疫复合物的机制异常；②免疫复合物形成过多；③因免疫复合物的大小不当而不能被吞噬或排出。

3. 免疫耐受失稳　系统性红斑狼疮患者的免疫耐受失稳，不能产生足够的抑制性$CD4^+T$细胞，因此异常的B细胞持续产生自身抗体。T细胞的功能异常导致新抗原不断出现，使自身免疫持续存在。

【病理】

系统性红斑狼疮主要病理改变为炎症反应和血管异常，可以出现在身体的任何器官。中、小血管因免疫复合物沉积或抗体直接侵袭而出现管壁的炎症和坏死，继发的血栓使管腔变窄，导致局部组织缺血和功能障碍。受损器官的特征性改变是：①苏木紫小体（细胞核受抗体作用变性为嗜酸性团块）。②"洋葱皮样病变"，即小动脉周围有显著向心性纤维增生，见于脾中央动脉以及心瓣膜，结缔组织反复发生纤维蛋白样变性而形成赘生物。此外，心包、心肌、肺、神经系统等也可出现上述基本病理变化。系统性红斑狼疮肾受累的病理表现详见狼疮肾炎。

【临床表现】

系统性红斑狼疮临床表现多样，但是以皮肤、黏膜表现为主，以至于系统性红斑狼疮曾被当成单纯的皮肤病对待，现已明确这是一个全身性的系统性疾病。

1. 全身表现 活动期患者常见低、中度发热，伴疲倦、乏力、食欲缺乏、肌痛、体重下降等症状。

2. 皮肤与黏膜表现 80%的患者会出现皮疹，以鼻梁和双颧颊部呈蝶形分布的红斑最具特征性，指掌部、甲周、躯干也可出现皮疹，多无明显瘙痒。口腔及鼻黏膜无痛性溃疡和脱发（弥漫性或斑秃）较常见，常提示疾病活动。

3. 浆膜炎 半数以上患者在急性发作期出现多发性浆膜炎，包括双侧中、小量胸腔积液和心包积液。但狼疮肾炎合并肾病综合征引起低蛋白血症，或系统性红斑狼疮合并心肌病变或肺动脉高压时，也会出现胸腔积液和心包积液，这并非浆膜炎，在临床需仔细甄别。

4. 肌肉、关节表现 指关节、腕关节、膝关节的关节痛是常见的症状之一，伴红、肿者少见。常出现对称性多关节肿痛。10%的患者因关节周围肌腱受损，出现可恢复的非侵蚀性关节半脱位（Jaccoud关节病），X线检查多无关节骨破坏。可以出现肌痛和肌无力，5%~10%患者出现肌炎。有小部分患者出现股骨头坏死。

5. 肾表现 27.9%~70%的系统性红斑狼疮患者出现临床肾受累。主要表现为蛋白尿、血尿、管型尿、水肿、高血压，乃至肾衰竭。有平滑肌受累者可出现输尿管扩张和肾积水。

6. 心血管表现 患者常出现心包炎，可为纤维蛋白性心包炎或渗出性心包炎，发生心脏压塞者少见。可出现疣状心内膜炎（Libman-Sack心内膜炎），病理表现为瓣膜赘生物，与感染性心内膜炎不同，其常见于二尖瓣后叶的心室侧，且并不引起心脏杂音性质的改变。通常疣状心内膜炎不引起临床症状，但可以脱落引起栓塞，或并发感染性心内膜炎。约10%的患者有心肌损害，可有气促、心前区不适、心律失常，严重者可发生心力衰竭导致死亡。可以有冠状动脉受累，表现为心绞痛和心电图ST-T改变，甚至出现急性心肌梗死。

7. 肺部表现 系统性红斑狼疮所引起的肺间质病变主要是急性、亚急性的磨玻璃样改变和慢性期的纤维化，表现为活动后气促、干咳、低氧血症，肺功能检查常显示弥散功能下降。约2%的患者合并弥漫性肺泡出血（DAH），病情凶险，病死率高达50%以上。肺动脉高压是系统性红斑狼疮预后不良的因素之一。其发病机制包括肺血管炎、肺小血管舒缩功能异常、肺血栓栓塞症和广泛肺间质病变。

8. 神经系统表现 狼疮脑病又称神经精神狼疮（neuropsychiatric lupus，NP-SLE），中枢神经系统和外周神经系统均可受累。中枢神经系统病变包括癫痫、狼疮性头痛、无菌性脑膜炎、脱髓鞘综合征、运动障碍及脊髓病等。外周神经系统受累可表现为吉兰-巴雷综合征、重症肌无力等。引起狼疮脑病的病理基础为脑局部血管炎的微血栓、来自Libman-Sack心瓣膜赘生物脱落的小栓子，或针对神经细胞的自身抗体、或并存抗磷脂综合征。

9. 消化系统表现 可表现为食欲减退、腹痛、呕吐、腹泻等，其中部分患者以上述症状为首发。早期出现肝损伤与预后不良相关。少数患者可并发急腹症，如胰腺炎、肠坏死、肠梗阻，这些往往与系统性红斑狼疮活动性相关。消化系统症状与肠壁和肠系膜血管炎有关。此外，系统性红斑狼疮还可出现失蛋白肠病和肝病变，早期使用糖皮质激素后这些表现通常都会很快得到改善。

10. 血液系统表现 活动性系统性红斑狼疮中血红蛋白下降、白细胞和（或）血小板减少常见。其中10%属于Coombs试验阳性的溶血性贫血；血小板减少与血清中存在抗血小板抗体、抗磷脂抗体以及骨髓巨核细胞成熟障碍有关。部分患者可有无痛性轻度或中度淋巴结肿大。少数患者有脾大。

11. 抗磷脂综合征 抗磷脂综合征（antiphospholipid syndrome，APS）可以出现在系统性红斑狼疮的活动期，其临床表现为动脉和（或）静脉血栓形成、反复的自发流产、血小板减少，患者血清不止一次出现抗磷脂抗体。

12. 干燥综合征　约30%的系统性红斑狼疮患者有继发性干燥综合征并存，有唾液腺和泪腺功能不全。

13. 眼部表现　约15%的患者因为视网膜血管炎，出现视网膜出血、渗出、视盘水肿等。另外，血管炎可累及视神经，严重者可在数日内致盲，早期治疗多数可逆转。

【辅助检查】

（一）一般检查

不同系统受累，可出现相应的血常规、尿常规、肝功能、肾功能与影像学检查异常。有狼疮脑病者常有脑脊液压力及蛋白含量升高，但细胞数、氯化物和葡萄糖水平多正常。

（二）自身抗体检查

患者血清中可以检测到多种自身抗体，常见的依次为抗核抗体谱、抗磷脂抗体和抗组织细胞抗体。

1. 抗核抗体谱　有抗核抗体（ANA）、抗双链DNA（dsDNA）抗体、抗可提取核抗原（ENA）抗体。

（1）抗核抗体：见于几乎所有的系统性红斑狼疮患者，若其阴性，则基本可以排除系统性红斑狼疮的诊断。

（2）抗dsDNA抗体：是诊断系统性红斑狼疮的特异性抗体，为系统性红斑狼疮的标记抗体，多出现在活动期，其滴度与疾病活动性密切相关。稳定期患者抗dsDNA抗体滴度增高，提示复发风险较高，需要及时复查。

（3）抗ENA抗体：是一组临床意义不相同的抗体。①抗Sm抗体：是诊断系统性红斑狼疮的标记抗体，特异性为99%，但敏感性仅为25%，有助于早期和不典型患者的诊断或回顾性诊断。②抗RNP抗体：阳性率为40%，对系统性红斑狼疮诊断特异性不高，往往与系统性红斑狼疮的雷诺现象和肺动脉高压相关。③抗SSA（Ro）抗体：与系统性红斑狼疮中出现光过敏、血管炎、皮损、白细胞减低、平滑肌受累、新生儿狼疮等相关。④抗SSB（La）抗体：与抗SSA抗体相关联，与继发干燥综合征有关，但阳性率低于抗SSA（Ro）抗体。⑤抗rRNP抗体：往往提示有狼疮脑病或其他重要内脏损害。

2. 抗磷脂抗体　抗磷脂抗体包括抗心磷脂抗体、狼疮抗凝物、抗β-2 GPI抗体、梅毒血清试验假阳性等针对自身不同磷脂成分的自身抗体。结合其特异的临床表现可诊断是否合并继发性抗磷脂综合征。

3. 抗组织细胞抗体　抗红细胞膜抗体，现以Coombs试验测得。抗血小板相关抗体导致血小板减少，抗神经元抗体多见于狼疮脑病。

4. 其他　部分患者血清中可出现类风湿因子，少数患者可出现ANCA。

（三）补体

目前常用的有总补体（CH50）、C3和C4的检测。C3低下常提示有系统性红斑狼疮活动。C4低下除表示系统性红斑狼疮活动性外，尚可能是系统性红斑狼疮易感性（C4缺乏）的表现。

（四）病情活动度指标

除上述抗dsDNA抗体、补体外，CSF变化、蛋白尿增多、ESR增快、CRP升高、血小板计数增加等，也提示疾病进入活动期。

（五）肾活检病理检查

肾活检病理检查对狼疮肾炎的诊断、治疗和预后估计均有价值，尤其对指导狼疮肾炎治疗有重要意义。

（六）影像学检查

影像学检查有助于早期发现器官损害。如神经系统 MRI、CT 有助于发现和治疗脑部的梗死性或出血性病灶；胸部高分辨率 CT 有助于发现早期的肺间质病变。超声心动图对心包积液、心肌、心瓣膜疾病、肺动脉高压等有较高的敏感性而有助于早期诊断。

【诊断与鉴别诊断】

目前普遍采用美国风湿病学会（ACR）1997 年推荐的系统性红斑狼疮分类标准（表 8-55-1）。该分类标准的 11 项中，符合 4 项或 4 项以上者，在除外感染、肿瘤和其他结缔组织病后，可诊断为系统性红斑狼疮。2012 年系统性红斑狼疮国际协作组（SLICC）对系统性红斑狼疮的分类标准进行了修订，提高了诊断的敏感性，有助于系统性红斑狼疮的早期诊断。

表 8-55-1　美国风湿病学会（ACR）1997 年推荐的系统性红斑狼疮分类标准

1.	颊部红斑	固定红斑，扁平或高起，在两颧突出部位
2.	盘状红斑	片状高起于皮肤的红斑，黏附有角质脱屑和毛囊栓；陈旧病变可发生萎缩性瘢痕
3.	光过敏	对日光有明显的反应，引起皮疹，可从病史中得知或医师观察到
4.	口腔溃疡	经医师观察到的口腔或鼻咽部溃疡，一般为无痛性
5.	关节炎	非侵蚀性关节炎，累及 2 个或更多的外周关节，有压痛、肿胀或积液
6.	浆膜炎	胸膜炎或心包炎
7.	肾病变	尿蛋白＞ 0.5 g/24 h 或 +++，或管型
8.	神经病变	癫痫发作或精神病，除外药物或已知的代谢紊乱
9.	血液病	溶血性贫血，或白细胞计数减少，或淋巴细胞减少，或血小板减少
10.	免疫学	抗 dsDNA 抗体阳性，或抗 Sm 抗体阳性，或抗磷脂抗体阳性（包括 ACA、或 LA、或至少持续 6 个月的梅毒血清学试验假阳性三者中具备一项阳性）
11.	抗核抗体	在任何时候和未用药物诱发"药物性狼疮"的情况下，抗核抗体滴度异常

【病情判断】

诊断明确后，要判定病情的严重程度和活动性，以便采取相应的治疗措施。

（一）疾病的活动性或急性发作

有多种标准可用于疾病活动性评估。较为简明实用的为 SLEDAI，列于表 8-55-2。根据患者前 10 d 内是否出现上述症状进行打分，总分为 105 分，凡总分在 4 分及 4 分以下认为病情稳定，5～9 分为轻度活动，10～14 分为中度活动，15 分及 15 分以上为重度活动。

表 8-55-2　系统性红斑狼疮疾病活动度评分（SLEDAI）

评分	表现	定义
8	抽搐	近期出现，除外代谢、感染、药物所致者
8	精神病	由于严重的现实感知障碍导致正常活动能力改变，包括幻觉、思维无连贯性、思维奔逸，思维内容贫乏、不合逻辑，行为异常、行动紊乱。需除外尿毒症或药物所致者
8	器质性脑病综合征	智力改变，如定向力差，记忆力差，智能差。起病突然并有波动性，包括意识模糊，注意力减退，不能持续注意周围环境，加上至少下述两项：知觉力异常，语言不连贯，失眠，白天困倦，抑郁或亢奋，除外由于代谢、药物或感染引起者

续表

评分	表现	定义
8	视觉障碍	狼疮视网膜病变：包括细胞状小体，视网膜出血，脉络膜出血或渗出性病变，视神经炎。除外由于高血压、药物或感染引起
8	脑神经病变	近期出现的运动性、感觉性脑神经病变
8	狼疮性头痛	严重、持续的疼痛，可以是偏头痛，镇静药及镇痛药无效
8	脑血管意外	近期出现，除外动脉粥样硬化
8	血管炎	破溃、坏死，手指压痛性结节，甲床周围梗死、片状出血，或为活检或血管造影证实的血管炎
4	关节炎	至少两个关节痛并有炎性体征，如压痛、肿胀或积液
4	肌炎	近端肌痛、无力并有肌酸激酶（CK）升高，肌电图改变或活检证实有肌炎
4	管型	红细胞管型、颗粒管型或混合管型
4	血尿	红细胞＞5/HP，除外其他原因
4	蛋白尿	＞0.5 g/24 h，近期出现或近期增加 0.5 g/24 h 以上
4	脓尿	白细胞＞5/HP，除外感染
2	皮疹	新出现或反复出现的炎性皮疹
2	脱发	新出现或反复出现的异常，斑片状或弥漫性脱发
2	黏膜溃疡	新出现或反复出现的口腔、鼻腔溃疡
2	胸膜炎	胸膜炎所致胸痛，并有胸膜摩擦音或积液或胸膜肥厚
2	心包炎	心包炎导致疼痛及心包摩擦音或积液（经心电图或超声检查证实）
2	低补体	CH50、C3、C4 下降，低于正常范围的低值
2	抗 dsDNA 升高	Farr 方法检测应＞25%，或高于正常
1	发热	体温＞38 ℃，除外感染
1	血小板减少	血小板计数＜100×10^9/L
1	白细胞计数下降	白细胞计数＜3×10^9/L，除外药物所致

（二）脏器功能状态和不可逆损伤

随着系统性红斑狼疮病情反复发作，造成的组织损伤不断积累叠加，同时长期应用糖皮质激素和免疫抑制药引起的药物不良反应，均可导致不可逆病变和脏器功能减退，其程度决定了狼疮患者的远期预后。

（三）并发症

动脉粥样硬化、感染、高血压、糖尿病等往往使系统性红斑狼疮病情加重，预后更差。

【治疗】

系统性红斑狼疮目前尚不能根治，治疗要个体化，但经合理治疗后，可以达到长期缓解。生物制剂不再是传统药物治疗失败后的补充，而是一开始就可以应用，以尽早控制症状。根据欧洲抗风湿病联盟（EULAR）2023 年的指南，推荐以下治疗方案。

（一）一般治疗

非药物治疗尤为重要，必须做到如下几点：①坚持正规的现代医学治疗；②急性活动期患者要卧床休息，病情稳定的慢性患者可适当工作，但注意勿过劳；③及早发现和治疗感染；④避免使用可能诱发狼疮的药物，如避孕药；⑤避免阳光暴晒和紫外线照射；⑥缓解期才可注射疫苗，尽可能不用活疫苗。

（二）对症治疗

对发热及关节痛患者，可辅以非甾体抗炎药；对有高血压、血脂异常、糖尿病、骨质疏松等患者，应给予相应的治疗。对于系统性红斑狼疮有神经精神症状者，可给予相应的降颅内压、抗癫痫、抗抑郁等治疗。

（三）药物治疗

1. 免疫抑制药　常用免疫抑制药的用法及副作用列于表8-55-3。目前认为羟氯喹应作为系统性红斑狼疮的背景治疗，可在诱导缓解和维持治疗中长期应用。

表 8-55-3　常见免疫抑制药的用法及副作用

名称	用法	副作用
环磷酰胺（CTX）	0.4 g，每周1次；或 0.5~1.0 g/m²，每3~4周1次；口服剂量每日 1~2 mg/kg	胃肠道反应、脱发、骨髓抑制、诱发感染、肝功能损害、性腺抑制、致畸、出血性膀胱炎、远期致癌性
吗替麦考酚酯（MMF）	每日 1.5~2 g	胃肠道反应、骨髓抑制、感染、致畸
环孢素（CsA）	每日 3~5 mg/kg	胃肠道反应、多毛、肝功能及肾功能损伤、高血压、高尿酸血症、高血钾
他克莫司（FK506）	每日 2~6 mg	高血压、胃肠道反应、高尿酸血症、肝功能及肾功能损伤、高血钾
甲氨蝶呤（MTX）	10~15 mg，每周1次	胃肠道反应、口腔黏膜糜烂、肝功能损害、骨髓抑制，偶见肺纤维化
硫唑嘌呤（AZA）	每日 50~100 mg	骨髓抑制、胃肠道反应、肝功能损害
来氟米特（LEF）	每日 10~20 mg	腹泻、肝功能损害、皮疹、白细胞计数下降、脱发、致畸
羟氯喹（HCQ）	0.1~0.2 g，每日2次	眼底病变、胃肠道反应、神经系统症状、偶有肝功能损害
雷公藤多甙	20 mg，每日2~3次	性腺抑制、胃肠道反应、骨髓抑制、肝功能及肾功能损伤、皮损

2. 糖皮质激素　在诱导缓解期，根据病情泼尼松剂量为每日 0.5~1 mg/kg，病情稳定2周或6周后，逐渐减量。

3. 生物制剂　经激素和（或）免疫抑制药治疗效果不佳、不耐受或复发的系统性红斑狼疮患者，可考虑使用生物制剂进行治疗。使用生物制剂能较为显著地增加患者的完全性和部分缓解率，降低疾病活动度、疾病复发率及减少激素用量。目前贝利尤单抗、泰它西普在我国已经获得适应证。

4. 其他药物治疗　病情危重或治疗困难的病例可根据临床情况选择静脉注射免疫球蛋白。合并抗磷脂综合征需根据情况应用阿司匹林或华法林，抗血小板、抗凝治疗。对于反复血栓的患者，可能需长期或终身抗凝。

【预后】

随着早期诊断方法的增多和系统性红斑狼疮治疗水平的提高，系统性红斑狼疮的预后已明显改善。目前，系统性红斑狼疮患者的生存期已从 20 世纪 50 年代 4 年生存率 50%，提高至 15 年生存率 80%；10 年生存率也已达 90% 以上。急性期患者的死亡原因主要是系统性红斑狼疮造成的多脏器严重损害和感染，尤其是伴有严重狼疮脑病、肺动脉高压和急进性狼疮肾炎患者。慢性肾功能不全和药物（尤其是长期使用大剂量激素）的不良反应，冠心病等，是系统性红斑狼疮患者远期死亡的主要原因。

自 测 题

一、选择题

1. 关于系统性红斑狼疮的实验室检测，以下表述不正确的是
   A. 抗磷脂抗体与流产有关
   B. C3、C4 降低，提示系统性红斑狼疮活动
   C. CH50 降低，提示系统性红斑狼疮活动
   D. 抗 dsDNA 抗体增高，提示系统性红斑狼疮活动
   E. 抗核抗体明显增高，提示系统性红斑狼疮活动，有助于系统性红斑狼疮的诊断

2. 患者，女性，65 岁。双手掌指关节肿痛 6 个月，伴有晨僵，约每日 1 h。体格检查：双手掌指关节压痛。双手 X 线提示骨质疏松，双手掌指关节轻度狭窄。该患者最可能的疾病诊断是
   A. 痛风　　　　　　　　B. 强直性脊柱炎　　　　　　　C. 骨关节炎
   D. 骨质疏松　　　　　　E. 类风湿关节炎

二、简答题

1. 简述系统性红斑狼疮的典型临床表现。
2. 简述系统性红斑狼疮的血清学诊断方法。

三、案例分析题

1. 患者，女性，20 岁，四肢关节疼痛 7 个月，近 2 个月出现面颊部对称性红斑，反复发作口腔溃疡。外周血白细胞计数 2.4×10^9/L，ESR 47 mm/h。

   请回答：
   （1）初步考虑的疾病诊断是什么？
   （2）应做哪些检查以明确诊断？
   （3）应拟定什么治疗方案？

2. 患者，男性，32 岁，农民，面部水肿、乏力 1 个月。双耳郭可见冻疮样皮疹，双手指、足趾掌侧可见充血性红斑，尿蛋白（++++），颗粒管型（++），ANA（+）H 型，抗 SSA 抗体（+）。

   请回答：
   （1）初步考虑的疾病诊断是什么？
   （2）应做哪些检查以明确诊断？

（田　云）

第九篇

神经系统疾病

第五十六章 总论

第五十六章数字资源

学习目标

1. 知识：说出神经系统的基本组成，描述神经系统疾病常见的临床表现，解释神经系统疾病常用的诊断方法，简述神经系统疾病的诊断程序。

2. 能力：运用所学知识收集并分析神经系统疾病信息，掌握从病史到诊断假设的完整诊断流程，独立完成初步诊断。

3. 素养：神经系统疾病的治疗效果往往与治疗时机的把握密切相关，稍有疏忽就可能导致严重的后果。医学生要树立高度的责任意识，对患者的病情高度负责，认真对待每一个诊疗环节。在工作中要严格遵守医疗规章制度和操作规范，避免因疏忽大意而引发医疗差错。同时，要勇于承担责任，当出现问题时能够积极采取措施进行补救，最大限度地减少对患者的伤害。

神经系统疾病是指中枢神经系统（脑、脊髓）和周围神经系统（脑神经、脊神经等）由于感染、血管病变、外伤、肿瘤、中毒、变态反应、变性、遗传、代谢障碍和先天性异常等原因引起的疾病。由于骨骼肌的功能由神经直接支配，因此某些肌肉疾病也归属于神经系统疾病的范畴。

【神经系统的组成】

神经系统由中枢部分及外周部分所组成。中枢部分包括脑和脊髓，分别位于颅腔和椎管内，两者在结构和功能上紧密联系，组成中枢神经系统。外周部分主要包括12对脑神经和31对脊神经。

【神经系统疾病常见临床表现】

（一）意识障碍

意识是大脑高级功能活动的综合表现，包括觉醒状态（指对外界及自身的认知状态）与精神活动（指思维、情感、记忆、意志等心理过程）两个方面。意识障碍是指人对周围环境及自身状态的识别和觉察能力出现障碍。要了解意识障碍的程度，可以通过定向力、感知力、注意力、记忆力、情感、行为等检查而获得。

（二）认知障碍

认知障碍包括记忆障碍、失语、失用、失认、计算力障碍等。

（三）感觉障碍

感觉障碍可分为感觉过敏、感觉过度、感觉倒错、感觉异常、疼痛、感觉减退或缺失。在检查过程中，应注意其性质（痛觉、温度觉、触觉和深感觉缺失，完全性或分离性感觉缺失，感觉过敏，感觉过度等）、范围（末梢性、后根性、脊髓横贯性、脊髓半离断性）及发作过程。感觉异常包括麻木、痒感、冷感或热感、沉重感、针刺感、蚁走感、肿胀感、电击感和束带感等，其范围具有定位价值。

（四）运动障碍

随意运动主要由上、下运动神经元支配完成，锥体外系统和小脑对随意运动起协调和校正作用。运动系统损害的表现包括肌力、肌张力改变以及上运动神经元瘫痪（痉挛性瘫痪）、下运动神经元瘫痪（弛缓性瘫痪）。在检查过程中，应注意损害发生的急缓、瘫痪部位（单瘫、偏瘫、截瘫、四肢瘫或某些肌群瘫）、性质（痉挛性或弛缓性）、进展情况（是否进展、进展速度及过程）、伴发症状（发热、疼痛、感觉障碍、肌萎缩、失语、抽搐或不自主运动）等。

【诊断】

（一）诊断方法

1. 病史采集

（1）在现病史的调查中，对疼痛、抽搐、瘫痪、感觉障碍、视力障碍、发声障碍、言语表达、听力、理解能力、阅读能力、书写能力、嗜睡、入睡困难、眩晕、眼球震颤、饮水呛咳、构音障碍及抑郁等症状，要善于"明智地"追问，分析患者、亲属或目睹者叙述症状的真正含义，尽量全面及完整地收集起病情况、首发症状、病程经过和目前患者的临床状况等信息。

（2）询问患者既往的健康状况，如有无头部或脊柱外伤及手术史，有无骨折、昏迷等，有无后遗症状，是否患过如脑炎、脑膜炎等流行病及传染病或地方病，有无高血压、心脏病、心肌梗死、心律失常、动脉硬化、糖尿病等病史；有无食物、药物过敏及中毒史，金属及化学毒物（如汞、有机磷）接触和中毒史，放射性物质、工业粉尘接触和中毒史等。

（3）询问患者的生长发育情况、出生情况及其母亲妊娠时健康状况，社会经历、职业及工作性质、生活习惯与嗜好（烟、酒嗜好及量，毒品和麻醉药的滥用情况等）、婚姻史及冶游史，饮食、睡眠的规律和质量，是右利手还是左利手或双利手等。对女性患者，需询问月经史和生育史。

（4）询问患者家族成员中有无患同样疾病及家族遗传分布情况。还应注意询问家族成员中有无相关的癫痫、肿瘤、周期性瘫痪、偏头痛等病史。

2. 症状和体征　神经系统不同部位、不同病因的损害，在临床上会产生相应的症状、体征，准确识别这些症状和体征有助于定位诊断和定性诊断。

3. 辅助检查

（1）脑脊液检查：包括脑脊液常规、生化、细胞学等，是神经系统疾病的常规检查。

（2）影像学检查：如头部和脊柱X线检查、脊髓和脊髓血管造影、数字减影血管造影（DSA）、计算机体层血管成像（CTA）、MRI。

（3）神经电生理检查：如脑电图、脑诱发电位、肌电图。

（4）头颈部血管超声检查、脑循环微栓子监测、发泡试验。

（5）放射性核素检查。

（6）脑、神经、肌肉活体组织检查。

（7）基因检测。

（二）诊断程序

（1）全面搜集临床资料，详尽采集病史，进行细致的神经系统检查和必要的辅助检查。

（2）用神经解剖学及生理学知识对临床及相关资料进行分析，确定病变的部位（如肌肉、周围神经、脊髓、脑干、小脑），即定位诊断。

（3）根据起病方式、疾病进展过程、个人史、家族史及临床资料，分析和筛选可能的病因，确定病变的性质，即病因诊断或定性诊断。如高血压脑出血、心源性脑栓塞。

自 测 题

神经系统疾病的诊断程序有哪些?

(刘宛丽)

第五十七章 脑血管疾病

第五十七章数字资源

学习目标

1. 知识：说出脑血管疾病、脑梗死、脑出血、蛛网膜下腔出血的定义，列举脑的血液供应。

2. 能力：能通过脑梗死、脑出血、蛛网膜下腔出血的临床表现、诊断依据、辅助检查结果对其做出初步诊断。能对脑梗死和脑出血相互鉴别。

3. 素养：脑血管疾病的防控本质是"公共卫生问题"，其核心不仅是个体医疗，更是通过群体策略（政策、教育、资源配置）降低人群整体风险。需以"预防为主、医防融合、公平可及"为原则，将脑血管疾病防控融入居民日常生活场景（如健康饮食、社区运动）和公共政策体系（如食品监管、医保支持），才能从根本上减轻其对人群健康和社会经济的负担。要树立"预防为主、早干预早获益"的健康理念，为"健康中国"建设贡献自己的力量。要培养敬业精神，对脑血管疾病的学习和研究保持热情和执着，不断追求专业进步，积极参与学术交流和培训，更新知识储备，提高业务能力。

第一节 概 述

脑血管疾病（cerebrovascular disease，CVD）是脑血管病变导致脑功能障碍的一类疾病的总称。脑卒中（stroke）为脑血管疾病的主要临床类型，包括缺血性脑卒中和出血性脑卒中，以突然发病、迅速出现局限性或弥散性脑功能缺损为共同临床特征，是一组器质性脑损伤导致的脑血管疾病。

脑血管疾病是目前造成人类死亡的第二位病因，与心脏病、恶性肿瘤构成人类三大致死病因。脑卒中也是成人首要的致残疾病，约 2/3 幸存者遗留有不同程度的残疾。我国脑血管疾病的发病呈现北高南低、东高西低的地理分布特征，全世界每 6 个人在一生中就有 1 个人患有脑卒中；每 6 s 就有 1 个人死于脑卒中；每 6 min 就有 1 个人因脑卒中而永久致残。

【脑的血液供应及血液循环的调节】

（一）脑的血液供应

1. 颈内动脉系统　颈内动脉系统起自颈总动脉，主要分支有眼动脉、脉络前动脉、后交通动脉、大脑前动脉、大脑中动脉。它们主要供应眼部和大脑半球前 3/5 部分（额叶、颞叶、基底节）的血液。

2. 椎-基底动脉系统　两侧椎动脉由锁骨下动脉的根部向后方发出，在脑桥下缘汇合成基底动脉。椎动脉的分支有脊髓后动脉、脊髓前动脉、延髓动脉、小脑后下动脉。基底动脉的分支有小脑前下动脉、脑桥支、小脑上动脉、大脑后动脉，它们主要供应大脑半球后 2/5 部分、丘脑、脑干和小脑的血液。

3. 大脑动脉（Willis）环　颈内动脉和椎-基底动脉通过几组吻合支形成丰富的侧支循环，其中最重要的是 Willis 环。两侧大脑前动脉由一短的前交通动脉互相连接，两侧颈内动脉和大脑后动脉各由一后交通动脉互相连接，在脑底部围绕视交叉和脚间窝形成该环状吻合，具有脑血流供应的调节和代偿作用。

（二）脑血液循环的调节

正常成人的脑重量约为 1500 g，占体重的 2%～3%。流经脑组织的血液为 750～1000 ml/min，占心排血量的 20%。脑组织的耗氧量占全身耗氧量的 20%～30%。脑能量主要来源于糖的有氧代谢，几乎无能量储备。脑组织的血流分布并不均一，灰质的血流量远高于白质。大脑皮质的血液供应最丰富，其次为基底核和小脑皮质。不同脑组织细胞对缺血、缺氧性损害的敏感程度不同。在正常情况下，脑血流量具有自动调节作用，脑血流量与脑灌注压成正比，与脑血管阻力成反比。在缺血、缺氧的病理状况下，脑血管的自动调节机制紊乱，血管扩张或反应异常，脑水肿和颅内压升高，导致缺血区内充血、过度灌注或脑内盗血现象。如果全脑的血供完全中断 5 min，最易受损的特定神经元将出现不可逆性损伤。

【脑血管疾病的病因及危险因素】

（一）病因

1. 血管壁病变　以高血压性动脉硬化和动脉粥样硬化所致的血管损害最常见。
2. 心脏病和血流动力学改变　如高血压、低血压、血压的急骤波动、心功能障碍、心房颤动等。
3. 血液成分改变　脱水、红细胞增多症、血液病等各种原因所致的高黏血症。
4. 其他　空气、脂肪、癌细胞等栓子栓塞。

（二）危险因素

脑血管疾病的危险因素分为不可干预危险因素和可干预危险因素。其中可干预危险因素是脑血管疾病预防的主要针对目标。

1. 不可干预危险因素

（1）年龄：脑血管疾病的发病率、患病率和死亡率均与年龄成正相关。55 岁以后发病率明显增加，每增加 10 岁，脑卒中发病率约增加 1 倍。

（2）性别：流行病学资料显示，男性脑卒中的发病率高于女性。

（3）遗传因素：父亲或母亲有脑卒中史的患者脑卒中风险增加。

（4）种族：黑种人比白种人发生脑卒中的风险高，中国人和日本人发生脑卒中的风险也较高。

2. 可干预的危险因素

（1）高血压：是脑卒中最重要的、可干预的危险因素。收缩压和舒张压升高都与脑卒中的发病风险成正相关。

（2）吸烟：可以影响全身血管和血液系统。尼古丁还可刺激交感神经促使血管收缩、血压升高。吸烟可以使出血性脑卒中的风险升高 2～4 倍。长期被动吸烟者比不暴露于吸烟环境者发生脑卒中的相对危险增加 1.82 倍。

（3）糖尿病：是缺血性脑卒中的独立危险因素，但不是出血性脑卒中的独立危险因素。

（4）血脂异常：高血脂可增加血液黏滞度，加速脑动脉硬化的发生。

（5）心脏病：心房颤动、心肌梗死、风湿性心脏瓣膜疾病和各种原因所致的心力衰竭都会增加脑卒中的发病率。

（6）无症状性颈动脉狭窄：是明确的脑卒中的独立危险因素。

（7）酗酒：使脑卒中风险增高。

（8）其他：体力活动减少、高盐和高脂饮食、肥胖、滥用药物、血液病等都是脑卒中的危险因素。通过正确的干预，可降低脑卒中的发病率和死亡率。

【脑血管疾病的预防】

无论一级预防或二级预防，都能有效地降低脑血管疾病的发病率。

（一）一级预防

一级预防指首次脑血管发病的预防，即对有脑卒中倾向，但尚无脑卒中病史的人。通过早期改变不健康的生活方式，积极主动地控制各种危险因素，达到使脑血管疾病不发生或推迟发生的目的，如防治高血压、高脂血症、糖尿病和各种心脏病、戒烟、戒酒、控制体重。

（二）二级预防

二级预防指再次发生脑血管疾病的预防。通常将短暂性脑缺血发作（TIA）患者作为脑卒中二级预防对象。通过寻找脑卒中事件发生的原因，纠正所有可干预的危险因素，达到降低脑卒中复发危险的目的。

【脑血管疾病的分类】

中华医学会神经病学分会和脑血管病学组根据脑血管疾病的病因与发病机制、病变血管、病变部位及临床表现等因素，修订出《中国脑血管疾病分类2015》。简单列举如下。

（一）缺血性脑血管病

1. 短暂性脑缺血发作

（1）颈动脉系统。

（2）椎-基底动脉系统。

2. 脑梗死

（1）大动脉粥样硬化性脑梗死：①颈内动脉闭塞综合征；②大脑前动脉闭塞综合征；③大脑中动脉闭塞综合征；④大脑后动脉闭塞综合征；⑤椎-基底动脉闭塞综合征；⑥小脑后下动脉闭塞综合征；⑦其他。

（2）脑栓塞：①心源性；②动脉源性；③脂肪性。

（3）小动脉闭塞性脑梗死。

（4）脑分水岭梗死。

（5）出血性脑梗死。

（6）其他原因导致脑梗死。

（7）原因未明的脑梗死。

3. 脑动脉盗血综合征

4. 慢性脑缺血

（二）出血性脑血管病

1. 蛛网膜下腔出血

2. 脑出血

3. 其他颅内出血

（三）头颈部动脉硬化、狭窄或闭塞（未导致脑梗死）

（四）高血压脑病

（五）颅内动脉瘤

（六）颅内血管畸形

（七）脑血管炎

（八）其他脑血管疾病
（九）颅内静脉系统血栓形成
（十）无急性局灶性神经功能缺损症状的脑血管病
（十一）脑卒中后遗症
（十二）血管性认知障碍
（十三）脑卒中后情感障碍

第二节　短暂性脑缺血发作

案例 9-57-1

患者，男性，52岁。因反复发作性右侧肢体麻木、无力、言语不清3个月余，于2023年12月4日下午3点步行入院。近3个月，患者数次无明显诱因突发右侧肢体麻木、无力，行走及持物不能，严重时伴有言语不清。持续约30 min 至5 h，上述症状逐渐好转。自发病以来，患者精神尚可，睡眠欠佳，饮食尚可，二便正常，体重无明显变化，体力稍下降。既往"高血压病"病史5年余，最近间断口服"吲达帕胺片、硝苯地平片"稳定血压，血压波动在120~170/80~110 mmHg。吸烟数年（每日2包）、嗜酒数年（近2~3年偶尔饮酒）。配偶及子女身体健康。父亲10年前因"高血压脑出血"已故。母亲及弟弟均健在，无高血压病史。体格检查：BP 142/86 mmHg。神志清楚。辅助检查：①血、尿、粪便常规检查及生化检查正常；②心电图：左心室高电压。

问题与思考：
1. 初步诊断和诊断依据是什么？应与哪些疾病相鉴别？
2. 为明确诊断，需要进一步做哪些检查？
3. 治疗原则是什么？

短暂性脑缺血发作（transient ischemic attack，TIA）是由于局部脑或视网膜缺血引起的短暂性神经功能缺损，临床症状一般不超过1 h，最长不超过24 h，且无责任病灶的证据。

【病因与发病机制】

短暂性脑缺血发作的病因包括动脉粥样硬化、动脉狭窄、心脏病、血液成分改变及血流动力学变化等。发病机制主要有以下两种类型。

（一）微栓塞

微栓子主要来源于动脉粥样硬化的不稳定斑块或附壁血栓的破碎脱落、瓣膜性或非瓣膜性心源性栓子及胆固醇结晶等。微栓子阻塞小动脉后出现脑缺血症状，当栓子溶解或破碎移向远端时，血流恢复，症状消失。

（二）血流动力学改变

在动脉狭窄的基础上，急剧的血压波动（特别是血压过低）导致局部脑组织低灌注，出现脑缺血的临床症状，灌注恢复后症状缓解。

【临床表现】

短暂性脑缺血发作好发于中老年人，男性多于女性，患者主要伴有高血压、动脉粥样硬化、糖尿病或高脂血症等脑血管疾病危险因素。主要特点是发病突然，出现短暂性局限性神经功能缺损或视网膜功能障碍，最长时间不超过24 h，不留后遗症状。

（一）颈内动脉系统短暂性脑缺血发作

短暂性脑缺血发作临床表现与受累血管分布有关。大脑中动脉供血区受累可出现缺血对侧肢体的单瘫、轻偏瘫、面瘫和舌瘫，可伴有偏身感觉障碍和对侧同向偏盲，优势半球受损常出现失语和失用，非优势半球受损可出现空间定向障碍。大脑前动脉供血区受累可出现人格和情感障碍、对侧下肢无力等。颈内动脉的眼支供血区受累表现为眼前灰暗感、云雾状或视物模糊，甚至为单眼一过性黑矇、失明。颈内动脉主干供血区受累可表现为眼动脉交叉瘫［患侧单眼一过性黑矇、失明和（或）对侧偏瘫及感觉障碍］，Horner交叉瘫（患侧霍纳征、对侧偏瘫）。

（二）椎-基底动脉系统短暂性脑缺血发作

椎-基底动脉系统短暂性脑缺血发作最常见眩晕、平衡障碍、眼球运动异常、复视。可有单侧或双侧面部、口周麻木，单独出现或伴有对侧肢体瘫痪、感觉障碍，呈现典型或不典型的脑干缺血综合征。此外，还可表现为特殊的临床综合征。①跌倒发作：表现为下肢突然失去张力而跌倒，无意识丧失，常可很快自行站起，系脑干下部网状结构缺血所致；②短暂性全面遗忘症：发作时出现短时间记忆丧失，对时间、地点定向障碍，但谈话、书写和计算能力正常，一般症状持续数小时，然后完全好转，不遗留记忆损害；③双眼视力障碍发作：双侧大脑后动脉距状支缺血导致枕叶视皮质受累，引起暂时性皮质盲。

【辅助检查】

（一）初始检查

血常规（包括血小板计数）、凝血功能、血糖、血脂、血电解质、肝功能、肾功能、心电图、经胸超声心动图、脑CT平扫或MRI检查及无创性颅内外血管病变检查（颈部血管超声、经颅多普勒超声、CTA或MRA）。一般要求在48 h内完成，最好24 h内完成。发病1周内的患者建议就诊当日进行急诊脑CT平扫或MRI检查，以排除小量脑出血及其他可能存在的脑部病变，这是最重要的初始诊断性检查。

（二）进一步筛查

为进行鉴别诊断和排除需要特殊治疗的短暂性脑缺血发作病因，以及评估预后，还可能需要动态心电图监测、经食道超声心动图、数字减影血管造影等检查。

【诊断】

短暂性脑缺血发作患者就诊时多发作已过，故诊断主要依靠病史。中老年患者出现局灶性脑损害症状，符合颈内动脉或椎-基底动脉系统及其分支缺血表现，并在短时间内症状完全恢复（多不超过1 h），应高度怀疑短暂性脑缺血发作。如果神经影像学检查没有发现神经功能缺损对应的病灶，临床即可诊断。

短暂性脑缺血发作的诊断还应区分不同类型的发病机制，明确是否脑缺血由低灌注等血流动力学改变所致，并需寻找微栓子的来源和病因。

短暂性脑缺血发作的诊断。

【鉴别诊断】

（一）脑梗死

短暂性脑缺血发作在神经功能缺损症状消失前需与脑梗死进行鉴别。脑梗死在发病早期脑CT、普通MRI等神经影像学检查也可正常，但弥散加强MRI（DWI）在发病早期可显示缺血灶，有利于进行鉴别诊断。若患者神经功能缺损症状已持续存在超过 1 h，多数患者持续存在神经功能缺损对应的缺血灶，通常应考虑诊断为脑梗死。对于神经功能缺损范围广且程度严重的患者，即使发病只有数分钟，也基本不考虑短暂性脑缺血发作的诊断，而应诊断为急性脑梗死，应积极进行溶栓筛查和治疗。

（二）癫痫部分性发作

癫痫部分性发作，特别是单纯部分性发作，常表现为持续数秒至数分钟的肢体抽搐或麻木针刺感，从躯体的一处开始，并向周围扩展，可有脑电图异常，CT 和 MRI 检查可能发现脑内局灶性病变。

（三）梅尼埃病

梅尼埃病（Ménière's disease）患者发作性眩晕、恶心、呕吐与椎-基底动脉短暂性脑缺血发作相似，但每次发作持续时间往往超过 24 h，伴有耳鸣、耳阻塞感，反复发作后有听力减退等症状，除眼球震颤外，无其他神经系统定位体征。发病年龄多在 50 岁以下。

（四）心脏疾病

阿-斯综合征、严重心律失常（如室速、室颤、病态窦房结综合征）等，可因阵发性全脑供血不足出现头晕、晕倒和意识丧失，但常无神经系统局灶性症状和体征，动态心电监测、超声心动图检查常可发现异常。

【治疗】

治疗的目的是消除病因、预防及减少发作、保护脑功能，对短时间内反复发作者应采取积极有效的治疗措施，防止脑梗死的发生。

（一）病因治疗

尽可能查找病因，控制危险因素，纠正血流动力学异常，特别是对血压的调控；积极治疗心脏病、糖尿病、高脂血症；治疗脑供血动脉狭窄；停止吸烟、禁止过度饮酒等。

（二）药物治疗

1. **抗血小板治疗** 抗血小板药用于非心源性栓塞性短暂性脑缺血发作。常用的药物如下。①阿司匹林：50~325 mg/d，每日 1 次。有严重溃疡病和出血倾向者忌用。②氯吡格雷：75 mg/d，安全性强于阿司匹林，副作用常见腹泻和皮疹。③阿司匹林 50~150 mg/d 与氯吡格雷 75 mg/d 联合使用。④阿司匹林 25 mg/d 与缓释双嘧达莫 200 mg，每日 2 次联合应用。联合用药效果优于单独用药。

2. **抗凝治疗** 抗凝治疗用于心源性栓塞性短暂性脑缺血发作，可在神经影像学检查排除脑出血后尽早开始实施。抗凝血药主要包括肝素、低分子量肝素和华法林及新型口服抗凝血药（达比加群、利伐沙班等）。对于短暂性脑缺血发作伴心房颤动者，建议长期口服华法林。华法林治疗目标为国际标准化比值（INR）达到 2~3，用药量应根据结果调整。高脑卒中风险的短暂性脑缺血发作患者应选用半衰期较短和较易中和抗凝强度的肝素，一旦短暂性脑缺血发作转变成脑梗死，可以迅速纠正凝血功能指标，以符合溶栓治疗的入选标准。频繁发作的短暂性脑缺血发作或椎-基底动脉系统短暂性脑缺血发作及对抗血小板治疗无效的病例也可考虑抗凝治疗。对人工心脏瓣膜置换术后等高度脑卒中风险的短暂性脑缺血发作患者口服抗凝血药治疗无效时，还可加用小剂量阿司匹林或双嘧达莫联合治疗。

3. **扩容治疗** 纠正低灌注，适用于血流动力型短暂性脑缺血发作。

4. **溶栓治疗** 对于新近发生的符合传统短暂性脑缺血发作定义的患者，即使神经影像学检查发现有明确的梗死责任病灶，目前也不作为溶栓治疗的禁忌证。若短暂性脑缺血发作再次发作，临床有脑梗死的诊断可能，应按照脑卒中指南积极进行溶栓治疗。

（三）外科治疗和血管介入治疗

根据患者情况在发病 48 h 内及时行颈动脉内膜切除术（carotid endarterectomy，CEA）或颈动脉血管成形和支架置入术（carotid angioplasty and stenting，CAS）。

 短暂性脑缺血发作的治疗。

【健康教育与管理】

最终短暂性脑缺血发作部分发展为脑梗死，部分继续发作，部分自行缓解。发作间隔时间缩短、发作持续时间延长、临床症状逐渐加重的进展性短暂性脑缺血发作是即将发展为脑梗死的强烈预警信号。短暂性脑缺血发作患者不仅易发生脑梗死，也易发生心肌梗死和猝死。因此，倡导患者采取健康的生活方式，积极治疗原发病，控制危险因素，定期复查，出现相关症状及时就医，尽早干预。

（李锦超）

第三节　脑　梗　死

案例 9-57-2

患者，男性，67 岁。2 h 前无明显诱因突发右侧肢体无力、言语含糊，行走及持物不能，对答尚能切题。无意识丧失、四肢抽搐、恶心、呕吐、二便失禁。症状持续不能缓解至医院就诊。既往有"高血压"病史 30 余年，血压最高达 150/110 mmHg，未规律服药；"脑梗死"病史 4 年余，未遗留明显后遗症。无糖尿病、冠心病病史，无输血史、手术及外伤史、药物及食物过敏史。无吸烟史，已戒酒 5 年。否认心脑血管病家族史。体格检查：BP 130/80 mmHg（左），140/80 mmHg（右）。嗜睡，构音障碍，理解力尚可。双侧额纹对称，右侧鼻唇沟浅，伸舌偏右。右上肢肌力近端 3 级、远端 2 级，右下肢肌力 3 级，左侧肢体肌力 5 级，肌张力正常。四肢腱反射存在，右侧病理征阳性，深、浅感觉正常。实验室检查：血常规和凝血功能正常。随机血糖 5.91 mmol/L。血电解质正常。血甘油三酯 3.09 mmol/L，低密度脂蛋白胆固醇 3.2 mmol/L，高密度脂蛋白胆固醇 0.96 mmol/L。急诊心电图未见明显异常。头颅 CT 未见明显异常。

问题与思考：
1. 初步诊断和诊断依据是什么？应与哪些疾病相鉴别？
2. 为明确诊断，需要进一步做哪些检查？
3. 治疗原则是什么？

案例 9-57-3

患者，女性，73 岁。3 h 前在晨练时突发左侧肢体无力，跌倒在地，行走及持物不能，左侧口角流涎。无意识丧失、四肢抽搐、恶心、呕吐及二便失禁。"高血压"病史 40 余年，血压最高达 160/100 mmHg，规律服药，血压控制尚可。"心房颤动"病史 10 余年，未正规治疗。否认糖尿病，否认输血史、药物及食物过敏史、手术史或外伤史。否认吸烟、饮酒史。否认遗传病家族史及类似疾病史。体格检查：BP 120/80 mmHg（左），130/80 mmHg（右）。嗜睡，构音障碍。双侧额纹对称，左侧鼻唇沟浅，伸舌左偏。心律绝对不齐，左上肢近端肌力2级、远端1级，左下肢肌力3级，右侧肢体正常，左侧肢体肌张力低，左侧病理征阳性，深、浅感觉正常。实验室检查：血常规、凝血功能正常。随机血糖5.56 mmol/L，血脂正常。心电图：心房颤动，心率73次/分。头颅CT示右侧大脑半球大片低密度影。

问题与思考：
1. 初步诊断和诊断依据是什么？应与哪些疾病相鉴别？
2. 为明确诊断，需要进一步做哪些检查？
3. 治疗原则是什么？

脑梗死（cerebral infarction，CI）又称缺血性脑卒中，是指各种脑血管病变引起脑部血液供应障碍，导致的脑组织缺血、缺氧性坏死，而迅速出现相应神经功能缺损的一类临床综合征。脑梗死是脑卒中最常见类型，占70%~80%。本节重点介绍大动脉粥样硬化型脑梗死和脑栓塞。

一、大动脉粥样硬化型脑梗死

动脉粥样硬化是脑梗死的常见原因，中国人颅内动脉粥样硬化性狭窄较颈动脉粥样硬化性狭窄更常见。白种人近2/3大动脉粥样硬化型脑梗死由颈动脉病变导致。

【病因与发病机制】

动脉粥样硬化是本病的根本原因。动脉粥样硬化随着年龄增长而加重，高龄、高血压、高脂血症、糖尿病、吸烟等是其重要的危险因素。

动脉粥样硬化引起血管阻塞主要与3个方面的因素有关：①易损斑块（又称不稳定斑块或犯罪斑块）破裂是动脉粥样硬化导致血栓栓塞事件的重要原因；②动脉粥样硬化血管内皮损伤及血小板激活并在受损内皮上黏附和聚集是动脉血栓形成的基础；③血流缓慢（尤其是产生涡流时）和血液凝固性增高在血栓形成中也起着重要作用。

脑动脉阻塞后是否发生脑梗死，与缺血脑组织的侧支循环和缺血程度有关，也与缺血时间和缺血脑组织对缺血的耐受性有关。

【病理】

颈内动脉系统脑梗死占80%，椎-基底动脉系统脑梗死占20%。闭塞好发的血管依次为颈内动脉、大脑中动脉、大脑后动脉、大脑前动脉及椎-基底动脉等。闭塞血管内可见动脉粥样硬化改变、血栓形成或栓子。局部血液供应中断引起的脑梗死多为白色梗死（即贫血性梗死）。如果闭塞的血管再通，再灌流的血液自损害的血管壁大量渗出，使白色梗死转变成红色梗死（即出血性梗死）。

脑梗死首先表现为凝固性坏死，然后是坏死组织液化，最后有可能形成囊腔。脑梗死1 d后，梗死灶出现边界模糊水肿区，并有大量炎症细胞浸润。脑梗死1~2 d后，大量毛细血管和内皮细胞增生，中性粒细胞被巨噬细胞替代。脑梗死3~5 d，大脑水肿达高峰，大面积梗死时脑组织高度肿胀，可向对侧移位，导致脑疝形成。在脑梗死发生的数日内，巨噬细胞数量迅速增加，吞噬大量细胞和组织碎片，并最终返回血液循环。脑梗死7~14 d，脑梗死的坏死组织转变为液化的蜂窝状囊腔。3~4周后，小病灶形成胶质瘢痕，大病灶可形成中风囊。

【病理生理】

局部脑缺血由中心坏死区及周围脑缺血性半暗带（ischemic penumbra）组成。中心坏死区脑细胞死亡，缺血性半暗带由于存在侧支循环，尚有大量存活的神经元。如果能在短时间内迅速恢复缺血性半暗带血流，该区脑组织损伤是可逆的，神经细胞有可能存活并恢复功能。挽救缺血性半暗带是急性脑梗死治疗的一个主要目的，而恢复缺血脑组织的供血和对缺血脑组织实施保护是挽救缺血性半暗带的两个基本治疗途径。大部分缺血性半暗带存活的时间仅有数小时，因此，急性脑梗死的治疗必须在发病早期进行。有效挽救缺血性半暗带脑组织的治疗时间，称为治疗时间窗（therapeutic time window，TTW）。目前研究表明，急性缺血性脑卒中溶栓的治疗时间窗一般不超过6 h，机械取栓的治疗时间窗一般不超过8 h，个别患者可延长至24 h。如果血运重建的时间超过其治疗时间窗，则不能有效挽救缺血脑组织，甚至可能因缺血灌注再损伤和继发脑出血而加重脑损伤。

【临床表现】

动脉粥样硬化型脑梗死多见于中老年人。常在安静或睡眠中发病，部分患者有短暂性脑缺血发作前驱症状。局灶性体征多在发病后10余小时或1~2 d内达到高峰，临床表现取决于梗死灶的大小、部位以及侧支循环和血管变异。患者一般意识清楚，当发生基底动脉血栓或大脑大面积梗死时，可出现意识障碍，甚至危及生命。

（一）颈内动脉闭塞综合征

颈内动脉闭塞综合征严重程度差异较大。症状性闭塞可表现为大脑中动脉和（或）大脑前动脉缺血症状。当大脑后动脉起源于颈内动脉而不是基底动脉时，这种血管变异可使颈内动脉闭塞时出现整个大脑半球的缺血。颈内动脉缺血可出现单眼一过性黑矇，偶见永久失明或霍纳征。颈部触诊可发现颈动脉搏动减弱或消失，听诊有时可闻及高调且持续到舒张期的血管杂音，提示颈动脉严重狭窄，但血管完全闭塞时血管杂音消失。

（二）大脑中动脉闭塞综合征

大脑中动脉闭塞综合征是临床最常见的表现。

1. 主干闭塞　主干闭塞可导致三偏症状，即病灶对侧偏瘫（包括中枢性面舌瘫和肢体瘫痪）、偏身感觉障碍及偏盲，双眼向病灶侧凝视，优势半球受累可导致完全性失语，非优势半球病变可导致体象障碍，可出现意识障碍。大面积脑梗死继发严重脑水肿，可导致脑疝甚至死亡。

2. 皮质支闭塞　①上分支闭塞：对侧面部和上肢较重的偏瘫、感觉障碍，累及优势半球伴布罗卡（Broca）失语，累及非优势半球可有体象障碍，通常不伴意识障碍。②下分支闭塞：常无偏瘫，可见对侧同向性上1/4视野缺损，优势半球受累出现韦尼克（Wernicke）失语，非优势半球受累出现急性意识模糊状态等。

3. 深穿支闭塞　最常见的是纹状体内囊梗死，表现为对侧中枢性上肢和下肢一致性轻偏瘫、对侧偏身感觉障碍及对侧同向偏盲，优势半球受累可出现皮质下失语。

（三）大脑前动脉闭塞综合征

1. 主干闭塞

（1）分出前交通动脉前的主干闭塞，由于有对侧动脉的侧支循环代偿而不出现症状，但当双侧动脉起源于同一个大脑前动脉主干时，易出现双侧大脑半球的前、内侧梗死，导致双下肢截瘫、二便失禁、意志缺失、运动性失语和额叶人格改变等。

（2）分出前交通动脉后的大脑前动脉远端闭塞，出现双侧下肢运动及感觉障碍。上肢瘫痪轻，面部和手不受累。辨别觉丧失。可出现尿失禁、淡漠、反应迟钝、欣快和缄默等。

2. 皮质支闭塞　对侧中枢性下肢瘫，可伴感觉障碍。对侧肢体短暂性共济失调、强握反射及精神症状。

3. 深穿支闭塞　对侧中枢性面舌瘫、上肢近端轻瘫。

（四）大脑后动脉闭塞综合征

1. 皮质支闭塞　①单侧闭塞表现为对侧同向性偏盲，优势半球受累可出现失读（伴或不伴失写）、命名性失语、失认等。②双侧闭塞可导致完全型皮质盲，有时伴有不成形的幻视、记忆受损、面容失认症等。

2. 深穿支闭塞　①丘脑膝状体动脉闭塞导致丘脑综合征：对侧深感觉障碍、自发性疼痛、感觉过度、轻偏瘫、共济失调、手部痉挛和舞蹈-手足徐动症等。②丘脑穿通动脉闭塞导致红核丘脑综合征：病灶侧肢体舞蹈样不自主运动、意向性震颤、小脑性共济失调和对侧偏身感觉障碍。

3. 大脑后动脉起始段的脚间支闭塞　大脑后动脉起始段的脚间支闭塞引起中脑中央和下丘脑综合征，包括垂直性凝视麻痹、昏睡甚至昏迷；旁正中动脉综合征，即韦伯（Weber）综合征（同侧动眼神经麻痹和对侧偏瘫）、克洛德（Claude）综合征（同侧动眼神经麻痹和对侧共济失调、震颤）、贝内迪克特（Benedikt）综合征（同侧动眼神经麻痹、对侧不自主运动和震颤）。

4. 主干闭塞　主干闭塞可出现皮质支和穿支闭塞的症状，典型表现是对侧同向性偏盲、偏身感觉障碍，不伴有偏瘫，除非脚间支闭塞导致中脑大脑脚梗死才引起偏瘫。

（五）椎-基底动脉闭塞综合征

1. 基底动脉主干闭塞　基底动脉主干闭塞可引起广泛脑桥梗死，出现眩晕、呕吐、共济失调、瞳孔缩小、四肢瘫痪、延髓麻痹、高热等，患者常迅速死亡。

2. 基底动脉尖（基底动脉尖综合征）　基底动脉尖端分出小脑上动脉和大脑后动脉，闭塞后导致眼球运动障碍及瞳孔异常、觉醒和行为障碍，可伴有记忆力丧失、对侧偏盲或皮质盲。

3. 基底动脉脑桥分支　①闭锁综合征（locked-in syndrome，LIS）：基底动脉的脑桥支闭塞导致双侧脑桥基底部梗死，表现为意识清醒，语言理解无障碍，双侧中枢性瘫痪。②脑桥腹内侧综合征：又称福维尔综合征（Foville syndrome）。基底动脉的旁中央支闭塞，同侧周围性面瘫、对侧偏瘫和双眼向病变同侧同向运动不能。③脑桥腹外侧综合征：又称米亚尔-居布勒综合征（Millard-Gubler syndrome）：基底动脉短旋支闭塞，表现为同侧面神经、展神经麻痹和对侧偏瘫。④延髓背外侧综合征：又称瓦伦贝格综合征（Wallenberg syndrome）：由小脑后下动脉或椎动脉供应延髓外侧的分支动脉闭塞所致，出现眩晕、吞咽困难、构音障碍、病灶侧共济失调、霍纳综合征及交叉性感觉障碍。

 脑梗死的主要临床表现。

【辅助检查】

（一）初始检查

初始检查的主要目的是进行溶栓指征的紧急筛查。

1. 血糖　血糖检测对明确溶栓指征是必需的。

2. 脑 CT 平扫　脑 CT 平扫是最重要的初始辅助检查，可排除脑出血和明确脑梗死诊断，是疑似脑卒中患者首选的影像学检查方法。多数病例在发病 24 h 后脑 CT 逐渐显示低密度梗死灶，发病后 2~15 d 可见均匀片状或楔形的明显低密度灶（图 9-57-1）。

3. 血常规和凝血指标　如果有出血倾向或不能确定是否使用了抗凝血药，需实验室检查血常规和凝血指标，包括全血细胞计数（包括血小板计数）、凝血酶原时间（PT）、国际

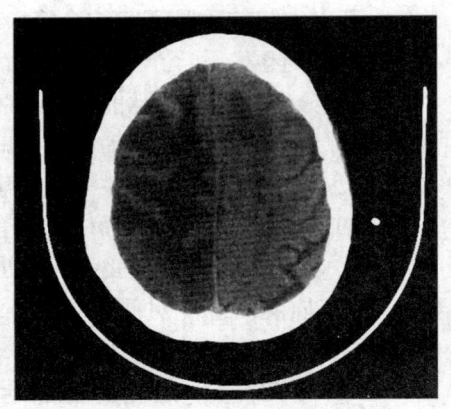

图 9-57-1　CT 显示低密度脑梗死病灶

标准化比值（INR）和活化部分凝血活酶时间（APTT）。

（二）常规检查

常规检查的目的是排除脑卒中或其他病因，了解脑卒中的危险因素。

1. 脑MRI　普通MRI检查在识别急性小梗死灶和后颅窝梗死方面明显优于脑CT平扫。起病数小时后梗死灶表现为T1低信号、T2高信号。弥散加权成像（DWI）在症状出现数分钟内就可显示缺血灶，发病3 h后显示的缺血灶基本代表了脑梗死的大小，为早期诊断的重要方法。MRI显示左侧额叶、颞叶大面积脑梗死（图9-57-2）。

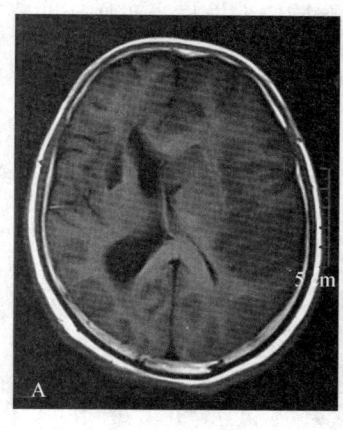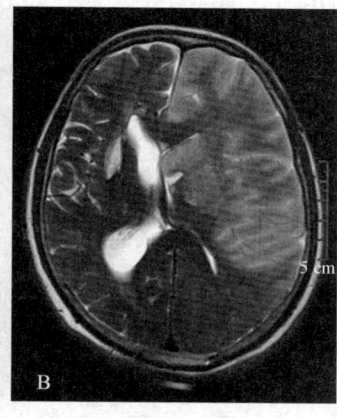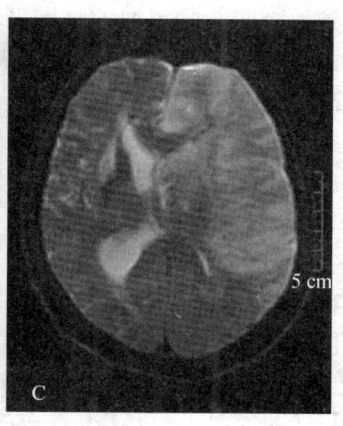

图9-57-2　MRI显示左侧额叶、颞叶大面积脑梗死
A. T1低信号；B. T2高信号；C. DWI高信号

2. 血管病变检查　常用检查方法包括颈动脉双功超声、磁共振血管成像（MRA）、CT血管成像（CTA）、数字减影血管造影（DSA）等。颈动脉双功超声对发现颅外颈动脉血管病变，特别是狭窄和斑块，很有帮助；CTA和MRA可以发现血管狭窄、闭塞及其他血管病变及评估侧支循环状态，为脑卒中的血管内治疗提供依据；DSA是脑血管病变检查的"金标准"，缺点为有创和存在一定的风险。

3. 一般检查　血常规、肝功能、肾功能、电解质、血脂、血糖、肌钙蛋白、心肌酶谱等心肌缺血标志物，氧饱和度，心电图，胸部X线检查。

（三）其他检查

部分患者必要时可以选择毒理学筛查、血液酒精水平、妊娠试验、动脉血气分析、脑电图、脑脊液检查、糖化血红蛋白、同型半胱氨酸及抗磷脂抗体等项目。

【诊断】

（一）诊断原则

1. 明确是否为脑卒中　急性起病，迅速出现局灶性脑损害的症状和体征，并能用某一动脉供血区功能受损来解释，排除血管性病因，临床应考虑急性脑卒中。

2. 明确脑卒中是缺血性还是出血性　CT或MRI检查可排除脑出血和其他病变，帮助进行鉴别诊断。

3. 明确是否适合溶栓治疗　对于脑卒中患者，应首先了解发病时间及溶栓治疗的可能性。若在溶栓治疗时间窗内，应迅速进行溶栓适应证筛查，对有指征者实施紧急血管再灌注治疗。

（二）大动脉粥样硬化型脑梗死的诊断标准

（1）血管影像学检查证实有与脑梗死对应的颅内或颅外大动脉狭窄＞50%或闭塞，且血管病变符合动脉粥样硬化改变；或存在颅内或颅外大动脉狭窄＞50%或闭塞的间接证据，如影像学显示大脑皮质、脑干、小脑或皮质下梗死灶的直径＞1.5 cm，临床表现皮质损害体征或脑干、小脑损害体征。

（2）有至少一个以上动脉粥样硬化脑卒中危险因素（如高龄、高血压、高血脂、糖尿病、吸烟）或系统性动脉粥样硬化（如斑块、冠心病）证据。

（3）排除心源性栓塞所致脑梗死，没有心源性脑卒中的高度或中度危险因素。

【鉴别诊断】

（一）脑出血

脑梗死有时与脑出血的临床表现相似，但活动中起病、病情进展快、发病当时血压明显升高提示脑出血，CT检查发现出血灶可明确诊断。

（二）脑栓塞

脑栓塞起病急，局灶性体征在数秒至数分钟达到高峰，常有栓子来源的基础疾病，如心源性疾病（如心房颤动、风湿性心脏病、冠心病、心肌梗死）、非心源性疾病（空气、脂肪滴等）。大脑中动脉最常栓塞。

（三）颅内占位病变

颅内肿瘤、硬膜下血肿和脑脓肿可呈脑卒中样发病，出现偏瘫等局灶性体征，颅内压增高征象不明显时易与脑梗死相混淆，须提高警惕，CT或MRI检查有助于确诊。

脑梗死的诊断与鉴别诊断。

【治疗】

挽救缺血性半暗带，避免或减轻原发性脑损伤，是急性脑梗死治疗的最根本目标。"时间就是大脑"，对有指征的患者，应尽早实施再灌注治疗。应重视脑卒中指南的指导作用，根据患者发病时间、病因、发病机制、脑卒中类型、病情严重程度、伴发的基础疾病、脑血流储备功能和侧支循环状态等具体情况，制定适合患者的最佳个体化治疗方案。

（一）一般治疗

1. 吸氧与通气支持　无低氧血症的脑卒中患者无需常规吸氧。必要时吸氧，维持氧饱和度＞94%。对脑干卒中和大面积梗死等病情危重患者或有气道受累者，需要气道支持和辅助通气。

2. 心脏监测和心脏病变处理　脑梗死后24 h内常规做心电图检查，有条件时进行心电监护24 h或以上，以便早期发现阵发性心房颤动等心脏病变。

3. 体温控制　体温＞38 ℃的患者及时予以退热措施，积极寻找病因。

4. 血压控制　①准备溶栓者，血压应控制在收缩压＜180 mmHg、舒张压＜100 mmHg。②发病72 h内，收缩压≥200 mmHg或舒张压≥110 mmHg，或伴有急性冠脉综合征、急性心力衰竭、主动脉夹层、先兆子痫和子痫等其他需要治疗的合并症，才可缓慢降压治疗，且在脑卒中发病最初24 h内降压一般不应超过原有血压水平的15%。可选用拉贝洛尔、尼卡地平等药物，静脉使用，避免使用引起血压急剧下降和不易调控血压的药物，如舌下含服短效硝苯地平。③脑卒中后若患者病情稳定，血压持续≥140/90 mmHg，可于发病数日后恢复发病前使用的抗高血压药或开始启动降压治疗。④对脑卒中后低血压和低血容量，应积极寻找和处理原因，必要时采用扩容升压措施。

5. 血糖控制　应加强血糖监测，血糖值可控制在7.8～10 mmol/L。血糖超过10 mmol/L时可给予胰岛素治疗。血糖低于3.3 mmol/L时，可给予10%～20%葡萄糖溶液口服或静脉注射。

6. 营养支持　应重视脑卒中后液体及营养状况评估，对起病24～48 h后仍不能自行进食者，可行鼻饲补充营养。

7. 护理　加强皮肤、口腔、呼吸道及排便的护理。

8. 其他　保持血容量稳定，维持水、电解质平衡，防治各种并发症。

（二）特异性治疗

1. 静脉溶栓　静脉溶栓是目前最主要的恢复血流的措施，重组组织型纤溶酶原激活剂（rt-PA）、尿激酶是我国目前使用的主要溶栓药。

（1）rt-PA 静脉溶栓：对发病 3 h 内或 3~4.5 h 的患者，应按照适应证、禁忌证和相对禁忌证严格筛选患者，尽快给予 rt-PA 静脉溶栓治疗。使用方法：rt-PA 0.9 mg/kg（最大剂量为 90 mg）静脉滴注，其中 10% 在最初 1 min 内静脉注射，其余持续滴注 1 h。用药期间及用药 24 h 内应严密监护患者，定期进行血压和神经功能检查。如出现严重头痛、高血压、恶心、呕吐，或神经系统症状、体征明显恶化，考虑合并脑出血时，应立即停用溶栓药物并行脑 CT 检查。

1）症状出现 < 3 h 适应证：①有急性脑梗死导致的神经功能缺损症状；②症状出现 < 3 h；③年龄 ≥ 18 岁；④患者或家属签署知情同意书。

2）症状出现 < 3 h 绝对禁忌证：①既往有颅内出血史；②近 3 个月有严重头颅外伤史或脑卒中史；③可疑蛛网膜下腔出血；④已知颅内肿瘤、动静脉畸形、动脉瘤；⑤近 1 周内有在不易压迫止血部位的动脉穿刺或近期颅内或椎管内手术史；⑥血压升高：收缩压 ≥ 180 mmHg，或舒张压 ≥ 100 mmHg；⑦活动性内出血；⑧急性出血倾向，包括血小板计数低于 $100×10^9$/L 或其他情况，48 h 内接受过肝素治疗（APTT 超出正常范围上限）；已口服抗凝血药，且 INR > 1.7 或 PT > 15 s；目前正在使用抗凝血酶抑制剂或 Xa 因子抑制剂，各种敏感的实验室检查异常（如 APTT、INR、血小板计数，ECT，TT 或 Xa 因子活性测定）；⑨血糖 < 2.7 mmol/L；⑩CT 提示多脑叶梗死（低密度影 > 1/3 大脑半球）。

3）症状出现 < 3 h 相对禁忌证：①轻型非致残性脑卒中、症状迅速改善的脑卒中；②妊娠；③痫性发作后出现的神经功能损害症状；④近 2 周内有大型外科手术或严重外伤；⑤近 3 周有胃肠道或泌尿系统出血；⑥近 3 个月有心肌梗死史。

4）症状出现 3~4.5 h 适应证：①有急性脑梗死导致的神经功能缺损症状；②症状持续时间在发病 3~4.5 h；③年龄 18~80 岁；④患者或家属签署知情同意书。

5）症状出现 3~4.5 h 绝对禁忌证：同症状出现 < 3 h rt-PA 静脉溶栓。

6）症状出现 3~4.5 h 相对禁忌证：①年龄 > 80 岁；②严重脑卒中（NIHSS 评分 > 25 分）；③口服抗凝血药（不考虑 INR 水平）；④有糖尿病和缺血性脑卒中病史。

（2）尿激酶静脉溶栓：对于治疗发病 6 h 内急性脑梗死相对安全、有效，如没有条件使用 rt-PA，且发病时间在 6 h 内，有符合适应证和禁忌证的患者，可考虑给予尿激酶静脉溶栓。使用方法：尿激酶 100 万~150 万 IU，溶于生理盐水 100~200 ml，持续静脉滴注 30 min，用药期间应严密监护患者。

1）适应证：①有急性脑梗死导致的神经功能缺损症状；②症状出现 < 6 h；③年龄 18~80 岁；④意识清楚或嗜睡；⑤脑 CT 无明显早期脑梗死低密度改变；⑥患者或家属签署知情同意书。

2）禁忌证：同症状出现 < 3 h rt-PA 静脉溶栓。

2. 血管内介入治疗　血管内介入治疗方法包括动脉溶栓、桥接、机械取栓、血管成形和支架术等。遵循静脉 rt-PA 溶栓优先原则，如果该患者符合静脉溶栓和血管内机械取栓指征，应先接受阿替普酶静脉溶栓治疗，对静脉溶栓禁忌的部分患者使用机械取栓是合理的。对 rt-PA 标准静脉溶栓治疗无效的大血管闭塞患者，给予补救机械取栓（再通血管），可提高疗效。

3. 抗血小板治疗　首选阿司匹林，150~325 mg/d，未行溶栓治疗的急性脑梗死患者应在 48 h 之内尽早服用。阿司匹林过敏或不能使用时，可用氯吡格雷替代。对轻度脑卒中或短暂性脑缺血发作患者，可给予阿司匹林联合氯吡格雷治疗 3 周。

4. 抗凝治疗　一般不推荐急性期使用抗凝血药来预防脑卒中复发、阻止病情恶化或改善预后；

对于高凝状态有形成深静脉血栓和肺栓塞的高危患者，可以进行预防性抗凝治疗；对于大多数合并心房颤动的急性缺血性脑卒中患者，可在发病后 4~14 d 开始口服抗凝血药治疗，进行脑卒中二级预防。

5. 脑保护治疗　脑保护剂如自由基清除剂、他汀类药物，可通过降低脑代谢、干预缺血引发细胞毒性机制，减轻缺血性脑损伤。推荐病前已服用他汀类药物的急性脑梗死患者继续使用他汀类药物。

6. 其他治疗　扩容治疗、降纤治疗、中药制剂、针灸等。丁基苯酞、人尿激肽酶原对脑缺血和微循环均有一定的改善作用。

（三）急性期合并症的处理

1. 脑水肿和颅内压升高　推荐床头抬高 20°~45°，避免和处理引起颅内压增高的因素，如头颈部过度扭曲、激动、用力、发热、癫痫、呼吸道不通畅、咳嗽及便秘。可使用 20% 甘露醇、甘油果糖等治疗。

2. 梗死后出血　症状性脑出血转化应停用抗栓治疗等致出血药物，无症状性脑出血转化一般抗栓治疗可以继续使用。

3. 感染　感染是导致病情加重的重要原因。急性期呼吸道和尿路感染多见，注意实施口腔卫生护理，常翻身、叩背及防止误吸；避免插管和留置导尿，可间歇导尿和酸化尿液。一旦发生感染，应及时根据细菌培养和药物敏感试验应用敏感抗生素。

4. 癫痫　不推荐预防性应用抗癫痫药。

5. 上消化道出血　高龄和重症脑卒中患者急性期容易发生应激性溃疡，建议常规静脉应用抗溃疡药。

6. 深静脉血栓（DVT）和肺栓塞（PE）　高龄、严重瘫痪和心房颤动均增加 DVT 风险，DVT 增加 PE 风险。应鼓励患者尽早活动，抬高下肢，避免下肢静脉输液（尤其是瘫痪侧）。

7. 其他　吞咽困难、心脏损伤、发热、水及电解质代谢紊乱等。

（四）康复治疗

应制订短期和长期康复治疗计划，分阶段、因地制宜地选择治疗方法。脑卒中发病 24 h 内不应进行早期、大量的运动。在病情稳定的情况下应尽早开始坐、站、走等活动。卧床者注意保护皮肤和良肢，使用特定的床垫、轮椅坐垫和座椅，直至恢复行走能力。应重视语言、运动和心理等多方面的康复训练，常规进行脑卒中后抑郁的筛查，并对无禁忌证的脑卒中后抑郁患者进行抗抑郁治疗，目的是尽量恢复患者的日常生活自理能力。

（五）二级预防

不同病情患者脑卒中急性期长短有所不同，通常规定脑卒中发病 2 周后即进入恢复期。对于病情稳定的急性脑卒中患者，应尽可能早期安全启动脑卒中的二级预防，并向患者进行健康教育。

 脑梗死的治疗。

二、脑栓塞

脑栓塞（cerebral embolism）是指各种栓子随血流进入脑动脉，使血管急性闭塞或严重狭窄，导致局部脑组织缺血、缺氧性坏死，迅速出现相应神经功能受损的一组临床综合征。脑栓塞在临床上主要指心源性脑栓塞。近年来研究表明，心源性脑栓塞较大动脉粥样硬化型脑梗死可能更常见。

【病因】

（一）心源性栓子

心源性栓子是心源性栓塞最常见的原因，特别是非瓣膜病性心房颤动时，左心房附壁血栓脱落最多见，其他还有近期急性心肌梗死、室壁瘤、风湿性心脏病、心肌病等。

（二）非心源性栓子

非心源性栓子是指血栓性、胆固醇性栓子，多来自动脉弓和颅外动脉粥样硬化斑块的脱落，此外还可见肿瘤栓子、感染性栓子（肺脓肿）、空气栓子、脂肪栓子（长骨损伤时）、寄生虫和虫卵等。

（三）来源不明的栓子

脑栓塞的病因。

【发病机制】

栓子进入血管后阻塞血管，并刺激血管壁发生脑动脉痉挛，或继发血栓形成，加剧栓塞后的症状。如栓子溶解碎裂而移向远端，侧支循环及时建立，动脉痉挛缓解，局部脑水肿消退，神经系统症状也逐渐减轻或消失。

【病理】

心源性脑栓塞病理改变与大动脉粥样硬化型脑梗死基本相同，但由于栓塞性梗死发展较快，没有时间建立侧支循环，因此栓塞性脑梗死较血栓性脑梗死临床发病更快，局部脑缺血常更严重。脑栓塞引起的脑组织坏死分为缺血性、出血性和混合性梗死，其中出血性更常见，可能由于栓塞血管内栓子破碎移向远端，恢复血流后栓塞区缺血坏死的血管壁在血压作用下发生破裂出血。

【临床表现】

脑栓塞可发生于任何年龄，因非瓣膜病性心房颤动引起者，以及动脉粥样硬化、心肌梗死所致者多为中老年人，风湿性心脏病所致者年龄多较轻。一般无明显诱因，多在活动时急骤起病，多数症状在数分钟内达顶峰。其症状因栓塞血管不同而表现各异，取决于栓塞血管所支配的供血区的神经功能，可能同时出现多个血管供血区的脑损害。多数患者可以在发病时查出原发疾病的病史、症状和体征，原发病以心脏病和动脉粥样硬化为多见，若合并脑外栓塞，可有胸痛、咯血、肺部感染、呼吸困难及急腹症等。

【辅助检查】

有关脑卒中的常规检测部分详见本节大动脉粥样硬化型脑梗死。

（一）神经影像学检查

CT扫描可明确梗死的部位及范围，一般于24~48h后可见低密度梗死区，如在低密度区中有高密度影，提示为出血性梗死；MRI检查可显示病灶区呈长T1、长T2信号，如为混杂信号，提示伴有出血；MRA可显示被阻塞的动脉；疑有主动脉弓大血管或颈部血管病变时，可做血管造影。

（二）腰椎穿刺检查

腰椎穿刺检查脑脊液多正常，也可压力增高，有出血梗死时，可见红细胞；感染性梗死者，脑脊液中的白细胞计数升高，蛋白多增高；脂肪栓塞时脑脊液中可见脂肪球。

(三) 其他检查

胸部 X 线检查有助于了解心脏情况及肺部有无感染、癌肿等；心电图应列为常规检查，作为确定心肌梗死和心律失常的依据，超声心动图检查可了解是否存在心源性栓子；患者有发热和白细胞计数升高时，应进行血培养，排除感染性心内膜炎（产生含细菌栓子）；有卵圆孔未闭和不明原因的脑梗死时，应完善超声心动图检查以及经颅多普勒超声发泡试验，探查卵圆孔未闭和右向左分流通道；完善下肢血管彩超，探查下肢深静脉血栓等静脉栓子来源。

【诊断与鉴别诊断】

(一) 诊断

1. **初步诊断** 骤然起病，数秒至数分钟达到高峰，出现偏瘫、失语等局灶性神经功能缺损，既往有栓子来源的基础疾病，如心房颤动、风湿性心脏病等病史，CT 或 MRI 检查排除脑出血和其他病变。

2. **支持诊断** 发病时出现意识障碍，或主要神经功能缺损症状在发病早期迅速改善。

3. **明确诊断** 血管影像学检查证实没有与脑梗死神经功能缺损相对应的颅内或颅外大血管动脉粥样硬化性狭窄（>50%），或同时出现多个血管支配区的梗死灶，或合并身体其他脏器栓塞，已排除大动脉粥样硬化型脑梗死、小动脉闭塞型脑梗死以及其他原因明确的脑梗死。

(二) 鉴别诊断

脑栓塞应注意与血栓形成性脑梗死、脑出血相鉴别，抽搐发作者应与癫痫相鉴别，极迅速的起病过程和栓子来源可提供脑栓塞的诊断证据。

 脑栓塞的诊断与鉴别诊断。

【治疗】

脑栓塞治疗原则是积极改善侧支循环，减轻脑水肿，防治继发出血和治疗原发病。

(一) 脑栓塞的治疗

脑栓塞的治疗与大动脉粥样硬化型脑梗死的治疗原则相同。心源性脑栓塞急性期一般不推荐抗凝治疗。对大部分心房颤动导致的脑卒中患者，可在发病 4~14 d 开始口服抗凝治疗，预防脑卒中复发。存在脑出血转化的高危患者（如大面积梗死、早期影像学出血转化表现、血压控制不佳或出血倾向），抗凝治疗一般推迟到 14 d 以后。无症状性脑出血转化的抗凝或抗血小板治疗一般不受影响。症状性脑出血转化或合并脑出血时，应权衡利弊，一般可在病情稳定后数日或数周后启动抗血小板治疗，除非心脏机械瓣膜。症状性脑出血发病至少 4 周内应避免抗凝治疗，但下肢深静脉血栓和肺栓塞的高危患者可在脑出血停止后 1~4 d 开始给予预防剂量的抗凝治疗。

(二) 原发病治疗

有针对性治疗原发病，有利于脑栓塞病情控制和防止复发。

 脑栓塞的治疗。

（李锦超）

第四节 脑出血

案例 9-57-4

患者，男性，67岁。1 h前早餐时突感右侧肢体麻木，活动不利，家属见其口角向左侧歪斜，遂将其送至急诊就诊。高血压病史10余年，未规律服用抗高血压药。无药物过敏史、手术史及外伤史。体格检查：BP 180/110 mmHg。神志清楚，体格检查合作。双眼球运动正常，未见眼震颤，双侧瞳孔直径均为3 mm，对光反射灵敏。额纹对称，右侧鼻唇沟变浅，伸舌偏右。右上肢肌力3级，右下肢肌力4级，左侧肢体肌力5级；右侧巴宾斯基征阳性，右侧偏身感觉障碍。急诊头颅CT检查示左侧基底节区高密度影。

问题与思考：
1. 初步诊断和诊断依据是什么？应与哪些疾病相鉴别？
2. 为明确诊断，需要进一步做哪些检查？
3. 治疗原则是什么？

脑出血（intracerebral hemorrhage，ICH）是指非外伤性脑实质内出血，也称自发性脑出血，占全部脑卒中的20%~30%，是死亡率和致残率极高的一种常见病。

【病因】

最常见的病因是高血压合并细小动脉硬化，其他病因有动-静脉血管畸形、脑淀粉样血管病变、血液病、抗凝或溶栓治疗等。

【发病机制】

高血压脑出血的主要发病机制是脑内细小动脉在长期高血压的作用下发生慢性病变破裂。长期高血压可使脑细小动脉发生玻璃样变性、纤维素样坏死，甚至形成微动脉瘤或夹层动脉瘤，在此基础上血压骤然升高时易导致血管破裂出血。豆纹动脉和旁正中动脉等深穿支动脉又称出血动脉，自脑底部的动脉直角发出，承受的血流冲击压力较高，易导致血管破裂出血。非高血压脑出血，由于其病因不同，发病机制各异。

【病理】

高血压脑出血最常发生于基底核的壳核和内囊区。受累血管依次是大脑中动脉深穿支豆纹动脉、基底动脉脑桥支、大脑后动脉丘脑支。出血量多或形成较大血肿者可在数小时内形成脑水肿，产生颅内压增高，使邻近脑组织受压移位，以致形成脑疝。脑内出血量少时，血液仅渗透在神经纤维之间，对脑组织的破坏较小。脑内出血后，新鲜的出血呈暗红色、紫褐色胶冻状液化血液或为绿褐色圆形出血灶，出血灶周围为软化带。由于脑组织水肿，造成局部静脉回流受阻，出现小静脉、毛细血管渗血，可见到斑点状出血。陈旧的出血灶血块可逐渐溶解吸收，遗留下小的囊腔，囊壁内含有含铁血黄素而成铁锈色，可以存在数年而不退。腔壁软化坏死伴有星形胶质细胞增生、胶质纤维形成，可将腔壁填平导致局部萎缩，血肿小的可逐渐溶解、吸收形成胶质瘢痕，大者形成囊腔，称为中风囊。

【临床表现】

（一）一般表现

脑出血好发年龄在50岁以上，寒冷季节发病较多，男性略多于女性，多有高血压病史。多在情绪激动或活动中突然发病，病情常在数分钟至数小时内达高峰，前驱症状一般不明显。发病后多有血压升高，由于颅内压升高，常有头痛、呕吐、不同程度的意识障碍，如嗜睡或昏迷。

（二）局限性定位表现

因出血部位及出血量不同而临床特点各异。

1. 基底核区出血

（1）壳核出血：最常见，为豆纹动脉尤其是其外侧支破裂所致，占脑出血的50%～60%，分为局限型（血肿仅局限于壳核内）和扩延型。临床可见病灶对侧偏瘫、偏身感觉障碍和同向性偏盲，双眼球向病灶对侧同向凝视不能，优势半球受累可有失语，意识障碍相对较轻。

（2）丘脑出血：为丘脑膝状体动脉和丘脑穿通动脉破裂所致，占脑出血的10%～15%。常有对侧偏瘫、偏身感觉障碍，通常感觉障碍重于运动障碍；深、浅感觉均受累，而深感觉障碍更明显；可有特征性眼征：上视障碍或凝视鼻尖、眼球偏斜或分离性斜视、眼球会聚障碍和无反应性小瞳孔等；少量丘脑出血致使丘脑中间腹侧核受累可出现运动性震颤和帕金森综合征样表现；累及丘脑底核或纹状体可呈偏身舞蹈-投掷样运动；优势侧丘脑出血可出现丘脑性失语、精神障碍、认知障碍和人格改变等。

（3）尾状核头出血：较少见，多由高血压动脉硬化和血管畸形破裂所致，一般出血量不大，多经侧脑室前角破入脑室。常有头痛、呕吐、颈强直、精神症状，神经系统功能缺损症状并不多见，故临床酷似蛛网膜下腔出血。

2. 脑叶出血　脑叶出血常见原因为脑动静脉畸形、血管淀粉样病变等，临床表现为头痛、呕吐、脑膜刺激征及局灶性定位症状，而意识障碍少见。顶叶出血常见，可有对侧偏身感觉障碍、轻瘫、对侧下象限盲，非优势半球受累可有构象障碍；颞叶出血可有韦尼克失语、精神症状、对侧上象限盲、癫痫；枕叶出血可有视野缺损；额叶出血可有偏瘫、尿便障碍、布罗卡失语、摸索和强握反射等。

3. 脑干出血

（1）脑桥出血：约占脑出血的10%，多由基底动脉脑桥支破裂所致。大量出血（血肿＞5 ml）时患者迅即出现昏迷，双侧针尖样瞳孔、呕吐咖啡样胃内容物、中枢性高热、中枢性呼吸障碍、眼球浮动、四肢瘫痪和去大脑强直发作等。少量出血可无意识障碍，表现为交叉性瘫痪和共济失调性偏瘫，两眼向病灶侧凝视麻痹。

（2）中脑出血：少见，常有头痛、呕吐和意识障碍。轻症表现为一侧或双侧动眼神经不全麻痹、眼球不同轴、同侧肢体共济失调，也可表现为韦伯综合征或贝内迪克特综合征。重症表现为深昏迷，四肢弛缓性瘫痪，可迅速死亡。

（3）延髓出血：更为少见，临床表现为突然意识障碍，影响生命体征，如呼吸、心率、血压改变，继而死亡。轻症患者可表现为不典型的瓦伦贝格综合征。

4. 小脑出血　小脑出血约占脑出血的10%，多由小脑上动脉分支破裂所致。常有头痛、呕吐，眩晕和共济失调明显，起病突然，可伴有枕部疼痛。少量出血主要表现为患侧共济失调、眼震和小脑语言等，多无瘫痪；大量出血时，表现为迅速昏迷及脑干受压征象，双侧瞳孔缩小至针尖样、呼吸不规则等。暴发型患者常突然昏迷，在数小时内迅速死亡。

5. 脑室出血　脑室出血占脑出血的3%～5%，原发性脑室出血多由脉络丛血管或室管膜下动脉破裂出血所致，继发性脑室出血是指脑实质出血破入脑室。患者常有头痛、呕吐，严重者出现意识障碍，如深昏迷、脑膜刺激征、针尖样瞳孔、眼球分离斜视或浮动、四肢弛缓性瘫痪及去大脑强直发作、高热、呼吸不规则、脉搏和血压不稳定等症状。临床上易误诊为蛛网膜下腔出血。

> **考点提示** 脑出血的主要临床表现。

【辅助检查】

（一）CT检查

颅脑CT扫描（图9-57-3）是诊断脑出血的首选方法，可清楚地显示出血部位、出血量、血肿形态、是否破入脑室以及血肿周围有无低密度水肿带和占位效应等。病灶多呈圆形或卵圆形均匀高密度区，边界清楚，脑室大量积血时多呈高密度铸型，脑室扩大。1周后血肿周围有环形增强，血肿吸收后呈低密度或囊性变。动态CT检查还可评价出血的进展情况。

（二）MRI和MRA检查

MRI和MRA检查对脑干或小脑的出血灶和监测脑出血的演进过程优于CT，能分辨4~5周后CT不能分辨的脑出血，还可以区别陈旧性脑出血与脑梗死，对急性脑出血诊断不及CT。MRA能发现脑血管畸形、血管瘤等病变。

（三）脑脊液检查

一般无须进行腰椎穿刺检查，以免诱发脑疝，如需排除蛛网膜下腔出血和颅内感染，可谨慎进行脑脊液检查。

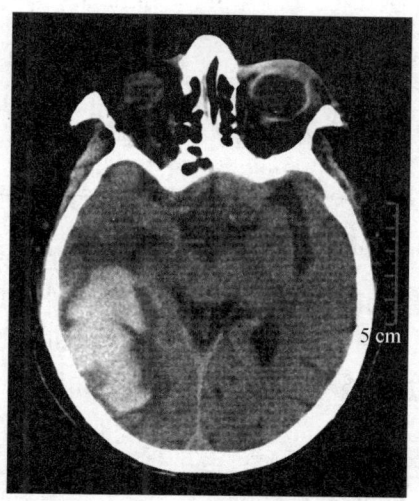

图9-57-3 CT显示高密度脑出血灶

（四）其他检查

其他检查包括血常规、尿常规、粪便常规、肝功能、肾功能、血液生化、凝血功能、心电图检查和胸部X线摄片等，应列为常规检查项目，有助于鉴别诊断和了解全身状况。

【诊断与鉴别诊断】

（一）诊断

中老年患者在活动中或情绪激动时突然发病，迅速出现局灶性神经功能缺损症状以及头痛、呕吐等颅内高压症状，应考虑脑出血的可能，结合头颅CT检查，可以迅速明确诊断。

（二）鉴别诊断

1. 与其他类型的脑血管疾病相鉴别　列于表9-57-1。

表9-57-1　急性脑血管疾病的鉴别诊断

鉴别要点	大脑粥样硬化型脑梗死	脑栓塞	脑出血	蛛网膜下腔出血
发病年龄	多为50岁以上	青壮年	多为50岁以上	不定
常见病因	动脉粥样硬化	风湿性心脏病	高血压、动脉硬化	动脉瘤、动静脉畸形
短暂性脑缺血发作病史	常有	可有	少见	无
起病时状况	安静或睡眠中	不定	情绪激动、活动	情绪激动、活动
起病缓急	较慢（时、日）	最急（分、秒）	急（分、时）	急骤（分）
意识障碍	无或轻	少有、短暂	常有，重而持续	少，轻而短暂

续表

鉴别要点	大脑粥样硬化型脑梗死	脑栓塞	脑出血	蛛网膜下腔出血
头痛、呕吐	多无	少	常有,早期呕吐	头痛剧烈,呕吐频繁
生命体征	多正常	多正常	明显变化	正常或发生变化
偏瘫	多见	多见	多见	多无
脑膜刺激征	无	无	可有	明显
脑脊液	多正常	多正常	压力增高,可含血	压力增高,血性
CT检查	脑内低密度影	脑内低密度影	脑内高密度影	蛛网膜下腔、脑室内高密度影
数字减影血管造影（DSA）	可见阻塞的血管	可见阻塞的血管	可见破裂血管	可见动脉瘤和血管畸形

2. 与全身性疾病及代谢性疾病相鉴别　对发病突然、迅速昏迷、局灶体征不明显者,应注意与引起昏迷的全身性疾病如中毒（乙醇中毒、镇静催眠药中毒、一氧化碳中毒）及代谢性疾病（低血糖、肝性脑病、肺性脑病和尿毒症等）相鉴别。

3. 与外伤性颅内血肿相鉴别　对有头部外伤史者,应与外伤性颅内血肿相鉴别。

 脑出血与其他脑血管疾病的鉴别。

【治疗】

治疗原则：安静卧床、脱水降颅压、调整血压、防治继续出血、加强护理防治并发症,以挽救生命,降低死亡率、残疾率和减少复发。

（一）内科治疗

1. 一般处理　卧床休息 2～4 周,保持安静,避免情绪激动和血压升高。有意识障碍、消化道出血者宜禁食 24～48 h,必要时应排空胃内容物。注意水及电解质平衡,预防吸入性肺炎和积极控制感染。对明显头痛、过度烦躁不安者,可酌情、适当给予镇静药及镇痛药；便秘者可选用轻泻药。

2. 降低颅内压　脑水肿可使颅内压增高,并导致脑疝形成。积极控制脑水肿、降低颅内压是脑出血急性期治疗的重要环节。不建议应用激素治疗减轻脑水肿。

3. 调整血压　降低血压应首先以进行脱水降颅压治疗为基础。血压过高会增加再出血的风险,因此需要控制血压。调控血压时,应考虑患者的年龄、有无高血压史、有无颅内高压、出血原因及发病时间等因素。一般来说,当收缩压＞200 mmHg 或平均动脉压＞150 mmHg 时,要持续静脉使用抗高血压药积极降低血压；当收缩压＞180 mmHg 或平均动脉压＞130 mmHg 时,如果同时有疑似颅内压增高的证据,要考虑监测颅内压,用间断或持续静脉抗高血压药来降低血压,但要保证脑灌注压＞60～80 mmHg；如果没有颅内压增高的证据,降压目标为 160/90 mmHg 或平均动脉压 110 mmHg。降压不能过快,以免引起脑的低灌注。脑出血恢复期应尽量将血压控制在正常范围内。

4. 止血治疗　如有消化道出血或凝血障碍,可选用氨基己酸、氨甲苯酸、巴曲酶等药物。但这些药物对高血压动脉硬化出血作用不大。有凝血功能障碍者,可针对性给予止血药物治疗。

5. 其他治疗　对多种并发症，如低钠血症、中枢性高热、下肢深静脉血栓等应作相应的处理。局部亚低温治疗是治疗脑出血的一种新的辅助治疗方法，能够减轻脑水肿，促进神经功能缺损恢复，改善患者预后，无不良反应，安全、有效。

（二）外科治疗

一般认为，手术宜在早期（发病后6～24 h内）进行。通常以下情况需要考虑手术治疗：①基底核区中等量以上出血（壳核出血≥ 30 ml，丘脑出血≥ 15 ml）；②小脑出血≥ 10 ml 或直径≥ 3 cm，或合并明显脑积水；③重症脑室出血（脑室铸型）；④合并脑血管畸形、动脉瘤等血管病变。主要手术方法有去骨瓣减压术、小骨窗开颅血肿清除术、钻孔血肿抽吸术、脑室穿刺引流术等。

（三）康复治疗

脑出血后，只要患者的生命体征平稳、病情不再进展，宜尽早进行康复治疗。早期分阶段综合康复治疗对恢复患者的神经功能、提高生活质量有益。

脑出血的治疗要点。

【健康教育与管理】

脑出血总体预后较差，防治高血压是减少脑出血的最有效方法。高血压患者应坚持用药、定期复查，纠正不良生活习惯，合理饮食，注意劳逸结合，避免诱发脑出血。

（李锦超）

第五节　蛛网膜下腔出血

案例 9-57-5

患者，女性，22岁。1 h前患者吃完午饭后坐在沙发上看电视时突感枕顶部剧烈牵拉样疼痛，伴恶心、呕吐（呈喷射状），面色苍白、全身冷汗，急诊至医院。既往身体健康，无头痛史。无烟、酒嗜好。无遗传病家族史。体格检查：嗜睡，精神差，体格检查欠配合，双侧瞳孔等大等圆，直径约为3 mm，对光反射存在。四肢肌力5级，肌张力正常，双侧跟腱反射、膝反射正常引出，双侧巴宾斯基征阴性。颈项强直，双侧克尼格征阳性。急诊头颅CT检查示环池高密度影。

问题与思考：

1. 初步诊断和诊断依据是什么？应与哪些疾病相鉴别？
2. 为明确诊断，需要进一步做哪些检查？
3. 治疗原则是什么？

蛛网膜下腔出血（subarachnoid hemorrhage，SAH）是指颅内血管破裂，血液流入蛛网膜下腔。蛛网膜下腔出血分为外伤性和自发性两种情况，自发性又分为原发性和继发性两种类型。原发性蛛网膜下腔出血为脑底或脑表面血管病变（先天性动脉瘤、脑血管畸形、高血压脑动脉硬化所致的微动脉瘤等）破裂，血液流入蛛网膜下腔，占急性脑卒中的10%左右；继发性蛛网膜下腔出血为脑内血肿穿破脑组织，血液流入蛛网膜下腔。本节重点介绍原发性蛛网膜下腔出血。

【病因】

（一）颅内动脉瘤

颅内动脉瘤为最常见病因，占75%~80%，其中先天性粟粒样动脉瘤约占75%。动脉瘤多为单发，主要位于Willis环及其主要分支血管，尤其是动脉的分叉处，80%~90%位于脑底动脉环前部，特别是后交通动脉和颈内动脉的连接处。

（二）脑血管畸形

脑血管畸形约占蛛网膜下腔出血病因的10%，其中动静脉畸形（AVM）占血管畸形的80%，青少年多见。动静脉畸形由异常血管交通形成，常见于大脑中动脉分布区。

（三）少见病因

少见病因有脑底异常血管网病、颅内肿瘤、垂体卒中、血液系统疾病、抗凝治疗的并发症等。

 蛛网膜下腔出血的病因。

【发病机制】

（一）动脉瘤

粟粒样动脉瘤可能与遗传和先天发育缺陷有关。动脉壁弹力层及中膜发育异常或受损，随着年龄增长，动脉壁粥样硬化、高血压和血液涡流冲击等因素影响，动脉壁弹性减弱，薄弱处逐渐向外突出，形成囊状动脉瘤。

（二）脑动静脉畸形

脑动静脉畸形是发育异常形成的畸形血管团，血管壁薄弱，处于破裂临界状态，激动或不明显诱因即可导致其破裂。

（三）其他

肿瘤或转移癌直接侵蚀血管，引起血管壁病变，最终导致破裂。

【病理】

蛛网膜下腔出血可见呈紫红色的血液沉积在脑底池和脊髓池中，如鞍上池、脑桥小脑脚池、环池、小脑延髓池和终池。出血量大时可形成薄层血凝块，覆盖于颅底血管、神经和脑表面，蛛网膜呈无菌性炎症反应及软膜增厚，导致脑组织与血管或神经粘连。脑实质内广泛白质水肿，皮质可见多发斑片状缺血灶。

【病理生理】

血液流入蛛网膜下腔，刺激痛觉敏感结构引起头痛，颅内容积增加使颅内压增高可加剧头痛，导致玻璃体下视网膜出血，甚至发生脑疝。颅内压达到系统灌注压时脑血流量急剧下降、血管瘤破裂伴发的冲击作用等导致患者意识丧失。颅底或脑室内血液凝固使脑脊液回流受阻，出现脑积水和脑室扩张。蛛网膜下腔血细胞崩解释放炎症物质引起化学性脑膜炎，脑脊液增多使颅内压增高。血液及分解产物直接刺激引起下丘脑功能紊乱，如发热、血糖升高、急性心肌缺血和心律失常。血液释放的血管活性物质刺激血管和脑膜，引起血管痉挛，严重者导致脑梗死。动脉瘤出血常局限于蛛网膜下腔，一般不造成局灶性脑损害，神经系统检查很少发现局灶体征，但大脑中动脉动脉瘤、动静脉畸形破裂较常见局灶性异常。

【临床表现】

（一）起病情况
以中青年发病居多，起病突然（数秒或数分钟内发生），多数患者发病前有明显的诱因，如剧烈运动、过度疲劳、用力排便、情绪激动。

（二）头痛
动脉瘤性蛛网膜下腔出血通常突发异常剧烈的全头痛，不能缓解或呈进行性加重。多伴一过性意识障碍、恶心、呕吐。头痛可持续数日不变，2 周后逐渐减轻，如头痛再次加重，常提示动脉瘤再次出血。动静脉畸形破裂所致蛛网膜下腔出血头痛常不严重。

（三）脑膜刺激征
脑膜刺激征常于发病后数小时出现，3~4 周后消失，以颈强直最多见。老年、衰弱患者或少量出血者可不明显。

（四）视力视野障碍
发病 1 h 内眼底检查即可见玻璃体膜下片状出血，是急性颅内压增高和眼静脉回流受阻所致，对诊断具有提示意义。当出血量过大时，可引起视力障碍。10%~20% 可见视盘水肿。当视交叉、视束或视放射受累时，可产生双颞侧偏盲或同向偏盲。

（五）精神症状
约 25% 的患者可出现精神症状，如欣快、谵妄和幻觉，常于起病后 2~3 周内自行消失。

（六）偏瘫
偏瘫占 20%，多由于病变或出血累及皮质运动区和其传导束所致。

（七）脑神经损害
脑神经损害以一侧动眼神经麻痹常见，占 6%~20%，提示可能存在同侧颈内动脉-后交通动脉动脉瘤或大脑后动脉动脉瘤。

（八）其他症状
部分患者可以出现脑心综合征、消化道出血、急性肺水肿和局限性神经功能缺损症状等。

考点提示 蛛网膜下腔出血的临床表现。

【辅助检查】

（一）头颅 CT
临床疑诊蛛网膜下腔出血首选头颅 CT 平扫（图 9-57-4）。表现为脑沟和蛛网膜下腔高密度征象。早期敏感性高，但出血量较少时，CT 扫描显示不清。根据 CT 结果可初步判断或提示动脉瘤的位置。动态 CT 检查有助于了解出血的吸收情况，有无再出血、继发脑梗死等。

（二）数字减影血管造影
条件具备、病情许可时应尽早进行数字减影血管造影（DSA）检查（图 9-57-5）。DSA 是目前临床确定有无动脉瘤的诊断"金标准"。可及时明确动脉瘤的大小、部位、与载瘤动脉的关系、有无血管痉挛等。一般选择在发病后 3 d 内或 3 周后进行检查。

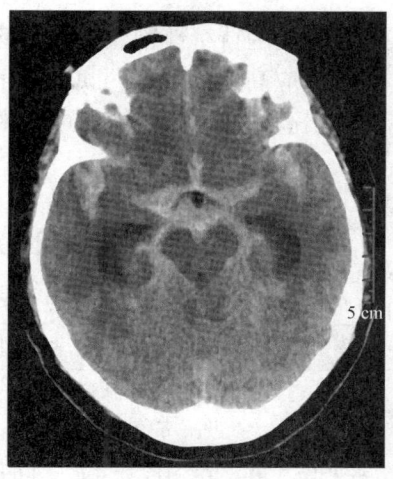

图 9-57-4　CT 显示蛛网膜下腔出血

(三) 头颅 MRI

当蛛网膜下腔出血发病数日后 CT 检查敏感性降低时，MRI 可发挥较大作用。

(四) 腰椎穿刺

通常 CT 已经明确诊断的患者，腰椎穿刺不作为临床常规检查。如果 CT 扫描结果为阴性，强烈建议行腰椎穿刺脑脊液检查。均匀血性脑脊液是蛛网膜下腔出血的特征性表现。1 周后红细胞破坏消失，脑脊液逐渐变黄，3~4 周恢复正常。特殊染色可见含铁血黄素吞噬细胞，可存在数周至数月，对诊断有一定的意义。腰椎穿刺误伤血管所致的血性脑脊液其颜色从第 1 管到第 3 管逐渐变淡。

(五) 其他

血常规、凝血功能和肝功能等检查有助于寻找其他病因。

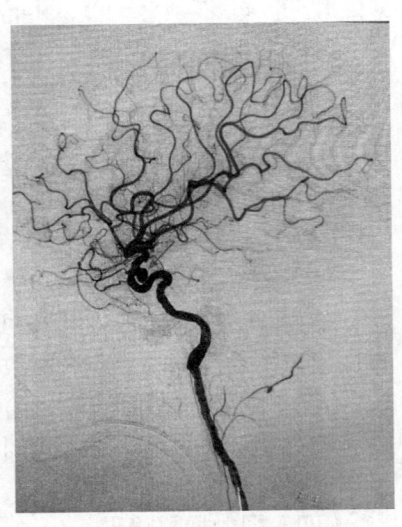

图 9-57-5　脑动脉瘤 DSA

【并发症】

(一) 再出血

再出血是蛛网膜下腔出血主要的急性并发症，指病情稳定后再次发生剧烈头痛、呕吐、痫性发作、昏迷甚至去大脑强直发作，颈强直、克尼格征加重，复查脑脊液为鲜红色。20% 的动脉瘤患者病后 10~14 d 可发生再出血。动静脉畸形急性期再出血者较少见。

(二) 脑血管痉挛

脑血管痉挛 (cerebral vascular spasm, CVS) 发生于蛛网膜下腔中血凝块环绕的血管，痉挛严重程度与出血量相关，是患者死亡和致残的主要原因。病后 3~5 d 开始发生，5~14 d 为迟发性血管痉挛高峰期，2~4 周逐渐消失。

(三) 急性或亚急性脑积水

急性或亚急性脑积水由于血液进入脑室系统和蛛网膜下腔形成血凝块阻碍脑脊液循环通路所致，严重者可造成颅内高压甚至脑疝。

(四) 其他

5%~10% 的患者发生癫痫发作，不少患者发生低钠血症。

【诊断】

突发的持续性剧烈头痛、呕吐，脑膜刺激征阳性，伴或不伴意识障碍，检查无局灶性神经系统体征，应高度怀疑蛛网膜下腔出血。同时 CT 证实脑池和蛛网膜下腔高密度征象或腰椎穿刺检查示压力增高和血性脑脊液等可临床确诊。

【鉴别诊断】

(一) 与高血压脑出血相鉴别 (表 9-57-2)

表 9-57-2　蛛网膜下腔出血与高血压脑出血的鉴别要点

鉴别项目	蛛网膜下腔出血	高血压脑出血
发病年龄	粟粒样动脉瘤多发于 40~60 岁，动静脉畸形青少年多见，常在 10~40 岁发病	50~65 岁多见
常见病因	粟粒样动脉瘤、动静脉畸形	高血压、脑动脉粥样硬化
起病速度	急骤，数分钟症状达到高峰	数十分钟至数小时症状达到高峰

续表

鉴别项目	蛛网膜下腔出血	高血压脑出血
血压	正常或升高	通常显著升高
头痛	极常见，剧烈	常见，较剧烈
昏迷	常为一过性昏迷	重症患者持续性昏迷
局灶体征	颈强直、克尼格征等脑膜刺激征阳性，常无局灶性体征	偏瘫、偏身感觉障碍及失语等局灶性体征
眼底	可见玻璃体膜下片状出血	眼底动脉硬化，可见视网膜出血
头部CT	脑池、脑室及蛛网膜下腔高密度出血征	脑实质内高密度病灶
脑脊液	均匀一致血性	均匀一致血性

（二）颅内感染

感染性脑膜炎可出现头痛、呕吐、脑膜刺激征。但起病较缓慢，且伴有全身感染的征象，脑脊液呈炎性改变而非血性，容易鉴别。

（三）脑肿瘤及其他

根据详细病史、脑脊液检出瘤和（或）癌细胞及头部CT可以鉴别。其他如偏头痛、颈椎疾病、CO中毒等由于部分症状与蛛网膜下腔出血类似，容易造成误诊。

蛛网膜下腔出血的诊断与鉴别诊断。

【治疗】

急性期治疗目的是防治再出血，降低颅内压，减少并发症，治疗原发病和预防复发。

（一）一般治疗

有条件者应收入重症监护病房，密切监测生命体征和神经系统体征的变化；保持气道通畅，维持稳定的呼吸、循环系统功能；降低颅内压，如使用甘露醇、呋塞米；保持排便通畅，避免用力和情绪激动，烦躁者予以镇静药，头痛者予以镇痛药。注意慎用阿司匹林、吗啡等药物。

（二）对症治疗

维持水、电解质平衡，给予高纤维、高能量饮食，注意预防尿路感染和吸入性肺炎。

（三）预防再出血

1. 绝对卧床休息　卧床时间为4~6周。
2. 调控血压　防止血压过高导致再出血，同时注意维持脑灌注压。一般将收缩压控制在160 mmHg以下。如果平均动脉压＞125 mmHg或收缩压＞180 mmHg，可在血压监测下静脉持续输注短效安全的抗高血压药。最好选用尼卡地平、拉贝洛尔和艾司洛尔等抗高血压药。若患者出现急性神经系统症状，则最好不选择硝普钠，因为硝普钠有升高颅内压的不良反应，长时间输注还可能引起中毒。
3. 抗纤溶药物　蛛网膜下腔出血不同于脑出血，出血部位没有脑组织的压迫止血作用，可适当应用止血药，如氨基己酸、氨甲苯酸、酚磺乙胺等抗纤溶药物。抗纤溶药物虽然可以减少再出血，但增加了蛛网膜下腔出血患者缺血性脑卒中的发生率。
4. 破裂动脉瘤的外科和血管内治疗　动脉瘤夹闭或血管内治疗是预防蛛网膜下腔出血再出血最有效的治疗方法。

（四）并发症处理

1. 防治脑血管痉挛　口服尼莫地平能有效地减少蛛网膜下腔出血引发的不良结局。推荐早期使用，口服或静脉泵入，以改善患者的预后。

2. 处理脑积水　急性期合并症状性脑积水应行脑脊液分流术治疗。

3. 防治癫痫　可在蛛网膜下腔出血的早期预防性应用抗惊厥药。不推荐长期使用，除非有下列危险因素，如癫痫发作史、脑实质血肿、脑梗死或大脑中动脉瘤。

（五）放脑脊液疗法

每次释放脑脊液 10~20 ml，每周 2 次，可以促进血液吸收和缓解头痛，也可能减少脑血管痉挛和脑积水发生，但应警惕脑疝、颅内感染和再出血的风险。

【健康教育与管理】

脑血管疾病发病率高、病死率高，致残率高。开展脑卒中危险因素的筛查和风险评估，对脑血管疾病的危险因素进行早期干预，可以有效地降低脑血管疾病的发病率。通过早期改变不健康的生活方式，积极控制各种可控危险因素，如戒烟、戒酒、合理膳食营养、适度运动、避免情绪剧烈波动，稳定血压、血糖、血脂，定期进行健康体检，以减少脑卒中的发生。对患者和家属积极进行心理疏导、指导康复，提高患者的生活质量。

自测题

一、选择题

1. 患者，女性，60 岁。晨起后突感右上肢无力，持物掉落，伴言语不利，休息半小时后缓解。既往有高血压、糖尿病病史。体格检查：未见脑神经异常，四肢运动、感觉及共济运动正常。最可能的诊断是

　　A. 脑出血　　　　　　　　　　　　B. 低血糖
　　C. 高血压脑病　　　　　　　　　　D. 癫痫单纯部分性发作
　　E. 短暂性脑缺血发作

2. 患者，男性，56 岁。患风湿性心脏病二尖瓣狭窄，突然出现偏瘫、失语。体格检查：神志清楚，脑脊液正常，心电图提示心房颤动。最可能的疾病诊断是

　　A. 脑出血　　　　　　　　　　　　B. 脑栓塞
　　C. 脑血栓形成　　　　　　　　　　D. 蛛网膜下腔出血
　　E. 短暂性脑缺血发作

3. 患者，男性，71 岁。乘长途车 2 h 后出现右侧肢体无力。体格检查：BP 180/100 mmHg，右侧肢体肌力 1 级，右侧巴宾斯基征（+），右侧肢体痛觉、深感觉消失。头颅 CT 示左侧基底节见高密度影。该患者最可能的疾病诊断是

　　A. 基底节梗死　　　　B. 脑叶梗死　　　　C. 脑栓塞
　　D. 小脑出血　　　　　E. 脑出血

4. 患者，男性，65 岁，右侧肢体运动障碍、失语 12 h，但能听懂他人讲话的内容，能按指示做相应的动作。既往糖尿病病史 10 年，血糖控制较好。高血压病史 15 年，规律服药治疗，血压控制在 130/80 mmHg 左右。对诊断最有价值的辅助检查是

　　A. 颈动脉 B 超　　　　B. 头颅 CT　　　　C. 超声心动图
　　D. 经颅多普勒超声　　E. 脑电图

（5～7题共用题干）

患者，男性，63岁，晨起发现言语不清，右侧肢体活动不适。既往身体健康。发病后5 h体格检查：神志清楚，BP 120/80 mmHg，右侧中枢性面瘫、舌瘫，右侧上肢、下肢肌力2级，右半身痛觉减退，头颅CT未见异常。

5. 病变的性质是
   A. 脑出血　　　　　　　B. 脑栓塞　　　　　　　C. 脑肿瘤
   D. 脑血栓形成　　　　　E. 蛛网膜下腔出血
6. 应选择的治疗方法是
   A. 调整血压　　　　　　B. 溶栓治疗　　　　　　C. 应用止血药
   D. 手术治疗　　　　　　E. 使用脑保护药
7. 该患者的最佳治疗药物是
   A. rt-PA　　　　　　　　B. 阿司匹林　　　　　　C. 低分子右旋糖酐
   D. 降纤酶　　　　　　　E. 尼莫地平

二、简答题

1. 蛛网膜下腔出血的并发症有哪些？
2. 急性脑梗死的治疗原则是什么？
3. 脑出血的治疗原则是什么？

三、案例分析题

1. 患者，男性，71岁。8 h前患者于日常活动中出现右侧肢体无力，且逐渐加重。体格检查：BP 160/98 mmHg，神志清楚，右侧鼻唇沟浅，右侧肢体肌力4级，右侧巴宾斯基征阳性，右侧偏身痛觉减退，头颅CT未见异常。最可能的疾病诊断是什么？目前最适宜的治疗措施是什么？

2. 患者，男性，60岁。突发头痛、呕吐、视物旋转，伴行走不稳2 h。体格检查：肢体共济失调、眼球震颤、构音障碍。最可能的疾病诊断是什么？累及哪个脑叶？如何明确诊断？

（李锦超）

第五十八章 癫痫

第五十八章数字资源

学习目标

1. 知识：说出癫痫的定义，列举常见病因和影响发作的因素，解释癫痫的主要发病机制，描述癫痫的临床表现，解释癫痫的诊断方法，简述癫痫的治疗原则和常用药物，列举癫痫需要与哪些疾病相鉴别，比较不同类型癫痫的特点和治疗差异，归纳癫痫持续状态的定义、处理方法。

2. 能力：根据患者的症状和病史，初步判断是否为癫痫发作；正确选择和解读癫痫相关的检查项目；依据治疗原则为癫痫患者制定合理的用药方案；与癫痫患者及其家属进行有效沟通，提供健康教育和心理支持；运用所学知识解决癫痫患者治疗过程中的常见问题。

3. 素养：认识到癫痫管理的长期性（需长期随访、调整治疗方案）和复杂性（不同患者发作类型、病因、对药物反应差异大），培养对患者全程负责的态度，避免因短期效果不佳而敷衍。认识到癫痫管理需多角色参与（如医生负责诊疗，家属负责日常照护，患者负责自我监测），能主动协调各方资源（如为患者链接社会支持组织），形成"医患－家属－社会"协同的管理模式。促进无障碍环境建设，助力癫痫患者融入社会。

案例 9-58-1

患者，男性，34岁。发作性四肢抽搐20年，走路不稳伴呕吐5 d。患者自14岁开始出现反复发作性意识不清，四肢抽搐，口吐白沫，尿失禁，每次发作持续15～20 s，抽搐后昏睡1～2 h。每个月发作2～3次，劳累或情绪紧张后发作次数增多。长期服用苯妥英钠治疗。入院前1周，患者因情绪不稳而发作频繁，自行加药，苯妥英钠每日3次，每次2片。4 d后出现头晕、走路不稳、呕吐等症状。体格检查：神志清楚，语言含糊，双眼向两侧注视时出现水平眼球震颤。腱反射（++），步态不稳，行走困难。实验室检查：血常规、尿常规无异常。脑电图：痫性放电。

问题与思考：

1. 初步诊断和诊断依据是什么？应与哪些疾病相鉴别？
2. 为明确诊断，需要进一步做哪些检查？
3. 治疗原则是什么？

癫痫（epilepsy）俗称"羊癫疯"或"羊角风"，是多种原因导致的大脑神经元高度同步化异常放电所致的临床综合征。临床表现具有发作性、短暂性、重复性和刻板性4个特点。因异常放电神经元的位置不同及异常放电波及的范围差异，导致患者的发作形式不一。临床上，每次发作或每种发作的过程称为痫性发作。由原发性的神经系统疾病引起的痫性发作通常被称为癫痫发作。在癫痫发作中，一组具有相似症状和体征特性所组成的特定癫痫现象统称为癫痫综合征。我国目前约有 900 万以上癫痫患者，患病率约为 5‰，每年新发癫痫患者 65 万~70 万。

【病因】

癫痫是一组疾病或综合征，不是一个独立的疾病。引起癫痫的病因非常复杂，根据病因不同，癫痫可分为以下三大类。

（一）特发性癫痫（原发性癫痫）

特发性癫痫病因不明，未发现脑部有足以引起癫痫发作的结构性损伤或功能异常，其发病可能与遗传因素密切相关。

（二）症状性癫痫（继发性癫痫）

症状性癫痫由各种明确的中枢神经系统结构损伤或功能异常所致，如脑外伤、脑血管疾病、脑肿瘤、中枢神经系统感染、神经系统变性疾病、药物和毒物中毒。

（三）隐源性癫痫

临床表现提示为症状性癫痫，但现有的检查手段不能发现明确的病因，占全部癫痫的 60%~70%。

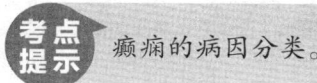
癫痫的病因分类。

【影响发作的因素】

（一）年龄

特发性癫痫多与年龄密切相关，如婴儿痉挛多在 1 岁内起病；儿童失神发作多在 6~7 岁时起病；肌阵挛癫痫多在青春期前后起病。各年龄段癫痫的常见病因也不同。0~2 岁主要与产伤、先天性疾病和代谢障碍等有关；2~18 岁主要与急性感染、特发性癫痫、围生期损伤、颅脑外伤、血管畸形、热性惊厥等有关；成年发病者多为颅脑外伤、特发性癫痫、脑肿瘤等；65 岁以后的老年发病者多为脑血管疾病、脑肿瘤等。

（二）遗传

遗传可影响癫痫的易患性。症状性癫痫患者的近亲患病率高于普通人群。

（三）睡眠

婴儿痉挛常在醒后或睡前发生；全面强直-阵挛发作（GTCS）常在凌晨醒后发生。

（四）内环境改变及其他

内分泌失调、电解质代谢紊乱可导致痫性发作。如少数患者仅在月经期、妊娠早期发作，为月经期癫痫和妊娠性癫痫。缺少睡眠、饥饿、疲劳、便秘、饮酒、情感冲动、一过性代谢紊乱和过敏反应都能导致痫性发作。过度换气、过度饮水、闪光灯等均有诱发作用。

【发病机制】

癫痫的发病机制非常复杂，神经元异常放电是癫痫发病的电生理基础，涉及神经元异常放电的起始、传播和终止。

（一）痫性放电的起始

致痫灶神经元膜电位与正常神经元不同，出现阵发性去极化漂移，产生高幅高频棘波放电。这可能是由于离子通道蛋白和神经递质异常，导致离子跨膜运动异常。

(二)痫性放电的传播

异常高频放电通过突触联系和强直后的易化作用,诱发周边及远处神经元同步放电,从而引起异常电位的连续传播。传播方式不同,可导致不同类型的发作,如部分性发作、全面性发作。

(三)痫性放电的终止

目前痫性放电的终止机制尚未明确,可能与脑内各层结构的主动抑制作用有关。癫痫发作时,癫痫病灶内产生巨大的突触后电位,激活负反馈机制,使细胞膜过度去极化,从而抑制异常放电扩散,同时减少传入性冲动,促使发作终止。

【癫痫发作分类】

癫痫发作分类是指根据癫痫发作时的临床表现和脑电图特征进行分类。癫痫综合征分类是指根据癫痫的病因、发病机制、临床表现、疾病演变过程、治疗效果等综合因素进行分类。目前应用最广泛的仍是国际抗癫痫联盟(ILAE)1981年癫痫发作分类(表9-58-1)和1989年癫痫综合征分类。2017年ILAE又提出了新的癫痫发作分类,新分类并未做出根本性改变,其中最大的特点是允许命名更加灵活和透明。

表 9-58-1 国际抗癫痫联盟(ILAE)1981年癫痫发作分类及临床要点

发作分类	临床要点
1. 部分性发作	起源于大脑半球局部
(1)单纯部分性发作	无意识障碍,可分为运动性、感觉性、自主神经性、精神性
(2)复杂部分性发作	有意识障碍,可以是起始症状,也可以由单纯部分性发作发展而来,并可以伴有自动症
(3)部分性发作继发全面性发作	由部分性发作起始,泛化为全面强直-阵挛发作,伴意识障碍
2. 全面性发作	起源于双侧脑部对称性发作,伴有意识障碍 可分为失神、强直性、阵挛性、强直阵挛性、肌阵挛、失张力性发作
3. 不能分类的发作	

【临床表现】

(一)癫痫临床表现的共同特征

1. 发作性 症状突然发生,持续一段时间后迅速恢复,间歇期正常。
2. 短暂性 发作持续时间非常短,通常为数秒钟或数分钟,除癫痫持续状态外,很少超过30 min。
3. 重复性 第1次发作后,经过不同间隔时间会有第2次或更多次的发作。
4. 刻板性 每次发作的临床表现几乎一致。

(二)癫痫发作不同类型的临床表现

1. 部分性发作 部分性发作是指源于大脑半球局部神经元的异常放电,包括单纯部分性发作、复杂部分性发作、部分性发作继发全面性发作三类。

(1)单纯部分性发作:为局限性放电,无意识障碍,发作时间不超过1 min,发作的起始与结束均较突然,分为以下4种类型。

1)部分运动性发作:病灶多在中央前回及附近,表现为身体某一局部发生不自主抽动,多见于一侧眼睑、口角、手指或足趾,也可涉及一侧面部或肢体,常见以下几种发作形式。①杰克逊癫痫:抽搐自手指-腕部-前臂-肘-肩-口角-面部逐渐发展。严重部分运动性发作患者发作后可留下短暂性（0.5～36 h内消除）肢体瘫痪，称为托德瘫痪。②旋转性发作：双眼突然偏向一侧，继而头部不自主同向转动，伴有身体扭转。部分患者过度旋转可引起跌倒，出现继发性全面性发作。③姿势性发作：发作性一侧上肢外展、肘部屈曲、头向同侧扭转、眼注视同侧。④发音性发作：不自主重复发作前的单音或单词。

2）部分感觉性发作：病灶在中央后回特定区域。①躯体感觉性发作：病灶多在躯体感觉区，一侧肢体麻木感和针刺感，多发生在口角、舌、手指或足趾。②特殊感觉性发作：视觉性，如闪光或黑矇，病灶在枕叶；听觉性，如幻听，病灶在颞叶外侧或岛回；嗅觉性，如焦臭味，病灶多在额叶眶部、杏仁核或岛回。③眩晕性发作：病灶在岛回或顶叶，表现为坠落感、飘动感、眩晕感等。

3）自主神经性发作：病灶多位于岛叶、丘脑及周围（边缘系统），出现苍白、面部及全身潮红、多汗、立毛、瞳孔散大、呕吐、腹痛、烦渴和欲排尿感等，易扩散出现意识障碍，成为复杂部分性发作的一部分。

4）精神性发作：病灶位于边缘系统，可表现为各种类型的记忆障碍（如似曾相识、似不相识、强迫思维、快速回顾往事）、情感障碍（无名恐惧、忧郁、欣快、愤怒）、错觉（视物变形、变大、变小、声音变强或变弱）、复杂幻觉等。精神性发作虽可单独出现，但常为复杂部分性发作的先兆，也可继发全面强直-阵挛发作。

（2）复杂部分性发作：占成人癫痫发作的50%以上，称为精神运动性发作。病灶多在颞叶，又称颞叶癫痫。放电从局部扩展到双侧脑部，发作时有不同程度的意识障碍，可伴有自动症、运动症状等，发作通常持续1～3 min。

（3）部分性发作继发全面性发作：为单纯或复杂部分性发作，可泛化为全面强直-阵挛发作癫痫，放电从局部扩展到双侧脑部，出现意识障碍。

从以上可知，单纯部分性发作可发展为复杂部分性发作，两者都可以继发全面强直-阵挛发作癫痫。部分性发作继发全面性发作属部分性发作的范畴，与全面性发作在药物治疗上有着明显的不同，临床上要注意两者的鉴别。

知识链接

自 动 症

自动症是指在癫痫发作过程中或发作后意识模糊状态下出现的具有一定协调性和适应性的无意识活动。自动症均在意识障碍的基础上发生，伴有遗忘。自动症可表现为反复咂嘴、咀嚼、舔牙、吞咽、搓手、拂面、穿衣、脱衣、解衣扣、摸索衣服、游走、奔跑、无目的开门与关门、乘车、上船、自言自语、叫喊及唱歌等。自动症并非复杂部分性发作所特有，在其他发作后意识障碍下也可出现。临床上以复杂部分性发作自动症最常见。

2. 全面性发作 最初的症状和脑电图提示发作起源于双侧脑部，发作时有意识丧失。

（1）癫痫大发作：也称全面强直-阵挛发作，以意识丧失、双侧强直后出现阵挛为主要临床特征。早期出现意识丧失、跌倒，随后发作分为强直期、阵挛期和发作后期3期。每次持续5～10 min，醒后无记忆，患者常感头痛、全身肌肉酸痛、嗜睡，部分患者有意识模糊，对抽搐全无记忆，此时强行约束患者可能发生伤人和自伤行为，是临床最常见的发作类型。

1）强直期：表现为全身骨骼肌持续性收缩。眼肌收缩，出现眼睑上牵、眼球上翻或凝视；咀嚼肌收缩，出现张口，随后猛烈闭合，可咬伤舌尖；喉肌和呼吸肌强直性收缩，导致患者尖叫一声，呼吸停止；颈部和躯干肌肉的强直性收缩，导致颈和躯干先屈曲，后反张；上肢上举后旋转为内收、旋前，下肢屈曲后猛烈伸直，持续10～20 s后进入阵挛期。

2)阵挛期:肌肉呈收缩与松弛交替性抽动,松弛时间逐渐延长,阵挛频率逐渐变慢,本期可持续30~60 s或更长。在一次剧烈阵挛后,发作停止,进入发作后期。

以上两期均可发生舌咬伤,并伴心率加快、血压升高、呼吸暂时停止、皮肤苍白及发紫、瞳孔散大,对光反射、深反射、浅反射消失,唾液和其他分泌物增多,病理反射阳性,尿失禁及排便失禁。

3)发作后期:呼吸、血压、心率、瞳孔逐渐恢复正常,肌张力松弛,意识逐渐恢复。脑电图(EEG)改变为:强直期开始出现逐渐增强的10次/秒棘波样节律,然后频率不断降低,波幅不断增高;阵挛期呈弥漫性慢波伴间歇性棘波;痉挛后期呈明显脑电抑制,发作时间越长,抑制越明显。

(2)强直性发作:多见于弥漫性脑损害的儿童,睡眠中发作较多。呈与强直阵挛发作中强直期相似的全身骨骼肌强直性收缩,常伴有明显的自主神经症状,如面色苍白。若发作时患者处于站立位,可剧烈摔倒。发作持续数秒至数十秒。典型发作期EEG为暴发性多棘波。

(3)阵挛性发作:几乎均为婴幼儿,特征是重复阵挛性抽动伴意识丧失,之前无强直期。双侧对称或以某一肢体为主的抽动,幅度、频率和分布多变,为婴儿发作的特征,持续1 min至数分钟。EEG可见慢波及不规则棘慢复合波等,缺乏特异性。

(4)失神发作:分为典型失神发作和非典型失神发作。临床表现、脑电图背景活动及发作期改变、预后等均有较大差异。

1)典型失神发作:儿童期起病,青春期前停止发作。特征性表现是突然意识丧失5~10 s和正在进行的动作中断,双眼茫然凝视,呼之不应,可伴简单自动性动作,如擦鼻、咀嚼、吞咽,或伴失张力(如手中持物坠落)或轻微阵挛,一般不会跌倒,事后对发作全无记忆,每日可发作数次至数百次。发作后立即清醒,无明显不适,可继续先前活动,醒后不能回忆。发作时EEG呈双侧对称3 Hz棘慢复合波。

2)非典型失神发作:多见于有弥漫性脑损害的患儿,起始和终止均较典型失神发作缓慢,意识丧失,肌张力降低,偶有肌阵挛。EEG显示2.0~2.5 Hz(慢的)不规则棘慢复合波或尖慢复合波,背景活动异常。临床上需要与复杂部分性发作相鉴别。

(5)肌阵挛发作:可见于任何年龄,表现为快速、短暂、触电样肌肉收缩,可遍及全身,也可局限于某一肌群或肢体,声、光等刺激可诱发。典型EEG改变为多棘慢复合波。

(6)失张力发作:由姿势性张力丧失所致。部分或全身肌肉张力突然降低而垂颈(点头)、张口、肢体下垂(持物坠落)或躯干失张力跌倒或猝倒发作,持续数秒至1 min,时间短者意识障碍可不明显,发作后立即清醒和站起。EEG示多棘慢复合波或低电位活动。

3. 癫痫持续状态(status epilepticus,SE) 传统定义是指癫痫连续发作之间意识尚未完全恢复又频繁再发,或癫痫发作持续30 min以上未自行停止。目前观点认为,患者若全面强直-阵挛发作持续时间超过5 min,即有可能发生神经元损伤,就应考虑癫痫持续状态的诊断,并须紧急处理。如不及时治疗,可因高热、循环衰竭、电解质代谢紊乱或神经元兴奋毒性损伤导致永久性脑损害,致残率和病死率均很高。任何类型的癫痫均可出现癫痫持续状态,其中以全面强直-阵挛发作癫痫最常见,危害也最大。癫痫持续状态最常见的原因是不恰当地停用抗癫痫药,或因急性脑病、脑卒中、脑炎、外伤、肿瘤和药物中毒等引起。不规范抗癫痫药治疗、感染、精神因素、过度疲劳、妊娠、分娩和饮酒等均可诱发。

 癫痫不同类型的识别。

【辅助检查】

（一）常规检查

癫痫患者常规实验室检查项目（如血液检查、尿液检查、脑脊液检查）的意义在于多方面评估患者的身体状况，辅助医师进行诊断、鉴别诊断、治疗方案制定以及药物副作用监测。

（二）脑电图检查

脑电图（EEG）检查是诊断癫痫最重要的辅助检查方法，可以用于区分癫痫发作类型和明确癫痫病灶部位。脑电图能记录到发作或发作间期痫样放电，阳性率为 50% 左右，但部分正常人偶尔也能记录到痫样放电。近年来广泛应用的 24 h 长程脑电检测和视频脑电图（video-EEG）更易获得癫痫性波，后者更能明确发作性症状及脑电图变化之间的关系。

（三）影像学检查

影像学检查可以判断脑部是否存在肿瘤、血管瘤、脑萎缩等疾病，帮助医师确定癫痫的病因及病灶位置，为制定治疗方案提供依据。

1. **头颅 CT 和 MRI 检查**　头颅 CT 和 MRI 检查可确定脑结构异常或病变，对癫痫的诊断和分型有帮助。

2. **放射性核素检查**　如单光子发射计算机体层显像仪（SPECT）、正电子发射体层仪（PET）等，能从不同角度反映脑局部代谢变化，辅助癫痫病灶的定位诊断。

 不同检查对癫痫诊断的意义。

【诊断】

癫痫发作的形式多种多样，一旦确诊，就需要长期治疗，所以癫痫的诊断是一个严肃问题，必须认真对待。

（一）诊断原则

（1）明确发作性症状是否为癫痫发作。

（2）明确是哪种类型的癫痫或癫痫综合征。

（3）明确发作的病因。

（二）诊断要点

（1）主要根据病史及临床表现对癫痫进行诊断、分型、鉴别诊断。

（2）体格检查，继发性癫痫可发现阳性体征。

（3）有关辅助检查，如脑电图、CT、MRI，可提供相关诊断依据。

> **知识链接**
>
> **癫痫的问诊要点**
>
> 患者发作时多有意识障碍，详细询问患者的亲属或目睹者更有意义。
>
> 1. **现病史**　起病年龄、发作的详细过程、病情发展过程、发作诱因、是否有先兆、发作频率和治疗经过。
>
> 2. **既往史**　应包括母亲妊娠是否异常及妊娠用药史，围生期是否有异常，过去是否患过什么重要疾病，如颅脑外伤、脑炎、脑膜炎、心脏病、肝病和肾病。
>
> 3. **家族史**　包括各级亲属是否患有癫痫发作或与之相关的疾病（如偏头痛）。

【鉴别诊断】

（一）晕厥

晕厥为脑部全面而短暂的血流灌注不足，所致意识瞬时丧失和跌倒。多有明显诱因，如久站、剧痛、见血、大笑、哭泣、用力及憋气。与癫痫发作患者相比，跌倒较慢。晕厥的意识障碍很少超过15 s，以意识迅速恢复并完全清醒为特点，不伴发作后意识模糊。晕厥发生前一般先有头晕、胸闷、黑矇等先兆。易与各型失神发作相混淆，但脑电图检查无异常。

（二）假性癫痫发作

假性癫痫发作又称癔症样发作，是一种非癫痫性发作性疾病，是由心理障碍而非脑电活动紊乱引起的脑部功能异常，可有运动、感觉和意识模糊等类似癫痫发作症状，难以区分。发作时脑电图上无相应的癫痫样放电和抗癫痫治疗无效是鉴别的关键（表9-58-2）。但应注意，10%假性癫痫发作患者可同时存在真正的癫痫，10%~20%癫痫患者也会伴有假性癫痫发作。

表9-58-2　癫痫发作与假性癫痫发作的鉴别

鉴别项目	癫痫发作	假性癫痫发作
发作场所	任何情况下	有精神诱因及有人在场
发作特点	突然刻板发作	发作形式多样，有强烈的自我表现
眼位	上睑抬起，眼球上翻或向一侧偏转	紧闭，眼球乱动
面色和黏膜	发绀	苍白或发红
瞳孔	散大，对光反射消失	正常，对光反射存在
对抗被动运动	不能	可以
摔伤、舌咬伤、尿失禁	可有	无
持续时间及终止方式	1~2 min，自行停止	可长达数小时，需安慰及暗示
巴宾斯基征	常阳性	阴性

（三）短暂性脑缺血发作

短暂性脑缺血发作（TIA）多见于老年人，常有动脉硬化、高血压、糖尿病等病史。临床症状多为缺血症状（感觉减退、肢体瘫痪），肢体抽动不规则，持续15 min至数小时，脑电图无癫痫样放电。癫痫好发于任何年龄，以青年居多，前述危险因素不突出，癫痫多为刺激症状（感觉异常、肢体抽搐），发作时间多为数分钟，极少超过30 min，脑电图多有癫痫样放电。

 癫痫的诊断与鉴别诊断。

【并发症】

吸入性肺炎、跌伤或撞伤（骨折、颅脑损伤）、意外伤害（如交通事故）等。

【治疗】

（一）药物治疗

使用抗癫痫药是癫痫最重要和最基本的治疗手段，也是癫痫的治疗首选。药物治疗应达到3个目的：①控制发作或最大限度地减少发作次数；②长期治疗无明显不良反应；③使患者保持或恢复原有的生理、心理和社会功能状态。常用抗癫痫药及适应证列于表 9-58-3。

表 9-58-3 常用抗癫痫药及其适应证

	药物	英文简写	适应证
传统抗癫痫药	苯妥英钠	PHT	GTCS 和部分性发作
	卡马西平	CBZ	部分性发作的首选，对复杂部分性发作疗效优于其他抗癫痫药，对继发性 GTCS 也有较好的疗效
	丙戊酸钠	VPA	广谱抗癫痫药，是全面性发作，尤其是 GTCS 合并典型失神发作的首选药物
	苯巴比妥	PB	常作为小儿癫痫的首选药物，较广谱，对 GTCS 疗效好，也用于单纯及复杂部分性发作，对热惊厥有预防作用，可用于急性脑损害合并癫痫或癫痫持续状态
	乙琥胺	ESX	仅用于失神发作
新型抗癫痫药	加巴喷丁	GBP	用于 12 岁以上及成人的部分性癫痫发作和 GTCS 的辅助治疗
	拉莫三嗪	LTG	为部分性发作及 GTCS 的附加或单药治疗药物
	托吡酯	TPM	为难治性部分性发作及继发 GTCS 的附加或单药治疗药物
	奥卡西平	OXC	适应证与卡马西平相同，主要用于部分性发作及继发全面性发作的附加或单药治疗
	左乙拉西坦	LEV	对部分性发作伴或不伴继发 GTCS、肌阵挛发作等都有效

注：GTCS. 全面强直-阵挛发作。

1. 一般原则

（1）确定是否用药：并非每个癫痫患者都需要用药，对病因明确者，应进行病因治疗。半年内发作两次以上者，一经诊断明确，就应用药；首次发作或间隔半年以上发作一次者，在告知抗癫痫药可能的不良反应和不经治疗的可能后果的情况下，根据患者及其家属的意愿，酌情选用或不用抗癫痫药。

（2）正确选择药物：根据癫痫发作类型、性别、年龄、生育潜能、合并症、合并用药、不良反应、药物相互作用等选择用药。初始药物如选择不当，不仅治疗无效，而且还会导致癫痫发作加重。

（3）单药治疗：新诊断癫痫患者首选单药治疗。单药治疗从小剂量开始，缓慢增加剂量，至能最大限度地控制发作而不良反应较轻的最低有效剂量。

（4）合理的多药联合治疗：第 1 种抗癫痫药治疗失败后，即可考虑合理的多药联合治疗。即在最小限度增加不良反应的前提下，获得最大程度的发作控制。合理的多药联合治疗需要综合考虑药物特性、患者情况以及治疗反应，以达到最佳的治疗效果和安全性。

（5）如果使用至少 2 种单药或联合适当的抗癫痫药足量、足疗程治疗，癫痫发作仍未得到良好控制，考虑为耐药性癫痫，应及时转诊至有更多诊治经验的正规三甲医院神经内科或儿科的癫痫专科进行重新评估。

（6）注意药物用法：根据药物半衰期，可将日剂量分次服用。

（7）严密观察不良反应：应用抗癫痫药之前应检查肝功能、肾功能、血常规、尿常规，用药后还需每个月监测血常规、尿常规，每季度监测肝功能、肾功能，至少持续半年。

（8）增减药物、停药及换药原则：①增减药物，增药可适当地快，减药一定要慢，必须逐一增减，以利于确切评估疗效、毒性反应及副作用。②抗癫痫药控制发作后必须坚持长期服用，除非出现严重的不良反应，不宜随意减量或停药，以免诱发癫痫持续状态。③换药，如果一种一线药物已达到最大可耐受剂量，仍然不能控制发作，可加用另一种一线或二线药物，至发作控制或达到最大可耐受剂量后，逐渐减掉原有的药物，转换为单药，换药期间应有5~7 d的过渡期。④停药，应遵循缓慢和逐渐减量的原则，一般来说，全面强直-阵挛发作、强直性发作、阵挛性发作完全控制4~5年后，失神发作停止半年后可考虑停药，但停药前应有缓慢减量的过程，一般不少于1~1.5年无发作者方可停药。有自动症者可能需要长期服药。

2. 传统抗癫痫药　传统抗癫痫药均经肝代谢，多数血浆蛋白结合率高，药物相互作用复杂，肝病或全身疾病应注意调整剂量。

3. 新型抗癫痫药　新型抗癫痫药血浆蛋白结合率低，药物之间相互作用少，相当一部分经肾排泄，肾功能损害时应调整剂量。加巴喷丁、拉莫三嗪、托吡酯、奥卡西平等药物具有口服吸收快、安全、生物利用度较高、半衰期较长而无酶诱导等优点，对顽固性癫痫及部分癫痫手术治疗后的发作控制有良好疗效。

（二）手术治疗

患者经长时间正规单药治疗，或先后用两种抗癫痫药达到最大耐受剂量，以及经过一次正规的联合治疗仍不见效，可考虑手术治疗。

（三）癫痫持续状态的治疗

1. 目的　保持稳定的生命体征和进行心脏及肺功能支持；终止呈持续状态的癫痫发作，减少癫痫发作对脑部神经元的损害；寻找并尽可能根除病因及诱因；处理并发症。

2. 立即控制抽搐发作　从速控制是治疗的关键。①首选地西泮10~20 mg，静脉注射（≤2 mg/min）。如有效，再将60~100 mg地西泮溶于5%葡萄糖生理盐水中，于12 h内缓慢静脉滴注。儿童首次剂量为0.25~0.5 mg/kg，一般不超过10 mg。②地西泮加苯妥英钠，首先用地西泮10~20 mg，静脉注射取得疗效后，再用苯妥英钠0.3~0.6 g加入生理盐水500 ml中静脉滴注，速度不超过50 mg/min。③10%水合氯醛20~30 ml加等量植物油保留灌肠，每8~12 h一次，适合肝功能不全或不宜使用苯巴比妥类药物者。

发作控制后，应立即使用长效抗癫痫药，苯巴比妥0.1~0.2 g，肌内注射，每日2次，维持疗效。同时鼻饲抗癫痫药，达到稳态浓度后可逐渐停用苯巴比妥。

3. 一般处理　①保持呼吸道通畅，吸氧，必要时行气管切开。②建立静脉通道。③进行心电、血压、呼吸、脑电监护，定时进行血气分析、血生化全项检查。④查找诱发癫痫持续状态的原因并治疗。⑤有牙关紧闭者，应放置牙垫，防止舌咬伤。⑥积极防治并发症：脑水肿可用20%甘露醇快速静脉滴注，控制感染或预防性应用抗生素，对高热者，可给予物理降温，纠正代谢紊乱及酸中毒。⑦营养支持。

 不同类型癫痫的治疗。

【健康教育与管理】

通过全方位的健康教育与管理，旨在有效地控制癫痫发作，提升患者的生活质量，同时减轻家庭和社会的负担。提倡进行婚前咨询和检查，原发性癫痫症状控制后可结婚，但不宜生育。加强围生期保健，防止各种可能导致癫痫的致病因素。积极防治导致癫痫的原发性疾病。患者及其家属需掌握癫痫基础知识，如症状识别、用药规范及急救措施，以促进病情控制。倡导规律作息、健康饮食与适度运动，营造安全的生活环境，预防发作。定期复诊，监测病情变化，及时调整治疗方案。积极参与社交活动，利用社区资源，加入互助组织，获取更多的支持与帮助。

【预后】

癫痫患者的预后受多种因素影响,总体来说,癫痫为可治性疾病,大多数患者预后较好。预后取决于能否根除病因、发作频率的控制和用药情况。但通过正确的诊断和及时治疗,大多数患者可以获得较好的预后。

(刘宛丽)

自 测 题

一、选择题

1. 症状性癫痫的定义是
   A. 临床上不能分类的癫痫
   B. 从婴儿起始的癫痫
   C. 抗癫痫药物无法控制的癫痫
   D. 脑部无病损或代谢异常的癫痫
   E. 脑部有病损或代谢异常的癫痫

2. 继发性癫痫的临床特征是
   A. 脑内无器质性病变
   B. 抗癫痫药疗效不佳
   C. 由其他疾病引起
   D. 儿童开始发病
   E. 不能归入部分性或全面发作类型

3. 患者,男性,31岁。夏天突然四肢抽搐,强直,口吐白沫,小便失禁。整个发作约3 min,事后无回忆。发作间歇期体格检查无异常。最可能的诊断是
   A. 晕厥
   B. 癫痫
   C. 脑血管意外
   D. 癔症
   E. 中暑

4. 诊断癫痫主要依靠的是
   A. 脑电图检查
   B. 神经系统检查
   C. 脑CT检查
   D. 临床表现
   E. 脑脊液检查

5. 癫痫应用正电子发射体层仪(PET)检查的重要目的是
   A. 鉴别癫痫发作与假性癫痫
   B. 癫痫发作形式分类
   C. 鉴别原发性癫痫和继发性癫痫
   D. 指导药物的选择应用
   E. 癫痫病灶定位

6. 临床上癫痫发作与假性癫痫发作的主要鉴别为发作时有
   A. 全身抽搐
   B. 突然跌倒
   C. 呼吸急促,喉中发出叫声
   D. 双手紧握,下肢僵直
   E. 伴瞳孔散大,对光反射消失

7. 患者,男性,15岁。近6个月多次在吃饭或游戏时发呆,呼之不应,手持物体掉落,持续几秒钟后神志清醒,但不能回忆发作时情况,发作间期体格检查未见明显异常。最可能的癫痫类型是
   A. 强直阵挛发作
   B. 复杂部分性发作
   C. 单纯部分性发作
   D. 肌阵挛发作
   E. 失神发作

8. 患者,男性,20岁。近半年来常无诱因出现短暂意识丧失,伴左上肢节律性抽动及口角抽

动，持续数分钟。最可能的癫痫类型是

  A. 肌阵挛发作   B. 强直阵挛发作

  C. 单纯部分性发作   D. 复杂部分性发作

  E. 失神发作

9. 癫痫持续状态的首选药物是

  A. 丙戊酸钠   B. 苯巴比妥   C. 地西泮

  D. 扑米酮   E. 卡马西平

（10~11题共用题干）

患者，男性，20岁。突发右侧面部和肢体抽搐1 min，先是右侧口角和面部抽动，程度逐渐加重，然后右上肢强烈抽动，最后右下肢抽动，无法用力制止，数分钟后缓解。发作时神志清楚。既往有脑外伤史，有频繁的类似发作2年，发作后体格检查无明显异常。

10. 可能的诊断是

  A. 单纯部分感觉性发作   B. 全面强直-阵挛发作

  C. 假性癫痫发作   D. 单纯部分性发作

  E. 复杂部分性发作

11. 该患者治疗的首选药物是

  A. 拉莫三嗪   B. 卡马西平   C. 苯妥英钠

  D. 苯巴比妥   E. 托吡酯

二、简答题

1. 如何鉴别单纯部分性发作和复杂部分性发作？
2. 什么是癫痫持续状态？

三、案例分析题

患者，男性，25岁。2年来时有发作性神志丧失，四肢抽搐。当日凌晨，患者发作后意识一直未恢复，来院后又有一次四肢抽搐发作。

请回答：

（1）目前该患者最可能的癫痫类型是什么？

（2）应立即采取哪些处理措施？

（刘宛丽）

第五十九章 周围神经疾病

第五十九章数字资源

学习目标

1. 知识：描述三叉神经痛、特发性面神经麻痹、急性炎性脱髓鞘性多发神经根神经病的基本概念。解释这些疾病的病因、临床表现和诊断标准。区分这些疾病的不同临床特点和治疗方法。

2. 能力：能识别三叉神经痛、特发性面神经麻痹和急性炎性脱髓鞘性多发神经根神经病的典型症状并做出初步诊断。完成病史采集和必要的体格检查，进行初步病情评估。会使用辅助检查手段（如神经电生理检查）以辅助诊断。解决治疗过程中可能遇到的问题。

3. 素养：建立"共情－尊重－支持"的患者视角，能理解患者因肢体不适影响日常生活产生的痛苦，主动倾听其诉求，避免将患者视为"疾病载体"。重视多元化需求的回应能力，针对不同患者（如老年患者的听力/记忆力下降、年轻患者对外观/就业的担忧），调整沟通方式与康复建议，兼顾生理治疗与心理支持，体现医疗的温度。树立"全程负责"的职业态度：不因"诊断明确"而忽视后续管理，能主动关注患者的治疗反应（如药物副作用、康复效果），及时调整方案，避免"只治不防、只诊不管"。

案例 9-59-1

患者，女性，27岁。频繁发作右下颌区剧烈疼痛3个月，呈闪电样、刀割样痛。洗脸、刷牙、讲话均可诱发，每次持续1 min左右，间歇期无异常。听力正常，面部无麻刺感，张口无困难。体格检查：颞下颌关节无明显压痛，未见龋齿、牙龈肿痛。神经系统检查未见明显阳性体征。

问题与思考：
1. 初步诊断和诊断依据是什么？应与哪些疾病相鉴别？
2. 为明确诊断，需要进一步做哪些检查？
3. 治疗原则是什么？

第一节 三叉神经痛

三叉神经痛（trigeminal neuralgia）是原发性三叉神经痛的简称，表现为三叉神经分布区内短暂而反复发作性的剧痛。

【病因】

三叉神经痛的病因尚未明确，周围学说认为病变位于半月神经节到脑桥之间的部分，是由于多种原因压迫所致。中枢学说认为三叉神经痛是一种感觉性癫痫样发作，异常放电部位可能在三叉神经脊束核或脑干。

【发病机制】

三叉神经痛的发病机制迄今仍在探讨中。较多学者认为是各种原因引起三叉神经局部脱髓鞘产生异位冲动，相邻轴索纤维伪突触形成或产生短路，轻微痛觉刺激通过短路传入中枢，中枢产生传出冲动也通过短路传入，如此叠加，造成三叉神经痛发作。

【临床表现】

（一）年龄与性别

成年人及老年人多见，40岁以上患者占70%~80%，女性多于男性。

（二）疼痛部位

疼痛常局限于三叉神经2支或3支分布区，以上颌支、下颌支多见，发作时表现以面颊、上颌、下颌及舌部最明显。

（三）疼痛性质

疼痛性质常为剧烈电击样、针刺样、刀割样或撕裂样。严重病例可因疼痛出现痛性抽搐，即面肌反射性抽搐，口角牵向患侧。

（四）发作特点

突发突止，持续数秒或1~2 min，两次发作间期完全不痛。病程呈周期性，缓解期如正常人。随着病程迁延，发作次数逐渐增多，发作时间延长，间歇期缩短，发作可为数日、数周或数月不等，甚至为持续性发作，很少自愈。

（五）扳机点

口角、鼻翼、颊部或舌部为敏感区，轻触即可诱发疼痛，称为扳机点或触发点。患者常因恐惧疼痛不敢洗脸、大声说话，甚至不敢进食，发作频繁者可影响进食和休息。患者因此面部及口腔卫生状况差、面容憔悴、情绪低落。麻醉扳机点常可使疼痛暂时缓解。

（六）神经系统检查

神经系统检查一般无阳性体征。

【辅助检查】

（一）血常规、肝功能、肾功能和心电图检查

血常规、肝功能、肾功能检查是监测治疗药物不良反应的必要方法。卡马西平禁忌用于有房室传导异常的患者，所有患者在使用前均应进行心电图检查。

（二）神经电生理检查

通过电刺激三叉神经分支并观察眼轮匝肌及咀嚼肌的表面电活动，判断三叉神经的传入及脑干三叉神经中枢路径的功能，主要用于排除继发性三叉神经痛。V1反射为电刺激三叉神经眼支出现瞬目反射；V2反射、V3反射分别为刺激三叉神经上颌支和下颌支出现咬肌抑制反射。

（三）影像学检查

头颅MRI检查可排除器质性病变（如颅底肿瘤、多发性硬化、脑血管畸形）所致继发性三叉神经痛。

【诊断与鉴别诊断】

（一）诊断

根据疼痛发作部位、性质、面部扳机点及神经系统无阳性体征，典型的原发性三叉神经痛不难确诊。

（二）鉴别诊断

1. 继发性三叉神经痛伴三叉神经麻痹　疼痛为持续性。患侧面部感觉减退、角膜反射迟钝，下颌向患侧倾斜等，常合并其他脑神经损害症状。继发性三叉神经痛伴三叉神经麻痹常见于多发性硬化、延髓空洞症、原发性或转移性颅底肿瘤等。

2. 牙痛　牙痛通常为持续性钝痛，局限于牙龈部，可因进食冷、热食物而加剧。X线检查可发现龋齿、肿瘤等，有助于鉴别。

3. 舌咽神经痛　舌咽神经痛较少见，常见于年轻妇女，是局限于扁桃体、舌根、咽及耳道深部的舌咽神经分布区的发作性疼痛，疼痛性质和发作持续时间与三叉神经痛相似。吞咽、讲话、打呵欠、咳嗽常可诱发疼痛。在咽喉、舌根、扁桃体窝等触发点用4%可卡因或1%丁卡因喷涂，可阻止发作。

4. 蝶腭神经痛　蝶腭神经痛相对少见，无扳机点，可呈刀割样、电击样、烧灼样疼痛，分布于鼻根后方、上颌部、上腭及牙龈部，可向额、颞、枕和耳部放射，可有鼻塞、流泪，每日可发作数次，每次发作可持续数分钟至数小时。

 三叉神经痛的诊断与鉴别诊断。

【治疗】

首选药物治疗，无效或失效时选用其他疗法。

（一）药物治疗

1. 卡马西平　卡马西平是首选治疗药物，有效率可达70%～80%。首次剂量0.1 g，每日2次，每日增加0.1 g，至疼痛控制为止，最大剂量不超过1.0 g/d。以有效剂量维持治疗2～3周后，逐渐减量至最小有效剂量，再服用数月。妊娠期妇女忌用。头晕、嗜睡、口干、恶心、消化不良等不良反应于停药后多可消失。出现皮疹、共济失调、再生障碍性贫血、昏迷、肝功能受损、心绞痛、精神症状时需立即停药。

2. 苯妥英钠　初始剂量0.1 g，口服，每日3次。如无效，可加大剂量，最大剂量不超过每日0.4 g。如产生头晕、步态不稳、眼球震颤等中毒症状，应减量至中毒反应消失为止。如仍有效，即以此为维持量。疼痛消失后逐渐减量。

3. 新型药物　治疗神经病理性疼痛的新型药物（加巴喷丁、普瑞巴林等）具有疗效肯定、不良反应少等优势，可结合患者的病情、经济情况及个人意愿选用。

4. 辅助药物　维生素B_1、维生素B_{12}，疗程为4～8周。

（二）封闭治疗

将无水乙醇或甘油等注射到三叉神经分支或半月神经节内，可起到止痛效果。封闭治疗适用于服药无效或有明显副作用、拒绝手术治疗或不适于手术治疗者，疗效可持续6～12个月。不良反应为注射区面部感觉缺失。

（三）经皮半月神经节射频电凝疗法

经皮半月神经节射频电凝疗法适用于年老体衰、有系统疾病、不能耐受手术者。不良反应有面部感觉异常、角膜炎、咀嚼肌无力、复视、带状疱疹等。疗效达 90% 以上，复发率为 21%～28%，重复应用仍有效。

（四）手术治疗

1. 三叉神经感觉根部分切断术　止痛效果确切。
2. 三叉神经显微血管减压术　止痛，同时不产生感觉及运动障碍，是目前广泛应用的最安全、有效的手术方法，但可出现听力减退，气栓，滑车神经、展神经、面神经暂时性麻痹等并发症。
3. γ- 刀和 X- 刀　有一定的疗效。

【健康教育与管理】

教育患者认识三叉神经痛的症状和触发因素；日常生活中避免触碰面部敏感区域，减少疼痛发作；合理饮食，避免进食辛辣、过热或过冷食物；遵医嘱按时服用药物，控制疼痛；定期到医院复诊，评估病情和治疗效果；保持积极心态，必要时寻求心理咨询。

【预后】

三叉神经痛预后较好，药物控制不佳时可考虑行封闭、经皮半月神经节射频电凝、三叉神经显微血管减压术等治疗，绝大部分患者症状可有效控制。

第二节　特发性面神经麻痹

特发性面神经麻痹（idiopathic facial palsy）又称面神经炎（facial neuritis）或贝尔麻痹（Bell palsy），中医称口㖞、口眼歪斜，是茎乳孔内面神经非特异性炎症所致的周围性面瘫，是最常见的面神经疾病，发病率为（11.5～53.3）/10 万，临床以面部自主运动、表情功能减退或丧失，面神经和面部表情肌组织营养障碍为主要表现，显著影响患者容貌、个人尊严和社会形象。

【病因】

特发性面神经麻痹确切的病因尚不明确。一般认为本病与嗜神经病毒感染有关，常在受凉或上呼吸道感染后发病。

【发病机制】

疱疹病毒等病毒感染和自主功能障碍导致面神经内的营养血管痉挛，进而使面神经（图 9-59-1）在狭窄的骨质管内缺血、水肿、受压导致发病。

【临床表现】

（一）起病情况

特发性面神经麻痹急性起病，发病前常有受凉史。发病主要集中在 20～40 岁，男性较多。大部分为单侧发病，双侧同时发病者极少。部分患者起病前几日可有同侧耳后、乳突区轻微疼痛，可于 72 h 内达到高峰。

（二）典型症状和体征

患侧面部表情肌瘫痪，额纹消失，不能皱额蹙眉，眼裂增大，泪点随下睑松弛而外翻，使泪液不能正常引流而导致外溢，上睑无法闭合或闭合不全。患侧眼球闭眼时向外上方转动，露出白色巩膜，称为"贝尔现象"，是本病的重要特征。鼻唇沟变浅、口角下垂，示齿时口角歪向健侧，鼓腮、吹口哨时患侧漏气。食物易滞留于患侧的齿颊间隙中，并常有唾液自患侧流下。

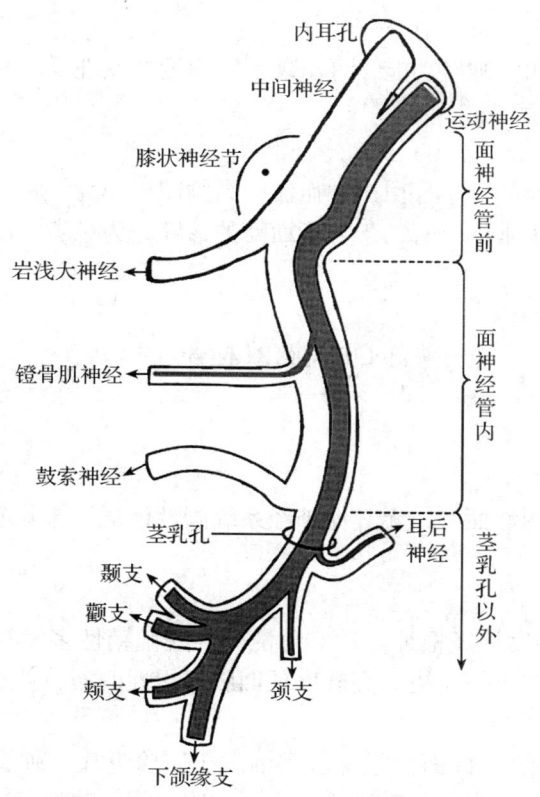

图 9-59-1 面神经各节段

> **知识链接**
>
> **面神经的功能**
>
> 面神经是第Ⅶ对脑神经，由感觉、运动和副交感神经纤维组成，主要支配面部表情肌、传导舌前 2/3 味觉，以及支配舌下腺、下颌下腺和泪腺的分泌。其中运动神经司面部的表情运动，支配上面部肌肉（额肌、皱眉肌和眼轮匝肌），可以完成上面部皱额、蹙眉、闭眼 3 个动作；支配下面部肌肉（颊肌和口轮匝肌）可以完成鼓腮、吹哨、示齿 3 个动作。

（三）伴随症状

面神经的不同部位损害可出现不同的伴随症状。

1. 面神经管内鼓索神经受损　同侧舌前 2/3 味觉丧失及泪腺、唾液腺分泌障碍。
2. 镫骨肌神经受损　同侧舌前 2/3 味觉丧失及泪腺、唾液腺分泌障碍，伴听觉过敏。
3. 膝状神经节损害　除上述镫骨肌神经受损症状外，还可有患侧耳后剧痛，外耳道和鼓膜带状疱疹，称为亨特综合征（Hunt syndrome），与带状疱疹病毒感染相关。

（四）分期

1. 急性期　发病 15 d 以内。
2. 恢复期　发病 16 d 至 6 个月。
3. 后遗症期　发病 6 个月以上。

【辅助检查】

（一）血常规、脑脊液检查

血常规、脑脊液检查均无明显异常。

（二）电生理检查

电生理检查能够快速检测面神经功能，可出现不同程度的变性反应和失神经电位，为临床预测预后及治疗方法的选择提供参考。

（三）超声检查

超声检查可以评估面神经的大小、回声和血流。高频超声作为一种与神经电生理学相结合的补充技术，可以建立面神经的正常值，有助于儿童面瘫的诊断，为患者和医师提供是否继续治疗面瘫的准确指导。

（四）头部 CT 或 MRI 检查

当怀疑颅内器质性病变时，应行头部 CT 或 MRI 检查。

【诊断与鉴别诊断】

（一）诊断

根据急性起病，单侧周围性面瘫，无其他神经系统阳性体征，排除颅内器质性病变，特发性面神经麻痹即可确诊。

（二）鉴别诊断

1. **急性炎性脱髓鞘性多发神经根神经病** 急性炎性脱髓鞘性多发神经根神经病常急性或亚急性起病，有发热或腹泻等前驱感染病史，突然出现四肢迟缓性瘫痪，伴有双侧周围性面瘫，脑脊液可见蛋白-细胞分离现象。

2. **继发性面神经麻痹** 继发性面神经麻痹常继发于腮腺炎症、肿瘤、中耳炎等累及面神经的疾病，但多伴随有原发病的其他临床表现。肿瘤压迫导致的面神经麻痹多见于听神经瘤、脑膜瘤等。

3. **中枢性面瘫** 中枢性面瘫常由脑血管疾病及脑部肿瘤引起，具体鉴别要点列于表 9-59-1。

 特发性面神经麻痹的诊断与鉴别诊断。

表 9-59-1 周围性面瘫和中枢性面瘫的鉴别

鉴别项目	周围性面瘫	中枢性面瘫
损伤部位	面神经核或面神经核以下部位	面神经核以上，对侧皮质脑干束
常见病因	特发性面神经麻痹	脑血管疾病及脑部肿瘤
起病速度	几小时或几日	几秒或几分钟
面瘫程度	轻	重
面瘫范围	全肌面瘫	眼裂以下面肌瘫
皱眉蹙额	不能完成，患侧额纹变浅或消失	正常
眼闭合不全	明显	正常或轻
角膜反射	减退或消失	正常
口角歪斜	笑时口角牵向健侧	笑时口角牵向患侧
舌尖	同侧舌肌瘫痪，舌尖伸向患侧	对侧舌肌瘫痪，舌尖伸向健侧
偏瘫或其他神经症	无	常有
语言障碍	无	口齿不清，讲话困难

续表

鉴别项目	周围性面瘫	中枢性面瘫
吞咽困难	无	有
瞬目反射	仅对侧出现	双眼均出现
恢复速度	预后较好，恢复时间较短	预后较差，恢复时间较长

【治疗】

特发性面神经麻痹具有自限性，但早期、合理的治疗可以加快恢复，减少并发症的发生。应根据不同病期采取不同的治疗手段。急性期注意改善局部血液循环，减轻面神经水肿，缓解神经受压，促进神经功能的恢复。

（一）一般治疗

保持情绪稳定，充分休息，保证睡眠。注意保暖，防止颜面部受到寒冷刺激。避免进食粗糙、干硬、酸辣等食物，保持口腔清洁。

（二）药物治疗

1. 糖皮质激素　急性期应尽早使用。泼尼松 30～60 mg/d，一次顿服或分 2 次口服，连用 5 d，之后于 7 d 内逐渐停用。

2. 维生素 B 族　维生素 B_1 100 mg、维生素 B_{12} 500 μg，肌内注射，促进神经髓鞘恢复。

3. 阿昔洛韦　亨特综合征患者可试用阿昔洛韦。0.2～0.4 g，每日 3～5 次，连服 7～10 d。

（三）物理治疗

急性期可在茎乳孔附近行超短波透热治疗、热敷或红外线照射。

（四）护眼

由于长期不能闭眼、眨眼，角膜干燥，可戴眼罩防护，或用左氧氟沙星滴眼液等预防感染，保护角膜。

（五）康复治疗

恢复期可采用碘离子透入、针灸、按摩等疗法治疗。

（六）手术治疗

对于长期不恢复者，可根据患者要求行神经吻合术。

特发性面神经麻痹的治疗。

【健康教育与管理】

教育患者了解特发性面神经麻痹的病因和症状。保持健康生活，规律作息，均衡饮食，注意面部保暖，冬季外出时，宜戴口罩、帽子，注意避免面部及耳根部受凉，清晨起床后不宜立即开窗，预防复发，避免着凉和劳累。积极配合治疗，按时服药，复诊。坚持康复锻炼，如面部按摩、表情训练，促进功能恢复。

【预后】

年轻患者预后相对较好。1 周内味觉恢复提示预后良好。不完全性面瘫者 1～2 个月内恢复或痊愈。完全性面瘫者一般需 2～8 个月甚至 1 年时间恢复，且常留有后遗症。

第三节　急性炎性脱髓鞘性多发神经根神经病

急性炎性脱髓鞘性多发神经根神经病（acute inflammatory demyelinating polyneuropathies，AIDP）是吉兰-巴雷综合征（Guillain-Barre syndrome，GBS）中最常见的一种类型，是一种免疫介导的急性炎性周围神经病，主要损害多数脊神经根和周围神经，也常累及脑神经。临床特点为急性起病，症状多在2周左右达到高峰，常有脑脊液蛋白-细胞分离现象，多呈单时相自限性病程，血浆置换和静脉注射免疫球蛋白治疗有效。

> **知识链接**
>
> **吉兰-巴雷综合征（GBS）**
>
> GBS分为两大类型，第一类为经典型GBS，以四肢无力为核心症状，伴或不伴脑神经、感觉和自主神经受累，包括急性炎性脱髓鞘性多发神经根神经病（acute inflammatory demyelinating polyneuropathies，AIDP）、急性运动轴索性神经病（acute motor axonal neuropathy，AMAN）、急性运动感觉轴索性神经病（acute motor-sensory axonal neuropathy，AMSAN），以前两者最为常见；第二类为变异型GBS，如Miller-Fisher综合征（Miller-Fisher syndrome，MFS）、Bickerstaff脑干脑炎、纯感觉型、咽颈臂型、截瘫型等。除MFS外，其他类型均较为少见。

【病因与发病机制】

急性炎性脱髓鞘性多发神经根神经病的病因及发病机制尚未明确。临床及流行病学资料显示部分患者发病可能与感染有关。本病是由细胞免疫和体液免疫共同介导的自身免疫病，这一观点已得到公认。

【临床表现】

（一）病史

急性炎性脱髓鞘性多发神经根神经病任何年龄、任何季节均可发病，常急性起病，多数患者在发病前1~3周有呼吸道或胃肠道感染史或疫苗接种史。病情多在2周左右达到高峰，多为单相病程。

（二）运动障碍

首发症状为肢体对称性弛缓性肌无力（即四肢对称性弛缓性瘫痪），自远端向近端发展，或自近端向远端加重。常由双下肢开始，逐渐累及躯干、脑神经。严重病例可累及肋间肌和膈肌，导致呼吸肌麻痹。四肢腱反射常减弱，病理反射阴性。

（三）感觉障碍

感觉障碍无或者轻。有感觉障碍者多为手套-袜套样感觉减退。部分患者可有肢体感觉异常，如烧灼感、麻木、刺痛和不适感，可先于或与运动症状同时出现。少数患者有腓肠肌压痛，偶可出现克尼格征和拉塞格征等神经根刺激症状。

（四）脑神经损害

部分患者以脑神经损害为首发症状就诊。最常见双侧面神经麻痹，其次为舌咽神经、迷走神经损害，较少见动眼神经、展神经、舌下神经、三叉神经损害。

（五）自主神经功能障碍

部分患者有自主神经功能障碍，表现为皮肤潮红、出汗增多、心动过速、心律失常、直立性低血压、手足肿胀、营养障碍、排尿及排便障碍等。

【辅助检查】

（一）脑脊液检查

脑脊液检查的特征性改变是脑脊液出现蛋白-细胞分离现象，即蛋白含量增高而白细胞计数正常。蛋白质增高常在起病后的第2~4周出现，但较少超过1.0 g/L，白细胞计数一般< 10×10^6/L。

（二）神经电生理检查

远端运动神经传导潜伏期延长、传导速度减慢，F波可见传导速度减慢或出现率下降，提示周围神经存在脱髓鞘性病变。在非嵌压部位出现传导阻滞或异常波形离散对诊断脱髓鞘病变更有价值。

【诊断与鉴别诊断】

（一）诊断

（1）本病常有前驱感染史，急性或亚急性起病，进行性加重，多在2周左右达到高峰。

（2）迅速进展的肢体和脑神经支配肌肉无力，重症者可有呼吸肌无力，四肢腱反射减弱或消失，可伴轻度感觉异常和自主神经功能障碍。

（3）脑脊液呈蛋白-细胞分离现象。

（4）神经电生理检查提示远端运动神经传导潜伏期延长、传导速度减慢、F波异常、传导阻滞、异常波形离散等。

（5）病程有自限性。

（二）鉴别诊断

1. 急性脊髓灰质炎　急性脊髓灰质炎多见于儿童，急性起病，起病时多有发热，肢体瘫痪常局限于一侧，多为节段性，不对称，无感觉障碍，脑脊液蛋白含量及细胞数量均增多。

2. 急性脊髓炎　急性脊髓炎发病前1~2周有发热病史，起病急，1~2 d出现截瘫，受损平面以下运动障碍伴传导束性感觉障碍，早期出现排尿及排便障碍，脑神经不受累，脑脊液正常或轻微改变。

3. 低钾性周期性瘫痪　低钾性周期性瘫痪患者可有反复发作史，迅速出现四肢弛缓性瘫痪，无感觉障碍，呼吸肌、脑神经一般不受累，脑脊液检查正常，血清钾降低，心电图改变。补钾治疗有效。

4. 重症肌无力　重症肌无力患者慢性起病，可有家族史，受累骨骼肌病态疲劳、症状波动、晨轻暮重，无感觉障碍，脑脊液正常。新斯的明试验阳性。

 急性炎性脱髓鞘性多发神经根神经病的诊断与鉴别诊断。

【治疗】

（一）一般治疗

1. 呼吸肌麻痹的治疗　保持呼吸道通畅是提高治愈率的关键。应将患者置于监护室，密切观察呼吸情况，定时进行血气分析。当肺活量降低至正常的25%~30%，血氧饱和度、血氧分压明显降低时，应及时行气管插管或气管切开，机械辅助通气。保持呼吸道通畅，加强气道管理，预防感染。

2. 控制感染　选择适宜的抗生素。有胃肠道空肠弯曲菌感染者，可用大环内酯类抗生素治疗。

3. 营养支持　延髓支配肌肉麻痹者有吞咽困难和饮水呛咳，需给予鼻饲营养，防止电解质代谢紊乱。对合并有消化道出血或胃肠麻痹者，则给予静脉营养支持。

4. 对症治疗　对尿潴留者，可加压按摩下腹部，无效时导尿；对便秘者，可给予缓泻药和润肠药；使用抗生素预防和控制坠积性肺炎、尿路感染等；对有明显自主神经功能障碍者，应给予心电监护，及时处理伴随出现的低血压、心力衰竭等。

（二）免疫治疗

血浆置换和静脉注射免疫球蛋白为 AIDP 的一线治疗方法，但联合治疗并不增加疗效，静脉注射免疫球蛋白后使用血浆置换会导致输入的球蛋白被清除，故推荐单一使用。

1. 血浆置换（PE）　血浆置换可直接去除血浆中致病抗体和其他炎症因子，推荐有条件者尽早应用，发病后 7 d 内使用疗效最佳。每次交换量为 30~50 ml/kg，依据病情轻重在 1~2 周内进行 3~5 次。禁忌证包括严重感染、心律失常、心功能不全和凝血功能障碍等。

2. 静脉注射免疫球蛋白（IVIG）　免疫球蛋白可与大量抗体竞争性阻止抗原与淋巴细胞表面抗原受体结合，达到治疗目的，在发病后 2 周内使用最佳。成人剂量为每日 0.4 g/kg，连续 5 d。

3. 糖皮质激素　目前国内外指南不推荐使用糖皮质激素。但无条件进行上述治疗者可试用。

（三）神经营养治疗

应用维生素 B 族治疗，包括维生素 B_1、维生素 B_{12}、维生素 B_6 等。

（四）康复治疗

患者病情稳定后，应尽早进行正规的神经功能康复锻炼，包括被动运动和主动运动、物理治疗、针灸及按摩等，以预防失用性萎缩和关节挛缩。

急性炎性脱髓鞘性多发神经根神经病的治疗。

【健康教育与管理】

教育患者了解 AIDP 的可能原因、症状和治疗过程。保证均衡饮食、充足休息，避免过度劳累。指导患者识别早期症状，及时就医，遵医嘱完成疗程。强调按时服药，鼓励患者进行适度的物理治疗和康复训练，加强肌肉力量，改善协调性。

【预后】

AIDP 是一种自限性疾病，呈单相病程。这意味着疾病在发展到一定程度后通常会自行停止进展，并开始恢复。预后受多种因素影响，但多数患者经治疗后能够完全恢复或遗留轻微后遗症。对于高危患者和重症病例，早期有效的治疗及支持疗法至关重要。

自 测 题

一、选择题

1. 患者，女性，57 岁，反复发作右侧面颊及上唇剧痛，疼痛频繁，每次持续数秒钟，刷牙、洗脸、进食均可诱发，神经系统体格检查无异常。该患者最可能的诊断是

　　A. 丛集性头痛　　　　　　B. 偏头痛　　　　　　C. 三叉神经痛
　　D. 上颌窦炎　　　　　　　E. 面神经麻痹

2. 患者，男性，35岁，右侧耳后疼痛，伴口角歪斜。体格检查：右侧鼻唇沟变浅，右侧额纹消失，贝尔（Bell）征（+）。可能的诊断是
  A. 脑血管疾病　　　　　　B. 蛛网膜下腔出血　　　　C. 面神经炎
  D. 吉兰-巴雷综合征　　　　E. 脑脊膜炎

3. 面神经炎的治疗措施，无效的是
  A. 复合维生素B　　　　　　B. 糖皮质激素　　　　　　C. 抗病毒药
  D. 物理治疗　　　　　　　E. 非甾体抗炎药

4. 典型AIDP的临床特征是
  A. 以近端为主的感觉障碍　　　　B. 突出的二便功能障碍
  C. 交叉性瘫痪　　　　　　　　D. 不对称性瘫痪
  E. 对称性弛缓性瘫痪

5. AIDP的脑脊液蛋白细胞分离是指
  A. 蛋白含量正常，细胞数正常　　B. 蛋白含量增高，细胞数正常
  C. 蛋白含量增高，细胞数降低　　D. 蛋白含量降低，细胞数增高
  E. 蛋白含量正常，细胞数增高

6. 患者，男性，21岁。手足麻木，双下肢无力1 d，二便正常。2周前曾有低热、腹泻。体格检查：神志清楚，脑神经无明显异常，四肢肌张力降低，双上肢肌力3级，双下肢肌力1~2级，远端重，腱反射消失，双侧腓肠肌压痛（+），病理征未引出，无明显感觉异常。心电图和头颅CT未见明显异常。最可能的诊断是
  A. 脑梗死　　　　　　　　　　B. 周期性瘫痪
  C. AIDP　　　　　　　　　　　D. 脑出血
  E. 急性脊髓炎

二、简答题

1. 什么是贝尔现象？
2. AIDP应该与哪些疾病相鉴别？

三、案例分析题

患者，男性，35岁，因"四肢无力1周，进行性加重2 d"入院。患者1周前出现双下肢无力，逐渐发展至双上肢无力，伴有麻木感。2 d来症状加重，无法行走，双手不能持物。

请回答：

（1）为明确诊断，需要进行哪些检查？
（2）该患者可能的诊断是什么？诊断依据是什么？
（3）治疗原则是什么？
（4）患者病情进展，出现呼吸困难，应如何处理？

（刘宛丽）

第六十章 急性脊髓炎

第六十章数字资源

> 1. 知识：简述急性脊髓炎的定义、病因及临床表现。区分急性脊髓炎与其他脊髓病变的鉴别点。掌握诊断标准和辅助检查要点。
> 2. 能力：能识别急性脊髓炎的典型症状并做出初步诊断，完成病史采集和必要的体格检查，解读脑脊液及MRI等检查结果，与患者及其家属沟通病情及治疗方案，运用所学知识处理药物管理及康复问题。
> 3. 素养：在学习急性脊髓炎的过程中，不能仅仅局限于对现有知识的接受，还要学会运用批判性思维对所学内容进行分析和评价。对于一些传统的诊疗方法，要思考其适用范围和局限性，敢于提出自己的疑问和见解。同时，要鼓励创新，结合所学知识和临床实践，探索新的诊断思路、治疗方法或康复模式，为急性脊髓炎的研究和治疗贡献自己的力量。

案例 9-60-1

患者，男性，28岁，2周前患上呼吸道感染，经治疗痊愈。2 d前患者突然出现双下肢瘫痪，排尿及排便障碍。体格检查：神志清楚，第4胸椎平面以下深感觉、浅感觉丧失，双下肢肌张力减退，腱反射消失，病理征未引出，膀胱充盈。双上肢无异常。脑脊液检查外观无色透明，压力100 mmH$_2$O，细胞数 8×10^6/L，蛋白质 0.8 g/L，氯化物 125 mmol/L。

问题与思考：
1. 初步诊断和诊断依据是什么？应与哪些疾病相鉴别？
2. 为明确诊断，需要进一步做哪些检查？
3. 治疗原则是什么？

急性脊髓炎（acute myelitis）是指各种感染后引起自身免疫反应所致的急性横贯性脊髓炎性病变，又称急性横贯性脊髓炎，是临床上较常见的一种脊髓炎。临床特征为病损平面以下肢体瘫痪、传导束性感觉障碍、排尿及排便障碍。

【病因与发病机制】

急性脊髓炎病因尚不明确，包括不同的临床综合征，如感染后脊髓炎、疫苗接种后脊髓炎、脱髓鞘性脊髓炎和副肿瘤性脊髓炎等。推测本病可能与病毒感染后自身免疫反应有关，并非直接感染所致，故也称非感染性炎症性脊髓炎。

【临床表现】

（一）一般情况

急性脊髓炎好发于青壮年。劳累、外伤及受凉等均为发病诱因。发病前 1~2 周常有上呼吸道感染、消化道感染史，或有预防接种史。急性起病，起病时有低热，病变部位神经根痛、肢体麻木和病变节段束带感，也有无任何其他症状而突然发生瘫痪者。大多数患者在数小时至数日内出现受累平面以下运动障碍、感觉缺失，膀胱及直肠括约肌功能障碍。

（二）典型表现

1. 感觉障碍　感觉障碍常是急性脊髓炎的首发症状。表现为病变节段以下所有感觉丧失，在感觉缺失平面上有一个感觉过敏区，或出现束带样感觉异常。随病情好转，感觉平面逐渐下降，但较运动功能的恢复慢且差。轻症患者感觉障碍平面可不明显。

2. 运动障碍　起病初期为脊髓休克期，表现为受累平面以下肢体瘫痪、肌张力降低、腱反射消失、病理反射阴性。休克期一般持续 2~4 周进入恢复期，表现为肌张力、腱反射逐渐增高，出现病理反射，肢体肌力从下肢远端开始逐渐向上恢复。脊髓严重损伤时常导致屈肌张力增高。下肢任何部位的刺激或膀胱充盈均可引起下肢屈曲反射和痉挛，伴有出汗、竖毛、尿及粪便自动排出等症状，称为总体反射，常提示预后不良。

3. 自主神经功能障碍　脊髓休克期表现为无张力性膀胱和尿潴留，此时膀胱容量可达 1000 ml 而无充盈感。当膀胱充盈过度时，出现充溢性尿失禁。随着脊髓功能恢复，排尿能力也逐渐恢复，尿液充盈到 300~400 ml 时即自行排尿，称为反射性神经源性膀胱，出现充溢性尿失禁。如病变继续好转，可逐步恢复随意排尿能力。还可见自主神经反射异常，即病变平面以上可有发作性出汗过度、皮肤潮红、反射性心动过缓等。另外，病变平面以下还可出现少汗或无汗、皮肤脱屑、水肿、指（趾）甲松脆和角化过度等。脊髓休克期尚有便秘。

（三）上升性脊髓炎的表现

上升性脊髓炎起病急骤，病变部位在数小时或 1~2 d 内迅速上升，瘫痪由下肢迅速波及上肢或延髓支配肌群，出现吞咽困难、构音不清、呼吸肌麻痹、高热甚至死亡。

【并发症】

急性脊髓炎患者可能出现压疮、尿路感染、坠积性肺炎等并发症，需加强护理和防治。

【辅助检查】

（一）脑脊液检查

脑脊液压力正常，外观无色透明，蛋白含量和细胞数正常或轻度增加，以淋巴细胞为主，糖和氯化物正常。

（二）外周血检查

急性期外周血白细胞计数正常或稍多。

（三）电生理检查

视觉诱发电位（VEP）正常，下肢体感诱发电位（SEP）波幅明显减低，运动诱发电位（MEP）异常，肌电图可正常或呈失神经改变。其中 VEP 可作为与视神经脊髓炎及多发性硬化的鉴别依据，MEP 可作为判断疗效和预后的指标。

（四）影像学检查

脊柱 X 线平片常无明显异常改变。若脊髓严重肿胀，MRI 显示病变部位脊髓增粗，病变节段髓内多发片状或较弥散的 T2 高信号，强度不均匀，可有融合。

【诊断与鉴别诊断】

（一）诊断

（1）急性起病。

（2）发病前多有感染史或疫苗接种史。

（3）迅速出现脊髓横贯性损害。

（4）脑脊液检查蛋白质、细胞数轻度增高。

（5）电生理学及MRI检查可作为参考。

（二）鉴别诊断

1. **急性硬膜外脓肿** 病前常有身体其他部位化脓性疾病感染灶及感染病史，病灶相应的脊柱有压痛，椎管有梗阻现象，外周血及脑脊液白细胞计数升高，脑脊液蛋白质含量明显增高，MRI检查可协助诊断。

2. **急性脊髓压迫** 脊柱结核或转移癌，造成锥体破坏，压迫脊髓，出现脊髓横贯性损害。脊柱影像学检查可见锥体破坏、椎间隙变窄或锥体寒性脓肿等改变。转移癌还需做全身骨扫描。

3. **AIDP** 肢体呈弛缓性瘫痪，末梢型感觉障碍，可伴有脑神经损害，以面神经、舌咽神经、迷走神经受损多见。脑脊液有蛋白质增高，细胞数正常。

 急性脊髓炎的诊断与鉴别诊断。

【治疗】

应早期诊断、早期治疗，努力减轻脊髓损害，防止并发症，促进功能恢复。早期康复训练对预后也十分重要。

（一）一般治疗

休息，予以高营养、易消化、多纤维的食物，必要时予以静脉营养支持。保持呼吸道通畅，防止压疮，加强排尿及排便护理。

（二）药物治疗

1. **糖皮质激素** 急性期采用大剂量甲泼尼龙短程冲击疗法，500~1000 mg静脉滴注，每日1次，连用3~5 d，可控制病情进展，也可用地塞米松10~20 mg静脉滴注，每日1次，7~14 d为一个疗程。使用上述药物后改用泼尼松口服，按1 mg/kg或成人60 mg/d，维持4~6周后逐渐减量，至停药。

2. **大剂量免疫球蛋白** 成人每次用量一般20 g左右，静脉滴注，每日1次，连用3~5 d为一个疗程。

3. **维生素B族** 维生素B_1 100 mg、维生素B_{12} 500~1000 μg，肌内注射或静脉给药，每日1~2次，促进神经功能恢复。

4. **抗生素** 根据病原学检查和药物敏感试验结果选用抗生素，及时治疗呼吸道和尿路感染。

5. **其他** 在急性期可选用血管扩张药，如烟酸、尼莫地平。双下肢痉挛者可服用巴氯芬。

（三）康复治疗

康复治疗主要用于恢复期治疗。早期应保持瘫痪肢体功能位，及早进行被动、主动锻炼，配合针灸、按摩、物理治疗等。

考点提示 急性脊髓炎的治疗。

知识链接

血浆置换疗法

血浆置换疗法是将患者全血引出体外分离成血浆和细胞成分，将患者的血浆舍弃，然后以同等速度将正常人新鲜血浆、白蛋白溶液、平衡液等血浆代用品代替分离出的血浆回输进患者体内的过程。此方法可将患者血浆中自身抗体和免疫复合物等有害物质清除，达到减轻病理损害的目的。目前，血浆置换已经成为一种常见的体外循环血液净化疗法。

对于激素治疗收效甚微且病情急进性进展的急性脊髓炎患者，应用血浆置换疗法可减轻免疫反应，防止损害进一步加重，改善肌力，促进神经及肌肉功能恢复，但所需设备比较昂贵，费用多，难以普遍使用。相对经济的方法有新鲜血浆输注疗法，静脉输入健康人新鲜血浆 200~300 ml，每周 2~3 次，可提高患者免疫力，也可缓解患者的病情，减轻肌肉萎缩，但疗效较血浆置换差。

【健康教育与管理】

急性脊髓炎的病因常与感染、自身免疫等相关。患者应保证充足休息，预防感染与劳累。确诊后，务必积极配合治疗，严格遵医嘱用药。康复阶段，坚持有计划的康复锻炼，包括肢体功能训练、肌力增强练习等。患者要保持良好心态，家属提供心理支持。定期复查脊髓功能相关指标，如运动、感觉、反射。通过规范治疗与管理，提高康复效果，改善生活质量，降低复发风险。

【预后】

急性脊髓炎的预后取决于脊髓急性损害程度及并发症情况。一旦发病，应尽早就诊和治疗，鼓励患者积极配合治疗。如脊髓损伤局限，无压疮、呼吸系统及尿路感染等严重并发症，治疗及时、有效，多数患者 3~6 个月可治愈，可生活自理。

自 测 题

一、选择题

1. 急性脊髓炎典型的临床表现是
   A. 腱反射亢进，肌张力增高，手套-袜子感
   B. 腱反射消失，肌张力降低，节段性感觉障碍
   C. 腱反射消失，肌张力增高，节段性感觉障碍
   D. 腱反射消失，肌张力降低，手套-袜子感
   E. 腱反射亢进，肌张力增高，节段性感觉障碍
2. 急性脊髓炎的运动障碍的特点是
   A. 偏瘫　　　　　　　　　B. 交叉瘫　　　　　　　　　C. 单肢瘫

　　　　D. 截瘫　　　　　　　　　　　　E. 四肢远端瘫痪

3. 患者，男性，62岁，突然感觉胸部以下感觉、运动障碍，二便失禁，最有可能的诊断是
　　A. 吉兰-巴雷综合征　　　　　　　B. 急性脊髓炎
　　C. 脊髓肿瘤　　　　　　　　　　　D. 急性脊髓灰质炎
　　E. 神经根型颈椎病

4. 患者，男性，25岁，感冒后双下肢进行性无力，二便失禁2d。体格检查：第4胸椎以下痛觉、温度觉消失，双下肢肌力2级，巴宾斯基征阳性。最可能的疾病诊断是
　　A. 急性脊髓炎　　　　B. 吉兰-巴雷综合征　　　C. 脊髓髓外压迫
　　D. 重症肌无力　　　　E. 面神经炎

5. 患者，男性，35岁。感冒后双下肢进行性无力，伴排尿困难3d。体格检查：第5胸椎以下痛觉、温度觉消失，双下肢肌力2级，腱反射消失，巴宾斯基征阳性。双眼视觉诱发电位正常。胸髓MRI见片状异常信号，轻度肿胀，有强化。可能的诊断是
　　A. 吉兰-巴雷综合征　　　B. 急性脊髓炎　　　　C. 重症肌无力
　　D. 面神经炎　　　　　　　E. 脊髓髓外压迫

二、简答题

1. 什么是急性脊髓炎？
2. 急性脊髓炎的主要临床特点有哪些？

三、案例分析题

　　患者，女性，45岁。患者1周前开始出现背部轻微疼痛，未予重视。随后，双下肢逐渐出现无力感，行走时感觉腿部沉重，伴有麻木感。近2天症状急剧恶化，双下肢几乎完全丧失力量，且排尿困难，需辅助导尿。神经系统检查：双上肢肌力、肌张力正常，感觉无异常。双下肢肌力2级，肌张力降低，膝反射、踝反射消失。病变平面以下痛觉、触觉及深感觉均减退。脑脊液检查：细胞数轻度升高，以淋巴细胞为主，蛋白质含量增高。脊髓MRI示T6~T8节段脊髓增粗，信号异常，提示急性脊髓炎可能。

　　请回答：
　　（1）基于患者的临床表现和辅助检查结果，最可能的疾病诊断是什么？
　　（2）请详细列出诊断依据。
　　（3）在做出最终诊断之前，需与哪些疾病进行鉴别诊断？

（刘宛丽）

第十篇

精神疾病

第六十一章　总论

第六十一章数字资源

学习目标

1. 知识：说出精神病学、精神障碍的概念。列举精神疾病的常见症状。
2. 能力：完成病史采集和精神检查，能分析精神疾病的常见病因。
3. 素养：认识到精神疾病是"可防、可控、可治"，且康复是一个长期、动态的过程，避免"一次性治愈"或"终身无望"的极端认知。将所学知识转化为通俗内容，向公众普及精神疾病的科学认知，摒弃偏见和歧视。关注弱势群体，意识到贫困、残障等群体的精神健康需求更易被忽视，主动关注其困境，推动精神卫生资源的公平分配。推动社会支持，倡导构建包容的社会环境，让精神疾病患者在康复后能平等融入社会。

第一节　概　述

精神病学（psychiatry）是临床医学的一个分支学科，是研究精神疾病病因、发病机制、临床表现、疾病发展规律以及治疗和预防的一门学科。由于精神疾病本身的特点和复杂性，作为二级学科的精神病学又划分出多个亚专科，如社会精神病学、司法精神病学、精神病理学、生物精神病学、成瘾精神病学。另外，根据服务对象年龄不同，分为儿童精神病学、老年精神病学、成人精神病学等。

精神障碍（mental disorder）是一类具有诊断意义的精神方面的问题，表现为感知、认知、情绪、行为方面的改变，可伴有痛苦体验和（或）功能损害。

生物-心理-社会医学模式的服务对象是完整的人，是生活在社会环境中具有复杂心理活动的人。当代精神病学的发展，不仅研究精神疾病的发生、发展规律，而且探讨如何保障和促进人群心理健康，以减少和预防各种心理或行为问题的发生。

 精神病学、精神障碍的概念。

第二节　精神疾病的常见病因

精神障碍的病因复杂，对于大多数所谓功能性精神障碍，目前还没有找到确切的病因与发病机制，也没有找到敏感、特异的体征和实验室异常指标（生物学指标）。但是，精神障碍与其他躯体疾病一样，均是生物、心理、社会（文化）因素相互作用的结果。生物学因素（内在因素）和心理、社会因素（外在因素）在精神障碍发生、发展过程中均起着重要的作用。

【精神障碍的生物学因素】

精神障碍的生物学主要致病因素大致可以分为遗传因素、神经发育异常、感染、躯体疾病、创伤、营养不良及毒物等。这些致病因素可能相互作用，并在不同个体起不同的作用，本章仅列举遗传因素、神经发育异常、感染与精神障碍的关系。

（一）遗传因素

基因是影响人类和动物正常与异常行为的主要因素之一。对功能性精神障碍的家族聚集性研究结果表明，这些疾病具有遗传性，是基因将疾病的易感性一代传给一代。由于环境的作用，影响了基因的表达，从而可能导致某些疾病情况，这种表观遗传的改变有遗传至下一代的倾向。目前，基因与环境的相互作用产生疾病或行为问题已成为人们的共识。

（二）神经发育异常

神经发育学说认为，神经发育障碍患者的大脑从一开始就未能有正常的发育。遗传因素以及早期环境因素的相互作用，影响了特定脑区（或环路）的发育，导致神经发育异常，而不同脑区发育异常则分化为各种不同的精神疾病，表现出不同的临床特征。

（三）感染

20世纪初，我们就已知感染因素能影响中枢神经系统，产生精神障碍。例如通过性传播的梅毒螺旋体首先引起生殖系统症状，在多年的潜伏后，进入脑内，导致神经梅毒。神经梅毒主要表现为神经系统退行性变，表现为痴呆、精神病性症状及麻痹。引起精神障碍的感染还包括人类免疫缺陷病毒、弓形虫感染、单纯疱疹性脑炎、麻疹性脑脊髓炎及慢性脑膜炎等。

【精神障碍的心理社会因素】

应激性生活事件、情绪状态、人格特征、性别、养育方式、社会阶层、家庭经济状况、种族、文化背景、人际关系等均构成影响疾病的心理社会因素。

心理社会因素既可以作为原因，在精神障碍的发病中起重要作用，如急性应激性精神障碍、创伤后应激障碍、适应障碍；也可以作为相关因素，影响精神障碍的发生、发展，如焦虑障碍、抑郁障碍。

第三节 精神疾病的常见症状

精神症状（mental symptoms）是指异常的精神活动，通过人的外显行为，如仪表动作、言谈举止、神态表情以及书写内容等表现出来。精神症状是人脑功能紊乱的表现，是精神障碍临床征象的基本组成部分，也是精神障碍临床诊断的主要依据。人类的正常精神活动，可以按心理学概念分为认知过程、情感过程和意志过程。下面按精神活动的各个心理过程分别叙述临床上常见的精神症状。

【感知觉障碍】

感知觉包括感觉和知觉两个心理过程。感觉是大脑对客观刺激作用于感觉器官所产生对事物个别属性的反映，如形状、颜色、大小、重量和气味。知觉是在感觉的基础上，大脑对事物各种不同属性进行整合，并结合以往经验形成的整体印象。如根据盲人摸象的个人描述，在大脑中产生大象的印象就是一种知觉。正常情况下，人们的感觉和知觉与外界客观事物是一致的。

(一) 感觉障碍

1. **感觉减退** 感觉减退是对刺激的感受性降低，感觉阈值升高，表现为对外界强烈刺激产生轻微的感觉体验或完全不能感知（感觉缺失）。感觉减退多见于抑郁发作、木僵状态、意识障碍等。

2. **感觉过敏** 感觉过敏是对感觉的感受性增高，感觉阈值降低，表现为对外界一般强度的刺激产生强烈的感觉体验，如轻微的触摸皮肤感到疼痛难忍。感觉过敏多见于分离障碍、身体忧虑障碍等。

3. **内感性不适（体感异常）** 内感性不适是躯体内部产生的不舒适和难以忍受的异样感觉，如牵拉、挤压、蚁爬感。内感性不适多见于躯体忧虑障碍、精神分裂症和抑郁发作等。

(二) 知觉障碍

1. **错觉** 错觉是对客观事物歪曲的知觉。错觉可见于正常人，如在光线暗淡的环境中看错物体，在恐惧、紧张和期待等心理状态下产生的错听。病理性错觉常在意识障碍时出现，多表现为错视、错听，并常带有恐怖色彩，如"杯弓蛇影"，多见于谵妄状态。

2. **幻觉** 幻觉是没有现实刺激作用于感觉器官时出现的知觉体验，是一种虚幻的知觉。幻觉是精神科临床上常见且重要的精神病性症状之一。幻觉可以根据其所涉及的感觉器官、来源和产生条件不同分类。①幻听：临床上最为常见，以言语性幻听多见，可出现评议性、争议性或命令性幻听，常见于精神分裂症。②幻视：从单调的光、色到人物、景象及场面等，意识清晰时出现的幻视常见于精神分裂症；意识障碍时的幻视多为生动鲜明的形象，并常具有恐怖色彩，多见于谵妄状态等。③幻味：患者尝到食物或水中并不存在的某种特殊的怪味道，幻味经常与被害妄想同时存在，多见于精神分裂症。④幻嗅：患者闻到环境中并不存在的某种难闻的气味，多见于精神分裂症，单一出现的幻嗅多见于颞叶癫痫或颞叶器质性损害。⑤幻触：在没有任何刺激时，患者感到皮肤上有某种异常的感觉，如针刺感、电麻感，可见于精神分裂症。⑥内脏幻觉：是患者身体内部某一部位或某一脏器虚幻的知觉体验，如感到肠道的扭转感、内脏被挤压感等内脏幻觉常与疑病妄想等伴随出现，多见于精神分裂症和抑郁发作。

3. **感知综合障碍** 感知综合障碍指患者对客观事物的整体属性能够正确感知，但对某些个别属性（如大小、形状、颜色、空间、距离）产生与该事物不相符的感知。如视物变形症、自身感知综合障碍、时间感知综合障碍、空间感知综合障碍和非真实感。

 错觉与幻觉的区别。

【思维障碍】

思维是人脑对客观事物间接概括的反映，它可以揭露事物内在的、本质的特征，是人类认识活动的最高形式。由感觉和知觉所获得的材料，经过大脑的分析、综合、比较、抽象、概括而形成概念，在概念的基础上进行判断与推理，这个过程称为思维过程。思维障碍是精神科常见症状，可大体分为思维形式障碍和思维内容障碍。

(一) 思维形式障碍

1. **思维迟缓** 思维迟缓是指思维联想速度减慢、数量减少和转换困难。患者表现为言语缓慢、语量减少、语声甚低、反应迟缓，多见于抑郁症。

2. **思维奔逸** 思维奔逸是指思维联想速度加快、数量增多和转换加速。患者表现为健谈，讲话滔滔不绝，患者自觉脑子特别灵活，可出口成章。但思维逻辑联系非常表浅，缺乏深思而信口开河。思维常随周围环境的变化而转变话题（随境转移），也可有音韵联想（音联）或字意联想（意联）。思维奔逸多见于躁狂症。

3. 思维散漫（思维松弛）　联想范围过于松散，回答问题不很切题，缺乏一定的逻辑关系，使人感到交谈困难，对其言语的主题及用意也不能理解，严重时发展为破裂性思维。思维散漫多见于精神分裂症。

4. 破裂性思维　患者在意识清楚的情况下，思维联想过程破裂，缺乏内在意义上的连贯和应有的逻辑性。虽然单独语句在结构和文法上正确，但主题与主题之间，甚至语句之间，缺乏内在意义上的联系，因而他人无法理解其意义。严重时言语支离破碎，个别语句之间也缺乏联系，成了词的杂拌，多见于精神分裂症。其在意识障碍的背景下产生，称为思维不连贯，此时患者的言语较破裂性思维更杂乱，变得毫无主题，语句成片断。

5. 病理性赘述　病理性赘述指思维活动停滞不前、迂回曲折，讲话啰嗦但不离题，最后能达到预定的终点。病理性赘述多见于脑器质性、癫痫性及老年性精神障碍。

6. 思维贫乏　思维贫乏指思维联想数量减少，概念与词汇贫乏。患者表现为沉默少语，谈话言语单调，常与情感淡漠、意志缺乏相伴随出现，构成精神分裂症的三项基本症状。思维贫乏也见于痴呆状态。

7. 象征性思维　象征性思维指概念的转换，以无关的具体概念来代表某一抽象概念，不经患者自己解释他人无法理解。如某患者经常反穿衣服以表示自己为"表里合一、心地坦白"，多见于精神分裂症。

8. 逻辑倒错性思维　逻辑倒错性思维指思维推理缺乏逻辑性，既无前提，也无根据，或因果倒置，推理离奇古怪，不可理解。逻辑倒错性思维常见于精神分裂症及偏执性精神障碍。

9. 语词新作　语词新作指患者自己创造一些新词、新字、图形，或用符号来代替某些概念，并赋予特殊的意义，如％代表离婚，0代表亮，③→①代表求爱。语词新作多见于精神分裂症。

10. 强迫思维　强迫思维指在患者脑中反复出现的某一概念或相同内容的思维，明知不合理和没有必要，但又无法摆脱，常伴有痛苦体验。强迫思维常伴有强迫动作，多见于强迫障碍，也可见于精神分裂症。

11. 思维化声　思维化声指患者在思考时，同时感到自己的思想在脑子里变成了言语声，自己和他人都可以听到。思维化声多见于精神分裂症。

12. 思维不连贯　思维不连贯指在意识障碍背景下出现的言语支离破碎和杂乱无章的状态，多见于谵妄状态。

13. 思维中断　思维中断指思维联想过程突然中断。表现为患者在无任何干扰时，言语突然停顿，片刻之后又重新开始，所谈主题已经转换。思维中断多见于精神分裂症。

14. 思维被夺　思维被夺指患者感到自己的思想被某种外力突然抽走，不受个人意志所支配。思维被夺多见于精神分裂症。

15. 思维插入　思维插入指患者感到有某种不属于自己的思想被强行塞入自己的脑中，不受个人意志所支配。思维插入多见于精神分裂症。

（二）思维内容障碍

思维内容障碍主要表现为妄想，它是在病态的推理和判断基础上形成的一种病理性的歪曲的信念。其特点是没有事实根据，但患者坚信不疑，无法说服，也不能以亲身体验和经历加以纠正。临床上按妄想的主要内容归类，常见如下几种。

1. 被害妄想　患者坚信某些人或某些集团对他进行打击、陷害等，如认为饭里有毒药、被跟踪。受妄想的支配，患者可能出现拒食、控告、逃跑、伤人行为等。被害妄想常见于偏执型精神分裂症。

2. 关系妄想（牵连观念）　患者将环境中与其无关的事物都认为是与他有关，如他人的言行、广播、报纸的内容都是针对他的。这类妄想多带有被害性质，多见于精神分裂症。

3. 影响妄想（物理影响妄想）　患者认为自己的精神活动受到外力支配、控制、操纵。患者坚信有人用某种仪器、电波、无线电、激光、雷达或特殊的仪器控制他的一切。影响妄想多见于精神分裂症。

4. 夸大妄想　患者坚信自己有非凡的才能、强大的权势，有很多财富和发明创造。夸大妄想多发生在情绪高涨的基础上，多见于躁狂症和精神分裂症。

5. 罪恶妄想　患者毫无根据地坚信自己犯了严重错误、不可宽恕的罪恶，应受到严厉的惩罚，因而常采取拒食、自杀或以其他方式来赎罪。罪恶妄想多见于抑郁症和精神分裂症。

6. 嫉妒妄想　患者坚信自己的配偶对自己不忠实，有外遇。表现为对配偶的跟踪、盯梢，暗中检查配偶的衣服、床单、手机等。嫉妒妄想多见于精神分裂症。

临床上常见的还有疑病妄想、钟情妄想、非血统妄想、虚无妄想、内心被揭露、超价观念及强迫观念等。

 思维障碍的常见表现。

【注意障碍】

注意是指个体精神活动集中指向一定对象的心理过程。注意可分为主动注意和被动注意两类。主动注意又称有意注意，是自觉的、有目的的注意；被动注意又称无意注意，是外界刺激所激发、没有目的的注意。常见的注意障碍包括以下几种。

1. 注意增强　嫉妒妄想为主动注意的兴奋性增高，表现为过分关注某些事情，多见于精神分裂症、躯体忧虑障碍。

2. 注意减退　注意减退为主动及被动注意的兴奋性减弱和注意稳定性降低，表现为注意力难以唤起和维持，多见于抑郁发作、精神分裂症等。

3. 注意涣散　注意涣散为被动注意兴奋性增强和注意稳定性降低，表现为注意力不集中，容易受到外界的干扰而分心。注意涣散多见于注意缺陷多动障碍、焦虑障碍、精神分裂症等。

4. 注意狭窄　注意狭窄为注意广度和范围的显著缩小，表现为当注意集中于某一事物时，不能再注意与之有关的其他事物。注意狭窄多见于意识障碍、智能障碍等。

5. 注意转移　注意转移为注意转换性增强和稳定性降低，表现为主动注意不能持久，很容易受外界环境的影响而使注意对象不断转换。注意转移多见于躁狂发作。

【记忆障碍】

记忆是既往事物经验在大脑中的重现。记忆是在感知觉和思维基础上建立起来的精神活动，包括识记、保持、再认和回忆3个基本过程。记忆障碍通常涉及记忆过程的各个部分，常见的记忆障碍有以下几种。

1. 记忆增强　记忆增强是病理性记忆增强，表现为患者对病前已经遗忘且不重要的事物都能重新回忆起来，甚至包括细节。记忆增强多见于躁狂发作和精神分裂症等。

2. 记忆减退　记忆减退是记忆各个基本过程功能的普遍减退，多见于痴呆，也可见于正常老年人。

3. 遗忘　遗忘是记忆痕迹在大脑中的丧失，表现为对既往感知过的事物不能回忆。根据是否能够恢复，遗忘可分为暂时性遗忘和永久性遗忘。根据对事物遗忘的程度，可分为部分性遗忘和完全性遗忘。临床上，按照遗忘与疾病的时间关系分为如下几种。

（1）顺行性遗忘：指对紧接着疾病发生以后一段时间内的经历不能回忆，多见于脑挫伤。

（2）逆行性遗忘：指对疾病发生之前一段时间内的经历不能回忆，多见于脑外伤、脑卒中。

（3）界限性遗忘：指对某一特定时间段的经历不能回忆，遗忘的发生常与该时间段内的不愉快事件有关，多见于分离障碍。

（4）进行性遗忘：指随着疾病的发展，遗忘逐渐加重，主要见于阿尔茨海默病。

4. 虚构　虚构指在遗忘的基础上，患者以想象的、未曾亲身经历的事件来填补记忆的缺损。虚构多见于各种原因引起的痴呆和慢性酒精中毒所致精神障碍。

5. 错构　错构指在遗忘的基础上，患者对过去所经历过的事件，在发生的地点、情节，特别是在时间上出现错误的回忆，并坚信不疑。错构多见于各种原因引起的痴呆和慢性酒精中毒所致精神障碍。

【智能障碍】

智能是人们认识客观事物并运用知识解决实际问题的能力，与感知、注意、记忆和思维密切相关，是对既往获得知识和经验的运用，用以形成新概念和解决新问题的能力。临床上通过检查患者的一般常识、理解力、判断力、分析概括力、计算力、记忆力等对智能水平进行初步判断。智能障碍可分为智力发育障碍和痴呆两大类。

1. 智力发育障碍　智力发育障碍是指先天或发育成熟以前（18岁以前），由于各种致病因素，如遗传、感染、中毒、头部外伤、内分泌异常或缺氧，使大脑发育不良或受阻碍，智能发育停留在一定的阶段。随着年龄的增长，其智能明显低于正常的同龄儿童，并伴有社会行为适应的异常。

2. 痴呆　痴呆指智力发育成熟以后，智能发育正常，由于各种有害因素引起大脑器质性损害，导致智能低下的状态。患者表现为记忆力、计算力、理解力、分析综合能力及判断推理能力都减弱或下降，后天获得的知识和能力丧失，不能正常学习和工作，严重者生活也不能自理。痴呆多为进行性加重，如治疗适当也可阻止其继续发展。

【情感障碍】

情感和情绪是指个体对客观事物所持的不同态度和因之而产生相应的内心体验。两者既有区别，又有联系。一般来说，情感是在多次情绪体验基础上形成的，并通过情绪表现出来；反过来，情绪的表现和变化又受已形成的情感的制约。在精神病学中，情感和情绪往往作为同义词使用。情感障碍主要包括以下几种。

1. 情感高涨　情感高涨为情感活动明显增强，表现为与环境不相符的过分喜悦、欢乐。讲话语音高昂，眉飞色舞，表情丰富，易致盛气凌人，自我感觉良好，有一定的感染力，易引起周围人的共鸣。情感高涨多见于躁狂症。

2. 欣快　患者有幸福、喜悦的内心体验，但给人以呆傻、愚蠢的感觉，患者也说不出高兴的原因。欣快多见于脑器质性精神障碍。

3. 情感低落　情感低落是负性情感的增强，表现为情绪低落、忧心忡忡、愁眉不展。重者忧郁沮丧，悲观绝望，常自责自罪，生不如死，而出现自杀观念和行为。情感低落多见于抑郁症。

4. 焦虑　焦虑指缺乏客观原因的内心极度不安及大祸临头的恐惧感。表现为紧张恐惧，搓手顿足，顾虑重重，坐卧不安，惶惶不可终日。常伴有自主神经功能紊乱及疑病观念。焦虑多见于焦虑症和更年期精神障碍。

5. 情感淡漠　情感淡漠为情感活动减退的表现。患者对外界任何刺激均缺乏相应的情感反应。对周围发生的事漠不关心，讲话声调平淡，面部表情呆板，内心体验极为贫乏或缺如。严重者对个人生活漠不关心。情感淡漠多见于精神分裂症和脑器质性精神病。

除此以外，还有恐惧、易激惹、情感不稳、情感倒错及情感矛盾等。

【意志障碍】

意志是指人自觉确定目标，并根据目标调节、支配自身的行动，为达到预定目标的心理过程。为达到预定目标而主动做出选择和决定并付诸行动的过程称为意志活动。常见的意志障碍包括如下几种。

1. 意志增强　意志增强指意志活动增多，表现为患者呈现病态的自信和固执的行为。意志增强多见于精神分裂症、躁狂发作等。

2. 意志减退　意志减退是指意志活动减少，表现为动机不足，病态的缺乏主动性和进取心。意志减退多见于精神分裂症、抑郁发作。

3. 意志缺乏　意志缺乏指意志活动显著减退或消失。表现为对任何活动都缺乏动机、要求，生活处于被动状态。意志缺乏多见于精神分裂症、智力发育障碍、痴呆等。

【动作行为障碍】

动作是指简单的随意和不随意运动，如挥手、摇头。行为是一系列动作的组合，是为了达到一定目的而进行的复杂的随意运动。精神障碍患者由于病理性感知、思维、情感等影响，可出现不同的动作行为障碍。表现如下。

1. 精神运动性兴奋　精神运动性兴奋指患者的动作行为及言语活动明显增多，包括协调性精神运动性兴奋和不协调性精神运动性兴奋，多见于精神分裂症、躁狂发作、谵妄状态等。

2. 精神运动性抑制　精神运动性抑制指动作行为和言语活动显著减少，包括木僵、蜡样屈曲、缄默症及违拗症。

3. 模仿动作　模仿动作指患者无目的地模仿他人的动作，常与模仿言语同时存在。模仿动作多见于精神分裂症。

4. 刻板动作　刻板动作指患者机械刻板地反复重复某一单调动作，常与刻板言语同时存在。刻板动作多见于精神分裂症、孤独症谱系障碍等。

5. 作态　作态指患者做出幼稚、古怪、愚蠢、做作的动作、姿态、表情等，多见于精神分裂症。

6. 强迫动作　强迫动作指患者明知没有必要，却难以克制地去重复做某种动作的行为。强迫动作常与强迫思维有关，常见于强迫障碍。

【意识障碍】

意识是指个体对周围环境、自身状态感知的清晰程度及认识反应能力。意识障碍可表现为意识清晰度下降、意识范围缩小及意识内容的变化。定向力障碍是判断意识障碍的重要指标。意识障碍主要见于脑器质性损害所致精神障碍、躯体疾病所致精神障碍及中毒所致精神障碍等。意识障碍包括如下几种。

（一）以意识清晰度降低为主的意识障碍

1. 嗜睡　意识清晰度降低轻微。患者在安静环境中常昏昏欲睡，给予刺激后立即转醒，并能简单应答，停止刺激就又进入睡眠状态。

2. 意识模糊（混沌）　意识清晰度轻度受损。患者反应迟钝、思维缓慢，注意、记忆、理解困难。存在时间、地点、人物等周围环境定向障碍。

3. 昏睡　意识清晰度较意识模糊更低，患者的周围环境定向力和自我定向力均丧失，没有言语功能。对一般刺激没有反应，只对强刺激才引起防御性反射，如压眶反应。可出现不自主运动和震颤。

4. 昏迷　意识完全丧失。对任何刺激均无反应，吞咽、防御，甚至对光反射均消失，并出现病理反射。

（二）意识清晰度降低伴范围缩小或内容变化的意识障碍

1. 朦胧状态　朦胧状态指在意识清晰度降低的同时伴有意识范围缩小。患者表情呆板、茫然，思维联想困难。常突然发作与中止，持续数分钟至数小时不等，事后遗忘或部分遗忘。

2. 谵妄状态　谵妄状态指在意识清晰度降低的同时出现大量的幻觉、错觉，多为形象生动、色彩鲜明、恐怖性的幻视。患者思维不连贯，理解困难，可有片段的妄想。谵妄状态夜间加重，具有昼轻夜重的规律。一般持续数小时至数日，意识恢复后可有部分遗忘或全部遗忘。

3. 梦样状态　梦样状态指在意识清晰度降低的同时出现梦样的体验。一般持续数日或数月，恢复后对梦样内容能够部分回忆。

【自知力障碍】

自知力又称领悟力或内省力，是指患者对自己精神状态的认识和判断能力。自知力缺乏是重性精神障碍的重要标志，临床上常将有无自知力及自知力恢复的程度作为判定疾病好转程度的重要指标。自知力完全恢复是精神疾病康复的重要指标之一。

第四节　精神障碍的检查、诊断和分类

【精神障碍的检查】

与其他学科相比，由于缺乏客观体征和实验室检查证据，精神障碍的诊断更为困难。进行详细、全面的病史采集和精神检查是正确诊断精神障碍的重要依据。

精神检查的基本方法是面谈和观察。通过与患者进行全面、深入的谈话和仔细观察患者的精神活动，以发现精神症状，同时进行体格检查、实验室检查、脑影像学检查及其他必要检查，结合心理学评估，全面、综合分析患者的情况，特别注意应除外躯体器质性疾病所致的精神障碍，以免误诊、误治。

【精神障碍的诊断】

正确的诊断要经过3个环节：调查研究，收集资料；整理资料，综合分析做出诊断；进一步临床观察，根据治疗效果来验证诊断。

精神障碍的诊断标准包括内涵标准和排除标准两个主要部分。内涵标准又包括症状学指标、病情严重程度指标、功能损害指标等，其中症状学指标是最基本的。

【精神障碍的分类】

精神障碍的诊断分类系统包括《国际疾病分类》第11版（ICD-11）、美国《精神障碍诊断和统计手册》第5版（DSM-Ⅴ）等。

第五节　精神疾病的治疗

【药物治疗】

药物治疗是以化学药物为手段，达到控制精神病性症状，改善和矫正病理思维、心境和行为，预防复发，促进社会适应能力并以提高患者生活质量为最高目的。药物主要分为抗精神病药、抗抑

郁药、心境稳定剂、抗焦虑药、中枢神经兴奋药及益智药、脑代谢促进药。

【物理治疗】

物理治疗包括电抽搐（电休克治疗）、重复经颅磁刺激治疗、脑深部刺激术、经颅直流电刺激等。

【心理治疗】

心理治疗是精神科治疗的必要组成部分。目前国内外主要的心理治疗方法有精神分析治疗、支持性心理治疗、认知行为疗法、家庭治疗、森田治疗、团体心理治疗及催眠治疗等。

自 测 题

一、选择题

1. 关于精神障碍病因学的描述，正确的是
   A. 精神障碍均主要由心理因素导致
   B. 生活事件是精神分裂症发病的主要因素
   C. 性格缺陷是焦虑障碍的主要病因
   D. 5-羟色胺递质紊乱是躁狂发作的病因
   E. 急剧、严重的精神刺激是急性应激障碍发病的直接原因

2. 属于虚幻的知觉体验的是
   A. 幻觉　　　　　　　B. 妄想　　　　　　　C. 人格
   D. 错觉　　　　　　　E. 知觉改变

3. 患者，男性，35岁。诊断为"酒精所致精神障碍"。入院后感到身体表面有许多虫子在皮肤上爬行、瘙痒难忍、烦躁不安。此症状最可能是
   A. 感觉过敏　　　　　B. 感觉倒错　　　　　C. 幻触
   D. 本体幻觉　　　　　E. 错觉

4. 患者感到周围的环境和事物失去了色彩与生机，好像与自己隔了一层膜。该表现属于
   A. 幻觉　　　　　　　B. 人格解体　　　　　C. 梦样状态
   D. 朦胧状态　　　　　E. 非真实感

5. 患者，男性，28岁。其看见或听到"和平"二字时，马上想起"战争"；看见或听到"安全"二字时，便想到"危险"。其症状是
   A. 强迫性穷思竭虑　　B. 强迫意向　　　　　C. 牵连观念
   D. 超价观念　　　　　E. 强迫性对立观念

二、简答题

1. 何为幻觉？
2. 常见的幻听分为哪几类？

三、案例分析题

患者，男性，20岁。因坚信有人要迫害自己，三次自杀未遂，被家人送到医院治疗。患者1年前因被单位评为"先进个人"，为此受到同事议论，生闷气，少语，后来又因为和女朋友闹意见，以后逐渐出现精神异常。怀疑他人说他坏话，怀疑他人对他不怀好意，路人故意冲他吐唾沫、吐痰

等。有自言自语、自笑、追逐异性等行为，引起家人注意，入院前有自言自语、自笑，思维内容离奇，患者自语："我要死了，同志们再见，拜上帝，微波控制我""××，咱们结婚吧。"对异性不礼貌。患病前性格敏感多疑、胆小、害羞、怕事。追溯其家族史，其外祖母曾患精神病多年，后在发病时意外死亡。入院后行躯体、神经系统检查无阳性体征。精神检查：接触被动，自言自语、自笑，问他笑什么，他说：我才没傻笑呢，神经病！在医师的提问下谈出以下体验：近半年来常听到不熟悉的人的言语声，有男有女，有时命令他"去跳楼！"或者"快去死吧。"入院后，有声音仍然命令他"躺在床上！"有时议论他，说他"无能。"偶尔感到脑内有声音，声音与他的思想一致，在家中曾多次闻到尸气味，有时感到自己的身体一会儿变大，一会儿变小。患者坚信外界有某种"微波"在控制他的思维和行为。喊女朋友的名字，自笑，认为笑是被仪器控制的结果。交谈时，情感与外界环境不配合，常闭眼无声地发笑，患者生活自理能力差，洗漱、更衣需督促，对今后无打算。记忆、智能未见明显缺陷。否认患病。

请回答：

（1）患者存在哪些精神症状？

（2）初步诊断是什么？

（3）应与哪些疾病相鉴别？

（李锦超）

第六十二章　精神分裂症

第六十二章数字资源

学习目标

1. 知识：说出精神分裂症的概念、常见临床表现及分型，列举精神分裂症需要与哪些疾病相鉴别，简单解释精神分裂症的病因与发病机制。
2. 能力：完成病史采集和体格检查，运用病史、体格检查及辅助检查结果对本病做出初步诊断，根据病情拟定初步防治方案。
3. 素养：能分析精神分裂症患者面临的社会困境（如就业歧视、社交孤立、家庭负担），识别其社会支持需求（如康复机构、职业技能培训、社区融入服务）；能结合公共卫生视角，认识"早期筛查－全程管理－社会包容"对降低疾病社会负担的意义。具备向公众普及精神分裂症防治知识的能力；促进社会对精神障碍群体的接纳。

案例 10-62-1

患者，男性，23岁，工人。1年前无明显诱因逐渐出现精神异常，表现为觉得单位同事们都在故意针对自己，认为同事在背后议论自己，说自己的坏话，常常在公司里对空骂人。并怀疑周围邻居常常"话里有话"，内容多涉及患者的隐私，开始怀疑自己的房间被人录音、摄像，在家不敢大声讲话。之后患者听到脑子里有一个公安局的警察同自己讲话，说是要保护自己，因为有人要迫害自己，有时又听见很多人争论自己是"好人"还是"坏人"。入院前1周患者睡眠差，不思饮食，身体明显消瘦，情绪激动，总是感到自己不安全，不敢上班，待在家里也整日恐惧、紧张。在家个人卫生不能自行料理，不做家务，对家人冷漠，不承认有病。既往史、个人史、家族史无特殊。入院体格检查未发现阳性体征，心电图、血常规、生化、血糖等辅助检查未见异常。

问题与思考：
1. 初步诊断和诊断依据是什么？应与哪些疾病相鉴别？
2. 为明确诊断，需要进一步做哪些检查？
3. 治疗原则是什么？

精神分裂症（schizophrenia）是一组病因未明的精神障碍，具有感知、思维、情感、认知、行为等多方面精神活动的显著异常，并导致明显的职业和社会功能损害。精神分裂症多起病于青壮年，一般无意识障碍和智力障碍，病程多迁延。据WHO统计，全球精神分裂症的终生患病率为3.8%~8.4%。

【病因与发病机制】

精神分裂症的病因与发病机制尚不十分明确，生物、心理、社会因素对精神分裂症的发病都起着重要作用，与遗传、社会心理、神经生化、神经发育等因素有关。

知识链接

中枢神经递质分类

1. 胆碱类 乙酰胆碱。
2. 单胺类 ①儿茶酚胺：多巴胺、去甲肾上腺素、肾上腺素；②吲哚胺：5-羟色胺。
3. 氨基酸类 ①兴奋性氨基酸：谷氨酸、门冬氨酸；②抑制性氨基酸：γ-氨基丁酸（GABA）、甘氨酸。
4. 神经肽类 下丘脑释放激素类、神经垂体激素类、阿片肽类、垂体肽类、脑肠肽类及其他肽类。
5. 气体类 一氧化碳、一氧化氮。

【临床表现及分型】

（一）临床症状

精神分裂症的临床症状复杂多样，除意识障碍、智力障碍不常见外，可出现各种精神症状。

1. 感知综合障碍 最突出的是幻觉，幻听、幻视、幻嗅、幻味、幻触均可出现，但以幻听最常见。意识清晰状态下出现持续的评论性、争论性或命令性幻听常指向精神分裂症。
2. 思维障碍 思维障碍是精神分裂症的核心症状，表现为思维形式和思维内容障碍。

（1）思维形式障碍：表现为言语表达中明显的思维形式或思维活动量的紊乱，可通过患者的言语和书写内容客观地观察到。思维形式障碍包括思维散漫、思维破裂、思维中断、语词新作及病理性象征性思维等。

（2）思维内容障碍：主要表现为妄想，临床上以被害妄想、关系妄想、嫉妒妄想、钟情妄想、非血统妄想、物理影响妄想等多见。部分患者可受妄想内容的影响而做出某些反常的言行。

 精神分裂症思维障碍的表现。

3. 情感障碍 情感障碍表现为情感淡漠或平淡，对人冷淡，缺乏正常人的关怀与交流，甚至出现情感倒错。
4. 意志与行为障碍 意志与行为障碍表现为意志减退，患者活动减少、行为被动、生活懒散、孤僻离群等。紧张症包括紧张性木僵和紧张性兴奋两种状态。少数患者可出现吃痰液、肥皂等非食物行为，称为意向倒错。
5. 认知功能受损 认知功能受损涉及注意障碍、记忆障碍、抽象思维障碍、信息整合障碍。
6. 其他症状 自知力障碍、人格缺陷、强迫症状、睡眠障碍、性功能障碍或其他躯体功能障碍。

（二）传统的临床分型

精神分裂症传统的临床分型有以下几种。

1. 偏执型 偏执型以相对稳定的妄想为主，往往表现为多疑、内容荒谬离奇，多伴有幻觉，愈后较好，临床上最为常见。
2. 青春型 青春型曾称为瓦解型，青春期发病，起病多较急，病情进展快。主要症状包括思维破裂、思维内容荒诞离奇、情感喜怒无常、行为幼稚愚蠢和本能活动（性欲、食欲）亢进，也可有意向倒错。

3. 紧张型　紧张型以木僵状态多见，轻者表现为运动缓慢、少语少动（亚木僵），重者不语、不动、不食、对周围环境毫无反应（木僵状态），并可出现违拗、蜡样屈曲。紧张性木僵可与短暂的紧张性兴奋交替出现，此时患者会出现突然冲动、伤人毁物。

4. 单纯型　单纯型常于青少年时期发病，起病缓慢。主要表现为被动、孤僻、生活懒散、情感淡漠和意志减退。一般无幻觉妄想。此型患者发病早期常不被注意，往往经数年病情发展至较为严重时才被发现。

5. 其他类型　如不符合上述任何一种亚型的标准，称为未分化型。此外，还有精神分裂症后抑郁以及残留型。

目前 ICD-11 的诊断标准将精神分裂症的临床分型取消，取而代之是发作的不同时期，使用精神病性症状严重程度评级量表对不同维度的症状进行评级。但了解精神分裂症传统的临床分型，对于全面理解其异质性至关重要。

 精神分裂症传统的临床分型。

（三）神经系统体征
可出现神经系统的非定位体征，不具有特征性。

【辅助检查】

实验室检查（血液和脑脊液检查）一般均正常。关于事件相关电位、眼球轨迹运动等检查能否作为生物学标志，尚存在争议。

【诊断与鉴别诊断】

（一）诊断标准
目前我国多采用 WHO 颁布的 ICD-11 诊断标准。

1. 症状标准　在 1 个月或 1 个月以上时期的大部分时间内确实存在以下 1~4 中的至少一组（如不甚明确，常需要两个或多个症状），或 5~9 中至少两组十分明确的症状。

（1）思维鸣响、思维插入或思维被撤走及思维广播。

（2）明确涉及躯体或四肢运动，或特殊思维、行动或感觉的被影响、被控制或被动妄想，妄想性知觉。

（3）对患者的行为进行跟踪性评论，或彼此对患者加以讨论的幻听，或来源于身体某一部分的其他类型的幻听。

（4）与文化不相称且根本不可能的其他类型的持续性妄想，如具有某种宗教或政治身份或超人的力量和能力（能控制天气，或与另一世界的外来者进行交流）。

（5）伴转瞬即逝或未充分形成的无明显情感内容的妄想，或伴有持久的超价观念，或连续数周或数月每日均出现的任何感官的幻觉。

（6）思潮断裂或无关的插入语，导致言语不连贯，或不中肯或语词新作。

（7）紧张性行为，如兴奋、摆姿势，或蜡样屈曲、违拗、缄默及木僵。

（8）阴性症状，如显著情感淡漠、言语贫乏、情感迟钝或不协调，常导致社会退缩及社会功能下降，但需澄清这些症状并非由抑郁症或神经阻滞剂治疗所致。

（9）个人行为的某些方面发生显著而持久的总体性质的改变，表现为丧失兴趣、缺乏目标、懒散、自我专注及社会退缩。

2. 病程标准　特征性症状在至少1个月以上的大部分时间内肯定存在。

3. 排除标准　若同时存在广泛的情感症状，就不应做出精神分裂症的诊断，除非精神分裂症状早于情感症状出现；精神分裂症的症状与情感症状两者一起出现，程度均衡，应诊断为分裂情感障碍；应排除严重脑病、癫痫、药物中毒或药物戒断状态。

（二）鉴别诊断

精神分裂症须与以下疾病相鉴别：心境障碍、脑器质性精神障碍、躯体疾病所致精神障碍、强迫症及应激相关障碍等。

 精神分裂症的诊断。

【治疗】

（一）抗精神病药物治疗

1. 治疗原则　精神分裂症需要早期、足量、足疗程、单一用药、个体化用药的全病程药物治疗。

2. 药物治疗

（1）第一代抗精神病药（first generation antipsychotics，FGAs）：指主要作用于中枢多巴胺 D_2 受体的抗精神病药物。常用抗精神病药的使用剂量：氯丙嗪 300～600 mg/d，奋乃静 30～60 mg/d，氟哌啶醇 8～40 mg/d，舒必利 300～1200 mg/d，五氟利多每周 20～60 mg，氟奋乃静癸酸酯每 2～3 周 25～50 mg，哌泊噻嗪棕榈酸酯每 2～4 周 50～100 mg。

（2）第二代抗精神病药（second generation antipsychotics，SGAs）：具有较高的 5-羟色胺（$5-HT_{2A}$）受体阻断作用，即多巴胺与 5-羟色胺受体的联合拮抗剂。常用药物与治疗剂量：利培酮 2～6 mg/d、齐拉西酮 80～160 mg/d、氯氮平 300～600 mg/d、奥氮平 5～20 mg/d、喹硫平 300～750 mg/d、氨黄必利 200～1200 mg/d、阿立哌唑 10～30 mg/d。

（二）物理治疗

（1）改良电休克治疗。

（2）重复经颅磁刺激。

（三）心理与社会干预

精神分裂症患者经过急性期治疗，仍会残留部分症状，认知缺陷持续存在，社会功能持续受损，可以联合心理与社会干预，如认知行为疗法、支持性心理治疗、家庭干预、社区服务、工娱疗法及音乐治疗等。

自　测　题

一、选择题

1. 不属于精神分裂症常见症状的是
   A. 情感症状　　　　　　B. 阴性症状　　　　　　C. 冲动行为
   D. 记忆力减退　　　　　E. 阳性症状
2. 精神分裂症患者最常出现的幻觉是
   A. 幻触　　　　　　　　B. 幻视　　　　　　　　C. 幻嗅

D. 幻听 E. 幻味

3. 对精神分裂症诊断特异性较高的症状是
   A. 被害妄想 B. 夸大妄想 C. 疑病妄想
   D. 嫉妒妄想 E. 物理影响妄想

4. 关于精神分裂症的临床特点，错误的是
   A. 多在青壮年时发病 B. 多以急性方式起病
   C. 常有自知力丧失 D. 偏执型是最常见的类型
   E. 思维、情感、行为不协调

5. 患者，男性，16岁。近2年患者无明显原因出现与人交往减少，经常独处，有时会不明原因发笑，对家人漠不关心，生活越来越懒散。以前感兴趣的事情，现在也不做了。最可能的诊断是
   A. 重性抑郁症迟滞型 B. 中度精神发育迟滞 C. 精神分裂症紧张型
   D. 精神分裂症衰退型 E. 精神分裂症单纯型

6. 患者，女性，25岁。3d前患者受惊吓后突然不语不动，不吃不喝，肢体僵硬，口中唾液外流，不知主动吐出，晚间自己到厨房找食物。患者2年前曾有凭空闻语、捡拾垃圾等怪异行为，持续1个月好转。患者最可能的诊断是
   A. 脑器质性精神障碍 B. 精神分裂症 C. 妄想性障碍
   D. 急性应激障碍 E. 分离（转换）障碍

7. 精神分裂症的临床症状一般没有的是
   A. 意识障碍 B. 情感障碍 C. 感知障碍
   D. 思维障碍 E. 行为障碍

二、简答题

精神分裂症的临床表现有哪些？

三、案例分析题

患者，男性，30岁。近1年患者孤僻寡言，近期由于被上级领导批评后出现失眠，不上班并紧闭门窗，声称有人监视自己，在家中不敢讲话，说家中已被安装窃听器，公安人员也要逮捕自己，不吃妻子做的饭菜，认为妻子已同他人合伙在饭菜中放了毒药，因此殴打妻子。

请回答：
该患者的诊断和首选的治疗药物是什么？

（邵 岑）

第六十三章　神经症性障碍

第六十三章数字资源

学习目标

1. 知识：说出神经症性障碍的概念、常见临床类型及其临床特点，列举各类神经症需要与哪些疾病相鉴别，简单解释用于治疗神经症性障碍的各种心理治疗和药物疗法。
2. 能力：完成病史采集和体格检查，运用病史、体格检查及辅助检查结果完成对各种类型神经症的诊断，根据病情拟定初步的防治方案。
3. 素养：熟悉医疗（精神科、康复科）、教育（特殊教育机构、融合教育政策）、社会（公益组织、辅助器具资源）等支持渠道，帮助患者及家庭获取实际帮助。通过社区健康讲座等形式纠正公众误区，践行社会公平，主动抵制对患者的歧视性行为，促进社会包容环境的构建。坚守伦理底线，在评估、干预中保护患者隐私，尊重患者对治疗的自主选择权，避免"强迫矫正"。

案例 10-63-1

患者，女性，40 岁。因紧张不安、心悸、胸闷、出汗、入睡困难 6 个月就诊。1 年前患者的父亲因"心脏病"住院治疗，需要患者陪护，同时，患者的工作任务繁重，因而逐渐出现睡眠差，入睡困难，自诉睡眠质量差，白天头脑昏沉，没有精力。总是提心吊胆，内心不安，孩子上学担心路上不安全，丈夫出差害怕出事，为此坐立不安，阵发性心悸、胸闷、出汗、四肢发麻，有时持续 1 h 以上。患者感到非常痛苦，食欲差，体力弱，不能工作。门诊治疗后效果不佳。患者担心病好不了，反复诉说自己的担心和不适。每日从下午就开始紧张，担心晚上睡不着，经常哭泣，不让丈夫离开自己，否则就发脾气，认为丈夫不理解自己，又觉得自己给丈夫带来了很多麻烦。有时想要一死了之，又担心孩子还小，自己死后没人照顾。既往身体健康，无酒精及其他物质滥用史。无脑外伤及药物过敏史。否认家族成员中有精神疾病史。父母健在。体格检查无异常。心电图为窦性心律，心率 90 次/分。甲状腺功能无异常。心脏彩超无异常。肾上腺 MRI 扫描无异常。

问题与思考：
1. 初步诊断和诊断依据是什么？
2. 应与哪些疾病相鉴别？
3. 治疗原则是什么？

神经症性障碍（neurotic disorder）又称神经症，是一组精神障碍的统称，主要表现为持久的精神痛苦、焦虑、恐惧、强迫、抑郁症状等。其常见的临床类型包括恐惧症、焦虑症、强迫症、躯体形式障碍和神经衰弱 5 种。

第一节 恐惧症

恐惧症（phobia）是指患者对外界某些处境、物体或与他人交往时，产生异乎寻常的恐惧与紧张不安，可导致面红、气促、出汗、心悸、血压变化、恶心、无力甚至晕厥等表现，因而出现回避反应。患者明知这种恐惧反应是过分的或不合理的，但仍反复出现，难以控制，于是极力避免导致恐惧的客观事物或情境，或是带着畏惧去忍受，因而影响其正常活动。

【病因与发病机制】

目前恐惧症的病因尚不明确。研究表明，恐惧症可能与遗传因素、生理因素、性格因素和社会心理因素等有关。

【临床表现】

恐惧症患者所恐惧的对象可多达数百种，通常将其分为场所恐惧症、社交恐惧症和特定恐惧症3种类型。

（一）场所恐惧症

场所恐惧症又称广场恐惧症，主要表现为患者害怕处于被困、窘迫或无助的环境。患者在这些自认为难以逃离、无法获助的环境中恐惧不安。这些环境包括乘坐公共交通工具（公共汽车、火车、地铁、飞机），拥挤的人群或排队，剧院、商场、车站、电梯等公共场所，在广场、山谷等空旷地方，患者因而回避这些环境，甚至可能完全不能离家。患者常有期待性焦虑，持续地恐惧下一次发作的可能场合和后果。患者恐惧的程度可以是焦虑不安，此时称为场所恐惧不伴惊恐发作，而恐惧达到惊恐发作时称为场所恐惧伴惊恐发作。患者有信赖的亲友陪伴可以明显减少惊恐发作。

（二）社交恐惧症

社交恐惧症又称社交焦虑障碍，其核心症状是显著而持续地担心在公众面前可能出现丢脸或有尴尬的表现，担心他人会嘲笑、负性评价自己，在他人有意或无意的注视下，患者就更加拘束、紧张不安，因此常常回避社交行为。这些回避行为可严重影响患者的个人生活、职业功能和社会关系。患者出现社交焦虑的场合多为公共场合进食、公开讲话、在他人的注视下签署重要文件、遇到异性、学校环境等。

（三）特定恐惧症

特定恐惧症表现为对以上两种类型以外的某一种或少数特殊物品、生物、情境或活动的害怕。恐惧的对象通常不是事物本身，而是可能产生的可怕后果，例如不敢接触尖锐物品者害怕会用这种物品伤害他人，恐惧驾驶者担心交通事故等。

 恐惧症的分类及临床表现。

【诊断与鉴别诊断】

（一）诊断

恐惧症的诊断要点为面临某些处境、物体或与人交往时产生异乎寻常的恐惧与紧张不安，因此出现明显的主动回避行为，如不能回避，则要忍受强烈的恐惧或焦虑。病程要求症状持续6个月以上，引起痛苦或导致社交、职业、教育等其他方面的损害。

（二）鉴别诊断

1. **正常恐惧**　正常人对某些事物或场合也会有恐惧心理，关键是恐惧合理发生的频率、恐惧的程度、是否影响社会功能，是否有回避行为等，需要综合进行考虑。
2. **强迫障碍**　强迫障碍的恐惧源于自己内心的某些思想或观念，怕的是失去自我控制，并非对外界事物恐惧。
3. **精神分裂症**　恐惧症患者能够深刻认识到自己的恐惧是不合理的，而精神分裂症患者的恐惧与回避常与妄想有关，内容离奇、不可理解，痛苦体验不深刻，缺乏自知力。
4. **其他**　如广泛性焦虑症、疑病障碍、抑郁障碍的恐惧。

【治疗】

（一）心理治疗

心理治疗主要为认知行为疗法（cognitive behavior therapy，CBT），包括暴露疗法、系统脱敏疗法、放松训练及认知矫正等。

（二）药物治疗

1. **抗焦虑药**　苯二氮䓬类药物起效迅速，可减少急性期的焦虑行为，缓解预期焦虑。
2. **抗抑郁药**　抗抑郁药起效时间较长，适用于预期在较长时间内会重复暴露于恐惧情景下的患者。
3. **其他**　β受体阻断药可能对心理因素所致的震颤有效。

恐惧症的治疗。

第二节　焦虑症

焦虑症（anxiety disorder）又称焦虑性神经症，是神经症中最常见的类型，以焦虑情绪体验为主要特征。《中国精神障碍分类与诊断标准》第3版（CCMD-3）将其分为慢性焦虑（广泛性焦虑症）和急性焦虑（惊恐发作）两种形式。广泛性焦虑症（generalized anxiety disorder，GAD）是最常见的焦虑障碍，终生患病率为4.1%~6.6%。

【病因与发病机制】

目前焦虑症的病因尚不明确。研究表明，焦虑症可能与遗传因素、心理社会因素和人格基础等因素有关。

【临床表现】

（一）广泛性焦虑症

广泛性焦虑症起病缓慢，可与一些心理社会因素有关。尽管部分患者可自行缓解，但多数表现为反复发作，症状迁延，病程漫长者社会功能下降。

1. **精神性焦虑**　精神上的过度担心是焦虑症状的核心。表现为对未来可能发生的、难以预料的某种危险或不幸事件经常担心。
2. **躯体性焦虑**　表现为运动性不安与肌肉紧张。
3. **自主神经功能紊乱**　表现为心动过速、胸闷、气短、头晕、头痛、皮肤潮红、出汗或苍白、口干、吞咽梗阻感、胃部不适、恶心、腹痛、腹胀、便秘或腹泻、尿频等症状。

4. 警觉性增高　主要表现为对外界刺激敏感，易于出现惊跳反应；注意力难以集中，易受干扰；难以入睡，睡中易惊醒；易激惹等。

 广泛性焦虑症的主要临床表现。

（二）惊恐障碍

惊恐障碍的特点是莫名突发惊恐，随即缓解，间歇期有预期焦虑，部分患者有回避行为。

1. 惊恐发作　惊恐发作（panic attack）是指在无特殊的恐惧性处境时，一种突如其来的紧张、害怕、恐惧感，可有人格或现实解体。惊恐发作通常起病急骤，终止迅速，通常持续 20~30 min，很少超过 1 h，但不久可突然再发。发作期间患者始终意识清晰。

2. 预期焦虑　在发作后的间歇期仍心有余悸，担心再发和（或）担心发作的后果，不过此时焦虑的体验不再突出而代之以虚弱无力，需数小时到数日才能恢复。

3. 回避行为　60% 的患者对再次发作有持续性的焦虑和关注，害怕发作产生不幸后果。

  惊恐障碍的主要临床表现。

【诊断与鉴别诊断】

（一）广泛性焦虑症的诊断要点

必须在至少 6 个月内的大多数时间存在焦虑的原发症状，这些症状通常应包含以下要素。

1. 过度的焦虑和担忧　为将来的不幸烦恼，感到忐忑不安、注意困难等。
2. 运动性紧张　坐卧不宁、紧张性头痛、颤抖、无法放松。
3. 自主神经功能紊乱　出汗、心动过速或呼吸急促、上腹不适、头晕、口干等。

（二）惊恐障碍的诊断要点

（1）以惊恐发作为主要临床症状，并伴有自主神经功能紊乱相关症状。

（2）在至少一次惊恐发作后 1 个月之内存在：①持续担心再次发作；②担心发作的后果和可能的不良影响；③与发作相关的行为改变。

（3）排除其他临床问题，如物质使用和躯体疾病导致的惊恐发作。

（三）鉴别诊断

（1）广泛性焦虑症：需与躯体疾病相关焦虑、精神障碍相关焦虑和药源性焦虑等相鉴别。

（2）惊恐障碍：需与心血管事件、其他躯体疾病导致的惊恐发作、药物使用或精神活性物质滥用或戒断等相鉴别。

【治疗】

（一）广泛性焦虑症的治疗

广泛性焦虑症是一种慢性高复发性疾病，倡导全病程治疗。治疗方法包括健康教育、心理治疗（主要为认知行为疗法）和药物治疗。新型抗抑郁药如选择性 5-羟色胺再摄取抑制药（selective serotonin reuptake inhibitor，SSRI）、5-羟色胺去甲肾上腺素再摄取抑制剂（serotonin-noradrenalin reuptake inhibitor，SNRI）可作为药物治疗的首选。

（二）惊恐障碍的治疗

一般采取综合治疗，包括心理治疗（主要为认知行为疗法）和药物治疗。药物治疗可以缓解惊恐发作的频率和发作的严重程度，也可降低预期性焦虑、恐惧性回避，改善抑郁症状和总体功能。目前推荐首选抗抑郁药，包括 SSRI、SNRI 等均有不同程度的治疗效果。鉴于抗抑郁药物通常起效较慢，因此临床上常在治疗初期合并苯二氮䓬类药迅速控制焦虑与惊恐。

第三节 强迫症

强迫症（obsessive-compulsive disorder）是一种以反复出现的强迫观念、强迫冲动或强迫行为为特征的精神障碍。强迫症的特点是有意识的自我强迫与有意识的自我反强迫同时存在，两者的冲突导致患者焦虑不安和痛苦，明知其不合理或者毫无意义，但又无法摆脱。强迫症终生患病率为 0.8%～3.0%，平均发病年龄为 20 岁。

【病因与发病机制】

（一）遗传因素

强迫症患者一级亲属中各类精神障碍患病率均高于健康对照组。单卵双生子研究显示，强迫症患者一级亲属的总体发病率为 10.0%～22.5%，明显高于正常人群。

（二）神经生化

目前认为，许多中枢神经递质如去甲肾上腺素、多巴胺等在强迫症患者中都可能存在不同程度的异常。

（三）社会心理因素

社会心理因素主要包括心理素质因素、负性情绪、生活事件及家庭因素。许多研究表明，强迫症可与人格障碍共存，共病发生率为 33%～87%。强迫症患者的性格多表现为过敏、人际关系欠佳、情绪不稳定、空虚感、间接抵抗、工作效率差、过分追求完美、犹豫不决、严肃、古板、井井有条及力求一丝不苟等特点。

【临床表现】

（一）强迫思维

强迫思维指反复出现、持续存在、不恰当地闯入头脑中的一些想法、表象和冲动。患者能认识到这些想法是无意义的，但无法停止或控制它们。具体分类如下。

1. 强迫表象 如脑中在开始学习时反复浮现听过的歌曲的声音。
2. 强迫联想 如反复联想一系列不好的事件会发生，明知不必要，却克制不住。
3. 强迫回忆 如反复回忆曾经做过的日常琐事。
4. 强迫怀疑 如反复怀疑自己有没有锁好门、有没有关水龙头等。
5. 强迫性穷思竭虑 如反复思考"一天为什么是 24 h""为什么 1+1=2"。
6. 强迫对立思维 如说到"高尚"，立即想到"卑鄙"；说到"白天"，立即想到"黑夜"。

（二）强迫行为

1. 强迫洗涤 反复洗手、洗澡或洗衣服。
2. 强迫检查 反复检查门窗是否锁好、反复检查账单等。
3. 强迫计数 不可控制地反复数台阶、数楼层等。
4. 强迫仪式动作 如进门时先前进两步，再后退一步，走路必须左足先迈，走路要绕电线杆等，明知无意义，但不做则焦虑不安。

(三)强迫意向

在某种场合下,患者出现一种明知与自己心愿相违背的冲动,却不能控制这种意向的出现,苦恼不堪。如母亲抱小孩走到河边时,突然产生将孩子扔到河里的想法。

(四)强迫情绪

强迫情绪主要是指不必要的担心和恐惧。这种恐惧是对自己的情绪会失去控制的恐惧,如害怕自己会发疯,会做出违反法律或道德的事。

强迫症的主要临床表现。

【诊断标准】

连续2周中的大多数日子里存在强迫症状或强迫动作,或两者并存。这些症状引起痛苦或妨碍活动。强迫症应具备以下特点:①必须被看作患者自己的思维或冲动;②必须至少有一种思想或动作仍在被患者徒劳地加以抵制,即使患者不再对其他症状加以抵制;③实施动作的想法本身应该是令人不愉快的。

强迫症的诊断标准。

【鉴别诊断】

(一)抑郁障碍

抑郁障碍患者可有明显的强迫症状,强迫症患者也可以有抑郁情绪。由于抑郁障碍与强迫障碍经常同时存在,两者的鉴别可能很困难。对于急性发作的障碍,优先考虑首先出现的症状;如果两组症状都存在且都不占优势,一般最好将抑郁视为原发。对于慢性障碍,单独存在的那组症状中出现最频繁的应优先考虑诊断。

(二)精神分裂症

精神分裂症以精神分裂症状为主,可伴有强迫症状,但荒谬离奇,无痛苦体验,更无主动要求治疗的愿望。

(三)脑器质性精神障碍

如舞蹈症、脑炎和脑外伤等患者均可出现强迫症状,这些疾病患者都有较特殊的病史和体征,根据病史、阳性体征和实验室检查一般不难鉴别。

【治疗】

(一)心理治疗

1. 认知行为疗法 强迫症一线的心理治疗方法有个人或团体认知行为疗法,包括暴露和反应预防等。

2. 其他 精神分析疗法、森田疗法、厌恶疗法以及家庭疗法等。

(二)药物治疗

1. 选择性5-羟色胺再摄取抑制药 舍曲林、氟西汀、氟伏沙明和帕罗西汀是目前美国食品和药品管理局(FDA)批准的治疗强迫症的一线药物。

2. 氯米帕明 氯米帕明是中国国家食品药品监督管理总局(CFDA)批准的治疗强迫症的药

物。另外，文拉法辛、艾司西酞普兰等药物对强迫症也有一定的疗效。

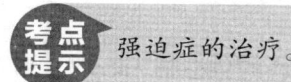 强迫症的治疗。

第四节 躯体形式障碍

躯体形式障碍（somatoform disorder）是一种以持久地担心或相信各种躯体症状的优势观念为特征的精神障碍。患者因这些症状反复就医，尽管各种医学检查的结果都是正常的，尽管医师反复说明和解释，均不能打消其疑虑。即使患者确实存在某种躯体疾病，其严重程度也远远不足以解释患者感受到的痛苦和焦虑；尽管患者症状的发生与不愉快的生活事件、艰难处境或心理冲突密切相关，但患者常常否认心理因素的存在。症状可以涉及全身各个系统和器官，可伴有明显的焦虑和抑郁。本病通常女性居多，农村女性尤为常见，患者文化程度一般偏低，暗示性较高。

【病因与发病机制】

躯体形式障碍的确切病因尚不明确。目前认为，该组障碍是整合了情绪心理学、认知行为学、神经生物学发现的生物-心理-社会因素造成的，如潜意识获益、认知作用、述情障碍、生活事件及社会文化因素。

【临床表现】

（一）躯体化障碍

躯体化障碍的表现多种多样、症状经常变化、反复出现躯体症状，症状可涉及身体的任何系统或器官，往往被患者夸大，最常见的情况是发生以下4组症状中的至少2组，共6个症状。

1. 胃肠道症状 如恶心、疼痛、呃逆、反酸、呕吐。胃肠道检查仅见浅表性胃炎或肠易激综合征，难以解释患者经常存在的严重症状。
2. 呼吸、循环系统症状 如心悸、胸闷。
3. 泌尿、生殖系统症状 如尿频、月经紊乱。
4. 皮肤症状及疼痛症状 如瘙痒、烧灼感、刺痛、麻木感及酸痛。

体格检查和实验室检查不能发现与这些症状相关的躯体疾病的证据。虽然如此，患者仍深感痛苦，不断求医，各种医学检查的正常结果和医师的合理解释均不能打消其疑虑，且病程必须持续2年以上。

（二）躯体形式自主神经功能紊乱

躯体形式自主神经功能紊乱是指一种由自主神经支配的器官系统（心血管、胃肠道、呼吸系统及泌尿生殖系统）发生躯体障碍所致的神经症样综合征。患者在自主神经功能紊乱症状（心悸、出汗、面红、胃肠胀气、心因性尿频和排尿困难、震颤）基础上，又发生了非特异的，但更有个体特征和主观性的症状，如部位不定的疼痛、烧灼感、沉重感、紧束感、肿胀感，患者把这些症状归于某一特定的器官或系统，经检查，这些症状都不能证明有关器官和系统发生了躯体障碍。

（三）持续性躯体形式疼痛障碍

持续性躯体形式疼痛障碍是一种不能用生理过程或躯体障碍予以合理解释的持续、严重的疼痛。情绪冲突或心理社会问题与疼痛发生有关。患者声称疼痛剧烈，但缺少器质性疼痛时所伴有的那些生理反应。患者主诉最多的是头痛、腰背痛、慢性盆腔疼痛及不典型的面部疼痛，疼痛的时间、性质、部位常常变化，镇痛药治疗往往无效。经过检查未发现相应主诉的躯体病变。病程迁延，常持续6个月以上，并使社会功能受损。

（四）未分化的躯体形式障碍

如果躯体主诉具有多样性、变异性和持续性，但又不足以构成躯体化障碍的典型临床表现，则应考虑本诊断。例如，不存在戏剧性的、有力的主诉形式，主诉的症状相对较少，或完全不伴发社会和家庭功能损害。假定的心理原因的根据可有可无，但做出精神科诊断的症状必须没有躯体疾病基础。

 躯体形式障碍的主要症状。

【诊断与鉴别诊断】

（一）诊断依据

（1）存在各式各样、变化多端的躯体症状至少2年，且未发现任何恰当的躯体解释。

（2）不断拒绝多名医师关于其症状没有躯体解释的忠告与保证。

（3）症状及其所致行为造成一定程度的社会和家庭功能损害。

 躯体形式障碍的诊断依据。

（二）鉴别诊断

1. 躯体疾病　长期患躯体形式障碍的患者与其同龄人一样有同等机会发生其他独立的躯体疾病，如果患者躯体症状主诉的重点和稳定性发生转化，这提示可能有躯体疾病，应考虑进一步检查和会诊。如长期主诉消化道不适的患者经过几年甚至几十年，仍有发生消化道癌症的可能，随着疾病病程的延长，要警惕潜在的躯体疾病的患病风险。

2. 抑郁、焦虑障碍　躯体形式障碍通常伴有程度不等的抑郁和焦虑，如果抑郁和焦虑本身在严重程度和持续时间上不足以诊断，则不必分开诊断。40岁以后发病的多种躯体症状可能是原发抑郁障碍的早期表现。

3. 精神分裂症　精神分裂症患者早期也可出现疑病观念，并可发展为疑病妄想。但精神分裂症的疑病症状表现古怪，并同时伴有思维障碍、情感不协调、无自知力等，均可作为鉴别诊断依据。

【治疗】

躯体形式障碍的治疗较困难，一般采取以下治疗方法。

（一）心理治疗

1. 认知行为疗法　认知行为疗法被认为是目前躯体形式障碍有效的治疗手段，可以减少躯体形式症状。

2. 支持性心理治疗　支持性心理治疗可以帮助患者重新树立信心并得到鼓舞，以及促使他们对治疗计划的其他方面予以配合。

（二）药物治疗

可以使用选择性5-羟色胺再摄取抑制药或其他抗抑郁药、苯二氮䓬类药物等缓解患者的焦虑与抑郁情绪，以达到改善不良情绪的目的。另外，对确实难以治疗的病例，可以使用小剂量非典型抗精神病药，如喹硫平、利培酮，以提高疗效。

（三）其他治疗

生物反馈治疗、音乐治疗、全身放松训练、频谱治疗以及某些物理治疗（如改良电休克治疗）可以帮助患者放松，改善焦虑和疼痛。

 躯体形式障碍的治疗方法。

第五节 神经衰弱

神经衰弱（neurasthenia）是由于高级神经系统长期持续过度紧张，引起大脑功能轻度紊乱而出现的精神状态。通常表现为精神容易兴奋和脑力容易疲劳，常伴有情绪烦躁、睡眠障碍、精力不足及各种躯体症状。神经衰弱青壮年好发，在脑力工作者中较常见。

【病因与发病机制】

神经衰弱的发病通常是多因素相互影响的结果，主要包括精神因素和个性特征等。凡是能引起持续紧张情绪和长期内心冲突的因素，如学习、工作过度紧张，长期思想矛盾，都可诱发神经衰弱。具有内向、自卑、敏感、多疑等性格特点的人更容易出现神经衰弱。

【临床表现】

1. 衰弱症状　患者常感到精力不足、萎靡不振、反应迟钝、困倦思睡、注意力不集中，工作效率降低，即使得到充分休息，仍然有疲劳感。

2. 兴奋症状　患者在读书、看报、看电视节目或听他人讲述故事时，特别容易兴奋，思维很活跃，会不自主地回想或联想。对紧要事情的指向性思维却感到非常吃力。睡眠前多浮想联翩，难以入睡，有的对声音、光亮都很敏感。

3. 情绪症状　特别容易烦恼和激动，烦恼内容多涉及生活琐事，易伤感、落泪。有的患者疑虑重重，紧张不安；有的患者心境抑郁、悲观失望；有的患者总有抱怨情绪，把自己疾病的起因归咎于他人；有的患者存在疑病心理，认为自己患了严重的不治之症。

4. 紧张性疼痛　患者常因情绪不悦而头痛、头胀，头部有紧压感，颈项僵硬，腰背疼痛，或感四肢肌肉疼痛、发麻。

5. 睡眠障碍　常见入睡困难，辗转反侧，心烦意乱，或睡眠很浅，多梦易醒，似乎整夜未曾入睡。多数患者睡醒后不能解乏，仍感困倦，也有的白天嗜睡、迷糊，晚间上床后又很难入睡，有的缺乏真实的睡眠感。

6. 自主神经功能紊乱　自主神经功能紊乱表现为各种身体的不适症状，如循环系统的心悸、呼吸系统的胸闷及憋气、消化系统的食欲缺乏及恶心。

 神经衰弱的临床表现。

【诊断与鉴别诊断】

（一）诊断标准

目前多采用《中国精神障碍分类与诊断标准》第3版（CCMD-3）（ICD-10及之后的版本取消了神经衰弱这一诊断）。

（1）至少具备下列4组症状中的3项方可诊断为神经衰弱

1）衰弱症状：精神疲乏、脑力迟钝、注意力难以集中、记忆困难、工作和学习不能持久。

2）兴奋症状：工作、学习、用脑均可引起兴奋，回忆及联想增多，自己控制不住，可对声、光敏感，并且语言增多。

3）情绪症状：紧张、易激动、烦恼。

4）心理症状：紧张性疼痛（头痛、腰背或肢体痛），睡眠障碍（如入睡困难、多梦、易醒、醒后乏力），自主神经功能障碍（如心悸、多汗）。

（2）病程迁延至少3个月，病情常有波动。休息后减轻，工作、学习紧张时加重。

（3）如伴有焦虑情绪，往往是短暂的、轻微的，在整个病程中不占主导地位。

（二）鉴别诊断

神经衰弱在诊断时应注意与疲劳综合征、应激综合征、躯体疼痛、药物中毒、抑郁症、精神分裂症及心理障碍等疾病相鉴别。

【治疗】

（一）心理治疗

主要采取认知行为疗法、森田疗法、放松疗法等。

（二）药物治疗

根据患者的症状，可酌情使用抗焦虑药、抗抑郁药、镇静药等。

（三）其他治疗

开展运动治疗和文娱疗法，对病情有所帮助。

自 测 题

一、选择题

1. 神经症的共同特征不包括
   A. 起病与心理素质、人格特征和社会心理因素均有关
   B. 症状表现多样，包括精神病性症状
   C. 社会功能可明显受损
   D. 自知力存在，有求治要求
   E. 病程多迁延

2. 有关惊恐障碍的特点，不包括
   A. 呈发作性，一般持续5~20 min
   B. 突然的惊恐体验，伴濒死感、窒息感或失控感
   C. 发作时可有轻度意识障碍，事后不能回忆
   D. 有回避行为
   E. 为焦虑症的一种类型

3. 患者，女性，18岁。近2周无诱因担心自己会从窗口跳下或跳进河里，整日陷于这两种担忧中，希望自己待在没有窗户的房间里，免得有冲动之举。该患者的此种情况为

    A. 强迫观念　　　　　　　　B. 强迫意向　　　　　　　　C. 强迫行为

    D. 强迫恐惧　　　　　　　　E. 妄想知觉

4. 神经衰弱的常见症状不包括

    A. 易兴奋　　　　　　　　　B. 易疲劳　　　　　　　　　C. 食欲减退

    D. 躯体不适症状　　　　　　E. 易激惹

5. 神经衰弱的核心症状为

    A. 精神疲劳　　　　　　　　B. 易兴奋　　　　　　　　　C. 易紧张

    D. 紧张性头痛　　　　　　　E. 睡眠多梦

6. 应首先与急性惊恐发作相鉴别的疾病是

    A. 呼吸系统疾病　　　　　　B. 心血管系统疾病　　　　　C. 消化系统疾病

    D. 泌尿系统疾病　　　　　　E. 骨髓疾病

7. 广泛性焦虑症的诊断依据是

    A. 持续的有明确对象的恐惧　　　　　　　　B. 濒死感或窒息感

    C. 入睡困难　　　　　　　　　　　　　　　D. 病程超过6个月

    E. 精神易兴奋

8. 场所恐惧症的恐惧对象不包括

    A. 广场　　　　　　　　　　B. 高处　　　　　　　　　　C. 剧场

    D. 雷电　　　　　　　　　　E. 公共汽车

9. 焦虑症和恐惧症均以焦虑为核心症状，但焦虑症的特点为

    A. 无明确对象　　　　　　　B. 突然发生　　　　　　　　C. 伴自主神经功能紊乱症状

    D. 有预期性焦虑　　　　　　E. 抗焦虑药有效

10. 患者，女性，19岁，学生。近1年患者脑中经常反复思考问题，如做数学题时，反复核对答案，明知不对，但又无法控制。最可能的诊断是

    A. 神经衰弱　　　　　　　　B. 焦虑症　　　　　　　　　C. 癔症

    D. 强迫症　　　　　　　　　E. 精神分裂症

11. 患者，女性，25岁，半年前离婚。某日下班后回到家中突然出现强烈的恐惧感，如大祸临头，同时心悸、胸闷、呼吸困难、有窒息感、全身多汗、面红、手足发麻、四肢颤抖，5~6 min后逐渐平静。最可能的诊断是

    A. 恐惧症　　　　　　　　　　　　　　　　B. 精神分裂症

    C. 慢性焦虑症　　　　　　　　　　　　　　D. 心理生理障碍

    E. 惊恐发作

12. 患者，女性，40岁。10年前因胆结石行胆囊切除术，术后病情痊愈。2年前患者单位倒闭，患者被安排到另一单位做门卫，觉得很没面子，但为生活着想又不得不去上班。1年前患者出现胆囊区皮肤触摸疼痛、腹胀不适、伴阵发性心悸、胸闷、失眠、心情不佳。患者四处求医，反复做腹部B超、胃镜、心电图、全套血液生化检查，结果均正常。服过一些药物，病情时好时坏。患者不相信任何检查结果及医师的解释，仍要继续医治。该患者的诊断是

    A. 抑郁症　　　　　　　　　B. 焦虑症　　　　　　　　　C. 强迫症

    D. 胆囊切除术后综合征　　　E. 躯体形式障碍

13. 患者反复出现一些想法，明知不必要或不合理，但无法控制。该症状为

    A. 联想散漫　　　　　　　　B. 思维插入　　　　　　　　C. 思维奔逸

    D. 强制性思维　　　　　　　E. 强迫性思维

14. 强迫症的主要特点是
    A. 强迫症状内容较固定
    B. 患者体验到的观念或冲动来源于自我
    C. 患者有深刻的焦虑和痛苦感受
    D. 患者意识到强迫症状的异常性
    E. 有意识的自我强迫和反强迫并存

二、简答题

1. 强迫症有哪些临床表现?
2. 恐惧症的分类和临床特点是什么?

三、案例分析题

患者,男性,32岁,未婚,公司部门经理。3个月前患者在一次会议发言时因准备不充分而出现紧张、不自然、面红,以后不敢当众发言,否则会有出汗、头晕、心悸、恶心等身体不适感。为此影响正常的工作。

请回答:
该患者最可能的临床诊断和治疗原则是什么?

(邵 岑)

第六十四章 阿尔茨海默病

第六十四章数字资源

学习目标

1. 知识：说出阿尔茨海默病的概念、流行病学特点和病理学特征，识别阿尔茨海默病早期症状及典型表现，列举该病需要与哪些疾病相鉴别，解释阿尔茨海默病的治疗和预防原则。

2. 能力：完成病史采集并使用认知功能评估量表，运用病史、体格检查及辅助检查结果对阿尔茨海默病做出初步诊断，根据病情拟定初步防治方案。

3. 素养：共情患者因记忆、语言、定向力障碍导致的"身份感模糊"（如不认识家人、无法表达需求），避免将其行为异常简单归为"固执"或"故意捣乱"。践行"以人为本"的尊重意识，尊重患者的残存能力与尊严，避免过度替代或忽视其主观意愿。当患者因认知障碍无法自主决策时（如治疗选择），需在法律框架下（如监护人制度）兼顾其基本权利与安全需求，避免过度干预或放任风险。消除社会偏见，摒弃"老糊涂"等歧视性认知，认识到患者仍是具有情感需求的独立个体。

案例 10-64-1

患者，男性，72岁，退休教师。4年前家人发现患者常丢三落四，东西放下就忘，常把发生过的事情记混淆、记错。近1年多，患者病情加重，自己放的东西找不到了，认为是被他人偷走了。计算能力下降，买东西常给错钱。凭空听到有人敲门的声音，认为有人要来害他。为此变得紧张、害怕、孤僻，不主动与他人来往，对亲戚朋友表现冷漠。晚上常起来反复开门要出去，说自己要去单位上班，曾走失1次。近1周，患者病情加重，说自己的老伴是其妹妹等。晚上不睡觉，反复收拾衣物要出门，态度固执，情绪不稳，发脾气，骂人。凭空看见家里有好多人，家人无法管理。既往史：无高血压、脑血管疾病史。否认脑外伤、脑肿瘤等病史。家族史：其父亲于81岁时患阿尔茨海默病，85岁时去世。体格检查及神经系统检查无明显阳性体征。实验室检查：①血、尿、粪便常规检查正常；②心电图：窦性心律，ST-T改变。③头颅CT：脑沟增宽，脑萎缩。

问题与思考：

1. 初步诊断和诊断依据是什么？应与哪些疾病相鉴别？
2. 为明确诊断，需要进一步做哪些检查？
3. 治疗原则是什么？

阿尔茨海默病（Alzheimer disease，AD）是一种起病隐袭、进行性发展的慢性神经退行性疾病，临床上以记忆障碍、失语、失认、失用、视空间功能障碍、执行功能障碍等为特征，同时还伴有精神行为异常和社会生活功能减退。1906年，德国神经精神病学家Alzheimer报告了首例患者，对患者大脑进行病理解剖时发现了该病的特征性病理变化，即神经炎性斑（老年斑）、神经原纤维缠结和神经元脱失。

阿尔茨海默病是老年期最常见的痴呆类型，占老年期痴呆的50%~70%。国内外的患病率研究显示，65岁以上的老年人中阿尔茨海默病患病率为2%~5%。女性高于男性，患病率随年龄的增长而增加，年龄越大，患病率越高。60岁以上的老年人群，每增加5岁，患病率约增加1倍。

【病因与发病机制】

阿尔茨海默病的发病机制尚无定论，一般认为是老化、遗传和环境多种因素的共同结果。目前也有多种学说试图阐明其发病机制，主要包括β-淀粉样蛋白瀑布假说和Tau蛋白异常磷酸化假说等。

【临床表现】

阿尔茨海默病通常隐匿起病，病程呈持续进行性进展。临床表现可分为认知功能缺损症状和非认知功能缺损的精神行为症状，两者都将导致社会生活功能减退。

（一）认知功能缺损症状

1. 记忆减退　近记忆减退常为首发症状，主要特点为对新近学习的知识很难回忆；随着病情的发展，可出现远期记忆减退。定向障碍较早出现，并可出现错构、虚构症状。

2. 语言障碍　主要表现为失语，包括找词能力、造句和论述能力减退等。

3. 失认症　无视觉、听觉、躯体感觉障碍，但不能通过某种感觉辨认熟悉的物体，却能通过其他感觉识别。如看到手表不知为何物，但触摸和聆听可以辨认；不认识回家的路。

4. 失用症　失用症指感觉、肌力和协调性运动基本正常，但不能进行有目的性的活动，如不会使用手机、牙刷。

5. 执行功能障碍　执行功能障碍指多种认知活动不能协调有序地进行，包括动机、抽象思维、复杂行为的资质、计划和管理能力等高级认知功能。

（二）精神行为症状

1. 精神病性症状　精神病性症状主要指幻觉和妄想，常见的幻觉为幻视、幻听。常见的妄想内容多为被害妄想、被窃妄想以及嫉妒妄想。

2. 情感症状　主要表现为焦虑、抑郁、情感淡漠等症状，情绪低落严重者有自杀观念甚至有自杀行为，也可出现情绪不稳、发脾气、易激惹、冲动等。情感淡漠表现为对日常活动和个人照料缺乏兴趣、社交活动减少、面部表情贫乏、语调变化减少、情感反应减弱及缺乏动机等。

3. 人格改变　人格改变常见，可变得墨守成规、固执、自私，也可变得不修边幅、捡脏烟头抽，拾破烂视为珍宝收藏，或当众大小便等。

4. 其他　表现为无目的行为增多，如反复叠被子，穿脱衣服。睡眠障碍，正常睡眠节律发生紊乱或颠倒，如晚上不睡，到处走动，翻东西，白天则精神萎靡不振，瞌睡打盹。

（三）神经系统症状和体征

轻、中度患者常没有明显的神经系统体征。少数患者有锥体外系受损的体征。重度或晚期患者可出现原始反射，如强握反射、吸吮反射。晚期患者最明显的神经系统体征是肌张力增高，四肢屈曲性僵硬，呈去皮质强直。

阿尔茨海默病的主要症状。

【辅助检查】

（一）脑电生理检查

阿尔茨海默病早期脑电图改变主要是波幅降低和 α 节律减慢。

（二）脑影像学检查

CT 对阿尔茨海默病的诊断与鉴别诊断很有帮助。脑 CT 的突出表现为皮质性脑萎缩和脑室扩大，伴脑沟裂增宽。颞叶特别是海马结构的选择性萎缩是阿尔茨海默病的重要病理变化，MRI 能比 CT 更早地探测到此变化。

（三）脑脊液检查

阿尔茨海默病患者的脑脊液常规检查一般没有明显异常。

（四）神经心理学检查

对阿尔茨海默病的认知评估领域应包括记忆功能、言语功能、定向力、应用能力、注意力、知觉（视、听、感知）和执行功能 7 个领域。临床上常用的工具包括简易精神状态检查量表（MMSE）、蒙特利尔认知测验（MoCA）等。

【诊断与鉴别诊断】

（一）诊断要点

1. 存在痴呆。
2. 隐匿起病，病情进展缓慢。
3. 无临床依据或特殊检查的结果能够提示精神障碍是由其他可引起痴呆的全身性疾病或脑的疾病所致（如甲状腺功能减退、高血钙、维生素 B_{12} 缺乏、烟酸缺乏、神经梅毒、正常压力脑积水或硬膜下血肿）。
4. 缺乏卒中样发作，在疾病早期无局灶性神经系统损害的体征，如轻瘫、感觉丧失、视野缺损及共济失调（晚期可出现）。

在部分病例，阿尔茨海默病的特点和血管性痴呆的特点会同时出现，这些病例应作双重诊断。如果血管性痴呆发生在阿尔茨海默病之前，则根据临床表现也许无法做出阿尔茨海默病的诊断。

阿尔茨海默病可与血管性痴呆共存，例如脑血管疾病发作（多发性梗死症状）附加于阿尔茨海默病的临床表现和病史之上，这样的发作会引起痴呆症状的突然变化。据尸体解剖发现，两型共存者占痴呆病例总体的 10%~15%。

 阿尔茨海默病的诊断要点。

知识链接

年龄相关记忆障碍（AAMI）

1. 年龄至少 50 岁。
2. 主诉日常生活中逐渐出现记忆减退（如记名字困难、将东西放错）。
3. 记忆减退的心理测验证据，如公认的标准化测验操作分比年轻人平均值至少低一个标准差。
4. 总的智力功能无损。
5. 无痴呆的证据。

6. 现在和过去无任何可引起认知障碍的内科疾病、神经病或精神病，包括精神活性物质使用，也无 1 h 以上意识丧失的脑外伤。

年龄相关记忆障碍与早期痴呆鉴别可能存在困难，需长期随访，才能做出正确的判断。

> **知识链接**
>
> **轻度认知障碍（MCI）**
>
> 轻度认知障碍是介于正常衰老和痴呆之间的一种认知功能损害状态。其诊断标准是：
> 1. 有记忆障碍的主诉，最好有知情者证实。
> 2. 可查出与年龄和教育程度不相符的客观记忆损害。
> 3. 总体认知功能基本正常。
> 4. 日常生活能力大致正常。
> 5. 不够痴呆诊断标准。

（二）鉴别诊断

1. **血管性痴呆（vascular dementia，VD）** 血管性痴呆与阿尔茨海默病的鉴别列于表 10-64-1。

表 10-64-1 血管性痴呆与阿尔茨海默病的鉴别

鉴别项目	血管性痴呆	阿尔茨海默病
起病	较急，常有高血压史	隐匿
病程	呈波动或阶梯恶化，可有多次脑卒中发作，脑血液循环改善后症状可减轻	病情缓慢、进行性发展
早期症状	神经衰弱综合征	近记忆障碍
精神症状	以记忆障碍为主的局限性痴呆	全面性痴呆
	判断力、自知力保持持久	早期即丧失自知力
	个性改变不明显	个性改变较血管性痴呆早，并日渐加重
	主要为识记及近记忆障碍	远、近记忆均差
	情感脆弱	情感淡漠或欣快
神经症状或体征	局限性症状和体征，如失语、失用、偏瘫、癫痫发作，病理反射	早期无
CT 检查	多发梗死、腔隙和软化灶	弥漫性脑萎缩、脑室扩大、伴脑沟裂增宽

2. **额颞叶痴呆** 额颞叶痴呆比阿尔茨海默病少见，其早期表现主要是行为和情绪改变或者语言障碍，而记忆障碍通常是阿尔茨海默病的首发症状。额叶和颞叶萎缩是额颞叶痴呆的特征，而脑广泛性萎缩和脑室对称性扩大多见于阿尔茨海默病。

3. **进行性核上性麻痹** 进行性核上性麻痹以眼球运动障碍、皮质下痴呆，并伴有锥体外系症状为其临床特征，为典型的皮质下痴呆。

4. **抑郁障碍** 老年性抑郁可表现为假性痴呆，容易与阿尔茨海默病相混淆。患者可有抑郁病史，认知缺陷也不像阿尔茨海默病那样呈进展性全面性恶化。定向力、理解力通常较好，没有明显的行为缺陷。抗抑郁治疗效果良好。

5. 帕金森病　阿尔茨海默病的首发症状为认知功能减退，而帕金森病的最早表现为锥体外系症状。帕金森病患者中有震颤者高达96%，阿尔茨海默病患者即使合并有锥体外系症状，也很少有震颤。

6. 其他疾病　如脑肿瘤、脑积水、感染性脑病等其他器质性疾病引起的痴呆。

【治疗】

阿尔茨海默病目前尚无特效治疗方法，目前的治疗基本上是对症治疗，主要包括药物治疗、心理社会治疗及支持治疗等。

（一）药物治疗

1. 胆碱酯酶抑制药　如多奈哌齐、卡巴拉汀。
2. 谷氨酸受体拮抗药　如美金刚。
3. 精神行为症状治疗　如有兴奋、行为紊乱、幻觉、妄想等难以管理者，可给少量利培酮、喹硫平、奥氮平等，待症状控制或改善后应及时减量或停药。如有抑郁、焦虑等情绪，可给予少量舍曲林、西酞普兰等。
4. 其他药物辅助治疗　如银杏叶提取物、尼麦角林、吡拉西坦。

（二）心理社会治疗

心理社会治疗的目的主要是尽可能维持患者的认知和社会生活功能，保证患者的安全和舒适，同时让家属或照料者知晓基本的护理原则和疾病的预后及转归。

自　测　题

一、选择题

1. 阿尔茨海默病的早期症状主要为
    A. 性格改变　　　　　　B. 记忆减退　　　　　　C. 情绪急躁、易怒
    D. 幻觉　　　　　　　　E. 妄想
2. 阿尔茨海默病和血管性痴呆的共同点是
    A. 常有妄想　　　　　　B. 早期出现人格改变　　C. 有意识障碍
    D. 有记忆障碍和智能障碍　E. 常有错觉、幻觉
3. 阿尔茨海默病区别于血管性痴呆的特点为
    A. 常有妄想　　　　　　B. 早期出现人格改变　　C. 有意识障碍
    D. 有记忆障碍和智能障碍　E. 常有错觉、幻觉
4. 患者，男性，59岁。进行性记忆力下降6个月。怀疑有人偷自己的东西，认为爱人对自己不忠诚，常与邻居发生争执，有时尾随年轻女性，行为幼稚、任性。家人无法管理而让其住院治疗。既往无脑血管疾病史。生命体征及神经系统检查正常。该患者最可能的诊断是
    A. 偏执型精神病　　　　B. 血管性痴呆　　　　　C. 中毒性脑病
    D. 阿尔茨海默病　　　　E. 精神分裂症
5. 患者，男性，55岁。确诊为阿尔茨海默病2年，近期家属发现患者出现新的症状，经常叫不上物品的名字，如要手机，就说"那个输入数字，按一下可以跟他人讲话的"。此症状属于
    A. 失用症　　　　　　　B. 失认症　　　　　　　C. 认知障碍
    D. 判断障碍　　　　　　E. 语言障碍

6. 患者，女性，72岁。因记忆力进行性下降、失语、经常外出后迷路不归，诊断为阿尔茨海默病。治疗该疾病目前最常用的药物是
   A. 氯米帕明　　　　　B. 阿米替林　　　　　C. 氟西汀
   D. 多奈哌齐　　　　　E. 丁螺环酮

二、简答题

1. 阿尔茨海默病的临床表现有哪些？
2. 如何鉴别血管性痴呆与阿尔茨海默病？

三、案例分析题

患者，女性，69岁。近3年患者逐渐出现特别好忘事，做事经常丢三落四，检查未发现有器质性疾病，近1年不会自己穿衣服，有时把裤子当上衣穿，有时对着镜子中的自己问"你是谁"，2周前一个人跑出家门，找不到回家的路，说不清地址，说不出自己的名字，幸被邻居碰上才未发生意外。

请回答：
该患者的诊断和治疗原则是什么？

（邵　岑）

第十一篇

理化因素所致疾病

第六十五章 总论

第六十五章数字资源

学习目标

1. 知识：说出可致病的理化因素，列举理化因素所致疾病的防治原则，解释理化因素所致疾病的致病机制，分析理化因素所致疾病的诊断原则。
2. 能力：根据理化因素所致疾病的致病原因、受损靶部位、剂量与效应关系和流行病学调查分析做出初步诊断，根据病情拟定治疗计划，正确评估预后，对患者进行健康教育。
3. 素养：认识到理化因素所致疾病的社会性（如环境污染对群体健康的影响、食品安全中的化学污染物问题），主动参与健康知识宣传、社区防控等公益活动。将个体病例分析与群体预防相结合，为制定公共卫生政策（如毒物管控标准、高温作业防护规范）提供实践依据。面对突发公共卫生事件（如群体性中毒、工业事故导致的群体暴露）时，能快速判断事态严重程度，协同团队启动应急响应。了解相关法律法规，在职业中毒诊断、事故报告等环节中依法行事，避免法律风险。

在人类生活的自然环境中，存在着许多对身体健康有害的物理因素（温度、气压、电流、电离辐射、噪声和机械力等）和化学因素（强酸、强碱、化学毒物、动植物的毒性物质）。本篇重点论述几种常见理化因素所致的疾病。

【致病因素】

（一）物理因素

1. 高温　高温作用于人体可引起中暑（heat illness）或烧伤（burn）。
2. 低温　在低温环境中停留时间较长，造成冻僵（frozen rigor）。
3. 低气压　在高山、高原或高空停留，低气压可导致人体急性缺氧而发生急性高原病（acute high altitude sickness）。
4. 高气压　水下作业，气压过高，返回地面速度过快时，易发生减压病，因为溶解在血液和组织中的氮气迅速释放出来形成气泡，发生栓塞，导致血液循环障碍和组织损伤。
5. 噪声　长期生活在噪声环境中可引发神经性耳聋。
6. 震动　由于颠簸、摇动和旋转等引起晕车、晕船或晕机，即晕动病，主要与前庭神经功能障碍等因素有关。
7. 电离辐射　电离辐射可干扰骨髓造血功能，严重者可引发再生障碍性贫血。
8. 其他　高频波、微波、激光等损害可引起神经症。紫外线可引起电光性眼炎、皮炎、雪盲。电击和溺水可引发呼吸及心搏骤停。

（二）化学因素

化学因素可来源于自然界（重金属、有毒的动植物毒素），也可来自工业产品（农药、药物、有机溶剂）生产中产生的"三废"（即废水、废气和废渣）污染。因许多无机和有机化学物质具有毒性，称为"毒物"。毒物（poison）可通过呼吸道、消化道或皮肤和黏膜等途径进入人体引起中毒（poisoning）。

（1）对于工农业生产、储存、运输过程中的有机溶剂、刺激性气体、窒息性毒物、农药等，如果管理不善，可造成急、慢性中毒。

（2）家庭生活中所使用的清洁剂、有机溶剂、杀虫药、药物等误服或故意吞服可导致急性和慢性中毒。过量饮酒或酗酒可导致急、慢性酒精中毒。

【诊断原则和防治原则】

（一）诊断原则

1. 寻找致病原因　此类疾病都在一定环境条件下发病，多数病因明确并有相应的检测方法。
2. 受损靶部位　多种毒物都有其作用的靶器官和部位，通过其特异性的临床表现，可判断病因。如有机磷农药吸收后抑制胆碱酯酶（ChE）的活性；慢性苯中毒的靶器官是骨髓。
3. 剂量与效应关系　根据接触的时间、剂量与临床表现是否相关，可作为明确诊断及判断预后的依据。
4. 流行病学调查分析　大多数理化因素所致疾病的特点是在同一时间可能有多数人发病，利用人群发病情况的流行病学调查方法，有助于明确环境中的致病因素和预防发病。
5. 实验室毒物检测

（二）防治原则

1. 迅速离开有害环境和危害因素　这是治疗理化因素所致疾病的首要措施。可通过清洗、催吐、洗胃、导泻、灌肠等多种方法清除毒物，对吸收入血的毒物，采用血液净化疗法等。发现中暑或电击伤患者，立即转移到安全环境，再施行急救复苏措施。平时应加强教育，防患于未然。
2. 稳定生命体征　理化因素所致疾病患者易出现神志、呼吸和循环障碍或衰竭，生命体征常不稳定，所以要密切观察病情变化，稳定生命体征。
3. 针对病因与发病机制治疗　针对病因与发病机制选择正确的施救方法、特效解毒药和拮抗药。
4. 对症和支持治疗　理化因素所致疾病多无特效疗法，大都采取对症治疗措施，以减轻患者的痛苦。

自　测　题

一、选择题

不是理化因素所致疾病的物理致病因素的是
　　A. 高温　　　　　　　　B. 低温　　　　　　　　C. 高气压
　　D. 噪声　　　　　　　　E. 杀虫药

二、简答题

1. 理化因素所致疾病的致病因素有哪些？
2. 理化因素所致疾病的防治原则有哪些？

（陈喜苹）

第六十六章 中毒

第六十六章数字资源

学习目标

1. 知识：说出急性中毒和慢性中毒的特点，列举引起中毒的病因，解释临床中毒发生的机制，分析有机磷农药中毒、急性一氧化碳中毒、急性酒精中毒和毒蛇咬伤中毒的临床表现特点。

2. 能力：根据急性和慢性中毒患者的接触史、临床表现和各项辅助检查做出初步诊断，根据病情拟定治疗计划，正确评估预后，对患者进行健康教育。

3. 素养：多数中毒是可预防的（如儿童误服药物、农民违规使用农药），学习者需跳出"仅关注救治"的局限，具备主动参与预防的社会责任感，能识别高风险人群（如老年人易误服药物、化工从业者接触有毒原料等），有针对性开展宣传教育。当发现疑似投毒、职业中毒等涉及法律的情况时，能及时向相关部门报告，避免隐瞒或违规处理。毒物种类不断更新（如新型精神活性物质、工业新化学品），救治技术也在迭代（如血液净化模式的优化、解毒剂的研发），学习者需具备终身学习与创新意识。

案例 11-66-1

患者，男性，30岁，在田间喷洒农药，3 h 后昏倒在地，现场人员将其急送医院。体格检查：T 36.8 ℃，P 88次/分，R 24次/分，BP 90/60 mmHg。神志不清，大汗淋漓，口吐白沫，呼吸困难，呼气有大蒜味。肌肉间断颤动，四肢抖动。瞳孔如针尖样，对光反射迟钝，双肺可闻及湿啰音。实验室检查：全血胆碱酯酶活力值为30%。

问题与思考：
1. 初步诊断和诊断依据是什么？
2. 应与哪些疾病相鉴别？
3. 为明确诊断，需要进一步做哪些检查？
4. 治疗原则是什么？

第一节 概 述

进入人体的化学物质，达到中毒剂量，产生组织和器官损害引起的全身性疾病称为中毒。引起中毒的化学物质称为毒物。根据毒物来源和用途分为工业性毒物、药物、农药、有毒动植物。

根据毒物的毒性、接触剂量和时间不同，中毒可分为急性和慢性两大类。急性中毒是指在短时间内吸收超限量毒物引起急性病理变化而出现的临床表现，有起病急、病情重、变化快、如不积极治疗可危及生命等临床特点。慢性中毒是指长时间暴露，毒物进入人体蓄积中毒而出现的临床表现，有起病慢、病程长、常缺乏特异性中毒症状等临床特点，容易误诊和漏诊。

【病因】

（一）职业性中毒

在生产、储存、运输和使用等过程中，如不严格遵守劳动安全防护制度，暴露于有毒原料、中间产物或成品，可发生中毒现象。

（二）生活性中毒

在误食、意外接触、用药过量、自杀或谋杀等情况下，过量毒物进入人体引起中毒。

【发病机制】

（一）中毒机制

中毒机制主要有以下几个方面：①强酸、强碱的局部刺激及腐蚀作用。②组织和器官缺氧：一氧化碳、硫化氢、氰化物等毒物阻碍氧的吸收、转运或利用。③麻醉作用。吸入亲脂性强的有机溶剂和麻醉药后，可抑制脂类含量较高的脑组织，产生脑功能抑制作用。④抑制酶的活性。⑤干扰细胞或细胞器的生理功能。⑥受体的竞争作用：如阿托品过量时，通过竞争性阻断毒蕈碱受体而产生毒性作用。

（二）影响毒物作用的因素

1. 毒物的理化性质　毒物的理化性质与其化学结构有密切关系，颗粒越小、挥发性越强、溶解度越大，则越容易被吸入，毒性越大。

2. 个体的易感性　与性别、年龄、营养和健康状况、生活习惯等因素有关。

3. 毒物相互影响　同时摄入2种或2种以上毒物时，有可能产生毒性相加或抵消作用，如一氧化碳可以增强硫化氢的毒性作用，酒精可以增强四氯化碳或苯胺的毒性作用。

（三）毒物的吸收、代谢和排出

毒物可以通过呼吸道、消化道、皮肤及黏膜等途径进入人体引起中毒。毒物对机体产生毒性作用的快慢、强度和表现与毒物侵入途径和吸收速度有关。①消化道：是生活中毒的常见途径，例如有毒食物、镇静催眠药等常经口摄入中毒。②呼吸道：因肺泡表面积较大和肺毛细血管丰富，经呼吸道吸入的毒物与经消化道吸收入血的速度相比快20倍，能迅速进入血液循环发生中毒，因此患者中毒症状严重，病情发展快，如一氧化碳中毒。③皮肤及黏膜：健康皮肤表面有一层类脂质层，能防止水溶性毒物侵入机体。在皮肤多汗或有损伤时，可加速毒物吸收。

大多数毒物经过肝的氧化、还原、水解和结合等作用进行代谢，然后与组织和细胞内化学物质作用，分解或合成不同的化合物。大多数毒物代谢后毒性降低，此为解毒过程，但硫、磷等少数毒物经代谢后反而毒性增强，如对硫磷氧化为毒性更强的对氧磷。

毒物排泄速度与其组织溶解度、挥发度、排泄和循环器官功能状态有关。肾是排毒的主要器官，大多数毒物经肾排出，少数毒物经皮肤排出，铅、汞、锰等重金属和生物碱则通过消化道排出。一些脂溶性毒物可由皮脂腺及乳腺排出，少数毒物经汗液排出时可引起皮炎。有些毒物蓄积在体内一些器官或组织内，排出速度缓慢，再次释放又可产生中毒。

中毒的病因与发病机制。

【临床表现】

（一）急性中毒

不同化学物质引起的急性中毒表现也不完全相同，严重中毒时共同表现有发热、昏迷、惊厥、呼吸困难、休克和少尿等。

1. 皮肤及黏膜表现　①腐蚀性毒物的灼伤：硝酸可使被灼伤的皮肤、黏膜呈黄色痂皮，被盐酸腐蚀后皮肤呈棕色痂皮，被硫酸腐蚀后皮肤呈黑色痂皮。②发绀：麻醉药和有机溶剂等毒物可抑制呼吸中枢而导致发绀；亚硝酸盐、苯胺和硝基苯等毒物可导致高铁血红蛋白血症而引起发绀；刺激性气体中毒可引起肺水肿而导致发绀。③黄疸：四氯化碳、毒蕈或鱼胆中毒可损伤肝而导致胆红素代谢障碍，出现黄疸。④皮肤发红：一氧化碳中毒时皮肤及黏膜呈樱桃红色。

2. 眼部表现　①瞳孔扩大：见于阿托品、莨菪碱类中毒。②瞳孔缩小：见于有机磷农药和氨基甲酸酯类杀虫药中毒。③视神经炎：见于甲醇中毒。

3. 呼吸系统表现　①呼出特殊气味：酒精中毒时有酒味；氰化物中毒时有苦杏仁味；有机磷农药、黄磷、铊等中毒时有蒜味；苯酚、甲酚皂类中毒时有苯酚味。②呼吸频率变化：水杨酸、甲醇等引起酸中毒时，兴奋呼吸中枢可导致呼吸频率增快；刺激性气体引起脑水肿时呼吸频率增快；催眠药、吗啡中毒时，可抑制呼吸中枢而导致呼吸频率减慢。③肺水肿：刺激性气体、磷化锌、有机磷农药、百草枯等中毒可引起肺水肿。

4. 循环系统表现　①心律失常：洋地黄、夹竹桃、乌头、蟾酥等中毒可兴奋迷走神经，拟肾上腺素药、三环类抗抑郁药等中毒可兴奋交感神经，茶碱类等中毒可引起心律失常。②休克：三氧化二砷中毒引起剧烈呕吐和腹泻而引发休克；强酸、强碱引起的严重灼伤可引发休克；巴比妥类中毒可抑制血管舒缩中枢，导致周围血管扩张而引发休克。③心搏骤停：洋地黄、奎尼丁、氨茶碱、锑剂、依米丁等中毒时，可直接作用于心肌引起心搏骤停；可溶性钡盐、棉酚和排钾利尿药等中毒时，可使血钾降低而引起心搏骤停；一氧化碳等窒息性毒物中毒时，可因缺氧而引发心搏骤停。

5. 泌尿系统表现　①肾小管坏死：见于毒蕈、生鱼胆、蛇毒、斑蝥、头孢菌素类抗生素、氨基糖苷类抗生素、四氯化碳等中毒。②肾缺血。③肾小管阻塞：砷化氢、苯胺、硝基苯等中毒时，能引起血管内溶血，引发游离血红蛋白阻塞肾小管，磺胺结晶也可阻塞肾小管。

6. 血液系统表现　①溶血性贫血：见于砷化氢、苯胺、硝基苯等中毒。②白细胞减少和再生障碍性贫血：见于氯霉素、抗肿瘤药、苯中毒和长期接触放射线。③出血：由氯霉素、抗肿瘤药、阿司匹林、氢氯噻嗪等引起。④血液凝固障碍：由水杨酸类、双香豆素、肝素、蛇毒等引起。

7. 神经系统表现　①昏迷：见于麻醉药、镇静催眠药、一氧化碳、氰化物、硫化氢、有机磷农药、有机汞杀虫药、拟除虫菊酯杀虫药、溴甲烷等中毒。②谵妄：见于阿托品、乙醇或抗组胺药等中毒。③惊厥：见于一氧化碳、氰化物、硫化氢等毒物，有机磷农药，拟除虫菊酯杀虫药，异烟肼，阿托品，重金属（铅、铬）等中毒。④精神失常：见于阿托品、抗组胺药、一氧化碳、二硫化碳、四乙铅等中毒，药物成瘾戒断综合征。⑤瘫痪：见于可溶性钡盐、三氧化二砷、磷酸三邻甲苯酯、蛇毒等中毒。⑥肌纤维颤动：见于有机磷、氨基甲酸酯类农药中毒，急性异烟肼中毒、丙烯酰胺中毒及铅中毒等。

8. 发热　发热见于阿托品、二硝基苯、棉酚等中毒。

 急性中毒的临床表现。

（二）慢性中毒

1. 神经系统表现　①痴呆：见于四乙铅、一氧化碳中毒。②震颤麻痹综合征：见于一氧化碳、锰等中毒。③周围神经损伤：见于铅、砷、铊、有机磷农药等中毒。

2. 消化系统表现　砷、四氯化碳、氯乙烯、三硝基甲苯等中毒可引起中毒性肝病。
3. 泌尿系统表现　镉、汞或铅等中毒可引起中毒性肾损害。
4. 血液系统表现　白细胞减少和再生障碍性贫血见于苯、三硝基甲苯等中毒。
5. 骨骼系统表现　黄磷可引起下颌骨坏死；氟中毒可引起氟骨症。

【诊断】

中毒的诊断通常根据接触史、临床表现、实验室毒物检查分析和调查周围环境有无毒物存在，与其他症状相似疾病鉴别后进行诊断。

（一）毒物接触史

1. 生活性中毒　通过询问患者和现场目击者，了解患者的生活及精神状态、服药的时间和量。
2. 食物及水源中毒　调查一起就餐和饮用同源水的人员，了解有无相同症状发生。
3. 一氧化碳中毒　了解室内炉火、烟囱、燃气的情况及同居一室的其他人员的表现。
4. 职业中毒　询问职业史（工种、工龄、接触毒物的种类及时间、工作环境、防护措施及是否发生过事故）。

总之，要了解发病现场的情况，查明接触毒物的证据。

（二）既往史

对于中毒患者，还应该询问发病前的健康状况、生活习惯、嗜好、情绪、行为改变、用药及经济情况，这些情况都有助于对中毒患者进行分析和判断。

（三）临床表现

对不明原因的突然昏迷、呕吐、惊厥、呼吸困难和休克患者，或不明原因的发绀、周围神经麻痹、贫血、白细胞减少、血小板减少及肝损伤患者，都要考虑到中毒的可能性。

（四）实验室检查

急性中毒时，要常规留取剩余物或可能含毒的呕吐物、胃内容物、尿液、粪便、血液等标本，并进行毒物分析或细菌培养。但要先抢救患者，不能等待检查结果出来后才开始治疗。慢性中毒时，要检查环境和人体内有无毒物存在。

总之，对于急性中毒患者，如有肯定的毒物接触史，要根据主要症状的特点以及出现的时间和顺序来寻找中毒的原因，并迅速进行重点而必要的检查，密切观察神志、呼吸、脉搏、血压、瞳孔的变化，先进行紧急处理，待病情稳定后再进行全面检查。

 中毒的诊断依据。

【治疗】

（一）治疗原则

（1）立即终止毒物接触。
（2）清除体内尚未被吸收的毒物。
（3）如有可能，应尽早使用特效解毒药。
（4）促进已吸收毒物的排出。
（5）密切观察病情，积极对症处理，帮助危重症患者度过危险期。
（6）预防并发症。

（二）治疗措施

1. 急性中毒的治疗

（1）立即终止毒物接触：①对吸入性中毒者，要将其立即撤离中毒现场，转移到通风良好、空气新鲜的地方。②对有皮肤、毛发污染者，应立即脱去被污染的衣服，用清水或自来水清洗接触部位的皮肤和毛发。③已经进入眼内的毒物，立即用清水或自来水彻底清洗。④对已明确诊断的特殊毒物污染，应选择能减轻中毒症状的特殊溶液清洗（表11-66-1）。

表 11-66-1 特殊毒物的清洗方法

毒物种类	清洗的特殊溶液和要求
苯酚、溴苯、苯胺、硝基苯	10%乙醇
氨水、氢氧化钠、碳酸钠等碱性毒物	2%醋酸或3%硼酸或1%枸橼酸溶液
铊、有机磷、汽油、甲醛等酸性毒物	5%碳酸氢钠溶液或肥皂水清洗后再用清水清洗
生石灰、黄磷	先清除颗粒后再用温水清洗
三氯化磷、芥子气等	先用纸布吸去毒物后再用水清洗
沥青、焦油	先用二甲苯溶液清洗后再用肥皂水或清水清洗，水干后，用羊毛脂涂在皮肤表面

 终止毒物接触的方法。

（2）清除体内尚未被吸收的毒物

1）催吐：适用于清醒、合作的经口摄入中毒者，禁用于昏迷、惊厥、休克、吞服腐蚀性毒物的中毒患者以及无呕吐反射、近期上消化道出血或食管胃底静脉曲张者和妊娠期妇女。主要是物理法刺激催吐：让患者饮温水200~300ml，用手指或压舌板、筷子刺激咽后壁或舌根诱发呕吐，如此反复，直至呕出清亮胃内容物。也可用吐根糖浆等药物催吐。需要注意的是，在催吐时将头侧位，以防止呕吐物吸入气管引起窒息。

2）洗胃：①适应证：洗胃最好在服毒后6h内进行，对无特效解毒治疗的急性重度中毒，患者就诊时已超过6h，仍可酌情考虑洗胃。②禁忌证：吞服强腐蚀性毒物、食管胃底静脉曲张、惊厥患者，昏迷者易导致吸入性肺炎，洗胃时应慎重。③方法：患者取头低位并转向一侧，将液状石蜡润滑过的胃管由口腔向下插入50cm左右，如能抽出胃液，证明胃管在胃内，先吸出全部胃内容物，留一部分做毒物分析，再注入200~300ml温开水或特殊清洗液，清洗后抽出。需反复灌洗，直至抽出的液体完全澄清。洗胃液总量至少为2~5L。④注意事项：必须确定胃管在胃内后才能注入洗胃液；拔胃管时，必须夹住胃管尾部，防止管内液反流进入气管而引起吸入性肺炎、窒息等并发症。

洗胃液可根据毒物的种类选用。①保护剂：牛奶、蛋清（须搅拌均匀）、植物油、米汤等。②溶剂：液状石蜡。③吸附剂：活性炭。④解毒剂：1:5000高锰酸钾溶液、2%碳酸氢钠溶液等。⑤中和剂：中和强碱用弱酸性的食醋或果汁，中和强酸用弱碱性的镁乳或氢氧化铝凝胶。⑥沉淀剂：2%~5%硫酸钠与可溶性钡盐生成不溶性硫酸钡等。洗胃液配制和使用注意要点列于表11-66-2。

表 11-66-2　洗胃液配制和使用的注意要点

毒物种类	清洗的特殊溶液	注意要点
有机磷农药（美曲膦酯除外）、氨基甲酸酯、苯、汞、铁、硫酸亚铁	2% 碳酸氢钠溶液	美曲膦酯、强酸中毒禁用
催眠药、镇静药、阿片类、生物碱、氰化物、砷化物	1：5000 高锰酸钾溶液	1605 等硫代类有机磷农药中毒禁用
阿片类、氰化物、士的宁、高锰酸钾等	0.3%H_2O_2	
阿司匹林、草酸	0.3% 氧化镁	
氯化钡、碳酸钡	2%~5% 硫酸钠	
碘、铊、汞、铬、砷、氯化物	5%~10% 硫代硫酸钠	
生物碱、河豚	10% 活性炭悬浮液	
腐蚀性毒物、硫酸铜、铬酸盐	蛋清、牛奶、植物油	
硫黄、煤油、汽油	先用液状石蜡后用清水	
砷、硝酸银、溴化物、不明性质物	清水或生理盐水	

洗胃的适应证和禁忌证。

3）导泻：禁用于肾功能不全、呼吸抑制、昏迷，以及磷化锌、有机磷农药中毒晚期患者。方法是洗胃后，用盐类泻药硫酸钠或硫酸镁 15 g 溶于水中，口服或由胃管注入。通常不用油脂类泻药，以免促进脂溶性毒物吸收。

4）灌肠：不适用于腐蚀性物质中毒者，适用于口服中毒超过 6 h 以上、导泻无效或服用抑制肠蠕动的巴比妥、阿片类等中毒患者。方法是 1% 温肥皂水 5000 ml，连续、多次灌肠。

（3）促进已吸收毒物的排出

1）强化利尿和改变尿液酸碱度：通过输液以及强利尿药，增加尿量而促进毒物的排泄，还可通过改变尿液的酸碱度来减少毒物的重吸收，并增加排泄量，如苯巴比妥或水杨酸类等弱酸性毒物中毒，静脉应用碳酸氢钠碱化尿液，促使毒物由尿排出。苯丙胺、士的宁等碱性毒物中毒时，静脉输注维生素 C 使尿液 pH < 5.0。

2）吸氧：高压氧治疗是一氧化碳中毒的特效疗法。吸氧可促使碳氧血红蛋白解离，加速一氧化碳排出。

3）血液净化：主要适用于严重中毒、昏迷时间长、有并发症及经积极支持疗法而病情仍日趋恶化者。①血液透析：中毒 12 h 内进行血液透析效果好，主要适用于氯酸盐、重铬酸盐等损害肾功能的药物中毒患者，还可用于清除血液中非脂溶性、分子量较小的苯巴比妥、水杨酸、甲醇、茶碱、乙二醇等毒物。②血液灌流：是目前抢救巴比妥类、百草枯等中毒最常用而有效的措施，因为血液灌流时，血液正常成分（如血小板、白细胞、凝血因子、葡萄糖）也能被吸附排出，所以要注意监测血液成分变化和及时补充。③血浆置换：抢救蛇毒、毒蕈及砷化氢等溶血毒物中毒的效果较好，一般需在数小时内置换 3~5 L 血浆。

（4）特殊解毒药物的应用

1）有机磷农药中毒：常用拮抗剂（阿托品）和胆碱酯酶复活剂（碘解磷定）等。详见本章第二节。

2）金属中毒：①依地酸钙钠治疗铅中毒。②二巯丙磺钠治疗汞、砷、铜、锑等中毒。③二巯丁二酸治疗锑、铅、汞、砷、铜等中毒，当急性锑中毒出现心律失常时，首次2.0 g，使用注射用水10~20 ml 稀释后缓慢静脉注射，此后每小时一次，每次1.0 g，连用4~5次。④二巯丙醇治疗砷、汞中毒。

3）高铁血红蛋白血症：小剂量（1~2 mg/kg）亚甲蓝可使高铁血红蛋白还原为正常血红蛋白，主要用于治疗亚硝酸盐、苯胺、硝基苯等中毒。大剂量（10 mg/kg）亚甲蓝可导致高铁血红蛋白血症，用于治疗氰化物中毒。注意注射时避免药液外渗，以防引起组织坏死。

4）氰化物中毒：采用亚硝酸盐-硫代硫酸钠疗法。

5）中枢神经系统抑制剂中毒：①纳洛酮是阿片类麻醉药的解毒药，对酒精中毒、地西泮等镇静催眠药中毒也有一定的疗效。另外，当机体处于应激状态时，促使腺垂体释放内啡肽，可引起心肺功能障碍，纳洛酮能拮抗内啡肽对机体产生的不利影响（0.4~0.8 mg 静脉注射，重症患者1 h 后重复一次）。②氟马西尼是苯二氮䓬类中毒的解毒药。

（5）对症治疗及预防并发症：对于临床上很多无特殊解毒药的急性中毒，密切观察患者病情变化，积极、有效地对症处理，保护好重要脏器的功能，可使危重患者度过危险期，逐步恢复正常。另外，要注意预防并发症，如惊厥时，保护患者避免受伤；卧床时间较长者，要定时翻身，以免发生坠积性肺炎、压疮或血栓栓塞性疾患等。

 特殊解毒药物的应用。

2. 慢性中毒的治疗
（1）解毒治疗：对慢性铅、汞、砷、锰等中毒，采用与急性中毒治疗一致的金属中毒解毒药。
（2）对症治疗：对慢性中毒所引起的周围神经病、震颤麻痹综合征、中毒性肝病、中毒性肾病、白细胞及血小板减少、再生障碍性贫血等病症，治疗参见有关章节。

【预防及健康教育】

加强防毒和中毒后急救知识的宣传和教育。加强毒物管理，在生产、储存、运输、使用等过程中要严格遵守有关毒物的管理，防止化学物质跑、冒、滴、漏。厂矿中有毒物的车间和岗位，加强局部和全面通风，以排出毒物。遵守车间空气中毒物最高允许浓度规定，加强防毒措施。注意废水、废气和废渣治理。预防化学性有毒食物中毒，食用特殊的食品前，要了解有无毒性。不吃有毒或变质的动植物食物。不可食用不易辨认有无毒性的蕈类。防止误食毒物和过量用药。

第二节 有机磷农药中毒

急性有机磷农药中毒（acute organic phosphorus insecticides poisoning，AOPIP）是指急性有机磷农药进入体内抑制乙酰胆碱酯酶（acetylcholinesterase，AChE）的活性，引起体内生理效应部位乙酰胆碱大量蓄积，出现毒蕈碱样、烟碱样和中枢神经系统等中毒症状和体征，严重者可出现呼吸衰竭而死亡。

有机磷农药大多呈油状或结晶状，呈淡黄色至棕色，稍有挥发性，有大蒜味。除美曲膦酯外，一般难溶于水，不易溶于多种有机溶剂，在酸性环境中稳定，在碱性条件下易分解失效。但是，甲拌磷和三硫磷耐碱，美曲膦酯遇碱能变成毒性更强的敌敌畏。常用剂型有乳剂、油剂和粉剂等。

【分类】

有机磷农药的结构不同，毒性差异较大，可分为以下4类。
1. 剧毒类　如甲拌磷（3911）、内吸磷（1059）、对硫磷（1605）、速灭磷。
2. 高毒类　如甲基对硫磷、甲胺磷、氧乐果、敌敌畏、磷胺。
3. 中度毒类　如乐果、碘依可酯、美曲膦酯（敌百虫）、乙酰甲胺磷。
4. 低毒类　如马拉硫磷、肟硫磷、碘硫磷。

【病因】

（一）生产中毒

生产过程中引起中毒的主要是在杀虫药精制、出料和包装过程，手套破损或衣服和口罩污染；也可因生产设备密闭不严，有机磷农药污染手、皮肤及吸入中毒。

（二）使用中毒

在使用过程中，药液污染皮肤或湿透衣服由皮肤吸收及吸入空气中有机磷农药引起中毒；配药时手被原液污染也可引起中毒。

（三）生活中毒

故意吞服、误服、摄入有机磷农药污染的水源或食品；滥用有机磷农药治疗皮肤病或驱虫也会发生中毒。

一般情况下，急性中毒常见于生活中毒，慢性中毒多为职业中毒。

知识链接

有机磷农药的代谢

有机磷农药主要经胃肠道、呼吸道、皮肤及黏膜吸收。吸收后迅速分布于全身各器官，其中以肝内浓度最高，其次为肾、肺、脾等，肌肉和脑含量最少。有机磷农药主要在肝内进行生物转化和代谢。有的有机磷农药氧化后毒性增强，如对硫磷通过肝细胞微粒体氧化酶系统氧化为对氧磷，后者对胆碱酯酶（ChE）的抑制作用是前者的300倍；内吸磷氧化后首先形成亚砜，其抑制胆碱酯酶的能力增加5倍。有机磷农药经水解后毒性降低。在肝内，美曲膦酯侧链脱去氧化氢转化为敌敌畏，毒性增强，而后经水解、脱胺、脱烷基等降解后失去毒性。马拉硫磷在肝内经酯酶水解而解毒。有机磷农药吸收后6~12 h血液中浓度达高峰，24 h内通过肾由尿排泄，48 h后完全排出体外。

【中毒机制】

有机磷农药可与乙酰胆碱酯酶（AChE）的酯解部位结合成稳定的磷酰化胆碱酯酶，使胆碱酯酶（cholinesterase，ChE）丧失了分解乙酰胆碱的能力，使乙酰胆碱大量蓄积，引起一系列毒蕈碱（M）样、烟碱（N）样和中枢神经系统症状，严重者常因呼吸衰竭而死亡。

 急性有机磷农药中毒的机制。

【临床表现】

（一）急性中毒

急性中毒发病时间和症状与有机磷农药的侵入途径、种类、剂量及胃内容物多少有关。口服中毒者一般 10 min 至 2 h 内发病；吸入中毒者数分钟至半小时内发病；经皮肤吸收中毒者 2~6 h 发病。因乙酰胆碱分布及作用广泛，所以有机磷农药中毒表现呈现多样化。轻者以 M 样症状为主，中度者表现为 M 样和 N 样症状，重度者同时出现 M 样、N 样症状和中枢神经系统症状。

1. 毒蕈碱（M）样症状　毒蕈碱（M）样症状出现最早，主要是副交感神经末梢过度兴奋，类似毒蕈碱样作用。表现为平滑肌痉挛（腹痛、腹泻），腺体分泌增加（多汗、流涎、流泪、口吐白沫），括约肌松弛（二便失禁），视物模糊，瞳孔缩小，支气管痉挛，气道分泌物增多（咳嗽、气促、呼吸困难、双肺干啰音及湿啰音，严重者发生肺水肿或呼吸衰竭而死亡）。有时奥迪括约肌痉挛可促发急性胰腺炎。

2. 烟碱（N）样症状　因横纹肌神经肌肉接头处乙酰胆碱蓄积过多，出现肌纤维颤动、全身肌强直性痉挛，也可出现肌力减退或瘫痪，呼吸肌麻痹引起呼吸衰竭。交感神经节后纤维末梢释放儿茶酚胺，表现为血压升高和心律失常。

3. 中枢神经系统症状　表现为头晕、头痛、烦躁不安、谵妄、共济失调、抽搐或昏迷。

4. 局部损害　有些有机磷农药接触皮肤后发生过敏性皮炎、皮肤水疱或剥脱性皮炎；污染眼部时，出现结膜充血和瞳孔缩小。

 急性有机磷农药中毒的临床症状。

（二）迟发性多发神经病

急性重度和中度有机磷农药（甲胺磷、敌敌畏、乐果和美曲膦酯等）中毒的患者，在急性中毒症状消失后 2~3 周可发生迟发性多发神经病（delayed polyneuropathy），主要累及运动神经纤维，引起下肢瘫痪和四肢肌肉萎缩等。典型者分为以下三期。

1. 进展期　主要为周围感觉神经病变。首先出现双下肢及足部烧灼、紧束、疼痛、麻木感；继而出现无力、腓肠肌萎缩、足下垂；约1周后双上肢发生对称性瘫痪，呈袜套或手套样分布的感觉障碍，本体感觉丧失；接着出现下肢深部腱反射消失，严重者出现弛缓性瘫痪。

2. 稳定期　感觉障碍持续 3~12 个月逐渐缓解，轻瘫可持续存在。

3. 缓解期　中毒后 6~18 个月，运动功能部分或完全恢复，上肢运动功能恢复先于下肢。此期可有脊髓和大脑病变，出现痉挛状态，遗留永久性运动功能障碍。

目前认为这种病变不是胆碱酯酶受抑制引起，可能是由于有机磷农药抑制神经靶酯酶（neuropathy target esterase，NTE），使其老化所致。全血或红细胞胆碱酯酶活性正常，神经-肌电图检查提示神经源性损害。

（三）中间型综合征

中间型综合征（intermediate syndrome）常发生于急性有机磷农药中毒后 1~4 d 及胆碱酯酶复能药用量不足的患者。迟发性周围神经病发生之前，临床表现为突然出现屈颈肌，第Ⅲ、Ⅶ、Ⅸ、Ⅹ对脑神经支配的肌肉，四肢近端肌无力和呼吸肌麻痹，严重者可发生呼吸衰竭而死亡。尽早给予解毒和支持治疗可预防该综合征的发生。其发生机制可能与体内有机磷农药排出延迟、在体内再分布或解毒药用量不足，使胆碱酯酶长时间受抑制，引起神经-肌肉接头处突触后功能障碍有关。

 中间型综合征。

【辅助检查】

（一）胆碱酯酶活力测定

胆碱酯酶活力是诊断有机磷农药中毒的特异性指标，能反映中毒的严重程度、治疗效果及预后。红细胞胆碱酯酶活力稳定，其功能与神经系统胆碱酯酶相同。有机磷农药中毒后，红细胞胆碱酯酶在 1~4 个月内恢复正常。对怀疑有机磷农药中毒者，应反复测定血浆和红细胞胆碱酯酶活力。停用解磷定后每日测定胆碱酯酶活力，连续 3 d。

（二）有机磷农药代谢产物测定

对硝基酚是多种有机磷农药的代谢产物，中毒后可迅速出现在尿中。美曲膦酯中毒时尿中出现三氯乙醇。这些代谢产物测定简便，有助于诊断。有机磷农药的动态血药浓度检测有助于急性有机磷农药中毒的病情评估及治疗。

（三）其他检查

怀疑有迟发性神经病时应检查肌电图、神经传导功能，并与其他神经病变相鉴别。

 有机磷农药中毒的实验室检查。

【诊断】

（一）诊断依据

（1）有机磷农药接触史。
（2）有机磷农药相关中毒症状及体征，特别是呼出气有大蒜味、瞳孔缩小、多汗、肺水肿、肌纤颤等。
（3）全血胆碱酯酶活力不同程度降低。
（4）血、尿、胃内容物中有机磷农药及其代谢物检测。

此外，诊断时还需注意：乐果和马拉硫磷中毒的患者，病情好转后，在数日至一周后可突然恶化，再次出现急性有机磷农药中毒的症状或突然死亡。此种临床"反跳"现象可能与残留在体内的有机磷农药重吸收或解毒药停用过早有关。

 有机磷农药中毒的诊断依据。

（二）急性中毒程度分度

临床上根据病情还可将急性有机磷农药中毒分为轻度、中度和重度。

1. 轻度中毒　仅有 M 样症状，胆碱酯酶活力 50%~70%。
2. 中度中毒　除 M 样症状外，还出现 N 样症状（肌束震颤），胆碱酯酶活力 30%~50%。
3. 重度中毒　具有 M、N 样症状，还出现昏迷、肺水肿、呼吸麻痹和脑水肿等表现，胆碱酯酶活力小于 30%。

急性有机磷农药中毒程度的分度。

【鉴别诊断】

毒蕈碱和河豚中毒的表现与有机磷农药中毒类似，应注意鉴别。同时急性有机磷农药中毒应与中暑、急性胃肠炎和脑炎等相鉴别。

【治疗】

治疗原则：紧急处理，清除毒物，应用解毒药消除乙酰胆碱蓄积和恢复胆碱酯酶活力。对轻度中毒者，去除污染毒物，监测24 h，观察病情有无进展。对重度中毒者，待症状消失后停药，并至少观察3~7 d。

（一）迅速清除毒物

立即将患者撤离中毒现场，脱去被污染的衣服，用肥皂水彻底清洗污染的皮肤、毛发和指甲等，避免毒物进一步吸收。眼部污染时，用清水、生理盐水、2%碳酸氢钠溶液或3%硼酸溶液冲洗。对口服中毒者，应用清水、2%碳酸氢钠（美曲膦酯中毒者禁用，因碱性溶液能使其转化成毒性更强的敌敌畏）或1:5000高锰酸钾溶液（对硫磷中毒者忌用）反复洗胃，直至洗出液清亮。然后用硫酸钠20~40 g溶于20 ml水，口服，观察30 min，无导泻作用时，再口服或经鼻胃管注入水500 ml。

（二）紧急处理

对重度中毒出现呼吸抑制者，应迅速清除气道内分泌物，保持呼吸道通畅，给氧，进行气管内插管等。对呼吸衰竭者，应用机械通气支持。肺水肿时，静脉给予阿托品，不能应用氨茶碱和吗啡。心脏停搏时，立即进行体外心脏复苏。脑水肿昏迷时，静脉输注甘露醇和糖皮质激素。

（三）应用解毒药

在清除毒物的过程中，同时应用胆碱酯酶复能药和胆碱受体阻断药治疗。用药原则：根据病情，要早期、足量、联合和重复应用解毒药，并且选用合理的给药途径及择期停药。

1. 胆碱酯酶复能药　此类药物包括碘解磷定、氯解磷定、双复磷和双解磷。氯解磷定复能作用强，毒性小，水溶性大，可以静脉或肌内注射，是临床上首选的解毒药。碘解磷定复能作用较差，毒性小，水溶性小，只能静脉注射，是临床上次选的解毒药。

胆碱酯酶复能药首次给药要足量，指征为外周N样症状（如肌束震颤）消失，血液胆碱酯酶活力达到50%~60%或以上。如果洗胃彻底，轻度中毒者无需重复给药；中度中毒者第一次足量给药后一般重复1~2次；重度中毒者第一次给药后30~60 min未出现药物足量指征时，应重复给药。口服大量乐果中毒、昏迷时间长、对胆碱酯酶复能药疗效差及血胆碱酯酶活力低者，解毒药维持剂量要大，时间要长，可达5~7 d。一般情况下，中毒症状消失，血胆碱酯酶活力在50%~60%或以上，是停药的指征。

胆碱酯酶复能药对N样症状疗效较好（如能迅速控制肌束震颤），但对不同有机磷农药中毒的疗效并不完全相同。如碘解磷定对内吸磷、马拉硫磷和对硫磷中毒疗效较好，对美曲膦酯、敌敌畏中毒疗效稍差，对乐果中毒无效。乐果中毒后形成的磷酰化胆碱酯酶几乎不可逆，同时乐果乳剂含有苯，也可导致苯中毒。双复磷对敌敌畏及美曲膦酯中毒效果较碘解磷定好，对中毒24~48 h后已老化的胆碱酯酶无复活作用，此时应给予阿托品治疗。

2. 胆碱受体阻断药　胆碱受体阻断药分为两种。①M胆碱受体阻断药（外周性抗胆碱能药）：如阿托品和山莨菪碱，主要作用于外周M受体，能缓解M样症状，对N受体无明显作用。依病情,阿托品每 10~30 min 或每 1~2 h 给药一次,直至 M 样症状消失或出现阿托品化,阿托品化表现为心率增快(90~100 次/分)、口干、皮肤干燥和肺部湿啰音消失,这时应减少阿托品的剂量或停用,若出现瞳孔明显扩大、神志模糊、烦躁不安、抽搐、昏迷和尿潴留等,为阿托品中毒,应立即停用阿托品。②N 胆碱受体阻断药(中枢性抗胆碱能药):如东莨菪碱、苯那辛、丙环定,对中枢 M 受体和 N 受体作用强,对外周 M 受体作用弱。盐酸戊乙奎醚(长托宁)对外周 M 受体和中枢 M 受体、N 受体均有作用,但对位于心脏的 M_2 受体作用极弱,对心率无明显影响,抗胆碱作用较阿托品强,还能改善毒蕈碱症状,有效剂量小,作用时间长(半衰期为 6~8 h),且在脑内组织维持时间长,不良反应少,首次用药需与氯解磷定合用。

轻度中毒者可单独应用胆碱酯酶复能药;中度、重度中毒者要联合应用阿托品和胆碱酯酶复能药,联合用药时应减少阿托品的用量,以免发生中毒。有机磷农药中毒治疗方案列于表 11-66-3。

表 11-66-3 有机磷农药中毒治疗方案

	药物	使用方法及剂量
轻度中毒	阿托品	首次剂量 2~4 mg/1~2 h,皮下注射,阿托品化后 0.5 mg/4~6 h,皮下注射
	氯解磷定	首次剂量 0.5~0.75 g,稀释后静脉注射,需要时 2 h 后重复一次
	碘解磷定	首次剂量 0.4 g,稀释后静脉注射,必要时 2 h 后重复一次
	双复磷	首次剂量 0.125~0.25 g/2~3 h,肌内注射,以后 0.25 g,酌情用药 1~3 次
中度中毒	阿托品	首次剂量 5~10 mg,以后 1~2 mg/30 min 静脉注射,阿托品化后 0.5~1 mg/4~6 h 皮下注射
	氯解磷定	首次剂量 0.75~1.5 g,稀释后静脉注射,以后 0.5 g/2 h,共 3 次
	碘解磷定	首次剂量 0.8~1.2 g,稀释后静脉注射,以后 0.4~0.8 g/2 h,共 3 次
	双复磷	首次剂量 0.5 g 肌内注射或静脉注射,2~3 h 后重复 0.25 g,以后 0.25 g/2~3 h,2~3 次
重度中毒	阿托品	首次剂量 10~20 mg,以后 2~5 mg/10~30 min 静脉注射,阿托品化后 0.5~1 mg/2~6 h 皮下注射
	氯解磷定	首次剂量 1.5~2.0 g,30~60 min 后可重复首次剂量半量,稀释后静脉注射,以后 0.5 g/30 min,6 h 后可停药
	碘解磷定	首次剂量 1.0~1.6 g,30 min 后可重复首次剂量半量,稀释后静脉注射,以后 0.4 g/30 min,6 h 后可停药
	双复磷	首次剂量 0.5~0.75 g,稀释后静脉注射,30 min 后可重复 0.5 g

(四)中间综合征的治疗

立即给予人工机械通气,肌内注射氯解磷定,每次 1.0 g,并根据病情选择给药间隔时间,一般连用 2~3 d,并积极对症治疗。

(五)对症治疗

重度有机磷农药中毒患者常伴有多种并发症,如酸中毒、低钾血症、严重心律失常、脑水肿。特别是合并严重呼吸和循环衰竭时,如果处理不及时,应用的解毒药尚未发挥作用时患者即已死亡。所以要积极对症治疗。

有机磷农药中毒的治疗原则。

【预防及健康教育】

严格执行有机磷农药管理制度，加强生产、运输、保管和使用的安全常识和劳动保护教育。对于慢性接触者，定期体检和测定全血胆碱酯酶活力。普及急性有机磷农药中毒防治知识。

第三节 急性一氧化碳中毒

一氧化碳（CO）是含碳物质不完全燃烧产生的一种无色、无味、不溶于水的窒息性气体，比重为 0.967。空气中一氧化碳浓度达到 12.5% 时有爆炸危险。吸入过量一氧化碳引起的中毒称为急性一氧化碳中毒（acute carbon monoxide poisoning），俗称煤气中毒。

【病因】

引起一氧化碳中毒的病因包括生活性、职业性或意外中毒。环境通风不良或防护不当可使空气中一氧化碳浓度超过容许范围，是发生中毒的先决条件。

（一）生活性中毒

冬季家庭燃煤取暖时烟道堵塞，室内未熄灭的煤炉释放大量一氧化碳；使用燃气热水器时通风不良、夏季密闭空间内开空调睡觉、车中密闭不透风等常造成急性一氧化碳中毒；连续大量吸烟可使血液中碳氧血红蛋白浓度升高，导致一氧化碳中毒。

（二）职业性中毒

高炉煤气和发生炉煤气一氧化碳含量为 30%~35%，水煤气一氧化碳含量为 30%~40%。在炼钢、炼焦、烧窑等工业生产过程中，炉门或窑门关闭不严可逸出大量一氧化碳；石油燃料燃烧不完全，化学工业合成氨、甲醇、丙酮等过程中都有大量一氧化碳产生。

（三）意外中毒

天然瓦斯爆炸或煤气泄漏，失火现场空气中一氧化碳浓度高达 10%，也可引起现场人员中毒。

【发病机制】

一氧化碳经肺吸收后迅速与血红蛋白结合形成稳定的碳氧血红蛋白（carboxyhemoglobin，COHb）。一氧化碳与血红蛋白的亲和力为氧与血红蛋白亲和力的 240 倍，但 COHb 不易解离，其解离速度是氧合血红蛋白的 1/3600。所以，吸入较低浓度一氧化碳即可产生大量 COHb。血液中 COHb 不能携氧，所以血 COHb 浓度升高可导致机体组织细胞严重缺氧，还能使血红蛋白氧解离曲线左移，妨碍正常血红蛋白释放氧到组织中，加重组织细胞缺氧。此外，一氧化碳还可与肌球蛋白和线粒体中还原型细胞色素氧化酶的二价铁结合，抑制细胞呼吸和氧化过程，阻碍氧的利用。脑和心肌组织对缺氧最敏感，急性一氧化碳中毒时首先出现脑和心肌缺氧表现。

一氧化碳中毒的病因与发病机制。

【病理】

急性一氧化碳中毒患者在 24 h 内死亡者，血液呈樱桃红色，各器官充血、水肿和点状出血。昏迷数日后死亡者，脑组织明显充血、水肿，苍白球出现软化灶，大脑皮质可有坏死灶，海马区受累明显是因血供少，小脑有细胞变性，心肌可见缺血性损害或心内膜下多发性梗死。

【临床表现】

（一）急性中毒

正常人血液中 COHb 含量可达 5%~10%。急性一氧化碳中毒的临床症状与血液中 COHb 浓度有关，也与患者中毒前的健康状况，如有无心脑血管病等情况有关。中毒表现按程度可分为以下三度。

1. 轻度中毒　患者可有不同程度的头痛、头晕、恶心、呕吐、心悸及全身无力等。血 COHb 浓度为 10%~30%。脱离中毒环境吸入新鲜空气或氧疗，症状很快消失。

2. 中度中毒　上述症状加重，还可出现胸闷、呼吸困难、腹泻、兴奋、判断力减低、运动失调、幻觉、视力减退、意识模糊或浅昏迷。口唇黏膜可呈"樱桃红色"。血 COHb 浓度为 30%~40%。积极氧疗后患者可恢复正常且无明显并发症。

3. 重度中毒　患者迅速出现昏迷，常并发脑水肿、呼吸抑制、肺水肿、心律失常或心力衰竭等。部分患者因吸入呕吐物而合并吸入性肺炎。皮肤受压部位出现红、肿和水疱。眼底检查发现眼底静脉淤血伴视盘水肿。血 COHb 浓度为 40%~60%。

（二）迟发性神经精神综合征

急性一氧化碳中毒患者意识障碍恢复后，经过 2~60 d 的"假愈期"，3%~10% 的患者可出现迟发性神经精神综合征，有如下表现。①精神意识障碍：呈现痴呆、木僵、谵妄状态等；②震颤麻痹综合征：表情淡漠、四肢肌张力增高、静止性震颤、前冲步态；③锥体系神经损害：偏瘫、病理反射阳性或尿失禁等；④脑神经及周围神经损害：视神经萎缩、听神经损害及周围神经病变等；⑤大脑皮质局灶性功能障碍：如失语、失明、不能站立及继发性癫痫。迟发性脑病在 40 岁以上、一氧化碳接触时间较长和脑 CT 有异常者更易发生。

一氧化碳中毒的临床表现。

【辅助检查】

（一）血 COHb 浓度测定

血 COHb 浓度是诊断一氧化碳中毒的特异性指标，但需早期及时取血测定才有诊断价值，如脱离中毒环境 8 h 后测定，则诊断价值不大。血 COHb 浓度不仅能反映一氧化碳接触时间长短，也可作为判断一氧化碳中毒严重程度的指标。

（二）动脉血气分析

急性一氧化碳中毒患者 PaO_2 和 SaO_2 降低，$PaCO_2$ 正常或轻度降低。一氧化碳中毒时间较长者常呈代谢性酸中毒，血 pH 和碱剩余降低。

（三）脑电图

一氧化碳中毒时脑电图常出现弥漫性低波幅慢波。脑电图表现与临床病情程度不一定呈平行关系。脑电图改变常晚于临床症状。

（四）头部 CT 检查

对昏迷患者进行头部 CT 检查，以除外其他引起或加重昏迷的原因，如脑梗死、脑出血或脑水肿。

【诊断】

一氧化碳中毒的诊断根据吸入较高浓度一氧化碳的接触史、一氧化碳中毒典型的症状和体征以及实验室测定血液 COHb 的结果综合考虑。

【鉴别诊断】

急性一氧化碳中毒昏迷应与催眠药过量或中毒、其他中毒（如氰化物中毒）、脑血管意外、脑膜炎、糖尿病酮症酸中毒昏迷等相鉴别。血 COHb 浓度测定及相关检查有助于鉴别，但要在脱离中毒现场 8 h 以内采取静脉血标本。

 一氧化碳中毒的诊断与鉴别诊断。

【治疗】

（一）终止一氧化碳吸入

立即撤离中毒现场，转移到空气新鲜处，停止吸入一氧化碳，注意保暖，保持呼吸道通畅。

（二）氧疗

氧疗能加速 COHb 解离和一氧化碳排出。吸入新鲜空气时，血 COHb 半衰期约为 4 h，吸入纯氧时可缩短至 30~40 min，吸入 3 个大气压的高压氧治疗时可缩短至 20 min。

1. 面罩吸氧　对神志清醒的患者，用呼吸面罩吸入纯氧，保持氧流量 10 L/min，治疗至症状缓解和 COHb 水平低于 5% 时可停止吸氧。

2. 高压氧治疗　高压氧治疗可增加血液中物理溶解氧，提高总体氧含量，加速一氧化碳的排出，迅速纠正组织缺氧，缩短昏迷时间和病程，预防一氧化碳中毒引起的迟发性脑病。高压氧治疗适用于中度、重度一氧化碳中毒，或出现神经精神症状、心血管症状、血 COHb 浓度 ≥ 25% 者。妊娠期妇女血 COHb 浓度超过 20% 或出现胎儿窘迫，也应给予高压氧治疗。一般高压氧治疗每次 1~2 h，每日 1 次，至脑电图恢复正常。

（三）重要器官功能支持

对昏迷、窒息或呼吸停止者，应行气管内插管，吸入 100% 氧，进行机械通气，使血 COHb 浓度降至 5% 以下。有严重冠状动脉粥样硬化病变基础的患者，对无高压氧舱治疗指征的一氧化碳中毒患者，应给予 100% 氧治疗，直至症状消失以及 COHb 浓度降至 10% 以下；有心肺基础疾病的患者，给予 100% 氧治疗至 COHb 浓度降至 2% 以下。严重中毒者可行血浆置换，除去含高浓度 COHb 的血液。

（四）防治脑水肿

严重一氧化碳中毒后 24~48 h，脑水肿达高峰。每次给予 20% 甘露醇 1~2 g/kg，静脉滴注（10 ml/min），症状缓解后减量。也可静脉注射呋塞米。对脑水肿引起抽搐者，地西泮 10~20 mg，静脉注射。抽搐停止后用苯妥英钠 0.5~1.0 g，静脉滴注，根据病情 4~6 h 重复应用。

（五）促进脑细胞功能恢复

常用静脉药物有三磷酸腺苷、辅酶 A、细胞色素 C、大剂量维生素 C 等。

 一氧化碳中毒的治疗原则。

【预后】

轻度一氧化碳中毒患者，撤离中毒环境后数分钟至数小时症状可缓解。中度中毒患者，经积极治疗后神经症状恢复良好。严重中毒患者预后与中毒环境一氧化碳浓度、暴露时间和中毒后治疗是否及时有关。高压氧治疗能降低迟发性神经精神综合征的发生率，有些患者可遗留永久性神经症状和体征。

【预防及健康教育】

加强预防一氧化碳中毒的宣传教育。用煤炉取暖时保证烟囱通畅。经常检查燃气管道是否漏气。工业生产中严格执行安全操作规程。工作环境中要安装一氧化碳浓度监测和报警装置，并保持良好通风，使工作环境空气中一氧化碳浓度保持在安全范围。需要进入一氧化碳浓度较高的环境作业时，要戴安全防护面具及携带必要的急救设备。

第四节 急性酒精中毒

乙醇（ethanol）俗称酒精，是一种能与水和大多数有机溶剂混溶、有醇香气味、无色、易燃、易挥发的液体。乙醇经胃和小肠在 0.5~3 h 内完全被吸收，分布于体内所有含水的组织和体液中，90% 在肝代谢分解，10% 经肾和呼吸排出。当一次饮入过量酒精或酒类饮料后，引起中枢神经系统由兴奋转为抑制的状态，称为急性酒精中毒（acute alcohol poisoning）或急性乙醇中毒。

【病因】

饮用酒由谷类或水果发酵制成，含乙醇浓度较低，以容量浓度计，啤酒含 3%~5%，黄酒含 12%~15%，葡萄酒含 10%~25%，蒸馏形成的烈性酒（如白酒、白兰地、威士忌）含 40%~60%。大量饮用含乙醇高的烈性酒易引起中毒。

【发病机制】

（一）急性毒害作用

1. 中枢神经系统抑制作用　酒精对中枢神经系统的抑制作用随着剂量的增加，由大脑皮质向下通过边缘系统、小脑网状结构到延髓，小剂量即可有兴奋作用；当血液中酒精浓度增高时，作用于小脑引起共济失调，作用于大脑网状结构则引起昏睡和昏迷；极高浓度时，则抑制延髓生命中枢，引起呼吸、循环功能衰竭。

2. 代谢异常　乙醇在肝细胞内代谢生成大量的还原型烟酰胺腺嘌呤二核苷酸；糖异生受阻引发低血糖等。

（二）耐受性、依赖性和戒断综合征

1. 耐受性　由于饮酒可产生轻松、兴奋的欣快感，为维持这一状态，就需要不断地增加饮酒量。

2. 依赖性　为获得饮酒后的欣快感，可产生心理上的依赖。

3. 戒断综合征　长期饮酒后可形成躯体依赖，一旦减少或停止饮酒，就会出现与酒精中毒相反的症状。

（三）长期酗酒的危害

1. 营养缺乏　酒是高热量而无营养成分的饮品，长期大量饮酒，进食减少，造成营养不良。

2. 毒性作用　乙醇对黏膜和腺体分泌有刺激作用，可引起食管炎、胃炎、胰腺炎等。乙醇在肝细胞内的代谢过程中产生大量的自由基，可造成肝细胞坏死，导致肝功能异常。

【临床表现】

(一)急性中毒

一次性大量饮酒中毒可引起中枢神经系统抑制,其症状与饮酒量、血液中乙醇浓度以及个人耐受性有关,临床上分为以下3期。

1. 兴奋期 当血液中乙醇浓度达到 11 mmol/L 时,会产生头痛、欣快、兴奋感;当血液中乙醇浓度超过 16 mmol/L 时,可有健谈、情绪不稳、自负、易激怒、粗鲁行为或攻击行为;少数人表现为沉默、孤僻。

2. 共济失调期 当血液中乙醇浓度达到 33 mmol/L 时,可出现肌肉运动不协调、行动笨拙、言语含糊不清、眼球震颤、视物模糊、复视、醉酒步态及明显共济失调。当血液中乙醇浓度达到 43 mmol/L 时,可出现恶心、呕吐、困倦等症状。

3. 昏迷期 当血液中乙醇浓度达到 54 mmol/L 时,进入昏迷期,出现昏睡、瞳孔散大、体温下降。当血液中乙醇浓度达到 87 mmol/L 时,患者陷入深昏迷,心率加快,血压下降,呼吸慢而有鼾音,可因呼吸、循环麻痹而危及生命。

另外,重症患者可并发意外损伤、酸碱平衡失调、水及电解质代谢紊乱、低血糖症、肺炎、急性肌病,甚至出现急性肾衰竭。

知识链接

车辆驾驶人员血液、呼气中酒精含量阈值与检验标准

按照 GB19522—2004《车辆驾驶人员血液、呼气酒精含量阈值与检验》,车辆驾驶人员血液中的酒精含量大于或等于 20 mg/dl,小于 80 mg/dl 的驾驶行为即为饮酒驾车;车辆驾驶人员血液中的酒精含量大于 80 mg/dl 的驾驶行为即为醉酒驾车。当血液中乙醇浓度达到 100 mg/dl 时,驾车易发生车祸。

(二)戒断综合征

长期酗酒者在突然停止饮酒或减少饮酒量时可出现下列反应。

1. 单纯性戒断反应 在减少饮酒后 6~24 h 出现震颤、焦虑不安、兴奋、失眠、心动过速、血压升高、大汗、恶心及呕吐。经 2~5 d 可自行缓解痊愈。

2. 酒精性幻觉反应 以幻听为主,可伴有幻视、错觉及视物变形,被害妄想,但患者意识清醒,定向力完整。持续 3~4 周后缓解。

3. 戒断性惊厥反应 戒断性惊厥反应多与单纯性戒断反应同时出现,也可在其后发生癫痫大发作。

4. 震颤、谵妄反应 在停止饮酒 7~72 h 后出现精神错乱、恐惧性幻视,全身肌肉出现粗大震颤。同时可伴有大汗、心动过速、血压升高等交感神经兴奋的表现。

(三)慢性中毒

慢性中毒可表现为多系统损害。

1. 神经系统表现 ①脑型维生素 B_1 缺乏病(韦尼克脑病):表现为眼球震颤,眼外直肌麻痹,步态不稳,共济失调,精神错乱和谵妄。②器质性遗忘综合征[科萨科夫(Korsakoff)综合征]:近记忆力严重丧失,时空定向力障碍,缺乏自知力,用虚构思维方式回答问题。③周围神经麻痹:双下肢远端感觉功能障碍、运动功能减退、跟腱反射消失。

2. 消化系统表现 ①酒精性肝病:由可逆性脂肪肝、酒精性肝炎转变为肝硬化。②胃肠道疾病：可有反流性食管炎、胃炎、胃溃疡、小肠吸收不良及胰腺炎等。

3. 循环系统表现　因酒精中毒性心肌损害而出现逐渐加重的呼吸困难、心脏增大、心律失常以及心功能不全。

4. 呼吸系统表现　肺炎多见。

5. 造血系统表现　由于营养不良而引发巨幼细胞贫血或缺铁性贫血。因凝血因子缺乏或血小板减少而导致出血。

6. 代谢及营养障碍表现　①轻度代谢性酸中毒；②血钾、血镁轻度降低；③低血糖；④维生素 B_1 缺乏。

7. 生殖系统表现　男性性功能低下；女性宫内死胎率增加；妊娠期大量饮酒可导致胎儿发育迟缓、畸形，出生后智力低下。

【实验室检查】

测定血清中乙醇浓度可明确诊断。严重的急性酒精中毒，可出现轻度代谢性酸中毒，应做动脉血气分析检查；部分患者可出现低血镁、低血钾和低血钙，应测定血清电解质；急性酒精中毒，可出现低血糖；慢性酒精中毒，可出现肝功能异常。

【诊断与鉴别诊断】

（一）诊断依据

（1）有大量或长期饮酒史。

（2）急性酒精中毒时，呼出气有酒味，有中枢神经系统抑制症状、戒断综合征和癫痫发作等临床表现。

（3）慢性酒精中毒时，出现营养不良和中毒性脑病等临床症状。

（4）血清或呼出气中乙醇浓度测定可明确诊断。

（二）鉴别诊断

1. 急性酒精中毒　应与脑卒中、酮症酸中毒、急性一氧化碳中毒、镇静催眠药中毒等临床上容易引起昏迷的其他疾病相鉴别。

2. 戒断综合征　应与精神病、癫痫、低血糖等疾病相鉴别。

3. 慢性酒精中毒　当出现心脏及肝损害、贫血、周围神经麻痹时，应与其他原因引起的疾病相鉴别。当出现智力障碍、人格改变时，应与其他原因引起的痴呆相鉴别。

【治疗】

（一）急性中毒

1. 治疗原则　对急性重症中毒患者，要密切观察病情变化，维持心脏、脑等重要脏器的生理功能，尽早采用血液透析治疗，保持呼吸道通畅，保持血压、体温正常，维持水、电解质、酸碱平衡。

2. 治疗措施

（1）轻症患者无须治疗，对过度兴奋、躁动者加以约束。

（2）出现共济失调的患者应注意休息，做好安全防护，以免发生意外损伤。

（3）急性昏迷中毒患者，重点是维持重要器官的功能：①保持呼吸道通畅，供氧充足，必要时人工呼吸、气管插管。②保暖，维持正常体温。③静脉输入 5% 葡萄糖溶液，维持循环功能，注意监测血压、脉搏。④根据监测结果补充钾、镁、钙等电解质，维持酸碱平衡。⑤出现韦尼克脑病症状时，用维生素 B_1 100 mg 肌内注射治疗。⑥监测心律失常和心肌损害等并发症。

（4）急性重症中毒患者：①当血液乙醇含量＞108 mmol/L，伴酸中毒或同时服用甲醇或其他可疑药物时,做血液透析治疗。②50%葡萄糖溶液100 ml静脉注射,维生素B_1、维生素B_6各100 mg肌内注射,以加速乙醇在体内的氧化。③对烦躁不安或过度兴奋者,可用小剂量地西泮,避免用吗啡、氯丙嗪、苯巴比妥类镇静药。④低血糖是急性酒精中毒较严重的并发症之一,应注意防治。

(二)戒断综合征

1. 一般治疗　休息,加强营养,保证充足睡眠,补充维生素B_1、维生素B_6,低血糖时静脉注射葡萄糖。

2. 震颤、焦虑不安、兴奋、失眠、惊厥者　可根据病情每1~2 h口服地西泮5~10 mg,病情严重者可静脉给药。症状稳定后,可给予维持镇静的剂量,每8~12 h口服一次。以后逐渐减量,1周内停药。

3. 产生幻觉者　采用氟哌啶醇治疗。

(三)慢性中毒

加强心理疏导,劝患者立即戒酒。加强营养,大量补充维生素B_1,对症治疗,防止感染。

　急性酒精中毒的治疗原则。

【预后】

急性酒精中毒经及时救治,多数患者预后良好。如同时伴有心脏、肺、肝、肾疾病,或血液中乙醇浓度超过87 mmol/L,预后较差。长期酗酒所引起的慢性中毒症状,如早发现、早戒酒、早治疗,则可以好转,完全戒酒后有可能恢复。

【预防及健康教育】

大力开展宣传教育活动。按照法律法规实行酒类专卖制度。对长期酗酒者,应早发现、早教育。

第五节　毒蛇咬伤中毒

全世界每年被毒蛇咬伤者可达40多万人,致死者2万~2.5万人。被毒蛇咬伤机会较多的有农民、渔民、野外工作者和从事毒蛇研究的人员。毒蛇咬伤多发生在夏、秋两季,咬伤部位多以外露的手、臂、足和下肢常见。

【发病机制】

(一)对伤口局部的作用

1. 蛇毒中的神经毒可麻痹感觉神经末梢,引起肢体麻木,阻断运动神经与横纹肌之间的神经冲动,导致瘫痪。

2. 蛇毒中的磷脂酶A_2释放组胺、5-羟色胺,可引起伤口局部组织水肿、炎症反应和疼痛。

3. 透明质酸酶使局部炎症进一步扩大。

4. 蛋白质溶解酶破坏血管壁,引起出血、局部坏死。

(二)对全身的作用

毒蛇种类极多,蛇毒成分复杂,一般分为神经毒、血循毒和肌肉毒等。

1. 金环蛇、银环蛇、海蛇毒液以神经毒为主，可阻断神经-肌肉传导，引起横纹肌弛缓性瘫痪，可导致呼吸肌麻痹、严重呼吸衰竭，是临床上患者主要的致死原因。

2. 蝰蛇、五步蛇、竹叶青、烙铁头等毒蛇毒液以血循毒为主，可引起凝血障碍、组织坏死和心脏血管毒，其中心脏毒能损害心肌细胞结构和功能，使心肌变性、坏死，出现心律失常甚至心搏骤停。

3. 海蛇和眼镜蛇还有非常强烈的肌肉毒，使肌细胞溶解、蛋白水解，引起组织坏死。中华眼镜蛇的肌肉毒主要引起局部组织坏死；海蛇的肌肉毒则能破坏全身骨骼肌细胞，引起肌肉疼痛及无力、肌红蛋白尿、高钾血症和急性肾损伤。

需要注意的是，眼镜蛇、眼镜王蛇以及蝮蛇毒液兼有神经毒和血循毒（混合毒）。

【临床表现】

眼镜蛇科和海蛇科的蛇毒分子小，能迅速进入被咬者血液循环，因而发病很快；蝰蛇的蛇毒分子较大，由淋巴系统缓慢吸收后才出现症状；眼镜蛇和烙铁头的蛇毒接触黏膜被吸收后可引起全身中毒。根据蛇毒的主要毒性作用，毒蛇咬伤的临床表现可为以下4类。

（一）神经毒损害

神经毒损害多由眼镜蛇咬伤引起，伤口局部症状轻微，可有微痒和轻微麻木、疼痛或感觉消失；全身中毒症状多在1~6 h后出现，有全身不适、四肢无力、头晕、视物模糊、呼吸困难、恶心和晕厥，接着出现神经症状，并迅速加剧，主要为上睑下垂、视物模糊、斜视、语言障碍、吞咽困难、流涎、眼球固定和瞳孔散大，最终出现中枢性或周围性呼吸衰竭。

（二）心脏损害和凝血功能障碍

被蝰蛇和竹叶青蛇咬伤后，0.5~3 h出现局部红、肿、疼痛，伴有水疱、出血、坏死。肿胀迅速向肢体上端蔓延，并引起局部淋巴结肿痛。全身中毒症状为恶心、呕吐、口干、出汗，部分患者可有全身广泛出血（包括颅内出血和消化道出血）、溶血等症状。大量溶血引起血红蛋白尿，出现血压下降、心律失常、循环衰竭和急性肾衰竭。

（三）肌肉毒损害

被海蛇咬伤后，局部症状轻微，甚至无症状。约半小时至数小时后，出现肌肉疼痛、僵硬、进行性肌无力、腱反射消失、上睑下垂和牙关紧闭。横纹肌大量坏死，释放出大量钾离子，可引起高钾血症，导致严重心律失常。大量肌红蛋白阻塞肾小管，引起急性肾衰竭。

（四）混合毒损害

一些眼镜蛇、眼镜王蛇、蝰蛇、蝮蛇毒液具有神经、心脏及出凝血障碍毒，临床表现相似，难以鉴别，需要区分临床表现的主次。眼镜王蛇、泰国眼镜蛇咬伤以神经毒为主，多引起呼吸衰竭而致死。中华眼镜蛇咬伤以局部组织坏死为主，常带来截肢和肢体功能障碍的后遗症。蝮蛇咬伤则以血循毒为主。

【诊断】

有被蛇咬伤史者诊断不困难。根据蛇外观、伤后临床表现及齿痕等，做出蛇咬伤的诊断一般并不困难，捕到咬伤人的蛇时也可确诊。

【鉴别诊断】

毒蛇咬伤时留下2个针尖大小的牙痕，常伴红、肿、出血、坏死的局部表现和全身中毒症状。无毒蛇咬伤除留下2行或4行锯齿状浅小牙痕外，无其他症状。另需与毒蜘蛛和其他昆虫咬伤相鉴别。

【治疗】

(一) 治疗原则

1. 使患者保持安静，不要惊恐奔走，以免加速毒液吸收和扩散。
2. 及时、正确处理伤口。
3. 尽早使用特效解毒药。
4. 密切观察病情变化，积极对症处理。
5. 中西医结合治疗。

(二) 治疗措施

1. 局部伤口处理

(1) 绷带结扎：被毒蛇咬伤的肢体应限制活动，在伤口上方的近心端肢体用绷带绑扎压迫，以阻断蛇毒扩散。此法多用于神经毒毒蛇咬伤急救，但其普遍适用性仍有争议，眼镜蛇咬伤时因容易造成局部组织坏死，一般不主张使用绷带绑扎。

(2) 伤口清创：有效绷带绑扎后，将肢体放低，立即用凉开水、生理盐水或 1∶5000 高锰酸钾溶液冲洗伤口及周围皮肤，以洗掉伤口外表毒液，用刀尖和针细心剔除留在组织中的残牙，然后以牙痕为中心作"一"字或"十"字形切口，用手从肢体的近心端向伤口方向及伤口周围反复挤压，促使毒液排出，边挤压边用清水冲洗伤口，冲洗挤压排毒须持续 20～30 min，再次用 1∶5000 高锰酸钾溶液或 2% 过氧化氢溶液清洗，盖上消毒敷料。

(3) 局部封闭：有条件时应尽早使用胰蛋白酶或 0.25%～0.5% 普鲁卡因做局部封闭。

2. 特效解毒药　应在确知被何种毒蛇咬伤后的 20～30 min 内尽早足量使用单价特异性抗蛇毒血清。如不能确知被何种毒蛇咬伤，则选用多价抗蛇毒血清。抗蛇毒血清使用前应做过敏试验，阴性者可以使用，阳性者必须采用常规脱敏疗法，并在静脉注射抗蛇毒血清前准备好肾上腺素、氢化可的松或地塞米松等抗过敏药物。

3. 中医中药　祖国医学在救治毒蛇咬伤方面有丰富的经验和实际效果。治疗时间应根据症状缓解情况而定。

4. 并发症　呼吸衰竭是被毒蛇咬伤患者发生率高、出现早的并发症。因此，应及时、正确地应用人工呼吸机和其他有效治疗措施。当出现休克、心力衰竭、急性肾衰竭及弥散性血管内凝血等并发症时，应正确地对症处理。

5. 糖皮质激素　糖皮质激素能抑制和减轻组织过敏反应及坏死，对减轻伤口局部反应和全身中毒症状均有帮助。氢化可的松每日 200～400 mg 或地塞米松每日 10～20 mg，连用 3～4 d。

6. 防治感染　蛇咬伤的伤口应按照污染伤口处理，所以应常规给予抗生素和破伤风抗毒素 1500 U。

【预防及健康教育】

对多蛇地区的居民和被蛇咬伤机会较多的农民、渔民、野外工作者和蛇毒研究人员进行防治知识及现场急救知识的宣传教育。他们应根据实际情况穿戴防护手套和靴鞋，携带蛇药片以备急需使用。

自测题

一、选择题

1. 有机磷农药生产或使用过程中，导致人体中毒的主要途径是
   A. 皮肤　　　　　　　　B. 呼吸道　　　　　　　　C. 黏膜
   D. 消化道　　　　　　　E. 消化道和黏膜

2. 中毒机制除外下列哪项
   A. 强酸、强碱的局部刺激和腐蚀作用
   B. 组织和器官缺氧
   C. 麻醉作用
   D. 抑制酶的活性
   E. 毒物氧化

3. 通过竞争性阻断毒蕈碱受体产生毒性作用的药物是
   A. 阿托品　　　　　　　B. 有机磷农药　　　　　　C. 一氧化碳
   D. 氰化物　　　　　　　E. 酒精

4. 氰化物中毒时，患者的呼吸气味可为
   A. 烂苹果味　　　　　　B. 酸臭味　　　　　　　　C. 腥臭味
   D. 酒味　　　　　　　　E. 苦杏仁味

5. 导致中毒者呼出气呈蒜味的毒物是
   A. 阿托品　　　　　　　B. 地西泮　　　　　　　　C. 酒糟
   D. 有机磷农药　　　　　E. 亚硝酸盐

6. 有机磷（对硫磷）农药中毒的洗胃液是
   A. 1∶5000 高锰酸钾　　　B. 2% 碳酸氢钠　　　　　 C. 0.3%H_2O_2
   D. 0.3% 氧化镁　　　　　E. 5% 硫酸钠

7. 镇静药中毒的洗胃液是
   A. 1∶5000 高锰酸钾　　　B. 2% 碳酸氢钠　　　　　 C. 0.3%H_2O_2
   D. 0.3% 氧化镁　　　　　E. 5% 硫酸钠

8. 患者，女性，26 岁。服农药约 20 ml 后，咳嗽，出汗多，继之先咳白色泡沫样痰，后呈粉红色，抽搐，呼之不应。体格检查：R 26 次/分，BP 110/80 mmHg，两侧瞳孔似针尖大小，两肺布满湿啰音，心率 80 次/分，心律齐。衣服上有呕吐物，大蒜样气味。对本病例，应立即给予的处理措施是
   A. 洗胃
   B. 吸入经乙醇湿化的高浓度氧气
   C. 静脉注射毛花苷 C
   D. 静脉注射阿托品
   E. 静脉注射氨茶碱

9. 有机磷农药中毒的临床表现中属于毒蕈碱样症状（M 样症状）的是
   A. 瞳孔缩小　　　　　　B. 头晕　　　　　　　　　C. 皮肤水疱
   D. 昏迷　　　　　　　　E. 肌纤维颤动

10. 有机磷农药中毒的临床表现中属于烟碱样症状的是
    A. 瞳孔缩小
    B. 恶心、呕吐、腹痛
    C. 多汗、流涎、流泪、流涕
    D. 咳嗽、气促、肺水肿
    E. 肌纤维颤动，肌肉强直性痉挛

11. 患者，女性，35岁。因误服有机磷农药半小时，意识障碍逐渐加重入院。经洗胃、导泻、应用阿托品、氯解磷定、对症治疗等治疗后意识恢复，症状好转。3 d后患者突然出现视物模糊、面瘫、呼吸困难，并再次出现意识障碍，二便失禁。体格检查：T 36.7 ℃，P 65次/分，R 15次/分，BP 135/75 mmHg，肌力3级。SaO_2 93%。目前出现的情况最可能的原因是
    A. 急性脑卒中
    B. 有机磷农药中毒加重
    C. 急性有机磷农药中毒迟发性脑病
    D. 中间型综合征
    E. 急性有机磷农药中毒迟发性多发神经病

12. 患者，女性，22岁，头晕、呕吐伴流涎半小时。1 h前患者曾少量饮酒并进食较多凉拌蔬菜。体格检查：P 55次/分，BP 100/70 mmHg，神志清楚，皮肤潮湿，双瞳孔针尖大小，双下肺可闻及湿啰音。最可能的诊断是
    A. 亚硝酸盐中毒
    B. 杀鼠药中毒
    C. 吗啡中毒
    D. 有机磷农药中毒
    E. 乙醇中毒

13. 患者，女性，36岁。因急性一氧化碳中毒入院，治疗1周后症状消失出院。2个月后患者突然出现意识障碍。既往无高血压及脑血管疾病史。最可能的诊断是
    A. 脑出血
    B. 脑梗死
    C. 肝性脑病
    D. 中毒迟发性脑病
    E. 中间型综合征

14. 一氧化碳中毒时，最容易受损害的器官或组织是
    A. 眼
    B. 外周神经
    C. 肝
    D. 肾
    E. 脑

15. 重症一氧化碳中毒患者的最有效的治疗措施是
    A. 鼻导管间断低流量吸氧
    B. 高压氧舱治疗
    C. 经鼻导管吸入纯氧
    D. 持续低流量吸氧
    E. 面罩吸氧

16. 一氧化碳中毒现场急救首先应采取的措施是
    A. 吸氧
    B. 就地心肺复苏
    C. 建立静脉通道
    D. 清洗皮肤
    E. 撤离现场

（17~18题共用题干）

患者，女性，22岁。口服不详农药60 ml后，呕吐、流涎、走路不稳、视物模糊、呼吸困难，口中有大蒜气味。

17. 最重要的实验室检查是
    A. 血液胆碱酯酶活力
    B. 血电解质测定
    C. 尿中磷分解产物检测
    D. 肝功能、肾功能检查
    E. 血气分析

18. 最可能的诊断是
    A. 亚硝酸盐中毒
    B. 杀鼠药中毒
    C. 吗啡中毒
    D. 有机磷农药中毒
    E. 乙醇中毒

(19~20题共用题干)

患者，女性，56岁，冬天使用煤炉取暖过夜，清晨被家人发现昏迷不醒急送医院。体格检查：皮肤潮红，口唇呈樱桃红色。

19. 对诊断最有帮助的检查是
   A. 血胆碱酯酶活力　　B. 血气分析　　　　C. 血糖测定
   D. 血 COHb 测定　　　E. 颅脑 CT

20. 最可能的诊断是
   A. 阿托品中毒　　　　B. 一氧化碳中毒　　C. 乙醇中毒
   D. 有机磷农药中毒　　E. 催眠药中毒

二、简答题

1. 中毒的治疗原则有哪些？
2. 简述急性有机磷农药中毒的诊断分度。

三、案例分析题

患者，男性，35岁，因头晕、多汗、呕吐，伴流涎、视物模糊半小时来诊。半小时前患者午餐曾吃大量凉拌青菜。体格检查：R 25次/分，P 100次/分，BP 120/70 mmHg，多汗，走路不稳，口中有大蒜气味，瞳孔针尖大小，肺部有湿啰音，心脏无杂音，心律规则。

请回答：
（1）该患者最可能的诊断是什么？
（2）诊断依据有哪些？

（陈喜苹）

第六十七章　中暑

第六十七章数字资源

> **学习目标**
>
> 1. 知识：说出中暑的定义和临床分型，列举中暑的临床表现，解释中暑的发病机制和高温对人体各系统的影响，分析热痉挛、热衰竭和热射病的特点。
> 2. 能力：根据中暑患者的临床表现和各项辅助检查做出初步诊断，根据病情拟定抢救原则和治疗措施，正确评估预后，对患者进行健康教育。
> 3. 素养：学习者需深刻认识到中暑的成因、高发场景及潜在危害，从而在日常生活和工作中能主动地关注环境温度、湿度等因素，提前做好防晒、降温、补水等预防措施，将中暑风险降到最低。要具备对他人的关怀意识，在集体活动或工作场景中，能主动提醒身边人注意防暑，发现他人出现中暑迹象时，能积极伸出援手，承担起应尽的社会责任，营造互助互爱的良好氛围。

案例 11-67-1

患者，男性，45岁，跟随同事一起在建筑工地进行露天安全检查。当日室外温度达38 ℃，闷热无风，患者没有使用遮阳用具，刚开始除了汗流浃背外，其他感觉尚良好，数小时后患者出现头痛、头晕、视物模糊、恶心、呕吐，最后竟晕倒在地，被同事急送入院。

问题与思考：
1. 初步诊断和诊断依据是什么？
2. 应与哪些疾病相鉴别？
3. 为明确诊断，需要进一步做哪些检查？
4. 治疗原则是什么？

中暑（heat illness）是指高温或烈日暴晒下及无风环境中，引起体温调节中枢功能障碍、汗腺功能衰竭、水及电解质丧失过多而出现的一组临床综合征，以高热、皮肤干燥、无汗及中枢神经系统症状为特征。

【病因】

对高温环境的适应能力不足是致病的主要原因。在室外温度升高（> 32 ℃）、湿度较大（> 60%）的环境中，长时间工作或强体力劳动，又无充分防暑降温措施时极易发生中暑。此外，在室温较高、通风不良的环境中，年老体弱、慢性疾病患者和肥胖者更易发生中暑。总之，导致中暑的原因有：①环境温度过高；②产热增加：重体力劳动、发热疾病、甲状腺功能亢进症和应用某些药物（如苯丙胺）使产热增加；③散热障碍：如湿度大、肥胖、穿透气不良的衣服或无风天气；

④汗腺功能障碍：人体主要通过皮肤汗腺散热，系统性硬化病、广泛皮肤瘢痕或先天性无汗症、使用抗胆碱能药或滥用毒品可抑制出汗。

 常见的中暑原因。

【发病机制】

正常人腋窝温度为 36~37 ℃，直肠温度为 36.5~37.7 ℃。下丘脑体温调节中枢通过控制产热和散热来维持体温的相对恒定。

（一）体温调节

正常人体温度相对恒定，是产热和散热平衡的结果。

1. 产热　人体产热主要来自体内氧化代谢过程，运动和寒战也能产生热量。气温在 28 ℃ 左右，静息状态下，人体产热量为 210~252 kJ/(h·m²)[50.4~60.48 kcal/(h·m²)]，缺乏降温机制时，体温可升高 1.1 ℃，剧烈运动时产热增加至 2520~3780 kJ/(h·m²)。

2. 散热　体温升高时，皮肤血管扩张、血流量增加约为正常的 20 倍，大量出汗促进散热，又会引起水盐丢失。人体与环境之间通过以下方式散热。①辐射：室温为 15~25 ℃ 时，辐射是人体散热的主要方式，约占散热量的 60%。②蒸发：在高温环境下，蒸发是人体的主要散热方式，约占散热量的 20%，湿度大于 75% 时，蒸发减少，相对湿度达 90%~95% 时，蒸发完全停止。③对流：散热速度取决于皮肤与环境的温度差和空气流速，约占散热量的 12%。④传导：水较空气的热传导性强，人体皮肤直接与水接触时，散热速度是正常的 20~30 倍，约占散热量的 3%。

3. 高温环境适应　正常人在高温环境中每日工作 100 min，连续 7~14 d 后，对热应激的适应能力增强，可产生对抗高温的代偿能力，表现为心排血量和出汗量增加，汗液钠含量较正常人少等，出汗散热量为正常的 2 倍。无此种适应代偿能力者易发生中暑。

 人体与环境之间的散热方式。

（二）高温环境对人体各系统的影响

中暑损伤主要是由于体温过高（>42 ℃）对细胞的直接损伤作用，引起广泛性器官功能障碍或衰竭。

1. 中枢神经系统　高热能导致大脑和脊髓细胞快速死亡，继发脑水肿和局部出血、颅内压增高，甚至昏迷。因小脑浦肯野细胞对高热反应较为敏感，常发生构音障碍、共济失调和辨距不良。

2. 心血管系统　中暑早期，皮肤血管扩张，引起血液重新分配，同时心排血量增多，可加重心脏负荷。此外，持续高温能引起心肌缺血、坏死，诱发心律失常和心力衰竭，使心排血量降低和皮肤血流减少，影响散热，形成恶性循环。

3. 呼吸系统　高热时，呼吸频率增快和通气量增加，如持续不缓解，会引起呼吸性碱中毒。热损伤会导致急性呼吸窘迫综合征。

4. 水、电解质　大量出汗、排尿丢失及补充不足常导致水、钠和钾的丢失，引起脱水和电解质失衡。

5. 泌尿系统　由于脱水、心血管功能障碍和横纹肌溶解等，可导致急性肾衰竭。

6. 消化系统　中暑时，直接热损伤和胃肠道血液灌注减少可引起缺血性肠溃疡，易发生消化道大出血。严重中暑者，发病 2~3 d 后会出现不同程度的肝坏死和胆汁淤积。

7. 血液系统　严重中暑者，发病后 2～3 d 可出现不同程度的 DIC。

8. 运动系统　肌肉剧烈运动引起中暑时，由于肌肉局部温度增高、缺氧和代谢性酸中毒，常可导致肌肉严重损伤、横纹肌溶解和血清肌酸激酶升高。

【临床表现】

根据发病的情况，可将中暑分为先兆中暑、轻症中暑、重症中暑。

（一）先兆中暑

在高温环境下工作一定时间，出现头晕、头痛、口渴、多汗、全身疲乏、心悸、注意力不集中、动作不协调等症状，体温正常或略有升高，如及时将患者转移到阴凉、通风处安静休息，补充水、盐，短时间内即可恢复。

（二）轻症中暑

除上述症状外，体温升高至 38 ℃以上，出现面色潮红、大量出汗、皮肤灼热等表现，或出现面色苍白、皮肤及四肢湿冷、血压下降、脉搏增快等虚脱表现。如及时处理，常于数小时内恢复。

（三）重症中暑

重症中暑根据发病机制和临床表现不同，又分为热痉挛、热衰竭和热射病。这三种情况可顺序发展，也可交叉重叠。

1. 热痉挛　热痉挛常发生于高温环境下强体力劳动后，因出汗过多，口渴，大量饮水而盐分补充不足以致血液中氯化钠浓度显著下降，出现头痛、头晕、肢体和腹壁肌肉阵发性痛性痉挛，肢体活动受限。体温大多正常，无神志障碍。实验室检查有低钠血症和氯化物降低，尿酸增高。

2. 热衰竭　热衰竭多见于老年人、儿童和慢性病患者，因体液丢失过多引起循环容量不足所致。常表现为头痛、头晕、恶心，继而有口渴、胸闷、面色苍白、冷汗淋漓、脉搏细弱或缓慢、血压偏低，可有晕厥、手足抽搐，严重者出现周围循环衰竭。实验室检查有血细胞比容增高、高钠血症、轻度氮质血症和肝功能异常。

3. 热射病　热射病又称日射病，典型表现为高热（体温＞41 ℃）、无汗和神志障碍。脑、肝、肾和心脏等重要器官可先后受损。根据患者发病时的状态和发病机制，热射病可分为劳力性热射病（内源性产热过多）和非劳力性热射病（因体温调节功能障碍散热减少）。

（1）劳力性热射病：多见于青壮年，在剧烈运动或从事体力劳动后数小时发病，可有大量出汗，心率加快（可达 160～180 次/分），脉压增大、横纹肌溶解、急性肾衰竭、肝衰竭、DIC 等，病死率较高。

（2）非劳力性热射病：多见于居住在通风不良环境中的年老体弱者、孕产妇及有慢性疾病者（帕金森病、慢性酒精中毒及偏瘫或截瘫患者）。患者多无汗，皮肤干热和发红，直肠温度可达 46.5 ℃。早期有行为异常或痫性发作，继而出现谵妄、昏迷和瞳孔对称缩小，严重者出现低血压、休克、心律失常及心力衰竭、肺水肿和脑水肿。少数患者发生急性肾衰竭，可有轻、中度 DIC，常在发病后 24 h 左右死亡。

 中暑的临床表现。

【辅助检查】

中暑患者需常规检查电解质。严重患者常出现肝、肾和横纹肌损伤，应紧急进行有关生化检查，如血清天冬氨酸转氨酶（AST）、丙氨酸转氨酶（ALT）、乳酸脱氢酶（LDH）、肌酸激酶（CK）和止血、凝血功能及动脉血气分析。当怀疑颅内出血或感染时，应行脑 CT 和脑脊液检查。

【诊断】

根据病史和体征一般不难诊断，炎热夏季，遇有高热伴昏迷者，首先考虑中暑。

【鉴别诊断】

在诊断中暑之前，应与其他疾病相鉴别。如热射病应与脑型疟疾、脑炎、脑膜炎、伤寒、有机磷农药中毒等相鉴别；热衰竭应与消化道出血、低血糖等相鉴别；热痉挛伴腹痛应与各种急腹症相鉴别。

 中暑的诊断与鉴别诊断。

【治疗】

（一）先兆中暑与轻症中暑的治疗

迅速将患者从高温环境转移到阴凉、通风处休息或静卧，并补充清凉、含盐饮料。疑有循环衰竭倾向时，可酌情给予葡萄糖氯化钠注射液静脉滴注。对体温升高者及时进行物理降温。

（二）重症中暑的治疗

快速降温是治疗的基础，降温的迟早和快慢决定预后。降低劳力性热射病患者体温的最佳时间段为"黄金半小时"。

1. 热痉挛与热衰竭的治疗　迅速将患者从高温环境转移到通风良好、阴凉的低温环境，补充凉盐水，静脉补给生理盐水、葡萄糖和氯化钾。一般患者经治疗后 30 min 到数小时即可恢复。

2. 热射病的治疗　热射病预后不佳，病死率高，故需紧急抢救，应迅速采取各种降温措施。①体外降温：将患者转移至通风良好的低温环境中，脱去衣服，进行皮肤、肌肉按摩，促进散热，对于无循环障碍的患者，可用冰水擦浴或将躯体浸入 27～30 ℃ 水中进行传导散热、降温；对循环障碍者，可采用蒸发散热，如用 15 ℃ 冷水反复擦拭皮肤或应用电风扇、空气调节器降温。②体内降温：对体外降温无效者，用冰盐水进行胃或直肠灌洗，也可用无菌生理盐水进行腹膜透析或血液透析，或将患者血液在体外冷却后回输体内降温。③药物降温：解热镇痛药水杨酸盐治疗无效，而且可能有害，所以不能使用。迅速降温出现寒战者，用生理盐水 500 ml 加氯丙嗪 25～50 mg 静脉输注，用药过程中应监测血压。

（三）并发症的治疗

1. 对昏迷者，应进行气管内插管，保持呼吸道通畅，防止误吸。对脑水肿和颅内压增高者，常规使用甘露醇。对躁动、抽搐者，可给予镇静处理。

2. 对心律失常、心力衰竭和代谢性酸中毒者，给予对症处理。

3. 对低血压者，应快速补液，以恢复血容量并升高血压。慎用血管收缩药，以防影响皮肤散热。

4. 对多器官衰竭者应实施对症支持治疗。出现横纹肌溶解，尿量至少保持为 2 ml/（kg·h），尿 pH > 6.5；心力衰竭合并肾衰竭伴有高钾血症时，慎用洋地黄；持续性无尿、尿毒症和高钾血症是血液透析或腹膜透析的指征；应用 H_2 受体拮抗药或质子泵抑制药预防应激性溃疡及上消化道出血；合并 DIC 者根据病情输注新鲜冷冻血浆和血小板。

 中暑的防治措施。

【预后】

中暑患者热射病病死率为20%~70%，50岁以上高达80%。发病30 min内的降温速度决定预后，如果在此期间能将直肠温度降至40 ℃以下，死亡率很低；若降温延迟，病死率明显增加。预后主要与神经系统、肝、肾和肌肉损伤及血乳酸浓度有关。昏迷超过6~8 h或出现DIC者预后不良。

【预防及健康教育】

宣传防暑知识，夏季降低室温，居住处通风，穿宽松、浅色、透气的衣服，外出时戴宽边遮阳帽，使用防晒霜。适当饮用防暑饮料，如绿豆汤、冰水。加强防暑措施，改善高温环境中的工作条件，提高机械化、自动化程度。野外工作者应避免在正午暴露于阳光过久。中暑患者恢复后，数周内应避免在阳光下剧烈活动。

自 测 题

一、选择题

1. 常见的中暑原因，应除外的是
    A. 环境温度过高　　　B. 产热增加　　　C. 散热障碍
    D. 在外面待的时间过长　　E. 汗腺功能障碍
2. 热痉挛的发病机制是
    A. 缺钙　　　　　　　　　　　　B. 周围血管扩张，循环血量不足
    C. 体内热量蓄积，体温升高　　　D. 大量出汗使水、盐丢失过多
    E. 散热障碍
3. 属于物理因素所致疾病的是
    A. 氯气中毒　　　B. 中暑　　　C. 接触性皮炎
    D. 有机磷农药中毒　　E. 氰化物中毒
4. 热痉挛患者的突出表现是
    A. 腓肠肌痉挛、疼痛　　B. 胸大肌痉挛、胸痛　　C. 四肢肌无力
    D. 呼吸肌痉挛、呼吸麻痹　　E. 肠道平滑肌痉挛、腹痛
5. 在高温环境下出现头晕、视物模糊、耳鸣、恶心、心悸、胸闷、无力、口渴、大汗、注意力不集中、四肢麻木。此时体温正常或稍高，一般不超过37.5 ℃，以上现象可判断为
    A. 先兆中暑　　　B. 轻度中暑　　　C. 重度中暑
    D. 感冒症状　　　E. 有机磷农药中毒
6. 如果中暑者神志清醒，并无恶心、呕吐，可饮用一些防暑降温饮品，起到既降温又补充血容量的作用，以下不适合的饮品是
    A. 含盐的清凉饮料　　　B. 凉茶水　　　C. 绿豆汤
    D. 冰淇淋　　　　　　　E. 凉淡盐水

（7~8题共用题干）

患者，男性，26岁。在气温34 ℃时，负重跑步5 km后突发意识不清，伴痉挛、抽搐2 h。体格检查：T 41.5 ℃，P 166次/分，R 28次/分，BP 100/42 mmHg，瞳孔等大、等圆，心尖部第一

心音低钝，四肢肌张力高。
  7. 该患者最可能的诊断是
     A. 先兆中暑	B. 轻度中暑	C. 热射病
     D. 热衰竭	E. 热痉挛
  8. 最关键的治疗措施是
     A. 氧疗	B. 甘露醇	C. 应用抗癫痫药
     D. 应用镇静药	E. 降温治疗

二、简答题

1. 常见的中暑原因有哪些？
2. 简述中暑的预防措施。

三、案例分析题

患者，男性，19岁。在烈日下打篮球1h，大汗后出现头痛、头晕、胸痛、心悸、恶心，并有腹肌疼痛。T 38.3 ℃，P 108次/分，BP 90/60 mmHg，神志清楚，面色潮红，双肺未闻及干啰音、湿啰音，心律齐。

请回答：
（1）该患者最可能的诊断是什么？
（2）诊断依据有哪些？

（陈喜苹）

第六十八章 溺水

第六十八章数字资源

> 1. 知识：描述溺水的临床表现，解释溺水的发病机制。
> 2. 能力：根据病情实施急救措施，正确评估预后，对患者进行预防溺水教育。
> 3. 素养：学习者应树立对自身和他人生命安全负责的意识，在参与集体涉水活动时，能够主动关注同伴的状态，互相提醒注意安全。当遇到溺水紧急情况时，能与他人协同合作，分工明确地开展救援工作。通过溺水学习，学习者要深刻体会生命的宝贵，树立敬畏生命的观念，更加珍惜自己和他人的生命。同时，要培养在面对溺水等紧急情况时的冷静、沉着的心理素质，避免因恐慌而做出错误的判断和行为，能够保持清晰的思路，迅速采取合理的应对措施。

案例 11-68-1

患者，男性，42岁，在湖边钓鱼时不慎滑入湖中，10 min后被救起，心搏、呼吸停止。现场一名懂急救知识的人员给予落水者心脏按压，5 min后"120"急救人员赶到，立即实施心肺复苏，同时迅速将患者送往医院抢救。入院后立即给予气管插管及呼吸机辅助呼吸、心电监护、建立静脉通道等急救处理，20 min后心搏恢复，有自主呼吸，送ICU进一步治疗。

问题与思考：
1. 初步诊断和诊断依据是什么？
2. 需要进一步做哪些检查？
3. 现场急救措施有哪些？
4. 院内处理的措施有哪些？

人淹没于水或其他液体后，液体充塞呼吸道及肺泡，引起反射性喉痉挛和（或）呼吸障碍，发生窒息性缺氧，严重者造成呼吸停止、心脏停搏，称为溺水（drowning）；从水中被救出后暂时性窒息，但尚有大动脉搏动，称为近乎淹溺（almost drowning）；突然浸没至少低于体温5 ℃的水后出现心脏停搏或猝死为淹没综合征（immersion syndrome）；淹没一段时间后，因肺泡毛细血管内皮损伤和渗漏引起肺部炎症反应、肺泡表面活性物质减少而出现的呼吸窘迫，称为淹没后综合征（postimmersion syndrome），是急性呼吸窘迫综合征的一种类型。

【病因】

溺水常见于洪水灾害、船舶遇难而不慎落水；水下作业时，防护设备发生故障，或因癫痫、心脏病或心律失常、低血糖发作引起神志丧失；下水前饮酒或服用损害脑功能的药物及水中运动时间较长过度疲劳；游泳时不谙水性或腓肠肌痉挛；跳水时发生颅脑外伤；溺水也可见于交通意外或投水自杀者等。

【发病机制】

患者发生溺水后，先是本能地屏气以避免水进入呼吸道。不久，由于缺氧不能继续屏气，出现非自发性吸气，水进入呼吸道和肺泡，引起反射性咳嗽，有时出现喉痉挛。液体增多时可导致严重缺氧、高碳酸血症和代谢性酸中毒。脑缺氧严重时，喉痉挛消失，发生窒息和昏迷，继而出现心动过速、心动过缓及无脉性电活动，最终心脏停搏。大多数情况下，溺水过程从溺水到心脏停搏为数秒到数分钟。

【临床表现】

溺水者常出现神志丧失、呼吸停止或大动脉搏动消失，处于临床死亡状态。近乎淹溺者临床表现因个体差异较大，与溺水持续时间长短、吸水量多少、吸入介质性质和器官损伤严重程度有关。

（一）症状

近乎淹溺者常有剧烈咳嗽、胸痛、头痛、视觉障碍、呼吸困难和咳粉红色泡沫样痰。溺入海水者，常感到明显口渴，最初数小时可有寒战和发热。

（二）体征

溺水者常有泡沫或泥污充满口腔和鼻腔、皮肤及黏膜发绀、颜面肿胀、球结膜充血和肌张力增加；也可引起烦躁不安、抽搐、昏睡和昏迷等精神和神志状态改变；呼吸表浅、急促或停止，肺部可闻及干啰音、湿啰音；心律失常、心音微弱或心脏停搏；腹部膨隆，四肢厥冷。

 溺水的临床表现。

【辅助检查】

（一）血、尿常规检查

血、尿常规检查常有白细胞计数轻度增高。吸入较多淡水时，可出现血液稀释，甚至红细胞溶解，血钾升高，血液和尿中出现游离血红蛋白。海水溺水者，因短暂性血液浓缩，可有高钠血症或高氯血症。严重者可出现 DIC 样实验室检查指标异常。

（二）心电图检查

心电图检查常有窦性心动过速、非特异性 ST 段和 T 波改变、室性心律失常或完全性房室传导阻滞。

（三）血气分析

约 75% 病例有明显的混合型酸中毒，几乎所有患者都有不同程度的低氧血症。

（四）X 线检查

胸部 X 线检查常显示斑片状浸润和肺水肿征象，住院 12~24 h 吸收、好转或进展恶化。约有 20% 病例胸部 X 线检查无异常。对跳水者疑有颈椎损伤时，应进行颈椎 X 线检查。溺水 3~4 d 后，脑磁共振成像检查对判断预后有较高的价值。

【治疗】

（一）院前急救

1. 现场急救　尽快将溺水者从水中救出，迅速清除口腔和鼻腔中的污水、污物、分泌物及其他异物，保持气道通畅。怀疑气道异物阻塞的患者，可行海姆立克（heimilich）急救法排出异物。

2. 心肺复苏　心搏、呼吸停止者，立即现场施行心肺复苏术，气管内插管和吸氧。复苏期间注意防止误吸。在患者转运过程中，不应停止心肺复苏。

（二）院内处理

1. 氧疗　吸入高浓度氧或进行高压氧治疗，根据病情可采用机械通气。对溺水者，应监测动脉血气。

2. 复温　如患者体温过低，可根据情况采取体外或体内复温措施。

3. 脑复苏　有颅内压升高或昏迷者，应用呼吸机增加通气，维持 $PaCO_2$ 在 25～30 mmHg，同时，静脉输注甘露醇降低颅内压，缓解脑水肿。

4. 抗生素　抗生素用于污水溺水、有感染体征或脓毒症的溺水者。

5. 并发症　合并惊厥、心律失常、低血压、肺水肿、急性呼吸窘迫综合征、急性胃肠道出血、电解质代谢紊乱和酸碱失衡时，应进行相应的处理。

 溺水者的急救措施。

【预后】

溺水所引起的肺损伤和脑缺氧严重程度与吸水量、溺水时间长短密切相关。由水中救出后到自主呼吸恢复时间越短则预后越好。不同程度脑功能障碍、中枢性四肢瘫痪、锥体外系综合征和外周神经或肌肉损伤等后遗症可在约 20% 的溺水者恢复后出现。

【预防】

对从事水上作业者，定期进行严格的健康检查。有慢性或潜在疾病者不宜从事水上活动。酒精能损害判断能力和自我保护能力，下水作业前不要饮酒。进行游泳、水上自救互救知识和技能训练；水上作业时应准备救生器材。避免在情况复杂的自然水域游泳或在浅水区跳水或潜泳。下水前要做好充分的准备活动，不宜在水温较低的水域游泳。

自　测　题

一、选择题

1. 海水溺水的特点，应除外的是
   A. 高血钙、高血钠　　　B. 引起急性肺水肿　　　C. 血液浓缩
   D. 血液稀释　　　　　　E. 代谢性碱中毒

2. 溺水急救措施，首先应施行的是
   A. 保持呼吸道通畅　　　B. 倒水处理　　　　　　C. 口对口人工呼吸
   D. 胸外心脏按压　　　　E. 给予强心药

3. 对溺水所致呼吸、心搏骤停者，其紧急处理措施是
   A. 立即倒水　　　　　　　　　　　B. 应用呼吸兴奋药
   C. 心内注射肾上腺素　　　　　　　D. 应用糖皮质激素
   E. 人工呼吸和胸外心脏按压

(4~5题共用题干)

患者,男性,12岁,因天气炎热在河边玩耍时不慎掉入水中,被人救起后出现心搏骤停,心电监护示等电位线,有两人参与抢救。

4. 该患者最可能的诊断是
   A. 溺水
   B. 有机磷农药中毒
   C. 中暑
   D. 一氧化碳中毒
   E. 毒蛇咬伤中毒
5. 可采取的急救措施,应除外的是
   A. 胸外心脏按压
   B. 人工呼吸
   C. 电除颤
   D. 心脏起搏
   E. 气管插管

二、简答题

1. 简述溺水的临床表现。
2. 溺水患者的院前急救措施有哪些?

(陈喜苹)

第六十九章 电击

第六十九章数字资源

学习目标

1. 知识：列举引起电击的常见原因，陈述电击的临床表现，解释电击的发病机制。
2. 能力：根据病情实施急救措施，正确评估预后，对患者进行预防电击教育。
3. 素养：深刻认识电击的危险性和严重性，时刻保持对用电安全的警惕性。在参与患者救治工作时，明确医生的责任和义务，将保障他人生命安全放在首位，不推诿、不退缩，积极主动地投身到救治行动中。同时，能够自觉遵守安全操作规程和相关法律法规，避免因自身操作不当引发二次事故。触电救治往往需要多人配合，救治现场需要清晰准确地传递信息，明确各自的分工和任务，有效沟通，密切配合，形成救治合力。

案例 11-69-1

患者，女性，28 岁。星期天整理家务时，患者不小心触电，昏迷倒地，家属立即将其送至医院急诊科。入院检查：脉搏微弱，尚可触及，血压 60/45 mmHg，心电监护显示心律失常，心率 40 次/分。2 min 后，心电突然消失，血压骤降。急诊医师立即行心肺复苏，静脉注射肾上腺素 0.5 mg，重复给药 3 次。30 min 后患者心电恢复正常，心脏复苏成功。转入病房继续观察。

问题与思考：
1. 初步诊断和诊断依据是什么？
2. 该患者可能会出现哪些并发症？

一定量的电流非正常地通过人体引起不同程度组织损伤或器官功能障碍或猝死称为电击（electric shock），俗称触电。电击包括低压电击（电压 ≤ 380 V）、高压电击（电压 > 1000 V）和超高压电击或雷击（电压约在 10 000 V 以上）3 种类型。

【病因与发病机制】

（一）病因

意外电击常见的原因如下。

（1）缺乏安全用电知识，工作或生活中违反操作规程，违章布线，自行检修带电电路，利用供电电线晾衣挂物，在高压电线下钓鱼。

（2）电源、电线年久失修，线路绝缘性降低，容易漏电。

（3）大风暴、火灾、水灾或地震时，电线折断下落，接触人体。

（4）雷雨时在大树下避雨，或使用铁柄伞在野外行走，被雷电击中。

（二）发病机制

电击损伤对人体的危害程度与接触的电压高低、电流强弱、直流电还是交流电、电流频率高低、通电时间长短、接触部位、电流体内途径和所在环境的气象条件等都有密切关系。交流电对人体伤害较直流电大，不同频率的交流电对人体的损伤也不同，低频交流电危害较高频交流电大，尤其是频率为 50~60 Hz 的低频家用交流电，更易引起心室颤动。电流使肌细胞膜发生除极，引起肌肉强烈收缩。交流电可使肌肉持续抽搐，能"牵引住"接触者，使触电者的手紧紧握住电源线不能脱离电源，故交流电的危害较直流电大。

电击损伤包括电流对细胞的直接损伤和电阻产热引起的组织和器官损伤：如皮肤及皮下组织烧伤；深部组织，如肌肉、脂肪和肌腱损伤，造成局部水肿，压迫营养血管引起闭塞，发生缺血和坏死；接触超高压电能使组织迅速"炭化（carbonization）"；电流通过中枢神经系统会立即引起呼吸、心脏停搏，导致死亡。

【临床表现】

（一）全身表现

低压电击者出现痛性肌肉收缩、惊恐、面色苍白、头晕、头痛和心悸等。高压电击特别是雷击时，常导致意识丧失、心搏及呼吸骤停。若呼吸、心搏骤停持续 15 min 以上，且不及时复苏，则会导致死亡。幸存者可遗留定向力丧失和癫痫发作。部分病例有心肌和传导系统损害，心电图显示心房颤动、心肌梗死和非特异性 ST 段降低。组织损伤区或体表烧伤处丢失大量液体时，可出现低血容量性休克。发生急性肾衰竭者，主要是由肾直接损伤和肌肉组织坏死产生的肌球蛋白和肌红蛋白及溶血后血红蛋白损伤肾小管所致，脱水和血容量不足更能使病情加速或恶化。

（二）局部表现

高压电击所致严重烧伤常见于释放电能最大的触电部位，烧伤部位组织炭化或坏死成洞，电击周围部位皮肤烧伤较轻。如有衣服被点燃，可出现与触电部位无关的大面积烧伤。高压电流损伤时，常引起前臂腔隙综合征（compartment syndrome），因肌肉组织损伤、水肿和坏死，使肌肉筋膜下组织压力增加，出现神经、血管受压体征，脉搏减弱，感觉及痛觉消失，常需要进行筋膜切开术。由于触电后大肌群强直性收缩，可引起脊椎压缩性骨折或肩关节脱位。

（三）并发症和后遗症

电击后 24~48 h 常出现严重心律失常、心肌损伤、心功能障碍、吸入性肺炎、肺水肿、胃肠道出血或穿孔、麻痹性肠梗阻、DIC、溶血、急性肾衰竭等并发症。烧伤处容易继发细菌感染。约半数伤者有单侧或双侧鼓膜破裂、听力丧失。电击后数日到数月可出现神经系统病变，如上升性或横断性骨髓炎、多发性神经炎或瘫痪，视力障碍和单侧或双侧白内障。妊娠期妇女被电击后常发生流产、死胎或宫内发育迟缓。

 电击伤的临床表现。

【治疗】

（一）切断电源

发现电击患者后，应用绝缘物立即切断电源，使患者脱离电流通路。

（二）心肺复苏

对心搏、呼吸停止者，立即进行心肺复苏。对所有电击患者，应连续进行 48 h 心电监测，能及时发现电击后迟发性心律失常并对症处理。

（三）并发症的治疗

1. **颈部以上烧伤** 对颈部以上烧伤者，应给予吸氧，因为气道和肺部损伤的可能性很大。继发性钝性创伤常因肌肉不自主收缩所致的跌倒引起，处理方法同其他钝性创伤。

2. **急性肾衰竭** 对急性肾衰竭者，应用乳酸钠林格液恢复血容量，并维持尿量在 50～75 ml/h。如果出现肌球蛋白尿，尿量应维持在 100～150 ml/h，同时静脉输注碳酸氢钠碱化尿液，使血液 pH 维持在 7.45 以上，预防急性肾衰竭。严重肌球蛋白尿患者，若恢复有效血容量后尿量仍不增加，应在乳酸钠林格液 1 L 中加入甘露醇 12.5 g。尿内肌球蛋白消失后即停用甘露醇。热灼伤者常有严重血容量不足，在恢复有效循环血容量之前不能静脉输注甘露醇。严重急性肾衰竭者，根据病情及时进行血液透析。

3. **软组织烧伤、肢体坏死和骨折** 对于软组织烧伤、肢体坏死和骨折患者，应及时请外科医师进行相应的处理。

 电击患者的治疗原则。

【预防】

普及、宣传用电常识，经常对所用电器和线路进行检查与检修。雷雨天气应关好门窗，留在室内，不宜使用无防雷措施的电视、音响等电器。从事室外工作者，不要站在高处、在田野上走动或在树下避雨；不能接触天线、水管或金属装置。在空旷场地遇到雷电时，应立即卧倒，不宜打伞，远离树木和电线杆。

自 测 题

一、选择题

1. 触电时对人体产生生理和病理伤害的是
   - A. 电流
   - B. 电压
   - C. 电流和电压
   - D. 电荷
   - E. 电阻

2. 关于电击的临床表现，错误的是
   - A. 一般有一个进口和两个出口或多个出口
   - B. 出口处比进口处的创面严重
   - C. 触电的皮肤可呈现灰白色或焦黄色
   - D. 严重者可并发急性肾衰竭
   - E. 入口处比出口处创面严重

3. 下列关于触电的临床表现，错误的是
   - A. 雷击常导致意识丧失，呼吸、心搏骤停
   - B. 轻者出现痛性肌肉收缩、惊恐、面色苍白、头晕、头痛和心悸等表现
   - C. 若呼吸、心搏骤停持续 15 min 以上，且不及时复苏，则会导致死亡
   - D. 组织损伤区或体表烧伤处丢失大量液体时，可出现低血容量性休克
   - E. 触电后很快出现肢体坏死

(4~5题共用题干)

患儿，女性，8岁。星期天患儿在家玩耍时，不小心触电，昏迷倒地，家属立即将其送至医院急诊科。入院体格检查：脉搏消失，血压测不到，心电监护显示f颤动波。急诊医师立即除颤并行心肺复苏术。

4. 该患儿触电后心搏骤停的原因是

  A. 痉挛   B. 昏迷   C. 心室颤动

  D. 呼吸困难   E. 面色苍白

5. 该患儿能否获救的关键是

  A. 触电的方式

  B. 人体电阻的大小

  C. 能否尽快脱离电源和施行紧急救护

  D. 个人的意志力

  E. 是否进行心电监护

二、简答题

电击的院前急救措施有哪些？

（陈喜苹）

第七十章 冻僵

第七十章数字资源

> 1. 知识：描述冻僵的临床表现，说出中心体温的测量方法，分析冻僵的病因与发病机制。
> 2. 能力：根据冻僵患者的临床表现做出初步诊断并判断严重程度，根据病情拟定治疗方案，正确评估预后，对患者进行预防冻僵的健康教育。
> 3. 素养：具备快速应急响应能力，能在冻僵事件发生后，迅速判断现场环境安全性，第一时间启动救治流程。保持沉着冷静的心理素质，面对冻僵患者可能出现的危急情况（如心搏、呼吸骤停），能保持镇定，不慌不乱，有条不紊地开展救治工作。要富有强烈的人文关怀精神，在救治过程中，尊重患者的尊严和权利，关注患者的痛苦与需求，通过语言和行动给予患者安慰与支持。

案例 11-70-1

患者，男性，50岁，以"呼之不应、伴全身湿冷1d"为主诉入院。家属诉患者于前一日14时自家中不慎走失，家属于次日15时找到，发现患者躺于草丛间，大声呼喊及刺激患者均无反应，全身湿冷，呼吸微弱。前一日夜间小雪。患者有精神疾病史数年，多次就诊于医院，具体疾病及治疗方法不详。体格检查：T 31.2 ℃，P 76 次/分，无自主呼吸，BP 118/76 mmHg，呈浅昏迷状。双侧瞳孔不等大，左侧直径约为1 mm，右侧直径约为5 mm，对光反射存在。双肺呼吸音粗糙，两下肺可闻及细小湿啰音。心率88次/分，心律不齐。其他无异常发现。

问题与思考：
1. 初步诊断和诊断依据是什么？
2. 现场急救措施有哪些？
3. 复温措施有哪些？

冻僵（frozen rigor，frozen stiff）是由寒冷引起的以神经系统和心血管系统损害为主要表现的全身性疾病。通常暴露于寒冷环境（-5 ℃以下）后6 h内发病。冻僵患者体温越低，病死率越高。寒冷导致的冻伤（congelation）或组织坏死不在本章阐述。

【病因与发病机制】

（一）病因

冻僵的原因主要有：①冷水或冰水溺水；②长时间暴露于寒冷环境且无充分的保暖措施；③年老、体弱、严重营养不良患者和慢性疾病患者在低室温下也可发生冻僵。

(二)发病机制

机体暴露环境的温度、湿度、风速、时间、部位及机体的营养状态及抗寒能力与冻僵严重程度密切相关。寒冷刺激交感神经兴奋性增强,引起外周血管收缩,随着机体暴露时间延长,组织和细胞发生形态学改变,血管内皮损伤,通透性增强,血液无形成分外渗及有形成分聚集,血栓形成,导致循环障碍和组织坏死。细胞脱水及变性引起代谢障碍。

【临床表现】

(一)轻度冻僵

寒冷刺激交感神经兴奋性增强,引起皮肤血管收缩,表现为疲乏、健忘、肌肉明显震颤、心率和呼吸频率加快、心排血量增加、血压升高、多尿和逐渐出现不完全性肠梗阻等症状。

(二)中度冻僵

体温调节机制常衰竭,寒战消失,代谢明显减慢,表现为表情淡漠、精神错乱、语言障碍、行为异常、运动失调或昏睡。当体温低于 30 ℃时,神志丧失、瞳孔扩大,窦房结起搏频率减慢引起心动过缓,心电图示 PR 间期、QRS 波群和 Q-T 间期延长,胰岛素分泌减少及血糖升高。

(三)严重冻僵

内分泌和自主神经系统热储备机制丧失,基础代谢率下降 50%,表现为呼吸明显减慢,少尿,瞳孔对光反射消失,心电图表现为心室颤动。当体温低于 24 ℃时,患者出现僵死样面容。当体温低于 20 ℃时,患者皮肤苍白或青紫,心搏、呼吸停止,瞳孔散大,四肢肌肉和关节僵硬,心电图或脑电图显示等电位线。

冻僵的临床表现。

【诊断】

根据长期寒冷环境暴露史,神经系统和心血管系统损害的临床表现,中心体温 < 35 ℃可证实诊断。常测定两个部位的中心体温。①直肠测温:应将温度计水银端插入 15 cm 深处测定体温。②食管测温:将温度计水银端放置喉下 24 cm 深处测量体温。

【治疗】

积极采取急救复苏和支持措施,防止体热进一步丢失,采取安全、有效的复温措施和预防并发症。

(一)现场处理

迅速将患者移至温暖环境。搬动时要谨慎,避免发生骨折。尽快脱去潮湿衣服,用毛毯或棉被包裹患者身体。积极进行复苏抢救。

(二)院内处理

1. 急救处理 对神志清醒者,静脉输注生理盐水及 50% 葡萄糖溶液 50 ml。对反应迟钝或昏迷者,应保持气道通畅,进行气管内插管或气管切开,吸入加热的湿化氧气,可静脉输注 40~42 ℃ 生理盐水和葡萄糖溶液 300~500 ml,液体总量为 20 ml/kg。对神志异常者,应同时给予纳洛酮和维生素 B_1 治疗。

2. 复温技术 复温方法和复温速度依据患者的情况进行选择。对于老年或心脏病患者,复温应谨慎。

1)对于轻度冻僵者,用较厚的棉被或毛毯裹好患者,置于温暖环境中,让患者通过机体产热自动复温。复温速度为每小时复温 0.3～2 ℃。

2）对于中度、重度冻僵者，应用电热毯、热水袋或 40～42 ℃温水浴，复温速度为每小时复温 1～2 ℃，此种方法需要注意的是，复温时因肢体升温易增加心脏负荷，所以应将复温热源置于胸部；也可输注加热（40～42 ℃）液体或吸入加热（40～45 ℃）湿化氧气，或将各种灌洗液加热至 40～45 ℃进行胃、直肠、腹膜腔、胸腔灌洗升温，复温速度为每小时复温 0.5～1 ℃。也可经体外循环快速复温，复温速度为每小时复温 10 ℃。

对心搏、呼吸停止者，如果体温上升至 28 ℃以上仍无脉搏，应行心肺复苏及相关药物治疗。体温升至 36 ℃，经过各种复苏努力仍无效时，可中止复苏。

3. 支持和监护措施　开放气道，酌情行气管内插管或气管切开。患者一般处于脱水状态，复温后可能出现血容量减少和低血糖，应注意纠正（注意：低温患者肝不能有效地代谢乳酸，勿输注乳酸林格液）。

冻僵患者胃肠运动功能减弱，常发生胃扩张或肠麻痹，应放置鼻胃管行胃肠减压，预防呕吐和误吸；应持续进行心电监测，以便及时发现心律失常；监测血糖，防治低血糖；进行动脉血气分析并监测尿量。

 冻僵患者的急救措施。

自　测　题

一、选择题

1. 中度冻僵的临床表现，下列错误的是
   A. 体温调节机制常衰竭，寒战消失
   B. 表现为表情淡漠、精神错乱、语言障碍、行为异常、运动失调或昏睡
   C. 寒战明显
   D. 当体温低于 30 ℃时，可出现神志丧失、瞳孔扩大
   E. 可出现房室传导阻滞
2. 对冻僵患者的现场处理，错误的是
   A. 迅速将患者移至温暖环境
   B. 搬动时要谨慎，避免发生骨折
   C. 对神志清醒者，为保持气道通畅，立即进行气管切开
   D. 尽快脱去潮湿衣服，用毛毯或棉被包裹患者身体
   E. 积极进行复苏抢救

（3～4 题共用题干）

患者，男性，35 岁，冬季夜间酒后醉卧路边 8 h，清晨被人发现，送到医院。入院时体格检查：神志模糊，T 30.5 ℃，P 40 次/分，R 9 次/分，BP 84/45 mmHg，双手腕部以下红肿，有水疱生成，双足苍白、肿胀，分布红斑。

3. 该患者最可能的诊断是
   A. 冻僵　　　　　　　　　B. 溺水　　　　　　　　　C. 中暑

D. 毒蛇咬伤中毒　　　　E. 酒精中毒
4. 冻僵患者复温最好的方法是
   A. 置于 38～42 ℃温水浸泡　　B. 肌内注射兴奋剂
   C. 大量饮热茶、热酒　　　　D. 脱去潮湿衣服
   E. 用毛毯或棉被包裹患者身体

二、简答题

1. 简述冻僵的常见病因。
2. 冻僵患者的院前急救措施有哪些？

三、案例分析题

患者，男性，38 岁，大雪天夜间饮酒后醉卧在大桥下 7 h，清晨被人发现，送到医院。入院体格检查：神志模糊，T 30 ℃，P 45 次/分，R 8 次/分，BP 84/40 mmHg，双手苍白、肿胀、分布红斑，双足红、肿、有水疱生成。

请回答：

需立即进行哪些处理？

（陈喜苹）

第七十一章 高原病

第七十一章数字资源

学习目标

1. 知识：描述急性、慢性高原病的临床表现，解释高原病的发病机制与病理生理变化。
2. 能力：根据高原病患者的临床表现和各项辅助检查做出初步诊断，根据病情拟定治疗方案，正确评估预后，对患者进行预防高原病的健康教育。
3. 素养：关注高原地区医疗卫生资源分布不均的问题，思考如何通过科学知识普及、培训等方式提升高原地区基层医生的高原病诊疗能力。能参与制订高原地区针对性的预防策略（如建立健康筛查机制、设置医疗站点）。认识到高原生态环境的脆弱性与人类活动的关联性，在预防和治疗高原病的同时，倡导可持续的高原旅游和开发模式，减少对环境的破坏。

案例 11-71-1

患者，男性，35岁，出生、生长于河南，2 d前从平原乘火车前往拉萨旅游，但途中不慎"感冒"，出现发热、咳嗽、咳痰（量少、白色黏液痰），自行口服药物（不详）症状未见好转。次日患者出现轻度喘息等症状，此时所在位置海拔约3000 m。火车继续行进，当到达某地火车站（海拔约3900 m）时，患者出现严重呼吸困难，口唇、指甲发绀，咳血性泡沫样痰，烦躁不安。同伴立即给予吸氧等急救措施，并将患者送往当地市人民医院。体格检查：T 38.2 ℃，P 122次/分，R 25次/分，BP 130/90 mmHg。急性病容，表情痛苦，双肺呼吸音减弱，满布湿啰音。实验室检查：WBC 13.8×10^9/L，N 79%，血氧饱和度84%，心电图示窦性心动过速，不完全性右束支传导阻滞，ST-T缺血改变。

问题与思考：
1. 初步诊断和诊断依据是什么？
2. 需与哪些疾病进行鉴别？
3. 为明确诊断，需要进一步做哪些检查？
4. 治疗原则有哪些？

海拔3000 m以上的地区称为高原。由平原移居至高原或短期逗留在高原的人，由于高原空气稀薄、大气压和氧分压较低，对高原环境适应能力不足，引起以缺氧为突出表现的一组疾病称为高原病（high altitude sickness）。高原病也可发生于海拔3000 m以下地区。急性高原病呈自限性，预后相对良好，但发生高原肺水肿和高原脑水肿可致命。

【病因】

低压性低氧血症是急性高原病的重要原因。高原地区由于大气压和氧分压降低，进入高原地区后人体发生缺氧。随着海拔升高，吸入气氧分压明显下降，氧供发生严重障碍。海拔越高，空气中的氧分压就越低，在海拔 8000 m 高度时，大气压约为海平面（大气压 760 mmHg）的 1/3，空气中的氧分压为 56 mmHg。高原病发病快慢、严重程度和发病率与所攀登高原的海拔高度、攀登速度、高原停留时间和个体易感性有关。

【发病机制】

人从平原进入高原，为适应低氧环境，机体需要进行一些适应性改变，以维持毛细血管内血液与组织之间必要的压力阶差。但个体对高原缺氧的适应能力不同，并有一定的限度，过度缺氧和对缺氧反应迟钝者可发生适应不全，即高原病。

【病理】

高原病的基本病理学特征是细胞肿胀。脑、肺及外周血管常发生血小板、纤维蛋白栓子或静脉血栓。

（一）高原肺水肿

肺组织因充血、水肿，重量明显增加。小气道和肺泡内有纤维蛋白渗出及透明膜形成，肺泡壁和毛细血管壁细胞膜变性，血管扩张、充血及通透性增加，血管内可见散在血栓形成。

（二）高原脑水肿

大脑皮质和软脑膜充血，脑细胞及其间质水肿，脑组织有点状出血，部分脑细胞变性、坏死。

（三）慢性高原病

心肌细胞水肿、纤维断裂和间质增生，可导致右心室增大、室腔扩大和室壁增厚。肺动脉干弹性纤维消失，肺小动脉中层肌肉肥厚、结缔组织增生和肺细小动脉硬化。

【临床表现】

（一）急性高原病

急性高原病通常发生在海拔 3000 m 以上的地区。主要表现分为 3 种类型，彼此可互相交叉或并存。

1. 急性高原反应　急性高原反应临床最常见，不适应海拔 3000 m 以上地区的人群，在进入高原后 6~24 h 即可发生。表现为额部疼痛、恶心、呕吐、乏力、心悸、胸闷、气促及厌食。中枢神经系统症状大多与醉酒者症状相似。多数在高原停留 1~2 d 后症状可缓解，数日后症状消失。少数可发展成高原肺水肿和（或）高原脑水肿。

2. 高原肺水肿　高原肺水肿是常见且致命的高原病，通常发生在快速进入高原地区 2~4 d 内，特别是进入高原时有过劳、快速攀登、呼吸道感染、服用催眠药或者是既往有高原肺水肿史者更易发生。患者常先出现急性高原反应，然后症状逐渐加重，出现呼吸困难、干咳加重、发绀、心动过速、端坐呼吸、咳白色或粉红色泡沫样痰。肺部可闻及干啰音、湿啰音。

3. 高原脑水肿　高原脑水肿又称神经性高山病，比较罕见，是最严重的急性高原病。多数在患者进入海拔 3600 m 以上地区 1~3 d 后发病，临床表现为剧烈头痛，伴呕吐、精神紊乱、共济失调、幻听、言语和定向力障碍，病情进展后可发展为步态不稳、嗜睡、木僵或昏迷。

（二）慢性高原病

慢性高原病较少见，主要发生在久居高原或少数世代居住在海拔 4000 m 以上的人。主要表现如下。

（1）急性高原反应持续 3 个月以上不恢复。

（2）高原红细胞增多症，这是对高原缺氧的一种代偿性生理适应反应。

（3）通常易发生高原性低血压，也有一些发生高原性高血压，与原发性高血压表现相似，但很少引起心脏和肾损害，少数高原性高血压患者可转变为高原性低血压。

（4）高原性心脏病多见于高原出生的婴幼儿，成人移居高原 6~12 个月后发病。

 急性高原病的临床表现。

【辅助检查】

（一）血液检查

急性者可有轻度白细胞计数增多；慢性者红细胞计数升高，多超过 $7.0 \times 10^{12}/L$，血红蛋白超过 180 g/L，血细胞比容超过 0.60。

（二）血气分析

高原肺水肿时可有低氧血症、低碳酸血症和呼吸性碱中毒。高原性心脏病时可有低氧血症和二氧化碳分压升高。

（三）心电图检查

慢性高原病时可有电轴右偏、肺性 P 波、右心室肥大劳损、T 波倒置等心电图表现。

（四）X 线检查

高原肺水肿时可见双侧肺野有弥漫性斑片状或云絮状模糊阴影。高原心脏病者表现为肺动脉明显突出，右心室增大。

（五）肺功能检查

慢性高原病时可有肺活量下降，峰值呼吸流速降低，每分通气量下降。

【诊断与鉴别诊断】

（一）诊断依据

（1）进入海拔较高地区后发病。

（2）临床症状的出现与进入该地区的海拔高度和进入速度及有无适应明显相关。

（3）氧疗有效，或脱离该地区进入低海拔地区后症状明显缓解。

（4）排除有类似高原病临床表现的相关疾病。

（二）鉴别诊断

1. 急性高原反应　应与晕车、晕飞机、急性胃肠炎和原有疾病症状加重相鉴别。
2. 高原肺水肿　应与肺炎、高原支气管炎、肺栓塞、气胸和原有心肺疾病症状加重相鉴别。
3. 高原脑水肿　应与代谢性和中毒性脑病、脑血管意外、颅脑外伤相鉴别。
4. 高原红细胞增多症　应与真性红细胞增多症相鉴别。真性红细胞增多症常见于中老年人，脾大明显。除红细胞增多外，尚有白细胞和血小板增多，对氧疗和易地治疗无效。

 高原病的诊断依据。

【治疗】

(一)治疗原则

停止继续登高,迅速离开高海拔地区,立即给氧,密切观察病情变化,积极对症处理。

(二)治疗措施

1. 急性高原反应 ①卧床休息。②氧疗:鼻导管或面罩低流量吸氧(1~2 L/min)。③易地治疗:迅速转移到低海拔地区。④对症治疗:头痛者用阿司匹林、对乙酰氨基酚等解热镇痛药,恶心、呕吐者用丙氯拉嗪,严重者口服地塞米松(4 mg/6 h)。

2. 高原肺水肿 ①绝对卧床休息。②氧疗:面罩吸入40%~50%氧气(6~12 L/min)或使用便携式高压气囊治疗。③易地治疗:氧疗无效时,迅速转移到低海拔地区。④药物治疗:舌下含化或口服硝苯地平(10 mg,每4 h一次)以降低肺动脉压和改善氧合作用,氨茶碱有解除支气管痉挛、强心、利尿和显著降低肺动脉压的作用,根据病情每4~6 h重复,严重者使用糖皮质激素治疗,出现快速心房颤动时,应用洋地黄和抗血小板药物。通常经上述治疗后24~48 h可恢复。

3. 高原脑水肿 治疗措施与急性高原反应和高原肺水肿基本相同,早期识别是成功治疗的关键。不同的是注意降低颅内压:地塞米松(8 mg,立即静脉注射,以后4 mg/6 h),同时静脉给予甘露醇和利尿药(呋塞米,40~80 mg),第一个24 h必须保持尿量在900 ml以上;对昏迷者,应注意保持呼吸道通畅。

4. 慢性高原病 ①易地治疗。②氧疗:夜间给予低流量吸氧(1~2 L/min)。③改善血氧饱和度:乙酰唑胺125 mg,每日2次,或醋酸甲羟孕酮20 mg,每日3次。④静脉放血:只能作为临时性治疗措施。

 高原病的治疗措施。

【预后】

高原病如能得到及时诊断和积极治疗,预后较好。但高原肺水肿和高原脑水肿患者,如延误诊治,则可死亡。慢性高原病患者移居平原后1~2个月内可恢复,但如发展到高原性心脏病,伴有肺动脉高压和右心室肥大者,则不易恢复。另外,高原肺水肿恢复者,再次进入相同高原环境时容易复发。

【健康教育】

对要进入高原地区旅游、工作等人群进行有关高原病知识的宣传教育。有器质性疾病、急性呼吸道感染和严重神经衰弱者不宜进入高原。进入高原后,避免剧烈运动,适应后逐渐增加劳动量。避免吸烟、饮酒和服用镇静催眠药。注意防冻保暖,补充液体及热量。进入高原的过程中,坚持阶梯升高原则。如果不能阶梯升高,可在出发前24 h预防性服药,如乙酰唑胺(250 mg,每8 h一次)或地塞米松(4 mg,每6 h一次)。

自 测 题

一、选择题

1. 高原肺水肿最常见的诱因是
   A. 上呼吸道感染　　　　B. 消化道感染　　　　C. 劳累
   D. 饮酒　　　　　　　　E. 过饱
2. 急性高原反应持续多少时间即为慢性高原反应
   A. 1 周　　　　　　　　B. 2 周　　　　　　　C. 1 个月
   D. 2 个月　　　　　　　E. 3 个月以上
3. 关于高原病的治疗，下列不正确的是
   A. 急性高原反应可以采用鼻导管或面罩低流量（1~2 L/min）吸氧
   B. 出现急性高原反应后不用处理，可继续登高
   C. 高原病治疗效果不满意或出现高原脑水肿，应转移到低海拔地区
   D. 高原肺水肿恢复者，再次进入相同海拔高度的高原环境时容易复发
   E. 乙酰唑胺能改善缺氧

（4~5 题共用题干）

患者，女性，34 岁，4 d 前从成都到西藏某高山哨所探亲，2 d 前开始出现头痛、胸闷、咳嗽、乏力，症状逐渐加重，并出现严重的呼吸困难而到医院急诊。既往身体健康。体格检查：端坐呼吸，口唇及肢端发绀，气管居中，双肺可闻及大量湿啰音。心率 160 次 / 分，节律基本规则，未闻及杂音。胸部 X 线片示肺门阴影扩大，肺门周围及肺野内出现散在点片状或云雾状浸润阴影，弥漫性不规则分布，以右侧中野明显。

4. 本例患者最可能的诊断是
   A. 急性心力衰竭　　　　B. 重症肺炎　　　　　C. 高原肺水肿
   D. 急性高原反应　　　　E. 支气管哮喘
5. 对本患者施行的首选治疗措施是
   A. 鼻导管吸氧，1~2 L/min
   B. 面罩吸氧，1~2 L/min
   C. 面罩吸入 40%~50% 氧气，6~12 L/min
   D. 面罩吸入 40%~50% 氧气，2~3 L/min
   E. 鼻导管吸氧，2~4 L/min

二、简答题

1. 简述急性高原病的临床表现。
2. 简述高原肺水肿的治疗措施。

（陈喜苹）

主要参考文献

[1] 葛均波，王辰，王建安. 内科学 [M]. 10版. 北京：人民卫生出版社，2024.
[2] 万学红，卢雪峰. 诊断学 [M]. 10版. 北京：人民卫生出版社，2024.
[3] 艾娟，孙建勋. 内科学 [M]. 5版. 北京：北京大学医学出版社，2019.
[4] 刘世明. 内科学 [M]. 2版. 北京：科学出版社，2023.
[5] 易敏，骆英华，薛晓婧. 内科学 [M]. 镇江：江苏大学出版社，2023.
[6] 中华医学会心血管病学分会，中国生物医学工程学会心律分会. 抗心律失常药物临床应用中国专家共识 [J]. 中华心血管病杂志，2023，51（3）：256-269.
[7] 中国老年医学学会高血压分会，北京高血压防治协会，国家老年疾病临床医学研究中心. 中国老年高血压管理指南2023 [J]. 中华高血压杂志，2023，31（6）：508-538.
[8] 中华医学会心血管病学分会. 非ST段抬高型急性冠脉综合征诊断和治疗指南（2024）[J]. 中华心血管病杂志，2024，52（6）：615-646.
[9] 谭莺，雷普润，唐齐，等. 中国肥胖症药物治疗的现状及效果分析 [J]. 中国预防医学杂志，2024，25（4）：413-418.
[10] 袁玲丹，宋利格. 原发性骨质疏松症诊疗指南（2022版）解读 [J]. 同济大学学报（医学版），2023，44（6）：777-784.
[11] 姜泊. 内科学 [M]. 2版. 北京：高等教育出版社，2023.
[12] 罗杰·P. 西蒙（Roger P.Simon）. 临床神经病学 [M]. 王维治，王化冰，主译. 北京：人民卫生出版社，2021.
[13] 中华医学会神经病学分会，中华医学会神经病学分会脑电图与癫痫学组. 抗癫痫药联合使用中国专家共识 [J]. 中华神经科杂志，2024，57（2）：108-117.
[14] 国际神经修复学会中国委员会，北京医师协会神经修复学专家委员会，广东省医师协会神经修复专业医师分会. 中国特发性面神经麻痹神经修复治疗临床指南（2022版）[J]. 神经损伤与功能重建，2023，18（1）：1-12.
[15] 郝伟. 陆林精神病学 [M]. 8版. 北京：人民卫生出版社，2018.
[16] 沈洪，刘中民. 急诊与灾难医学 [M]. 3版. 北京：人民卫生出版社，2018.

中英文专业词汇索引

3C 样蛋白酶（3C-like protease，3CLpro） 80
5-羟色胺去甲肾上腺素再摄取抑制剂（serotonin-noradrenalin reuptake inhibitor，SNRI） 684
CT 肺动脉造影（computed tomographic pulmonary angiography，CTPA） 118
CT 冠脉造影（CT coronary angiography） 143
CT 静脉造影（computed tomography venography，CTV） 119
C 反应蛋白（C-reactive protein，CRP） 75
D-二聚体（D-dimer） 119
H_2 受体拮抗药（histamine 2 receptor antagonist，H_2RA） 288
Miller-Fisher 综合征（Miller-Fisher syndrome，MFS） 656
ST 段抬高心肌梗死（ST-segment elevation myocardial infarction，STEMI） 217

A

阿尔茨海默病（Alzheimer disease，AD） 693
阿哌沙班（apixaban） 182
阿-斯综合征（adams-stokes syndrome） 142
阿昔洛韦（acyclovir） 79
艾多沙班（edoxaban） 182
奥马珠单抗（omalizumab） 35
奥司他韦（oseltamivir） 17

B

巴雷特食管（Barrett esophagus，BE） 285，287
白大衣性高血压（white coat hypertension） 206
白细胞减少（leukopenia） 494
白细胞淤滞症（leukostasis） 478
白血病（leukemia） 473
暴发性肺炎支原体肺炎（fulminant Mycoplasmal pneumoniae pneumonia，FMPP） 74
贝尔麻痹（Bell palsy） 652
贝那普利（benazepril） 158
倍氯米松（beclometasone） 34
苯丁酸氮芥（chlorambucil） 483
泵衰竭（pump failure） 127
吡嗪酰胺（pyrazinamide，PZA，Z） 96
闭锁综合征（locked-in syndrome，LIS） 620
壁细胞抗体（parietal cell antibody，PCA） 296
边缘区淋巴瘤（marginal zone lymphoma，MZL） 488
变异型心绞痛（variant angina pectoris） 224
标准碳酸氢盐（standard bicarbonate，SB） 130
丙硫氧嘧啶（propylthiouracil，PTU） 518
病毒性肺炎（viral pneumonia，VP） 77
病毒性心肌炎（viral myocarditis） 267
病态窦房结综合征（sick sinus syndrome，SSS） 174
不稳定型心绞痛（unstable angina pectoris，UAP） 217
布地奈德（budesonide） 34

C

长程持续性心房颤动（long-standing persistent atrial fibrillation） 180
长效 M 受体拮抗药（long acting M receptor antagonists，LAMA） 35
长效 $β_2$ 受体激动剂（long acting $β_2$ receptor agonists，LABA） 34
晨僵（morning stiffness） 591
迟发性多发神经病（delayed polyneuropathy） 710
持续气道正压通气（continuous positive airway pressure，CPAP） 203
持续性室性心动过速（sustained ventricular tachycardia） 189
持续性心房颤动（persistent atrial fibrillation） 180
重塑（remodeling） 149
触发激动（triggered activity） 169
触诊（palpation） 10
磁共振成像（magnetic resonance imaging，MRI） 119
磁共振肺动脉造影（magnetic resonance pulmonary angiography，MRPA） 119

磁共振静脉成像（magnetic resonance venography，MRV）119
雌激素补充治疗（estrogen replacement therapy，ERT）575
雌激素受体调节剂（selective estrogen receptor modulaor，SERM）575
促红细胞生成素（erythropoietin，EPO）424
促甲状腺激素刺激阻断性抗体（thyroid stimulating hormone-stimulation blocking antibody，TSBAb）513
促甲状腺激素受体刺激性抗体（thyroid stimulating hormone receptor- stimulating antibody，TSAb）513
促甲状腺激素受体抗体（thyroid stimulating hormone receptor antibody，TRAb）513

D

达比加群酯（dabigatran etexilate）182
代谢综合征（metabolic syndrome，MS）553
单克隆丙种球蛋白血症（monoclonal gammopathy of undetermined significance，MGUS）501
单片复方制剂（single-pill combination，SPC）209
胆碱酯酶（cholinesterase，ChE）709
低分子量肝素（low-molecular-weight heparins，LMWH）121
低血糖症（hypoglycemia）577
地高辛（digoxin）159
第二代抗精神病药（second generation antipsychotics，SGAs）679
第一代抗精神病药（first generation antipsychotics，FGAs）679
第一秒用力呼气容积（forced expiratory volume in one second，FEV_1）31
癫痫（epilepsy）638
癫痫持续状态（status epilepticus，SE）642
电击（electric shock）736
动脉血二氧化碳分压（arterial partial pressure of carbon dioxide，$PaCO_2$）31
动脉血氧饱和度（arterial oxygen saturation，SaO_2）31
动脉血氧分压（arterial partial pressure of oxygen，PaO_2）31
动态心电图（Holter monitoring electrocardiogram）143，170
动态血压监测（ambulatory blood pressure monitoring，ABPM）205
冻僵（frozen rigor，frozen stiff）700，740
冻伤（congelation）740
窦房传导时间（sinoatrial conduction time，SACT）176
窦房结恢复时间（sinus node recovery time，SNRT）176
窦性心动过缓（sinus bradycardia）174
窦性心动过速（sinus tachycardia）172
窦性心律不齐（sinus irregularity）174
窦性心律失常（sinus arrhythmia）172
毒毛花苷 K（strophanthin K）159
毒物（poison）701
短效 M 受体拮抗药（short acting M receptor antagonists，SAMA）35
短效 $β_2$ 受体激动剂（short acting $β_2$ receptor agonists，SABA）34
短暂性脑缺血发作（transient ischemic attack，TIA）614
多瓣膜病（multivalvular heart disease）259
多导睡眠监测（polysomnography，PSG）206
多发性骨髓瘤（multiple myeloma）497
多发性骨髓瘤骨病（multiple myeloma bone diseases，MBD）498
多形性室性心动过速（multiform ventricular tachycardia）190
多药耐药性（multiple drug resistance，MDR）65
多源性房性心动过速（multifocal atrial tachycardia）177
多源性室性期前收缩（multifocal premature ventricular beat）187

E

恶性高血压（malignant hypertension）211
儿茶酚胺敏感性多形性室性心动过速（catecholaminergic polymorphic ventricular tachycardia）191
二尖瓣关闭不全（mitral incompetence，MI）249
二尖瓣口面积（mitral valve orifice area）245
二尖瓣狭窄（mitral stenosis，MS）245

F

反流性食管炎（reflux esophagitis，RE）285
房室传导阻滞（atrioventricular block，AVB）194
房室交界性期前收缩（atrioventricular junctional premature beat）183
房室结内折返性心动过速（A-V nodal reentry tachycardia，AVNRT）185
房室折返性心动过速（atrioventricular reentry tachycardia，AVRT）192
房性期前收缩（premature atrial beat）176
房性心动过速（atrial tachycardia）177
非 ST 段抬高心肌梗死（non-ST-segment elevation myocardial infarction，NSTEMI）217
非持续性室性心动过速（non sustained ventricular tachycardia）189
非霍奇金淋巴瘤（non-Hodgkin lymphoma，NHL）486
非糜烂性反流疾病（nonerosive reflux disease，NERD）285

非维生素K拮抗剂口服抗凝血药（non-vitamin K antagonist oral anticoagulants，NOAC）182
非甾体抗炎药（nonsteroidal anti-inflammatory drug，NSAID）293，589
非阵发性房室交界性心动过速（nonparoxysmal atrioventricular junctional tachycardia）184
肥厚型心肌病（hypertrophic cardiomyopathy，HCM）265
肥胖症（obesity）553
肺动脉造影（pulmonary arteriography）119
肺梗死（pulmonary infarction，PI）116
肺结核（pulmonary tuberculosis）88
肺毛细血管楔压（pulmonary capillary wedge pressure，PCWP）154
肺脓肿（lung abscess）81
肺衰竭（lung failure）127
肺栓塞（pulmonary embolism，PE）115
肺血栓栓塞症（pulmonary thromboembolism，PTE）115
肺炎（pneumonia）64
肺炎链球菌（Streptococcus pneumoniae，SP）68
肺炎链球菌肺炎（Streptococcal pneumoniae pneumonia）68
肺炎球菌（pneumococcal pneumoniae）68
肺炎支原体（Mycoplasma pneumoniae，MP）74
肺炎支原体肺炎（Mycoplasmal pneumoniae pneumonia）74
分子生物学（molecular biology）475
风湿性疾病（rheumatic disease）584
风湿性心脏病（rheumatic heart disease）244
峰值骨量（peak bone mass，PBM）572
弗里德赖希共济失调（Friedreich ataxia）531
氟达拉滨（fludarabine）483
氟替卡松（fluticasone）34
福莫特罗（formoterol）35
福维尔综合征（Foville syndrome）620

G

改善病情的抗风湿药（disease modifying antirheumatic drugs，DMARDs）588
钙通道阻滞药（calcium channel blocker，CCB）210
干扰素（interferon-α，IFN-α）482
肝肺综合征（hepatopulmonary syndrome，HPS）322
肝内胆管细胞癌（intrahepatic cholangiocarcinoma，ICC）330
肝肾综合征（hepatorenal syndrome，HRS）322
肝细胞癌（hepatocellular carcinoma，HCC）330
肝性脑病（hepatic encephalopathy，HE）337
肝硬化（liver cirrhosis）318

感染性心内膜炎（infective endocarditis，IE）237
高度房室传导阻滞（high degree atrioventricular block）195
高渗高血糖综合征（hyperosmolar hyperglycemic syndrome，HHS）535，550
高血压（hypertension）201
高血压急症（hypertensive emergencies）211
高血压亚急症（hypertensive urgencies）211
高原病（high altitude sickness）744
格雷夫斯病（Graves disease，GD）513
格雷夫斯眼病（Graves ophthalmopathy，GO）513
骨病（bone disease）498
骨折风险评估工具（fracture risk assessment tool，FRAT）574
骨质疏松症（osteoporosis，OP）571
固有心率（intrinsic heart rate，IHR）175
冠状动脉旁路移植术（coronary artery bypass graft，CABG）222
冠状动脉粥样硬化性心脏病（coronary atherosclerotic heart disease，CHD）217
广泛耐药结核病（extensive drug resistant tuberculosis，XDR-TB）97
广泛性焦虑症（generalized anxiety disorder，GAD）683
国际标准化比值（international normalized ratio，INR）121
过敏性紫癜（henoch-schönlein purpura，HSP）461

H

亨特综合征（Hunt syndrome）653
亨廷顿舞蹈症（Huntington chorea）531
呼气流量峰值（peak expiratory flow，PEF）31
呼吸机相关肺炎（ventilator associated pneumonia，VAP）65
呼吸衰竭（respiratory failure）125
华法林（warfarin）121
环氧合酶（cyclooxygenase，COX）293
缓冲碱（buffer base，BB）130
混合型肝细胞-胆管细胞癌（combined hepatocellular-cholangio-carcinoma，cHCC-CCA）331
活动性多发性骨髓瘤（active multiple myeloma，aMM）500
霍奇金淋巴瘤（Hodgkin lymphoma，HL）486

J

吉兰-巴雷综合征（Guillain-Barre syndrome，GBS）656
急进性肾小球肾炎（rapidly progressive glomerulonephritis）379

急性白血病（acute leukemia，AL） 473
急性高原病（acute high altitude sickness） 700
急性冠脉综合征（acute coronary syndrome，ACS） 217
急性呼吸窘迫综合征（acute respiratory distress syndrome，ARDS） 133
急性脊髓炎（acute myelitis） 660
急性酒精中毒（acute alcohol poisoning） 717
急性淋巴细胞白血病（acute lymphoblastic leukemia，ALL） 473
急性气管支气管炎（acute tracheobronchitis） 20
急性肾损伤（acute kidney injury，AKI） 413
急性肾小球肾炎（acute glomerulonephritis） 375
急性髓系白血病（acute myeloid leukemia，AML） 473
急性胃炎（acute gastritis） 292
急性心包炎（acute pericarditis） 272
急性心力衰竭（acute heart failure，AHF） 162
急性炎性脱髓鞘性多发神经根神经病（acute inflammatory demyelinating polyneuropathy，AIDP） 656
急性一氧化碳中毒（acute carbon monoxide poisoning） 714
急性胰腺炎（acute pancreatitis，AP） 346
急性有机磷农药中毒（acute organic phosphorus insecticides poisoning，AOPIP） 708
急性运动感觉轴索性神经病（acute motor-sensory axonal neuropathy，AMSAN） 656
急性运动轴索性神经病（acute motor axonal neuropathy，AMAN） 656
集落刺激因子（colony-stimulating factor，CSF） 424
继发性高血压（secondary hypertension） 201
加贝酯（gabexate） 352
家庭自测血压（home blood pressure） 206
甲磺酸伊马替尼（imatinib mesylate） 482
甲硫氧嘧啶（methylthiouracil，MTU） 518
甲巯咪唑（thiamazole） 518
甲胎蛋白（AFP） 329
甲状腺毒症（thyrotoxicosis） 512
甲状腺功能减退症（hypothyroidism） 524
甲状腺功能亢进症（hyperthyroidism） 512
甲状腺结合球蛋白（thyroxine binding globulin，TBG） 516
假性高血压（pseudo hypertension） 212
校正的窦房结恢复时间（corrected sinus node recovery time，CSNRT） 176
尖端扭转型室性心动过速（torsade de pointes） 190
间变性大细胞淋巴瘤（anaplastic large cell lymphoma，ALCL） 488
僵人综合征（stiff-Person syndrome） 531
焦虑症（anxiety disorder） 683

结缔组织病（connective tissues disease，CTD） 586
结核菌素纯蛋白衍生物（tuberculin purified protein derivative，PPD） 92
结核性胸膜炎（tuberculous pleuritis） 109
近乎淹溺（almost drowning） 732
经导管心脏射频消融术（transcatheter cardiac radiofrequency ablation） 172
经皮冠状动脉介入治疗（percutaneous coronary intervention，PCI） 144
经皮去肾神经术（renal denervation，RDN） 211
经皮左心耳封堵术（percutaneous left atrial appendage occlusion） 182
经食管心房调搏（transesophageal atrial pacing，TEAP） 186
经食管心脏电生理检查（transesophageal electrophysiological examination） 176
惊恐发作（panic attack） 684
精氨酸血管升压素（arginine-vasopressin，AVP） 150
精神病学（psychiatry） 666
精神分裂症（schizophrenia） 676
精神障碍（mental disorder） 666
精神症状（mental symptoms） 667
颈动脉内膜切除术（carotid endarterectomy，CEA） 617
颈动脉血管成形和支架置入术（carotid angioplasty and stenting，CAS） 617
静脉血栓栓塞症（venous thromboembolism，VTE） 116
巨幼细胞贫血（megaloblastic anemia，MA） 437
绝经妇女骨质疏松症（postmenopausal osteoporosis，PMOP） 571

K

卡比马唑（carbimazole，CMZ） 518
卡托普利（captopril） 158
抗核抗体（antinuclear antibody，ANA） 586
抗甲状腺药物（antithyroid drug，ATD） 518
抗磷脂抗体（antiphospholipid antibody） 586
抗磷脂综合征（antiphospholipid syndrome，APS） 600
抗原提呈细胞（antigen presenting cell，APC） 591
抗中性粒细胞胞质抗体（antineutrophil cytoplasmic antibody，ANCA） 586
可溶性抗原抗体（extractable nuclear antigen，ENA） 586
克兰费尔特综合征（Klinefelter syndrome） 531
克罗恩病（Crohn disease，CD） 307
恐惧症（phobia） 682
口服抗凝血药（oral anticoagulant，OAC） 182
叩诊（percussion） 10

溃疡性结肠炎（ulcerative colitis，UC） 307
扩张型心肌病（dilated cardiomyopathy，DCM） 263

L

劳-穆-比综合征（Lawrence-Moon-Biedl syndrome） 531
类风湿关节炎（rheumatoid arthritis，RA） 590
类风湿因子（rheumatoid factor，RF） 586
理想体重（ideal body weight，IBW） 555
利巴韦林（ribavirin） 79
利伐沙班（rivaroxaban） 182
利福平（rifampicin，RFP，R） 96
利妥昔单抗（rituximab） 484
粒细胞缺乏症（agranulocytosis） 494
链霉素（streptomycin，SM，S） 97
临床甲状腺功能减退症（clinical hypothyroidism） 525
淋巴瘤（lymphoma） 486
滤泡性淋巴瘤（follicular lymphoma，FL） 488

M

马方综合征（marfan syndrome） 256
埋藏式心脏起搏器（implanted heart pacemaker） 144
脉搏血氧饱和度（pulse oxygen saturation，SpO_2） 129
慢性白血病（chronic leukemia，CL） 473
慢性肺源性心脏病（chronic pulmonary heart disease） 49
慢性淋巴细胞白血病（chronic lymphocytic leukemia，CLL） 473
慢性肾衰竭（chronic renal failure，CRF） 405
慢性肾小球肾炎（chronic glomerulonephritis） 382
慢性肾脏病（chronic kidney disease，CKD） 404
慢性髓细胞性白血病（chronic myelogenous leukemia，CML） 473
慢性胃炎（chronic gastritis） 294
慢性心力衰竭（chronic heart failure，CHF） 152
慢性血栓栓塞性肺动脉高压（pulmonary hypertension due to chronic thrombotic and/or embolic disease，CTEPH） 118
慢性支气管炎（chronic bronchitis） 22
慢性阻塞性肺疾病（chronic obstructive pulmonary disease，COPD） 40
慢性阻塞性肺疾病全球倡议（global initiative for chronic obstructive lung disease，GOLD） 45
毛花苷C（lanatoside C） 159
冒烟型骨髓瘤（smoldering multiple myeloma，SMM） 500
梅尼埃病（Ménière's disease） 616
美国食品和药物管理局（Food and Drug Administration，FDA） 557
美国糖尿病协会（American Diabetes Association，ADA） 537
门静脉高压（portal hypertension） 320
孟鲁司特（montelukast） 35
弥漫大B细胞淋巴瘤（diffuse large B cell lymphoma，DLBCL） 487
弥散性血管内凝血（disseminated intravascular coagulation，DIC） 464
糜烂性食管炎（erosive esophagitis，EE） 285
米亚尔-居布勒综合征（Millard-Gubler syndrome） 620
免疫复合物（immune complex，IC） 599
免疫学（immunology） 475
面神经炎（facial neuritis） 652
莫米松（mometasone） 34

N

耐多药结核病（multidrug resistant tuberculosis，MDR-TB） 89，97
耐甲氧西林金黄色葡萄球菌（methicillin-resistant staphylococcus aureus，MRSA） 65
难治性高血压（refractory hypertension） 212
脑出血（intracerebral hemorrhage，ICH） 627
脑卒中（stroke） 611
脑梗死（cerebral infarction，CI） 618
脑利尿钠肽（brain natriuretic peptide，BNP） 149
脑栓塞（cerebral embolism） 624
脑血管疾病（cerebrovascular disease，CVD） 611
脑血管痉挛（cerebral vascular spasm，CVS） 634
内皮素（endothelin） 150
内因子抗体（intrinsic factor antibody，IFA） 296
拟杆菌属（*Bacteroide*） 81
溺水（drowning） 732
尿路感染（urinary tract infection） 395

P

贫血（anemia） 428，498
破坏性甲状腺毒症（destructive thyrotoxicosis） 512
葡萄球菌肺炎（staphylococcal pneumonia） 72
普拉德-威利综合征（Prader-Willi syndrome） 531
普通肝素（unfractionated heparin，UFH） 121
普通感冒（common cold） 16

Q

气胸（pneumothorax） 103
器官衰竭（organ failure，OF） 350
前臂腔隙综合征（compartment syndrome） 737
嵌合抗原受体T细胞免疫治疗（chimeric antigen

receptor T cell immuno-therapy，CAR-T） 491
强迫症（obsessive-compulsive disorder） 685
羟基脲（hydroxyurea） 482
轻症急性胰腺炎（mild acute pancreatitis，MAP） 350
躯体形式障碍（somatoform disorder） 687
全程督导短程化疗（directly observed short-course chemotherapy） 88
全身炎症反应综合征（systemic inflammatory response syndrome，SIRS） 133
缺铁性贫血（iron deficiency anemia，IDA） 432
缺血性半暗带（ischemic penumbra） 618
缺血性心肌病（ischemic cardiomyopathy，ICM） 217

R

人工智能（artificial intelligence，AI） 4
认知行为疗法（cognitive behavior therapy，CBT） 683
溶血（hemolysis） 445
溶血性尿毒症综合征（hemolytic uremic syndrome，HUS） 468
溶血性贫血（hemolytic anemia，HA） 445
溶血状态（hemolytic state） 445
乳酸脱氢酶（lactate dehydrogenase，LDH） 75

S

塞扎里综合征（Sézary syndrome） 488
噻托溴铵（tiotropium bromide） 35
三叉神经痛（trigeminal neuralgia） 649
三发性甲状腺功能减退症（tertiary hypothyroidism） 525
沙丁胺醇（salbutamol） 35
沙美特罗（salmeterol） 35
上呼吸道感染（upper respiratory tract infection） 15
上消化道出血（upper gastrointestinal hemorrhage） 356
烧伤（burn） 700
社区获得性肺炎（community acquired pneumonia，CAP） 65
射频导管消融（radiofrequency catheter ablation） 144
射血分数（ejection fraction，EF） 154
深静脉血栓形成（deep venous thrombosis，DVT） 116
神经靶酯酶（neuropathy target esterase，NTE） 710
神经精神狼疮（neuropsychiatric lupus，NP-SLE） 600
神经衰弱（neurasthenia） 689
神经症性障碍（neurotic disorder） 681
肾病综合征（nephrotic syndrome，NS） 386
肾功能损害（renal insufficiency） 498
肾素-血管紧张素-醛固酮系统（renin angiotensin aldosterone system，RAAS） 149
生长抑素（somatostatin） 360
剩余碱（base excess，BE） 130

十二指肠溃疡（duodenal ulcer，DU） 299
实际碳酸氢盐（actual bicarbonate，AB） 130
食管心电图（transesophageal electrocardiogram） 170
世界卫生组织（World Health Organization，WHO） 2
事件记录器（event recorder） 170
视诊（inspection） 10
室内传导阻滞（intraventricular block） 196
室上性心动过速（supraventricular tachycardia，SVT） 185
室性期前收缩（premature ventricular beat） 187
室性心动过速（ventricular tachycardia） 189
收缩压（systolic blood pressure，SBP） 202
舒张压（diastolic blood pressure，DBP） 202
双能X射线吸收法（dual energy X-ray absorptiometry，DXA） 573
睡眠呼吸暂停低通气综合征（sleep apnea and hypoventilation syndrome，SAHS） 203
髓外造血（extramedullary hemapoiesis） 424
梭形杆菌属（*Fusobacterium*） 81
缩窄性心包炎（constrictive pericarditis） 275

T

炭化（carbonization） 737
碳氧血红蛋白（carboxyhemoglobin，COHb） 714
糖胺聚糖（glycosaminoglycan，GAG） 514
糖尿病（diabetes mellitus，DM） 531
糖尿病酮症酸中毒（diabetic ketoac-idosis，DKA） 535
套细胞淋巴瘤（mantle cell lymphoma，MCL） 488
特布他林（terbutaline） 35
特发性面神经麻痹（idiopathic facial palsy） 652
特发性室性心动过速（idiopathic ventricular tachycardia） 189
特纳综合征（Turner syndrome） 531
体外膜肺氧合（extracorporeal membrane oxygenation，ECMO） 53
体重指数（body mass index，BMI） 555
铁调素（hepcidin） 433
听诊（auscultation） 10
同型半胱氨酸（homocysteine，Hcy） 526
痛风（gout） 559

W

瓦伦贝格综合征（Wallenberg syndrome） 620
外周T细胞淋巴瘤（peripheral T-cell lymphoma，PTCL） 488
完全缓解（complete remission，CR） 479
完全性房室传导阻滞（complete atrioventricular block） 194
完全性右束支传导阻滞（complete right bundle branch

block）196
完全性左束支传导阻滞（complete left bundle branch block）196
危重急性胰腺炎（critical acute pancreatitis, CAP）350
卫生保健相关性肺炎（healthcare associated pneumonia, HCAP）65
胃溃疡（gastric ulcer, GU）299
胃食管反流病（gastro esophageal reflux disease, GERD）285
胃炎（gastritis）292
稳定型心绞痛（stable angina pectoris, SAP）217
无症状性血尿和（或）蛋白尿（asymptomatic hematuria and/or proteinuria）384

X

吸入型糖皮质激素（inhaled corticosteroids, ICS）34
希恩综合征（Sheehan syndrome）565
系统性红斑狼疮（systemic lupus erythematosus, SLE）599
细胞形态学（morphology）475
细胞遗传学（cytogenetics）475
香草扁桃酸（vanillylmandelic acid）207
消化链球菌属（Peptostreptococcus）81
消化性溃疡（peptic ulcer, PU）299
腺垂体功能减退症（anterior pituitary hypofunction）565
心包炎（pericarditis）271
心电图（electrocardiogram, ECG）170
心动过缓-心动过速综合征（bradycardia-tachycardia syndrome, BTS）175
心房颤动（atrial fibrillation, AF）179
心房利尿钠肽（atrial natriuretic peptide, ANP）149
心房扑动（atrial flutter）178
心房牵张感受器（atrial stretch receptor）150
心肌梗死后综合征（postmyocardial infarction syndrome）231
心力衰竭（heart failure）147
心律失常（arrhythmia）168
心室壁瘤（ventricular aneurysm）231
心室颤动（ventricular fibrillation）191
心室扑动（ventricular flutter）191
心脏瓣膜疾病（valvular heart diseases）244
心脏电生理检查（cardiac electrophysiology examination, intracardiac electrophysiology examination）171
心脏再同步化治疗（cardiac resynchronization therapy, CRT）144
心指数（cardiac index, CI）154
胸膜（pleura）102
胸膜腔（pleural cavity）103

胸腔积液（pleural effusion）108
选择性5-羟色胺再摄取抑制药（selective serotonin reuptake inhibitor, SSRI）684
血钙增高（calcium elevation）498
血管紧张素受体脑啡肽酶抑制药（angiotensin receptor neprilysin inhibitor, ARNI）213
血管紧张素受体阻断药（angiotensin receptor blockers, ARB）158
血管紧张素转换酶抑制药（angiotensin converting enzyme inhibitor, ACEI）157
血管免疫母细胞性T细胞淋巴瘤（angioimmunoblastic T cell lymphoma, AITL）488
血管升压素（vasopressin）360
血管性痴呆（vascular dementia, VD）696
血管翳（pannus）591
血栓性血小板减少性紫癜（thrombotic thrombocytopenic purpura, TTP）467
血小板生成素（thrombopoietin, TPO）458
循环系统疾病（circulation system disease）140
蕈样肉芽肿病（mycosis fungoides）488
蕈样肉芽肿病和塞扎里综合征（mycosis fungoides/Sézary syndrome, MF/SS）488

Y

亚临床性甲状腺功能减退症（subclinical hypothyroidism）525
淹没后综合征（postimmersion syndrome）732
淹没综合征（immersion syndrome）732
炎症性肠病（inflammatory bowel disease, IBD）307
洋地黄毒苷（digitoxin）159
腰臀比（waist-hip ratio, WHR）555
腰围（waist, W）555
药物相互作用（drug interaction）79
医院获得性肺炎（hospital acquired pneumonia, HAP）65
依那普利（enalapril）158
依普利酮（eplerenone）158
胰岛素抵抗（insulin resistance, IR）204, 532
胰高血糖素样肽-1/葡萄糖依赖性促胰岛素多肽（glucagon-like peptide-1/glucose-dependent insulinotropic poly peptide, GLP-1/GIP）557
胰高血糖素样肽-1受体激动剂（glucagon-like peptide-1 receptor agonist, GLP-1RA）557
乙胺丁醇（ethambutol, EMB, E）96
乙醇（ethanol）717
乙酰胆碱酯酶（acetylcholinesterase, AChE）708
异丙托溴铵（ipratropium bromide）35
异烟肼（isoniazid, INH, H）96

抑肽酶（aprotinin）352
意义未明单形性室性心动过速（monomorphic ventricular tachycardia）190
隐匿型冠心病（latent coronary heart disease）217，222
隐匿性高血压（masked hypertension）206
永久性心房颤动（permanent atrial fibrillation）180
用力肺活量（forced vital capacity，FVC）31
幽门螺杆菌（Helicobacter pylori，H.pylori，Hp）294
右束支传导阻滞（right bundle branch block，RBBB）196
预激综合征（preexcitation syndrome）192
原发免疫性血小板减少症（primary immune thrombocytopenia）458
原发性肝癌（primary liver cancer）329
原发性高血压（essential hypertension）201
原发性甲状腺功能减退症（primary hypothyroidism）525

Z

再生障碍性贫血（aplastic anemia，AA）441
造血干细胞（hematopoietic stem cell，HSC）424
造血干细胞移植（hematopoietic stem cell transplantation，HSCT）427
扎鲁司特（zafirlukast）35
折返激动（reentrant activity）169
诊室血压（clinical blood pressure）206
阵发性室上性心动过速（paroxysmal supraventricular tachycardia，PSVT）185
阵发性心房颤动（paroxysmal atrial fibrillation）180
支气管肺泡灌洗（bronchoalveolar lavage，BAL）66
支气管扩张症（bronchiectasis）57
支气管哮喘（bronchial asthma）28
肢体阻抗容积图（impedance plethysmography，IPG）119
直立性低血压（orthostatic hypotension）205
植入式循环心电记录仪（implantable loop records，ILRs）170
植入型心律转复除颤器（implantable cardioverter defibrillator，ICD）144，172
质子泵抑制药（protonpump inhibitor，PPI）289
治疗时间窗（therapeutic time window，TTW）619
中度重症急性胰腺炎（moderately severe acute pancreatitis，MSAP）350
中国弥散性血管内凝血诊断积分系统（Chinese DIC scoring system，CDSS）466
中间型综合征（intermediate syndrome）710
中枢神经系统白血病（central nervous system leukemia，CNSL）476
中枢性甲状腺功能减退症（central hypothyroidism）525
中性粒细胞减少（neutropenia）494
中毒（poisoning）701
中毒性巨结肠（toxic megacolon）309
中暑（heat illness）700，726
重症肺炎支原体肺炎（severe Mycoplasmal pneumoniae pneumonia，SMPP）74
重症急性胰腺炎（severe acute pancreatitis，SAP）350
蛛网膜下腔出血（subarachnoid hemorrhage，SAH）631
主动脉瓣关闭不全（aortic incompetence，AI）256
主动脉瓣狭窄（aortic stenosis，AS）253
自动体外除颤器（automated external defibrillator，AED）192
自体造血干细胞移植（autologous hematopoietic stem cell transplantation，auto-HSCT）501
阻塞性睡眠呼吸暂停低通气综合征（obstructive sleep apnea hypopnea syndrome，OSAHS）203
左后分支传导阻滞（left posterior fascicular block）197
左前分支传导阻滞（left anterior fascicular block）197
左束支传导阻滞（left bundle branch block，LBBB）196
左心室辅助装置（left ventricular assistant device，LVAD）161
佐林格-埃利森综合征（Zollinger-Ellison syndrome）282